U0856200

国家发展和改革委员会国际合作中心◎编

中国双向投资发展报告 2014

CHINA TWO-WAY INVESTMENT DEVELOPMENT REPORT 2014

图书在版编目（CIP）数据

中国双向投资发展报告 2014 / 国家发展和改革委员会国际合作中心编 . —北京：中国市场出版社，2015. 1

ISBN 978 - 7 - 5092 - 1336 - 0

Ⅰ. ①中…　Ⅱ. ①国…　Ⅲ. ①投资-研究报告-中国-2014　Ⅳ. ①F832. 48

中国版本图书馆 CIP 数据核字（2014）第 284940 号

书　　名　中国双向投资发展报告 2014
编　　者　国家发展和改革委员会国际合作中心
责任编辑　许　慧
出版发行　中国市场出版社
地　　址　北京市西城区月坛北小街 2 号院 3 号楼（100837）
电　　话　编辑部（010）68012468　读者服务部（010）68022950
　　　　　发行部（010）68021338　68020340　68053489
　　　　　68024335　68033577　68033539
经　　销　新华书店
印　　刷　河北省鑫宏源印刷包装有限责任公司
规　　格　210 毫米 ×285 毫米　1/16　51. 5 印张　1 530 千字
版　　次　2015 年 1 月第 1 版
印　　次　2015 年 1 月第 1 次印刷
书　　号　ISBN 978 - 7 - 5092 - 1336 - 0
定　　价　398. 00 元

《中国双向投资发展报告2014》

编 委 会

序　言

双向投资反映的是一国吸收国际资本来本国投资与输出本国资本到境外投资的能力与水平，是一个国家开放程度与国际化发展水平的重要标志。当今，随着经济全球化、区域经济一体化的日趋深入发展，双向投资已越来越多地成为一个国家参与国际分工和全球竞争的重要选择。

中国的双向投资经历了不同的发展阶段。改革开放初期的20世纪80年代，为了促进经济的快速发展，中国实施了“引进来”发展战略，通过积极开放国内市场，吸引国外资金、技术与管理参与中国的经济发展，以利于推动中国产业结构转变，提高技术水平，促进企业改善管理。经过30多年的发展，到2013年，中国的利用外资规模已由1985年的19.56亿美元增加到1 239.11亿美元，增长了62倍。外商直接投资的产业领域也由制造业逐步扩展到第一、第三产业；投资的地区也由东部逐步扩展到中西部，由沿海地区逐步扩展到沿江以及周边地区；投资的来源国也由几个扩大到全球100多个国家与地区。目前，中国已形成了宽领域、多层次、全方位的对外开放格局，吸引外商直接投资连续22年居发展中国家首位，已成为世界第二大引资国。“引进来”战略的成功实施，对中国经济保持健康持续快速发展做出了积极贡献。

国际经验表明，发展中国家双向投资的发展阶段往往是不同的。以国际资本的输入为特点的“引进来”要先于以本国资本输出为特点的“走出去”。当一个国家具有较强的综合实力后，才能进入资本输出的“走出去”发展阶段。中国的发展也是如此。20世纪90年代末，中国经济发展取得了积极成效，特别是亚洲金融危机后，为适应中国更好地参与和分享经济全球化利益，并逐步适应推进国际化发展的新形势要求，中国实施了“走出去”战略，鼓励中国企业到境外发展，拉开了中国国际化发展的大幕，正式开启了中国企业走上国际舞台的征程。

可以说，在 2008 年国际金融危机爆发的前十年，中国"走出去"的步伐一直比较缓慢，不仅境外投资规模小，而且境外投资的主要领域是能源资源，境外投资的地区主要集中在发展中国家。2008 年的国际金融危机为中国大踏步走出去提供了前所未有的绝好机遇：一方面，经过多年改革开放与经济发展，中国的综合经济实力大大增强，各类企业发展已具备了更强走出去的能力；同时，经过多年努力探索与打拼，企业也积累了境外投资的经验。另一方面，由于这次国际金融危机主要发生在欧美等发达国家，其大量产业企业的资产缩水与经济不景气又为中国"走出去"提供了更加广阔的新空间。这些要素产生的叠加效应强有力地推动中国"走出去"进入了一个全面加快发展的新阶段。中国的境外投资发展呈现出与前十年不同的新特点：一是境外投资规模快速增加。到 2013 年，中国境外投资规模达到 1 078 亿美元，比 2007 年的 265 亿美元增加 3 倍，比 2000 年到 2007 年累计的 790 亿美元还多 288 亿美元；二是投资行业领域已涵盖了第一、第二、第三产业；三是境外投资的国家已遍布全球 180 多个国家和地区，特别是到欧美等发达国家及"金砖"国家的投资大幅度增加；四是投资主体多元化、投资方式多样化。目前，中国已连续两年成为世界第三大对外投资国。根据联合国贸易和发展会议《2012—2014 世界投资前景调查》，中国已被列为最具前景的投资东道国和最有前途的外国直接投资来源地。

尽管中国在双向投资方面已取得了积极成效，但是还要清醒地看到，相比"引进来"，中国的"走出去"发展时间相对较短，发展经验还有待进一步积累。特别是由于对外投资面临的国家多，领域宽，情况更加复杂多变，政治、经济、文化、外交及市场等多因素交错，更增加了中国企业对外投资发展的不确定性与难度。对中国各级政府与企业来说，在今后的对外投资发展中还将面临更多新形势、新问题，特别需要企业对投资国国情、法律、市场等有深入了解与认识。同时，对各级政府来说，更需要全面做好指导工作，其中包括信息指导。

由国家发展和改革委员会国际合作中心组织编写的《中国双向投资发展报告 2014》，是旨在为推动中国"引进来"与"走出去"双向投资良好发展提供信息服务指导的一部工具书。本书的主要特点：一是汇集了 2013 年中国领导人涉及双向投资问题的有关讲话，力求使国内外更加了解中国改革开放的决心与政策的稳定性和连续性。二是收集了中国国家层面与各地方 2013 年双向投资的发展情况，为国内外了解中国双向投资发展情况提供了大量信息。三是收集了国内外双向投资的政策法规，国内政策更多地是向外国投资者展示中国开放的新政策及投资导向，国外投资指南则为中国企业对外投资提供一定的国别法律指导。我相信，这些信息对中外投资者都是有助益的。

我向所有对中国双向投资感兴趣的朋友们推荐这本书，以期为有关机构、中外企业的合作交流、发展共赢提供更多更好的服务。

国家发展和改革委员会副主任　胡祖才

2014 年 11 月

PREFACE

Two-way investment reflects a country's power and capacity in attracting foreign direct investment and outputting its domestic capital for the investment abroad. It is also an important indicator reflecting a country's level of opening-up to the outside world and that in the internationalization. Nowadays, with the further deepening process of economic globalization and regional economic integration, two-way investment has become an increasingly important option for a country to participate in the international division of labor and global competition.

China's two-way investment has experienced different periods of development. During the 1980s, following up the beginning of reform and opening-up, China introduced in a development strategy of "brining-in" through proactively opening domestic market and attracting foreign capital, technology and management to participate in China's economic development, so as to push forward the transformation of industrial structure, enhance technology and skill, improve business management, and eventually promote rapid economic growth. After 30-years development, the value of foreign capital utilization in China rose from US $ 1.956 billion in 1985 to US $ 123.911 billion in 2013, a 62 times increase. The sectors for foreign direct investment (FDI) gradually expanded from manufacturing to the primary and tertiary industry. The investment regions extended from eastern to central and western part of China, and from costal area to the areas along and surrounding Yangtze River. The investment sources increased from a few countries to over a hundred countries and regions worldwide. China has now formed an opening pattern featuring wide-range, multi-level and all-dimension. China now has been ranking the first among all the developing countries in attracting foreign capitals for 22 consecutive years, and ranking 2nd of the world. The successful implementation of "bringing-in" strategy has made significant contribution to China's sound, sustained and rapid economic growth.

The international experiences showed that different developing countries go through different development phases in two-way investment. The "bringing-in" strategy featured by the inflow of international capital should lead the "going-out" strategy featured by the outflow of domestic capital. A country could enter the "going-out" phase of capital outflow only when it owns relatively strong and comprehensive power. So was China in the development of two-way investment. In the late 1990s, China's economic growth gained positive outcomes. Particularly after the Asian financial crisis, in order to better participate in and share the benefits of economic globalization and gradually adapt to the demands of new international development situation, China implemented a "going-out" strategy, encouraging Chinese businesses for overseas development, and that initiated an era for China to enter in the internationalization. Since then, Chinese businesses officially have set steps onto global stage.

During the decade before the outbreak of global financial crisis in 2008, China's steps of "going-out" remained relatively slow in terms of small value and limited sectors and regions in overseas investment. The investment abroad only confined to energy resources limited only in the developing countries. However, the global financial crisis in 2008 provided a good opportunity for China to march forward to the world wide. On one hand, China's comprehensive economic power has become more stronger after many-years endeavor of reform, opening-up and economic development, and businesses of different types have had owned stronger capacities for "going-out". At the same time, Chinese businesses have already accumulated experiences for investing abroad after many-years efforts of exploration and hard work. On the other hand, the 2008 financial crisis mainly occurred in the developed countries of Europe and America, and many of their industrial enterprises suffered from asset deflation and economic recession, which in fact left Chinese businesses a broader space for "going out". The synergistic effect of above factors vigorously pushed forward China's "going-out" strategy into a new phase of comprehensive and accelerated development. China's overseas investment presented new features different from that in the previous decade. First, it is the sharp rise in value of overseas investment. China's overseas investment tripled from US $ 26.5 billion in 2007 to US $ 107.8 billion in 2013, US $ 28.8 billion more than the accumulated value (US $ 79 billion) from 2000 to 2007; Second, the sectors of investment involved cover the primary, secondary and tertiary industries; Third, the overseas investment covered over 180 countries and regions worldwide with substantial increase to Euro-American developed countries and the BRICS; Fourth, the sources and approaches of investment were diversified. Currently, China has been the 3rd largest outward investment country in the world for two years. According to the "World Investment Prospects Survey 2012-2014" issued by United Nations Conference on Trade and Development, China has been listed as the most prospective investment destination and the most promising source of FDI.

Although positive effects have been made in China's two-way investment, it is sobering to aware that compare with "bringing-in", China has just experienced relatively a short period of "going-out", and China needs to further accumulate more experiences in the development knowledge. Moreover, the uncertainties and difficulties become harder in future for the Chinese businesses to invest abroad due to the reasons of multiple options of investment destinations and sectors, more complicated and changing situation, and the intertwined factors of politics, economy, culture, diplomacy and markets etc.. The Chinese governments at all levels and businesses will confront new trends and problems of overseas investment in future. Particularly, businesses need to have in-depth recognition and understanding of overall national conditions, legislation and market of the invested countries. Meanwhile, governments at all levels are necessary to provide more comprehensive guidance and relevant information for businesses who are interested in investment.

"China Two-way Investment Development Report 2014" edited by the International Cooperation Centre of National Development and Reform Commission is a tool book with rich information and guidance for promoting a sound development of China's two-way investment in terms of "bringing-in" and "going-out" strategy. This Report has the following main features. First, it collected speeches related on two-way investment by the Chinese state leaders in 2013 as an effort to enable the domestic and international communities to better understand China's determination of reform and opening-up and the stability and continuity of its policy. Second, it covers the development situation of two-way investment of Chinese central and local governments and provides sufficient information on facts and figures. Third, it contains China's policies and regulations on two-way investment of China and some selected foreign countries. The Report also includes new policies and regulations of China which show the direction for the foreign investors. The investment guides of foreign countries provide certain state legal guidance for Chinese businesses investing abroad. I believe that all of the information will be beneficial to both Chinese and foreign investors.

I recommend this Report to all friends who show interests in China's two-way investment, and wish it will provide a better service to the Chinese and foreign organizations and businesses engaged in collaboration, exchanges and win-win development.

Hu Zucai

Vice Minister

National Development and Reform Commission

November, 2014

state funds in 2013 as an effort to enable the domestic and international communities to better understand China's determination of reform and opening-up and the stability and continuity of its policy. Second, it covers the development situation of two-way investment of Chinese central and local governments and provides sufficient information on tables and figures. Third, it contains China's policies and regulations on two-way investment of China and some selected foreign countries. The Report also includes new policies and regulations of China which show the direction for the foreign investors. The investment guides of foreign countries provide certain state local guidance for Chinese businesses investing abroad. I believe that all of the information will be beneficial to both Chinese and foreign investors.

I recommend this Report to all friends who show interests in China's two-way investment, and wish it will provide a better service to the Chinese and foreign organizations and businesses engaged in collaboration, exchanges and win-win development.

Hu Zucai

Vice Minister

National Development and Reform Commission

November 2014

目　录

第一篇　发展概况篇

第二篇　演讲论文篇

第四篇 外国投资篇

第五篇　大事记录篇

第六篇　基础数据篇

附　件

Contents

Chapter 1 Two-way Investment Development Survey

Chapter 2 Relevant Speeches and Articles

Chapter 3 Policies and Regulations

Chapter 5 Major Events Records

Chapter 6 Basic Statistics

Annex

第一篇
发展概况篇

一、2013年中国双向投资分析报告

（一）中国外商投资分析报告

1. 中国外商投资概况

近年来，在全球外商直接投资（FDI）发生较大波动的背景下，中国利用外商直接投资基本保持了稳定增长的趋势。

从外商直接投资项目数量看，2002年为3.4万个，2003—2006年每年保持在4万个以上，2008—2011年每年约2.7万个，2012年2.5万个，2013年2.3万个，同比下降8.63%。2002—2013年，中国利用外商直接投资企业数总计39.62万个。

实际使用外资金额从2002年的527.43亿美元增至2013年的1 239.11亿美元，同比增长2.29%。2002—2013年实际使用外资金额总计10 816亿美元。

2013年外资企业数18 125家，占比79.43%，同比下降10.94%；中外合资企业数4 476家，占比19.6%，同比上升2.7%。详见表1－1－1。

2013年外资企业投资达到895.89亿美元，占比72.30%，较2012年上升3.86%；中外合资企业投资237.72亿美元，占比19.18%，同比上升8.72%；中外合作企业投资19.44亿美元，占外资总额的1.57%。详见表1－1－1。

表1－1－1　　2013年外商直接投资类型统计

方　式	企业数		实际使用外资金额	
	数量（家）	比重（%）	金额（亿美元）	比重（%）
总　计	22 819	100.00	1 239.11	100.00
中外合资企业	4 476	19.62	237.72	19.18
中外合作企业	142	0.62	19.44	1.57
外资企业	18 125	79.43	895.89	72.30
外商投资股份制	30	0.13	22.81	1.84
其他	46	0.20	63.25	5.10

资料来源：商务部外资统计。

截至2013年年底，外资企业数累计418 918家，占外商投资企业总数的53.28%；中外合资企业数累计305 990家，占比38.92%；中外合作企业数累计60 448家，占比7.69%。详见表1－1－2。

截至2013年年底，实际使用外资企业金额累计8 769.08亿美元，占外商投资总数比重59.38%；中外合资企业累计3 914.41亿美元，比重26.51%；中外合作企业累计1 065.29亿美元，比重7.21%。详见表1－1－2。

表1－1－2　截至2013年外商直接投资类型统计

企业类型	企业数		实际使用外资金额	
	数量（家）	比重（%）	金额（亿美元）	比重（%）
总　计	786 217	100.00	14 768.27	100.00
中外合资企业	305 990	38.92	3 914.41	26.51
中外合作企业	60 448	7.69	1 065.29	7.21
外资企业	418 918	53.28	8 769.08	59.38
外商投资股份制	472	0.06	132.08	0.89
合作开发	191	0.02	75.07	0.51
其他	198	0.03	812.34	5.50

资料来源：商务部外资统计。

2013年，外商投资企业涉外税收总额为22 574.93亿元人民币，同比增长3.70%。2002—2013年，外商投资企业税收额逐年增加，从2002年的3 487.00亿元增加到2013年的22 574.93亿元，占全国税收总额的比重一直保持在20%以上，见表1－1－3。

表1－1－3　2002—2013年以外商直接投资税收为主的涉外税收统计

年份	全国工商税收总额（亿元）	其中：涉外税收总额（亿元）	占全国比重（%）
2002	17 004.00	3 487.00	20.52
2003	20 461.60	4 268.00	20.86
2004	25 723.00	5 355.00	20.81
2005	30 866.00	6 391.34	20.71
2006	37 636.00	7 976.94	21.19
2007	49 451.80	9 972.60	20.17
2008	57 861.80	12 118.93	20.94
2009	63 103.60	13 615.22	21.58
2010	77 394.44	16 389.91	21.18
2011	95 729.46	19 638.10	20.51
2012	100 601.00	21 768.81	21.64
2013	110 497.00	22 574.93	20.43

注：来源于外商投资企业的税收占涉外税收的98%以上。不包括关税和土地费。

资料来源：商务部外资统计。

2. 外商投资来源地分布

2013年，亚洲十国和地区（中国香港、澳门、台湾以及日本、菲律宾、泰国、马来西亚、新加坡、印度尼西亚和韩国）对华投资新设立企业18 407家，同比下降7.46%，实际投入外资金额1 025.23亿美元，同比增长7.09%。美国对华投资新设立企业1 111家，同比下降19.14%，实际投入外资金额33.53亿美元，同比增长7.13%。欧盟28国对华投资新设立企业1 523家，同比下降10.41%，实际投入外资金额72.14亿美元，同比增长18.07%。

2013年，以实际投入外资金额计，对华投资前十位国家和地区依次为：中国香港（783.02亿美元）、新加坡（73.27 亿美元）、日本（70.64 亿美元）、中国台湾（52.46 亿美元）、美国（33.53 亿美元）、韩国（30.59 亿美元）、德国（20.95 亿美元）、荷兰（12.81 亿美元）、英国（10.39 亿美元）和法国（7.62 亿美元），前十位国家和地区实际投入外资金额占全国实际使用外资金额的93.15%。

中国的外资来源地主要集中在亚洲。2013 年，亚洲主要国家和地区，如：中国香港、澳门、台湾以及印度尼西亚、日本、马来西亚、菲律宾、新加坡、韩国、泰国等在华投资企业数约 1.8 万家，占当年外资企业总数的 77.25%，同比下降 10.01%；实际使用外资金额 942 亿美元，占当年实际使用外资总额的 76.06%，同比上升 7.97%。

欧盟包括比利时、丹麦、英国、德国、法国、爱尔兰、意大利、卢森堡、荷兰、希腊、葡萄牙、西班牙、奥地利、芬兰、瑞典等主要国家在华投资企业数达 1 397 家，占当年外资企业总数的 6.12%，同比下降 22.78%；实际使用外资金额 65 亿美元，占当年实际使用外资总额的 5.22%，同比上升 3.08%。

北美洲主要集中在美国和加拿大，两个国家在华投资企业数 1 381 家，占当年外资企业总数的 6.05%，同比下降约 16.2%；实际投资 33.56 亿美元，占当年实际使用外资总额的 2.71%，同比下降约 12.38%。部分自由港，如：毛里求斯、巴巴多斯、英属维尔京群岛、萨摩亚等在华投资企业数 1 010家，占比 4.43%，实际投资 107.56 亿美元，占比 8.68%。其他国家在华投资企业数 1 403 家，占比 6.15%，实际投资 90.88 亿美元，占比 7.33%。

从国别分布看，2013 年对华实际投资金额名列前 15 位的国家和地区的实际投资额累计达到 1 116 亿美元，占中国当年实际使用外资金额的 90%。在华实际投资前 15 位的国家和地区分别是中国香港、新加坡、日本、英属维尔京群岛、韩国、美国、中国台湾、德国、萨摩亚、开曼群岛、荷兰、毛里求斯、法国、百慕大、加拿大等。其中，中国香港在内地投资 733.97 亿美元，占比 59.23%，同比上升 10.68%。具体情况见图 1-1-1。

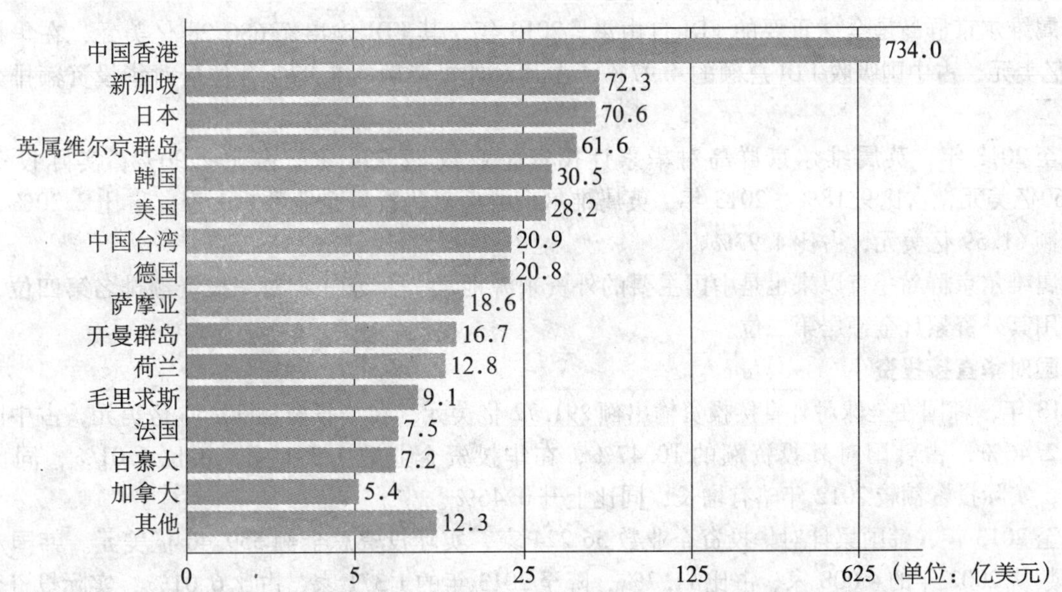

图 1-1-1 2013 年在华实际投资额前 15 位国家和地区

2013 年对华直接投资前 10 位的国家和地区的具体情况如下：

香港特别行政区对内地直接投资

中国香港是全球外商直接投资流出的重要地区。2013 年，中国香港全球对外直接投资流出金额 915.30 亿美元，占全球总流量的 6.49%，同比上升 3.87%。

中国香港一直是内地外商投资最大和最稳定的来源地，其对内地的投资企业数和金额一直居于中国外资来源地的首位。截至 2013 年，香港累计对内地投资企业数 360 898 家，实际使用外资总额

6 656.70亿美元，占中国实际使用外资累计总额的 45.07%。2013 年，香港对内地直接投资企业数 12 014家，占比 52.65%；实际投资金额达到 733.97 亿美元，占比 59.23%。

新加坡对华直接投资

新加坡 2013 年对全球的投资总量为 269.67 亿美元，同比上升 14.41%，占全球外商直接投资总流量的 1.91%。2013 年，新加坡在华投资额 72.29 亿美元，占中国吸收外商直接投资总额的 5.83%，占其对外投资总额的 26.81%。

2013 年，新加坡对华直接投资企业数 731 家，占比 3.2%，同比上升 4.51%；实际投资金额增长了 12.71%，达到 72.29 亿美元。

截至 2013 年，新加坡对华投资企业数累计达到 20 962 家，占比 2.67%；实际投资总额 664.90 亿美元，占比 4.5%。

2013 年新加坡对华投资额排名位列第二位，截至 2013 年其对华累计投资额排名位列第五位。

日本对华直接投资

日本是全球重要的 FDI 输出国。2013 年，日本 FDI 流出量同比增加 10.77%，达到 1 357.49 亿美元，占全球 FDI 流出总额的 9.62%，位居全球第二位。

截至 2013 年，日本对华累计投资企业数 48 544 家，占比 6.17%；实际投资总额 943.04 亿美元，占比 6.39%。2013 年，日本对华投资企业数 943 家，同比下降 40.28%；实际投资金额 70.58 亿美元，同比下降 3.97%。

日本一直是中国主要的外资来源地之一。2013 年，日本在华投资项目数占中国外资项目总数的比重为 4.13%；实际投资金额占比为 5.70%，占其对外投资额的 5.2%。

2013 年日本对华投资额排名位列第三位，截至 2013 年其对华累计投资额排名位列第三位。

英属维尔京群岛对华直接投资

英属维尔京群岛是全球重要的 FDI 自由港。2013 年，其 FDI 输出额 686.28 亿美元，在华投资额 61.59 亿美元，占中国吸收 FDI 总额的 4.97%，占其对外投资额的 8.97%，位居对华投资额排名中的第四位。

截至 2013 年，英属维尔京群岛对华累计投资企业数 22 774 家，占比 2.90%；实际投资累计 1 355.60亿美元，占比 9.18%。2013 年，英属维尔京群岛对华投资企业数 501 家，占比 2.20%；实际投资金额 61.59 亿美元，占比 4.97%。

英属维尔京群岛一直以来也是中国主要的外资来源地之一，2013 年对华投资额排名第四位，中国实际使用其外资累计金额居第二位。

韩国对华直接投资

2013 年，韩国在全球对外直接投资输出额 291.72 亿美元，在华投资额 30.54 亿美元，占中国吸收 FDI 的 2.46%，占韩国对外投资额的 10.47%，在华投资企业数 1 371 家，占比 6.01%，同比增长 4.74%；实际投资额较 2012 年略有增长，同比上升 0.46%。

截至 2013 年，韩国累计对华投资企业数 56 224 家，实际投资总金额 559.46 亿美元。韩国对华投资企业数从 2002 年的 4 008 家、占比 11.7%，降至 2013 年的 1 371 家、占比 6.01%；实际投资金额从 2002 年的 27.2 亿美元、占比 5.2%，增至 2004 年的峰值 62.5 亿美元、占比 10.3%，随后逐年降至 2012 年的 30.4 亿美元、占比 2.7%，2013 年实际投资额较 2012 年略有回升，投资额为 30.54 亿美元，占比 2.46%。

2013 年韩国对华投资额排名位列第五位，截至 2013 年其对华累计投资额排名中居第七位。

美国对华直接投资

美国是世界第一大 FDI 流出国，2013 年，美国 FDI 流出 3 383.02 亿美元，同比上升 2.79%，占全球总流量的 23.98%，同比下降 7.80%。

2013年，美国在华投资企业数1 061家，占比4.65%，同比下降18.45%；在华实际投资金额28.20亿美元，占比2.28%，同比上升7.8%，占美国对外投资额的0.83%。

截至2013年，美国累计对华投资企业数63 430家，实际投资总额730.10亿美元。期间，美国对华投资企业数和实际投资额占中国外商投资流入总量的份额呈下降态势。企业数从2002年的3 363家、占比9.84%，下降至2013年的1 061家、占比4.65%；实际投资金额从2002年的54.24亿美元、占比10.28%，下降至2013年的28.20亿美元，占比2.28%。

2013年美国对华投资额排名位列第六位，截至2013年其对华累计投资额排名位列第四位。

中国台湾对大陆直接投资

中国台湾在2002—2013年间累计对外直接投资1 101.24亿美元。2013年台湾FDI流出143.44亿美元，同比上升9.37%，占台湾对外投资额的14.56%，约占全球FDI流出总量的1.02%。

2013年，中国台湾对大陆直接投资企业数2 017家，同比下降9.51%；实际投资额20.88亿美元，同比下降26.66%。

截至2013年，中国台湾累计对大陆投资企业数达到90 018家，实际投资总额591.34亿美元。中国大陆来自台湾的投资企业数和实际投资额占大陆外资流入总量的份额总体上呈下降趋势。企业数从2002年的4 853家、占比14.20%，降至2013年的2 017家、占比8.84%，实际投资额从2002年的39.71亿美元、占比7.53%，降至2013年的20.88亿美元、占比1.68%。

尽管这样，2013年台湾对大陆投资金额排名位列第七位，截至2013年其对大陆累计投资额排名中居第六位。

德国对华直接投资

德国是全球重要的FDI输出国之一。2013年，德国FDI流出量为575.50亿美元，同比下降14.01%，占全球FDI流出总量的4.08%，这一比重较2012年下降了0.72个百分点。2013年德国在华投资额20.78亿美元，占中国吸收FDI的1.68%，占德国对外投资额的3.61%。

2013年，德国对华投资企业数为373家，占比1.63%；投资额20.78亿美元，占比1.68%。从实际投资金额看，德国对华投资近两年增幅明显，其中2012年德国对华实际投资14.5亿美元，同比增长28.9%；2013年同比增长30.22%。而从投资项目数看，2012年德国对华直接投资项目小幅减少，由2011年的458家减至2012年的419家，同比减少8.52%，2013年降至373家，同比减少10.98%。

截至2013年，德国对华累计投资企业数8 193家，占比1.04%；累计投资金额218.40亿美元，占比1.48%。

2013年德国对华投资额排名位列第八位，截至2013年其对华累计投资额排名中居第九位。

萨摩亚对华直接投资

萨摩亚是自由港之一，2013年萨摩亚对华投资企业数达393家，占比1.72%；实际投资额18.58亿美元，占比1.50%。

截至2013年，萨摩亚累计对华投资企业数7 408家，占比0.94%；实际投资额217.86亿美元，占比1.48%。

2013年萨摩亚对华投资额排名位列第九位，截至2013年其对华累计投资额排名中居第十位。

开曼群岛对华直接投资

开曼群岛也是自由港之一，2013年开曼群岛FDI输出额127.04亿美元，在华投资额16.68亿美元，占中国吸收FDI的1.35%，占其对外投资额的13.13%，占全球对外投资额的0.9%。

2013年，开曼群岛在华投资企业数87家，占比0.38%；实际投资额16.68亿美元，占比1.35%。

截至2013年，开曼群岛累计对华投资企业数2 945家，占比0.37%；实际投资总金额274.73亿美元，占比1.86%。

2013年开曼群岛对华投资额排名位列第十位，截至2013年其对华累计投资额排名中居第八位。

3. 外商投资地区分布

东部地区一直是中国吸收外商投资的主要地区，外商投资中部和西部地区较少。

2013 年，东部地区外商投资企业数和实际使用外资金额占中国吸收外资总数的比重分别为 84. 36% 和 78. 18%，中部地区为 10. 52% 和 8. 15%，西部地区为 4. 92% 和 8. 56%。

与 2012 年相比，2013 年东部地区外商投资企业数 19 251 家，同比下降 10. 43%，而实际使用外资金额（968. 78 亿美元）呈上升趋势，同比上升 4. 51%；中部地区和西部地区外商投资企业数和实际使用外资金额均呈上升趋势，其中：中部地区外商投资企业数 2 400 家，同比上升 3. 04%，实际使用外资金额 101. 03 亿美元，同比上升 8. 05%；西部地区外商投资企业数 1122 家，同比上升 1. 43%，实际使用外资金额 106. 05 亿美元，同比上升 6. 46%。具体见表 1 - 1 - 4。

表 1 - 1 - 4　　2013 年东部、中部、西部地区外商直接投资统计

地区名称	企业数（家）	比重（%）	实际使用外资金额（亿美元）	比重（%）
总　计	22 819	100. 00	1 239. 11	100. 00
东部地区	19 251	84. 36	968. 78	78. 18
中部地区	2 400	10. 52	101. 03	8. 15
西部地区	1 122	4. 92	106. 05	8. 56
有关部门	46	0. 20	63. 25	5. 10

注：东部地区：北京、天津、河北、辽宁、上海、江苏、浙江、福建、山东、广东、海南；中部地区：山西、吉林、黑龙江、安徽、江西、河南、湖北、湖南；西部地区：内蒙古、广西、四川、重庆、贵州、云南、陕西、甘肃、青海、宁夏、新疆、西藏；有关部门：包括银行、证券、保险行业吸收外商直接投资数据。

资料来源：商务部外资统计。

截至 2013 年年底，东部地区外商投资企业数、实际使用外资金额占全国累计外商投资企业数和实际使用外资累计金额总数的比重分别为 83. 52% 和 80. 94%，中部地区为 10. 60% 和 7. 62%；西部地区为 5. 86% 和 6. 00%。具体见表 1 - 1 - 5。

表 1 - 1 - 5　　截至 2013 年东部、中部、西部地区外商直接投资统计

地区名称	企业数（家）	比重（%）	实际使用外资金额（亿美元）	比重（%）
总　计	786 217	100. 00	14 768. 27	100. 00
东部地区	656 619	83. 52	11 953. 29	80. 94
中部地区	83 363	10. 60	1 125. 81	7. 62
西部地区	46 069	5. 86	885. 81	6. 00
有关部门	166	0. 02	803. 36	5. 44

资料来源：商务部外资统计。

4. 外商投资产业分布

2013 年，中国外商直接投资企业数 22 819 家。排名前三位的行业分别是：批发和零售业 7 349 家，占全国外资企业数的比重 32. 21%；制造业 6 504 家，占比 28. 50%；租赁和商务服务业 3 359 家，占比 14. 72%。

2013 年，中国行业实际使用外资金额 1 239. 11 亿美元。排名前三位的行业实际使用外资金额分别是：制造业 455. 55 亿美元，占全国各行业实际使用外资金额比重 36. 76%；房地产业 287. 98 亿美元，占比 23. 24%；批发和零售业 115. 11 亿美元，占比 9. 29%。具体见表 1 - 1 - 6。

表 1-1-6　　2013 年外商直接投资行业结构表

行业名称	企业数（家）	比重（%）	实际使用外资金额（亿美元）	比重（%）
总　计	22 819	100.00	1 239.11	100.00
农、林、牧、渔业	757	3.32	18.00	1.45
采矿业	47	0.21	3.65	0.29
制造业	6 504	28.50	455.55	36.76
电力、燃气及水的生产和供应业	200	0.88	24.29	1.96
建筑业	180	0.79	12.20	0.98
交通运输、仓储和邮政业	401	1.76	42.17	3.40
信息传输、计算机服务和软件业	796	3.49	28.81	2.32
批发和零售业	7 349	32.21	115.11	9.29
住宿和餐饮业	436	1.91	7.72	0.62
金融业	555	2.43	86.55	6.98
房地产业	530	2.32	287.98	23.24
租赁和商务服务业	3 359	14.72	103.62	8.36
科学研究、技术服务和地质勘查业	1 241	5.44	27.50	2.22
水利、环境和公共设施管理业	107	0.47	10.36	0.84
居民服务和其他服务业	166	0.73	6.57	0.53
教育	22	0.10	0.18	0.01
卫生、社会保障和社会福利业	18	0.08	0.64	0.05
文化、体育和娱乐业	151	0.66	8.21	0.66

资料来源：商务部外资统计。

农业

中国农业[1]吸收外商投资规模较小。2002—2013 年，农业累计使用外资企业数 11 524 家，实际使用外资金额 156.9 亿美元。

2013 年，外商投资农业企业数 757 家，实际投资金额 18 亿美元，同比分别下降 14.17% 和 12.71%，占全国外商投资总量的比重分别为 3.32% 和 1.45%。

2002 年以来，2006 年外商对农业投资额达到最低点，以后逐年增加至 2012 年达到最高点，2013 年较 2012 年实际使用外资金额有所下降，具体见图 1-1-2。

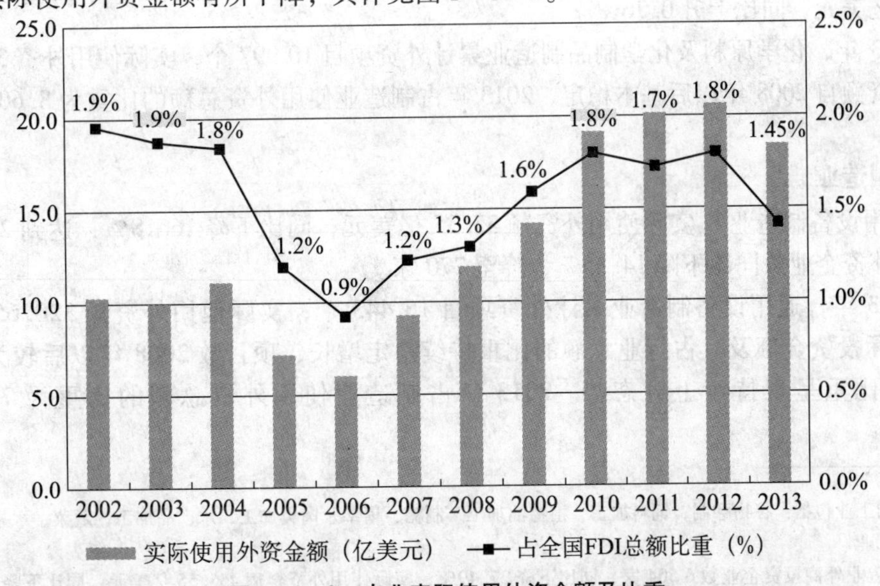

图 1-1-2　农业实际使用外资金额及比重

资料来源：商务部外资统计。

[1] 本节中，农业涵盖农业、林业、畜牧业、渔业以及农、林、牧、渔服务业。

农副食品加工业

2013 年外商投资农副食品加工业[1]企业数 182 家，同比下降 1.09%，实际使用外资金额 8.70 亿美元，同比下降 9.16%。

2002—2013 年，该行业累计外资项目 8 688 个，累计实际使用外资 149.3 亿美元。2011 年以来，外商对农副食品加工业投资额逐年下降。2013 年，该行业实际使用外资为近 6 年最低水平，较 2004 年最高水平下降 53.87%。2013 年该行业投资额占制造业投资[2]总额的比重为 1.9%，见图 1-1-3。

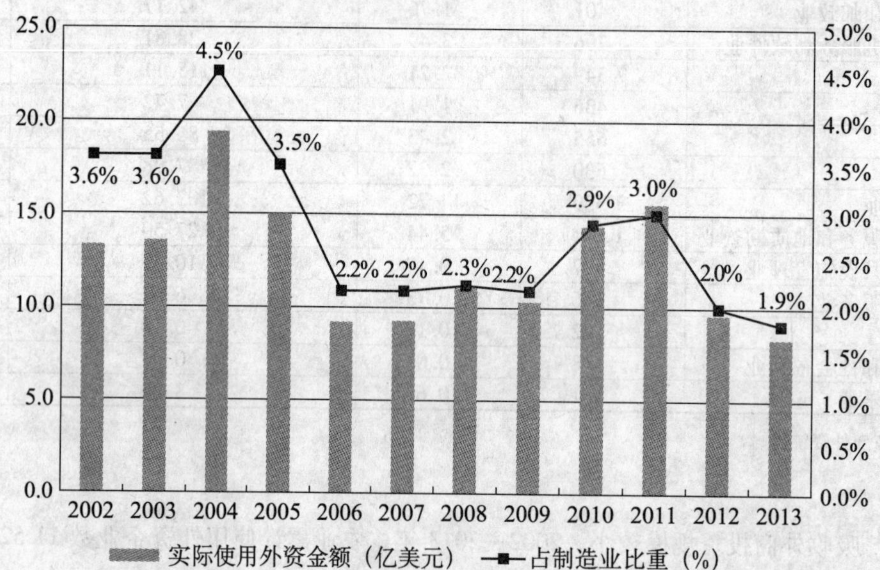

图 1-1-3　农副食品加工业实际使用外资金额及占制造业比重

资料来源：商务部外资统计。

化学原料及化学制品制造业

2013 年，外商投资化学原料及化学制品[3]制造业企业数 263 家，同比下降 15.43%；实际使用外资金额 39.30 亿美元，同比上升 0.76%。

2002—2013 年，化学原料及化学制品制造业累计外资项目 10 997 个，实际使用外资 391.6 亿美元。该行业外商投资额自 2008 年以后基本稳定，2013 年占制造业使用外资总额的比重为 8.60%。见图 1-1-4。

通用设备制造业

2013 年通用设备制造业[4]实际使用外资额 35.35 亿美元，同比下降 16.18%，达到 2002 年以来的第二最高值；外资企业数同比下降 14.35%，降至 770 家。

2002—2013 年，通用设备制造业累计外资项目 15 443 个，实际使用外资额 320.65 亿美元。从动态上看，实际投资金额及其占行业总额的比重持续稳定增长，项目数 2008 年以后较为平稳，但其占行业总量的比重呈现持续上升态势。2013 年占制造业使用外资总额的比重为 7.80%。见图 1-1-5。

[1] 农副食品加工业包括：谷物磨制，饲料加工，植物油加工，制糖，屠宰及肉类加工，水产品加工，蔬菜、水果和坚果加工，以及其他农副食品加工业。

[2] 2013 年制造业外商投资企业数 6 504 家，同比下降 27.49%；实际使用外资金额 455.55 亿美元，同比下降 6.78%。

[3] 化学原料及化学制品制造业包括：基础化学原料制造，肥料制造，农药制造，涂料、油墨、颜料及类似产品制造，合成材料制造，专用化学产品制造，日用化学产品制造等。

[4] 通用设备制造业主要包括：金属加工机械制造，起重运输设备制造，轴承、齿轮、传动和驱动部件的制造，通用零部件制造及机械修理等。

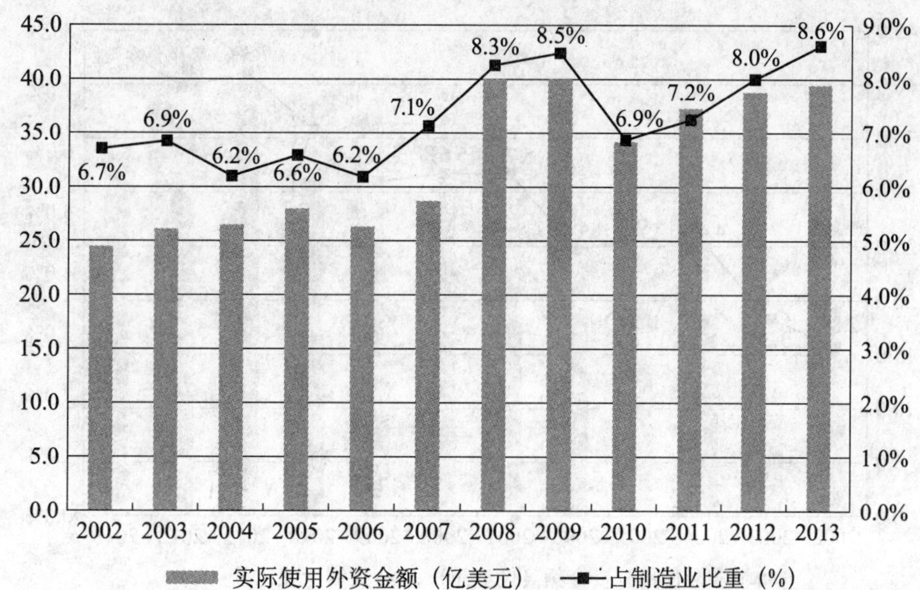

图 1-1-4 化学原料及化学制品制造业实际使用外资金额及占制造业比重

资料来源：商务部外资统计。

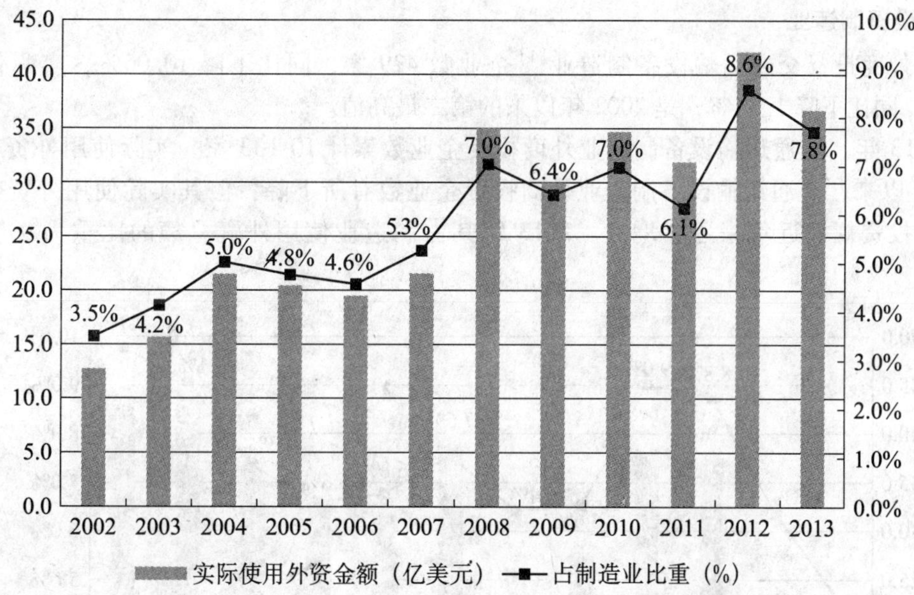

图 1-1-5 通用设备制造业实际使用外资金额及占制造业比重

资料来源：商务部外资统计。

专用设备制造业

2013 年，外商投资专用设备制造业[1]企业数 554 家，同比下降 20. 29%；实际使用外资额 34. 89 亿美元，同比下降 0. 77%。

2002—2013 年，专用设备制造业累计外资企业数 14 462 家，实际使用外资金额达 295. 69 亿美元。2006 年以来，专用设备制造业外资企业数逐年减少，但实际使用外资金额却逐年增加，表明该行业单一项目投资规模逐渐增大。2013 年专用设备制造业占制造业使用外资总额的比重为 7. 70%。见图 1-1-6。

[1] 专用设备制造业主要包括：食品、饮料、烟草及饲料生产专用设备，印刷、制药、日化生产专用设备，纺织、服装和皮革工业专用设备，电子和电工机械专用设备，农、林、牧、渔专用机械，医疗仪器设备及器械制造等。

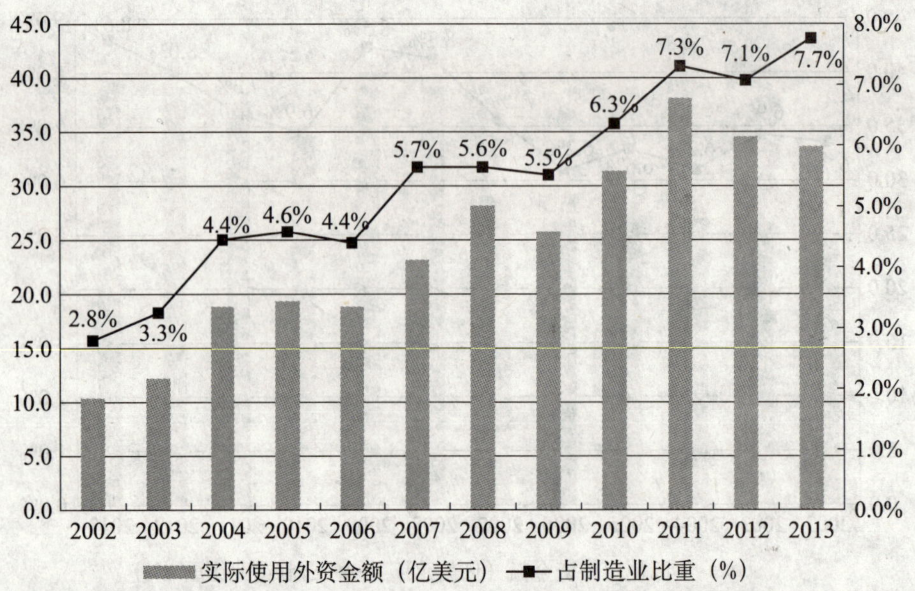

图 1－1－6　专用设备制造业实际使用外资金额及占制造业比重

资料来源：商务部外资统计。

交通运输设备制造业

2013 年，外商投资交通运输设备制造业[1]企业数 429 家，同比下降 10.06%；实际使用外资额 44.10 亿美元，同比下降 1.33%，是 2002 年以来的第二最高值。

2002—2013 年，交通运输设备制造业外商投资企业数累计 10 133 家，实际使用外资额 370.4 亿美元。2009 年以来，交通运输设备制造业外商投资企业数有所下降，但其实际使用外资额却逐年增加，表明行业投资规模近年来逐年增大。2013 年其占制造业使用外资总额的比重为 9.70%。见图 1－1－7。

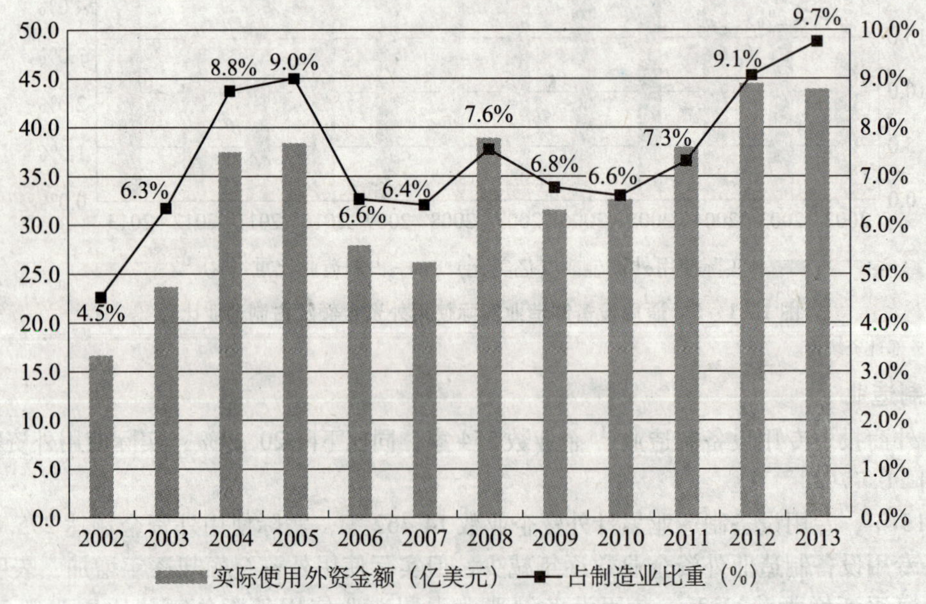

图 1－1－7　专用设备制造业实际使用外资金额及占制造业比重

资料来源：商务部外资统计。

[1] 交通设备制造业主要包括铁路运输设备、汽车、摩托车、自行车、船舶及浮动装置、航空航天器、交通器材及其他交通运输设备制造等。

通信设备、计算机及其他电子设备制造业

2013 年，外商投资通信设备、计算机及其他电子设备制造业[1]企业数 783 家，同比下降 24. 35%，降至 2002 年来最低值；实际使用外资额 64. 06 亿美元，同比下降 2. 72%。

2002—2013 年，该行业累计外资企业数 23243 家，实际使用外资累计金额 894. 66 亿美元。2011 年以来，通信设备、计算机及其他电子设备制造业外资企业数和实际使用外资额均有所下降，但外资企业数下降趋势更为明显。2013 年该行业占制造业使用外资总额的比重为 14. 10%。见图 1 –1 –8。

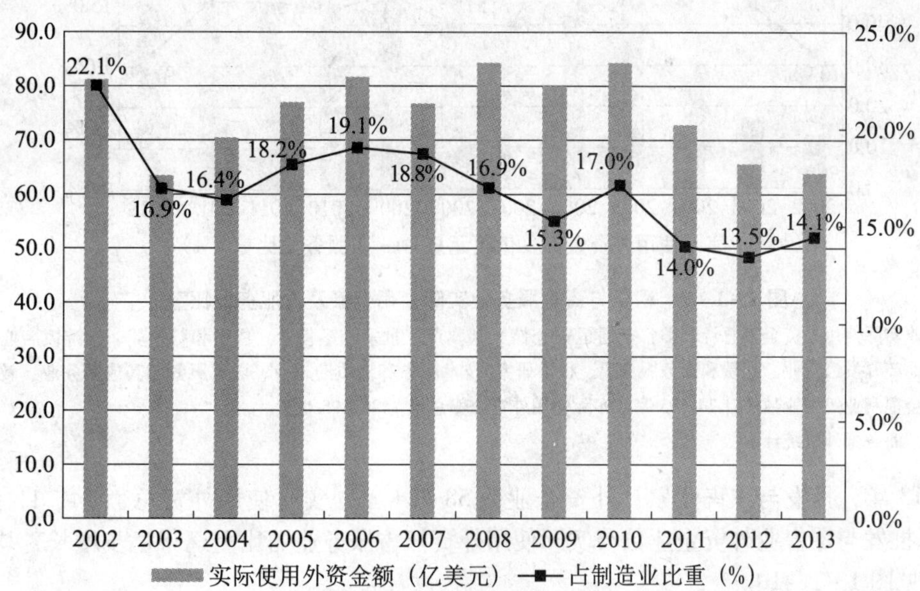

图 1 –1 –8　通信设备、计算机及其他电子设备制造业实际使用外资金额及占制造业比重

资料来源：商务部外资统计。

租赁与商务服务业

租赁与商务服务业[2]是外商投资的重要行业。2002—2013 年，租赁与商务服务业累计外资企业数 32 431家，实际使用外资累计金额 630. 92 亿美元。2002 年，投资该行业的外资企业数及其占服务业外资企业总数的比重均显著上升。2002—2013 年，该行业实际使用外资额也呈稳步增长趋势，占服务业实际使用外资总额的比重平均维持在 15% 左右。

2013 年，租赁与商务服务业外资企业数 3 359 家，同比上升 4. 03%；实际使用外资 103. 62 亿美元，同比上升 26. 19%。2013 年该行业占当年服务业使用外资总额的比重为 10. 80%。见图 1 –1 –9。

批发和零售业

批发与零售业[3]近年来成为外商对华服务业投资的重要行业。2013 年，批发与零售业外资企业数 7 349 家和 7 209 家，占服务业外资企业总数的 50. 74%；实际使用外资 115. 11 亿美元，占服务业的比重为 12. 0%。

---

[1] 通信设备、计算机及其他电子设备制造业包括通信设备制造、雷达及配套设备制造、广播电视设备制造、电子计算机制造、电子器件制造、电子元件制造、家用视听设备制造及其他电子设备制造等。

[2] 租赁与商务服务业包括租赁业和商务服务业，具体包括机械设备租赁、文化及日用品出租、企业管理服务、法律服务、咨询与调查、广告业、知识产权服务、职业中介服务、市场管理、旅行社及其他商务服务等。其他商务服务涵盖会议及展览服务、包装服务、保安服务、办公服务等。

[3] 批发和零售业包括批发业和零售业，包括：食品、饮料及烟草制品批发与零售，纺织、服装及日用品批发与零售，文化、体育用品及器材批发与零售，医药及医疗器材批发与零售，矿产品、建材及化工产品批发，机械设备、五金交电及电子产品批发，贸易经纪与代理，再生物资回收与批发，综合零售，汽车、摩托车、燃料及零配件专门零售，家用电器及电子产品专门零售，五金、家具及室内装修材料专门零售，无店铺及其他零售等。

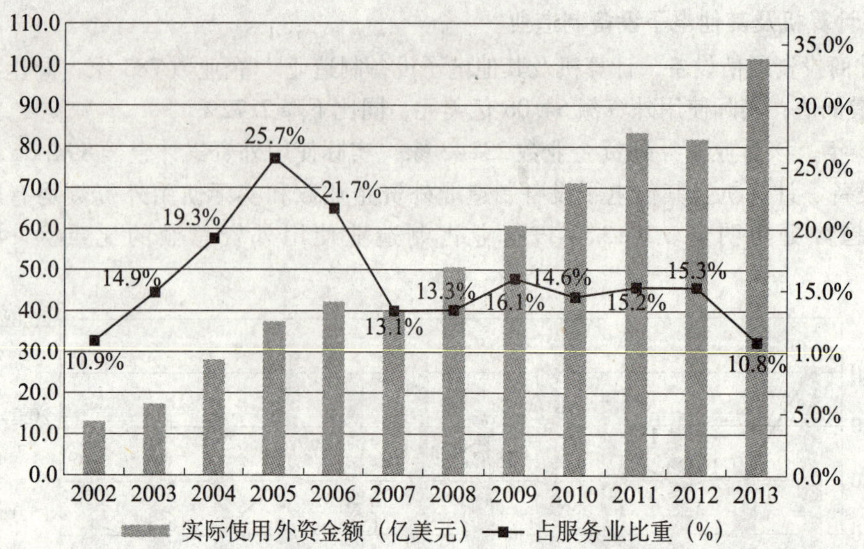

图 1－1－9　租赁与商务服务业实际使用金额及占服务业比重

注：服务业实际使用外资金额总计，即：交通运输仓储和邮政业、批发和零售业、住宿和餐饮业、旅游饭店业、金融业、房地产业、房地产开发经营业、租赁和商务服务业、科学研究/技术服务和地质勘查业、居民服务和其他服务业、教育、卫生/社会保障和社会福利业等企业数总计 14 485 家，实际使用外资金额总计为 961. 95 亿美元。

资料来源：商务部外资统计。

2002—2013 年，批发与零售业累计外资企业数 58 784 家，实际使用外资总额 541. 11 亿美元。自 2004 年至今，批发与零售业外资企业数与实际使用外资额占服务业的比重逐年稳步增长，均在 2013 年达到最大值。见图 1－1－10。

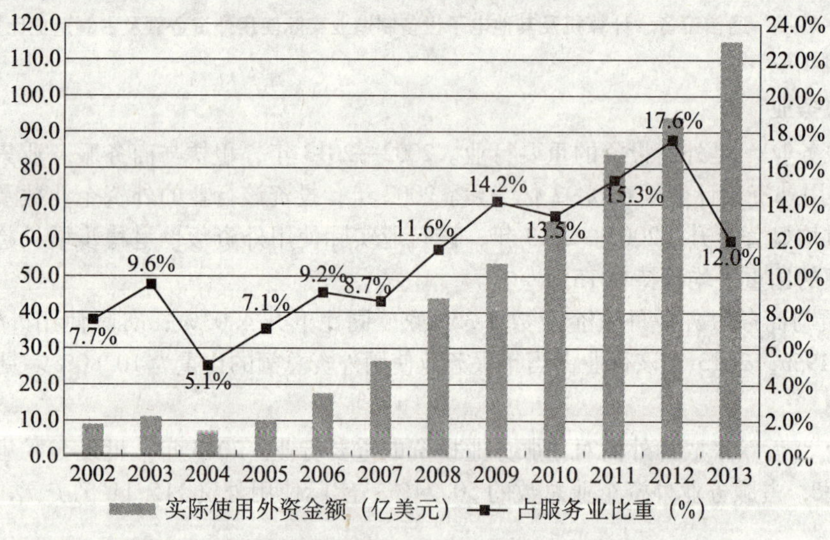

图 1－1－10　批发与零售业实际使用金额及占服务业比重

资料来源：商务部外资统计。

交通运输、仓储与邮政业

2002—2013 年，外商投资交通运输、仓储与邮政业[1]企业数 136 768 家，累计实际使用外资总额 273. 57 亿美元。2002—2008 年，该行业实际使用外资金额逐年上升，2009—2010 年调整，略有下降，从 2010 年起至今逐年上升，2013 年达到最大值。

[1] 交通运输、仓储和邮政业包括铁路运输业、道路运输业、城市公共交通业、水上运输业、航空运输业、管道运输业、装卸搬运和其他运输服务业、仓储业以及邮政业。

2013 年，交通运输、仓储与邮政业外资企业数同比上升 1.01% 至 401 家，实际使用外资额 42.17 亿美元，较上年上升了 21.41%。2013 年该行业占当年服务业使用外资总额的比重为 4.40%。具体见图 1-1-11。

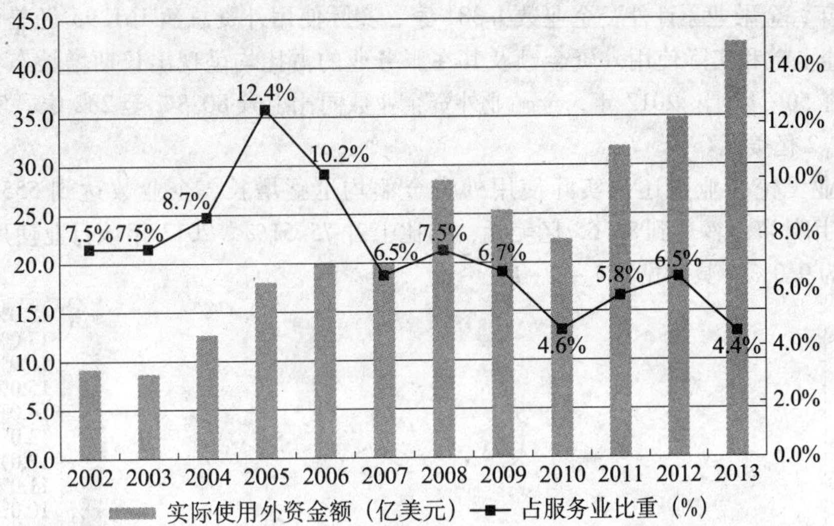

图 1-1-11　交通运输、仓储与邮政业实际使用外资金额及占服务业比重

资料来源：商务部外资统计。

卫生、社会保障和社会福利业

外商投资卫生、社会保障和社会福利业[1]较少。2002—2012 年，卫生、社会保障和社会福利业累计外资企业数 304 家，实际使用外资总额 7.668 亿美元。2013 年，卫生、社会保障和社会福利业外资企业数 18 家，同比下降 25%；实际使用外资金额 0.64 亿美元，同比上升 0.08%。到目前为止，该行业在 2003 年外商投资额为最高，但仅仅不到 1.3 亿美元，至 2007 年外商投资本行业逐年下降达到最低值，约为 0.1 亿美元；2007—2010 年外商投资反弹，逐年上升，而后在 2010 年至今又逐年下降。2013 年该行业使用外资额占当年服务业总额的比重为 0.07%。具体见图 1-1-12。

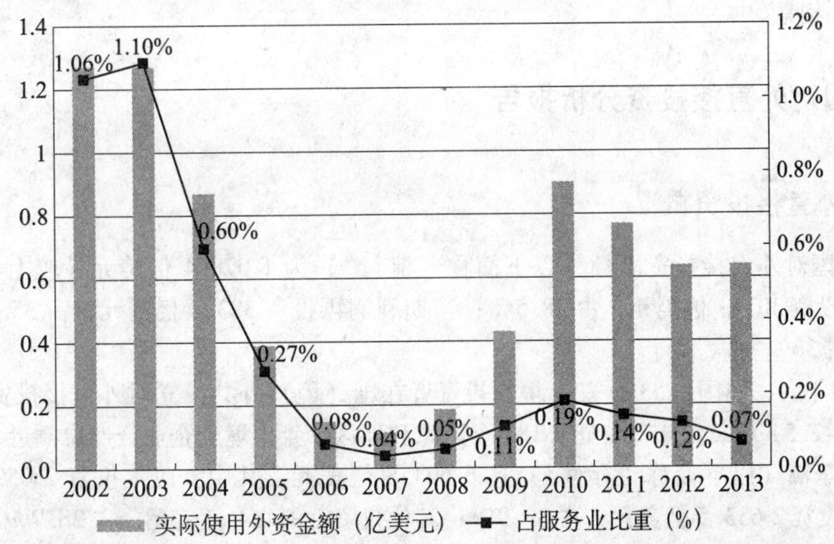

图 1-1-12　卫生、社会保障和社会福利业实际利用外资金额及占服务业比重

资料来源：商务部外资统计。

---

[1] 卫生、社会保障和社会福利业包括卫生和社会工作。其中：卫生业包括医院、社区医疗与卫生院、门诊部、计划生育技术服务活动、妇幼保健院（所、站）、疾病预防控制中心和其他卫生活动；社会工作包括提供住宿的干部休养所、护理机构服务、老年人、残疾人养护服务、孤残儿童收养和庇护服务以及其他提供住宿的社会救助和不提供住宿的社会看护与帮助服务及其他不提供住宿社会工作。

金融业

金融业[1]是外商对华投资的重要行业之一，近年来，无论是企业数还是实际投资额都有显著增长。2002—2013 年，金融业累计外资企业数 1 381 家，实际使用外资总额 161. 95 亿美元。2002—2012 年，金融业外资企业数和实际使用外资金额及其在服务业的占比均呈现出长期增长态势；2009—2011 年，增长率维持在 50% 以上。2012 年，金融业外资企业数同比上升 80. 8% 至 282 家，实际使用金额同比上升 11% 至 21. 2 亿美元。

2013 年金融业无论企业数还是实际使用外资金额均迅猛增长，企业数达到 555 家，同比上升 48. 29%；实际使用外资金额达到 86. 55 亿美元，同比上升 75. 51%。2013 年该行业使用外资占当年服务业总额的比重为 9. 0%。具体见图 1 -1 -13。

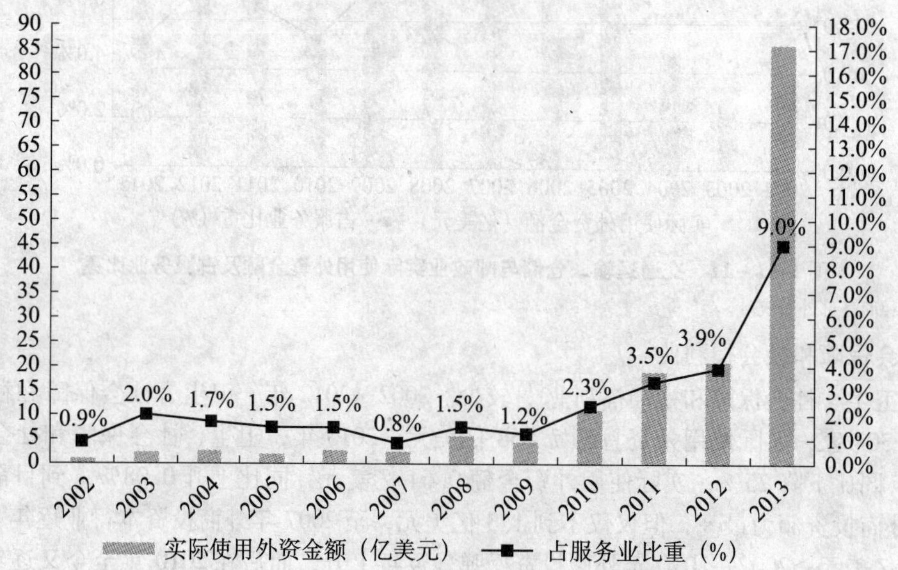

图 1 -1 -13 金融业实际利用外资金额及占服务业比重

资料来源：商务部外资统计。

（二）中国对外直接投资分析报告

1. 中国对外直接投资概况

2013 年，中国对外直接投资净额（以下简称“流量”）为 1 078. 4 亿美元，较上年增长 22. 8%。其中：新增股本投资 307. 3 亿美元，占 28. 5%；当期利润再投资 383. 2 亿美元，占 35. 5%；其他投资 387. 9 亿美元，占 36%。

截至 2013 年年底，中国 1. 53 万家[2]境内投资者在国（境）外共设立对外直接投资企业（以下简称“境外企业”）2. 54 万家，分布在全球 184 个国家和地区，年末境外企业资产总额近 3 万亿美元。对外直接投资累计净额（以下简称“存量”）达 6 604. 8 亿美元，其中：股本投资 2 059. 9 亿美元，占 31. 2%；利润再投资 2 633. 5 亿美元，占 39. 9%；其他投资 1 911. 4 亿美元，占 28. 9%。具体见表 1 -1 -7。

[1] 金融业包括银行业、保险业、证券业和其他金融活动，其他金融活动涵盖金融信托与管理、金融租赁、财务公司、邮政储蓄、典当等。

[2] 1. 53 万家境内投资者指的是按境内一级投资主体（即母公司）作为统计单位的数量。

表 1－1－7　　2013 年中国对外直接投资流量、存量分类构成情况表

分类	流量			存量	
	金额（亿美元）	同比（%）	比重（%）	金额（亿美元）	比重（%）
金融类	151.0	50.0	14.0	1 170.8	17.7
非金融类	927.4	19.3	86.0	5 434.0	82.3
合计	1 078.4	22.8	100.0	6 604.8	100.0

注：1. 金融类指境内投资者直接投向境外金融企业的投资；非金融类指境内投资者直接投向境外非金融企业的投资。

2. 2013 年非金融流量数据与商务部 2013 年快报数据（901.7 亿美元）差异主要为利润再投资部分。

2013 年，金融类对外直接投资流量 151 亿美元，其中货币金融服务类（原银行业）对外直接投资 74.8 亿美元，占 49.5%。

2013 年年末，金融类对外直接投资存量 1 170.8 亿美元，其中：货币金融服务类对外直接投资 709.2 亿美元，占 60.6%；保险业 74.7 亿美元，占 6.4%；资本市场服务（原证券业）43.1 亿美元，占 3.7%；其他金融业 343.8% 亿美元，占 29.3%。金融类境外企业资产总额 1.32 万亿美元。

截至 2013 年年末，中国国有商业银行[1]共在美国、日本、英国等 35 个国家和地区开设 61 家分行、49 家附属机构，员工总人数达 4 万人，其中雇用外方员工 3.8 万人，占 95%。2013 年年末，中国共在境外设立保险机构 10 家。

2013 年，中国非金融类对外直接投资 927.4 亿美元，同比增长 19.3%；境外企业实现销售收入 14 268亿美元，同比增长 14.5%；境内投资者通过境外企业实现的进出口额为 4 167 亿美元，同比增长 11.6%，其中：进口总值 3 078 亿美元，同比增长 4.6%；出口总值 1 089 亿美元，同比增长 38%。2013 年年末，非金融类对外直接投资存量 5 434 亿美元，境外企业资产总额 1.66 万亿美元。

2013 年，境外企业向投资所在国缴纳的各种税金总额 370 亿美元，年末境外企业员工总数 196.7 万人，其中雇用外方员工 96.7 万人，来自发达国家的雇员有 10.2 万人。

2. 中国对外直接投资的特点

（1）2013 年中国对外直接投资流量的特点

1）流量首破千亿，蝉联全球第三。

2013 年，全球工业生产和贸易疲弱，国际金融市场持续波动，世界经济增速继续小幅回落。全球外国直接投资相对活跃，流入和流出量分别较上年实现 9% 和 1.4% 的增长。中国继 2012 年首次位列世界第三大对外投资国以来，对外直接投资继续保持强劲增势，2013 年再创历史新高，达 1 078.4 亿美元，实现了 22.8% 的高增长，蝉联全球第三大对外投资国。自 2003 年中国有关部门权威发布年度数据以来，中国对外直接投资流量已实现连续 11 年增长，2002—2013 年的年均增长速度高达 39.8%，见图 1－1－14。

2）并购领域多元，单项金额创历史之最。

2013 年中国企业共实施对外投资并购项目 424 起，涉及 70 个国家和地区，实际交易总额 529 亿美元，其中：直接投资[2]337.9 亿美元，占当年中国对外直接投资总额的 31.3%；境外融资 191.1 亿美元，占并购金额的 36.1%。中国企业并购涉及采矿业、制造业、房地产、租赁和商务服务业、信息传输、软件和信息技术服务业、批发和零售业等 16 个行业大类。中国海洋石油总公司 148 亿美元收购加拿大尼克森公司 100% 股权项目，创下迄今中国企业海外并购金额之最。具体情况见表 1－1－8、表 1－1－9。

[1] 中国国有商业银行包括中国银行、中国农业银行、中国工商银行、中国建设银行和交通银行。

[2] 指境内投资者或其境外企业收购项目的款项来源于境内投资者的自由资金、境内银行贷款（不包括境内投资者担保的贷款）。

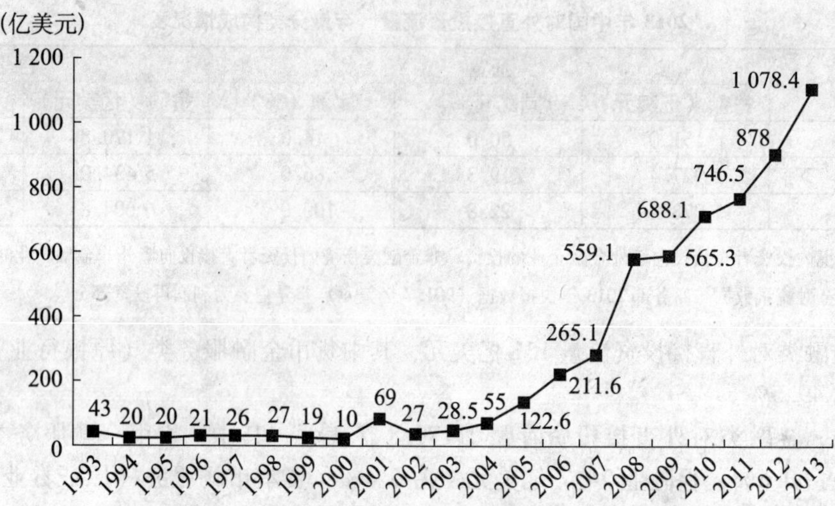

图1-1-14　1993—2013年中国对外直接投资流量情况

注：1993—2001年中国对外直接投资数据摘自联合国贸发会议世界投资报告，2002—2013年数据来源于中国商务部统计数据。

表1-1-8　2013年中国对外投资并购行业构成

行　业	数量（起）	实际交易金额（亿美元）	金额占比（%）
采矿业	43	342.3	64.7
制造业	129	73.2	13.8
房地产业	13	30.8	5.8
租赁和商务服务业	46	21.9	4.1
信息传输、软件和信息技术服务业	23	21.9	4.1
批发和零售业	88	11.4	2.2
住宿和餐饮业	5	7.7	1.5
农、林、牧、渔业	23	5.9	1.1
文化、体育和娱乐业	8	4.8	0.9
电力、热力、燃气及水的生产和供应业	11	3.5	0.7
科学研究和技术服务业	16	3.1	0.6
居民服务、维修和其他服务业	11	1.8	0.3
建筑业	2	0.2	0.2
水利、环境和公共设施管理业	2	0.2	
金融业	1	0.2	
交通运输、仓储和邮政业	3	0.1	
合　计	424	529.0	100

注：2013年双汇国际71亿美元收购美国史密斯菲尔德（Smithfield Foods）食品公司100%股权项目，不属中国对外直接投资统计范畴。

表1-1-9　2004—2013年中国对外投资并购情况

年 份	并购金额（亿美元）	同 比（%）	比 重（%）
2004	30.0	—	54.5
2005	65.0	116.7	53.0
2006	82.5	26.9	39.0
2007	63.0	-23.6	23.8

续表

年份	并购金额（亿美元）	同比（%）	比重（%）
2008	302.0	379.4	54.0
2009	192.0	-36.4	34.0
2010	297.0	54.7	43.2
2011	272.0	-8.4	36.4
2012	434.0	—	31.4
2013	529.0	21.9	31.3

注：2012 年、2013 年并购金额包括境外融资部分，比重为直接投资占当年流量的比重。

3）股本投资占比下降，利润再投资提升一成。

2013 年，新增股本投资 307.3 亿美元，同比减少 1.3%，占当年流量总额的 28.5%，较上年下降 7 个百分点；利润再投资 383.2 亿美元，同比增长 70.5%，占当年流量总额的 35.5%，较上年提升 9.9 个百分点；其他投资 387.9 亿美元，同比增长 13.5%，占当年流量总额的 35.9%。具体见表 1－1－10 和图 1－1－15。

表 1－1－10　　2006—2013 年中国对外直接投资流量构成

年份	流量（亿美元）	新增股本		当期利润再投资		其他投资	
		金额（亿美元）	比重（%）	金额（亿美元）	比重（%）	金额（亿美元）	比重（%）
2006	211.6	51.7	24.4	66.5	31.4	93.4	44.2
2007	265.1	86.9	32.8	97.9	36.9	80.3	30.3
2008	559.1	283.6	50.7	98.9	17.7	176.6	31.6
2009	565.3	172.5	30.5	161.3	28.5	231.5	41.0
2010	688.1	206.4	30.0	240.1	34.9	241.6	35.1
2011	746.5	313.8	42.0	244.6	32.8	188.1	25.2
2012	878.0	311.4	35.5	224.7	25.6	341.9	38.9
2013	1 078.4	307.3	28.5	383.2	35.5	387.9	35.9

资料来源：商务部外资统计。

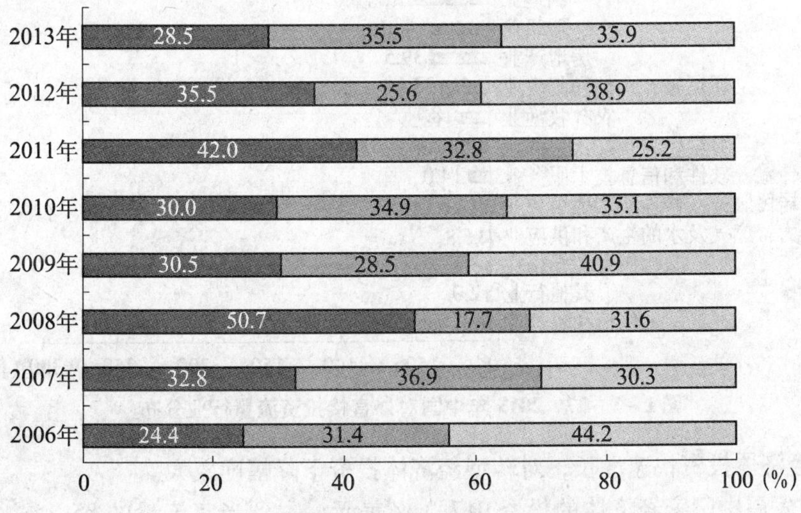

图 1－1－15　2006—2013 年中国对外直接投资构成情况

4）主要行业流量超百亿，采矿业、金融业、房地产等领跑增幅榜。

2013 年，中国对外直接投资流量超过 100 亿美元的行业大类有 4 个，累计金额 816. 2 亿美元，占流量总额的 75. 7%。具体情况如下：租赁和商务服务业（以投资控股为主要目的）270. 6 亿美元，占 25. 1%，同比增长 1. 2%；采矿业 248. 1 亿美元，占 23%，同比增长 83. 2%，主要是石油天然气开采业、有色金属开采业、煤炭开采和洗选业、黑色金属矿采选业等；金融业 151 亿美元，占 14%，同比增长 50%；批发和零售业 146. 5 亿美元，占 13. 6%，同比增长 12. 3%。

从各行业流量的增长情况看，除上述采矿业、金融业实现 50% 以上的高速增长外，流向房地产的投资 39. 5 亿美元，同比增长 95. 9%；建筑业 43. 6 亿美元，同比增长 34. 5%；农、林、牧、渔业 18. 1 亿美元，同比增长 24. 1%；科学研究和技术服务业 17. 9 亿美元，同比增长 21. 2%。

制造业是流量前十行业中唯一负增长的行业，流量金额 72. 0 亿美元，同比下降 17%，占流量总额的 6. 7%。它主要包括汽车、电器机械及器材、黑色金属冶炼和压延加工、金属制品、计算机/通信及其他电子设备、专用设备、纺织、食品、化学原料和化学制品制造业等的投资。见图 1 - 1 - 16、图 1 - 1 - 17。

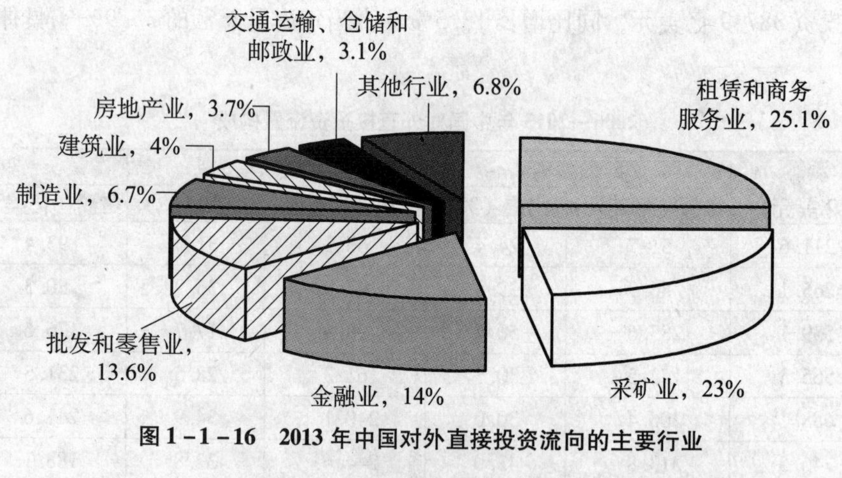

图 1 - 1 - 16　2013 年中国对外直接投资流向的主要行业

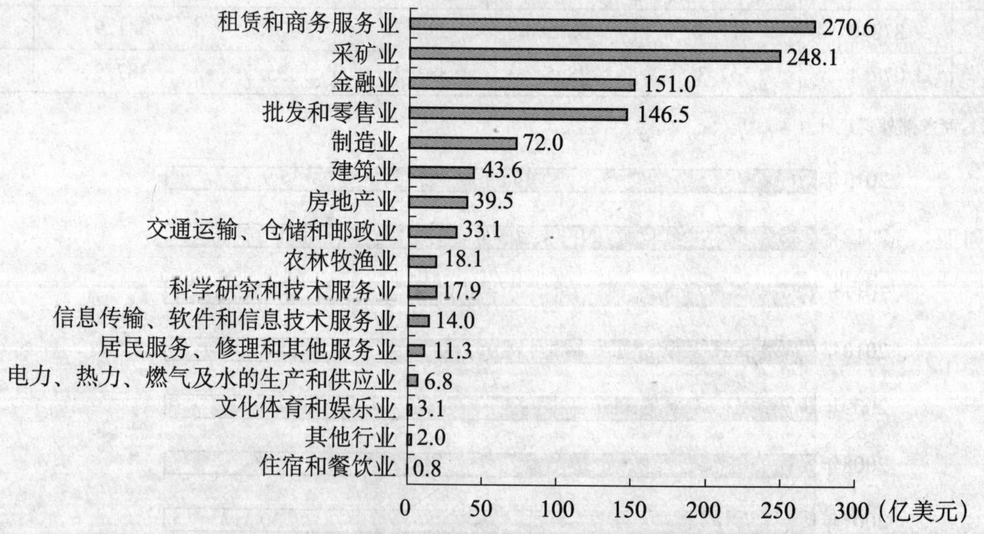

图 1 - 1 - 17　2013 年中国对外直接投资流量行业分布

5）对发展中经济体投资快速增长，对转型经济体投资下降幅度较大。

2013 年，流向发展中国家经济体的投资 917. 3 亿美元，占到当年流量的 85. 1%，同比增长 31%，其中：对东盟投资 72. 67 亿美元，同比增长 19. 1%；流向发达国家经济体 138. 3 亿美元，同比增长 2. 4%，占 12. 8%；流向转型经济体 22. 8 亿美元，同比下降 46. 8%。2012 年中国对哈萨克斯坦的投资流量高达29.96亿美元，占对转型经济体投资额的70%，而2013年对哈投资仅为8.11亿美元，同比下降72.9%。但中国对格鲁吉亚、俄罗斯、吉尔吉斯坦的投资分别实现了59.5%、30.2%、26%的较高增长。具体情况见表1－1－11、表1－1－12。

表1－1－11　　2013年中国对经济体直接投资流量构成

经济体	金额（亿美元）	同比增长（%）	比重（%）
发达国家经济体	138.3	2.4	12.8
发展中经济体	917.3	31.0	85.1
转型经济体	22.8	-46.8	2.1
合　计	1 078.4	22.8	100.0

注：经济体划分标准来源于联合国贸发会议《世界投资报告》。

表1－1－12　　2013年中国对转型经济体投资情况

经济体名称	流　量（亿美元）	同比增长（%）
东南欧	1 206	431.3
独联体	215 409	-48.8
格鲁吉亚	10 962	59.5
合　计	227 577	-46.8

注：东南欧包括阿尔巴尼亚、波斯尼亚和黑塞哥维那、塞尔维亚、黑山、马其顿共和国；独联体包括亚美尼亚、阿塞拜疆、白俄罗斯、吉尔吉斯斯坦、摩尔多瓦、俄罗斯联邦、乌克兰、塔吉克斯坦、哈萨克斯坦、土库曼斯坦、乌兹别克斯坦。

6）对中国香港以及开曼群岛、英属维尔京群岛、卢森堡的投资大幅增长。

2013年，中国流向中国香港以及开曼群岛、英属维尔京群岛、卢森堡的直接投资共计765.74亿美元，较上年的552.46亿美元增长38.6%，占流量前20个国家和地区的比重由上年的69.9%上升至78.9%，占当年流量总额的71%。中国企业在上述国家和地区设立的企业以商务服务业为主，2013年主要并购项目大多通过这些境外企业再投资完成。流量在10亿美元以上的国家和地区有：

中国香港：628.24亿美元，占当年流量的58.3%，主要流向租赁和商务服务业、金融业、批发和零售业、采矿业、交通运输业、仓储和邮政业、房地产业、制造业。

开曼群岛：92.53亿美元，占当年流量的8.6%，主要流向商务服务业。

美国：38.73亿美元，占当年流量的3.6%，主要流向采矿业，房地产业，制造业，批发和零售业，交通运输，仓储业，租赁和商务服务业，科学研究和技术服务业，建筑业等。

澳大利亚：34.58亿美元，占当年流量的3.2%，主要流向采矿业，房地产业，租赁和商务服务业，批发和零售业，金融业，电力、热力、燃气及水的生产和供应业，制造业，农、林、牧、渔业。

英属维尔京群岛：32.22亿美元，占当年流量的3%，主要流向商务服务业。

新加坡：20.33亿美元，占当年流量的1.9%，主要流向批发和零售业，金融业，电力、热力、燃气及水的生产和供应业，商务服务业，建筑业，农、林、牧、渔业，采矿业，制造业等。

印度尼西亚：15.63亿美元，占当年流量的1.5%，主要分布在采矿业，电力、热力、燃气及水的生产和供应业，制造业，金融业，建筑业，农、林、牧、渔业等。

英国：14.2亿美元，占当年流量的1.3%，主要流向制造业、金融业、批发和零售业、商务服务业等。

卢森堡：12.75亿美元，占当年流量的1.2%，主要流向金融业，商务服务业，采矿业，电力、热力、燃气及水的生产和供应业，批发和零售业等。

俄罗斯：10.22亿美元，占当年流量的0.9%，主要流向农、林、牧、渔业，采矿业，制造业，金融业，批发和零售业等。

加拿大：10.09 亿美元，占当年流量的 0.9%，主要分布在采矿业、金融业、房地产业、制造业、居民服务业等。

2013 年中国对外直接投资流量前二十位的国家和地区见表 1－1－13。

表 1－1－13　　2013 年中国对外直接投资流量前二十位的国家和地区

序号	国家和地区	流 量（亿美元）	比 重（%）
1	中国香港	628.24	58.3
2	开曼群岛	92.53	8.6
3	美国	38.73	3.6
4	澳大利亚	34.58	3.2
5	英属维尔京群岛	32.22	3.0
6	新加坡	20.33	1.9
7	印度尼西亚	15.63	1.5
8	英国	14.20	1.3
9	卢森堡	12.75	1.2
10	俄罗斯联邦	10.22	0.9
11	加拿大	10.09	0.9
12	德国	9.11	0.8
13	哈萨克斯坦	8.11	0.8
14	老挝	7.81	0.7
15	泰国	7.55	0.7
16	伊朗	7.45	0.7
17	马来西亚	6.16	0.6
18	津巴布韦	5.18	0.5
19	柬埔寨	4.99	0.4
20	越南	4.81	0.4
合 计		970.69	90.0

资料来源：商务部外资统计。

7）除对欧洲地区投资下滑外，对其他地区均呈不同程度的增长。

2013 年，中国对欧洲地区的投资 59.5 亿美元，同比下降 15.4%，占当年流量总额的 5.5%。主要流向英国、卢森堡、俄罗斯、德国、荷兰、法国、挪威、瑞典等。

流向拉丁美洲的投资 143.6 亿美元，实现了 132.7% 的高速增长，占当年流量总额的 13.3%。主要流向开曼群岛、英属维尔京群岛、厄瓜多尔、委内瑞拉、巴西等。其中，对避税地开曼群岛和英属维尔京群岛的投资 124.75 亿美元，占对拉美地区投资总额的 86.9%。

流向大洋洲 36.6 亿美元，同比增长 51.6%，占当午流量总额的 3.4%。主要流向澳大利亚、新西兰、斐济、巴布亚新几内亚等。

流向非洲 33.7 亿美元，同比增长 33.9%，占当年流量总额的 3.2%。主要分布在津巴布韦、赞比亚、肯尼亚、安哥拉、尼日利亚、阿尔及利亚、坦桑尼亚、苏丹等。2013 年对非投资领域分布广泛，主要涉及建筑业、采矿业、制造业、科学研究和技术服务业、农林牧渔业、文化娱乐业等 17 个行业大类，具体情况见表 1－1－14。

表 1－1－14　　2013 年中国对非洲直接投资流量行业构成

行 业	流 量（万美元）	比 重（%）
建筑业	123 940	36.8
采矿业	83 176	24.7
制造业	50 944	15.1

续表

行　业	流量（万美元）	比重（%）
科学研究和技术服务业	44 844	13.3
农、林、牧、渔业	16 726	5.0
文化、体育和娱乐业	15 230	4.5
批发和零售业	9 509	2.8
租赁和商务服务业	6 810	2.0
房地产业	3 284	1.0
电力、热力、燃气及水的生产和供应业	2 076	0.6
交通运输、仓储和邮政业	625	0.2
水利、环境和公共设施管理业	200	0.1
卫生和社会工作	119	
信息传输、软件和信息技术服务业	55	
居民服务、修理和其他服务业	44	
住宿和餐饮业	41	
金融业	-20 559	-6.1
合　计	337 064	100.0

流向亚洲756亿美元，同比增长16.7%，占当年流量总额的70.1%，主要分布在中国香港以及新加坡、印度尼西亚、哈萨克斯坦、老挝、泰国、伊朗、马来西亚、柬埔寨等地区和国家。其中对中国香港的投资占对亚洲投资流量的83.1%。

流向北美洲49亿美元，较上年实现0.4%的微增长，占当年流量总额的4.5%，主要流向美国、加拿大等国。

2013年中国对外直接投资流量地区分布情况见图1－1－18，2013年中国对外直接投资流量地区构成情况见表1－1－15。

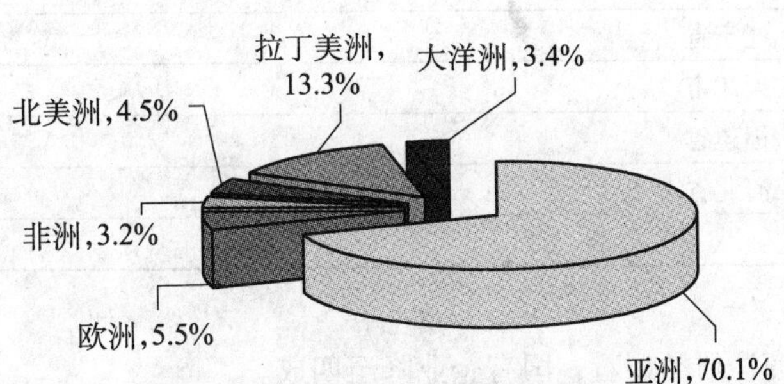

图1－1－18　2013年中国对外直接投资流量地区分布

表1－1－15　**2013年中国对外直接投资流量地区构成情况**

洲　别	金　额（亿美元）	同比增长（%）	比　重（%）
亚洲	756.0	16.7	70.1
拉丁美洲	143.6	132.7	13.3
欧洲	59.5	-15.4	5.5
北美洲	49.0	0.4	4.5
大洋洲	36.6	51.6	3.4
非洲	33.7	33.9	3.2
合　计	1 078.4	22.8	100.0

8）地方对外投资稳步增长，广东、山东、北京位列前三。

2013 年，地方非金融类对外直接投资流量达 364.15 亿美元，同比增长 6.5%，占全国非金融类对外直接投资流量的 39.3%，其中：东部地区 292.24 亿美元，同比增长 14.8%；中部地区 35.36 亿美元，同比增长 9.6%；西部地区 36.55 亿美元，同比下降 33.9%。广东、山东、北京、江苏、上海、浙江、辽宁、天津、福建、河北等位列地方对外直接投资流量前 10 位，合计 268.81 亿美元，占地方对外投资流量的 73.8%，其中北京、天津、河北分别实现了 144.5%、66%、60.5% 的高增长。2013 年地方对外直接投资流量按区域分布情况见表 1－1－16，地方对外直接投资流量前十位的省份见表 1－1－17。

表 1－1－16　　2013 年地方对外直接投资流量按区域分布情况

地　区	流　量（亿美元）	同比增长（%）
东部地区	292.24	14.8
中部地区	35.36	9.6
西部地区	36.55	-33.9
合　计	364.15	6.5

注：1. 中部地区包括山西、安徽、江西、河南、湖北、湖南六省。
2. 西部地区包括内蒙古、广西、四川、重庆、贵州、云南、陕西、甘肃、青海、宁夏、新疆、西藏等 12 省份。

表 1－1－17　　2013 年地方对外直接投资流量前十位的省份

序号	省　份	流　量（亿美元）
1	广东省	59.43
2	山东省	42.65
3	北京市	41.30
4	江苏省	30.20
5	上海市	26.75
6	浙江省	25.53
7	辽宁省	12.95
8	天津市	11.20
9	福建省	9.52
10	河北省	9.28
合　计		268.81

资料来源：商务部外资统计。

9）从境外投资者工商注册类型看，国有企业降至四成。

2013 年，非金融类对外直接投资 927.4 亿美元，其中：国有企业占 43.9%，有限责任公司占 42.2%，股份有限公司占 6.2%，股份合作企业占 2.2%，私营企业占 2%，外商投资企业占 1.3%，其他占 2.2%。

（2）2013 年末中国对外直接投资存量特点

1）全球排名前进两位，与发达国家仍存在较大差距。

2013 年年末，中国对外直接投资存量 6 604.8 亿美元，按国家和地区存量排名，超过意大利和西班牙名列全球第 11 位，较上年前进两位。中国对外直接投资起步晚、发展快，但存量规模仍远不及发达国家，仅相当于同期美国对外投资存量的 10.4%、英国的 35%、德国的 38.6%、法国的 40.3%、日本的 66.5%。

近十年中国对外直接投资存量情况见图 1－1－19，2013 年末全球对外直接投资存量前十位的国家和地区见表 1－1－18。

表 1-1-18　2013 年年末全球对外直接投资存量前十位的国家和地区

位次	国家和地区	2013 年末存量（亿美元）	中国存量占比（%）
1	美国	63 495. 1	10. 4
2	英国	18 848. 2	35. 0
3	德国	17 103. 0	38. 6
4	法国	16 371. 4	40. 3
5	中国香港	13 523. 5	48. 8
6	瑞士	12 593. 7	52. 4
7	荷兰	10 718. 2	61. 6
8	比利时	10 090. 0	65. 5
9	日本	9 929. 0	66. 5
10	加拿大	7 324. 2	90. 2

注：数据来源于联合国贸发会议《2014 世界投资报告》。

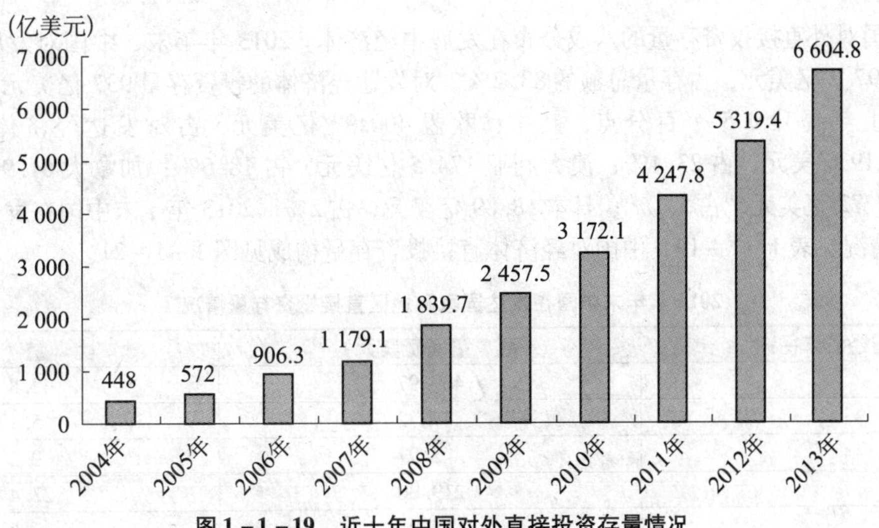

图 1-1-19　近十年中国对外直接投资存量情况

2）市场遍布全球六大洲，八成存量集中在发展中经济体。

2013 年年末，中国对外直接投资分布全球 184 个国家和地区，占全球国家和地区总数的 79%，2013 年较上年新增了对马尔代夫、尼加拉瓜、基里巴斯、伯利兹、布基纳法索等国家的投资。

亚洲：2013 年年末，中国在亚洲地区的投资存量为 4 474. 1 亿美元，占中国投资存量总额的 67. 7%，主要分布在中国香港、澳门以及新加坡、哈萨克斯坦、印度尼西亚、缅甸、蒙古、伊朗、柬埔寨、老挝、泰国、印度、巴基斯坦、越南等，其中中国香港占亚洲存量的 84. 3%。

拉丁美洲：860. 9 亿美元，占中国投资存量总额的 13%，主要分布在开曼群岛、英属维尔京群岛、委内瑞拉、巴西、阿根廷、厄瓜多尔、秘鲁、墨西哥等。其中开曼群岛和英属维尔京群岛累计存量 762. 2 亿美元，占对拉美地区投资存量的 88. 5%。

中国在亚洲和拉丁美洲的投资存量达 5 335 亿美元，共分布在 75 个国家和地区，占年末存量的 80. 7%，而覆盖的国家和地区数量仅占 40. 8%。

欧洲：531. 6 亿美元，占中国投资存量总额的 8. 1%，主要分布在英国、卢森堡、俄罗斯、挪威、法国、德国、荷兰、瑞典、意大利等国家。

北美洲：286. 1 亿美元，占中国投资存量总额的 4. 3%，主要分布在美国、加拿大等国家。

非洲：261. 9 亿美元，占中国投资存量总额的 4%，主要分布在南非、赞比亚、尼日利亚、安哥拉、津巴布韦、苏丹、阿尔及利亚、刚果（金）、毛里求斯、加纳、埃塞俄比亚、坦桑尼亚、刚果（布）、肯尼亚等国家。

大洋洲：190.2 亿美元，占中国投资存量总额的 2.9%，主要分布在澳大利亚、新西兰、巴布亚新几内亚、斐济、萨摩亚等国家。

2013 年中国对外直接投资存量地区分布情况见图 1-1-20。

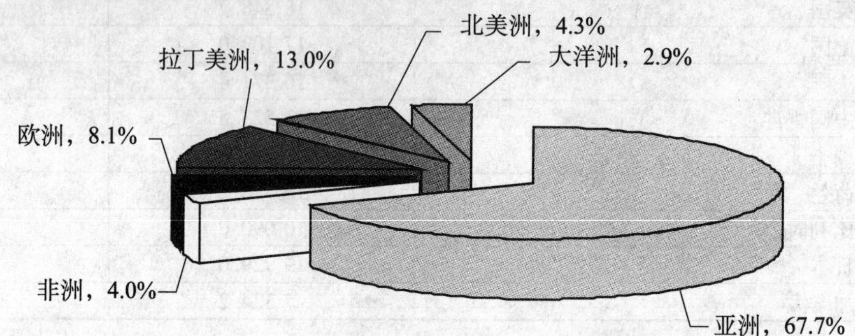

图 1-1-20　2013 年中国对外直接投资存量地区分布情况

2013 年中国对外直接投资存量的八成分布在发展中经济体。2013 年年末，中国对发展中经济体的投资存量为 5 497.2 亿美元，占存量总额的 83.2%。对发达经济体的投资存量 937 亿美元，占存量总额的 14.2%，较上年提升 0.5 个百分点，其中：欧盟 400.97 亿美元，占对发达经济体投资存量的 42.8%；美国 219 亿美元，占 23.4%；澳大利亚 174.5 亿美元，占 18.6%；加拿大 61.96 亿美元，占 6.6%；挪威 47.72 亿美元，占 5.1%；日本 18.89 亿美元，占 2%。2013 年年末中国在发达国家和地区直接投资存量情况见表 1-1-19，中国对经济体直接投资存量构成见图 1-1-21。

表 1-1-19　　2013 年年末中国在发达国家和地区直接投资存量情况

国家和经济体名称	存　量（亿美元）	比　重（%）
欧盟	400.97	42.8
挪威	47.72	5.1
瑞士	2.97	0.3
美国	219.00	23.4
加拿大	61.96	6.6
澳大利亚	174.50	18.6
新西兰	5.42	0.6
日本	18.98	2.0
以色列	0.34	—
百慕大	5.14	0.6
合　计	937.00	100.0

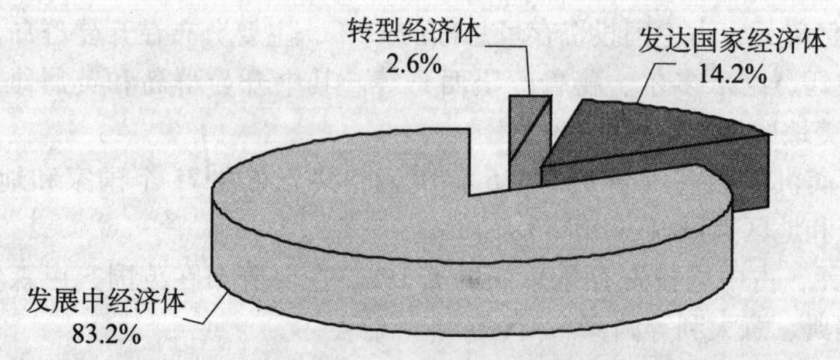

图 1-1-21　2013 年年末中国对经济体直接投资存量构成

2013 年年末，中国对转型经济体的直接投资存量 170.6 亿美元，占存量总额的 2.6%。其中：俄罗斯 75.82 亿美元，占对转型经济体投资存量的 44.4%；哈萨克斯坦 69.57 亿美元，占对转型经济体投资存量的40.8%；吉尔吉斯斯坦8.86亿美元，占对转型经济体投资存量的5.2%；塔吉克斯坦5.99亿美元，占对转型经济体投资存量的3.5%；土库曼斯坦2.53亿美元，占对转型经济体投资存量的1.5%。

2013年年末，中国对外直接投资存量前20位的国家和地区累计达到5 861.6亿美元，占中国对外直接投资存量的88.7%。它们是中国香港、开曼群岛、英属维尔京群岛、美国、澳大利亚、新加坡、英国、卢森堡、俄罗斯、哈萨克斯坦、加拿大、挪威、印度尼西亚、法国、南非、德国、缅甸、中国澳门、蒙古、荷兰。

2013年年末中国对外直接投资存量前20位的国家和地区见表1－1－20。

表1－1－20　2013年年末中国对外直接投资存量前20位的国家和地区

序号	国家和地区	存量（亿美元）	比重（%）
1	中国香港	3 770.93	57.1
2	开曼群岛	423.24	6.4
3	英属维尔京群岛	339.03	5.1
4	美国	219.00	3.3
5	澳大利亚	174.50	2.6
6	新加坡	147.51	2.2
7	英国	117.98	1.8
8	卢森堡	104.24	1.6
9	俄罗斯联邦	75.82	1.1
10	哈萨克斯坦	69.57	1.1
11	加拿大	61.96	0.9
12	挪威	47.72	0.7
13	印度尼西亚	46.57	0.7
14	法国	44.48	0.7
15	南非	44.00	0.7
16	德国	39.79	0.6
17	缅甸	35.70	0.6
18	中国澳门	34.09	0.5
19	蒙古	33.54	0.5
20	荷兰	31.93	0.5
合　计		5 861.60	88.7

3）涉及国民经济各行业，五大行业集中度超八成。

2013年年末，中国对外直接投资覆盖了国民经济所有行业类别，其中租赁和商务服务业、金融业、采矿业、批发和零售业、制造业等五大行业累计存量达5 486亿美元，占中国对外直接投资存量总额的83%。

租赁和商务服务业：（以投资控股为主要目的）1 957.4亿美元，占29.6%。

金融业：1 170.8亿美元，占17.7%。其中，货币金融服务709.2亿美元，占金融业存量的60.6%；资本市场服务43.1亿美元，占3.7%；保险业74.7亿美元，占6.3%；其他金融业343.8亿美元，占29.4%。

采矿业：1 061.7亿美元，占16.1%，主要分布在石油和天然气开采业，黑色属、有色金属矿采选业。

批发和零售业：876.5亿美元，占13.3%，主要为贸易类投资。

制造业：419.8亿美元，占6.4%，主要分布在化学原料及化学制品制造业，通信设备、计算机及其他电子设备制造业，汽车制造业，专用设备制造业，电器机械和器材制造业，纺织业，食品制造业，有色金属冶炼及压延加工业，黑色金属冶炼及压延加工业，医药制造业，纺织服装，装饰业，通用设备制造业，金属制品业，橡胶和塑料制品业等。

交通运输、仓储和邮政业：322.3 亿美元，占 4.9%，主要分布在水上运输业、装卸搬运及其他运输代理业、航空运输业、管道运输业等。

建筑业：194.5 亿美元，占 2.9%，主要是房屋建筑业、建筑装饰和其他建筑业、建筑安装业的投资。

房地产业：154.2 亿美元，占 2.3%。

电力、热力、燃气及水的生产和供应业：112 亿美元，占 1.7%，主要为电力、热力生产和供应业的投资。

科学研究和技术服务业：86.7 亿美元，占 1.3%，主要为专业技术服务业、研究实验和发展的投资。

居民服务、修理和其他服务业：76.9 亿美元，占 1.2%，主要是其他服务业以及居民服务业的投资。

信息传输、软件和信息技术服务业：73.8 亿美元，占 1.1%，主要为软件和信息技术服务业等。

农、林、牧、渔业：71.8 亿美元，占 1.1%，其中农业占 28.6%、林业占 26.8%、渔业占 14.3%。

文化、体育和娱乐业：11 亿美元，占 0.2%。

住宿和餐饮业：9.5 亿美元，占 0.1%。

其他行业：5.9 亿美元，占 0.1%。

2013 年年末中国对外直接投资存量行业分布见图 1－1－22，直接投资存量比重见图 1－1－23。

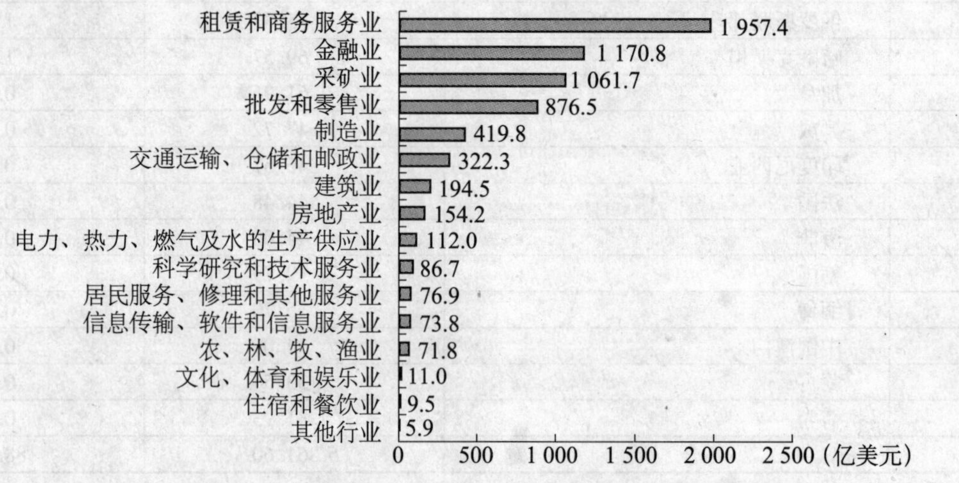

图 1－1－22　2013 年年末中国对外直接投资存量行业分布

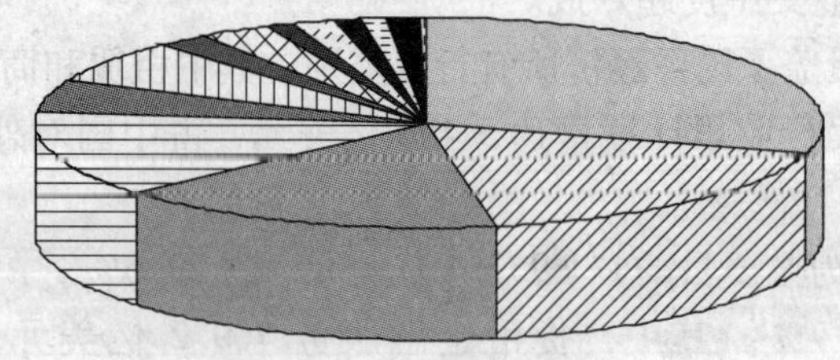

图 1－1－23　2013 年年末中国对外直接投资存量行业比重

从存量行业的地区分布情况看，中国对各地区直接投资的行业高度集中，具体情况见表 1－1－21。

表 1－1－21　　2013 年年末中国对各洲直接投资存量前五位的行业

地区	行业名称	存量（亿美元）	比重（%）
亚洲	租赁和商务服务业	1 398.2	31.2
	金融业	838.1	18.7
	批发和零售业	709.8	15.9
	采矿业	571.7	12.8
	交通运输、仓储和邮政业	277.2	6.2
	小　计	3 795.0	84.8
非洲	采矿业	69.2	26.4
	建筑业	68.4	26.1
	金融业	36.6	14.0
	制造业	35.1	13.4
	科学研究和技术服务业	13.4	5.1
	小　计	222.7	85.0
欧洲	租赁和商务服务业	113.1	21.3
	制造业	108.6	20.4
	采矿业	93.3	17.6
	金融业	89.0	16.7
	批发和零售业	45.1	8.5
	小　计	449.1	84.5
拉丁美洲	租赁和商务服务业	410.8	47.7
	采矿业	149.3	17.3
	金融业	120.7	14.1
	批发和零售业	85.6	9.9
	交通运输、仓储和邮政业	22.6	2.6
	小　计	789.0	91.6
北美洲	金融业	75.0	26.2
	采矿业	61.3	21.4
	制造业	49.7	17.4
	批发和零售业	19.7	6.9
	租赁和商务服务业	19.5	6.8
	小　计	225.2	78.7
大洋洲	采矿业	116.9	61.5
	房地产业	19.0	10.0
	金融业	11.5	6.0
	农、林、牧、渔业	8.4	4.4
	租赁和商务服务业	8.3	4.4
	小　计	164.1	86.3

4）国有企业占半壁江山，非国有企业占比不断扩大。

2013 年年末，在非金融类对外直接投资 5 434 亿美元存量中，国有企业占 55.2%，非国有企业占 44.8%，较上年提升 4.6 个百分点，其中：有限责任公司占 30.8%，较上年增加 4.6 个百分点；股份有限公司占 7.5%；股份合作企业占 2%；私营企业占 2.2%；外商投资企业占 1.2%；港澳台投资企业占 0.4%；集体企业占 0.1%；其他占 0.6%。

2013 年年末中国非金融类对外直接投资存量按境内投资者注册类型分布情况见图 1－1－24，2006—2013 年中国国有企业和非国有企业存量占比情况见图 1－1－25。

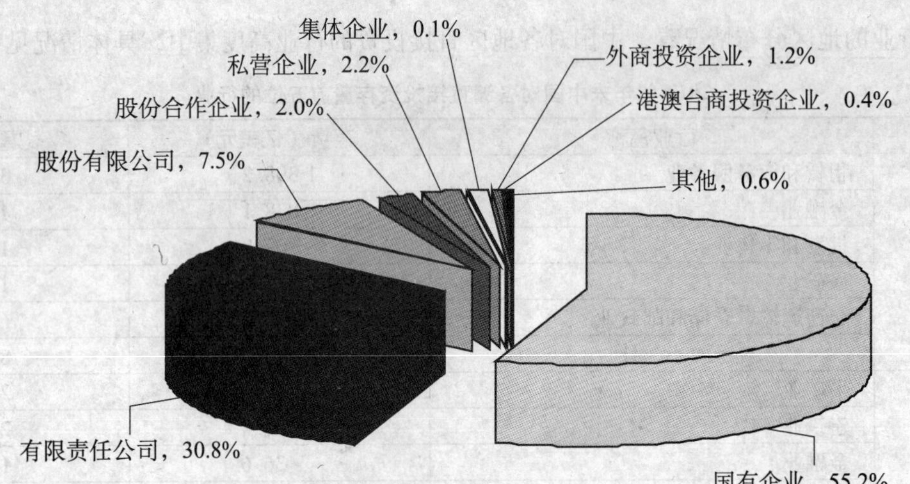

图 1-1-24　2013 年年末中国非金融类对外直接投资存量按境内投资者注册类型分布情况

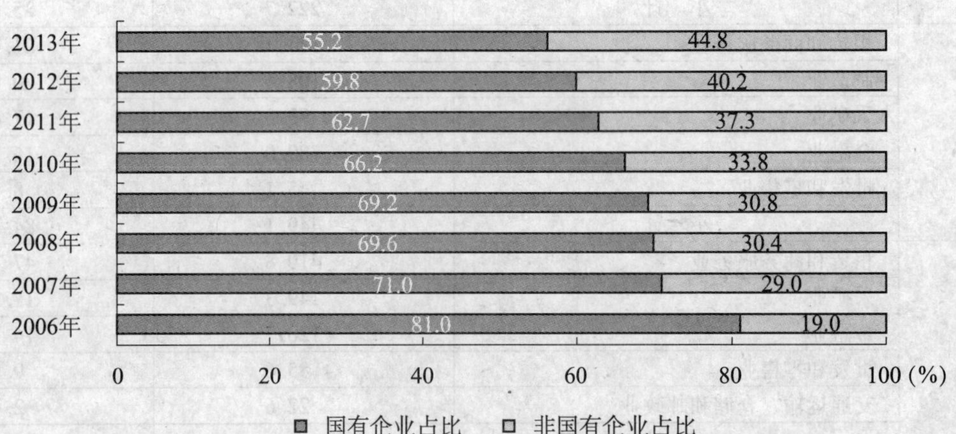

图 1-1-25　2006—2013 年中国国有企业和非国有企业存量占比情况

5）地方企业比重逐年增加，首次突破三成。

2013 年年末，地方企业非金融类对外直接投资存量达到 1 649 亿美元，占全国非金融类存量的 30.3%，较上年增加 1.8 个百分点。其中：东部地区 1 307.5 亿美元，占 79.3%；西部地区 193.9 亿美元，占 11.7%；中部地区 147.6 亿美元，占 9%。见图 1-1-26。

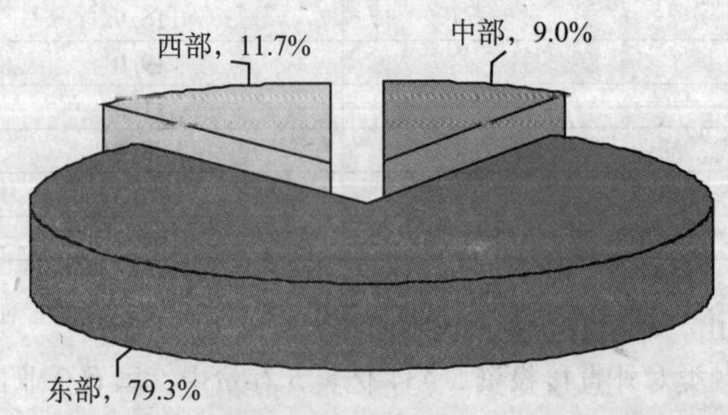

图 1-1-26　2013 年年末地方企业对外直接投资存量地区比重构成

广东是中国对外直接投资存量最大的省份，其次为上海，前十名省份其余排名依次为山东、北京、江苏、浙江、辽宁、湖南、福建、云南。2013 年年末对外直接投资存量前十位省份见表 1-1-22。

表 1-1-22　　**2013 年年末对外直接投资存量前十位的省份**

序　号	省份名称	存量（亿美元）
1	广东省	342.34
2	上海市	178.44
3	山东省	160.47
4	北京市	127.65
5	江苏省	111.63
6	浙江省	109.88
7	辽宁省	77.31
8	湖南省	45.47
9	福建省	39.68
10	云南省	38.66
合　计（占地方存量的 74.7%）		1 231.53

3. 中国对世界主要经济体的直接投资

（1）概况

本节所报告的世界主要经济体包括中国香港、欧盟、东盟、美国、澳大利亚、俄罗斯联邦。2013 年，中国对世界主要经济体的投资流量合计 829.68 亿美元，同比增长 17.7%，占流量总额的 76.9%。中国对世界主要经济体的投资存量合计 4 997.9 亿美元，占存量总额的 75.7%。2013 年中国对世界主要经济体投资情况见表 1-1-23。

表 1-1-23　　**2013 年中国对世界主要经济体投资情况**

经济体名称	流　量			存　量	
	金额（亿美元）	同比增长（%）	比重（%）	金额（亿美元）	比重（%）
中国香港	628.24	22.6	58.3	3 770.90	57.1
欧盟	45.24	-26.1	4.2	401	6.1
东盟	72.67	19.1	6.7	356.7	5.4
美国	38.73	-4.3	3.6	219	3.3
澳大利亚	34.58	59.1	3.2	174.5	2.7
俄罗斯联邦	10.22	30.2	0.9	75.8	1.1
合　计	829.68	17.7	76.9	4 997.90	75.7

（2）中国内地对香港地区的投资

2013 年，中国内地对香港地区的投资流量为 628.26 亿美元，占流量总额的 58.3%，同比增长 22.6%，是中国对外直接投资流量最大的地区。中国对外直接投资主要并购项目大多通过香港地区再投资完成，如 2013 年中国海洋石油收购加拿大尼克森公司 100% 股权、中石化集团公司收购美国阿帕奇公司埃及油气部分资产、海航集团收购荷兰提普拖车等项目。从行业情况看，流向以投资控股为主要目标的租赁和商务服务业 176.7 亿美元，同比下降 19%，占 28.1%；金融业 126.77 亿美元，同比增长 54.1%，占 20.2%；批发和零售业 108.81 亿美元，同比增长 7.6%，占 17.3%；采矿业 107.88 亿美元，同比增长 264%，占 17.2%；交通运输、仓储和邮政业 28.8 亿美元，同比增长 122.2%，占 4.6%；房地产业 22.92 亿美元，同比增长 44.8%，占 3.7%；制造业 14.84 亿美元，同比下降 40.6%，占 2.4%。

2013 年年末，中国内地共在香港地区设立直接投资企业 7 000 多家，年末投资存量 3 770.93 亿美元，占存量总额的 57.1%。从主要行业构成情况看，租赁和商务服务业 1 351.83 亿美元，占 35.8%；金融业 764.14 亿美元，占 20.3%；批发和零售业 625.31 亿美元，占 16.6%；采矿业 389.67 亿美元，占10.3%；交通运输、仓储业253.66亿美元，占6.7%；制造业121.96亿美元，占3.2%；房地产业占2.4%；居民服务、修理和其他服务业占1.6%；信息传输、软件和信息技术服务业占1.3%；建筑业占0.6%；电力、热力、燃气和水的生产和供应业以及科学研究和技术服务业各占0.4%，其他行业占0.5%。2013年中国内地对中国香港直接投资的主要行业见表1-1-24。

表1-1-24　2013年中国内地对中国香港直接投资的主要行业

行　业	流量（万美元）	比重（%）	存量（万美元）	比重（%）
租赁和商务服务业	1 767 615	28.1	13 518 344	35.8
金融业	1 267 720	20.2	7 641 423	20.3
批发和零售业	1 088 114	17.3	6 253 125	16.6
采矿业	1 078 842	17.2	3 896 658	10.3
交通运输、仓储和邮政业	287 963	4.6	2 536 587	6.7
制造业	148 387	2.4	1 219 578	3.2
房地产业	229 153	3.7	898 222	2.4
居民服务、修理和其他服务业	84 334	1.3	604 094	1.6
信息传输、软件和信息技术服务业	128 506	2.0	502 634	1.3
建筑业	74 309	1.2	230 333	0.6
电力、热力、燃气及水的生产和供应业	28 724	0.5	143 464	0.4
科学研究和技术服务业	61 489	1.0	137 497	0.4
农、林、牧、渔业	25 980	0.4	55 375	0.2
文化体育和娱乐业	7 928	0.1	42 696	0.1
住宿和餐饮业	18	—	19 799	0.1
其他行业	3 296	—	9 485	—
合　计	6 282 378	100.0	37 709 314	100.0

（3）中国对欧盟的投资

2013年，中国对欧盟的投资流量为45.24亿美元，占流量总额的4.2%，较上年减少2.8个百分点，占对欧洲流量的76%。其中，英国位居首位，流量达到14.2亿美元，同比下降48.8%，占对欧盟投资流量的31.4%；其次为卢森堡12.75亿美元，同比增长12.5%，占28.2%；德国位列第三，9.11亿美元，同比增长14%，占20.1%。

从行业分布看，流向制造业18.05亿美元，占39.9%，主要分布在英国、德国、瑞典、法国、荷兰等国家；金融业14.47亿美元，占32%，主要分布在卢森堡、英国、德国、爱尔兰、法国等；租赁和商务服务业6.76亿美元，占14.9%，主要分布在卢森堡、荷兰、英国、爱尔兰、德国等；批发和零售业3.12亿美元，占6.9%，主要分布在卢森堡、德国、英国、比利时等；采矿业1.91亿美元，占4.2%。

截至2013年年末，中国对欧盟的投资存量为400.97亿美元，占存量总额的6.1%，占对欧洲投资存量的75.4%。存量在10亿美元以上的国家有六个，它们是英国、卢森堡、法国、德国、荷兰、瑞典。从行业分布看，租赁和商务服务业103.28亿美元，占25.8%，主要分布在卢森堡、英国、荷兰、德国、爱尔兰等；金融业86.31亿美元，占21.5%，主要分布在英国、卢森堡、德国、法国、意大利、匈牙利等；制造业80.27亿美元，占20%，主要分布在瑞典、英国、德国、荷兰、法国、意大利、匈牙利、奥地利、罗马尼亚等；批发和零售业41.65亿美元，占10.4%，主要分布在英国、荷兰、德国、比利时、意大利、卢森堡等；采矿业40.74亿美元，占10.2%，主要分布在法国、英国、荷兰、卢森堡等；交通运输、仓储业12.26亿美元，占3.1%，主要分布在英国、德国、比利时等；建筑业占2.4%；科学研究和技术服务业占1.9%；电力、热力、燃气及水的生产和供应业占1.8%；房地产业占0.9%。2013年中国对欧盟直接投资的主要行业见表1-1-25。

2013年年末，中国共在欧盟设立直接投资企业近2 000家，已覆盖全欧盟28个成员国，雇用当地员工4.7万人。

表1－1－25　　2013年中国对欧盟直接投资的主要行业

行　业	流量（万美元）	比重（%）	存量（万美元）	比重（%）
租赁和商务服务业	67 614	14.9	1 032 779	25.8
金融业	144 726	32.0	863 051	21.5
制造业	180 549	39.9	802 680	20.0
批发和零售业	31 189	6.9	416 495	10.4
采矿业	19 082	4.2	407 382	10.2
交通运输、仓储和邮政业	3 565	0.8	122 646	3.1
建筑业	310	0.1	97 824	2.4
科学研究和技术服务业	3 349	0.7	76 542	1.9
电力、热力、燃气及水的生产和供应业	5 527	1.2	73 828	1.8
房地产业	5 955	1.3	35 094	0.9
住宿和餐饮业	434	0.1	27 507	0.7
农、林、牧、渔业	－12 362	－2.7	23 752	0.6
教育	—	—	9 596	0.2
信息传输、软件和信息技术服务业	691	0.2	8 363	0.2
居民服务、修理和其他服务业	1 054	0.2	8 610	0.2
文化、体育和娱乐业	666	0.2	3 397	0.1
其他	1	—	115	—
合　计	452 350	100.0	4 009 661	100.0

（4）中国对东盟的投资

2013年，中国对东盟十国的投资流量72.67亿美元，同比增长19.1%，占流量总额的6.7%，占对亚洲投资流量的9.6%；存量为356.68亿美元，占存量总额的5.4%，占亚洲地区投资存量的8%。2013年年末，中国共在东盟设立直接投资企业2 700多家，雇用当地员工15.97万人。

2013年，中国对东盟投资主要流向：采矿业12.34亿美元，占17%，主要分布在印度尼西亚、缅甸、老挝、新加坡等；批发和零售业12.34亿美元，占17%，主要分布在新加坡、印度尼西亚、老挝等；制造业11.89亿美元，占16.4%，主要分布在泰国、越南、印度尼西亚、柬埔寨、马来西亚、缅甸等；电力、热力、煤气燃气及水的生产和供应业8.22亿美元，占11.3%，主要分布在缅甸、印度尼西亚、老挝、新加坡、柬埔寨等；建筑业6.98亿美元，占9.6%，主要分布在老挝、印度尼西亚、柬埔寨、新加坡、马来西亚等；租赁和商务服务业6.21亿美元，占8.5%，主要分布在马来西亚、新加坡、越南、印度尼西亚等；农、林、牧、渔业5.43亿美元，占7.5%，主要分布在老挝、印度尼西亚、柬埔寨、马来西亚等；金融业5.42亿美元，占7.5%，主要分布在新加坡、印度尼西亚、泰国、老挝等。

从2013年中国对东盟投资存量的行业分布情况看，电力、热力、燃气及水的生产供应业60.39亿美元，占16.9%，主要分布在新加坡、缅甸、柬埔寨、印度尼西亚、老挝等；采矿业52.81亿美元，占14.8%，主要分布在印度尼西亚、缅甸、老挝、新加坡、泰国、菲律宾等；批发和零售业47.63亿美元，占13.4%，主要分布在新加坡、越南、泰国、印度尼西亚、马来西亚等；制造业46.73亿美元，占13.1%，是中国对东盟投资涉及国家最广泛的行业，其中投资额上亿美元的国家有泰国（11.11亿美元）、越南（10.29亿美元）、印度尼西亚（5.56亿美元）、柬埔寨（5.39亿美元）、马来西亚（4.92亿美元）、新加坡（4.3亿美元）、老挝（3.53亿美元）；租赁和商务服务业39.2亿美元，占11%，主要分布在新加坡、马来西亚、老挝、越南、泰国等；建筑业29.34亿美元，占8.2%，主要分布在柬埔寨、新加坡、老挝、马来西亚、越南、泰国等国家；金融业28.1亿美元，占7.9%，主要分布在新加坡、泰国、印度尼西亚、马来西亚、菲律宾等；农、林、牧、渔业15.97亿美元，占4.5%，主要分布在老挝、印度尼西亚、柬埔寨、越南、缅甸、泰国等国家；交通运输、仓储业13.86亿美元，占3.9%，主要分布在新加坡、泰国等；房地产业占3.7%，主要分布在新加坡等；科学研究和技术服务业占1.5%；信息传输、软件和信息技术服务业占0.4%；居民服务和其他服务业以及住宿和餐饮业各占0.2%。2013年中国对东盟直接投资的主要行业见表1-1-26。

表1-1-26　　2013年中国对东盟直接投资的主要行业

行业	流量（万美元）	比重（%）	存量（万美元）	比重（%）
电力、热力、燃气及水的生产和供应业	82 211	11.3	603 915	16.9
采矿业	123 399	17.0	528 078	14.8
批发和零售业	123 445	17.0	476 315	13.4
制造业	118 858	16.4	467 252	13.1
租赁和商务服务业	62 133	8.5	391 975	11.0
建筑业	69 804	9.6	293 430	8.2
金融业	54 234	7.5	281 026	7.9
农、林、牧、渔业	54 331	7.5	159 708	4.5
交通运输、仓储和邮政业	14 571	2.0	138 554	3.9
房地产业	5 121	0.7	133 257	3.7
科学研究和技术服务业	8 181	1.1	53 897	1.5
信息传输、软件和信息技术服务业	1 473	0.2	13 363	0.4
居民服务、修理和其他服务业	2 045	0.3	8 421	0.2
住宿和餐饮业	5 235	0.7	8 200	0.2
文化、体育和娱乐业	—	—	1 978	0.1
教育	1 677	0.2	3 523	0.1
其他行业	—	—	3 943	0.1
合　计	726 718	100.0	3 566 835	100.0

（5）中国对美国的投资

2013年，中国对美国投资流量为38.73亿美元，较上年减少4.3%，占流量总额的3.6%。2013年年末，对美投资存量为219亿美元，占中国对外直接投资存量的3.3%。境外企业雇佣美国当地员工3万人，较上年末增加0.3万人。

2013年，中国对美投资领域广泛，其中投资额上亿美元的行业较上年增加了3个，主要有采矿业，房地产业，制造业，批发和零售业，交通运输、仓储和邮政业，租赁和商务服务业，科学研究和技术服务业，建筑业等。采矿业15.95亿美元，占41.1%；房地产9.02亿美元，占23.3%；制造业8.62亿美元，占22.2%；批发和零售业3.6亿美元，占9.3%；交通运输、仓储和邮政业2.26亿美元，占5.8%；科学研究和技术服务业1.72亿美元，占4.4%；租赁和商务服务业1.58亿美元，占4.1%。而电力、热力、燃气及水的生产和供应业以及金融业则是负流量。

从存量行业分布情况看，金融业66.29亿美元，占30.3%；制造业44.21亿美元，占20.2%，主要分布在交通运输设备制造业、专用设备制造业、橡胶制品制造业、通用设备制造业、医药设备制造业、有色金属冶炼和压延加工业、金属制品业、纺织业等；采矿业31.45亿美元，占14.4%；批发和零售业17.5亿美元，占8.0%；房地产业14.9亿美元，占6.8%；电力生产和供应业12.5亿美元，占5.7%；租赁和商务服务业8.58亿美元，占3.9%；交通运输、仓储和邮政业占2.9%；科学研究和技术服务占2.1%；建筑业占2%。2013年中国对美国直接投资的主要行业见表1-1-27。

表 1-1-27　　2013 年中国对美国直接投资的主要行业

行　业	流量（万美元）	比重（%）	存量（万美元）	比重（%）
金融业	-13 712	-3.5	662 946	30.3
制造业	86 218	22.2	442 146	20.2
采矿业	159 489	41.1	314 462	14.4
批发和零售业	35 978	9.3	175 012	8.0
房地产业	90 154	23.3	148 987	6.8
电力、热力、燃气及水的生产和供应业	-68 981	-17.8	125 011	5.7
租赁和商务服务业	15 782	4.1	85 796	3.9
交通运输、仓储和邮政业	22 585	5.8	62 593	2.9
科学研究和技术服务业	17 211	4.4	46 067	2.1
建筑业	11 855	3.1	43 337	2.0
居民服务、修理和其他服务业	10 046	2.6	22 285	1.0
住宿和餐饮业	1 470	0.4	14 019	0.6
水利、环境和公共设施管理业	11 383	2.9	14 054	0.6
信息传输、软件和信息技术服务业	2 629	0.7	13 556	0.6
文化、体育和娱乐业	2 343	0.6	9 187	0.4
农、林、牧、渔业	2 191	0.6	8 279	0.4
教育业	668	0.2	2 185	0.1
其他行业	34	—	34	—
合　计	387 343	100.0	2 189 956	100.0

（6）中国对澳大利亚的投资

2013 年，中国对澳大利亚直接投资流量 34.58 亿美元，同比增长 59.1%。主要流向：采矿业 20.95 亿美元，占 60.6%；房地产业 3.69 亿美元，占 10.7%；租赁和商务服务业 3.49 亿美元，占 10.1%；批发零售业 2.76 亿美元，占 8%，金融业占 2.5%；电力、热力、燃气及水的生产和供应业占 2.4%；制造业占 2.3%；农、林、牧、渔业占 2.2%。

2013 年年末，中国对澳大利亚投资存量为 174.5 亿美元，占中国对外直接投资存量的 2.6%，占中国对大洋洲地区投资存量的 91.8%；共在澳大利亚设立近 600 家境外企业，雇用当地员工 7 000 多人。存量主要行业分布：采矿业 113.9 亿美元，占 65.3%；房地产业 19.02 亿美元，占 10.9%；金融业 11.11 亿美元，占 6.4%；租赁和商务服务业 7.5 亿美元，占 4.3%；批发和零售业占 3.8%；制造业占 3.6%；农、林、牧、渔业占 1.6%。2013 年中国对澳大利亚直接投资的主要行业见表 1-1-28。

表 1-1-28　　2013 年中国对澳大利亚直接投资的主要行业

行　业	流量（万美元）	比重（%）	存量（万美元）	比重（%）
采矿业	209 530	60.6	1 139 014	65.3
房地产业	36 940	10.7	190 164	10.9
金融业	8 767	2.5	111 070	6.4
租赁和商务服务业	34 924	10.1	75 012	4.3
批发和零售业	27 644	8.0	65 678	3.8
制造业	7 855	2.3	62 292	3.6

续表

行　业	流量（万美元）	比重（%）	存量（万美元）	比重（%）
农、林、牧、渔业	7 594	2.2	28 307	1.6
电力、热力、燃气及水的生产和供应业	8 267	2.4	23 942	1.4
居民服务、修理和其他服务业	2 036	0.6	14 244	0.8
建筑业	1 059	0.3	13 241	0.7
科学研究和技术服务业	111	—	10 102	0.6
交通运输、仓储和邮政业	559	0.2	6 635	0.4
教育业	—	—	2 865	0.1
住宿和餐饮业	420	0.1	2 220	0.1
其他行业	92	—	182	—
合　计	345 798	100.0	1 744 968	100.0

（7）中国对俄罗斯联邦的投资

2013年，中国对俄罗斯的投资流量10.22亿美元，同比增长30.2%，占中国对外直接投资流量的0.9%，占中国对欧洲地区投资的17.2%。从行业分布情况看，投资主要集中在农、林、牧、渔业（39.2%）、采矿业（22.2%）、制造业（16.2%）、金融业（14.2%）、批发和零售业（4.2%）等。

2013年年末，中国对俄罗斯的投资存量为75.82亿美元，占中国对外直接投资存量的1.1%，占中国对欧洲地区投资存量的14.3%；在俄罗斯共设立境外企业超过千家，雇用当地员工1.5万人。从存量的主要行业分布情况看：制造业26.63亿美元，占35.1%；农、林、牧、渔业16.82亿美元，占22.2%；租赁和商务服务业8.67亿美元，占11.4%；采矿业8.08亿美元，占10.7%；房地产业5.52亿美元，占7.3%；建筑业占5.0%；批发和零售业占3.6%；金融业占3.5%。2013年中国对俄罗斯联邦直接投资的主要行业见表1-1-29。

表1-1-29　2013年中国对俄罗斯联邦直接投资的主要行业

行　业	流量（万美元）	比重（%）	存量（万美元）	比重（%）
制造业	16 525	16.2	266 266	35.1
农、林、牧、渔业	40 042	39.2	168 249	22.2
租赁和商务服务业	1 383	1.3	86 698	11.4
采矿业	22 698	22.2	80 806	10.7
房地产业	362	0.4	55 245	7.3
建筑业	2 049	2.0	38 134	5.0
批发和零售业	4 257	4.2	27 077	3.6
金融业	14 474	14.2	26 754	3.5
信息传输、软件和信息技术服务业	86	0.1	1 481	0.2
交通运输、仓储和邮政业	150	0.1	2 209	0.3
居民服务、修理和其他服务业	100	0.1	3 646	0.5
科学研究和技术服务业	90		800	0.1
其他行业	9		796	0.1
合　计	102 225	100.0	758 161	100.0

4. 中国对外直接投资者的构成

2013 年年末，中国对外直接投资者达到了 1.53 万家，从境内投资者在中国工商银行行政管理部门登记注册的情况看，境内投资者为有限责任公司的占 66.1%，较上年提高 3.6 个百分点，是中国进行对外投资最为活跃的群体；私营企业占 8.4%，首次超过国有企业位列第二；国有企业占 8%，较上年下降 1.1 个百分点，股份有限公司占 7.1%，股份合作企业占 3.1%；外商投资企业占 3.0%，港、澳、台商投资企业占 2%，个体经营占 0.7%；集体企业占 0.6%，其他占 1.0%。2013 年年末境内投资者按登记注册类型分类构成情况见图 1－1－27，按等级注册类型分类情况见表 1－1－30。

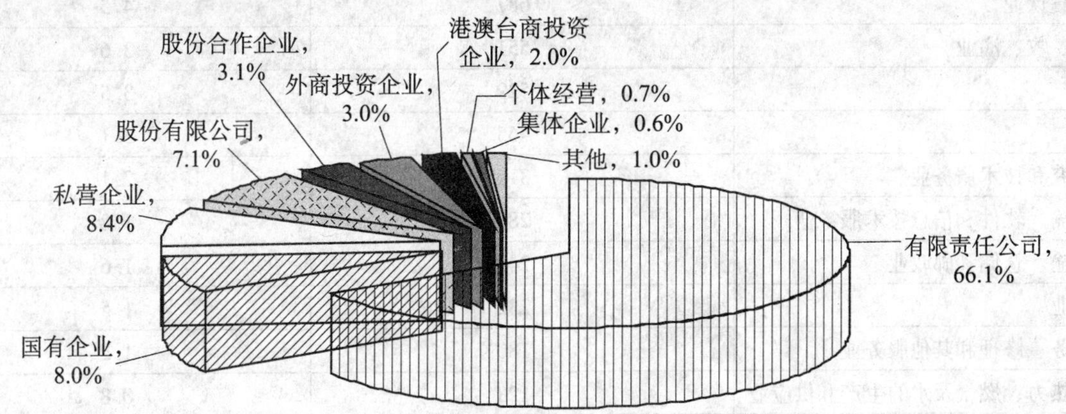

图 1－1－27　2013 年年末境内投资者按登记注册类型构成

表 1－1－30　2013 年年末境内投资者按等级注册类型分类情况

工商登记注册类型	数　量（家）	比　重（%）
有限责任公司	10 116	66.1
私营企业	1 282	8.4
国有企业	1 232	8.0
股份有限公司	1 081	7.1
股份合作企业	469	3.1
外商投资企业	454	3.0
港、澳、台商投资企业	311	2.0
个体经营	106	0.7
集体企业	92	0.6
其他	157	1.0
合　计	15 300	100.0

在非金融类对外直接投资者中，中央企业及单位仅占 3.5%，各省份的投资者占 96.5%。境内投资者数量前十位的省份依次为广东、浙江、江苏、上海、山东、福建、辽宁、湖南、黑龙江、北京，共占到境内投资者总数的 77.5%。广东省境内投资者数量最多，超过 3 000 家，占 19.8%；其次为浙江省占 14.6%；江苏省位列第三，占 10.9%。超过半数的私营企业投资者来自广东、浙江、江苏三省。

从境内投资者的行业分布看，批发和零售业、制造业共计 1.1 万家，占到境内投资者总数的七成，其中：批发和零售业位列首位，占境内投资者的 37.5%；其次为制造业，占 32.4%，主要分布在计算机及其他电子设备制造业，纺织服装、装饰业，纺织业，专用设备制造业，电器机械及器材制造业，金属制品业，化学原料及化学制品制造业，通信设备制造业，医药制造业，汽车制造业等；租赁和商务服务业占5.3%；住宿和餐饮业占4.5%；农、林、牧、渔业占3.6%；建筑业占3.5%；采矿业占3.1%。2013年年末中国境内投资者行业构成情况见表1-1-31。

表1-1-31　2013年年末中国境内投资者行业构成情况

行　业	数　量（家）	比　重（%）
批发和零售业	5 744	37.5
制造业	4 952	32.4
租赁和商务服务业	815	5.3
住宿和餐饮业	687	4.5
农、林、牧、渔业	551	3.6
建筑业	529	3.5
采矿业	465	3.1
科学研究和技术服务业	317	2.1
信息传输、软件和信息技术服务业	280	1.8
交通运输、仓储和邮政业	245	1.6
房地产业	232	1.5
居民服务、修理和其他服务业	180	1.2
电力、热力、燃气及水的生产和供应业	128	0.8
文化、体育和娱乐业	81	0.5
其他	94	0.6
合　计	15 300	100.0

5. 中国对外直接投资企业的地区和行业分布

2013年年底，中国2.54万家对外直接投资企业（简称“境外企业”）分布在全球184个国家和地区，较上年末增加3 500多家。中国境外企业主要呈以下特点：

（1）遍布范围广

2013年年末，中国企业共在全球184个国家和地区设立了境外企业，覆盖率为79%，其中：亚洲地区的境外企业覆盖率高达97.9%，欧洲为85.7%，非洲为86.7%。2013年年末中国对外直接投资企业在全球的地区分布情况见表1-1-32，中国境外企业在世界各地区覆盖比率情况见图1-1-28。

表1-1-32　2013年年末中国对外直接投资企业在全球的地区分布

洲　别	国家和地区（个）	中国境外企业覆盖的国家和地区（个）	投资覆盖率（%）
亚洲	48	46	97.9
欧洲	49	42	85.7
非洲	60	52	86.7
北美洲	4	3	75.0
拉丁美洲	48	29	60.4
大洋洲	24	12	50.0
合　计	233	184	79.0

注：亚洲国家地区数量包括中国，比重计算基数未包括。

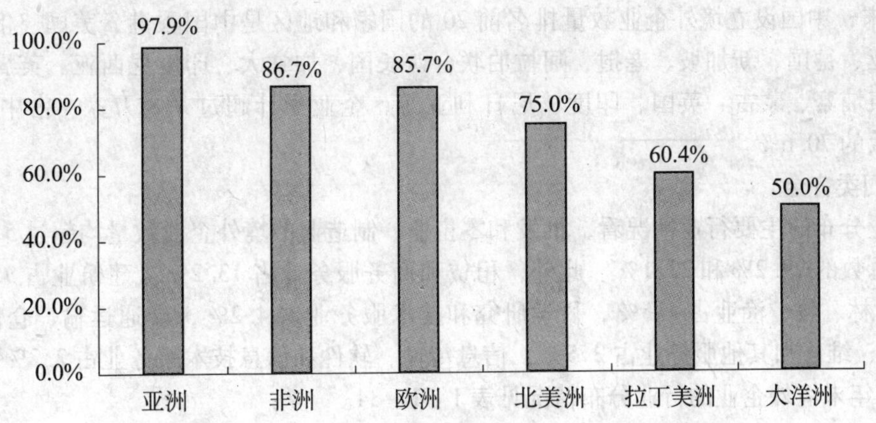

图 1－1－28　2013 年年末中国境外企业在世界各地区覆盖比率

（2）地域相对集中

中国在亚洲地区设立的境外企业数量近 1.4 万家，占 55.6%，主要分布在中国香港、越南、日本、新加坡、阿拉伯联合酋长国、印度尼西亚、韩国、泰国、柬埔寨、蒙古。在中国香港地区设立的境外企业 7 000多家，占境外企业总数的 28.2%，中国香港是内地设立境外企业数量最多、投资最活跃的地区。

在欧洲地区设立的境外企业超过 3 000 家，占 12.3%，主要分布在俄罗斯、德国、英国、荷兰、法国、意大利等国。

在北美洲地区设立的境外企业数量约 3 000 家，占 12.1%，主要分布在美国、加拿大等国。

在非洲地区设立的境外企业数量近 3 000 家，占 11.6%，主要分布在尼日利亚、赞比亚、南非、埃塞俄比亚、加纳、坦桑尼亚、肯尼亚、苏丹、安哥拉、埃及等国。

在拉丁美洲设立的境外企业数量 1 000 多家，占 5.3%，主要分布在英属维尔京群岛、巴西、开曼群岛、墨西哥、秘鲁、智利、阿根廷等地。

在大洋洲地区设立的境外企业近 800 家，占 3.1%，主要分布在澳大利亚、新西兰、巴布亚新几内亚、斐济、萨摩亚等地。

2013 年年末中国境外企业地区构成情况见表 1－1－33，中国境外企业地区分布见图 1－1－29。

表 1－1－33　　2013 年年末中国境外企业地区构成情况

洲　别	境外企业数量（家）	比重（%）
亚洲	14 131	55.6
欧洲	3 133	12.3
北美洲	3 073	12.1
非洲	2 955	11.6
拉丁美洲	1 331	5.3
大洋洲	790	3.1
合　计	25 413	100.0

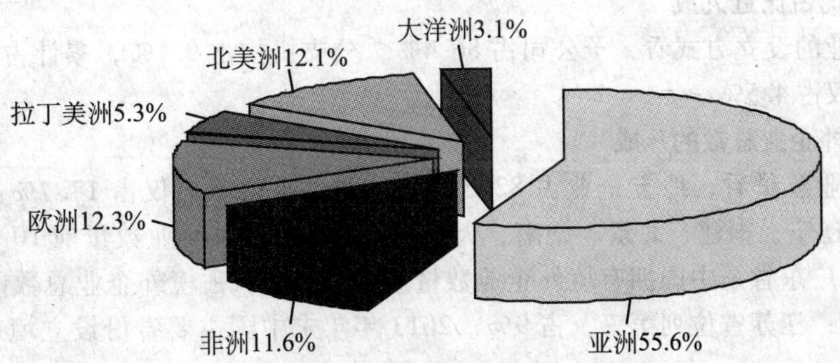

图 1－1－29　2013 年年末中国境外企业地区分布

2013 年年末，中国设立境外企业数量排名前 20 的国家和地区是中国香港、美国、俄罗斯、越南、日本、澳大利亚、德国、新加坡、老挝、阿拉伯联合酋长国、加拿大、印度尼西亚、英属维尔京群岛、韩国、泰国、柬埔寨、蒙古、英国、印度、尼日利亚等，企业累计超过 1.8 万家，占中国在国（境）外设立企业总数的 70.6%。

（3）行业门类齐全

从境外企业分布的主要行业情况看，批发和零售业、制造业的境外企业数量均超过 5 000 家，分别占到境外企业总数的 29.2% 和 22.1%。此外，租赁和商务服务业占 13.2%，建筑业占 7.6%，采矿业占 5.5%，农、林、牧、渔业占 4.5%，科学研究和技术服务业占 4.2%，交通运输、仓储和邮政业占 3%，居民服务、维修和其他服务业占 2.5%，信息传输、软件和信息技术服务业占 2.3%，房地产业占 1.5%。2013 年年末境外企业的行业分布情况见表 1-1-34。

表 1-1-34　　**2013 年年末境外企业的行业分布情况**

行业大类名称	境外企业数量（家）	比重（%）
批发和零售业	7 421	29.2
制造业	5 630	22.1
租赁和商务服务业	3 353	13.2
建筑业	1 938	7.6
采矿业	1 397	5.5
农、林、牧、渔业	1 157	4.5
科学研究和技术服务业	1 062	4.2
交通运输、仓储和邮政业	776	3.0
居民服务、修理和其他服务业	649	2.5
信息传输、软件和信息技术服务业	589	2.3
房地产业	393	1.5
电力、热力、燃气及水的生产和供应业	287	1.3
金融业	246	1.0
住宿和餐饮业	242	1.0
文化、体育和娱乐业	197	0.8
水利、环境和公共设施管理业	38	0.1
卫生和社会工作	21	0.1
教育业	20	0.1
合　计	25 413	100.0

（4）境外子公司占比近九成

从中国境外企业的设立方式看，子公司占 86.4%，分支机构占 9.1%，累计占到境外企业数量的 95.5%，联营公司仅占 4.5%。

（5）地方占境外企业总数的八成

从设立境外企业数量看，地方企业占 82.3%，中央企业和单位仅占 17.7%。广东、浙江、江苏、山东、上海、辽宁、福建、北京、湖南、天津等位列地方境外企业数量前 10 位，累计占境外企业总数的 63.4%。广东省是中国拥有境外企业数量最多的省份，占境外企业总数的 15.6%；其次为浙江省，占 12.5%；江苏省位列第三，占 9%。2013 年年末中国主要省份设立境外直接投资企业情况见图 1-1-30。

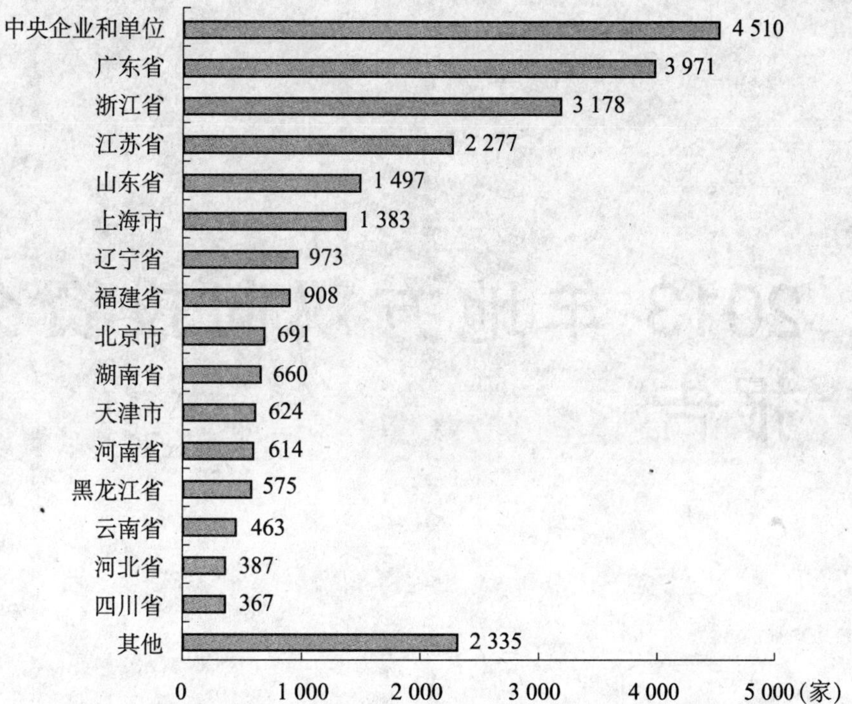

图 1-1-30 2013 年年末中国主要省份设立境外直接投资企业情况

资料来源：2013 年度中国对外直接投资统计公报，联合国贸易和发展会议《世界投资报告 2014》。

二、2013 年地方双向投资分析报告

（一）东部地区

1. 北京市

（1）双向投资基本情况

1）利用外资实现量增质升。

2013 年，北京市努力应对全球经济复杂多变的形势，充分发挥综合优势，注重引进国外高端资源，把吸引外资同引进先进技术、管理经验和高素质人才结合起来，积极引导外资投向高新技术产业、现代服务业。1—12 月，北京市批准合同外资 111.0 亿美元；实际利用外资 85.2 亿美元，同比增长 6%，连续 12 年实现增长，再创年度引资规模新高。截至 2013 年年底，北京市累计实际利用外资近 800 亿美元。

①现代服务业和战略性新兴产业成为外商投资热点。2013 年，全市实际利用外资总额中服务业占 82.2%，其中以商务、信息、科技等服务为主的现代服务业实际外资增长 17.5%，占利用外资总额的 68.2%。商贸流通、信贷消费和文体娱乐业实际利用外资分别增长 22.5%、110% 和 130% 倍。战略性新兴产业成为新的外商投资热点，新材料、新能源汽车制造业实际利用外资分别增长 5.1 倍和 2.3 倍，新能源生产供应业实际利用外资增长 68.5%，生物医药产业合同外资金额增长 2.2 倍。

②高端形态企业进一步聚集。2013 年，北京市新增总部企业 17 家，累计 248 家，其中 142 家为市认定的跨国公司地区总部；新增研发机构 34 家，累计 466 家。目前，北京市跨国公司总部企业和研发机构达到 714 家。世界 500 强企业投资增长迅猛，全年新投资 27 个项目，合同外资增长 41.5%，占全市 18.5%，已有 285 家世界 500 强企业在京投资了 679 个项目。

③外商投资领域和方式不断拓展。2013 年北京市股权投资、创业投资、融资租赁、电子商务等新兴服务领域外商投资踊跃，跨境人民币投资达 9 亿美元，占全市合同外资的 8.1%。

④外资大项目带动作用明显。2013 年，北京市共有 128 个千万美元以上项目入资，占全市近八成。其中，服务业项目 110 个，入资金额占全市六成以上；1 亿美元以上项目 15 个，入资金额占全市近四成。

⑤欧美投资快速增长。2013 年，北京市实际利用外资分国别和地区位列前三位的是中国香港、德国和英属维尔京群岛，分别为 36. 0 亿美元、10. 7 亿美元和 5. 1 亿美元，比重分别为 42. 3%、12. 6% 和 6. 0%。欧洲投资增长 1. 5 倍，由 2012 年占北京市 8. 7% 提高到 20. 7%，其中德国投资增长 3. 2 倍。美国投资增长 84. 3%，占全市 4. 6%。

⑥利用外资亮点区域频现。2013 年，随着通州新城打造城市副中心进程加快和城南行动计划推进，通州区引资增长近 2 倍，丰台区引资增长 13 倍。建设“国际会都”带动怀柔区外资增长 83. 1%。朝阳区作为重点区域，引资规模继续保持占全市四成以上。

2）境外投资保持快速发展。

2013 年，北京市按照国家“走出去”重大战略布局，紧抓对外开放不断深入的有利时机和国内外环境变化带来的新机遇，结合自身优势，积极推动境外投资。由北京市发展改革委核准及上报的境外投资项目 160 个，投资总额 50. 1 亿美元，其中中方投资额 48. 8 亿美元。北京市非金融类的境外直接投资全国排名从 2012 年第 9 位跃升为第 4 位，创市境外投资历年最高纪录。

①投资主体日益多元。2013 年，北京市各种所有制企业开展境外投资的积极性进一步提升，打破了以国有企业为主的格局，民营企业成为了主力军。在非金融类对外直接投资企业总数中，国有企业 22 家，占 13. 8%；私营企业和外商投资企业 138 家，占 86. 3%。

②行业齐全，方式多样，大项目带动作用明显。北京市对外直接投资包括采矿业、制造业、租赁和商务服务业、房地产业、批发和零售业、信息传输和计算机技术服务业等 17 个行业，投资方式从绿地投资向跨国并购等多种方式拓展。2013 年由北京市发展改革委核准及上报的境外投资项目中新设和增资类的项目共计 106 个，投资总额 10. 7 亿美元；并购和参股类项目 54 个，投资总额 39. 3 亿美元，大项目带动作用明显，呈现出典型的帕累托分布。直接投资额超亿美元以上的境外企业 6 家，直接投资额 30 亿美元，占投资总额的 60%；直接投资额超千万美元以上的境外企业 53 家，直接投资额 47. 6 亿美元，占投资总额的 95. 2%。

③投资地区分布广泛。截至 2013 年，北京市境外投资已遍及世界五大洲的 110 多个国家和地区，覆盖率达到 49% 以上。亚洲、拉丁美洲和北美洲仍是北京市对外投资集中的地区，其中赴香港的直接投资项目 64 个，投资总额 11. 8 亿美元。

（2）存在的不足

1）利用外资方面。

表现为：外资总体规模偏小，结构有待进一步优化；受土地供给、资源环境和劳动力成本等因素制约，吸引外资的传统优势逐渐弱化，依靠要素成本优势吸引外资的传统做法已经不适应北京市发展的需求；外资独资化趋势明显，技术溢出效应偏弱，国际产业转移承接能力不足；外资总部集聚效应不强，部分企业总部空壳化现象比较严重；周边区域产业配套能力弱，商业文化欠发达。

2）境外投资方面。

表现为：对外直接投资管理体制没有充分释放出北京企业在信息、人才、资本和科技方面的优势；企业跨国经营能力不足，国际化程度低，对海外投资的风险缺乏应有的重视，在当地的生产经营过程中社会责任意识不强；信息获取机制不完善，没有形成一个上下联动的信息收集、处理、传播和反馈机制；本土跨国中介机构缺乏，具有国际执业经验的本土投资银行、律师和会计师事务所相对缺乏，无法满足北京市企业的需求。

（3）发展思路

未来，北京将深入贯彻落实科学发展观，围绕实施“三个北京、四个中心、五个之都”（“三个北京”即绿色北京、人文北京和科技北京；“四个中心”即政治中心、文化中心、国际交往中心和科技创新中心；“五个之都”即国际活动聚集之都、世界高端企业总部聚集之都、世界高端人才聚集之都、中国特色社会主义先进文化之都和和谐宜居之都）战略和建设中国特色世界城市的新要求，充分发挥北京作为中国对外开放窗口的优势，大幅提高对外开放的质量与水平，推动从一般政策性、产业领域开放向全面制度性开放转变，消除制约发展的体制机制障碍，加快构建与国际接轨的制度环境。一方面在积极融入全球、适应国际规则方面发挥先行先试作用，另一方面主动探索与中国国情相适应的新型开放模式，进一步构建有利于服务经济发展的制度体系。将对外开放与发展改革创新紧密结合，通过扩大开放来推动市场化改革，发挥开放倒逼机制作用，推动在重点领域和关键环节的改革进程，营造公平透明的市场环境，并将开放优势转化为长期优势、制度优势、先行优势和发展优势，更好地以开放促改革、促发展、促创新。

1）促进外资产业结构优化。

根据《外商投资产业指导目录》，鼓励外资更多投向高端制造业、高新技术产业、现代服务业、新能源和节能环保产业，严格限制“两高一资”和低水平、过剩产能扩张类项目。密切跟踪全球跨国投资动态和主要经济体政策变化，把握全国外商投资动向，及时研究提出北京市的应对政策措施。

2）建立科学化招商选资机制。

调整招商引资目标，从引产能转向提能力。根据北京市中长期发展战略，综合运用现代信息技术和经济情报分析手段，在全球范围内筛选可招商资源，建立市重点招商信息库，提高招商选资的主动性和针对性。加强投资促进工作的统筹策划，招商引资中的政策和项目的设计要考虑到引进后的消化吸收再创新，更好地促进外资溢出效应的扩大。在招商引资政策设计上，转向对引进后提高综合效益的支持，引导区县减少土地优惠、税收返还等前端环节的低端化优惠政策，转向对外资企业投入和转让先进技术、与本土企业打造产业配套、国外母公司科技成果引入北京进行产业化等行为予以支持。同时，将资本、技术、管理以外的高级人才、先进理念、国际组织、国际活动等国外高端软资源纳入大外资范畴重点加以引进，提升北京城市软实力。

3）培育吸引外资的全要素综合优势。

新时期，北京市要继续成为对高端外资最具吸引力的城市，要做好软环境和硬环境相结合、体制机制创新和政策引导相结合、引进来和走出去相结合，致力于形成产业配套、市场秩序、基础设施、人力资源、中介服务、行政效率等各类生产要素综合性优势。

4）重视和加强对引进技术的消化吸收和再创新，放大外资的溢出扩散效应。

增加政府投入，加大政府协调和服务，支持内资企业加强对国外技术的研发和创新；制定相关政策，引导内资企业与外资企业形成产业配套和服务外包关系；鼓励内资企业重视学习和应用国外管理经验、先进理念、商业文化，促进北京特色市场经济文化的加快发育成长。

5）制定境外投资综合性支持政策。

根据国家相关境外投资支持政策，制定北京市支持境外投资一揽子综合性政策，推进形成财税、金融、管理、服务等政策支持的合力，增强企业国际化经营能力，培育一批世界水平的本土跨国公司，推动北京市对外开放由以吸引外资为主转变为吸引外资和对外投资并重的双向开放格局。

6）构建以外促内良性循环机制。

积极引导北京市有实力的企业走出去，充分利用海外市场、技术、人才等资源，为“我”所用，提高本土企业全球资源配置能力。鼓励海外投资企业利润回流投资。支持有实力的企业积极进行海外并购和股权投资，引导一批企业抓住时机境外收购储备一批国外好企业的股权或优质资产，通过企业走出去再引进国外高端资源等方式来支撑国内产业结构调整和经济发展转型。

7）重视城市软实力提升。

将资本、技术、管理以外的高级人才、先进理念、国际组织、国际活动等国外高端软资源纳入大外资范畴，大力引进具有全球影响力的国际组织总部，争取联合国及其专门机构在京设立办事处，吸引国际经济、金融等国际组织入驻，鼓励科技、文化、体育等专业类国际组织在京设立分支机构。进一步强化首都国际交往中心功能，加强协会、商会、民间团体之间的对外交流，重点吸引国际重大会展、演出和赛事等活动在京举办并落地，提升北京城市软实力。

8）营造良好的投资环境。

一是逐步形成与国际通行规则相衔接的投资环境。进一步完善政府管理，提高法治水平，增强效率意识和服务意识，提高行政效能，增强行政透明度，形成国际上有竞争力的良好投资环境。二是增强中介服务能力，提高咨询、会计、法律、广告、公关等中介机构的国际化服务水平。三是进一步完善外国人生活居住环境。推动建立在京外籍人员管理服务综合信息平台，为外籍人员在京工作生活提供一站式服务。推动出台在京外籍人员支付便利化措施，提高金融服务国际化水平。鼓励设立国际教育、文化、医疗等服务设施和机构，推进适合外国人居住的国际社区建设，为外国人在京生活提供便利。

（资料来源：北京市发展改革委）

2. 天津市

（1）双向投资基本情况

1）双向投资总体情况。

2013 年，天津市共批准外商投资企业 564 家，其中新型服务业发展加快，新批融资租赁企业 55 家，商业保理企业 20 余家。实际利用外资增速连续多年在全国排名前列，累计批准外商投资企业 2.4 万家。2013 年，实际利用外资 168.3 亿美元，同比增长 12%。实际利用外资前三位的行业分别是制造业（72.04 亿美元）、租赁和商务服务业（22.61 亿美元）、房地产业（21.66 亿美元）。对天津市实际投资前三位的国家和地区分别是中国香港（95.91 亿美元）、日本（16.9 亿美元）、韩国（13.4 亿美元）。世界 500 强在津投资项目增资扩产明显，全年在津新设和增资项目 31 个，投资总额 25.2 亿美元。截至 2013 年年底，已有 153 家世界 500 强企业在津投资，投资项目 476 个。

天津市企业到境外投资起步较晚，但发展迅速。截至 2013 年年底，全市累计核准境外企业机构 1 288家，核准对外投资总额 83.6 亿美元；累计新签对外承包工程合同额 177.1 亿美元，累计实现工程营业额 191.3 亿美元；派出各类劳务 15.4 万人次。天津市企业“走出去”，覆盖全球 120 个国家和地区。过去的十年，天津市外经主要指标快速增长，规模不断扩大。2013 年，天津市境外投资总额 26.1 亿美元，是 10 年前的 65.3 倍，近十年年均增速达 51.9%；对外承包工程新签合同额 27.1 亿美元，对外承包工程完成营业额 31.3 亿美元。经过近年来的发展，天津市境外投资行业逐渐拓展到加工制造、资源开发、设计研发、航运物流和农业合作等多个领域；对外承包工程“总承包”、“交钥匙”工程显著增多；对外劳务合作由初级劳务输出向高端劳务发展；对外援助扩大到成套项目、技术合作、人力资源开发合作等多种方式。

2）双向投资主要成效。

①投资环境不断得到改善，利用外资情况良好。

一是对外开放成果显著。天津是改革开放首批沿海开放城市，诞生了我国第一家制造业合资企业，天津经济技术开发区主要经济指标连续 15 年保持国家级开发区首位，滨海新区成为继深圳经济特区、上海浦东新区之后又一国家级重大发展战略。历史充分证明，天津发展最好的时期往往也是开放度最大的时期。自 2004 年天津市委市政府制定《关于进一步扩大开放加快开放型经济发展的决定》以来，天津市对外开放工作又迈上了一个新的台阶。天津过去的发展得益于对外开放，今后要实现更大的发展，根本的动力仍然是扩大开放，开放的深度和广度决定着天津经济发展的速度和高度。10 年来，投资环境不断得到改善，形成了促进投资、服务企业的良好环境和氛围。同时，积极争取并全力用好先行先试政策也有力促进了全市的招商引资工作。

二是滨海新区龙头带动作用明显。在国务院的支持和国家有关部委的指导下，天津市滨海新区开发开放成效显著，各类优质项目竞相落户，国内外投资持续升温。2013 年，滨海新区共批准外商投资企业 339 家，实际利用外资 110 亿美元，占全市实际利用外资总额的 65.36%。截至 2013 年年底，滨海新区累计批准外商投资企业 1.4 万家，占全市外商投资企业的 60%。滨海新区已吸引 126 家世界 500 强企业落户，共投资 260 多个项目，其中，开发区和保税区（空港经济区）的世界 500 企业投资项目占到了七成以上。

三是吸引和引导外资向优势支柱产业、高端制造业、战略性新兴产业和现代服务业聚集成效显著。在航空航天产业方面，形成了以空客 A320 为龙头、一大批产业配套项目的聚集。在石油化工产业方面，引进了中沙石化、中俄东方石化等企业，形成了世界级石化产业基地。在新能源、新材料产业方面，引进了明阳风电、富通住电光纤、阿尔斯通水电等项目。在汽车配套产业方面，引进了大众汽车自动变速器、大陆汽车系统、丰田汽车及配套零部件等项目。在装备制造产业方面，引进了卡特彼勒、久益环球装备制造等项目。在电子信息产品产业方面，引进了三星 LED、富士康精密工业等项目。在日用品生产领域，引进了联合利华、尤妮佳生活用品等行业领军项目。现代服务业形成良好的引资势头，引进了卡梅隆-佩斯集团中国总部、三星电子研发中心等功能性机构；乐天百货、宜家家居、永旺梦乐城、嘉民物流、阿迪达斯物流等现代商贸和物流知名企业来津投资。引进了通用商业保理等一批商贸服务业创新企业，批准设立了约翰迪尔、英大汇通等上百个融资租赁企业，天津已成为中国外商投资融资租赁企业最集中的城市之一。努力扩大社会服务业开放，引进了和睦家、泰达普华、马光等多家医疗机构，以及津燃华润燃气、津滨威立雅水业等公用事业服务项目。

②天津市企业“走出去”步伐加快，质量水平显著提升。

一是境外投资已由初期的商贸流通为主，逐渐拓展到加工制造、资源开发、设计研发、航运物流和农业合作等多个领域。投资形式已从简单的设立公司、办事处，发展到绿地投资、建设境外工业园、设立商品展示中心、构建全球营销网络和并购参股、境外上市等高级形式。天津钢管投资 9.87 亿美元在美国得克萨斯州建立钢管生产基地，是我国对美的最大规模绿地投资项目。泰达控股集团开发建设的埃及苏伊士经贸合作区 2007 年中标国家境外经贸合作区，成为中非合作的旗帜和典范。天士力集团在美国弗吉尼亚州设立研发中心，成功完成了复方丹参滴丸 FDA 一期、二期认证。农垦集团在保加利亚购买和租用土地 15 万亩从事苜蓿和玉米种植。聚龙集团投资 3.4 亿美元在印度尼西亚从事棕榈种植。

二是对外承包工程“总承包”、“交钥匙”工程显著增多，项目领域实现向石油化工、精细化工、轨道交通、电力工程、环境工程等技术密集、利润率高、带动出口多的领域不断拓展。设计咨询企业通过项目规划和设计咨询切入大型项目合作取得显著成果。中国天辰工程有限公司、中铁十八局集团有限公司、天津水泥工业设计研究院有限公司成为具有国际技术水平的总包商，承建的土耳其天然气储库项目、沙特麦加轻轨项目、埃及水泥生产线项目带动了国产设备的出口和我国技术标准的输出，在国际市场打响了天津工程品牌。对外劳务合作由最初的输出普通操作工向派遣海员、厨师等高端劳务发展，业务规模稳步增长，劳务人员收入持续增加。

三是对外援助由过去单纯的一般物资援助扩大到成套项目、技术合作、人力资源开发合作等多种方式。华勘集团出色地完成了我国援助多哥、苏丹水井项目，被当地百姓誉为“中国水神”。铁三院承担的坦赞铁路修复改造可行性研究项目是我国政府“十二五”重点对非援助项目，项目金额达到 1.48 亿元。泰达集团承担援外培训项目逐年增加，年均培训发展中国家政府官员和专家 300 余名，开发区建设与管理的培训主题得到了商务部的高度认可，成为天津市援外培训品牌。

四是合作区建设走在全国前列。埃及苏伊士经贸合作区于 2007 年中标国家境外经贸合作区，2009 年 11 月温家宝总理为合作区授牌。目前，合作区完成建设投资 7 300 万美元，1.34 平方千米起步区已经高标准提前建成。入区企业 46 家，其中生产型企业 31 家，涉及石油装备、建材、轻工等行业。吸引投资近 6 亿美元，累计实现产值 2.3 亿美元，提供了 1 240 个就业岗位；服务型企业 15 家，为入区企业提供法律咨询、货运代理和餐饮等服务。合作区建设得到了商务部的高度认可，被誉为中非合作的一面旗帜。2013 年 12 月 26 日，中埃双方就合作区 6 平方千米扩展区土地谈判达成一致，合同盖章生效。根据开发规划，拓展区建成后将吸引约 150 家企业入驻，为埃及提供约 4 万个就业机会。合作区的“中埃合作桥梁”之路将越走越宽。

3）双向投资存在问题。

①优势支柱产业国际化程度偏低。

一是目前天津市八大优势支柱产业中外商投资企业数量偏少，且在各产业中分布不均。目前，天津优势支柱产业规模以上的外商投资企业约占全市已批准外商投资企业的 7%，虽在各优势支柱产业中均有投资参与，但参与程度不一。整体看，外商投资企业在各优势支柱产业中的分布受各产业自身企业数量的影响，企业绝对数量差异较大，其中装备制造业外资企业数最多，航空航天产业外资企业数最少。

二是外商投资企业在各产业中的国际化带动作用有待进一步发挥。接近一半的外商投资企业把市场定位在国内，对推动产业发展和以商招商的优势没有充分显现，这种情况在石油化工产业和装备制造产业中尤其明显。

②单个企业对外投资规模较小，且缺乏产业化协作。

近年来，天津市企业“走出去”步伐加快，越来越多的民营企业赴境外投资。但是，天津市对企业赴境外投资还没有建立起完善的事中、事后监管和服务机制，海外营销网络也不健全；同时，大部分企业对外投资金额少于 100 万美元，没有形成规模。

（2）促进双向投资的鼓励政策

1）不断提高对外开放水平，优化投资环境。

2013 年 4 月，天津市召开对外开放大会，印发了《中共天津市委、天津市人民政府关于全面提高对外开放水平的决定》，提出要坚持引资引智相结合，优化利用外资结构，更加注重择优选资，引导外资投向高新技术、先进制造、节能环保、新能源新材料、现代农业等产业。为做好该决定的贯彻落实工作，市各有关部门研究制定了 43 项配套实施细则并印发执行，通过多种途径指导企业用足用好优惠政策。主要政策包括《天津市面向世界 500 强企业招商引资三年行动方案》、《天津市面向国内 500 强企业招商引资三年行动方案》、《天津市面向民营企业 500 强企业招商引资三年行动方案》、《天津市国内招商引资产业指导目录的实施细则》、《加快中介服务业发展的实施细则》、《天津市吸引企业总部、功能性机构的行动方案》、《关于天津市鼓励外商投资产业指导目录的实施细则》、《关于借重首都资源促进天津发展行动方案》以及《关于加快实施“走出去”战略三年行动方案》等。

2）建立境外投资审批绿色通道，支持企业走出去。

2013 年 11 月，天津市发展改革委牵头，会同市商务委、市外汇管理局、市审批办研究建立了天津市境外投资审批绿色通道机制，四部门制定并下发了《关于建立境外投资审批绿色通道，支持企业赴境外投资的通知》，进一步缩短审批时间，提高服务质量，做好超前服务，成为支持天津市企业“走出去”的一项重要举措。

3）积极申建自贸区，探索投资与服务贸易便利化新举措。

按照党的十八大的战略部署，2013 年 9 月 29 日，国务院正式批准设立中国（上海）自由贸易试验区。党的十八届三中全会进一步提出，在推进现有试点基础上，选择若干具备条件的地方发展自由贸易园（港）区。天津市委、市政府高度重视天津自由贸易试验区的申建工作。特别是 2013 年 12 月总理李克强来津视察，对天津提出了积极探索促进投资和服务贸易便利化综合改革试验的要求后，按照总理的要求，天津市会同商务部编制了《天津自由贸易试验区总体方案》。市发展改革委作为天津自贸区领导小组成员单位，研究提出了《中国天津自由贸易试验区外商投资准入特别管理措施》（负面清单）、《中国天津自由贸易试验区外商投资项目备案管理办法》和《中国天津自由贸易试验区境外投资项目备案管理办法》。天津自贸区 2014 年有望获批，负面清单的制定和实施将一进步推进金融、教育、文化、医疗等领域的有序开放，放宽养老、会计审计、商贸物流、电子商务等领域的外资准入限制。同时，天津市将积极推动自贸区进一步简政放权，营造投资与服务贸易便利化的良好环境。

（3）对今后双向投资发展的趋势展望

从“十一五”和“十二五”时期天津市吸引外商投资发展情况分析来看，跨国公司依然看好在天津的长期投资前景。2014 年，天津市将继续坚持引资引技引智相结合，围绕“高新、集群、链条”招商，提高利用外资综合水平，实现实际利用外资增长 12% 目标。在鼓励企业“走出去”方面，坚持“投资瞄市场、工程促联合、劳务走高端、援外创品牌”，推动天津市企业国际化经营，提高参与国际市场竞争的能力，实现对外直接投资高起步、快增长。在《天津市实施“走出去”战略三年行动方案》等政策的支持和推动下，预计 2014 年天津市境外投资将继续保持良好发展势头。

（资料来源：天津市发展改革委）

3. 河北省

（1）利用外资情况

1）利用外资统计情况。

2013 年，河北省实际利用外资 66.73 亿美元，比上年增长 10.6%，其中：对外借款 6 664 万美元，较上年增长 22.5%；外商直接投资 64.47 亿美元，较上年增长 11.1%；外商其他投资 15.87 亿美元，较上年下降 8.0%。全省外商直接投资在保持较快增长的同时，产业结构优化有所突破。

2）外商直接投资的特点和成效。

①第三产业外商直接投资持续较快增长，所占比重明显提高。在加快结构调整、加快服务业发展和服务业对外开放政策的带动下，2013 年全省服务业利用外资呈现良好发展势头。全年到位外资 12.6 亿美元，增长 34.2%，占全省外商直接投资的 19.5%，比上年提高 3.4 个百分点。从行业看，房地产业和交通、仓储、邮政业等行业外商直接投资强劲增长，房地产外商直接投资 4.3 亿美元，较上年增长 92.8%，占全省外商直接投资的 6.6%，比上年提高 2.8 个百分点；交通、仓储和邮政业 2.2 亿美元，较上年增长 93.5%，占全省外商直接投资的 3.4%，较上年提高 1.4 个百分点；租赁和商务服务业 1.4 亿美元，较上年增长 1.7 倍，占全省外商直接投资的 2.1%，较上年提高 1.2 个百分点；文化、体育和娱乐业 2.2 亿美元，较上年增长 45.9%，占全省外商直接投资的 3.4%，较上年提高 0.8 个百分点。

②高新技术产业外商直接投资保持较快增长，所占比重首次超过高耗能行业。2013 年高新技术产业外商直接投资保持较快增长，比重提高，而高耗能行业外商直接投资从上年的高速增长转为持续下降，比重明显降低。2013 年，全省高新技术产业外商直接投资 17.1 亿美元，较上年增长 14.7%，占全省外商直接投资的比重为 26.5%，比上年提高 0.8 个百分点。六大高耗能行业外商直接投资 17.0 亿美元，从上年增长 57.7% 转为下降 3.4%，占全省外商直接投资的比重为 26.4%，比上年减少 4 个百分点。

③大项目外商直接投资较快增长，支撑作用有所增强。大项目外商直接投资的较快增长是推动全省实际利用外资较快增长的有力支撑。2013 年合同外资额在 1 000 万美元以上的大项目合同全年签订了 65 个，比上年增加 7 个；到位外资 55.7 亿美元，增长 14.6%，占全省外商直接投资的 86.3%，比上年提高 2.7 个百分点。

④五大外资来源地，外商直接投资均呈现增长，英属维尔京群岛增长最快。2013 年全省前五大外资来源地依次为香港地区、英属维尔京群岛、欧盟、日本、美国，来自五大外资来源地的外商直接投资均保持增长。其中，来自香港地区的外商直接投资规模最大，为 38.4 亿美元，较上年增长 5.3%，占全省外商直接投资的比重为 59.6%，比上年减少 3.2 个百分点；来自英属维尔京群岛的外商直接投资增长最快，为 7.6 亿美元，较上年增长 1.3 倍，占全省外商直接投资的比重明显提高，为 11.8%，比上年提高 6.1 个百分点；来自欧盟的外商直接投资较快增长，为 4.6 亿美元，较上年增长 29.8%，

比重提高到7.1%，比上年提高1个百分点。来自日本的外商直接投资为3.1亿美元，较上年增长6.6%，来自美国的外商直接投资为2.6亿美元，较上年增长0.2%，所占比重分别为4.8%和4.0%，分别比上年减少0.2和0.4个百分点。

⑤国家级开发区外商直接投资比重明显增加，省级开发区外商直接投资比重减少。省级及以上开发区外商直接投资增长高于全省平均水平，占全省外商直接投资的比重提高。开发区外商直接投资为28.8亿美元，同比增长16.9%，高于全省平均水平5.8个百分点，占全省外商直接投资的比重为44.7%，比上年提高2.3个百分点。其中，国家级开发区外商直接投资高速增长，比重提高，为12.7亿美元，同比增长54.5%，占全省外商直接投资总额的19.7%，比上年提高5.5个百分点；省级开发区外商直接投资呈现下降，比重明显降低，为16.1亿美元，同比下降2%，占全省外商直接投资总额的24.9%，比上年减少3.4个百分点。

3）存在的问题。

2013年，河北省利用外资领域不够宽，结构还需进一步调整优化，合同外资持续呈现下降，利用外资后劲不足，应予以关注。

4）2014年展望及对策建议。

2014年，对外经贸发展既有机遇，也面临着复杂挑战，有利因素和不利因素并存。从国际看，世界经济出现复苏迹象，但仍面临许多不稳定、不确定因素，世界经济增长动力依然不足，全球经济下行风险依然存在。从国内看，2014年是全面深化改革的第一年，经济工作的总基调是“稳中求进，改革创新”，将加快创新和经济转型升级以及对外开放的步伐，不断提高开放型经济水平。此外，我国正在加快推进新型工业化、信息化、城镇化和农业现代化，河北省正在打造沿海经济增长极、环京津增长极，这些都将激发巨大的投资和消费需求，为发展拓展更加广阔的空间。随着外经贸领域一系列改革措施的出台，外商投资管理体制改革进一步深化，将迎来新的政策利好，释放一定的改革红利。但人民币升值、劳动力成本不断上升以及融资成本、环保成本等因素使对外经贸发展受到一定抑制。此外，河北省经济发展的结构性矛盾和产能过剩问题依然较突出，节能减排的压力依然较大，制造业呈现放缓迹象，出口订单出现下降，使整体经济增长面临较大压力。为促进全省对外经贸持续健康发展，增强对全省经济发展的拉动力，提出以下建议。

①积极推进市场多元化，提高国际市场占有率。继续深入实施市场多元化战略，大力开拓国际市场，巩固扩大传统市场，加大开拓新兴市场的力度。进一步制定和完善有关政策措施，提高对企业的支持力度，为企业搞好服务，组织企业参加大型会展和交易活动，帮助企业抢占国际市场份额。大力发展跨境贸易电子商务，提高贸易便利化水平，提高国际市场占有率。

②优化发展环境，提高招商引资综合优势。树立绿色发展、绿色崛起的理念，创造优美的自然环境和优越的发展环境，为投资者提供高效、优质的服务，用优越的环境、优质的服务和特色优势吸引投资者，开展多渠道、多形式招商，加大对跨国公司招商力度。对发展环境进行综合治理，进一步简政放权、转变职能，取消、下放行政审批权，减轻企业负担，激发企业和市场活力，优化经营环境。

③提高利用外资质量和效益，增强外资后劲。继续调整优化产业结构，推动转型升级。对项目加强科学谋划和引导，提高创新能力，加大项目引进力度，在环境问题日益突出的形势下，更要重视引进外资的质量，在不放松制造业的同时，扩大对第三产业投资。引导外资更多地投向现代服务业、节能环保、高新技术产业、先进制造业、现代农业等领域，严禁外资投资产能严重过剩的行业和高污染、高能耗行业。在引资的同时，更加注重引进技术、研发和经营管理人才，全面提高利用外资的规模、质量和效益。加快项目审批，加大对项目的跟踪督导，创新招商方式，扩大招商领域，拓宽招商渠道，增强外资后劲。

（2）2013年对外投资情况

2013年，河北省对外投资和经济合作态势良好。全年新核准境外投资企业85家，对外直接投资

11.8 亿美元，同比增长 12.5%；对外承包工程完成营业额 43.5 亿美元，同比增长 51.8%；期末在外劳务 11 200 人，同比增长 14.6%。

（资料来源：河北省商务厅网　责任编辑：焦学利）

4. 上海市

（1）利用外资情况

2013 年，上海市引进外资规模再创历史新高，利用外资效益进一步提升。全年合同外资与实到外资同比增幅均超过 10%。外资企业对上海经济社会发展贡献度进一步提升，深度参与到“四个中心”和新型产业体系建设中，上海第三产业税收和工业税收百强企业榜单中，外资企业分别占到 50 席和 67 席，纳税额分别占到上榜企业纳税总额的 45.6% 和 32%。

2013 年上海市实际利用外资规模超过 167 亿美元，同比增长 10.5%，约占全国的 1/7，已连续 14 年实现增长；合同外资 249.36 亿美元，同比增长 11.6%，连续 3 年超过 200 亿美元。截至 2013 年年底，在上海投资的国家和地区已达到 157 个。中国香港和日本、新加坡、美国、毛里求斯、英属维尔京群岛、德国、开曼群岛、法国、荷兰成为 2013 年上海外商直接投资前十位的资金来源地。

规模增长的同时，引进外资的产业结构持续优化。在实到外资中，全年服务业实际利用外资 135.67 亿美元，占比超过八成。其中，商贸业、租赁和商务服务业、物流服务业等增幅分别达到 29.4%、23.3% 和 37.6%；制造业实际利用外资 31.84 亿美元，同比增长 29.8%；民用航空、高端装备、电子信息、新材料等战略性新兴产业增速领先。

总部经济集聚发展、能级提高，这是上海利用外资的一大特点。2013 年，美国默沙东公司地区总部、英国石油公司地区总部、通用磨坊研发中心、壳牌研发中心、赢创工业集团研发中心、康宁中国研发中心等相继落沪，全年新增跨国公司地区总部 42 家、外商投资性公司 18 家、外资研发中心 15 家，累计分别达到 445 家、283 家和 366 家。

值得一提的是，上海利用外资领域进一步拓宽，积极推动外资向文化、卫生、教育等领域拓展，美国“梦工厂”设立上海东方梦工厂文化传播有限公司和上海东方梦工厂影视技术公司，美国医院管理集团设立上海卫展医院管理公司。

另外，上海持续深化商业保理、融资租赁等先行先试政策，上海外资商业保理企业达 17 家，累计吸引外资融资租赁企业 219 家，股权投资、创业投资、保险经纪、货币兑换、第三方支付等新兴金融服务领域投资日趋活跃。

（2）对外投资情况

上海自贸试验区释放的改革红利，激发了国内企业“走出去”对外投资的热情。上海自贸试验区设立以来，对于企业对外投资的管理由“核准”改为“备案”，已备案企业对外投资超过 5 亿美元。试验区设立短短几个月，5 亿美元的数字证明，投资管理体制的改革，可以有效激发市场主体的活力。上海全力推动境外投资备案制在自贸试验区率先落地，制定出台了《中国（上海）自由贸易试验区境外投资开办企业备案管理办法》，并向商务部争取，给予自贸试验区对外投资备案的权限从中方投资额 1 亿美元提高到“无上限”，在全国开创先河，大大方便了企业境外投资。

不仅在自贸试验区范围内，在全上海，企业“走出去”的内生动力已被唤醒。仅 2014 年头两个月，出现的海外投资并购大案例就至少有七八个，如复星国际收购葡萄牙最大保险公司、微创医疗敲定国内最大医疗器械海外并购、华人文化产业基金收购星空传媒 47% 股份等。

毋庸置疑，中国企业“走出去”提速、本土跨国公司竞相涌现的大时代已经启幕。此前是引进外商投资、输出“中国制造”、参与全球分工、当“世界工厂”；但今后，在全球需求、国际贸易收支、汇率等因素都发生深刻变化后，海外市场抛出橄榄枝的技术并购机会、全球基础设施建设投资的机会纷纷涌现，对中国企业来说，未来更大的机会可能就在于对外投资。

目前，上海市已经筹谋布局，要为国企松绑，为民企加油，着力增强企业利用“两个市场、两种资源”的能力，积极培育本地的“跨国公司”。《关于进一步加快培育上海国有跨国公司的实施意见》出台，在建立境外项目后评价机制、健全“走出去”动态监测体系、完善“走出去”考核办法、推进“走出去”便利化、创新金融财政支持政策、建立跨国经营和管理人才培养及激励机制等方面有新突破，推动一批上海大中型企业向本土跨国公司发展。目前，上海已有一批企业正积极迈步走上国际舞台，2013 年《财富》杂志世界 500 强公司排行榜上，上汽集团、宝钢集团、绿地集团和百联集团榜上有名。

同时，为“走出去”配套的支撑体系正加紧构建：上海发挥集聚大批国际化服务机构的优势，创新政府对外投资服务促进体制，组建对外投资合作服务联盟。第一批 10 个业务板块共 26 家国际化服务机构已正式加盟，将为“走出去”企业提供投资咨询、投资促进、会计、法律、人力资源、金融、保险、境外安全救援等组团式服务。

上海对外投资已经显露出质量、结构和能级全面提升的态势。2013 年，上海核准对外直接投资总额 43.1 亿美元，同比增长 32.8%，创历史新高。其中，企业海外并购和增资占比 71%；在发达经济体投资的项目占比 82.6%；服务领域项目占 80.5%。企业对外投资的大项目不断涌现，例如，绿地集团先后增资 9 亿美元投资韩国健康城项目，投资 7.8 亿美元实施美国洛杉矶大都会项目；又如，上工申贝集团斥资 3012 万欧元收购了德国 KSL 凯尔曼特种机械制造公司等 3 家公司 100% 的股权，跃居全球自动缝制设备行业第一位。

上海将来的目标是：经过 3 ~5 年时间，对外投资额在全国的占比力争提高到 10% 左右（2013 年该比例为 4.8%）。届时，上海“引进来”和“走出去”争取双向平衡，即引进外资和对外投资的规模基本平衡（2013 年对外投资额是引进外资额的 17.2%）。

（资料来源：中国上海网　责任编辑：焦学利）

5. 浙江省

（1）浙江省利用外资和境外投资总体情况

1）外商直接投资。

2013 年 1—12 月，浙江省新批外商投资企业 1 572 家，投资总额 395.58 亿美元，合同外资 243.84 亿美元，实际外资 141.59 亿美元，合同外资和实际外资同比分别增长 15.71% 和 8.33%，实现了浙江省实际利用外资连续四年创新高。2013 年，新批投资总额 1 亿美元以上企业 50 家，合同外资 53.3 亿美元，占总数的 22%，同比分别增长 72%、132% 和 100%。全省外商投资企业实际投资（含中方投资）为 175 亿美元。

截至 2013 年 12 月底，全省累计共批外商投资企业 52 577 家，投资总额 4 296.2 亿美元，合同外资 2 384.3 亿美元，实际外资 1 258.9 亿美元[1]。

2）境外投资。

2013 年浙江省发展改革委核准及转报国家核准境外投资项目 27 个，中方投资额 74 亿美元。其中：省发展改革委核准 22 个，中方投资额 12.83 亿美元；国家发展改革委核准 5 个，中方投资额 61.17 亿美元。重大项目有浙江恒逸石化在文莱投资 43.2 亿美元建设年加工 800 万吨原油的石化项目、万向集团在美国投资 9.68 亿美元收购美国 A123 系统公司资产并投资建设锂电池生产线项目等[2]。

[1] 数据来源于浙江省商务厅网站。

[2] 数据来源于浙江省发展改革委网站。

（2）主要特点和成效

1）多数市实现合同、实际外资双增长。

2013年合同外资与实际外资实现双增长的有杭州、宁波、温州、嘉兴、衢州、丽水、舟山等7个市。其中，温州、嘉兴、衢州、丽水市实际外资的增长超过20%，合同外资增长较快的有宁波、嘉兴、衢州、丽水市。

2）浙北地区保持利用外资的领先优势。

2013年凭借着相对优越的区域和经济发展基础等综合优势，杭州、宁波、嘉兴、湖州、绍兴等浙北5市的合计合同外资和实际外资占全省总额比重达到了93.4%和89.2%。其中，杭州市的实际外资首次跨过了50亿美元台阶，达到了52.8亿美元，占全省比重超过1/3；宁波、嘉兴和湖州市则分别迈上了30亿、20亿和10亿美元台阶，位居全省前列。

3）开发区继续成为外资落户的主平台。

全省开发区新批项目604个，合同外资116.3亿美元，实际外资78.4亿美元，占全省总数的47.7%和55.3%。其中，国家级开发区合同外资80.7亿美元，实际外资52.0亿美元，同比分别增长12.8%和12.7%；省级开发区合同外资35.6亿美元，实际外资26.3亿美元，同比分别增长6.1%和9.0%。

4）投资来源地以传统国别和地区为主。

2013中国香港和英属维尔京群岛、美国、日本等10大传统国家和地区的合同外资、实际外资分别为230.96亿美元和132.61亿美元，占总数的94.7%和93.7%；其中来自中国香港、英属维尔京群岛、开曼群岛三大自由岛的合同外资和实际外资分别为193.4亿美元和106.8亿美元，占总数的79.3%和75.4%。

5）第三产业比重进一步提高。

2013年第三产业新批项目1 001个，合同外资151.0亿美元，实际外资78.8亿美元，同比分别增长10%、41%和21.9%，占全省总数的63.7%、61.9%和55.6%，较上年同期分别提高6.7、10.1和6.1个百分点。其中房地产业增幅较大，其合同外资和实际外资分别为62.1亿美元和34.5亿美元，同比分别增长144%和31.5%，占第三产业的比重分别达到41.2%和43.8%。

6）外资进入方式更多元化。

2013年，新批外资并购项目90个，总投资19.7亿美元，合同外资9.7亿美元，外资溢价金额1.1亿美元。实到外方股东贷款16.7亿美元，同比增长91.3%。新批融资租赁公司30家，总投资8.05亿美元，合同外资4.54亿美元，总投资和合同外资同比分别增长46.9%和213.1%。

7）世界500强投资取得新突破。

2013年，世界500强投资企业35家（含分公司2家），投资总额13.7亿美元，合同外资5.61亿美元。新增12家世界500强，分别是：澳大利亚伍尔沃斯公司、日本瑞穗金融集团、大和房屋工业株式会社、澳大利亚澳新银行、日本永旺株式会社、法国标致、英特尔公司、中国工商银行、美国HCA公司、中国中铁股份有限公司、美国AIG、英国沃斯利。截至目前，浙江省已累计批准166家世界500强投资企业478个，投资总额237.2亿美元，合同外资93.0亿美元。

8）外商投资企业贡献进一步显现。

2013年外商投资企业进出口997.8亿美元，占全省总数的29.7%，其中出口占25.0%，进口占43.3%。1—11月，规模以上工业外商投资企业6 674家，主营业务收入1.39万亿元，利润总额835.99亿元，税金总额455.14亿元，全部从业人数185.46万人，科技活动经费支出194.58亿元，分别占全省规模以上工业企业总数的18.2%、25.1%、28.8%、22.5%、26.4%和30.9%。主营业务收入、利润总额、税金总额和科技活动经费支出同比分别增长4.3%、16.1%、9.9%和14.1%。

9）服务业“走出去”呈稳步成长态势。

从数量和规模来看，2013年浙江省服务业的境外投资呈稳步成长态势。2013年经审批和核准的服务业境外投资企业数由2012年的42家增至54家，主要是租赁和商务服务业等行业企业增加。2013年服务业境外投资总额及中方投资总额也均有明显上升，其中教育业“走出去”有了新突破，2013年首个项目对外投资额为40万美元，从近期看，呈上升趋势。

10）租赁和商务服务业是“走出去”的主力。

从具体行业来看，2013年服务业“走出去”中方投资额中占比最大的是租赁和商务服务业，占总数的86.09%，其中商务服务业占85.93%，租赁业占0.16%。其次，住宿和餐饮业的中方投资总额占总数的3.87%。

11）服务业“走出去”大项目频现。

2013年重大项目包括：华谊兄弟传媒股份有限公司至中国香港投资设立华谊兄弟国际有限公司，其中方投资总额达9 071.60万美元；开元控股集团有限公司至卢森堡设立开元投资（卢森堡）有限公司，中方投资额达2 500万美元；浙江世贸君亭酒店管理有限公司在香港设立的香港君亭精品酒店有限公司，中方投资额950万美元等项目[1]。

12）国际竞争力显著提升。

跟踪促进一批重大境外投资项目在境外成功设立研发基地、拓展营销网络，国际竞争力显著提升。如，浙江吉利控股集团以18亿美元收购瑞典沃尔沃轿车100%股权；浙江恒逸石化有限公司在文莱投资42.92亿美元建设石油化工项目；万向集团4.24亿美元投资美国A123系统公司等。其中，浙江吉利控股集团于2012年成功跻身世界500强，世界排名第475位，成为浙江省第一家入围世界500强的民营企业。2013年，浙江吉利控股集团再次入围，世界排名第477位[2]。

（3）服务业走出去的主要困难与问题

近年来，浙江省服务业“走出去”发展迅速，但总体来看，相对于制造业，国际化程度不高，缺乏发展载体，服务业占比较低，仍处于初级阶段。目前存在的主要问题与困难有：

1）服务业“走出去”的基础薄弱。

一方面是服务业企业自身综合实力、规模及数量等不大，服务业“走出去”的境外投资实力欠缺。另一方面由于缺乏服务业基础设施建设以及相关措施，地方政府支持力度不够，导致服务业的国际竞争力偏弱。

2）服务业金融支持不足。

与制造业与农、林、牧、渔业等相比，服务业企业没有足够的土地、厂房等抵押物，在现有金融体制下融资能力差，得到的金融支持不够。

3）境外投资风险较大。

对于服务业而言，境外投资的风险较大，包括商业风险及非商业风险，其中非商业风险包含政治风险及自然灾害风险等。

（4）今后工作重点

1）落实国家利用外资和境外投资管理体制改革工作。

根据《国务院关于发布政府核准的投资项目目录（2013年本）的通知》（国发〔2013〕47号）、《外商投资产业指导目录（2011年修订）》，以及国家有关外商投资和境外投资的相关政策，着手研究浙江省关于外商投资项目核准和备案有关事项、浙江省境外投资项目管理办法等。

2）做好外资重大项目计划的跟踪和监测。

---

[1] 相关数据和资料来源于浙江省商务厅网站。

[2] 资料来源于浙江省发展改革委网站。

进一步完善项目责任机制、分析监测机制、联动推进机制和要素保障机制，做好 2014 年度外资重大项目计划的跟踪和推进工作。做好每季度的外资监测报告，对省领导重点联系的重大外资项目实行实时监测，关注进展，及时协调解决推进过程中存在的困难和问题。

3）加快外国贷款项目前期工作与建设。

完成世界银行贷款农村污水项目的前期工作，抓紧做好世界银行浙江省钱塘江流域小城镇环境综合治理项目余款项目审批工作，做好欧投行浙江木本油料项目建设，争取浙江省历史文化名城保护项目列入世行贷款项目规划。

4）促进开发区规范发展。

完成开发区整改前期工作后，待国家制定开发区整改规范标准后，我们将进一步做好开发区规范和促进发展工作。同时，做好促进浙台经贸合作平台高质量发展相关工作，探索建立“省级统筹协调、部门分类管理、平台分类考核”的管理机制，进一步提升平台的发展质量和水平。

5）做好开放型经济政策研究和建议。

推动对内对外开放相互促进、引进来和走出去更好结合，促进国际国内要素有序自由流动、资源高效配置、市场深度融合，加快培育参与和引领国际经济合作竞争新优势，以开放促改革。开展《开放经济中浙江负面清单问题的研究》等课题的调研工作。

（资料来源：浙江省发展改革委网站　责任编辑：焦学利）

6. 福建省

（1）利用外资情况

1）利用外资情况。

2013 年，全省新批外商投资项目 840 项；实际到资 66.8 亿美元，同比增长 5.4%。

2）主要特点和成效。

①跨国公司来闽投资有新的突破。2013 年，全省共新增总投资超过 3 000 万美元的跨国公司投资大项目 12 项，总投资 16.2 亿美元。

②制造业实际到资出现回落。制造业实际到资 32.6 亿美元，同比下降 7.3%，其中：机械装备业实际到资 3.1 亿美元，同比下降 42.9%；石油化工业实际到资 3.6 亿美元，同比下降 11.6%；电子信息业实际到资 3.9 亿美元，同比下降 4.1%。

③金融、信息传输、水利环境等现代服务业快速发展。全年服务业实际到资 30.6 亿美元，同比增长 17.3%，服务业占比由 41.2% 提高到 45.9%。金融业合同外资 5.8 亿美元，同比增长 2.6 倍；信息传输和计算机服务业 2.3 亿美元，同比增长 25.2%；水利环境公共设施管理业 1.9 亿美元，同比增长 78.6%。

④来自港澳台地区的实际增长较快。传统来源地中，港澳台三地共实际利用外资 46.4 亿美元，同比增长 25.9%，占全省实际利用外资比重由上年的 58.1% 提高到 2013 年的 63.1%。发达国家中，来自美国的资金 5 734 万美元，同比增长 11.3%。

⑤福建省实际利用外资保持增长。福建省九市一区实际利用外资均呈不同程度增长。其中，平潭综合实验区、宁德市、南平市、三明市分别同比增长 67.6%、20.2%、20.3% 和 21.4%。

（2）境外投资情况

1）境外投资总体情况。

2013 年，福建省对外直接投资项目 142 个，对外投资额 6.99 亿美元，同比分别下降 4.7%、18.1%。其中：新设境外企业和分支机构 112 家，对外投资额 4.11 亿美元；境外企业增资项目 30 个，对外投资额 2.88 亿美元。

2）主要特点和成效。

①对台投资保持升势。2013 年，福建省在台湾设立 12 家企业和分支机构，对台投资额 1.02 亿美元，分别同比增长 1 倍、22.8%。

②厦门、福州领跑全省，占全省对外投资总量七成比例。2013 年，厦门、福州企业对外直接投资项目分别为 72 个、34 个，对外投资额分别为 3.1 亿美元、1.77 亿美元，两地分列各设区市前两位，新批项目数和对外投资额合计占全省比例达 74.6% 和 70%。

③亚洲占比超六成，中国香港成为第一投资目的地。2013 年，投向亚洲地区的项目 92 个，对外投资额 4.8 亿美元，占比分别为 64.8%、68.7%。中国香港居各国家和地区首位，投向中国香港的项目 50 个，对外投资额 2.56 亿美元，占比分别为 35.2%、37.1%。

④批发和零售业项目数第一，商务服务业投资金额领先。从项目数看，2013 年批发和零售业项目 73 个，占比 51.4%，居各行业之首，商务服务业和交通运输业分列第二、第三位，项目分别为 13 个和 10 个。从投资金额看，商务服务业、采矿业、批发和零售业位列前三，对外投资额分别为 1.93 亿美元、1.33 亿美元、1.26 亿美元，占比分别为 27.6%、19%、18%。

（3）加快外商投资和境外投资管理职能转变

1）改革外商投资项目核准和备案管理。

由全面核准改变为有限核准和普遍备案相结合的管理方式，在准入管理上对外商投资探索试行国民待遇。外商投资项目管理内容和程序进一步简化，突出企业主体地位。

2）改革境外投资项目核准备案管理。

对福建省企业实施的中方投资额 3 亿美元以下，不涉及敏感国家和地区、敏感行业的境外投资项目，均由省发展改革委备案，不再实行核准制。已在境外设立的中资企业在境外实施的再投资项目，如不需要境内投资主体提供融资或担保，不再需要办理核准或备案。

（资料来源：福建省发展改革委　责任编辑：焦学利）

7. 山东省

（1）利用外资报告

1）利用外资数据统计情况。

2013 年，山东省新批外商投资项目 1 405 个，合同外资 177.1 亿美元，实际利用外资 140.5 亿美元，分别增长 5.4%、7.0% 和 13.8%。

2）利用外资的特点和成效。

①促进转型发展的作用不断增强。引导跨国公司投资电子信息、汽车、造船、工程机械等高端制造业。外资进入服务业领域也逐步向旅游开发、研发中心、金融保险、服务外包等高端领域拓展，促进了山东产业结构调整和行业竞争力提高。

②对外开放不断向纵深拓展。通过引进通用东岳汽车、威亚发动机、亚泰森博等一批投资规模大、技术含量高和产业带动性强的外资大项目，持续推动山东省自主创新、产业升级、区域协调发展；积极推动或引导外商由第二产业向第一、三产业扩展，服务业已成为外商投资的新热点，2013 年，山东省服务业实际利用外资 67.9 亿美元，占比已达 48.3%。

3）存在的问题和不足。

①开放合作意识不够强。受思想不够解放和思维定式的影响，依赖传统路径多，敢闯敢试、敢为人先的少；习惯大而全小而全、自成体系的多，善于借助外力外智、用世界眼光谋划发展的少；工作推进中，相互协作、主动配合的意识不够强，积极融入国家重大开放战略的步伐不够快，全方位拓展开放型经济发展空间受到制约。开放合作意识相对落后，是导致山东省与广东、江苏等省份在开放型

经济发展水平上存在差距的重要原因。根据国家发展改革委2012年发布的《中国区域对外开放指数报告》，山东省综合排名仅居全国第十位。

②传统竞争优势正逐步消弱。山东省劳动力供需形势已发生明显变化，劳动力成本逐年提高，人工工资已是越南、印度等周边国家的2~3倍，这必将压缩山东省纺织服装、农副产品、机械制造等传统比较优势行业的市场盈利空间，转型发展迫在眉睫。家电、机械等传统优势产业本地配套能力不强，严重影响重大项目落地。

③区域开放程度不均衡。东西部发展不均衡是制约山东省提升全面开放水平的重要因素。青岛、烟台、威海三地实际利用外资额占60%以上，其他14个市利用外资额不高，东西部差距大。

④营商环境有待进一步优化。目前，山东省营商环境虽然有了较大改善，但与先进省份相比，还不能很好地适应开放型经济发展的新要求。比如，通关便利化水平不够高，关检手续复杂，口岸信息化建设有待加强；配套服务不够完善，服务于国际经济合作的中介机构和国际型人才不足，外商生活便利化方面还有较大欠缺。

（2）对外投资报告

1）对外投资情况。

2013年1—12月，全省新核准境外企业（机构）443家，中方投资45.1亿美元，同比分别增长22.7%和23.1%。

2）对外投资的特点和成效。

①境外投资急剧扩张，投资规模领跑全国。截至2013年，山东省共设立境外企业（机构）3 562家，累计投资总额189亿美元。国际化经营水平显著增强，投资质量和水平快速提升，投资目的国家和地区已覆盖五大洲130余个国家和地区。

②国有企业是境外投资的主力军，民营企业“走出去”蓄势待发。山东省境外投资主体结构中，国有企业作为活跃的投资主体，在投资总规模、项目质量和单体投资强度上，保持境外投资主导地位，如兖矿集团、山东能源集团、烟台万华、山钢集团、山东重工等大型国有企业。兖矿集团累计投资60多亿美元，在澳大利亚、加拿大、委内瑞拉开展境外投资收购，获得大量优质能源和矿产资源；山钢集团在非洲塞拉利昂投资15亿美元收购铁矿项目，是全国境外投资铁矿石项目中，规模和质量的典范。近年来，山东省民营企业围绕经济转型，后来居上，占比逐年上升，成为境外投资新兴力量，如济宁如意、南山集团、力诺集团、宏达矿业、魏桥集团等一大批有实力的民营企业针对优势产能转移、原料基地、研发中心、营销网络建设四大领域，积极开展境外投资。

③能源资源、先进制造业是境外投资的主要领域。结合山东省产业优势和特点，兖矿集团、山钢集团、滨州魏桥、滨州炜烨、聊城祥光、日照昌华等企业积极开展境外矿产和能源投资，获取了相当规模的重要矿产资源和能源储量。兖矿集团在澳大利亚和加拿大开展境外投资和收购，获得煤炭资源储量52.96亿吨、铝土矿2.62亿吨、钾矿47.3亿吨。山钢集团通过投资非州矿业塞拉利昂唐克里里铁矿项目，获取了2 000万吨以上境外权益矿、每年1 000万吨低于市场价15%的矿石包销权及设备采购优先供应权，以较小投入取得了较大份额的权益矿资源，开拓了山东省企业参与境外矿产资源开发的新方式。2013年，商氏生态农业依托省农科院的技术支持，在乌克兰投资建设粮食作物种植及加工项目，每年可回输9 000万千克粮食作物；山东重工、烟台冰轮、南山集团、烟台台海等优秀装备制造业企业，抓住金融危机期间欧洲企业经营困难、寻求战略合作的有利时机，迅速收购了一批科技资源密集的先进装备制造业、电子信息产业、新材料和新能源项目，获得了国际先进技术和管理经验，提高了企业的自主创新能力和长期竞争优势。2013年，东营民企永泰化工收购了英国具有百年历史的汽车配件生产商考普莱国际控股有限公司，借助其生产销售网络，永泰化工成功打入悍马、捷豹、路虎、日产、雷诺及众多大型汽车轮胎供应市场，实现自身多元化业务的拓展。2013年，济南宝世达收购了瑞士金属公司。该公司所生产的高质量铜及铜合金精选组件国际市场占有率高达50%，产品广泛用于

计算机、航空、电讯和汽车，合作客户包括波音公司、阿尔斯通、西门子等行业巨头。宝世达通过此次收购获得了瑞士金属公司关键研发技术、特许权、商标及全球市场网络等战略性资源，迅速扩大了其全球市场份额。

④境外投资模式不断创新，企业国际化品牌和跨国经营战略初见成效。随着山东省企业境外投资经验逐渐丰富，在投资区域和方式上，由初期的以发展中国家和地区绿地投资居多，逐步转向了在欧美发达国家并购投资，以更为高效便捷的方式获得目标资产。烟台万华、兖矿集团、潍柴集团等企业，积极并购欧洲和北美的优质资产、名优品牌和关键技术，呈现出投资规模大、并购资产与国内产业高度关联、互补性强等特点，并购方式不断创新。2013 年，山东重工再次出资 7.38 亿欧元收购了德国凯傲集团 25% 的股权及其下属林德液压公司 70% 的控股权。德国凯傲集团是世界排名第二的工业叉车制造商，此次收购打破了世界高端液压核心技术长期被国外垄断的局面，推动了山东省工程机械产业向价值链高端拓展。

3）对外投资存在的问题。

①"走出去"思想意识不到位。部分企业思想不解放，"走出去"主动性不足。一方面，受境外投资评价体系不完善、企业决策者不愿承担风险等原因的影响，不少国有企业"顾虑重重"，境外投资始终停滞不前。另一方面，民营企业"走出去"的主动性欠缺。部分民营企业"小富即安"，缺乏长远打算，对关系企业未来的跨国经营没有明确的规划和具体实施步骤。

②风险防控意识薄弱。不少企业在实施跨国经营决策时，不善于利用国际投资方面的相关信息服务，前期准备工作不扎实，缺乏风险意识和风险控制机制，在项目选择、汇兑风险、环境分析、地点选择、合作伙伴选择、经营策略的拟定等方面，科学论证不充分，存在风险隐患。

③融资能力薄弱。除个别较大国有企业外，山东省大部分民营境外投资企业规模较小。从山东省部分重点境外投资企业座谈会上了解到的情况看，多家企业反映，受企业资产规模、海外融资权限、公司投资能力以及资本流出等条件的限制，金融机构对民营企业的贷款审批门槛较高，民营企业往往得不到及时有力的资金支持，许多境外投资项目因资金短缺而丧失发展的机会。

④"走出去"人才匮乏。企业开展跨国经营，需要大批全方位人才。目前，山东省企业境外投资人才队伍普遍短缺，尤其是懂语言、熟悉国外情况，具有国际贸易、国际金融、国际法律知识，以及熟悉投资国当地文化风俗的复合型人才严重不足。重利用轻培养的现象比较突出，大部分企业缺乏系统的海外业务人才培养和引进计划，人才战略短期化。

(3) 利用投资和对外投资政策建议及展望

1）深化改革，创新体制机制。

建立内外联动、互利共赢、安全高效的开放型经济体系，要立足当前，着眼长远，注重加强体制机制建设。要把深化开放、提高开放型经济发展水平作为全省加快转变经济发展方式的重要途径，进一步加强对开放型经济工作的组织领导和协调指导。创新省部会商机制，重点推进"一带一路"衔接融入，中日韩自贸区、青岛自贸港区、海关特殊监管区争取设立，临沂商城国际贸易综合改革试点等重大事项；创新部门协同机制，统筹开放区域布局、平台建设、产业规划，形成工作合力；创新重大外资项目高层推进机制，实行领导负责制和"一事一议"，推动重大项目落地；创新督促考核激励机制，将开放型经济主要指标列入科学发展综合考核评价体系，加大权重。

2）整合政策，加大支持力度。

完善政策支撑保障体系是发展开放型经济的关键环节。研究完善对外贸易转型发展资金扶持政策，整合现有资金基金向开放型经济倾斜。制定境外投资财政资金支持管理办法，落实好出口退税、税收抵免政策。鼓励政策性、开发性金融机构加强融资模式和金融产品创新，支持有条件的企业全球布局产业链。落实好推进企业上市政策，鼓励符合条件的企业在境外上市。充分运用"内保外贷"、开具出口信用证、出口保函等，创新融资担保方式。加大政策性进出口信贷及境外投资贷款的支持力度，搭建中小外经贸企业与进出口银行“统贷统还”平台。

3）培养引进，推动人才国际化。

抓住跨国公司研发活动全球化进程加快的机遇，加大高层次人才培养引进力度。根据引进人才类别与层次，给予创业启动资金、科研启动资金、科研经费、安家补贴等扶持。创新引才机制，充分利用全球智力资源，加快建设国际化人才高地。建立海外人才培训基地，实施海外培训计划，提升本土人才国际化素质。建立健全与国际接轨的人才培养开发、评价发现、流动配置、激励保障和管理服务机制，为高层次人才创新创业提供良好环境。加大教育改革力度，更新培养观念，创新培养模式，突出培养本土具有国际化水平的人才，推动人才国际化。

4）综合施策，优化营商环境。

营造优良高效环境、构筑强大社会支撑，要综合施策、坚持不懈、持续推进。继续深化外商投资和境外投资行政审批改革，减少审批事项，简化审批流程。加快完善电子报关网络，推行“一次申报、一次查验、一次放行”通关模式，优化“属地报关、口岸验放”等便利措施，构建高效率、低成本的口岸大通关体系。进一步简化出入境手续，促进人员往来便利化。鼓励发展西餐、韩餐、日本料理、酒吧、健身等餐饮和健康休闲场所，城市道路、超市商场、旅游景点等公共场所增设外文标识，增加外商生活和出行便利。借鉴江苏做法，在居留、就医、社会保障、子女落户及入学等方面为外商提供便利，切实解决外商在鲁的后顾之忧。

5）完善基础设施，全面拓宽开放通道。

加快全省公路、铁路、机场、港口等现代综合交通体系建设，发展多式联运，打通山东省对外经济走廊。制定港口资源整合优化方案，加快形成以青岛港为龙头，烟台、日照港为两翼，其他港口为补充的“大口岸”体系，加强疏港路网建设，进一步提升山东省在东北亚国际航运综合枢纽和国际物流中心地位。加快机场建设，加密、巩固和开辟国际客货运航线，畅通空中通道。

（资料来源：山东省发展改革委　责任编辑：焦学利）

8. 广东省

（1）2013 年广东省利用外资报告

2013 年世界经济是自 2008 年金融危机以来增长水平最低、国际投资持续放缓的一年。在此大环境下，广东省努力拓展外商投资渠道，采取各种措施使利用外资保持稳定增长。2013 年，全省新批设立外商直接投资项目 5 520 个，同比下降 8.7%；合同外资金额 363.13 亿美元，同比增长 3.8%；实际利用外资金额 249.52 亿美元，同比增长 6.0%。

1）利用外资的特点和成效。

①全省实际利用外资保持增长。

从分月运行情况看，1—5 月，实际利用外资增势良好，3 月同比增长达 20%，5 月实际利用外资金额 27.7 亿美元，为全年单月最高，1—5 月实际利用外资累计增速为 8.8%；6 月、7 月实际利用外资增速出现下降，同比分别下降 10.0%、6.4%；8 月、9 月、10 月增速较快回升，10 月同比增长 35.5%，为全年单月最高增速；11 月、12 月，增速有所回落，12 月同比下降 2.2%。全年实际利用外资同比增长 6.0%，增幅比上年回落 2.0 个百分点。

②全省合同和实际利用外资以第二产业为主。

从产业和行业利用外资的情况看：第一产业（农、林、牧、渔业）合同外资金额 5.38 亿美元，同比下降 18.9%；实际利用外资金额 1.51 亿美元，同比下降 0.8%。第二产业合同外资金额 201.80 亿美元，同比下降 4.9%；实际利用外资金额 135.45 亿美元，同比下降 2.1%。第三产业（服务业）合同外资金额 155.95 亿美元，同比增长 19.0%；实际利用外资金额 112.56 亿美元，同比增长 17.6%。全省合同和实际利用外资以第二产业为主，分别占总量的55.6%和54.3%；服务业合同和实际利用外资分别占全省总量的43%和45.1%。

六大行业利用外资中电力、燃气及水的生产和供应业、服务业增长较快，占比最大的制造业有所下降。2013年，电力、燃气及水的生产和供应业合同外资金额5.54亿美元，同比增长69.3%；实际利用外资金额6.26亿美元，同比增长20.5%。服务业合同外资金额155.95亿美元，同比增长19.0%；实际利用外资金额112.56亿美元，同比增长17.6%。制造业合同外资金额194.36亿美元，同比下降6.5%；实际利用外资金额128.18亿美元，同比下降2.1%。实际利用外资增幅排前10位的行业分别是教育（2 018.8%），水利、环境和公共设施管理业（399.2%），金融业（349.1%），卫生、社会保障和社会福利业（98.1%），专用设备制造业（43.9%），租赁和商务服务业（40.4%），农业（28.2%），居民服务和其他服务业（27.0%），纺织业（26.8%），电力、燃气及水的生产和供应业（20.5%）。

③外商独资是利用外资的主要方式。

外商独资有所增长，占比回升。2013年，外商独资企业新签直接投资项目5 014个；合同外资金额308.68亿美元，同比增长11.5%，占全省直接投资总额85.0%，比上年提高5.9个百分点；实际利用外资191.08亿美元，同比增长7.3%，占全省总量76.6%，比上年提高1.0个百分点。

中外合资企业新签直接投资项目481个，同比增长13.7%；合同外资金额48.07亿美元，同比下降21.9%；实际利用外资49.73亿美元，同比增长5.8%，增幅比上年回落36.9个百分点。

中外合作企业合同外资和实际利用外资金额分别为4.16亿美元和4.84亿美元，同比下降43.3%和30.3%。

外商投资股份制企业合同和实际利用外资金额分别为2.23亿美元和3.88亿美元，分别比上年下降46.7%和增长12.4%。

④外商投资以港澳地区投资为主，发达国家对广东投资持续增长。

在对广东省投资的100多个国家和地区中，来自港澳地区的合同外资金额268.11亿美元，同比增长10.6%，占全省外商投资总量的73.8%，比上年提高2.7个百分点。实际利用外资金额161.99亿美元，同比增长9.6%，占64.9%，比上年提高1.0个百分点。合同外资金额前十位的国家和地区分别为中国香港、英属维尔京群岛、日本、新加坡、澳门、中国台湾、开曼群岛、荷兰、萨摩亚、英国。实际利用外资金额前十位的国家和地区依次为中国香港、英属维尔京群岛、新加坡、日本、韩国、荷兰、澳门、萨摩亚、法国和开曼群岛。

新批发达国家实际利用外资金额42.88亿美元，同比增长10.1%，占全部总量的17.2%。实际利用外资前三位的发达国家是新加坡、日本和韩国。增速较快的是法国和德国，2013年实际利用外资金额分别同比增长201.4%和91.5%。

⑤大项目合同外资占比高，世界500强企业在广东省投资保持增长。

2013年，全省新设、增资投资总额1 000万美元以上的大项目1 049宗，增长8%；投资总额增加457.26亿美元，合同外资金额增加249.31亿美元，同比增长7.6%，占全省总金额的68.7%。其中，投资总额5 000万美元以上的大项目217宗，同比增长6.9%；合同外资金额增加121.76亿美元，同比增长3.7%。1亿美元以上的大项目62宗，同比增长17%；合同外资金额增加60.19亿美元，同比增长1.7%。

2013年世界500强企业在广东新设项目34个，增资项目71个，两项投资总额增加67.21亿美元。合同外资增加21.33亿美元，项目平均合同外资规模2 032万美元。

⑥外商直接投资仍集中在珠三角经济发达区，粤西北地区有所增长。

2013年，珠三角九市合同外资金额323.03亿美元，同比增长5.5%；实际利用外资金额230.62亿美元，同比增长7.2%，合同及实际利用外资金额占全省总额分别为89.0%和92.4%；粤西地区新签合同项目同比增长 12.4%，实际利用外资金额同比增长 28.6%；粤北地区新签合同项目同比增长 8.6%，合同外资金额同比增长 12.2%。具体情况见下表。

2013 年广东分区域外商直接投资情况

经济区域	签订企业项目		合同外资金额		实际利用外资	
	项目（个）	增长（%）	金额（亿美元）	增长（%）	金额（亿美元）	增长（%）
总　计	5 520	-8.7	363.13	3.77	249.52	6.0
珠三角	4 884	-10.4	323.03	5.50	230.62	7.2
东　翼	119	-2.5	12.68	-25.30	6.22	-23.1
西　翼	100	12.4	10.09	-10.93	4.12	28.6
山　区	417	8.6	17.34	12.23	8.56	-4

⑦广东省外商直接投资金额占全国的比重有所提升，与居全国第一位的江苏省差距缩小。2013 年，广东省合同利用外资占全国的 15.7%，实际利用外资占 21.2%，分别比上年提高 1.0 个和 0.1 个百分点，合同利用外资和实际利用外资金额与居全国第一位的江苏省的差距，由上年的 1.6% 和 1.5% 缩小到 2013 年的 1.1% 和 1.1%。实际利用外资增速高于全国平均水平，低于山东、上海、浙江等沿海发达省。2013 年全国主要省份利用外商直接投资情况见下表。

2013 年全国主要省份利用外商直接投资情况

地　区	合同外资		实际利用外资	
	金额（亿美元）	增长（%）	金额（亿美元）	增长（%）
全　国	2 310.47	-3.13	1 175.86	5.25
广　东	363.13	3.80	249.52	6.00
山　东	177.10	7.00	140.50	13.80
江　苏	402.79	-18.70	281.18	-4.30
浙　江	243.84	15.70	141.58	8.30
上　海	246.30	10.30	167.80	10.50

2）存在的问题。

①制造业利用外资增速下滑。广东省是制造业大省，2013 年全省利用外资中制造业的合同和实际利用外资占比高达 53.5% 和 51.4%，与上年相比，分别下降 6.5 个和 2.1 个百分点，其中造纸及纸制品业和通信设备、计算机及其他电子设备制造业合同外资下降幅度大，分别下降 60.2 和 27.3 个百分点；医药制造业和电器机械及器材制造业实际外资分别下降 56.9 和 37.0 个百分点。

②利用发达国家合同外资占比偏低且出现下降。2013 年广东省新批发达国家合同外资占全省总量 9.5%，比上年下降 5.2 个百分点；实际吸收外资占 17.2%，与上年持平。

③区域发展不平衡状况仍然没有改善。珠三角区域合同和实际利用外资占全省比重高达九成以上，东西两翼及粤北山区总体占全省比重比上年分别下降 1.5 和 1.0 个百分点。

3）政策建议。

当前必须通过推进对外开放、创新引资方式、拓宽利用外商直接投资渠道、优化投资环境提高投资便利化等措施，进一步提升利用外资的质量和层次，提升利用外资的综合优势和总体效益，而不能简单地关注合同和实际吸收外资金额的增长或下降。

首先，要转变政府职能，改革现行体制，按照国际通行规则，营造竞争有序的市场、高效的政务和公平的法制环境；进一步发挥开放对技术创新和产业升级的引领作用，利用广东省毗邻港澳的优势及国家赋予先行先试的政策，围绕高新技术产业、高端制造业、现代服务业、节能环保产业以及战略性新兴产业引进重大项目，培育一批具有国际竞争能力的企业；大力扶持外商投资大型骨干企业，发挥大型外商投资企业的龙头带动作用；鼓励外商投资金融、创意、研发、设计、现代物流、网络服务等产业，推进服务业领域的有序开放和外资准入限制。

其次，要深化粤港澳经贸合作，充分落实粤港澳合作框架协议、CEPA 和广东省推动率先基本实现粤港澳服务贸易自由化行动计划，引进港澳服务业，深化与港澳服务业合作，探索粤港澳率先基本实现服务贸易自由化；鼓励广州南沙新区、深圳前海深港现代服务区、珠海横琴新区利用先行先试政策，创新合作模式，探索港澳投资新方式。

（2）对外投资

2013 年，广东省经核准境外投资新增中方协议投资额 52.4 亿美元；对外承包工程新签合同额 236.6 亿美元，同比增长 24.2%；完成营业额 228.7 亿美元，同比增长 42.4%。劳务项下和工程项下累计派出各类劳务人员 35 076 人，期末在外各类劳务人员 57 515 人。

（资料来源：广东省商务厅网、广东省统计局网　责任编辑：焦学利）

9. 宁波市

（1）双向投资基本情况和特点

1）总体情况。

2013 年是国内外经济环境复杂多变的一年，宁波全市上下深入贯彻市委、市政府建设现代化国际港口城市的战略部署，积极实施扩大对外开放、加快转型发展的政策措施，努力营造开放型经济发展的良好环境。2013 年利用外资增势平稳，境外投资不断拓展。

①外商投资。2013 年宁波市全市累计新批外商投资项目 442 个，比上年同期（下同）增长 1.1%；投资总额 100.84 亿美元，增长 1.1%；合同外资 58.20 亿美元，增长 9.6%；实际利用外资 32.75 亿美元，增长 14.8%。

②境外投资。2013 年宁波市新批境外企业和机构 206 家，核准中方投资额 15.71 亿美元，增长 20.2%；实际中方投资额 6.77 亿美元，增长 11.1%。

2）双向投资运行特点。

①外商投资。

ⅰ）引资规模创新高，外资大项目支撑作用日益显著。2013 年，全市合同利用外资、实际利用外资突破 55 亿美元和 30 亿美元新关口，同比分别增长 9.6% 和 14.8%，引资规模均创历史新高。2013 年，全市新批总投资 1 000 万美元以上外资项目 148 个，合同利用外资 42.69 亿美元，同比增长 6.3%。全年全市共引进 4 个世界 500 强企业投资项目，截至 2013 年年底，全市共引进 41 家世界 500 强企业，投资项目 99 个，总投资 94.5 亿美元。

ⅱ）三产利用外资比重保持上升态势，产业结构稳步优化。2013 年，全市第三产业合同利用外资 32.43 亿美元，实际利用外资 18.52 亿美元，同比分别增长 62.8% 和 20.7%，分别占全市总额的 55.7% 和 56.6%，比重比上年提高 18.2 和 2.8 个百分点。第二产业实际利用外资 14.12 亿美元，同比增长 18.2%，部分高端制造业成倍增长，专用设备制造业、电器机械及器材制造业、通信设备计算机及其他电子设备制造业实际利用外资分别是上年的 4.6 倍、1.9 倍和 2 倍。第一产业全年实际利用外资 1 077 万美元，比上年增加 906 万美元。

ⅲ）港资项目引领表现突出，并购投资快速推进。

2013 年，港资项目合同利用外资 46.67 亿美元，同比增长 47%；实际利用外资 22.56 亿美元，同比增长 20.7%。分别拉动全市合同利用外资、实际利用外资增幅 28.1 和 13.5 个百分点。

2013 年，全市新批外商投资并购项目 40 个，合同利用外资 3.7 亿美元，同比增长 131.3%，并购项目合同利用外资平均规模同比增长 42.1%。增资扩股总体平稳，2013 年，全市新批外商投资增资项目合同利用外资 16.4 亿美元，同比增长 6.8%。

②境外投资。

ⅰ）境外投资目的地不断拓展，对亚非地区境外投资力度加大。

全市累计批准境外企业和机构1 828家，核准中方投资54.51亿美元，实际中方投资25.83亿美元，覆盖107个国家和地区。其中2014年境外投资区域新增以色列、坦桑尼亚、古巴、喀麦隆等四个国家。

2013年，宁波市对亚洲地区核准中方投资额11.7亿美元，同比增长58.1%，占全市总额的74.5%，比上年提高17个百分点。对亚洲投资主要集中在中国香港和越南两地，核准中方投资额分别为8.88亿美元和1.42亿美元，同比增长61.8%和245.6%，合计占对亚洲地区投资总额的88.1%。对非洲地区核准中方投资额5 090万美元，是上年同期的3.6倍。

ⅱ）境外投资产业方向不断延伸，资本输出方式更趋优化。

2013年，营销机构、生产性企业仍是宁波市境外投资主要领域，分别核准中方投资额4.31亿美元和4.17亿美元，合计占全市总额的54%，但比重较上年下降9.2个百分点，而同期企业通过境外投资获取原材料、先进技术等稀缺要素的步伐不断加快，全年分别核准资源开发企业、研发机构中方投资额2.13亿美元和4 738万美元，同比分别增长104.8%和70.1%，合计占全市总额的16.6%，比重比上年提高6.6个百分点。2013年，宁波市核准境外增资并购项目中方投资额7.75亿美元，同比增长18.6%，占全市总额近半数。同时境外综合性企业投资力度加大，全年核准中方投资额2.97亿美元，是上年的2倍，这也反映了企业境外上下游产业链投资集聚程度的提高。

（2）2014年双向投资面临的国内外环境及主要指标预测

2014年宁波市双向投资面临的国际国内形势依旧是复杂多变的，具有较强的不确定性。

从国际形势看，全球经济在曲折中复苏，以美国为首的发达国家经济体，整体经济呈现良性复苏态势。欧美日等主要发达国家政治体制调整后，实施了一系列新经济刺激政策和新兴产业发展战略，全球经济正在逐渐缓慢恢复，国际资本流动和跨国直接投资动力增强，这都为宁波市利用外资提供了必要的外部条件。但是国际政治发展存在诸多不稳定因素，金融危机和欧债危机的阴影尚在，不利于宁波市引进外资。

从国内形势看，我国改革已经进入攻坚期和深水区，党的十八届三中全会通过了《中共中央关于全面深化改革若干重大问题的决定》，为我国今后的经济发展指明了方向。随着改革红利逐步释放，城镇化进程持续推进，新一届中央政府审批权限大幅下放，产业压力倒逼转型升级，我国加入WTO各项承诺兑现而带来的开放领域逐步扩大，以及随着我国经济总量不断提升，迈入中等发达水准（城市）区域日趋增多，潜在的巨大商机吸引了诸多跨国企业重新调整在我国的战略布局，为宁波市继续大力引进先进制造业、发展现代服务业创造了较好的内部环境。

从宁波市情况看，市委市政府十分重视开放型经济工作，相继出台了《宁波市加快推进城市国际化行动纲要》、《关于进一步加强国际招商工作的若干意见》、《关于进一步强化工作机制合力推进重点开发区域建设的若干意见》等事关开放型经济阶段性发展的重要文件，完善了国际招商组织体系，今后一个时期宁波市双向投资仍将继续保持平稳较快发展态势。但是，宁波市开放型经济发展中劳动力等成本大幅增加，用地难、招工难、融资难等问题仍然突出；利用外资竞争日趋激烈，国家对房地产市场调控力度不减，现有项目储备不够充足；宁波市境外投资以中小民营企业为主，大规模的投资项目不多。

预计2014年宁波市外商直接投资34亿美元，较上年增长10%。对外直接投资预计17.6亿美元，较上年增长10%。

（3）2014年双向投资的主要任务

1）进一步加强国际招商工作，提高利用外资质量。

①加强产业招商引导。积极引导外资投向新材料、新一代信息技术、新能源、新装备、海洋高技

术、节能环保、生命健康、创意设计等八大战略性新兴产业，促进现代服务业利用外资取得新突破，促进“引资”与“引智”结合，进一步发挥外资作为引进先进技术、管理经验和高素质人才的载体作用。

②尽快发挥国际投资促进局的作用，健全国际招商协调推进机制，提高全市招商引资统筹协调能力。提升国际招商活动平台创办水平，在进一步办好浙洽会、海洽会、境外宁波周、甬港经济合作论坛等现有国际交流合作活动的同时，积极搭建甬台、甬新等国际招商活动新平台，积极拓展国际合作新区域新途径。做好政策引导，发挥企业主体作用，加强以民引外。

③继续积极、合理、有效地做好利用国外贷款工作。做好世界银行贷款宁波新农村建设示范项目和宁波城镇生活废弃物收集循环利用示范项目的实施工作。推进世界银行贷款象山大目湾低碳生态小城镇示范项目的前期准备工作。继续开展与世界银行、联合国开发计划署等国际组织的交流和合作。

2）开展境外投资信息和政策服务，鼓励和引导企业积极稳妥开展境外投资。

①加大信息服务力度。推进宁波市会计师事务所、律所和咨询服务企业与国际知名中介机构合作，培育形成一批本土境外投资服务机构，发挥桥梁作用，为企业提供法律事务服务、投资咨询服务、会计事务服务、审计事务服务等方面的服务。拓宽境外投资信息渠道，加强各类信息的沟通和综合处理，探索打造境外投资综合信息服务平台，向企业提供准确、及时、有效的境外投资政策、国别风险和项目信息等方面的综合信息服务。鼓励金融创新，拓展企业境外投资融资渠道。

②强化政策支持。支持符合条件的企业向国家申请发行以重大境外投资项目为依托的企业债券。鼓励产业投资基金、股权投资企业联合宁波市民营企业开展境外投资。加大境外投资项目投保信用保险财政补贴力度，引导和鼓励企业运用出口信用保险工具规避风险。

（资料来源：宁波市发展改革委）

10. 深圳市

（1）利用外资

1）利用外资情况。

2013 年深圳市新签外商直接投资合同项目 2 056 项，同比（下同）下降 15.3%；合同外资金额 67.00 亿美元，增长 7.0%；实际利用外商直接投资金额 54.68 亿美元，增长 4.6%。

2）主要特点和成效。

①从行业投向看，涉及范围广、投资领域宽。据统计，2013 年深圳市十四个行业中，从利用外资金额和增长速度看，排列前五位的依次是：租赁和商务服务业，合同外资金额 16.776 亿美元，比上年增长 39.6%，实际利用外资金额 13 亿美元，比上年增长 70.7%；批发和零售业，合同外资金额 13.728 8亿美元，比上年增长 57.9%，实际利用外资金额 6.483 5 亿美元，比上年下降 45.5%；金融业，合同外资金额 16.049 5 亿美元，比上年增长 425.1%，实际利用外资金额 1.997 2 亿美元，比上年增长1 392.7%；制造业，合同外资金额 10.742 9 亿美元，比上年下降 55.4%，实际利用外资金额 16.882 2 亿美元，比上年下降 6.3%；电力、燃气及水的生产和供应业，合同外资金额 1.452 7 亿美元，比上年增长 468.1%，实际利用外资金额 1.864 1 亿美元，比上年增长1 753.7%。2013 年深圳市实际利用外资增长速度最快的行业排名前五位依次为电力、燃气及水的生产和供应业，金融业，建筑业，租赁和商务服务业和信息传输、计算机服务和软件业，分别比上年增长1 753%、1 392.7%、298%、70.7%和 41.3%。

②从外资来源看，香港特区仍是深圳市外资主要来源地。深圳市外资来源范围较广，其中，香港仍是深圳市外资的主要来源地。2011—2013 年，香港在深投资项目 4 662 个，合同港资 128.17 亿美元，实际利用港资 90.71 亿美元。三项指标分别占深圳全市总量的 79.5%、76.1%和 72.1%。

③从项目规模看，大项目带动效应日益明显。2011—2013年，深圳市新批投资总额千万美元以上大项目203个，新增合同外资57.64亿美元，占全市总量的34.3%。世界500强企业在深投资规模稳步增长。截至2013年6月底，世界500强企业累计有191家在深圳投资。

3）存在的主要问题。

从外部环境看，部分发达经济体经济出现好转，但仍存在不稳定性和不确定性，世界经济呈现不平衡的弱复苏态势。种种迹象显示，全球资金流向从新兴市场翻转流回发达经济体的新变局正在加速，面向美欧的招商工作将面临较大困难；同时，受钓鱼岛、南海以及朝核等政治问题久拖不决影响，引进日本、韩国和东南亚地区投资项目被延滞甚至搁浅的风险正进一步加大。

从内部环境看，当前我国经济总体运行平稳，增速处于合理区间，但也面临不少困难和挑战。国内劳动力成本上升，土地的资源供应趋紧，融资困难等多重压力并存，人民币的升值趋势推高外资投入成本，外资企业在华投资的意愿受到了一定的影响。在深圳市，受土地紧约束，大项目落地困难问题尤其明显。目前深圳市剩余可开发用地还不到200平方千米，每年可供开发的工业用地更加有限，且部分地块在城市化进程中存在着一些历史遗留问题。而每年都有大批投资项目亟需土地来承载，使得项目频繁选址，制约了大型工业项目招商引资工作的开展。

（2）对外投资

1）对外投资情况。

2013年，深圳市1 000万美元以上的境外投资获批项目共15个，投资金额合计为7.56亿美元。全年对外承包工程业务完成营业额222.07亿美元，比上年增长45.3%。

2）主要特点和成效。

①投资主体日益优化，跨国公司集群形成。华为、中兴、中集、比亚迪、华大基因、迈瑞、联洲、海能达等一批拥有自主知识产权的企业在技术创新、生产外包、市场开拓、营销服务等领域加快进行全球布局，初步形成了深圳的本土跨国公司集群，在跨国经营中驾驭大项目的能力不断提高，对国内产业提升和联动发展的促进作用日益显现。其中，深圳华大基因科技有限公司斥资2.1亿美元收购美国Comliete Genomics Inc. 100%股权项目，目前进展顺利，该项目的实施将大幅度降低基因组测序技术成本，加快推动华大基因发展成为人类全基因组测序技术的领跑者。

②投资方式日趋多元，跨国并购发展迅速。企业对外投资从以设立海外营销网络为主转变为跨国并购、参股、股权置换、资本运作等多种方式并存，生产型、研发型、服务型、资源开发型等境外企业不断涌现。随着国际科技合作的日益深化，深圳市企业跨国并购的步伐加快，特别是电子通信、生物医药、数码科技行业的企业，其产品良好的性价比在国际市场上获得了用户较高的认知度，开始积极寻找机会，并购部分竞争对手或战略合作伙伴的高端设备、研发技术和人才团队，以提高企业自身的自主创新能力和国际竞争力。2013年，深圳市1 000万美元以上的较大规模境外投资项目中有7个为并购类项目，占项目总数近五成。此外，深圳市海普瑞药业股份有限公司收购美国SPL Acquisition Corp. 股权项目和诚承投资控股有限公司收购奥优乳业股份有限公司股权项目正在履行项目报审程序，两个项目计划投资额均超过4亿美元。

③投资地域日渐广阔，中国香港成为最集中地区。深圳企业境外投资项目已扩展至全球122个国家和地区，地区总体分布呈现出“1+2”的局面，即以中国香港为主要地区，以投向亚非拉等新兴市场和欧美传统市场为两大重点区域。其中，对欧美投资项目以美国、德国为主，对新兴市场则以拉美、东盟、非洲为主。投资香港市场的项目超过七成。香港以其全面开放、高度国际化的商贸平台优势和得天独厚的地理位置及营商环境，成为深圳企业走出去的首选地，是深圳企业开展对外经济合作获取信息、拓展市场、积累经验的重要桥梁。

3）存在的主要问题。

①境外投资项目整体规模仍然较小，企业对外投资合作的综合实力有待提升。大多数企业仍处于

"走出去"的起步阶段，相当数量的境外投资项目规模较小，拥有自主品牌和核心技术、核心产品的对外投资主体数量不多。企业一定程度上还存在海外管理水平不高，对目标投资地区可行性研究不到位，抗风险能力不足等问题。

②"走出去"企业遭遇投资贸易保护，市场开拓难度增加。目前国际安全形势日益错综复杂，部分国家社会、政局动荡，各种自然灾害等因素交织使"走出去"面临的非经营性风险持续增大。部分国家贸易保护主义倾向明显，对中国企业戒心增强，通过调整法规和政策设置壁垒。有的企业对外投资并购被所在国以国家安全等为理由加以限制或否决，有的企业还遭遇与贸易有关的海外民事诉讼和刑事诉讼案件。

（3）新时期深圳投资环境优势依然显著

深圳经过30年的发展，已经站在一个新的起点上，既面临着危机，也存在着挑战和机遇。许勤市长在最近一次接待美国考察团时以"中国第一个经济特区"、"一座创新创意之城"、"中国重要的口岸城市"、"中国华南地区重要的金融中心"、"奉行绿色低碳的发展理念"介绍了深圳的主要特点。在新时期，深圳投资环境优势依然显著，主要体现在以下几个方面：

1）地理环境与硬件基础优越。

深圳地理位置优越，靠近香港，这是其他地区无法比拟的优势；同时，深圳的交通物流优势显著，通关便利、进出口方便，深受外资企业青睐。深圳经过30多年的发展，产业链配套成熟，上下游产业完善，商业机会多，也是深圳吸收外资的一个很大的优势。另外，政府服务意识强、政策支持力度大、包容性和生活环境好，为外资企业的发展和腾飞提供了优质的土壤；同时，前海开发也将是深圳又一个独特的优势。深圳市委、市政府提出的"深圳质量"成为深圳发展的新标杆，是深圳速度的升华。前30年，外资企业为"深圳速度"的打造做出了突出的贡献，今后，外资企业必将与深圳一道携手合作，为打造"深圳质量"这个新标杆注入新的动力，做出新的更大的贡献。

2）产业规划和优惠政策超前。

深圳的产业规划与产业政策较超前，每年深圳市政府都会根据自身产业结构特点和配套情况，及时捕捉和解析产业发展信号，年初出台相关政策性文件，从战略的高度谋划产业发展方向。为引导产业发展，深圳市政府一直在不断出台相关鼓励和优惠政策，这些政策的着眼点在产业，鼓励高新技术产业、金融业、物流业、文化创意产业等四大支柱产业以及战略性新兴产业和重点产业的集约化发展。

3）市场法制环境比较完善。

深圳自1992年获得全国人大授予的特区立法权之后，着重参照国际惯例来完善经济立法，逐步形成了有利于自主创新和高新技术产业发展的法规制度环境。深圳先后围绕分配制度、人才政策、知识产权保护、引导企业自主创新、完善区域创新体系出台了一系列政策法规，为自主创新和高新技术产业发展营造了良好的环境。

此外，深圳市委、市政府还高度重视知识产权工作，制定了《深圳市知识产权战略纲要》，形成了激励自主创新的知识产权保护体系。深圳市政府设立了知识产权专项资金，用于资助企业进行专利申请；搭建了中外专利信息服务平台；发布了《深圳市知识产权发展状况白皮书》；2007年率先在国内出台地方知识产权指标体系《深圳市知识产权指标体系》，制定了评估地方知识产权发展状况的22项量化指标，动态掌握全市知识产权发展状况，设立了"知识产权举报投诉服务中心"，受理与知识产权有关的投诉、案件等。

4）政府服务意识强，质量高。

深圳市由于改革开放的先行优势，政府服务意识和效率不断提高，如深圳海关在陆路货运采用通道自动验放系统，每辆货车验放只需4～5秒，货运通道全天24小时通关。政府高效快捷的服务在投资者中获得良好声誉，也因此吸收了一批知名企业落户深圳。

近年来，深圳市政府围绕建立服务型政府的目标，探索借鉴现代企业的运作理念，不断推出新的服务产品和服务方式：一方面，积极推进审批制度改革，提高审批时效；另一方面，强调政府要主动围绕市民与企业的需求开展工作，制定实施了为大企业提供便利“直通车”服务等制度，有效地降低了综合营商成本。政府的主动服务，推动了一批高端产业加速聚集深圳。深圳市政府按照建设法治政府、责任政府、阳光政府的要求，不断加强和改进自身建设，致力于为城市经济发展、社会进步和市民福利创造公平、透明、宽松的环境，提供优质的公共产品和服务。2013 年 4 月，国家发展改革委国际合作中心在博鳌发布“中国城市对外开放指数研究报告”，深圳在 27 个省会城市及 5 个计划单列市中总分排名第一，获评对外开放“金牌城市”。另据中国社科院发布的《中国总部经济蓝皮书》评价，深圳的政府服务水平位居全国第一。

综上所述，深圳仍然是一座极具竞争力的城市，投资环境依然优越。

（4）今后发展重点

在市委、市政府的正确领导下，深圳市开放型经济发展水平稳步提升。下一阶段，面对错综复杂的发展形势，将继续全面贯彻落实党的十八大精神和习近平总书记“三个定位、两个率先”的要求，积极打造国际化、法制化的营商环境，进一步提高利用外资质量，完善“走出去”服务支持体系，提升对外开放发展水平，在求进中下工夫，在创新中谋发展，为经济社会发展释放新的活力、创造新的空间。

1）创新招商引资方式。

把握国际新技术、新产业、新商业模式的发展趋势，注重引资、引技、引智有机结合，加大对世界 500 强和行业龙头企业的引资力度，吸引海外创新团队来深创业发展。开展产业链招商，着力引进战略性新兴产业、先进装备制造业、金融保险、现代物流、技术研发等领域的重大项目。推进引资方式多元化，积极利用网络招商、驻外机构招商等方式，加快构建高层次、国际化招商平台和海外招商网络。

2）优化外资营商环境。

建立健全重点外商投资企业的“直通车”服务机制和信息共享机制，完善相关服务规范，简化审批审核手续。全方位落实外商投资企业引进高层次人才、进口设备等方面的优惠政策措施。全力推进建设社会信用体系和市场监管体系的“两建”工作，争创体制机制新优势，努力营造法治化、国际化的营商环境。

3）丰富利用外资方式。

鼓励外资以参股、并购等方式参与国内企业改组改造和兼并重组。继续支持符合条件的企业根据国家发展战略及自身发展需要到境外上市和发行境外人民币债，充分利用两个市场、两种资源，不断提高竞争力。鼓励外商投资设立创业投资企业，积极利用私募股权投资基金，完善退出机制。

4）支持企业进行全球资源布局。

鼓励有实力的企业利用多年积累的跨国经营经验和资本实力，通过新建、并购、联盟等多种投资方式，获取境外资源、能源、技术、人才等稀缺要素。推动技术密集型企业利用国外先进的科技、智力资源，设立境外测试中心、研发基地，提高企业集成创新能力。支持本地企业根据市场需求有选择地在东南亚、非洲、澳大利亚等重点地区建立长期稳定的资源供应基地。

5）发展高质量境外工程承包。

鼓励深圳企业利用自身产业、技术、人才、融资等优势，参与通信、环保等高技术含量国际工程招投标和境外工程分包，发挥其对深圳市大型成套设备、关键零部件的出口促进作用。大力发展国际设计、咨询业务，支持深圳企业承揽技术密集型、资本密集型等高质量境外工程承包项目。提升劳务派遣人员素质，加大技能型劳务人员的派遣力度。

6）加强投资合作载体建设。

以中越（深圳—海防）经贸合作区为参照，加快在东盟、非洲、拉美等新兴市场地区建设 1～2 个境外经济合作区，并支持深圳有优势的电子电器、服装、日用品等劳动密集型企业进行聚集式投资，充分利用当地劳动力、资源能源等各类生产要素。

7）拓展开放合作新空间。

在粤港合作的总体框架下，利用前海深港现代服务业合作区平台，进一步深化深港合作，努力把前海建设成为粤港现代服务业创新合作示范区。全面落实深澳合作协议，在金融、经贸、教育、旅游等方面开展更紧密交流合作。以海峡两岸经济合作框架协议（ECFA）实施为契机，提升深台在产业、贸易、港口和航空等领域的合作水平。

（资料来源：深圳市发展改革委　责任编辑：焦学利）

11. 青岛市

（1）利用外资

1）利用外资情况。

2013 年，青岛市新批外商投资项目 645 个，同比增长 16. 6%；合同外资金额 75. 8 亿美元，同比增长 26. 3%；实际利用外资 55. 2 亿美元，同比增长 20%，占全省的 39. 3%，高于全国 14. 8 个百分点，利用外资规模创青岛市改革开放以来历史新高，在 5 个计划单列市中排第一位，在 15 个副省级城市中稳居第二位。

2）利用外资的特点和成效。

从产业结构看，制造业、服务业均保持增长态势，制造业实际到账 24. 1 亿美元，同比增长 8%，占全市的 43. 6%；服务业实际实际利用 28. 4 亿美元，同比增长 29. 9%，占全市的 51. 4%。

从外资来源地看，中国香港和韩国是青岛市外资主要来源地。港资 26. 5 亿美元，占全市的 47. 9%，同比增长 30. 6%；韩资 6. 9 亿美元，占全市的 12. 5%，同比增长 22. 1%；来源于日本、美国和中国台湾的外资呈现下降趋势。

从项目规模看，新批和增资过千万美元项目 294 个，合同外资 74. 5 亿美元，占全市的 98. 2%，其中中集冷链物流等 29 个项目总投资过亿美元；新增实际利用外资过 500 万美元项目 307 个，过千万美元项目 157 个，过亿美元项目 6 个。批准三菱捷能汽轮机、舒热佳特殊镀膜等 10 个世界 500 强投资项目。

（2）对外投资

1）对外投资情况。

2013 年，全市新核准对外投资项目 72 个，对外投资额 11. 8 亿美元，同比增长 17%，对外投资再创历史新高。对外投资继续高居全省首位。

2）对外投资的特点和成效。

①创新推进全市双向投资、融合发展获得突破。海尔电器集团与阿里巴巴战略合作，反向投资海尔日日顺物流公司，通过虚实融合战略，打造全国多元化品牌家电和其他家居产品的全流程一体化交互配送平台。2013 年（第 19 届）中国最有价值品牌榜在法国巴黎揭晓，日日顺以人民币 120. 66 亿元的品牌价值入围该榜单，成为首个品牌价值超百亿元的物联网品牌。

②企业海外并购实现新发展。青岛市新核准企业海外并购项目 10 个，对外投资额 2. 4 亿美元，同比分别增长 42. 9%、254. 1%。青博投资有限公司投资 9 800 万美元成功并购瑞典国能电动汽车（瑞典）有限公司项目，将推动青岛市产业结构升级，提升其高端制造业发展水平。

③推进优势产能境外转移成倍增长。新核准优势产能境外转移项目 22 个，对外投资额 4. 7 亿美元，分别增长 22%、161%，行业涉及纺织服装、食品加工、汽车、轮胎制造、精炼植物油等领域。圣元营养食品有限公司投资 1. 125 亿美元在法国设立奶粉加工厂，成为青岛市史上境外投资最大的食品制造加

工项目。青岛耀杰时装有限公司在缅甸设立公司进行服装生产加工，即发集团继越南开办工厂后，在柬埔寨新开第二家境外服装加工厂。

④境外经济贸易合作区建设取得新进展。抢抓国家出台新政支持企业建设具有境外经济贸易合作区性质的园区机遇，积极推进青岛瑞昌棉业、太平洋国际、中启控股、中加科技、恒顺电气等重点企业，在非洲、北美、东南亚等地区投资建设加工制造、农业产业、商贸物流、资源利用等境外园区。其中太平洋国际印尼橡胶工业园、赛轮股份越南项目得到了山东省领导的肯定。

⑤创新完善推进境外投资重大项目新机制。积极争取对外经济技术合作专项资金 3 000 多万元，支持 44 家重点企业对外投资和跨国经营。密切与金融、保险及有关部门联系，形成银企合作、部门协作，组建“联合舰队”，合力推进重大境外投资项目新机制。2013 年全年共核准过千万美元境外投资大项目 19 个，中方投资 9.9 亿美元，占全市投资总额的 83.9%。

⑥境外投资合作国家和地区不断延伸，全方位、宽领域的市场格局逐渐形成。2013 年青岛市对外投资国别新增波黑、摩洛哥、埃塞俄比亚三国，对外投资遍及亚洲、欧洲、北美、拉丁美洲、非洲等 74 个国家和地区，基本形成了以亚洲为主，涉足欧洲、非洲、北美和大洋洲、拉丁美洲的多元化市场格局。

3）“走出去”面临新的机遇。

党的十八届三中全会决定中指出，扩大企业及个人对外投资，确立企业及个人对外投资主体地位，将进一步释放企业“走出去”的活力和动力。对青岛而言，随着青岛市委、市政府《关于实施“走出去”与“引进来”相结合发展战略 进一步提升对外开放水平的若干意见》和《青岛市国际贸易中心城市建设纲要》深入贯彻实施，将形成强有力的对外投资合作促进和服务体系，有利于推动青岛在全国“走出去”中走在前列。

①双向投资合作管理体制便利化改革。学习借鉴复制中国（上海）自由贸易试验区投资便利化改革政策举措，研究探索负面清单管理模式和外资准入及后期监管的投资管理体制改革方案。改革完善利用外资的科学评价体系，引导利用外资从单一注重规模向提高质量效益转变。扩大开放领域，重点推进能源、电信、金融等行业对外开放，争取国家商业保理试点城市。推进境外投资风险评估预警机制改革。

②商务行政审批制度改革。推进外商投资审批管理制度改革，争取商务部格式化审批试点。制定省级以上开发区外资准入行政许可审批改革试点方案，试行对外资企业立项核准、合同章程审批、工商登记注册等“三位一体、一步到位”的审批管理模式。推进实施商务审批事项的全程网上办理，扩展网上审批、预约审批的服务范围。力争审批再提速 30%。

③创新现代招商投资促进模式。加快推进“两个转变”，由改革开放以来传统上的政策优惠型向新时期扩大开放的环境优化型转变，由政府主导型向资本运作型转变。按照专业化招商、园区化发展、职能化服务的“三化”要求，建立“统一协调、优化整合、转变方式、提高效能、提升水平”的招商引资创新机制。研究设立现代产业招商股权投资基金，以青岛国际投资有限公司为平台，创新股权招商方式，推进高端产业并购运作机制，进一步推动青岛市由单一传统绿地投资为主的引资方式向股权并购、参股合作方式转变。创新推动外商投资企业服务“三级联动”机制，完善项目专管跟踪制度，提升精细化“保姆式”服务水平，建设法治化营商环境。创新“走出去”发展方式，突出企业投资主体地位，支持有条件的企业全球布局产业链，在品牌、技术、管理和营销等方面争创优势。推动企业建立境外加工贸易、资源开发、农业合作和科技研发等“四大基地”。

④创新推进国际经济合作伙伴城市机制模式。加快完善国际经济合作伙伴关系城市工作机制，抓住青岛市被商务部列为地方对外经贸合作试点城市的契机，在亚洲、美洲、欧洲等地区再拓展建立一批国际经济合作伙伴关系城市，形成全方位、机制化、常态化的国际交流合作工作格局。

（3）今后发展重点

1）深化外商投资管理体制改革，改进和完善国家安全审查机制。

认真贯彻施行青岛市发展改革委12号令，在简政放权的同时加强事中事后监管。建立发展规划、产业政策、准入标准、诚信记录等信息的横向互通制度，实现行政审批和市场监管的信息共享。建立完善外商投资项目管理电子信息系统，实现外商投资项目可查询、可监督，提升事中事后监管水平。

2）深化和扩大对外开放，优化利用外资产业和区域结构。

全面推进一、二、三产业开放，以开放促改革、促发展。进一步放开外资准入限制，对《外商投资产业指导目录（2011年修订）》进行补充修订。积极引导外资参与我国生态文明建设和创新驱动发展战略，支持外商投资企业增强创新能力。促进区域协调开放，有针对性地推动劳动密集型产业有序梯度转移。

3）统筹软硬环境建设，改善重点领域投资环境。

加强市场信用体系建设，完善创新环境，切实保护投资者合法权益。推动把利用外资从主要依靠生产成本优势转到主要依靠人才、环境、市场上来，致力于形成产业配套、国内市场、基础设施、人力资源、行政服务等各类要素综合新优势。

4）加强境外投资指导，完善法律体系和管理制度。

制定和实施境外投资中长期发展规划、重点领域和区域投资规划。重点鼓励有利于满足国内能源资源需求、促进产业转型升级、化解国内过剩产能、带动设备标准和服务输出的各类境外投资。加强境外投资项目协调，避免无序竞争。引导企业在境外依法合规经营，注重环境资源保护，加强境外投资环境影响与风险评估，履行必要的社会责任。加快境外投资法制建设，制定和出台《境外投资条例》及其实施细则。改革境外投资审批制度，推进境外投资便利化，最大限度减小核准范围、简化核准手续。完善相关管理规定，允许个人投资者开展境外投资。

5）构建境外投资综合服务体系。

强化财税支持政策，加大金融服务力度，健全对外投资统计、监测、评价和通报制度，建立政府层面公共信息平台，为企业境外投资提供有效信息服务。大力培育和支持国内资产评估、法律服务、会计服务、投资顾问、设计咨询、风险评估等相关中介机构。支持行业商（协）会积极发挥服务和促进作用。

（资料来源：青岛市发展改革委网、青岛市商务局网　责任编辑：焦学利）

12. 济南市

2013年，面对全球经济缓慢复苏、国内经济下行的形势，济南市外向型经济发展紧紧围绕市委、市政府的总体部署，增强服务意识，积极推行简政放权，创新工作思路，努力打造新的增长点。外商直接投资稳步增长，境外投资势头强劲，领域不断拓宽。

（1）利用外资和境外投资总体情况

2013年，全市新批外商投资项目86个，合同外资额16.5亿美元，同比增长2.0%，实际利用外资13.2亿美元，同比增长8.2%，居全省第三位，其中：省级以上经济开发区5.83亿美元，占44%；高新区2.6亿美元，占19.7%。新设境外投资企业48家，境外投资中方协议投资额5.4亿美元，同比增长23.6%。

（2）主要成效及特点

①外商直接投资稳步增长。全年实际利用外资保持较快的增长速度。从合作方式看，外商投资的独资化趋势明显，独资企业实现实际利用外资11.34亿美元，占85.9%。从资金来源地看，以中国香港和新加坡等国家和地区为主的亚洲区域仍是济南市实际利用外资的主要来源地，亚洲资金占全市总量的85.5%。

②农业利用外资实现突破。在现代牧业等大项目的带动下，农业利用外资增长迅速，农业合同外

资和实际外资分别占总量的 8.0% 和 5.3%，比上年同期分别增长 6.6 和 4.43 个百分点。继展逸农业、四季丰农产品加工项目之后，香港现代牧业集团在商河县投资建设奶牛养殖及加工项目，合同外资 2 919万美元已全部到位。项目建设完成后，将是全省规模最大、全国标准最高的现代化奶牛养殖基地。

③服务业外资比重过半，融资租赁利用外资成为新的增长点。服务业实际利用外资实现 6.66 亿美元，比上年增长 1.3%，占全市的 50.4%。全年新引进外资融资租赁企业 8 家，累计达到 19 家，实际利用外资 2.2 亿美元，行业聚集度居全省首位、全国前列，为济南市建设区域性金融中心和发展壮大交通装备制造业等优势产业提供了有力支撑。

④从融资方式看，境外股东借款成为新的增长点。济南市引导外资企业充分利用国家现有的扶持政策，积极开展境外融资业务。全市企业境外股东借款超过 1 亿美元，约占实际外资总额的 1/10。其中，山水集团到位境外股东借款近 8 000 万美元，起到重要的支撑作用。

⑤境外投资势头强劲，投资国别和领域趋向多元化。2013 年，济南市境外投资保持了强劲的发展势头，大项目带动作用明显，现有境外投资企业增资活跃，全年境外投资中方协议投资额达 5.4 亿美元，居山东省第二位。总投资 9 830 万美元的山东建邦集团毛里求斯五星级度假酒店项目开拓了济南市境外投资的新领域，山东商氏生态农业投资 2 600 万美元在乌克兰进行农业种植及加工项目，是近年来济南市为数不多的大型农业投资项目之一。现有境外投资企业增资活跃，其中，昆仑国际投资有限公司向香港公司增资 2 000 万美元收购泰国春餐饮；华芯公司向香港公司增资 1 400 万美元；域潇集团在莫桑比克投资地产开发项目，投资 1 400 万美元。投资目的地分布在中国香港和马来西亚、美国、加拿大、莫桑比克、沙特阿拉伯等 10 个国家和地区，投资领域涉及贸易及投资、商务服务、地产开发、生物医药、电子、资源开发等领域。

（3）存在的困难和问题

1）利用外资后劲不足，结构性矛盾突出。

一是有效支撑项目数比较少。目前在谈的外资项目中，有意向形成投资的只有 50% 左右，有效支撑项目过少，将成为制约实际利用外资持续增长的一大隐忧。二是部分已批大项目难以落地实施。由于市场环境不景气、土地指标难以解决、企业融资困难等因素的影响，已批复项目无法落地、资金无法到位，增资建设也困难重重。三是房地产项目后劲不足。作为济南市外商投资重要支撑的房地产项目无新增合同外资，部分外资地产项目转为内资项目，对济南市实际外资的总量造成较大影响。四是从外资来源看，来自中国香港的实际到账外资一直占 80% 以上，外商投资的国家和地区过于单一，对日、韩及欧美地区的招商引资效果不明显。

2）开发区经济总量偏小，发展质量不高。

一是开发区经济总量规模偏小，产业集聚度不高，优质企业数量偏少，各开发区发展不平衡。各开发区高端、高质、高效产业占比仍不高，部分园区存在产业项目“低、小、散”现象，大项目、好项目少。具有竞争力的名企名品较少，入驻企业创新能力不足，自主知识产权成果较少，投资强度偏低。二是各个产业布局不明晰，园区间同质化现象明显。从济南市 10 家省级以上开发区来看，机械装备、电子信息、食品饮料产业同质化趋势明显，主导产业定位缺乏科学合理、错位发展的战略布局，没有形成差异化发展，造成园区间无序竞争、重复投入等矛盾，影响有限资源的分散配置和产业链条延伸。

3）境外投资信息沟通机制不健全，投资便利化有待进一步落实。

在境外投资管理方面，各地普遍存在信息沟通不足的问题，给境外投资形势分析和境外投资战略制定带来很大困难。在境外投资便利化方面，虽然在取消购汇限制和简化手续方面有了很大的进展，但操作流程仍然较为复杂，企业开展境外投资需经发展改革、商务、外汇部门共同批准，一个投资项目审批下来所花费的时间较长，企业开展境外经营的汇款常常被延误。

4）管理人才缺失和管理手段落后影响企业境外投资的开展。

境外企业在经营过程中，需要通晓国际贸易、懂技术、会外语的高级管理人才。境外投资主体中，民营企业占60%以上，而民营企业大多属于家庭式企业，缺乏现代企业管理制度，缺乏有效的人才激励措施，严重制约境外企业的健康发展。

（4）促进双向投资的主要做法

近年来，济南市委、市政府对开放型经济发展高度重视，自2012年以来先后成立了市主要领导任组长的招商引资促进委员会、开发区工作领导小组和市开放型经济工作领导小组，先后出台了《关于进一步扩大对外开放全面提高开放型经济水平实施方案》、《关于创新招商引资体制机制实施方案》、《关于推进省级以上开发区转型升级跨越发展实施方案》等系列政策。组织领导的全面加强和政策环境的日益改善，推动全市开放型经济发展步入快车道。

1）坚持引资、引技、引智并重，以增量促调整。

按照“抓大不忘小，抓新不忘老，抓外不忘内，抓快不忘好”的要求，创新招商引资工作。在引资方面，依托“项目建设三年行动计划”，采用产业链招商、园区招商、以商招商等方式，形成了台湾工业园、欧洲工业园等外资项目集聚化、链条化发展的格局，招商引资的针对性和实效性全面提高。在引技方面，注重引进对济南产业转型有较强带动作用的高新技术和新兴产业项目，加强了与北大纵横、美国德勤华永等国内外顶级项目咨询公司的合作，微软、西门子、沃尔沃、NEC等一批高技术企业在济南先后设立研发机构。在引智方面，实施“5150引才计划”，以领军人物、技术团队和亟需关键技术为重点，引进269名高端人才，其中海外人才占85%以上。

2）坚持促合作、办活动并重，积极稳妥推进企业“走出去”。

组织济南“走出去”企业与央企组建战略合作联盟，同时与齐鲁银行等金融机构签署战略合作协议，实现“银企联手”。中国银行济南分行先后与源和电站、宝世达公司签订合作协议，保证了土耳其电站、瑞士金属公司并购项目的顺利实施。组织召开“走进非洲”研讨会、“汉堡投资与贸易”研讨会等“走出去”系列专题活动。组织济南市企业参加中国对外投资合作洽谈会、对非投资贸易与工程推介会、中国-中东欧国家地方领导人会议等外经促进活动，极大地拓展了企业“走出去”的眼界和思路。

3）坚持建平台、拓渠道并重，构建全市对外开放新格局。

在平台建设方面，积极促进明水经济开发区升级为国家级经济技术开发区，协调推进济南综合保税区正式验收封关运作，强化园区基础设施建设和政务服务，对开发区实行简政放权，努力打造对外开放优质平台。同时发挥作为省会的外事资源优势，开拓对外交往渠道，与19个国家的20个城市缔结为友好城市，开展了“华交会”、“友城企业济南行”、“台湾产业合作交流会”等一系列对外经贸交流活动及赴香港、东南亚以及欧洲等系列招商活动。

（5）今后双向投资发展趋势及展望

根据《“十二五”外向型经济发展规划》确定的发展目标和完成情况，以及近期出台的《省会城市群经济圈发展规划》确定的济南“一个核心、一个高地”的发展定位，济南市将适应经济全球化的新形势，实行更加积极主动的开放战略，努力拓展开放的新领域和新空间，构建开放型经济新体制，打造产业综合竞争新优势，实行利用外资和对外投资并举、引资与引技引智并行。进一步提高利用外资和境外投资质量，不断提高开放型经济发展水平，发挥好辐射带动和示范引领作用，推动省会城市群经济圈经济发展。

1）强化产业招商和项目建设。

结合省会城市群发展规划和全市产业布局规划，充分发挥交通装备、机械装备、电子信息、新能源等产业发展优势，突出抓好以建链、补链、强链为重点的产业链招商，促进产业链条向高端延伸，培育壮大优势产业。借助“欧洲工业园”、高新区、综合保税区、“汉峪金谷”等招商平台，充分发挥济南作为区域中心城市的区位和产业优势，以双向延伸济南“制造业产业链”和“商贸流通产业链”

为目标，面向欧洲行业内领先企业，针对性地开展汽车及零部件、物流、机械装备、金融等专题产业招商活动，重点引进一批总部企业、高新技术企业。结合济南市商业网点规划和轨道交通规划，积极推进瑞典宜家、法国迪卡侬、德国麦德龙等一批国际高端服务业项目洽谈，打造以欧商为主体的国际购物城，提升济南作为区域性商业中心的地位。在加大产业招商力度的同时，按照意向项目抓落实、落实项目抓落地、落地项目抓开工、开工项目抓竣工、竣工项目抓运营的思路，跟踪抓好系列招商活动签约成果的落实。

2）推进省级以上开发区跨越发展。

认真落实《关于推进省级以上开发区转型升级跨越发展的实施方案》，创新管理思路，完善体制机制。研究编制好全市开发区空间布局和产业规划，明确各开发区的产业定位，并严格按照产业规划引进项目，完善产业链，建设一批集约高效、特色鲜明、具有较强国际竞争力的产业集群和产业基地。加强园区基础设施建设，强化投资强度，提高开发区资本运作和投融资能力，探索合作共建新方式，力争用3年时间实现全市开发区“三高一进位”的目标。加强政策引导扶持，整合区域创新资源，支持联合打造创新平台、构建技术创新战略联盟，鼓励研发中心、科技成果中试基地、转化孵化基地和产业化基地建设。建立有效的合作协调机制、成本共担收益共享机制和产业转移利益调节机制，采取联合招商、飞地招商等形式，与周边城市开发区形成联动互补、优势共享的招商引资体系，吸引产业聚集。

3）创新机制，拓宽领域，推动企业“走出去”。

健全境外投资促进体系，提高企业对外投资便利化程度。完善“走出去”政策措施，引导鼓励境外投资在能源矿产领域的基础上，扩大对基础设施、高新技术和先进制造业的投资，促进优势产业转移、研发机构和营销网络并购，培育更多的本土跨国企业。同时发挥“走出去”企业合作同盟的作用，扩大“海外济南”的承包、设计、制造、营销、人员输出规模，通过境外投资带动设备、工程、技术和劳务出口，实现外经和外贸互动发展。

4）全面深化与东南亚、日韩、港澳台的交流合作。

积极推进园区合作载体建设。做好中新国际科技园产业规划，落实战略合作招商工作，推动中日韩自贸区示范城市框架下的韩国、日本产业园建设，推进与台、韩企业合作共建台湾东元软件园和韩国动漫游戏外包园。加快经贸交流平台建设，继续加强与澳门特区政府、香港贸易发展局、台北世贸中心的合作，办好“活力澳门推广周”、香港时尚购物展、台湾名品展等展会。加强大口岸、大通关体系规划和建设，以综合保税区为核心，规划建设公铁联运物流港区、济南航空城、中日韩自贸区先行试验区等综合保税产业配套区，开通国际航线，打造口岸、通关、物流综合功能优势，充分发挥济南在省会城市群开放型经济发展格局中的辐射带动作用。

（资料来源：济南市发展改革委）

（二）中部地区

1. 安徽省

2013年，安徽省围绕省委、省政府“将安徽建设成为内陆开放新高地”的战略部署，积极应对国际国内新挑战，抢抓机遇，主动作为，扎实开展各项工作，利用外资和境外投资实现稳健发展。

（1）利用外资和境外投资形势

1）基本情况。

①外商直接投资。

2013年，安徽省实际利用外商直接投资首次突破百亿美元，达到106.9亿美元，较上年增长23.7%，高于全国18.4个百分点；全年新批外资项目246个，较上年增加52个，具体见下图。

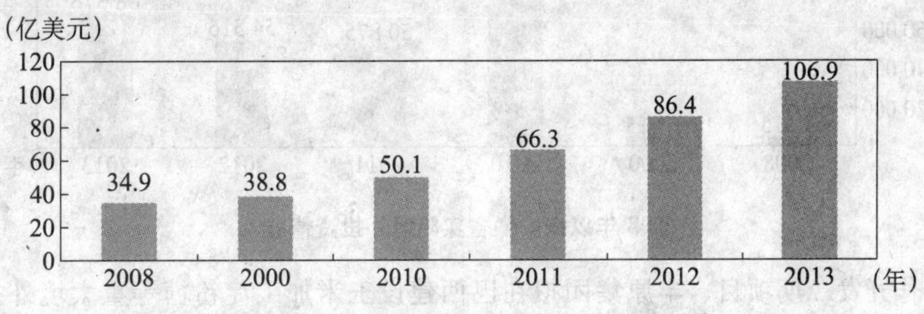

2008年以来安徽省实际利用外商直接投资情况

安徽省外商直接投资有以下特点：

一是外商投资服务业快速增长。全省三次产业实际利用外商直接投资比例为2.6∶69.1∶28.3，分别增长56.6%、22.8%、23.7%。传统第二产业的制造业外商投资总量占全省的61.9%，但第三产业增速已超过制造业，特别是生活性服务业、金融业、文化娱乐业、信息传输计算机服务业等现代服务业利用外资增长1倍以上。

二是大项目贡献突出。全年新批投资总额5 000万美元以上项目24个，比上年增加8个，投资总额24.7亿美元，同比增长21.8%，占全部新批项目投资总额和合同外资的50.1%和48.2%。5 000万美元以上项目34个，比上年增加13个，合计25.8亿美元，占全部实际利用外资的24.1%，占比提高了3.4个百分点。新批境外世界500强投资项目17个，合计投资总额5.6亿美元，合同外资2亿美元。

三是开发区引资平台作用凸显。皖江示范区到位资金73.9亿美元，同比增长22.7%，总量占全省的69.2%。90个省级以上开发区吸收外商直接投资总额67亿美元，同比增长24.7%，占全省外商直接投资的62.7%。

四是欧洲增长领先。在实际利用外资中，来自法国、德国、英国等国的资金大幅增长的带动下，来自欧洲的资金达13.6亿美元，同比增长60%，强势扭转2012年外资下降的局面。亚洲资金77.9亿美元，同比增长20.4%，其中：中国香港58.7亿美元，同比增长25.5%，占总量的54.9%；美洲12.1亿美元，同比增长12.3%；大洋洲2.2亿美元，同比下降1.3%。

五是利用外资方式多样。近年来，外资并购、增资等成为安徽省利用外资的新方式。如芜湖市以并购方式引进3家世界500强企业，滁州市以并购引进了瑞士雀巢公司。一些在皖投资的大企业实现了增资扩股，如日立建机、德国大陆集团、法国圣戈班、英国TESCO等。外资企业再投资占全省实际利用外商直接投资的比重由2010年的32.5%提高到2013年的60%以上。

2013年安徽省利用外资形势总体较好，但仍存在一些问题和困难。一是规模相对较小。安徽省外商投资和境外投资增速高于全国平均水平，但总量较小，分别占全国总量的9.1%和2.1%，与东部地区差距较大。二是服务业利用外资偏低。2013年，我国服务业实际利用外资首次占比过半，虽然安徽省服务业利用外资增速较快，但占比仅为28.3%。承接沿海产业转移成交显著，2012年外资企业再投资占全省外商直接投资的62.6%。三是吸引外资的传统优势正在减弱，新的引资优势尚未建立。劳动力、原材料、土地等方面的传统比较优势正不断减弱，而以技术、品牌、质量、服务和核心竞争力为代表的新的吸引外资优势尚未形成。

②境外投资。

2013年，全省企业实际对外投资6.9亿美元，同比增长26.6%，较上年提高了18.6个百分点，高于全国（地方企业）9.7个百分点，“走出去”继续保持良好势头，具体见下图。

一是重大境外投资项目增多。全省新批境外企业（机构）60家，协议对外投资26.4亿美元，同比分别增长7.1%、1.5倍。国家发展改革委核准了海螺集团拟收购越南向阳水泥厂、省农垦集团拟实施

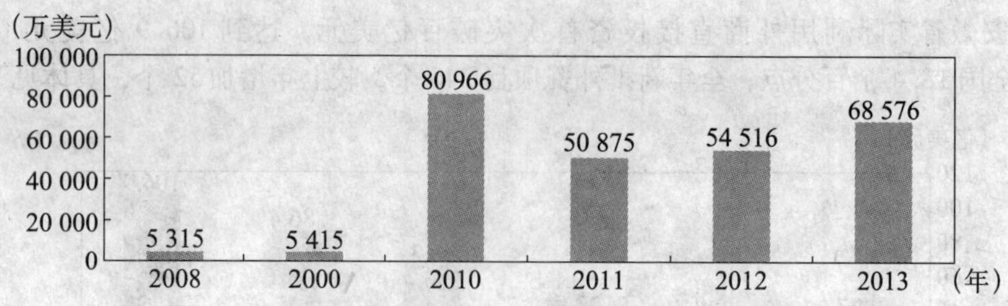

2008 年以来安徽省实际境外投资情况

津巴布韦农业合作开发二期项目、丰原集团拟在巴西建设玉米加工淀粉糖等重大境外投资项目 3 个，协议总投资 6.3 亿美元。

二是非洲市场开拓业绩突出。2013 年全省对非投资 4 亿美元，占全省总额的 57.9%，约为全国的 1/10。对外承包工程企业在非洲新签承包工程项目 49 个，合同总额 19.2 亿美元，同比增长 72.8%，占全省总额的 70%。农垦集团津巴布韦农业产业园、外经集团莫桑比克产业园等境外合作园区建设进展顺利。

三是香港中转地位日益凸显。全年新批赴港投资企业 18 家，占全省总量的 30%，淮南矿业、精诚铜业、兴泰控股等企业在香港设立公司，投资领域涉及商品贸易、投资、服务等。随着企业国际化视野扩展，香港独特的金融、贸易环境优势受到更多的重视，越来越多的企业把香港作为“走出去”跳板，更加从容地开拓国际市场。

四是境外农业开发异军突起。省农垦集团在津巴布韦开发 5 万公顷土地，建设农田水利、道路仓储，并带动省内天瑞生态科技有限公司、琪强液氨有限公司企业赴津投资，抱团发展。丰原集团在巴西建设年产 60 万吨玉米加工淀粉糖项目、新长江投资公司在柬埔寨建设水稻种植示范基地等项目陆续启动，农业成为安徽省境外投资又一重要领域。

近年来，虽然安徽省境外投资保持较快增长，但仍存在一些制约因素。一是企业“走出去”规模较小，跨国经营水平不高。2013 年全省实际境外投资额占全国总量的比重不到 1%，而且主要是“十一五”以后快速发展起来的，多数企业缺乏对国际化经营长期发展战略目标的研究和部署，缺乏国际市场运营经验，抗风险能力弱，对外投资整体效益不高。二是国际大环境对安徽省境外投资较为不利。安徽省境外投资的重点市场为非洲、南美等国家和地区，这些地方政局不稳、法律制度不健全、政策多变等原因影响安徽省一些项目的落地和实施。三是缺乏有实力的境外投资主体。主要表现为国有企业缺乏“走出去”动力，民营企业缺乏“走出去”实力，境外投资依赖少数大企业、大项目的现状短期内难以改变。

2）主要工作。

2013 年，围绕吸引外商投资和境外投资，安徽省主要开展了以下工作：

①加强宏观指导。省政府出台《关于切实做好新形势下招商引资工作的意见》（皖政〔2013〕47 号），建立了省直部门联合工作机制，修订绩效考评办法。出台“走出去”指导意见，制定“走出去”专项规划，完善部门协作机制，指导和服务皖企海外集聚发展。编写招商实务手册，开展“走出去”培训，集中开展“打造最优投资环境——安徽园区投资环境建设巡礼”等宣传活动，推动全省招商引资工作提质提效。

②建立重大项目跟踪落实制度。遴选重点调度项目 100 个、重点对外推介项目 300 个、重点跟踪在谈项目 130 个，扎实开展招商引资工作。全年到位 5 000 万美元以上项目 34 个，实际到资 25.8 亿美元，创历史新高。新引入境外世界 500 强 4 家，分别是西班牙国家银行、法国威立雅水务、台湾鸿海精密和英国利洁时，全省累计有 67 家境外世界 500 强在安徽省设立了 105 家企业。

③推动开发区转型升级。2013 年省级以上经济开发区利用外资额 67 亿美元，占全省的 62.7%。淮

南、六安、宁国、桐城等4家省级经济开发区升格为国家级，新增数全国第一。截至目前，安徽省国家级经开区达11家，位居中西部第1位、全国第4位。中新苏滁、宣城贝特等合作共建园区以及合肥巢湖、马鞍山慈湖、宣城广德、蚌埠固镇、芜湖繁昌5个台湾工业园建设全面推进。

④改进招商引资方式。按照中央和省委、省政府要求，着力推动招商会展活动去形式、去水分。成功举办皖港经贸交流、中博会、投洽会等重大经贸活动，组织开展上海、昆山等专题招商对接活动，累计签约项目126个，总投资额187.9亿美元。

⑤扩大对外交流合作。积极开展与俄罗斯伏尔加河沿岸联邦区合作，省政府成立了对俄合作部门联席会议制度，制订完成全省工作方案、首批合作项目及近期工作计划。与英中贸易协会、比中经贸委员会、新加坡国际企业发展局、印尼投资协调署和知名香港商协会等12家境外机构和商协会签署合作协议。推动IBM、GE、丸红、威立雅等一大批境内外重要客商、知名媒体等来皖投资考察。

⑥积极利用国外贷款。2013年安徽省综合交通基础设施等5个世界银行、亚洲开发银行、国际金融组织贷款项目完成谈判，淮河流域防洪防涝等9个在建项目提款1亿美元。马鞍山中等职业教育园等9个外国政府贷款项目签署转贷协议，30个项目提款1.2亿美元。

（2）2014年展望

1）形势分析。

2014年是全面贯彻落实党的十八届三中全会精神的第一年，也是全面完成“十二五”规划目标任务关键的一年。安徽省开放型经济发展面临着快速发展变化的国内外形势。从国际看，世界经济呈现弱势复苏状态，发达经济体经济企稳回升，新兴经济体增速持续放缓，全球产业重新调整速度加快，跨国投资和产业转移更加注重质量和提高竞争力，贸易保护主义抬头，地缘政治更趋复杂。发达国家提出重振制造业，以跨国公司为主体，围绕实体经济和新兴产业的竞争会更加激烈。从国内看，我国经济发展长期向好的趋势没有改变，全面深化改革也将为经济社会发展注入强大动力，但国内经济已经进入由高增长转向中高增长的新阶段，国内投资和外需动力正在减弱，吸引外资的传统优势在弱化，上海自贸区“虹吸效应”逐步显现，中西部地区发展空间可能受到挤压。从安徽省看，当前工业化、城镇化加速推进，内需潜力和发展空间巨大，各方面支撑条件不断完善，在全国发展格局中的地位稳步提高，安徽省亟待培育承接产业转移和参与国际经济合作竞争的新优势。党的十八届三中全会提出构建开放型经济新体制，赋予了外资工作全新的内涵和责任，利用外资和境外投资不仅要实现规模上的“稳增长”，而且要创新驱动，实现发展中的“调结构”。

根据上述分析，2014年安徽省外商直接投资和境外投资主要预期目标是：外商直接投资增长15%左右，达到120亿美元；境外实际投资增长15%左右，达到8亿美元。

2）重点工作。

①推进投资体制改革，积极对接上海自贸区。

一是深入研究外资准入前国民待遇和负面清单管理模式，根据外商投资核准制调整为“核准+备案”制、一般境外投资项目备案管理的改革方向，做好权限下放和审批简化工作，同时完善调控和监管措施，推动事先审批向事中、事后监管转变。二是加强对上海自贸区建设及政策的跟踪和研究，主动与自贸区进行功能对接、产业对接、体制对接、口岸对接，为下一步“自贸区”模式推广早做准备。

②引导外商投资，提高利用外资水平。

一是依托首位产业和主导产业，加大精准招商、产业链招商和园区共建招商，加快引进具有引领性、带动性、高质量的龙头项目，培育产业核心竞争力。二是推进全省金融、教育等服务业领域有序开放，积极吸引外资进入育幼养老、建筑设计等服务业领域和战略性新兴产业，着力引进一批产业关联度强、科技含量高的外资项目，带动全省产业转型升级。三是鼓励外资以收购、兼并、参股、控股等形式参与安徽省企业改组改造和资产重组，推进国有资本、民营资本和外资的融合。

③发挥外贷作用，提高贷款效益。

一是加强外贷项目谋划。注重发挥好外贷项目在转方式、调结构中的示范作用，加大对节能环保、城乡协调发展、公共创新平台建设等领域项目的支持。二是改善省内利用外贷不平衡现状。积极引导皖北地区扩大利用外贷，鼓励民营经济发达地区利用美国进出口银行贷款。三是积极拓宽外贷融资渠道。鼓励省内符合条件的非金融机构赴港发行人民币债券，引导符合条件的企业利用国际商贷，重点支持先进技术、关键设备和重要资源进口以及境外投资项目。

④加强境外投资指导，做好政策宣传和服务。

一是加强境外投资政策引导。按照国家新修订的《境外投资产业指导政策》和《境外投资产业指导目录》，在全省摸排尚未“走出去”的国有大中型企业以及有实力、有潜力的民营企业，重点从信息咨询、内外对接、引导商业银行加大信贷支持力度等方面予以支持。二是积极拓展对外发展空间。加强对重点国家和地区信息的收集评估，指导企业规避各类风险，加快形成政策支持合力，鼓励优势企业“走出去”，到境外建立资源开发基地、生产基地、研发中心和营销网络，拓展国际发展新空间。三是创新多种形式的境外投资合作。支持以龙头企业为核心组建产业联盟，增强“走出去”的组织化程度和抗风险能力。推进各种形式的境外经贸园区建设。

⑤抓住对俄合作机遇，积极开拓俄方市场。

在中俄加快长江中上游地区和伏尔加河沿岸联邦区合作框架下，结合双方实际，秉承优势互补、互利共赢的合作原则，研究提出安徽省与俄伏尔加河沿岸联邦区合作的总体思路和重点任务，进一步梳理遴选、推出一批合作项目，进一步加大俄方市场开拓力度，重点推进双方在机械、汽车、农业、科技、旅游、文化及工程承包等多领域合作，完善安徽省对俄合作推进机制，力争对俄合作取得较好成果。

（资料来源：安徽省发展改革委）

2. 江西省

（1）利用外资情况

1）利用外资情况。

2013 年 1—12 月江西省新批外商投资企业 847 家，同比增长 7. 35%；合同外资金额 91. 33 亿美元，同比增长 11. 9%；实际利用外资金额 75. 51 亿美元，同比增长 10. 65%。

2）利用外资的特点和成效。

①利用外资总量规模不断扩大。

ⅰ）实际利用外资总量不断扩大。2013 年，全省实际利用外资突破 70 亿美元，达到 75. 51 亿美元，同比增长 10. 65%。按商务部统计排名，利用外资总量列全国第十四位、中部地区第二位，继续保持中部前列。

ⅱ）进资项目数取得突破。全省进资 500 万美元项目 113 个，项目数列全国第十位、中西部第一位。

②利用外资方式和领域不断拓展。

ⅰ）投资方式呈现多元化。除新设项目外，外商投资呈现多种方式，外商投资的渠道进一步拓展。主要有：一是外资通过并购形式投资，2013 年，全省新批并购项目 8 个，投资总额 3. 58 亿美元，注册资本 2. 22 亿美元，如五十铃并购沃尔福发动机、百威英博并购南昌啤酒；二是外资通过投资基金参股形式投资，如凯雷基金参股永丰雅高矿业、开铂银科创投基金参股安福开元火腿、世界银行下属国际金融公司参股吉安天人生态项目；三是境内企业赴境外上市融资提速，2013 年江西省已有毅德控股、雅高控股在中国香港上市，康尔竹业在马来西亚上市，汇森家具、金凤凰石材等企业向境外证券交易所递交上市申请；四是跨境人民币投资，2013 年全省有 19 家企业以跨境人民币进资，进资额 2.22 亿美元；五是通过境外举债增加投资，2013 年，全省外资企业充分利用境外融资渠道，在投注差范围内举借外债达 5 亿美元，拓宽了融资渠道。

ⅱ）外资企业增资踊跃。2013 年，江西省开展“访百家外企促增资活动”，通过走访企业，帮助企业协调解决问题困难，增强企业扩大投资信心，向存量企业要增量，推进企业不断做大做强。2013 年，全省共有 234 家企业增资，增加合同外资 20.08 亿美元，其中，合同外资增资 1 000 万美元以上项目 42 个，新增合同外资 11.92 亿美元。其中较大的项目有增资 9 025 万美元的江西亚东水泥项目、增资 7 266 万美元的上饶市晶科光伏科技工程项目、增资 6 418 万美元的江西五十铃汽车生产项目等。

ⅲ）外资服务业发展势头强劲。2013 年，全省服务业实际利用外资 18.9 亿美元，同比增长 2.14%，占全省总量的 25%。特别是南昌、赣州等中心城区利用地缘优势，大力发展总部经济和城市综合体、商贸物流、酒店宾馆等现代服务业，其中南昌服务业利用外资比重超过制造业，达 50% 以上。2013 年，全省新批准 2 家外资融资租赁公司，填补了江西省外资融资租赁行业空白，也为本地中小企业开辟了新的融资渠道。

③外资项目质量不断提升。

ⅰ）超大项目不断增多。2013 年，全省累计新批投资总额 1 000 万美元以上项目 231 个，总投资额 77.79 亿美元，其中，投资总额 1 亿美元以上项目 13 个，比上年增加 2 个。新批的 1 亿美元以上项目分别是日本五十铃在新建县投资 4.33 亿美元的汽车生产项目、比利时百威英博公司在吉水投资 2.6 亿美元的啤酒生产项目、香港万润兴业有限公司在瑞昌市投资 2.96 亿美元的高档生活用纸原纸及深加工项目等。

ⅱ）世界 500 强投资项目质量提升。2013 年，全省新批世界 500 强企业投资项目 4 个，分别是百威英博在吉水县投资的啤酒制造项目，美国凯雷公司控股的香港雅高集团在永丰投资的石材加工项目，日本三洋电机参股的瑞展动能在九江经开区投资的电动机制造项目，美国亚马逊公司与贝斯特曼欧唯特共同在南昌高新区建设成立全球呼叫中心项目。到 2014 年，全省累计引进世界 500 强企业达到 60 家，投资项目 68 个。2013 年，五十铃汽车、益海嘉里和中粮三家世界 500 强投资项目增资超 5 000 万美元。

ⅲ）战略性新兴产业发展稳步推进。2013 年，全省新批十大新兴产业新批外资项目 343 个，其中风能核能产业及节能技术和电子信息产业 153 个，绿色食品产业 48 个，文化及创意产业 11 个，光伏产业 4 个，金属新材料产业 54 个，非金属新材料产业 34 个，半导体照明产业 13 个，新能源汽车及动力电池产业 20 个，生物产业 6 个。全省战略性新兴产业新增合同外资和实际利用外资分别达到 39.48 亿美元和 33.89 亿美元，分别占全省的 43.23% 和 44.89%。

3）存在的问题。

①发达国家推动制造业回流。美国推出“选择美国”、“开门迎商日程”，日本实施对外投资“中国 +1”战略，一些发展中国家也在加大引资力度，可能分流外商对我国的投资。

②国内区域竞争呈现白热化。中部地区湖北、湖南、安徽竞相出台政策措施，特别是高铁的开通，使他们吸引境内外投资的优势更加明显，外资大项目明显多于江西省。

③大项目、好项目不多，招大引强任务重、差距大，产业集聚度不够。招商引资主要来源于港澳台地区，欧、美、日等国家投资项目较少。据统计，2013 年江西省引进外资主要来自港澳台地区，占到全省总量的 88.4%，而欧美投资仅占 1.7%。

（2）对外投资报告

1）对外投资情况。

2013 年是江西省对外投资发展升级迈出重要步伐的一年，全年核准境外投资企业 73 家，同比增加 13 家；实现对外直接投资 5.38 亿美元，同比增长 47.4 %。江西省对外投资在全国排第 19 位，比上年前移一位；中部排第3位，比上年前移一位。

2）对外投资的特点和成效。

①境外矿产资源开发强劲势头不减。2013年全省实现矿产资源开发境外投资2.6亿美元，占全年对外直接投资总额的49.01%，同比增长73.3%，继续保持快速增长势头。

②农业对外投资初见成效。2013年新批农业对外投资企业6家，同比增加4家，农业实现对外直接投资2 357.64万美元，投资领域除传统的农业种植外，向海产品加工销售、橡胶制品生产加工、棉麻加工等领域扩展，企业对境外农业资源的深层次开发加工能力进一步提升。

③传统加工业对外投资实现突破。2013年全省共核准境外投资加工制造企业10家，同比增加7家。赣州华坚在埃塞俄比亚投资设立轻工业城，总投资额达9 900万美元，是迄今为止江西省传统加工制造业对外投资金额最大的项目。

④对外工程承包企业加快对外投资转型升级。2013年江西省承包工程企业累计实现对外直接投资1.7亿美元，带动全省上亿美元资产设备等剩余产能向国外转移释放。

⑤发展中国家仍然是江西省对外投资主要目的地。目前江西省在非洲的埃塞俄比亚、肯尼亚、坦桑尼亚、南非等14个国家，在除文莱之外的其他东盟国家均已开展对外投资合作业务。2013年全年对非洲国家实现直接投资2.78亿美元，是2012年的5倍；对东盟国家直接投资4 911.52万美元，实现同比翻番增长。

⑥民营企业对外投资日益活跃。2013年全省核准的73家企业中，民营企业60家，占比82%；2013年全省民营经济体对外直接投资3亿美元，涉及资源开发、制造加工、批发零售等多个领域，占对外直接投资总额的55.7%，首次全面超过国有和国有控股企业。

⑦设区市对外投资成为主力，“走出去”实现新突破。2013年全省设区市对外直接投资额3.36亿美元，占全省总投资的62.3%，成为江西省对外投资的主力。南昌和新余当年对外直接投资额均突破1亿美元，分别达到1.12亿美元和1.09亿美元。九江市完成对外承包工程营业额2.04亿美元，成为全省第二个营业额过亿美元的设区市。抚州完成对外承包工程营业额2 080万美元，实现零的突破。

⑧境外管理得到新提升。境外安全管理得到提升。严格贯彻落实境外安全管理各项规定和要求，加大境外安全管理工作力度，督促企业牢固树立安全意识和风险防范意识，确保2013年全年未发生重特大境外安全事故。境外突发事件处置得到提升。先后指导有关企业妥善处置了在巴布亚新几内亚、加纳、蒙古、南苏丹等地的各类突发事件，确保了江西省境外企业财产和项目员工人身的安全。境外企业文化建设得到提升。境外企业融入意识不断增强，属地化经营水平不断提高，积极投身当地公益事业，充分履行企业社会责任。

3）存在的问题。

①面临大国挤压和挑战增多。为应对危机，一些发达国家纷纷加大了对外投资与合作的力度，进一步挤压了市场份额。同时，一些国家以“国家安全”为由阻挠我国企业正常的投资并购行为，对我国企业在能源资源领域的投资提高要价甚至加以限制。

②主要市场国家政局动荡。江西省“走出去”的主要市场在非洲、东南亚等地，其安全局势严峻，由此带来的阻力和风险不可忽视。

③对外投资意愿有所下降。受经济和金融危机影响，企业融资成本较高，企业走出去融资困难，企业对外投资的意愿不强。

（3）2014年利用外资和对外投资工作的主要任务

1）创新方式方法，提高招商引资质量和水平。

①创新招大引强。招大引强要突出产业招商，与江西省战略性新兴产业发展紧密结合，促进产业集聚、产业升级。制定出台招大引强三年强攻计划，明确目标任务、思路举措和激励政策，力争引进50个投资额1亿美元或30亿元以上的重点项目、10个世界500强投资项目。

②创新招商工作机制。围绕重点产业，组建全省重点产业招商团，以设区市为主、省直部门配合，组建12个产业招商分团，大力开展产业招商；统一建立省“产业招商专家咨询团”，成立政策咨询、产业技术、财税金融、投资服务四个专家组，为各地开展重点产业招商提供专业服务。建立省直部门招商联动合作机制，联合开展战略性新兴产业、现代服务业、农业、文化旅游等招商；按照“谁签约、谁负责，谁主抓、谁落实”原则，切实推进签约项目落地。推动招商引资与外贸、外经、内贸联动发展，构筑招商引资合力。

③创新招商平台。加强与国内外投资促进机构、省政府驻外机构的合作，探索在德国、香港、上海等地设立招商平台，提高招商针对性。整合资源举办“第三届世界低碳生态经济大会暨投资贸易博览会”，建立常态化、国际化、综合性投资贸易平台。积极引入国内外重大赛事、品牌展会、国际峰会、高端论坛等具有全球影响的大型活动，积极申办世界华商大会。

④创新开发区管理。出台加快国家级经济技术开发区发展有关意见，启动经济（技术）开发区管理立法工作，推进与沿海发达地区园区的对接合作，推动国家级开发区差异化、特色化、品牌化发展。围绕推进昌九一体化，按照先行先试、分步推进的原则，依托南昌、九江两个国家一类口岸和南昌先导区（临空经济区）、共青城先导区和海关特殊监管区，积极推进建立昌九扩大开放试验区，支持共青城开发区升级为国家级经济技术开发区。

⑤创新优化投资服务。放宽投资领域，按照“非禁即入”原则，鼓励外资进入基础设施、商贸物流、金融服务、医疗养老、城市综合体等现代服务业，支持参与国企重组、境外上市融资和增资扩股。争取设立省级重大项目投融资平台。抓好项目调度服务，建立重大活动签约项目跟踪督查服务机制和重大项目巡回看机制。加强招商引资培训，提升全省招商人员综合素质和业务水平。

2）加快走出去步伐，提升对外投资与经济合作水平。

①积极推动对外投资。充分发挥江西省在地矿勘探、采掘、冶炼等行业的比较优势，引导鼓励地矿单位和相关企业在境外开发资源；进一步发挥本省农业比较优势，重点推动农业龙头企业赴境外开展农业种植、养殖、加工和综合开发；推动光伏、水泥等产能过剩行业，利用现有设备和成熟技术在国外投资办厂；鼓励企业到境外开发房地产，建商业城和商业街区。

②稳步发展对外劳务合作。加强省级劳务合作服务平台和出国劳务报名网络建设，加快与全省劳动力市场的融合，实现外派劳务公共服务体系全覆盖，扩大外派劳务资源储备；开放市场和资源，加强省际合作，增加外派劳务需求总量，稳步扩大外派劳务规模；积极推动外派劳务转型，推动江西省外派劳务向高端化、专业化发展。

③扩大对外承包工程。培育壮大经营主体，力争有资质企业突破100家；积极参与“一带一路”建设，组织企业开拓中亚、东南亚、南亚、中东等周边国家工程市场，深耕非洲传统市场，推动市场多元化；大力拓宽对外承包工程领域，鼓励和引导企业由房屋建筑、道路交通等传统领域向工业安装、水电工程、矿山建设、节能环保和设计咨询等多领域发展，支持企业以BOT、EPC等形式承揽高端工程项目，拓展工程项目上下游产业链；加强与大企业、大集团业务合作，推动资源整合，靠大联强、借船出海。

④提升对外援助质量。精心组织实施援非农业示范项目，执行好多哥农业示范中心项目和赤道几内亚示范农场项目，努力打造品牌工程和示范工程；充分发挥商务部国际官员研修基地的作用，做好援外培训工作，进一步扩大对外交流的影响力。

⑤强化宏观指导和服务。建立健全“走出去”政策促进和服务保障体系，加强对“走出去”企业的指导和帮扶。实施“十百千”行动计划，即举办10场业务对接会，组织100家企业拓市场，培训商务主管部门和企业人员1 000人次，提升国际化经营能力；建立全省“走出去”重点企业和重大项目协调服务机制，扶持企业做大做强，协调推进重大项目；积极搭建交流服务平台，组织非洲驻华参赞江西行和东盟国家工程项目推介会等活动；加强境外企业合法权益保护，妥善处置突发事件，保障江西

省境外企业人员和资产安全。

（资料来源：江西省商务厅网站　责任编辑：焦学利）

3. 河南省

（1）利用外资和境外投资情况

2013 年，面对复杂严峻的经济形势，河南省上下认真贯彻党的十八大和十八届三中全会精神，坚持把对外开放作为基本省策，把开放带动作为加快河南经济社会发展的主战略，持续推进大招商活动，着力提升开放型经济发展水平，进一步加强载体平台建设，不断拓宽对外开放领域，为全省经济社会稳步发展做出了重要贡献。

1）利用外资和境外投资情况。

2013 年，河南省实际利用外资 134.6 亿美元，同比（下同）增长 11%，居中部第一位；实际到位省外资金6 197.5亿元，增长 23.3%。进出口总额达到 599.5 亿美元，增长 15.9%，居全国第十二位、中部六省第一位。境外投资 12.5 亿美元，增长 15.5%，对外承包工程及劳务合作完成营业额 42 亿美元，增长 13.5%。

2）利用外资和境外投资的主要特点和成效。

①利用外资实现新增长。2013 年，全省紧紧围绕粮食生产核心区、中原经济区、郑州航空港经济综合实验区三大国家战略平台建设，克服了国际经济低迷、国内宏观经济放缓的双重压力，坚持调结构、转方式、促升级，强力推进招大引强和集群式引进，不断拓宽外商投资领域，优化产业结构，利用外资质量逐步提高。2013 年，河南省实际利用外资 134.6 亿美元，同比增长 11%。全省引进境内外资金折合人民币 7 013 亿元，占全省固定资产投资近 30%，为河南省经济注入了强大的活力和动力。

②大项目增多。全年利用外资项目平均投资 2 600 万美元，同比增加 274 万美元。富士康、华润、泰国正大、松下等跨国公司在豫增资扩股力度加大，其中富士康投资 3 800 万美元成立富准精密电子（鹤壁）有限公司，华润集团在驻马店、洛宁县等地设立燃气运营公司，正大集团在周口设立周口正大有限公司，法国迪卡奴在郑州、洛阳等地投资体育用品销售。

③服务业领域开放加速。现代服务业利用外资比重持续上升，全省新批服务业领域外商投资企业 115 个，占总数的 1/3，同比增加 3 个百分点；合同外资 28.2 亿美元，实际利用外资 33.9 亿美元。外资进入河南省融资租赁、专利技术咨询、品牌汽车销售、国际知识产权管理、环保等高端服务业，成为外商投资新亮点。

④加快传统领域升级。2013 年，河南省积极引导传统制造领域引资升级，新能源、高端机械制造、电子信息产品等先进制造业领域投资项目不断增多。

⑤加快省内企业境外上市。2013 年，河南省新增 2 家企业在境外上市，和谐汽车在香港主板成功上市，募集资金 15 亿港币，淅川绿色标准钒资源有限公司在加拿大多伦多上市，目前全省境外上市企业达到 38 家。截至 2013 年年底，法国雅高、俄罗斯空桥、三井物产、富士康等一批世界 500 强企业布局河南，一大批龙头型、基地型、集群型重大项目落户中原。在河南投资的世界 500 强企业达到 130 家，其中境外世界 500 强企业 81 家，省对外开放迈入了一个新的发展阶段。

⑥境外投资取得新进展。2013 年，面对极为错综复杂的国际形势，河南省不断创新境外投资和经济技术合作方式，鼓励省内龙头企业“走出去”，积极推动过剩产能转移海外，全省境外投资工作取得较大进步。全年境外投资中方协议投资额 12.5 亿美元，同比增长 15.5%；中方实际投资 6.57 亿美元，居全国第十四位。对外承包工程及劳务合作新签合同额 40.6 亿美元，同比增长 16.9%；完成营业额 42 亿美元，同比增长 13.5%，位居全国第十一位。外派劳务近 7 万人次，位居全国第六位。从区域来看，2013 年，河南省投资亚洲国家和地区的中方协议出资 4.74 亿美元，占投资总额的 37.9%；投资欧美国

家和大洋洲地区的中方协议出资4.73亿美元，占投资总额的37.7%；投资非洲国家和地区的中方协议出资3.03亿美元，占投资总额的24.4%。呈现出亚、非、欧美三足鼎力的投资态势。近两年，河南省境外投资向美国、欧盟等发达国家和地区拓展，2013年新覆盖德国、俄罗斯、加拿大、荷兰等多个发达国家。投资领域正逐步由矿产资源开发为主向农产品深加工、房地产、飞机制造、药品研发、运输仓储业等领域拓展。投资方式也由新建投资为主向并购、参股等多种方式并存转变，一批大的跨国并购项目出现，其中，河南美景集团投资11亿美元成功收购美国穆尼航空公司，成为我国第一家收购美国知名飞机制造企业的民营企业；洛阳栾川钼业集团以8.2亿美元成功收购了澳大利亚北帕克斯铜金矿80%股权；河南航投收购卢森堡货航35%股权协议正式签署，标志着欧洲最大的货航公司开始落户郑州航空港区。河南省还积极发挥农业产业优势，推动农业“走出去”，目前农业项目在中亚五国已落地开花，有关国家正与河南省商谈继续扩大农业合作开发事宜。

⑦开放载体平台建设取得新突破。2013年3月，国务院正式批复了《郑州航空港经济综合实验区发展规划》，这是全国首个上升为国家战略的航空港经济发展先行区，与粮食生产核心区、中原经济区共同构成了河南省三大国家战略规划。中原城市群纳入国家新型城镇化规划，成为国家重点培育发展的城市群之一。郑州新郑综合保税区二期建设通过国家验收，三期工程进展顺利。中原国际陆港、电子口岸建设顺利启动，郑州航空口岸签证工作和新郑国际机场快件中心、国际快件出口总包直封权获批。郑州新郑国际机场二期建设进展顺利。郑州“米”字型高铁规划加快推进，郑欧国际铁路货运班列正式开通并实现常态化运行。

⑧开放领域进一步拓宽。河南省在对外开放中不断创新机制，完善对外开放配套政策，破除扩大开放的阻碍，积极促进金融保险、现代物流、文化旅游等服务业，科教文卫等社会事业各领域全面发展。汇丰银行、东亚银行、澳大利亚联邦银行、渣打银行落户郑州，民生银行战略研发基地、太平洋人寿保险郑州运营中心等项目开工建设，中信金融中心、平安金融中心落户河南。郑州国际物流园建设加速推进，美国联合包裹、俄罗斯空桥等一批服务业企业入驻园区。阜外华中心血管病医院落户郑州，中美（河南）荷美尔肿瘤研究院正式挂牌。国家动漫产业河南基地投入利用，郑州盛大传奇文化创意产业园落户河南。先后与菜鸟科技、京东集团、苏宁控股等知名企业签订合作协议或达成合作意向。格力电器产业园、北斗智能交通物流网、军工电子产业基地项目、海尔创新产业园等一批龙头型、中心型项目落户河南，本省全方位、宽领域、多层次开放新格局正加快形成。

（2）存在的问题

2013年以来，在国内外形势复杂严峻的情况下，河南省利用外资和境外投资发展态势总体良好，但仍存在一些困难和不足。

1）利用外资方面。

①招商难度日益加大。世界经济仍在调整，全球经济缓慢增长，发达国家经济增长乏力，部分国际资本投资出现回归，新兴经济体不断崛起，国内开放竞争日益加剧，招商引资面临着更大的困难。2011—2013年，河南省实际利用外资增速逐渐回落。

②引资结构不尽合理。从产业结构来看，虽然外资正加快进入现代服务业等新兴领域，但制造业仍然是外商投资的重点，高端制造领域项目仍然较少。基础设施、社会事业等领域仍然面临招商难的局面，金融、证券、信息技术、中介咨询服务等领域开放程度不够，发展相对滞后，难以适应河南省经济社会发展需要。从企业结构来看，引进的世界级大企业少，进入河南省的境外世界500强仅有81家，与先进省份相比仍有较大差距。已落地的境外企业中，引进核心技术的项目少，投资层次仍待提高。

2）境外投资方面。

①企业国际化程度低。过去河南省“走出去”的企业多以矿产资源探采开发为主，开展跨国并购、实施国际化战略的企业相对较少，近几年才逐步开始涉足海外市场。“走出去”企业的核心能力不足，

国际竞争力弱，风险防范能力差，部分仍处在分散发展阶段。企业国际化人才缺乏，普遍缺少能够真正懂金融外语、熟悉国际贸易规则、具有丰富跨国公司管理经验的复合型人才队伍。

②境外投资中介服务体系尚需完善。目前，河南省涉外中介服务体系仍不完善，缺少为企业境外投资提供涉外法律、财务、咨询、知识产权等服务的专业中介机构，为企业"走出去"服务作用偏弱。

（3）利用外资和境外投资部分鼓励政策

①减免税政策。列入《外商投资产业指导目录》、《中西部地区外商投资优势产业目录》鼓励类的产业，进口自用设备免征关税。投资铁路、公路、城市公共交通、电力、水利等公共基础设施项目，符合条件的环境保护、节能节水项目，符合条件的技术转让所得，国家需要重点扶持的高新技术企业等，减免企业所得税。

②比照可享受国家有关政策。河南省杞县、通许县、兰考县、栾川县等54个县市可享受国家西部大开发的有关政策。郑州、洛阳、焦作、平顶山、开封市可享受国家振兴东北老工业基地的有关政策。

③财政资金支持政策。省级财政安排专项资金，用于招商引资、产业集聚区承接产业转移项目的支持奖励。外商投资循环经济、资源综合利用、高新技术产业、现代农业、现代服务业等项目，符合条件的可获奖励。跨国公司在河南省设立研发机构，对经过认定的国家级和省级研发机构给予项目资助。

④重要资源支持政策。对符合国家外商投资产业指导目录的鼓励类、中西部地区外商投资优势产业目录中属于河南省优势产业的外商投资项目，优先保证建设用地。

⑤外贸支持政策。用于支持外经贸发展的中小企业国际市场开拓资金和外经贸发展资金向重点产业集聚区倾斜。

（4）利用外资和境外投资发展趋势展望

世界经济发展具有其内在的周期性，自2008年金融危机以来，全球经济衰退，世界经济呈现单边下降趋势，各国普遍低速增长或是负增长。但危机中隐藏着机遇，国际分工和产业结构开始出现调整，世界经济格局正在发生转变，新的增长点正在孕育。

从全球经济看，世界经济在经历了几年的低迷之后，国际经济环境正逐渐改善，但持续复苏的基础仍不牢固。自2013年下半年以来，世界经济复苏的势头得到逐步加强。美国经济开始回升，房地产市场持续向好，国内工业逐渐企稳，经济复苏势头有望进一步巩固。在德、英等国的带动下，欧洲经济有所好转。国际货币基金组织（IMF）预测，2014—2015年全球经济活动总体将进一步加强，预计全球经济增长将从2013年的3%上升到2014年的3.6%和2015年的3.9%，经济增长复苏主要的动力将从发展中国家过渡到发达经济体，外部环境可能进一步改善。但美国的量化宽松政策退出的启动实施，或将给全球经济金融稳定带来更大的不确定因素，欧洲部分高负债国家仍处在艰难回升阶段，部分新兴市场国家和发展中国家面临滞胀挑战，欧元体或日本等发达国家可能出现通缩风险，这些都可能影响到未来一个时期世界经济的复苏进程，影响到河南省进一步拓展外需，承接国际产业转移。由于世界各国普遍出台经济刺激计划，放宽对外国投资限制，加强区域间经济合作，有利于河南省加大对外直接投资，实施新的跨境投资、跨国并购、技术合作和产业转移。

从国内形势看，我国经济发展长期向好的趋势没有改变。我国新一届政府认真贯彻落实党的十八届三中全会关于全面深化改革的部署，着力打造"中国经济升级版"，全面释放改革红利，进一步激发经济发展的动力和活力。科技创新能力不断增强，新型城镇化进程加快，将带来需求扩大和供给改善。实行更加积极主动的开放战略，构建开放型经济新体制，加大政策支持力度，推动引进来和走出去更好结合。同时也要清醒看到，我国经济仍然面临很多矛盾，经济下行压力仍然很大，我国经济转变发展方式和经济结构调整进入关键期。一些行业产能利用率不足，化解、淘汰过剩产能，培育新兴产业仍需一个过程。吸引外资传统优势不断弱化甚至丧失。近年来，国内劳动力、土地、能源资源等要素价格不断提升，东南亚等新兴国家呈现投资洼地优势，国内依靠要素成本优势招商引资的传统做法已经不能适应形势发展的需要，亟待培育新的竞争优势。

从全省发展看，河南省经济仍处在重大战略机遇期，但攻坚任务仍然艰巨。随着国家对民间资本投资领域进一步放开，激活了民间创投资本，促进了资本的流动；随着区域经济合作的不断深化和国家自贸区战略的加快实施，河南省企业开展对外投资面临更好的历史机遇，也有利于传统过剩产能向急需的新兴发展中国家转移；河南省粮食生产核心区、中原经济区、郑州航空港经济综合实验区三大国家战略规划的相继实施和深入推进，开放平台承载能力不断提升，基础设施、人力资源等支撑条件日趋完善，全省吸引外资和境外投资的综合优势初步形成，发展的内生动力进一步增强。同时也应看到，河南省仍面临着众多兄弟省份激烈竞争的严峻局面，外部压力不容乐观。

总的来说，今后一个时期，河南省经济发展正处于重大调整和转型期，准确把握形势，积极应对挑战，利用外资和境外投资必将取得新的进展，实现更大的突破。

（资料来源：河南省发展改革委）

4. 湖北省

（1）对外投资

1）对外投资情况。

2013 年，湖北省非金融类境外直接投资（简称“境外投资”）继续呈现良好发展态势，新核准企业境外投资设立企业（机构）70 家，办理境外企业增资 17 家，全省境内投资主体对外实际投资额 9.8 亿美元，同比增长 17.6%，其中，湖北地方企业实际投资 5.2 亿美元，同比增长 4.1%。境外投资质量进一步提升，投资结构持续优化，逐步向多领域、多层次、多元化迈进。

2）对外投资的突出特点和成效。

①亚洲仍是投资重点区域，向发达地区持续拓展。

2013 年，新核准在亚洲国家和地区设立境外企业（机构）40 家，占核准新设境外企业（机构）总数的 57.1%，中方协议投资 1.2 亿美元，占中方协议投资总额的 32.4%。其中，拟赴港投资设立企业 15 家，与 2012 年持平，经过多年引导、鼓励，香港已经逐渐成为湖北省企业走向国际的“跳板”。

全省新核准境外企业投资地域在欧美等发达国家和地区新设及增资企业 25 家，中方协议投资 1.14 亿美元。其中，核准 11 家企业赴美投资，中方协议投资额达 6 440 万美元，主要涉及贸易、研发、物流、商务服务等领域。

②境外投资结构优化，重点境外项目顺利投产运行。

2013 年，对外实际投资范围扩大，湖北省地方企业对 94 家境外子公司进行了实际投资，同比增加 12 家，范围扩大。实际投资行业分布在农业、制造业、交通物流业、房地产业、采矿业及商务服务业等行业，投资结构延续多元化发展态势，其中以寻求境外投资并购项目为目的的商务服务业实际投资达 1.3 亿美元，占地方实际投资额的 25%。

重点境外投资企业顺利投产。其中，安琪酵母股份有限公司投资 7 500 万美元在埃及投资设立年产 15 000 吨酵母及其他烘焙原料生产基地已于 2013 年 1 月下旬正式投产；华新中亚投资（武汉）有限公司在塔吉克斯坦与外方合资 9 450 万美元设立华新亚湾水泥有限公司，建设年产 100 万吨水泥生产线，已于 2013 年 8 月投产运行运营。

③民企资源开发取得进展，农业投资集群效应初现。

2013 年，新核准民营企业设立境外企业（机构）53 家，占核准新设境外企业（机构）总数的 75.7%，占比进一步提高。其中，有 2 家民企拟赴赞比亚、尼日利亚进行矿产资源开发及矿产品加工，中方协议投资总额达 1 390 万美元，民企在非洲开展矿产资源开发取得新进展。

2013 年，经核准湖北禾丰粮油集团有限公司赴莫桑比克从事大米、甘蔗、棉花种植和销售业务，拟开发600公顷土地进行农业种植。截至目前，湖北省农企在莫桑比克投资额度超1亿美元，租种土地2万多公顷，已初步形成以农业援助项目、农业种植及农产品加工为主的海外农业开发聚集平台。

④服务外包拓展国际市场，鄂企资本运作实力增强。

随着湖北省服务外包业务发展，外包企业积极开拓国际市场，赴境外设立公司，扩大企业商机。武汉佰钧成技术有限责任公司、软通动力技术服务有限公司、武汉光庭信息技术有限公司等外包企业纷赴湖北省外包业务主要市场日本和中国香港投资设立公司进行外包业务拓展，探索服务外包领域技术、资本、市场和人才多层次、多渠道的对接。

2013年湖北省企业经核准境外并购项目9个，实际交易金额4.5亿美元，多以收购境外先进技术及品牌为主，企业运作资本能力增强。其中，武钢集团出资3.5亿美元收购德国蒂森克虏伯股份公司激光拼焊业务，加快向汽车钢供应行业发展，加大武钢产品全球消费；三环集团出资3 279万美元收购波兰KFLT轴承公司89.15%股份，是湖北省首例并购欧洲汽配生产企业，集团的国际化战略迈出坚实一步。

截至2013年年底，湖北省境内投资主体经核准在全球70余个国家和地区设立境外企业和机构近450家，湖北省境内投资主体累计对外实际投资40亿美元，其中地方企业累计对外投资21亿美元。

3）存在的问题。

①大额投资减少。全省新核准地方企业境外投资及增资中方投资额仅3.7亿美元，同比下降51.4%，投资1 000万美元以上项目同比减少6个，表明实际投资存在一定压力。

②集群"走出去"尚未形成气候。以产业聚集及产业链为纽带的联动境外投资数量及规模较小，投资产业分散局面未有较大改观。

③企业融资渠道有限。由于国内金融机构及其境外分支机构在风险和责任方面受到更多约束，湖北省企业尤其是民企受困自有资金不足、资产抵押不够等原因，融资仍存在较大困难。

2014年，湖北省将在推进"双重"培育工程，推动湖北省境外经贸合作区建设、过剩产能境外转移，打造全方位服务平台体系，简化核准备案流程等方面加大工作力度，围绕产业和产业链带动力促湖北省境外投资集群式发展。

（2）利用外资统计报告

2013年全省新批外商直接投资项目297个，同比增长9.6%。合同利用外资48.55亿美元，同比增长33.4%；全年实际外商直接投资68.88亿美元，同比增长21.6%。

（3）2014年利用外资和境外投资的工作要点

1）强化服务，努力做好利用外资工作。

①加强对权限内外商投资项目核准和备案工作指导。根据国家文件精神，认真指导各地发展改革部门抓好国家发展改革委新《外商投资项目核准和备案管理办法》出台前过渡期全省外商投资项目核准和备案工作，积极帮助项目单位协调有关部门解决因改革不同步遇到的问题。

②积极为外商投资鼓励类项目做好进口设备免税确认服务工作。按省发展改革委行政审批服务窗口统一要求，主动为外资项目免税确认搞好政策咨询和具体办理过程的服务指导工作。同时，加强与国家发展改革委、海关等部门的沟通和衔接，及时帮助项目单位协调解决改革中遇到的新问题。

③积极组织参加重大招商引资工作。积极组织参加全省华创会、台湾周、鄂港粤等重大招商引资活动，认真完成省发展改革委承担的活动任务。同时，大力鼓励和推行产业招商、以商招商等新模式招商，推进吸收外商直接投资和积极承接沿海产业转移。

④进一步推动外商投资结构优化。支持推进利用外资与优化产业结构、延伸产业链、形成产业集群相结合。推进电子信息、生物医药、新材料、节能环保、高端制造，以及商贸、物流、科教、金融、保险、旅游等领域利用外资项目，促进外商投资产业结构调整升级。

⑤深入分析研究外商投资新形势。认真研究当前全省外商投资新形势和改革新内容，积极探索准

入前国民待遇加负面清单管理模式，抢抓国家建设“丝绸之路经济带”机遇，大力推进向西开放。

2）转变职能，认真做好境外投资工作。

一是加强对境外投资项目备案的指导工作。按照国务院关于境外投资审批改革精神，指导各地发展改革委部门有序开展过渡期境外投资项目的备案工作，并积极帮助企业解决因政策调整出现的新问题。二是积极鼓励产能过剩企业境外投资。鼓励湖北省诸如钢铁、水泥、有色金属等产能过剩优势企业“走出去”发展，在全球范围内开展资源、技术和市场并购，在国外建设生产和研发基地，发挥境外投资对湖北省化解产能过剩矛盾的积极作用。三是建立健全境外投资服务体系。加强对境外投资企业的产业政策和项目规划指导，积极培育与对外投资相关的中介机构、社会组织，为企业境外投资提供法律、财务咨询等服务。

（资料来源：湖北省发展改革委、湖北省商务厅网　责任编辑：焦学利）

5. 湖南省

（1）利用外资

1）利用外资情况。

2013 年 1—12 月，全省外商直接投资新批外商投资企业项目 572 个，同比下降 2.5%；实际利用外资 87.05 亿美元，同比增长 19.6%。

2）利用外资的特点和成效。

①从产业分布看，第二产业增长放缓，第三产业增长较快，结构进一步优化。2013 年，第二产业实际利用外资同比仅增长 2.5%，第三产业同比增长 77.2%。第一、第二、第三产业实际利用外资比重为 6.1∶67.43∶26.47，其中，第二产业占比较上年同期下降 11.3 个百分点，第三产业占比较上年增加 8.6 个比分点。

②项目继续向园区集中，园区主阵地作用日益凸显。2013 年，全省 80 个省级以上园区同比增长 38.3%，占全省总额的 37.3%，较上年增加 5.1 个百分点。其中，13 个国家级园区实际利用外资 18.1 亿美元，同比增长 19.4%，占全省总额的 20.8%，与上年持平。

③新批重大项目进展顺利，龙头项目带动作用进一步增强。2013 年，湖南省新批投资总额 3 000 万美元以上的重大项目 36 个，其中投资总额 1 亿美元以上的项目 2 个，新引进德国费森尤斯集团、中国民生银行和兴业银行等世界 500 强企业 3 家，世界 500 强企业在湘新设企业或分支机构 6 个，在湘投资的世界 500 强企业达 131 家。

④从来源地看，亚洲国家和地区继续保持湖南省利用外资主要来源地的地位，港台到位外资占比有所下降。2013 年，亚洲国家和地区到位实际外资 66.4 亿美元，同比增长 13%，占全省总额的 76.3%。亚洲国家和地区中，港台对湘实际投资占全省总额的 67.52%，比上年减少 4.02 个百分点。

⑤从区域分布看，外商投资主要集中在长株潭三市和湘南，武陵山片区利用外资来势好。2013 年，长株潭和湘南地区实际利用外资占全省总额的 82.7%，与上年基本持平。武陵山片区合同利用外资和实际利用外资同比分别增长 48.3% 和 21.2%，高于全省平均水平。

（2）对外投资

1）对外投资统计情况。

2013 年，湖南省对外合同投资总额 15.82 亿美元，同比增长 22.1%，其中，中方合同投资额 13.84 美元，同比增长 10.7%；对外直接投资实际发生额 6.95 亿美元，同比下降 49.9%。对外工程承包和对外劳务合作业务新签合同额 45.21 亿美元，同比增长 41.0%；完成营业额 33.04 亿美元，同比增长 28.3%。

2）对外投资的特点和成效。

①对外并购有新亮点，中方合同投资额规模连续 7 年居中部第一。2013 年年初，中联重科投资近 1 亿美元在新加坡和卢森堡设立投资平台公司；年末，时代新材斥资 2.9 亿欧元收购德国采埃孚集团旗下的橡胶与金属业务，成为继华菱收购 FMG、中联并购 CIFA、三一收购普茨迈斯特之后湖南省又一重大跨国并购项目，也是湖南省历年来第三大跨国并购项目；此外湖南建工签订 4.3 亿美元斯里兰卡高速公路框架合作协议。

②民营企业成长为“走出去”的中坚力量。2013 年以来，民营企业对外投资十分活跃，全年经商务部门核准的境外企业中，投资主体为民营企业的达 142 家，中方合同投资额 8.59 亿美元，分别占总额的 84.5%和 62.2%，还涌现出一大批优秀的海外投资项目，例如湖南国旺在老挝开展的橡胶产业园项目、娄底宏谊在越南的铁矿项目以及国昱锂能在美国的研发中心项目等。

③对外承包工程龙头企业带动效应明显，境外工程项目利润率大幅增长。2013 年国际形势动荡不安，海外承包工程风险进一步加剧，国际市场开拓举步维艰，但湖南省企业仍然保持了较快的增长。全年完成对外承包工程营业额过亿的企业共 6 家，分别是水电八局、中建五局、湖南建工、中南院、中扬建设和环达路桥，共完成营业额 19.21 亿美元，占全省总额的 86.8%，其中仅水电八局就完成了营业额 8.45 亿美元，超过全省总额的 1/3，带动效应十分明显。另外，根据最新的工程企业统计年报显示，2013 年湖南省对外承包工程利润总额达 10.41 亿美元，同比增长 225%。

④外派劳务市场规模进一步扩大，外派劳务服务平台建设取得实效。2013 年共外派劳务人员 5.97 万人，同比增长 9.3%，从地区看，外派地区核心依然是亚洲，并以此逐步辐射至非洲、拉美等发展中国家和地区；从领域看，除建筑业、制造业和农林牧渔业等三大行业依然占据主要优势外，逐渐向专业技工、高级护理、综合管理等层次较高的行业延伸。2013 年以来，湖南省对外劳务合作服务平台工作力度进一步加大，目前共建立了 35 个对外劳务合作服务平台，并完成了对外劳务合作管理系统的开发工作，该系统已开始全面运营。

（资料来源：湖南省商务厅网　责任编辑：焦学利）

6. 合肥市

（1）外商投资分析报告

1）概况。

2011 年以来，在合肥市委、市政府的坚强领导下，合肥市招商系统紧紧抓住中央促进中部崛起战略和沿海产业资本转移等战略机遇，大招商、招大商，通过全市上下的共同努力，全市招商引资工作继续保持总量攀升、增速加快的高位运行态势，三年来，全市累计招商引资 6 055 亿元，其中 2011 年引进1 703亿元，2012 年引进 2 102 亿元，2013 年引进 2 550 亿元。2013 年新批外商投资企业 84 户，比上年增长 33.3%；实际利用外资 18.9 亿美元，同比增长 18.1%。2013 年年末境外世界 500 强企业在合肥投资设立 35 家外资企业，新增 2 家。

2）特点。

目前，合肥市全社会固定资产投资的 60%都来自招商引资企业的贡献，为打造大湖名城、创新高地，推动全市经济又好又快发展提供了强有力的资金支持和项目支撑，为合肥“新跨越、进十强”增添了后劲。

①服务了工业立市。2011 年以来合肥市工业实际到位资金 2 653 亿元，占实际到位资金总量的 53.78%。全市制造业 50 强企业有 15 家是招商引资企业，产值过百亿的 4 家企业中有 3 家是招商引资企业。这有力地支撑了本市工业经济的发展。

②服务了创新推动。在运用新技术、新工艺、新材料改造提升传统产业的同时，战略性新兴产业

有了长足发展。合肥市先后引进高新技术企业近130家。从一定意义上讲，招商引资促进了合肥市作为科技创新型试点市和合芜蚌自主创新综合配套改革试验区核心城市的建设，推动了经济结构调整和发展方式转变。

③促进了城区转型发展。按照合肥市委市政府推进城区转型发展、打造都市产业发展新高地的要求，大力引进电子商务、金融后台服务、动漫、服务外包等基于信息技术为基础的现代服务业新型业态，形成了合肥（蜀山）国际电子商务产业园、滨湖新区合肥国际金融后台服务基地、高新区合肥国家级动漫服务外包园、安徽服务外包产业园等都市产业聚集区。积极引进总部经济、物流、工业地产等生产服务性企业，如中国神华安徽区域总部、宝湾物流、佳海工业园等现代服务业大项目，促进了产业升级。

④推进了宜居宜业城市建设。按照完善配套、丰富业态、提升功能的总体要求，引进了万达、银泰、金鹰等高端综合商贸企业，星巴克、马克西姆、LV、GUCCI等国际一线品牌，乐购、沃尔玛、永辉、大润发等大型超市连锁企业，以及汇丰银行、东莞银行、杭州银行、九江银行等境内外金融机构，还引进了五星级酒店10多家，提升了城市品位，丰富了商贸业态，方便了百姓生活。恒大、万科、华润等国内知名房地产企业的入驻，提升了城市建筑的质量、档次。

3）主要举措。

①突出招大引强，强化项目支撑。一是强化考核。在市政府目标考核中，大幅提高招商引资目标考核所占的分值，并将招商引资（省外）总量、外商直接投资、工业招商引资、新引进大项目等四项指标作为先进单位评先的约束性指标，实行一票否决。二是规范招大引强。对大项目的投资强度、税收规模等指标提出具体要求。三是加强项目调度。从2011年起，牵头组织对全市在谈重大项目实行动态管理，每月一调度。四是加快政策审议。成立市招商引资政策审定小组，对“一事一议”重大项目的支持政策进行审议，提高了大项目推进效率和规范化水平。小组成立以来，对联想电脑、日立建机、大陆轮胎二期等近60个大项目进行了审议。

②推进产业招商，加快产业集聚。在新型工业化方面，围绕家电、平板显示、太阳能光伏、电子信息、装备制造等主导产业，瞄准世界500强、行业领军前十强企业，开展龙头企业招商；同时围绕主机厂，延伸产业链，积极开展配套企业招商。如：抓住国家大力发展战略性新兴产业发展机遇，引进了赛维LDK、海润和晶澳等，实现了太阳能光伏企业集聚；先后引进了格力、美的等企业，使合肥成为全国最大的家电产业基地；引进了联想和仁宝，为合肥打造千亿级电子信息产业打下坚实基础。在现代服务业方面，按照丰富业态、完善功能、宜居宜业的招商基本思路，围绕金融、物流、电子商务、会展经济、总部经济、服务外包等项目，开展主题产业园和工业综合体招商，如：滨湖新区合肥国际金融后台服务基地已有14家总部级后台服务中心正式签约入驻；合肥（蜀山）国际电子商务产业园引进知名电子商务企业已达30多家。

③开展形式多样的招商推介活动。一是市里自己搭建平台，坚持“请进来”招商。利用合肥市举办（或承办）的徽商大会、中国企业500强大会、自主创新对接会、农交会等特色展会，积极开展客商邀请、项目洽谈、宣传推介、项目签约等招商活动。二是坚持“走出去”招商。在境内外组织召开专场招商推介会，考察企业，推进项目。近年来，市委、市政府每年都会在上海、深圳、香港、日本等境内外重点地区举办若干次大型招商活动，形式多样、内容丰富，极好地宣传推介了合肥市优良的投资环境，有效推进了在谈项目进展，并获取了新的项目信息，为合肥市更好地承接境内外产业资本转移创造了良好的局面。

④整合招商资源，强化招商队伍建设。在全市大力营造“招商引资没有局外人”的浓厚氛围，动员广大干部群众充分挖掘亲缘、地缘、人缘关系，积极主动地为招商引资献计出力。2011年，在全国首创开展“百名县处级干部赴一线抓招商、促发展”活动，挑选了100名年龄相对较年轻、熟悉经济工作的县处级领导干部，充实到招商引资工作第一线。广拓招商资源，发挥“合肥之友”、市直有关部

门资源优势及各类商会、协会的作用，积极推进与央企、民企和外企的合作。开展招商引资业务培训，不断提升干部素质能力，三年来共举办各类招商业务培训 10 多场（次），市一级直接培训干部近 1 200 人次。

4）存在的主要问题。

①县区招商工作存在一定差距。合肥巢湖经开区、巢湖市和庐江县因基础较为薄弱，在招商引资总量、大项目招商等方面与其他县区存在一定差距。

②工业大项目招商形式严峻。如：2013 年 1—5 月，合肥市在谈大项目有 130 个，涉及总投资 3 909. 95亿元，其中工业项目仅 39 个，涉及总投资 843. 65 亿元，仅占相应总数的 30% 和 21. 58%，工业招商后劲不足。

5）今后工作思路和主要目标。

当前，世界经济深度调整，外需低迷，国际投资能力下降；受产能过剩、要素成本上升、资源环境瓶颈制约等影响，国内投资和经济增速回落。在国际国内形势的综合作用下，合肥市招商引资增速将趋缓。

下一步，合肥市将紧紧围绕打造“大湖名城、创新高地”的目标定位，继续抢抓产业、资本转移和行政区划调整等机遇，以产业招商为主要抓手，以招大引强为主攻方向，以项目推进为核心工作，坚持先进制造业和现代服务业“双轮”驱动，坚持工业园区集聚发展和都市产业园转型发展同步推进，整合招商资源，创新招商方式，扩宽信息渠道，加强统筹协调，进一步提升招商引资工作的科学化水平，为实现“新跨越、进十强”，打造现代化新兴中心城市，并朝着区域性特大城市方向迈进提供强有力的资金支持和项目支撑。

按照合肥市“十二五规划”修订纲要，未来五年，合肥市招商引资总量力争突破 1. 7 万亿元，年均增长 16%。其中：外商直接投资 135 亿美元，年均增长 17. 6%；工业招商引资 8 030 亿元，年均增长 18. 5%。

（2）对外投资分析报告

1）合肥市企业“走出去”不断提速。

近年来，合肥大力实施外向型经济发展战略，加快推进企业“走出去”步伐，鼓励支持企业参加各类境内外经贸交流活动，对外投资及对外合作水平快速提升。

①“走出去”规模不断扩大。1990 年，合肥市首家外贸企业（合肥进出口公司）取得进出口经营权，经过 20 多年发展，目前全市已同 180 多个国家和地区建立了经贸往来，与美国哥伦布市等 11 个城市结为友好城市，有 35 家境外世界 500 强企业在合肥投资发展。2005—2013 年全市进出口年均增长 20% 左右。2013 年 74 户外经资质企业签订合同额 83. 6 亿美元，完成营业额 117. 1 亿美元；服务外包企业接包合同执行金额首次突破 10 亿美元，继续保持 20% 以上高速增长；对外投资企业达 117 家，协议对外投资额 4. 27 亿美元。合肥出口加工区实现进出口 12. 4 亿美元，合肥港集装箱吞吐量突破 10 万标箱。

②“走出去”领域不断拓展。“走出去”企业由对外劳务合作、销售产品等较低层面向承包工程、海外投资、海外并购（研发）、直接投资建厂等领域全面推进，境外设立经济特区、文旅综合体、矿产类资源开发等也从无到有，外资、外贸、外经、外包业务全面拓展。

③“走出去”市场不断延伸。在已“走出去”的国家和地区中，制造业、商贸类企业主要分布在欧洲、美洲及东南亚，涉及德国、俄罗斯、美国、巴西、新加坡、泰国和中国香港等国家和地区；外经承包类企业主要集中在非洲的津巴布韦、安哥拉、阿尔及利亚、莫桑比克等国家。在拟“走出去”的国家和地区中，制造业、商贸类企业主要意向目标地区进一步扩大到欧洲、美洲、非洲、东南亚、中东，涉及德国、俄罗斯、法国、美国、巴西、安哥拉、阿尔及利亚、新加坡、越南、泰国、印尼、阿联酋等国家；外经承包类企业除集中在非洲等传统市场外，逐步向东盟地区扩展。

2）合肥市企业“走出去”与经济先进及发达地区相比差距较大。

合肥市与经济先进及发达地区相比，一是“走出去”的认识不深入。普遍认为“走出去”只是少数部门的事，未形成齐抓共促局面。政府部门与企业间缺乏联动协作机制，很难保证“走出去”有序、高效开展。二是“走出去”的支持政策不完善。当前合肥市“走出去”支持政策较为零散和笼统，支持重点不突出；同时对“走出去”宣传不够，企业不能及时、全面、准确地了解政策内容，从而直接影响了“走出去”效果。三是“走出去”的服务保障不健全。缺少境外投资公共信息服务平台，企业“走出去”信息来源滞后、单一，渠道有限，获取成本较高。缺少服务对外投资的专业中介机构、行业协会和商会。缺少熟悉国际商务和法律法规且精通外语的国际化人才队伍。政府部门对“走出去”的管理有待加强，不能及时掌握企业对外投资合作进展情况及突出问题，缺少有效应对措施。四是“走出去”的目标不明确。少数企业“走出去”之前，对目标市场不做深入规划调研和风险评估，前期准备不足，易造成决策失误和投资损失。

3）加快企业“走出去”的对策建议。

当前，合肥市“走出去”面临以下诸多有利条件：一是国家对中部和内陆地区外向型经济发展提供了政策叠加机遇。十八届三中全会明确提出，要抓住全球产业重新布局机遇，推动内陆贸易、投资、技术创新协调发展；支持内陆城市增开国际客货运航线，发展多式联运，形成横贯东中西、联结南北方的对外经济走廊；推动内陆沿海沿边通关协作，实现口岸管理相关部门信息互换、监管互认、执法互助等。这些政策与合肥的区位优势、资源秉赋、产业条件高度契合，为合肥市“走出去”提供了新方向。二是境外投资市场广阔。据国家发展改革委预计，未来5年，中国对外投资将超过5 000亿美元，有众多投资领域需要开拓争取。三是省市高度重视“走出去”工作。安徽省政府陆续研究出台了《关于支持企业“走出去”跨国经营的指导意见》、《关于进一步促进外贸加快发展的若干意见》、《关于扩大进口的若干意见》等一系列政策措施，省商务厅、财政厅每年组织“走出去”专项资金申报、兑现工作。合肥市政府专门成立了开放型经济工作领导小组，首次出台《合肥市促进外经贸发展若干政策》、《关于加快合肥港国际集装箱码头发展的意见》等促进外经贸发展政策，大力支持和推动合肥市企业“走出去”投资合作，开拓国际市场。四是近年来，合肥市经济快速发展为“走出去”提供了坚实的基础。内生动力和外部虹吸效应逐步增强，区位优势、政策优势和平台优势日益凸显。

为抢抓机遇，合肥市“走出去”工作紧紧围绕市委关于全面深化改革先行先试的实施意见和市政府2014年重点工作安排，强化责任，细化措施，注重调研，找准突破口，协同推进重点工作取得实效。

一是思想认识要加强。县（市）区、开发区和市直相关部门要切实增强扩大开放、发展开放型经济的责任意识和参与意识，加强跨部门统筹协调，加大“走出去”形势研判，有效消化吸收上海自贸区可复制经验，组织开展境内个人境外投资、境外投资综合支持政策、商业银行对“走出去”企业提供信贷支持等专题研究，提出先行先试政策建议。为强化责任，建议将促进企业境外投资和跨国经营纳入市政府考核体系。

二是重点领域要突破。2014年合肥市将落实中美绿色合作和推进与俄罗斯伏尔加河沿岸联邦区合作列入市政府重点工作，为合肥市“走出去”提供合作平台。在中美绿色合作上，除巩固湿地保护、新能源汽车、智能交通等已有合作外，重点开展巢湖综合治理、中美绿色生态小镇建设、节能建筑规划设计、固体垃圾（废弃物）处理等互惠合作，积极争取美国能源基金会等机构支持；在中俄合作上，推进合肥市家电、汽车装备、农业、建筑等优势企业赴俄发展，开展园区合作，推动在俄举办中国（合肥）家用电器博览会，与俄下诺夫哥罗德市等地发展友城关系，努力开通合肥至俄罗斯国际货运通道等。

三是国际市场要拓展。应以推进展会改革为重点，强化国际市场开拓，在市级支持会展业加快发展意见中，进一步加大对企业到境外参展的扶持力度。引导企业加强国际营销网络建设，巩固北美、欧洲等传统市场，开拓中东、俄罗斯、拉美、非洲、东盟等新兴市场。大力推动跨境电子商务发展，会同合肥海关等部门争取跨境电子商务试点，支持建立跨境电子商务示范园区，研究出台支持跨境电子商务政策意见。应尽快建立市级出口品牌培育机制，推进自主品牌带动外贸出口，促进中小企业走向国际、做大做强。加强境外高新技术和先进制造业投资，鼓励具有比较优势的行业企业建立海外生产基地、研发设计中心和售后服务体系。探索以龙头企业为主体，联合行业上下游配套企业，形成"走出去"战略联盟，"抱团出海"。

四是政策程序要吃透。精简"走出去"审批环节，推进10亿美元以下对外投资项目实行备案制。按照市场导向和企业自主原则，突出企业境外投资主体地位。企业对外投资一定要掌握政策、摸清程序，符合自身发展需求，做到风险可控。首先应制定和评估海外投资战略目标。投资者应具备跨境管理能力的国际化团队和相当的资金实力或融资能力以及与项目需求相匹配的技术力量。海外投资是一项系统工程，前期应组建一支由商务、技术、财务、法律等国际专业人才组成的团队；应做好当地市场情况、商业规则、法律法规、文化习俗等信息的收集，"走出去"要符合当地环境标准、当地产业需要和当地法律法规；应借力专业的投资银行、律师事务所、会计师事务所、技术咨询公司等中介机构，做好尽职调查，开展商业、社会和环境等风险评估，为项目后续谈判打好基础。

五是服务保障要跟进。充分利用友城及国际商会等渠道，搭建与当地商协会的合作平台，帮助企业解决纠纷，维护合法权益。发挥外经贸企业商（协）会作用，搭建企业间交流平台，实现信息、人力等资源整合。利用外国驻华机构、优质中介机构及国外华侨、留学生组织，为企业"走出去"牵线搭桥。建议整合现有资源，统一设立合肥市促进开放型经济发展专项资金，同时加大税收、金融、外汇服务、融资增信服务等支持力度，有效缓解企业资金困难。可以考虑对大型优势企业境外投资给予重点补助，支持政策可以不设门槛。加大"走出去"政策培训力度，应针对企业需求开展"订单式"培训。打破"走出去"人才瓶颈，建议由市人事部门每年组织海外经营人才专场招聘会，建立专业人才库，帮助企业招聘熟悉国际商务规则、法律法规，既懂经营管理又精通外语的境外高层次人才。

（资料来源：合肥市发展改革委）

（三）西部地区

1. 内蒙古自治区

近年来，全区利用外资和境外投资工作按照自治区党委、政府的决策部署，坚持以开放促发展、促改革、促创新，"引进来"与"走出去"并重，重点抓好平台建设，积极做好外商投资和境外投资服务工作，有效提升了内蒙古自治区开放型经济的水平。

（1）双向投资总体情况

1）利用外资情况。

内蒙古自治区利用外商直接投资从1979年起步，经历了从无到有，由少到多，由低水平、低层次向高水平、高层次不断发展的历程。1979年，现内蒙古鄂尔多斯羊绒股份有限公司的前身伊克昭盟羊绒衫厂以补偿贸易方式引进了内蒙古的第一笔外资。1985年内蒙古自治区第一家外商投资企业内蒙古民族贸易实业有限公司成立。经过30多年的发展，截至2013年年底，内蒙古自治区累计实际利用外商直接投资283.8亿美元，为自治区的经济发展做出了积极的贡献。主要有以下特点：

①融资渠道和投资领域不断拓宽。内蒙古利用外资主要采取中外合资、中外合作和外商独资等传统形式，同时还有外商投资股份制企业以及BOT、TOT等方式。外商投资领域从初期的轻纺、餐饮服务业几个行业扩大到能源、交通、化工、冶金、电子和农牧业产业化等行业，特别是在稀土深加工、

生物工程、电子信息等高新技术领域引进外资有了突破。

②外资企业的效益普遍较好。改革开放初期，内蒙古利用外商投资的方式只有设立中外合资企业一种，随着发展，逐渐完善了多种投资形式。多数外商企业亲自参与经营管理，大量引进先进的生产技术和管理方式，开拓了国际国内两个市场，发展质量和效益超过了同类其他方式的企业。

③外商投资区域不断扩大。外商投资从初期多分布于呼和浩特市和包头市，发展到现在全区所属的9市3盟都有外商投资企业。特别是鄂尔多斯市近些年吸收外商投资增长迅速，已成为内蒙古自治区实际利用外国投资最多的盟市。

2）境外投资情况。

截至2013年年底，全区累计核准设立境外投资企业275家，中方协议投资额59.31亿美元，实际投资总额15.15亿美元；累计新签对外承包工程和对外劳务合作项目共1 000个，合同金额28.29亿美元，完成营业额6.49亿美元，外派劳务人员53 900多人次。主要有以下特点：

①对外投资企业数量逐步增加，投资规模不断扩大。2003年以来，每年新增境外投资企业由7家增加到49家，年均增速达到24.4%。当年中方协议投资额由10年前的1 972万美元增加到2013年的15.2亿美元，年均增速达到54.4%。

②对外投资国别和行业相对集中。截至2013年年底，全区境外投资范围覆盖33个国家和地区，但投资企业国别集中度较高，如在蒙古国投资企业有94家，俄罗斯有73家，占境外投资企业总数的60.7%。协议投入资金主要集中在柬埔寨和中国香港，其中，柬埔寨21.7亿美元，中国香港15.2亿美元，这两个地方占中方协议投资总额比重达62.2%，如加上对俄蒙的投资，则占中方协投资总额比例高达88.8%。投资行业主要集中在矿产资源（70家，协议投资21.38亿美元）、商业贸易批发（61家，协议投资4.78亿美元）、森林采伐木材加工（35家，协议投资2.09亿美元）、投资资产管理（7家，协议投资12.67亿美元）等领域。投资上述四大领域的项目占比达62.91%，中方协议投资占比达68.99%。

③对外承包工程发展水平较低。全区对外承包工程主要集中在俄罗斯、蒙古和印度。但因国际环境变化、承包企业能力不强等因素，年营业额起伏较大。虽然有经营资质的企业达40多家，但有经营业绩的企业很少。2011年以来承包工程项目更少，全部集中在俄罗斯和蒙古国。

④对外派出劳务人员规模变化明显。外派劳务合同和外派人员数量有所下降。2005—2008年，全区对外劳务合作项目每年平均在100个以上，每年派出劳务人员6 000人以上，但近三年的项目每年都不超过20个。

（2）双向投资存在的主要问题

1）利用外资总体规模小，对经济的贡献较低。

"十一五"以来，内蒙古累计外商直接投资251亿美元，仅占全国的3%左右，占内蒙古自治区同期引进国内外资金总额的7%左右，利用外资总量与自治区经济发展速度和扩大开放的要求不相适应。

2）利用外资地区结构严重不平衡。

内蒙古利用外资的地区性差距比较大，"十一五"以来，经济较发达的呼和浩特、包头、鄂尔多斯三市实际利用外资占全区实际利用外资比重超过80%，其余9个盟市累计利用外资不到全区的20%。

3）利用外资产业分布不合理。

内蒙古利用外资的投资领域包括能源、冶金、机械、化工、交通、建材、电子、农牧业、医药等行业，但是投资重点主要集中在能源开采和制造业。利用外资方式的增长模式更多体现为资源主导型，外资对促进产业结构转型、技术外溢和先进管理理念效应方面的作用有限。

4）对外投资合作的地区结构和产业结构不够合理。

虽然内蒙古自治区对外投资合作业务已拓展到五大洲33个国家和地区，但是从整体上看，投资地区主要集中在俄蒙，产业投向集中在矿产勘探开发、森林采伐和木材加工。与发达国家合作较少，投资的层次偏低。

5）对外投资合作水平较低。

多数境外投资企业规模小、组织化程度不高、资金实力不强、融资能力弱，这已成为在境外投资能源、资源类项目，承揽大型国际工程项目的主要"瓶颈"。而且，企业普遍缺乏跨国经营管理人才，许多企业对国外市场、法律、政策研究不够，了解不多，信息闭塞；对资本项目的前期可行性研究做得不够充分，风险估计不足；对国外投资项目运营和企业经营管理缺乏经验。

（3）双向投资发展趋势及工作重点

内蒙古自治区对外开放面临复杂的国际国内形势。从国际看，经济全球化在世界经济格局中的影响将继续加深，资金、技术、人才等经济要素将在全球范围内加速流动和重组，为自治区扩大开放带来了新的机遇。同时，国际金融危机对实体经济的冲击仍在进一步加深，资本的流动性不足导致投资者更为审慎。从国内看，我国经济已经进入转型发展，尽管目前经济增长呈现出一些回升的迹象，但总体上仍将是稳定发展的态势。从自治区看，利用外资方面，受国际国内形势影响，发展缓慢的趋势在一定时期内难有根本性的扭转；境外投资方面，近年来随着自治区经济社会快速发展，培养了一批有实力、有投资愿望的大企业，但是由于缺乏境外投资经验和经营管理专业人才，以及自治区企业在技术方面的优势不明显，境外投资仍将保持稳步发展。

今后，将围绕贯彻落实党的十八大、十八届三中全会精神和自治区"8337"发展思路，进一步推进涉外投资体制改革，完善外资管理体制机制，创新方式方法，以促进自治区经济结构调整、转变发展方式为主线，大力引进外商投资，积极参与国际产业分工，努力打造沿边开放经济带，推进各项工作迈上新台阶。

1）利用区位、政策优势扩大双向投资。

内蒙古北与俄罗斯、蒙古接壤，有 4 200 多千米的边境线，有 16 个对外开放口岸，其中满洲里、二连浩特分别是我国对俄、对蒙最大的陆路口岸。内蒙古同时享受国家西部大开发和东北振兴优惠政策。2011 年，国务院出台了《关于进一步促进内蒙古经济社会又好又快发展的若干意见》，提出了对内蒙古自治区实施差别化产业政策，以及在金融、投资、土地等方面给予倾斜等一系列支持意见措施。要利用好这些区位优势、政策优势，积极融入丝绸之路经济带建设，在打造满洲里、二连浩特国家重点开发开放试验区、跨境旅游合作区、中俄蒙合作先导区等方面先行先试，搭建双向投资平台。同时发挥中美地方合作等机制，继续拓展与欧美、亚洲的投资合作。

2）创造条件大力吸引外商投资。

认真研究新形势下国际产业、资本转移动态，充分利用《外商投资产业指导目录》和《中西部地区外商投资优势产业目录（内蒙古部分）》导向作用，立足自治区产业发展定位，推动装备制造、化工、冶金、高新技术、农畜产品加工、现代服务业等企业与国外大型跨国公司开展合作。积极探索以国内合作促进外资引进，抓住沿海发达地区外资企业加快产业转移的时机，承接环渤海、长三角、珠三角等地区的外资企业转移，为外商投资企业创造良好的发展环境。

3）继续深化与俄蒙经贸合作。

充分利用与俄罗斯、蒙古国的高层互访及双边经贸联系和磋商机制，加强与俄蒙在矿产资源开发、木材加工、农业种植、食品加工、冶金化工等重点领域的合作。抓住蒙古国实施"矿业兴国"战略和俄罗斯与我方合作开发资源积极性较高的机遇，鼓励有条件的企业到俄蒙开展资源合作项目或在境外就地加工转化资源，广泛建立境外资源开发加工基地。加强对外宣传，通过举办和参加与俄蒙的项目对接会、展洽会、研讨会等活动，推动内蒙古自治区企业进一步开展与俄蒙的经济合作。支持自治区有条件的企业参与在蒙古国扎门乌德、俄罗斯的后贝加尔茨克、阿金斯克、赤塔市经济合作园区的建设，成为深化与俄蒙经贸关系的重要载体。

4）实施市场多元化战略。

根据国家对实施“走出去”战略的总体部署、境外投资产业政策、国别产业导向目录和国民经济发展规划，制定自治区企业“走出去”产业规划、指导政策和专项行动计划，做好国别投资环境的评估。支持有条件的大型流通企业和生产企业在海外设立产品技术研发中心、营销中心、中国产品展示中心等，在全球范围内打造和延伸流通产业链。

5）扩大对外承包工程和劳务合作。

支持对外承包工程企业与境内外大公司合作，采取各种形式的分包，增加企业境外工程建设经验，带动企业经济实力和技术水平提高。巩固俄罗斯、蒙古、日本等传统劳务市场，努力开拓韩国、新加坡和非洲、欧美等劳务市场，不断提高外派劳务人员“技术含量”。做好对外劳务合作服务平台建设，完善现有的外派劳务基地。促进劳务基地与职业技术学校、高等院校的合作，加强培训，不断提高外派各类人员自身能力素质。

（资料来源：内蒙古自治区发展改革委）

2. 云南省

（1）利用外资和境外投资

1）外商投资情况。

2013 年，在云南省委、省政府的有力领导下，全省各州市、各有关部门贯彻落实党的十八大、十八届三中全会和省九次党代会精神，以开展党的群众路线教育实践活动为契机，转变作风抓落实、攻坚克难谋发展、集中力量求突破，不断突出工作重点，创新工作思路，狠抓任务落实，全力克服困难，积极多措并举，顺利完成全年工作目标，全省全年实际到位外资 25. 15 亿美元，同比增长近 15%。全省利用外资呈现以下特点：

①全省外资工作迈上新的台阶。2013 年是云南开展利用外资工作的第 30 个年头，全省累计实际利用外资已突破 100 亿美元，截至年底达 120. 3 亿美元。入滇发展的国（境）外世界 500 强企业近 20 家，拉法基、雅居乐、华致酒行、嘉华集团、恒隆集团等大企业对云南省投资继续扩大。全省外资企业当年总资产近 2 000 亿元人民币，从业人数 10 万余人，年销售总收入 800 亿元人民币以上，年纳税总额近 80 亿元人民币。

②服务业利用外资比重扩大。2013 年，全省各行业均有外资进入，第一产业利用外资规模较小，制造业等传统外商投资主要领域占全省到位外资的 38. 8%。第三产业仍是云南省利用外资的主要领域，占全省到位外资的 60%。房地产业、租赁和商务服务业、批发和零售业等领域利用外资比重较大，占全省到位外资近五成。旅游综合开发及商业综合开发仍是外商投资云南省的最大热点，法国雅高、英国洲际、英国希尔顿、美国凯悦、美国喜达屋、美国温德姆、香格里拉等国际知名酒店管理集团旗下的索菲特、皇冠假日、希尔顿、艾美、喜来登、香格里拉等国际知名酒店品牌陆续进入云南省，仅丽江市就吸引了包括新加坡悦榕集团在内的 12 家知名酒店品牌。

③外资来源地仍较集中。香港地区仍是云南省外资主要来源地，实际到位外资 17. 4 亿美元，占全省总量近 7 成。省领导率团赴港澳地区以及东南亚国家开展经济合作交流活动的成效不断显现，香港地区对云南省投资继续扩大，新加坡等东盟国家对云南省的投资逐步升温，实际到位外资 2. 6 亿美元，占全省总量的 10. 5%；侨商投资进一步加大，占全省总量 66% 左右；英属维尔京群岛等自由港实际到位外资占全省总量的 4% 左右。

④部分州市引进外资增幅较大。2013 年，全省各州市、各有关部门进一步加大招商引资工作力度，大部分州市引进外资情况良好。从利用外资数量看，昆明市继续发挥对全省利用外资的带动作用，全市实际到位外资近 18 亿美元，占全省外资总量的 71. 5%。保山市、德宏州实际利用外资均突破 1 亿美元。实际利用外资 5 000 万美元至 1 亿美元的州市有 5 个，同比增长 67%。玉溪市、大理州、曲靖市以

及昭通市等州市大幅超额完成工作目标。

⑤沿边开发开放对外资吸引力不断增加。随着云南建设成为中国面向西南开放的重要门户、中国沿边开放的试验区和西部地区实施“走出去”战略先行区进程的深入，沿边州市在对外开放中的重要作用进一步显现，所具备的发展前景广阔，对外资的吸引力不断增加。2013 年，保山、德宏、红河等沿边州市实际利用外资近 4 亿美元，同比增长 11.2%，今后随着沿边开放水平的提升，沿边各州市利用外资的规模有望不断扩大。

2）境外投资情况。

2013 年，全省新批境外投资企业 40 家。对外实际投资 82 120.89 万美元，同比增长 15.6%。截至 2013 年 12 月底，云南省境外投资企业已达 440 家，对外实际投资累计达 33.8 亿美元。2013 年云南省对外投资主要呈现以下特点：

①传统市场地位稳固。“次区域五国”是云南省企业“走出去”的主体市场，2013 年云南省企业在缅甸、老挝、越南、柬埔寨、泰国五国实际投资共计 58 186.9 万美元，占同期实际投资总量的 70.8%，传统市场仍是云南省境外投资的主要市场。

②投资行业渐显多元化。2013 年云南省对外投资共分布在国民经济行业分类的 12 个大类。其中，矿产开发行业 20 070 万美元，占比 24.4%；制造业 10 830.1 万美元，占比 13.2%；农林牧渔业 2 013.32万美元，占比 2.5%；建筑、批发和零售、租赁和商贸服务等第三产业共实际投资 48 367.7 万美元，占比 58.8%；电力开发领域 839.9 万美元，占比 1.02%。

③民营企业逐渐成长为云南省对外投资的中坚力量。2013 年 1—12 月，云南东南亚经济技术投资有限公司、云南建工集团、云南省海外投资有限公司、云南驰宏锌锗股份有限公司等国有企业实际投资 35 456.39 万美元，占同期实际投资的 43.2%；云南建生、云南海诚、瑞丽大通、云锰集团、云南捷丰投资等民营企业实际投资 46 664.5 万美元，占同期实际投资的 56.8%，占比首次超过国有企业。

（2）存在的问题

1）外商投资方面。

虽然 2013 年全省外资工作取得一定成绩，但从目前的情况分析来看，国内外经济形势错综复杂，云南省利用外资进入结构调整期，合同外资大幅下降，大部分州市外资引进乏力，外商投资产业结构不合理，房地产投资比重过大，产业层次较低，投资领域较窄，各州市外资存量已基本释放，部分州市利用外资仍不理想，个别州市尚无外资进入，特别是随着国家关于解决产能严重过剩问题的系列举措出台，将对云南省若干重大项目的引资布局带来挑战。十八届三中全会召开以后，国家新一轮改革开放重大举措陆续出台，可以预计，今后几年随着深化投资体制改革、构建开放型经济新体制、扩大内陆沿边开放、加快人民币资本项目可兑换、统一内外资法律等改革的深入，我国外商投资管理体制将发生重大变化。云南省各州市、各部门要全面学习贯彻落实十八届三中全会精神，进一步解放思想，主动适应新形势，提前对接新变化，抢抓改革释放的新红利，推动云南省利用外资工作持续健康发展。

2）境外投资方面。

目前，云南省境外投资方式过于单一，几乎全部都是以新设企业的绿地方式完成投资，而跨国并购、重组联合和挂牌上市的方式仍然很少。投资方式单一不利于云南省企业在境外投资中灵活利用各种投资方式的优势，影响了云南省境外投资的发展速度。此外，云南省企业对外直接投资产业结构偏低，表现为：以资源开发行业的投资为主，高新技术产业的投资量小；以劳动密集型产业为主，技术密集型产业的投资偏少；过多依赖国外技术，自主研发能力不足。

云南省境外投资的目标市场和领域都很集中，容易受到目标市场突然变化的影响。目前云南省境外投资 80% 以上集中在缅甸、老挝和越南三个国家，而对电力和矿产的投资也超过了总投资的 80%，一旦这三个国家出现政治动荡或者经济危机，云南省的境外投资将会受到致命的影响。与此同时，云南企业把大量资金都投向了周边国家的电力、能源矿产资源开发、伐木和农业等容易破坏生态环境的行业，因而成为国际社会诟病的对象。

（3）促进利用外资和境外投资的鼓励政策

为促进利用外资形成总量快速扩大、质量稳步提升的良好发展局面，云南省近期出台了《云南省招商引资工作委员会关于进一步加强利用外资工作的指导意见》（以下简称《意见》）。《意见》旨在引导外资积极参与云南省产业建设，提升云南经济的对外开放度和综合竞争实力。《意见》提出：2013—2017 年，实现全省实际利用外资要继续保持增长势头，累计实际利用外资 170 亿美元以上；累计新引进境外世界 500 强企业 20 家。

设立审批绿色通道，三级联动协调推进。针对外资项目“进入难、落地难、政策落实难”等难题，云南省招商委出台新举措，着力解决全省利用外资工作中存在的“重引资数量、轻项目质量；重招商推介、轻项目推进；重活动签约、轻项目落地”以及“政策落实不到位、产业对接不紧密、项目推进不扎实”等问题。

为发挥好外资在改善经济结构、促进产业升级中的作用，《意见》从机制着手，引导外资投向现代农业、高新技术产业、战略性新兴产业和现代服务业等。

云南省将进一步加强对外资工作的领导和协调。省招商委将强化省级重点外资项目的推进联动机制，设立重大外商投资项目审批绿色通道。对于互为条件的前置审批事项，实行同级并联审批机制。对列入省级重点推进项目的，由省招商局或所在地招商部门牵头，按照“一个项目，一个推进小组，一个推进方案，一个配套政策”的要求，建立省、州（市）、县三级联动协调机制，解决项目推进中的综合问题。充分发挥省招商委办公室主任联席会议、招商引资项目推进专题协调会议等机制的推动作用。

落实扶持政策，鼓励外商投资。《意见》从财政、税收、土地金融等方面做出规定，鼓励外资项目落户云南。

在财政政策上，要求各州市切实落实国家对外资企业的财政激励政策，各级财政要设立引进外资专项奖励资金，对重大落地外资项目企业给予相应的财政奖励；各级财政部门要支持符合条件的外资企业申报各级各类财政专项项目。

在税收政策上，现在至 2020 年 12 月 31 日，对以《西部地区鼓励类产业目录》中规定的产业项目为主营业务，且其当年度主营业务收入占企业收入总额 70% 以上的外资企业，经企业申请，主管税务机关审核确认后，可减按 15% 税率缴纳企业所得税；对外资企业鼓励类项目新增投资额达 2 亿元人民币以上的投资，属省内权限的规费予以全免；新增投资额 1 亿至 2 亿元人民币的投资，属省内权限的规费减半收取。

在土地政策上，对鼓励发展的重大外资项目，涉及的新增建设用地计划指标给予重点倾斜，优先保障用地；对用地集约的鼓励类外商投资工业项目，在确定土地出让底价时，可按不低于所在地土地等别相对应的云南省工业用地出让最低价标准的 70% 执行；对现有工业用地，在符合规划且不改变土地用途的前提下提高容积率的不再增收土地价款；对符合国家产业政策和云南省产业发展规划的鼓励类外商投资项目，且符合《划拨用地目录》的，可以划拨用地；对利用国有未利用地的工业项目，土地出让金最低标准可按全国工业用地出让最低价标准的 10% ~50% 执行；对以出让方式取得国有土地利用权，一次性缴纳土地出让金有困难的，可根据出让合同的约定分期缴纳；对符合山地城镇建设条件，建设项目占用 25 度以上劣质坡耕地进行建设的，不计入补充耕地范围。

在金融政策上，按照《云南省人民政府办公厅关于大力发展股权投资基金的意见》相关规定和要求，吸引国（境）外资本进入云南股权投资市场，设立股权投资类企业。

优化投资结构，推动产业升级。《意见》要求着力引入重大外资项目，推动产业聚集发展。各州市将以云南省鼓励优先发展产业为指导，结合本区域产业基础和资源条件，遴选出重点引资方向和对象，以大项目为抓手，实施“一企一策”推动产业链招商，大力引进一批产业升级关联度高、辐射力大、带动性强的龙头型、基地型外商投资项目。鼓励跨国公司在滇设立面向东南亚、南亚国家的总部及研发、采购、运营和培训中心等，逐步发展上中下游配套的产业聚集，促进云南省百亿、千亿元产业集群形成。

要依靠园区平台作用，引导外资向产业园区聚集。以省滇中产业新区、国家级工业园区、省级工业园区、边境经济合作区、跨境经济合作区和保税区等为载体，鼓励各类园区错位发展。省级各有关部门要在财政投入、用地、服务和口岸通关等方面给予倾斜。鼓励外资进入园区创办专业化、集中度高的“园中园”。

要发挥外资的创新驱动作用，推动产业转型升级。吸引外资投向高原特色农业、医药制造、轻工制造、有色金属、石油化工、旅游文化、商贸物流等传统产业，利用外资技术优势推动产业转型升级；引导外资投向现代生物、光电子、高端装备制造、节能环保、新材料、新能源等战略性新兴产业，推动云南省高新技术产业壮大发展。

要紧盯国际资本流动趋势，主动承接产业转移。各州市将结合自身资源条件和产业基础，以纺织、服装、鞋帽、玩具、五金家电、旅游用品等劳动密集型产业为重点，整合资源要素，主动承接东部沿海地区港资、侨资、台资企业产业转移。鼓励有条件的州市加强与国际创新要素对接，有效承接国际技术转移。

要鼓励外资到云南省设立金融机构和开办业务。鼓励外资到云南省设立、参股村镇银行和小额贷款公司等新型金融组织。鼓励外资到云南省投资设立创业投资企业、股权投资基金。支持省内 A 股上市公司引入境外战略投资者。鼓励外资采取合资方式设立融资性担保机构。支持外资在云南省设立投资性公司、融资租赁公司。

要引导外资投向社会公共领域，提升对外开放格局。进一步放开外商投资领域，鼓励外资进入文化、教育、医疗等社会服务领域以及城镇供排水、供气、废弃物处理和资源化利用、资源综合利用、环境污染治理和生态保护、碳汇交易和营造生态林、防灾减灾工程等社会公用事业领域，促进云南省社会民生发展和生态环境保护。

2013 年 3 月，云南省政府出台了《云南省人民政府关于进一步推进“走出去”战略的若干意见》，强调“走出去”对扩大开放、加快桥头堡建设的重要意义，要求加强统筹协调，积极争取国家支持，进一步完善“走出去”的财政资金扶持、金融服务、便利化服务、风险防范等方面的扶持政策体系，提供宏观政策指导和信息服务，努力创造更加有利于企业“走出去”的发展环境。

（资料来源：云南省发展改革委）

3. 西藏自治区

2013 年面对复杂多变的国际国内经济环境，西藏自治区外资工作认真贯彻落实党的十八大、十八届三中全会和中央第五次西藏工作座谈会精神，以科学发展观为统领，创新思路，按照外资的法律法规，依法行政，确保了各项工作有序推进。

（1）利用外资和境外投资情况

1）基本情况。

截至 2013 年年底，自治区发展改革委根据《中西部地区外商投资优势产业目录（2013 年修订）》、《外商投资项目核准暂行管理办法》（国家发展改革委令第 22 号）和《西藏自治区企业投资项目核准暂行办法》（西藏自治区人民政府令第 79 号）及有关规定，审核 1 家外资企业，项目总投资 5 亿人民币。

2013 年自治区商务厅共新批 11 家外资投资企业、2 家外商投资企业，新批准合同利用外资 1.02 亿美元；实际利用外资 1.01 亿美元；共受理审核 2 家境外投资企业，投资总额为 661.07 万美元。

2）主要工作。

①做好利用国外贷款申报工作，缓解社会投资领域融资渠道狭窄的瓶颈制约。对外开放是我国的一项基本国策，利用外资是对外开放的重要内容，借用国外贷款是我国利用外资的重要方式。根据《国家发展改革委 财政部关于利用世界银行贷款2014—2016财年备选项目规划的请示的通知》（发改外资〔2013〕1483号）精神，及时转发给各地（市）发展改革委，通过筛选上报了11个项目作为西藏自治区备选项目，项目涉及农牧、环保、卫生等领域。

②转变发展观念，有效发挥工作职能，促进西藏自治区利用外资工作。为适应新形势下外商投资项目管理工作需要，国家发展改革委对《外商投资项目核准暂行管理办法》（国家发展改革委令22号）进行了修改，结合西藏自治区实施，对《国家发改委办公厅关于征求外商投资项目核准和备案管理办法（征求意见稿）意见的函》（发改办外资〔2013〕3062号）主动征求有关部门意见建议，上报修改意见。同时，按照工作职能，增强服务意识，积极协调有关部门做好瑞吉度假酒店、香格里拉酒店等重大外商投资项目核准、审核工作。

（2）面临的困难和问题

1）思想观念更新较慢。

长期以来，受计划经济体制的束缚，封闭意识、保守观念仍然较浓，改革创新意识不强，“等、靠、要”的思想仍然存在，注重于争取国家投资项目，不善于运用市场机制运作，对于利用外资在促进经济发展、提高技术水平和经营管理水平的积极作用认识不足。

2）前期工作滞后。

由于目前自治区外资工作权限在区商务部门的商贸企业内部开展，申报利用外资项目少，影响了利用外资规模的扩大。对引资利用信息不灵，缺乏针对性，不清楚外国资本的投资需求，提不出较好的利用外资项目。

3）利用外资处于低水平发展阶段。

外商直接投资项目大多数只局限于娱乐和餐饮业，对自治区的特色和支柱产业如旅游、藏药、矿产等领域的外商投资很少，投资的技术含量很低。外商所得利润的再投资率很低，间接利用外资项目少，对地区经济增长的拉动力不强。

4）投资环境有待于进一步改善。

近年来，自治区各方面的基础设施条件相对过去而言虽然有了很大改善，但与其他西部兄弟省区相比，差距仍然较大，利用外资的优势条件薄弱，对同一外商投资项目，在基础设施条件及优惠政策上，仍竞争不过西部兄弟省区；另一方面，自治区客观存在的较为恶劣的地理环境和气候，以及远离内地市场、交通干线长、基础设施条件较差、运输成本高、人口少、市场容量小等因素，对吸引外资也产生了一定的负面影响。

（3）2014年的工作思路

2014年是深入贯彻落实党的十八大、十八届三中全会重要精神和全面完成“十二五”经济社会发展各项既定目标的关键一年。自治区外资工作将以党的十八和十八届三中全会重要精神和科学发展观为统领，按照中央、自治区党委和自治区政府关于深入推进政治、经济体制改革，不断扩大对内对外开放的各项具体部署和要求，抢抓机遇，乘势而上，重点抓好以下几方面工作：

1）建立健全合作协调机制。

探寻建立常态化的交流交往机制，充分利用国际国内两个市场、两种资源，正确引导外资投向，围绕发展循环经济，壮大特色经济，发展优势产业，扩大利用外资规模，提高利用外资水平，促进产业结构、区域经济结构的优化调整，积极参与国际合作和区域合作，努力形成全方位、多层次、宽领域的对外开放格局，实现双方优势互补，达到双赢。鼓励外资投向以旅游业、现代物流为龙头的现代服务业，以民族手工业、农畜林加工业、藏医药业为代表的特色产业，以环境保护、新能源开发、生物医药为重点的高新技术产业，加快发展方式转变和结构升级。

2）搭好交流交往平台。

加大招商引资力度，在推动利用外资“量”的跨越式发展上，着重于引进先进技术、管理经验和高素质人才，更加注重生态建设、环境保护、资源能源节约与综合利用，从而实现自治区利用外资规模有较快的增加，利用外资的质量和水平进一步提高，国际合作和交流进一步加强，经济外向度进一步提高。

3）规范外商投资项目审核、备案程序。

以国家发展改革委对《外商投资项目核准暂行管理办法》（国家发展改革委令22号）修改为契机，结合自治区利用外资实行情况，会同相关部门研究、制定《西藏自治区外商投资项目核准和备案实施意见》，使外商投资项目核准、备案更加规范化，推动自治区利用外资工作迈向正规化、科学化。

（资料来源：西藏自治区发展改革委）

4. 陕西省

（1）利用外资

2013年陕西省新批外商投资企业204家，同比增长（下同）41.67%；合同利用外资37.21亿美元，下降27.75%；实际利用外资36.78亿美元，增长25.27%。

1）投资方式。

2013年，陕西省新批合资企业73家，增长12.31%，合同外资15.52亿美元，增长9.53%，实际利用外资12.03亿美元，增长3.17%；新批外资企业125家，增长64.47%，合同外资16.48亿美元，下降55.35%，实际利用外资19.12亿美元，增长10.23%；股份制企业1家，合同外资5.53亿美元，实际利用外资5.56亿美元。

2）投资行业。

2013年，第一产业新批企业6家，下降25.0%；合同外资9 667万美元，增长73.00%；实际利用外资2 802万美元，增长67.99%。第二产业新批企业64家，增长4.92%；合同外资20.69亿美元，下降49.01%；实际利用外资26.15亿美元，增长32.7%。第三产业新批企业134家，增长78.67%；合同外资15.55亿美元，增长49.98%；实际利用外资10.35亿美元，增长9.09%。

2013年，实际利用外资额主要集中在：制造业24.83亿美元，增长38.6%；房地产业5.79亿美元，增长16.3%；批发和零售业2.94亿美元，增长19.5%。以上三行业合计实际利用外资33.56亿美元，占全省利用外资的90.2%。除此之外，实际利用外资额发展较快、成倍增长的领域为：住宿餐饮业，增长2.4倍；水利、环境和公共设施管理业增长2.1倍；农林牧渔业增长68.0%。实际利用外资额下降较快的领域为：科技、地质勘探业及教育业，降低100%；信息传输、计算机服务和软件业，降低96.7%；采矿业降低74.4%，金融业降低44.0%。

3）投资国别（地区）。

2013年，共有21个国家和地区的客商来陕西投资。其中排在前三位的国家和地区分别是：中国香港投资企业73家，增长1.39%，合同外资23.9亿美元，增长120.44%，实际利用外资17.66亿美元，增长23.85%；韩国投资企业63家，增长270.59%，合同外资3 969万美元，下降98.38%，实际利用外资73 397万美元，增长99.67%；新加坡投资企业9家，增长28.57%，合同外资82 485万美元，增长718.82%，实际外资62 876万美元，增长295.8%。

（2）对外投资

2013年，陕西对外承包工程业务新签合同额15.51亿美元，同比下降40.2 %，比上年增速降幅达2.5倍；完成营业额17.87亿美元，同比增长6.4%，比上年增速下降16.8个百分点。

2013年，陕西对外劳务合作累计新签合同工资额7 075万美元，同比降低4.5%，比上年增速降低

42.3 个百分点；务工人员实际收入额 8 792 万美元，同比增长 18.9%，比上年增速降低 14.6 个百分点。

2013 年，新设境外企业 32 家（包括境外机构 6 家），办理境外投资变更事宜 25 项，协议投资总额为 5.24 亿美元，同比下降 40.4%；中方实际投资 2.90 亿美元，同比下降 47.1%。

2013 年，投资国（地区）主要分布在美国、吉尔吉斯斯坦、伊朗和中国香港等国家和地区，涉及装备制造、矿产资源勘查开发、批发零售等领域。

（3）未来展望与建议

2013 年，陕西省在极其艰难的环境下取得来之不易的骄人成绩，展望 2014 年，机遇与挑战并存、动力与压力同在。

从国际环境看，全球正进入后危机时代的温和增长通道，随着美联储量化宽松政策退出和发达经济体复苏势头整体趋稳，2014 年世界经济有望筑底温和回升。但全球经济发展格局将发生变化，据国际货币基金组织测算，发达国家对世界经济增长的贡献率将增长到 54%（美元汇率），这是自金融危机以来第一次世界经济增长一半强来自发达国家。

从国内环境看，2014 年将是我国全面深化改革的元年，多项改革措施将逐步出台，对经济增长产生深远的影响。但从经济发展的基本面来看，平稳增长的态势仍将继续。

从陕西省自身发展看，一是具有平稳较快发展的重要机遇。2014 年，陕西省具有丝绸之路经济带新起点建设、刚刚批复的国家级西咸新区建设和三星新一代闪存芯片正式量产等重要和发展动力。二是存在转方式、调结构重任。特别是增长速度换挡在陕西省表现突出，同时转方式、调结构重任在肩。但总体来看，机遇大于挑战，只要紧跟中央部署，尽快推进各项改革，就一定能确保全省经济平稳较快发展。

（资料来源：陕西省统计局网、陕西省投资指南　责任编辑：焦学利）

5. 甘肃省

（1）外商直接投资情况

2013 年，甘肃省外商直接投资 1.1 亿美元，同比增长 10%，继续保持稳步发展趋势，与全国差距较大。甘肃省继续创新工作机制，不断完善外商投资服务体系，优化投资环境，以兰州新区等开发区和工业集中区为载体，以特色优势产业和战略性新兴产业为突破口，加大实施向西开放和向东合作开放力度，主动承接东部产业转移，已核准的白银统一企业有限公司建设年产 9 万吨茶及果汁饮料生产线等外商直接投资项目外资到位情况较好。这些外商投资项目的顺利实施，促进了全省利用外资规模的稳定增长。甘肃省新核准的中小型外商投资项目有所增多，集中投向了农产品加工、新能源、装备制造业、商务咨询等领域。

（2）境外投资情况

2013 年，甘肃省实现境外投资 1.86 亿美元，同比增上 13.6%。甘肃省根据国务院办公厅《关于加快培育国际合作和竞争新优势的指导意见》（国办发〔2012〕32 号），进一步规范和支持境外投资，积极实施“走出去”战略，大力支持甘肃省国有大型资源性企业开展境外投资，积极参与国际竞争，获取战略性能源和资源，提高国际化经营水平和能力。其中，金川公司收购南非麦特瑞斯等股权项目前期工作有序推进；白银公司收购南非第一黄金公司股权项目加快实施，在秘鲁投资的多金属尾矿项目一期建设顺利，二期得到了国家发展改革委核准。随着国内经济的稳步复苏和甘肃省企业国际经营水平的不断提高，甘肃省积极支持经营能力强、资产状况好、信誉水平高的企业尝试跨境融资，充分利用国际资本市场，开拓海外经营业务。金川公司赴香港发行 20 亿人民币债券项目得到国家发展改革委核准，这也是甘肃省第一次在境外开展融资工作。

（资料来源：甘肃省发展改革委）

6. 青海省

2013 年 1—12 月，青海省新批准外商投资项目 13 个，办理外商投资企业增资项目 8 个，投资总额 28 328.04 万美元，较上年同期下降 46.17%；注册资本 15 643.42 万美元，合同外资 16 750.79 万美元，较上年同期的 37 100.47 万美元有大幅下降。其中：新批准中外合资项目 5 个，合同外资 1 510.64 美元，较上年同期的 3 153.36 万美元有大幅下降；新批准外商独资项目 8 个，合同外资 10 294.12 万美元，较上年同期的 20 125.94 万美元有大幅下降，外商投资主要来自中国香港和新加坡、尼泊尔，变更项目增加合同外资 4 946.03 万美元，较上年同期的 13 821.17 万美元有大幅下降；外商投资来自日本、法国、中国香港和英属维尔京群岛。

项目主要涉及研发、生产及销售电解质功能饮料；矿产品的开发和国内贸易（不含勘察、开采）；艺术品加工；包装装潢；印刷品的销售；矿泉水生产的技术研发及项目建设；咖啡生产与销售；碳化硅加工；陶瓷材料生产与销售；光伏发电；农业综合开发；农产品加工销售；荒漠治理；融资租赁；经营租赁；采购管理、物流管理；软件开发咨询；技术服务；太阳能及其他新能源设备的采购与销售；金属材料、机械设备、化工产品（除危险化学品）的采购与销售等领域。

（资料来源：青海省发展改革委）

7. 成都市

（1）利用外资和境外投资总体情况

1）利用外资。

2013 年，成都市实际利用外资实现较大幅度增长。全市全年实际利用外资 112.16 亿美元，同比增长 30.57%。其中，外商投资实际到位 87.58 亿美元，同比增长 5.26%，占全省实际利用外资总额的 84.56%。

2）境外投资。

2013 年，成都市新增境外直接投资项目 42 个，项目数同比增长 55.6%。核准投资金额 17.17 亿美元，同比增长 431.6%，其中，中方投资金额 17.01 亿美元，同比增长 431.6%。实现对外承包工程和对外劳务合作营业额 14.46 亿美元，同比增长 15.5%。

（2）主要成效

1）简政放权，强化服务。

①为实现外商投资项目投资便利化、管理属地化，成都市将总投资（包括增资额）3 亿美元以下的鼓励类外商投资项目核准权限下放到天府新区涉及的高新区、龙泉驿区、双流县、新津县和天府新区成都直管区，促进招商引资工作的开展和重大项目的落地。2013 年，天府新区成都片区新签约引进重大项目 70 个，总投资 341.11 亿人民币；实际利用外资 33.29 亿美元，约占全市实际利用外资的 1/3。

②全面落实全程服务制、代理服务制和逐级负责制，进一步健全全市重大项目服务“绿色通道”，为投资促进重大项目行政审批提供咨询、引导、代办、协调督办和联审服务，促进当年签约重大项目尽快完成审批注册。2013 年新签约引进重大项目当年履约率达到 79.8%。

2）把握契机，全力实施招大引强。

①抓住全球“财富论坛”和世界华商大会等在蓉召开的契机，按照“一企一策”的要求，针对世界 500 强企业和全球细分行业龙头企业进行细致梳理，全力推进选商选资，“财富论坛”成功签约引进美国得州仪器芯片封装测试生产项目等世界 500 强企业和知名跨国公司投资项目 74 个，投资总额 1 120.15亿元。世界华商大会、第十四届西博会、“民企入川、央企入川、港澳企业四川行”分别成功签约项目 47 个、199 个、91 个，签约金额 336.38 亿人民币、1 929.6 亿人民币、1 097.6 亿人民币，签

约项目投资额均居全省首位。

②突出先进制造业、现代服务业、现代农业等重点产业链条招商，坚持招大引强。2013 年，全市新签约引进重大项目（含增资项目）470 个，总投资额 2 717.92 亿人民币，其中总投资 5 亿人民币以上的特别重大项目 194 个、世界 500 强企业投资项目 73 个。新增法国苏伊士集团、日本三井住友金融集团等世界 500 强企业 22 家，累计落户世界 500 强企业增至 252 家，其中境外企业 188 家。

③强化项目统筹，加快项目落地投产。截至 2013 年 12 月底，成都市第十三届西博会 170 个签约项目已全部履约；到位资金 674.34 亿元人民币，资金到位率 65.05%；168 个项目实现开工，开工率达 98.82%；116 个项目实现投产，投产率达 68.24%。

3）搭建平台，加快成都市企业“走出去”步伐。

①积极推进与国际重点城市的双边合作。2013 年成都市加入“中国市与美国芝加哥市贸易投资合作联合工作组”，成为中国八个与芝加哥开展贸易投资合作的城市之一，与芝加哥建立国际经济合作伙伴关系，为推进全面经贸合作开拓新的领域和渠道。

②紧紧依托成都南亚经贸合作促进会平台，成功举办“2013 中国（成都）· 南亚商品交易会”，助力成都企业与南亚国家签署经贸协议 5 亿人民币，在农业、机具、IT、新能源、中药材、工艺品等 20 多个行业达成合作意向，为成都企业抢滩南亚市场奠定了基础。

③积极调整对外经济合作政策支持方向，加大对境外投资、承包工程等项目的资金支持力度，天齐实业、地奥矿业、四川博宇等 10 家企业被评为四川省重点外经企业。认真贯彻落实国务院《对外劳务合作管理条例》，推进成都市外派劳务合作管理和服务体系建设。

（3）面临的主要挑战

1）从国际上看。

全球产业重新调整促使各国对新能源、生物技术、新一代信息技术等新兴产业发展的竞争日趋激烈，以美国为代表的发达国家倡导的“制造业振兴”和“选择美国”加速资金回流，东南亚和南美等发展中国家在税收、土地和劳动力等要素成本上的相对优势逐渐加大，美国主导的 TPP、TTIP 等区域贸易投资机制将对国际贸易和投资活动产生深远影响，地缘政治引发的中国与日本、菲律宾等周边国家关系的矛盾等都将在一定程度上影响我国开展多双边投资合作。

2）从国内来看。

我国经济从 10% 的高速增长阶段进入 7% ~8% 的中高速增长阶段，发展方式由过去的数量速度型发展向质量效益型发展转变，对招商引资和境外投资提出了更高要求；招商引资和境外投资成为国内各地方政府稳增长、调结构、构建新的经济增长点的重要手段，城市间的竞争更为激烈。

3）从成都市来看。

劳动力、土地、能源资源等要素价格不断提升，生产成本优势减弱；资源要素瓶颈制约，天府新区基础设施和园区功能配套对特别重大项目的承载能力尚需进一步完善；城市间过度竞争导致重大项目招商成本增加，部分区、市、县财政压力加大；成都市“走出去”企业多为民营企业，实力较弱，境外投资主要集中在东南亚、非洲等地区，风险较大。

（4）今后发展重点

在看到上述困难和问题的同时，要看到全球产业转移总体趋势没有改变、中国仍是跨国企业的首选投资目标市场、国家深入实施新一轮西部大开发战略、十八届三中全会出台一系列重大改革举措带来的改革红利等诸多外部机遇和成都市委市政府奋力打造西部经济核心增长极、天府新区加快建设、“北改工程”提挡升级等有利因素。下一步，成都市将积极抓住十八届三中全会带来的政策机遇，结合成都市利用外资和境外投资的具体情况，做好以下工作：

1）着力招大引强引优，壮大主导产业。

按照市场在资源配置中起决定性作用的改革指向，紧紧围绕打造西部经济核心增长极的发展定位，把握“外资西进、内资西移”的重大机遇，以重大项目促进为中心，以产业集群承接、市场化招商方式转变为重点，结合境内外经济发展形势和国际产业转移的新趋势，大力实施“深化港台、突出欧美、提升日韩、巩固东南亚”的境外招商战略，全力招大引强和招商选资，努力引进一批具有国际水准、代表产业高端的龙头企业和重大项目，壮大成都市主导产业。

2）强化便利快捷的政务服务，着力优化投资环境。

继续加强服务型政府建设，着力打造遵循国际惯例的政务服务环境。强化重商亲商理念，更加注重服务品质和细节，为投资者提供精细化、全方位服务。及时协调解决企业生产经营中的困难和问题。整合资源，将投资环境宣传推介植入整体城市营销中，强化对成都投资环境的宣传推介力度，不断提升“投资中国，首选西部；投资西部，首选成都”的招商引资品牌形象。

3）加大“走出去”支持力度，着力提升本土企业国际竞争力。

建立健全境外投资促进机制，实现部门联动、市县联动、政企联动。加强成都市境外投资的政策引导，适时出台《成都市人民政府关于加快实施“走出去”战略的工作意见》。以中国长江中上游地区与俄罗斯伏尔加河沿岸联邦区合作为契机，引导企业拓展欧洲、中亚、西亚市场及东盟国家市场。培育一批具备国际竞争力的本土跨国公司和总部企业“走出去”，在更大范围和更深层次上参与国际分工与合作。

（资料来源：成都市发展改革委、商务局、投资促进委员会）

8. 西安市

（1）利用外资情况

2013年西安市共引进外资473 886.10万美元，其中合同外资251 874.05万美元。具体为：港澳台地区项目共63个，总投资338 157.57万美元，其中合同外资209 606.16万美元；东南亚地区项目共63个，总投资85 187.32万美元，其中合同外资21 643.85万美元；美加地区项目共10个，总投资6 190.89万美元，合同外资3 965.85万美元；欧洲地区项目共6个，总投资9 260.20万美元，其中合同外资1 212.68万美元；投资性公司项目5个，总投资20 437.52万美元，其中合同外资12 991.75万美元。

分行业看，合同利用外资中制造业占2013年总投资的45.4%，是所有投资行业中占比最大的；其次是房地产业，占年度总投资的35.7%。分行业看，实际利用外资中制造业占2013年实际利用外资的73.88%，是所有投资行业中占比最大的；其次是房地产业，占年度实际利用外资总额的19.07%。

从投资来源地看，中国香港是西安市最大投资来源地，韩国企业投资数量增多。2013年1—12月，西安市新批香港投资项目60个，投资总额33.8亿美元，合同外资20.9亿美元，实际利用外资14.8亿美元，分别占全市的39.5%、71.3%、82.9%、47.4%，同比分别增长81.8%、100%、211.9%、13.8%，保持着稳定的份额及增长势头。2013年1—12月，新批韩国投资项目50个，分别是2012年的3.8倍、2011年的12.5倍、2010年的25倍，数目增长较快，但这些项目规模较小，投资总额1.1亿美元，合同外资0.4亿美元，韩国企业增多主要是受三星项目的影响，其配套企业及相关联企业跟随三星纷纷落户西安市。

（2）境外投资情况

2013年西安市境外投资中方协议投资额52 377.2万美元，中方实际投资额29 040.96万美元。其中，中方实际投资额投向港澳台地区6 995.97万美元、东南亚地区17 566.09万美元、美加地区4 041.08万美元、欧洲地区405.02万美元、大洋洲22.8万美元。

（资料来源：西安市发展改革委）

（四）东北地区

1. 辽宁省

2013 年，辽宁省利用外资和境外投资工作以科学发展观为指导，继续保持实际利用外资和境外投资稳定增长，注重提高利用外资和境外投资的效果和溢出效应，重视对资源环境的保护和有效综合利用，为促进省内产业结构调整、经济持续健康发展发挥了重要作用。

（1）双向投资基本情况

2013 年，全省新批外商投资企业 565 家，同比下降 24.2%；合同利用外资额 216.3 亿美元，同比下降 12.7%；实际利用外资额 290.4 亿美元，同比增长 8.3%。共核准境外直接投资企业 174 个，同比下降 0.05%；协议投资总额 31.5 亿美元，同比增长 12.9%，中方对外投资额 29.9 亿美元，同比增长 18.2%。

1）实际利用外资增速放缓，重大外资项目相继启动。

近两年，辽宁省实际利用外商投资总额位居江苏省之后，在全国位列第二。尽管总量上不断增长，但增速明显放缓。“十一五”初期增速基本在 50% 以上，后期在 30% 左右，近两年增速不断放缓，保持在 10% 左右，利用外资进入稳步增长和结构调整期，重大利用外资项目有序推进。投资 11.4 亿美元的香港华润控股有限公司华润锦州发电厂两台 660 兆瓦“上大压小”项目、投资 9.3 亿美元的华晨宝马汽车有限公司发动机（一期）项目、投资 2.98 亿美元的玖龙纸业（沈阳）有限公司包装纸生产基地项目（一期）等已开工建设；投资 14.6 亿美元的沈阳米其林轮胎项目、投资 21.4 亿美元的华晨宝马汽车有限公司新工厂项目、投资 5.5 亿美元长春化工（盘锦）有限公司环氧树脂联合装置项目、投资 3.9 亿美元的营口康辉石化有限公司年产 20 万吨聚酯薄膜（BOPET）项目等已建成投产；总投资 2.95 亿美元的高威（辽宁）铜业科技有限公司年产 25 万吨低氧化光亮铜杆及电气化铁路架空导线项目正在开展前期工作。

2）合同利用外资额和项目数连续负增长，个别国家降幅较大。

2013 年，全省新批外商投资企业 565 家，同比下降 24.2%；合同利用外资额 216.3 亿美元，同比下降 12.7%。全省外资来源前 7 位的国家和地区依次是：中国香港、日本、韩国、英属维尔京群岛、新加坡、美国和中国台湾。在合同利用外资额和项目数方面，变化最大的是英属维尔京群岛、美国和中国台湾，合同外资额和项目数均大幅下降，英属维尔京群岛分别同比减少 33% 和 25.9%，美国分别同比减少 60% 和 17.9%，中国台湾分别同比减少 49.3% 和 14.3%。预计 2014 年这三个国家和地区来辽投资的形势不乐观。

3）境外投资总量呈现快速增长态势，形式呈现多样性。

早期，辽宁省企业“走出去”主要为简单从事进出口贸易、对外劳务承包等少数领域和小额试探性投资，近年来，随着企业实力的不断壮大，企业“走出去”的形式更加多样，已逐步发展形成以对外工程承包、股权投资、项目投资、兼并收购、境外上市、建立国际营销网络等多种形式并存的格局，总量增长较快。辽宁省利用外资和境外投资的比例约为 10:1，全国这一比例约为 6:4，辽宁省未来发展空间非常巨大。中方对外投资额 2007 年 3.1 亿美元，2008 年 6.8 亿美元，2011 年 17.5 亿美元，2012 年 25.3 亿美元，在全国列广东、江苏、山东省之后，居各省市排名第四位。2013 年，境外投资协议投资总额 31.5 亿美元，同比增长 12.9%；中方对外投资额 29.9 亿美元，同比增长 18.2%。继续保持两位数增长速度，超过 1 000 万美元的大项目 39 个。

4）“走出去”的重要作用逐渐显现，领域不断拓宽。

随着辽宁省境外投资项目数量的增长，涉及的国家和地区也在不断增加，现已遍布美国、日本、俄罗斯、法国、南非等 50 多个国家，覆盖世界有固定人口居住的六个大洲；投资领域更丰富，重点发展并购高技术类项目、获取资源类项目和拓展市场类项目，促进了辽宁省“走出去”企业管理水平的改善、瓶颈技术的突破、资源储备的增加、市场占有率的提高和产品竞争力的升级。如：投资 7 230 万美元沈阳机床（集团）有限责任公司增资沈机集团（香港）有限公司建设国际化产品研发体系项目、投资 2 511 万欧元辽宁索菲彤能源科技有限公司注资香港鹏丰中国集团有限公司收购（德国）莱宝光学德累斯顿有限公司项目、投资 9 亿日元营口远东科技有限公司并购（日本）株式会社 M. E 项目通过获得先进技术增强自身实力，促进产业升级；投资 6 598 万美元葫芦岛市钢管工业有限公司设立葫芦岛克拉克钢管股份有限公司（菲律宾）项目通过开拓国际市场，增强产品竞争力；盘锦和运新材料有限公司投资 6. 9 亿美元在美国建设年产 65 万吨丙烷脱氢制丙烯项目等正在开展前期工作，实施后将补充省短缺的资源。

（2）存在的问题

纵观近年辽宁省利用外资和境外投资工作，在取得成绩的同时，仍存在一些问题，主要体现为：一是外商直接投资压力较大。尽管我国吸引外资的综合优势依然存在，如内地市场潜力巨大、产业配套完善、生产要素成本仍具有竞争力、劳动力整体素质逐步提高，但外需疲弱、部分企业融资困难、局部用工矛盾突出、企业经营成本上涨等多重压力并存，外商直接投资压力将会加大。二是境外投资各方面政策亟待完善。近几年境外投资发展很快，但境外投资政策尚不健全，支持力度不足，尤其是财税、金融、保险等支持政策急需完善；境外投资企业规模小、实力弱、人才缺失现象仍未彻底改变，资金筹措困难、无序竞争甚至恶意竞争现象时有发生。

（3）利用外资和境外投资发展趋势

从国际看，世界经济仍然处于深度调整期，既有复苏，也面临基础不稳、动力不足、速度不均的问题。国际货币基金组织预计，2014 年世界经济增长 3. 7%，增速高于 2013 年的 3. 0%。美国经济企稳回升，随着房地产市场持续向好、国内工业逐渐企稳、页岩气革命提升其竞争力，就业形势继续趋好，经济复苏势头有望进一步巩固。美联储已宣布启动量化宽松退出的措施，可能对世界各国资金流动造成重要影响。在德国、英国等国带动下，欧洲经济有所好转，金融市场信心有所增强，欧债危机趋于缓解，但一些高负债国债务率仍然居高不下，完全走出衰退短期内难以实现。新兴经济体受美国退出货币宽松政策、外需低迷和内生动力减弱的影响，持续动荡，经济增速继续放缓，急需加快结构调整和转型。日本将继续面临内需疲软、外需环境恶化的状况，但在个人消费提高、量化宽松货币政策和政府积极引导日元贬值等因素作用下，经济将维持低速增长。预计 2014 年世界经济将保持温和复苏，总体好于 2013 年。受国际新形势影响，全球产业加速重新调整，跨国投资和产业转移出现新动向，尤其是新兴产业发展带来国际合作和分工变化重大。美国国家情报委员会预测，信息技术、制造和自动化技术、与资源保护相关的技术以及卫生保健技术将极大地影响未来的全球经济、社会、军事发展和世界环境行动。因此，有此方面产业特色和配套产业基础的国家和地区将成为承接产业转移的主要载体。地缘政治更加复杂，美国重返亚太、日本政治右倾严重、菲律宾等南海岛国不时挑起事端等等，都将会影响多双边合作。

从国内看，经济发展长期向好的趋势没有改变。总体看，我国经济继续保持平稳较快发展，同时宏观调控难度加大，转变经济发展方式和经济结构调整进入关键时期。产能过剩问题，呈现出行业面广、持续时间长的特点，从行业分布上已经从钢铁、有色金属、建材、化工、造船等传统行业扩展到风电、光伏等新兴产业，很多行业产能利用率不足 75%，处于严重过剩状态。资源环境约束已经到了刻不容缓的地步。2013 年以来华北、东北甚至华东地区出现的大面积雾霾，严重影响了人民的生产和生活，也对我国吸引外资造成了一定的影响。吸引外资传统优势在弱化，亟待培育参与和引领国际经济合作竞争新优势。

（4）2014 年工作安排

1）预期目标。

2014 年全省实际利用外资额同比将增长 8%；境外投资完成中方投资额同比将增长 15%。

2）主要任务。

2014 年，在辽宁省委、省政府的正确领导下，以改革为主线，以抓重大项目建设为核心，全面贯彻落实党的十八届三中全会和中央经济工作会议精神，进一步深化外商投资管理体制改革，放宽投资准入，优化利用外资结构，推进引资、引技、引智有机结合；把握国际合作新机会，培育境外投资主体，拓展境外投资领域，完善境外投资法规和管理制度，加强境外投资宏观引导和服务，充分发挥境外投资在获取先进技术和资源、转移过剩产能等方面的重要作用。通过“引进来”和“走出去”有机结合，高水平推进辽宁沿海经济带开发开放，全面加快沈阳经济区新型工业化进程，强力支持突破辽西北，进而实现提高辽宁对外开放的层次和水平、辽宁老工业基地全面振兴、辽宁经济社会又好又快发展。

3）采取的措施。

①完善和改革管理制度和体制机制。围绕十八届二中全会和三中全会，严格遵守《政府核准的投资项目目录（2013 年本）》规定，做好利用外资和境外投资改革工作，外资管理由全面核准向备案与核准相结合转变，缩小范围，简化程序，使市场在资源配置中起决定性作用和更好发挥政府作用；切实做好核准向备案转变的落实工作，配套推进境外投资项目电子化备案系统建设工作。按照国家发展改革委要求，将对外商投资实行准入前国民待遇加负面清单的管理模式，将禁止或限制外资进入的领域列入清单，不在其中的都可以进入，内外资享受同等待遇。

②进一步提高外商直接投资质量。强调用规划指导工作，外商投资要严格按照《外商投资产业指导目录（2011）》和《中西部地区外商投资优势产业目录（2013）》规定，进一步加大招商引资力度，放宽外商投资准入，优化外资结构，注重提高质量，实现利用外资由“量”的增长转向“质”的提升与优化。鼓励外资更多投向高端制造业、高新技术产业、现代服务业、新能源和节能环保产业；稳步扩大金融、物流、教育、医疗、文化等领域开放。引导外资向区域发展重点领域流入，依托辽宁省沿海经济带的开发开放、沈阳经济区一体化发展、突破辽西北三大战略，深入进行有重点的特色化招商引资。

③深入实施“走出去”战略。境外投资重点还是能矿领域，实现资源开发和产能转移相结合，满足资源国附加值的愿望，减少辽宁省能源消耗和对环境的污染。把握全球加强合作的新机会，推进基础设施领域投资合作，支持有实力的企业通过建设—经营—转让模式（BOT）、公私合营模式（PPP）及其他多种方式，稳步开展境外铁路、公路、港口、管道、电信、电力、仓储等基础设施项目投资，促进境外资源开发和省周边互联互通建设，带动设备、工程、技术、标准和劳务走出去。支持有条件的企业通过并购、合资等方式与国外高新技术和先进制造业企业开展合作，鼓励在境外设立研发中心，加快提升省科技创新能力，提高在国际产业分工中的地位，促进省内产业升级和战略性新兴产业发展。

（资料来源：辽宁省发展改革委）

2. 吉林省

2013 年，吉林省努力应对国内外错综复杂的形势和各种挑战，大力开展引资工作，积极推进实施“走出去”与“引进来”相结合战略，利用外资规模保持了快速增长，境外投资取得了新的突破。

（1）2013 年全省利用外资情况

1）直接利用外资情况。

2013 年全省实际利用外资 67.64 亿美元，同比增长 16.30%。其中，直接利用外资 18.19 亿美元，同比增长 10.36%。

2）直接利用外资的特点及成效。

①全省直接利用外商投资依然以第二产业为主。2013 年全省直接利用外资在三个产业的分布情况是：第一产业 4 588 万美元，占 2.52%；第二产业 140 696 万美元，占 77.33%；第三产业 36 665 万美元，占 20.15%。直接利用外资在第一产业主要分布在农产品种植及畜牧业；第二产业主要分布在交通运输设备制造业，化工原料及化学制品制造业，电力、燃气及水的生产和供应业，农副产品加工业，食品制造业，医药制造业等领域；第三产业主要投在房地产业、批发和零售业、居民服务和其他服务业等领域。

②外资来源地比较稳定。2013 年吉林省直接利用外资来源地分别来自中国香港以及日本、韩国、开曼群岛、美国、德国、俄罗斯等 18 个国家和地区，除德国、俄罗斯以外，均有所增长。增幅较大的国家和地区是美国、开曼群岛、百慕大和中国台湾。美国、百慕大、中国台湾增幅较大的原因是 2012 年同期基数较小；开曼群岛增幅较大主要是由于吉林中新食品区国际物流有限公司、百威英博（长春）啤酒有限公司有资金到位且额度较大。澳大利亚、朝鲜、英国和德国同比有所下降，主要原因是 2012 年同期基数较大。

3）国外贷款情况。

①在建项目进展顺利。2013 年全省共实施国外贷款项目 12 个，到位资金 8 380 万美元。一是 5 个国际金融组织贷款项目，共到位资金折合 2 625 万美元，其中包括世界银行农产品项目到位 825 万美元，亚洲开发银行贷款长春、延吉城市基础设施建设项目到位 150 万美元，亚洲开发银行贷款松花江流域水污染防治项目到位 1 000 万美元，日元贷款吉林市环境综合治理工程项目到位 150 万美元，日元贷款吉林松花江中上游林业生态建设项目到位 500 万美元。二是外国政府贷款项目 7 个，共到位资金折合 5 755 万美元，其中包括白山市江源区污水处理厂项目利用奥地利贷款 230 万欧元，长春市卫生系统四家医院引进医疗设备项目利用奥地利贷款 600 万欧元，白城中心医院引进医疗设备项目利用以色列贷款 990 万美元，长春工业高等专科学校引进教学设备项目利用奥地利贷款 700 万欧元，吉林大学第一医院利用以色列贷款 2 700 万美元引进医疗设备项目、吉林市人民医院利用以色列政府贷款 1 200 万美元引进医疗设备项目、吉林市妇产医院利用以色列政府贷款 835 万美元引进医疗设备项目。

②积极推进列入规划项目的前期工作。一是列入 2012 年国家规划的亚行贷款项目，贷款额度 1.5 亿美元，用于吉林省城市发展建设项目，它包括三个子项目，即白山市城市发展项目、白山市生活垃圾综合处理工程项目和白山市城区供水工程项目。目前，国家发展改革委、财政部、亚行和省项目办（省住建厅）已完成了为期二年的亚行项目技术援助评估和最终考察评估工作。二是列入国家 2013 年外国政府贷款备选项目规划的有 7 个项目，利用外国政府贷款额度 1.46 亿美元，即长春水务集团城市排水有限公司借用德国促进贷款 2 000 万欧元建设中水回用项目、长春市中心医院利用以色列政府贷款 2 000 万美元购置医疗设备项目、长春中医药大学附属医院利用以色列政府贷款 1 000 万美元购置医疗设备项目、白山市卫生系统四家医院利用美国进出口银行主权担保贷款 1 015 万美元购置医疗设备项目、延边州卫生系统五家医院利用美国进出口银行主权担保贷款 1 400 万美元购置医疗设备项目、吉林碳谷碳纤维有限公司利用美国进出口银行主权担保贷款 4 500 万美元引进年产 1 000 吨碳纤维生产设备、桦甸市职业教育中心利用美国进出口银行主权担保贷款 2 000 万美元购置教学设备项目。

（2）境外投资情况

2013 年，全省新批境外企业和机构 52 个，其中境外企业 48 家、机构 4 家，中方协议投资额为 9.4 亿美元。经发展改革部门核准的较大项目有 4 个，总投资 84 741 万美元。其中：国家发展改革委核准 1 个项目，即吉林经济合作开发投资有限公司在朝鲜罗先经济贸易区投资 6 982 万美元建设 10 千伏配电网及 66 千伏输变电项目。吉林省发展改革委核准 3 个项目，总投资为 77 759 万美元，一是吉林昊融有色金属集团有限公司独资收购俄罗斯“地质技术”科研生产封闭型股份公司 20% 股权项目，总投资 3 100万美元，该项目 1 月份吉林省发展改革委核准后，报国家有关部门确认，商务部门已经核准完毕，目前该项目进展顺利，双方就收购问题进一步洽谈；二是吉林省苏通建筑工程有限公司在塞舌尔共和国投资建设印度洋之星酒店项目，项目总投资 62 812 万元人民币，该项目国家商务部门核准完毕，正在办理外汇事宜；三是顺发恒业股份公司在美国投资房地产开发项目，项目总投资 11 847 万美元，该项目国家发展改革委已确认，正在办理商务事宜。

此外，经吉林省发展改革委初审，向国家发展改革委上报了两个境外投资项目，即：吉林昊融有色金属集团有限公司在印尼红土矿投资 92.4 亿元建设年产 8 万吨镍冶炼项目（一期）项目；吉林吉恩镍业股份有限公司再次向加拿大皇家矿业努纳维克增资 4.16 亿加元项目。现国家有关部门正在审核。

（资料来源：吉林省发展改革委　责任编辑：焦学利）

3. 黑龙江省

（1）利用外资情况

2013 年，黑龙江省外经部门紧紧围绕省委、省政府关于“十大重点产业”建设的战略部署，加大招商引资力度，成功举办了 2013 年黑龙江（香港、广东）产业互助经贸交流活动以及“第二届欧洽会”等大型招商引资活动，取得明显成效，全省实际利用外资实现快速增长。

1）“十大重点产业”成为吸引外来投资主要领域。

2013 年，黑龙江省新签直接利用外资项目 85 个，比上年下降 13.3%；合同金额 50.0 亿美元，同比增长 28.2%；实际利用外资 46.1 亿美元，同比增长 18.3%。85 个直接利用外资项目中，涉及“十大重点产业”项目 75 项，“十大重点产业”实际利用外资 32.1 亿美元，占全省实际利用外资总额的 69.5%。

2）第二产业实际利用外资快速增长，占比提升。

2013 年，全省第二产业实际利用外资 36.2 亿美元，比上年增长 30.5%，高出全省实际利用外资增速 12.2 个百分点，占全省的 78.6%，所占比重较上年提升了 7.4 个百分点。其中，制造业实际利用外资 29.2 亿美元，同比增长 46.2%。第三产业实际利用外资 9.2 亿美元，同比下降 14.1%，占全省的 19.8%，较上年减少了 7.5 个百分点。第一产业实际利用外资 7 322 万美元，同比增长 27.1%，占全省实际利用外资总额的 1.6%，较上年提升了 0.1 个百分点。

3）外资来源国家和地区，中国香港投资占首位。

2013 年，共有 36 个国家和地区来黑龙江省投资兴业。其中，亚洲国家和地区投资 29.9 亿美元，占全省实际利用外资总额的 64.8%，拉美洲和欧洲位居其后，分别投资 5.2 亿美元和 5.0 亿美元，分别占全省总额的 11.2% 和 10.8%。从国别和地区来看，中国香港为黑龙江省最大的外资来源地。2013 年，香港地区投资 26.2 亿美元，占全省实际利用外资总额的 56.8%。维尔京群岛、英国、美国和新加坡位居第二到第五位，分别投资 4.9 亿美元、3.2 亿美元、2.5 亿美元和 2.3 亿美元。

4）各市（地）实际利用外资情况普遍较好。

2013 年，除七台河市，省其他市（地）实际利用外资全部实现增长。从总量来看，哈尔滨市、大庆市和齐齐哈尔市位居前三位，分别利用外资 22.6 亿美元、6.0 亿美元和 4.2 亿美元。从增速来看，绥化市、大庆市和齐齐哈尔市分别位居前三位，增幅分别为 27.8%、19.3% 和 19.3%[1]。

（2）对外投资情况

2013 年，黑龙江省核准对外直接投资企业（机构）数 82 个，比上年下降 4.7%；核准对外投资总额 13.28 亿美元，比上年增长 60.7%；承包工程和劳务合作新签合同数 21 份，比上年下降 28%；承包工程和劳务合作新签合同额 4.62 亿美元，比上年下降 42.1%；承包工程和劳务合作完成营业额 6.23 亿美元，比上年增长 11.5%。黑龙江省对外投资主要是俄罗斯，其中，对俄核准对外投资企业（机构）

[1] 资料来源于黑龙江省统计局。

数56个，比上年增长12%；对俄核准对外投资总额9.4979亿美元，同比增长55%；承包工程和劳务合作新签合同数3份，比上年下降80%；承包工程和劳务合作新签合同额3 352万美元，同比下降92%；承包工程和劳务合作完成营业额6 100万美元，同比下降7%。

（资料来源：黑龙江省商务厅网　责任编辑：焦学利）

4. 大连市

2013年，在大连市委、市政府的正确领导下，全市贯彻落实全域开放的总体部署，努力克服国际经贸环境持续不振和国内经济下行等不利因素，以总体规划和产业集聚为突破，重点推进沿海经济带开发建设；以各级开发区和重点园区为依托，重点推进工业地产和重大产业项目的引进建设；以落实外贸出口政策为抓手，重点促进外贸出口稳增长、调结构，各项主要指标实现了预期增长目标，保持了在辽宁省的领先地位，为建设富庶美丽文明的国际化城市做出了积极贡献。

（1）利用外资与境外投资情况

全市实际利用外资136亿美元，同比增长10.1%，占全省的46.9%，高于全省平均增幅1.8个百分点。外贸进出口完成676.5亿美元，同比增长8.1%，占辽宁省的59.2%；其中外贸出口367.5亿美元，同比增长9.1%，占辽宁省的56.9%。全市核准境外投资项目98个，中方协议投资额24.8亿美元，同比增长18.9%，占辽宁省的78.5%。全市离岸服务外包合同金额20.3亿美元，执行金额16.5亿美元，同比增长7.9%。全市19个重点园区实现公共财政预算收入375.1亿元，占大连市的44.1%；完成固定资产投资4 992.5亿元，占大连市的77.1%；实际利用外资108.3亿美元，占大连市的79.6%。

（2）双向投资的主要特点和成效

1）全域开放，有力推进，对外开放平台建设实现重大突破。

按照大连市委、市政府的工作部署，大力实施“全域开放年”活动，构筑以项目建设为核心、以沿海重点园区为支撑、覆盖四大城市组团的全域开放新格局。主城区组团以总部经济、楼宇经济为支撑，现代服务业招商引资取得积极成效。中山区提前超额完成外资任务，为全市做出了重要贡献；西岗区、旅顺口区坚持重点项目优先利用外资的原则，保持了利用外资的连续稳定增长；高新园区坚持“金融+科技”的方向，在融资租赁、运营资金等方面创新利用外资方式，新引进世界500强及行业领军企业投资项目10个；甘井子区和沙河口区落实街道目标责任制，都取得了较好成效。新市区组团开放引领作用明显，利用外资占全市总额的46.3%。金州新区顶住基数大、任务重的压力，不仅圆满完成2013年的各项工作任务，也为2014年实现“开门红”奠定了基础；保税区东风日产等重大产业项目利用外资支撑作用增强；普湾新区在基础设施建设扩大利用外资方面进行了积极探索。黄渤海组团发挥沿海重点园区集聚作用，对全市对外开放的贡献度进一步提升，长兴岛石化产业园、太平湾沿海经济区、花园口新材料产业基地、北黄海新区均奠定了扩大开放的坚实基础。

积极推进各级功能区建设，抢占对外开放制高点取得重大突破。旅顺开发区成功晋升为国家级开发区，使大连市成为东北乃至全国获批国家级开发区最多的城市，由此，全市形成了北有长兴岛、中有金州、南有旅顺三个国家开发区引领全域发展的开放格局。大连申办自由贸易园区的“请示”已经由国务院转送商务部备选。长兴岛石化产业园区被确定为国家重点支持的产业基地，大连循环产业经济区创建“中日韩循环经济示范基地”通过初审，三十里堡临港工业区等市级园区晋升省级开发区等工作也在积极推进中。

2）沿海开发再加新力，重点园区经济支撑和开放引领作用显著增强。

大连市召开了沿海经济带开发建设工作会议，出台了《关于加快推进沿海经济带重点园区发展的若干意见》，理顺管理体制，赋予12条具有较高含金量的支持政策，沿海经济带开发和重点园区建设进入新的发展阶段。

辽宁省沿海办编制完成了《辽宁海岸带保护利用规划》并经省人大颁布实施，使沿海经济带实现了统筹规划、有序开发，保护和开发并重。19个重点园区总体发展规划全部编制完成，陆续获得省政府批复实施。基础设施建设继续全面推进，招商引资条件更加完善，园区形象日新月异。

加强产业项目贴息工作，引导园区产业加快向集群化、高端化发展，装备制造、精细化工、海洋工程、电子信息和战略性新兴产业日益丰厚，19个沿海重点园区中共有35个工业项目获得辽宁省、大连市财政产业项目贴息资金1.5亿元。

围绕主导产业，加强主题概念和产业链招商，重大内外资项目加速向沿海重点园区集聚，山崎马扎克机床等项目投产，恒力石化等项目加快进度，德原工业、林德大化、北良总部基地、瑞华新能源汽车等重大项目签约引进。全年19个沿海重点园区共引进亿元以上内资项目280个，3 000万美元以上外资项目40个。

围绕提升核心和龙头作用，加强工作协调和推进，国际航运中心建设、国际物流中心建设、区域性金融中心建设、现代产业聚集区建设和以重点园区为支撑和节点的全域城市化建设都实现了新进展。

3）精心组织一系列经贸招商活动，成效较好。

大连市进一步加大招商力度，围绕重点产业、重点国别及重点园区提出招商工作方案，以项目为中心，加强工业地产、精细化工、现代服务业招商，创新招商方式。通过2013年2月参加全省工业地产招商推介会、3月随省政府赴台招商、4月市政府出访印度、泰国和中国香港、6月出访美国、巴西和阿根廷、7月出访瑞士、西班牙和法国、9月随省政府赴香港招商等10多次大型经贸招商活动，推进了与印度塔塔、西班牙阿塔其、瑞士国投等国际大公司的战略合作，引进和落实了一大批先进制造业和现代服务业项目。大连市各区市县、各沿海重点园区也采取小分队定向招商方式，自主开展招商活动，有针对性地推进重点项目引进和落地。

4）大项目投资、增资踊跃，500强企业投资势头强劲。

新引进了华晨柯沃驰特种车、菱重冰山制冷、东芝医疗系统、太阳生命保险投资总部、世茂新领域置业等一批重大外资项目，2013年共引进外资项目240个，其中新批1 000万美元以上项目51个。东风日产汽车、住友化学金港、三菱重工叉车、道依茨柴油机、百威英博、青云天下、九龙仓绿城等项目实现重大进资或增资，实际到位1 000万美元以上项目达156个。美国礼来制药等11个世界500强项目落地，109家500强企业在大连市投资设立了238个项目。

5）工业地产项目全面推进。

全市已签约外资工业地产项目12个，规划占地面积6.7平方千米，投资总额36.3亿美元；在建项目7个，规划占地面积2.97平方千米，投资总额27.2亿美元；已建项目5个，占地面积1.52平方千米，投资总额12.9亿美元，入驻企业122家。金州新区汇程高端材料产业园、中泽巨子模具园、高新园区恒大文化产业综合体、长兴岛台湾（大连）精细化工园、保税区普洛斯工业园、旅顺绿色食品工业园等工业地产项目已见形象。

6）抢抓机遇推动企业“走出去”，境外投资领域不断扩大。

大连抓住后金融危机有利时机，召开“善用香港优势，开拓海外市场”投资说明会，加强对企业开展境外投资和工程承包的引导和政策支持，积极推进大连市企业赴东南亚、非洲、中东等传统市场和欧洲、北美等发达经济体投资合作，企业“走出去”保持强劲发展势头。万达集团以5.5亿美元并购英国游艇项目和9亿美元购买英国商业地产项目；瓦轴集团在德国投资3 420万美元并购特种轴承制造企业KRW公司；大化集团投资2 200万美元在中国香港成立公司，从事水产品加工、冷库租赁和国际贸易；大连伟琳商贸有限公司投资3 000多万美元在澳大利亚购买土地从事棉花种植加工和销售，开拓了新的投资领域。

7）推动服务外包企业加速集聚，成功举办三大会议会展活动。

2013 年，新引进美国礼来制药公司、日本富士施乐、日本东芝医疗系统公司、新聚思和爱立信公司等 8 家 500 强企业到大连市开展服务外包项目。全国规模最大、标准最高的数据中心已经建成。实施大企业战略大见成效，IBM、埃森哲、华信等十大外包企业离岸外包执行额近 8 亿美元，占全市离岸业务总额的 50%，其中 IBM 离岸业务额超过 2 亿美元。大连市专业从事软件和服务外包的企业已达 1 025 家，从业人员 13 万人，千亿级产业集群地位趋于稳固。

成功举办了中国软交会、中国（大连）国际服装纺织品博览会和夏季达沃斯经贸洽谈活动。其中，达沃斯经贸洽谈与渣打银行、韩华集团、德意志银行、普华永道等 40 多家国际知名企业达成合作意向。国际会议会展的举办，提升了大连的国际形象，有力推动大连市向现代化国际化城市迈进。

总的来看，2013 年是国内外形势错综复杂的一年，在各级党委、政府的正确领导和全社会的共同努力下，大连市经济社会发展保持了良好态势。

（3）2014 年总体目标

2014 年是贯彻落实十八届三中全会精神，在新的历史起点上全面深化改革、扩大对外开放的第一年，是推进大连全域开放的关键一年。我们将深入学习贯彻十八届三中全会和市委十一届六中全会精神，紧紧抓住深化改革、扩大开放的有利时机，以打造大连对外开放“升级版”为目标，以全域开放向纵深发展为主线，以稳定规模、优化结构、提高效益为总基调，以沿海重点园区为重要支撑，以新市区、太平湾、北黄海为重点突破区域，高水平推进沿海经济带开发建设，大力提高利用外资的综合优势和总体效益，促进外贸出口稳定发展，加快海外并购和投资步伐，积极抢占新一轮对外开放制高点，推动全域开放朝着优化结构、拓展深度、提高效益方向转变，努力探索出进一步扩大对外开放的新路，培育开放型经济发展的新优势，开创对外开放的新局面。

（资料来源：大连市发展改革委）

5. 哈尔滨市

2013 年，哈尔滨市按照“实施新战略、实现新跨越”的总体要求，围绕黑龙江省发展“八大经济区”和“十大工程”战略，面对新形势、新任务、新要求，不断优化投资环境，大力开展招商引资工作，积极谋划国外优惠贷款项目，稳步扩大对外投资，进一步提升了全市利用外资的质量和水平，全市利用外资和境外投资保持稳步增长，有力促进了全市经济社会发展。

（1）2013 年利用外资情况

1）主要情况。

2013 年，全市实际利用外资 22.62 亿美元，同比增长 19.1%。其中：直接利用外资 9.80 亿美元，下降 0.1%；非直接利用外资 12.83 亿美元，较上年增长 39.6%。

2）主要特点。

①利用外资和境外投资稳步增长。2013 年，全市实际利用外资 22.62 亿美元，同比增长 19.1%。境外投资项目共 8 项，总投资额 1.8 亿美元，同比增长 97.8%，投资的国家主要是俄罗斯、美国、澳大利亚等。

②利用外资向开发区集聚的特征明显。经开区、高开区、利民开发区三个开发区实际利用外资分别由 2011 年的 6.45 亿美元、1.6 亿美元和 0.44 亿美元，2012 年的 8.57 亿美元、1.92 亿美元和 0.68 亿美元增长到 2013 年的 10.2 亿美元、2.4 亿美元和 0.78 亿美元，年均增长分别达到 19%、20% 和 14.7%，占全市利用外资比重达到 45%、10.5% 和 3.4%。入区大企业不断增加，哈经开区、高新区等国家级开发区围绕各自主导产业，成功引进了美国约翰迪尔、纽荷兰、百威、益海嘉里、统一、华南城、中国移动、华润等大企业集团，其中世界 500 强企业 19 家。近 30 项总投资超 10 亿元产业项目在各开发区陆续开工建设，有效带动了产业升级和规模化发展。

③利用国际金融组织和外国政府贷款等工作再创新局面。目前，哈尔滨市已纳入国外贷款备选项目规划和正在争取的利用国际金融组织和外国政府贷款等国外优惠贷款项目共有15个项目，共申请32.15亿元人民币国外优惠贷款。主要有：高寒城市智能公交系统项目利用世行贷款1亿美元，建筑节能综合改造项目利用欧投行贷款5 000万欧元，太平集中供热项目利用亚行贷款0.270 9亿美元，卫生系统3家直属医院医疗购置设备项目利用以色列贷款2 000万美元（哈尔滨市第四医院400万美元、哈尔滨市传染病医院500万美元、哈尔滨市第二医院1 100万美元），哈尔滨职业技术学院利用德国促进贷款2 000万欧元，哈飞空客利用国际商业贷款1亿美元等。无论在贷款规模上还是贷款来源和领域上，都取得了历史性突破。其中欧投行贷款、以色列贷款、德国促进贷款、国际商业贷款都是哈尔滨市首次利用。

（2）存在的主要问题及面临的形势

1）存在的主要问题。

尽管哈尔滨市利用外资和境外投资工作取得了较大进展，但也清醒地看到，与其他副省级城市相比，仍然有很大差距，存在以下亟待解决的问题：

①利用外资后劲不足。2013年新批外商直接投资项目52个，同比下降8.8%；新批外商直接投资合同金额6.43亿美元，同比下降1.8%。主要原因是：缺少大项目牵动，大项目的储备不足，重内资轻外资的现象仍比较普遍。引进的外资大项目基本上是投资在1 000万美元以上的项目，与其他省市引进的上亿美元和几十亿美元的超大项目相比，存在很大差距。

②吸引外商直接投资的成熟项目少，影响招商效果。表现为：谋划的招商项目不实，成熟度低；缺乏市场调研，主观意愿、凭空想象的成分较多；项目立意层次浅，缺乏市场吸引力，特别是对于促进产业结构优化升级的项目较少。

③境外投资项目少，对经济牵动作用有限。对外经济技术合作骨干企业少，经营主体小，合作领域窄，缺少大项目支撑。项目大多仅局限于果菜种植、建筑承包、森林采伐、小型饮食服务业等，到俄境内进行生产加工类型的合作项目非常少，生产型合作明显滞后于劳动密集型合作，对哈尔滨市的经济牵动作用非常有限。“十二五”期间对外投资年度间起伏较大，说明对外投资体系没有形成，随机性较大。“十二五”对俄投资占项目数量的27%，金额占10.14%，哈市对俄罗斯的投资占对外总投资的比例较“十一五”有较大下降，对俄投资仍需加大工作力度。

④境外投资主体较弱，资金实力不足。制约哈尔滨市对外投资的一个主要因素就是作为投资主体的民营企业实力较为薄弱，国内缺乏金融支持及投资担保，国外存在融资难的问题。大型企业少，具有国际市场开拓能力和竞争力的企业更少。一些企业缺乏境外投资的整体意识、长期规划及足够的法律和社会风险评估，对地缘政治风险估计不足，决策机制不健全；缺乏熟悉境外投资流程、懂项目生产运作的跨国经营人才。这些严重制约了哈尔滨市企业境外投资规模的扩大和可持续发展。

2）面临的形势。

由于2008年国际金融危机的影响仍在持续，2013年世界经济继续向下滑行，哈尔滨市2010年以来的同期数据对比显示，新批外商投资企业户数总体呈下行走势，合同外资额呈起伏不定趋势。2012年，外商投资各项指标均下降到近年来的最低点，虽然2013年外商投资合同外资额大幅增长，但2014年一季度，各项数据又出现了大幅下滑，合同外资额比上年同期减少了48.52%。全球经济低速增长及地域差异等因素对哈尔滨市外商直接投资的影响具有很大的不确定性，吸引外商投资的难度越来越大。

（3）2014年对策措施

面对复杂多变的内外部环境，哈尔滨市既要利用好国际国内两个市场、两种资源，又要充分考虑内外部经济环境变化对全市经济社会发展的影响，做好利用外资和境外投资工作。

1）保持利用外资规模的稳定增长，争取突破性增长。

哈尔滨市面临的主要问题是发展，所以利用外资的主要问题是规模，包括外商直接投资和利用国外贷款，都必须保持利用外资规模的稳定增长，争取突破性增长。哈尔滨市的经济总量小，排名在后，如果再没有增速，就会不进则退。保证利用外资规模的最主要办法是进一步加大招商引资力度。2014年哈尔滨市开展全市产业大招商活动，把招商引资作为全市的核心工作，作为促进经济发展的着眼点和落脚点，这将极大促进招商引资工作，扩大利用外资规模。

2）继续扩大利用国外优惠贷款规模。

一是继续推动已经列入国外贷款备选项目规划的高寒城市智能公交系统项目利用世界银行贷款1亿美元、太平集中供热项目利用亚行贷款2 611.3万美元、既有建筑节能综合改造项目利用欧投行贷款5 000万欧元等9个项目共21.7亿元开展国内外工作，完成各项前期准备，力促各项贷款尽快落实到位，按计划用于项目建设。二是继续争取市卫生系统直属3家医院借用以色列贷款1 650万美元，哈尔滨市合同能源管理既有建筑综合节能改造项目申请利用亚行贷款6 500万美元、哈尔滨职业技术学院申请利用亚行贷款3 500万美元、武警市消防支队采购消防装备项目申请利用美国进出口银行贷款8 000万元和哈尔滨亿丰垃圾焚烧发电项目申请利用德促贷款3 200万欧元等6个项目共10.45亿元尽快列入国外贷款备选项目规划，增加利用国外贷款种类。

3）加强外债总量控制，做好国外优惠贷款管理和风险防范。

目前全市外债余额13.7亿元人民币，其中世界银行贷款余额9.69万元人民币，亚洲开发银行贷款余额为6.2亿元人民币，外国政府贷款余额为7.4亿元人民币，完全在可控范围内。贷款涉及松花江流域水污染治理、信义沟污水治理、煤气工程等13个项目，要加强对这些贷款项目管理，做好世界银行、亚洲开发银行等国际金融组织贷款和外国政府贷款机构对项目检查、报账、监测、合同条款执行及报告等各项准备工作。

4）创新方法，建立利用国外贷款备选项目储备库。

认真研究把握国外优惠贷款投资政策和领域，积极挖掘项目，针对外国政府贷款投向，根据不同国别贷款要求，建立利用国外贷款备选项目储备库。备选项目的主要来源：一是组织各部门、各区县市上报，从上报项目中筛选；二是从已经谋划成熟的项目中筛选；三是比照、借鉴其他省、市已列入备选规划的项目进行谋划；四是结合哈尔滨市的特点和实际，收集、谋划哈尔滨市特有的项目；五是与国家、黑龙江省和有关中介机构建立良好的信息沟通渠道，适时提出哈尔滨市国外贷款项目。做好财政出具担保工作。积极向上争取，力争更多的贷款向哈尔滨市倾斜。

5）创新体制机制，发挥政府统筹外资主导作用。

一是建立机制，调动全市利用国外贷款的积极性和主动性。建立利用国外贷款项目谋划和利用考评机制，在项目谋划中，加入利用国外贷款项目谋划指标作为考评。对谋划的重点国外贷款项目给予项目前期费支持。在年度目标考核中，将项目列入国家国外贷款备选项目，作为对各部门实行正向考评指标。发挥中介机构作用，建立激励机制，调动中介机构积极性。二是加强谋划，发挥政府统筹主导作用。国际金融组织贷款和外国政府贷款重点投向支持的领域主要有农业、交通、能源、城建环保、社会发展等，对需市政府投融资的社会事业项目和政府主导的重大基础设施项目，在前期工作中对项目各种融资方案进行比选，对符合国外贷款投向和支持的项目，着重研究利用国外贷款的可能性，要优先考虑利用国外贷款。

6）做好外商投资管理体制改革贯彻落实工作。

外资工作政策性强，涉及领域广，事情敏感。要进一步加强对外商投资项目政策的研究，及时跟踪国家政策调整变化并做好贯彻落实工作。党的十八届三中全会通过的《中共中央关于全面深化改革若干重大问题的决定》提出“放宽投资准入。统一内外资法律法规，保持外资政策稳定、透明、可预期。推进金融、教育、文化、医疗等服务业领域有序开放，放开育幼养老、建筑设计、会计审计、商贸物流、电子商务等服务业领域外资准入限制，进一步放开一般制造业”。按照这一原则，外资领域放开要增加。同时制定外资负面清单，完善国家安全审查制度，凡涉及国家安全的，都要进行安全审查。

目前，国家已经完成对《外商投资项目核准暂行管理办法》、《境外投资项目核准暂行管理办法》的修订，对改革后的核准和备案管理进行具体规范，作为新修订的《政府核准的投资项目目录》的配套文件，要积极研究、准确把握新出台政策内容，做好外商投资项目核准工作。

7）推动企业境外投资开发与合作，促进对外合作。

将“引进来”与“走出去”很好地结合。支持优势企业赴境外投资，帮助投资境外企业按要求组织核准材料。拓宽投资领域，加大扶持民营企业境外投资的力度。开展与俄罗斯远东合作，打造哈尔滨市贸易通海平台，实现江海联运，带动全市对俄经贸、科技、旅游、文化等全面发展。

（资料来源：哈尔滨市发展改革委　责任编辑：焦学利）

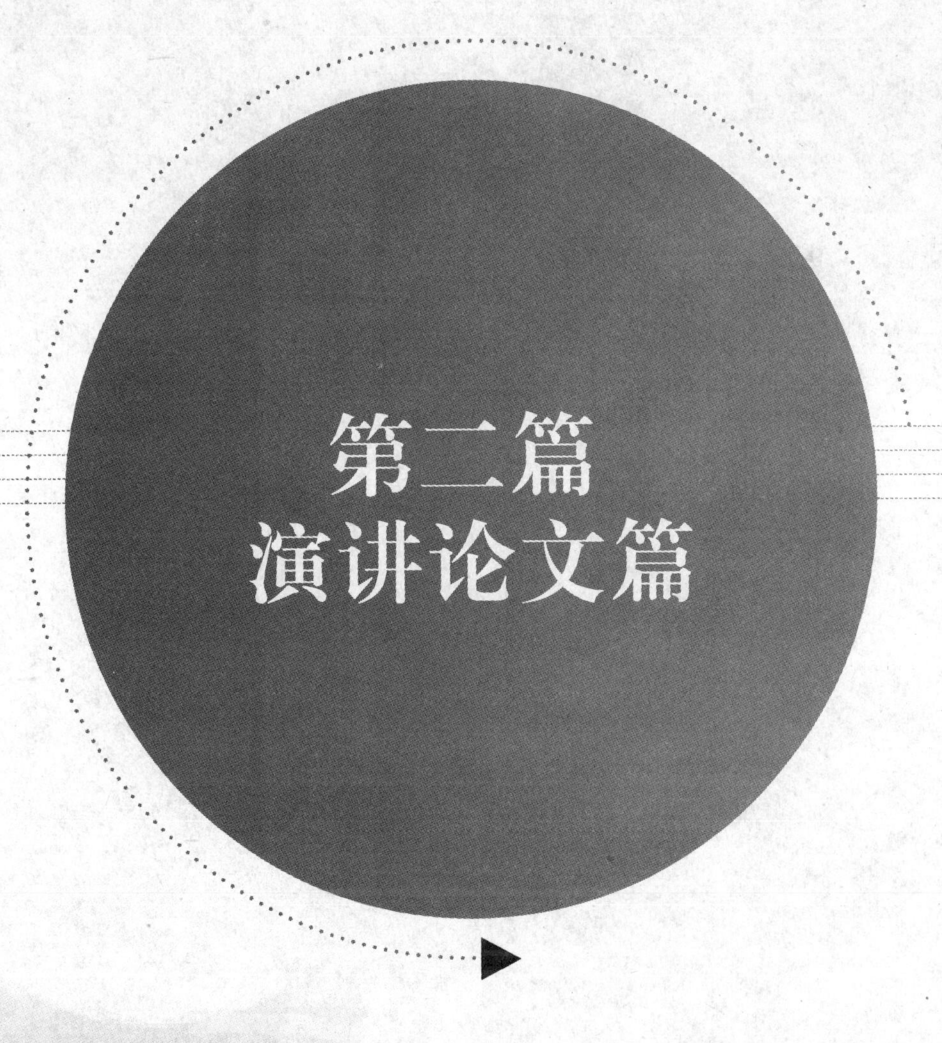

第二篇 演讲论文篇

一、国家领导人重要讲话

习近平在第九届中国-东盟商务与投资峰会暨 2012 中国-东盟自贸区论坛开幕式上的致辞

尊敬的吴登盛总统，尊敬的通辛总理、阮晋勇总理，尊敬的毛希丁副总理、吉滴叻副总理，尊敬的东盟各国嘉宾，女士们、先生们，朋友们：

在《中国-东盟全面经济合作框架协议》签订 10 周年之际，我很高兴同各位一道，出席今天在中国广西南宁举办的第九届中国-东盟商务与投资峰会暨 2012 中国-东盟自贸区论坛开幕式。首先，我谨代表胡锦涛主席和中国政府、中国人民，对本次峰会与论坛的召开，表示热烈的祝贺！对莅临本次会议的东盟国家领导人和各位嘉宾，表示诚挚的欢迎！

中国-东盟博览会和中国-东盟商务与投资峰会自 2004 年起已连续举办 8 届，累计有 42 位中国和东盟国家领导人、1 500 多位部长及贵宾出席，30 多万名客商踊跃参会。这些年我们共同取得的上述成效充分表明：中国-东盟博览会和商务与投资峰会不但是中国和东盟 10 国共同搭建的经贸等多领域有效合作的大平台，也是中国-东盟自贸区建设的助推器，给双方企业和人民带来了实惠，在中国和东盟合作中发挥着越来越重要的作用。

中国与东盟各国友好关系源远流长，上世纪 90 年代初建立的中国-东盟对话关系开启了双方关系新篇章。我们高兴地看到，20 多年来，中国和东盟各国相互尊重、平等相待，相互支持、共同发展，双方关系从全面对话伙伴、睦邻互信伙伴成长为拥有广泛共同利益的战略伙伴，实现了历史性跨越。双方政治互信不断加强，贸易增长不断加快，经济融合不断加深，互联互通不断加速，合作之路越走越坚实、越走越宽广。

我们始终坚持睦邻友好，相互理解和信任不断增进。中国-东盟关系的持续发展表明，中国周边外交切实做到了与邻为善、以邻为伴。在东盟的对话伙伴中，中国是最早同东盟建立战略伙伴关系、最早开启同东盟建设自贸区进程的国家。现在中国和东盟国家领导人就像走亲戚一样常来常往，中国领导人几乎每年都访问东盟国家。双方在重大国际和地区问题上保持密切沟通和协调，共同维护了发展中国家利益。

我们始终坚持互利发展，经贸合作成果日益丰硕。中国和东盟的贸易额已从建立对话关系之初的70亿美元，跃升至2011年的3 628亿美元，年均增长20%以上。2010年中国-东盟自贸区全面建成以来，双方互利共赢的经贸合作更显示出强大发展动力和活力。中国已连续3年成为东盟第一大贸易伙伴，东盟成为中国第三大贸易伙伴。双方还互为重要投资伙伴，双向投资稳步发展。截至今年7月，双方相互投资累计近千亿美元。我们还通过设立中国-东盟投资合作基金、向东盟提供优惠信贷等多种方式，向东盟提供力所能及的资金支持，为促进东盟国家经济发展起到了积极作用。

我们始终坚持共同发展，各领域合作机制不断完善。中国和东盟经贸合作不断扩大和深化，也对多领域合作提出新的需求。目前，中国和东盟已圆满完成第一份战略伙伴关系五年行动计划，正在20多个领域开展互利合作。双方建立起12个部长级会议机制，成功打造了中国-东盟博览会、中国-东盟商务与投资峰会、中国-东盟中心、中国-东盟环保中心、教育交流周等一系列合作平台，形成全方位、多层次、宽领域的合作格局。

我们始终坚持同舟共济，不断战胜各种困难和挑战。中国和东盟国家不仅利益与共，而且安危与共。从应对亚洲金融危机到应对国际金融危机冲击，从抗击印度洋海啸到抗击非典疫情和中国汶川特大地震灾害，双方人民总是守望相助、患难与共。中国人民不会忘记，在汶川特大地震期间，东盟各国人民给予的无私援助；中国人民同样不会忘记，在共同面对亚洲金融危机和国际金融危机冲击时，中国和东盟国家化挑战为机遇、变压力为动力的奋斗历程。路遥知马力，患难见真情。中国和东盟友好关系历经考验、历久弥坚。

实践已经、正在、还将继续证明，中国和东盟既是团结友好、相互信任的好邻居，又是优势互补、合作共赢的好伙伴。中国和东盟睦邻友好合作，不但促进了我们各自国家的经济社会发展，给双方人民带来巨大利益和福祉，而且也为东亚乃至整个亚洲地区经济持续稳定发展作出了重要贡献。

女士们，先生们！

中华人民共和国成立60多年来、特别是改革开放30多年来，虽然在现代化建设方面取得举世瞩目的成就，但中国是世界上最大发展中国家的国际地位没有变，中国独立自主的和平外交政策没有变，中国走和平发展道路和实行对外开放的基本国策没有变。

中国越是发展，同地区和世界的联系越是紧密，就越需要一个稳定的地区环境与和平的国际环境。中国近代以来曾饱经沧桑，我们深知发展之重要、和平之珍贵，将坚定不移走和平发展道路，坚定不移奉行互利共赢的开放战略，坚定不移贯彻与邻为善、以邻为伴的周边外交方针。中国始终是维护地区与世界和平稳定的坚定力量，我们坚定捍卫国家主权、安全、领土完整，致力于通过友好谈判，和平解决同邻国的领土、领海、海洋权益争端。我们永远不争霸、永远不称霸。既通过维护世界和平发展自己，又通过自身发展维护世界和平，这就是中国和平发展道路的题中应有之义。

当前，中国经济形势总体上是好的，我们对加快转变经济发展方式、稳定外需、扩大内需、全面建成惠及中国十几亿人口的更高水平的小康社会充满信心。中国的发展是和平的发展、开放的发展、合作的发展、共赢的发展。在本世纪第二个十年，中国将进一步全面发展开放型经济，不断巩固同发达国家的经贸合作，继续加强同发展中国家的互利合作，深化和扩大同周边国家的务实合作。中国将不断完善区域开放格局，继续深化沿海开放，加快内陆和沿边地区开放，促进同周边国家共同发展。实践已经并将继续证明，中国的持续发展和繁荣对周边邻国是重大机遇、持续利好，将给包括东盟国家在内的世界各国带来重要发展机遇。

当前，世界经济增长乏力，欧债危机持续发酵，面临诸多不稳定不确定因素。亚洲地区虽然也面临不少困难和挑战，但总体仍保持较快发展势头。中国同东盟作为友好近邻和战略伙伴，应该审时度势、顺势而为，携手推进深度合作，共同赢得持续发展。为此，我愿提出以下四点建议。

第一，更大力度提升自贸区建设水平。涵盖19亿人口的中国-东盟自贸区建成不到3年，为深化以东盟为中心的区域一体化合作奠定了坚实基础。希望双方继续落实和完善自贸区各项协议，进一步提高贸易和投资自由化便利化水平，优化进出口商品结构，到2015年如期实现双方贸易额达到5 000亿美元的目标。要以今年开展的中国-东盟科技合作年为契机，加强自贸区框架下的经济技术合作，促进政策宣传和能力建设，提高优惠政策利用率。继续深化产业合作，优化区域资源配置。秉持开放包容、平等互利原则，扩大自贸区覆盖范围。中方已在广西南宁、浙江义乌等地建立了中国-东盟商品交易中心，东盟各国企业可充分利用这些新平台，加强产品宣传与推广，以便在中国市场赢得更大份额。

第二，更大力度深化双向投资合作。本世纪第二个十年，中国将继续把“引进来”同“走出去”结合起来，引导中国企业有序到境外投资，积极开展有利于改善当地基础设施和人民生活的项目合作。东盟国家是中国企业“走出去”的首选地之一，也是中国吸引外资的重要来源地。近年来，中国企业对东盟的投资快速增长，投资领域已从传统的建筑行业和工程承包向新能源、制造业、商业服务等领域拓展。中国还将结合在东盟国家建立经贸合作区的举措，鼓励和支持有实力的中国企业扩大对东盟国家投资。同时，中国也一如既往欢迎东盟各国企业到中国投资兴业，特别是到充满发展潜力的中西部地区开展互利合作。

第三，更大力度推进互联互通建设。实现东盟内部以及中国-东盟的互联互通，是深化经贸合作和人员往来的重要基础，是促进域内经济融合、提升地区竞争力的战略举措，有利于地区经济持续稳定增长。中国愿同东盟开展全方位、深层次、战略性的互联互通。目前，中国-东盟互联互通中方委员会正在积极筹建中，并将同东盟相关机构加强对接和机制化交流。我们愿意通过建立促进互联互通建设的投资融资平台，加强同东盟国家的陆上通道建设，构筑双方海上互联互通网络，开拓港口、海运物流和临港产业等领域合作。

第四，更大力度促进社会人文交流。睦邻友好的深厚基础在民间。要充分发挥中国-东盟中心、民间友好组织大会、教育交流周等机构和平台作用，促进文化、教育、旅游、青年等各领域友好交流，增进双方人民了解和友谊。探讨建立旅游合作新平台，实现到2015年双方人员往来1 500万人次的目标。开展丰富多彩的青年友好交流活动。中方倡议建立中国-东盟留学生联谊会，双方要积极落实2020年把互派留学生规模扩大到10万人的“双十万计划”，让更多青年参与到地区合作交流中来，使中国-东盟睦邻友好薪火相传。

女士们，先生们！

在经济全球化、区域一体化深入发展的新形势下，中国和东盟的前途命运比以往任何时候都更加紧密地联系在一起。不断深化中国-东盟战略伙伴关系，是双方共同的战略选择。我深信，依靠我们大家共同努力，依靠东盟秘书处和承办地中国广西壮族自治区的积极工作，中国-东盟博览会、商务与投资峰会、自贸区论坛将进一步办出特色、办出水平、办出实效，在服务中国-东盟友好合作、促进自贸区建设方面作出更大贡献。中国愿同东盟各国携手共进，共同开创中国-东盟友好合作更加美好的明天！

最后，我衷心祝愿本届中国-东盟博览会、商务与投资峰会和2012中国-东盟自贸区论坛取得圆满成功！谢谢大家！

（来源：新浪财经）

共同创造亚洲和世界的美好未来

——习近平在博鳌亚洲论坛2013年会上的主旨演讲（全文）

中华人民共和国主席　习近平

(2013 年 4 月 7 日　海南博鳌)

尊敬的各位元首、政府首脑、议长、国际组织负责人、部长，博鳌亚洲论坛理事会各位成员，各位来宾，女士们、先生们，朋友们：

椰风暖人，海阔天高。在这美好的季节里，同大家相聚在美丽的海南岛，参加博鳌亚洲论坛 2013 年年会，我感到十分高兴。

首先，我谨代表中国政府和人民，并以我个人的名义，对各位朋友的到来，表示诚挚的欢迎！对年会的召开，表示热烈的祝贺！

12 年来，博鳌亚洲论坛日益成为具有全球影响的重要论坛。在中国文化中，每 12 年是一个生肖循环，照此说来，博鳌亚洲论坛正处在一个新的起点上，希望能更上一层楼。

本届年会以“革新、责任、合作：亚洲寻求共同发展”为主题，很有现实意义。相信大家能够充分发表远见卓识，共商亚洲和世界发展大计，为促进本地区乃至全球和平、稳定、繁荣贡献智慧和力量。

当前，国际形势继续发生深刻复杂变化。世界各国相互联系日益紧密、相互依存日益加深，遍布全球的众多发展中国家、几十亿人口正在努力走向现代化，和平、发展、合作、共赢的时代潮流更加强劲。

同时，天下仍很不太平，发展问题依然突出，世界经济进入深度调整期，整体复苏艰难曲折，国际金融领域仍然存在较多风险，各种形式的保护主义上升，各国调整经济结构面临不少困难，全球治理机制有待进一步完善。实现各国共同发展，依然任重而道远。

亚洲是当今世界最具发展活力和潜力的地区之一，亚洲发展同其他各大洲发展息息相关。亚洲国家积极探索适合本国情况的发展道路，在实现自身发展的同时有力促进了世界发展。亚洲与世界其他地区共克时艰，合作应对国际金融危机，成为拉动世界经济复苏和增长的重要引擎，近年来对世界经济增长的贡献率已超过 50%，给世界带来了信心。亚洲同世界其他地区的区域次区域合作展现出勃勃生机和美好前景。

当然，我们也清醒地看到，亚洲要谋求更大发展、更好推动本地区和世界其他地区共同发展，依然面临不少困难和挑战，还需要爬一道道的坡、过一道道的坎。

——亚洲发展需要乘势而上、转型升级。对亚洲来说，发展仍是头等大事，发展仍是解决面临的突出矛盾和问题的关键，迫切需要转变经济发展方式，调整经济结构，提高经济发展质量和效益，在此基础上不断提高人民生活水平。

——亚洲稳定需要共同呵护、破解难题。亚洲稳定面临着新的挑战，热点问题此起彼伏，传统安全威胁和非传统安全威胁都有所表现，实现本地区长治久安需要地区国家增强互信、携手努力。

——亚洲合作需要百尺竿头、更进一步。加强亚洲地区合作的机制和倡议很多，各方面想法和主张丰富多样，协调各方面利益诉求、形成能够保障互利共赢的机制，需要更好增进理解，凝聚共识，充实内容，深化合作。

女士们，先生们，朋友们！

人类只有一个地球，各国共处一个世界。共同发展是持续发展的重要基础，符合各国人民长远利益和根本利益。我们生活在同一个地球村，应该牢固树立命运共同体意识，顺应时代潮流，把握正确方向，坚持同舟共济，推动亚洲和世界发展不断迈上新台阶。

第一，勇于变革创新，为促进共同发展提供不竭动力。长期以来，各国各地区在保持稳定、促进发展方面形成了很多好经验好做法。对这些好经验好做法，要继续发扬光大。同时，世间万物，变动不居。“明者因时而变，知者随事而制。”要摒弃不合时宜的旧观念，冲破制约发展的旧框框，让各种发展活力充分迸发出来。要加大转变经济发展方式、调整经济结构力度，更加注重发展质量，更加注重改善民生。要稳步推进国际经济金融体系改革，完善全球治理机制，为世界经济健康稳定增长提供保障。亚洲历来具有自我变革活力，要勇做时代的弄潮儿，使亚洲变革和世界发展相互促进、相得益彰。

第二，同心维护和平，为促进共同发展提供安全保障。和平是人民的永恒期望。和平犹如空气和阳光，受益而不觉，失之则难存。没有和平，发展就无从谈起。国家无论大小、强弱、贫富，都应该做和平的维护者和促进者，不能这边搭台、那边拆台，而应该相互补台、好戏连台。国际社会应该倡导综合安全、共同安全、合作安全的理念，使我们的地球村成为共谋发展的大舞台，而不是相互角力的竞技场，更不能为一己之私把一个地区乃至世界搞乱。各国交往频繁，磕磕碰碰在所难免，关键是要坚持通过对话协商与和平谈判，妥善解决矛盾分歧，维护相互关系发展大局。

第三，着力推进合作，为促进共同发展提供有效途径。“一花独放不是春，百花齐放春满园。”世界各国联系紧密、利益交融，要互通有无、优势互补，在追求本国利益时兼顾他国合理关切，在谋求自身发展中促进各国共同发展，不断扩大共同利益汇合点。要加强南南合作和南北对话，推动发展中国家和发达国家平衡发展，夯实世界经济长期稳定发展基础。要积极创造更多合作机遇，提高合作水平，让发展成果更好惠及各国人民，为促进世界经济增长多作贡献。

第四，坚持开放包容，为促进共同发展提供广阔空间。“海纳百川，有容乃大。”我们应该尊重各国自主选择社会制度和发展道路的权利，消除疑虑和隔阂，把世界多样性和各国差异性转化为发展活力和动力。我们要秉持开放精神，积极借鉴其他地区发展经验，共享发展资源，推进区域合作。进入新世纪10多年来，亚洲地区内贸易额从8 000亿美元增长到3万亿美元，亚洲同世界其他地区贸易额从1.5万亿美元增长到4.8万亿美元，这表明亚洲合作是开放的，区域内合作和同其他地区合作并行不悖，大家都从合作中得到了好处。亚洲应该欢迎域外国家为本地区稳定和发展发挥建设性作用，同时，域外国家也应该尊重亚洲的多样性特点和已经形成的合作传统，形成亚洲发展同其他地区发展良性互动、齐头并进的良好态势。

女士们、先生们，朋友们！

中国是亚洲和世界大家庭的重要成员。中国发展离不开亚洲和世界，亚洲和世界繁荣稳定也需要中国。

去年11月，中国共产党召开了第十八次全国代表大会，明确了中国今后一个时期的发展蓝图。我们的奋斗目标是，到2020年国内生产总值和城乡居民人均收入在2010年的基础上翻一番，全面建成小康社会；到本世纪中叶建成富强民主文明和谐的社会主义现代化国家，实现中华民族伟大复兴的中国梦。展望未来，我们充满信心。

我们也认识到，中国依然是世界上最大的发展中国家，中国发展仍面临着不少困难和挑战，要使全体中国人民都过上美好生活，还需要付出长期不懈的努力。我们将坚持改革开放不动摇，牢牢把握转变经济发展方式这条主线，集中精力把自己的事情办好，不断推进社会主义现代化建设。

“亲望亲好，邻望邻好。”中国将坚持与邻为善、以邻为伴，巩固睦邻友好，深化互利合作，努力使自身发展更好惠及周边国家。

我们将大力促进亚洲和世界发展繁荣。新世纪以来，中国同周边国家贸易额由1 000多亿美元增至1.3万亿美元，已成为众多周边国家的最大贸易伙伴、最大出口市场、重要投资来源地。中国同亚洲和世界的利益融合达到前所未有的广度和深度。当前和今后一个时期，中国经济将继续保持健康发展势头，国内需求特别是消费需求将持续扩大，对外投资也将大幅增加。据测算，今后5年，中国将进口

10 万亿美元左右的商品，对外投资规模将达到 5 000 亿美元，出境旅游有可能超过 4 亿人次。中国越发展，越能给亚洲和世界带来发展机遇。

我们将坚定维护亚洲和世界和平稳定。中国人民对战争和动荡带来的苦难有着刻骨铭心的记忆，对和平有着孜孜不倦的追求。中国将通过争取和平国际环境发展自己，又以自身发展维护和促进世界和平。中国将继续妥善处理同有关国家的分歧和摩擦，在坚定捍卫国家主权、安全、领土完整的基础上，努力维护同周边国家关系和地区和平稳定大局。中国将在国际和地区热点问题上继续发挥建设性作用，坚持劝和促谈，为通过对话谈判妥善处理有关问题作出不懈努力。

我们将积极推动亚洲和世界范围的地区合作。中国将加快同周边国家的互联互通建设，积极探讨搭建地区性融资平台，促进区域内经济融合，提高地区竞争力。中国将积极参与亚洲区域合作进程，坚持推进同亚洲之外其他地区和国家的区域、次区域合作。中国将继续倡导并推动贸易和投资自由化、便利化，加强同各国的双向投资，打造合作新亮点。中国将坚定支持亚洲地区对其他地区的开放合作，更好促进本地区和世界其他地区共同发展。中国致力于缩小南北差距，支持发展中国家增强自主发展能力。

女士们、先生们，朋友们!

亲仁善邻，是中国自古以来的传统。亚洲和世界和平发展、合作共赢的事业没有终点，只有一个接一个的新起点。中国愿同五大洲的朋友们携手努力，共同创造亚洲和世界的美好未来，造福亚洲和世界人民!

最后，预祝年会取得圆满成功!

（来源：中国政府网）

推动中国-东盟长期友好互利合作战略伙伴关系迈上新台阶

——李克强在第十届中国-东盟博览会和中国-东盟商务与投资峰会上的致辞

中华人民共和国国务院总理　李克强

（2013 年 9 月 3 日　广西南宁）

尊敬的各位嘉宾，女士们、先生们、朋友们:

今年是中国-东盟建立战略伙伴关系十周年，也是中国-东盟博览会举办十周年。我们东方许多国家都有通行说法，叫做“十年一大庆”，今天这里高朋满座，充满了喜庆气氛。中国还有一句古话，“十年树木”，中国-东盟战略伙伴关系经历了 10 年历程，这棵大树已经成长起来，枝繁叶茂，硕果累累，现在是收获果实、播种未来的时候。我对中国-东盟关系未来发展充满信心，也代表中国政府对来自各国的贵宾表示热烈欢迎! 对中国-东盟博览会暨商务与投资峰会成功召开表示热烈祝贺!

和平与发展仍是当今世界的主题。中国将始终不渝地走和平发展道路，为本地区和世界繁荣稳定作出积极贡献。周边地区始终是中国外交的重点，处于中国外交的首要地位。中国新一届政府将更加坚定不移地奉行与邻为善、以邻为伴的周边外交方针，更加主动地实现中国发展战略与周边各国发展目标的对接，更加扎实有效地构建共享和平繁荣的命运共同体。

中国与东盟地理相邻，文化相通，血脉相亲，利益相融。中国是第一个加入《东南亚友好条约》的域外大国，也是第一个同东盟建立了战略伙伴关系，第一个同东盟启动并建成自由贸易区的国家。中国-东盟战略伙伴关系建立 10 年来，相互尊重、平等相待、睦邻友好、互利共赢始终贯穿于中国与东盟关系发展的全过程。双方彼此信任不断加强，务实合作日益深化，人文交往更趋密切，各领域合作都取得长足进展，为本地区国家和人民带来了实实在在的利益。

毋庸讳言，我们也注意到本地区还存在一些不利于稳定与发展的干扰因素，但这不是主流。对于南海争议，中方一贯主张，应当由直接当事方在尊重历史事实和国际法的基础上进行磋商，中国政府是有担当的，也愿通过友好协商寻求妥善解决之策。中方认为，南海争议不是中国同东盟之间的问题，更不应该也不可能影响中国-东盟合作的大局。10年前，我们与东盟国家共同制定了《南海各方行为宣言》，有力维护了南海的和平与稳定，切实保障了南海的自由航行。中国将本着负责任的态度，继续与东盟国家全面落实《宣言》的各项规定，在《宣言》框架下，循序渐进，稳妥推进"南海行为准则"的商谈。

在此，我代表中国政府郑重宣布，中国对东盟的睦邻友好政策绝不是权益之计，而是我们长期坚持的战略选择。中方将坚定不移地把东盟国家作为周边外交的优先方向，坚定不移地深化同东盟的战略伙伴关系，坚定不移地与东盟携手，共同维护本地区包括南海地区的和平与稳定。同时，我们将继续支持东盟的发展壮大，支持东盟共同体建设，支持东盟在东亚合作中的主导地位。中国和东盟的关系一定是长期友好、合作共赢的，将充分体现我们之间战略伙伴关系的要义。

女士们、先生们!

当前，国际形势继续发生着日益复杂的深刻变化。发达国家经济出现了一些积极迹象，新兴市场国家和发展中国家市场拓展的潜力巨大，这是有利的积极因素。同时，世界经济正处于深度调整中，全球经济复苏过程还存在很多不确定不稳定因素。国际金融危机的深层次影响尚未消除，债务失控、增长失调、南北失衡等结构性矛盾突出。解决各国面临的困难和挑战，归根到底还是要靠发展。

亚洲拥有全球近一半的人口、三分之一的经济总量，创造了一系列的增长奇迹，长期以来特别是近年来是世界经济发展最具活力的地区之一。但是我们也要看到，亚洲各国发展很不平衡，促进增长、改善民生的任务十分艰巨。近来，受发达国家特别是主要储备货币发行国可能退出量化宽松货币政策预期增强的影响，一些新兴市场国家和发展中国家资本流动逆转，金融市场波动加剧。亚洲一些成员也受到波及，面临资本外流、货币贬值、增长放缓、通胀上升等多重挑战，这引起人们包括一些友好国家的担忧。当前形势下，中国和东盟的主要任务还是发展经济、改善民生。我们应当坚持经济优先、发展优先、民生优先的大方向，把焦点聚集在这里，继续发扬团结协作、同舟共济的精神，携手应对可能发生的和不可预见的风险和挑战，努力保持经济平稳运行和健康发展。这是各方的共同利益所在，也是各国人民的利益所在。

女士们，先生们!

十年来，在各国历届领导人精心培育下，中国与东盟携手走过了不平凡的历程，双方贸易额增长了5倍，相互投资扩大了3倍，开创了合作的"黄金十年"。我们率先建成了世界上最大的发展中国家自由贸易区，顺应了发展的趋势，也给人民带来了实惠。目前，东盟已成为中国第三大贸易伙伴，中国与东盟的经济联系从来没有像今天这样紧密相依。

中国与东盟是天然的合作伙伴。我们同处于工业化、城镇化快速推进的阶段，发展目标和任务相似，推动中国和东盟经济合作发展必将激发出巨大的能量。这两天，我与东盟各国领导人进行了广泛深入的交流，形成了一系列重要共识，一致认为彼此的共同利益在不断扩大。我们既然有能力打造已经过去的"黄金十年"，也有能力创造未来新的"钻石十年"。我们要继往开来，站在新的历史起点上，寻求新的战略突破，在增强政治互信、倡导开放包容的基础上，不断深化务实合作，共同提升中国-东盟合作水平，推动双方战略伙伴关系百尺竿头、更进一步。为此，我提出以下几项合作倡议：

一是打造中国-东盟自由贸易区升级版。中国-东盟自贸区建设开创了亚太贸易投资合作的先河，有力地推动了双边经贸关系的快速发展。面对未来，中方将秉承10年来自贸区建设的传统，积极优先考虑东盟利益诉求，为东盟的发展创造更多更有利的条件。我们愿意本着互利共赢、共同发展的原则，更新和扩充中国-东盟自贸区协定的内容与范围。双方可以考虑深入讨论进一步降低关税，削减非关税措施，积极开展新一批服务贸易承诺谈判，从准入条件、人员往来等方面推动投资领域的实质性开放，提升贸易和投资自由化便利化水平，使中国-东盟自贸区与时俱进，在更广领域、更高质量上打造升级版。我们愿与东盟签订农产品长期贸易协议，积极扩大从东盟进口在中国有市场、有竞争力的商品，力争 2020 年双边贸易额达到 1 万亿美元，今后 8 年新增双向投资 1 500 亿美元。正像东盟是中国周边外交的优先方向一样，东盟也是中国对外投资的优先方向，我们也欢迎东盟企业到中国来投资兴业。

同时，我们愿与东盟一道推动“区域全面经济伙伴关系”（RCEP）谈判，探讨与“跨太平洋伙伴关系协议”（TPP）等区域合作机制交流互动，共同营造开放、包容、共赢的合作环境，促进区域和全球贸易安排“两个轮子一起转”。

二是推动互联互通。我们要加快推进公路、铁路、水运、航空、电信、能源等领域互联互通合作，推动泛亚铁路这个大“旗舰”项目建设尽快逐步启动，实施好一批重大项目。中方将启动新一批专项贷款，发挥好中国-东盟投资合作基金的作用，并且与各方积极探讨构建亚洲互联互通融资平台，为大项目建设提供资金支持。在加强“硬件链接”的同时，加快完善原产地规则实施机制，抓好信息、通关、质检等制度标准的“软件衔接”，为逐步建成基础设施便利化的亚洲创造条件。双方还应扩大投资与产业合作，共同规划建设一批绿色环保、智能高效的产业园区，使你中有我、我中有你。

三是加强金融合作。这对于维护地区金融和经济稳定至关重要。近年来，中国-东盟金融合作取得长足进展，“清迈倡议”多边化协议总规模已扩大至 2 400 亿美元。中方愿继续与东盟成员共同努力，强化多层次区域金融安全网，推动双边本币互换协议的实际运用，鼓励跨境贸易和投资中使用本币进行结算，为东盟机构投资中国债券市场提供更多便利，不断完善区域金融风险预警和救助机制。我相信，本地区成员有能力应对各种困难和挑战，中国-东盟携手合作、相互帮助，一定能保持本地区经济平稳增长和经济金融稳定。

四是开展海上合作。这是双方拓展合作的重要领域。中方倡议建立“中国-东盟海洋伙伴关系”。会上将建立中国-东盟港口城市合作网络。我们已设立 30 亿元人民币的中国-东盟海上合作基金，并正在研究推进一批合作项目，重点是渔业基地建设、海洋生态环保、海产品生产交易、航行安全与搜救以及海上运输便利化等，我们期待着东盟国家积极参与。

五是增进人文交流。中方倡议，把 2014 年确定为“中国-东盟友好交流年”。今后 3 ~ 5 年，中方将向东盟国家提供 1.5 万个政府奖学金名额；向亚洲区域合作专项资金注资，用于深化人文合作。我们要进一步发挥中国-东盟青年联谊会、中国-东盟思想库网络的积极作用，也希望媒体朋友继续关心和支持中国-东盟关系发展，向世界传递更多友好合作、增强信心的信息。中国与东盟国家是你帮我，我帮你，帮你就是帮我，帮我也是帮你，我们互相帮助，可以互利共赢。

女士们，先生们！

这里，我简单介绍一下当前中国经济的情况。今年以来，面对外部市场低迷、经济下行压力加大的复杂局面，我们审时度势，沉着应对，稳定宏观经济政策，及时明确经济运行的合理区间，科学把握宏观经济的政策框架。统筹稳增长、调结构、促改革，系统谋划，综合施策，精准发力，着力释放改革红利，积极促进结构优化，充分发挥市场机制作用。我们坚定不移地朝着这个方向推进，即使在下行压力增大时，也是以改革的措施解决前进中的问题，以结构调整的方式保证经济在合理的“下限”与“上限”之间运行。这些既利当前、更利长远、趋利避害的措施，已经开始显现积极成效。上半年中国经济保持稳定运行。近期数据显示，中国就业和物价稳定，粮食丰收在望，工业生产、进出口、利用外资等主要指标有一定的回升，市场预期明显向好，信心在增强。当然，我们不敢有丝毫松懈，更不敢掉以轻心。我们清醒地认识到，前进中还面临不少严峻困难和挑战，有些是可以预见的，有些是难以预见的。但我们有条件、有能力完成今年中国经济社会发展的主要任务，而且有决心为明年、为未来、为中国经济长期持续健康发展奠定良好基础。中国的发展不仅会增进中国人民的福祉，也会为包括东盟国家在内的世界各国带来更多发展机遇和市场机会。

早在 2000 多年前，中国就与东南亚开通了“海上丝绸之路”，如今我们正在续写历史的辉煌。中国-东盟博览会暨商务与投资峰会十年来办得风生水起，也希望今后一帆风顺，乘风破浪。作为中国-东盟博览会永久会址的南宁，寓意就是南方安宁，而对中国-东盟19亿热爱和平、勤劳智慧的人民来说，有安宁就有繁荣、就有力量。我相信，中国与东盟合作发展之路会越走越宽广，互利共赢的成果会越来越丰硕。

最后，我祝愿各位来宾在本次博览会和峰会期间工作顺利、身体健康！祝愿第十届中国-东盟博览会暨商务与投资峰会取得圆满成功！

谢谢大家。

（来源：新华网）

让互利共赢之路越走越宽广

——李克强在第三届中国-中东欧国家经贸论坛上的致辞

（2013年11月26日　布加勒斯特）

尊敬的蓬塔总理阁下，尊敬的各位领导人，女士们、先生们：

很高兴来到中国的友好之邦罗马尼亚，出席第三届中国-中东欧国家经贸论坛。我谨代表中国政府对论坛的召开表示热烈祝贺！对所有关心、支持并参与中国-中东欧合作的各界人士表示诚挚感谢！

刚才，蓬塔总理对本次论坛的主旨做了阐述，罗马尼亚政府为本届论坛做了周到安排。今天整个会场大厅座无虚席，这预示着中国和中东欧的合作一定会取得累累硕果。几天前，第十六次中欧领导人会晤在北京成功举行，双方共同发表了《中欧合作2020战略规划》，勾画了未来中欧合作的新蓝图。如何把规划变成现实是关键所在，我和我的同事们正是为此而来。欧洲是世界上重要一极，中国支持欧洲一体化进程，一个团结、繁荣、发展的欧洲符合世界和平发展的潮流，符合中国的根本利益。中东欧国家是欧洲的重要组成部分，加强中国与中东欧国家务实合作，有利于中国与中东欧国家各自发展，有利于欧洲平衡发展，可以为中欧全面战略伙伴关系充实更加丰富的内容。

中国和中东欧国家传统友谊积淀深厚。中华人民共和国成立后，中东欧国家率先与新中国建交，给我们以宝贵支持。60多年来，中国与中东欧国家的友好关系经受住了国际风云变幻的考验，历久弥新。近年来，我们共同经历了国际金融危机和欧债危机的冲击，通过巩固团结、深化合作，彼此经贸往来取得新进展。2012年，中国与中东欧国家贸易额连续第二年突破500亿美元，投资额累计接近50亿美元。来自中东欧国家的肉制品、奶制品等商品已进入中国寻常百姓家，中国企业到中东欧国家投资经营日趋活跃，金融领域合作日益密切，各方面务实合作呈现出旺盛的生机与活力。

同时我们也看到，与中国和欧盟的贸易额相比，中国-中东欧国家的贸易额只约为1/10；在中国对欧投资额中，中东欧国家所占比例更小，这也说明其中蕴含着巨大的潜力。中东欧国家作为新兴市场国家，发展势头良好、前景广阔。中国是一个发展中国家，与中东欧国家发展阶段相似，人均收入水平接近，经济互补性很强。中国与中东欧经贸关系已经到了挖掘合作潜力、培育合作亮点、推动加快发展的最佳时机。

女士们，先生们！

当前，世界正经历复杂而深刻的变化，全球经济复苏一波三折。发达经济体刚刚出现一些好转迹象，部分新兴经济体又面临较大下行压力。摆脱国际金融危机的深层次影响，加强国际合作、反对贸易和投资保护主义至关重要。中国与中东欧国家历来有国家不论大小一律平等、相互尊重的传统，在过去合作的基础上，广泛探讨务实合作新举措，不断扩大利益汇合点，实现互利共赢、共同发展大有希望。今天，中国-中东欧国家将共同发表“布加勒斯特纲要”。为有效实施这一纲要，推动中国与中东欧国家全方位、宽领域、多层次互利合作，我愿提出以下建议：

第一，推动贸易规模再翻一番。过去几年，中国与中东欧国家的贸易额翻了一番，但基数并不大。我们应共同努力，力争今后 5 年实现中国与中东欧国家贸易额再翻一番。我们将共同宣布 2014 年为“中国-中东欧国家合作投资经贸促进年”，中方将举办中国-中东欧国家经贸合作部长级圆桌会议、中东欧国家商品展、农业经贸合作论坛等系列活动，以促进彼此贸易快速增长。中方从不追求对中东欧国家的贸易顺差，愿通过多种方式，如增加进口中东欧国家牛羊肉、奶制品等优质农产品及其他产品、扩大中国公民赴中东欧国家旅游等，促进彼此贸易动态平衡。

第二，合作建设一批基础设施大项目。中东欧国家基础设施改造建设任务很重，需要大量引进资金、技术和设备。中国制造已风靡全球，中国装备也日益成熟、完备。特别是在铁路、电力等领域，中方技术设备实力雄厚，建设运营经验丰富。中国装备是有竞争力的、值得信赖的，其性价比是好的。中国愿加强与中东欧国家在高铁和普通铁路、核电与其他电力、公路、港口、电信等领域的合作，尽快启动一批大项目建设，使中国和中东欧之间的投资规模迅速攀升，从而带动贸易规模大幅增长。

合作推动大项目建设需要运用好融资渠道。去年中方设立 100 亿美元专项贷款，受到中东欧国家的欢迎。中方愿与相关申请方一道，在遵循相关国际规则的前提下，积极采取更加灵活方便的方式，确保这笔专项资金落地生根、发挥效用。中国-中东欧投资合作基金首期已经启动，中方支持本国金融机构适时启动该基金的第二期，欢迎中东欧国家金融机构出资参与，也欢迎相关企业积极申报项目。我们鼓励各国金融机构到对方互设分支机构。中方愿与更多中东欧国家签署本币互换和本币结算协议。

第三，积极扩大企业双向投资。中方愿与中东欧国家探讨签署产业投资框架协议，支持有实力的中国企业赴中东欧国家投资。就业是中国和中东欧国家最大的民生问题，中小企业就业容量大，应加强这方面合作，以创造更多的就业岗位。中方愿与各国探讨建立中国-中东欧国家中小企业交流合作平台，举办中小企业投资促进政策研讨会，为中东欧 16 国中小企业在华展览设立专场。中方愿与中东欧国家共同努力，在市场准入、居留签证、劳务许可等方面为对方企业提供更多便利，为企业相互投资、开拓创新创造良好条件。同时，希望各国智库、商会、媒体等发挥各自独特的功能，发出各国携手合作、奋力发展的强有力信号。我相信，中国与中东欧国家合作一定能够跑得更快、更稳、更远。

女士们，先生们!

中国的发展离不开与世界各国合作，世界的繁荣稳定也需要发展进步的中国。今年以来，面对全球经济复苏乏力和国内经济下行压力一度加大的严峻形势，中国政府保持定力，在经济运行的合理区间里，把主要精力放在简政放权、调整结构上，通过放宽市场准入、促进民间投资等举措，激发市场活力，催生社会创造力，释放改革红利。前 10 个月的统计数据表明，诸多经济指标明显回升，中国经济实现了稳中向好。我们完全有把握实现今年中国经济社会发展的主要预期目标，并为明年经济发展打下良好基础，促进中国经济长期增长和持续健康发展。

最近召开的中共十八届三中全会对中国全面深化改革做了重要部署。我们将不断深化改革，进一步扩大对外开放，处理好政府和市场的关系，使市场在资源配置中起决定性作用和更好发挥政府的作用，持续释放社会创造力和内生动力，实现更有效率、更加公平、更可持续的发展，为全面建成小康社会、最终实现中华民族伟大复兴的中国梦奠定坚实基础。

中国改革的全面深化和经济的行稳致远，中国与中东欧国家关系的蓬勃发展，将为各国企业创造巨大商机。据初步测算，从今年到 2020 年，中国从欧洲进口商品累计将达 3 万亿美元，中国企业对欧洲投资额、中国公民到欧洲旅游人数也将大幅度增长。中国改革发展的成果、中国—中东欧合作不断深化，不仅造福中国人民，也将惠及中东欧和欧洲国家人民。

欧洲有句谚语：“一盎司的行动胜过一吨重的语言。”中国古语也说：“坐而言不如起而行。”把我们的蓝图变成现实，需要政府和企业一起行动。只要我们本着平等相待、相互尊重、互利共赢、共同发展的原则，相向而行，共同努力，中国与中东欧国家互利共赢之路一定会越走越宽广，务实合作的成果一定会越来越丰硕，共同发展的前景一定会越来越美好。

最后，预祝第三届中国—中东欧国家经贸论坛圆满成功！

谢谢大家。

（来源：中国政府网）

李克强主持召开国务院常务会议

国务院总理李克强2014年10月8日主持召开国务院常务会议，决定再次修订政府核准的投资项目目录，促进有效投资和创业；听取对中央企业监督检查情况的汇报，推进国企改革发展。

会议指出，顺应社会期待，在去年修订政府核准的投资项目目录的基础上，今年再作修订，是改革投融资体制、持续推进简政放权的重要体现，对于更好实现企业自主投资、更好适应地方发展需要、更好释放投资巨大潜力、抓好有效投资这一促进发展的关键环节，为各类主体创新创业提供更为广阔的舞台，具有重要意义，也有利于减少权力寻租空间，防止腐败。会议确定了以下原则：一是进一步缩减核准范围。对市场竞争充分、企业能自我调节、可以用经济和法律手段有效调控的项目，由核准改为备案。二是进一步下放核准权限。对现阶段仍需核准的项目，明确中央部门和地方责任。三是进一步完善监管。下放的核准事项由地方政府按国家规划进行核准，并落实“各负其责、依法监管”要求，建立完善纵横联动协管机制。会议决定，对城市道路、供水、化肥等15类项目取消核准，改为备案，并运用产业、用地、环保等相关政策和技术标准等手段，提高管理科学性和有效性。除少数另有规定外，境外投资项目一律取消核准。向地方政府全部或部分下放通用机场、非跨境跨省电网等23类项目核准权限。目录经此次修订后，中央层面政府核准的投资事项将比2013年减少40%。会议要求，要坚持放管并重，加强后续监管。依托投资项目在线审批监管平台，结合企业信用信息公示系统，建立投资项目建设信息报告和企业信用档案制度，并向社会公开有关信息。要同步下移监管与核准、备案权限，地方政府和有关部门要认真履行职责，依法查处违法违规行为。用有效的“放”和“管”营造公平竞争的市场环境，激发有效投资和创业的蓬勃活力。

会议听取了国有重点大型企业监事会对中央企业监督检查情况的汇报。指出，去年以来，监事会树立问题导向，依法履行职责，融入治理结构，发挥制衡作用，工作富有成效。从监督检查情况看，中央企业扎实推进改革，加快转型升级，为经济社会发展作出积极贡献，但部分企业存在经营风险，保值增值压力较大。会议强调，下一步，监事会要创新监督形式，进一步提高监督的针对性、有效性，探索推进国有企业财务预算等重大信息公开，参照有关监督机构及上市公司监事会信息披露的做法，采取适当方式，公开监事会对中央企业监督检查情况，主动回应社会关切，努力打造“阳光央企”，有效保障国有资产安全和保值增值，促进企业健康发展。

（来源：中国政府网）

中国对外投资合作之路越走越宽广

——国务院副总理汪洋在第五届中国对外投资合作洽谈会的致辞

(2013 年 12 月 3 日)

各位嘉宾，女士们、先生们：

很高兴出席第五届中国对外投资合作洽谈会，我谨代表中国政府对洽谈会的召开表示祝贺，对远道而来的各国嘉宾表示欢迎！

自由、活跃的国际投资，是企业在全球范围内优化资源配置的重要手段，也是全球经济增长的重要“引擎”。上世纪 80 年代后，跨国投资迅猛发展，产业转移如火如荼，逐渐成为经济全球化的主导力量，深刻影响着世界经济的格局。但是从 2008 年国际金融危机爆发以来，许多跨国公司对外投资的意愿和能力下降。2012 年，全球跨国直接投资总量为 1.4 万亿美元，比 2007 年下降近 40%。如何采取有效措施推动国际投资自由化、便利化，增强各国企业开展跨国投资的信心，促进世界经济强劲、可持续、平衡增长，是摆在国际社会面前的重要课题。

中国是推动国际投资合作的积极力量。改革开放 35 年来，我们坚持积极有效利用外资的方针，累计使用外商直接投资超过 1.2 万亿美元，连续 20 年居发展中国家首位。同时，中国对外投资也从无到有，从小到大，逐渐跻身世界对外投资大国行列。近 10 年，我国对外直接投资以年均 40% 的速度高速增长，2012 年达 878 亿美元，居世界第三位。对外投资的领域也逐步拓宽，从能源资源、简单加工组装向基础设施、高端制造、农业开发、商贸物流、研发设计等领域扩展。投资主体更为多元，民营企业、股份制企业成为对外投资的生力军。

中国对外投资的快速发展，带动了国内企业商品、服务、技术出口，缓解了能源资源瓶颈制约，提升了国内产业技术水平，造就了一批初具国际竞争力、影响力的跨国公司。与此同时，中国的对外投资促进了当地的经济发展，增加了就业和税收，受到了所在国政府和民众的普遍欢迎。2012 年，中资企业在投资所在国交纳的税金超过了 220 亿美元，雇佣外方员工超过 70 万人。今后 5 年，中国对外投资将超过 5 000 亿美元，必将为世界各国经济发展和社会进步做出越来越大的贡献！

女士们，先生们！

中国对外投资取得了长足的进展，但总体看仍处于初级阶段。刚刚召开的中共十八届三中全会明确提出，要推动“引进来”和“走出去”更好结合，促进国内国际要素有序自由流动、资源高效配置、市场深度融合，加快培育参与和引领国际竞争合作新优势。

——我们要改革对外投资管理体制，确立企业和个人对外投资的主体地位，加快推进以核准制逐步向以备案制为主的管理方式转变，规范审计程序，减少审批环节，缩短审批时间，为中国企业走出去“松绑”。

——我们要完善支持对外投资的政策。根据国际惯例，健全财税、金融、保险等配套政策，对国家鼓励的境外项目给予支持。推进本币互换等货币合作，发展人民币跨境融资，支持企业使用人民币开展对外投资合作。支持建设境外合作经贸区，推动企业对外投资集群发展。

——我们要完善对外投资的服务体系。及时发布对外投资合作国别指南，健全境外投资公共信息服务平台。支持金融机构到境外开设分支机构，为企业提供高效便捷的金融服务。加快培育法律服务、会计服务、风险评估等中介机构，支持境外中资企业商协会的建设，为企业走出去牵线搭桥。

——我们要健全对外投资的制度保障。加快完善境外投资法律法规。积极与有关国家商签投资保护、避免双重征税、海关合作、签证，领事保护，司法协助，劳务合作等多双边协定。健全对外投资统计、监测、评价和通报制度，完善重大国别风险评估和预警制度，加强跨境资本流动检测。

——我们要提高对外投资的质量。规范对外投资秩序，加强行业自律，防止恶性竞争。督促企业加强质量管理。引导企业遵守所在国的法律法规，尊重当地风俗习惯，保障员工合法权益，爱护资源和环境，履行必要的社会责任，树立中国企业良好的国际形象。

女士们，先生们！

中国企业对外投资走过了不平凡的历程，但这项事业还很年轻。我相信，有志气、有作为的中国企业家一定会牢牢抓住时代赋予的机遇，积极投身于对外投资合作，在企业国际化经营中大显身手，为中国经济的腾飞和世界的共同发展贡献力量！

谢谢大家！

（来源：中国产业海外发展和规划协会网）

二、有关演讲和访谈

构建互尊互鉴、全面合作、共同繁荣的中欧新型伙伴关系

——在中国社会科学院“大使论坛”上的讲话

外交部副部长　宋　涛

女士们、先生们，朋友们：

很高兴应邀出席中国社会科学院欧洲研究所举办的“大使论坛”特别活动。

“大使论坛”是社科院欧洲所的一个品牌项目，多年来邀请欧洲驻华使节和中国驻欧使节到会演讲，与学者、媒体展开积极互动，在中欧政府和社会之间架起了一座沟通的桥梁，我对主办方为促进中欧关系所作的贡献表示感谢。

自出任主管欧洲事务的中国副外长以来，推进中欧关系进一步发展是我真诚的愿望和努力的方向。今天，我愿借用这个平台，同各位使节、学者分享我的一些体会和思考。

我很高兴地看到，过去一年多来，中欧关系保持了稳中有进的良好势头，取得了一系列积极进展。

政治上，高层往来更为频密，互信加深。据不完全统计，过去一年多来，中欧外长及以上级别的高层交往超过50起。中国与欧盟机构领导人一年之内两次会晤，德国总理默克尔年内两度访华，这在中欧关系史上都较罕见。双方越来越多的人认识到，“中欧是合作伙伴而非竞争对手，中欧合作不是零和游戏，而是互利共赢”。令我印象深刻的是，去年9月第十五次中欧领导人会晤期间，欧洲理事会主席范龙佩说，一个新的欧盟与一个新的中国之间的关系是几十年前无法比拟的，中欧关系为建设和平与和谐世界这一几代人的梦想作出了重要贡献。

经济上，务实合作稳步推进，成果喜人。尽管面对不利的世界经济形势，2012年欧盟仍保持了中国第一大贸易伙伴的地位。双方贸易总额达到5 460亿美元。这已经是“九连冠”的成绩，来之不易。中国企业加快了对欧投资步伐，为欧洲恢复增长和就业作出了一份“中国贡献”。据统计，过去几年中国对欧洲的投资一直大幅增长。去年中国成为年度对德国投资第一大国，对比利时等不少国家的投资超过了他们对中国的投资。双方在新能源、绿色科技、先进制造业等领域的合作也蓬勃发展。

人文上，交流往来持续深入，亮点纷呈。2012年，中国公民首站赴欧盟人数超过150万，在欧洲

留学人员超过20万，现在每天来往中欧两地的航班超过70架次。中国与欧盟机构和一些成员国建立了高级别人文交流对话机制。中欧“文化对话年”、“中法语言年”、中波“中国文化季”等活动和中国作家莫言首获诺贝尔文学奖均产生了积极影响。

今年适逢中欧全面战略伙伴关系建立十周年。过去十年，中欧在政治、经贸和人文领域逐步确立了三大合作交流机制，形成了良好的合作态势，取得了丰硕的合作成果，中欧关系的基础更加坚实。今天，中欧关系正站在新的起点上，面临新的历史机遇。展望未来，我们对中欧关系的前景充满信心。

前不久，中共十八大和“两会”胜利召开，描绘了全面建成小康社会和加快推进社会主义现代化的宏伟蓝图，并选举产生了中国新一代党和国家领导人。13亿中国人民正努力实现中华民族伟大复兴的“中国梦”。这主要依靠我们自身的苦干实干，同时也离不开外部世界的支持与合作。

中国视欧洲为实现“双百”目标的重要合作伙伴。欧洲是发达国家最集中的地区，处于较高的经济、社会发展阶段。随着中国的不断发展，中国对欧洲产品、技术和投资的需求将进一步上升，利益契合点增多，合作空间更加广阔。

中国实现“中国梦”的过程将给欧洲带来巨大的发展机遇。当前欧洲的主要任务仍然是应对欧债问题，恢复经济增长和创造就业。在这三个方面，中国都将发挥更大的作用。欧债问题爆发以来，中国始终传递对欧元区和欧洲一体化的信心，并通过双边和多边渠道，向欧方提供了力所能及的帮助。据预测，中国到2015年进口规模将达10万亿美元，有望成为世界最大进口国和消费市场，这将为欧洲实现增长和就业提供重要的“域外动力”。正如习近平主席在莫斯科国际关系学院演讲时所说，“中国梦”不仅造福中国人民，而且造福各国人民。

中欧在国际舞台上也将有更大作为。中欧作为世界格局中的两支重要力量，都主张世界多极化，反对单边主义，主张维护联合国作用和权威，致力于加强全球治理，应对层出不穷的全球性挑战。双方在反恐、防扩散、气候变化等问题和中东、伊朗等地区热点上需要保持良好沟通与合作。可以说，在当今世界所有事关人类生存与发展的重大问题上，中欧之间有着越来越多的共同利益。中欧携手合作将为维护世界和平、稳定、发展作出重大贡献。

总之，不论是各自发展还是国际事务，不论是当前还是长远，中欧都是彼此不可或缺的重要合作伙伴。未来十年，欧洲在中国外交格局中的作用不会减弱，只会增强。

女士们，先生们!

随着时代的发展，中欧关系应在更高层次上取得更大发展。我们要以创造性思维，为中欧关系确立更高的目标，进一步挖掘和释放合作潜力，更好造福于中欧双方和世界。

我认为，作为世界上最重要的新兴经济体和发达国家集团，中国和欧洲应当也可以建立起一种互尊互鉴、全面合作、共同繁荣的新型伙伴关系。

“互尊互鉴”是指中欧要尊重彼此的重大利益关切，尊重各自自主选择的发展道路，相互包容彼此的不同，相互学习对方的长处，共同推动人类文明进步。这是中欧新型伙伴关系的政治基础。

“全面合作”是指中欧不仅要在政治、经济、文化等各个领域开展合作，还应开展多边和双边、政府和民间、区域和次区域等形式多样的合作。全方位、多层次、宽领域的合作既是中欧建立新型伙伴关系的需要，也应成为中欧新型伙伴关系的特色。

“共同繁荣”是指中欧要进一步深化利益共同体意识，通过不断深化和扩大合作，共同致力于经济增长，并在这一过程中实现更高程度的利益融合，共同实现繁荣。这是中欧新型伙伴关系的前进方向和持续动力。

中欧要建立新型伙伴关系，还应努力实现“两个超越”：一是超越不同意识形态和社会制度的隔阂，在互相尊重、求同存异中开展合作；二是超越传统大国“你输我赢”的零和思维，在相互适应、开放竞争、互利共赢中共同发展。

我相信，中欧构建互尊互鉴、全面合作、共同繁荣的新型伙伴关系，将成为21世纪国际关系的典范，为世界和平与发展的崇高事业作出新贡献。

建立互尊互鉴、全面合作、共同繁荣的中欧新型伙伴关系，需要我们共同不懈地努力。中欧双方各个层次应加强协调沟通，积极推进中欧关系不断迈上新的台阶。

双方应不断增强战略互信。没有信任，就没有合作的基础。中方将继续坚定支持欧洲一体化进程，支持欧洲在国际上发挥重要独立作用。我们也愿在支持欧洲应对主权债务问题上作出新的努力。同时，“礼尚往来”是伙伴之道。希望欧方也以同样的精神，尊重支持中方的核心利益和重要关切。当前，集中精力发展经济、改善民生、保持稳定是亚洲人民的共同心愿，域外国家参与亚洲发展，应该顺应亚洲的发展潮流，顺应亚洲人民的意愿，多做有利于地区和平、稳定与发展的事。

双方应加强务实合作。城镇化是中欧合作的新平台和增长点。双方应加强共同研究规划，积极推进包括绿色科技、可持续发展、社会管理等内容的大城镇化合作。双向投资合作是中欧经贸合作“百尺竿头，更进一步”的推进器。我们继续欢迎欧洲企业来华投资发展，同时将鼓励更多有条件的中国企业对欧投资，使中欧经贸关系更趋均衡。希望欧方为此创造更公平便利的条件。文化产业合作是事关中欧关系民意支持的“民心工程”，也是中欧人文交流的重要载体。双方应通过高级别人文交流等机制，加强在文化、传媒等领域的合作，提升双方民众对彼此和中欧关系的认知和理解。

双方应加强国际协调和配合。中欧关系已远远超越双边范畴，具有日益重要的全球影响。中欧应在努力实现各自经济稳定和增长基础上，积极参与全球经济治理，推动贸易和投资自由化、便利化，反对各种形式的保护主义，共同支持联合国、20国集团等发挥积极作用，更好地维护世界和平、安全与发展。

女士们，先生们！

一个团结、稳定、繁荣的欧洲符合世界与中国的利益。中国是欧洲一体化的有力支持者，不论欧洲处于顺境还是逆境，中方这一立场从未动摇。我们相信，欧洲当前的困难只是暂时的，在渡过难关后必将迎来更好的发展。

欧盟机构是欧洲一体化的成果和象征，也是中欧关系发展的枢纽和平台。尽管欧洲还有一些国家不是欧盟成员，但中国始终高度重视欧盟机构在协调对华政策、促进对华合作方面的积极作用，一直与欧盟机构保持着良好的对话合作。

今年是中欧领导人会晤机制启动十五周年。这一机制对中欧关系发挥了重要的战略引领作用。我们欢迎范龙佩、巴罗佐等机构领导人年内来华举行第16轮中欧领导人会晤，共商中欧发展大计。我们还愿与欧盟机构共同用好战略、经贸、文化等高级别对话机制，使它们对中欧关系发展更加“给力”。十八大确定的中国新发展蓝图与“欧洲2020”战略有很多契合之处，双方应结合彼此发展需要，制订中长期合作规划，尽早启动中欧投资协定谈判，适时开展中欧自贸区的可行性研究，为双方关系注入新的活力。

与成员国之间的关系是中欧关系的重要基础。欧洲国家众多，我们同欧洲国家保持着良好的双边关系。当然，这些双边关系并非千人一面，而是各具特色的。欧洲内部的多样性，在中欧关系中有着生动的体现。

例如，中德、中法关系在中欧关系发展中发挥着重要支撑作用，我们愿意继续加强这种关系。今年中法之间将有许多重要外事议程。中方将与法方一道，精心策划，周密安排，确保有关活动圆满成功、成果丰硕、影响深远。中国同冰岛和瑞士的自贸谈判取得重要进展，我们希望尽快将这两件好事办好。当前中英关系面临一些困难，我们希望英方切实尊重中方核心利益，妥善处理敏感问题，为推动双边关系回到正轨创造条件。

中欧双方有必要不断更新合作理念，创新合作形式，拓展合作领域，以更好地适应新形势和新需求。去年，我们与中东欧16国成功举办首届中国-中东欧国家领导人会晤，提出了加强合作的12项举措，建成了合作工作网络。这样的合作具有很强的针对性，契合双方特点，顺应各自需求，政府、企业、地方各层面的合作热情都被调动起来，效果很好。下一步，根据双方意愿，我们将加强双方在各层次、各领域的合作与创新，例如进一步推动中国与中东欧国家地方之间的合作，加快落实“12 项举措”，用好“100 亿美元专项贷款”，确保双方从合作中更多获益。

不久前，中国同一些南欧国家的农业部长在罗马举行了圆桌会，就在农业领域加强合作达成了重要共识，大家商定尽快召开第二次会议，继续推进相关合作。今后如果条件成熟，中国也愿意与其他欧洲国家探讨开展这种透明、开放、符合双方需求和利益的、与时俱进的合作。

最后，我还想强调一点，那就是中欧应妥善管控和处理好分歧。中欧对民主、人权等问题存在不同主张，中欧经贸往来也存在摩擦，这是事实。世界上没有完全相同的两片树叶。同样道理，再好的伙伴之间也有不同的看法和想法。关键在于，中欧应该历史和全面地看待矛盾分歧，认识到发展是解决一切问题的最好办法，对话磋商是处理有关问题的最好渠道，努力避免双方的分歧影响中欧关系的大局。只有这样，才能真正做到平等相待、互相尊重，维护和巩固中欧关系良好发展势头。

当前中欧之间一个突出问题是欧盟坚持对中国光伏产品等展开“双反”调查。这不仅伤及中国企业的经济利益，更重要的是打击了双方各界发展合作的信心，到头来也会损害欧方的利益，影响欧盟经济增长和就业。欧盟内部对此反对的声音也很高。应该看到，中欧经贸合作规模巨大，出现一些摩擦在所难免，但双方应当本着合作共赢的精神和建设性的态度去面对，而不是动辄采取制裁措施。我们希望欧方高度重视中方关切，通过平等对话和友好协商，妥善处理有关问题，努力提升双方经贸合作水平，做大做好中欧合作的“蛋糕”。

女士们，先生们!

我主管欧洲事务后，已 11 次到访欧洲，同包括在座大使们在内的许多欧洲朋友进行过交谈和接触。同欧洲朋友的沟通越深入，我就越感到中欧之间的共同点远大于分歧，合作面远大于竞争，对中欧关系的信心也就越足。我愿与欧洲朋友一道，为建立互尊互鉴、全面合作、共同繁荣的新型伙伴关系，为创造中欧关系更加美好的明天而共同努力!

谢谢大家!

（来源：中国政府网）

“黄金十年”取得显著成就

——访中国驻东盟大使杨秀萍

新华社雅加达 2013 年 10 月 7 日电（记者 周檬 余谦梁）东亚领导人系列会议将于 9 日在文莱开幕。今年是中国和东盟建立战略伙伴关系 10 周年，中国驻东盟大使杨秀萍在会议前夕接受新华社记者书面采访时说，10 年来，中国与东盟携手走过了不平凡的历程，中国与东盟“黄金十年”取得显著成就。

杨秀萍历数了“黄金十年”里中国-东盟关系取得的显著成就：

一是双方政治互信不断增强。10 年来，双方保持了频繁的双多边高层交往，建立了包括领导人、部长、高官等各个层级的一整套对话合作体制。这极大增进了中国和东盟的相互了解和相互信任，为双方关系发展奠定了良好的政治基础。

二是双边贸易大幅提高。2010 年，双方建成了发展中国家之间最大的自贸区。2012 年，中国与东盟贸易额超过 4 000 亿美元，今年头 8 个月，双边贸易额已达 2 843 亿美元，同比增长 12.5%。目前，中国是东盟第一大贸易伙伴，东盟则是中国第三大贸易伙伴。

三是双向投资快速增长。2002 年年底，中国与东盟双向投资额累计为 301 亿美元。截至今年 6 月底，中国与东盟双向投资额累计超过 1 100 亿美元。东盟已成为中国对外直接投资的第四大经济体和第三大外资来源地。

四是人文交流空前密切。2012 年中国与东盟双方人员往来达 1 500 万人次，是 10 年前的 4 倍。中国和东盟双向留学生人数已超过 17 万人。2012 年，中国赴东盟游客逾 730 万人次，中国已成为东盟第二大游客来源地。

杨秀萍说，中国—东盟关系取得上述跨越式发展，有很多经验值得总结。中国与东盟始终坚持从战略高度和长远角度看待双方关系，加强对话，积累互信，不断拓展双方关系的战略内涵；在处理分歧时，双方始终坚持协商一致、互谅互让等原则；双方坚持通过务实合作促进共同发展，坚持经济优先、发展优先、民生优先的大方向。

展望未来，杨秀萍建议双方在不断增进互信的基础上，进一步推动全方位务实合作，寻求新的战略突破。

（来源：中国政府网）

深化投资合作　实现共同发展

——国家发展和改革委员会（时任）副主任张晓强在第五届中国对外投资合作洽谈会的致辞

（2013 年 12 月 3 日）

尊敬的张国宝会长、胡怀邦董事长、各位来宾，女士们、先生们，朋友们：

大家上午好！首先，我谨代表国家发展改革委，对第五届中国对外投资合作洽谈会的顺利召开表示热烈的祝贺！并非常高兴就中国企业境外投资与大家进行交流。

自世界之交中国实施“走出去”战略以来，中国企业积极利用两种资源、两个市场，境外投资迅速发展。截至 2012 年年底，中国境外投资存量达到 5 230 亿美元，是 10 年前（2002 年年底）的 17. 8 倍，年均增长 33%。2012 年年末境外总资产超过 2. 3 万亿美元，分布在世界 179 个国家和地区，涉及能源资源、机械制造、轻工、纺织、交通基础设施、建筑、房地产、农林牧渔、金融、物流、技术研发和营销网络等多个领域。

2012 年世界经济复苏乏力，企业跨国投资的意愿和能力下降，据联合国贸发会议《2013 世界投资报告》统计，2012 年全球跨国直接投资同比下降 17%，在这样的背景下，中国境外投资实现了逆势增长，同比增长 17. 6%，成为继美国、日本之后世界第三大对外投资国。

2013 年，中国政府围绕去年党的十八大确定的全面深化改革开放的宏伟目标，实行积极主动的开放战略，继续加快实施“走出去”战略，大力推动境外投资便利化，企业境外投资继续保持较快增长速度。今年 1 至 10 月，中国非金融类境外投资达 695 亿美元，比去年同期增长 19. 6%，预计全年境外投资总额将再创新高。而且呈现了新的特点，比如，越来越多的企业运用基金投资、股权收购、企业联合投资等方式开展投资活动。建筑业、科学研究、技术服务、地质勘察业、批发零售业的境外投资同比分别增长了 470%、139% 和 58%。

中国企业境外投资始终秉持“优势互补、互利共赢、共同发展”的理念，主动承担应尽的社会责任和义务。作为负责任的投资者，中国企业通过在当地能源资源开发、加工，增加当地附加值，将资源优势转化为发展动力；通过基础设施投资，与东道国一起建设交通网、通讯设施、城市给排水等，改善了当地生产生活条件；通过主动履行社会责任，与东道国一起建设学校、医院，发展文化体育事业。受到了当地政府和民众的欢迎。

女士们、先生们，朋友们！

推动经济全球化朝着均衡、普惠、共赢的方向发展，实现包容性增长，是各国人民的共同心愿。当前，世界经济仍处于深度调整期，主要发达经济体的结构性问题远未解决，新兴市场经济体增速放缓。受此影响，企业跨国投资的意愿和能力下降，全球投资资金趋紧；国际商品和金融市场投资风险加大；投资和贸易限制性措施明显增多，保护主义抬头。面对国际形势的深刻变化以及经济相互依存度不断加深的客观现实，为实现共同发展，世界各国有责任携起手来，同舟共济，进一步凝聚和巩固推进跨国直接投资便利化和自由化的共识，发挥各自比较优势，通过加强互利共盈的投资合作，推动各国与世界经济实现新一轮增长。

虽然去年中国已经成为世界第三大对外投资国，但与第一、第二名的美国、日本还有很大差距，2012 年的境外投资仅占全球当年流量和存量的 6.3% 和 2.3%，还有很多工作需要我们开拓进取。去年召开的中共十八大提出了全面建成小康社会和全面深化改革开放的宏伟目标，明确了加快完善中国特色社会主义市场经济体制和加快转变经济发展方式的重要任务。刚刚闭幕的中共十八届三中全会进一步明确了构建开放型经济新体制的改革方向。中国将适应经济全球化的新形势，推动对内对外开放相互促进，“引进来”和“走出去”更好地结合，促进国际国内要素有序自由流动，提高资源的配置效益和市场深度融合，加快培育参与和引领国际经济合作竞争新优势，以开放促改革。为此，国家发展改革委将会同有关部门，按照中央的统一部署，继续支持有条件的企业积极稳妥地开展境外投资合作，并做好以下四方面工作：

一是建立健全多双边投资合作机制。目前，中国已累计对外商签 130 多个双边投资保护协定、90 多个避免双重征税协定。在用好这些协定的基础上，还要进一步扩大商签的国家范围。同时要继续建立和完善与重点国家政府间投资促进合作机制，推动实施重点项目，协调解决合作中的问题。共同反对各种形式的投资保护主义行为。

二是加强政策体系建设。进一步推动政策促进、服务保障和风险控制的系统化和制度化。继续完善境外投资产业和国别指引；健全境外投资风险防范和监管机制。规范企业投资和经营行为，引导企业依法经营，善尽社会责任，避免恶性竞争。

三是进一步强化企业的境外投资主体地位，减少行政审批范围和环节。中国政府将适应境外投资形势发展的客观需要，按照市场导向和企业自主决策原则，将对一般性境外投资项目由核准制逐步改变为备案制，进一步促进境外投资的便利化。

四是进一步加强信息和中介服务。整合国内外有关机构和企业的信息资源，建立境外投资公共信息服务平台，提供更完善的信息服务。同时，积极发展与对外投资相关的各类中介机构，支持行业协会和商会发挥自律、协调服务功能。

女士们，先生们！

对外投资合作是世界各国有效参与国际分工和生产要素配置的重要方式，在经济全球化进程中发挥着越来越重要的作用，对于促进世界经济复苏、实现各国共同发展具有重要意义。我们愿与各国一道携手并进，推动投资便利化，促进跨国投资更大发展，不断提高国际经济合作水平，为世界经济复苏增添动力，为世界经济的长期繁荣稳定做出新的更大贡献。

预祝会议取得圆满成功！

谢谢大家！

（来源：中国产业海外发展和规划协会网）

实行更加积极主动的开放战略　全面提高开放型经济水平

商务部部长（时任）　陈德铭

党的十八大报告强调，要适应经济全球化新形势，实行更加积极主动的开放战略，完善互利共赢、多元平衡、安全高效的开放型经济体系。这是在全面总结30多年对外开放实践的基础上，充分反映世情国情新变化提出的新要求，为今后一个时期进一步扩大开放、全面提高开放型经济发展水平指明了方向，对于在更大范围、更广领域、更高水平上推进开放，更好地以开放促发展、促改革、促创新，进而实现全面建成小康社会奋斗目标，具有重要指导意义。

一、对外开放取得举世瞩目的伟大成就

改革开放以来，我国逐步形成了全方位、多层次、宽领域的对外开放格局和具有中国特色的开放型经济体系。特别是十六大以来的10年，我们深入贯彻落实科学发展观，完善对外开放的体制机制，积极应对国际金融危机，开放型经济在逆境中实现平稳较快发展，整体水平迈上新台阶。

开放型经济发展实现历史性跨越。2011年，我国货物贸易进出口规模达到3.6万亿美元，比2002年增长4.9倍，全球排名由第6位上升至第2位。吸收外商直接投资跃升至全球第2位，已连续两年稳定在1 000亿美元以上。2011年，对外投资规模达747亿美元，比2002年增长26.7倍，成为全球对外投资大国。

开放型经济对我国经济社会的发展改革创新作出重要贡献。2011年，我国进出口与国内生产总值之比达到49.8%，外贸对国民经济的拉动作用进一步增强；涉外税收近3.6万亿元，外汇储备3.2万亿美元，外经贸领域吸纳就业1亿人左右。对外开放有效促进了国内技术、商业模式和管理制度创新，推动国内体制改革，带动经济社会全面发展。

开放型经济有力促进了我国国际地位提升。我国已成为众多国家和地区重要的贸易伙伴、外来投资国，是全球经济稳定增长的重要引擎。在全球经济治理中的角色经历了从被动到主动、从外围到核心、从配合讨论到参与决策的重大变化。

同时，我们也要清醒地看到，我国开放型经济发展中不平衡、不协调、不可持续的问题依然突出。主要是外贸增长方式还较粗放，创新能力和国际竞争力还不强；吸收外资结构亟待优化，技术、管理等方面的溢出效应还需进一步增强；走出去规模总体偏小，企业国际化水平还不高。我们对此要高度重视，下大力气加以解决。

二、充分认识实行更加积极主动开放战略的重要性和紧迫性

党的十八大报告指出，坚定不移地推进改革开放，是坚持和发展中国特色社会主义的必由之路。当前，我国发展仍处于可以大有作为的重要战略机遇期，实行更加积极主动的开放战略，是我们把握机遇、应对挑战、赢得主动、赢得优势、赢得未来的客观需要。

世情国情的新变化要求我们实行更加积极主动的开放战略。从国际看，金融危机后，经济全球化深入发展的趋势没有改变，2011年，全球贸易和跨国投资已分别较危机最严重的2009年增长44%和27%。各国更加看重开拓国际市场和吸引国际投资，纷纷提出“出口倍增”、“产业回归”、“再工业化”等政策，抢占全球市场、资源、产业、人才、技术竞争的制高点。虽然世贸组织多哈谈判进展缓慢，但各国加快推进自贸区战略，强化区域次区域合作。美国力推跨太平洋伙伴关系协议，将未来开放重点聚焦到服务贸易和投资领域。各方围绕制定国际经贸规则主导权的争夺更趋激烈。面对国际经贸格局的深刻调整，我们必须进一步扩大开放，在新一轮的国际博弈和竞争中力争主动。

从国内看，通过30多年的改革开放，我国已确立较为成熟的开放型经济，国民经济的发展离不开国际国内两个市场、两种资源，善于利用广阔的国际市场和国际上的各种资源要素，是支撑我国经济

长期稳定发展的重要依托。与此同时，我国的社会生产力、综合国力大幅提升，产业体系更加完备，参与国际竞争与合作的能力明显增强，相较改革开放之初或者10年前加入世贸组织之时，我们更加具备进一步扩大开放的基础和条件。当前，我国的经济发展方式仍较粗放，资源环境约束强化，转变发展方式和优化结构的任务艰巨，制约经济发展的体制机制障碍仍然较多，我们也需要继续通过开放吸纳全世界的优秀文明成果，通过开放助力改革攻坚和发展转型。

面对世情国情的新变化，必须实行更加积极主动的开放战略，才能更好地利用两个市场、两种资源，扩大我国经济发展的运筹空间；才能在国际竞争中不断完善体制机制，激发科技创新、管理创新的活力，提高自主创新能力和国际竞争力；才能在发展中不断提高人民生活水平，实现全面建成小康社会的宏伟目标。

实行更加积极主动开放战略的基本内涵。实行更加积极主动的开放战略，要坚持根据发展改革创新的需要自主推进对外开放。进一步扩大对外开放是我国加快自身发展的自主选择，我们要更好地统筹国内发展和对外开放，以更大的勇气和决心，坚定不移地推进对外开放。要按照完善社会主义市场经济体制和加快转变经济发展方式的要求，选择好扩大开放的重点领域，把握好有序扩大开放的节奏和力度，不断拓展提高对外开放的广度和深度。

实行更加积极主动的开放战略，要善于运用"以开放换开放"的策略营造有利的发展空间。当前我国对外开放面临的国际环境日趋复杂，一方面，各国更加倚重中国经济，希望在中国获得更多的贸易投资机会，也希望中国在国际经济事务中承担更大的责任；另一方面，出于各种原因，我国在对外经济贸易中遭遇的贸易保护主义、投资壁垒等各种障碍持续增多。在这一背景下，我们要实行"以开放换开放"的策略，即以自身的开放换取其他经贸伙伴在货物贸易、服务贸易、双向投资等领域对我开放，营造有利于自身发展的良好外部环境。从更广阔的全球视野看，"以开放换开放"，也有利于增进国际贸易投资的自由化，为全球创造更加开放公正的发展环境。

三、不断完善互利共赢、多元平衡、安全高效的开放型经济体系

实行更加积极主动的开放战略，要立足于完善互利共赢、多元平衡、安全高效的开放型经济体系，加快转变对外经济发展方式，推动开放朝着优化结构、拓展深度、提高效益方向转变。

不断完善全方位的对外开放新格局。引导沿海内陆沿边开放优势互补。创新开放模式，推动沿海地区开放型经济率先转型升级，加快内陆地区培育全球重要的加工制造基地，加快沿边开放步伐，打造分工协作、优势互补、均衡协调的区域开放新格局。形成引领国际合作和竞争的开放区域。巩固东部沿海地区和全国特大城市的开放先导地位，加快从全球加工装配基地向研发、先进制造基地转变，推进服务业开放先行先试。在长三角、珠三角、环渤海地区建设若干全国乃至国际性经济、贸易、航运、金融中心和次中心。培育带动区域发展的开放高地。完善内陆开放布局，鼓励东部与内陆地区共建开发区，在长江、陇海、京广、京九等交通干线沿线，形成若干国际加工制造基地。加快推进沿边省份向周边地区开放，加快重点口岸、边境城市、边境（跨境）经济合作区建设，加强基础设施与周边国家互联互通。

加快培育外贸竞争新优势。提高企业出口竞争力。在巩固提升传统优势的同时，鼓励出口向技术、品牌、质量、服务为核心的新优势转化，促进"中国制造"向"中国创造"跨越。推动加工贸易转型升级，从加工组装向研发设计、核心元器件制造、物流营销等产业链高端拓展。完善外贸促进政策，增强企业技术创新、自我转型的内生动力。大力发展服务贸易。建立健全服务贸易促进体系，努力扩大文化、技术、中医药、软件和信息服务、商贸流通、金融保险等新兴服务出口，扩大研究与开发、技术检测与分析、管理咨询和先进环保污染治理技术等领域的服务进口。积极发展服务外包，完善相关政策措施。推动对外贸易平衡发展。积极扩大先进技术、能源资源、关键设备、零部件进口，适度扩大消费品进口。完善进口管理体制和调控体系，提高进口议价能力。推动发达国家放宽高技术产品出口管制。

促进重要商品进口来源地多元化。健全产业损害预警和进口贸易救济机制，维护重点产业安全。

着力提高利用外资水平。提高利用外资综合优势。把利用外资从主要依靠成本优势转到主要依靠人才、环境、市场上来。完善利用外资法律法规，认真研究国民待遇、准入清单等国际投资规则的通行做法，深化涉外投资体制改革，推进投资环境透明化和便利化。加强知识产权保护，健全市场信用体系，保护投资者合法权益。完善外资并购安全审查机制，依法实施反垄断审查。推动引资、引技、引智有机结合。鼓励跨国公司在华设立地区总部、研发中心、采购中心、财务管理中心等功能性机构，与国内科研机构和企业联合开展技术研发和产业化推广。推动各类产业聚集园区转型升级和有效整合，鼓励外资投向科技中介、创新孵化器等公共科技服务平台建设。

加快实施走出去战略。积极扩大对外投资合作。完善走出去的政策促进、服务保障和风险控制等制度建设。支持企业开展境外投资设厂、基础设施建设、能源开发和农业合作。创新境外经贸合作区发展模式，引导国内企业集群式走出去。提升对外承包工程和劳务合作的质量，培育“中国建设”和“中国劳务”国际品牌。增强企业国际化经营能力。支持企业在全球通过跨国并购、股权置换、境外上市、联合重组等方式，开展资源和价值链整合，在研发、生产、销售等方面开展国际化经营，形成一批有国际影响力的跨国公司。增强应对对外投资合作风险和突发事件的能力，充分保障境外企业和人员合法权益。

统筹双边、多边、区域次区域开放。全面深化双边经贸关系。创新与发达国家合作模式，增进开放互信。深化与新兴市场国家和发展中国家务实合作，实现优势互补、错位竞争，维护共同利益。向最不发达国家提供减免关税待遇。进一步加强和改进援外工作，着力增强受援国自主发展能力，实现共同发展。

积极支持多边贸易体制。坚持世贸组织推动全球贸易投资自由化、便利化的主渠道地位，推进多哈回合谈判。坚决反对任何形式的保护主义，推动建立均衡、共赢、关注发展的多边经贸体制。主动参与国际经贸规则制定，促进国际经济秩序更加公正、合理，营造于我有利的制度环境。加快实施自由贸易区战略，形成东西呼应、区域协调、布局合理的自贸区格局。提高自由贸易区开放水平，深化货物贸易合作的同时，着力提高投资、服务贸易合作水平。

（来源：中国政府网）

促进商务发展提质增效、行稳致远

——访商务部部长高虎城

新华社北京 2013 年 12 月 27 日电（记者王希、雷敏）　在国内外经济环境空前复杂的背景下，今年国内消费、外贸进出口和双向投资能够交出一份怎样的成绩单？国际经贸格局仍在深度调整过程中，2014 年我国如何更好地统筹国际国内两个大局，加快构建开放型经济新体制？商务部部长高虎城 27 日在全国商务工作会议后接受了记者采访。

记者：您怎么评价今年外贸进出口的表现？2014 年的外需前景如何？

高虎城：今年我国外贸进出口又上新台阶，全年预计进出口总额 4.14 万亿美元，增长 7% 以上，出口占国际市场份额继续上升。当前我国贸易大国的地位已经确认无疑，下一步是如何推动外贸转型升级、创造外贸新的比较和竞争优势，从贸易大国走向贸易强国。

从国际组织及研究机构的分析预测看，明年国际经济形势可能有所好转，但不确定性犹存。应该看到，自国际金融危机发生以来，我国企业在外需萎缩压力下不断调整发展方式，显示出强大的创造能力。尽管出口增速较前期有所回落，但仍领先于全球贸易整体以及其他主要经济体的增速。我对明年的出口形势总体是乐观的。在巩固纺织等劳动密集型产业的传统优势外，高铁、火电、装备制造等高技术产业有望成为拉动出口的新增长点。

记者：作为拉动经济增长的“三驾马车”之一，消费的发展一直比较稳定，不知道明年在进一步扩大居民消费方面商务部有何考虑？

高虎城：今年全年我国社会消费品零售总额预计约为23.8万亿元，同比增长13%以上。就深化国内贸易流通体制改革而言，明年我们将重点做好消除地区封锁、打破行业垄断工作，重点解决限制外地商品进入本地市场、设置关卡阻碍产品进出等突出问题。

为充分发挥消费的基础作用，除了积极培育新的消费增长点外，我们将着力完善内贸流通总体布局，提高流通现代化水平；狠抓市场秩序整治，打击侵权假冒，推进商务诚信建设；加强和改善市场调控，保障市场平稳运行。

记者：今年以来，我国在投资审批体制领域的改革新进展格外引人关注。请介绍下接下来商务部在提升双向投资水平方面的工作思路？

高虎城：在全球跨国投资整体不活跃的背景下，我国今年全年预计实际使用外资1 170亿美元，同比增长5%左右，其中服务业占比显著提高。同期，我国非金融类对外直接投资已达880亿美元，增长约15%。预计明年对外投资规模还将进一步扩大。

下一步商务部将统筹考虑外资三法修订、双边投资协定谈判和外商投资管理体制改革，探索建立“备案+审批”的新管理模式。放宽对外投资准入，修订境外投资管理办法，进一步简化核准手续。推动个人境外投资试点工作。

以服务业开放为例，随着我们推动放开育幼养老、建筑设计、商贸物流、电子商务等领域外资准入限制，我国服务业领域必将成为吸引外资的热点，这在上海自贸试验区已初现端倪。当然，我们在进一步扩大开放的同时，还将研究强化事中事后监管，通过建设法治化营商环境，保障内外资企业公平竞争。

记者：近年来中国越来越积极地参与国际经贸规则制定，逐渐从规则的接受者、学习者向参与者、建设者转变，明年我国在参与多双边、区域经贸合作以及国际经贸规则制定方面有何新打算？

高虎城：目前区域性自由贸易安排成为各方关注热点，中国的立场很明确，只要有利于区域投资贸易便利化发展，我们对所有区域合作机制都持开放态度。应该强调的是，我们认为各种自贸安排都是多边体制的有益补充，而不是替代。

在加快实施自贸区战略方面，我们将积极推动中韩、中日韩、中澳自贸区谈判，推进区域全面经济伙伴关系协定（RCEP）谈判，开展中国—东盟自贸区升级版谈判。推进中美、中欧投资协定谈判。抓住多哈回合“早期收获”的达成这一有利时机，切实履行贸易便利化承诺。

（来源：中国政府网）

“走出去”的几个思考

国务院国有重点大型企业监事会主席　罗　汉

一、从中国海油的成长过程说起

（一）中国海油概况

一般而言，开采同样规模的陆地油田和海洋油田，海洋石油的投资是陆地油田的一倍到三倍。中国海油成立前，我国原油年产量仅9万吨。1982年，依据《中华人民共和国对外合作开采海洋石油资源条例》，成立了中国海洋石油总公司，国家给予了较大的政策支持：授予对外合作开采海洋石油的专营权，允许通过银行贷款自筹资金，对进口的海上生产物资给予关税减免，企业所得外汇可留在企业自主使用，所生产原油可以用美元作价并以国际市场价格销售，等等。这些优惠政策有力地推进了中国海油的高速发展：1982—2013 年，总资产增长了 374 倍，从 28 亿元到 10 417 亿元；净资产增长了 250 倍,从 23 亿元到 5 759 多亿元；营业收入增长了 1 471 倍，2013 年实现 5 882 亿元；利润连续三年上千亿；上缴税费增加了 1. 6 万倍，2013 年上缴 1 290 亿元。从 2007 年开始进入世界 500 强，当时排名 469 位，到 2014 年排名 79 位，各方面都保持了很好的增长业绩。

（二）中国海油国际化三部曲

中国海油 32 年的发展史，也是一部中国企业国际化发展史。32 年来，从“引进来”到“走出去”，中国海油伴随着国际化进程发展壮大，走出了一条富有自身特色的国际化发展道路。

第一步：引进来，站在巨人的臂膀上学习成长

从 20 世纪 80 年代开始，中国海油就开始对外合作，而且都是跟国际一流的顶尖大公司合作，如埃克森美孚、雪佛龙、BP、壳牌等等。从上游开采到下游的油田服务都是这样。

中国海油成立伊始，就开展了多轮中国海上合作开发油气资源的对外招标，世界主要跨国石油公司先后参与竞争性投标。在专业服务领域，中海油服共与 25 个国家和地区的 123 家公司进行了合作。

比如，中海壳牌石化项目就是具有世界级规模、国际领先技术和装置、国际一流管理水平的大型中外合资项目。该项目由中国海油和壳牌集团共同投资建设，位于广东大亚湾，占地 260 公顷，投资 42 亿美元，是目前我国投资最大的中外合资石化项目之一。而且该项目建成以后，被壳牌集团树立为全球的样板工程和模范工程，在国内也获得了国家企业管理创新成果一等奖。

在中国海油发展的各个阶段，对外合作在引进资金、分散风险、引进技术、提升管理、培养人才、保护矿区等方面都发挥着不可替代的作用。

第二步：强素质，塑造国际化体制和机制

国际化发展不是简单地走出国门开展业务，更重要的是提高自身素质和能力，通过不懈努力改造企业，使公司的体制、机制、管理、文化等深层要素真正具备国际化的素质，提升公司国际化发展的内在能力。

第一，中国海油从 1993 年开始进行产业重组，形成 4 家地区公司专门做主业，成立 10 家专业公司专门做技术服务。随着合作油田的开发，外国作业者对中国海油的技术服务公司提出了与国际上专业技术服务公司一样的要求，如果达不到要求就中不了标，这对提升专业技术服务公司的水平产生了很强的倒逼作用。在这种产业重组过程中，中国海油形成了以油气勘探开发为主业，天然气储运及发电，炼油、石化、化肥，金融，专业技术服务，综合服务等六大板块，且板块之间产生了良性循环。

第二，公司在产业重组的基础上进一步进行资本重组，把能够上市的资产不断上市。从 2001 年开始的 20 个月内，油公司、工程公司、油田技术服务公司、化学公司等相继进入国际、国内资本市场。截至 2013 年年末，中国海油上市公司的资产占整个集团资产的 70% 以上，5 家上市公司总市值 6 000 多亿元，权益 3 900 亿元。

第三，产业重组、股权重组之后，中国海油进一步完善了治理结构。通过业务流程再造，对传统国有企业集团总部进行改造，建立现代管理机制，进行全新职能定位，从命令和控制型向核心层参与及战略监督综合型转变。核心资产上市以后，为公司改善治理结构提供了良好的基础。

此外，在投资决策体系、项目与资金管理、用人机制等方面也进行了相应的改革。

第三步：“走出去”，积极稳妥地进行海外拓展

中国海油海外并购有三项原则：一是符合产业政策，在选择并购对象时，一定要选择和公司产业政策相符合的，并且能够盈利的资产；二是有利于长远发展，一定要符合公司长期发展战略；三是能够整合成功，要充分考虑并购后的整合问题，选择自己有能力整合的并购资产。

中国海油从1994年开始“走出去”，到2013年年底，先后进行了14次并购，累计并购投资302亿美元，形成了海外油气资产及长期股权投资439亿美元，海外总资产629亿美元；海外业务已遍布40多个国家和地区，海外资产占比达到38%，海外收入比重达到30%，跨国指数向国际一流公司逐步迈进。

中国海油的国际化发展的经验可以总结为七点：与国家发展需要相适应；明确的战略目标和规划；循序渐进的操作步骤；善于学习，打好基础，练好内功；严格的内控体系和比较完善的风险防范机制；国际化人才队伍的培养和聚集；互利共赢的理念和文化的培育。

二、“走出去”的七个“W”

“走出去”既是国家战略，又是企业行为。要以企业为主体，充分发挥政府和社会的支持作用，用好国际国内两个市场、两种资源，走出一条适合自己的发展道路。

笔者认为在“走出去”过程中，要明确七个“W”，即：Why（为什么要走出去），What（出去做什么），When（啥时候去做），Who（谁来做），Where（去哪里做），Which（在哪个领域去做），How（怎么做）。

第一个W（why）：为什么要走出去

“走出去”是国家和企业发展到一定阶段的必然选择。实际上企业发展到了一定的阶段，资源、市场、技术等都会面临不足。因此企业只有走出去，才能更好地分享国际的资源、市场、技术、管理、人才、信息等等。下面举几个例子。

1. 分享国际资源——中国石油国际化经营

我国的原油对外依存度越来越高，截至2013年年底，接近60%。石油资源不够用了，国内很难再找到可持续的接替油田，怎么办？国有企业要承担起这个责任。中国石油从1993年开始就实行了国际化经营。目前，中国石油在全球34个国家管理运作着89个油气合作项目，海外资产达到8 366亿元，占集团总资产的22.4%；海外原油作业产量1.06亿吨，天然气作业产量217亿立方米，油气作业当量1.23亿吨，权益当量5 920.3万吨，连续三年海外油气作业当量突破亿吨。不仅提高了企业自身的竞争力，也为国家做出了重要贡献。

2. 分享国际市场——中联重科收购CIFA

中联重科是专门做水泥、混凝土机械加工的企业，在国内跟三一重工都是很有名气的公司。收购前，中联重科虽然在国内市场名气很大，但是在国际上却没什么影响力。为了寻找更大的市场，2008年中联重科联合弘毅投资、高盛、曼达林基金以2.71亿欧元现金收购的方式，完成了对意大利CIFA公司全部股权的收购，其中中联重科控股60%。CIFA是意大利的家族公司，是欧洲排名第三的混凝土机械品牌，拥有80多年历史，管理良好，虽制造和产能不高，但研发能力强、销售渠道很好。收购完以后，中联重科混凝土机械产品在全球市场占有率跃居全球第一，而且2009年上半年和2010年上半年混凝土产品营业收入同比增长率分别为62%和99%。

3. 分享先进技术——中国化工收购安迪苏

中国化工下属的蓝星集团在2006年1月份以4亿欧元收购了比利时的安迪苏公司。安迪苏是全球最大的专业动物营养添加剂生产商，拥有60多年从事蛋氨酸、维生素A和E的生产经验，主要产品蛋氨酸占全球市场份额的29%，居世界第二。拥有近800项专利技术和世界上最先进的“一二提蛋氨酸”生产技术；营销网络遍及全球140多个国家和地区。我国当时是世界第一大产肉国和肉类消费国，以及世界第二大饲料生产国。蛋氨酸是主要的动物营养饲料添加剂，2005年我国蛋氨酸进口量为12万吨，但蛋氨酸提取技术在国内仍处空白。此收购不仅使蓝星公司拓展了业务范围，更重要的是填补了国内的技术空白，摆脱了长期依赖进口的被动局面，收购后中国化工成为了国内仅有的拥有蛋氨酸生产技术的企业，蛋氨酸产业从无到有，产量位居中国第一、世界第二。

4. 分享先进技术——华为收购 CIP

2012 年 1 月 25 日，华为宣布从东英格兰经济发展署手中收购了集合光电子中心有限公司（以下简称 CIP）的资产。保留该公司的研发团队，形成华为英国研发中心的新核心。CIP 在光电子领域拥有强大的实力，拥有自己的半导体制造基地，可以根据客户要求制作各种不同规格的半导体放大器。CIP 领先世界的混合集成能力还可以让半导体光放大器产品与不同的硅波导相集成。华为通过该收购，一方面加强了光通信技术研发能力，向光通讯上游进军，完善产业链；另一方面加强了华为在基础制造领域的能力，为长远发展打下基础。

5. 分享先进管理——中国化工收购凯诺斯

2006 年 4 月，中国化工集团下属蓝星公司以 2. 325 亿澳元全资收购了澳大利亚凯诺斯公司。凯诺斯公司是澳大利亚最大的乙烯生产商和唯一的聚乙烯生产商，同时其管理能力堪称业界一流，其采用的安全、环保、健康的管理系统（SHE）处于世界领先行列，创造了四年无一起工伤、安全、环保事故的纪录。蓝星公司通过此次收购，不仅延伸了产业链，获得了技术，而且借鉴凯诺斯在公司治理、生产管理、安全环保等方面的先进理念和管理经验，帮助国内企业提高了管理水平。2008 年 12 月，凯诺斯的 SHE 管理体系顺利在蓝星石化天津分公司建成。

国家发展到一定阶段也会把“走出去”作为必然选择。具体到我国主要有以下四个原因：

一是出口导向的外向型经济亟待升级。据预测，到 2015 年我国铜的对外依存度将达到 84. 3%，钴将达到 92. 8%，铂将达到 97. 2%，镍将达到 74. 8%。目前，我国这种国内加工、国际消费、留下污染、送出产品的发展模式是不可持续的。

二是对外投资规模与世界经济地位不相称。我国已经是世界第二大经济体，大型企业数量和规模也位居世界第二，但与之不相称的是“对外直接投资绩效指数（OND）”仍然很低，说明我国对外投资绩效与在世界经济中所处的地位是不相称的。以 2013 年中国和美国 GDP 以及 2014 年进入世界 500 强企业的数量、收入、利润分别占世界的比例看，美国 GDP 占世界 23%，我们占 12%；进入世界 500 强的公司数，美国占 26%，我们占 19%；进入世界 500 强的公司总收入，美国占 28%，我们占 19%；进入世界 500 强的公司总利润，美国占 41%，我们占 16%。说明我们比人家赚钱的本事差很多。

刚才提到 OND。OND 是什么？一个国家对外投资流量占世界对外投资流量的份额与该国国内 GDP 占世界 GDP 份额的比率。数值“1”代表世界平均水平。据国家统计局报告，2009 年发达国家是 1. 1，发展中国家是 0. 72，而我国只有 0. 69，没有达到发展中国家的平均水平。

三是世界发展需要中国做出更大贡献。中国离不开世界，只有融入国际分工，才能获得更广阔的市场、更丰富的资源、更广泛的信息、更先进的技术、更优秀的人才。世界也离不开中国，欧美金融危机以及亚非拉发展中国家的团结协作都需要中国力量。

四是“两个百年”、“中国梦”的内在要求。习总书记提出：“中国坚持改革开放不动摇。中国越发展，就越开放，中国开放的大门不可能关闭。”十八届三中全会公报提出：“适应经济全球化新形势，必须推动对内对外开放相互促进、引进来和走出去更好结合，促进国际国内要素有序自由流动、资源高效配置、市场深度融合，加快培育参与和引领国际经济合作竞争新优势，以开放促改革。”

所以，“走出去”既是国家战略，也是企业战略；是国家和企业发展到一定阶段的必然选择；需要将国家行为和企业行为紧密结合起来。

第二个 W（what），出去做什么

不同阶段、不同行业、不同基础的企业应该有不同的选择。核心就是要紧紧围绕企业自身的发展战略和国家发展需要，做自己力所能及的事；做向产业链高端、高附加值方向发展的事；做支撑国家

发展和崛起的事；做世界需要我们做的事。下面结合例子进行说明。

1. 紧紧围绕企业发展战略，向产业链高端、高附加值方向发展——中国石化收购 ADDAX

中国石化的特长是原油加工，上游弱、下游强，承担了很大的加工任务。为了突破这个瓶颈，中国石化近几年一直在试图到海外去寻找上游资源，控制一些海外原油储量，既为国家保障资源安全，也为自己降低成本。2009 年 8 月，中国石化以 76 亿美元全资收购总部位于瑞士的 ADDAX 公司。这是中央企业迄今为止第二大并购案，被亚洲金融时报评为 2009 年度全球最佳收购奖。该收购给中石化带来了大量的资源收益，2013 年权益油气产量突破 1 000 万吨，成为中石化第一个海外年产突破千万吨的国际化公司。

ADDAX 公司 1994 年成立，是瑞士一家跨国油气勘探开发公司，在西非和中东有 25 个勘探区块。截至 2008 年年末，拥有探明和概算储量 5.36 亿桶。2008 年经营状况良好，全年实现总收入 37.62 亿美金。2008 年下半年后，金融危机严重影响到了 ADDAX 公司，国际的原油期货价格从历史最高点每桶 147 美元降到 2009 年初的 35 美元左右。2009 年一季度，ADDAX 公司净利率从 2008 年的 20.8%，下滑到 2009 年一季度的 1.01%。在这种机遇下，中国石化出手了，收购后，使中国石化在海外的上游资产有了较大提升。同时中国石化采取了很多国际化的措施，管理整合得非常好。

2. 紧紧围绕企业发展战略，向产业链高端、高附加值方向发展——中色控股收购恰拉特

2009 年 7 月 10 日，中国有色控股子公司中色国际与英国恰拉特黄金公司在京签署吉尔吉斯金矿投资合作协议。中色国际以 6 250 万元持有恰拉特黄金公司 19.9% 的股权，成为其第一大股东，并入主吉尔吉斯斯坦的金矿。中色公司成立之初主要从事国际有色金属矿业开发工程建设，在参与一个海外工程建设中，由于开工后外方业主遇到了资金困难，主动邀请中色入股共同开发，中色抓住机遇，调整公司发展战略，稳步推进转型，现已成为有色金属行业的综合性国际矿业公司。

所以，走出去要围绕战略目标“有所为、有所不为”；不能为了“走出去”而“走出去”，要在“走出去”过程中为企业持续创造价值，提升企业的核心竞争力；同时企业“走出去”要与国家战略需要相结合。

第三个 W（when），啥时候去做

一是自己具备了一定基础时，“水到渠成”；二是被收购方有需求或遇到困难时，“互利共赢”；三是国内外政治经济环境适合时，“趁势而为”。下面结合例子进行说明。

1. 自己具备了一定的基础时：“水到渠成”——中国海油从“引进来”到“走出去”

中国海油从对外合作起家，向外国石油公司学习，引进资金、学习技术、培养人才、提升管理，再“走出去”进行由易到难的国际并购，是一个顺其自然、水到渠成的过程。

2. 被收购方有需求或遇到困难时：“互利共赢”——中国海油并购尼克森

尼克森能源公司成立于 1971 年，分别在多伦多和纽约两地上市，该公司在加拿大、美国、英国北海、尼日利亚海上等全球最主要产油区拥有大量常规油气田、油砂和页岩气资源及储量，并有一支高素质的员工队伍。近年来由于营业收入大幅萎缩、盈利能力不强、财务状况不佳等原因，使其备受股东压力。中国海油在几年前就开始关注尼克森，并于 2011 年 11 月以 21 亿美元收购了另一家加拿大公司 OPTI（该公司与尼克森合作持有加拿大阿省的几个油砂项目）。同期中海油与尼克森签署协议成立合资公司，在美国墨西哥湾进行深水油气勘探作业，并由尼方担任作业者。2013 年 2 月 26 日，中国海油宣布以 151 亿美元全资收购尼克森公司。这次成功并购使中国海油获得了近 50 亿桶的油砂资源和近 24 万亿立方米的页岩气，更使其海外油气净产量达到了每年 2 000 万吨，同时有机会影响到全球基准油价布伦特原油（Brent）的定价，使其国际化程度跨上了一个大台阶。

3. 国内外政治经济气候环境合适时：“趁势而为”——中国五矿收购 OZ 公司

2009 年，中国五矿集团旗下的五矿有色金属股份有限公司以 14.32 亿美元收购澳大利亚 OZ 矿业公

司。收购成功的主要原因：一是金融危机影响。金融危机使 OZ 公司股价大跌。到 2008 年 11 月 25 日，OZ 矿业的市值已由 120 亿澳元锐减至 17 亿澳元（约 11 亿美元）。二是长期准备。自 2006 年，五矿就开始关注 OZ 公司，以至于 OZ 公司公开寻求外部解决方案时，能够迅速做出应对 。三是良好的沟通。OZ 公司董事长和首席执行官的鼎力支持对收购成功起到了良好的促进作用。收购之后，五矿得到了资源，保留了原来的管理团队，并且澳大利亚市场的反应也是不错的。

所以，中国企业“走出去”要相时而动，选准时机；既要考虑自身的需要和条件，又要考虑进入对象的需要和状况；同时国家的战略需要和政策导向，以及国际政治经济环境条件，都是选择“走出去”时机的重要因素。

第四个 W（who），谁来做

企业当然是“走出去”的主体，但是国家和社会支持也至关重要。“走出去”过程中，必须充分尊重企业主体地位，提高走出去决策的效率，同时明确投资主体的责任。

下面讲一个负面案例：2009 年 2 月，在时任我国国家领导人和沙特国王的见证下，中国某公司旗下上市公司与沙特王国城乡事务部签署了《沙特麦加萨法至穆戈达莎轻轨合同》。中标价格为 17.7 亿美元。项目采用“EPC + O&M”的总承包模式，由中国公司负责该轻轨项目的设计、采购、施工、系统（包括车辆）安装调试，以及从 2010 年 11 月 13 日起的三年运营和维护。

时任铁道部部长亲自担任项目领导小组组长，商务部领导经常慰问视察。2010 年 4 月商务部部长助理到现场考察后提交《关于沙特麦加轻轨项目有关情况的报告》，时任铁道部部长批示，要求按期保质圆满完成建设任务。

该中国公司总裁曾在内部表示，承建这一项目，政治责任高于一切，只能成功不能失败！工期任务紧张时，公司调集系统内 15 家单位 5 万大军驰援，开展了一场“不讲条件、不讲价钱、不讲客观”的三不会战。2010 年 9 月 23 日，中国公司总裁督办，整道工人拧紧最后一颗螺丝栓，麦加轻轨铁路全线铺通。

截至 2010 年 10 月 31 日，中国公司确认总收入为人民币 120.51 亿元，总成本为人民币 160.45 亿元，另发生财务费用人民币 1.54 亿元，项目净亏损人民币 41.48 亿元。

项目失败的主要原因：一是先天不足。一方面报价过低，沙特政府对该项目进行过多次招标，但均因承建方报价过高而失败，其中沙特国内实力最强的铁路建设集团报价 27 亿美元。但我国公司最终报价 17.7 亿美元。另一方面环境恶劣，施工区域地处高温和特大风沙区，地表温度最高可达 70 摄氏度左右；且严重缺水。二是后天失调。第一，业务量加大、工期缩短。在项目执行过程中，沙特方面提出了新的功能需求，并缩短了工期。第二，设计、用料被人控制。该项目属于 EPC 工程，原本设计、采购、施工等都应由我国公司调度，但执行过程中，设计、用料被指定其他公司负责。第三，当地信誉较差以及拆迁难度人。三是外战外行。一方面不熟悉当地情况，对新市场不熟悉，且没有经过慎重的市场分析；另一方面风险意识较差，事前未对工程风险进行充分评估和防范，且事中未能及时采取止损措施。四是项目主体责任欠清晰，非经济因素影响太大。

所以，要明确企业是“走出去”的主体，企业的境外投资决策权和投资风险责任要对等，国家政府和社会中介要加强支持。

第五个 W（where），到哪里去

简单讲，要到有利于目标实现的、整体风险可控的国家和地区。

一是要到政治相对稳定的地区。根据全球商业风险咨询公司化险咨询公布的“2013 年全球风险地图”，大部分欧美国家以及少部分亚非拉国家属于风险较低的地区。同时也要注意防范区域性的政治风险。目前，我国企业对外直接投资存量的六成、境外承包工程的八成都集中于存在战争、恐怖袭击、

社会不稳定、民族及宗教冲突等比较严重、安全风险较高的亚非拉地区。不少中国企业对政治风险预计不足，缺乏实时监控、风险规避和应对方案。比如，利比亚这个负面案例：2011 年年初利比亚出现政局动荡时，我国企业在利比亚开展的承包工程项目有 50 个，合同金额共计 188 亿美元，但保险覆盖面仅为合同金额的 5.68%，也就是说只能获得不足 7 亿美元的保险赔付。再如，厄瓜多尔国有化：2007 年 10 月 12 日，厄瓜多尔突然以总统令形式宣布，征收高额特别收益金，将外国石油公司额外收入中的 99% 收归国家所有，令我企业的投资损失惨重。

二是要到与中国关系较好的国家和地区。相对而言，像坦桑尼亚、巴基斯坦、也门等跟我们关系比较好一点的国家，还是有点机会，也包括这两年的俄罗斯。

三是要到实现国际化战略突破的关键国家和地区。如华为的“农村包围城市”战略。华为成立于 1988 年，自 1995 年开始拓展海外市场，经过十多年的发展已经成为目前中国全球化程度最高的企业之一。2013 年，国际市场收入占华为集团总收入的 64.8%。其主要的成功经验：一是起点低。华为在“走出去”时，面对的是已经被欧美跨国企业高度垄断的电信市场，华为决定将走出去的起点选在了非洲和亚洲等一些欧美跨国企业“看不上”的第三世界和新兴市场国家。1997 年起，华为开始打入海外市场，最初是在发达国家企业力量相对薄弱的俄罗斯和巴西，在俄罗斯签署的第一单合同只有 38 美元。二是基础实。自主技术水平是企业走出去的核心竞争力，只有掌握了自主技术研发才能在国际市场上站稳脚跟，在国际化中走得更远。无论是自身发展还是海外并购，华为都将提高技术水平作为战略先导。如，华为为了解决在光电子领域研发能力不足的问题，于 2011 年收购了一家规模不大，但在光电子研发领域实力很强的英国机构。三是步伐稳。华为在进行海外并购时，高度重视对并购目标进行客观、全面的尽职调查。除了技术实力和研发能力外，华为重点关注四个方面的问题：第一，并购目标能否与华为产生协同效应；第二，并购要量力而行，主要是以中小企业为主；第三，对企业文化差异、并购后整合的难度进行评估；第四，要考虑政府批准的可能性，规避那些政治因素不稳定的地区。

再如，海尔先进入德国，“擒敌先擒王”。相对华为从低端走到高端，海尔是从高端、从发达国家开始走。海尔在 1990 年刚走出国门时，就决定首先把产品出口到自己的“老师”——德国家门口。虽然海尔通过了德国的安全认证，但是德国的经销商依然不接受海尔冰箱。因为在他们眼里，中国货都是低档货。海尔提出做一个试验：把海尔和德国冰箱的商标揭掉摆在一起，让德国的经销商自己选，挑中谁的就经销谁的。结果德国的经销商最后挑中的是海尔的冰箱，于是一下给了海尔 2 万台订单。这是海尔出口德国的第一笔大订单！

所以，选准“走出去”的地点至关重要：要考虑项目所在地区的政治经济环境，以及与我国的关系；还要考虑本企业的实际需要，实现国际化战略突破。

第六个 W（Which），进入哪个领域

据统计，2012 年中国企业对外投资的行业一共有 12 大类，其中，租赁和商务服务占 30.4%，矿业占 15.4%，批发和零售占 14.8%，金融 11.5%，制造业 9.9%，前五类大概占对外直接投资的 82%。

根据研究，笔者认为下面这些领域里，“走出去”还是有机会的。比如粮食和食品、新能源、高端制造业、房地产、节能减排、新材料、服务业、金融等等。下面举例进行说明。

（1）粮食和食品。“十二五”规划中明确提出要把保障国家粮食安全作为首要目标，加快发展现代农业，转变农业发展方式，扩大农业国际合作，完善有中国特色的农业南南合作发展体系。构建起覆盖上游原料种养、中游加工生产、下游流通销售的完整产业链条，实现资源优化配置。

（2）新能源。新能源需求将持续上升：一方面，国家“十二五”规划要求大力发展的战略性新兴产业，对于建设资源节约型、环境友好型社会具有重要意义。另一方面，国际市场对新能源的需求也将持续增长。根据国际能源署对 2000 年至 2030 年国际电力需求的研究，在未来 30 年内非水力可再生

能源发电量的增长速度要快于其他任何燃料的发电量，在2000年至2030年间其总发电量将增加5倍。

（3）高端制造业。在“十二五”规划中，高端装备制造业成为七大战略新兴产业之一，预计到2020年，高端装备制造业将成为国民经济支柱产业之一。中国装备制造业已经发展到相当大的规模，但总体上说，中国制造业仍以原材料加工和生产劳动密集型产品为主，处于全球产业链的中低端。为实现政府制定的战略目标，中国制造业亟需转型升级，向产业链的高端进发，而走出国门，充分“利用两个市场、两种资源”，是突破技术壁垒、实现这一目标的有效途径。

（4）房地产。中国房地行业在海外投资快速扩张。中国房地产企业的海外投资占总投资的比例由2003年的2%增长到2012年的26%。主要原因：一是国内房市受政策调控影响较大，融资渠道受阻。二是随着越来越多的中国企业和客户走出国门，要求房地产企业的服务延伸至海外。三是人民币升值和大部分海外土地和楼市的永久产权属性，导致海外楼市资产投资价值增大。四是一些国家出台的优惠政策。

随着国家和企业的发展，“走出去”的领域在不断变化和扩张，除了目前能源和工程承包等领域，“走出去”需要不断寻找新的机会和领域，在此过程中需要拓展思路，开拓“蓝海”。

最后一个W（how），怎么做

“走出去”要从企业、政府、社会三个层面来分析。

一是企业层面应该有清晰的发展战略、国际化的理念、完善的体制机制、严密的风控体系、健全的人才保障、灵活的经营策略。第一，清晰的发展战略。我国企业“走出去”必须有清晰的战略思考，将“走出去”纳入企业发展战略规划框架内，在战略牵引下进行对外投资和并购。第二，国际化经营理念。2013年，习近平总书记在周边外交工作座谈会上指出，要找到利益的共同点和交汇点，坚持正确义利观。义，反映的是我们的一个理念，共产党人、社会主义国家的理念；利，就是要恪守互利共赢原则，不搞我赢你输，要实现双赢。有时要重义轻利、舍利取义，绝不能唯利是图、斤斤计较。第三，完善的体制机制。要适应企业国际化发展的需要练好“内功”，理顺产权关系，改革组织结构；完善公司治理，建立现代企业制度；变革管理模式，提高决策效率；提高管理水平，激发组织活力。第四，严密的风控体系。要注意防范“走出去”过程中的各类风险，如政治、法律、事故处置、技术、汇率变动、人力资源、管理、文化等风险。第五，完善的人才保障。培养和吸纳国际经营管理人才是企业“走出去”的必备条件。企业应制定相应的人才战略，通过各种方式和渠道，培养和吸纳人才。一是培养自己的国际化人才；二是吸引我国留学人才；三是整合全球人才资源。第六，灵活的经营策略。据统计，在“走出去”过程当中，有各种模式。比如品牌共享型，以他人的品牌带动自己的产品出去，像TCL，它的优势是自己品牌和国际知名品牌联姻。安营扎寨的模式，在海外建立自己的生产基地，自己建立推广品牌，避免关税壁垒，获得目标国消费者信任，像海尔的做法。借船出海模式，通过收购知名公司或者国际上百强企业，或者国际上成熟团队和销售渠道，这就是联想收购IBM的PC部的做法。产品代理模式，通过海外代理获得一定的利润，这是长虹的做法。农村包围城市模式，这是华为的做法；资源互补模式，强强联手，像三大油的做法；借鸡生蛋模式，我们所有到海外上市的公司都可以归到这种类；星火燎原模式，温州的小企业“走出去”都是星火燎原；股权并购模式，像中投公司，那是国家行为。还有对外承包工程和劳务合作模式，等等。

二是政府层面要从立法、行政管理和服务、维护国际关系、加大政策性金融支持等方面支持“走出去”。第一，我国境外投资的管理一直以国务院各部门颁布的规定为依据，至今没有一部统一的《境外投资法》，而原有的规定大都是以国有企业为目标约束对象，对其他所有制企业没有明确规定。应加快建立我国企业国际化经营的法律法规体系，特别是境外投资、海外投资保险等。第二，我国现有的对外投资管理体制是一个内容广泛、涉及部门较多的综合框架，涵盖外汇管理、宏观调控、对外经济等多个领域，主要涉及的政府部门有外交部、国家发展改革委、财政部、商务部、人民银行、国资委、海关总署、税务总局、工商总局、外汇管理局、银监会、证监会、保监会等等。应进一步提高政府管理的水平和效率，加强财政、税收的支持和引导力度，寓管理于服务之中，通过发布投资指引信息等方式，切实帮助和推动企业“走出去”。第三，中国政府应该积极参与到国际游戏规则的制定过程中去，为企业“走出去”创造合适的空间。特别是像最近美国发起和主导的TTP、TTIP等新的国际贸易规则，需要我国政府高度重视并深入研究。第四，目前，我国稳健的货币政策、巨大的外汇储备以及人民币持续走高的预期等，都对我国企业“走出去”提供了一定的金融支持，但政府还需通过专项基金、保险保障等多种方式加大对企业“走出去”的支持力度。

三是社会层面的支持，包括本土商业银行、投资银行等金融机构，本土律师事务所、会计师事务所等专业化中介，本土保险机构，咨询公司、公关公司、猎头公司等，行业协会、学会、各种论坛组织，媒体等等。第一，本土金融机构的支持。目前，中国企业“走出去”的金融需求尤为突出，主要是融资、信用支持、风险防范、跨境结算等方面需求。亟需我国本土金融机构对我国企业“走出去”提供支持。但是，中国尚没有一家国际性的投资银行可以为中国企业的境外投资提供可靠的服务。我国金融业“走出去”相较于非金融业而言，步伐相对滞后，为我国企业“走出去”提供支持的力度较为薄弱。我国四大国有商业银行虽然规模巨大，但在自身国际化及支持其他企业“走出去”方面还处于初级阶段。第二，本土律师事务所和会计师事务所支持。一方面中国仅有少数几个律师事务所在美国开办办公室，为客户提供美国法律服务，且尚处于起步阶段，规模较小。数据表明，近90%的境内企业的境外投资与并购活动，从交易结构设计、谈判及交易文件起草等各项核心工作均被境外律师事务所掌控。另一方面截至2013年6月30日，国内会计师事务所实现“国际业务收入”仅37.3亿元，占行业总收入的7.3%。第三，行业、协会、学会的支持。行业协会、学会应积极参与国际交流、论坛等活动，为国内企业“走出去”营造氛围，获得有价值的资讯；建立行业协调机和调解机制，帮助在海外投资的国内企业理顺彼此关系，避免恶性竞争；积极与各国政府机构及海外同行业的组织建立联系，保持定期沟通，及时将各国的市场环境、产业政策及相关法律法规的最新情况传达给国内企业。第四，媒体的支持。目前，中国媒体在海外的本土化建设已取得初步成效，但是尚未全面融入东道国的传媒市场，没有真正进入海外受众的生活，在当地影响力比较有限，为国内企业“走出去”服务的能力明显不足，服务效果不太理想。

所以，“走出去”是全民性课题，是企业、政府、社会综合能力的体现，需要多方协同努力；企业是“走出去”的主体，要明确战略，选好策略，遵守规则，防范风险；政府是“走出去”的后盾，要加强宏观指导，创造良好环境，维护正常秩序；社会中介是“走出去”的重要支撑，要大力培育和发展本土化的中介机构。

三、国际借鉴

（一）日韩经验借鉴

我国与日韩的共同点主要是：地理环境和社会文化类似；跨国公司都属于后发型；与欧美相比，在语言上有巨大差异；在开展海外并购之前，都有一段较长的过渡期；都是在经济起飞阶段开始海外并购。不同点主要是：国内市场状况不同；发展时期国际经济背景不同；“走出去”和“引进来”的次序不同；企业体制和治理结构不同；海外并购审批制度不同。

日韩“走出去”的经验：一是简化审批。日本设置了专门的机构来进行海外投资审批和管理。从1969年到1978年，日本政府先后五次放松了对企业海外投资的审批和管制。到20世纪90年代中期，日本政府摒弃了绝大多数海外投资管理的限制。二是税收优惠。韩国政府对企业已向投资地政府缴纳税额的收入免予征税，对于在投资地已享受税收优惠的企业，其在海外被免税的收入在国内也享受免税待遇。三是保险制度。日本政府设立海外投资保险和海外投资利润保险制度；创设了海外投资亏损准备金，以缓解亏损对企业持续运营造成的冲击；并设立了保险基金。四是金融支持。2012 年，日本国际协力银行（JBIC）成立，其前身为日本进出口银行（JEXIM）和海外经济协力基金（OECF），主要宗旨为促进日本在海外资源的开发和获取、维持并提高日本产业的国际竞争力等。JBIC 提供贷款的项目包括中小企业对外投资项目。

日韩“走出去”的教训：一是避免陷入“日本式陷阱”。20 世纪 80 年代，日本人展开的“购买美国”行动，如三菱购买洛克菲勒中心、索尼买下哥伦比亚电影公司、松下购买环球影片公司等。二是未注重本土化。日本企业在进入美国的早期，高度依赖自己的供应商网络，没有注重本土化和努力融入所投资的社区。三是固守陈规。日本经理人固守着“日本经营方式”，往往不会积极地学习新的管理方式。

（二）印度经验借鉴

我国与印度的共同点主要是：人口众多，经济发展迅速；都是正在崛起的发展中国家。不同点主要是：与中国相比，印度的语言和文化方面有着独特的优势；“走出去”主体不同。

印度“走出去”的经验：一是政府支持力度大。印度政府制定了一项促进海外投资的长期战略，并大量简化海外并购的手续。二是并购行业更广。与中国相比，印度公司在 IT、金融、制药、工程等领域的海外收购更活跃。三是上市公司管理更规范。印度政府大力促进本国上市公司的管理规范化，比如要求印度公司内控系统达到类似美国萨班斯法案的要求。四是更善于整合被并购企业。20 世纪 90 年代以来，对外并购企业数是中国的两倍。

（三）国际跨国公司发展情况

跨国公司的发展历程只有 150 年左右，大概分三个阶段，每阶段 50 年左右：第一阶段（19 世纪下半叶—19 世纪末），以获取市场和新资源为主要动因。如拜耳、诺贝尔。第二阶段（19 世纪末—20 世纪 60 年代），以科技作为海外扩张的推动力量。如杜邦公司、通用电气。第三阶段（20 世纪 60 年代至今），立足全球市场，开展国际化经营。如 BP、米塔尔。根据瑞士联邦理工学院的“复杂系统”理论学家 2011 年的研究结果，1 318 家跨国公司控制了全球经济利润的 60% 以上，全球经济大动脉可追溯至一个由 147 家跨国公司组成的“超级实体”，它控制了全球经济中 40% 财富。

下面以印度米塔尔公司为例，看看跨国公司的扩张进程：

在全球钢铁行业中，米塔尔钢铁公司可谓是一家另类的公司，其发展壮大不是通过内部积累，而是通过并购扩张。自 1976 年成立至今 38 年间进行了 31 次并购。米塔尔家族最初在印尼建立了第一家海外钢铁厂 Ispat Indo。从 1989 年开始，通过一系列全球性的收购，拉克希米・米塔尔创建了 LNM 控股（LNM Holdings）和伊斯帕特国际（Ispat International）两家公司。2004 年，拉克希米・米塔尔将 LNM 控股与伊斯帕特国际合并后创立了米塔尔钢铁公司。2005 年，米塔尔钢铁公司出资 45 亿美元收购美国国际钢铁集团，一举成为全球最大的钢铁公司；2006 年 6 月，并购安塞乐钢铁集团，形成安塞乐米塔尔钢铁集团。2013 年，米塔尔钢铁公司总资产 1 123 亿美元，收入 794 亿美元；粗钢产量 9 120 万吨，自有铁矿石产量 5 840 万吨；位居世界 500 强第 91 位，在世界 5 大钢铁公司中排名第一。

米塔尔的成功经验可以概括为六条：一是目标务实。围绕自身核心技术，选择成本低、前景好、技术装备水平高并能在短时间内使其盈利、且目前经营不善的企业。二是团队高效。米塔尔拥有一支具有卓越谈判能力和收购专业知识的队伍。三是条件优惠。米塔尔以承担债务、一定时期内不改变劳动雇佣关系以及承诺注入改造资金为谈判的三大筹码。四是策略灵活。米塔尔从先租赁后收购、先入股后收购，到联合收购，不断探索新的收购方式。五是文化渗透。每收购一个企业，米塔尔都会派资深印度人担任 CEO 并带领一个接管小组，将公司的运作标准和企业文化移植到被收购企业中。六是运行一体化。米塔尔在管理方面具有一整套世界一流的现代化管理模式，并将其应用到被收购企业当中。

再看一个反面案例——高盛与越南金融风波。2007 年，越南经济已经出了问题，可是到了 2008 年 3 月之前，以高盛为首的国际投行一再呼吁大家买入。他们在一篇文章中对越南的评价为：越南概念，亚股新宠。这篇文章是 2007 年 5 月 14 日发表的，文中讲到高盛把越南纳入新钻石 11 国。在这样的力捧下，越南股价、楼价被拉高。而到 2008 年 4 月，高盛撤出了在越的所有资金，之后股价大跌，楼价大跌，只剩下高达 25% 的通货膨胀。

此外，还要吸取一些大型公司失败的教训，不要盲目投资、参股、收购。如，诺基亚成立于 1865 年，是世界著名的移动通信产品制造商，曾借助塞班系统，发展成为全球第一大手机厂商。后因科技创新滞后、战略判断失误等原因，于 2013 年 9 月以 72. 77 亿美元将手机业务出售给微软。再如，柯达成立于 1881 年，曾是世界上最大的影像产品及相关服务的生产和供应商。后因对于数字科技的发展反应迟钝，继续把大量的资金用于传统胶片生产，造成重大战略失误。最终于 2012 年 1 月申请破产保护，目前，已经蜕变为一家小规模的科技公司，专注于商业影像。再如，摩托罗拉成立于 1928 年，曾是世界财富百强企业之一，后因盲目发展、对市场判断失误以及科技水平不足等原因，导致于 2011 年 8 月被谷歌公司以 125 亿美元的价格收购摩托罗拉移动。

四、结语

“走出去”要坚持三条原则：互利共赢、变是永恒、坚守诚信。

互利共赢。中国梦是实现民族复兴的发展梦，是坚持互惠互利的合作梦，是推动世界繁荣的共赢梦。

变是永恒。没有一条道路是畅通无阻的，没有一种方法是四海皆准的，没有一种事物是一成不变的，要生存壮大就得不断地适应变化，在改变自己的过程中改变世界。

坚守诚信。诚信是对外合作的基石，是走出国门的基础，是走向世界的关键。

积极地、审慎地探索和创造

山东省省长、时任中国证监会主席　郭树清

同志们、朋友们：

大家上午好！

今天召开的证券公司创新发展研讨会，备受各方关注。市场期待了很久，我们也做了充分准备。一个会议如果想要真正取得实效，做充分的准备很重要。陈云同志曾经说过，要用 90% 以上的时间做调查研究，解决问题不到 10% 的时间就可以了。为准备这次会议，庄心一同志带领机构部、证券业协会、沪深两家交易所，做了大量调研工作。这次会议下发的文件，会前也广泛征求了意见，文件内容很丰富，希望大家在会议期间继续认真讨论，提出修改意见，把文件改好。会上很多同志要做专题讲话，在座的证券公司老总也会发表非常专业的意见，我就扬长避短，讲几个综合性、一般性的问题。

为什么要开这个会议？经过 20 多年的快速发展，证券行业现在到了历史上最好的时期。有人将过去的发展概括为“野蛮生长”、“清理整顿”和“规范发展”三个阶段，现在还处于规范发展阶段，希望从这次会议开始，进入到创新发展的新阶段。为什么证券业要创新发展？是为了行业繁荣？为了让公司有更多业务？为了适应市场需求？都有一定道理，但不完全，不充分。真正的大背景是，中央经济工作会议、全国金融工作会议都提出，金融一定要提高为实体经济服务的能力。我们的金融服务业虽然有了很大发展，但仍然是一个瓶颈部门。其表现在于，中国储蓄向投资的转化还不够顺畅、不够理想。

作为一个储蓄大国，中国每年的储蓄占 GDP 比例高达 40% 以上，那就是说有大约 20 万亿元，按现在的汇率计算也有 3 万多亿美元，位列世界第一。但是资金的闲置、浪费以及重复建设等问题还很突出，很多企业得不到资金。从总量看，储蓄率非常高，但资本配置的效率不够高。从结构看，大量的资本没有配置到最合适的地方，存在严重的浪费。我们必须正视这个现实：全社会的资金配置，不仅不能说是最优，恐怕也不能说是次优，远远没有达到这个水平。要解决这些问题，在很大程度上就是证券行业和资本市场的责任了。

第一，"两多两难"是我们民族面临的一个挑战。

"两会"结束后我去浙江调研。浙江的同志说，他们现在最难办的问题就是"两多两难"，即：中小企业多，融资难；民间资本多，投资难。金融市场上，需求足够多，供应也足够多，但成交不够多。这个问题，不仅是浙江一个省的问题，也是全国性的问题；不仅是一个金融的问题，也是一个国民经济的问题；不仅是经济的问题，无疑也是一个社会和文化的问题。

世界上似乎还没有出现过这种情况。一方面，我们有极高的储蓄率，按现行统计达到50%左右。2011年年底城乡居民银行存款余额达到34.4万亿元，全部银行存款80多万亿元。这和上世纪80年代、90年代的情况完全不一样，那个时候没有钱。我记得90年代初的时候，北京市修了两公里的地铁，由于那个项目没有经国家计委批准，所以被全国通报。现在北京地铁同时开工100多公里，去年有13条线路在建，欧洲人、美国人都觉得不可思议。目前中国外汇储备是最多的，我们的资本输出在给全世界做贡献。

而另一方面，市场体系发育不平衡，劳动力、土地等要素市场存在一些扭曲，金融市场不够发达，资本市场的问题更加严重。这些问题造成的后果是全社会资本的闲置、浪费和风险集聚。当前，国内有的领域资金十分紧缺，比如中小企业、"三农"、教育、医疗、文化及其他民生服务领域，但有些领域却投资过多，产能过剩，例如许多制造业、重化工业、矿业，在一些地方还包括基础设施、能源交通。至于直接由政府主导的投资，与市场没多少关系，但闲置和浪费更为严重。例如，一些城市兴建了很多体育场馆，每个场馆耗资十几亿、几十亿，但短暂使用之后，许多都长期搁置在那里，这种情况发达国家都极为少见，我们是发展中国家更不该如此。

此外，还有城乡二元分割问题。农民进城从事非农产业还按农民对待，城乡要素资源不能双向流动，发展不均衡十分明显。北京周边几十公里外的农民年收入不到2 000美元，如果把河北省算进来，那就形成一个环北京的贫困带，人均收入才只有2 000元人民币，反差相当大。

这里涉及一个非常深刻的问题，就是资本的稀缺性问题。搞市场经济，无论资本主义也好，社会主义也好，按说资源是稀缺的，现代经济学所有的模型都是以资源稀缺来作为假定前提的，但是在我们这个时代，资本似乎不再那么稀缺。不仅在相对意义上，甚至在绝对意义上似乎也是这样。若按在建房屋的面积来计算，去年中国的房屋建设规模大概是世界的一半，全世界一半的工地在中国。

与此同时，中国的资源浪费问题也很严重，其中既有国有企业，也有民营企业。许多所谓的高科技产业、新兴产业，包括光伏产业、电动汽车、风力发电等在内，重复建设的很多是民营企业。居民个人的浪费也很严重，比如城市居民买了房子不出租，不少进城的农民还在老家建新房，都在那儿闲着，实际等于空置。我们中国人很节俭，很爱储蓄，但是很多人没有贴现、折现、现金流的概念，不知道这是占压了自己的资金，客观上必然会有折旧和利息成本，是损失了机会收益的。所以我说"两多两难"问题是我们整个民族在发展中面临的问题，涉及经济体制的各个领域，当然重要的是价格、金融、财政体制问题，投融资体制则更为直接。解决这个问题很不容易，但是在座的各位投资银行家义不容辞。

第二，不能创新是中国经济和金融的最大风险。

在讨论中国经济问题时，有人认为要吸收借鉴美国、欧洲金融创新过度导致危机的教训，这无疑是非常必要的，但是得出的结论是金融不要创新了。这与中国面临的情况不符。无论是从全局上说，还是具体到金融体系、金融企业，我们最大的危险是不会创新，不能创新。不要认为创新很容易，胡搞乱来不叫创新，真正的创新并不容易。

胡锦涛总书记在去年"七一"发表的重要讲话中，提出了我们党在新时期面临的"四大危险"：精神懈怠的危险，能力不足的危险，脱离群众的危险，消极腐败的危险。这是政治问题和党的建设问题，但也在一定程度上揭示了经济和金融的一个要害问题，就是能力不足。

从一个角度看，传统的发展经济学理论认为，一个国家的经济增长决定的要素首先是资本，发展中国家都不缺劳动力，土地资源等也可以在国际之间调剂，缺少的是资本。所以资本的多寡，曾经可以解释一切经济发展问题。但在当代的发展实践中，这理论几乎丧失了生命力。

从另外一个角度看，在上世纪30年代，欧美经济学界发生过一场关于资本主义和社会主义、市场经济和计划经济优劣的辩论。对于计划经济的优越性，有许多道理可以支撑和印证。最有力的学说是由奥斯卡·兰格提出来的，他说，中央计划局可以模仿市场的价格信号，使全社会的生产非常高效，同时避免市场的盲目性。批驳计划经济的经济学家也拿出了许多过硬的论据，例如消费需求的无限多样性、强迫命令难以持续、平均主义分配会导致激励机制的丧失。更重要的是，以米塞斯和哈耶克为代表的奥地利学派认为，没有货币价格或私人财产的存在，正确的经济计算是不可能达成的。但是，对市场经济捍卫最有力的是熊彼特提出的“破坏性创造”理论。他认为，市场经济的优越性在于不断地创造新技术、新组合、新模式，西方经济确实有危机和周期性，这恰恰是经济有活力和有动力的表现，是其生命力的源泉，因此是一种“破坏性的创造”。经过这么多年，计划经济的试验在一度取得巨大成功后，最终被证明难以持续下去。市场经济也已经不是当年的形态，实践证明自由竞争与宏观调控必须结合起来。然而，一个基本的元素大家都赞同，就是创新。新增长理论的代表人物保罗·罗默认为，对于经济增长贡献最大的是经验、想法和创意，与过去西方经济学中各种增长理论很不一样，那些理论都认为物质、劳动和资本最重要。

总之，从发达国家的经验看，创新推动已经成为现代经济的主流。美国最典型，从最高层次上，占据了全球竞争的优势，占据了现代农业、制造业、服务业所有领域的优势。中国现在是世界上最大的工业国，我们有200多种产品产量全世界第一，钢铁、汽车等制造能力都已远远超过美国，但是我们比较担心高增长后会出现停滞，或者没有高速度的时候就很快出现停滞，也就是“中等收入陷阱”。因为我们的经济基本上是模仿和学习发达国家，在产业链低端从事生产，没有多少自己的创新和创造，只能跟在人家后面一步一步往前挪动，这种增长模式很难永久持续。这正是实体经济强调创新驱动的重要原因。2006年1月，党中央、国务院正式提出到2020年建成创新型国家的战略目标，可以说是反映了经济社会发展的时代要求。实现这个目标，要靠体制机制，要靠人才，要靠许多条件，这是很不容易的。迄今为止，我们还有很多不足，经济中追求数量的倾向、科研中依靠政府的倾向、教育中追求分数的倾向还非常普遍。因此，我们说，不能创新是发展的最大危险。

中国的金融体系也是这样的问题。创新能力不足，监管能力也不足。强调审批的环节太多，市场准入门槛很高，一旦进入市场后，对行为、过程的监管就缺失了。进入成本很高，违法违规的成本很低，这样的市场无法做到高效。为什么说我们的金融体系最大的威胁是创新不足呢？分析一下金融体系中种种奇怪现象也就清楚了。例如，上市企业不能破产，市场化并购太少，公司信用类债券几乎没有违约，这都是很奇怪的现象。按道理债券违约应该是经常发生的，就象破产和倒闭一样，我们这里也没有，尤其是最近几年没有，很奇怪。但实际上经济活动中的风险既没有化解也没有消失，既没有分散也没有转移。在对外开放程度不高的情况下，金融体系的风险在日益积聚。所以，和经济体系一样，创新不足是中国金融体系面临的最大问题。

第三，金融创新迎来了最好的历史时期。

这是业界一致的看法，表现为几个方面：

一是我国产业结构调整，转变发展方式的进程在日益深化，这对金融服务实体经济提出了层出不穷的需求，要为不同规模、不同类型、不同发展阶段的企业提供差异化的金融服务。

二是财富管理成为全社会的迫切需要。不仅个人储蓄要保值增值，社保资金、养老基金、住房公积金也面临投资运营的问题。过去10年，地方管理的养老基金平均回报率扣除通胀后是负的0.9%。

目前，全国企业存款20多万亿，机构存款20多万亿，个人存款30多万亿，其中很大比例需要通过财富管理实现保值增值。

三是利率和汇率市场化改革正在加速深化，金融产品定价和管理市场风险，成为企业和家庭极为现实和普遍的需求。

四是社会各界对推进新一轮证券行业的改革具有较高期望。当前，我国几乎所有行业都正在经历着新一轮的改革，社会普遍呼唤再次去行政化，对于金融行业尤甚。中国金融业和资本市场的改革从没有停止过。上半年，我们按照温家宝总理在《政府工作报告》中的要求，在新股发行、分红、退市等方面加快改革进程。媒体非常关注，但是有的报刊文章把这些叫做所谓的"新政"，这不正确，其实这是证监会一直在做的工作。

五是进一步扩大开放和国际化，使得金融创新具有更好的条件。中国企业和居民个人以各种形式"走出去"的步伐正在加快，如沃尔沃被吉利并购、IBM个人电脑被联想并购，中国人在很多发达国家作为外来居民买房的数量都是数一数二的，这个速度还会加快，世界希望中国有更多的需求，有更多的投资。所以创新也是必然的，否则无法适应需要。例如，我们的证券公司还没有一家能够为海外并购做财务顾问，更多的优势还是在国内，所以我们鼓励大家"走出去"。

六是资本市场已经发育到一定水平，为正常合理的金融创新奠定了坚实基础。经过20多年的改革发展，我国资本市场规模快速扩大，体系不断健全，结构日益优化，监管的有效性切实增强。目前，中国股票市值位居全球第三，债券市场规模世界排名也是第四第五，资本市场已经发育到需要加快创新的阶段了。例如，股票市场因盲目投资和炒作已经付出了巨大的代价，"三炒"的恶劣后果也已尽人皆知，价值投资、长期投资能够得到合理的回报开始逐步成为大家的共识。

中国证券市场还很不成熟，问题还很多，投资回报率较低，投资费用成本过高。但也要看到，短短10年间，中国股票市场的规模从几万亿扩展到20多万亿元，市盈率从平均的50～60倍变成目前的13、14倍，发生了根本性的变化，这种市场结构的改善，为进一步创新提供了基础。再比如，债券的重要性在行业内得到了普遍的认同。债券的规模应当比股票大，金融市场价格体系、估值体系、风险控制体系要建立在债券市场上。国外经验表明，对于投行业务来讲，将来成长潜力最大、收入最多的可能就是固定收益产品。除公开发行的股票、基金、债券外，今后私募、场外交易、柜台交易等理财、债券和股本类创新产品的规模也将快速增长，证券中介服务的增长潜力必将得到进一步释放。

第四，创新必须紧紧围绕实体经济的需要。

一定要牢记，实体经济的需要是金融创新的源泉，否则就成了无源之水、无本之木。亚洲金融危机，特别是爆发于欧美发达国家的全球金融危机，给全球金融行业带来极大震撼，同时也在深刻地警示我们，只有紧紧抓住国民经济的关键领域和薄弱环节，才能取得社会各个方面的理解和支持，证券行业的创新才具有强大的生命力。从商业的角度来说，着眼长远，着眼全局，注重投资的联动效应，做好市场渗透，才能赢得客户。美国的投资银行，经常能找到有潜力的小公司，这种小公司有的就办在居民楼的地下室或车库里，给予及时的数量恰当的资金支持。中国资本市场就缺乏这样的筛选机制和服务能力。作为证券行业，应该支持中小微企业、"三农"、文化创意产业、科技企业，还可以通过市场并购等途径促进其加快发展。明显的例证是，我们对于发展现代农业，抓好食品安全的需求很迫切。比如奶制品行业，若没有现代化企业成长起来，面对诸如千家万户养奶牛的无序局面，挤奶、送奶这样的复杂环节，如何控制风险，又如何能够提高产业竞争力，是个很大难题，而这与金融服务不足又有很大的关系。

投资银行里的人都号称是最聪明的人，针对这些问题应该能够找到好的解决方案。我们比较重视"新三板"，重视中小企业私募债，重视各种投资基金、农产品期货，这对证券行业的健康发展非常有好处。两个证券交易所深入实际，到中西部地区、工业园区进行沟通和联系，期货交易所也做得很好，正在研发许多新的产品，拜访了很多客户，这些都是非常重要的。

除了直接的金融服务以外，间接服务于实体经济的产品和工具同样重要。要积极探索利率互换、外汇远期、国债期货、商品期权等金融工具，切实可以提高资源配置效率，降低风险危害，为实体经济提供间接服务。

第五，创新特别需要理解和包容。

像柯达公司这样的世界知名公司、百年老店，即使倒闭了，也值得人们永远怀念。柯达不仅把胶片做到极致，而且正是它发明了为自己带来灭顶之灾的数码相机。经济发展、技术进步，都会导致企业经营困难，这不是柯达公司一家的问题。我们现阶段的金融创新，有相当多的“拿来主义”，很多实际上不是我们的原创。可以充分学习和借鉴发达国家，这是有利的条件，但是也有其危险性，就是容易简单照搬、食洋不化。创新不可能不犯错误，要懂得宽容，但还是要努力避免犯那种可以避免的错误。

首先，要避免重复我们自己的错误。建议大家一定要认真读一读新近出版的《朱镕基讲话实录》，朱总理在这套书里，不少文章和讲稿都提到我国金融领域中过去曾经出现过的“乱拆借、乱贷款、乱集资”问题，以及证券期货行业挪用客户保证金问题。这些错误警示我们，在创新过程中一定要防止出现一哄而起、一哄而上。永远不要忘记我们曾经有过的“开发区热”、“房地产热”和“股票热”。其次，要避免重复西方发达国家的错误。中国证券公司的杠杆率普遍很低，欧美投资银行是我们的10倍，我们的杠杆率可以提高。但我们可能需要谨慎对待直投业务，我们的直接投资业务平均占4%，美国高盛、摩根占1%，我们还是比较高。

推进证券业创新需要把握的原则是：（1）严格区分公募和私募，逐步完善投资者适当性制度。如果区分得当，一多半的风险可以避免。（2）永远不做自己不懂的产品。要将场外交易和柜台交易纳入登记、备案制度，保持一定的透明度。（3）不取不义之财。一定要牢固树立诚信观念，继承优秀的中国金融文化传统，特别是对客户，一定要有充分的风险提示机制，不欺骗客户、蒙蔽客户，这是好的投资银行和差的投资银行的根本区别。（4）风险敞口始终保持在可以控制的范围内。（5）时刻做好经营状况向最坏方向发展的准备，要有逆周期的拨备。

第六，证券公司应该勇敢地承担起自己的责任。

首先是行业的责任。中国的金融创新主要集中在直接金融领域，间接金融领域也有，但不那么多。也就是说，创新主要集中在证券行业、基金行业、期货行业等方面。当然，我理解的证券行业是一个开放的行业，不能局限为就是109家证券公司26万人。金融行业的相互交叉是必然的，关键是要分业监管、行为监管、公平竞争。

证券业要发展必须开放。要坚持自主渐进、互利共赢、风险可控。自主，不是搞自我封闭、自我保护，而是有利于我们学习先进经验和技术。改革开放后的相当长时期内，我们是以“引进来”为主，这是正确的，也是必然的，因为它符合我们的核心利益。外国人来中国办厂设机构，要求我们开放市场，根据对等原则，我们也可以到对方市场设机构。但我们是发展中国家，需要技术和资本，美国等发达国家对我们开放了市场又有多大意义？因为我们的知识和技术要靠间接的学习和利用，所以以我为主，就是从金融业、国民经济发展的最紧迫的需要出发，从我们金融业发展的现实阶段出发。

我相信，只要具备开放的心态，证券业也好，投资银行也好，发展成熟的速度就会大大加快。我在商业银行工作时深有体会。从2004年开始到现在，有几百家外资银行进入中国市场，但市场份额到现在也只有2%左右，这是平等竞争的结果。外资银行网点不如我们多，对当地的文化不了解，怎么能竞争过中国的银行呢？如果中国的银行也使用先进的管理方式、同样的网络、同样的IT、同样的ATM机，肯定比外资银行好，没有什么做不好的。国有商业银行的重组上市过程中，外资银行参股最高的达到将近20%，有人说中国的银行变成外资的提款机了，如今赚钱了要撤了。外资确实赚了钱，但中国的商业银行在对外开放过程中，技术水平进步了，经验方面提高了，人才培养了，最根本的是劳动生产率迅速接近了发达国家银行。

其次是市场责任。你们是市场的组织者、主要参与者，市场是否有秩序，是否公开、公正、公平，投资者权益是否得到足够保护，证监会有责任，你们在座各位都有责任。比如说发行、退市、分红制度的实施，上市公司的治理，都得靠你们去监督，去教育，去培训。

证券公司上市我们都赞成。但为什么有的公司发行市盈率达到40、50倍？如果市场认可、投资者认可，定80倍也没问题，但投行保荐人必须要说出道理来。对企业的定价绝不能建立在搞关系、讲人情、相互交易、送礼等不公平做法上。要建立诚信档案，严格按照法律追究，法律如果没有规定则可以建议推动修法。总之，要采取最严格、最严厉的措施，遇到一单处理一单。把投资者当傻瓜来圈钱的时代一去不复返了。世界上没有免费的午餐，投资银行家应该最清楚这一点。

最后还有社会责任。这次会议印发的《关于推进证券公司改革开放、创新发展的思路与措施》的征求意见稿，专门有一段写社会责任。表面上看这和创新大会关联不大，是我建议写进去的。

证券公司也好，证券行业也好，必须有强烈的社会责任感。牢固树立诚实守信、依法合规、关心国家、热爱人民、扶贫济困、绿色环保的理念。证券公司党组织和管理层也要讨论是不是有精神懈怠的危险，是不是也有能力不足的危险，是不是存在脱离群众、消极腐败的危险？在座的很多人也是下过乡、扛过枪，在工厂里干过活的，任何时候，不管做什么事，都要和国家人民同呼吸共命运，要尽可能地多到社会基层走一走，多和普通群众在一起聊一聊，这样就和社会保持了一种紧密的联系。每一个机构、每一个企业都应当组织更多的专业或业余活动，深入社会实际。

深交所党委开民主生活会时，一些同志在发言中认真分析了美国和欧洲金融危机的经验教训，提出中国绝不能出现像美欧那样，由于少数金融机构向其管理人员支付与他们的贡献和责任严重脱节的高收入，而造成的对社会的撕裂，即所谓1%和99%的严重对立。我们确实不能也不应该产生这种华尔街式的社会分裂，我们也完全有能力避免这样的结果。

谢谢大家!

（来源：人民网　2012年5月7日在证券公司创新发展研讨会上讲话）

在“2013财新峰会”上的演讲

中国证监会副主席　姜　洋

各位来宾，女士们、先生们：

大家下午好！很高兴参加“2013财新峰会”。首先，我代表中国证监会，对峰会的召开表示热烈祝贺，对大家长期以来给予资本市场的关心和支持表示衷心的感谢。

一个多月前，党的十八届三中全会胜利召开。会议对全面深化改革进行了系统部署，随着会议精神的贯彻落实，必将对我国经济社会发展产生重大而深远的影响。我国资本市场是改革开放伟大实践的产物。过去20多年来，资本市场与经济社会发展战略紧密相连，每一次改革阶段性重点任务的调整，都对资本市场提出了要求、提供了动力，资本市场建设也推动了相关领域的改革进程。这次三中全会通过的《关于全面深化改革若干重大问题的决定》，明确提出了建设统一开放、竞争有序的市场体系，要使市场在资源配置中起决定性作用。要求健全多层次资本市场体系，推进股票发行注册制改革，多渠道推动股权融资，发展并规范债券市场，提高直接融资比重，优化上市公司投资者回报机制，保护投资者尤其是中小投资者合法权益等具体任务，为资本市场改革发展指明了方向。《决定》还提出了积极发展混合所有制经济、推动国有企业完善现代企业制度、建立更加公平可持续的社会保障制度等举措，这都将为资本市场的改革发展提供有力的支持。因此，当前资本市场面临着难得的机遇。上周召开的中央经济工作会议在部署2014年重点工作时，再次提出了优化融资结构、提高直接融资比重的要求。

当前和今后一段时期，我们将深入贯彻落实三中全会和中央经济工作会议精神，加快建设与我国经济社会发展水平相适应的多层次资本市场，更好地促进经济社会转型发展。

一、坚持市场化改革取向，切实提高资本形成、流转、配置的效率

资本市场各项功能的发挥，需要一个结构合理、发展均衡、功能完善、稳健高效的市场体系，也需要一套体系完备、衔接有序、运行高效的体制机制安排。20多年来，我国资本市场取得巨大成就，但总体上仍处于“新兴加转轨”阶段，市场格局以股票为主，债券市场不够发达，期货衍生品功能发挥不充分，在股票市场内部也存在交易所市场规模大、场外市场滞后的结构性问题。同时，市场内部运行机制和外部生态环境的市场化程度也不高，总体还是行政主导型的，依据市场规则、市场价格、市场竞争实现资源配置效益最大化和效率最优化的机制还没有形成。

针对这些问题，一方面，要下大力气健全多层次资本市场体系，形成符合经济发展实际需要的多层次资本市场格局。要优化各层次股票市场制度安排，壮大主板市场，丰富主板的内涵，继续发展中小企业板，改革创业板，加快完善全国中小企业股份转让系统，规范发展区域性股权市场，探索发展证券公司的柜台交易市场。要积极发展统一规范的债券市场。加速发展商品期货市场，稳步发展金融期货市场，推进场外衍生品市场建设。另一方面，要着力健全有利于市场功能发挥和稳定运行的体制机制。要以注册制为目标，积极推进股票发行体制改革，强化信息披露，完善配套制度，改革审核方式，加强市场监管，促进市场主体归位尽责；要以构筑符合我国实际的上市公司退市制度为突破口，健全市场优胜劣汰机制；要以提升市场主体核心竞争力为着力点，健全市场创新发展机制；以维护市场稳健运行为重点，完善市场交易运行机制和风险防范处置机制。

二、坚持法治化取向，推进市场治理体系和治理能力现代化

把市场建设纳入法治轨道，既是资本市场发展的内在规律，也是现代社会发展的迫切要求。经过多年努力，我们初步形成了相对健全的资本市场法律体系，对市场改革发展起到了很好的保驾护航作用。但在市场快速发展过程中，有些领域的制度供给还没有及时跟上，相关创新活动面临不确定性风险；有些领域的法规没有根据新的形势及时修订，从而限制了市场的创新活力；有些领域的法规落实还不够到位，违法违规行为易发多发。

“法制强则市场兴”。要根据新的形势和任务，大力加强法治建设。在法律制度供给方面，要认真总结实践经验，推动《证券法》修改和《期货法》制定，推动出台上市公司监管、私募基金监管、资产证券化等方面的政策法规，推动完善相关司法解释，加快推进证监会部门规章和规范性文件的“立、改、废”，抓紧形成相对科学完备的法律实施规范子体系。在法律制度执行方面，要完善执法机制，统一执法标准，充分借助信息化等手段，大幅提高执法效率，加大执行力度，坚决打击证券期货违法违规行为，切实维护市场秩序，保护投资者尤其是中小投资者的合法权益。

三、坚持国际化取向，增强市场发展动力

近年来，我国经济的国际化程度日益加深，资本市场迫切需要通过国际国内两个市场提高资源配置效率，有效管理各种风险。但目前，我国资本市场总体上仍是封闭市场，对外开放程度有限。今后，必须坚持以开放促改革，以国际化促进市场化、法治化的思路，积极顺应全球经济一体化趋势，密切配合利率、汇率市场化改革和人民币资本项目可兑换进程，积极推进资本市场国际化。将有序提升境内外机构和个人跨境投融资的便利化水平，积极开发跨境、跨市场金融产品，探索多样化挂牌方式和交易机制，逐步放宽证券期货业外资准入限制，鼓励境内外证券期货经营机构差异化“走出去”，等等。

当前，推进资本市场对外开放的一个重点工作是，认真贯彻十八届三中全会关于“加快自由贸易区建设”的决定，支持上海自贸区建设。今年9月份以来，我们按照党中央、国务院的部署，推出了资本市场支持促进自贸区建设的五项措施，积极配合有关方面做好自贸区外商准入负面清单的编制工作，批准上海期货交易所在自贸区设立了国际化的原油期货交易平台——上海国际能源交易中心，批准华安基金等2家基金管理公司、海通期货等5家期货公司在自贸区设立专业子公司。下一步，将进一步研究细化相关政策措施，抓紧制定实施细则，支持自贸区内符合条件的单位和个人按照规定跨境双向投资，为区内金融机构和企业提供国际化的金融交易平台和风险管理工具，依托国际原油期货平台吸引境外投资者参与境内期货交易，切实加强对相关试点工作的监测和管理，牢牢守住不发生系统性风险的底线。

女士们，先生们！

推进资本市场的市场化、法治化和国际化进程，是一项长期的系统工程，需要包括新闻媒体在内的社会各界的大力支持和配合。长期以来，证监会十分注重与媒体的沟通和交流，特别是今年相继成立了新闻办公室，设立了专职新闻发言人，上线运行了官方微博和微信，在回应媒体关切、引导市场舆论方面进行了有益探索，取得了积极成效。今后，将采取多种措施，继续加强与媒体的互动，进一步提高市场和监管的透明度。也希望大家一如既往地关心、支持证监会的工作，更好地发挥监管部门与广大市场主体间的桥梁纽带作用，共同推动资本市场平稳健康发展。

谢谢大家！

（来源：中国政府网）

在2013海峡两岸旅游交流圆桌会议上的讲话

海峡两岸旅游交流协会会长　邵琪伟

（2013年7月19日）

今天，2013年海峡两岸旅游交流圆桌会议在台北召开，我谨代表海峡两岸旅游交流协会，向出席会议的嘉宾表示热烈欢迎！向台湾海峡两岸观光旅游协会及相关各方为举办此次会议所做的精心安排，表示衷心的感谢！借此机会，我就过去五年来两岸旅游交流合作总体情况谈几点体会。

一、过去五年两岸旅游交流合作取得了丰硕成果

在两岸关系和平发展的大背景下，过去五年是两岸旅游交流合作发展速度最快、成果最丰的时期。

一是大陆居民赴台旅游实现了持续健康发展。全面开放大陆31个省（区、市）赴台团队旅游，启动了26个城市赴台试点个人旅游和海西地区20个城市赴金马澎地区个人旅游，大陆赴台旅游组团社已达216家。建立并逐步完善了旅游市场监管、突发事件应急处置等合作机制，大陆居民赴台旅游品质总体良好。

二是两岸旅游交流合作实现了互利双赢。大陆是台湾第一大入境旅游市场，台湾是大陆第三大入境旅游市场，两岸已形成互为重要客源市场的稳定格局。两岸旅游交流合作促进了两岸旅游市场共同繁荣发展，在拉动两岸经济增长、调整产业结构、扩大消费、增加就业、改善民生等方面发挥了积极作用。五年来，据有关方面统计，台湾同胞在大陆旅游消费约277亿美元，大陆游客在台湾旅游消费近156.8亿美元。

三是旅游成为两岸人员往来的主渠道。双向旅游交流人数从2008年的470万人次增至2012年的792万人次，年均增幅14%。大陆居民赴台旅游人数从开放第一年的36万人次增至第五年的208万人

次，年均增幅55%，五年来累计赴台旅游总人数620万人次。通过旅游方式，两岸同胞实现了多渠道、大范围、多层次交流。通过不同阶层人员间双向面对面的交流互动，密切了相互联系，促进了相互了解，增进了相互感情，拉近了两岸人民心与心的距离。

四是两岸旅游交流合作逐步实现机制化和制度化。海旅会与台旅会建立了旅游定期工作磋商机制，共同创建了海峡两岸旅游交流圆桌会议，海峡两岸台北旅展等新平台的作用日益明显。两岸分别在台北和北京设立了"海峡两岸旅游交流协会台北办事处"和"台湾海峡两岸观光旅游协会北京办事处"，成为两岸分隔61年后首次互设具有官方背景的常设机构，为两岸建立更多层次更广领域交流合作平台发挥了先行先试作用，具有里程碑意义。双方在本届会议上还达成了《海峡两岸旅游安全突发事件合作处理共识》。这些机制和平台为扩大两岸旅游交流合作共识，共谋发展提供了坚实保障。

二、对过去五年两岸旅游交流合作的几点体会

自2008年7月开放大陆居民赴台旅游以来，两岸旅游交流合作迈入了一个全新的历史发展阶段，我们共同走过了一段不平凡的历程，体会良多，感悟至深。

一路走来，我们深深体悟到，两岸旅游交流合作符合两岸同胞的共同期待。由于历史原因，两岸交流在过去相当长一段时间里基本处于隔绝状态。1987年，开放台湾退伍老兵到大陆探亲、旅游，打破了两岸自1949年以来长达38年的冰封期。上世纪90年代，两岸旅游虽有互动，但总体来说，还处在单向和小规模交流的层面。随着旅游业在两岸各自经济社会发展中的地位不断提升，两岸旅游业界推动交流合作的诉求更加迫切。两岸同胞期盼互相往来，特别是大陆居民期待到台湾走一走、看一看的梦想能够早日实现。2008年以来，两岸关系实现历史性突破，两岸关系和平发展取得重要进展，开放大陆居民赴台旅游终于得以实现，这是半个多世纪两岸同胞的共同期待。近60年的时间，在历史的长河中也许只是一瞬间，但对当代的两岸人民来说，却是一段漫长的时间。然而让我们感到欣慰的是，今天我们都有幸成为实现开创两岸人员交流新局面的参与者、推动者和见证者。

一路走来，我们深深体悟到，两岸旅游交流合作顺应了两岸关系和平发展的时代要求。五年来，从开放大陆居民赴台团队旅游到试点开放赴台个人旅游，从局部开放到范围不断扩大，从海旅会和台旅会分别建立到两岸互设办事处，从扩大市场规模到推进旅游产业化合作，都离不开两岸关系和平发展的大环境。事实表明，两岸关系和平发展是两岸旅游交流合作不断向前迈进的根本保障，深化两岸旅游交流合作顺应了两岸关系和平发展的时代要求，旅游架起了两岸同胞情感互动交流的桥梁，成为两岸交流合作的"排头兵"，可以为两岸关系和平发展不断向前推进积蓄正能量。

一路走来，我们深深体悟到，两岸旅游交流合作推动了两岸经济社会共同发展。当前，在全球金融危机背景下，两岸都面临产业升级、结构调整和改善民生的繁重任务。旅游业是综合性产业，是拉动经济增长的重要力量。过去五年，两岸均推出了一系列促进旅游业发展的重大举措，旅游业在两岸经济社会发展中的战略地位不断提升，发展环境更加有利。两岸在扩大旅游市场规模、调整旅游产业结构、提升旅游业发展质量等方面的合作空间更加广阔。正是基于这种客观要求和共同利益，过去五年，两岸旅游交流合作顺势而为，步入了快车道，逐步形成了你中有我、我中有你、良性互动、互利双赢的新局面。两岸旅游交流合作带动两岸间人流、物流、资金流、信息流不断扩大，促进两岸交通、基础设施等多领域投资，为保持两岸旅游业平稳较快发展、促进经济社会共同进步做出了积极贡献。

一路走来，我们深深体悟到，两岸旅游交流合作得益于双方共同呵护。五年来，我们始终坚持凡是有利于深化两岸旅游交流合作，有利于推动两岸旅游业繁荣发展，有利于提高两岸同胞福祉，有利于促进两岸关系和平发展的举措，我们都不遗余力地去推动、去落实，这是我们今天能够取得各项成果的基础。这个基础打牢了，也就具备了长远发展的空间。万事开头难，好事要办好。在没有任何经验可循、面对考验和挑战的情况下，我们始终坚守信任与理解，不断累积扩大共识，牢牢把握客观规律，按照积极稳妥、循序渐进的原则，在不断总结经验的基础上逐步出台各项政策措施。不经历风雨，

怎么能见彩虹！要发展就一定会遇到各种不同的困难。在这一过程中，我们始终坚信，办法总比困难多，始终秉持互相理解、互相支持、互不指责的承诺，以真诚的态度、包容的胸怀、创新的精神、共赢的理念，建立完善了各项机制，搭建了多元化交流合作平台，坚持用发展的眼光解决发展中遇到的问题。这一路走来实属不易，取得的成果也固然让我们感到欣慰，但更显弥足珍贵的是双方形成的共识和取得的经验，这是两岸旅游交流合作持续不断向前发展的宝贵财富。

一路走来，我们深深体悟到，两岸旅游交流合作离不开两岸各方共同努力和合力推动。旅游业涉及面广、关联程度高，不仅需要各部门给予支持与配合，也需要相关行业和社会各界的参与和联动。五年来，大陆居民赴台旅游从无到有、从小到大，两岸旅游交流合作从点到线、从线到面，是两岸各方共同努力、合力推动的结果，凝聚着两岸各有关方面的智慧与辛劳。在此，衷心感谢两岸广大旅游业者的不懈努力；感谢两岸出入境管理、航空交通部门以及金融、保险等机构不断出台便利化措施，增加扩大航线航点，提供保障和服务；感谢两岸社会各界、两岸民众和舆论给予的关心和支持。可以说，两岸旅游交流合作取得的任何点滴成绩，成长发展中的每一步，都是两岸各有关方面共同努力推动的结果。

三、继续巩固和深化两岸旅游多领域合作，为两岸关系和平发展做出新贡献

今年 6 月 21 日，海协会与海基会在上海签署了《海峡两岸服务贸易协议》，涉及商业、通信、建筑、健康、旅游、金融和文化娱乐等多个领域，为促进两岸服务贸易自由化、实现互利双赢创造了更加有利条件。旅游是服务业的重要组成部分和关联度高的产业，协议中多领域的开放，为深化两岸旅游交流合作开辟了更加广阔的空间。

当前，大陆方面提出要把旅游业培育成国民经济战略性支柱产业和人民群众更加满意的现代服务业两大战略目标，设立了“旅游日”，发布了《国民旅游休闲纲要》，新颁布的《旅游法》也将于今年 10 月 1 日正式施行，预计到 2015 年，大陆旅游业增加值占 GDP 的比重将提高到 4.5%，占服务业增加值的比重将达到 12%。台湾方面提出将旅游业作为优先发展的六大重点产业之一，加快推进实施《观光领航拔尖方案》，确定了 2016 年实现 1 600 万人境旅游人次目标。

我们应紧紧抓住当前两岸关系和平发展、经贸合作不断深化的有利时机，坚持稳步推进、全面发展，不断总结经验，扩大共识，继续巩固和深化两岸旅游交流合作。借机机会，对未来两岸旅游交流合作发展方向和重点提出如下 6 项建议：

一是扩大人员交流总量，争取早日实现双向旅游交流达到 1 000 万人次的目标。

二是推动两岸旅游产业化合作。重点开展旅游投资、旅游装备制造、乡村旅游、金融服务、旅游保险、智慧旅游、旅游出版等领域的合作，探索两岸旅游双向投资新途径，充分发挥旅游在促进两岸经济社会发展中的积极作用。

三是完善交流合作机制。进一步提升和丰富已有旅游交流合作平台功能与内涵，建立健全两岸旅游保险、安全、突发事件应急处置等各项机制，着力构建更多不同层次、不同领域旅游交流合作机制，为促进两岸旅游交流合作发展提供机制化和制度化保障。

四是共同提升旅游品质。完善两岸旅游诚信经营体系，不断创新旅游服务方式，共同提高旅游服务质量，积极维护两岸双向旅游市场健康有序发展，努力为两岸同胞创造更加满意的旅游环境。

五是深化区域旅游合作。多方式深化两岸旅游合作，创新合作载体和模式，发挥区域旅游合作在两岸旅游合作发展中先行先试和示范作用。鼓励两岸旅游企业尤其是有较强经济实力、管理能力、创新能力的企业开展合作。

六是双向培养旅游专业人才。鼓励两岸旅游院校、研究机构在人才培养、职业教育、学术交流等方面开展合作，支持更多的两岸旅游专业青年学子成为促进两岸旅游交流合作的新生力量，为两岸旅游业可持续发展提供人才支持和智力保障。

各位嘉宾、各位朋友，让我们站在新的历史起点上，继往开来，共创新局，努力打造两岸旅游交流合作的升级版，为增加两岸同胞福祉、促进两岸经济社会进步和两岸关系和平发展做出新的更大的贡献！

（来源：中国政府网）

中国的过剩产能可以“走出去”

——访中国国际经济交流中心常务副理事长郑新立

当前中国经济的症结是什么，经济学界莫衷一是。中国国际经济交流中心常务副理事长、中共中央政策研究室原副主任郑新立昨日表示，产能过剩是其中最大的一个矛盾，可能会刺破一些房地产泡沫和地方融资泡沫，因此要慎重、积极地去解决产能过剩。

郑新立昨日在上海财经大学举办的“2014 中国产业经济高端论坛”上接受《第一财经日报》采访时发表了上述看法。他还说，“去产能化”对于中国银行业的资产安全状况会产生一定影响，但问题不大。

去年 10 月公布的《国务院关于化解产能严重过剩矛盾的指导意见》（下称《指导意见》）称，受国际市场持续低迷、国内需求增速趋缓影响，我国部分产业供过于求，矛盾日益凸显。2012 年底，我国钢铁、水泥、电解铝、平板玻璃、船舶产能利用率分别仅为 72%、73.7%、71.9%、73.1% 和 75%，明显低于国际通常水平。

从 2012 年年底起，相关部委一直强调本轮“去产能化”要“消化一批、转移一批、整合一批、淘汰一批”过剩产能。郑新立说，四个“一批”要同时运用，且要尽可能地通过转移和整合提高来解决产能过剩问题，减少淘汰。

国务院总理李克强所作的今年政府工作报告对于三个行业给出了明确的量化任务：今年要淘汰钢铁 2 700 万吨、水泥 4 200 万吨、平板玻璃 3 500 万标准箱等落后产能。

作为中国第一产钢大省，河北是“去产能化”任务最为艰巨的省份，按照规划，到 2017 年底，河北计划削减钢铁产能 6 000 万吨，也就是说，目前该省钢铁产能的 1/3 将被淘汰。

郑新立表示，虽然过剩的钢铁产量对中国是一个包袱，但对周边国家及非洲、南美不少国家来说还是非常需要的，比如柬埔寨一年需要 200 万吨钢，但自己没有炼钢能力，全靠进口，而且柬埔寨还有富铁矿，距西哈努克港不远，“如果我们把河北的钢厂搬到柬埔寨海边，利用它的铁矿石就地生产，应该可以满足柬埔寨的需要，而且还可以外运。所以要尽可能地采取转移的方法。”

至于“去产能化”对银行资产状况可能的影响，郑新立表示，会有一定的影响，但因为银行建立了贷款责任制，且要终身负责，“现在看来不至于产生大面积的影响经济波动的破产，以及银行不良资产的大幅增加。”

但郑新立也表示，“去产能化”要解决的问题中，最难的就是就业。根据《指导意见》，各级政府要将化解产能严重过剩矛盾中的企业下岗失业人员纳入就业扶持体系。

郑新立说，就业要靠发展新兴产业、服务业。目前我国第三产业增加值占 GDP 的比重达 46%，但第三产业从业人员占全社会从业人员的比重只有 36%，比发展中国家平均水平低 14 个百分点。若能提升到这个平均水平，就意味着增加 1.1 亿个就业岗位。

关于日前山西海鑫钢铁、浙江兴润置业出现的债务违约事件，郑新立表示，个别企业出现债务违约，可能是正常的，企业由于市场经营决策失误或其他原因出现的偿债难，需要破产程序来解决。

至于地方政府融资平台的偿债问题，郑新立表示，应调整政府前几年建设的一些项目的债务结构。

因为过去政府搞的大多为民生工程和城市基础设施项目，这些工程需要长期融资，用了不少银行贷款。现在这些短期债务到期了，可允许这些项目的公司发行长期债券，把短期债务置换出来，增加长期债务。

郑新立说，即使到期还不了，也不要匆忙将其作为呆坏账核销掉，而是可展期三五年，地方政府还是有还款能力的，因为它们拥有很多资源，财力也在增长。

近期许多投行下调了中国经济今年的增长预期，普遍认为将低于7.5%这一全年目标。郑新立认为，还是有可能超额完成7.5%的增长任务的，“上个月有一位专家预测今年经济增长速度可以达到8%，我是赞成他这个预期的。”

（来源：《金融时报》网　2014年3月25日）

深化闽台经贸合作　促进两岸共同繁荣

中共福建省委书记、省人大常委会主任　尤　权

党的十八大提出，要持续推进两岸交流合作，深化经济合作，厚植共同利益，实现互利共赢。福建省要切实按照中央的战略部署，勇于开拓创新，力求在深化闽台经贸合作上取得新成效，更好地服务两岸关系和平发展与祖国和平统一大业，更好地服务全省经济社会发展和全面建成小康社会。

一、闽台经贸合作面临难得历史机遇

当前，两岸关系和平发展进入巩固深化新阶段，闽台经贸合作面临新的机遇。福建与台湾历史渊源深厚，不仅具有地缘近、血缘亲、文缘深、商缘广、法缘久等独特关系，而且闽台经贸合作起步早、覆盖范围广、涉及领域多、融合程度深。历史表明，两岸关系和平稳定，闽台经贸合作就会兴盛繁荣，互惠互利；两岸关系出现波折，闽台两地经贸合作则会蒙受其害。当前，两岸关系和平发展的政治、经济、文化、社会基础不断巩固和深化，两岸大交流、大合作、大发展的成功实践，使越来越多的台湾同胞切身感受到交流合作、互惠双赢的好处，也为闽台经贸合作的快速发展创造了良好环境，带来新的机遇。1979至1985年的6年间，闽台贸易额还不到3亿美元，而2012年闽台贸易额已达到120亿美元。截至2012年年底，福建共有台资企业6 000多家，实际利用台资居大陆各省市第三位，双方贸易总额已超过1 000亿美元，台湾已成为福建第二大贸易伙伴和第一大进口来源地。近年来，福建的企业也积极到台湾投资兴业，目前福建赴台投资企业35家，投资额1.63亿美元，赴台投资企业数与投资规模均居大陆首位。随着ECFA、两岸货币清算机制、两岸投资保护和促进协议等两岸经济合作机制的建立，两岸经济关系逐步进入正常化、制度化、机制化轨道，两岸经贸合作的环境和条件比以往任何时候都更加优越，前景比以往任何时候都更加光明。

海峡西岸经济区的日益崛起，使得闽台经贸合作具备更加广阔的空间和潜力。改革开放以来，福建经济社会保持了持续快速健康发展的势头，“十一五”期间福建经济总量翻了一番，综合实力大大增强，基础设施条件和产业发展环境明显改善，加上福建优越的生态环境、市场环境和未来的产业布局，为深化闽台经贸合作提供了扎实基础，后发优势日益显现。当前台湾正在启动“黄金十年”和“自由经济示范区”规划，而以福建为主体的海峡西岸经济区经过几年建设已经取得重大进展。国务院在批准《海峡西岸经济区发展规划》之后，又相继批复了《平潭综合实验区总体发展规划》和《厦门市深化两岸交流合作综合配套改革试验总体方案》等，福建在两岸关系发展中的战略地位和前沿平台作用进一步凸显。

面对严峻复杂的国际经济形势，深化闽台经贸合作更加必要与迫切。国际金融危机爆发以来，世

界经济受到严重打击，同样给两岸经济尤其是台湾经济带来巨大压力。通过密切和深化合作，两岸在携手应对国际金融危机上已经取得明显成效。就闽台经贸合作看，国际金融危机以来的4年间，台湾对福建出口额达311.12亿美元，年均增长10.6%；福建实际利用台资达101.68亿美元，占福建实际利用外资的42%。当前，国际金融危机的深层次影响还在持续，世界经济格局正在加速调整和变革。在这样的大环境下，两岸不断加强互利合作，有利于共同抵御面临的挑战，实现长远发展。闽台两地在发展阶段、产业结构、资源禀赋上有相当的互补性和合作优势，决定了双方合理配置资源、进行有效分工、实现互利共赢的必要和可能。通过加强经贸合作，使海峡西岸和东岸的优势得到有效整合、最大发挥，实现互利共赢、融合发展，从而形成一个继长三角、珠三角之后新的具有强大内在动力的新增长极，这将大大提升闽台两地在全国区域发展格局乃至全球经济分工体系中的竞争力。

二、扎实推进闽台经贸合作取得新成效

面对新形势和挑战，福建将按照政策上同等优先、措施上务实求进、方法上先易后难的原则，谋求互惠互利、共生共荣的合作新格局。

着力提升制造业合作的层次和水平。台湾前100家大企业已有60多家在闽投资设厂，形成电子、石化、汽车等千亿产业集群。但总体来看，目前在闽台资企业仍以劳动密集型加工装配为主，企业及品牌在国际市场上竞争力较为有限。按照《海峡西岸经济区发展规划》提出的建设东部沿海先进制造业基地的目标，福建将加快实施闽台产业对接转型升级计划，健全两岸产业搭桥对接机制，共同建构垂直与水平分工并行的产业合作体系，提高加工制造业的附加值。一是推进现有台资企业转型升级和创新发展。加大对台资企业技术改造和技术创新的支持力度，引导企业增资扩产，推进技术改造，扩大产能、扩大市场、扩大效益，实现新一轮发展。二是拓展产业高端价值链。以电子信息、装备制造、石油化工和纺织服装、食品加工等为重点，依托龙头骨干企业，强化产业链关键环节合作，做大做强产业集群，培育一批拥有核心竞争力的优势企业和民族品牌。依托海峡两岸农业试验区、现代林业合作实验区、台湾农民创业园，深化优良品种、生物技术、农产品精深加工等合作，发挥好台湾农产品物流中心的窗口作用，建设一批园艺产品、畜产品加工出口示范基地，增强农产品出口创汇能力。三是积极推动产业融合发展。推进由单纯的项目合作，向联手制定标准、共同拓展国际市场方向延伸。鼓励闽台企业相互持股，加强技术合作，共建产业标准，在生产、研发、品牌、营销、物流等产业链上全面合作，结成产业联盟，共用市场通道，抱团进军国际市场。

着力突破高新技术产业和现代服务业的合作。台湾的新兴产业和现代服务业具有业态结构、市场开拓能力以及管理经验等方面的优势，产业基础较好。近年来福建的新兴产业和现代服务业发展也相当迅速，是台湾企业向外拓展空间的重要区域。在新兴产业合作上，福建将充分利用世界科技进步和台湾高新技术企业向岛外拓展带来的机遇，加强闽台高新技术园区对接，重点推进新能源、新材料、生物技术与新医药、节能环保、海洋经济、服务外包等战略性新兴产业合作。在金融业合作上，福州、厦门目前正在加快建设两岸区域性金融服务中心，泉州则是全国金融服务实体经济的综合改革试验区，对台湾金融资本进入实行了优惠措施。我们将进一步支持闽台金融机构双向互设、相互参股，鼓励台资来闽设立各类金融机构，在设立合资证券公司、区域性股权交易市场等方面先行，进一步开放金融市场，为闽台实业合作提供更好的金融服务。在物流业合作上，积极推动两岸主要港区对接，支持两岸保税港区、保税物流园区、出口加工区等海关特殊监管区加强沟通联系，共同加快建设两岸物流合作基地和物流配送中心。在服务贸易合作上，福建将着力推进会计、养老、会展、视听等领域先行对台开放。加快建设两岸服务外包合作示范区，积极吸引台湾企业服务外包转移，联合承接全球软件开发、数据处理等服务外包。鼓励台胞设立独资医院、个人诊所、休闲养生机构。推进图书出版、创意设计、工艺美术等文化产业合作。

着力优化合作的区域布局。改革开放以来，中央先后批准设立了包括厦门经济特区、平潭综合实

验区、台商投资区等在内的众多涉台经贸合作载体平台。福建将进一步加大对这些园区的支持力度，完善相关政策，改善服务环境，发挥这些载体平台在促进两岸经贸合作中的示范、辐射和带动作用。其中，平潭综合实验区是中央在两岸关系和平发展新时期批准设立的特殊区域，在对台合作方面拥有许多特殊优惠政策。实验区设立三年来，各项基础设施建设超常规推进，体制机制创新迈出新步伐，已初步具备了大开放大开发的条件，下一步重点是统筹抓好三次产业协调发展，推进两岸产业深度对接，推动建立两岸共同市场。我们将以实施《平潭综合实验区总体发展规划》为契机，立足探索实践共同规划、共同开发、共同经营、共同管理、共同受益“五个共同”两岸合作新模式，认真落实各项税收优惠政策，加大“放地、放权、放利”的力度，积极吸引台湾高新技术产业、新兴产业和金融、物流等现代服务业，推进台湾企业总部基地、商务运营中心、商品交易市场等建设，大力培育两岸航线。以建设自由港为目标，加快实施全岛封关运作，启动“分线管理”的海关监管模式，着力推进投资贸易、人员往来、旅游购物、金融服务等方面的便利化，努力把平潭建设成为两岸经济深度融合的实验区。

三、积极营造闽台经贸合作良好环境

中央鼓励支持福建在对台交流合作上先行先试，也就是希望福建在对台交流合作的政策、途径、制度、模式上大胆探索、先行一步，为两岸交流合作开辟新路、拓展空间、创新机制。我们将认真贯彻落实中央的对台方针政策，凡是对深化两岸交流合作、促进两岸关系和平发展有利的事情，凡是对两岸同胞有利的事情，我们都将尽最大努力去做，并且努力做好。

推动政策落实与创新。认真落实国家赋予福建的对台特殊优惠政策，特别是要在改进运作方式、加强督促检查上下工夫，发挥政策的最大效应。积极研究出台鼓励和支持台商台企发展的具体措施，着力在税收、用地、融资等方面寻求创新突破，最大限度地用好、用活、用足政策。

完善合作长效机制。立足互利互惠，着眼合作双赢，健全商务、海关、检验检疫、税务、金融、港务等部门联系机制，为闽台经贸合作提供便捷服务。积极发挥民间组织的桥梁作用，与台湾主要工商团体和行业协会建立常态化联系机制。推动地方对地方、园区对园区、企业对企业、协会对协会、港区对港区的沟通合作，共同研究产业协同发展，共同促进双向投资，共同开拓国际市场，共同构建产品创新研发平台。

优化投资创业环境。按照“同等优先，适当放宽”原则，以落实《海峡两岸投资保护和促进协议》为契机，扎实开展“台商服务年”活动，完善台资项目直通车服务，加强重点台资项目的跟踪协调，完善台商权益保障协调机制，维护台商台胞在福建投资经营的合法权益，努力为台湾同胞创造更好的环境，提供优质的服务，使福建成为两岸同胞共同创业的乐土、共同生活的家园。

（来源：中国政府网）

三、专家论文

缅甸的产业发展及中缅贸易投资（节选）

国家发展改革委宏观经济研究院对外经济研究所国际金融室副研究员　刘翔峰

一、中国对缅甸投资

缅甸外国直接投资额于2010—2011财年达到200亿美元峰值后，近两年来连续下降，2012—2013财年仅为13.9亿美元（见表1）。据分析，缅甸安全形势难以保障、基础设施不健全及昂贵的投资成本都是投资下滑的重要原因。虽然2012年11月缅甸颁布了新的外国投资法，吸引了大量投资者来缅洽谈，但多数是以了解情况为主，很可能在一段时间后才会出现投资方面的变化。

表1　　2007—2013财年外国在缅直接投资额

财政年度	投资额（亿美元）
2007—2008	2.06
2008—2009	9.85
2009—2010	3.30
2010—2011	199.99
2011—2012	46.44
2012—2013	13.96

资料来源：中国驻缅甸大使馆经济商务参赞处。

作为缅甸最大的投资方，中国投资约占外商投资的50%。其次是泰国（23%）和韩国（7%）。至2010年年底，中国对缅甸2010年当年的直接投资流量为8.76亿美元，对其直接投资累计19.47亿美元。2011年，中国对缅甸非金融类直接投资额为2.18亿美元，截至2011年年末，中国对缅甸非金融类直接投资累计21.82亿美元（见表2）。至2012年7月，中国在缅甸的协议金额累计为203亿美元，占其外资总协议额的近50%（见表3）。

表2　　2010—2011年中国对缅甸投资额

年度	投资额（亿美元）	累计投资额（亿美元）
2010	8.76	19.47
2011	2.18	21.82

资料来源：中国驻缅甸大使馆经济商务参赞处。

表3　　截至2012年5月底外国在缅投资情况统计表（按国家和地区）

序号	国家和地区	经缅政府批准的外资企业		
		项目数（个）	批准投资额（亿美元）	百分比（%）
1	中国（含香港、澳门）	76	203.217 91	49.77
2	泰国	61	95.680 93	23.43
3	韩国	51	29.541 05	7.23
4	英国*	54	27.991 85	6.86
5	新加坡	77	18.392 51	4.50
6	马来西亚	41	10.269 61	2.52
7	法国	2	4.690 00	1.15
8	印度	6	2.620 00	0.64
9	美国	15	2.435 65	0.60
10	印度尼西亚	12	2.414 97	0.59
11	荷兰	5	2.388 35	0.58
12	日本	25	2.169 40	0.53
13	菲律宾	2	1.466 67	0.36
14	俄罗斯联邦	2	0.940 00	0.23
15	澳大利亚	14	0.820 80	0.20
16	奥地利	2	0.725 00	0.18
17	巴拿马	2	0.551 01	0.13
18	越南	3	0.417 96	0.10
19	阿联酋	1	0.410 00	0.10
20	加拿大	14	0.397 81	0.10
21	毛里求斯	2	0.305 75	0.07
22	德国	2	0.175 00	0.04
23	丹麦	1	0.133 70	0.03
24	塞浦路斯	1	0.052 50	0.01
25	瑞士	1	0.033 82	0.01
26	孟加拉国	2	0.029 57	0.01
27	以色列	1	0.024 00	0.01
28	文莱	1	0.020 40	0.00
29	斯里兰卡	1	0.010 00	0.00
总　计		**477**	**408.326 22**	**100.00**

资料来源：中国驻缅甸大使馆经济商务参赞处。

外资在缅甸主要投资电力（46.2%）、石油天然气（36.7%）、矿业（6.9%）（见表4）。近两年，中国企业加大对缅甸投资力度，积极推动重点领域和重大项目合作。其中，中国在缅甸投资和拟投资的水电项目已经超过20个，总装机容量达4 147.6万千瓦。据统计，2010年，中国在缅甸投资项目4个，协议投资金额达82.7亿美元，是前4年总和的6倍多，占缅甸协议外商投资总额的41.4%。但是，在缅甸建设电站也有一定风险。例如，位于缅甸克钦邦南部的太平江电站装机 24 万千瓦，2010 年 9 月，太平江电站成功向缅甸八莫地区安全供电，但因缅北局势不稳，电站于 2011 年 6 月 14 日停运，至 2013 年 4 月才恢复发电，中方公司蒙受巨大经济损失。又如，2011 年 6 月，缅甸政府军与克钦独立武装发生冲突，影响到中缅边境 Tapai 水电站工地的施工。再如，2011 年 9 月，缅甸以人民关心大坝建设对环境影响为由，搁置中国企业正在建设的密松水电站大坝项目。中国企业不畏挫折，总结经验教训，努力规避风险，积极拓展缅甸市场。2012 年 3 月 31 日，马圭省吉荣吉瓦水电站落成，该项目是缅政府 2012 年重点推动的第二大水电站项目，建成后可灌溉 96 000 英亩农田，并提供每年 7 400 万千瓦的发电量。

另外，德国、法国、瑞士、印度和中国的大型水泥企业均希望到缅甸投资建水泥厂，包括法国的 Lafarge、德国的 Heidelberg、瑞士的 Holcim、中国的华新及印度的 Birla 水泥企业等。外企在缅甸的水泥厂日产将达到 5 000 吨。2012 年 5 月，缅政府批准的外国投资已达 408 亿美元。

表 4　　截至 2012 年 5 月底外国在缅投资情况统计表（按行业）

序号	行业名称	经缅政府批准的外资企业		
		项目数（个）	批准投资额（亿美元）	百分比（%）
1	石油天然气	113	141.819 72	34.73
2	电力	6	18.737 20	46.22
3	矿业	66	28.143 60	6.89
4	制造业	169	17.753 75	4.35
5	酒店和旅游业	45	10.648 11	2.61
6	房地产	19	10.564 53	2.59
7	畜牧业和渔业	25	3.243 58	0.79
8	交通运输业	16	3.139 06	0.77
9	工业区	3	1.931 13	0.47
10	农业	7	1.731 01	0.42
11	建筑业	2	0.377 67	0.09
12	其他服务业	6	0.236 86	0.06
总　计		**477**	**408.326 22**	**100.00**

资料来源：中国驻缅甸大使馆经济商务参赞处。

二、中缅经贸合作中的风险

（一）政治风险和经济风险高

缅甸属于高风险国家。根据分析，如果把双方经贸合作中的风险分为政治风险、经济风险、社会风险、自然风险四种，缅甸的政治风险最高，应高度关注、重点防范（见表 5）。政治风险中，最严重的二级风险是官僚腐败险和内乱风险，说明缅甸由于政策法规不健全、不成体系，制度缺乏连续性和透明度，官员贪污腐败成风，效率低下。这要求企业要非常熟悉缅甸政府官员的办事风格和制度基础，关注其管理动态、投资理念以及对待外资的政策变化，做好前期预备工作，合理预警和规避风险，避免损失。经济风险中，外汇风险最高，利率风险其次。缅甸缺乏完备的金融制度和金融机构，币值不稳定是中小企业在结算和支付中碰到的一个大难题。由于缅甸实行汇率双轨制，自由市场汇率和官方汇率差别非常大，这又进一步增加了投资的风险和成本。社会风险中，突发事件的概率最高；而自然风险中，海洋灾害风险最高。

表 5　　按十分制计算的缅甸国家风险指标得分

<table>
<tr><th>总目标及总得分</th><th>一级指标及得分</th><th>二级指标及得分</th><th>综合指标权重及得分</th></tr>
<tr><td rowspan="18">国家风险
6.109</td><td rowspan="5">政治风险
(0.365)
2.64</td><td>内战内乱险（0.213）</td><td>(0.078)</td></tr>
<tr><td>法律风险（0.171）</td><td>(0.062)</td></tr>
<tr><td>官僚腐败险（0.224）</td><td>(0.082)</td></tr>
<tr><td>与外交外援有关的风险（0.181）</td><td>(0.066)</td></tr>
<tr><td>相关政策风险（0.211）</td><td>(0.077)</td></tr>
<tr><td rowspan="4">经济风险
(0.278)
1.568</td><td>地区发展水平（0.185）</td><td>(0.051)</td></tr>
<tr><td>利率风险（0.286）</td><td>(0.079 5)</td></tr>
<tr><td>外汇风险（0.321）</td><td>(0.089 2)</td></tr>
<tr><td>基础设施完善程度（0.207）</td><td>(0.058)</td></tr>
<tr><td rowspan="6">社会风险
(0.224)
1.224</td><td>文化差异（0.207）</td><td>(0.046)</td></tr>
<tr><td>突发事件（0.248）</td><td>(0.056)</td></tr>
<tr><td>社会风气（0.152）</td><td>(0.034)</td></tr>
<tr><td>居民教育程度（0.155）</td><td>(0.035)</td></tr>
<tr><td>民族关系（0.238）</td><td>(0.053)</td></tr>
<tr><td rowspan="3">自然风险
(0.133)
0.676</td><td>天气灾害（0.352）</td><td>(0.047)</td></tr>
<tr><td>地质灾害（0.272）</td><td>(0.036)</td></tr>
<tr><td>海洋灾害（0.376）</td><td>(0.05)</td></tr>
</table>

注：风险等级按 10 分制分为 5 等：8～10 分属特别高风险；6～8 分属比较高风险；4～6 分属中高风险；2～4 分属比较低风险；0～2 分属很低风险。

资料来源：柴正猛．云南中小企业到缅甸直接投资的国家风险评估——基于模糊层级评估方法［J］．云南社会科学，2012（2）．

（二）竞争加剧

近来，缅甸国内改革及经济快速发展，外资优惠政策出台，其地理位置优越、油气资源丰富，再加上其 6 000 多万人的市场潜力等，对外资有很大吸引力。外国公司纷纷到缅甸考察或洽谈项目。由于各国纷纷大举投资缅甸，中国面临巨大的竞争压力。

东盟积极扩大对缅甸投资。2014 年缅甸担任东盟轮值主席，2015 年东盟将宣布实现地区一体化——建成政治经济共同体。因此，东盟对缅甸局势异常关注，准备大规模向缅甸投资。缅甸还将成为东盟进军印度这一巨大市场的桥头堡。在欧美对缅甸实施经济制裁期间，泰国、新加坡、马来西亚等东盟国家仍坚持对缅投资，目前缅甸正在大力实施南部土瓦地区的大规模港湾开发计划（由泰国最大的建筑公司承接），但资金是该开发项目的最大瓶颈。缅甸的经济改革和关税放宽，对于东盟在 2015 年之前建立商品单一市场的目标非常重要。如果缅甸政府继续实行改革计划，可能成为东盟的下一个经济猛虎，可帮助东盟实现经济共同体的长远目标。

日本也把缅甸评为最佳投资国之一，计划运用日元贷款帮助缅甸改善基础设施，准备参与仰光近郊的迪拉瓦港项目；日本还对预计耗资 17 亿美元，改造仰光—曼德勒铁路 640 公里的项目，给予专项贷款支持。目前，日本、新加坡、马来西亚及越南等都拟投资缅甸铁路建设。日本及英国等企业还拟投资缅甸近海石油区块，并已开始初期勘察。

美国企业在缅共投资 15 个项目，总投资额约 2.43 亿美元，占缅甸外资总额的 0.58%。目前，拟对缅甸相对落后的通信、电力及机场服务领域投资 30 亿美元左右。美国能源公司拟投资缅甸石油、天然气领域，包括美国 Chevron 公司、Conoco Phillips 公司及 Exxon Mobil 公司等。

（三）投资环境较差

缅甸经济运行中存在一些根本性问题。首先，经济建设资金严重匮乏，财政赤字规模庞大，中央银行继续为政府财政赤字融资，通货膨胀水平难以遏制，对金融市场控制较严，中央银行不能独立运行。其次，经济结构不合理，经济增长过分依赖资源类产业，农业占国民经济比重很大，工业体系门类不齐全，生产性企业比重较低，高端产业仍是空白。政府出台优惠政策大力吸引外资，民族企业承受外资企业冲击较大。最后，贫困问题突出。

缅甸投资环境问题也较多。例如，改革政策和优惠措施朝令夕改，经济法律法规不健全，政府工作缺乏透明度；金融体制和服务落后，外国企业在当地银行融资困难；政府宏观调控能力差，汇率和利率变动不合理，严重影响外商投资收益；政府官员行政效率低下，贪污腐败已成为一种文化侵入政府及社会各阶层，在2011年国际清廉指数排名中，缅甸在182个国家中位列倒数第3。近年来，政府加强了电站、桥梁和公路建设，基础设施有所改善，但滞后于经济发展，电力供应紧张，燃料短缺和交通通信不便等问题依然突出，难以满足外商大规模投资需要。

(四) 中资企业面临困难

中国投资集中在能源、电力和矿产开发等领域，将受到来自欧美实力雄厚的大型跨国公司的挑战。缅甸新的民主政治下，民间团体和非政府组织影响力不断扩大，经常以环保、民生为由干预中国在缅的建设项目，中国在缅甸的一些大型投资项目不断受到冲击。

中缅边境贸易仍受结算问题制约。虽然缅甸经济银行在云南边境地区的中国商业银行开立了人民币往来账户，中缅银行边境贸易的结算渠道打通，贸易结算更加规范，但因缺乏系统完善的结算服务平台支持，结算问题仍限制了两国贸易发展。

三、深化中缅经贸合作的建议

(一) 明确重点合作领域

一方面，扩大进口。继续扩大天然气、大米、玉米、各种豆类、橡胶、矿产品、木材、珍珠、宝石和水产品等进口。利用中缅天然气管道，加大天然气进口，缩小贸易顺差，弥补中国天然气供应不足的状况。

另一方面，加大出口，除了工业原料、机械设备、零配件、五金产品和消费品等，还可加大汽车出口，借此转移中国过剩的汽车生产能力。

(二) 加强对缅投资，实行产业转移

中国对缅甸投资的基本策略是趋利避害。国家应从宏观经济布局和产业结构调整来考虑对缅甸的投资，将那些缅甸急需、国内又过剩行业的产能转移出去。企业应选准投向，伺机进入，规避风险，立足长远，在继续重点投资电力、石油天然气、矿业、制造业等领域的同时，考虑将钢铁、水泥等过剩产能转至缅甸，银行应提供出口信贷支持。

缅甸已于2013年2月公布了新的经济特区法草案，经济特区分为免税区和业务提升区。在免税区投资，免8年所得税，期满后再有5年所得税减半征收。新的外国投资法也规定外资在前5年免所得税，第2个5年所得税减半。免税区可申请减免贸易税或增值税，出口产品也可申请减免贸易税或增值税。此外，国内或业务提升区进入免税区的商品可申请减免相关税收等。国内外企业均可独资或合资进入免税区。中国企业可以利用这些政策优惠，加大对缅甸经济开发区的投资。

(三) 形成核心竞争力

中国应根据缅甸的实际情况，逐步扩大直接投资，结合中国企业“走出去”的发展战略，在缅甸当地投资建厂。通过投资促进当地就业，赢得当地政府和人民的好感。目前，中国技术与美国、日本

相比虽有差距，但是劳动密集型和资金密集型正适合缅甸现阶段经济发展要求，中国企业要把相对劣势变为相对优势，尊重当地文化，承担社会责任，促进传统友谊和文化融合，形成核心竞争力。

（四）防范投资风险

一是国家要制定对外投资战略规划，完善境外投资管理体制，使企业有明确的规划指导和有力的政策保障，化解投资风险。

二是中缅政府间要不断完善合作机制、法律法规、服务体系，构建争端解决平台，帮助企业调解各种冲突。建立切实可行的海外投资保险制度，对缅甸政府征用、战争、毁约等的风险进行担保。

三是中资企业要增强自身风险防范能力，拓展投资渠道，建立跨国企业集群，通过群体力量化解风险，及时发现风险、防范风险。尽管缅甸的国家风险较高，但由于缅甸已经加入东盟，中国企业可以利用中国-东盟自由贸易区的合作框架及合作机制，降低其国家风险，保障企业走出去的投资安全。

（五）加强滇缅合作

一是加强滇缅友好交往。建立中国云南与缅甸高层领导每年定期互访制度，及时沟通信息、交流情况、增进互信，协商解决合作交往中出现的问题与困难，充分发挥双方友好城市的作用，加强民间交流合作。二是加强经贸交流合作。滇缅应共同携手打造一个有双边特色的跨境经济合作新园区，在双边合作中形成一个沿边开放合作的新典范，探索一条沿边开放的新途径，把两国的经贸往来推向一个新高度。三是加强互联互通的基础设施建设。加强公路、铁路、水运港口码头、口岸、通讯等基础设施建设合作，加快推进对接线路的改造建设进度，努力开通中缅陆水联运通道，加快中缅合作项目建设步伐。四是加强产业合作。充分利用现有资源和两国产业的互补性，重点在农林、旅游、能源、物流、金融、电信、矿产、珠宝玉石等方面加强合作。鼓励缅甸在云南投资玉石珠宝园区。五是积极推动科教卫生、文化体育、人才培养等方面的交流合作。

缅甸政府开始注重民生质量，注重经济发展和对外开放，这对中国企业来说是难得的机遇。中国企业在走出去的同时，要为缅甸经济发展提供重要的战略支持，形成相互依存、互利共赢的新格局。

（资料来源：《全球化》 2014 年第 4 期）

当前我国企业“走出去”的形势分析

商务部国际贸易经济合作研究院副研究员 祁 欣

近年来，“走出去”日益成为我国多数企业转型升级和推动中国经济可持续发展的动力之源。随着全球化进程不断推进，我国企业的国际化经营已不再单纯停留在开展境外加工贸易、寻求境外合作开发项目等初始阶段，已经在向不断提升自身国际化能力、打造世界水平跨国公司的方向转变。

一、规模与质量齐升，“走出去”成绩斐然

从 1992 年党的十四大报告指出要“积极扩大我国企业的对外投资和跨国经营”，到 2001 年“走出去”战略被正式写入国家“十五”计划纲要，再到 2012 年党的十八大报告强调“加快走出去步伐，增强企业国际化经营能力，培育一批世界水平的跨国公司”，以及 2013 年党的十八届三中全会公报“加快培育参与和引领国际经济合作竞争新优势”，随着改革开放的不断深入和企业竞争力的显著增强，中国企业国际化发展水平日益提升，整体实力逐步增强，“走出去”成绩令人欣喜。

（一）对外直接投资不断刷新纪录

2002—2013 年，我国企业对外投资规模由 27 亿美元飙升至 901.7 亿美元，年均增长 37.6%，虽然规模仍大幅低于同期对外贸易和实际使用外资额，但增速远超同期对外贸易额年均增速（18.9%）和实际使用外资额年均增速（7.6%）。2013 年，我国对外投资迎来了黄金时期，共对全球 156 个国家和地区的 5 090 家境外企业进行了直接投资，对外承包工程业务完成营业额 1 371.4 亿美元，同比增长 17.6%；新签合同额 1 716.3 亿美元，同比增长 9.6%，新签合同额在 5 000 万美元以上的项目 685 个，合计 1 347.8 亿美元，占新签合同总额的 78.5%，中国葛洲坝集团承揽的阿根廷基什内尔塞佩尼克水电站项目、中国水利水电建设公司承揽的乌干达鲁玛水电站项目和中国建筑工程总公司承揽的釜山云台山项目的金额都在 15 亿美元以上；派出各类劳务人员 52.7 万人，较上年同期增加 1.5 万人。截至 2013 年年底，我国累计非金融类对外直接投资 5 257 亿美元。

（二）能源资源领域已非投资首选

近两年，中国企业“走出去”更多倾向于品牌国际化、技术升级与市场拓展，对外投资涉猎领域较为广泛，流向集中。2013 年，租赁和商务服务业、采矿业、批发与零售业是我国对外投资前三甲，投资额总占比高达 70% 以上。其中，租赁和商务服务业位居首位，投资额占比接近一半。中国贸促会对我国企业对外投资现状及意向调查显示，2013 年，我国企业对撒哈拉以南非洲投资领域集中在制造业，占比超过总投资的 30%，西方媒体所蓄意鼓吹的“中国获取非洲国家的能源、矿产和土地”谣言不攻自破。中国对北美能源矿产的投资虽仍活跃，但占比呈下降趋势，科技、房地产、食品等领域成投资新宠。

（三）欧美国家投资吸引力增强

长期以来，我国对外投资集中于香港、英属维尔京群岛等地区和国家。近年来，国内外经济环境发生较大变化，为中国企业对外投资提供了难得的机遇。一方面，金融危机和欧债危机使欧美国家融资环境恶化，项目资产价值低估；另一方面，中国企业国际化实力显著增强，加之人民币升值大大降低了投资成本，企业开拓海外市场的意愿日益强烈。2013 年，中国内地对中国香港、东盟、欧盟、澳大利亚、美国、俄罗斯、日本 7 个主要经济体的投资占同期我国对外直接投资总额的 72%。

（四）“走出去”的方式和主体更趋多样

从投资方式上看，目前，我国企业对外投资方式多样，绿地投资、跨国并购、股权置换、创办产业园区等均有所涉及，以并购为主要方式。2013 年，我国企业共实施对外直接投资并购项目 397 个，实际交易金额 513.7 亿美元，其中直接投资 335.7 亿美元，占同期投资总额的 37.2%，涉及采矿、制造、租赁与商务服务、房地产、批发与零售等十多个领域。从投资主体上看，一直以来，国有企业始终是对外投资的主力军，这一状况在 2013 年发生了根本性的变化，民营企业的投资占比首次超过了国企，达到了 50% 以上。联想、吉利、东风、复星药业、华大基因等一批实力雄厚的民营企业纷纷“走出去”，优化了我国对外投资结构构成，带动了国内产业结构的不断提升。

二、机遇与挑战并存，“走出去”能力尚需提升

企业“走出去”和国际化的战略目标包括寻求更低的成本、更广阔的市场、更充足的要素资源、更先进的技术和更有利的政策。总的来看，我国企业“走出去”和对外投资发展历程较短，经验严重不足，总体收益并不理想。当前，影响和制约企业进一步提升“走出去”质量，打造高水平跨国公司

的主客观因素仍然比较突出，亟待进一步研究解决。

（一）全球投资环境的不明朗为中国企业“走出去”带来诸多不确定性

目前，全球经济仍处于寻求持续复苏的关键时期，国际有效需求总体不足，欧债危机阴霾未散，贸易保护措施层出不穷。对某些国家而言，中国企业的海外投资容易引起他们在意识形态方面的顾虑，常常带着“有色眼镜”来看待，抑或是对后来居上者的恐惧和担心，始终觉得中国企业“走出去”是争夺其市场、抢夺其技术、掠夺其资源、占有其土地或威胁其国家安全，贸易保护主义在冠冕堂皇的种种理由之下依然大行其道。2012 年，美国以威胁国家安全为由，对中国华为、中兴、三一等企业投资美国的项目进行干涉，欧盟委员会对中国光伏电池发起反倾销调查，都反映出了这种无中生有的担忧和恐惧。日益复杂多变的国际市场环境导致我国企业跨国投资风险陡增，遭遇贸易壁垒的可能性增大，企业投资风险增加。

（二）竞争失序问题严重影响企业“走出去”的效率与效益

中国企业对外投资发展快、势头猛，但较为遗憾的是，不同的中国企业进行海外投资和并购目标一致。或共同参与投标承包同一工程项目，相关企业之间往往缺乏沟通和合作，各自为战，竞相压价，把国内竞争的通常做法沿用到对外投资领域，不仅使东道国对中国企业留下不良印象，而且导致了企业间的仇视竞争，最终导致东道国或东道国企业借机提高报价，或压低承包工程项目价格，使我国企业不得不接受更加苛刻的条件和要价，支付高昂的投资成本，严重影响对外投资整体效益，甚至造成重大的经济损失。

（三）国际化能力不足制约企业“走出去”的整体实力提升

对外投资最终是企业决策，关乎企业自身的生存与发展，企业必须有极强的国际化能力，才能在激烈的国际竞争中，站稳脚跟，发展壮大。从战略目标规划能力角度看，中国企业国际化总体起步较晚，一些企业在走出国门前，缺乏对外投资的长期发展战略，目标不清晰，随机性较强，缺乏科学论证，匆匆展开大规模的国际化投资，结果往往不尽如人意。从国际化治理能力角度看，我国企业在大型投资管理、大型投资资本运作等方面都缺乏相关经验。在直接面对国际市场时，往往按本土化的模式进行管理，存在管理上“水土不服”、对市场反应滞后等现象，外部市场对其独立性和透明度常有质疑。此外，我国企业对东道国的投资环境、政府效能、税收政策、劳工保护、工会谈判、国有化风险、外资政策、文化背景、消费特点等各方面都缺乏细致的了解，容易造成管理上的问题。从国际化人才储备角度看，我国企业“走出去”缺乏明确的国际化人才定位，企业吸引、获取并成功留住优秀国际化人才的能力明显不足，在人才发展和培训机制方面有待加强。此外，我国企业国际化在品牌、风险、社会责任、企业文化、创新模式等多方面能力上有较大欠缺，这些都是严重制约我国企业“走出去”的重要因素。

（四）政府部门及相关中介服务体系的不足和缺失，无法适应企业“走出去”的步伐和要求

一方面，政府有关部门和中介机构提供的服务信息严重滞后。虽然我国政府已出台了一系列鼓励企业“走出去”的政策文件和法律法规，相关行业协会及中介机构也在积极帮助企业走出国门，但在企业对外直接投资过程中，对投资国市场不了解、难以获得投资国的最新投资需求信息等问题仍比较严重。对于单个企业特别是民营企业而言，全面准确了解国际市场信息，往往面临高昂的成本和条件制约，相关部门的信息服务还远不能满足企业“走出去”的需要。

另一方面，在政府审批制度、外汇管理、人员出入境等方面存在诸多制约。目前，国家发展改革

委与商务部均负责企业境外投资的审批和指导工作。由于事实上存在的多头管理，审批内容重叠交叉，降低了审批效率，增加了企业投资成本，甚至影响企业对外投资商机和“走出去”的效益。

三、多措并举，积极助推企业稳健“走出去”

应对我国企业“走出去”所面临的困难和挑战，一方面，需要企业苦练内功提升能力；另一方面，需要相关机构健全体系做好服务，特别是政府有关部门加强引导和大力扶持。只有共同努力，多管齐下，才能形成助推企业成功实现国际化梦想的强大推动力。

（一）企业要积极通过内部建设全面提升国际化能力

一般而言，企业国际化过程可划分为 5 个阶段，即本土经营—出口导向—国际拓展—全球布局—世界公司，成为世界水平的跨国公司不可能一蹴而就。企业从本土经营阶段到最后成为世界公司，市场范围不断扩大，分支机构持续扩张，竞争能力日趋增强，在各自领域的行业地位稳步提升，具体不仅表现为出口更多产品、承包更多海外工程或收购更多国外项目，更是要做到研发、制造、营销、服务等全产业链的国际化发展，实现资产、员工、收入利润的全球分布。企业需要在不同阶段有针对性地加强在战略规划、管控、人力资源管理、品牌管理、企业社会责任、风险管理等方面的能力。对于处于出口导向阶段的企业，国际化业务相对单一，对管控、人力资源管理和企业社会责任等能力的要求相对较小，企业应首先对自身水平、定位和发展战略进行审慎评价和规划，积极开展品牌知名度建设，注重国际风险管理。对于处于国际拓展阶段的企业，企业开始在海外输出产业链的部分核心环节，海外资产和员工规模已达一定比例，但仍以国内市场经营为主，这一阶段企业要加强制度建设，完善治理结构和国际风险管理，加强国际化经营团队建设，培养跨文化管理人才，注重企业社会责任建设。当企业发展到全球布局阶段，甚至已成为世界公司时，在海外已完成分支机构布局和产业布局，业务遍布不同领域，员工国际背景多样化，国内经营已融入全球市场中，企业面临的风险和利益相关人都更加复杂，要对企业面临的市场机会、战略选择和发展方式等进行定期审视，建立动态的优化机制，包括及时调整和退出机制，不断提升企业国际化管理和运营所需的各项能力。

同时，企业也要注意结合所处的行业特点调整和提升国际化能力，特别是要在国际化品牌管理和企业社会责任方面体现出行业的特殊性和差异性。以制造业为例，消费者偏好是决定企业发展命运的决定性因素，在提高产品质量、创新产品性能的前提下，提升品牌全球认知度，打造国际知名品牌就成为企业国际化初始阶段就需要明确的目标和重要任务。再如矿产行业，由于矿产品是不可再生资源，属于敏感的战略性行业，且对环境的影响极大，东道国政府和居民对此较为关注，因此，企业在国际化初始阶段也需要高度重视企业的社会责任建设和利益攸关人的管理。

（二）政府部门要真正为企业提供有力支持和系统服务

在管理方式方面，探索改革企业审批制度和管理机制，下放对外投资审批权限，推广中国（上海）自由贸易试验区在对外投资方面的规定，建立以备案制为主的境外投资管理制度，逐步消除目前仍然存在的体制弊端。在扶持政策方面，继续运用财政政策，建立多项专项资金和基金，支持对外投资合作重大项目，进一步完善对外合作的税收管理，加大对企业“走出去”的融资支持力度，加强诸如国家开发银行、进出口银行等政策性金融机构对企业的融资支持，充分发挥中国出口信用保险公司等政策性保险机构为企业“走出去”的保驾护航作用，支持商业性保险机构提供对外投资合作保险服务。在保障服务方面，更好地履行指导和服务职责，编制对外投资重点国别和行业发展规划和投资路线图，建立咨询服务和联络平台，打造风险防控体系，为企业海外投资提供更加及时、准确的国际市场信息和风险防范预警。同时，充分发挥现有正规教育资源优势，培养更多适应海外投资需要的专业人才。

（三）中介机构要充分发挥特色优势做好咨询服务工作

一般来说，行业协会、商会、学会、研究机构及其他咨询中介机构定位专业、身份灵活、特色鲜明，能够发挥政府和企业不便或无法完成的职能。他们对行业市场的总体认识把握往往比企业更加全面，对企业国际化的具体问题和困惑往往比政府有关部门更为了解。中介机构应充分利用自身优势，一方面，综合研究对外投资重点国别和行业领域的市场信息和国情变化，为企业国际化提供更有针对性的咨询和信息服务，探索协调企业间因投资目标相同而产生的矛盾与纠纷；另一方面，加强与各国相关机构的合作，共同发挥非政府组织的作用和影响力，为企业在海外投资排忧解难，尽可能避免企业利益遭受无端侵害。

（资料来源：《中国经贸导刊》 2014 年 5 月）

我国未来十年仍独具投资优势

国务院发展研究中心党组成员兼办公厅主任 隆国强

过去 30 年，中国创造了经济奇迹，对外开放则是中国奇迹最精彩的篇章之一。随着产业结构升级和劳动力成本上升，我国传统劳动密集型产业竞争力有所下降。国务院发展研究中心对外经济研究部部长（时任）隆国强 2012 年 11 月 3 日在接受《人民日报》（海外版）记者采访时表示，我国人口数量庞大，劳动密集产业的生命周期相对长于其他东亚国家，但低附加值的劳动密集型产业失去竞争力是一个趋势，这是当下面临的严峻挑战。但我们更应看到，我国投资环境新的优势正在涌现，参与全球竞争的结构正在升级，未来 10 年，我国仍独具投资环境优势。

问：您如何评价过去 30 年的对外开放？

隆国强：总结对外开放的成就，可以归纳为以下三点：第一，达到出口创汇的目标，解决了外汇短缺的难题；第二，发挥了低成本劳动力的优势；第三，把握住了全球产业转移的机遇，尤其是东亚地区从劳动密集型进口替代的产业向出口导向型产业转移的机遇。在城市化、工业化进程中，通过承接产业转移，不仅获得了必要的资金，还获得了技术、管理以及国际销售渠道。这就奠定了下一步深化对外开放、产业优化升级的基础。

改革开放之初，我国无论进口或出口都排在世界第 32 位。今天，我国已成为进口世界第二、出口世界第一的贸易大国。发展中国家能够成为“世界工厂”是很不容易的，因为只有具备坚实的制造业基础，才能稳步发展服务业和高端技术产业。

问：近年来，我国对外开放的外部环境都有哪些变化？

隆国强：与金融危机以前相比，全球经济增长速度和格局都发生了变化。

第一，未来一段时间，发达国家经济总体低迷、新兴经济体保持较高增长态势的趋势不会改变。全球贸易增长缓慢的背景下，我国出口行业外需萎缩。

第二，全球化推进的方式由多边主导转向区域经济合作主导。随着多哈回合谈判的停滞，区域贸易谈判在近 10 年内蓬勃而兴。中国加入世贸组织以后也表示要积极实施自由贸易区（FTA）战略，以营造更加稳定、开放、透明的对外贸易环境。

第三，金融危机以后，发达经济体重新审视制造业的重要地位，更加重视依靠技术进步实现经济发展。新型工业化国家都在关注：在新的技术条件下如何实现关键技术的突破，从而在产业化进程中抢得先机。新一轮技术革命的形势对我国意味着机遇和挑战并存。

问：如何看待我国传统比较优势的衰退？

隆国强：现阶段，尽管低成本劳动力优势受到挑战，但在全球我国依然保持一定的低成本优势。作为最大的发展中国家和全球第二大经济体，我国还有巨大的市场潜力。未来10年左右，我国将拥有独一无二的兼具低成本和大市场两大优势的投资环境。从供给上来看，我国完善的基础设施和沿海地区集聚的世界性产业集群将进一步支撑我国的投资环境。

过去10年内，我国参与全球分工正在从劳动密集的相对低附加值环节向更高端的环节升级，这种升级势头尤其体现在移动通信设备领域和高技术含量的机电产品领域。这使得我们能够满足发展中国家推进工业化、城市化过程中对资本品和成套设备的需求。资本密集、技术密集的产品已经赢得了一定的国际竞争力，这种势头需要保持。

问：中国企业应如何抓住这些变化带来的机遇？

隆国强：外需萎缩对出口企业来说有利有弊。一方面，一部分行业的企业面临严峻的市场筛选。另一方面，为推进工业化、城市化，新兴经济体需要投资、机器设备和基础设施。这无疑为高技术的资本品出口提供了很好的机遇。

根据我们对跨国企业的调查，很多来华企业的战略从投资低成本制造基地转变为投资更高技术的制造业、更高附加值的服务业以及开展研发活动。从长远看，外资企业在华开展研发有很大的技术溢出效应，有助于加速我国的产业升级。

21世纪之初我国提出了“走出去”战略。2003年开始，在全球对外直接投资（FDI）大幅下降的形势下，中国FDI呈现强劲增长势头。开展国际化的经营，是企业在全球化背景下迎接竞争的内在要求，需要培养一批我国自已有国际竞争力的跨国公司。现阶段，跨国并购是企业在短时间内获取技术、品牌、研发能力和销售渠道的重要途径。

中国企业“走出去”仍处于战略机遇期

国务院发展研究中心党组成员兼办公厅主任隆国强在中共中央对外宣传办公室举办的“中国对外开放的新形势新任务”的专题研讨会上表示，经济全球化的发展趋势不仅没有发生改变，而且还在深化。中国企业“走出去”仍然处于战略机遇期，在劳动密集型产业逐渐丧失竞争力的背景下，企业面临的是“升级版的”战略机遇。

隆国强说，虽然全球性的经济增长低迷在一段时期内仍将持续，但是，中国公司“走出去”迎来了新兴经济体国家“工业化”、“城镇化”需要大量设备与投资的机遇期。

从技术角度看，隆国强表示，经过改革开放三十余年的积累，中国可以为其他发展中国家提供“高性价比”的技术转让，华为公司在这方面可谓典范。在新一轮技术革命的形势下，对外技术转让也将为本国的产业转移和升级提供机遇。

同时，中国相对完善的基础设施、产业配套和十年内兼而备之的“大市场优势”与“低成本优势”将吸引跨国公司对中国重新认识、重新定位。隆国强说，联合国近期的一项调查结果显示，跨国公司未来技术研发地首选中国。技术的“溢出效应”将有利于中国公司增强国际竞争力，拓展海外市场。

统计显示，2003年至2011年，中国对外直接投资由28.5亿美元增至746.5亿美元，位居全球第六。在2008年席卷全球的国际金融危机引发全球投资大幅下滑，中国企业“走出去”逆势上扬并保持稳步增长。

隆国强表示，“走出去”从而实现全球配置资源是中国企业的内在要求。中国企业发现，在跨国公司全球配置资源的背景下，如果国内企业只局限在国内，竞争上将处于劣势。而且，中国公司海外并购（比如吉利收购沃尔沃）也是缩短技术追赶周期、扩大生产能力和加速品牌国际化的手段之一。

加快企业转型升级，增强出口竞争力

2013 年 1 月 20 日，中国经济形势分析与预测报告会暨国智传媒成立发布会在北京举行。报告会上，隆国强表示，2013 年外贸出口会出现小幅反弹，在外需低靡的形势下，应依靠市场的力量引导企业加快转型升级，增强出口竞争力。

欧洲债务在去年是最大的风险因素，大家担心欧债会引爆一个一个地雷。在过去一年，欧洲央行以及德国、法国这样的大国采取了很多手段来防范风险。到今天我们来看，新的一年里面，欧洲的主权债务危机出现大的金融动荡的可能性已经大大降低了。但是对实体经济来说，这种减少支出的政策，实际上会对经济增长起到紧缩效应，也会对市场金融机构带来紧缩效应。危机还要向中东欧国家扩散，如匈牙利等国家，从去年下半年也感受到了风险的冲击。尽管新的一年里欧债在金融动荡上的风险已大大降低，但是实体经济还是不太乐观的。

日本已经失去了 20 年，安倍新政权上台以后采取了大量的刺激政策，公布了 20 万亿的刺激政策。在过去的 20 年里，日本多次采取了宽松的货币政策，但是并没有对实体经济的发展产生应有的效应，陷入了所谓的流动性陷阱。所以新一轮的刺激计划到底会对日本实体经济的发展产生什么样的影响？其实仍有很大的不确定性。我记得前年（2010 年）年底国际组织对去年日本经济增长的预测是相当乐观的，3.5%，实际情况也不是那么回事儿。可见，要准确地判断日本经济的走势不是件容易的事情。新兴经济体会有所反弹，像去年（2011 年）的巴西、俄罗斯这些依赖初级产品出口的国家，其经济增长其实是大幅度下降的。印度的增长速度也首次低于 8%，大概是 6% 左右。新的一年里，像巴西会有所反弹，从去年的 1% 反弹到今年的 3% ~4%。为了应对危机，三大经济体同时采取了宽松的货币政策，全球的流动性会因此大量增加。这也是第二次世界大战以来很罕见的，三大经济体同时开通了印钞机，这些流动性会产生什么样的影响？需要我们细心观察和审慎研究。

伴随着流动性过剩的宽松的货币政策，初级产品的价格在去年出现了回落以后的高位振荡。既有推高它的因素也有拉低的因素，推高的主要因素是流动性过剩。比如说去年 9 月初美国出台了 QE3，去年铁矿粉在 9 月 6 日的价格是低点，在 95 美元/吨，到最近这几天上涨到了 156 美元/吨。可能流动性过剩是其中的一个推动因素，当然还有供需矛盾，在四季度中国经济回暖，钢铁产业开始备料，大量增加对铁矿石的进口。与此前不一样的是，此前的情况是对于初级产品，要涨的时候大家一起涨，跌的时候一起跌。2013 年会出现一些分化，特别是能源价格，美国这些年努力在页岩气的开采方面实现了产业化。页岩气的增加大大降低了天然气以及其他能源的价格。有资料显示，2008 年美国的天然气价格平均是 8.45 美元，个别的月份可以高达 12 美元，随着页岩气供给的增加，去年天然气的价格已经低于 4 美元，这样美国在全球赢得了能源低价格的优势。对能源密集型的制造业产生了新的吸引力，这也是美国参与全球竞争的新的很重要的因素。

天然气价格的下降会直接传递到石油价格，对石油价格会产生压力，也会压低煤炭的价格。这些国外煤炭的进口会压低中国的煤价。此前的很多年，我们的煤炭行业里所谓的煤老板赚了很多钱，主要是得益于价格的上涨。而进口的煤炭大量涌入会设置一个天花板，他们的好日子也就差不多了。所以我们会看到这种新技术进步对能源价格的影响，将是非常深远的。有预测说，美国到 2017 年基本上能实现能源独立，这就更加需要我们认真思考了。美国原来总在中东派驻大量的军队，去维持中东的秩序，其实就是为了石油。当美国的石油可以靠北美地区供给的时候，这会造成什么影响，我觉得中国这样一个大量依赖石油进口的国家是需要高度关注的。

另外，还有一些非经济因素，比如中日关于钓鱼岛的争端，在过去一年里，争端已经对中日之间的经贸关系产生了实质性的影响，不仅是在贸易方面，特别是对投资领域产生了实质性的影响。本来日本企业面临着老龄化、能源短缺、日元升值的压力，正在加速向外转移制造业，这对中国是一个很难得的机遇。但是这种安全方面的不确定因素导致日本在对外产业转移的时候采取了“中国+1”的政策，除了向中国转移之外还要考虑第三国来降低它的风险。

中国也是影响全球经济的一个重要因素。以前我们讲全球经济的时候总忘记中国，因为我们的影响很小。而随着中国经济规模的扩大，中国已经成为影响世界经济的一个非常重要的变量。我们的宏观政策、增长方式、增长速度也会对全球的经济增长、全球的贸易投资和初级产品的价格产生直接的影响。在党的十八大以后，大家都鼓足了劲要把城镇化发展起来，把潜力挖掘出来。要怎么挖掘？是继续走原来靠基础设施建设、房地产驱动的模式，还是有新的发展方式？对全球和世界经济的影响将会是不一样的。

在这种情况下，世界经济充满了变数，判断明年的贸易形势是不太容易的。从需求角度来看，相对比2012年略好一点，再加上2012年的基数比较低，所以我们看到2013年的外贸出口会出现小幅的反弹。影响我们出口的还有一个关键因素，我们要在这种外需低靡的形势下依靠市场的力量引导企业加快转型升级，增强我们的出口竞争力。如果把时间放得长一点，中国过去是依靠低成本在全球开展竞争，这个低成本最重要的来源是低成本的劳动力。而2003年以后普通工人工资的快速上涨使得中国的劳动密集型产业面临着竞争力削弱的情况，一些企业开始向海外转移，有些企业向中西部地区进行梯度转移来维持成本。

除了转移以外，更重要的是要转型。转型做什么？一个是针对全球分工价值链中这些加工组装的低端环节，通过技术创新、建立品牌和国际销售渠道向更高附加值的制造合同和服务环节提升价值链，分享更高环节的回报。要做到这一点，一方面要进行自主创新，打造我们自己的品牌。另一方面，特别是金融危机爆发以后，通过海外低成本的并购可以迅速提升我们的技术能力，获得国际品牌和销售渠道。在过去的几年里，我们看到了一些成功的案例，如三一重工的并购案，使其一跃成为全球混凝土最大的企业。另外一个是要维持竞争力。很多企业通过机械化提高装备水平，像富士康要搞机械化，一台机器可以替代20~30个工人，这是一个趋势。但是对政府来说，要把握节奏和速度。如果搞得不好，在很短的时间内会出现就业难的问题，对此要高度警惕。比如说在东莞有10万本地人，如果有90万外地人来打工，那么本地人怎么办？这就会带来一系列的社会影响。我们要看到这种结构变化带来的影响。

新兴市场促进出口结构的升级，这个可以在量上来弥补，最重要的是结构影响。我们目前最主要的市场不是发达市场，而是新兴市场。所以对新兴市场的开拓，意味着这些具有更高技术含量的成套设备的出口比例增加。

最后一点是注重质量。前30年我们很多东西不会做，现在学会做了。今天我们要重提以质取胜，力争把中国制造打造得像德国制造、日本制造一样，做世界最好的产品。

（资料来源：http：//paper. people. com. cn/rmrbhwb/html/2012－11/03/content_ 1135463. htm）

负面清单：对外开放的全新管理模式

——对上海自贸区调研有感

中国社会科学院学部委员　杨圣明

一、负面清单是把双刃剑

负面清单，又称否定清单。它是指开放型地区或国家列明其禁止或限制企业投资的产业和项目的目录清单。这份清单体现着在投资领域“非禁即入”的原则。就是说，除了清单上规定禁止的、不能干的，其他都可以干，且不再需要政府事先审批。

负面清单产生于《关税与贸易总协定》(GATT)“乌拉圭回合”关于《服务贸易总协定》的谈判过程中。在当时的谈判中，大多数发达国家，尤其是美国，都主张采用“负面清单”方式进行减让谈判。这就是说，各国在提交初步减让表（清单）时，只将本国不愿开放的服务部门或分部门列入清单，作为例外处理。这种方式对于发展中国家来说，则存在许多问题，主要是服务业的水平低，还有许多服务部门尚未建立起来。在这种条件下，让一个发展中国家确定是否将一个很弱的服务部门或尚未出现的服务部门列入所谓的“负面清单”，是很困难的。如果不列入清单，这就意味着新出现的服务部门从它诞生的那天起，就将面临发达国家相同服务部门的强有力的竞争。鉴于上述问题，发展中国家都同意采用“肯定清单”方式进行减让谈判。我国在加入 WTO 谈判时以及签订的“入世”协定中，都采用了“肯定清单”方式。同十多年前相比，我国的服务业和服务贸易水平都有显著提高，这是必须肯定的事实。但是，同发达国家相比，我国的服务业和服务贸易仍然存在很大的差距。就竞争力而言，不可同日而语。在这种情况下，我国总体上是否仍然坚持采用“肯定清单”（或称“正面清单”）方式？我认为，在一个或多个自贸区内，不妨采用负面清单进行试验。所以，本文赞成上海自贸区的负面清单试验。至于将来能不能在全国推广，能否在其他地区复制，还要从宏观上作出战略抉择。

上海自贸区 2013 年版的负面清单包括了国民经济 18 个经济行业门类，涉及 89 个大类、419 个中类和 1 069 个小类；编制特别管理措施共 190 项（约有 17.8% 的小类有特别管理措施）。其中，对试验区重点发展的产业（服务业和部分制造业）按照小类表述，制造业限制小类占比约 11.6%，服务业限制小类占比约 23%。事实证明，这样做增强了市场准入的透明度，提升了投资便利化水平。

自贸区成立后的第一个月（2013 年 9 月 30 日至 10 月 29 日）内，自贸区管委会网上办理外资新设企业 29 户。其中，投资行业在负面清单以外实行备案制的有 24 户，占 82.8%；在负面清单以内审批的有 5 户，占 17.2%。这种情况同负面清单设计时备案项目占比 85% 的预测目标非常接近，符合区内产业发展导向（若按照负面清单管理模式，2012 年上海综合保税区新设立的 168 户外资企业，近 90% 可以实行备案管理）。

从投资行业看，外资新设审批项目 5 户，4 户为融资租赁企业，1 户为负面清单内的贸易企业。外资新设 24 户备案项目中，贸易类企业 19 户，占总数的 79.2%；信息技术类企业和其他服务类企业各 2 户，分别占 8.3%；金融类企业 1 户，占 4.2%。再从投资国别和地区看，在 29 户外资新设项目中，投资方来自中国香港的有 20 户，占 69.0%；来自新加坡的有 3 户，占 10.3%；来自美国的有 2 户，占 6.9%；来自芬兰、澳大利亚、日本、英属维尔京群岛的各 1 户，分别占 3.45%。

从总体情况看，上海自贸区开局良好。负面清单管理模式初露锋芒，运行平稳，效果显著。

二、负面清单的制度创新优势

负面清单管理模式的核心是制度创新。同以往的外商投资管理体制相比，它有如下优势：

第一，符合国际通行规则，开放度和透明度空前。如上文所述，大多数发达国家都主张采用“负面清单”方式进行谈判和签订协议。上海自贸区采用负面清单管理模式，符合国际通行规则，其开放度和透明度前所未有。在负面清单中，对外商投资保留的限制措施逐一列明。对除列明限制措施以外的外商投资，取消股比限制、经营范围限制、投资者资质限制等准入条件，实行国民待遇。负面清单所列的限制措施越具体、越细致，所释放的对外开放空间就越大。上海自贸区负面清单不是按“大类”、“中类”，而是按“小类”列出特别管理措施。所以，它释放的对外开放空间是很大的，透明度也是很高的。

第二，优化政府与市场（企业）的关系，促进政府职能转换，提高行政效率。不论在东方的市场经济中，还是在西方的市场经济中，如何妥善处理政府与市场的关系，都是头等的难题。在我国30多年的改革中，经常遇到这个问题。仅就外商投资管理体制而论，虽然进行了一些改革，但仍未解决好政府与市场的关系。政府的权限仍然过大，而市场（企业）的权力仍然不够。这集中表现在政府的审批制（或称核准制）上。在这种制度下，政府对外资的投资主体、投资方式、投资行业和项目、投资金额、公司合同章程等的合法性都要逐项审查认可，进行所谓的事前管理。这样，既费力，又费时，一项申请也许要审查几个月。上海自贸区对这种制度进行了根本性的、彻底的改革。这表现在两方面：一方面，在负面清单以外的领域，对外商投资项目由审批制改为备案制，由事前审批改为事中、事后监管；另一方面，对负面清单以内的项目，对外资的限制或禁止条款在负面清单中逐一列明，一看便知。这样，负面清单就把"潜规则"变成"明规则"。以上两类投资项目的比重，上海自贸区的预测目标是85%与15%之比。本文上面列举的材料是82.8%与17.2%之比，同预测目标非常接近，达到了认识与实践的基本统一。总而言之，负面清单在政府与市场（企业）之间划出了界限，树立了界碑，表明哪些该由政府管理，哪些应当交给市场（企业），哪些该由社会管理与监督，责任明确，各司其职，关系协调。这与新一届政府强调的简政放权是一致的，能够更好地发挥市场在资源配置中的决定性作用。

第三，深化开放与改革的关系，促进改革与开放向纵深发展。在以前我国的改革和开放中，经常出现地方向中央要政策、要优惠，要求减轻税赋、增加补贴、降低出口退税等讨价还价的现象。上海自贸区的开放一改过去的局面，地方不再伸手要政策，也不要优惠，而是依靠制度创新。负面清单管理模式是最大的创新，是制度的创新。这项改革将大大促进开放，而开放的提升又会要求进一步深化改革，二者循环往复，螺旋式上升。

三、负面清单管理模式的完善与健全

负面清单管理模式刚刚形成，肯定还存在不足，努力使其在实践中不断完善，日渐成熟，是未来的一项重要任务。为此，我们提出以下建议：

第一，构筑负面清单牢固的产业基础。负面清单中列明什么，不列明什么，主要取决于外商的关注和我国的产业结构。目前，外资对我国农业和制造业的关注越来越少，主要力量转向服务业。为了适应这种趋势，上海自贸区的负面清单也把重点放在服务业，其中包括金融服务、航运服务、商贸服务、专业服务、文化服务和社会服务。在这些领域，外资的大量涌入会促进相关产业的开放过程，短期内也可能对我国那些基础薄弱、竞争优势不强的"幼稚产业"形成一定的冲击，我们应该有所准备。

第二，高度重视文化服务业。如果说金融业是关乎国家经济命脉的产业，那么，文化服务业则是关乎国家灵魂的产业。它涉及人的精神世界，管理好是必须的，但又是很难的。在2013年版的"负面清单"中，对于投资文化艺术业是这样规定的："投资文化艺术也须符合相关规定。"这样的规定太笼统了，应该具体列明各项规定。在文化服务领域还有这样一条："允许设立外商独资的娱乐场所，在试验区内提供服务。"限定在试验区内能否做到？上海试验区分散在多处，出入人员很多，不易限住。这还有待实践检验。

第三，各地自贸区的负面清单应当各有特色，不能千篇一律。除上海自贸区外，广东、天津等地正在积极申请设立自贸区，将来可能有更多地区设立自贸区。这就达到了上海自贸区经验"可复制、可推广"的目标。但各地一定要办出特色，绝不能照搬照抄。

（资料来源：《全球化》 2014年第4期）

我国服务业外商直接投资排斥效应研究

中国社会科学院财经战略研究院研究员、经济学博士　姚战琪

一、引　言

改革开放后，我国服务业吸引外商投资持续增长，同时服务业外商投资所占比重不断上升。2011年，我国服务业利用外资比重首超制造业。当前，外资进入我国服务业呈现以下特点：增速较快；主要集中于房地产等生产性服务业和利润率较高的商务服务业；与中国区域经济发展紧密关联，但对西部地区经济发展影响较弱。最新研究显示，我国产业体系仍处于全球价值链的低端，当前外商投资对我国服务业增长和结构调整具有一定的负面效应。从此角度看，随着服务业外商投资的大规模进入，我国很难排除陷入被动发展逻辑的可能。主要原因在于：

第一，外资进入我国服务业可能不会产生明显的技术外溢效应。随着研究的深入，部分研究成果并不支持外商投资正向溢出效应，并且外商投资溢出效应是模糊的。Haddad and Harrison（1993）对摩洛哥1985—1989年制造业的企业和行业面板数据进行实证分析，发现制造业外商直接投资并不存在明显的正向溢出效应。Konings（2001）认为，保加利亚、罗马尼亚、波兰吸引外商投资也不存在溢出效应，但是，来自美国的实证研究支持了在发达国家的外商投资具有明显的正向溢出效应，对技术水平具有显著的促进作用（周洁，刘畅，2011；姚战琪，夏杰长，2013）。当前，学术界关于服务业外商投资溢出效应的研究成果极少。Manuel and Machado（2005）考察了1970—1996年亚洲、拉丁美洲及非洲的数据，认为服务业外商投资的溢出效应是不确定的，它受国内总投资率和各国利用外资政策等因素影响，实证分析结果发现服务业外商投资在拉丁美洲各国具有明显的负向挤出效应（即替代效应），在非洲各国没有显著的关联性。对于我国而言，我们认为，服务业外商投资的大规模进入可能不会促进服务业技术水平的改善，反而会钳制甚至抑制服务业高端化的发展，这主要是由进入我国服务业的外商投资的特性所决定的。邓宁将服务业外商投资划分为两大类：制造业外商所投资的服务企业与专业提供服务产品的外商投资（胡晓鹏，2012），而在华服务业外商投资大多属于第一类（即在跨国公司母公司原有业务的基础上，为了配合制造业生产服务或完善上下游产业链所发生的外商投资），跨国公司往往依靠完整的上下游产业链来衔接完成其基本运作，其核心技术被独立的企业体系包裹，因此本土企业学习门槛较高，导致产生的技术外溢效应可能不明显。

第二，外商投资进入可能对我国服务业国内市场需求及服务贸易总额产生不利影响，不利于我国服务业国际竞争力提高。当前，服务业外商投资的品牌效应远远大于国内企业，伴随外商投资服务业的大规模进入，将对本土市场需求造成不利影响，我国服务业的本土市场需求将遭受沉重打击。以餐饮业为例，肯德基和麦当劳进入我国市场后垄断快餐行业市场，同时其真正的核心技术和餐饮配方一直掌握在母国手中。2005—2007年，麦当劳在我国快餐连锁市场份额为21%，肯德基的市场份额达到40%。同时，服务业外商投资并未显著提高我国服务业国际竞争力。笔者的一项实证研究结果表明，服务业外商投资对我国的服务贸易出口的影响远远小于其对服务贸易进口的影响。

第三，外商投资可能带来安全风险。我国政府在吸引外商投资的进程中，还需高度警惕服务业外商投资大量进入我国后所引起的国家经济安全等问题。夏杰长（2013）的研究结果表明，服务业对国家经济安全的影响比制造业更为深刻，但是我国政府在政策制定过程中，对“国家安全”或者“国家经济安全”缺乏基本定义，其内涵与外延都非常模糊。例如，信用服务业规模虽小，但与国家宏观经济稳定相关。再如，由于我国审计等专业服务规模较小，如果国外相关企业全面控制高端审计市场，将有可能导致我国国家经济数据不安全（赵玉娟，2010）。笔者认为，中央政府必须保持清醒的认识，

高度重视服务业外商投资可能带来的安全风险。

二、高度依赖外资工业企业：生产性服务业外商直接投资具有相对封闭性特征

生产性服务业是我国经济增长的推动力，生产性服务业外商直接投资（FDI）能够显著提高我国工业企业生产效率。因此，生产性服务业 FDI 的影响因素日益成为学术界关注的热点问题。我们认为，制造业 FDI 规模对生产性服务业 FDI 具有明显的正向影响。但是，由于生产性服务业 FDI 对工业企业具有相对封闭性特征，因此它对内资工业企业生产效率的影响远远小于对外资工业企业生产效率的影响。生产性服务业 FDI 往往追随下游 FDI 进入东道国为生产者服务，服务业 FDI 的独立运营体系不利于技术扩散。在如此情形下，必然造成本土企业技术难以升级的不利后果。同时，高技术服务业 FDI 对我国制造业效率的促进作用大大小于发达国家。高技术服务业 FDI 对制造业效率的影响受到学术界的关注，美国等发达国家高技术服务业通过提高创新能力和降低生产成本对提升制造业效率具有积极的促进作用，但是在我国，高技术服务业 FDI 的大多数产业对制造业效率影响并不显著。

（一）模型构造

本文主要研究制造业 FDI 等因素对生产性服务业 FDI 的作用，因此我们建立以下计量模型：

$$\mathrm{FDI}_{i,t} = \alpha + \alpha_1 \mathrm{MAFDI}_{i,t} + \alpha_2 \mathrm{GR}_{i,t} + \alpha_3 \mathrm{EXP}_{i,t} + \alpha_4 \mathrm{TEL}_{i,t} + \varepsilon_{i,t}$$

$i=1,\ 2,\ ...\ n,\quad t=1,\ 2,\ ...$ （模型 1）

被解释变量为各省区生产性服务业实际利用外资额（FDI），解释变量包括：第一，地区生产总值指数（GR）；第二，信息化水平，用各省区每百人的固定用户数量（TEL）来衡量；第三，各地区进出口额与该地区国内生产总值之比（EXP）；第四，各省区制造业实际利用外资额（MAFDI）。

（二）数据来源

目前，学术界关于生产性服务业的具体分类还没有统一的标准。本文采用我国在《国民经济和社会发展第十一个五年规划纲要》中对生产性服务业的外延分类，包括交通运输、仓储和邮政业（JTFDI），租赁和商务服务业（ZLFDI），科学研究、技术服务和地质勘查业（KYFDI），信息传输、计算机服务和软件业（XXFDI）四个典型的生产性服务业外商投资。由于数据可得性限制，我们选取部分省份 2004—2011 年数据，具体包括辽宁、黑龙江、江苏、浙江、江西、山东、河南、广东、贵州和甘肃等，数据来源于《中国贸易外经统计年鉴》、《中国统计年鉴》、《中国第三产业统计年鉴》。

（三）实证检验

表 1　　各变量的描述性统计

变量	JTFDI	MAFDI	ZLFDI	TEL	EXP	XXFDI	KYFDI	CR
均值	126 711.9	3 745 475	184 194.6	168.233 1	0.440 396	92 409.44	93 528.39	112.574 3
中位数	65 852.40	2 726 262	90 839.21	169.890 0	0.255 451	39 929.33	31 919.81	112.400 0
最大值	487 796.0	12 502 312	749 311.2	231.750 0	1.624 567	483 628.0	902 040.4	115.200 0
最小值	0.000 000	3 946.476	23.915 40	107.140 0	0.047 613	0.000 000	0.000 000	108.900 0
标准偏差	145 842.3	3 646 190	206 631.9	29.087 58	0.433 121	115 516.8	164 607.3	1.550 286
样本数	70	70	70	70	70	70	70	70

本文对分产业不同年份的面板模型分析结果见表 2。制造业外商投资与我国交通运输业、商务服务业、研发服务业等生产性服务业外商投资规模显著正相关，模型的显著性 P 值均为 0.000，因此模型是有意义的，表明制造业外商投资规模越大，越有利于该地区生产性服务业外商投资规模增长。信息传

输、计算机服务和软件业的 Hausman Test 检验结果显示，个体随机效应模型实证结果优于个体固定效应模型，制造业外商投资对信息服务业外商投资并没有显著的促进作用。目前，跨国公司在我国电子信息产业中占主导地位的局面仍未发生彻底转变，但该产业进入门槛低，规模效应不明显，获得巨额利润是其主要投资目标，而不是为外资工业企业提供生产性服务，因此，该产业外商投资与制造业外商投资关联度不高。

地区生产总值指数实质就是我国各地区实际增长率，本文实证研究结果发现，地区生产总值指数与交通运输业、商务服务业、研发服务业和信息服务业外商投资规模负相关，这表明外商在一个地区进行生产性服务业投资时主要关注的不是地区增长潜力，而是我国各地区制造业外商投资。

各地区信息化水平与生产性服务业外商投资显著正相关，同时，各地区进出口贸易与地区生产总值之比与交通运输服务业、租赁和商务服务业 FDI 正相关，但与科学研究、技术服务和地质勘查业与信息传输、计算服务业和软件业 FDI 负相关。交通运输服务业、租赁和商务服务业、房地产业是外商投资进入我国的主要产业，本文实证结果表明，规模最大与所占比重最高的部分生产性服务业 FDI 流入与我国对外贸易之间存在相互促进、相辅相成的互动关系。

表 2　　各因素对生产性服务业外商投资影响的回归结果

解释变量	交通运输、仓储和邮政业		租赁和商务服务业		科学研究、技术服务和地质勘查业		信息传输、计算机服务和软件业	
	模型 1	模型 2	模型 1	模型 2	模型 1	模型 2	模型 1	模型 2
C	1 100 528 (1.485 167)	1 017 416 (1.744 197)	3 572 481 (3.381 541)	3 151 628 (3.503 477)	1 048 339 (2.710 567)	1 420 886 (1.468 943)	566 260.8 (2.357 606)	1 442 246 (1.635 550)
MAFDI	0.018 804 (4.490 730)	0.015 926 (4.072 665)	0.024 428 (4.091 850)	0.025 077 (4.721 975)	0.016 376 (2.897 998)	0.026 843 (3.810 535)	0.007 480 (2.164 354)	0.003 508 (0.664 555)
TEL	1 571.690 (2.807 160)	921.943 8 (3.773 307)	1 205.751 (1.510 527)	1 475.643 (3.863 971)	401.838 3 (3.147 387)	1 249.628 (3.045 538)	162.695 0 (1.732 361)	464.565 7 (1.278 056)
EXP	86 953.49 (2.052 678)	128 529.0 (4.113 097)	165 141.0 (2.734 382)	148 781.1 (3.459 523)	-401 979.3 (-5.827 964)	-108 611.7 (-1.925 605)	-125 105.4 (-2.449 947)	88 681.70 (2.092 68)
GR	-11 909.81 (-1.782 773)	-10 315.76 (-2.029 893)	-33 338.64 (-3.500 335)	-29 945.16 (-3.816 570)	-8 084.161 (-2.289 380)	-14 093.98 (-1.671 992)	-4 251.516 (-1.941 681)	-13 169.56 (-1.713 779)
R^2	0.790 234	0.720 335	0.790 404	0.768 605	0.634 757	0.300 923	0.824 793	0.588 994
F 检验值	2.111 950		8.234 568		7.449 173		3.683 983	
F 显著性	0.000 0		0.000 0		0.000 0		0.000 0	
Hausman Test		1.808 013		2.837 270		31.297 216		2.846 224
$P>x^2$		0.771 0		0.585 4		0.000 0		0.583 9
样本数	80	80	80	80	80	80	80	80

注：F0.05（9，69）=2.02；模型 1、模型 2 分别为个体固定效应模型、个体随机效应。

三、低端化锁定：服务业外商投资具有较低的技术溢出效应

生产性服务业 FDI 高度依赖外资工业企业，同时，服务业外商投资规模是否能够提高我国服务业技术效率值得关注。目前学术界认为，外商投资促进了我国服务业技术效率提升，对我国服务业全要素生产率增长具有促进作用，因此，服务业外商投资绝对规模（即外商投资总量）促进了我国服务业技术效率的提高，并且对服务业技术进步的边际影响为正。但是 FDI 是否能促进国内技术和经济发展，仍然是一个备受争议的问题。传统的方法通常会得到外商投资能促进我国技术进步、技术效率和全要素生产率的增长等结论，但该结论已不符合我国实际和发展前景。本文进一步以服务业外资相对规模（即服务业外商投资占我国第三产业全社会固定资产投资的比重）为解释变量，探索其对我国服务业技术水平的影响。

（一）模型设定及变量说明

本文实证模型设定为：

$$TFP_{i,t} = \alpha + \alpha_1 ST_{i,t} + \alpha_2 Log(FDI)_{i,t} + \alpha_3 Log(K/L)_{i,t} + \sum \beta_j COVA_{ijt} + \varepsilon_{i,t},$$
$$i=1,2,\cdots,n, \quad t=1,2,\cdots,T \qquad \text{（模型2）}$$

模型2中ST、FDI、K/L分别表示服务业外商投资相对规模（即服务业外商投资占我国第三产业全社会固定资产的比重）、服务业外商投资的实际金额、服务业资本劳动比，TFP表示服务业全要素生产率。根据研究目的，本文加入与技术进步相关的经济变量作为控制变量（见表3）。

表3 控制变量描述

控制变量名称	变量描述	作用	符号
固定资本形成	国内固定资产投资占GDP的比重	反映服务业经济增长对固定资产投资的依赖程度	GUDING
贷款使用效率	贷款占GDP的比重	反映我国金融发展状况以及信贷增长对实体经济拉动作用大小	LOAN
财政支出的相对规模	政府财政支出占GDP的比重	反映政府提供财政支撑和衡量财政活动的规模对服务业发展的推动作用	GOV
运输线路长度	以我国各地区每平方公里土地铁路长度来测算	反映基础设施建设	YUN
人口自然增长率	一定时期内人口增长数与该时期内平均人口数之比	反映人口增长速度	RZ
人均工业增加值	人均工业增加值反映经济效益	反映工业化程度	GRIN

本文使用的样本是我国28个省、自治区、直辖市的1992—2011年共计20年的省际面板数据（本文将重庆并入四川，不含西藏自治区和海南省），数据来自《中国统计年鉴》、《中国对外经济贸易年鉴》、《中国商务年鉴》等相关各期。

（二）实证检验结果及分析

模型2对应的实证结果见表4。

表4 我国服务业全要素生产率影响的实证结果（1992—2011年）

解释变量	回归系数	T值	P值	控制变量	回归系数	T值	P值
C	0.680 573***	27.080 69	0.000 0	GOV	0.150 398***	6.073 078	0.000 0
ST	-0.000 316	-1.403 600	0.161 1	LOAN	-0.017 497***	-3.549 834	0.000 4
ST（-1）	-0.000 495**	-2.512 125	0.0123	RZ	-0.000 035	-0.117 309	0.906 7
ST（-2）	-0.000 246***	-2.973 091	0.0031	LOG（YUN）	0.009 533***	5.694 213	0.000 0
LOG（FDl）	0.005 346***	5.489 802	0.000 0	GUDING	304.485 9**	2.3208 59	0.020 7
LOG（K/L）	0.0169 24***	7.638 553	0.000 0	GRIN	0.894 450***	15.408 04	0.000 0
Hausman Test	335.592 161	$P > x^2$	0.000 0	F检验值	15.747 818	F显著性	0.000 0
R^2	0.759 058	截面单元	28	观察值数	476		

注：***表示1%的显著水平，**表示5%的显著水平，*表示10%的显著水平，括号中数字为t统计值。

服务业全要素生产率与当期服务业外商投资相对规模并不显著相关，而与滞后一期和滞后二期的服务业外商投资相对规模显著负相关；并且伴随滞后期的延长，服务业外商投资相对规模与全要素生产率之间的相关系数越大，表明自变量对因变量的解释程度越高。服务业外商投资相对规模与全要素生产率之间的相关系数反映了服务业外商投资对我国服务业是否存在技术溢出。实证研究结果表明，服务业外资相对规模与我国服务业技术水平具有显著的负相关关系，说明服务业外商投资相对规模的增长不利于我国服务业的高端化和技术水平的提升。

服务业实际利用外资规模与服务业全要素生产率在1%的水平上显著正相关，这表明服务业外商投资绝对规模（即外商投资总量）促进了我国服务业技术效率的提高，并且对服务业技术进步的边际影响为正。尽管服务业外商投资绝对规模促进我国服务业 TFP 增长，但是正如前文所述，由于服务业外资相对规模与我国服务业技术水平具有显著的负相关关系，这表明外商投资在我国对现代服务业低端化锁定，对我国服务业技术外溢效应并不明显。

资本劳动比与服务业全要素生产率在1%的水平上显著正相关。制造业和房地产业在我国金融机构贷款中所占比重最大，因此其对我国服务业全要素生产率具有负面影响，人口增长率对我国服务业全要素生产率也具有负面影响。人均工业增加值、固定资本形成、运输线路长度对我国服务业全要素生产率具有正影响。地方财政支出占 GDP 的比例对我国服务业生产率具有显著的促进作用，这是因为地方政府对经济的干预程度显著增强，无论从直接效应还是间接效应上看，地方财政支出对服务业发展都具有明显的正向作用。

四、与工业相比：服务业外商投资具有更低的技术效率特征

本文进一步剥离环境因素和随机误差对服务业技术效率的影响，从而探讨外商投资和其他因素对服务业投入松弛变量的影响，深入分析我国服务业技术效率特征以及外商投资等环境因素对服务业与制造业 TFP 增长率的影响的差异性。

（一）变量说明

为剥离环境因素和随机误差对我国各省区服务业产业效率的影响，本文选取以下外部环境变量：

一是人力资源指标，包括人力资本变量和城镇化率两个指标。本文使用 6 岁及以上人口平均受教育年数度量人力资本，文盲半文盲、小学、初中、高中、大专及以上教育程度的居民平均受教育年数分别为0、6、9、12 和 16 年；城镇化率为我国非农人口与总人口之比，根据《中国人口和就业统计年鉴》计算各地区非农人口所占比重。

二是以服务业外商直接投资占地区生产总值的比重作为各地区对外开放指标。

三是需求条件，包括个人所得税收入和人均居民消费水平两个指标。

四是市场化进程指标，以非国有服务业企业劳动力占比指标来测算。

五是基础设施开发，以我国各地区每平方公里土地公路长度和每平方公里土地铁路长度的几何均值来测算基础设施开发程度。

（二）实证检验结果及分析

笔者使用三阶段 DEA 分析法对 1985—2011 年我国服务业和工业部门生产率进行比较、分析和评估的实证研究结果表明（见表5），针对工业行业，外商投资规模对资本与劳动投入松弛变量的估计值均为负数。因此，工业外商投资规模的增加有利于节约资本与劳动，从而促进技术效率的提高，表明工业行业外资企业具有较高的技术效率。但针对服务业，外商投资规模对资本和劳动投入要素松弛变量的估计值均为正数，这表明服务业外商投资企业具有较低的技术效率，伴随外商投资的增长，其对我国服务业资本和劳动要素的需求不断增长，不断增长的服务业外商投资在一定程度上会提升而不是降低对我国劳动力和资本的需求。本文研究结果发现，不断增长的服务业外商投资环境变量，导致我国

增加资本和劳动投入松弛量，不利于我国服务业生产效率的提高。

表 5　　我国服务业与工业 SFA 估计结果对比

变　量	服务业		工　业	
	劳动力投入松弛变量	资本投入松弛变量	劳动力投入松弛变量	资本投入松弛变量
常数项	3.674 977E+01 (0.774 064)	9.628 792E+04*** (95 957.760 000)	-3.416 586E+01 (-0.704 341 4)	8.467 112E+01 (0.399 371)
人力资本	-1.614 007E-07*** (-4.217 984)	-8.922 846E-04*** (-3.237 661)	-2.851 211E-07*** (-4.813 311)	-1.119 049E-06*** (-4.322 291)
非农人口所占比重	-4.550 613E+01 (-0.396 005)	-1.864 969E+06*** (-1 863 893.800 000)	3.3435 65E-01 (0.003 394)	-4.044 730E+02 (-0.939 293 9)
外商直接投资（服务业/工业）	3.708 414E+00 (1.238 275)	5.112 513E+04*** (50 622.411 000)	—2.741 961E-10 (-1.082 900)	-2.215 529E-09*** (-2.001 957)
个人所得税	1.362 490E+01*** (2.424 960)	8.875 323E+04*** (87 709.317 000)	5.035 300E-09*** (4.417 330)	2.480 779E-08*** (4.979 354)
人均消费水平	-3.174 341E+01*** (-1.718 906)	-2.217 352E+05*** (-213 061.520 000)	-1.333 616E-02*** (-2.584 117)	-6.298 652E-02*** (-2.792 411)
非国有企业劳动力占比	1.484 837E-01 (0.118 902)	5.195 796E+03*** (1 339.676 800)	3.431 615E+02*** (2.372 753)	8.889 623E+02* (1.406 331)
非国有企业产值占比			-1.555 198E+02 (-1.270 028)	-2.022 656E+02 (-0.377 920 1)
基础设施开发	2.964 934E-02*** (1.455 050)	3.176 880E+02*** (3.042 393)	7.206 048E-03*** (4.781 370E-01)	1.010 150E-01*** (1.533 528)
σ^2	2.307 952E+03*** (2.307 973E+03)	2.693 734E+11 (2.693 734E+11)	0.118 090 03E+04*** (1 180.900 300)	1.603 191E+04 (16 031.910 000)
γ	9.999 988E-01*** (1.172 349E+08)	1.000 000E+00*** (7.106 176E+03)	4.900 0E-01* (1.730 0)	5.000 0E-02** (2.030 0)
似然函数值	-152.913 35	-423.582 41	-143.034 690	-187.322 200
LR test of one side error	4.225 938	0.922 126	0.071 359 17	9.357 3

注：LR 为似然比检验统计量，服从混合卡方分布。*** 表示 1% 的显著水平，** 表示 5% 的显著水平，* 表示 10% 的显著水平，括号中数字为括号内为 t 统计值。

从表 5 可看出，人力资本变量对服务业与工业投入松弛变量的系数均为负，并且均能通过 10% 的显著性检验。也就是说，以居民平均受教育年数衡量的人力资本增加时，我国服务业与工业两种要素投入的松弛变量将会迅速减少，因此，对服务业与工业生产率均具有积极的作用。人力资本越高，表明劳动者素质越高，能在一定程度上减少服务业与工业对劳动力和资本投入的需求，从而对经济生产效率有积极作用。

针对服务业，增加非农人口所占比重有利于减少资本与劳动投入松弛变量，即有利于减少资本与劳动投入变量的浪费；针对工业，增加非农人口所占比重有利于减少资本投入松弛变量，即有利于减少资本投入变量的浪费，但是，增加非农人口所占比重促进劳动力投入松弛变量增长，不利于减少劳动力投入变量的浪费。

个人所得税收入对服务业与工业两个投入松弛变量的系数符号均为正，表示该环境变量的值越大，越会造成要素投入的浪费，不利于服务业与工业效率的提高。

人均消费水平对服务业与工业两个投入松弛变量的系数符号均为负，表示人均消费水平越高，越有利于投入松弛变量减少，有利于节约劳动力和资本投入变量，提高各省服务业的效率水平，这一结论与理论预期一致。

非国有服务业企业劳动力占比对服务业两个投入松弛变量的系数符号均为正，且对服务业资本投入松弛变量的系数通过1%显著水平检验，在一定程度上反映了目前由于市场机制有待完善而导致的偏差；非国有企业产值占比对工业资本和劳动力两种投入松弛变量的回归系数均为负数，说明非国有企业产值所占份额的增加，会促进工业两种投入松弛变量的减少，从而有利于工业生产效率的提高。

基础设施开发对服务业与工业资本投入松弛变量的系数符号显著为正，表明基础设施开发规模增长造成投入松弛量的增加，从而能在一定程度上增加经济增长所需的资本投入，不利于服务生产效率的提高。这是因为基础设施开发多属于公共产品或准公共产品，是政府实现公共服务均等化的重要体现，以铁路、公路为代表的基础设施建设并不能对资本和劳动要素投入的减少以及短期经济增长起到立竿见影的效果。

五、贸易排斥：服务业外商投资对我国服务业国际竞争力具有一定程度的抑制作用

服务业外商投资具有较低的技术溢出效应。同时，我们还认为，服务业外商投资相对规模对我国服务业国际竞争力的负面影响不容忽视。

（一）模型设定及变量说明

本文建立以下回归方程：

$$Y_{i,t} = a\alpha_1 X_{i,t}^2 + \alpha_2 X_{i,t} + C \quad \text{（模型 3）}$$

其中，Y 为服务业国际竞争力指数（即服务贸易显示性比较优势指数），X 为服务业外商投资相对规模（该指标与前文相同）。为了论证服务业外商投资相对规模对我国服务业国际竞争力的影响，本文选取了1981—2011年相关数据，数据来源于世贸组织统计数据库和商务部服务贸易资料。

（二）实证检验结果及分析

模型3对应的实证结果见表6与图1。

表6　1981—2011年我国服务业RCA与服务业外商投资相对规模的回归结果

变　量	系　数	标准误	T检验值	Prob.
C	3.693 893	0.107 086	34.494 53	0.000 0
X	0.213 076	0.095 995	2.219 653	0.036 1
X^2	-0.036 396	0.019 987	-1.821 018	0.081 1
R-squared	0.222 387		Adjusted R-squared	0.157 586
Prob（F-statistic）	0.048 884		F-statistic	3.431 833
Mean dependent var	3.954 917		Durbin-Watson stat	2.347 692

注：RCA指数，即显示性比较优势指数（Revealed Comparative Advantage Index），是衡量一国产品或产业在国际市场竞争力最具说服力的指标。

得到以下回归方程：

$$Y_{i,t} = -0.036\,3X_{i,t}^2 + 0.213\,1X_{i,t} + 3.693\,9$$

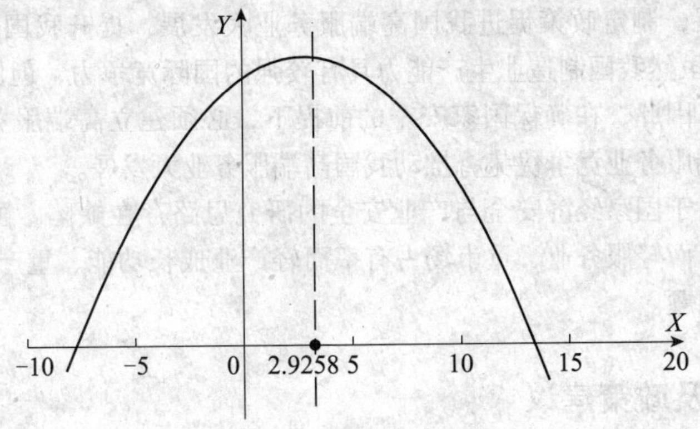

图1　服务业外商投资阈值效应图

由以上实证结果可知，服务业外商投资相对规模与服务业国际竞争力之间存在一定程度的阈值效应。服务业外商投资相对规模对我国服务业国际竞争力具有显著的促进作用，但是当服务业外资相对规模达到一定水平时，即当服务业外商投资相对规模大于2. 925 8 时（通过计算$\frac{\alpha_2}{-2\alpha_1}$可得到），对我国服务业国际竞争力的影响由正转负，即形成服务业外商投资对服务业竞争力“倒 U 型”的影像模式。

本文实证研究结果表明，我国服务业国际竞争力指数与服务业外商相对规模之间呈现的并非是简单线性关系，而是二次方程形式。当前，服务业外商投资与我国服务业比较优势具有明显的促进作用，但是当服务业外商投资相对规模大于一定数值时，我国服务业国际竞争力便处于下降趋势。将我国服务贸易进出口额与外商投资进行比较、分析和评估可以发现，服务业外商投资相对规模对我国服务业国际竞争力具有显著的促进作用，但是当服务业外资相对规模达到一定水平时，服务业外商投资相对规模会对我国服务业国际竞争力产生负面影响。由此可见，服务业外商投资促进我国服务贸易进出口，但对我国服务贸易国际竞争力的提升并无促进作用。

服务业外商投资对我国服务贸易国际竞争力的提升并无促进作用，主要是因为服务业外商投资具有较低的技术效率，对我国服务业技术效率有逆向作用。与工业外商投资相比，由于服务业外商投资企业具有更低的技术效率，伴随外商投资的增长，其对我国服务业资本和劳动要素的需求不断增长，不断增长的服务业外商投资在一定程度上增加而不是减少对我国劳动力和资本的需求。但是，服务业外商投资不断增长的对劳动力和资本的需求与内资企业关联度不高，近年来，外商在华投资使生产性服务业被压制在产业链的低端。当前，国际分工格局呈现为发达国家在国际服务贸易和投资中占据绝对主导地位，发展中国家必然处于国际分工和全球产业链条的低端，从而导致我国服务业外商投资较低的技术效率。

六、不容忽视的安全风险：外商来华投资高端服务业而中国发展较晚

第一，为了避免外商在高端服务业投资以及高端服务体系被外资控制带来一定程度的国家经济安全问题，各地政府应合理引导外商投资方向。尤其是当前在我国东部地区致力于经济转型升级和服务经济发展，以及充分发挥中西部地区的产业、资源和劳动力优势，不断促进中西部地区有序承接产业转移，推动中西部地区经济的可持续发展的背景下，对服务业外商投资的争夺造成服务业外资进入领域管控的放松，境外资本在我国服务业领域的投资在一定程度上可能带来数据安全、信息安全、产业安全和经济安全的风险。

第二，我国高端服务业（包括金融、科技研发、商务服务、文化创意等现代服务业）发展较晚，高端服务体系不发达，我国产业整体处于国际分工全球产业链低端。当前，我国经济规模日益扩大，而国家经济安全十分薄弱，高端服务业是维护和促进国家经济安全的战略产业。因此，各级政府必须

高度重视高端服务业发展，制定政策促进我国高端服务业大发展，提升我国产业安全水平（李永坚，夏杰长，2012）。同时，虽然我国制造业生产能力具有较强的国际竞争力，但服务体系不完整对国家经济安全带来了负面影响。因此，在确保国家安全的前提下，必须建立高端服务体系，整合国内高端服务业资源，形成我国高端服务业竞争优势，推动我国高端服务业大发展。

第三，我国学术界对于国家经济安全与产业安全的研究思路存在缺陷。国家经济安全与产业安全研究思路仍存在重制造业而轻服务业、重市场占有率而轻产业成长功能、重产业本身而轻产业间联系、重股权而轻核心能力等问题。

七、进一步分析及政策建议

本文研究结果表明，虽然服务业外商投资绝对规模促进了我国服务业技术效率的提高，但是服务业外商投资相对规模不利于我国服务业技术效率的提高，其对我国服务业技术外溢效应并不明显，呈现为负的溢出效应，同时，生产性服务业 FDI 具有相对封闭性特征。这是因为：第一，我国服务业外商投资比重（即服务业外商投资相对规模）的增加只是量的增加，而缺乏质的提高。目前，房地产业是服务业外商投资规模最大和比重最高的产业（目前该产业占服务业外商投资协议额的比重在50%以上），但该产业并未给中国服务业带来明显的技术优势。同时，金融、广告、咨询等生产性服务业逐渐成为外商投资的热点，受到有关政策的约束，此类服务业外商投资比重的增加极为有限，还不能形成技术溢出效应。第二，在服务业领域，我国企业在产品设计、管理技术、技术诀窍和服务水平等方面与跨国公司的差距远远大于制造业，即我国服务业与服务业 FDI 存在较大的技术差异，服务业吸收能力不足以及缺乏与外商投资企业进行切磋技艺的能力和水平，从而导致我国服务业技术吸收能力有限，因而未能产生技术溢出效应。第三，由于我国生产性服务业竞争力较低，发展水平较为落后，导致本土生产性服务业不具有为外商制造业企业提供生产性服务的能力，从而使生产性服务业 FDI 与制造业 FDI 互相促进，跨国公司在华投资不能显著地促进我国服务业技术效率和技术进步。第四，我国企业不能很好吸收服务业外商投资技术溢出效应的一个重要原因，是服务业专业人才的严重缺乏，同时，内资企业向外资企业的逆向人员流动产生明显的负溢出效应。

当前重要的是，要落实好中共十八届三中全会提出的“适应经济全球化新形势，必须推动对内对外开放相互促进，引进来和走出去更好结合，促进国际国内要素有序自由流动、资源高效配置、市场深度融合、加快培育参与和引领国际经济合作竞争新优势，以开放促改革。要放空投资准入，加快自由贸易区建设，扩大内陆沿边开放”这一战略部署，同时，认真贯彻落实《中共中央关于全面深化改革若干重大问题的决定》提出的“统一内外资法律法规，保持外资政策稳定、透明、可预期。推进金融、教育、文化、医疗等服务业领域有序开放，放开育幼养老、建筑设计、会计审计、商贸物流、电子商务等服务业领域外资准入限制，进一步放开一般制造业。加快海关特殊监管区域整合优化”的战略部署。按照这一部署，当前服务业外商投资为我国服务业带来的技术溢出的学习和吸收能力亟待加强，要充分发挥外商投资对提升我国服务贸易国际竞争力的促进作用。特提出以下建议：

第一，提高服务业内资企业的技术水平，缩小内资企业与外资企业的技术差距，尤其是对那些在竞争能力上与外商投资企业差距较大的行业，尽快出台激励与支持措施，帮助企业缩小差距。

第二，贯彻十八届三中全会精神，进一步扩大服务业开放力度，放开育幼养老、建筑设计、会计审计、商贸物流、电子商务等服务业领域外资准入限制，开放金融、软件业、咨询业等服务贸易领域，最大限度地吸收和利用服务业外商投资的技术溢出效应。

第三，引导服务业外商投资的行业投资方向，对服务业 FDI 项目的评价要从注重数量多少转变为主动评价服务业外商投资技术含量的高低。

第四，注重人才培养，发挥人力资本在提升服务业技术溢出效应进程中的作用。要提升我国服务业国际竞争力，运输业等传统服务业必须尽快地向现代服务业转型，而发展现代服务业最重要的投入就是人力资本。加强对人力资本的投入，大力发展知识技术密集性的服务贸易，推动运输业等服务业尽快向知识技术密集型产业转变。

第五，加强国内服务供应商与外资企业的联系，加快技术转移。鼓励外资企业与国内购买方和服务供应商之间建立广泛的联系，同时，要不断提高本土生产性服务业为外商制造业企业提供生产性服务的能力，从而使跨国公司在华投资显著地促进我国服务业技术效率和技术进步。

（资料来源：《全球化》 2014 年第 2 期）

由“生产型”趋向“消费型”

——中国对外直接投资 2013 年回顾与 2014 年展望

中国社会科学院世界经济与政治研究所助理研究员 王碧珺

一、2013 年中国海外直接投资的主要特征

根据商务部的最新数据，2013 年中国境内投资者共对全球 156 个国家和地区的 5 090 家境外企业进行了直接投资，累计实现非金融类直接投资 901. 7 亿美元，同比增长 16. 8%（见图 1）。截至 2013 年年底，中国累计非金融类对外直接投资达到 5 257 亿美元。兼并收购是中国海外直接投资的重要形式，根据 BVD-ZEPHYR《全球并购交易分析库》与 IIS，2013 年全年中国完成海外兼并收购 460. 46 亿美元，同时，该年中国企业另有 187. 39 亿美元海外兼并收购意向。对这些交易进行分析，可以发现如下特点。

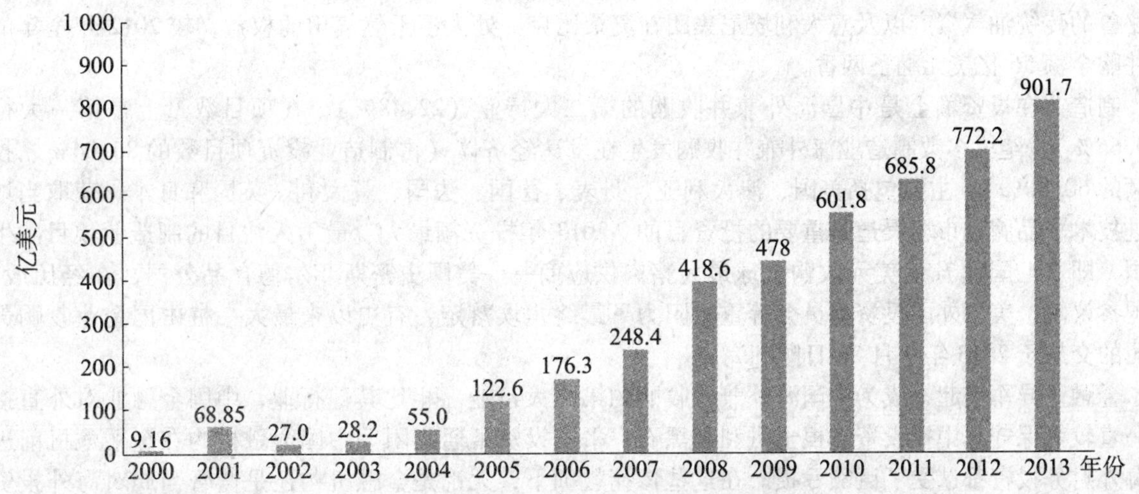

图 1 2000—2013 年中国对外直接投资流量

数据来源：商务部等发布的《中国对外直接投资统计公报》。

（一）投资行业日益多元化，采矿业和制造业拔得头筹

2013 年，中国企业海外直接投资呈现日益多元化的格局。无论是在传统的资源和制造业领域，还

是在金融业、高科技、房地产业、娱乐业等领域，中国企业在2013年的表现都可圈可点，具体的行业分布见图2。

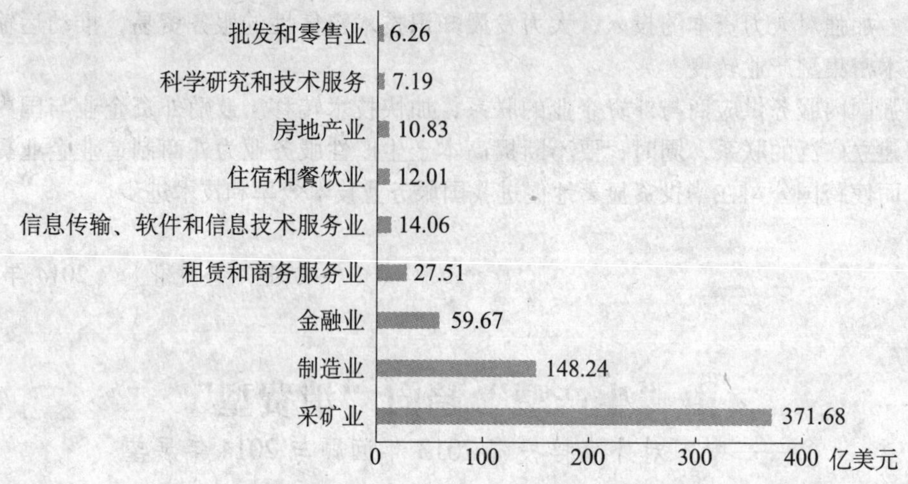

图2 2013年中国跨境兼并收购行业分布

数据来源：BVD－ZEPHYR《全球并购交易分析库》与IIS。

在众多的海外投资目的行业中，采矿业和制造业拔得头筹。2013年，中国企业海外采矿业兼并收购20起共371.88亿美元，制造业兼并收购43起共148.24亿美元，两者合计占同期中国企业海外兼并收购额的78.88%、项目数的43.45%，是中国企业海外兼并收购最为重要的两个行业。

采矿业作为中国对外兼并收购的第一大产业，占据半壁江山（占2013年中国企业海外兼并收购额的56.40%，剔除中海油收购加拿大尼克森公司的交易后占比达到43.45%），反映了资源需求在中国企业海外投资中的重要性。从投资的资源类型来看，油气资源是主体（占比达到90%），煤、金、铜、铁矿资源为辅。这些油气资源投资主要位于巴西、俄罗斯、埃及、莫桑比克、秘鲁等新兴市场国家以及美国、加拿大、新加坡等发达经济体，而其他金属和非金属类矿业投资主要位于澳大利亚。中石油是中国所有油企中最为活跃的海外并购者，2013年耗资近190亿美元，囊括了包括巴西国有石油公司位于秘鲁的传统油气资产以及意大利埃尼集团在莫桑比克一处大型天然气田的权益，较2012年全年的海外并购金额56亿美元翻了两番。

制造业在投资额上是中国海外兼并收购的第二大行业（22.48%），在项目数量上是第一大行业（29.66%）。绝大多数制造业海外兼并收购发生在发达经济体（占制造业投资项目数的86.04%、投资金额的60.80%），主要包括美国、澳大利亚、丹麦、德国、法国、意大利、英国和日本。获取当地的先进技术、品牌和市场渠道是重要的投资目的。2013年投资额最大、最引人注目的制造业项目发生在美国，即双汇国际71亿美元收购全球最大猪肉供应商——美国史密斯菲尔德食品公司，在经历股东、美国参议院、美国外国投资委员会等重重阻力下最终尘埃落定，有史以来最大一桩中国企业收购美国公司的交易于2013年9月26日顺利完成。

金融业异军突起，成为中国海外兼并收购的第三大行业。相比其他行业，中国金融业对外直接投资一直较为保守。中投投资摩根士丹利和黑石、平安投资富通集团等中国金融机构在金融危机前进行的海外财务投资都遭受了巨额亏损。在这些惨痛教训下，无论是金融机构还是监管当局对海外投资都较为审慎。然而，这一现象正在改变，2013年金融业海外兼并收购59.67亿美元，其中，中信证券收购里昂证券以及广发证券收购Natixis（法国外贸银行）大宗商品部已经收官，工商银行也接近完成收购伦敦大宗商品交易业务。

（二）亚洲和欧洲是投资重地，香港、德国和美国是项目数前三目的地

从投资项目数上，亚洲是首要目的地。如果剔除中海油151亿美元收购加拿大油企尼克森的交易，

亚洲在投资额上也是首要目的地。2013 年，中国企业在亚洲兼并收购 142.66 亿美元，占同期总投资额的 23%（剔除尼克森交易占 29%）、项目数的 38%。在亚洲的投资主要集中在中国香港、新加坡和吉尔吉斯坦；投资行业多种多样，主要有租赁和商务服务业、制造业、批发和零售业以及信息传输、软件和信息技术服务业等。以中国香港为代表（包括新加坡等）的亚洲地区经济体是中国对外直接投资的重要桥头堡和中转地。例如，三峡集团收购葡萄牙电力公司 21.35% 股权、万达集团收购美国 AMC 娱乐公司等以欧美为最终投资目的地的中国对外兼并收购，实际上都记在了香港名下，通过香港地区再投资完成。

仅次于亚洲的第二大吸引地是欧洲。2013 年，中国企业在欧洲兼并收购 96.46 亿美元，占同期总投资额的 16%、项目数的 37%。在欧洲的投资主要集中在德国、英国和法国，以制造业投资为主，同时，金融业投资增长迅猛。从项目数来看，德国是中国 2013 年海外兼并收购的首要目的地，这既与德国存在的优质资产有关，同时也因为德国的投资风险较小。根据 IIS 国家风险评级课题组发布的《2013 年中国海外投资国家风险评级报告》[1]，德国获得 AAA 评级，投资风险最低。

虽然美国的国家安全审查给中国投资者带来不少麻烦，但美国对于中国投资者的吸引力仍然较大。2013 年，中国企业在美国兼并收购将近 100 亿美元。主要标的包括太阳能面板、新材料、食品等制造业，以及生物科学、计算机服务等科学研究和技术服务业。此外，美国房地产市场的复苏也增加了对中国企业的吸引力。中国投资者已经成为美国房地产市场上仅次于加拿大的第二大海外购买者。2013 年的几笔重大交易包括：万科集团与美国铁狮门房产共同在美国旧金山买下复升街 201 地块的 70% 股权；上海绿地集团宣布就收购加州教师退休基金持有的美国洛杉矶中心区大都会项目签署合作协议，项目总投资达 10 亿美元等。

（三）十大海外兼并收购中资源行业仍是主体

根据投资规模排序，本文总结了中国海外兼并收购前十大交易（见表 1）。其中，最大一笔交易是中海油 151 亿美元收购加拿大油企尼克森公司。第二大交易为双汇国际 71 亿美元收购全球最大猪肉供应商——美国史密斯菲尔德食品公司，该交易将助力双汇获得美国养猪行业先进技术与管理经验，并推动国内整个猪肉生产加工工业的现代化。

表 1　2013 年中国十大跨境兼并收购

	中国企业	海外投资对象	投资国	金额（亿美元）	行业
1	中海油	尼克森	加拿大	151.0	采矿业
2	双汇	史密斯菲尔德	美国	71.0	制造业
3	中石油	哈萨克斯坦某油田	哈萨克斯坦	50.0	采矿业
4	中石油	意大利能源巨头埃尼集团（Eni SpA）的东非资产	莫桑比克	43.0	采矿业
5	中国建设银行	俄罗斯外贸银行	俄罗斯	34.4	金融业
6	中石化	阿帕奇公司油气业务	埃及	31.5	采矿业
7	中石油	巴西石油秘鲁子公司	秘鲁	26.2	采矿业
8	成栋投资	俄罗斯乌拉尔钾肥公司	俄罗斯	21.8	制造业
9	中化集团	巴西深水油田	巴西	15.4	采矿业
10	中投	布米资源公司（Bumi Resources）	印度尼西亚	13.0	采矿业

数据来源：BVD-ZEPHYR《全球并购交易分析库》与 IIS。

在前十大交易中，资源行业仍然是主体，总投资额达到 330 亿美元，占前十大交易总投资额的 72.2%。这些资源主要是位于加拿大、非洲和拉丁美洲的油气资源，以及中国主权财富基金中投入股

[1] 国家风险评级课题组. 2013 年中国海外投资国家风险评级报告［J］. 国际经济评论，2014，1.

印度尼西亚最大的热煤生产商布米资源公司（Bumi Resources）。

与大项目相对应，作为中小企业集群式“走出去”的重要平台，境外经贸合作区在中国企业海外直接投资中的位置得以加强。截至 2013 年年底，中国企业已在 13 个国家建设了 16 个境外经贸合作区，实际投资 44 亿美元，协议入区企业 390 家，累计创造产值 129 亿美元，企业涉及轻纺、家电、钢材、建材、化工、机械等多个领域。不仅有效地整合了企业优势和资源，同时，降低了对外投资风险。

二、政策发展

（一）第五轮中美战略与经济对话开启“负面清单”序幕

第五轮中美战略与经济对话于 2013 年 7 月 10 日至 11 日在美国首都华盛顿举行，一个重要的成果是中方同意以准入前国民待遇和负面清单为基础与美方进行投资协定实质性谈判。这是中美在 2008 年启动双边投资协定谈判以来所取得的最大突破，标志着中国达成高水平投资协定和参与全球投资治理的态度，以及推动中国企业“走出去”、促进产业转型升级的决心，更重要的是进一步释放了改革信号，不仅意味着中国将进一步推动行政审批制度改革，同时，也表明将带动中国的外资管理体制、金融体制、司法体制等多方面的改革。

（二）《政府核准的投资项目目录（2013 年本）》标志着海外投资监管由核准制向备案制转型

2013 年 12 月公布的《政府核准的投资项目目录（2013 年本）》中规定，中方投资 10 亿美元及以上项目，涉及敏感国家和地区、敏感行业的项目，由国务院投资主管部门核准，前款规定之外的中央管理企业投资项目和地方企业投资 3 亿美元及以上项目报国务院投资主管部门备案。由核准制改为备案制无疑是对有海外投资意向的中国企业的重大利好，有利于降低企业的海外投资成本和面临的政策不确定性，增加投资效率和避免错失投资机会，我们期待实施细则和时间表能尽快出炉。

三、2014 年海外投资展望：由“生产型”趋向“消费型”

2014 年中国企业海外直接投资将继续保持高速增长，并有望超过利用外资的规模。从结构上来看，我们预计中国海外投资日益由“生产型”趋向“消费型”。

“生产型”海外投资的特征主要反映在两个方面：一是海外矿业投资满足国内制造业企业的原材料供应需求，这尤其反映在钢铁企业海外铁矿石投资上。宝钢、武钢、首钢、沙钢、鞍钢、中钢、华菱钢铁等在澳大利亚都有铁矿石投资项目。二是中小企业“贸易促进类”海外投资。以浙江省为例，约有 70% 的海外投资是到发达国家建立分支机构，用于获取市场信息、提供售后服务，从而促进国内产品出口到当地。

受到国内产能过剩和外需疲软的影响，“生产型”海外投资日益减少。在国内经济转型大背景下，中国海外投资“消费型”特征日趋明显。

一是油气等消费性资源海外投资。资源需求在中国企业海外投资中已占据半壁江山，但从资源类型上看，铜、铁、铝等生产性矿业资源已经让位于石油、天然气等消费性燃料资源，后者占到中国资源类海外投资 90% 以上，主要位于埃及、巴西、俄罗斯、哈萨克斯坦和莫桑比克等发展中国家以及美国、加拿大、新加坡和荷兰等少部分发达国家。尤其是中国企业已经开始涉足北美以油砂和页岩气为代表的非常规油气资源。

二是欧美高端消费品行业海外投资。足够的资金和快速增长的市场成为欧美高端消费品行业发展的掣肘，而中国这两样都具备。2013 年中国奢侈品消费总额超过千亿美元，依然是全球奢侈品市场的最大客户。面对国内对高端消费品日益庞大的需求，中国制造的产品一直苦于无法实现高附加值效益和高端品牌定位。面对进入门槛高、品牌传统、品牌历史和原产地相对垄断的高端消费品行业，将世界级品牌和企业纳入囊中而非白手起家树立品牌，成为中国企业的更优选择，海外投资成为实现途径。

三是海外农业投资，满足国内对安全健康食品的消费需求。中国地域虽然辽阔，但耕地资源相对有限，且国内食品安全问题频频爆发。通过“走出去”利用国外的土地、森林、海洋、生物资源能实现发展空间的拓展和升级，获得高质量、安全健康的食品和相关技术品牌，从而满足国内中高端消费者的需求。2014 年最引人注目的农业投资项目发生在美国，即双汇国际 71 亿美元收购全球最大猪肉供应商——美国史密斯菲尔德食品公司。

四是发达国家基础设施和海外房地产投资。全球金融危机以来，发达国家对基础设施升级的需求旺盛，加大了在基础设施领域的对外开放力度。发达国家的基础设施投资能够获得风险相对较低、回报持续稳定的收益。此外，房地产业也成为中国企业海外投资新宠。在国内，有中国政府出于遏制房地产泡沫的宏观调控；在国外，以美国为代表的房地产市场逐渐复苏。于是，中国地产开发商加大了海外房地产投资力度。以美国为例，中国投资者已经成为美国房地产市场上仅次于加拿大的第二大海外购买者。

五是劳动密集型企业将加快转移。如果国内生产成本持续攀升，那些劳动密集型、成本敏感、低技术、低附加值的企业，即使在中国内陆地区也会失去比较优势而迁往国外。中国企业已经充分意识到获得核心技术、拥有知名品牌、占有市场渠道的重要性，并且在过去 5 ~ 8 年的海外直接投资中也是以提高自身竞争力、向价值链上端移动为重要投资目的。当前，即使对于中小企业而言，“降低成本”并不是中国制造业企业投资海外的主要动机，毕竟虽然近年来国内成本上升迅猛，但中国作为发展中国家仍具备一定的成本优势。但正如 20 世纪 60、70 年代的日本，80、90 年代的“四小龙”，成本因素会日益成为重要考量。

四、企业面临的挑战与对策

中国企业走向国际成为大趋势。2006 年世界 500 强中只有 20 家是中国企业，而 2013 年已经有 86 家是中国企业，海外直接投资成为中国企业走进世界的重要手段之一。总体来说，企业海外投资面临三大风险。

一是投资壁垒和保护主义。中国企业海外投资频频遭遇阻力，典型案例包括中海油收购美国石油公司优尼科折戟、中铝增持澳大利亚昆士兰力拓公司失利。威胁东道国“国家安全”是惯用的理由，而背后很多实际上是商业利益在作祟，是商业竞争政治化的表现，中国企业或成为东道国国内政治博弈的牺牲品。典型的受阻国家除了美国、澳大利亚、加拿大等发达国家外，近年来央企在发展中国家投资遭遇的政治阻力也在增加，例如，2009 年中石油在收购以利比亚业务为主的加拿大小型石油公司 Verenex Energy Inc. 碰壁，神华集团和中铝也在蒙古遭遇挫折。

二是宏观层面投资风险。全球初级产品长期牛市面临转折，给依赖初级产业增长的除中国之外新兴市场经济体带来较大压力。同时，全球有将近 60 个国家和地区面临领导权变更，发展中国家选举争议不断。以上经济变动和政权变更两个因素正在加大当前发展中国家和地区的战乱风险。此外，自 2010 年年底爆发，先后波及突尼斯、埃及、利比亚、也门和叙利亚等国的一系列以“民主”和“经济”为主题的反政府运动并未完全消停。大量央企在利比亚的损失历历在目，数额庞大。

三是投资项目巨额亏损。中国企业，尤其是央企海外资源类和建筑类投资项目诸多面临巨额亏损。例如，中铝在澳大利亚昆士兰奥鲁昆铝土矿资源开发项目告吹，损失高达 3.4 亿元；中国铁建投资沙特轻轨项目亏损近 42 亿元人民币；中铁在波兰 A2 高速公路项目亏损，合同总额 4.47 亿美元；中钢集团和中信泰富在澳大利亚铁矿石项目中深陷泥潭，等等。

以上中国企业海外投资所面临的挑战，既有东道国的原因，又有国内制度不完善、不合理的因素。在中国海外投资日益由“生产型”转向“消费型”过程中，为了提高投资绩效和改善投资形象，中国企业需要采取一定策略。

一是建立投资项目库。长期跟踪感兴趣的投资项目和企业，从经营状况、财务状况、资产状况等各方面进行全方面关注和跟踪，并制订预案。

二是控制项目规模，降低持股比例。投资额庞大的项目往往受到当地社会、政府和媒体的高度关注。中国企业缺乏海外投资经验，同时自身透明度不够，再加上东道国对中国企业的不了解，容易处于风口浪尖而遇到投资阻力。另外，投资额庞大的项目对企业自身的资金实力要求也更高，很多时候超过了企业自身的净资产和可支付能力，几乎完全依靠外部融资，尤其是国内银行的支持，这很难说服东道国认可我方是市场经济下的纯粹企业行为，同时低廉的资金成本也带来了“不公平竞争”的嫌疑，也给海外投资尤其是在发达国家的投资带来了阻力。

三是做好尽职调查，确保配套设施。做好海外投资项目的前期调研评估、科学论证和尽职调查，防止企业在能力不具备、对合同不完全了解、可行性分析不到位的情况下，贸然作出巨额投资决定。同时，尽职调查不仅要针对项目本身，还要考虑配套设施是否完善，当地的铁路、港口和码头等基础设施是否具备。

四是主动跟社会团体打交道，与当地利益进行绑定。中国企业要注意与东道国有关机构进行积极沟通并树立良好形象，重视承担必要的社会责任。同时，建立与当地媒体、社区、国际组织的交流和沟通渠道，解释企业的投资动机和发展思路，阐述如何保护当地就业以及知识产权，宣传企业在当地实现互利共赢的行为。

（资料来源：《全球化》 2014 年第 5 期）

在第八届两岸经贸合作与发展论坛上的致辞

海协会副会长 蒋耀平

各位来宾、各位朋友：

大家下午好！

在厦门举行的“两岸经贸合作与发展论坛”迄今已连续举办了八届，成为中国国际投资贸易洽谈会的品牌活动，受到了两岸各界的关注。在此，我谨代表海协会对论坛的举办表示热烈的祝贺！向各位与会代表，尤其是来自海峡对岸的朋友们致以最诚挚的欢迎！

近年来，和平发展日益成为两岸关系的主题，两岸交流方兴未艾，经贸合作硕果累累。2010 年 6 月，海协会与海基会签署《两岸经济合作框架协议》（ECFA），标志着两岸经济关系站上新的历史起点，迈入以制度化合作为特征的新阶段。今年[1]6 月，《两岸服务贸易协议》正式签署，这是继《两岸投资保护与促进协议》后，两岸签署的第 2 个 ECFA 单项协议，对深化两岸服务业合作、增进两岸同胞福祉、共创两岸经济繁荣具有重要的意义。双方开放承诺 144 条，涉及 100 多个服务行业。其中，大陆对台湾开放的 80 条措施，开放程度都高于大陆的 WTO 承诺，充分体现了大陆的善意和诚意。

ECFA 签署以来，两岸贸易及双向投资规模持续扩大。从贸易看，台湾是大陆第七大贸易伙伴和第四大进口来源地，大陆是台湾最大的出口市场和贸易顺差来源地。2013 年 1—7 月，两岸贸易总额达

[1] 文中“今年”指 2013 年。

1 176.4亿美元，同比增长31.7%。其中，大陆对台出口同比上升24.5%，自台进口同比上升33.7%，分别高于同期大陆整体对外贸易水平15.0和26.4个百分点。值得一提的是，ECFA早期收获计划实施以来，成效显著。今年1月起，货物贸易早期收获计划项下货物全部实现零关税。自2011年1月实施以来，台湾方面享受税收优惠货物总额达177.1亿美元，减免关税约10亿美元；大陆方面享受税收优惠货物金额约32.1亿美元，减免关税约1.1亿美元。

从投资看，据商务部统计，截至今年7月底，大陆累计批准台资项目8.9万项，金额584.66亿美元。如加上经第三地转投资，台商在大陆投资将近1 100亿美元。另据台湾方面统计，自2009年6月30日开放陆资入岛以来，截至2013年5月底，台方累计批准陆资项目398项，投资金额7.15亿美元，涉及港埠业、银行业、批发零售业、住宿服务业、金属制品制造业等多个行业。截至2012年底，陆资企业在台雇佣员工人数近7 000人。以上数据表明，两岸双向投资已呈现良好互动的发展态势。

各位来宾，各位朋友！

当前，大陆和台湾都面临着外部经济形势深刻变化带来的机遇和挑战，面临着转变经济发展方式、实现转型升级的重要任务。两岸只有更加积极主动地推进合作，才能更好地整合要素资源，有效应对挑战。借此机会，我愿就进一步深化两岸合作，促进互利双赢，共同发展，提出三点建议：

一、携手努力，加快推进两岸制度化合作协商进程

目前，经过两岸协商团队的共同努力，ECFA后续《投资保护协议》、《服务贸易协议》已相继签署。协商成果来之不易，面对复杂多变的外部经济形势，两岸双方更应倍加珍惜。希望台方尽早完成《服务贸易协议》的内部审核程序，推动协议早日生效实施。同时，在做好已签署协议落实的同时，宜加快推进《货物贸易协议》、《争端解决协议》以及《避免双重征税协议》的商谈进程，进一步挖掘两岸经贸制度化合作的潜力，最大程度上惠及两岸民众。

二、把握契机，深化两岸服务产业合作

《服务贸易协议》是双方着眼于两岸服务业发展的客观需要，就同步推进两岸服务贸易正常化和自由化作出的重要制度安排。台湾服务业起步早、竞争力强，占GDP的比重超过70%；大陆服务业比重仅45%左右，整体发展水平与台湾同行存在梯度差。《服务贸易协议》的签署，不仅不会冲击台湾本岛服务业的发展，更有利于实现两岸资源整合和优势互补，促进台湾先进服务技术与大陆广阔市场资源的有效对接，为台湾服务业者开辟新的市场空间。大陆“十二五”规划已明确将服务业大发展列为产业结构优化升级的战略重点，5年内服务业增加值占比提高4个百分点，市场机遇极为可观。希望台湾业界能够充分抓住《服务贸易协议》带来的市场机遇，推动两岸经济持续稳定发展和合作水平进一步提升。

三、乘势而上，着力提升两岸双向投资合作水平

我们将进一步优化大陆投资环境，提高投资贸易便利化水平。在一如既往欢迎台湾同胞来大陆投资兴业的同时，采取积极有效措施，支持大陆台资企业转型升级和做大做强。我们也希望，台方进一步松绑对大陆企业的投资限制，包括投资领域和股权比例限制等，为深化两岸双向投资合作、促进两岸经济共同发展创造更加良好的条件。

最后，祝本届两岸经贸合作与发展论坛圆满成功！谢谢大家！

（资料来源：http：//tga. mofcom. gov. cn/article/zt_ hzfzeight/subjectaa/，2013-09-08）

新一轮走出去支持政策酝酿推出 加快消化过剩产能

中国证券报记者日前获悉，相关部门正酝酿推出新一轮“走出去”支持政策，包括编制境外经济合作区国别产业投资综合指引，强化财税、金融政策支持，利用中央财政现有专项资金支持政策，逐步扩大资金规模，优化资金安排结构，开展以境外股权、资产等为抵押提供贷款，对企业境外投资提供融资支持等。

业内人士表示，化解过剩产能是新一轮“走出去”政策支持的重点。预计相关部门将加强对国内产能过剩、发展中国家有需求的行业的政策引导，推动钢铁、电解铝等高耗能产业向能源资源富集地转移，推动水泥、平板玻璃等市场半径较小的产业向基建投资旺盛的地区转移。同时，编制合作区国别产业投资综合指引，支持国内开发区参与投资、建设和管理，构建跨境产业链，以对外投资带动国内商品、技术、标准出口和劳务输出。

业内人士表示，在健全投资合作保障机制方面，相关部门也有望推出新举措，尤其将强化财税、金融政策支持。预计中央财政现有专项资金规模将扩大。同时，相关部门将加大鼓励银行业金融机构在境外设立分支机构和服务网络的力度，支持金融机构开展以境外股权、资产等为抵押提供贷款，对企业境外投资提供融资支持，提高资金使用效益。

“走出去”新政助力多行业出口，加快消化过剩产能，海外并购或提速。

中国证券报记者日前获悉，有关部门正在酝酿推出新一轮支持企业“走出去”政策。分析人士表示，“走出去”新政将加快我国企业对外投资步伐，尤其将加快海外并购增速。在政策及资金支持下，我国企业“走出去”将助推基建、电子、汽车及零部件、化工等行业出口。同时，加快消化国内过剩产能。

一是海外并购有望提速。

商务部最新统计数据显示，2013 年我国非金融类对外投资 901.7 亿美元[1]，吸收外资为 1 175.86 亿美元，两者差距缩小至 274 亿美元。分析人士表示，“走出去”新政将加快我国企业对外投资步伐，尤其将加快海外并购增速，预计今年或明年我国对外投资金额将超过吸收外资金额。

在日前召开的第十二届中国企业实施“走出去”战略论坛上，商务部对外投资和经济合作司商务参赞陈林表示，中国企业“走出去”，尤其是在并购方面值得关注。“金融危机爆发以来，全球并购市场出现了一些变化。”陈林称，特别是国际上一些大型资源型企业，受国际资源价格下降影响，资产价格出现缩水，收购成本降低；一些高新技术和拥有核心竞争力的制造业企业，股票价值下跌，投资价值凸显，这些企业通常因经营不善、利润不理想、债务负担沉重或母公司战略调整等因素，使所有者准备退出，为资金较为充裕的中国企业提供了并购机会。“今后商务部将根据十八届三中全会精神要求和走出去业务的发展要求，加快服务型政府的转变建设，加强走出去政策体系的顶层设计，为企业开展跨国并购和投资合作，提供支持和保障。”

陈林表示，我国企业开展海外并购，主要集中在能源、采矿、制造、建筑、公共事业和金融等领域。其中，能矿并购占有重要地位，并购项目主要集中在澳大利亚、加拿大、秘鲁等欧美制造业工业较为发达的国家和地区。陈林称，以往我国企业多采取直接收购模式，现在开始通过收购境外上市公司或购买上市公司公开发行的股票等方式，间接控制收购目标。

在此次论坛海外项目发布会上，中国证券报记者看到，此次海外项目涉及自然能源、矿产资源、建筑项目、医疗卫生、教育留学、民生通讯六大类 33 个项目，签约总金额达 368 亿美元。

欧美同学会企业家联谊会会长、大会执行主席徐昌东表示，在政策支持为中国企业“走出去”保

[1] 2013 年非金融类对外投资流量为 927.4 亿美元与商务部 2013 年快报数据（901.7 亿美元）差异主要为利润再投资部分。

驾护航的同时，论坛设置的海外对接项目发布会则以更加务实的举措助推中国企业“走出去”。

二是多行业有望受益。

分析人士表示，新一轮“走出去”政策除将助推基建、电子、汽车及零部件、化工等行业出口外，还将加快消化国内过剩产能。

基建出口有望率先受益。中金公司日前发布的报告认为，目前我国政府积极鼓励企业参与东南亚各国的基建浪潮，包括高铁、公路、港口、能源建设等，在政策及资金的支持下，中国企业参与中标的可能性较大。中国企业“走出去”短期直接受益于基建出口，中期受益于基建完善双边贸易的增加，长期受益于东南亚经济腾飞带来当地消费需求的释放，最终拉动中国相关行业如电子、汽车及零部件、化工等出口。

除了拉动相关产业出口，通过“走出去”消化过剩产能已得到不少业内人士的赞同。中信证券首席经济学家诸建芳认为，由于我国钢铁、水泥、电解铝、船舶等行业在全球具有一定技术、装备、规模优势，可以积极推动优势企业进行海外转移。从发达国家经验和我国产业实际情况看，传统过剩行业中的纺织、鞋帽、汽车和机械行业，以及风电设备、多晶硅、光伏太阳能电池等新兴产业也具有较强的海外转移可能性。“但短期来看，大规模的产能输出难以形成，也难以缓解整体经济的产能过剩问题。”诸建芳表示。

中信建投证券研究部董事总经理周金涛认为，2012 年中国的铁路运输设备制造业销售产值大约为 3 000亿元人民币，数百亿元人民币的铁路设备输出，对缓解特定行业的产能过剩作用比较显著，但对缓解经济整体产能过剩仍略显不足。他表示，“在当前情况下，除了进一步扩大产能输出外，增加国内需求、从供给端着手等多种手段并进，才能有效缓解整体的产能过剩。”

（资料来源：《中国证券报》网　2014 年 2 月 11 日）

中国企业“走出去”十大成功案例排行

——“走出去”十大成功企业案例

一、联想：并购 IBM 全球 PC 业务

2004 年 12 月 8 日，联想用 12.5 亿美元购入 IBM 的 PC 业务，自此，位于全球 PC 市场排名第九位的联想一跃升至第三位。这次并购从品牌、技术、管理、产品、战略联盟和运营等各方面对于联想本身都有巨大的提升。并购后，IBM 个人电脑业务的全套研发体系归联想所有，联想的采购和营销成本则由于借助了 IBM 原有的分销渠道得到大大优化。

点评：

联想的经验告诉我们，民族企业尽管在技术、管理等方面相比国外企业处于低位，但如果敢于抓住时机，取己所需，那么，借助这种品牌并购迅速上位也是未来中国企业迅速扩大海外影响的可取之道。

二、海尔：居高临下，步步为营

2005 年年底，海尔在总裁张瑞敏制定的名牌化战略带领下进入第四个战略阶段——全球化品牌战略阶段。海尔“走出去”的主要特点是：经营范围——海尔自己的核心产品；发展进程——从创造国

内名牌、国际名牌着手，到出口，再到跨国投资，渐进性发展；对外投资方式——以“绿地投资”即新建企业为主；跨国投资效果——成功率高，发展快。如今的海尔已在全球建立了29个制造基地，8个综合研发中心，19个海外贸易公司，员工总数超过6万人，2008年海尔集团实现全球营业额1 190亿元。

点评：

拥有像海一样宏大目标的海尔，不仅伸开臂膀广纳五湖四海有用之才，更具备了海一样强大的自净能力。它有清晰的自我定位和战略方向，不断提升的创新能力和对市场的准确把握，是海尔如今不断演绎全球神话的筹码。

三、吉利汽车：并购沃尔沃

吉利在成功实施以自主创新为主的名牌战略之后，开始了以海外收购为主的品牌战略。2009年4月，吉利汽车收购了全球第二大自动变速器制造企业澳大利亚DSI公司，使其核心竞争力大大增强。2010年3月28日，吉利汽车与美国福特汽车公司在瑞典哥德堡正式签署收购沃尔沃汽车公司的协议。

点评：

吉利作为我国汽车行业海外品牌战略的先行者，如果能安全度过磨合期，在实现技术资产有效转移和与工会达成一致上有所突破，真正掌控国际著名品牌，吸收一流技术，增强自主创新能力，就可以说中国汽车产业海外并购之路获得成功。

四、奇瑞汽车：海外布局，辐射全球

奇瑞与其协作的关键零部件企业和供应商协同，和国内大专院校、科研所等进行产、学、研联合开发了研发体系，掌握了一批整车开发和关键零部件的核心技术。目前，奇瑞正全面推进全球化布局，产品面向全球80余个国家和地区出口，海外15个CKD工厂已建或在建，通过这些生产基地的市场辐射能力，实现了全面覆盖亚、欧、非、南美和北美五大洲的汽车市场。

点评：

奇瑞的“质量”和“技术创新”的武器使它成功突出重围，不仅得到越来越多国人的认可，也开始在国际舞台上崭露头角，与国际巨头们PK得风生水起。

五、北汽：收购萨博相关知识产权

2009年12月11日，北汽以2亿美元成功收购瑞典萨博汽车公司相关知识产权。北汽成功收购萨博技术，一是通过收购得到了先进的核心技术；二是通过收购取得了完整的质量与制造工艺体系，为产品技术的消化吸收和研发制造提供了有利条件；三是这次收购具有极高的性价比，为基于产品性能和成本控制的自主品牌产品市场定位提供了有利条件。

点评：

也许北汽这次“走出去”不像其他企业的并购投资那样引人注目，但它却抓住金融危机后跨国并购难得的机遇，开启了在发达国家收购先进成套设备的快乐之旅。

六、百度：挑战核心技术

2007年，百度正式宣布“走出去”，并将日本作为国际化战略第一站。经过短短1年发展，百度已经在日本开发出视频搜索、博客搜索等富有特色的产品，从流量方面成为日本第四大独立搜索引擎，在速度、运行稳定方面也全面赶超海外市场主要竞争对手。

点评：

百度这个富有中国古典诗意的名字正在被越来越多的外国人所熟识。互联网搜索业务作为现代社会一个标志性的产业，明天的发展空间必将更为广阔。

七、华为：自主创造与拿来主义的精妙平衡

华为在研发上做足了功课，每年坚持不少于10%的研发投入，并将研发投入的10%用于预研，不断跟踪新技术、新领域。除了通过自主开发技术提升竞争力，华为亦从未拒绝过以开放的心态，“站在巨人肩膀上”去获取商业的快速成功。这也是1996年华为引入IBM对其公司产品开发流程进行改革的直接动力之一。自2001年之后，华为实现了100%产品研发都通过新的流程化产生，为华为2002年开始的深入国际化，奠定了管理和文化的基础。

点评：

自主品牌很重要，它从根本上决定了企业在利润链上能否分得那最大的“一杯羹”，但企业的发展，尤其在面对强大的竞争对手时，拼的是效率。不因过度捍卫“自主”而耽误了效率，这就是“华为榜样”的精神实质。

八、顺德日新：借助国企当跳板

2009年12月26日，顺德日新宣布收购智利一座储量高达30亿吨的铁矿。日新在矿山项目中持股超过七成，投资约10亿元全部来自于自有资金。同时，顺德日新也与中国五金矿产进出口总公司（以下简称“中国五矿”）珠海公司签订了战略合作协议，开采之后所有铁矿都将由中国五矿珠海公司进口，承诺智利项目所产矿石将以低于国际市场20%到30%的价格，通过央企中国五矿珠海公司内销渠道，打入国内市场。

点评：

民营企业以其灵活的经营方式、敏锐审视市场和捕捉机会的能力，以及快速果决的决策效率，本着“寸有所长，尺有所短”的谦虚姿态，迅速完成海外矿山收购，显示了产权清晰的民营企业独具的灵活性和创新精神在对外扩张中的优势。

九、中石化、中海油：创造联合收购新模式

2009年7月，我国两大石油公司——中海油和中石化宣布以13亿美元联合收购美国马拉松石油公司持有的安哥拉一石油区块20%的权益。这笔交易是自中海油185亿美元竞购美国优尼科石油公司失败后，首次成功收购美国石油公司的资产。业内人士认为，两大石油公司共同出资进行海外收购，有利于中国公司在海外并购力量最大化，避免国内公司之间不必要的竞争，是中国石油公司“走出去”值得借鉴的模式。

点评：

我国央企是与富可敌国的跨国公司抗衡的中流砥柱。而央企的联合收购，是一种新的“走出去”模式，同时，也使西方国家对我国央企的强大实力和独特行为方式加倍关注。

十、葛洲坝：国际工程承包大显身手

中国葛洲坝水利水电工程集团公司是2004年首次登入“全球最大225家国际承包商”排行榜的中国

企业之一。在管理型、多元化、现代化、国际化的“一型三化”发展战略指导下，葛洲坝集团“走出去”的步伐明显加快。目前，葛洲坝集团的足迹已经遍及南亚、东南亚、中亚、中东、非洲、美洲等地区。

点评：

葛洲坝集团在对外承包工程中屡战屡胜，得益于它自己多年来在国内工程项目承包市场中积累起来的技术优势和管理优势，有针对性地扬长避短，完整的规划和统一实施的策略以及在市场定位和项目管理上的经验。

（资料来源：环球网，2014－08－08）

上海市服务外包产业发展的现状与思考

上海市发展改革研究院 副院长　汪胜洋
上海市发展改革研究院体制改革研究所 副所长　王　果

一、上海服务外包产业的发展现状

据商务部服务外包业务管理和统计系统数据，2012 年上海服务外包合同金额 51.98 亿美元，同比增长 10.9%；离岸执行金额 36.27 亿美元，同比增长 13.8%。扣除补报 2011 年执行的部分，2012 年实际离岸执行金额为 27.62 亿美元，同口径增长 21.7%。近年来，上海服务外包产业发展呈现以下特点。

（一）点面结合，覆盖全市

目前，上海市有 5 个服务外包示范区（浦东新区、长宁区、闸北区、黄浦区和漕河泾新兴技术开发区等）和 12 个服务外包专业园区（张江金融信息、张江生物医药、南汇生物医药、卢湾人力资源、陆家嘴信息技术、浦东软件园信息技术、长宁数字媒体、天地信息技术、张江信息技术、金桥研发设计、嘉定汽车研发设计服务外包专业园区以及财经大学金融服务外包专业园区），服务外包重点企业达到 122 家，分布在全市大部分区县。

（二）专业集聚，联动发展

当前，上海 5 个服务外包示范区集中了全市 79.5% 的服务外包执行金额。有 122 家服务外包重点企业和 283 家技术先进型服务企业，还有 11 个软件出口（创新）园区和 22 家“市软件和信息技术服务出口重点企业”，基本形成了专业集聚、联动发展的格局。同时，中心城区通过发展服务外包，产业推进升级效应已经显现，并为长三角乃至中西部地区承接在岸服务外包创造了条件。

（三）信息技术外包（ITO）占据优势，知识流程外包（KPO）占比明显提高

2012 年，上海服务外包实际执行金额为 27.62 亿美元，其中 ITO、BPO 和 KPO 分别占 66.7%、11.0% 和 22.3%，KPO 占比有明显提高。

（四）企业数量持续扩大

截至 2012 年年底，全市共有服务外包企业 1 246 家，比上年新增 132 家。埃森哲、汇丰和花旗等世界 500 强企业纷纷在沪设立亚太或全球数据处理中心，跨国企业也将财务、人事等业务流程共享中

心设在上海，国内知名外包企业也以上海作为重要战略部署地。

（五）从业人员迅速增加

截至2012年年底，全市服务外包企业已经吸纳就业人员23.34万人，其中大专以上学历人员占全部从业人员85.9%，比2010年底新增3.16万人。

（六）业务来源地广泛

2012年，居服务外包发包地前五位的国家和地区为美国、日本、新加坡、荷兰和中国香港，业务占比分别为38.7%、15.2%、6.6%、6.4%以及5.8%。

二、对上海服务外包产业发展的基本判断

（一）产业技术能力领先，服务外包自身发展不足

现代服务业和先进制造业共同发展，为上海发展服务外包提供了良好产业技术条件。上海市的产业转移从20世纪90年代就已经开始，轻工业被重化工业逐步代替，产业成功升级，发展出钢铁、石化、机电、汽车、造船、计算机等六大支柱产业，新一轮的发展定位于先进制造业和现代服务业，信息技术的进步带动电子信息产业的快速发展，促进了城市整体产业结构的升级转型。

但是，良好的产业基础并没有引发上海服务外包的大发展，目前的服务外包无论是规模，还是外包的专业化程度，都表现出发展不足。更多涉及服务外包的行业、项目没有纳入外包领域，服务外包的发展势态与雄厚的产业技术能力不相匹配，企业“大而全”、“小而全”现象严重，内部低水平配套大量蚕食生产效率，同时也制约了服务外包的发展。

（二）城市配套能力领先，商务成本竞争不足

上海城市基础设施环境好，服务外包政策环境优。从“硬件”环境来看，上海的基础设施建设快，起点高，系统较完善，并与周边地区的基础设施趋于融合，在长三角地区以上海为核心枢纽高效整合的基础设施网络体系正逐步形成，这为上海发展服务外包提供了良好的环境。城市基础设施不断完善，为进一步改善上海投资环境、扩大对外开放、增强城市综合功能创造了有利条件，投资者信心不断增强。同时，上海还具备大量商务配套服务良好的写字楼，招商办、工商、税务等政府部门积极为入驻企业提供热情高效的服务，在楼宇聚集区域逐渐形成集购物、餐饮、娱乐、休闲等功能于一体的商务配套设施。另外，上海的通讯基础设施也相对比较完备，具有先进的国际化的通信服务功能。从政策“软环境”来看，上海针对服务外包产业发展出台了一系列政策措施，在资金支持、税收优惠、人才培养等方面给予扶持。

然而，一直以来上海的商务成本过高也是不争的事实。一方面，表现在企业用工成本高：2012年度上海市职工平均工资为56 300元，而同期全国城镇单位在岗职工平均工资为47 593元；相应地，上海企业为员工缴纳的社会保险费、其他福利费也远远高于全国平均水平。再加上上海用工比较规范，隐性成本也相对较高。另一方面，对于员工来讲，上海的生活成本较高。根据上海易居房地产研究院的研究，2012年上海的房价收入比[1]达11.7，位于全国35个大中城市第4位。但是，如果统计纯商品住宅（除去可售型保障房）的房价收入比，上海则以19.1排在全国首位。对于企业来讲，房地产价

[1] 房价收入比是指房屋总价与居民家庭年收入的比值。房价收入比＝住宅价格/居民有效购买力＝（住宅销售单位面积价格×城镇人均住宅建筑面积）/城镇居民年人均可支配收入。

格高企还导致办公场所租金偏高，尤其是中心城区商务成本的不断提升，已经成为制约服务外包企业发展的因素之一。

（三）人才基础领先，高端人才不足

上海人力素质整体较高、规模大，人才门类齐全。众所周知，上海人才集聚，在吸引信息技术人才、外语人才及专业技术人才方面有着明显的优势，已经初步形成了国内人才高地，是我国专业人才主要的聚集地之一。特别是在国际化人才方面，上海已成为海外留学人员回国创业发展的首选城市之一，并且已经形成了针对人才的市场化配置机制以及专业化、社会化的服务体系和尊重知识、尊重人才的社会氛围。截至2012年年末，上海市共有普通高等学校（含独立学院）67所，与服务外包人才相关的专业人才近8万人。全市共有58家机构培养研究生，全年在校研究生12.7万人，毕业生3.45万人。

从从业人员素质看，上海的服务外包企业从业人员素质高于20个服务外包示范城市平均水平，更高于全国的平均水平（见图1和图2）。并且上海的人才门类比较齐全，既能够提供发展高端服务外包所需的高层次人才，同时也能够满足发展一般服务外包的大量中低层次人力资源需求。

但是，涉及企业发展的高端人才却表现为不足。目前上海在高端人才的引进、居留、税收政策，以及对其配偶和未成年子女的安置方面依然存在一些障碍。而周边城市近年来加大了人才吸引和培训的力度，上海对高端人才的持续吸引力呈相对减弱趋势。此外，人才与服务外包产业需求的匹配性较弱，延缓了上海服务外包增长的进程。目前，上海市的人才储备与国内其他城市相比，英语和软件方面的人才在人数和实力方面都占绝对优势，但与外包行业对人才的综合性以及专业性要求相比仍有较大差距，与印度、爱尔兰等相比，上海英语人才也处于劣势。上海的服务外包企业对项目管理人才、技术人才、市场开拓和营销人才等需求较大。

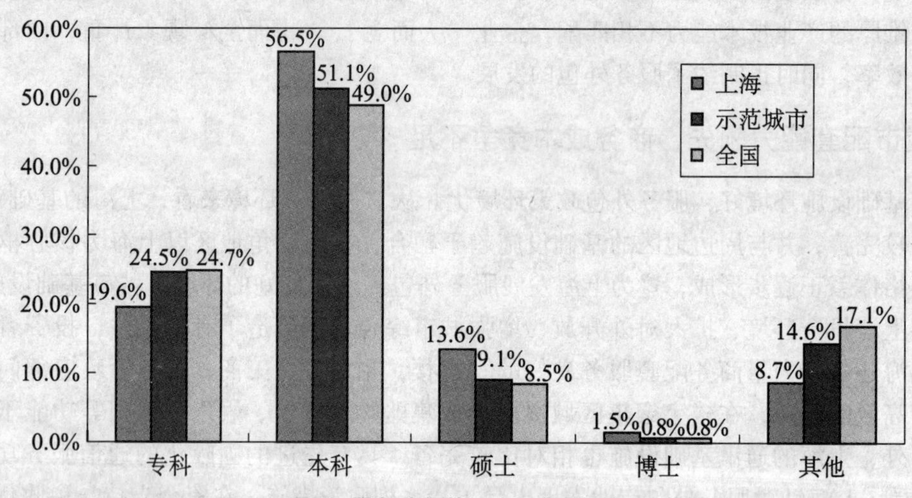

图1　服务外包从业人员素质比较

资料来源：根据商务部数据计算。

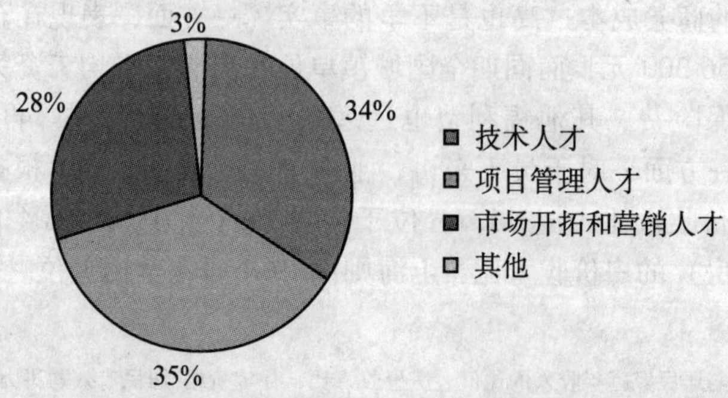

图2　服务外包企业最需要的人才

（四）外包市场发育领先，政府推动力度不足

上海的服务外包市场体系发育相对比较完善，服务外包的市场需求面广，供给形式多，领域宽。上海的信息化建设为信息技术外包创造了巨大的市场需求。2012 年，上海信息服务业经营收入 3 628.79亿元，同比增长18%，占第三产业的比重达 10.2%，占全市 GDP 总值的6.1%；电子信息产品出口额达959 亿美元。另外，上海在推动服务外包市场发展过程中还特别注重知识产权的保护，明确上海市知识产权局为上海市服务外包发展联席会议成员单位，负责有关知识产权事务的协调推进工作，在部分服务外包示范区建立了“上海市保护知识产权举报投诉服务中心工作站”，加大对服务外包企业的知识产权保护力度，为服务外包营造良好的发展环境。

尽管上海是对服务外包产业研究较早、覆盖范围较广、最早出台专项支持政策的省级行政区，是我国首批服务外包基地城市之一，首批“信息化与工业化融合试点城市”之一，但是，政府对服务外包发展的推动力还显不足，特别是一些区县对服务外包的发展意义、发展形势认识不够，因此，在某些方面已被周边城市反超。无论是专项资金、税收优惠、财政支持、金融支持还是人才培训支持、开拓国际市场支持、招商引资力度、园区基础设施建设支持等方面，都不如苏州、无锡、杭州等周边城市，特别是随着商务成本的不断攀升，上海服务外包发展面临严峻挑战，政府服务效率、政府工作透明度显得越加重要。另外，服务外包在国民经济中的定位要进一步提升，服务外包统计体系也有待于进一步完善。

（五）国际外包规模领先，大型企业集聚不足

上海服务外包发展起点较高，有辐射内外两个市场的优势。对外，上海凭借国际化优势、多年积累起来的“上海”品牌优势、作为中国对外开放前沿和长三角龙头的优势等，具有承接国际服务外包的巨大潜力；对内，越来越多的先进制造业、现代服务业、高新技术产业企业进驻上海，越来越多的跨国公司地区总部、研发中心、营运中心落户上海。上海凭借区位优势、产业优势、先发优势等，在服务外包发包、分包、转包方面拥有巨大潜力。可以说，上海有发展国际服务外包独有的优势，无论是发包还是接包的国际外包，规模都处于领先地位。

但是，当前上海仍缺乏在全球有较高知名度和市场影响力的企业，大型服务外包企业的集聚度不及大连和北京。IDC 中国软件外包“六小龙”中，没有一家是上海企业；在国际外包服务专业人员协会公布的全球服务外包 100 强名单中，没有总部在上海或者在上海成长起来的公司；而大连的东软、海辉等多次入选。缺乏大型服务外包企业，还与上海目前上规模的服务外包园区数量不足直接相关。当前，上海着重打造的服务外包示范区都集中在中心城区，并且发展规模与周边地区服务外包集聚区相比并不占优势，一些郊县地区尚没有发展服务外包方面的相关规划布局。在 2009 年5 月16 日由相关机构发起的“中国十大最佳服务外包园区”评选[1]中，上海只有浦东软件园入围（见表 1）。

表 1　　中国十大最佳服务外包园区

1. 中关村软件园	6. 深圳软件园
2. 大连软件园	7. 天津滨海高新技术产业开发区软件园
3. 上海浦东软件园	8. 西安软件园
4. 苏州高新区	9. 武汉光谷软件园
5. 花桥国际商务城	10. 成都天府软件园

[1] 该评选由天津鼎韬外包服务有限公司及其所属的中国外包网发起和实施，是中国目前唯一一个面向服务外包行业的全行业评选。

三、上海服务外包产业发展的战略选择

“十二五”是上海创新驱动、转型发展的关键时期，围绕“四个率先”，上海明确了加快“四个中心”建设，构建社会主义现代化国际大都市的发展目标。从本质上看，上海建设“四个中心”就是要形成以服务经济为主的产业结构。作为开放型、国际化大都市，上海在发展服务经济的过程中，要紧紧把握服务全球化带来的重大机遇，结合城市定位积极发展国际服务外包产业。

（一）上海发展国际服务外包的意义

第一，有利于改善上海贸易发展结构，加快上海国际贸易中心建设。发展服务外包将有助于上海进一步做大贸易规模，提升上海国际贸易中心的能级。更为重要的是，增加服务贸易的比重，在促进服务贸易长足发展的同时，将对外贸易的主战场由第二产业向第三产业延伸，不断优化上海国际贸易中心的结构，丰富上海国际贸易中心的内涵。因此，大力发展国际服务外包，可以培育服务贸易新兴经济领域，壮大上海服务经济实力，成为上海国际贸易中心建设的有力抓手。

第二，有利于促进产业互动融合发展，推动上海国际金融中心和国际航运中心建设。金融信息后台服务与金融机构前台服务是上海多功能金融市场的有机组成部分，通过发展金融服务外包，有利于促进上海现代服务业与国际金融机构的业务关联与融合，提升金融企业的经营效率，有助于完善上海多功能、多层次金融市场体系。另外，上海建设国际航运中心不仅能够推进先进的港口等硬件设施建设，而且，更重要的是促进航运服务功能的国际化、中心化。通过发展航运服务外包，有利于细分航运服务市场，进一步完善上海航运中心的服务功能，加快构筑完整的航运产业链，进而提升上海对全球航运资源的配置能力。

第三，有利于加快上海产业结构调整，推动上海服务经济大发展。发展国际服务外包意味着对服务业分工的深化、细化，是上海发展现代服务经济的重要举措。通过大力发展国际服务外包，不但增加了服务业在国民经济中的比重，而且在吸引外商投资过程中，构建了新型的对外开放模式，将上海服务经济对外开放推向纵深。特别是通过承接 BPO、ITO，逐渐承担 KPO 等知识、技术含量较高的服务外包业务，可以提高上海第三产业的附加值，提升上海服务经济的发展层次。

第四，有利于增强上海的国际竞争力，提升上海参与全球化的能力。通过发展服务外包，在上海形成全球服务资源配置中心，有利于提升城市品牌，进而展现上海现代服务业的国际竞争力。另外，上海要通过承接高端服务外包项目，率先形成服务外包产业高地，在新一轮全球服务外包竞争中抢得先机，这样既能促进服务外包相关产业链的整合和优化，又能提升上海在跨国公司全球产业链布局中的地位。特别是对于涉及高新技术的服务外包领域，通过承接研发、设计、管理咨询等高端服务外包，有助于引进国外先进的技术经验和经营理念，进而推动我国自主创新的发展。

（二）上海发展国际服务外包的目标

上海是跨国公司集聚的中心，是国际服务外包业务集聚的中心，上海既要发展传统意义上的离岸服务外包，积极承接国外企业的服务外包业务，更要发挥跨国公司集聚优势，承接跨国公司在我国设立的子公司发包出的服务外包业务。在功能上要反映出集聚和配置全球服务资源，既要突出集服务接包、发包、转包、分包等业务为主的核心功能，又要体现集信息发布、项目洽谈、业务交流、研究培训等服务为内容的拓展功能。总之，未来上海作为中国国际服务外包中心城市，已不单单是离岸服务外包业务的承接地，而是以上海为中心，以跨国公司为载体，服务功能齐全的国际服务资源综合配置中心。

（三）上海发展国际服务外包的领域

城市对发展国际服务外包领域的选择有多种方法，其中基于要素禀赋性质角度和城市发展目标角

度来考察是两种基本思路。朱四明等（2011）构建了基于要素禀赋和自主创新战略的上海服务外包产业选择模型，本文在此基础上进一步加以探讨。

一是从要素禀赋性质角度考察。要素禀赋理论认为，一个国家或地区的要素禀赋性质决定了该国或地区最适于从事的产业和进入这些产业时所采用的技术。对上海而言，发展服务外包的有利禀赋主要包括：完善的教育体系带来的相对较丰富的外包人力资源；完善的基础设施体系带来的便利交通；高国际化程度带来的语言优势；东部沿海的地理位置和长期积淀形成的城市独有的文化精神等。因此，若基于该类要素禀赋，上海则易发展金融服务、研发设计、软件开发、物流服务等发挥自身禀赋优势的外包业务。

二是从城市发展目标角度考察。国际服务外包在我国属于新兴产业，地方政府在大力推进过程中必然会考虑到要围绕城市整体发展目标进行领域选择。对上海而言，就是要围绕“四个中心”建设目标，将发展国际服务外包与上海建设国际金融中心、国际航运中心以及国际贸易中心紧密结合起来，与上海未来创新驱动、转型发展的主线相一致。因此，从城市发展目标角度来看，上海更易发展有利于“四个中心”建设的金融服务、物流服务、研发等服务外包业务。

综合以上两个角度考察结果，上海作为经济中心城市，将主要发展高技术含量、高附加值、高创新性的服务外包产业，重点发展软件开发、研发设计、金融服务、航运物流等外包产业。同时，突出上海作为国际服务外包产业中心城市的资源配置功能，在上述产业发展过程中主要引进相应的功能性机构和外包核心人才，增强上海城市服务外包的核心综合服务功能和国际竞争力。

（四）上海发展国际服务外包的路径

一是围绕上海国际金融中心建设，大力发展金融服务外包。上海建设国际金融中心的核心是金融市场体系建设，金融后台服务是金融市场体系的重要组成部分。上海发展金融服务外包要瞄准高端金融 BP0，重点发展财务技术支持、消费者支持服务、营运流程外包、评估研究、投资研究和技术研究、金融产品开发设计等外包业务，逐步把上海建成全球跨国金融机构的亚太总部中心和服务全球的后台中心，努力从美国、欧洲、日本等发达地区吸引高级金融信息服务人才，将上海建设成为中国乃至世界的经济、金融和信息中心，真正成为“世界金融办公室”。

二是围绕上海国际航运中心建设，大力发展航运物流外包。上海要建设成为资源配置型的国际航运中心，加快发展航运服务体系。因此，上海发展航运服务外包就是要瞄准航运金融、船舶融资、航运保险等高端服务领域，着力搭建第三方物流信息平台、企业对企业（B2B）商务平台，积极培育物流供应链系统集成商（第四方物流）。重点发展与航运相关的物流采购整体解决方案设计、供应链管理系统、物流营运核心业务平台系统、物流调度及路由控制平台系统、物流自动分拣系统等高端服务外包业务，以此加快航运要素市场的集聚，推动航运服务业企业成群、行业成链、要素成市，提升上海在国际航运市场上的地位和作用。

三是围绕上海创新型城市建设，大力发展研发设计外包。上海发展先进制造业，明确高新技术产业发展方向，离不开技术研发。上海发展研发设计外包就要瞄准战略性新兴产业，加大对技术研发中心的引进，同时鼓励制造企业将研发部门剥离，成为能够独立承担外部研发设计业务的外包机构。培育研发设计龙头企业，支持跨国公司将高附加值的研发业务进行外包，不断增强上海的科技创新能力。

四是围绕上海智慧城市建设，大力发展软件开发外包。上海是我国软件业出口和服务外包的重要基地，上海发展软件开发外包一要围绕金融和航运产业，积极发展相关软件开发与测试业务，促进金融、航运业的信息化建设；二要围绕上海智慧城市建设，加强对物联网基础技术、关键技术的研究，鼓励相关信息企业积极参与上海城市信息化改造。重点发展云计算服务外包，鼓励国内外企业在上海建立云计算服务中心。

五是围绕上海全球城市建设，大力集聚外包功能性机构。上海建设全球城市，就是要成为全球资源的配置中心，成为全球经济发展的节点和枢纽。因此，上海发展国际服务外包要从提升外包资源配置功能入手，在各领域发展一批共享中心、研发中心、结算中心等功能性机构，大力集聚企业总部，成为全球国际服务外包的接包中心、转包中心以及发包中心。

四、结　论

技术进步与生产方式的变革使得服务的跨地域可交易成为可能，服务全球化成为经济全球化的重要内容，国际服务外包作为服务全球化的表现形式受到越来越多的关注。在服务全球化背景下，国际服务外包正呈现出领域扩大化、业务高端化、模式创新化、布局多点化以及分工层次化等特点。作为承接国际服务外包的大国，我国要认清楚承接外包业务带来的正反两方面影响，而上海在加快建设“四个中心”，构建以服务经济为主的产业结构过程中，更要把握服务全球化带来的发展机遇，发挥自身国际化程度高、对内对外开放程度高以及人才资源集聚等优势，重点围绕金融、航运、信息等产业，大力发展金融服务外包、航运服务外包、研发设计外包以及软件开发等外包业务，大力吸引国际服务外包功能性机构，提升服务外包资源的配置功能。

（资料来源：《全球化》　2014 年第 2 期）

我国企业对外直接投资拉动因素：东道国面板数据分析[1]

中央财经大学教授、金融学院国际金融系主任　张碧琼
中央财经大学商学院工商管理硕士研究生　李　论

一、引　言

随着世界经济一体化的发展，全球化的趋势已成必然，对外投资和利用外资已经成为当前世界开放经济的主要表现形式，如何有效参与国际竞争是我国企业所面对的重大课题。自改革开放迄今，我国外向型经济的发展取得了显著的成绩。《2011 年度中国对外直接投资统计公报》显示，2011 年我国对外直接投资净额接近 750 亿美元，较 2010 年增长 8.5%。在 2002—2011 年间，我国对外直接投资连续 10 年增长，对外直接投资年均增速达到 44.6%[2]。

开展关于我国对外直接投资影响因素分析的研究有着重大的现实意义。

从企业层面讲，有助于我国企业在进行对外投资过程中考虑到一些重要因素并同自身的实际情况结合起来，从而做出优化的选择。这有利于我国企业以稳健的步伐走向世界，一步一个脚印地迈向全球市场。企业积极参与对外直接投资，一方面可以开拓国际市场，参与国际竞争；另一方面，也可以在投资过程中学习东道国较为先进的科技、管理方式及经营模式。

从国家层面讲，一方面，政府可以根据各种影响因素的变化，适时地出台相关的政策或服务来鼓励并帮助企业进行对外直接投资，完善我国的法律制度，为对外直接投资的企业提供法律保障。由于外向型经济的投资需要投资者对东道国要有比较深入的了解，因此，政府通过以上的做法，可以更好

[1] 项目得到中央财经大学“211 工程”三期重点学科建设项目、教育部人文社会科学基金面上项目（项目批准号：10YJA790240）资助。

[2] 数据来源于《2011 年度中国对外直接投资统计公报》。

地引导我国企业把握对外投资的市场、区位及时机等。另一方面，我国拥有巨额外汇储备，这既说明我国外汇储备实力强，但同时也意味着我国外汇储备利用效率不高。积极地进行对外直接投资，可以有效利用这些储备资源，减轻由于美元贬值造成对我国外汇储备的冲击，同时，也有利于推进我国产业结构的调整。

（一）发达国家对外直接投资理论

国际学术界在对外直接投资动机理论研究方面成果颇丰，全面深入地研究了发达国家公司的对外直接投资行为。主要理论如下：（1）美国学者海默（Hymer，1960）提出的垄断优势理论。该理论假设的一个基本前提，是各国企业存在着不完全竞争的特点，本国与东道国的跨国公司存在着各自独占优势，它们各自凭借其在某方面的垄断优势进行海外投资。（2）美国学者弗农（Vernon，1966）提出的产品生命周期理论。这一理论将产品的生命周期划分为成长、成熟和标准化阶段，指出了不同产品阶段企业有着不同的战略，即企业的对外直接投资需要随着产品生命周期而变化，企业在对外投资时需要将自身垄断优势与在东道国能得到的投资区位优势结合考虑。(3）学者卡森和巴克利（Casson and Buckley，1976）提出的内部化理论。该理论着重考虑了交易成本，通过将中间产品纳入到企业的内部活动中，采取有效手段降低企业成本，从而达到提高利润的目的。该理论着重考虑了交易成本对企业的影响，主张控制好交易成本，做好内部整合，具有一定的创新性。给企业的启示是，通过构建发达的企业信息平台和网络平台来减少中间交易成本，从而获得更多的利润，对企业具有实践层面的指导作用。(4）日本教授小岛清（Kojima，1978）提出的比较优势理论。该理论认为，应根据比较成本的原理将国内已经成为边际行业的这部分产业转移到具有低廉的劳动力、资源等要素价格的国家进行二次发展，较好地解释了日本企业在对外投资初期的行为。（5）国际生产折衷理论（John H. Dunning，1977)。该理论综合了垄断优势理论、内部化理论，并结合国际贸易理论中的资源禀赋学说，提出了“国际生产折衷理论”，提出了进行对外直接投资应有的所有权优势、内部化优势和区位优势，只有当企业资产所有权优势、内部化优势、区位优势同时具备时，对外直接投资才会获得成功。这个理论具有较为完整的解释力，被认为是比较完善的对外投资理论。

以上对外直接投资理论的共同点，都是着重分析发达国家跨国公司的对外直接投资行为。由于发达国家同发展中国家的对外直接投资行为有着较大差异，因此，以上理论在解释发展中国家跨国公司对外直接投资行为时，会有缺乏解释力的问题。

（二）发展中国家对外直接投资理论

发展中国家在世界对外投资活动中表现日益活跃，一些学者也越来越重视发展中国家在对外投资中扮演的角色，提出了许多关于讨论发展中国家对外直接投资的理论。具有代表性的理论有如下几种：(1）小规模技术论。美国哈佛大学教授威尔斯（L. Wells，1977）认为，发展中国家对外直接投资存在小规模生产技术、民族产品和低价销售三方面优势。但是，这个理论显然无法解释我国对外直接投资行为。(2）技术地方化论。英国学者拉奥（Lall，1983）提出这个理论。他认为，发展中国家从国外引进先进技术，根据自身的实际情况，对其加以消化、创新，提高自身的竞争能力，使得其产品在国外市场逐渐具有一定的竞争能力。（3）技术创新产业升级理论。英国经济学家坎特威尔及其学生惕诺（J. Cantwell，1991；P. E Tolentino，1993）提出这个理论。他们认为，发展中国家对外投资的进程是一个积累的阶段，首先进行对周边发展中国家的投资，而后为了获得技术等方面的进步，继续向发达国家投资。(4）投资发展周期理论。邓宁（Dunning，1981）认为，一国的经济发展水平、其所拥有的内部化、区域化和所有权优势，对发展中国家的对外直接投资具有重要影响。该理论将对外投资量与GDP 挂钩，但是，这个理论也存在一些不足之处，比如，选用了人均 GDP 指标对国家进行分类，指标过于单一。

（三）国内理论研究

国内学者在借鉴国外研究的基础上，结合我国具体情况，也做了很多深入研究。其中，具有代表性的有以下几种：（1）二阶段理论。吴彬与黄韬（1997）认为，对外直接投资可分为“经验获取阶段”和“利润攫取阶段”。如果我国企业具有垄断性优势，则主要攫取利润；反之，则应以获取经验为主。（2）技术累积与竞争策略模型。冼国明、杨锐（1998）针对发展中国家对外直接投资的研究，建立了学习型和策略竞争型两个模型来进行分析。（3）综合优势论。孙建中（2000）认为，综合优势表现在以下三个方面：一是由于我国存在着二元经济形态，既有发达国家特征，也有发展中国家特点，所以，在投资的动机方面有多机性；二是对比其他东道国，我国的这种特殊性存在着差别优势；三是因为我国对外投资的开展经历了诸多阶段，发展空间巨大。（4）五阶段周期理论。冯雁秋（2000）根据在投资发展过程中优势产业与边际产业的互相转换，将我国对外直接投资行为划分为五个阶段。在不同阶段中，各种类型的投资都会有所不同。（5）跨国投资门槛论。楚建波与胡罡（2003）根据企业投资动机将对外投资分为三类，分别为利润获取型、资源获取型和优势寻求型。在企业考虑对外直接投资的可行性时，需要关注自身的投资能力及投资要求的“门槛”，并将这些因素充分结合起来予以考虑。

除以上较具有代表性的研究外，国内诸多学者也对我国对外直接投资的各个相关领域有过相关研究。但是总体来看，目前国内的研究多以定性分析为主，定量分析不多。

二、我国对外直接投资影响因素：东道国拉动力

近年来，随着我国对外直接投资流量的迅速上升，许多学者对此现象进行了实证分析。本文将分别从东道国和母国两个角度对已有的部分文献进行梳理和总结。在基于东道国的对外直接投资影响因素中，东道国的经济情况、资源禀赋、市场状况、汇率水平、政治因素等特别受到学者们的关注。

（一）东道国经济情况

许多学者研究表明，东道国经济发展水平对我国对外直接投资有显著影响。东道国的 GDP 水平是能够较好地表现其经济发展情况一个变量，能够较为充分地反映该国的经济发展水平。

Kofstad 和 Wiig（2010）用 GDP 表示市场规模，认为东道国的市场规模越大，对于投资国的吸引力也就越大；胡博、李凌（2008）选用 2003—2006 年我国对 54 个东道国投资数据分析，发现东道国 GDP 与我国对外直接投资正相关；而王文明、王聪、张新乐（2007）对 2003—2004 年间我国对 51 个东道国的投资样本建立了面板数据模型，得出东道国 GDP 对于我国对外投资影响不显著，并且与我国直接投资负相关的结论。

（二）资源禀赋

近年来，在资源禀赋方面我国企业主要考虑东道国的资源、技术和劳动力。国际化理论认为，一国的对外直接投资和东道国自然资源量成正向关系。所以，我国进行对外直接投资可以获取资源，以满足经济持续发展的需求。

Buckley（2007）对我国 1984—2001 年间的对外直接投资进行分段检验，他发现我国对外直接投资由市场导向到资源型导向的时间转折点是 1992 年；Pradhan（2011）将中国与印度的跨国公司进行对比分析，结果表明，我国进行对外直接投资的企业更偏好于在临近的周边并且资源较为充沛的小国家进行投资，而印度则对这种区位因素不敏感，倾向投资于具有较大市场规模的东道国；胡博、李凌（2008）通过实证检验，采用 2003—2006 年的面板数据模型发现，我国在对发达国家的寻求技术型投

资对我国直接投资影响效果显著；Sanfilippo（2010）选取我国在非洲直接投资的41个国家进行分析，发现这些东道国的自然资源与我国对外直接投资正相关，并且双方密切的经贸合作关系也对直接投资有显著影响。

（三）市场状况

我国学者在研究市场状况时，大多集中在市场开放程度和贸易领域进行讨论。

陈恩、王方方（2011）选取2007—2009年对外直接投资数据，建立了面板数据模型，得出了我国对外直接投资主要是市场寻求型的，东道国市场开放程度越高，我国对其直接投资也越多的结论。蔡锐和刘泉（2004）以小岛清的边际产业理论为基础，对我国在1990—1999年的对外直接投资和贸易数据进行分析，结果发现，我国对发达国家的直接投资对于进口有促进作用，同出口关系不显著；而对于发展中国家的直接投资则得到相反的结论，对出口有促进作用，同进口关系不显著；张如庆，徐松（2005）通过时间序列的方法对1982—2002年间的数据分析，得出我国的出口贸易和对外直接投资有着单向因果关系；官建成、王晓静（2007）用1993—2005年数据进行OLS回归，发现出口对我国对外直接投资有正向作用。而邱立成（2008）的结论与上述两位学者的结论不同，我国的对外直接投资与出口贸易呈显著的负相关性，即出口贸易额的提高会减少我国的对外直接投资，两者之间存在明显的替代作用；张为付（2008）使用我国的对外直接投资数据和东道国的出口规模发现，两者存在正相关的关系；在对进口情况的考察上，项本武（2007）在其2005年研究的基础上，分析我国对49个东道国在1999—2001年这3年间的直接投资数据，发现进口与我国对外直接投资之间存在显著的替代效应。

（四）汇率水平

汇率水平的变化具有极大的不确定性，对我国企业的海外投资收益具有较大影响。在研究时通常选取人民币对美元汇率或东道国货币对美元汇率。

关于汇率问题，我国学者的研究众多，以下仅举几例。张谊浩（2003）通过实证检验指出，在保持人民币汇率长期稳定的情况下有利于进行对外直接投资；张西林（2009）通过实证，得出了与张谊浩相似的结论。此外，我国学者也考虑到了对外直接投资与我国外汇储备的关系，如赵美英（2009）通过实证检验，我国对外直接投资与外汇储备规模具有显著的关系。

（五）政治因素

在对东道国进行投资时，我国企业要充分考虑到可能面临的政治风险。东道国的制度、政策等方面对我国对外直接投资影响重大。

Buckley（2007）研究发现，我国倾向于投资制度环境较好、政策较为完善的东道国，特别是临近的周边具有相对稳定的政治体系的小国。但Cheung和Qian（2008）经研究发现，我国的对外直接投资水平与东道国的制度水平之间并不存在显著的影响关系。贺书锋、郭羽诞（2009）发现，我国对外投资倾向于与我国具有相似文化、沟通交流较好且国内政治稳定的东道国。

三、我国对外直接投资拉动力的实证分析

随着全球经济区域一体化的发展，越来越多的国家参与了自由贸易区、自由贸易协定。通过双方签订避免双重征税协定、双边投资协定等优惠的双边政策，进一步促进了母国与东道国之间的经济往来，为双方企业的投资提供了良好的政策环境。本文确定了模型的因变量为我国对东道国的投资流量；自变量包括东道国市场规模、人民币与东道国货币之间的汇率水平、东道国的经济开放程度、东道国的能源产量和高科技出口占制成品出口比。选取变量因素，具体见表1。

表1　变量的设定及含义表

变量性质	变量名	变量含义
被解释变量	$ofdi_{it}$	t 期我国对 i 国的投资流量
解释变量	gdp_{it}	t 期 i 国的国内生产总值
	er_{it}	t 期人民币兑 i 国货币的汇率
	$open_{it}$	t 期 i 国的经济开放程度
	$energy_{it}$	t 期 i 国的能源产量
	$exzhangex_{it}$	t 期 i 国高科技出口占制成品出口比

综合拉动力的理论分析，从东道国角度建立对我国直接投资流量影响因素的假设如下：

假设1：东道国的市场规模 GDP 对我国对外直接投资流量有正向作用；

假设2：人民币升值对我国对外直接投资有正向影响；

假设3：东道国的经济开放程度与我国对外直接投资正相关；

假设4：东道国的能源产量与我国对外直接投资正相关；

假设5：东道国的科技水平与我国对外直接投资正相关。

(一) 数据来源说明及处理

本部分数据选取期间为2003—2010年，根据数据可获性选取我国对其直接投资有正流量的国家或地区的年度数据作为研究样本，共选取了46个国家（地区），包括：阿尔及利亚、澳大利亚、孟加拉国、博茨瓦纳、巴西、柬埔寨、喀麦隆、加拿大、智利、埃及、埃塞俄比亚、法国、德国、加纳、香港、匈牙利、印度尼西亚、意大利、日本、哈萨克斯坦、肯尼亚、毛里求斯、摩洛哥、莫桑比克、纳米比亚、荷兰、尼日利亚、巴拿马、秘鲁、菲律宾、波兰、罗马尼亚、俄罗斯联邦、沙特阿拉伯、新加坡、西班牙、瑞典、瑞士、泰国、多土耳其、乌克兰、阿拉伯联合酋长国、英国、美国、委内瑞拉、越南和赞比亚。

我国对东道国对外直接投资流量（*ofdi*）数据来源于《2011年度中国对外直接投资统计公报》；东道国能源产量（$energy_{it}$）和高科技出口占制成品出口比（$exzhangex_{it}$）数据来源于世界银行网站；东道国经济开放程度（$open_{it}$）数据采用东道国每年吸收 *FDI* 流量占其 *GDP* 比重来表示，此数据与东道国的国内生产总值（gdp_{it}）和东道国及本国汇率数据（er_{it}）来自 EIU CountryData 数据库[1]。

考虑到在模型分析时可能会遇到异方差等问题，所以在模型实证研究时，对各个变量进行对数化处理，这可以在一定程度上减弱异方差的影响。

(二) 面板数据平稳性检验

本部分实证研究数据包括了横截面、时间和变量三位信息，只利用截面数据或时间序列并不能满足分析的需要，所以，在此选用面板数据（Panel Data）模型。分析面板数据的一般形式如下：

$$y_{it} = \alpha_{it} + x_{it}\beta_{it} + u_{it} \qquad i = 1, 2, \cdots, N \qquad t = 1, 2, \cdots, T \tag{1}$$

其中，y_{it}为被解释变量，x_{it}为解释变量，α_{it}为常数，β_{it}表示斜率，N 表示样本中的个体数，T 表示样本观测长度，随机误差项 u_{it}。相互独立且均值为零，方差相等。[2]

在进行面板数据回归之前，首先要采用单位根检验的方法，对数据的平稳性进行考察，目的是防止产生虚假回归。检验方法分为两种：一种是相同根下的检验，方法包括 LLC、Breintung 和 Hadri；另一种是不同根下的检验，方法包括有 IPS、Fisher-ADF 和 Fisher-PP。单位根检验是通过三个模型完成的，首先由带有截距项和趋势项的开始，然后只有截距项，最后是两者都无的模型。只有三个模型都

[1] https: //eiu. bvdep. com.

[2] 高铁梅．计量经济分析方法与建模：Eviews 应用及实例［M］．北京：清华大学出版社，2006：319-321.

不能拒绝原假设时，才能得出时间序列不平稳的假设；只要有一个模型拒绝了原假设，就认为这个时间序列具有平稳性。在检验时首先从水平序列情况开始，如果有单位根，则对序列进行一阶差分继续检验，若发现仍有单位根，则进行二阶乃至高阶差分，直到不存在单位根为止。[1] 本文选取 LLC、ADF 和 PP 检验的方法，单位根检验结果如表 2。

表 2 单位根检验结果

变　量	检验类型（c，t，p）	LLC 检验	ADP 检验	PP 检验	检验结果
ln*ofdi*	(1，1，0)	0.000 0*	0.000 1*	0.000 0*	平稳
ln*gdp*	(1，1，0)	0.000 0*	0.539 6	1.000 0	平稳
ln*er*	(1，1，0)	0.000 0*	0.647 5	0.259 3	平稳
ln*open*	(1，1，0)	0.000 0*	0.023 6*	0.000 0*	平稳
ln*energy*	(1，1，0)	0.000 0*	0.001 7*	0.000 0*	平稳
ln*exzhangex*	(1，1，0)	0.000 0*	0.000 3*	0.000 1*	平稳

注：（c，t，p）表示，c=1 时有常数项，c=0 时无常数项；t=1 时有趋势项，t=0 时，无趋势项；p 表示滞后期数。* 表示 5% 下 P 值小于 0.05，显著。

由表 2 的检验结果可知，以上变量均为零阶单整，我们可以得到面板数据的模型方程如下：

$$\ln ofdi_{it} = \alpha_2 + \beta_1 \ln gdp_{it} + \beta_2 \ln er_{it} + \beta_3 \ln open_{it} + \beta_4 \ln energy_{it} + \beta_5 \ln exzhangex_{it} + \beta_6 FTA + \varepsilon_{it} \quad (2)$$

（三）面板数据模型选择

面板数据的各类模型大致可分为混合回归、变截距模型和变系数模型三类。

首先，需要判断模型的选用形式。

在检验时，经常使用协方差分析的方法进行检验，主要检验以下两个假设：

H_1：$\beta_1 = \beta_2 = \beta_3 = \beta_4 = \cdots = \beta_N$

H_2：$\alpha_1 = \alpha_2 = \alpha_3 = \alpha_4 = \cdots = \alpha_N$

$\beta_1 = \beta_2 = \beta_3 = \beta_4 = \cdots = \beta_N$

接受假设 H_2 的是混合回归模型，即不变系数模型；如果拒绝 H_2，需要检验假设 H_1，若接受 H_1，则是变截距模型；如果同时拒绝 H_1 和 H_2，则应采用变系数模型。

计算统计量 F_1 和 F_2 的公式如下：

$$F_1 = \frac{(S_2 - S_1) / [(N-1)k]}{S_1 / [NT - N(k+1)]} \sim F[(N-1)k, N(T-k-1)] \quad (3)$$

$$F_2 = \frac{(S_3 - S_1) / [(N-1)k]}{S_1 / [NT - N(k+1)]} \sim F[(N-1)(k+1), N(T-k-1)] \quad (4)$$

样本中，$N=46$，$K=5$，$T=8$，由式（3）和（4）计算可得到两个 F 统计量分别为：

$F_2 = 4.5$　　　$F_1 = 1.26$

通过 Eviews 软件计算在 5% 显著性水平下的 F 统计量的相应临界值为：

$F_{2\alpha}$（270 92）$= 1.349$　　　$F_{2\alpha}$（225 92）$= 1.341$

由于 $F_2 > 1.349$，所以拒绝 H_2；因为 $F_1 < 1.341$，所以接受 H_1，即此处选用变截距模型。

下面继续分析选用固定影响模型还是随机影响模型。通常采用豪斯曼（Hausman）检验来判断固定影响模型与随机影响模型的选用。

通过使用软件计算可得 Hausman 统计量数据为：Chi-Sq. Statistic =217.45，Chi-Sq. d.f. =5，Prob. =0。检验结果表明，拒绝选择随机影响模型的原假设，应该采用固定影响的面板数据模型。

[1] 高铁梅．计量经济分析方法与建模：Eviews 应用及实例［M］．北京：清华大学出版社，2006：346－350.

(四)面板数据回归结果

由于选择样本中截面个数是46，而时间序列个数为8，时间序列个数相比横截面个数较小，所以，选择截面加权估计法（cross-section weights）对样本数据进行回归分析来解决可能出现的异方差现象。得到了如下的回归结果：

通过观察回归结果，可知，ln*gdp* 和 ln*er* 在 1% 的置信水平下显著；ln*open*、ln*energy* 和 ln*exzhangex* 在 10% 的置信水平下显著，模型的 R^2 为 91.17%，调整后的 R^2 为 89.78%，拟合度较好。回归方程如下：

$$\ln ofdi_{it} = 8.0994 \ln gdp_{it} + 1.5955 \ln er_{it} + 0.0204 \ln open_{it} + 1.3563 \ln energy_{it} + 0.0619 \ln exzhangex_{it} - 24.1271 + \varepsilon_{it} \tag{5}$$

观察表4可知，在样本期间内，各东道国的固定影响有着较大差异，其中最低的是美国，其固定影响值为 -26.4684；最高的是柬埔寨，其固定影响值为 28.1256。总体看来，在样本内的国家中，发达国家（地区）的固定影响值较低，而发展中国家（地区）的固定影响值较高。

表3　　模型系数回归结果

变量	系数	P统计量
C	-24.127 1	0.000 1
ln*gdp*	8.099 4	0.000 0
ln*er*	1.595 5	0.001 6
ln*open*	0.020 4	0.081 7
ln*energy*	1.356 3	0.050 3
ln*exzhangex*	0.061 9	0.059 8

表4　　各样本的固定影响

国家和地区	固定影响	国家和地区	固定影响	国家和地区	固定影响
阿尔及利亚	7.914 9	印度尼西亚	7.297 0	沙特阿拉伯	-3.265 6
澳大利亚	-5.028 0	意大利	-20.087 2	新加坡	-3.478 0
孟加拉国	4.301 6	日本	-15.268 7	西班牙	-18.179 0
博茨瓦纳	13.941 0	哈萨克斯坦	12.219 4	瑞典	-2.170 7
巴西	-13.960 2	肯尼亚	14.671 5	瑞士	-8.729 5
柬埔寨	28.125 6	摩洛哥	-0.581 0	泰国	-0.409 8
喀麦隆	18.292 4	莫桑比克	21.019 5	土耳其	-13.070 7
加拿大	-11.175 6	纳米比亚	16.866 0	乌克兰	-2.443 0
智利	4.899 3	荷兰	-9.345 5	阿拉伯联合酋长国	0.858 7
埃及	-1.828 9	尼日利亚	9.202 4	英国	-17.083 9
埃塞俄比亚	12.244 7	巴拿马	5.073 4	美国	-26.468 4
法国	-18.393 5	秘鲁	-1.646 3	委内瑞拉	0.108 0
德国	-18.516 6	菲律宾	0.798 9	越南	16.679 6
加纳	7.469 7	波兰	-7.855 7	赞比亚	21.315 2
中国香港	-2.373 2	罗马尼亚	-1.321 8		
匈牙利	5.348 8	俄罗斯联邦	-5.967 1		

(五)结果分析

将在本文选取的样本期间内分析所得的回归结果与先前的假设进行对比，不难发现：

1. 东道国的 GDP 水平与我国对其投资正相关，假设得以验证

东道国的 GDP 每增长 1%，会引起我国对其直接投资接近 8.1% 的增长。此外，在样本期间内，东道国 GDP 所对应的弹性系数是其他各因素所对应弹性系数最大的，说明东道国 GDP 所代表的市场规模因素是所有因素中最重要的。

2. 汇率上升的影响

直接标价法下表示本币贬值、外币升值。一方面，使得我国在对外直接投资时，在东道国所销售商品的利润按东道国货币可以换算成更多的人民币，提高了企业对外直接投资的收益；另一方面，可以加强东道国对我国产品或服务的购买力，促进我国企业对东道国投资或者商品的出售，扩大我国的市场规模。而这与假设相反，说明现阶段我国企业更加偏重市场规模的扩张。

3. 东道国的市场开放程度与我国对其直接投资正相关的假设得以验证

根据回归系数表示，东道国的开放程度每提高 1%，我国对其直接投资流量会提高约 0.02%。虽然检验结果显著，但影响还是较小。

4. 东道国能源产量与我国对其直接投资正相关的假设得以验证

东道国的能源产量增加 1%，我国对其直接投资流量增长约 1.36%。这个结论与我国近年来的海外投资举动相符。根据《2011 年度中国对外直接投资统计公报》所示，2011 年末我国采矿业对外直接投资达到 144.5 亿美元，占比 19.4%，主要集中在石油天然气、有色金属、黑色金属和煤炭方面。例如，2011 年中国中化集团公司收购挪威石油公司巴西佩格里诺油田 40% 股权；中国石油化工集团公司收购加拿大日光能源公司 100% 股权；2013 年 2 月，中海油以 194 亿美元的价格完成了对尼克森公司的并购，进一步拓展了海外业务及资源储备。[1]

5. 用高科技出口品占制成品出口比衡量的东道国科技水平因素与我国对外直接投资成正向关系，验证假设成立

根据选取的样本区间及指标来看，东道国的科技水平每上升 1%，我国对其直接投资流量提高近 0.062%。结合科技兴国、科技创新的战略背景，我国企业对海外的技术投资将会保持一种稳步上升的趋势，我国企业以其“走出去”，学习发达国家企业先进的技术、管理模式和经验，从而更好地参与国际市场竞争。从结果上看，我国企业对于技术增长的需求占据了显著的地位。

四、主要结论与对策建议

本文主要研究东道国因素对我国企业对外直接投资的影响。根据数据可获性选取我国对其直接投资有正流量的国家或地区的年度数据作为研究样本，共选取了 46 个国家（地区）样本进行面板数据分析。主要结论如下：

第一，东道国的 GDP 水平与我国的对外直接投资流量正相关。说明企业在对外直接投资时，在本国经济发展迅速的背景下，会重视考察东道国的市场规模情况。同时，东道国的科技水平越发达，也越能吸引我国对外直接投资。

第二，从资源和技术的层面讲，东道国的资源产量和技术水平是我国对外直接投资的重要考虑方面。东道国的资源产量越丰富，对于我国的对外投资吸引力越大，东道国先进的科学技术仍然对我国对外投资具有很大吸引力。

第三，与东道国的双边汇率对我国对外直接投资具有显著影响，并且存在负向关系。即当人民币贬值时，会使得我国对外直接投资流量上升，说明我国企业的对外投资仍以市场寻求为主。

第四，在市场层面，东道国的开放程度与我国直接投资具有正向关系。即东道国的开放度高，对

[1] 资料来源于各公司网站。

投资的吸引力度大，使得我国企业更多地投资东道国。

第五，双边优惠政策安排也对我国的对外直接投资有着促进作用，但一些政策安排在具体执行时存在着一定的时滞效应。随着多边或双边互惠相关政策的进一步落实，将进一步增强东道国的吸引力。

鉴于东道国吸引力和国内推动力共同作用，我国企业对外直接投资发展迅速，“走出去”的步伐越来越快，但企业境外经营普遍存在“水土不服”问题。根据对东道国因素的分析结果，提出如下政策建议：

一是注重东道国经济、技术、政策优势，提高投资水平。在投资过程中，我国企业应该仔细分析东道国的经济形势变化和未来的发展态势，重点考虑一些具有较大的市场规模，更快的未来经济增速，且市场开放程度较高，与我国有着较为密切贸易关系的东道国。增加那些在为我国企业带来机遇的同时，也使得我国企业能够受益于规模效益的东道国投资。

二是服务国内产业结构调整，鼓励夕阳产业向外转移。我国正处于产业结构转型的关键时期，从目前的情况来看，国内的服装、纺织、食品、钢铁、光伏、风电等行业存在产能过剩的问题。应该鼓励这些相关的企业向对这些行业的产品或技术有需要的国家投资，利用比较优势延续产业生命。

三是加快能源储备投资，服务经济安全。进行资源寻求型对外直接投资时，我国企业不仅能够获得国外的廉价而又丰富的资源，也能够更充分地利用本国的资源。在前些年大力扩展海外投资的基础上，我国企业应该充分利用当今世界经济情况，结合自身的实力、战略等因素继续资源投资，为获得国家建设所需的能源做好准备工作。比如，可以用独资或合资的形式收购国外矿藏，寻求合适的时机控股或并购国外能源企业，与东道国或第三方国家的相关企业共同开发矿藏资源。

四是注重中国企业品牌，提升全球价值链地位。我国除了少数具备雄厚实力的企业在资源型投资上颇有建树外，大多数企业还是以市场寻求型的对外直接投资为主，在全球价值链中处于次要位置。一方面，企业应积极树立品牌形象，做好市场定位细分工作，提升国际分工地位；另一方面，国家也应该做好企业品牌和专利认证、保护，保护企业创新积极性，使我国自主品牌走向国际。

五是主动改善对外投资经营环境，改善企业经营管理水平。随着我国与各主要东道国之间投资与贸易合作不断推进，将进一步提升东道国吸引力。政府通过更具体措施，加深同世界各国的友好往来。一方面，可以建立海外东道国的公共信息网络平台；另一方面，也可促进双边投资的展开，共同制定有利于双方企业的投资或贸易政策，在政府支持政策的帮助下，打造一批具有雄厚竞争实力的跨国公司。

（资料来源：《全球化》 2014 年第 6 期）

大型工程承包企业实施“走出去”战略的探讨

——以中国水电建设集团拓展非洲业务为例

中国水电集团国际工程有限公司博士 朱 杰

党的十八大报告指出，适应经济全球化新形势，必须实现更加积极主动的开放战略，完善互利共赢、多元平衡、安全高效的开放型经济体系，要加快企业“走出去”步伐，增强企业国际化经营能力，培育一批世界水平的跨国公司。党的十八大精神为中国水利水电建设集团进一步做大、做强，拓展国际业务指明了前进的方向。

一、实施“走出去”战略是中国经济发展的必然选择

纵观整个人类社会的发展历史，就是一部物质生产的历史。随着社会生产力的不断进步，人们的

消费方式由自给自足的自然经济发展成为全球化的市场经济。世界上各个国家之间的经济联系日益增多，密不可分。自1978年改革开放以来，中国经济以前所未有的速度发展进步，人民生活水平稳步提高。但发展中的中国也面临市场空间有限、资源供应瓶颈、产业升级加快、贸易摩擦激烈等方面的严峻挑战。党中央、国务院审时度势，提出“走出去”发展战略，鼓励国有大型企业走出国门，利用国际国内两个市场、两种资源，将中国技术、产品、服务推出国门，走向世界。

（一）“走出去”战略是中国对外开放政策的重要组成部分

1978年以后，中国开始实行“引进来”战略，较大规模地引进国外先进技术、资金、商品、管理和服务，效果比较好。“引进来”的实质是以市场换取投资，以市场换取技术，这是中国经济与世界经济的单向结合。而“走出去”战略的实质，则是以投资、技术换取资源、市场。“引进来”战略与“走出去”战略相互结合，使中国经济与世界经济双向融合，为中国经济持续、稳定、健康发展提供了强劲动力。实施“走出去”战略是中国全方位、多领域对外开放格局的重要组成部分，也是实施“引进来”战略的必然结果。

（二）实施“走出去”战略有利于带动中国成套机电设备出口，提高国有大型企业的国际竞争力

中国已经成为世界第二大经济体，多种工业产品的产量已经居于世界首位。中国水电站建设的水平通过三峡等多个国内大型水电站建设的锻炼，已经处于世界先进水平，具有在国外建设、承包大型水电工程的能力。在国内水电建设市场空间有限的情况下，中国水电建设集团积极实施“走出去”战略，在国外承包了多项大型水电建设项目，间接带动国内大型水轮发电成套设备、输变电设备的出口，创造了大量国内就业机会，并带动劳务输出。通过多年在国外承包大型工程项目的实践锻炼，极大地提高了企业的国际竞争力。

（三）实施“走出去”战略有助于解决中国自然资源短缺问题

能源、原材料、各类战略性矿产品供应的瓶颈成为制约中国经济持续健康发展的主要因素之一。全世界自然资源的分布不平均及中国低于世界平均水平的人均资源占有率，是中国长期面临的问题。实施“走出去”战略，赴海外投资能源、油田、矿山，是我们必然的选择。能源及矿山行业是资本密集和技术密集型行业，没有开发资金和技术资源，就没有办法实现增值。中国企业到海外购买资源类资产或者拥有国外资源类企业的全部或者部分股权，可以得到来源稳定、价格成本相对低廉的自然资源，减少价格波动给中国企业造成的损失，从而解决中国自然资源短缺问题。

（四）实施“走出去”战略能提高中国外汇储备的投资效益，保障国家经济金融安全

全世界开放的贸易体系，给中国发展带来前所未有的机遇，凭借相对低廉的生产成本，中国商品畅销全世界。中国2013年进出口贸易总额突破4.16万亿美元，超过美国，成为世界第一贸易大国。巨额贸易顺差给人民币带来了升值压力。到2013年末，中国外汇储备已经达到3.82万亿美元。目前，中国外汇储备主要用于购买低风险、低收益的主权债券。在美元持续贬值的国际环境下，中国外汇储备存在贬值的风险。建立多元化的外汇储备管理与投资机制刻不容缓。利用中国充足的外汇储备，大力增加海外投资，支持中国企业实施“走出去”战略，可以在全球范围内优化资源配置，加快国内产业结构的升级，提高中国企业的国际竞争力，实现外汇储备的保值增值，保障中国战略资源安全及经济金融安全。

二、非洲水电建设现状及发展前景

非洲是世界第二大洲，面积约 3 020 万平方公里。非洲 2/5 的地区年降水量不足 250 毫米，只有刚果盆地和几内亚湾沿岸降水量比较丰富。由于地形和降水等原因，非洲水能资源分布不均匀。位于中非大西洋沿岸的刚果（金）、喀麦隆、安哥拉、加蓬以及位于印度洋沿岸的埃塞俄比亚等国水能资源比较丰富。

刚果河流域面积 376 万平方公里，平均年径流 13 000 亿立方米，全流域可开发水能资源装机容量 1.56 亿千瓦，年发电量 9 640 亿度。刚果河下游金沙萨到马塔迪，河道长 300 公里，落差 260 米，是世界水能资源最集中的河段，可以分为三级开发，共可装机 6 850 万千瓦。仅大印加水电站一级就可以装机 4 000 万千瓦，比中国三峡工程装机容量还要多一倍。目前，刚果河水能资源仅部分开发，装机容量 175 万千瓦。

尼罗河是世界上最长的河流，全长 6 670 公里，流域面积 300 万平方公里，流经布隆迪、乌干达、肯尼亚、埃塞俄比亚、苏丹、南苏丹、埃及等国家。尼罗河干流及支流已经开发建成了 10 座水电站，共装机 369 万千瓦，最大的埃及阿斯旺水电站，装机容量 210 千瓦。

尼日尔河是非洲第三大河，流域面积 220 万平方公里，全长 4 200 公里，流经几内亚、马里、尼日尔、尼日利亚等国。在尼日利亚境内规划有 3 座水电站，可装机 214 万千瓦。几内亚、马里、尼日尔境内还有一些瀑布，是适合建设水电站的地址。

赞比西河流经赞比亚、安哥拉、刚果、纳米比亚、博茨瓦纳、津巴布韦、莫桑比克等国，流域面积 133 万平方公里，全长 2 574 公里，规划在干流支流上建设 9 座水电站，总装机容量 1 388 万千瓦，已经建成 4 座水电站共 392 万千瓦，其中卡博拉巴萨水电站设计装机容量 415 万千瓦，初期建成 208 万千瓦。

非洲是世界上最贫穷落后的大陆。非洲各国先后独立以来，经济有了一定增长。但大多数非洲国家经济结构单一，主要依赖于一两种农矿产品，对进一步发展经济、提高人民生活水平充满热情。但是，电力短缺成为制约非洲经济发展和社会进步的一只拦路虎。在撒哈拉沙漠以南的大部分国家，只有大约 20% 的家庭能够用上电。

水电资源是一项清洁的可以再生能源。非洲各国政府和有关国际组织对开发非洲的水电资源表现出强烈的愿望和高度热情。目前，非洲水电市场开发已经具备一定的经济基础。2012 年非洲经济增长率为 4.8%，已经摆脱了长期低迷状态，步入稳步增长阶段。许多非洲国家基本上做到财政平衡，非洲的整体财政状况已经从赤字转变为盈余，通货膨胀得到有效控制。非洲经济占全球经济的比例为 1.5%，由于其增长速度高于全球经济增长速度，对全球经济增长率的贡献达到 2%。非洲经济的快速稳定增长，为世界带来商机，也为开发非洲国家丰富的水力资源打下了坚实的经济基础。

目前，非洲人均电力消耗约为每年 500 千瓦时，而西方发达国家人均电力消耗为每年 10 000 千瓦时。非洲可开发水电资源占世界的 19%，而水电发电量只占世界的 3%，水电利用率仅为 8%（世界平均水电利用率为 60%）。可见，非洲绝大部分的水电资源没有得到有效的开发和利用，资源优势并没有转化为电力优势。非洲国家在人均电力消耗及水电发电量方面与世界其他国家存在着巨大差距，这表明非洲水电市场具有广阔的开发前景，蕴含着巨大商机。非洲水电市场的现状对中国水电建设集团来说既是机遇，也是挑战。机遇是，非洲水电市场大发展的时刻即将来到。有 50 多年深厚的中非友谊做坚强后盾，有 40 多年中非在水电站建设方面的良好合作基础，中国水电集团在非洲水电工程总承包方面大有可为。挑战是，非洲国家普遍缺乏水电建设资金，而水电建设是资金密集型产业，投资回收周期长达十几年。中国水电建设集团应该加大融资力度，创新筹资方式，获得充足的资金支持，为非洲人民建设更多更好的水电站。

三、中国水电建设集团非洲业务概况

1964年，中国水电十一局（原黄河三门峡工程局）承担了新中国第一个援外项目——非洲几内亚金康水电站。经过两年辛勤工作，项目取得圆满成功，为几内亚4个城市带来光明，传播了中国人民对非洲人民的友好情谊。1988年，中国水电建设集团通过境外竞标获得第一个工程总承包项目——中非共和国巴利水利枢纽工程。该项目资金由非洲发展银行、世界银行、科威特基金会提供贷款，业主是中非共和国电力公司。巴利水坝工程于1991年5月竣工，中非共和国总统亲自接见项目工作人员并授勋。这是一个标志着中国水电开始参与国际市场竞争的里程碑工程。

2000年以后，在“走出去”战略的指引下，在中国进出口银行贷款的帮助下，中国水电建设集团依靠国内设计技术、施工经验、水电设备制造、筹资融资方面的优势，在国际工程承包市场迅速崛起，特别是在非洲承接的项目越来越多，项目的规模越来越大，已经成功中标10亿美元、20亿美元的特大型工程；与此同时，项目管理水平也越来越高，参与项目承包的方式更趋多样化。2003年，中国水电与中国水利电力对外公司通过竞标，获得苏丹麦洛维大坝土建工程总承包合同，建成了长达9.7公里的世界上最长的水电站大坝，该大坝获得中国建设工程“鲁班奖”。中国水电建设集团于2007年开始承建加纳布维水电站。布维水电站装机三台，总装机容量为40万千瓦，年发电量10亿度，合同金额为7.98亿美元，工程于2014年全部建成并投产发电。

近年来，中国水电在非洲业务又有了较大增长，仅2013年就在非洲28个国家同时进行了200多个工程项目。中国水电海外业务的运作模式已经从单纯工程承包，发展到EPC（工程总承包）、BOT（私人资本参与基础设施建设），还进入非洲矿产资源投资业务等高端领域，形成了以工程承包为核心业务、资产经营为重点的业务结构。2013年5月28日，总合同金额13亿美元、总装机容量70万千瓦的尼日利亚目前最大的宗格鲁水电站开工建设，5年以后，清洁的电力将会源源不断地输入工厂和农村，改善尼日利亚人民的生活水平。

四、中国水电建设集团实施“走出去”战略面临的困难及问题

中国水电建设集团与非洲的合作，从小规模的、带有援助性质的项目合作逐渐转变为大规模的、平等的商业合作，所面临的市场竞争也越来越激烈。一方面，西方建筑工程承包企业加大在非洲市场开拓力度；另一方面，非洲项目所在国的工程承包商进步十分迅速，成为中国水电的强劲对手。部分非洲国家为了保护本国经济发展，通过各种方式设置贸易投资壁垒，尽量满足本土化要求，增加了中国水电进入的困难。中国水电在实施“走出去”战略的过程中，面临着“前堵后追”的不利局面，主要碰到了如下困难和问题。

（一）资金瓶颈

当前，我们面临的国际经济形势比较严峻。2008年爆发的国际金融危机，不仅具有传统意义上周期性危机的特点，更多地表现出结构性危机的特点，使世界经济严重衰退。非洲国家普遍缺乏基础设施建设资金，到非洲承包水电工程，需要承包企业自带资金。资金筹措风险大，成本高。现有企业资金筹措方式单一，资金筹措困难，往往千方百计争取到非洲水电建设项目，资金迟迟不能到位，对项目完成产生不利影响。

（二）本土化、属地化经营不足及无序竞争

偏好使用中国劳动力资源，当地雇员的使用数量太少。有“干个工程就走”的临时思想，不重视

属地化经营，忽视融入当地文化，缺乏社会责任意识。固定资产投资不够，中国水电对非洲各区域总部办公场所建设不够重视，没有做好在非洲长期经营的准备。中国工程承包企业进入非洲的数量越来越多，企业之间存在无序竞争问题，在部分热点市场已经出现过度竞争、低价竞争的现象，给中国国家利益造成不良后果，企业也遭受经济损失。

(三) 高端国际业务营销人才及国际工程管理人才不足

非洲的工程承包项目由于参与方众多、操作复杂，商业谈判的困难程度非常人所能想象。应当重视培养一批熟悉国际政治和非洲商务环境、具有谈判能力和经验的国际业务营销人才。由于管理经营理念与国际惯例存在差异，与当地员工的磨合需要很长的时间和较高的代价，急需培养一批既懂得技术，又了解非洲当地环境、语言、文化的国际管理人才。另外，有经验的技术专家及工程设计人员大部分在国内，施工现场很难找到高水平的、能解决问题的高端技术人才。

(四) 部分非洲国家政局不稳，投资环境较差

非洲基础设施落后，法律法规体系不够完善健全，政策缺乏连续性，社会治安欠佳。而执法不严、违法不究的情况，导致架空了法律。在非洲国家中，这种表面的法制现代化和深层次的人民法制观念淡薄短期难以消除，非洲国家法律法规体系的不健全，给中国水电在非洲承包工程带来了较大的不确定性和风险。非洲国家各级官员腐败问题严重。高素质劳动力缺乏，同时又限制外国劳务数量，给中国水电承包工程带来了较大困难。安全问题突出、生活条件艰苦、各种流行病给中国水电员工财产安全及身体健康造成较大影响。

(五) 企业自身能力建设不足

总体来讲，中国企业还存在着经营规模不够大，主体实力不太强，承接工程项目档次不太高等问题。此外，工程承包企业内部管理水平较低、信息渠道不够畅通、职工素质不够高、国际“游戏规则”不太熟悉等，也是制约我们企业“走出去”战略的重要因素。对工程项目盯得不够紧，有时出现基本谈好中大项目后麻痹大意，没有趁胜追击、扩大战果，导致前期辛苦努力开展的好局面白白浪费。利用国际标准建设水电站经验不足，行业标准与国际没有接轨。虽然中国水利水电施工技术世界领先，但还没有形成品牌优势。

五、拓展中国水电建设集团在非业务的探讨

为了进一步拓展中国水电建设集团在非洲的基础工程承包业务，取得更好的经济效益和社会效益，应该在以下几方面做出更大努力。

(一) 坚持执行国际业务优先发展战略，制定在非长期发展规划

建立系统性的国际业务优先发展战略支持体系，优先配置非洲项目资源，加强非洲项目的管理与控制，随时把握市场动态，投标工作走在前面。以前所未有的大思路、大手笔，以敢为人先的精神，制定非洲业务远期战略规划、中期战略重点及近期发展目标。

远期战略的重点是，争取到刚果（金）规划中的大因加水电站建设工程尽可能多的市场份额。该项目是世界上最大的水电站，预计投资800亿美元，发电能力4 000万千瓦。中国水电建设集团要组织专门班子，指派专人负责紧盯该项目的运作情况，在设计、融资、技术、施工及人才方面做好充分准备，一旦大印加水电站确定开工，马上组织最强力量参与工程投标，争取一举成功。

中国水电的中期战略重点是，在埃塞俄比亚水电项目群（埃塞俄比亚政府计划在未来10年内投资

50 亿美元，新建 8 座水电站，使居民用电普及率由 15% 提高到 60%）、尼日利水电开发项目群、几内亚和塞拉利昂西非水电项目群中获得较多的工程总承包合同。

中国水电的近期目标是，建设好已经签约的工程承包项目，如尼日利亚宗格鲁水电站、科特迪瓦苏布雷水电站、几内亚凯乐塔水电站等在建工程，把这些水电站建设成为精品中的精品，成为树立“中国水电”为著名全球品牌的样板。应该力避短期行为和急功近利，克服“做完一个工程就走”的临时思想，着眼于长期可持续发展，以质量取胜，以品牌取胜。

（二）多渠道筹集资金，满足在非承包水电工程需要

由于在非洲投资建设水电站通常金额巨大、风险点多、融资成本较高，中国水电建设集团在非洲遇到的最大难题还是建设资金的筹措。有时项目已经签约，资金迟迟不能到位，影响了工程进度。为了解决资金瓶颈，必须多渠道、多种形式筹措资金，主要采用银行贷款、发行企业债券、企业内和企业间借款等方式及依靠在国内外资本市场公开发行资产支付证券来直接融资。

中国水电建设集团要积极引入多元化投资融资主体，不断创新项目融资方式，引导金融资源支持非洲水电建设事业，把有资质的水电项目发起方国际工程有限公司作为贷款主体，引导更多信贷资源支持水电建设。目前，贷款给中国水电最多的金融机构是中国进出口银行、国家开发银行。我们正在努力争取从非洲发展银行、世界银行获取部分基础设施建设贷款，使建设资金来源更加多元化，更加安全。

2011 年 10 月，中国水电股票在上海股票交易所上市，共公开发行 30 亿股，募集资金 135 亿元，用于支持国内外水电建设事业。此外，中国水电还于 2006 年发行企业债券 12 亿元，2009 年发行企业债券 13 亿元，2012 年发行企业债券 50 亿元，共募集资金 75 亿元，这些资金都有力地支持了国内外业务的开展。2013 年上半年，中国水电建设集团新签国外工程承包合同 293 亿元，比 2012 年同期增长 8%。

中国水电下属 18 个工程局，这些二级单位有很多自有资金。建议把这些自有资金集中起来，组成供公司内部使用的资金池，允许各单位实施小项目或者签约新项目之前又快又稳地使用一部分资金，待工程得到利润以后，按比市场利息更高的金额返还资金池。

（三）实行属地化经营策略，不但授人以鱼，更要“授人以渔”

中非友谊源远流长，有着坚实的基础。中国水电要在非洲长期发展，必须实行本土化、属地化经营策略，不但授人以鱼，更要“授人以渔”。特别要注重对非洲人力资源培训和人才培育工作，以提升非洲发展的自我造血能力，提高非洲工人的素质和技能。中国水电接到非洲工程承包项目以后，要大量雇佣当地员工，尽快融入当地社会，借助于当地员工，尽快熟悉当地法律、法规、技术规范，及时了解工程信息，把握非洲水电市场发展前景。在工程进行当中，积极疏通与当地政府和主管机构的关系，赢得所在国政府和社会各界的支持与合作。以提供技术、设备、管理、部分资金等多种形式，与当地公司合作，发挥双方优势，争取更多的市场份额，互惠互利，实现双赢。在经济全球化深入发展的今天，实行属地化管理，有利于资源的合理化配置，有利于中国工程承包企业进一步开拓非洲市场，寻找新的增长点。中国水电要依法经营，诚实守信，爱护当地资源，保护环境。

实行属地化经营策略，并不是一切岗位都用非洲当地人。公司要对中国水电所有员工进行严格保密培训和纪律培训，对企业的核心秘密绝对不能泄露。企业核心部门限制使用当地雇员，非核心部门大量使用当地雇员。关键部门部分中级岗位限制使用外籍雇员，企业的领导岗位、核心岗位杜绝使用外籍人员。

（四）注重本企业高端人才培养，继续扩大中国水电在非市场份额

要使中国水电成为国际一流工程承包商，培养复合型、高端化的国际型人才是关键。这批人才是

大中型水电项目的推动者、谈判者、组织者和决策者。利用国内门类齐全的规划、设计、制造、建设和运行体系，利用中国的资金实力，调动全球资源，包括调动非洲项目所在国的资源，推动非洲的水电资源和其他基础设施开发，推动非洲的经济发展。

中国水电要用好、用足国家优惠政策，争取国内外金融机构对非业务的支持。加强调研和信息服务，增加软交流，提高中非之间互相了解、互相包容，加强企业社会责任建设，为当地兴建一些投资小的社会公益项目，和谐中非关系，博得非洲人民的好感。以战略的眼光看待非洲广阔的基础设施工程承包市场，探讨采用多种合作形式，扩大市场份额。建议采用“带资入股”的方式进入非洲基础设施建设市场，分享少量利润，也承担较小风险。目前，非洲各国私有化浪潮涌现，投资参与成为主流的合作形式。单个中国公司资金实力有限，难以承受。需要公司间采用强强联合、强弱联合、专业联合等多种形式合作，公司间优势互补，以联合体或者分包方式，借船出海，“走出去”承担大项目，承接大工程。采用国际上流行的 BT（建设—转让）、EPC（工程总承包）、EPC + 融资、BOT（建设—经营—转让）、BOO（建设—拥有—经营）、BOOT（建设—拥有—经营—转让）等方式承接工程项目，既承接“一般性”的短平快项目，也要争取承接规模大、技术含量高、带动出口、收益丰厚的工程总承包项目。

（五）面对投资非洲的风险，制定万全的应对策略

非洲已经成为中国的海外第二大工程承包市场，中国对非洲的直接投资超过 170 亿美元。但在部分非洲国家，还存在政局动荡、社会治安形势恶化、官僚主义、贪污腐败及国家资源民族主义思潮盛行的问题，危及中国企业的投资安全及人员财产安全。对此，我们要有充分的思想准备和应对策略。

从国家层面来说，中国已经与非洲 33 个国家签订了双边促进与投资保护协定，与 11 个非洲国家签订了避免双重征税协定，能保护中国在非洲的投资利益。但在中非双边投资条约中，还存在一些需要完善的地方，例如，投资条约中有“公平公正”条款，却没有相应条款规定“公平公正”的内涵；在投资定义条款中没有对“投资活动”给出详尽的定义；条约规定所在国可以为了“公共目的”征收中国的投资，但对“公共目的”却没有作出详细、明确的界定，这就有可能导致投资所在国以“公共利益”为理由，把中国的投资攫为己有；在“投资损害与损失”条款中，对“充分赔偿”如何操作，并无具体规定；在缔约双方争议解决条款中，对仲裁依据并没有明确定义。在这些双边投资条约中，除了某些条款定义比较模糊以外，还存在着对中国企业在非投资利益保护力度不够大的问题。为了彻底解决这些问题，中国对已经签约的非洲国家出现投资纠纷时，启动谈判机制，据理力争，保护中资企业的利益。以后与非洲国家签订新的双边投资条约时要采用附则或者补充议定书的方式，把模糊定义清晰化，使条约定义准确、可操作性强，以便更好地保证中国在非洲的投资安全。

从中国企业本身来讲，对于投资非洲可能存在的风险，应有充分的应对准备。参加招投标报价不能太低，尽量争取一些合理、优惠的合同条款；承接项目以后可以通过转包、分包的方式转嫁一部分风险，当然利润也要转走一部分；在判断某些风险由于不可抗拒的原因一定会出现时，及时停止实施项目，撤走设备人员，尽可能减少损失；还可以选择多家有实力的保险公司投保，转移一部分风险；中国水电在水电建设领域具有较大的专业优势，还要与具有风险管理技术和经验的西方国家的水电建设大公司及国内其他企业充分合作，共同防范经营风险。

六、中国水电在非洲实施“走出去”战略的启示

20 多年以来，中国水电建设集团积极贯彻和实施“走出去”战略，走进非洲，经营规模逐渐扩大，经营层次持续提高。承接了非洲 90% 水电站的建设任务和大量其他建筑工程，在非洲 29 个国家有工程项目，水电站装机容量累计达到 5 000 万千瓦，帮助许多非洲国家摆脱了电力短缺；较大地带动了

非洲经济发展，带动了就业，直接雇佣当地员工 4.2 万人，取得了较好的经济效益和社会效益。中国水电在非洲实施“走出去”战略有很多启示。

（一）加快培育中国的跨国公司

经济全球化使全球经济逐步融为一体，国界被打破，产品和要素在国际间充分自由流动，全球生产与全球市场已经形成。面对经济全球化的竞争，中国企业无法逃避：要么成为具有全球竞争力的行业领导者；要么成为国外大企业的附庸；要么被淘汰。中国企业要积极参与全球化生产的分工与合作，在经济全球化中掌握主动权，这就需要加快培育中国自己的跨国公司。改革开放以来，中国经济以平均9%的速度高速增长，但中国还远不是一个经济强国。要真正成为经济强国，必须十分注重经济发展的质量，必须依靠一大批具有国际竞争力的跨国公司。

（二）注重企业核心能力建设

中国企业“走出去”的动力是利用国外的市场和资源，对外直接投资的关键是核心能力或者核心专长的输出。所以，企业在对外投资前要做足功课，充分了解自己的优势和核心能力，包括跨文化管理能力、跨国并购后的整合能力。中国企业要充分了解投资目标国现状，不急于求成，不盲目投资，按照企业国际化的规则行事。把企业人才队伍建设放在最重要的地位，吸收、培养一批熟悉国际政治，熟悉国际商务环境，具有谈判能力和经验的国际业务营销人才，吸收、培养一批既懂得技术，又了解投资对象国环境、语言、文化的国际管理人才，吸收、培养熟悉本企业业务工作的国际法律人才或者雇佣当地著名的律师、资深人士维护中国企业的利益。

（三）必须实施本土化经营策略

“走出去”的中国企业要做到人员国际化、生产国际化、销售国际化、研发国际化，雇佣当地员工，使用当地资源，在当地销售产品，将利润汇回国内，在东道国扎根、发展，全面实现本土化，才能成为国际化的跨国企业。实行本土化经营，可以促使中国企业利用当地有比较优势的的生产要素，降低生产成本，减少商品库存，缩短生产周期，节约运输费用，取得竞争优势。实施本土化经营策略还可以打破所在国的贸易壁垒，分散客户风险，享受关税优惠，发挥低成本优势，对冲汇率风险，取得原产国生产及避税优势。同时，还可以为中国企业积累国际化经营的经验。

（资料来源：《全球化》 2014 年第 6 期）

改变中国对外矿业投资“水土不服”的困境

毕马威自然资源行业并购交易总监　徐　钢
毕马威全球中国业务发展中心研究部总监　彭亚利

一、中国对外矿业投资激增，成功率却不高

在过去的几年时间里，中国矿业企业对外投资有了突飞猛进的发展，年投资额从2003 年的13.8 亿美元提高到2011 年的70.88 亿美元[1]。中国公司已经在海外超过40 个国家拥有矿产投资项目，从西

[1] 商务部. Capital IQ（剔除已经取消的项目）.

非的深山密林到加拿大 Yukon 的寒冷地区，从西澳地区近乎戈壁的矿区到东南亚岛国，到处都可见中资公司投资矿业的踪迹。

然而，中国海外矿业项目的总体经济效益并不令人满意。正如工信部原材料司副司长骆铁军所说："近年来，国内企业积极走出去，投入大量的财力、物力、人力，在境外勘探开采铁矿石资源，但真正发挥效力的项目屈指可数。"一些海外矿山投资项目甚至成为拖累企业业绩的包袱[1]。

对外矿业投资不仅仅是企业行为，还牵涉中国资源能源的安全保障和经济的持续发展。如何抓住全球经济放缓、大宗资源价格大幅下滑的历史机会，更有效地开展海外矿业投资和运营，成为中国矿业企业亟待解决的重要问题。

二、对海外运作项目面临的挑战估计不足

不熟悉海外商业环境和游戏规则，对被投资国的国情及文化了解深度不足，投资并运作海外项目的能力有限，对需要作出的调整认识不足等，致使不少中国矿业企业对外投资面临着"水土不服"的困境。刚起步对外投资的企业，往往会陷入一个认识的误区，简单地将在国内的经营思路套用到海外。殊不知大部分被投资国的国情和社会运行模式都和中国不太一样。例如，许多国家政府在商业事务中所能发挥的作用和影响力，并不像中国企业所期待的那么强。而且项目实施过程中经常还会遭遇各种与被投资项目高度利益相关的团体，这些团体往往会在项目前期、后期运作中发挥意想不到的重大影响。比如美国 New Mount 矿业公司在智利投资 48 亿美元的康茄铜金矿项目，因环境因素受到当地社团的抵制，延缓了其开发进程，致使项目从 2011 年 11 月开始停工至今。又如一家中国企业过于轻信被投资地政府对基础设施的承诺，投资数十亿美元建设大型矿山，结果发现由于政府承诺不能履行，而导致项目成本和投资还需进一步放大。如何适应海外的政治、法律、文化和商业环境，已成为决定对外投资成败的关键要素之一。

一些中资矿企不顾投资目标及所在地区的管理环境和管理文化，试图在海外完全引入国内管理体系，导致生产事故频发，成本核算不符合常态，财务报告错误不断，运营管理陷入混乱。还有一些中资企业由于不熟悉投资所在地的劳工政策，致使其难于实现引入大批技术熟练、生产率高的中国工人的计划。不仅面临劳工短缺，不得已支付超过预算几倍甚至数十倍的用工费用，有时还导致项目严重延期。面对工会、罢工这一海外普遍遇到的问题，中国矿业往往缺乏应对经验。

另外，企业尚未发展出成熟的海外业务运营模式，还不能理顺与总部的管理关系，使得海外分支机构要么授权过死，导致日常运营步步艰难；要么内控过松，容易导致重大经营风险。在海外不加区别地套用国内各项管理制度，很难达到同样的效果，而且还隐含风险。在如何管控海外分支机构，如何平衡经营的灵活性及内控的有效性方面，很多中国企业还需要进一步探索。

三、进行详尽深入的尽职调查

详细全面的尽职调查，能够帮助企业在第一时间发现投资目标可能存在的风险点，从而做好规避、转移和应对风险的各项准备。然而，与国外知名矿企实施对外投资前的准备相比，中国企业对项目决策前的可行性分析和尽职调查还不够充分，偏紧的预算和时间安排，致使企业很难对不太熟悉的项目环境进行细致的分析和考察。在我们对某矿业集团的一次访谈中，受访者提到："在众多因素中，因分析不全面导致的决策失误是境外投资过程中最容易犯的错误。"另一位企业高管断言："风险往往发生

[1] 海外矿山投资热潮降温 赚钱项目极少反成包袱［OL］. 中华网，2011 年 11 月 8 日（http://news.xinhuanet.com/fortune/2011-11/08/c_122248235.htm）.

在协议签订之前。”[1]通过一些案例我们可以发现，一些优势企业在国外铩羽而归往往是因为缺乏对东道国法律的深入了解、无法融入当地社会、环保问题、劳工问题等。这说明企业在做投资分析时工作不全面不细致，在此基础上，决策很难客观准确。当前，中资矿企对外投资决策前，应该加大对尽职调查的资金、时间和人员投入。

在尽职调查中，不仅要充分考察东道国的基本国情、政治经济环境、法律制度等，还要尽可能深入细致地了解投资目标的市场前景、管理模式、组织机构、技术能力、财务状况以及供应链、营销网络等情况，明确可能出现的风险点。如果发现重大风险问题，需要进行理性分析，将风险反映到交易谈判和交易协议的声明、保护条款中，在必要时要有勇气放弃项目。中资矿企不应仅仅关注资产层面的财务、税务等技术尽职调查，更应充分关注与海外运营管理密切相关的政策环境极其变化趋势。

矿产投资规模庞大、涉及面广，中资企业在做尽职调查时应该向经验丰富、熟悉投资地政策法规和投资目标的第三方专业机构寻求支持，从而能够在企业熟悉当地国情、寻找合适投资项目、投资谈判、并购整合过程中获得全方位的服务。这些服务不仅能够帮助企业在海外经营中避开法律、财税、经营中的“险滩”，而且能够帮助企业打通融资渠道，建立商业关系，应对日益复杂的经营环境。我们看到一些中资企业主要借助自身的力量进行相关尽职调查，由于自身团队缺乏经验、不熟悉商业规则、对当地情况认识不充分、缺乏足够的信息渠道等，致使尽职调查不够充分，在项目后期运营中面临高额的损失。

2011 年，白银有色集团股份公司投资 7 560 万澳元控股南非 Gold One International Ltd（简称“第一黄金”），就是借助多方外力顺利实现的。白银集团从发挥协同优势、保障交易成功、风险管控、并购成本和投资节奏筹划等多层次出发，与中信集团、中非发展基金、长信元素等组成中方联合体，聘请国际知名中介机构全程参与项目运作，对交易进行了创新设计和架构，通过协议收购大股东股权、公开要约收购、折价认购新股、保证绝对控股的补充认购新股选择权等相互补充、互为条件的一揽子交易分步实施。在资源并购竞争激烈、黄金价格高企的大趋势下，成功按照估值底限锁定交易成本。英国《金融时报》报道称，中国企业在第一黄金项目的交易手法更易获得境外国家的接受，并购价格公道，是中国企业收购境外资源企业的新范例。[2]

四、审慎、灵活地选择合适的投资方式

当前，中国矿业企业对外直接投资往往偏爱绝对控股的方式。这一方式的优点是，不涉及外部利益团体，决策相对简单。但其缺点也相当明显，由于不熟悉被投资国的政策法规和商业运作环境，往往会遇到本土运营特有的问题，导致后期运营管理困难加大。

海外投资的方式有很多，诸如自主新建、合资新建、占多数股权的并购、占少数股权的并购、战略联盟等，企业应根据投资地的政治环境、商业惯例、文化氛围等因素，审慎、灵活地选择投资地可能接受的投资方式。比如在对中国投资还存有戒心的国家和地区，如果能考虑参股，或寻找当地的合作伙伴结成联盟，通过合作的方式实现共赢的局面，可能会减少项目面对的阻力。引入财务投资者也是一个选择。目前大多数中国企业的对外投资模式并不十分成熟，仍在尝试和探索中，而与当地有实力的企业集团、海内外私募基金等金融机构合作也不失为一种好的选择。赴海外投资的中国企业不仅需要资金支持，更希望得到一个好的伙伴，协助其应对在“走出去”各阶段所遇到的问题。虽然机构的财务性投资会稀释股权和控制权，但其丰富的跨国投资经验，对国际市场环境和商业规则的深入理解，以及广泛的信息网络和深厚的人脉资源，可以弥补企业在跨国运营能力上的不足。

在投资时，中国企业也不一定要寻求股权上的控股、或者收购，有时候换一种交易模式或方式，

[1] 访谈。

[2] 白银公司并购南非第一黄金公司［OL］. 网易新闻，2011 年 8 月 26 日（http://news.163.com/11/0826/10/7CCIMMME00014AED.html）.

也许能够达到相同的效果，还更易被当地政府和民众所接受。在这方面，我们应向日韩企业在海外的投资模式学习，更多的扮演雪中送炭的角色，在一些有潜力的公司困难时期进入，以双方取长补短、各取所需的目标搭建合作方式。另外，一些跨国贸易公司目前也对矿山行业渗透，他们的一些灵活的商业运作方式也值得中国企业借鉴。

五、发掘和培育国际化管理人才

中资企业“走出去”目前最大的短板，并非资金或市场壁垒等障碍，而是缺乏合格的国际化的人才。中国五矿集团公司（以下简称“五矿集团”或“五矿”）总裁助理、投资管理部总经理宗庆生就表示，中国本土企业在全球化过程中，最大的障碍是文化差异和人才短缺。[1]高素质的海外运营管理团队能够巧妙融入东道国环境，应对各种风险，从而保障海外投资计划顺利实现。在中资矿企“走出去”的初期阶段，更应着重发掘和培育为我所用的，值得信赖的一支国际化管理团队，为日后进一步扩展海外业务提供支撑。

首先，具体到被收购对象，在进行投资决策时，投资标的运营管理能力需作为一项重要的考核指标。

运营管理能力反映了投资目标对内部人力和资产的组合配置能力，反映了投资目标对外部市场环境的响应和运作能力，是企业的核心竞争力之一。而这往往是中资企业海外寻矿过程中容易忽略的但又很重要的考量因素。中国矿企进行投资决策时，将目标公司的运营管理能力作为与其实物资产、财务、技术能力、市场环境等因素并重的考核指标。运营管理能力是一种综合能力，需要考察企业管理团队的决策和运作能力、核心员工的技术实力、组织结构的效力等，要考察财务、人力资源和 IT 等辅助职能对企业经营的贡献情况。诚然，被投资对象的矿产资源和技术能力是其核心价值，但是，如果没有高效的运营管理团队，企业不能顺利执行其商业计划，就不能最大化地实现其核心价值。

其次，在跨国运作初期，中国矿业企业应充分考虑挖掘海外管理团队的潜力，特别是原有管理班底，以更好地适应当地的运营环境和文化。一方面，聘用海外矿业管理人才，能够克服由于文化背景及语言上的差异引发的种种误解，并利用当地的良好人际关系，迅速打开市场、拓展销售渠道，大大降低交易及信息成本。另一方面，企业更多聘用当地的人员，减少母国的外派人员，在一定程度上，可以有效地降低企业的经营成本。同时，本地员工担任部分管理工作，强化了海外企业的“当地形象”，减少与周边环境的摩擦，能够促进跨国企业和东道国的良好互动和双赢发展。

2009 年 6 月，五矿集团收购澳洲 OZ 矿业公司后，在 OZ 公司主要资产的基础上设立了五矿全资拥有的新公司——MMG 公司。在新公司中，五矿沿用原有管理团队和员工队伍，充分发挥其在勘探、采选、冶炼、生产和流通方面的运作优势。2010 年，MMG 公司实现利润 7.47 亿美元，这个并购项目保持和增加了当地的就业，为澳大利亚经济、社会的稳定和发展起到了积极的促进作用，实现了双赢的局面。[2]五矿集团公司的管理层曾表示，“强化境外企业的属地化经营是成功的关键。我公司并购澳大利亚 OZ 矿业公司后，主要依靠该公司原管理团队进行管理。由于原管理团队熟悉当地情况，几年来该公司一直运转良好，未出现问题”。[3]

并购后的人力资源政策和措施若不妥当，忽视外方人员感受，将会导致外方心存疑虑，产生紧迫感和焦虑感。在某些情况下，还会导致其对并购方产生戒备心理，甚至演变为双方人员冲突。这些都会导致企业人心不稳和人员流失，严重削弱企业的竞争力。比如，某中国企业收购南美一家矿产公司，

[1] 企业国际化，人才当先行［OL］. 网易财经，2010 年 3 月 29 日（http://money.163.com/10/0329/14/62UV68ML00253G87.html）.

[2] 以责任为基石——记中国五矿在 MMG 公司经营过程中的履责实践［OL］. 中国矿业网，2012 年 6 月 7 日（http://app.chinamining.com.cn/Newspaper/E_Mining_News_2012/2012-06-07/1339035681d59704.html）.

[3] KPMG 高层访谈，2012 年 8 月。

是中国企业“走出去”最早的海外项目之一。然而，由于人力资源政策失当，在福利待遇、员工管理和安全生产等问题上冲突不断，加之国际化人才不足，欠缺与当地工人的沟通，造成罢工频发，劳工问题一直困扰着中方，直至今日，仍然影响项目的顺利运营。[1]

那么，如何留住高素质的海外人才？这就需要在并购后的人力资源整合方面，充分考虑外方人才的需求和感受，采取有效的激励和考核机制，增强其对新公司愿景的认同感，激发其工作热情和创新能力。比如，给予原企业管理层董事会层面的充分的授权，给予原企业核心员工以明确的职业发展规划和培训机会，做好各个层级的管理考核和激励规划等。

澳洲矿业巨头斯特拉塔公司（Xstrata Plc）收购加拿大鹰桥公司（Falconbridge Ltd.）后，留用了鹰桥的高级经理，并让他们主管原来的公司业务。例如，鹰桥公司的首席运营官 Ian Pearce 被任命为斯特拉塔集团镍产品事业部的首席执行官，负责斯特拉塔集团在全球范围内镍矿的运营和项目计划；鹰桥公司铝业前总裁 Bill Brooks 被任命为斯特拉塔集团铝产品事业部的首席执行官；两位执行官都受邀加入斯特拉塔集团执行委员会，并直接对斯特拉塔集团的首席执行官负责。通过有效的管理层整合，斯特拉塔形成了一个拥有铜、燃煤和炼焦用煤、铬铁合金、锌、镍和钒五大顶尖行业、运营商及项目遍及 18 个国家的大型跨国集团，并且成功维持了各事业部运转的稳定性。[2]

最后，从长远发展来看，中国矿企应当加快培养一批具有跨文化交流能力的高端专业、管理、商务人才，从而增强中国企业海外投资的竞争力。

对中国矿业企业的跨国经营而言，对员工进行跨文化培训策略也是有效的方式。跨文化培训，能够加深员工对东道国企业文化的认同感，提高员工跨文化沟通能力，训练员工的文化敏感度，并推动多元化背景下与外方员工和管理者的有效合作、协同管理。

在此方面，韩国企业的做法值得借鉴。以韩国三星集团（以下简称三星）为例，为培养国际化人才，三星成立了“孵化”国际化人才的“三星全球战略家部”、“三星全球领导学院”、“三星全球营销学院”等机构，旨在培养优秀的国际经理人，提升三星的整体业绩。公司每年为管理人才的培训经费高达 6 000 万美元。即使是在金融危机时期，三星仍然在人力资源上投以重资，非常注重人才跨文化能力的培养。[3]三星认为，在跨国经营上，一个商业模型在这个市场成功，复制到另一个市场未必能一样成功，因为企业赖以生存的商业环境不一样。要在国际市场取得成功，关键在于国际人才的运营管理能力，这种能力表现为企业管理者能在不同文化环境和市场建立相应的商业模式、组织结构并能激励不同文化背景的员工，这就是优秀国际化人才的一种关键创新能力。

当前，中国企业对国际化人才的培养还远远不够，不能满足跨国投资和国际化经营的需要。中国矿企需要培养造就一批了解国际市场、通晓国际规则、熟悉他国文化、善于跨国经营的国际化职业经理人团队，以提升跨国运营管理能力、提高对外投资效率。

矿产行业资金密集，受市场变化影响明显，有鲜明的地域特点，受关注度高，要求经营者具有较高的运营能力，因而蕴含的风险也较大。矿产资源是近年来中国对外投资集中的一个主要行业，但所遇到的困难也不少。究其原因，在于对行业特有的挑战和运营艰巨性认识不足，因而缺乏有效的应对手段。中国企业应从详尽深入的尽职调查入手，审慎灵活地选择投资方式，发掘和培育国际化管理人才，从而取得在该行业全球化运营的成功。

（资料来源：中国产业海外发展和规划协会网站）

[1] 海外并购的劳资冲突风险［J］. 北京：投资北京，2012（2）.

[2] Xstrata 集团宣布已经完全接手加拿大鹰桥公司［OL］. 中国品牌总网，2006 年 8 月 22 日（http://www.ppzw.com/hyxx/shownews_16369.html）.

[3] 三星如何培养国际经理人［OL］. 中外管理，2011 年 11 月 9 日（http://blog.sina.com.cn/s/blog_7cc895990100zkb3.html）.

如何打造“全球能力”

复星集团副董事长、CEO　梁信军

一、企业领导仅制定战略是不够的

过去，中国企业到海外的投资很多都停留在买矿、买能源、买港口码头、买销售渠道上，目的是加强三种优势，一是制造大国的优势，二是能源、原材料的保障优势，三是销售网络渠道的优势。今天，很多对海外直接投资（ODI）的指责都停留在这一类，说造成严重亏损，但亏损累累的原因没有判断出来。

有很多企业去海外投矿，打着“为国家战略服务”的口号，却从来没有认真想过企业的本分是盈利。

举个例子，中国进口铁矿标准63品位的铁金粉，到岸价的中位数是46美元左右。如果到海外投资，肯定要弄清楚，投资的矿到达中国的港口价格要在46美元之下，但是很多企业连90美元到岸价的矿都投。这究竟是谁的错?

作为企业的领导者，只研究战略是没有意义的。战略的背后，一定要基于战略研究一个方向，最终还是要赚钱。

二、产能走出去的“市场饱和策略”：让竞争者无力进入

现在有非常多的行业是产能过剩的。按照国家发展改革委的文件说，有五个行业过剩，根据我们的估算，估计年产量在9.5亿吨。钢铁行业如果真的要实现盈亏平衡，起码要淘汰产能2.5亿吨。

在水泥、钢铁、电解铝、平板玻璃、造船都要压缩产能的行业里，在压缩过程中，会造成巨大的社会财富浪费。按照个人观点，当前中国经济下行最大的风险是什么？就是去产能的平稳化，这考验中国政府的智慧。

我认为，对于去产能有两个可行的方法。**第一，鼓励行业龙头，最起码是区域的领导企业在一定的物流半径内进行整合，用时间换空间，最后实现整个区域产能的总体下降，而不是去关停一两个厂。**这样区域供求平衡之后，价格恢复。所有参与游戏的企业，毛利或者净利的绝对值是上升的。第二，就是进行产能输出，而不是产品出口。

举个例子，南京钢铁，复星是控股股东。去年，我们将南京钢铁的800万吨产能停掉200万吨，其中100万吨拆下来，螺丝帽都做了编号，拆掉的100万吨产能搬到需求国印尼去了，实现了对印尼的产能出口。

对方是印尼当地第二大钢铁厂，对方出地、出钱、出批文，我们出设备、控股，成立产能100万吨的钢铁厂。这个新的钢铁厂每吨会比南京钢铁多出460元的毛利。如果这100万吨运作很顺利，我们准备再送200万吨过去，将这家企业变成印尼第一大钢铁厂。

运了100万吨钢铁产能去印尼，我发现一个很大的问题：它没有电。我们请一个央企去造两个电厂。人家问我造多大？我说30万机组。人家说30万机组没法造，一弄就60万机组以上，要不拆两个旧的过去？我说可以。后来从无锡拆了两座15万千瓦的旧机组过去。

过去了以后又发现了问题，钢渣没地方处理，倒了要污染环境，发电炉灰也弄不掉，再请一个朋友企业造水泥厂。有了水泥厂、钢铁厂，没有码头又不行，再请人搞一个码头。

复星围绕钢铁厂搞了一个小工业园，我现在觉得还可以造一个玻璃厂，附近再弄一个造船厂。

这说明什么？中国的钢铁、水泥、电解铝产能出口可以认真研究，策略是饱和供应。比如在印尼

市场，搞到300万吨就不用再建设了，印尼已经饱和了。可以再把产能运到其他急需国家，比如莫桑比克，让其他国家的竞争对手没有机会进入。

中国产能出口有几个非常大的好处：第一，可以有效缓解国内的产能浪费；第二，可以在这些亟需发展的南亚国家、非洲国家发挥中国巨大的经济、政治、文化影响力，送他们所需。

前几天，几位马来西亚的高级官员来访，我跟他们讲了讲在印尼做的事情，他们的眼睛放光，说能不能再介绍几个？有没有汽车产能过剩的？有没有装备产能过剩的？都到马来西亚这儿来。

三、擦亮眼睛：投资在国内市场不足7%的国际领袖企业

中国迄今为止一直被各个国家的投资者包括经济机构视作新兴市场。新兴市场的意思是生力军，实际上这是不准确的。在很多行业，中国其实是全球的主流市场。

这里我列举两类产品：一是奢侈品，中国占29%；二是汽车市场，中国的需求占25.7%。在中国，这样的行业起码可以列出十多个，基本都是全球第一大市场。

我们要找出那些现在或者未来在中国很快会成为全球第一大市场的行业，从中找到领袖企业，然后要找到迄今为止在中国的销售额占全球销售额还不到10%，甚至少于7%的企业。找出这些企业来，投资他们成为第一或第二大股东，协助它回中国发展。

举一个例子。地中海俱乐部（Club Med）是法国拥有60年历史的全球最大的度假村连锁上市公司。这个企业在全世界有86个四星级和五星级的度假村，最小的也有600多亩地，是全球老大。复星2010年投资了地中海俱乐部（Club Med）。

2010年以来，中国每年出境游的人数占到全球18%，年增长率19%，但是在地中海俱乐部的度假村中，来自中国游客的销售额占比不到2%。

这是什么问题？对我来说，这就是机会，因为对方没有做好中国市场。

果不其然，自从我们投资以来，地中海俱乐部来自中国的销售额每年增长41%。由于中国的高速增长，完全抵消了地中海俱乐部在欧美的衰退，这个企业变得非常“青春阳光”。

中国现在全球出境游人数占全球19%～20%，但人均消费1 100多美元，位列全世界第一。到什么时候是个底呢？中国销售额占到全球30%～35%的时候，就没有潜力了，肯定到头了。

类似的投资有很多，比如我们还投了Folli Follie，它是全世界最大的年轻女性高端时尚品牌。复星投它也是类似原因，其在中国地区销售占比较低。

在复星投资以来的三年多里，Folli Follie每年来自中国的零售额增长56%。尽管其发展势头在全球是衰退的，但是有了中国市场之后，每年增长8%，非常好。

再比如，复星投资了美国第一大奢侈品女装ST. John，这个品牌在全球做的比香奈儿还厉害。但有一个问题，香奈儿全球销售额的37%在中国，ST. John有多少呢？只有0.6%。那0.6%跟37%比，说明这个品牌完全没干好。我们的进入，是为了使其更好地获得中国市场的动力。

这个模式我称之为“中国动力，嫁接全球资源”。这个模式不仅在消费领域有用，在装备等很多地方都是有用的，而且这个模式的安全性很好。

四、为什么说目前投资海外房地产更划算？

现在讲财富管理。从资本角度有两个需求：第一，资本有分散配置的需求；第二，资本有稳定盈利的需求。

有些公司希望持有稳定的物业，带来稳定的收益。作为一家保险公司，究竟持有北京金融街办公楼好，还是持有美国纽约曼哈顿或者伦敦金融城的办公楼好，这是很难决策的问题。

中国人肯定觉得金融街好，但答案是那么确定吗？不一定！

如果你觉得海外东西便宜就去买，这是很荒唐的，因为像欧美这些高度市场化的国家，卖的东西不可能便宜，肯定是市场价，你还指望从遥远的中国去那里捡漏？

不买海外的，买中国的就对了吗？这个问题值得思量。

去年得诺贝尔经济学奖的两个人，一个说市场有效，一个说市场无效。这两个人最重要的贡献是发明了一套资产的估值方法，即所有的投资品都跟这个区域或者这个时段当中的无风险投资品进行对照，挑一个基准，找到哪个产品无风险，那么有风险的收益率必须超过它。在中国，什么是无风险的产品呢？国债和银行存款。

回到买房子的问题上，我们思考一下，究竟应该买国债还是买房子？

房子如果买下来，明年是卖不掉的，所以从流动性来说，这样的产品假设五年期比较恰当。五年期国债利率是5.5%～6%，而且是税后。既然国债没风险，持有房子的收益率要做到7%～8%才对。

收益如果要做到7.5%～8%，税前利润得达到10%。另外，管理房子总得有点成本，比如物业管理费，所以租售率要达到11%，才能保证税前有10%、税后到7.5%的收益率。也就是说，房子收益率达到11%，跟国债5.5%的收益才是一样的，所以千万不要觉得11%的收益率是高的。

以复星为例，我们在美国纽约曼哈顿，就在美联储对面买了一个楼。那个楼售价每平方米21 700元人民币，租售率14%，净租售率（把所有的成本、房产税全部扣完）6.8%。如果银行贷款70%，贷款利率不到3%，十年期，你可以拿到。

在中国如果同样地段就相当于北京的金融街，金融街按每平方米10万元，银行贷款给你的利率要7%，租售率只有3.5%。贷款给你7%，你说你在干吗呢？

现在越来越多人会思考这个问题：如果我必须持有资产，我是不是持有海外的更划算呢？

五、寻找海外便宜的钱

基于海内外资金成本的不对称，是中国企业出海的另一个路径。

日本存款利率是0.25‰，而最近中国四大行在日本推出一个存款政策，说你们把钱存到我这儿来，我给你4‰。大量的日本人把钱从日本银行搬到中资银行的日本分行，这意味着在海外拿到存款比中国便宜很多。

2014年以来，四大行和国开行，在欧洲发行债券已经达到将近790亿元人民币，平均发行利率不到2%，一般在1.4%～1.8%不等，而且是长期的。因此有大量的公司在海外找便宜的钱。

复星在海外买了葡萄牙保险公司（Fidelidade）。这家公司总的净资产是12.8亿欧元，零负债，同时管理客户资产128亿欧元，这是客户的保险金，平均年限20年左右，成本是2.4%。128亿欧元当中，可以回到中国来投资的有30亿欧元，其他必须在OECD（经合组织）国家投，我觉得还是很划算的。对欧洲人来说，2.4%的收益率已经很高了。

复星收购葡萄牙保险公司，是基于中国未来中产阶级个人金融消费规模和数量崛起的市场逻辑。

对于中国企业出海，我有个强烈的建议，一定要遵循受益于“中国成长”，受益于“中国动力”的原则。如果你只是因为便宜就去买，将来一定出问题。

六、如何规避文化冲突

我们要做善意、开明、积极的股东。中国企业“走出去”经常会遇到文化冲突的问题，文化冲突产生的根本在于控制，常见的做法是派自己人去控制。我的体会是自己人的定义有两种，一种是长期跟你做事的人，另一种是如果你能够把利益跟风险和对方绑定，那对方肯定也会成为自己人。因此，要想办法把这个团队里赚钱、做生意的那批人的利益风险跟自己绑定一致，这才是机会。

企业如果去海外发展，我有个建议，一开始不要谋求控制，不要一上来就投 70% 或 80%，可以先投 20% 或 30%，做第二大股东玩玩。不要一开始就搞成绝对控股的大股东，那样风险很大。

复星在海外反复强调自己扮演一个角色，我们是一个投资集团，不是产业运营集团，可能相对洒脱一点。复星投资的策略是什么?

第一，对老股东而言，做一个善意的股东。绝不搞恶意收购，如果老股东不支持，不想我来，我就不买。比如，复星最近买了中国最大的外资医院和睦家 19% 的股权，其经营者和创始人占股只有 11%，但是复星的 19% 都是经过创始人同意才一点一点买上来的。我们最近要买 25%，对方不同意，就没买，买到 19% 就可以了。做善意股东之后，老股东对投资者就没脾气了。比如，复星收购的海外一家度假村连锁企业，我们是第一大股东，9 个董事只派了 2 个人，经营层我们一个人都没派，人家觉得挺好的嘛。

第二，对经营者来说，做一个开明的股东。所谓开明股东，就是我们鼓励经营层成为企业的主人，鼓励他持股。在这方面，中国人比较开明，鼓励人家持股，欧美不像中国，欧美都不让人家持股。我们鼓励人家持股，他们的经营层从来没有碰到过这么好的老板，所以对我们的向心力非常强。

第三，对员工而言，做一个积极的股东。我们不追求把流水线搬回来，员工觉得这很好。中国销售额增长，他们的工作量会更满，还要加班，加班有加班工资，大家觉得这个不错。

所以中国人一开始走出去，我会建议试试复星这套模式做，我到现在为止还没有碰到文化冲突。

七、未来十年的展望

过去十年，中国海外直接投资（ODI）迅猛增长，年均增速接近 50%，未来十年至少会保持近 20% 的增速。2013 年，ODI 约 900 多亿美元，外商对华直接投资（FDI）大概 1 100 亿美元。最迟到 2015 年，ODI 和 FDI 将几乎持平。

现在的 ODI 都是 B2B，**人民币国际化将是未来新增的一块，其结果是** C2B **或者** C2C**，个人投资者会大量出去。**

2013 年有一个很有意思的现象，民营企业的 ODI 速度增长非常快，占中国 ODI 的比重首次超过一半；占对美直接投资总金额的 76% 和项目总数的近 90%。

下一个十年更利中国。

从 1978 年开始，由于中国经济的加速发展，几乎改变了整个人类经济的发展史。中国在“三个有利于”的方针指导下，极大地释放了生产力，从而使中国的 GDP 总量上升到全球第二名。

下一个十年将会有点不一样。

第一个不一样：从量变到质变。中国会从一个小体量、高速增长（1978 年以来平均年增长率 9.92%）的经济体，逐步变成大体量的中高速增长。即便中国经济增长速度跌到 6.5% 或 7%，还会是全球的第一或第二。

第二个不一样：从讲求数量的增长到讲求质量的增长。过去七八年的全球经济格局是此消彼涨，中国是上涨，欧美是衰退。未来几年，美国是坚定的复苏和增长，欧洲是止跌。这一背景对中国会很有利。与上次的衰退相比，坚定复苏和止跌对中国经济总体更好。当欧美衰退的时候，中国要做很多选择，其实是在赌博。但是在经济确定性更强的情况下，更容易作出准确判断。对企业而言也是一样。当整个经济往上走的时候，因为你已经看到坡底，所以你更容易作出正确选择。我认为，下一个十年投资决策的不确定性会小，收益率会降低，但是决策的准确度、成功率比较高。

（责任编辑：程晓琴）

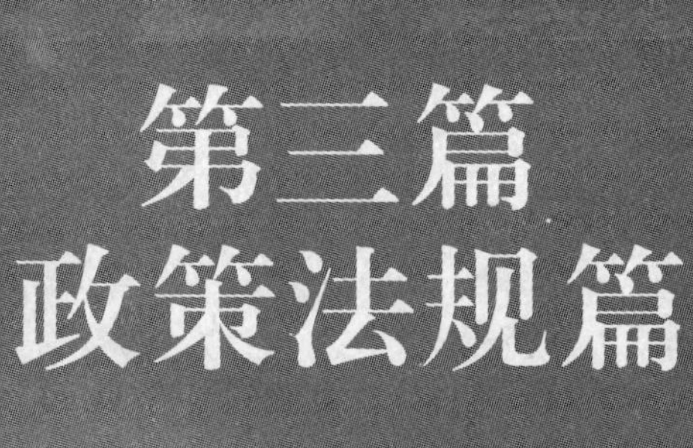

第三篇
政策法规篇

外商投资电信企业管理规定

（中华人民共和国国务院令第333号　2001年12月11日发布，2008年9月10日修订）

第一条　为了适应电信业对外开放的需要，促进电信业的发展，根据有关外商投资的法律、行政法规和《中华人民共和国电信条例》（以下简称电信条例），制定本规定。

第二条　外商投资电信企业，是指外国投资者同中国投资者在中华人民共和国境内依法以中外合资经营形式，共同投资设立的经营电信业务的企业。

第三条　外商投资电信企业从事电信业务经营活动，除必须遵守本规定外，还必须遵守电信条例和其他有关法律、行政法规的规定。

第四条　外商投资电信企业可以经营基础电信业务、增值电信业务，具体业务分类依照电信条例的规定执行。

外商投资电信企业经营业务的地域范围，由国务院工业和信息化主管部门按照有关规定确定。

第五条　外商投资电信企业的注册资本应当符合下列规定：

（一）经营全国的或者跨省、自治区、直辖市范围的基础电信业务的，其注册资本最低限额为10亿元人民币；经营增值电信业务的，其注册资本最低限额为1 000万元人民币；

（二）经营省、自治区、直辖市范围内的基础电信业务的，其注册资本最低限额为1亿元人民币；经营增值电信业务的，其注册资本最低限额为100万元人民币。

第六条　经营基础电信业务（无线寻呼业务除外）的外商投资电信企业的外方投资者在企业中的出资比例，最终不得超过49%。

经营增值电信业务（包括基础电信业务中的无线寻呼业务）的外商投资电信企业的外方投资者在企业中的出资比例，最终不得超过50%。

外商投资电信企业的中方投资者和外方投资者在不同时期的出资比例，由国务院工业和信息化主管部门按照有关规定确定。

第七条　外商投资电信企业经营电信业务，除应当符合本规定第四条、第五条、第六条规定的条件外，还应当符合电信条例规定的经营基础电信业务或者经营增值电信业务应当具备的条件。

第八条　经营基础电信业务的外商投资电信企业的中方主要投资者应当符合下列条件：

（一）是依法设立的公司；

（二）有与从事经营活动相适应的资金和专业人员；

（三）符合国务院工业和信息化主管部门规定的审慎的和特定行业的要求。

前款所称外商投资电信企业的中方主要投资者，是指在全体中方投资者中出资数额最多且占中方全体投资者出资总额的 30% 以上的出资者。

第九条 经营基础电信业务的外商投资电信企业的外方主要投资者应当符合下列条件：

（一）具有企业法人资格；

（二）在注册的国家或者地区取得基础电信业务经营许可证；

（三）有与从事经营活动相适应的资金和专业人员；

（四）有从事基础电信业务的良好业绩和运营经验。

前款所称外商投资电信企业的外方主要投资者，是指在外方全体投资者中出资数额最多且占全体外方投资者出资总额的 30% 以上的出资者。

第十条 经营增值电信业务的外商投资电信企业的外方主要投资者应当具有经营增值电信业务的良好业绩和运营经验。

第十一条 设立经营基础电信业务或者跨省、自治区、直辖市范围增值电信业务的外商投资电信企业，由中方主要投资者向国务院工业和信息化主管部门提出申请并报送下列文件：

（一）项目申请报告；

（二）本规定第八条、第九条、第十条规定的合营各方投资者的资格证明或者有关确认文件；

（三）电信条例规定的经营基础电信业务或者增值电信业务应当具备的其他条件的证明或者确认文件。

国务院工业和信息化主管部门应当自收到申请之日起对前款规定的有关文件进行审查。属于基础电信业务的，应当在 180 日内审查完毕，作出批准或者不予批准的决定；属于增值电信业务的，应当在 90 日内审查完毕，作出批准或者不予批准的决定。予以批准的，颁发《外商投资经营电信业务审定意见书》；不予批准的，应当书面通知申请人并说明理由。

第十二条 设立外商投资电信企业经营省、自治区、直辖市范围内增值电信业务，由中方主要投资者向省、自治区、直辖市电信管理机构提出申请并报送下列文件：

（一）本规定第十条规定的资格证明或者有关确认文件；

（二）电信条例规定的经营增值电信业务应当具备的其他条件的证明或者确认文件。

省、自治区、直辖市电信管理机构应当自收到申请之日起 60 日内签署意见。同意的，转报国务院工业和信息化主管部门；不同意的，应当书面通知申请人并说明理由。

国务院工业和信息化主管部门应当自收到省、自治区、直辖市电信管理机构签署同意的申请文件之日起 30 日内审查完毕，作出批准或者不予批准的决定。予以批准的，颁发《外商投资经营电信业务审定意见书》；不予批准的，应当书面通知申请人并说明理由。

第十三条 外商投资电信企业项目申请报告的主要内容包括：合营各方的名称和基本情况、拟设立企业的投资总额、注册资本、各方出资比例、申请经营的业务种类、合营期限等。

第十四条 设立外商投资电信企业，按照国家有关规定，其投资项目需要经国务院发展改革部门核准的，国务院工业和信息化主管部门应当在颁发《外商投资经营电信业务审定意见书》前，将申请材料转送国务院发展改革部门核准。转送国务院发展改革部门核准的，本规定第十一条、第十二条规定的审批期限可以延长 30 日。

第十五条 设立外商投资电信企业，属于经营基础电信业务或者跨省、自治区、直辖市范围增值电信业务的，由中方主要投资者凭《外商投资经营电信业务审定意见书》向国务院商务主管部门报送拟设立外商投资电信企业的合同、章程；属于经营省、自治区、直辖市范围内增值电信业务的，由中方主要投资者凭《外商投资经营电信业务审定意见书》向省、自治区、直辖市人民政府商务主管部门报送拟设立外商投资电信企业的合同、章程。

国务院商务主管部门和省、自治区、直辖市人民政府商务主管部门应当自收到报送的拟设立外商投资电信企业的合同、章程之日起90日内审查完毕，作出批准或者不予批准的决定。予以批准的，颁发《外商投资企业批准证书》；不予批准的，应当书面通知申请人并说明理由。

第十六条 外商投资电信企业的中方主要投资者凭《外商投资企业批准证书》，到国务院工业和信息化主管部门办理《电信业务经营许可证》手续。

外商投资电信企业的中方主要投资者凭《外商投资企业批准证书》和《电信业务经营许可证》，向工商行政管理机关办理外商投资电信企业注册登记手续。

第十七条 外商投资电信企业经营跨境电信业务，必须经国务院工业和信息化主管部门批准，并通过国务院工业和信息化主管部门批准设立的国际电信出入口局进行。

第十八条 违反本规定第六条规定的，由国务院工业和信息化主管部门责令限期改正，并处10万元以上50万元以下的罚款；逾期不改正的，由国务院工业和信息化主管部门吊销《电信业务经营许可证》，并由原颁发《外商投资企业批准证书》的商务主管部门撤销其《外商投资企业批准证书》。

第十九条 违反本规定第十七条规定的，由国务院工业和信息化主管部门责令限期改正，并处20万元以上100万元以下的罚款；逾期不改正的，由国务院工业和信息化主管部门吊销《电信业务经营许可证》，并由原颁发《外商投资企业批准证书》的商务主管部门撤销其《外商投资企业批准证书》。

第二十条 申请设立外商投资电信企业，提供虚假、伪造的资格证明或者确认文件骗取批准的，批准无效，由国务院工业和信息化主管部门处20万元以上100万元以下的罚款，吊销《电信业务经营许可证》，并由原颁发《外商投资企业批准证书》的商务主管部门撤销其《外商投资企业批准证书》。

第二十一条 外商投资电信企业经营电信业务，违反电信条例和其他有关法律、行政法规规定的，由有关机关依法给予处罚。

第二十二条 香港特别行政区、澳门特别行政区和台湾地区的公司、企业在内地投资经营电信业务，比照适用本规定。

第二十三条 本规定自2002年1月1日起施行。

国务院关于进一步做好利用外资工作的若干意见

（国发〔2010〕9号　2010年4月6日）

各省、自治区、直辖市人民政府，国务院各部委、各直属机构：

利用外资是我国对外开放基本国策的重要内容。改革开放以来，我国积极吸引外商投资，促进了产业升级和技术进步，外商投资企业已成为国民经济的重要组成部分。目前，我国利用外资的优势依然明显。为提高利用外资质量和水平，更好地发挥利用外资在推动科技创新、产业升级、区域协调发展等方面的积极作用，现提出如下意见：

一、优化利用外资结构

（一）根据我国经济发展需要，结合国家产业调整和振兴规划要求，修订《外商投资产业指导目录》，扩大开放领域，鼓励外资投向高端制造业、高新技术产业、现代服务业、新能源和节能环保产业。严格限制“两高一资”和低水平、过剩产能扩张类项目。

（二）国家产业调整和振兴规划中的政策措施同等适用于符合条件的外商投资企业。

（三）对用地集约的国家鼓励类外商投资项目优先供应土地，在确定土地出让底价时可按不低于所在地土地等别相对应《全国工业用地出让最低价标准》的70%执行。

（四）鼓励外商投资高新技术企业发展，改进并完善高新技术企业认定工作。

（五）鼓励中外企业加强研发合作，支持符合条件的外商投资企业与内资企业、研究机构合作申请国家科技开发项目、创新能力建设项目等，申请设立国家级技术中心认定。

（六）鼓励跨国公司在华设立地区总部、研发中心、采购中心、财务管理中心、结算中心以及成本和利润核算中心等功能性机构。在2010年12月31日以前，对符合规定条件的外资研发中心确需进口的科技开发用品免征进口关税和进口环节增值税、消费税。

（七）落实和完善支持政策，鼓励外商投资服务外包产业，引入先进技术和管理经验，提高我国服务外包国际竞争力。

二、引导外资向中西部地区转移和增加投资

（八）根据《外商投资产业指导目录》修订情况，补充修订《中西部地区外商投资优势产业目

录》，增加劳动密集型项目条目，鼓励外商在中西部地区发展符合环保要求的劳动密集型产业。

（九）对符合条件的西部地区内外资企业继续实行企业所得税优惠政策，保持西部地区吸收外商投资好的发展势头。

（十）对东部地区外商投资企业向中西部地区转移，要加大政策开放和技术资金配套支持力度，同时完善行政服务，在办理工商、税务、外汇、社会保险等手续时提供便利。鼓励和引导外资银行到中西部地区设立机构和开办业务。

（十一）鼓励东部地区与中西部地区以市场为导向，通过委托管理、投资合作等多种方式，按照优势互补、产业联动、利益共享的原则共建开发区。

三、促进利用外资方式多样化

（十二）鼓励外资以参股、并购等方式参与国内企业改组改造和兼并重组。支持A股上市公司引入境内外战略投资者。规范外资参与境内证券投资和企业并购。依法实施反垄断审查，并加快建立外资并购安全审查制度。

（十三）利用好境外资本市场，继续支持符合条件的企业根据国家发展战略及自身发展需要到境外上市，充分利用两个市场、两种资源，不断提高竞争力。

（十四）加快推进利用外资设立中小企业担保公司试点工作。鼓励外商投资设立创业投资企业，积极利用私募股权投资基金，完善退出机制。

（十五）支持符合条件的外商投资企业境内公开发行股票、发行企业债和中期票据，拓宽融资渠道，引导金融机构继续加大对外商投资企业的信贷支持。稳步扩大在境内发行人民币债券的境外主体范围。

四、深化外商投资管理体制改革

（十六）《外商投资产业指导目录》中总投资（包括增资）3亿美元以下的鼓励类、允许类项目，除《政府核准的投资项目目录》规定需由国务院有关部门核准之外，由地方政府有关部门核准。除法律法规明确规定由国务院有关部门审批外，在加强监管的前提下，国务院有关部门可将本部门负责的审批事项下放地方政府审批，服务业领域外商投资企业的设立（金融、电信服务除外）由地方政府按照有关规定进行审批。

（十七）调整审批内容，简化审批程序，最大限度缩小审批、核准范围，增强审批透明度。全面清理涉及外商投资的审批事项，缩短审批时间。改进审批方式，在试点并总结经验的基础上，逐步在全国推行外商投资企业合同、章程格式化审批，大力推行在线行政许可，规范行政行为。

五、营造良好的投资环境

（十八）规范和促进开发区发展，发挥开发区在体制创新、科技引领、产业集聚、土地集约方面的载体和平台作用。支持符合条件的省级开发区升级，支持具备条件的国家级、省级开发区扩区和调整区位，制定加快边境经济合作区建设的支持政策措施。

（十九）进一步完善外商投资企业外汇管理，简化外商投资企业外汇资本金结汇手续。对依法经营、资金紧张暂时无法按时出资的外商投资企业，允许延长出资期限。

（二十）加强投资促进，针对重点国家和地区、重点行业加大引资推介力度，广泛宣传我国利用外资政策。积极参与多双边投资合作，把“引进来”和“走出去”相结合，推动跨国投资政策环境不断改善。

国务院各有关部门、地方各级人民政府要统一认识，坚持积极有效利用外资的方针，坚持以我为主、择优选资，促进“引资”与“引智”相结合，不断提高利用外资质量。要总结改革开放经验，结合新形势、新要求，进一步加大改革创新力度，提高便利化程度，创造更加开放、更加优化的投资环境，全面提高利用外资工作水平。

中央企业境外国有资产监督管理暂行办法

（国务院国资委令第26号　2011年6月14日）

第一章　总　则

第一条　为加强国务院国有资产监督管理委员会（以下简称国资委）履行出资人职责的企业（以下简称中央企业）境外国有资产监督管理，规范境外企业经营行为，维护境外国有资产权益，防止国有资产流失，根据《中华人民共和国企业国有资产法》和《企业国有资产监督管理暂行条例》及相关法律、行政法规，制定本办法。

第二条　本办法适用于中央企业及其各级独资、控股子企业（以下简称各级子企业）在境外以各种形式出资所形成的国有权益的监督管理。

本办法所称境外企业，是指中央企业及其各级子企业在我国境外以及香港特别行政区、澳门特别行政区和台湾地区依据当地法律出资设立的独资及控股企业。

第三条　国资委依法对中央企业境外国有资产履行下列监督管理职责：

（一）制定中央企业境外国有资产监督管理制度，并负责组织实施和监督检查；

（二）组织开展中央企业境外国有资产产权登记、资产统计、清产核资、资产评估和绩效评价等基础管理工作；

（三）督促、指导中央企业建立健全境外国有资产经营责任体系，落实国有资产保值增值责任；

（四）依法监督管理中央企业境外投资、境外国有资产经营管理重大事项，组织协调处理境外企业重大突发事件；

（五）按照《中央企业资产损失责任追究暂行办法》组织开展境外企业重大资产损失责任追究工作；

（六）法律、行政法规以及国有资产监督管理有关规定赋予的其他职责。

第四条　中央企业依法对所属境外企业国有资产履行下列监督管理职责：

（一）依法审核决定境外企业重大事项，组织开展境外企业国有资产基础管理工作；

（二）建立健全境外企业监管的规章制度及内部控制和风险防范机制；

（三）建立健全境外国有资产经营责任体系，对境外企业经营行为进行评价和监督，落实国有资产保值增值责任；

（四）按照《中央企业资产损失责任追究暂行办法》规定，负责或者配合国资委开展所属境外企业重大资产损失责任追究工作；

（五）协调处理所属境外企业突发事件；

（六）法律、行政法规以及国有资产监督管理有关规定赋予的其他职责。

第五条 中央企业及其各级子企业依法对境外企业享有资产收益、参与重大决策和选择管理者等出资人权利，依法制定或者参与制定其出资的境外企业章程。

中央企业及其各级子企业应当依法参与其出资的境外参股、联营、合作企业重大事项管理。

第二章 境外出资管理

第六条 中央企业应当建立健全境外出资管理制度，对境外出资实行集中管理，统一规划。

第七条 境外出资应当遵守法律、行政法规、国有资产监督管理有关规定和所在国（地区）法律，符合国民经济和社会发展规划及产业政策，符合国有经济布局和结构调整方向，符合中央企业发展战略和规划。

中央企业及其重要子企业收购、兼并境外上市公司以及重大境外出资行为应当依照法定程序报国资委备案或者核准。

第八条 境外出资应当进行可行性研究和尽职调查，评估企业财务承受能力和经营管理能力，防范经营、管理、资金、法律等风险。境外出资原则上不得设立承担无限责任的经营实体。

第九条 以非货币资产向境外出资的，应当依法进行资产评估并按照有关规定备案或者核准。

第十条 境外出资形成的产权应当由中央企业或者其各级子企业持有。根据境外相关法律规定须以个人名义持有的，应当统一由中央企业依据有关规定决定或者批准，依法办理委托出资、代持等保全国有资产的法律手续，并以书面形式报告国资委。

第十一条 中央企业应当建立健全离岸公司管理制度，规范离岸公司设立程序，加强离岸公司资金管理。新设离岸公司的，应当由中央企业决定或者批准并以书面形式报告国资委。已无存续必要的离岸公司，应当依法予以注销。

第十二条 中央企业应当将境外企业纳入本企业全面预算管理体系，明确境外企业年度预算目标，加强对境外企业重大经营事项的预算控制，及时掌握境外企业预算执行情况。

第十三条 中央企业应当将境外资金纳入本企业统一的资金管理体系，明确界定境外资金调度与使用的权限与责任，加强日常监控。具备条件的中央企业应当对境外资金实施集中管理和调度。

中央企业应当建立境外大额资金调度管控制度，对境外临时资金集中账户的资金运作实施严格审批和监督检查，定期向国资委报告境外大额资金的管理和运作情况。

第十四条 中央企业应当加强境外金融衍生业务的统一管理，明确决策程序、授权权限和操作流程，规定年度交易量、交易权限和交易流程等重要事项，并按照相关规定报国资委备案或者核准。从事境外期货、期权、远期、掉期等金融衍生业务应当严守套期保值原则，完善风险管理规定，禁止投机行为。

第十五条 中央企业应当建立外派人员管理制度，明确岗位职责、工作纪律、工资薪酬等规定，建立外派境外企业经营管理人员的定期述职和履职评估制度。

中央企业应当按照属地化管理原则，统筹境内外薪酬管理制度。不具备属地化管理条件的，中央企业应当按照法律法规有关规定，结合属地的实际情况，制定统一的外派人员薪酬管理办法，报国资委备案。

第三章 境外企业管理

第十六条 中央企业是所属境外企业监督管理的责任主体。境外企业应当定期向中央企业报告境外国有资产总量、结构、变动、收益等汇总分析情况。

第十七条 境外企业应当建立完善法人治理结构，健全资产分类管理制度和内部控制机制，定期开展资产清查，加强风险管理，对其运营管理的国有资产承担保值增值责任。

第十八条 境外企业应当依据有关规定建立健全境外国有产权管理制度，明确负责机构和工作责任，切实加强境外国有产权管理。

第十九条 境外企业应当加强投资管理，严格按照中央企业内部管理制度办理相关手续。

第二十条 境外企业应当加强预算管理，严格执行经股东（大）会、董事会或章程规定的相关权力机构审议通过的年度预算方案，加强成本费用管理，严格控制预算外支出。

第二十一条 境外企业应当建立健全法律风险防范机制，严格执行重大决策、合同的审核与管理程序。

第二十二条 境外企业应当遵循中央企业确定的融资权限。非金融类境外企业不得为其所属中央企业系统之外的企业或个人进行任何形式的融资、拆借资金或者提供担保。

第二十三条 境外企业应当加强资金管理，明确资金使用管理权限，严格执行企业主要负责人与财务负责人联签制度，大额资金支出和调度应当符合中央企业规定的审批程序和权限。

境外企业应当选择信誉良好并具有相应资质的银行作为开户行，不得以个人名义开设账户，但所在国（地区）法律另有规定的除外。境外企业账户不得转借个人或者其他机构使用。

第二十四条 境外企业应当按照法律、行政法规以及国有资产监督管理有关规定和企业章程，在符合所在国（地区）法律规定的条件下，及时、足额向出资人分配利润。

第二十五条 境外企业应当建立和完善会计核算制度，会计账簿及财务报告应当真实、完整、及时地反映企业经营成果、财务状况和资金收支情况。

第二十六条 境外企业应当通过法定程序聘请具有资质的外部审计机构对年度财务报告进行审计。暂不具备条件的，由中央企业内部审计机构进行审计。

第四章　境外企业重大事项管理

第二十七条 中央企业应当依法建立健全境外企业重大事项管理制度和报告制度，加强对境外企业重大事项的管理。

第二十八条 中央企业应当明确境外出资企业股东代表的选任条件、职责权限、报告程序和考核奖惩办法，委派股东代表参加境外企业的股东（大）会会议。股东代表应当按照委派企业的指示提出议案、发表意见、行使表决权，并将其履行职责的情况和结果及时报告委派企业。

第二十九条 境外企业有下列重大事项之一的，应当按照法定程序报中央企业核准：

（一）增加或者减少注册资本，合并、分立、解散、清算、申请破产或者变更企业组织形式；

（二）年度财务预算方案、决算方案、利润分配方案和弥补亏损方案；

（三）发行公司债券或者股票等融资活动；

（四）收购、股权投资、理财业务以及开展金融衍生业务；

（五）对外担保、对外捐赠事项；

（六）重要资产处置、产权转让；

（七）开立、变更、撤并银行账户；

（八）企业章程规定的其他事项。

第三十条 境外企业转让国有资产，导致中央企业重要子企业由国有独资转为绝对控股、绝对控股转为相对控股或者失去控股地位的，应当按照有关规定报国资委审核同意。

第三十一条 境外企业发生以下有重大影响的突发事件，应当立即报告中央企业；影响特别重大的，应当通过中央企业在24小时内向国资委报告。

（一）银行账户或者境外款项被冻结；

（二）开户银行或者存款所在的金融机构破产；

（三）重大资产损失；

（四）发生战争、重大自然灾害，重大群体性事件，以及危及人身或者财产安全的重大突发事件；

（五）受到所在国（地区）监管部门处罚产生重大不良影响；

（六）其他有重大影响的事件。

第五章　境外国有资产监督

第三十二条　国资委应当将境外企业纳入中央企业业绩考核和绩效评价范围，定期组织开展境外企业抽查审计，综合评判中央企业经营成果。

第三十三条　中央企业应当定期对境外企业经营管理、内部控制、会计信息以及国有资产运营等情况进行监督检查，建立境外企业生产经营和财务状况信息报告制度，按照规定向国资委报告有关境外企业财产状况、生产经营状况和境外国有资产总量、结构、变动、收益等情况。

第三十四条　中央企业应当加强对境外企业中方负责人的考核评价，开展任期及离任经济责任审计，并出具审计报告。重要境外企业中方负责人的经济责任审计报告应当报国资委备案。

第三十五条　国家出资企业监事会依照法律、行政法规以及国有资产监督管理有关规定，对中央企业境外国有资产进行监督检查，根据需要组织开展专项检查。

第六章　法律责任

第三十六条　境外企业有下列情形之一的，中央企业应当按照法律、行政法规以及国有资产监督管理有关规定，追究有关责任人的责任。

（一）违规为其所属中央企业系统之外的企业或者个人进行融资或者提供担保，出借银行账户；

（二）越权或者未按规定程序进行投资、调度和使用资金、处置资产；

（三）内部控制和风险防范存在严重缺陷；

（四）会计信息不真实，存有账外业务和账外资产；

（五）通过不正当交易转移利润；

（六）挪用或者截留应缴收益；

（七）未按本规定及时报告重大事项。

第三十七条　中央企业有下列情形之一，国资委应当按照法律、行政法规以及国有资产监督管理有关规定，追究相关责任人的责任。

（一）未建立境外企业国有资产监管制度；

（二）未按本办法规定履行有关核准备案程序；

（三）未按本办法规定及时报告重大事项；

（四）对境外企业管理失控，造成国有资产损失。

第七章　附　则

第三十八条　中央企业及其各级子企业在境外设立的各类分支机构的国有资产的监督和管理参照本办法执行。

第三十九条　地方国有资产监督管理机构可以参照本办法制定所出资企业境外国有资产管理制度。

第四十条　本办法自 2011 年 7 月 1 日起施行。

中央企业境外国有产权管理暂行办法

（国务院国资委令第27号　2011年6月14日）

第一条　为加强和规范中央企业境外国有产权管理，根据《中华人民共和国企业国有资产法》、《企业国有资产监督管理暂行条例》（国务院令第378号）和国家有关法律、行政法规的规定，制定本办法。

第二条　国务院国有资产监督管理委员会（以下简称国资委）履行出资人职责的企业（以下简称中央企业）及其各级独资、控股子企业（以下简称各级子企业）持有的境外国有产权管理适用本办法。国家法律、行政法规另有规定的，从其规定。

本办法所称境外国有产权是指中央企业及其各级子企业以各种形式对境外企业出资所形成的权益。

前款所称境外企业，是指中央企业及其各级子企业在我国境外以及香港特别行政区、澳门特别行政区和台湾地区依据当地法律出资设立的企业。

第三条　中央企业是其境外国有产权管理的责任主体，应当依照我国法律、行政法规建立健全境外国有产权管理制度，同时遵守境外注册地和上市地的相关法律规定，规范境外国有产权管理行为。

第四条　中央企业应当完善境外企业治理结构，强化境外企业章程管理，优化境外国有产权配置，保障境外国有产权安全。

第五条　中央企业及其各级子企业独资或者控股的境外企业所持有的境内国有产权的管理，比照国资委境内国有产权管理的相关规定执行。

第六条　境外国有产权应当由中央企业或者其各级子企业持有。境外企业注册地相关法律规定须以个人名义持有的，应当统一由中央企业依据有关规定决定或者批准，依法办理委托出资等保全国有产权的法律手续，并以书面形式报告国资委。

第七条　中央企业应当加强对离岸公司等特殊目的公司的管理。因重组、上市、转让或者经营管理需要设立特殊目的公司的，应当由中央企业决定或者批准并以书面形式报告国资委。已无存续必要的特殊目的公司，应当及时依法予以注销。

第八条　中央企业及其各级子企业发生以下事项时，应当由中央企业统一向国资委申办产权登记：

（一）以投资、分立、合并等方式新设境外企业，或者以收购、投资入股等方式首次取得境外企业产权的。

（二）境外企业名称、注册地、注册资本、主营业务范围等企业基本信息发生改变，或者因企业出资人、出资额、出资比例等变化导致境外企业产权状况发生改变的。

（三）境外企业解散、破产，或者因产权转让、减资等原因不再保留国有产权的。

（四）其他需要办理产权登记的情形。

第九条 中央企业及其各级子企业以其拥有的境内国有产权向境外企业注资或者转让，或者以其拥有的境外国有产权向境内企业注资或者转让，应当依照《企业国有资产评估管理暂行办法》（国资委令第 12 号）等相关规定，聘请具有相应资质的境内评估机构对标的物进行评估，并办理评估备案或者核准。

第十条 中央企业及其各级子企业独资或者控股的境外企业在境外发生转让或者受让产权、以非货币资产出资、非上市公司国有股东股权比例变动、合并分立、解散清算等经济行为时，应当聘请具有相应资质、专业经验和良好信誉的专业机构对标的物进行评估或者估值，评估项目或者估值情况应当由中央企业备案；涉及中央企业重要子企业由国有独资转为绝对控股、绝对控股转为相对控股或者失去控股地位等经济行为的，评估项目或者估值情况应当报国资委备案或者核准。

中央企业及其各级子企业独资或者控股的境外企业在进行与评估或者估值相应的经济行为时，其交易对价应当以经备案的评估或者估值结果为基准。

第十一条 境外国有产权转让等涉及国有产权变动的事项，由中央企业决定或者批准，并按国家有关法律和法规办理相关手续。其中，中央企业重要子企业由国有独资转为绝对控股、绝对控股转为相对控股或者失去控股地位的，应当报国资委审核同意。

第十二条 中央企业及其各级子企业转让境外国有产权，要多方比选意向受让方。具备条件的，应当公开征集意向受让方并竞价转让，或者进入中央企业国有产权转让交易试点机构挂牌交易。

第十三条 中央企业在本企业内部实施资产重组，转让方为中央企业及其直接或者间接全资拥有的境外企业，受让方为中央企业及其直接或者间接全资拥有的境内外企业的，转让价格可以以评估或者审计确认的净资产值为底价确定。

第十四条 境外国有产权转让价款应当按照产权转让合同约定支付，原则上应当一次付清。确需采取分期付款的，受让方须提供合法的担保。

第十五条 中央企业及其各级子企业独资或者控股的境外企业在境外首次公开发行股票，或者中央企业及其各级子企业所持有的境外注册并上市公司的股份发生变动的，由中央企业按照证券监管法律、法规决定或者批准，并将有关情况以书面形式报告国资委。境外注册并上市公司属于中央企业重要子企业的，上述事项应当由中央企业按照《国有股东转让所持上市公司股份管理暂行办法》（国资委令第 19 号）等相关规定报国资委审核同意或者备案。

第十六条 中央企业应当按照本办法落实境外国有产权管理工作责任，完善档案管理，并及时将本企业境外国有产权管理制度、负责机构等相关情况以书面形式报告国资委。

第十七条 中央企业应当每年对各级子企业执行本办法的情况进行监督检查，并及时将检查情况以书面形式报告国资委。

国资委对中央企业境外国有产权管理情况进行不定期抽查。

第十八条 中央企业及其各级子企业有关责任人员违反国家法律、法规和本办法规定，未履行对境外国有产权的监管责任，导致国有资产损失的，由有关部门按照干部管理权限和有关法律法规给予处分；涉嫌犯罪的，依法移交司法机关处理。

第十九条 地方国有资产监督管理机构可以参照本办法制定所出资企业境外国有产权管理制度。

第二十条 本办法自 2011 年 7 月 1 日起施行。

外商投资产业指导目录

（国家发展和改革委员会、商务部令第12号　2007年10月31日发布，2011年12月24日修订）

鼓励外商投资产业目录

一、农、林、牧、渔业

1. 木本食用油料、调料和工业原料的种植及开发、生产
2. 绿色、有机蔬菜（含食用菌、西甜瓜）、干鲜果品、茶叶栽培技术开发及产品生产
3. 糖料、果树、牧草等农作物栽培新技术开发及产品生产
4. 花卉生产与苗圃基地的建设、经营
5. 橡胶、油棕、剑麻、咖啡种植
6. 中药材种植、养殖（限于合资、合作）
7. 农作物秸秆还田及综合利用、有机肥料资源的开发生产
8. 林木（竹）营造及良种培育、多倍体树木新品种培育
9. 水产苗种繁育（不含我国特有的珍贵优良品种）
10. 防治荒漠化及水土流失的植树种草等生态环境保护工程建设、经营
11. 水产品养殖、深水网箱养殖、工厂化水产养殖、生态型海洋增养殖

二、采矿业

1. 煤层气勘探、开发和矿井瓦斯利用（限于合资、合作）
2. 石油、天然气的风险勘探、开发（限于合资、合作）
3. 低渗透油气藏（田）的开发（限于合资、合作）
4. 提高原油采收率及相关新技术的开发应用（限于合资、合作）
5. 物探、钻井、测井、录井、井下作业等石油勘探开发新技术的开发与应用（限于合资、合作）
6. 油页岩、油砂、重油、超重油等非常规石油资源勘探、开发（限于合资、合作）
7. 铁矿、锰矿勘探、开采及选矿
8. 提高矿山尾矿利用率的新技术开发和应用及矿山生态恢复技术的综合应用

9. 页岩气、海底天然气水合物等非常规天然气资源勘探、开发（限于合资、合作）

三、制造业

（一）农副食品加工业

1. 生物饲料、秸秆饲料、水产饲料的开发、生产
2. 水产品加工、贝类净化及加工、海藻保健食品开发
3. 蔬菜、干鲜果品、禽畜产品加工

（二）食品制造业

1. 婴儿、老年食品及保健食品的开发、生产
2. 森林食品的开发、生产
3. 天然食品添加剂、食品配料生产

（三）饮料制造业

1. 果蔬饮料、蛋白饮料、茶饮料、咖啡饮料、植物饮料的开发、生产

（四）烟草制品业

1. 二醋酸纤维素及丝束加工（限于合资、合作）

（五）纺织业

1. 采用非织造、机织、针织及其复合工艺技术的轻质、高强、耐高/低温、耐化学物质、耐光等多功能化的产业用纺织品生产
2. 采用先进节能减排技术和装备的高档织物面料的织染及后整理加工
3. 符合生态、资源综合利用与环保要求的特种天然纤维（包括山羊绒等特种动物纤维、麻纤维、蚕丝、彩色棉花等）产品加工
4. 采用计算机集成制造系统的服装生产
5. 功能性、绿色环保及特种服装生产
6. 高档地毯、刺绣、抽纱产品生产

（六）皮革、皮毛、羽毛（绒）及其制品业

1. 皮革和毛皮清洁化技术加工
2. 皮革后整饰新技术加工
3. 高档皮革加工
4. 皮革废弃物综合利用

（七）木材加工及木、竹、藤、棕、草制品业

1. 林业三剩物，“次、小、薪”材和竹材的综合利用新技术、新产品开发与生产

（八）造纸及纸制品业

1. 主要利用境外木材资源的单条生产线年产 30 万吨及以上规模化学木浆和单条生产线年产 10 万吨及以上规模化学机械木浆以及同步建设的高档纸及纸板生产（限于合资、合作）

（九）石油加工、炼焦及核燃料加工业

1. 针状焦、煤焦油深加工

（十）化学原料及化学制品制造业

1. 钠法漂粉精、聚氯乙烯和有机硅新型下游产品开发与生产

2. 合成材料的配套原料：过氧化氢氧化丙烯法环氧丙烷、甘油法环氧氯丙烷、萘二甲酸二甲酯（NDC）、1，4－环乙烷二甲醇酯（CHDM）生产

3. 合成纤维原料：己内酰胺、尼龙66盐、熔纺氨纶树脂、1，3－丙二醇生产

4. 合成橡胶：溶液丁苯橡胶（不包括热塑性丁苯橡胶）、高顺式丁二烯橡胶、丁基橡胶、异戊橡胶、聚氨酯橡胶、丙烯酸酯橡胶、氯醇橡胶、乙丙橡胶，以及氟橡胶、硅橡胶等特种橡胶生产

5. 工程塑料及塑料合金：6万吨/年及以上非光气法聚碳酸酯（PC）、聚甲醛（POM）、聚酰胺（尼龙6、尼龙66、尼龙11和尼龙12）、聚乙烯醋酸乙烯酯（EVA）、聚苯硫醚、聚醚醚酮、聚酰亚胺、聚砜、聚醚砜、聚芳酯（PAR）、液晶聚合物等产品生产

6. 精细化工：催化剂新产品、新技术，染（颜）料商品化加工技术，电子化学品和造纸化学品，食品添加剂、饲料添加剂，皮革化学品（N-N二甲基甲酰胺除外），油田助剂，表面活性剂，水处理剂，胶粘剂，无机纤维、无机纳米材料生产，颜料包膜处理深加工

7. 环保型印刷油墨、环保型芳烃油生产

8. 天然香料、合成香料、单离香料生产

9. 高性能涂料、水性汽车涂料及配套水性树脂生产

10. 氟氯烃替代物生产

11. 高性能氟树脂、氟膜材料，医用含氟中间体，环境友好型制冷剂和清洁剂生产

12. 从磷化工、铝冶炼中回收氟资源生产

13. 林业化学产品新技术、新产品开发与生产

14. 环保用无机、有机和生物膜开发与生产

15. 新型肥料开发与生产：生物肥料、高浓度钾肥、复合肥料、缓释可控肥料、复合型微生物接种剂、复合微生物肥料、秸杆及垃圾腐熟剂、特殊功能微生物制剂

16. 高效、安全、环境友好的农药新品种、新剂型、专用中间体、助剂的开发与生产，以及相关清洁生产工艺的开发和应用（甲叉法乙草胺、胺氰法百草枯、水相法毒死蜱工艺、草甘膦回收氯甲烷工艺、定向合成法手性和立体结构农药生产、乙基氯化物合成技术）

17. 生物农药及生物防治产品开发与生产：微生物杀虫剂、微生物杀菌剂、农用抗生素、昆虫信息素、天敌昆虫、微生物除草剂

18. 废气、废液、废渣综合利用和处理、处置

19. 有机高分子材料生产：飞机蒙皮涂料、稀土硫化铈红色染料、无铅化电子封装材料、彩色等离子体显示屏专用系列光刻浆料、小直径大比表面积超细纤维、高精度燃油滤纸、锂离子电池隔膜

（十一）医药制造业

1. 新型化合物药物或活性成份药物的生产（包括原料药和制剂）

2. 氨基酸类：发酵法生产色氨酸、组氨酸、饲料用蛋氨酸等生产

3. 新型抗癌药物、新型心脑血管药及新型神经系统用药生产

4. 采用生物工程技术的新型药物生产

5. 艾滋病疫苗、丙肝疫苗、避孕疫苗及宫颈癌、疟疾、手足口病等新型疫苗生产

6. 生物疫苗生产

7. 海洋药物开发与生产

8. 药品制剂：采用缓释、控释、靶向、透皮吸收等新技术的新剂型、新产品生产

9. 新型药用辅料的开发及生产

10. 动物专用抗菌原料药生产（包括抗生素、化学合成类）

11. 兽用抗菌药、驱虫药、杀虫药、抗球虫药新产品及新剂型生产

12. 新型诊断试剂的生产

（十二）化学纤维制造业

1. 差别化化学纤维及芳纶、碳纤维、高强高模聚乙烯、聚苯硫醚（PPS）等高新技术化纤（粘胶纤维除外）生产

2. 纤维及非纤维用新型聚酯生产：聚对苯二甲酸丙二醇酯（PTT）、聚萘二酸乙二醇酯（PEN）、聚对苯二甲酸环己烷二甲醇酯（PCT）、二元醇改性聚对苯二甲酸乙二醇酯（PETG）

3. 利用新型可再生资源和绿色环保工艺生产生物质纤维，包括新溶剂法纤维素纤维（Lyocell）、以竹、麻等为原料的再生纤维素纤维、聚乳酸纤维（PLA）、甲壳素纤维、聚羟基脂肪酸酯纤维（PHA）、动植物蛋白纤维等

4. 单线生产能力日产150吨及以上聚酰胺生产

5. 子午胎用芳纶纤维及帘线生产

（十三）塑料制品业

1. 新型光生态多功能宽幅农用薄膜开发与生产

2. 废旧塑料的消解和再利用

3. 塑料软包装新技术、新产品（高阻隔、多功能膜及原料）开发与生产

（十四）非金属矿物制品业

1. 节能、环保、利废、轻质高强、高性能、多功能建筑材料开发生产

2. 以塑代钢、以塑代木、节能高效的化学建材品生产

3. 年产1 000万平方米及以上弹性体、塑性体改性沥青防水卷材，宽幅（2米以上）三元乙丙橡胶防水卷材及配套材料，宽幅（2米以上）聚氯乙烯防水卷材，热塑性聚烯烃（TPO）防水卷材生产

4. 新技术功能玻璃开发生产：屏蔽电磁波玻璃、微电子用玻璃基板、透红外线无铅玻璃、电子级大规格石英玻璃制品（管、板、坩埚、仪器器皿等）、光学性能优异多功能风挡玻璃、信息技术用极端材料及制品（包括波导级高精密光纤预制棒石英玻璃套管和陶瓷基板）、高纯（≥99.998%）超纯（≥99.999%）水晶原料提纯加工

5. 薄膜电池导电玻璃、太阳能集光镜玻璃生产

6. 玻璃纤维制品及特种玻璃纤维生产：低介电玻璃纤维、石英玻璃纤维、高硅氧玻璃纤维、高强高弹玻璃纤维、陶瓷纤维等及其制品

7. 光学纤维及制品生产：传像束及激光医疗光纤、超二代和三代微通道板、光学纤维面板、倒像器及玻璃光锥

8. 陶瓷原料的标准化精制、陶瓷用高档装饰材料生产

9. 水泥、电子玻璃、陶瓷、微孔炭砖等窑炉用环保（无铬化）耐火材料生产

10. 氮化铝（AlN）陶瓷基片、多孔陶瓷生产

11. 无机非金属新材料及制品生产：复合材料、特种陶瓷、特种密封材料（含高速油封材料）、特

种摩擦材料（含高速摩擦制动制品）、特种胶凝材料、特种乳胶材料、水声橡胶制品、纳米材料

12. 有机—无机复合泡沫保温材料生产

13. 高技术复合材料生产：连续纤维增强热塑性复合材料和预浸料、耐温 >300℃树脂基复合材料成型用工艺辅助材料、树脂基复合材料（包括高档体育用品、轻质高强交通工具部件）、特种功能复合材料及制品（包括深水及潜水复合材料制品、医用及康复用复合材料制品）、碳/碳复合材料、高性能陶瓷基复合材料及制品、金属基和玻璃基复合材料及制品、金属层状复合材料及制品、压力≥320MPa超高压复合胶管、大型客机航空轮胎

14. 精密高性能陶瓷原料生产：碳化硅（SiC）超细粉体（纯度 >99%，平均粒径 <1μm）、氮化硅（Si_3N_4）超细粉体（纯度 >99%，平均粒径 <1μm）、高纯超细氧化铝微粉（纯度 >99.9%，平均粒径 <0.5μm）、低温烧结氧化锆（ZrO_2）粉体（烧结温度 <1350℃）、高纯氮化铝（AlN）粉体（纯度 >99%，平均粒径 <1μm）、金红石型 TiO_2粉体（纯度 >98.5%）、白炭黑（粒径 <100nm）、钛酸钡（纯度 >99%，粒径 <1μm）

15. 高品质人工晶体及晶体薄膜制品开发生产：高品质人工合成水晶（压电晶体及透紫外光晶体）、超硬晶体（立方氮化硼晶体）、耐高温高绝缘人工合成绝缘晶体（人工合成云母）、新型电光晶体、大功率激光晶体及大规格闪烁晶体、金刚石膜工具、厚度 0.3mm 及以下超薄人造金刚石锯片

16. 非金属矿精细加工（超细粉碎、高纯、精制、改性）

17. 超高功率石墨电极生产

18. 珠光云母生产（粒径 3 - 150μm）

19. 多维多向整体编制织物及仿形织物生产

20. 利用新型干法水泥窑无害化处置固体废弃物

21. 建筑垃圾再生利用

22. 工业副产石膏综合利用

23. 非金属矿山尾矿综合利用的新技术开发和应用及矿山生态恢复

（十五）有色金属冶炼及压延加工业

1. 直径 200mm 以上硅单晶及抛光片生产

2. 高新技术有色金属材料生产：化合物半导体材料（砷化镓、磷化镓、磷化铟、氮化镓），高温超导材料，记忆合金材料（钛镍、铜基及铁基记忆合金材料），超细（纳米）碳化钙及超细（纳米）晶硬质合金，超硬复合材料，贵金属复合材料，散热器用铝箔，中高压阴极电容铝箔，特种大型铝合金型材，铝合金精密模锻件，电气化铁路架空导线，超薄铜带，耐蚀热交换器铜合金材，高性能铜镍、铜铁合金带，铍铜带、线、管及棒加工材，耐高温抗衰钨丝，镁合金铸件，无铅焊料，镁合金及其应用产品，泡沫铝，钛合金带材及钛焊接管，原子能级海绵锆，钨及钼深加工产品

（十六）金属制品业

1. 航空、航天、汽车、摩托车轻量化及环保型新材料研发与制造（专用铝板、铝镁合金材料、摩托车铝合金车架等）

2. 建筑五金件、水暖器材及其五金件开发、生产

3. 用于包装各类粮油食品、果蔬、饮料、日化产品等内容物的金属包装制品（厚度 0.3 毫米以下）的制造及加工（包括制品的内外壁印涂加工）

4. 节镍不锈钢制品的制造

（十七）通用设备制造业

1. 高档数控机床及关键零部件制造：五轴联动数控机床、数控坐标镗铣加工中心、数控坐标磨床、

五轴联动数控系统及伺服装置、精密数控加工用高速超硬刀具

2. 1 000 吨及以上多工位镦锻成型机制造

3. 报废汽车拆解、破碎及后处理分选设备制造

4. FTL 柔性生产线制造

5. 垂直多关节工业机器人、焊接机器人及其焊接装置设备制造

6. 特种加工机械制造：激光切割和拼焊成套设备、激光精密加工设备、数控低速走丝电火花线切割机、亚微米级超细粉碎机

7. 400 吨及以上轮式、履带式起重机械制造（限于合资、合作）

8. 工作压力≥35MPa 高压柱塞泵及马达、工作压力≥35MPa 低速大扭矩马达的设计与制造

9. 工作压力≥25MPa 的整体式液压多路阀，电液比例伺服元件制造

10. 阀岛、功率 0.35W 以下气动电磁阀、200Hz 以上高频电控气阀设计与制造

11. 静液压驱动装置设计与制造

12. 压力 10MPa 以上非接触式气膜密封、压力 10MPa 以上干气密封（包括实验装置）的开发与制造

13. 汽车用高分子材料（摩擦片、改型酚醛活塞、非金属液压总分泵等）设备开发与制造

14. 第三、四代轿车轮毂轴承（轴承内、外圈带法兰盘和传感器的轮毂轴承功能部件），高中档数控机床和加工中心轴承（加工中心具有三轴以上联动功能、定位重复精度为 3－4μm），高速线材、板材轧机轴承（单途线材轧机轧速 120m/s 及以上、薄板轧机加工板厚度 2mm 及以上的支承和工作辊轴承），高速铁路轴承（行驶速度大于 200km/h），振动值 Z4 以下低噪音轴承（Z4、Z4P、V4、V4P 噪音级），各类轴承的 P4、P2 级轴承，风力发电机组轴承（2 兆瓦以上风力发电机组主轴轴承、增速器轴承、发电机轴承等），航空轴承（航空发动机主轴轴承、起落架轴承、传动系统轴承、操纵系统轴承等）制造

15. 高密度、高精度、形状复杂的粉末冶金零件及汽车、工程机械等用链条的制造

16. 风电、高速列车用齿轮变速器，船用可变桨齿轮传动系统，大型、重载齿轮箱的制造

17. 耐高温绝缘材料（绝缘等级为 F、H 级）及绝缘成型件制造

18. 蓄能器胶囊、液压气动用橡塑密封件开发与制造

19. 高精度、高强度（12.9 级以上）、异形、组合类紧固件制造

20. 微型精密传动联结件（离合器）制造

21. 大型轧机连接轴制造

22. 机床、工程机械、铁路机车装备等机械设备再制造及汽车零部件再制造

（十八）专用设备制造业

1. 矿山无轨采、装、运设备制造：200 吨及以上机械传动矿用自卸车，移动式破碎机，5 000 立方米/小时及以上斗轮挖掘机，8 立方米及以上矿用装载机，2 500 千瓦以上电牵引采煤机设备等

2. 物探、测井设备制造：MEME 地震检波器，数字遥测地震仪，数字成像、数控测井系统，水平井、定向井、钻机装置及器具，MWD 随钻测井仪

3. 石油勘探、钻井、集输设备制造：工作水深大于 1 500 米的浮式钻井系统和浮式生产系统及配套海底采油、集输设备

4. 口径 2 米以上深度 30 米以上大口径旋挖钻机、直径 1.2 米以上顶管机、回拖力 300 吨以上大型非开挖铺设地下管线成套设备、地下连续墙施工钻机制造

5. 520 马力及以上大型推土机设计与制造

6. 100 立方米/小时及以上规格的清淤机、1 000 吨及以上挖泥船的挖泥装置设计与制造

7. 防汛堤坝用混凝土防渗墙施工装备设计与制造

8. 水下土石方施工机械制造：水深9米以下推土机、装载机、挖掘机等

9. 公路桥梁养护、自动检测设备制造

10. 公路隧道营运监控、通风、防灾和救助系统设备制造

11. 铁路大型施工、铁路线路、桥梁、隧道维修养护机械和检查、监测设备及其关键零部件的设计与制造

12.（沥青）油毡瓦设备、镀锌钢板等金属屋顶生产设备制造

13. 环保节能型现场喷涂聚氨酯防水保温系统设备、聚氨酯密封膏配制技术与设备、改性硅酮密封膏配制技术和生产设备制造

14. 高精度带材轧机（厚度精度10微米）设计与制造

15. 多元素、细颗粒、难选冶金属矿产的选矿装置制造

16. 100万吨/年及以上乙烯成套设备中的关键设备制造：年处理能力40万吨以上混合造粒机，直径1 000毫米及以上螺旋卸料离心机，小流量高扬程离心泵

17. 大型煤化工成套设备制造（限于合资、合作）

18. 金属制品模具（铜、铝、钛、锆的管、棒、型材挤压模具）设计、制造

19. 汽车车身外覆盖件冲压模具，汽车仪表板、保险杠等大型注塑模具，汽车及摩托车夹具、检具设计与制造

20. 汽车动力电池专用生产设备的设计与制造

21. 精密模具（冲压模具精度高于0.02毫米、型腔模具精度高于0.05毫米）设计与制造

22. 非金属制品模具设计与制造

23. 6万瓶/小时及以上啤酒灌装设备、5万瓶/小时及以上饮料中温及热灌装设备、3.6万瓶/小时及以上无菌灌装设备制造

24. 氨基酸、酶制剂、食品添加剂等生产技术及关键设备制造

25. 10吨/小时及以上的饲料加工成套设备及关键部件制造

26. 楞高0.75毫米及以下的轻型瓦楞纸板及纸箱设备制造

27. 单张纸多色胶印机（幅宽≥750毫米，印刷速度：单面多色≥16 000张/小时，双面多色≥13 000张/小时）制造

28. 单幅单纸路卷筒纸平版印刷机印刷速度大于75 000对开张/小时（787×880毫米）、双幅单纸路卷筒纸平版印刷机印刷速度大于170 000对开张/小时（787×880毫米）、商业卷筒纸平版印刷机印刷速度大于50 000对开张/小时（787×880毫米）制造

29. 多色宽幅柔性版印刷机（印刷宽度≥1 300毫米，印刷速度≥350米/秒），喷墨数字印刷机（出版用：印刷速度≥150米/分，分辨率≥600dpi；包装用：印刷速度≥30米/分，分辨率≥1 000dpi；可变数据用：印刷速度≥100米/分，分辨率≥300dpi）制造

30. 计算机墨色预调、墨色遥控、水墨速度跟踪、印品质量自动检测和跟踪系统、无轴传动技术、速度在75 000张/小时的高速自动接纸机、给纸机和可以自动遥控调节的高速折页机、自动套印系统、冷却装置、加硅系统、调偏装置等制造

31. 电子枪自动镀膜机制造

32. 平板玻璃深加工技术及设备制造

33. 新型造纸机械（含纸浆）等成套设备制造

34. 皮革后整饰新技术设备制造

35. 农产品加工及储藏新设备开发与制造：粮食、油料、蔬菜、干鲜果品、肉食品、水产品等产品的加工储藏、保鲜、分级、包装、干燥等新设备，农产品品质检测仪器设备，农产品品质无损伤检测

仪器设备，流变仪，粉质仪，超微粉碎设备，高效脱水设备，五效以上高效果汁浓缩设备，粉体食品物料杀菌设备，固态及半固态食品无菌包装设备，碟片式分离离心机

36. 农业机械制造：农业设施设备（温室自动灌溉设备、营养液自动配置与施肥设备、高效蔬菜育苗设备、土壤养分分析仪器），配套发动机功率 120 千瓦以上拖拉机及配套农具，低油耗低噪音低排放柴油机，大型拖拉机配套的带有残余雾粒回收装置的喷雾机，高性能水稻插秧机，棉花采摘机及棉花采摘台，适应多种行距的自走式玉米联合收割机（液压驱动或机械驱动），油菜籽收获机，甘蔗收割机，甜菜收割机

37. 林业机具新技术设备制造

38. 农作物秸秆收集、打捆及综合利用设备制造

39. 农用废物的资源化利用及规模化畜禽养殖废物的资源化利用设备制造

40. 节肥、节（农）药、节水型农业技术设备制造

41. 机电井清洗设备及清洗药物生产设备制造

42. 电子内窥镜制造

43. 眼底摄影机制造

44. 医用成像设备（高场强超导型磁共振成像设备、X 线计算机断层成像设备、数字化彩色超声诊断设备等）关键部件的制造

45. 医用超声换能器（3D）制造

46. 硼中子俘获治疗设备制造

47. 图像引导适型调强放射治疗系统制造

48. 血液透析机、血液过滤机制造

49. 全自动酶免系统（含加样、酶标、洗板、孵育、数据后处理等部分功能）设备制造

50. 药品质量控制新技术、新设备制造

51. 天然药物有效物质分析的新技术、提取的新工艺、新设备开发与制造

52. 非 PVC 医用输液袋多层共挤水冷式薄膜吹塑装备制造

53. 新型纺织机械、关键零部件及纺织检测、实验仪器开发与制造

54. 电脑提花人造毛皮机制造

55. 太阳能电池生产专用设备制造

56. 大气污染防治设备制造：耐高温及耐腐蚀滤料、低 NOx 燃烧装置、烟气脱氮催化剂及脱氮成套装置、工业有机废气净化设备、柴油车排气净化装置、含重金属废气处理装置

57. 水污染防治设备制造：卧式螺旋离心脱水机、膜及膜材料、50kg/h 以上的臭氧发生器、10kg/h 以上的二氧化氯发生器、紫外消毒装置、农村小型生活污水处理设备、含重金属废水处理装置

58. 固体废物处理处置设备制造：污水处理厂污泥处置及资源利用设备、日处理量 500 吨以上垃圾焚烧成套设备、垃圾填埋渗滤液处理技术装备、垃圾填埋场防渗土工膜、建筑垃圾处理和资源化利用装备、危险废物处理装置、垃圾填埋场沼气发电装置、废钢铁处理设备、污染土壤修复设备

59. 铝工业赤泥综合利用设备开发与制造

60. 尾矿综合利用设备制造

61. 废旧塑料、电器、橡胶、电池回收处理再生利用设备制造

62. 废旧纺织品回收处理设备制造

63. 废旧机电产品再制造设备制造

64. 废旧轮胎综合利用装置制造

65. 水生生态系统的环境保护技术、设备制造

66. 移动式组合净水设备制造

67. 非常规水处理、重复利用设备与水质监测仪器

68. 工业水管网和设备（器具）的检漏设备和仪器

69. 日产10万立方米及以上海水淡化及循环冷却技术和成套设备开发与制造

70. 特种气象观测及分析设备制造

71. 地震台站、台网和流动地震观测技术系统开发及仪器设备制造

72. 三鼓及以上子午线轮胎成型机制造

73. 滚动阻力试验机、轮胎噪音试验室制造

74. 供热计量、温控装置新技术设备制造

75. 氢能制备与储运设备及检查系统制造

76. 新型重渣油气化雾化喷嘴、漏汽率0.5%及以下高效蒸汽疏水阀、1 000℃及以上高温陶瓷换热器制造

77. 海上溢油回收装置制造

78. 低浓度煤矿瓦斯和乏风利用设备制造

（十九）交通运输设备制造业

1. 汽车发动机制造及发动机研发机构建设：升功率不低于70千瓦的汽油发动机、升功率不低于50千瓦的排量3升以下柴油发动机、升功率不低于40千瓦的排量3升以上柴油发动机、燃料电池和混合燃料等新能源发动机

2. 汽车关键零部件制造及关键技术研发：双离合器变速器（DCT）、电控机械变速器（AMT）、汽油发动机涡轮增压器、粘性连轴器（四轮驱动用）、自动变速器执行器（电磁阀）、液力缓速器、电涡流缓速器、汽车安全气囊用气体发生器、燃油共轨喷射技术（最大喷射压力大于2 000帕）、可变截面涡轮增压技术（VGT）、可变喷嘴涡轮增压技术（VNT）、达到中国Ⅴ阶段污染物排放标准的发动机排放控制装置、智能扭矩管理系统（ITM）及耦合器总成、线控转向系统、柴油机颗粒捕捉器、低地板大型客车专用车桥、吸能式转向系统、大中型客车变频空调系统、汽车用特种橡胶配件，以及上述零部件的关键零件、部件

3. 汽车电子装置制造与研发：发动机和底盘电子控制系统及关键零部件，车载电子技术（汽车信息系统和导航系统），汽车电子总线网络技术（限于合资），电子控制系统的输入（传感器和采样系统）输出（执行器）部件，电动助力转向系统电子控制器（限于合资），嵌入式电子集成系统（限于合资、合作）、电控式空气弹簧，电子控制式悬挂系统，电子气门系统装置，电子组合仪表，ABS/TCS/ESP系统，电路制动系统（BBW），变速器电控单元（TCU），轮胎气压监测系统（TPMS），车载故障诊断仪（OBD），发动机防盗系统，自动避撞系统，汽车、摩托车型试验及维修用检测系统

4. 新能源汽车关键零部件制造：能量型动力电池（能量密度≥110Wh/kg，循环寿命≥2 000次，外资比例不超过50%），电池正极材料（比容量≥150mAh/g，循环寿命2 000次不低于初始放电容量的80%），电池隔膜（厚度15—40μm，孔隙率40%—60%）；电池管理系统，电机管理系统，电动汽车电控集成；电动汽车驱动电机（峰值功率密度≥2.5kW/kg，高效区：65%工作区效率 ≥80%），车用DC/DC（输入电压100V—400V），大功率电子器件（IGBT，电压等级≥600V，电流≥300A）；插电式混合动力机电耦合驱动系统

5. 大排量（排量 > 250ml）摩托车关键零部件制造：摩托车电控燃油喷射技术（限于合资、合作）、达到中国摩托车Ⅲ阶段污染物排放标准的发动机排放控制装置

6. 轨道交通运输设备（限于合资、合作）：高速铁路、铁路客运专线、城际铁路、干线铁路及城市轨道交通运输设备的整车和关键零部件（牵引传动系统、控制系统、制动系统）的研发、设计与制造；高速铁路、铁路客运专线、城际铁路及城市轨道交通乘客服务设施和设备的研发、设计与制造，

信息化建设中有关信息系统的设计与研发；高速铁路、铁路客运专线、城际铁路的轨道和桥梁设备研发、设计与制造，轨道交通运输通信信号系统的研发、设计与制造，电气化铁路设备和器材制造、铁路噪声和振动控制技术与研发、铁路客车排污设备制造、铁路运输安全监测设备制造

7. 民用飞机设计、制造与维修：干线、支线飞机（中方控股），通用飞机（限于合资、合作）

8. 民用飞机零部件制造与维修

9. 民用直升机设计与制造：3 吨级及以上（中方控股），3 吨级以下（限于合资、合作）

10. 民用直升机零部件制造

11. 地面、水面效应飞机制造（中方控股）

12. 无人机、浮空器设计与制造（中方控股）

13. 航空发动机及零部件、航空辅助动力系统设计、制造与维修（限于合资、合作）

14. 民用航空机载设备设计与制造（限于合资、合作）

15. 航空地面设备制造：民用机场设施、民用机场运行保障设备、飞行试验地面设备、飞行模拟与训练设备、航空测试与计量设备、航空地面试验设备、机载设备综合测试设备、航空制造专用设备、航空材料试制专用设备、民用航空器地面接收及应用设备、运载火箭地面测试设备、运载火箭力学及环境实验设备

16. 航天器光机电产品、航天器温控产品、星上产品检测设备、航天器结构与机构产品制造

17. 轻型燃气轮机制造

18. 豪华邮轮及深水（3 000 米以上）海洋工程装备的设计（限于合资、合作）

19. 海洋工程装备（含模块）的制造与修理（中方控股）

20. 船舶低、中速柴油机及其零部件的设计（限于合资、合作）

21. 船舶低、中速柴油机及曲轴的制造（中方控股）

22. 船舶舱室机械的设计与制造（中方相对控股）

23. 船舶通讯导航设备的设计与制造：船舶通信系统设备、船舶电子导航设备、船用雷达、电罗经自动舵、船舶内部公共广播系统等

24. 游艇的设计与制造（限于合资、合作）

（二十）电气机械及器材制造业

1. 100 万千瓦超超临界火电机组用关键辅机设备制造（限于合资、合作）：安全阀、调节阀

2. 燃煤电站、钢铁行业烧结机脱硝技术装备制造

3. 火电设备的密封件设计、制造

4. 燃煤电站、水电站设备用大型铸锻件制造

5. 水电机组用关键辅机设备制造

6. 输变电设备制造（限于合资、合作）：非晶态合金变压器、500 千伏及以上高压开关用操作机构、灭弧装置、大型盆式绝缘子（1 000 千伏、50 千安以上），500 千伏及以上变压器用出线装置、套管（交流 500、750、1 000 千伏，直流所有规格）、调压开关（交流 500、750、1 000 千伏有载、无载调压开关），直流输电用干式平波电抗器，±800 千伏直流输电用换流阀（水冷设备、直流场设备），符合欧盟 RoHS 指令的电器触头材料及无 Pb、Cd 的焊料

7. 新能源发电成套设备或关键设备制造：光伏发电、地热发电、潮汐发电、波浪发电、垃圾发电、沼气发电、2.5 兆瓦及以上风力发电设备

8. 额定功率 350MW 及以上大型抽水蓄能机组制造（限于合资、合作）：水泵水轮机及调速器、大型变速可逆式水泵水轮机组、发电电动机及励磁、启动装置等附属设备

9. 斯特林发电机组制造

10. 直线和平面电机及其驱动系统开发与制造

11. 高技术绿色电池制造：动力镍氢电池、锌镍蓄电池、锌银蓄电池、锂离子电池、太阳能电池、燃料电池等（新能源汽车能量型动力电池除外）

12. 电动机采用直流调速技术的制冷空调用压缩机、采用 CO_2 自然工质制冷空调压缩机、应用可再生能源（空气源、水源、地源）制冷空调设备制造

13. 太阳能空调、采暖系统、太阳能干燥装置制造

14. 生物质干燥热解系统、生物质气化装置制造

15. 交流调频调压牵引装置制造

（二十一）通信设备、计算机及其他电子设备制造业

1. 高清数字摄录机、数字放声设备制造

2. TFT-LCD、PDP、OLED 等平板显示屏、显示屏材料制造（6 代及 6 代以下 TFT-LCD 玻璃基板除外）

3. 大屏幕彩色投影显示器用光学引擎、光源、投影屏、高清晰度投影管和微显投影设备模块等关键件制造

4. 数字音、视频编解码设备，数字广播电视演播室设备，数字有线电视系统设备，数字音频广播发射设备，数字电视上下变换器，数字电视地面广播单频网（SFN）设备，卫星数字电视上行站设备，卫星公共接收电视（SMATV）前端设备制造

5. 集成电路设计，线宽 0.18 微米及以下大规模数字集成电路制造，0.8 微米及以下模拟、数模集成电路制造，MEMS 和化合物半导体集成电路制造及 BGA、PGA、CSP、MCM 等先进封装与测试

6. 大中型电子计算机、百万亿次高性能计算机、便携式微型计算机、每秒一万亿次及以上高档服务器、大型模拟仿真系统、大型工业控制机及控制器制造

7. 计算机数字信号处理系统及板卡制造

8. 图形图像识别和处理系统制造

9. 大容量光、磁盘驱动器及其部件开发与制造

10. 高速、容量 100TB 及以上存储系统及智能化存储设备制造

11. 计算机辅助设计（三维 CAD）、辅助测试（CAT）、辅助制造（CAM）、辅助工程（CAE）系统及其他计算机应用系统制造

12. 软件产品开发、生产

13. 电子专用材料开发与制造（光纤预制棒开发与制造除外）

14. 电子专用设备、测试仪器、工模具制造

15. 新型电子元器件制造：片式元器件、敏感元器件及传感器、频率控制与选择元件、混合集成电路、电力电子器件、光电子器件、新型机电元件、高分子固体电容器、超级电容器、无源集成元件、高密度互连积层板、多层挠性板、刚挠印刷电路板及封装载板

16. 触控系统（触控屏幕、触控组件等）制造

17. 发光效率 1 001m/W 以上高亮度发光二极管、发光效率 1 001m/W 以上发光二极管外延片（蓝光）、发光效率 1 001m/W 以上且功率 200mW 以上白色发光管制造

18. 高密度数字光盘机用关键件开发与生产

19. 只读类光盘复制和可录类光盘生产

20. 民用卫星设计与制造（中方控股）

21. 民用卫星有效载荷制造（中方控股）

22. 民用卫星零部件制造

23. 卫星通信系统设备制造

24. 卫星导航定位接收设备及关键部件制造

25. 光通信测量仪表、速率 10Gb/s 及以上光收发器制造

26. 超宽带（UWB）通信设备制造

27. 无线局域网（含支持 WAPI）、广域网设备制造

28. 40Gbps 及以上速率时分复用设备（TDM）、密集波分复用设备（DWDM）、宽带无源网络设备（包括 EPON、GPON、WDM-PON 等）、下一代 DSL 芯片及设备、

光交叉连接设备（OXC）、自动光交换网络设备（ASON）、40G/sSDH 以上光纤通信传输设备制造

29. 基于 IPv6 的下一代互联网系统设备、终端设备、检测设备、软件、芯片开发与制造

30. 第三代及后续移动通信系统手机、基站、核心网设备以及网络检测设备开发与制造

31. 高端路由器、千兆比以上网络交换机开发与制造

32. 空中交通管制系统设备制造（限于合资、合作）

（二十二）仪器仪表及文化、办公用机械制造业

1. 工业过程自动控制系统与装置制造：现场总线控制系统，大型可编程控制器（PLC），两相流量计，固体流量计，新型传感器及现场测量仪表

2. 大型精密仪器开发与制造：电子显微镜、激光扫描显微镜、扫描隧道显微镜、电子探针、大型金相显微镜，光电直读光谱仪、拉曼光谱仪，质谱仪、色谱—质谱联用仪、核磁共振波谱仪、能谱仪、X 射线荧光光谱仪、衍射仪，工业 CT、450KV 工业 X 射线探伤机、大型动平衡试验机、在线机械量自动检测系统、三座标测量机、激光比长仪，电法勘探仪、500m 以上航空电法及伽玛能谱测量仪器、井中重力及三分量磁力仪、高精度微伽重力及航空重力梯度测量仪器，光栅尺、编码器

3. 高精度数字电压表、电流表制造（显示量程七位半以上）

4. 无功功率自动补偿装置制造

5. 安全生产新仪器设备制造

6. VXI 总线式自动测试系统（符合 IEEE1155 国际规范）制造

7. 煤矿井下监测及灾害预报系统、煤炭安全检测综合管理系统开发与制造

8. 工程测量和地球物理观测设备制造：数字三角测量系统、三维地形模型数控成型系统（面积 > 1 000 × 1 000mm、水平误差 < 1mm、高程误差 < 0.5mm）、超宽频带地震计（φ < 5cm、频带 0.01 - 50Hz、等效地动速度噪声 < 10 - 9m/s）、地震数据集合处理系统、综合井下地震和前兆观测系统、精密可控震源系统、工程加速度测量系统、高精度 GPS 接收机（精度 1mm + 1ppm）、INSAR 图像接收及处理系统、INSAR 图像接收及处理系统、精度 < 1 微伽的绝对重力仪、卫星重力仪、采用相干或双偏振技术的多普勒天气雷达、能见度测量仪、气象传感器（温、压、湿、风、降水、云、能见度、辐射、冻土、雪深）、防雷击系统、多级飘尘采样计、3 - D 超声风 速仪、高精度智能全站仪、三维激光扫描仪、钻探用高性能金刚石钻头、无合作目标激光测距仪、风廓线仪（附带 RASS）、GPS 电子探控仪系统、CO_2/H_2O 通量观测系统、边界层多普勒激光雷达、颗粒物颗粒经谱仪器（3nm - 20μm）、高性能数据采集器、水下滑翔器

9. 环境监测仪器制造：SO_2自动采样器及测定仪、NO_X及 NO_2自动采样器及测定仪、O_3自动监测仪、CO 自动监测仪、烟气及 Pm2.5 粉尘采样器及采样切割器、便携式有毒有害气体测定仪、空气中有机污染物自动分析仪、COD 自动在线监测仪、BOD 自动在线监测仪、浊度在线监测仪、DO 在线监测仪、TOC 在线监测仪、氨氮在线监测仪、辐射剂量检测仪、射线分析测试仪、重金属在线监测设备、在线生物毒性水质预警监控设备

10. 水文数据采集、处理与传输和防洪预警仪器及设备制造

11. 海洋勘探监测仪器和设备制造：中深海水下摄像机和水下照相机、多波束探测仪、中浅地层剖面探测仪、走航式温盐深探测仪、磁通门罗盘、液压绞车、水下密封电子连接器、效率＞90%的反渗透海水淡化用能量回收装置、海洋生态系统监测浮标、剖面探测浮标、一次性使用的电导率温度和深度测量仪器（XCTD）、现场水质测量仪器、智能型海洋水质监测用化学传感器（连续工作3—6个月）、电磁海流计、声学多普勒海流剖面仪（自容式、直读式和船用式）、电导率温度深度剖面仪、声学应答释放器、远洋深海潮汐测量系统（布设海底）

12. 1 000万像素以上数字照相机制造

13. 办公机械制造：多功能一体化办公设备（复印、打印、传真、扫描），彩色打印设备，精度2 400dpi及以上高分辨率彩色打印机头，感光鼓

14. 电影机械制造：2K、4K数字电影放映机，数字电影摄像机，数字影像制作、编辑设备

（二十三）工艺品及其他制造业

1. 洁净煤技术产品的开发利用及设备制造（煤炭气化、液化、水煤浆、工业型煤）
2. 煤炭洗选及粉煤灰（包括脱硫石膏）、煤矸石等综合利用
3. 全生物降解材料的生产
4. 废旧电器电子产品、汽车、机电设备、橡胶、金属、电池回收处理

四、电力、煤气及水的生产和供应业

1. 采用整体煤气化联合循环（IGCC）、30万千瓦及以上循环流化床、10万千瓦及以上增压循环流化床（PFBC）洁净燃烧技术电站的建设、经营
2. 背压型热电联产电站的建设、经营
3. 发电为主水电站的建设、经营
4. 核电站的建设、经营（中方控股）
5. 新能源电站（包括太阳能、风能、地热能、潮汐能、波浪能、生物质能等）建设、经营
6. 海水利用（海水直接利用、海水淡化）
7. 供水厂建设、经营
8. 再生水厂建设、运营
9. 机动车充电站、电池更换站建设、经营

五、交通运输、仓储和邮政业

1. 铁路干线路网的建设、经营（中方控股）
2. 支线铁路、地方铁路及其桥梁、隧道、轮渡和站场设施的建设、经营（限于合资、合作）
3. 高速铁路、铁路客运专线、城际铁路基础设施综合维修（中方控股）
4. 公路、独立桥梁和隧道的建设、经营
5. 公路货物运输公司
6. 港口公用码头设施的建设、经营
7. 民用机场的建设、经营（中方相对控股）
8. 航空运输公司（中方控股）
9. 农、林、渔业通用航空公司（限于合资、合作）
10. 定期、不定期国际海上运输业务（中方控股）
11. 国际集装箱多式联运业务
12. 输油（气）管道、油（气）库的建设、经营

13. 煤炭管道运输设施的建设、经营

14. 自动化高架立体仓储设施、运输业务相关的仓储设施建设、经营

六、批发和零售业

1. 一般商品的共同配送、鲜活农产品低温配送等现代物流及相关技术服务

2. 农村连锁配送

3. 托盘及集装单元共用系统建设、经营

七、租赁和商务服务业

1. 会计、审计（限于合作、合伙）

2. 国际经济、科技、环保、物流信息咨询服务

3. 以承接服务外包方式从事系统应用管理和维护、信息技术支持管理、银行后台服务、财务结算、人力资源服务、软件开发、离岸呼叫中心、数据处理等信息技术和业务流程外包服务

4. 创业投资企业

5. 知识产权服务

6. 家庭服务业

八、科学研究、技术服务和地质勘查业

1. 生物工程与生物医学工程技术、生物质能源开发技术

2. 同位素、辐射及激光技术

3. 海洋开发及海洋能开发技术、海洋化学资源综合利用技术、相关产品开发和精深加工技术、海洋医药与生化制品开发技术

4. 海洋监测技术（海洋浪潮、气象、环境监测）、海底探测与大洋资源勘查评价技术

5. 综合利用海水淡化后的浓海水制盐、提取钾、溴、镁、锂及其深加工等海水化学资源高附加值利用技术

6. 海上石油污染清理与生态修复技术及相关产品开发，海水富营养化防治技术，海洋生物爆发性生长灾害防治技术，海岸带生态环境修复技术

7. 节能技术开发与服务

8. 资源再生及综合利用技术、企业生产排放物的再利用技术开发及其应用

9. 环境污染治理及监测技术

10. 化纤生产及印染加工的节能降耗、三废治理新技术

11. 防沙漠化及沙漠治理技术

12. 草畜平衡综合管理技术

13. 民用卫星应用技术

14. 研究开发中心

15. 高新技术、新产品开发与企业孵化中心

九、水利、环境和公共设施管理业

1. 综合水利枢纽的建设、经营（中方控股）

2. 城市封闭型道路建设、经营

3. 城市地铁、轻轨等轨道交通的建设、经营（中方控股）

4. 污水、垃圾处理厂，危险废物处理处置厂（焚烧厂、填埋场）及环境污染治理设施的建设、经营

十、教育

1. 高等教育机构（限于合资、合作）
2. 职业技能培训

十一、卫生、社会保障和社会福利业

1. 老年人、残疾人和儿童服务机构

十二、文化、体育和娱乐业

1. 演出场所经营（中方控股）
2. 体育场馆经营、健身、竞赛表演及体育培训和中介服务

限制外商投资产业目录

一、农、林、牧、渔业

1. 农作物新品种选育和种子生产（中方控股）
2. 珍贵树种原木加工（限于合资、合作）
3. 棉花（籽棉）加工

二、采矿业

1. 特殊和稀缺煤类勘查、开采（中方控股）
2. 重晶石勘查、开采（限于合资、合作）
3. 贵金属（金、银、铂族）勘查、开采
4. 金刚石、高铝耐火粘土、硅灰石、石墨等重要非金属矿的勘查、开采
5. 磷矿、锂矿和硫铁矿的开采、选矿，盐湖卤水资源的提炼
6. 硼镁石及硼镁铁矿石开采
7. 天青石开采
8. 大洋锰结核、海砂的开采（中方控股）

三、制造业

（一）农副食品加工业

1. 豆油、菜籽油、花生油、棉籽油、茶籽油、葵花籽油、棕榈油等食用油脂加工（中方控股），大米、面粉加工，玉米深加工

2. 生物液体燃料（燃料乙醇、生物柴油）生产（中方控股）

（二）饮料制造业

1. 黄酒、名优白酒生产（中方控股）

（三）烟草制品业

1. 打叶复烤烟叶加工生产

（四）印刷业和记录媒介的复制

1. 出版物印刷（中方控股）

（五）石油加工、炼焦及核燃料加工业

1. 1 000万吨/年以下常减压炼油、150万吨/年以下催化裂化、100万吨/年以下连续重整（含芳烃抽提）、150万吨/年以下加氢裂化生产

（六）化学原料及化学制品制造业

1. 纯碱、烧碱以及规模以下或采用落后工艺的硫酸、硝酸、钾碱生产
2. 感光材料生产
3. 联苯胺生产
4. 易制毒化学品生产（麻黄素、3，4-亚基二氧苯基-2-丙酮、苯乙酸、1-苯基-2-丙酮、胡椒醛、黄樟脑、异黄樟脑、醋酸酐）
5. 氟化氢等低端氟氯烃或氟氯化合物生产
6. 丁二烯橡胶（高顺式丁二烯橡胶除外）、乳液聚合丁苯橡胶、热塑性丁苯橡胶生产
7. 乙炔法聚氯乙烯以及规模以下乙烯和后加工产品生产
8. 采用落后工艺、含有有害物质、规模以下颜料和涂料生产
9. 硼镁铁矿石加工
10. 资源占用大、环境污染严重、采用落后工艺的无机盐生产

（七）医药制造业

1. 氯霉素、青霉素G、洁霉素、庆大霉素、双氢链霉素、丁胺卡那霉素、盐酸四环素、土霉素、麦迪霉素、柱晶白霉素、环丙氟哌酸、氟哌酸、氟嗪酸生产
2. 安乃近、扑热息痛、维生素B1、维生素B2、维生素C、维生素E、多种维生素制剂和口服钙剂生产
3. 纳入国家免疫规划的疫苗品种生产
4. 麻醉药品及一类精神药品原料药生产（中方控股）
5. 血液制品的生产

（八）化学纤维制造业

1. 常规切片纺的化纤抽丝生产
2. 粘胶纤维生产

（九）有色金属冶炼及压延加工业

1. 钨、钼、锡（锡化合物除外）、锑（含氧化锑和硫化锑）等稀有金属冶炼
2. 电解铝、铜、铅、锌等有色金属冶炼
3. 稀土冶炼、分离（限于合资、合作）

（十）通用设备制造业

1. 各类普通级（P0）轴承及零件（钢球、保持架）、毛坯制造
2. 400吨以下轮式、履带式起重机械制造（限于合资、合作）

（十一）专用设备制造业

1. 一般涤纶长丝、短纤维设备制造

2. 320马力及以下推土机、30吨级及以下液压挖掘机、6吨级及以下轮式装载机、220马力及以下平地机、压路机、叉车、135吨级及以下电力传动非公路自卸翻斗车、60吨级及以下液力机械传动非公路自卸翻斗车、沥青混凝土搅拌与摊铺设备和高空作业机械、园林机械和机具、商品混凝土机械（托泵、搅拌车、搅拌站、泵车）制造

（十二）交通运输设备制造业

1. 船舶（含分段）的修理、设计与制造（中方控股）

（十三）通信设备、计算机及其他电子设备制造业

1. 卫星电视广播地面接收设施及关键件生产

四、电力、煤气及水的生产和供应业

1. 小电网范围内，单机容量30万千瓦及以下燃煤凝汽火电站、单机容量10万千瓦及以下燃煤凝汽抽汽两用机组热电联产电站的建设、经营

2. 电网的建设、经营（中方控股）

3. 城市人口50万以上的城市燃气、热力和供排水管网的建设、经营（中方控股）

五、交通运输、仓储和邮政业

1. 铁路货物运输公司
2. 铁路旅客运输公司（中方控股）
3. 公路旅客运输公司
4. 出入境汽车运输公司
5. 水上运输公司（中方控股）
6. 摄影、探矿、工业等通用航空公司（中方控股）
7. 电信公司：增值电信业务（外资比例不超过50%），基础电信业务（外资比例不超过49%）

六、批发和零售业

1. 直销、邮购、网上销售

2. 粮食收购，粮食、棉花、植物油、食糖、烟草、原油、农药、农膜、化肥的批发、零售、配送（设立超过30家分店、销售来自多个供应商的不同种类和品牌商品的连锁店由中方控股）

3. 大型农产品批发市场建设、经营

4. 音像制品（除电影外）的分销（限于合作）

5. 船舶代理（中方控股）、外轮理货（限于合资、合作）

6. 成品油批发及加油站（同一外国投资者设立超过30家分店、销售来自多个供应商的不同种类和品牌成品油的连锁加油站，由中方控股）建设、经营

七、金融业

1. 银行、财务公司、信托公司、货币经纪公司
2. 保险公司（寿险公司外资比例不超过50%）

3. 证券公司（限于从事A股承销、B股和H股以及政府和公司债券的承销和交易，外资比例不超过1/3）、证券投资基金管理公司（外资比例不超过49%）

4. 保险经纪公司

5. 期货公司（中方控股）

八、房地产业

1. 土地成片开发（限于合资、合作）
2. 高档宾馆、高档写字楼和国际会展中心的建设、经营
3. 房地产二级市场交易及房地产中介或经纪公司

九、租赁和商务服务业

1. 法律咨询
2. 市场调查（限于合资、合作）
3. 资信调查与评级服务公司

十、科学研究、技术服务和地质勘查业

1. 测绘公司（中方控股）
2. 进出口商品检验、鉴定、认证公司
3. 摄影服务（含空中摄影等特技摄影服务，但不包括测绘航空摄影，限于合资）

十一、教育

1. 普通高中教育机构（限于合作）

十二、文化、体育和娱乐业

1. 广播电视节目、电影的制作业务（限于合作）
2. 电影院的建设、经营（中方控股）
3. 大型主题公园的建设、经营
4. 演出经纪机构（中方控股）
5. 娱乐场所经营（限于合资、合作）

十三、国家和我国缔结或者参加的国际条约规定限制的其他产业

禁止外商投资产业目录

一、农、林、牧、渔业

1. 我国稀有和特有的珍贵优良品种的研发、养殖、种植以及相关繁殖材料的生产（包括种植业、畜牧业、水产业的优良基因）

2. 转基因生物研发和转基因农作物种子、种畜禽、水产苗种生产

3. 我国管辖海域及内陆水域水产品捕捞

二、采矿业

1. 钨、钼、锡、锑、萤石勘查、开采
2. 稀土勘查、开采、选矿
3. 放射性矿产的勘查、开采、选矿

三、制造业

（一）饮料制造业

1. 我国传统工艺的绿茶及特种茶加工（名茶、黑茶等）

（二）医药制造业

1. 列入《野生药材资源保护条例》和《中国珍稀、濒危保护植物名录》的中药材加工
2. 中药饮片的蒸、炒、炙、煅等炮制技术的应用及中成药保密处方产品的生产

（三）有色金属冶炼及压延加工业

1. 放射性矿产的冶炼、加工

（四）专用设备制造业

1. 武器弹药制造

（五）电气机械及器材制造业

1. 开口式（即酸雾直接外排式）铅酸电池、含汞扣式氧化银电池、含汞扣式碱性锌锰电池、糊式锌锰电池、镉镍电池制造

（六）工业品及其他制造业

1. 象牙雕刻
2. 虎骨加工
3. 脱胎漆器生产
4. 珐琅制品生产
5. 宣纸、墨锭生产
6. 致癌、致畸、致突变产品和持久性有机污染物产品生产

四、电力、煤气及水的生产和供应业

1. 小电网外，单机容量30万千瓦及以下燃煤凝汽火电站、单机容量10万千瓦及以下燃煤凝汽抽汽两用热电联产电站的建设、经营

五、交通运输、仓储和邮政业

1. 空中交通管制公司
2. 邮政公司、信件的国内快递业务

六、租赁和商务服务业

1. 社会调查

七、科学研究、技术服务和地质勘查业

1. 人体干细胞、基因诊断与治疗技术开发和应用

2. 大地测量、海洋测绘、测绘航空摄影、行政区域界线测绘、地形图和普通地图编制、导航电子地图编制

八、水利、环境和公共设施管理业

1. 自然保护区和国际重要湿地的建设、经营

2. 国家保护的原产于我国的野生动、植物资源开发

九、教育

1. 义务教育机构，军事、警察、政治和党校等特殊领域教育机构

十、文化、体育和娱乐业

1. 新闻机构
2. 图书、报纸、期刊的出版业务
3. 音像制品和电子出版物的出版、制作业务
4. 各级广播电台（站）、电视台（站）、广播电视频道（率）、广播电视传输覆盖网（发射台、转播台、广播电视卫星、卫星上行站、卫星收转站、微波站、监测台、有线广播电视传输覆盖网）
5. 广播电视节目制作经营公司
6. 电影制作公司、发行公司、院线公司
7. 新闻网站、网络视听节目服务、互联网上网服务营业场所、互联网文化经营（音乐除外）
8. 高尔夫球场、别墅的建设、经营
9. 博彩业（含赌博类跑马场）
10. 色情业

十一、其他行业

1. 危害军事设施安全和使用效能的项目

十二、国家和我国缔结或者参加的国际条约规定禁止的其他产业

注：1.《内地与香港关于建立更紧密经贸关系的安排》及其补充协议、《内地与澳门关于建立更紧密经贸关系的安排》及其补充协议、《海峡两岸经济合作框架协议》及其补充协议、我国与有关国家签订的自由贸易区协议另有规定的，从其规定。

2. 国务院专项规定或产业政策另有规定的，从其规定。

中央企业境外投资监督管理暂行办法

（国务院国资委令第28号　2012年3月18日）

第一条　为加强国务院国有资产监督管理委员会（以下简称国资委）履行出资人职责的企业（以下简称中央企业）境外投资监督管理，促进中央企业开展国际化经营，引导和规范中央企业境外投资活动，根据《中华人民共和国企业国有资产法》、《中华人民共和国公司法》和《企业国有资产监督管理暂行条例》等法律、行政法规，制定本办法。

第二条　本办法所称境外投资，是指中央企业及其各级独资、控股子企业（以下简称各级子企业）在我国境外以及香港特别行政区、澳门特别行政区和台湾地区的固定资产投资、股权投资等投资行为。

第三条　国资委依法对中央企业境外投资进行监督管理，督促中央企业建立健全境外投资管理制度，引导中央企业防范境外投资风险，指导中央企业之间加强境外投资合作，避免恶性竞争。

第四条　中央企业应当根据企业国际化经营战略需要制定境外投资规划，建立健全企业境外投资管理制度，提高决策质量和风险防范水平，组织开展定期审计，加强境外投资管理机构和人才队伍建设，加强对各级子企业境外投资活动的监督和指导。

中央企业各级子企业应当依法建立健全境外投资管理制度，严格遵守中央企业境外投资管理规定，加强境外投资决策和实施的管理。

第五条　境外投资应当遵循以下原则：

（一）符合国民经济和社会发展规划和境外投资产业政策；

（二）符合国有经济布局和结构调整方向；

（三）符合企业发展战略和国际化经营战略，突出主业，有利于提高企业的国际竞争力；

（四）投资规模与企业资产经营规模、资产负债水平、实际筹资能力和财务承受能力相适应；

（五）遵守投资所在国（地区）法律和政策，尊重当地习俗。

第六条　中央企业境外投资管理制度应当报国资委备案。境外投资管理制度应当包括下列主要内容：

（一）境外投资指导方针和原则；

（二）境外投资管理机构及其职责；

（三）境外投资决策程序和管理流程；

（四）境外投资风险管理制度；

（五）境外投资评价、考核、审计及责任追究制度；

（六）对所属企业境外投资的监督管理制度。

第七条 中央企业应当根据境外投资规划编制年度境外投资计划，并按照有关要求按时报送国资委。

年度境外投资计划应当包括下列主要内容：

（一）境外投资总规模、资金来源与构成；

（二）重点投资项目基本情况（包括项目背景、项目内容、股权结构、投资地点、投资额、融资方案、实施年限、风险分析及投资效益等）。

重点投资项目是指中央企业按照内部境外投资管理制度规定，由其最高投资决策机构研究决定的中央企业及其各级子企业投资的项目。

第八条 列入中央企业年度境外投资计划的主业重点投资项目，国资委实行备案。对境外投资项目有异议的，国资委应当及时向企业出具书面意见。

第九条 未列入中央企业年度境外投资计划，需要追加的主业重点投资项目，中央企业应在履行企业内部投资决策程序后报送国资委备案，对项目有异议的，国资委应当在20个工作日内向企业出具书面意见。

第十条 中央企业原则上不得在境外从事非主业投资。有特殊原因确需投资的，应当经国资委核准。中央企业应向国资委报送下列核准材料：

（一）申请核准非主业投资的请示；

（二）中央企业对非主业投资项目的有关决策文件；

（三）非主业投资项目可行性研究报告、尽职调查等相关文件；

（四）非主业投资项目风险评估、风险控制和风险防范报告；

（五）其他必要材料。

国资委依据相关法律、法规和国有资产监管规定，主要从非主业投资项目实施的必要性、对企业发展战略和主业发展的影响程度、企业投资承受能力和风险控制能力等方面予以审核，在20个工作日内出具书面意见。

第十一条 在重点投资项目实施过程中，出现项目内容发生实质改变、投资额重大调整和投资对象股权结构重大变化等重要情况时，中央企业应当及时报告国资委。

第十二条 根据国家境外投资管理有关规定，需要由国务院或国务院有关部门决定、批（核）准的境外投资项目，中央企业应当将有关报批文件同时抄送国资委。

第十三条 中央企业应严格执行内部决策程序，做好项目可行性研究、尽职调查，发挥境内外社会中介机构和财务、法律等专业顾问的作用，提高境外投资决策质量。

第十四条 中央企业应当加强境外投资风险管理，收集投资所在国（地区）风险信息，做好对风险的定性与定量评估分析，制定相应的防范和规避方案，加强风险预警，制定突发事件的应急预案和风险发生后的退出机制，做好风险处置。

第十五条 中央企业应当参照《中央企业固定资产投资项目后评价工作指南》（国资发规划〔2005〕92号）对境外投资实施后评价管理。

第十六条 境外投资形成产权的，中央企业应当按照有关规定加强境外产权管理工作。

第十七条 中央企业违反本办法的，国资委应当责令其改正；情节严重，致使企业遭受重大损失的，依照有关规定追究企业和相关责任人的责任。

第十八条 本办法自2012年5月1日起施行。

关于鼓励和引导民间投资健康发展有关外汇管理问题的通知

（汇发〔2012〕33号　2012年6月11日）

国家外汇管理局各省、自治区、直辖市分局、外汇管理部，深圳、大连、青岛、厦门、宁波市分局：

为进一步贯彻落实《国务院关于鼓励和引导民间投资健康发展的若干意见》（国发〔2010〕13号），鼓励和引导民间资本境外投资健康发展，现就完善境外投资促进和保障体系所涉外汇管理有关问题通知如下：

一、简化境外直接投资资金汇回管理

境内企业已汇出投资总额与注册资本差额部分的对外直接投资资金，经所在地外汇局登记后，可以直接汇回境内，无需办理减资、撤资登记手续。

二、简化境外放款外汇管理

放宽境外放款资金来源，允许境内企业使用境内外汇贷款进行境外放款。取消境外放款资金购付汇及汇回入账核准，境内企业开展境外放款业务，经所在地国家外汇管理局分局、外汇管理部核准放款额度并办理相关登记手续后，可直接到外汇指定银行办理境外放款专用账户资金收付。

三、适当放宽个人对外担保管理

为支持企业"走出去"，境内企业为境外投资企业境外融资提供对外担保时，允许境内个人作为共同担保人，以保证、抵押、质押及担保法规允许的其他方式，为同一笔债务提供担保。

境内个人应当委托同时提供担保的境内企业，向境内企业所在地外汇局提出担保申请。若外汇局按规定程序批准境内企业为此笔债务提供对外担保，则可在为企业办理对外担保登记的同时，为境内个人的对外担保办理登记。外汇局不对境内个人的资格条件、对外担保方式和担保财产范围等具体内容进行实质性审核。

外汇局在为境内企业办理对外担保登记时，可在该企业对外担保登记证明中同时注明境内个人为同一笔债务提供对外担保的情况。境内个人办理对外担保履约时，所在地外汇局凭履行债务的相关证明文件办理。

本通知自2012年7月1日起实施。《国家外汇管理局关于境内企业境外放款外汇管理有关问题的通知》（汇发〔2009〕24号）、《国家外汇管理局关于发布〈境内机构境外直接投资外汇管理规定〉的通知》（汇发〔2009〕30号）中相关规定与本通知不一致的，以本通知为准。

中华人民共和国商务部与德意志联邦共和国联邦经济和技术部关于进一步促进双向投资的联合声明

（2012年8月30日）

中华人民共和国商务部与德意志联邦共和国联邦经济和技术部（以下简称双方）愿在2012年8月30日举行的第二轮中德政府磋商框架下加强双边经济关系与合作。双方高度评价中德经济合作联委会的作用和联委会第15次会议取得的成果，本次会议的重点议题是双向投资。

双方一致同意，今后将继续共同支持中德两国经济的可持续发展。双方致力于在平等互利的基础上进一步深化两国经济关系。有鉴于此，双方一致声明如下：

一、德国联邦经济和技术部非常欢迎中国企业不断增长的对德投资兴趣，在德国创造就业岗位和开拓德国与欧洲市场。在过去几十年里，很多德国企业通过投资兴业和创造就业岗位，为中国的经济建设作出了贡献。中国商务部继续欢迎德国企业在华投资，鼓励有实力的中国企业赴德投资。双方同意，在中德联委会框架下举办投资合作论坛。

二、双方均认为，企业可根据当地投资环境吸引力自行选择投资目的地。商务部愿支持沈阳设立“中德企业合作基地”。德国即将在沈阳设立总领馆，此举体现了德国对该地区的浓厚兴趣。德国联邦经济和技术部对计划为此举办的配套经贸活动表示欢迎。

三、双方充分肯定投资咨询联络处为便利双向投资所开展的工作。商务部将推动在德设立投资促进机构，为促进中德企业扩大双向投资服务，并在此基础上支持在德成立中资企业商会。德经济部欢迎并将积极支持这一举措。双方提议加强两国投资促进机构间的合作。

四、鉴于双向投资兴趣的快速增长，中德经济合作联委会下设的法律工作组将致力于业已决定的并购合同示范条款的研究，在充分协商的基础上启动相关示范条款的编制工作，为有意在德进行并购的中国投资者或在华进行并购的德国投资者提供具有实用性的说明和指导，主要是为两国企业，特别是中小企业提供与相互投资有关的法律法规信息。

五、双方一致认为，中德生态园是中德经贸合作的重要项目，并将继续为该经济项目提供政治支持。德国可持续建筑协会制定的建筑标准已确定将在生态园中得到运用，双方对此表示欢迎。青岛中德生态园将因此成为在欧洲以外首个得到德国可持续建筑协会认证的城区。此外，双方还注意到在建设德国中心和职业培训等领域取得的具体进展。双方高度重视生态园有关程序的透明性，特别是在项目招标方面。为进一步推进项目，双方将尽力推介生态园，并尽快商定下一步工作内容和措施。

六、德经济部欢迎中国努力加快经济结构转型升级。双方探讨了在该领域加强合作的可能性，并认为德国弗劳恩霍夫研究所与广东佛山市合作设立“中德工业服务区”有望成为该领域面向未来的合作项目。

七、双方一致认为加强中德职业教育合作，对进一步开展贸易与投资具有重要意义，愿意共同支持中国地方建立中德职业教育基地，以满足日益增长的技术人才需求。

本联合声明于 2012 年 8 月 30 日在北京签署，分别用中文和德文书就，两种文本具有同等效力。

关于《中华人民共和国政府和埃塞俄比亚联邦民主共和国政府对所得避免双重征税和防止偷漏税的协定》及议定书生效执行的公告

（国家税务总局公告2013年第4号　2013年1月8日）

《中华人民共和国政府和埃塞俄比亚联邦民主共和国政府对所得避免双重征税和防止偷漏税的协定》（以下简称协定）及议定书已于2009年5月14日在北京正式签署，双方分别于2012年11月8日和2012年11月26日相互通知已完成该协定及议定书生效所必需的各自国内法律程序。根据协定第二十八条的规定，该协定及议定书自2012年12月25日起生效，并适用于2013年1月1日或以后取得的所得。

特此公告。

国家税务总局

二〇一三年一月八日

中华人民共和国政府和埃塞俄比亚联邦民主共和国政府对所得避免双重征税和防止偷漏税的协定

中华人民共和国政府和埃塞俄比亚联邦民主共和国政府，愿意缔结对所得避免双重征税和防止偷漏税的协定（以下简称“协定”），达成协议如下：

第一条　人的范围

本协定适用于缔约国一方或者同时为双方居民的人。

第二条　税种范围

一、本协定适用于由缔约国一方或其地方当局对所得征收的税收，不论其征收方式如何。

二、对全部所得或某项所得征收的税收，包括对来自转让动产或不动产的收益征收的税收，应视为对所得征收的税收。

三、本协定特别适用的现行税种是：

（一）在中国：

1. 个人所得税；

2. 企业所得税；

（以下简称“中国税收”）；

（二）在埃塞俄比亚：

1. 按第 286/2002 号公告规定对所得和利润征收的税收；

2. 按相应公告对采矿、石油和农业活动所得征收的税收；

（以下简称“埃塞俄比亚税收”）。

四、本协定也适用于本协定签订之日后征收的属于增加或者代替现行税种的相同或者实质相似的税收。缔约国双方主管当局应将各自税法发生的实质变动，在其变动后的适当时间内通知对方。

第三条　一般定义

一、在本协定中，除上下文另有解释外：

（一）“中国”一语是指中华人民共和国；用于地理概念时，是指所有适用中国有关税收法律的中华人民共和国领土，包括领海，以及根据国际法和国内法，中华人民共和国拥有勘探和开发海底和底土资源以及海底以上水域资源主权权利的领海以外的区域；

（二）“埃塞俄比亚”一语是指埃塞俄比亚联邦民主共和国；用于地理概念时，是指根据国际法或埃塞俄比亚的法律，是或可被认为是埃塞俄比亚行使主权权利或管辖权的国家领土和任何其他区域；

（三）“缔约国一方”和“缔约国另一方”的用语，按照上下文，是指中国或者埃塞俄比亚；

（四）“人”一语包括个人、公司和其他团体；

（五）“公司”一语是指法人团体或者在税收上视同法人团体的实体；

（六）“缔约国一方企业”和“缔约国另一方企业”的用语，分别指缔约国一方居民经营的企业和缔约国另一方居民经营的企业；

（七）“国民”一语是指：

1. 任何具有缔约国一方国籍的个人；

2. 任何按照缔约国一方现行法律成立的法人、合伙企业或团体；

（八）“国际运输”一语是指在缔约国一方设有实际管理机构的企业以船舶或飞机经营的运输，不包括仅在缔约国另一方各地之间以船舶或飞机经营的运输；

（九）“主管当局”一语是指：

1. 在中国，国家税务总局或其授权的代表；

2. 在埃塞俄比亚，财政与经济发展部部长或其授权的代表。

二、缔约国一方在实施本协定时，对于未经本协定明确定义的用语，除上下文另有要求的以外，应当具有协定实施时该缔约国适用于本协定的税种的法律所规定的含义。

第四条　居　民

一、在本协定中，“缔约国一方居民”一语是指按照该缔约国法律，由于住所、居所、成立地或注册地、实际管理机构所在地，或者其他类似的标准，在该缔约国负有纳税义务的人，并且包括该缔约国和其地方当局。但是，这一用语不包括仅因来源于该缔约国的所得而在该缔约国负有纳税义务的人。

二、由于第一款的规定，同时为缔约国双方居民的个人，其身份应按以下规则确定：

（一）应认为仅是其永久性住所所在国的居民；如果在缔约国双方同时有永久性住所，应认为仅是与其个人和经济关系更密切（重要利益中心）的缔约国的居民；

（二）如果其重要利益中心所在国无法确定，或者在缔约国任何一方都没有永久性住所，应认为仅是其有习惯性居处所在的国家的居民；

（三）如果其在缔约国双方都有或者都没有习惯性居处，应认为仅是其国籍所属国家的居民；

（四）如果发生双重国籍问题，或者其不是缔约国任何一方的国民，缔约国双方主管当局应通过协商解决。

三、由于第一款的规定，除个人以外，同时为缔约国双方居民的人，应认为仅是其实际管理机构所在缔约国一方的居民。

第五条 常设机构

一、在本协定中，“常设机构”一语是指企业进行全部或部分营业的固定营业场所。

二、“常设机构”一语特别包括：

（一）管理场所；

（二）分支机构；

（三）办事处；

（四）工厂；

（五）直销店；

（六）作业场所；

（七）商业性仓库；

（八）农场、种植园或从事农业、林业、种植业或相关活动的场所；以及

（九）矿场、油井或气井、采石场或者其他开采自然资源的场所。

三、“常设机构”一语还包括：

建筑工地、建筑或安装工程，但仅以该工地或工程连续超过6个月的为限。

四、虽有本条上述规定，“常设机构”一语应认为不包括：

（一）专为储存、陈列或者交付本企业货物或者商品的目的而使用的设施；

（二）专为储存、陈列或者交付的目的而保存本企业货物或者商品的库存；

（三）专为由另一企业加工的目的而保存本企业货物或者商品的库存；

（四）专为本企业采购货物或者商品，或者搜集信息的目的所设的固定营业场所；

（五）专为本企业进行其他准备性或辅助性活动的目的所设的固定营业场所；

（六）专为本款第（一）项至第（五）项活动的结合所设的固定营业场所，如果由于这种结合使该固定营业场所的全部活动属于准备性质或辅助性质。

五、虽有第一款和第二款的规定，当一个人（除适用第六款规定的独立地位代理人以外）在缔约国一方代表缔约国另一方的企业进行活动，有权以该企业的名义签订合同并经常行使这种权力，这个人为该企业进行的任何活动，应认为该企业在该缔约国一方设有常设机构，除非这个人通过固定营业场所进行的活动限于第四款的规定。按照该款规定，不应认为该固定营业场所是常设机构。

六、缔约国一方企业仅通过按常规经营本身业务的经纪人、一般佣金代理人或者任何其他独立地位代理人在缔约国另一方进行营业，不应认为在该缔约国另一方设有常设机构。但如果这个代理人的活动全部或几乎全部代表该企业，不应认为是本款所指的独立地位代理人。

七、缔约国一方的居民公司，控制或被控制于缔约国另一方的居民公司或者在该缔约国另一方进行营业的公司（不论是否通过常设机构），此项事实不能据以使任何一方公司构成另一方公司的常设机构。

第六条 不动产所得

一、缔约国一方居民从位于缔约国另一方的不动产取得的所得（包括农业或林业所得），可以在该缔约国另一方征税。

二、“不动产”一语应当具有财产所在地的缔约国的法律所规定的含义。该用语在任何情况下应包括附属于不动产的财产，农业和林业所使用的牲畜和设备，有关地产的一般法律规定所适用的权利，

不动产的用益权以及由于开采或有权开采矿藏、水源和其他自然资源取得的不固定或固定收入的权利。船舶和飞机不应视为不动产。

三、第一款的规定应适用于从直接使用、出租或者任何其他形式使用不动产取得的所得。

四、第一款和第三款的规定也适用于企业的不动产所得和用于进行独立个人劳务的不动产所得。

第七条　营业利润

一、缔约国一方企业的利润应仅在该缔约国征税，但该企业通过设在缔约国另一方的常设机构在缔约国另一方进行营业的除外。如果该企业通过设在缔约国另一方的常设机构在缔约国另一方进行营业，则其利润可以在缔约国另一方征税，但应仅以归属于该常设机构的利润为限。

二、除适用本条第三款的规定以外，缔约国一方企业通过设在缔约国另一方的常设机构在缔约国另一方进行营业，应将该常设机构视同在相同或类似情况下从事相同或类似活动的独立分设企业，并同该常设机构所隶属的企业完全独立处理，该常设机构可能得到的利润在缔约国各方应归属于该常设机构。

三、在确定常设机构的利润时，应当允许扣除其进行营业发生的各项费用，包括行政和一般管理费用，不论其发生于该常设机构所在国还是其他地方。此规定适用时应受国内法限制。

四、如果缔约国一方习惯于以企业总利润按一定比例分配给所属各单位的方法来确定常设机构的利润，则第二款规定并不妨碍该缔约国一方按这种习惯分配方法确定其应税利润。但是，采用的分配方法所得到的结果，应与本条所规定的原则一致。

五、不应仅由于常设机构为本企业采购货物或商品，而将利润归属于该常设机构。

六、在执行上述各款时，除有适当的和充分的理由需要变动外，每年应采用相同的方法确定归属于常设机构的利润。

七、利润中如果包括本协定其他各条单独规定的所得项目时，本条规定不应影响其他各条的规定。

第八条　国际运输

一、以船舶或飞机经营国际运输业务所取得的利润，应仅在企业实际管理机构所在的缔约国征税。

二、海运企业的实际管理机构设在船舶上的，应以船舶母港所在缔约国为所在国；没有母港的，应以船舶经营者为其居民的缔约国为所在国。

三、在本条中，以船舶或飞机经营国际运输业务取得的利润特别包括：

（一）以光租形式租赁船舶或飞机取得的利润；

（二）使用、保存或出租用于运输货物或商品的集装箱（包括与运输集装箱有关的拖车和设备）取得的利润。

上述租赁、使用、保存或出租，根据具体情况，应是以船舶或飞机经营的国际运输业务的附属活动。

四、本条第一款、第二款和第三款也适用于参加合伙经营、联合经营或者参加国际经营机构取得的利润。

第九条　关联企业

一、在下列任何一种情况下：

（一）缔约国一方企业直接或者间接参与缔约国另一方企业的管理、控制或资本，或者

（二）相同的人直接或者间接参与缔约国一方企业和缔约国另一方企业的管理、控制或资本，

两个企业之间商业或财务关系的构成条件不同于独立企业之间商业或财务关系的构成条件，并且由于这些条件的存在，导致其中一个企业没有取得其本应取得的利润，则可以将这部分利润计入该企

业的所得，并据以征税。

二、缔约国一方将缔约国另一方已征税的企业利润——在两个企业之间的关系是独立企业之间关系的情况下，这部分利润本应由该缔约国一方企业取得——包括在该缔约国一方企业的利润内征税时，缔约国另一方应对这部分利润所征收的税额加以调整。在确定调整时，应对本协定其他规定予以注意。如有必要，缔约国双方主管当局应相互协商。

第十条　股　息

一、缔约国一方居民公司支付给缔约国另一方居民的股息，可以在缔约国另一方征税。

二、然而，这些股息也可以在支付股息的公司是其居民的缔约国，按照该缔约国的法律征税。但是，如果股息受益所有人是缔约国另一方居民，则所征税款不应超过股息总额的5%。缔约国双方主管当局应协商确定实施限制税率的方式。

本款不应影响对该公司支付股息前的利润征税。

三、本条“股息”一语是指从股份或者非债权关系分享利润的其他权利取得的所得，以及按照分配利润的公司是其居民的缔约国法律，视同股份所得同样征税的其他公司权利取得的所得。

四、如果股息受益所有人作为缔约国一方居民，在支付股息的公司是其居民的缔约国另一方，通过设在缔约国另一方的常设机构进行营业或者通过设在缔约国另一方的固定基地从事独立个人劳务，据以支付股息的股份与该常设机构或固定基地有实际联系的，不适用第一款和第二款的规定。在这种情况下，应视具体情况适用第七条或第十四条的规定。

五、作为缔约国一方居民的公司从缔约国另一方取得利润或所得，该缔约国另一方不得对该公司支付的股息征税，也不得对该公司的未分配利润征税，即使支付的股息或未分配利润全部或部分是发生于缔约国另一方的利润或所得。但是，支付给缔约国另一方居民的股息或者据以支付股息的股份与设在缔约国另一方的常设机构或固定基地有实际联系的除外。

第十一条　利　息

一、发生于缔约国一方而支付给缔约国另一方居民的利息，可以在该缔约国另一方征税。

二、然而，这些利息也可以在该利息发生的缔约国，按照该缔约国的法律征税。但是，如果利息受益所有人是缔约国另一方居民，则所征税款不应超过利息总额的7%。缔约国双方主管当局应协商确定实施限制税率的方式。

三、虽有第二款的规定，发生于缔约国一方而支付给缔约国另一方的政府、地方当局或者中央银行的利息，或者由缔约国另一方的政府、地方当局或者中央银行担保或保险的贷款而支付的利息，应在首先提及的缔约国一方免税。

四、本条“利息”一语是指从各种债权取得的所得，不论其有无抵押担保或者是否有权分享债务人的利润；特别是从公债、债券或者信用债券取得的所得，包括其溢价和奖金。由于延期支付而产生的罚款不应视为本条所规定的利息。

五、如果利息受益所有人作为缔约国一方居民，在利息发生的缔约国另一方，通过设在该缔约国另一方的常设机构进行营业或者通过设在该缔约国另一方的固定基地从事独立个人劳务，据以支付该利息的债权与该常设机构或者固定基地有实际联系的，不适用第一款和第二款的规定。在这种情况下，应视具体情况适用第七条或第十四条的规定。

六、如果支付利息的人是缔约国一方居民，应认为该利息发生在该缔约国。然而，如果支付利息的人——不论是否为缔约国一方居民——在缔约国一方设有常设机构或者固定基地，支付该利息的债务与该常设机构或者固定基地有联系，并由其负担该利息，上述利息应认为发生于该常设机构或固定基地所在的缔约国。

七、由于支付利息的人与受益所有人之间或者他们与其他人之间的特殊关系，就有关债权所支付的利息数额超出支付人与受益所有人没有上述关系所能同意的数额时，本条规定应仅适用于在没有上述关系情况下所能同意的数额。在这种情况下，对该利息的超出部分，仍应按各缔约国的法律征税，但应对本协定其他规定予以适当注意。

第十二条　特许权使用费

一、发生于缔约国一方而支付给缔约国另一方居民的特许权使用费，可以在该缔约国另一方征税。

二、然而，这些特许权使用费也可以在其发生的缔约国，按照该缔约国的法律征税。但是，如果特许权使用费受益所有人是缔约国另一方居民，则所征税款不应超过特许权使用费总额的5%。缔约国双方主管当局应协商确定实施该限制税率的方式。

三、本条“特许权使用费”一语是指为使用或有权使用任何文学、艺术或科学著作，包括电影影片、无线电或电视广播使用的胶片、磁带的版权，任何专利、商标、设计或模型、图纸、秘密配方或秘密程序，或任何工业、商业、科学设备所支付的作为报酬的各种款项；或者为有关工业、商业、科学经验的信息所支付的作为报酬的各种款项。

四、如果特许权使用费受益所有人作为缔约国一方居民，在特许权使用费发生的缔约国另一方，通过设在该缔约国另一方的常设机构进行营业或者通过设在该缔约国另一方的固定基地从事独立个人劳务，据以支付该特许权使用费的权利或财产与该常设机构或固定基地有实际联系的，不适用第一款和第二款的规定。在这种情况下，应视具体情况适用第七条或第十四条的规定。

五、如果支付特许权使用费的人是缔约国一方政府、其地方当局或该缔约国居民，应认为该特许权使用费发生在该缔约国。然而，如果支付特许权使用费的人——不论是否为缔约国一方居民——在缔约国一方设有常设机构或者固定基地，支付该特许权使用费的义务与该常设机构或者固定基地有联系，并由其负担该特许权使用费，上述特许权使用费应认为发生于该常设机构或者固定基地所在的缔约国。

六、由于支付特许权使用费的人与受益所有人之间或他们与其他人之间的特殊关系，就有关使用、权利或信息所支付的特许权使用费数额超出支付人与受益所有人没有上述关系所能同意的数额时，本条规定应仅适用于在没有上述关系情况下所能同意的数额。在这种情况下，对该支付款项的超出部分，仍应按各缔约国的法律征税，但应对本协定其他规定予以适当注意。

第十三条　财产收益

一、缔约国一方居民转让第六条所述位于缔约国另一方的不动产取得的收益，可以在该缔约国另一方征税。

二、转让缔约国一方企业在缔约国另一方的常设机构营业财产部分的动产（包括股票和其他类似公司权益）、或者缔约国一方居民在缔约国另一方从事独立个人劳务的固定基地的动产取得的收益，包括转让常设机构（单独或者随同整个企业）或者固定基地取得的收益，可以在该缔约国另一方征税。

三、转让从事国际运输的船舶或飞机，或者转让属于经营上述船舶或飞机的动产取得的收益，应仅在企业实际管理机构所在的缔约国征税。

四、转让一个公司的股份取得的收益，如果该股份价值的50%（不含）以上直接或间接来自位于缔约国一方的不动产，可以在该缔约国一方征税。

五、转让第一款至第四款所述财产以外的其他财产取得的收益，应仅在转让者为其居民的缔约国一方征税。

第十四条　独立个人劳务

一、缔约国一方居民由于专业性劳务或者其他独立性活动取得的所得，应仅在该缔约国征税。但具有以下情况之一的，可以在缔约国另一方征税：

（一）在缔约国另一方为从事上述活动设有经常使用的固定基地。在这种情况下，缔约国另一方可以仅对归属于该固定基地的所得征税；

（二）在有关日历年度开始或结束的任何12个月中在缔约国另一方停留连续或累计达到或超过183天。在这种情况下，缔约国另一方可以仅对在该缔约国进行活动取得的所得征税。

二、"专业性劳务"一语特别包括独立的科学、文学、艺术、教育或教学活动，以及医师、律师、工程师、建筑师、牙医师和会计师的独立活动。

第十五条　非独立个人劳务

一、除适用第十六条、第十八条、第十九条、第二十条和第二十一条的规定外，缔约国一方居民因受雇取得的薪金、工资和其他类似报酬，除在缔约国另一方从事受雇的活动以外，应仅在该缔约国一方征税。在缔约国另一方从事受雇活动取得的报酬，可以在缔约国另一方征税。

二、虽有第一款的规定，缔约国一方居民因在缔约国另一方从事受雇活动取得的报酬，同时具有以下三个条件的，应仅在该缔约国一方征税：

（一）收款人在有关日历年度开始或结束的任何12个月中在缔约国另一方停留连续或累计不超过183天；

（二）该项报酬由并非缔约国另一方居民的雇主支付或代表该雇主支付；

（三）该项报酬不是由雇主设在缔约国另一方的常设机构或固定基地所负担。

三、虽有本条上述规定，在经营国际运输的船舶或飞机上从事受雇活动取得的报酬，应仅在企业实际管理机构所在的缔约国征税。

第十六条　董事费

缔约国一方居民作为缔约国另一方居民公司董事会的成员取得的董事费和其他类似款项，可以在缔约国另一方征税。

第十七条　艺术家和运动员

一、虽有第十四条和第十五条的规定，缔约国一方居民作为表演家，如戏剧、电影、广播或电视艺术家或音乐家，或作为运动员，在缔约国另一方从事个人活动取得的所得，可以在缔约国另一方征税。

二、表演家或运动员从事个人活动取得的所得，未归属于表演家或运动员本人，而归属于其他人时，虽有第七条、第十四条和第十五条的规定，该所得仍可以在该表演家或运动员从事其活动的缔约国征税。

三、虽有第一款和第二款的规定，在缔约国双方政府同意的文化或体育交流框架下从事第一款所述活动取得的所得，在从事上述活动的缔约国一方应免予征税，但以营利为目的的活动除外。

第十八条　退休金

一、除适用第十九条第二款的规定以外，因以前的雇佣关系支付给缔约国一方居民的退休金和其他类似报酬，应仅在该缔约国一方征税。

二、虽有第一款的规定，缔约国一方政府或其地方当局按社会保险制度的公共福利计划支付的退休金和其他类似款项，应仅在该缔约国一方征税。

第十九条　政府服务

一、（一）缔约国一方政府或地方当局对向其提供服务的个人支付退休金以外的薪金、工资和其他类似报酬，应仅在该缔约国一方征税。

（二）但是，如果该项服务是在缔约国另一方提供，而且提供服务的个人是该缔约国另一方居民，并且该居民：

1. 是该缔约国另一方的国民；或者

2. 不是仅由于提供该项服务而成为该缔约国另一方居民的，

该项薪金、工资和其他类似报酬，应仅在该缔约国另一方征税。

二、（一）缔约国一方政府或其地方当局支付或者从其建立的基金中支付给向其提供服务的个人的退休金，应仅在该缔约国一方征税。

（二）但是，如果提供服务的个人是缔约国另一方居民，并且是其国民的，该项退休金应仅在该缔约国另一方征税。

三、第十五条、第十六条、第十七条和第十八条的规定，应适用于向缔约国一方或其地方当局举办的事业提供服务取得的薪金、工资、退休金和其他类似报酬。

第二十条　教师和研究人员

一、任何个人是、或者在紧接前往缔约国一方之前曾是缔约国另一方居民，应缔约国一方政府认可的大学、学院、学校或其他类似非营利教育机构或科研机构的邀请，主要为在上述机构从事教育、讲学或研究的目的而停留在该缔约国一方，对其由于教学、讲学或研究取得的报酬，该缔约国一方应自其第一次到达之日起，三年内免予征税。

二、本条第一款的规定不适用于并非为了公共利益，而主要是为了某人或某些人的私人利益从事研究取得的所得。

第二十一条　学生和实习人员

一、学生、企业学徒或实习生是、或者在紧接前往缔约国一方之前曾是缔约国另一方居民，仅由于接受教育或培训的目的，停留在该缔约国一方，对其为了维持生活、接受教育或培训的目的收到的来源于该缔约国以外的款项，该缔约国一方应免予征税。

二、学生或企业学徒是、或者在紧接前往缔约国一方之前曾是缔约国另一方居民，在缔约国一方连续停留不超过四年，如果其在缔约国一方提供与其学习或培训相关的劳务获得的报酬构成其生存的必要所得，该缔约国一方应免予征税。

第二十二条　其他所得

一、缔约国一方居民取得的各项所得，不论在什么地方发生，凡本协定上述各条未作规定的，应仅在该缔约国一方征税。

二、第六条第二款规定的不动产所得以外的其他所得，如果所得收款人为缔约国一方居民，通过设在缔约国另一方的常设机构在该缔约国另一方进行营业，或者通过设在该缔约国另一方的固定基地在该缔约国另一方从事独立个人劳务，据以支付所得的权利或财产与该常设机构或固定基地有实际联系的，不适用第一款的规定。在这种情况下，应视具体情况分别适用第七条或第十四条的规定。

第二十三条　消除双重征税方法

一、在中国，消除双重征税如下：

（一）中国居民从埃塞俄比亚取得的所得，按照本协定规定在 埃塞俄比亚缴纳的税额，可以在对该居民征收的中国税收中抵免。但是，抵免额不应超过对该项所得按照中国税法和规章计算的中国税收数额。

（二）在埃塞俄比亚取得的所得是埃塞俄比亚居民公司支付给中国居民公司的股息，并且该中国居民公司拥有支付股息公司股份不少于20%的，该项抵免应考虑支付该股息公司就该项所得缴纳的埃塞俄比亚税收。

二、在埃塞俄比亚，消除双重征税如下：

埃塞俄比亚居民取得的所得，按照本协定规定可以在中国征税的，埃塞俄比亚应允许从对该居民的所得征收的税额中扣除等于在中国缴纳的所得税的数额。但是，该项扣除应不超过可以在中国征税的所得在扣除前计算的那部分埃塞俄比亚所得税数额。

三、在本条中，产生于缔约国一方的营业利润，根据该国的法律和规章，在限定期间内被免税或减税的，则该营业利润在该国被减免的税收应在该营业利润的受益所有人为其居民的缔约国一方纳税时抵免。

第二十四条　非歧视待遇

一、缔约国一方的国民在缔约国另一方负担的税收或者有关要求，在相同情况下，不应与该缔约国另一方的国民负担或可能负担的税收或者有关要求不同或比其更重。虽有第一条的规定，本规定也应适用于不是缔约国一方或者双方居民的人。

二、缔约国一方企业在缔约国另一方常设机构的税收负担，不应高于缔约国另一方对从事同样活动的本国企业征收的税收。本规定不应理解为缔约国一方由于民事地位、家庭责任给予缔约国一方居民的任何税收上的个人补贴、优惠和减免也必须给予缔约国另一方居民。

三、除适用第九条第一款、第十一条第七款或第十二条第六款的规定外，缔约国一方企业支付给缔约国另一方居民的利息、特许权使用费和其他款项，在确定该企业应纳税利润时，应像支付给该缔约国一方居民的一样，在相同情况下予以扣除。

四、缔约国一方企业的资本全部或部分、直接或间接为缔约国另一方一个或一个以上的居民拥有或控制，该企业在该缔约国一方负担的税收或者有关要求，不应与该缔约国一方其他同类企业负担或可能负担的税收或者有关要求不同或比其更重。

五、虽有第二条的规定，本条规定应适用于所有种类和性质的税收。

第二十五条　相互协商程序

一、如有人认为，缔约国一方或者双方所采取的措施，导致或将导致对其的征税不符合本协定的规定时，可以不考虑各缔约国国内法律的救济办法，将案情提交该人为其居民的缔约国主管当局，或者如果其案情属于第二十四条第一款，可以提交该人为其国民的缔约国主管当局。该项案情必须在不符合本协定规定的征税措施第一次通知之日起，三年内提出。

二、上述主管当局如果认为所提意见合理，又不能单方面圆满解决时，应设法同缔约国另一方主管当局相互协商解决，以避免不符合本协定的征税。达成的协议应予执行，而不受各缔约国国内法律的时间限制。

三、缔约国双方主管当局应通过协议设法解决在解释或实施本协定时所发生的困难或疑义，也可以对本协定未作规定的消除双重征税问题进行协商。

四、缔约国双方主管当局为达成第二款和第三款的协议，可以相互直接联系。为有助于达成协议，双方主管当局的代表可以进行会谈，口头交换意见。

第二十六条　信息交换

一、缔约国双方主管当局应交换为实施本协定的规定所需要的信息，或缔约国双方关于本协定所涉及的税种的国内法律的规定所需要的信息（以根据这些法律与本协定不抵触为限），特别是防止偷漏税的信息。信息交换不受第一条和第二条的限制。

二、缔约国一方收到的任何信息，应作密件处理，仅应告知与本协定所含税种有关的查定、征收、执行、起诉或上诉裁决有关的人员或当局（包括法院和行政部门）。上述人员或当局应仅为上述目的使用该信息，但可以在公开法庭的诉讼程序或法庭判决中披露有关信息。

三、第一款和第二款的规定在任何情况下不应被理解为缔约国一方有以下义务：

（一）采取与该缔约国一方或缔约国另一方的法律和行政惯例相违背的行政措施；

（二）提供按照该缔约国一方或缔约国另一方的法律或正常行政渠道不能得到的信息；

（三）提供泄露任何贸易、经营、工业、商业或专业秘密或贸易过程的信息或者泄露会违反公共政策（公共秩序）的信息。

第二十七条　外交代表和领事官员

本协定应不影响按国际法一般原则或特别协定规定的外交代表或领事官员的税收特权。

第二十八条　生　效

缔约国双方应相互通知已完成本协定生效所必需的国内法律程序，协定自后一份通知发出之日起第 30 天生效。本协定将适用于在协定生效年度的次年 1 月 1 日或以后开始的纳税年度中取得的所得。

第二十九条　终　止

本协定应长期有效。但缔约国任何一方可以在本协定生效之日起满 5 年后任何历年的 6 月 30 日或以前，通过外交途径书面通知对方终止本协定。在这种情况下，本协定对终止通知发出年度的次年 1 月 1 日或以后开始的纳税年度中取得的所得停止有效。

下列代表，经各自政府正式授权，在本协定上签字，以昭信守。

本协定于 2009 年 5 月 14 日在北京签订，一式两份，每份均用中文和英文写成，两种文本同等作准。

议定书

在签订《中华人民共和国政府和埃塞俄比亚联邦民主共和国政府对所得避免双重征税和防止偷漏税的协定》（以下简称“协定”）时，双方同意下列规定应作为协定的组成部分：

第一条

关于第五条第二款（七）项，商业性仓库是指缔约国一方企业出于营利目的为其他企业储存货物或商品所使用的设施。

第二条

关于第七条第三款，只有当国内法的限制所得到的结果与本协定规定的原则一致时，才能适用国内法的限制。

第三条

关于第十一条第三款，埃塞俄比亚政府此前对完全由中国政府拥有的金融机构因贷款而取得的利息一直给予免税待遇，同样的优惠待遇在将来可以通过个案处理方式继续给予由中国政府完全拥有的金融机构因贷款、担保或保险的贷款而取得的利息。

第四条

关于第二十六条第一款，当信息交换超出第二条所规定的范围时，根据信息收集能力，埃塞俄比亚主管当局提供信息可能有难度。然而，对于重大案件，埃塞俄比亚主管当局应尽最大努力提供所需要的信息。

下列代表，经各自政府正式授权，在本议定书上签字，以昭信守。

本议定书于2009年5月14日在北京签订，一式两份，每份均用中文和英文写成，两种文本同等作准。

中华人民共和国政府代表	埃塞俄比亚联邦民主共和国
国家税务总局局长	财政和经济发展部部长
肖　捷	苏菲安·阿赫迈德

关于开展境外中资企业安全生产质量大检查专项行动的通知

（商合函〔2013〕11号　2013年1月11日）

各省、自治区、直辖市及新疆生产建设兵团商务、外事、发展改革、住房城乡建设、国资、安全监管主管部门，各驻外使（领）馆，各中央企业：

2012年，境外中资企业安全生产形势依然严峻。据不完全统计，全年共发生境外生产安全事故24起，造成39人死亡，同比增长34.5%。其中较大事故5起：江西省中鼎国际工程有限公司在马来西亚合作经营的阿勃克煤矿矿难事故；中国路桥集团公司在赤道几内亚承建的马拉博公园项目挡土墙倒塌事故；黑龙江火电第三工程公司在俄罗斯承建的特罗伊茨克电厂项目吊车倒塌事故；华北电力设计院总包、新疆送变电公司分包的尼日利亚输电线路项目车祸事故；中国大唐集团公司在柬埔寨投资的斯登沃代水电站的冲沙孔引洞破裂事故。境外生产安全事故屡禁不止，暴露出部分境外中资企业安全生产意识淡薄、规章制度落实不到位、防护措施不足、监督管理力度薄弱等问题。

为加强对境外中资企业安全生产质量的督导和检查，提高境外企业安全生产的意识和能力，完善境外安全生产管理制度，保障“走出去”事业健康可持续发展，商务部、安全监管总局、外交部、发展改革委、住房城乡建设部、国资委定于2013年1至3月组织开展境外中资企业安全生产质量大检查专项行动。现将有关事项通知如下：

一、总体要求

深入贯彻落实科学发展观，全面树立安全发展理念，以预防为主、加强监管、提升质量、落实责任为重点，进一步增强企业的守法意识和对境外安全生产重要性的认识，加强企业安全生产基础建设，完善境外安全生产管理措施，提高管理水平，全面排查境外生产安全隐患，减少境外生产安全事故，提升境外工程质量，促进境外安全生产形势持续稳定好转，保障“走出去”事业健康可持续发展。

二、组织领导

成立境外中资企业安全生产质量大检查专项行动领导小组（以下简称领导小组），商务部部长陈德铭任组长，商务部国际贸易谈判代表（正部长级）兼副部长高虎城任常务副组长，商务部副部长陈健和安全监管总局副局长孙华山任执行副组长，外交部纪委书记谢杭生、发展改革委副主任张晓强、住房城乡建设部副部长郭允冲、国资委副主任黄淑和任副组长。领导小组办公室设在商务部合作司，负责专项行动的日常工作。各地商务、安全监管部门牵头成立地方专项行动领导小组。

三、行动措施

（一）贯彻境外安全生产各项规定。组织企业学习《对外承包工程管理条例》（国务院令第527号）和安全监管总局、外交部、商务部、国资委《关于加强境外中资企业安全生产监督管理工作的通知》（安监总协调字〔2005〕113号）等有关文件以及境外企业所在国关于安全生产的法律法规，认真对照检查，查找不足，完善境外安全生产质量管理的各项规章制度，建立健全境外安全生产预警监控体系和生产安全事故应急处置机制。

（二）加强境外安全隐患排查治理。组织本地区（或下属）企业对所有境外项目进行全面排查，查找安全生产管理漏洞和薄弱环节，及时采取措施消除事故隐患。重点做好重大境外投资合作项目以及煤矿、非煤矿山、建筑施工、能源化工等事故易发、多发领域的事故隐患排查，保证境外工程质量。

（三）落实企业境外安全生产主体责任。强化落实企业法定代表人切实履行安全生产第一责任人的职责，确保其境外企业的各项安全生产管理措施落实到位。对故意违反安全生产管理规定，瞒报、谎报生产安全事故以及发生较大及以上生产安全事故或造成其他严重后果的，严格按照有关法律法规及境外安全生产管理规定进行处罚，同时，按规定不予受理其对外经济技术合作专项资金的申请。

（四）强化境外安全生产培训。认真贯彻落实《国务院安委会关于进一步加强安全培训工作的决定》（安委〔2012〕10号），牢固树立“安全培训不到位是重大安全隐患”的意识，督促企业建立健全对境外生产管理和施工人员的安全培训制度，加强安全生产教育，提高安全生产意识和技能，确保做到不培训不上岗。

四、任务安排

（一）动员部署。2013年1月，各地专项行动领导小组向本地区企业通报境外安全生产形势和生产安全事故典型案例，部署专项行动的工作任务。

（二）自查自纠。2013年1月，各地专项行动领导小组组织企业开展境外安全生产质量自查自纠活动，查找安全生产管理漏洞和施工质量问题，消除事故隐患，完善境外安全生产和质量管理制度。中央企业自行组织开展自查自纠活动。

（三）督导检查。2013年2月，各地专项行动领导小组对本地区企业境外安全生产情况进行检查，对违反境外安全生产规定、对外影响恶劣的企业，按照有关规定予以处罚。中央企业由领导小组办公室负责检查。

（四）总结报告。2013年3月上旬，各地专项行动领导小组及中央企业将专项行动总结报告连同加强境外安全生产工作的意见建议报送领导小组办公室。

（五）情况通报。2013年3月下旬，领导小组办公室向各地通报专项行动开展情况以及对违规企业的查处情况。

（六）境外巡查。专项行动期间，各地专项行动领导小组可赴境外对本地区企业境外安全生产情况进行检查；各驻外使（领）馆对驻在国的中资企业开展安全巡查，指导企业加强安全生产工作，对发现的问题及意见建议及时报国内。

五、工作要求

境外安全生产关系到“走出去”战略的健康可持续发展，关系到国家形象和多双边关系，责任重大。各部门、驻外使（领）馆、企业要深刻认识境外安全生产的重要性，从深入贯彻落实科学发展观的高度，加强组织领导，精心安排部署，切实抓好专项行动工作。

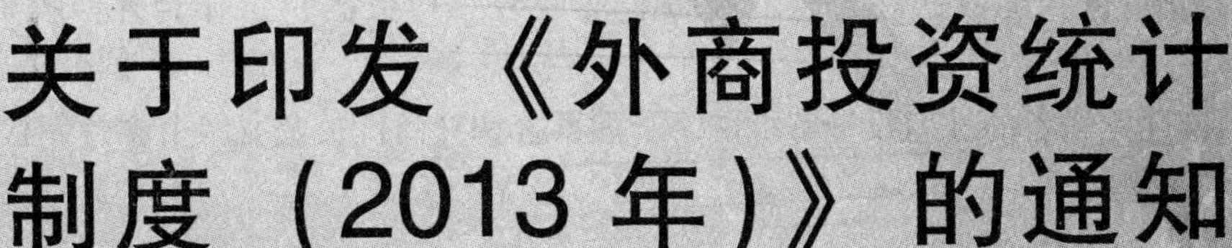

关于印发《外商投资统计制度（2013 年）》的通知

（商资函〔2013〕41 号　2013 年 1 月 28 日）

各省、自治区、直辖市、计划单列市及新疆生产建设兵团商务主管部门：

为适应跨国直接投资形势和方式的变化，保持与国际直接投资统计规则的一致，加强外资统计管理工作，经国家统计局批准，我部编制了《外商投资统计制度（2013 年）》，现印发给你们，自 2013 年 1 月起执行，执行中如遇问题请及时反馈。《商务部关于印发〈外商投资统计制度（2011 年）〉的通知》（商资函〔2010〕第 1083 号）同时废止。

中华人民共和国商务部
二〇一三年一月二十八日

外商投资统计制度（2013 年）

一、总说明

（一）总则

1. 为科学、有效地组织全国外商投资统计工作，按照《中华人民共和国统计法》及其实施细则和国家有关利用外资的法律、法规，制定本制度。

2. 外商投资统计的基本任务是：及时、准确、全面地反映全国吸收外商投资情况，对国家批准的外商投资协议、合同和实际执行情况，以及由此产生的经济效益和已设立外商投资企业运营等方面的情况，进行系统的统计调查、统计分析，实行统计监督。为国家和各级政府部门经济管理和宏观决策提供统计信息、统计咨询，并为对外交流提供服务。

3. 本制度适用于地方各级商务主管部门和国家利用外资的有关综合部门和单位，以及在我国境内设立的外商投资企业、合作开发项目等。

上述部门、单位和企业都必须按照《中华人民共和国统计法》及本制度的规定，提供统计资料，不得提供不真实的统计数据。

4. 外商投资统计制度由商务部制定，国家统计局审批。外商投资统计工作由各级商务主管部门组织、协调、管理，并接受同级政府统计机构的业务指导。按照国务院授权，商务部负责全国外商投资统计资料的汇总、发布和对外交流工作。

5. 外商投资统计工作实行统一领导、分级管理。全国性的外商投资统计报表格式、指标设置、计算口径等必须按本制度的规定统一执行。各地方、部门如需对外商投资企业进行本制度规定以外的专项的统计调查，须经同级政府统计机构批准，并报商务部和国家统计局备案。外商投资审批数据和外商投资企业运营状况数据（含外商投资企业联合年检数据）可作为外商投资统计的基础数据。

6. 各级商务主管部门应建立完备的外商投资审批网络管理系统和外商投资企业网上联合年检系统，提高外资统计工作的信息化管理水平。

（二）统计范围和主要内容

1. 根据我国现行利用外资的政策、法规，外商投资统计的范围包括外商直接投资和外商其他投资。

2. 本制度所称外商投资，是指国外及港澳台地区的注人和自然人在中国大陆地区以现金、实物、无形资产、股权等方式进行投资。其中，外商直接投资是指外国投资者在非上市公司中的全部投资及在单个外国投资者所占股权比例不低于10%的上市公司中的投资。

3. 本制度按照投资者所注册的国别/地区确定外商投资的来源，自由港投资按实际投资者国别/地区确定来源地。

4. 外商投资统计报表包括外商投资统计基层报表和外商投资统计综合报表，其中：外商投资统计基层报表的主要内容包括：

（1）外商投资企业基础信息表，包括外商投资企业的各种属性，合同投资资金及其来源状况。

（2）外商投资企业实际投资统计表，包括当期发生的实际投资及其详细分类。

（3）外商投资企业经营状况统计表，包括企业资产负债、经营收益、人员、进出口等方面的指标。

（4）外商投资企业外方股东留存收益统计表，主要包括当年度企业未作为利润分配但应归属于外方投资者的利润部分等。

《外商投资统计报表目录》及其说明是本制度的组成部分。

（三）统计资料的报送、管理和发布

1. 地方各级商务主管部门和国家利用外资的有关综合部门和单位应按本制度的规定，按时收集飞审核、汇总、编制、报送有关报表，同时要做好外商投资统计资料的档案管理和综合分析工作。

2. 外商投资企业批准设立时须在外商投资批准部门办理统计登记，必须按《中华人民共和国统计法》和本制度的规定提供统计资料，填报统计报表。外商投资企业应根据统计调查任务需要配备专职或指定兼职统计人员。外商投资统计起止时间是：从企业批准设立或批准协议、合同开始至企业终止或协议、合同执行完毕为止。

3. 外商投资统计报表采取以网络传输为基础的中心数据库管理模式，由地方各级商务主管部门报送上一级商务部门，省级商务主管部门报送商务部，同时抄报同级统计局，商务部汇总全国外商投资统计资料后报国家统计局。

银行、证券、保险的外商投资统计报表由银监会、证监会、保监会负责汇总，并报商务部。

4. 商务部对各地报送的统计数据进行核查，以保证外商投资统计数据准确性和严肃性。商务部、国家统计局对各省、自治区、直辖市的统计数据定期进行检查和评估。

5. 外商投资统计资料由商务部定期发布。外商投资管理工作中使用的以及对外提供的统计资料，以商务部、国家统计局发布的统计资料为准。

外商投资月度统计数据由商务部于月后30日内对外公布。股东贷款和外方股东留存收益以年度统计数据形式由商务部对外公布。

6. 商务部可根据外商投资实际情况于每年 9 月 30 日前对往年数据进行一次性调整，最终数据以商务部年度公布数据为准。

7. 对外公开发布和提供外商投资统计资料，应确保国有机密和企业商业机密。地方各级商务主管部门应严格按照《中华人民共和国统计法》及其实施细则和国家有关规定执行。

二、报表目录

三、调查表式

（一）外商投资企业基础信息表

填报单位：

表　　号：外资统基 1 表
制定机关：商务部
批准机关：国家统计局
批准文号：国统制〔2013〕4 号
有效期至：2015 年 1 月
单位：万美元

<table>
<tr><td rowspan="2">企业名称</td><td>中文</td><td colspan="2"></td><td>邮政编码</td><td></td></tr>
<tr><td>英文</td><td colspan="2"></td><td>特殊经济区域</td><td></td></tr>
<tr><td>注册地址</td><td colspan="3"></td><td>行业代码</td><td></td></tr>
<tr><td>经营年限</td><td></td><td>进出口企业代码</td><td></td><td>项目性质</td><td>○鼓励类 ○允许类 ○限制类 ○中西部优势产业</td></tr>
<tr><td>企业类型</td><td colspan="5">○合资　○合作　○独资　○股份公司　○台伙　○合作开发（非独立法人）　○其他</td></tr>
</table>

续表

项目类型	○高新技术企业 ○研发中心（○独立法人研发中心 ○非独立法人研发中心） ○功能性机构 （○地区总部○采购中心○财务管理中心○结算中心○销售中心○分拨中心○其他）			○其他类型
	○投资性公司 ○投资性公司投赉 ○创业投资企业 ○创业投资管理企业 ○创业投资企业投资○股权投资企业 ○股权投资管理企业 ○股权投资企业投资 ○境内投资 ○金融资产管理公司			
项目类型	○股权并购 ○责产并购	○并购涉及国有股权变更 ○并购涉及国有资产转移	○被并购公司为上市公司 ○被并购公司非上市公司	○战略投赞 ○返程并购
	○境外中资机构投资项目 ○境内居民返程投资 ○新设合并 ○吸收合并 ○存续分立 ○解散分立 ○外国分支机构（分公司） ○BOT ○TOT			

审批机关		批准文号	1		免税进口设备金额	万美元
投资总额		折 万美元	本次增资额		折 万美元	
注册资本		折 万美元	本次增资额		折 万美元	
投资总额内境外借款		折 万美元	本次境外借 8C 增加额		折 万美元	
外方股东贷款（来自境外）		折 万美元	本次外方股东贷敕增加额		折 万美元	

土地利用	固定资产投资总额（万元）		实际发生值		用地面积（m^2）	实际发生值	
	建筑面积（m^2）		实际发生值		办公生活设施用地（m^2）	实际发生值	
	建筑物、构筑物面积（m^2）		实际发生值		绿地面积（m^2）	实际发生值	
节能环保	环评文件审批部门			审批文号			
	环保投资（万元）		实际发生值		二氧化硫排放量（吨/年）	实际发生值	
	化学需氧量（COD）排放置（吨/年）			实际发生值			

投资者类别	投资者名称	注册地	实际控制人	注册地	出资方式	出资金额	折万美元	所占比例	出资额其中技术	折万美元	比例所占
中方投资者	股权并购/股权受让支付对价										
	股权并购/股权受让支付滥折价										
	本次增资额										
	增资溢折价										
外商投资性公司	股权受让支付对价										
	股权受让支付溢折价										
	本欲增资额										
	增簧溢折价										

续表

投资者类别	投资者名称	注册地	实际控制人	注册地	出资方式	出资金额	折万美元	所占比例	出资额其中技术	折万美元	比例所占
外方投资者											
	股权并购/股权受让支付对价										
	股权并购/股权受让支付溢折价										
	本次增赀额										
	增资溢折价										
作为合同章程附件的技术引进数量									万美元		
经营范围											
生产规模						电子信箱					
法人代表		总经理		联系人			固定电话：		传真		

发证原因：　　　　　　　　　　　　　　　　经办人：

原批准号：　　　　　　　　　　　　　　　　签发人：

批准号：　　　　　　　　　　　　　　　　　签发时间：　　年　　月　　日

批准时间：　　年　　月　　日

说明：

一、本表反映外商投资企业的基本情况和企业合同外资的明细情况。

二、填报单位：由地方各级商务主管部门填报。

三、报告时间及方法：根据报告期内外商投资企业的基本情况和企业合同外资情况，以电子数据方式即时报送商务部。

四、特殊经济区域：系指按照国家规定设立的经济特区、国家级经济技术开发区、国家级高新技术开发区、边境经济合作区、综合保税区和出口加工区等海关特殊监管区域以及其他类型的特殊经济区域。

五、行业代码：按中华人民共和国《国民经济行业分类》（GB/T 4754—2011）中划分的小类行业类别代码填写，所选行业应以填报企业的主营业务为准。

六、企业类型：按外商投资企业性质分别填写“合资”，“合作”、“独资”、“股份公司”、“合伙”、“合作开发（非独立法人）”，或填写以括号加注“外商投资企业投资”、“外资比例低于25%”的企业类型，或“其他”。

七、项目性质：按照《指导外商投资方向规定》和《外商投资产业指导目录》的规定填写“鼓励类”、“允许类”、“限制类”，“中西部优势产业”；中西部优势产业：系指投资的产业属于《中西部地区外商投资优势产业目录》的外商投资企业，其中：“鼓励类”和属于《中西部地区外商投资优势产业目录》的项目须出具项目确认书。

八、项目类型：凡领取批准证书的外商投资企业、公司、机构必须填写其中的一项或多项。

1. 高新技术企业：系指根据科技部《高新技术企业认定管理办法》有关规定认定的高新技术企业，

2. 独立法人研发中心：系指依据《关于外商投资设立研发中心有关问题的通知》规定外国投资者以合资、合作、独资等方式设立的独立法人研发中心。

3. 非独立法人研发中心：系指依据《关于外商投资设立研发中心有关问题的通知》规定，外商投资企业内部设立的非独立法人的研发中心。

4. 功能性机构：系指依照有关规定设立的外商投资采购中心、财务管理中心，结算中心、销售中心、分拨中心和其他功能性机构，以及商务部或省级商务主管部门认定的地区总部。

5. 投资性公司：系指依据外商投资开办投资性公司的有关规定设立的外商投资性公司。

6. 投资性公司投资：系指由已设立的外商投资性公司投资设立的企业，投资性公司投资不计入全国外资统计。

7. 创业投资企业：系指依据设立外商投资创业投资企业的有关规定设立的外商投资创业投资企业。

8. 创业投资管理企业：系指根据外商投资创业投资企业有关规定从事创业投资管理服务的企业。

9. 创业投资企业投资：系指由已设立的外商投资创业投资企业所投资设立的企业，创业投资企业投资不计入全国外资统计。

10. 股权投资企业：系指依据外商投资股权投资企业相关规定在中国境内设立的从事股权投资的外商投资企业。

11. 股权投资管理企业：系指依据外商投资股权投资企业相关规定在中国境内设立的从事股权投资管理服务的企业。

12. 股权投资企业投资：系指外商投资股权投资企业所投资设立的企业，股权投资企业投资不计入全国外资统计。

13. 境内投资：系指外商投资企业依据《关于外商投资企业境内投资的暂行规定为在中西部地区设立的享受外商投资企业待遇的境内投资企业，此类企业的批准证书应在“企业类型”一栏中以括号加注“外商投资企业投资”，外商投资企业境内投资不计入全国外资统计。

14. 金融资产管理公司；系指外商投资设立的金融资产管理公司和依据《金融资产管理公司吸收外资参与资产重组与处置的暂行规定》设立的外商投资企业。

15. 股权并购：系指依据《外国投资者并购境内企业的规定》，外国投资者购买境内非外商投资企业股东的股权或认购其增资，使其变更为外商投资企业。

16. 资产并购：系指依据《外国投资者并购境内企业的规定》，外国投资者设立外商投资企业，并通过该企业协议购买境内企业资产且运营该资产，或外国投资者协议购买境内企业资产，并以该资产投资设立外商投资企业运营该资产。

17. 战略投资：系指依据《外国投资者对上市公司战略投资管理办法》所进行的外国投资者对 A 股上市公司通过具有一定规模的中长期战略性并购投资，使其取得该公司股份的行为。

18. 返程并购，系指根据国家外汇管理局《关于境内居民通过境外特殊目的公司融资及返程投资外汇管理有关问题的通知》规定，境内居民通过特殊目的公司对其自身或关联投资者拥有的企业进行股权或资产并购。

19. 境外中资机构投资项目：系指具有中资或国有资产背景的境外投资者在华投资设立的外商投资企业项目。

20. 境内居民返程投资：系指根据国家外汇管理局《关于境内居民通过境外特殊目的公司融资及返程投资外汇管理有关问题的通知》规定，境内居民通过特殊目的公司在境内设立外商投资企业并开展经营活动。

21. 新设合并、吸收合并、存续分立、解散分立；系指依据《关于外商投资企业合并与分立的规定》进行合并与分立的外商投资企业。

22. 外国分支机构（分公司）：系指外国公司在华设立的分支机构或分公司。

23. BOT：含义为“建设—经营—转让”，即“Build-Operate-Transfer”或“Building-Operating-Transfering”。

24. TOT：含义为“转让—经营—转让”，即“Transfer-Operate-Transfer”或“Transfering-Operating-Transfering”。

如不属上述各种类型的，请选择填写“其他类型”。

九、审批机关：系指外商投资企业合同、章程的审批机关。

十、投资总额、注册资本：按外商投资企业合同、章程规定的货币单位填写。

十一、折万美元：根据国家外汇管理局公布的《各种货币对美元内部统一折算率表》折算并用阿拉伯数字填写。

十二、投资总额内境外借款：系指在批准的外商投资企业投资总额内，以企业名义从境外借入的资金，不包括从境内外资金融机构的借款。外方股东贷款（来自境外）计入外方直接投资统计，外方股东担保贷款和外方股东商业贷款不计入外方直接投资统计。

十三、外方股东贷款（来自境外）：系指投资总额内境外借款中由外方股东以自有资金提供的贷款。

十四、本次增资额、本次境外借款增加额：分别填写本次发证时的投资总额（注册资本、出资额）与原证书投资总额（注册资本、出资额）之差和本次发证时投资总额内境外借款额与原证书投资总额内境外借款额之差。减资时使用负数。增资的溢折价部分计入外资统计，但如果增资溢价部分计入资本公积，则当资本公积转增注册资本时，计入资本公积的溢价部分不得重复统计，差额部分可纳入统计。

十五、飞投资者名称：桉中方投资者、外方投资者的顺序依次填写。外商投资投资性公司作为投资者的须填写在中方投资者之投资性公司栏中。

十六、股权受让支付的对价：系指中方投资者受让外商投资企业中的外方投资者股权所支付的对价，此对价应统计为合同外资金额的减少，对价的实际交割应统计为实际使用外资金额的减少；或者指外方投资者受让外商投资企业中的中方投资者股权所支付的对价，此对价应统计为合同外资金额的增加，对价的实际交割应统计为实际使用外资金额的增加。股权受让溢折价部分计入外资统计，但如果股权受让溢价部分计入资本公积，则当资本公积转增注册资本时，计入资本公积的溢价部分不得重复统计，差额部分可计入统计。

十七、股权并购支付的对价：系指依据《外国投资者并购境内企业暂行规定》外国投资者协议购买境内非外商投资企业的股东的股权或认购境内公司增资使该境内非外商投资企业变更设立为外商投资企业所支付的对价，此对价应统计为合同外资金额的增加，对价的实际交割应统计为实际使用外资金额的增加。股权并购溢折价部分纳计入外资统计，但如果股权并购溢价部分计入资本公积，则当资本公积转增注册资本时，计入资本公积的溢价部分不得重复统计，差额部分可计入统计。

十八、注册地：填写投资者、实际控制人的注册地（国家或地区）或个人投资者所在国家或地区。

十九、实际控制人：是指虽不是投资者，但通过投资关系、协议或者其他安排，能够决定企业的财务和经营政策，并能从企业的经营活动中获取利益，能够实际支配企业行为的自然人或实体。

二十、出资方式，从现金、实物、无形资产，土地使用权、股权、其他等选项中选择填写。

二十一、金额：填写投资者的出资金额，合作经营企业投资者以非货币出资且不作价的，需填写出资条件。

二十二、所占比例，系指出资额占注册贺本的比例以及技术性出资额占出资额的比例。

二十三、中（外）方投资者出资货币币种不同，在进行中（外）方出资额合计时，可以美元为单位折算后进行加总。合作经营企业投资者以非货币出资且不作价的，可不进行出资颤合计。

二十四、发证原因；填写“新批准”、“股权转让”、“资盘变更（增资、减资）”、“转制”、“股东变更”，“经营范围变更”、“企业名称变更”、“注册地址变更”、“合并分立”、“新版换证”、“遗失补证”、“年检换证”和“其他变更”。

二十五、原批准号：填写换证前批准证书编号，如无特殊原因批准号不变。

二十六、批准号：应根据发证单位名称，填写本次发证批准证书的编号。

（二）外商投资企业实际投资统计表

填报单位：

表　　号：外资统基1表
制定机关：商务部
批准机关2国家统计局
批准文号：国统制〔2013〕4号
有效期至：2015年1月

进出口企业代码5　　　　年1— 月　　　　单位：万美元

指标名称	指标值（合计金额）	现金	实物	无形贷产	土地使用权	股权出赞	其他
实际投资合计							
中方　（小计）							
投资性公司							
外方　（小计）							
其中：外方境外出资							
外方境内出贷							
外方股东贷款			—	—	—	—	—
备注：量近一次企业验资报告时间： 验资机构名称： 验资报告编号：							

单位负责人：　　填报人：　　固定电话：　　移动电话：　　经办人：

说明：

一、本表反映外商投资企业实际出资情况。

二、填报单位：由外商投资企业填报。

三、报告时间及方法：以会计师事务所为外商投资企业出具的验资报告作为主要统计依据，按验资报告的时间进行统计，由地方各级商务主管部门逐级汇总，并于月后7日内以电子数据方式报商务都。

四、除“实际投资合计”行及“指标值（合计金额）”列外，表内各项数据均按验资报告中载明的实际币种及其金额填写，统计系统将根据当期汇率自动折算为美元数，并汇总得出“实际投资台计”行及“指标值（合计金额）”列数据。

五、实际投资合计：系指当期企业各投资者通过投资交易直接向企业提供的资本金额，包括中方实际投资和外方实际投资。其中外方实际投资部分为外商出资额。

六、外方境外出资：是指报告期内，外方投资者根据批准外商投资企业合同（章程）所规定的注册资本出资比例缴纳的来自境外的出资额。撤资应作为扣减项。

七、外方境内投资：是指报告期内，外方投资者根据批准外商投资企业合同（章程）所规定的注册资本出资比例以其在境内合法取得的人民币缴纳的出资额，包括利润再投资，资本公积转增注册资本以及其他所取得权益的投资。

八、外方股东贷款：是指报告期当期内外国投资者以自有资金向外商投资企业提供的贷款本金和针对外国股东贷款所获得的利息，包括债券和信贷。外国投资者当期向企业提供的借贷作为当期实际投资，企业当期对外国投资者偿还的贷款本息应作扣减项。

九、现金：是指投资者以货币资本作为投资。

十、实物：是指投资者以设备、建筑物，原材料等有形资产形式的投资。

十一、无形资产：是指依据法律取得的，且符合《会计准则》（2006）相关定义的工业产权、专有技术等，作价投资计入“无形资产”项下。

十二、土地使用权，是指投资者依法取得并作价出资的土地使用权。

十三、股权出资，是指依据《商务部关于涉及外商投资企业股权出资的暂行规定》以股权作为出赘的行为。股权出资不纳入外资统计。

十四、其他：是指以上未包括的投资。

十五、备注栏应注明最近一期的本企业验资报告的时间、验资机构和验资报告编号。

（三）外商投资企业经营状况统计表

填报企业：

表　　号：外资统基 3 表
制定机关：商务部
批准机关：国家统计局
批准文号：国统制〔2013〕4 号
有效期至：2015 年 1 月

进出口企业代码：　　　　　　　　201　年

指标名称	计量单位	代码	本年实际
甲	乙	丙	1
主营业务收入	万元	01	
其中：出口销售收入	万美元	02	
主营业务成本	万元	03	
其中：研发投入	万元	04	
社会保障支出金额	万元	05	
纳税总额	万元	06	
其中：企业所得税	万元	07	
个人所得税	万元	08	
增值税	万元	09	
消费税	万元	10	
营业税	万元	11	
进出口关税	万元	12	
利润总额	万元	13	
企业应缴所得税	万元	14	
净利润	万元	15	
可供分配利润	万元	16	
其中：外方应分配利润	万元	17	
外方实际汇出利润	万元	18	
期末资产总额	万元	19	
其中：流动资产	万元	20	
长期投资	万元	21	
固定资产	万元	22	
无形资产	万元	23	
期末负债总额	万元	24	
其中：长期负债	万元	25	
期末所有者权益总额	万元	26	
期末从业人员人数	人	27	
其中：外籍职工人数	人	28	
大学以上学历人数		29	
农村进城务工人数		30	
缴纳社会保障金人数		31	

续表

指标名称	计量单位	代码	本年实际
甲	乙	丙	1
结汇金额	万美元	32	
其中：资本项目结汇金额	万美元	33	
经常项目结汇金额	万美元	34	
售汇金额	万美元	35	
其中：资本项目售汇金额	万美元	36	
经常项目售汇金额	万美元	37	

单位负责人： 填表人：

说明：

一、本表反映外商投资企业生产、经营情况。

二、填报单位：由已投产（开业）的外商投资企业填报。

三、报告时间及方法：根据外商投资企业运营状况数据填报。各省、自治区、直辖市、计划单列市商务主管部门于每年6月30日前将上年度报表以电子数据方式报商务部。

四、主营业务收入：是指企业损益表中记录的当期销售产品和提供劳务等主要经营业务取得的收入总额，针对不同类型的企业，具体表现为产品销售收入、营业收入、营运收入、工程价款收入、各种劳务或者服务收入等。

五、主营业务成本：是指企业损益表中记录的当期主营业务成本支出。

六、研发投入：是指企业研究与开发过程中发生的各项支出。

七、社会保障支出金额：是指企业根据相关规定所缴纳的“五险一金总额”（养老保险，医疗保险、失业保险、工伤保险和生育保险及住房公积金）以及其他社会保障支出。

八、纳税总额：是指企业根据税收法律法规、关税税则规定向税务机关和海关缴纳的各种税款的总和。

九、企业所得税：是指根据《中华人民共和国企业所得税法》的规定，所缴纳的企业所得税总额。

十、个人所得税：是指根据个人所得税相关规定，企业代扣代缴的员工个人所得税总额。

十一、利润总额：是指企业损益表中记录的当期实现的利润或发生的亏损，亏损用“－”表示。

十二、净利润：是指企业当期实现利润扣除所得税后的净额。

十三、资产总额：是指企业资产负债表上记录的资产总额，包括流动资产、长期投资、固定资产、递延资产与其他资产。

十四、负债总额：是指企业资产负债表上记录的负债总额，包括流动负债和长期负债。其中，长期负债是指偿还期在一年以上或超过一年的一个经营周期的债务。

十五、所有者权益：是指企业资产血债表上记录的权益总额，包括资本金、公积金和未分配利润。

十六、从业人员人数：是指到期末止在企业工作并取得劳动报酬或经营收入的全部人员。其中，外藉职工人数是指在本企业工作，并由企业支付劳动报酬的外国公民和华侨、台、港、澳人员总数。

十七、大学以上学历人数：是指企业具有大专以上学历的职工人数。

十八、农村进城务工人数：是指企业具有农村户籍的职工人数。

十九、缴纳社会保障金人数：是指由企业已缴纳“五险一金”等社会保障金额的职工人数。

二十、结汇金额：指外汇所有者根据外汇管理有关规定将外汇卖给外汇指定银行的金额总和，包括资本项目结汇金额与经常项目结汇金额。

二十一、售汇金额：指外汇指定银行根据外汇管理有关规定将外汇卖给外汇使用者的金额总和，包括资本项目售汇金额与经常项目售汇金额。

（四）外商投资企业外方股东留存收益统计表

填报单位：

表　　号：外资统基 4 表
制定机关：商务部
批准机关：国家统计局
批准文号：国统制〔2013〕4 号
有效期至：2015 年 1 月

进出口企业代码：　　　　　　　　20　年　　　　　　　　单位：万元

指标名称	期初数	期末数
外方享有的公积金及留存收益额		
资本公积		
盈余公积		
未分配利润		
已分配但尚未汇出的外方股利		
当期外方已汇出利润		

说明：

一、本表反映外商投资企业外方投资者拥有的权益，包括留存收益、未分配利润。

二、填报单位：由省级商务主管部门根据本年度外商投资企业联合年检数据整理填报。

三、报告时间及方法：根据会计师事务所为外商投资企业出具的年度报告填报，各省、自治区、直辖市、计划单列市商务主管部门于每年 6 月 30 日前将上年度报表以电子数据方式报商务部。

四、外方享有的公积金及留存收益额：是指按照股权比例或约定计算的外方投资者所有的资本公积、盈余公积和未分配利润等。

五、已分配但尚未汇出的外方股利；是指企业已宣告分配但尚未支付给外方投资者的现金股利。

六、本年度外方已汇出利润：是指企业当年已分配给外方的现金股利。

（五）外商投资分方式表

汇总单位：

表　　号：外资统综表 1 号
制定机关：商务部
批准机关：国家统计局
批准文号：国统制〔2013〕4 号
有效期至：2015 年 1 月

年 1—　月

	批准企业数	批准合同外资金额（万美元）				实际使用外资金额（万美元）
		合计	新批准	增资	减资	
甲	01	02	03	04	05	06
合计						
一、外商直接投资						
中外合资经营企业						
中外合作经营企业						
外商独资企业						
外商投资股份有限公司						

续表

	批准企业数	批准合同外资金额（万美元）				实际使用外资金额（万美元）
		合计	新批准	增资	减资	
甲	01	02	03	04	05	06
（非上市）						
外商投资上市公司						
其中：外商投资 A 股上市公司						
外商投资						
B 股上市公司						
外商投资合伙企业						
中外合作开发项目						
其他						
二、外商其他投资						
对外发行股票						
国际租赁						
补偿贸易						
加工装配						
三、外商投资非营利性机构						

单位负责人：　　　　填表人：　　　　电话：　　　　报出日期：

说明：

一、本表反映外面投资分方式情况。

二、填报单位：由省、自治区、直辖市及计划单列市商务主管部门汇总填报。其中，外商直接投资银行、保险、证券等其他项，以及外商其他投资的对外发行股票项由银监会、证监会、保监会等有关部门分别填报。

三、报告时间及方法：根据报告期批准外商投资企业（项目）明细表（外资统基 1 表）、外商投资企业投资情况表（外资统基 2 表）编制，于月后 7 日内以电子数据方式报商务部，同时抄报同级统计局。

四、批准企业（项目）个数”是指外商直接投资中批准设立的外商投资企业个数/合伙企业个数、批准的合作开发项目个数。

五、“合同外资金额”是指批准外商投资企业的合同、章程中规定的外国投资肴认缴的出资额和企业投资总额内的应由外方投资者以自己的境外自有资金直接向企业提供的贷款，包括新批准企业合同外资和原有企业的增资减密，增资减资不对企业（项目）个数进行调整。合伙企业的合同外资是指登记设立的外商投资合伙企业，其外方认缴的出资额。

“合同外资金额”按企业类型分别计算，即：

1. 中外合资经营企业、中外合作经营企业和外资企业按照合同外资金额 = 注册资本 × 外商出资比例 + 外方股东贷款计算。

2. 外商投资台伙企业按照合同外资 = 认缴资本 × 外方出资比例计算。

3. 外商投资股份制企业按外方股东在公司中的持股比例，按外方股东认购股票的价格计算出的出资额（不包括社会公开募集的金额）填列。

六、“实际使用外资金额”是指批准的合同外资金额的实际执行数，外国投资者根据批准外商投资企业的合同（章程）的规定实际缴付的出资额和企业投资总额内外国投资者以自己的境外自育资金实际直接向企业提供的贷款。

七、“外商直接投资”是指外国投资者在我国境内通过设立外商投资企业、合伙企业、与中方投资者共同进行石油、天然气和煤层气等资源的合作勘探开发以及设立外国公司分支机构等方式进行投资。

外国投资者可以用现金、实物、无形资产、股权等投资，还可以用从外商投资企业获得的利润进行再投资。

八、“中外合资经营企业”是指外国公司、企业和其他经济组织或个人依据《中华人民共和国中外合资经营企业法》，同中国的公司、企业或其他经济组织在中国境内共同投资举办的企业，合营各方按各自的出资比例分享利润、承担风险。

九、“中外合作经营企业”是指外国公司、企业和其他经济组织或个人依据《中华人民共和国中外合作经营企业法》，同中国的公司、企业或其他经济组织在中国境内共同投资或提供合作条件举办的企业。合作各方的权利、义务、利益分配和风险分担等在各方签订的合同中确定。

十、“外商独资企业”是指外国公司、企业和其他经济组织或个人依据《中华人民共和国外资企业法》在中国境内设立的全部资本由外国投资者投资的企业。

十一、“外商投资股份有限公司”是指根据《关于设立外商投资股份公司暂行规定舟设立，且末上市的股份公司。

十二、“外商投资合伙企业”是指根据《外国企业或者个人在中国境内设立合伙企业管理办法》规定，两个以上外国企业或者个人在中国境内设立的合伙企业，以及外国企业或个人与中国的自然人、法人和其他组织在中国境内设立的台伙企业。

十三、“合作开发项目”是指外国公司依据《对外合作开发海洋石油资源条例》和《对外合作开采陆上石油资源条例》，同中国的公司合作进行石油、天然气和煤层气资源勘探开发的项目。

十四、“外商投资 A 股上市公司”是指以人民币计价，面对中国公民发行股票且在境内上市的外商投资企业。

十五、“外商投资 B 股上市公司”是指以美元港元计价，面向境外投资者发行股票，但在中国境内上市的外商投资企业。

十六、“其他”是指外国公司、金融机构在华设立从事经营活动的分支机构，如境外公司分公司、境外银行分行等，还包括在境内注册的，企业对外发行股票，由境外投资者以外币认购后单个外国投资者在企业所占股权比例超过 10%（含 10%）的资金。

十七、“外商其他投资”是指除外商直接投资以外其他方式吸收的外资。

十八、“对外发行股票”是指在境内注册的企业在境内外股票市场公开发行股票，由外国投资者以外币认购所筹集的资金（单个外国投资者在企业所占股权比例不超过 10%）。

十九、“国际租赁”是指我国境内企业通过签订租赁合同，从租赁公司较长期地租赁进口的机器设备，承租人将其用于生产经营活动，租赁期满后租赁物所有权一般归承租人。

二十、“补偿贸易”是指国外厂商直接提供或通过国外信贷进口生产技术或设备，境内企业以该技术、设备生产的产品分期偿还外方技术、设备价款。

二十一、“加工装配（包括来料加工、来件装配等）”是指由外商提供全部或部分原辅材料、零部件、元器件等，我国境内的企业根据外商的要求进行加工生产、产品交外商销售，境内企业只收取工缴费，这种合作方式一般外商儒进口部分机器设备，境内企业可用工缴费偿还。

（六）外商投资金融业、保险业、证券业情况表

汇总单位：

表　　号：外资统综2表
制定机关：商务部
批准机关：国家统计局
批准文号：国统制〔2013〕4号
有效期至：2015年1月

年第　　季度

	新设营业性机构个数	撤销营业性机构个数	投资额（万美元）	营运赞盘（万美元）	资本金（万美元）
甲	01	02	03	04	05
合计					
一、金融机构					
合资银行					
外国银行分行					
独资银行					
合资财务公司					
独资财务公司					
外资基金管理公司					
二、保险机构					
合资保险公司					
独资保险公司					
外国保险公司分公司					
三、证券机构					
合资证券公司					

单位负责人：　　　　填表人：

说明：

一、本表反映外商投资金融业、保险业、证券业的情况。

二、填报单位：由中国银行业监督管理委员会、中国保险监督委员会、中国证券监督管理委员会分别填报。

三、报告时间及方法：由中国银行业监督管理委员会，中国保险监督委员会、中国证券监督管理委员于季后15日内以电子数据方式报商务部。

四、合资银行：是指外国的金融机构同中国的公司、企业在中国境内合资经营的银行。

五、独资银行：是指依照中华人民共和国有关法律、法规的规定，经批准在中国境内设立和营业的总行在中国境内的外国资本的银行。

六、外国银行分行：是指外国银行在中国境内的分行。

七、合资财务公司：是指外国的金融机构同中国的公司、企业在中国境内合资经营的财务公司。

八、独资财务公司：是指总公司在中国境内的外国资本的财务公司。

九、外资基金管理公司：是指外国的金融机构同中国的公司、企业在中国境内合资经营的基金管理公司。

十、合资保险公司：是指外国保险公司同中国的公司\ 企业在中国境内合资经营的保险公司。

十一、独资保险公司：是指外国保险公司在中国境内投资经营的外国资本保险公司。

十二、外国保险公司分公司：是指外国保险公司在中国境内的分公司。

十三、合资证券公司：是指外国金融机构同中国的公司、企业在中国境内合资经营的证券公司。

（七）吸收外商投资评价表

汇总单位：

表　　号：外资统综3表
制定机关：商务部
批准机关：国家统计局
批准文号：国统制〔2013〕4号
有效期至：2015年1月

年

指标名称	计量单位	代码	实际
甲	乙	丙	1
资金到位率	%	1	
近三年（含当年）累计实际使用外资金额	万美元	2	
近三年（台当年）累计合同外资金额	万美元	3	
鼓励类企业率	%	4	
当年新批鼓励类外商投资企业数	家	5	
当年新批外商投资企业数	家	6	
出口销售收入占销售总收入比重	%	7	
当年出口销售收入	万人民币	8	
当年销售总收入	万人民币	9	
就业增长率	%	10	
外商投资企业从业人数（本年度）	人	11	
外商投资企业从业人数（上年度）	人	12	
纳税金增长率	%	13	
外商投资企业纳税总额（本年度）	万人民币	14	
外商投资企业纳税总额（上年度）	万人民币	15	
参检率	%	16	
参检企业数	家	17	
累计新批外商投资企业数	家	18	
已终止撤销外商投资企业数	家	19	
高薪技术企业率	%	20	
现存已认定的外商投资高新技术企业数	家	21	
现存外商投资企业数	家	22	
当年新认定外商投资高新技术企业数	家	23	
研发投入率	%	24	
当年研发投资资金	万人民币	25	
当年营业收入	万人民币	26	

单位负责人：　　　　　　　　　　　　　　填表人：

说明：

一、本表反映地区外商投资企业总体经营状况，衡量外资对当地经济社会发展的贡献，进而综合评价利用外资的质量。

二、填报单位：由省、自治区、直辖市及计划单列市商务主管部门汇总填报。

三、报告时间及方法：根据报告期内外商直接投资统计数据、外商投资企业运营状况统计数据、及国家统计局相关国民经济数据编制，各省，自治区，直辖市、计划单列市商务主管部门于每年6月30日前将上年度报表以电子数据方式报商务部。

四、资金到位率：是指近三年（含当年）累计实际使用外资金额与近三年（含当年）累计合同外资金额之比，反映招商引资实效。

五、鼓励类企业率：是指当年新批设立鼓励类外商投资企业数（包括研发机构）与当年新批设立外商投资企业总数之比。

六、出口销售收入占销售总收入比重：是指外商投资企业出口销售收入（包括货物、服务、技术）在其销售总收入中所占比重，该指标反映外商投资企业对外依存度。

七、就业增长率：是指本辖区外商投资企业当年就业人数比上年就业人数增长的比率，该指标反映外商投资企业对就业的贡献和对就业的持续影响力。

八、纳税金增长率：是指本辖区外商投资企业当年纳税总额比上年纳税总额增长的比率，该指标反映外商投资企业经营状况及对财政收入的贡献。

九、参检率：是指当年外商投资企业运营状况统计填报企业数/（累计批准设立企业数、已终止撤销企业数）。

十、高新技术企业率；是现存已认定的高新技术企业数与现存外商投资企业数之比，该指标反映外商投资企业中高新技术企业的情况。

十一、研发投入率：是指当年外商投资企业用于研发投入的资金与营业收入之比，该指标反映外商投资企业用于研发投入的资金情况。

四、附　录

（一）国别（地区）统计代码

代码	中文名称	英文名称
101	阿富汗	Afghanistan
102	巴　林	Bahrian
103	孟加拉国	Bangladesh
104	不　丹	Bhutan
105	文　莱	Brunei
106	缅　甸	Myanmar
107	柬埔寨	Cambodia
108	塞浦路斯	Cyprus
109	朝　鲜	Korea，DPR
110	香　港	Hong Kong
111	印　度	India
112	印度尼西亚	Indonesia
113	伊　朗	Iran
114	伊拉克	Iraq
115	以色列	Israel
116	日　本	Japan
117	约　旦	Jordan
118	科威特	Kuwait
119	老　挝	Lao PDR
120	黎巴嫩	Lebanon
121	澳　门	Macau
122	马来西亚	Malaysia
123	马尔代夫	Maldives
124	蒙　古	Mongolia
125	尼泊尔联邦民主共和国	Nepal，FDR

126	阿　曼	Oman
127	巴基斯坦	Pakistan
128	巴勒斯坦	Palestine
129	菲律宾	Philippines
130	卡塔尔	Qatar
131	沙特阿拉伯	Saudi Arabia
132	新加坡	Singapore
133	韩　国	Korea，Rep.
134	斯里兰卡	Sri Lanka
135	叙利亚	Syrian Arab Republic
136	泰　国	Thailand
137	土耳其	Turkey
138	阿联酋	United Arab Emirates
139	也　门	Yemen
141	越　南	Viet Nam
142	中　国	China
143	台　湾	Taiwan，Prov. of China
144	东帝汶	Timor-Leste
145	哈萨克斯坦	Kazakhstan
146	吉尔吉斯斯坦	Kyrgyzstan
147	塔吉克斯坦	Tajikistan
148	土库曼斯坦	Turkmenistan
149	乌兹别克斯坦	Uzbekistan
199	亚洲其他国家（地区）	Oth. Asia nes
201	阿尔及利亚	Algeria
202	安哥拉	Angola
203	贝　宁	Benin
204	博茨瓦那	Botswana
205	布隆迪	Burundi
206	喀麦隆	Cameroon
207	加那利群岛	Canary Islands
208	佛得角	Cape Verde
209	中　非	Central African Republic
210	塞卜泰（休达）	Ceuta
211	乍　得	Chad
212	科摩罗	Comoros
213	刚果（布）	Congo
214	吉布提	Djibouti
215	埃　及	Egypt
216	赤道几内亚	Equatorial Guinea
217	埃塞俄比亚	Ethiopia
218	加　蓬	Gabon

219	冈比亚	Gambia
220	加　纳	Ghana
221	几内亚	Guinea
222	几内亚比绍	Guinea-Bissau
223	科特迪瓦	Cote d'Ivoire
224	肯尼亚	Kenya
225	利比里亚	Liberia
226	利比亚	Libyan Arab Jamahiriya
227	马达加斯加	Madagascar
228	马拉维	Malawi
229	马　里	Mali
230	毛里塔尼亚	Mauritania
231	毛里求斯	Mauritius
232	摩洛哥	Morocco
233	莫桑比克	Mozambique
234	纳米比亚	Namibia
235	尼日尔	Niger
236	尼日利亚	Nigeria
237	留尼汪	Reunion
238	卢旺达	Rwanda
239	圣多美和普林西比	Sao Tome and Principe
240	塞内加尔	Senegal
241	塞舌尔	Seychelles
242	塞拉利昂	Sierra Leone
243	索马里	Somalia
244	南　非	South Africa
245	西撒哈拉	Western Sahara
246	苏　丹	Sudan
247	坦桑尼亚	Tanzania
248	多　哥	Togo
249	突尼斯	Tunisia
250	乌干达	Uganda
251	布基纳法索	Burkina Faso
252	刚果（金）	Congo, DR
253	赞比亚	Zambia
254	津巴布韦	Zimbabwe
255	莱索托	Lesotho
256	梅利利亚	Melilla
257	斯威士兰	Swaziland
258	厄立特里亚	Eritrea
259	马约特	Mayotte
299	非洲其他国家（地区）	Oth. Afr. nes

301	比利时	Belgium
302	丹　麦	Denmark
303	英　国	United Kingdom
304	德　国	Germany
305	法　国	France
305	爱尔兰	Ireland
307	意大利	Italy
308	卢森堡	Luxembourg
309	荷　兰	Netherlands
310	希　腊	Greece
311	葡萄牙	Portugal
312	西班牙	Spain
313	阿尔巴尼亚	Albania
314	安道尔	Andorra
315	奥地利	Austria
316	保加利亚	Bulgaria
318	芬　兰	Finland
320	直布罗陀	Gibraltar
321	匈牙利	Hungary
322	冰　岛	Iceland
323	列支敦士登	Liechtenstein
324	马耳他	Malta
325	摩纳哥	Monaco
326	挪　威	Norway
327	波　兰	Poland
328	罗马尼亚	Romania
329	圣马力诺	San Marino
330	瑞　典	Sweden
331	瑞　士	Switzerland
334	爱沙尼亚	Estonia
335	拉脱维亚	Latvia
336	立陶宛	Lithuania
337	格鲁吉亚	Georgia
338	亚美尼亚	Armenia
339	阿塞拜疆	Azerbaijan
340	白俄罗斯	Belarus
343	摩尔多瓦	Moldova
344	俄罗斯联邦	Russian Federation
347	乌克兰	Ukraine
350	斯洛文尼亚	Slovenia
351	克罗地亚	Croatia
352	捷　克	Czech Republic

353	斯洛伐克	Slovakia
354	前南马其顿	Macedonia，FYR
355	波　黑	Bosnia and Hercegovina
356	梵蒂冈城国	Vatican Cizy State
357	法罗群岛	Faroe Islands
358	塞尔维亚	Serbia
359	黑　山	Montenegro
399	欧洲其他国家（地区）	Oth. Eur. nes
401	安提瓜和巴布达	Antigua and Barbuda
402	阿根廷	Argentina
403	阿鲁巴	Aruba
404	巴哈马	Bahamas
405	巴巴多斯	Barbados
406	伯利兹	Belize
408	多民族玻利维亚国	Estado Plurinacional de Bolivia
409	博内尔	Bonaire
410	巴　西	Brazil
411	开曼群岛	Cayman Islands
412	智　利	Chile
413	哥伦比亚	Colombia
414	多米尼克	Dominica
415	哥斯达黎加	Costa Rica
416	古　巴	Cuba
417	库腊索岛	Curacao
418	多米尼加共和国	Dominican Republic
419	厄瓜多尔	Ecuador
420	法属圭亚那	French Guiana
421	格林纳达	Grenada
422	瓜德罗普	Guadeloupe
423	危地马拉	Guatemala
424	圭亚那	Guyana
425	海　地	Haiti
428	洪都拉斯	Honduras
427	牙买加	Jamaica
428	马提尼克	Martinique
429	墨西哥	Mexico
430	蒙特塞拉特	Montserrat
431	尼加拉瓜	Nicaragua
432	巴拿马	Panama
433	巴拉圭	Paraguay
434	秘　鲁	Peru
435	波多黎各	Puerto Rico

436	萨　巴	Saba
437	圣卢西亚	Saint Lucia
438	圣马丁岛	Saint Martin Islands
439	圣文森特和格林纳丁斯	Saint Vincent and Grenadines
440	萨尔瓦多	El Salvador
441	苏里南	Suriname
442	特立尼达和多巴哥	Trinidad and Tobago
443	特克斯和凯科斯群岛	Turks and Caicos Islands
444	乌拉圭	Uruguay
445	委内瑞拉	Venezuela
446	英属维尔京群岛	Virgin Islands, British
447	圣基茨和尼维斯	Saint Kitts and Nevis
448	圣皮埃尔和密克隆	Saint Pierre and Miquelon
449	荷属安的列斯	Netherlands Antilles
499	拉丁美洲其他国家（地区）	Oth. L. Amer. nes
501	加拿大	Canada
502	美　国	United States
503	格陵兰	Greenland
504	百慕大	Bermuda
599	北美洲其他国家（地区）	Oth. N. Amer. nes
601	澳大利亚	Australia
602	库克群岛	Cook Islands
603	斐　济	Fiji
604	盖比群岛	Gambier Islands
605	马克萨斯群岛	Marquesas Islands
606	瑙　鲁	Nauru
607	新喀里多尼亚	New Caledonia
608	瓦努阿图	Vanuatu
609	新西兰	New Zealand
610	诺福克岛	Norfolk Island
611	巴布亚新几内亚	Papua New Guinea
612	社会群岛	Society Islands
613	所罗门群岛	Solomon Islands
614	汤　加	Tonga
615	土阿莫土群岛	Tuamotu Islands
616	土布艾群岛	Tubai Islands
617	萨摩亚	Samoa
618	基里巴斯	Kiribati
619	图瓦卢	Tuvalu
620	密克罗尼西亚联邦	Micronesia, FS
621	马绍尔群岛	Marshall Islands
622	帕　劳	Palau

623	法属波利尼西亚	French Polynesia
625	瓦利斯和浮图纳	Wallis and Futuna
699	大洋洲其他国家（地区）	Oth. Ocean. nes
701	国（地）别不详的	Countries（reg.）unknown
702	联合国及机构和国际组织	UN and oth. Int'l org

（二）省、市、自治区代码表

北京市	110000
天津市	120000
河北省	130000
山西省	140000
内蒙古自治区	150000
辽宁省	210000
大连市	210200
吉林省	220000
黑龙江省	230000
上海市	310000
江苏省	320000
浙江省	330000
宁波市	330200
安徽省	340000
福建省	350000
厦门市	350200
江西省	360000
山东省	370000
青岛市	370200
河南省	410000
湖北省	420000
湖南省	430000
广东省	440000
深圳市	440300
广西壮族自治区	450000
海南省	460000
重庆市	500000
四川省	510000
贵州省	520000
云南省	530000
西藏自治区	540000
陕西省	610000
甘肃省	620000
青海省	630000
宁夏回族自治区	640000

新疆维吾尔自治区　　　650000

（三）统计机构和统计人员

各级商务主管部门要加强外商投资统计工作的领导，根据工作需要相应设立统计机构或配备专职统计人员，外商投资统计人员要保持相对稳定，外商投资统计人员应具备统计工作所需的专业知识，各级商务主管部门应加强对外商投资统计人员的专业技能培训。

1. 根据《中华人民共和国统计法》的规定，外商投资统计人员有权要求有关单位和人员依照国家规定提供统计资料，检查统计资料的准确性，要求改正不确实的统计资料，揭发和检举统计工作中违法违规的行为。

2. 各级商务主管部门人员虚报、瞒报、伪造、篡改统计资料或拒报、迟报统计数据情节严重的，予以通报批评；情节较重的，由所在部门依法给予或建议有关部门给予行政处分。外商投资企业有上述违法违规行为，情节严重的，由县级以上商务主管部门提请同级统计局予以警告，并可按国家有关规定予以处罚。

3. 对在完成规定的统计任务、保障统计资料的准确性、及时性方面成绩显著，在开展统计分析、信息报送、统计预测和监督方面成绩突出的统计机构和人员，商务部将给予表彰，有关单位应依据《中华人民共和国统计法实施细则》的规定给予奖励。

4. 未经外商投资统计负责部门批准自行编制、发布外商投资统计报表和自行公布外商投资统计资料的，由县级以上商务主管部门会同同级统计局责令改正，并予以通报批评。

（四）附则

1. 外商投资统计货币币种为美元，美元与其他货币的折算率，按国家外汇管理局制定的《各种货币对美元内部统一折算率表》执行。

2. 本制度使用的国别（地区）统计代码，按国家海关总署制定的《国别（地区）统计代码》执行。所属行业类别按中华人民共和国《国民经济行业分类》（GB/T 4754—2011）执行。逢法定节假日，报表报出日期可相应顺延（双休日报表不顺延）。

3. 本制度由商务部负责解释。

4. 本制度2013年1月起实行。

关于印发《对外投资合作环境保护指南》的通知

（商合函〔2013〕74号　2013年2月18日）

各省、自治区、直辖市、计划单列市及新疆生产建设兵团商务主管部门、环境保护部门，各中央企业：

为指导我国企业在对外投资合作中进一步规范环境保护行为，引导企业积极履行环境保护社会责任，推动对外投资合作可持续发展，我们制定了《对外投资合作环境保护指南》（以下简称《指南》），现予印发。

请各地商务主管部门、环境保护部门加强对《指南》的宣传，指导我企业在对外投资合作中提高环境保护意识，了解并遵守东道国环境保护政策法规，实现互利共赢。

商务部　环境保护部

二〇一三年二月十八日

对外投资合作环境保护指南

第一条　为指导中国企业进一步规范对外投资合作活动中的环境保护行为，及时识别和防范环境风险，引导企业积极履行环境保护社会责任，树立中国企业良好对外形象，支持东道国的可持续发展，制定本指南。

第二条　本指南适用于中国企业对外投资合作活动中的环境保护，由企业自觉遵守。

第三条　倡导企业在积极履行环境保护责任的过程中，尊重东道国社区居民的宗教信仰、文化传统和民族风俗，保障劳工合法权益，为周边地区居民提供培训、就业和再就业机会，促进当地经济、环境和社区协调发展，在互利互惠基础上开展合作。

第四条　企业应当秉承环境友好、资源节约的理念，发展低碳、绿色经济，实施可持续发展战略，实现自身盈利和环境保护“双赢”。

第五条　企业应当了解并遵守东道国与环境保护相关的法律法规的规定。

企业投资建设和运营的项目，应当依照东道国法律法规规定，申请当地政府环境保护方面的相关许可。

第六条　企业应当将环境保护纳入企业发展战略和生产经营计划，建立相应的环境保护规章制度，强化企业的环境、健康和生产安全管理。鼓励企业使用综合环境服务。

第七条 企业应当建立健全环境保护培训制度，向员工提供适当的环境、健康与生产安全方面的教育和培训，使员工了解和熟悉东道国相关环境保护法律法规规定，掌握有关有害物质处理、环境事故预防以及其他环境知识，提高企业员工守法意识和环保素质。

第八条 企业应当根据东道国的法律法规要求，对其开发建设和生产经营活动开展环境影响评价，并根据环境影响评价结果，采取合理措施降低可能产生的不利影响。

第九条 鼓励企业充分考虑其开发建设和生产经营活动对历史文化遗产、风景名胜、民风民俗等社会环境的影响，采取合理措施减少可能产生的不利影响。

第十条 企业应当按照东道国环境保护法律法规和标准的要求，建设和运行污染防治设施，开展污染防治工作，废气、废水、固体废物或其他污染物的排放应当符合东道国污染物排放标准规定。

第十一条 鼓励企业在项目建设前，对拟选址建设区域开展环境监测和评估，掌握项目所在地及其周围区域的环境本底状况，并将环境监测和评估结果备案保存。

鼓励企业对排放的主要污染物开展监测，随时掌握企业的污染状况，并对监测结果进行记录和存档。

第十二条 鼓励企业在收购境外企业前，对目标企业开展环境尽职调查，重点评估其在历史经营活动中形成的危险废物、土壤和地下水污染等情况，以及目标企业与此相关的环境债务。鼓励企业采取良好环境实践，降低潜在环境负债风险。

第十三条 企业对生产过程中可能产生的危险废物，应当制订管理计划。计划内容应当包括减少危险废物产生量和危害性的措施，以及危险废物贮存、运输、利用、处置措施。

第十四条 企业对可能存在的环境事故风险，应当根据环境事故和其他突发事件的性质、特点和可能造成的环境危害，制订环境事故和其他突发事件的应急预案，并建立向当地政府、环境保护监管机构、可能受到影响的社会公众以及中国企业总部报告、沟通的制度。

应急预案的内容包括应急管理工作的组织体系与职责、预防与预警机制、处置程序、应急保障以及事后恢复与重建等。鼓励企业组织预案演练，并及时对预案进行调整。

鼓励企业采取投保环境污染责任保险等手段，合理分散环境事故风险。

第十五条 企业应当审慎考虑所在区域的生态功能定位，对于可能受到影响的具有保护价值的动、植物资源，企业可以在东道国政府及社区的配合下，优先采取就地、就近保护等措施，减少对当地生物多样性的不利影响。

对于由投资活动造成的生态影响，鼓励企业根据东道国法律法规要求或者行业通行做法，做好生态恢复。

第十六条 鼓励企业开展清洁生产，推进循环利用，从源头削减污染，提高资源利用效率，减少生产、服务和产品使用过程中污染物的产生和排放。

第十七条 鼓励企业实施绿色采购，优先购买环境友好产品。

鼓励企业按照东道国法律法规的规定，申请有关环境管理体系认证和相关产品的环境标志认证。

第十八条 鼓励企业定期发布本企业环境信息，公布企业执行环境保护法律法规的计划、采取的措施和取得的环境绩效情况等。

第十九条 鼓励企业加强与东道国政府环境保护监管机构的联系与沟通，积极征求其对环境保护问题的意见和建议。

第二十条 倡导企业建立企业环境社会责任沟通方式和对话机制，主动加强与所在社区和相关社会团体的联系与沟通，并可以依照东道国法律法规要求，采取座谈会、听证会等方式，就本企业建设项目和经营活动的环境影响听取意见和建议。

第二十一条 鼓励企业积极参与和支持当地的环境保护公益活动，宣传环境保护理念，树立企业良好环境形象。

第二十二条 鼓励企业研究和借鉴国际组织、多边金融机构采用的有关环境保护的原则、标准和惯例。

《台湾投资者经第三地转投资认定暂行办法》

（商务部、国务院台湾事务办公室公告 2013 年第 12 号　2013 年 2 月 20 日）

为实施《海峡两岸投资保护和促进协议》，保护台湾投资者合法投资权益，鼓励台湾同胞赴大陆投资，促进海峡两岸经济合作，现公布《台湾投资者经第三地转投资认定暂行办法》，自 2013 年 2 月 20 日起实施。

中华人民共和国商务部
国务院台湾事务办公室
二〇一三年二月二十日

台湾投资者经第三地转投资认定暂行办法

第一条　为保护台湾投资者在大陆投资的合法权益，实施《海峡两岸投资保护和促进协议》，根据有关法律、行政法规制定本办法。

第二条　台湾投资者以其直接或间接所有或控制的第三地公司、企业或其他经济组织作为投资者（以下简称第三地投资者）在大陆投资设立企业（以下简称转投资企业），可根据本办法提出申请，将该第三地投资者认定为视同台湾投资者（以下简称转投资认定）。

第三条　商务部会同国务院台湾事务办公室，各省、自治区、直辖市、计划单列市及新疆生产建设兵团商务主管部门（以下简称省级商务主管部门）会同同级台湾事务办公室负责台湾投资者经第三地转投资认定和管理工作。

第四条　本办法中的“台湾投资者”是指以下自然人或企业：

（一）持有台湾地区身份证明文件的自然人；

（二）在台湾地区设立登记的企业，包括公司、信托、商行、合伙或其他组织，不包括大陆和台湾地区以外的国家或地区的自然人、企业或机构在台湾地区设立登记的海外分公司、办事处、联络处以及未从事实质性经营的实体。

第五条　本办法第二条中的“第三地”是指大陆和台湾地区以外的国家或地区，第三地投资者应依照该国家或地区的法律设立。

第六条 本办法第二条中的“所有”是指台湾投资者拥有第三地投资者超过 50% 的股权。

第七条 本办法第二条中的“控制”是指未满足本办法第六条要求，但存在以下情形之一的：

（一）台湾投资者实际拥有第三地投资者的董事会、股东会等权力机构超过半数以上的表决权；

（二）台湾投资者有权任免第三地投资者董事会等权力机构半数以上的成员，且第三地投资者的经营决策等事项由该权力机构决定；

（三）台湾投资者有权决定第三地投资者的运营、财务、人事等事项；

（四）商务部会同国务院台湾事务办公室规定的其他情形。

第八条 两个以上符合条件的台湾投资者在同一第三地投资者中拥有股权、表决权，可合并计算其在第三地投资者中的股权、表决权及相关影响，适用本办法第六条、第七条的规定。

第九条 本办法第四条（二）中的“实质性经营”应同时符合以下条件：

（一）在台湾地区有业务经营场所；

（二）在台湾地区有纳税记录；

（三）在台湾地区雇用员工。

第十条 台湾投资者申请转投资认定，应向转投资企业所在地省级商务主管部门提出申请，并报送以下材料：

（一）《台湾投资者经第三地转投资认定申报表》，台湾投资者委托他人申请的，应提交经公证的台湾投资者签署的委托书；

（二）台湾投资者为自然人的，提交经公证的身份证明文件；

（三）台湾投资者为企业的，提交经公证的台湾投资者设立登记证明文件、拥有或租用经营场所的证明文件、上一年度该企业缴纳所得税的证明文件（亏损的企业提供征税机关关于亏损情况的证明文件）和员工保险缴纳证明；

（四）台湾投资者、第三地投资者和转投资企业之间所有和控制关系的说明和证明文件；

（五）负责认定和管理的部门要求提供的其他文件。

第十一条 自收到全部有效材料之日起，省级商务主管部门会同同级台湾事务办公室在 20 个工作日内进行审核，符合本办法要求的，向台湾投资者出具转投资认定证明；不符合的，出具不予认定意见。省级商务主管部门应将《台湾投资者经第三地转投资认定申报表》录入外商投资审批管理系统，通过该系统向商务部电子备案。

台湾投资者获得转投资认定证明后，转投资企业凭认定证明向有审批权的商务主管部门申请颁发或换发外商投资企业批准证书或台港澳侨企业批准证书；转投资企业由商务部批准的，经商务部授权，可由转投资企业所在地省级商务主管部门为其换发外商投资企业批准证书或台港澳侨企业批准证书。

商务主管部门在颁发或换发批准证书时，应在外商投资企业批准证书或台港澳侨企业批准证书中第三地投资者名称后标注“（台湾投资者经第三地转投资）”。

第十二条 在获得转投资认定后，发生以下变化的，台湾投资者应及时将变化情况向原出具认定证明的商务主管部门报告，并提交有关变化的情况说明及证明文件。

（一）台湾投资者不再满足本办法第四条、第九条规定；

（二）台湾投资者对第三地投资者的所有或控制关系不再满足本办法第六条或第七条规定；

（三）商务部会同国务院台湾事务办公室规定的其他情形。

收到情况说明及证明文件后，商务主管部门会同同级台湾事务办公室在 10 个工作日内取消对该台湾投资者经第三地转投资的认定，换发外商投资企业批准证书或台港澳侨企业批准证书，删除“（台湾投资者经第三地转投资）”的标注。

第十三条 获得转投资认定的台湾投资者如遇到投资争端，援引《海峡两岸投资保护和促进协议》中关于投资争端解决的规定，向大陆的两岸投资争端解决机构申请调解解决的，应向大陆的两岸投资争端解决机构提交商务主管部门出具的转投资认定证明和根据本办法第十一条规定加注的转投资企业外商投资企业批准证书或台港澳侨企业批准证书。

台湾投资者经第三地转投资书面认定意见上载明的认定日期与向大陆的两岸投资争端解决机构提交投资争端解决申请日期间隔超过1年，或者未超过1年但期间台湾投资者及其与第三地投资者之间所有或控制关系发生变化的，台湾投资者应向大陆的两岸投资争端解决机构提交商务主管部门出具的关于转投资认定的确认意见。

第十四条 台湾投资者提请转投资认定确认的，应参照本办法第十条有关要求，向省级商务主管部门提交自认定日期到提出确认申请期间，台湾投资者以及台湾投资者对于第三地投资者的所有或控制关系是否发生变化的说明及相关文件，省级商务主管部门会同同级台湾事务办公室在10个工作日内完成审核，出具确认意见。

第十五条 本暂行办法自2013年2月20日实施，由商务部会同国务院台湾事务办公室负责解释。

附件：台湾投资者经第三地转投资认定申报表

附件：

台湾投资者经第三地转投资认定申报表

<table>
<tr><td rowspan="2">申报人</td><td>名　称</td><td colspan="5"></td></tr>
<tr><td>联系人</td><td></td><td>联系电话</td><td></td><td>电子邮箱</td><td></td></tr>
<tr><td rowspan="3">台湾投资者信息</td><td rowspan="3">台湾投资者</td><td>投资者名称</td><td colspan="4"></td></tr>
<tr><td>注册地址</td><td colspan="4"></td></tr>
<tr><td>雇用员工人数</td><td colspan="4"></td></tr>
<tr><td rowspan="5">第三地投资者信息</td><td>中文名称</td><td colspan="5"></td></tr>
<tr><td>英文名称</td><td colspan="5"></td></tr>
<tr><td>注册地址</td><td colspan="5"></td></tr>
<tr><td rowspan="2">台湾投资者对其所有控制关系</td><td>□所有</td><td colspan="4">□台湾投资者拥有第三地投资者50%以上股权</td></tr>
<tr><td>□控制</td><td colspan="4">□台湾投资者实际拥有第三地投资者的董事会、股东会等权力机构超过半数以上的表决权；
□台湾投资者有权任免第三地投资者董事会等权力机构半数以上的成员，且第三地投资者的经营决策等事项由该权力机构决定；
□台湾投资者有权决定第三地投资者的运营、财务、人事等事项；
□其他</td></tr>
<tr><td rowspan="7">转投资企业信息</td><td>中文名称</td><td colspan="5"></td></tr>
<tr><td>英文名称</td><td colspan="5"></td></tr>
<tr><td>注册地址</td><td colspan="5"></td></tr>
<tr><td>审批机关</td><td colspan="2"></td><td>批准日期</td><td colspan="2"></td></tr>
<tr><td>投资总额</td><td colspan="2"></td><td>注册资本</td><td colspan="2"></td></tr>
<tr><td>企业性质</td><td colspan="5">□中外合资　□中外合作　□外商独资　□其他：</td></tr>
<tr><td>经营范围</td><td colspan="5"></td></tr>
<tr><td>台湾投资者承诺</td><td colspan="6">承诺所提交的文件和有关附件真实、合法、有效，复印件与原件一致，并对因提交虚假文件所引发的后果承担法律责任。

签字（盖章）
年　月　日</td></tr>
<tr><td colspan="7">以下由商务主管部门填写</td></tr>
<tr><td>认定意见</td><td colspan="3">□同意，出具认定证明</td><td colspan="3">□不予认定</td></tr>
</table>

注：1. 本表可在商务部网站（www. mofcom. gov. cn）外资司子站中下载。

2. 有两个或两个以上台湾投资者的，可在“台湾投资者信息”中自行增加投资者有关内容，并在“台湾投资者承诺”中共同签署。

关于开展2013年外商投资企业联合年检工作的通知

（商资函〔2013〕84号　2013年2月21日）

各省、自治区、直辖市、计划单列市及新疆生产建设兵团商务主管部门、财政厅（局）、国家税务局、地方税务局、工商局、统计局、外汇局：

为认真贯彻执行《关于对外商投资企业实行联合年检的实施方案的通知》（〔1998〕外经贸资发第938号，以下简称《通知》）精神，做好2013年全国外商投资企业联合年检工作，现就有关问题通知如下：

一、2013年3月1日至6月30日为外商投资企业联合年检办公时间，年检内容为2012年度外商投资企业运营情况。在我国境内，依法批准设立并登记注册、获得法人资格的外商投资企业均须在规定时间内参加年检。

二、联合年检各参检部门要严格按照《通知》要求全面部署，精心组织开展联合年检工作。广泛宣传，全面动员，加强部门联动机制，加大监管力度，提高企业参检意识。认真审核，严格把关，确保数据质量。

三、联合年检各参检部门应认真做好外商投资企业网上年检，提倡“绿色年检”、“低碳年检”理念，鼓励有条件的地区推行全程电子化网上年检，实现无纸化年检，减少企业出行次数及纸张消耗。

四、开展电子签章试点工作的地区，应在确保资金支持前提下开展工作，不得向企业摊派费用。

五、联合年检各参检部门要加强对新设立企业、年检工作人员和会计师事务所的业务培训工作，提高相关人员的数据填报及审核技能。鼓励企业委托具有相关资质的会计师事务所代为填报年检数据。会计师事务所应依据《中华人民共和国会计法》、《中国注册会计师法》、《企业财务会计报告条例》及财务会计等法规制度的规定，客观、真实、公允地进行鉴证和服务。

六、对不申报年检、未如实申报年检情况或在生产经营活动中存在违法、违规行为的企业，联合年检各参检部门应密切沟通并按照各自职能依法处理。

七、鼓励地方充分利用年检数据成果，从多方面对当年参检的优秀企业进行表彰和适当的奖励。

八、加强对年检数据的统计分析，丰富年检数据利用形式和发布渠道。年检工作结束后形成总结分析报告，并于2013年7月31日前报各主管部门。

二〇一三年二月二十一日

人民币合格境外机构投资者境内证券投资试点办法

（中国证券监督管理委员会、中国人民银行、国家外汇管理局令第90号　2013年3月1日）

《人民币合格境外机构投资者境内证券投资试点办法》已经中国证券监督管理委员会2013年2月17日第28次主席办公会议、中国人民银行2013年2月26日第2次行长办公会议、国家外汇管理局2013年2月21日第2次局长办公会议审议通过，现予公布，自公布之日起施行。

证监会主席　郭树清

人民银行行长　周小川

外汇局局长　易　纲

二〇一三年三月一日

人民币合格境外机构投资者境内证券投资试点办法

第一条　为规范人民币合格境外机构投资者在境内进行证券投资的行为，促进证券市场发展，保护投资者合法权益，根据有关法律和行政法规，制定本办法。

第二条　本办法所称人民币合格境外机构投资者（以下简称人民币合格投资者），是指经中国证券监督管理委员会（以下简称中国证监会）批准，并取得国家外汇管理局（以下简称国家外汇局）批准的投资额度，运用来自境外的人民币资金进行境内证券投资的境外法人。

第三条　中国证监会依法对人民币合格投资者的境内证券投资实施监督管理，中国人民银行（以下简称人民银行）依法对人民币合格投资者在境内开立人民币银行账户进行管理，国家外汇局依法对人民币合格投资者的投资额度实施管理，人民银行会同国家外汇局依法对人民币合格投资者的资金汇出入进行监测和管理。

第四条　人民币合格投资者开展境内证券投资业务，应当委托具有合格境外机构投资者托管人资格的境内商业银行负责资产托管业务，委托境内证券公司代理买卖证券。

人民币合格投资者可以委托境内资产管理机构进行境内证券投资管理。

第五条　申请人民币合格投资者资格，应当具备下列条件：

（一）财务稳健，资信良好，注册地、业务资格等符合中国证监会的规定；

（二）公司治理和内部控制有效，从业人员符合所在国家或地区的有关从业资格要求；

（三）经营行为规范，最近3年或者自成立起未受到所在地监管部门的重大处罚；

（四）中国证监会根据审慎监管原则规定的其他条件。

第六条 中国证监会对人民币合格投资者的境内证券投资业务资格进行审核，自收到完整的申请文件之日起60日内作出批准或者不予批准的决定。决定批准的，作出书面批复并颁发证券投资业务许可证；决定不批准的，书面通知申请人。

第七条 取得境内证券投资业务资格的人民币合格投资者应当持下列材料向国家外汇局申请投资额度：

（一）申请报告，包括申请人的基本情况、资金来源说明、境内证券投资计划等；

（二）中国证监会颁发的证券投资业务许可证复印件；

（三）经公证的对境内托管人的授权委托书；

（四）国家外汇局要求提供的其他材料。

国家外汇局自收到人民币合格投资者完整的申请文件之日起60日内作出批准或者不予批准的决定。决定批准的，作出书面批复并颁发登记证；决定不批准的，书面通知申请人。

第八条 人民币合格投资者的境内托管人应当履行下列职责：

（一）保管人民币合格投资者托管的全部资产；

（二）监督人民币合格投资者的境内证券投资运作；

（三）办理人民币合格投资者资金汇出入等相关业务；

（四）按照规定进行国际收支统计申报；

（五）向中国证监会、人民银行和国家外汇局报送相关业务报告和报表；

（六）中国证监会、人民银行和国家外汇局根据审慎监管原则规定的其他职责。

第九条 人民币合格投资者在经批准的投资额度内投资人民币金融工具，应当遵守相关监管要求。中国证监会和人民银行可以根据宏观管理要求和试点发展情况，对总体投资比例和品种做出规定和调整。

人民币合格投资者投资银行间债券市场，应当根据人民银行相关规定办理。

第十条 人民币合格投资者开展境内证券投资业务试点，应当遵守中国境内关于持股比例、信息披露等法律法规的规定和其他有关监管规则的要求。

人民币合格投资者应当按照人民银行的规定，通过境内托管人向人民银行人民币跨境收付信息管理系统报送人民币资金汇出入等信息。

第十一条 人民币合格投资者应当按照投资额度管理的有关要求办理资金汇出入。

人民币合格投资者可以人民币或购汇汇出本金和投资收益。

第十二条 中国证监会、人民银行和国家外汇局依法可以要求人民币合格投资者、境内托管人、证券公司等机构提供人民币合格投资者的有关资料，并进行必要的询问、检查。

第十三条 人民币合格投资者有下列情形之一的，应当在5个工作日内报告中国证监会、人民银行和国家外汇局：

（一）变更境内托管人；

（二）变更机构负责人；

（三）调整股权结构；

（四）调整注册资本；

（五）吸收合并其他机构；

（六）涉及重大诉讼及其他重大事件；

（七）在境外受到重大处罚；

（八）中国证监会、人民银行和国家外汇局规定的其他情形。

第十四条 人民币合格投资者有下列情形之一的，应当重新申领证券投资业务许可证：

（一）变更机构名称；

（二）被其他机构吸收合并；

（三）中国证监会和国家外汇局认定的其他情形。

重新申领证券投资业务许可证期间，人民币合格投资者可以继续进行证券投资，但中国证监会根据审慎监管原则认定需要暂停的除外。

第十五条 人民币合格投资者有下列情形之一的，应当将证券投资业务许可证和外汇登记证分别交还发证机关：

（一）取得证券投资业务许可证后1年内未向国家外汇局提出投资额度申请的；

（二）机构解散、进入破产程序或者由接管人接管的；

（三）中国证监会、人民银行和国家外汇局认定的其他情形。

第十六条 人民币合格投资者及境内托管人在开展境内证券投资业务试点过程中发生违法违规行为的，中国证监会、人民银行和国家外汇局可以依法采取相应的监管措施和行政处罚。

第十七条 本办法自公布之日起施行，2011年12月16日发布的《基金管理公司、证券公司人民币合格境外机构投资者境内证券投资试点办法》（证监会令第76号）同时废止。

关于合格境外机构投资者投资银行间债券市场有关事项的通知

（银发〔2013〕69号 2013年3月10日）

中国人民银行上海总部，各分行、营业管理部，各省会（首府）城市中心支行、副省级城市中心支行；中国银行间市场交易商协会；全国银行间同业拆借中心、中央国债登记结算有限责任公司、银行间市场清算所股份有限公司：

为拓宽合格境外机构投资者（以下简称合格投资者）的投资渠道，规范合格投资者投资行为，根据《全国银行间债券市场债券交易管理办法》（中国人民银行令〔2000〕第2号发布）、《银行间债券市场债券登记托管结算管理办法》（中国人民银行令〔2009〕第1号发布）等有关规定，现就合格投资者投资银行间债券市场有关事项通知如下：

一、获得中国证券监督管理委员会核发合格投资者资格及国家外汇管理局核批投资额度的合格投资者可以向中国人民银行申请进入银行间债券市场。

二、合格投资者投资银行间债券市场应当向中国人民银行递交书面申请，并提交下列材料：

（一）本机构基本情况说明；

（二）人民币资金来源及规模说明；

（三）拟投资额度及计划书；

（四）债券投资相关负责人员基本情况表；

（五）登记注册文件或监管机构批准成立的证明；

（六）法定代表人或指定签字人的有效身份证件（复印件）；

（七）所在国家或地区监管机构核发的金融业务许可证；

（八）对托管人的授权委托书；

（九）中国证券监督管理委员会书面批复及其颁发的证券投资业务许可证；

（十）国家外汇管理局关于投资额度的书面批复；

（十一）与银行间债券市场结算代理人签订的债券结算代理协议；

（十二）最近三年是否受到监管机构重大处罚的说明；

（十三）最近三年经审计的财务报表；

（十四）中国人民银行要求的其他材料。

三、经中国人民银行同意后，合格投资者可以在获批的投资额度内投资银行间债券市场。中国人民银行可以根据宏观审慎管理的原则，对合格投资者的投资行为进行管理。

四、合格投资者投资银行间债券市场应当委托具备国际结算业务能力的银行间债券市场结算代理人进行债券交易和结算。其中，境外中央银行或货币当局、国际金融机构等机构应当按照中国人民银行的有关具体规定进行债券交易和结算。

五、合格投资者应当为自有资金或管理的客户资金分别申请开立债券账户，并遵守中国人民银行的有关规定。

六、中国银行间市场交易商协会、全国银行间同业拆借中心、中央国债登记结算有限责任公司、银行间市场清算所股份有限公司应当根据各自职责，做好合格投资者投资银行间债券市场的相关工作。

七、本通知未尽事宜参照适用《中国人民银行关于境外人民币清算行等三类机构运用人民币投资银行间债券市场试点有关事宜的通知》（银发〔2010〕217 号）中的相关规定。

八、本通知自发布之日起施行。

请中国人民银行上海总部、各分行、营业管理部、各省会（首府）城市中心支行将本通知转发至辖区内具有债券结算代理业务资格的金融机构。

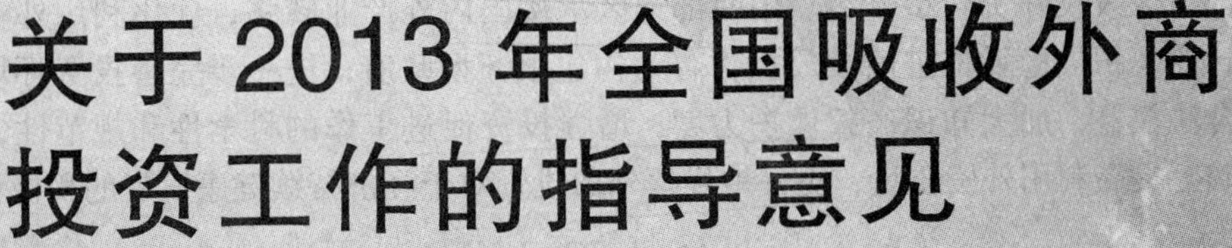

关于 2013 年全国吸收外商投资工作的指导意见

（商资发〔2013〕82 号 2013 年 3 月 14 日）

各省、自治区、直辖市、计划单列市及新疆生产建设兵团商务主管部门，国家级经济技术开发区：

2012 年，全国商务系统开拓进取，努力工作，克服国际金融危机所造成的影响和困难，取得了吸收外商投资工作的良好成绩。为全面贯彻党的十八大精神，做好 2013 年全国吸收外商投资工作，现提出以下意见：

一、面临的形势

从国际形势看，全球经济复苏进程缓慢，导致国际金融危机的深层次矛盾尚未消除，全球经济仍将持续低迷。发达国家纷纷采取大规模强有力的经济刺激措施，加快发展新兴产业，抢占未来世界经济发展制高点；新兴经济体正在成为跨国公司战略布局新热点；周边国家凭借减免税收、扩大开放等措施大力吸引跨国公司投资具有成本优势的产业。我国吸收外资面临多方位、多层次的国际竞争。全球跨国直接投资总体呈现回升态势，跨国公司国际化程度持续提高，现金持有量创历史新高，未来可能出现新一轮跨国投资增长高潮。同时，金融危机后跨国公司加大在新技术、新能源、新材料领域的投资，为我国吸引外资提供了新机遇。

从国内形势看，我国国内生产要素价格攀升、土地供应趋紧、劳动力供应结构性短缺，传统的生产成本优势相对减弱，部分外需导向型、劳动密集型外商投资企业经营面临一定困难。但是总体看，我国吸收外资的综合优势正在增强。我国国民经济持续健康发展，现代市场体系不断健全，扩内需政策将进一步激发国内市场增长潜能；逐步提高的劳动力素质和相对完备的配套能力为吸收高附加值、高技术含量外商投资创造了发展条件；创新驱动发展战略的推进和鼓励战略性新兴产业发展措施的实施为提高外资质量和水平提供了政策支撑；区域差异和多层次劳动力继续为多类型外商投资提供了广阔空间。外商投资领域稳步扩大，投资便利化程度不断提高，涉外法律法规日臻完善，知识产权保护及执法力度显著增强；跨国公司依然看好在我国的长期投资前景。

二、指导思想和工作目标

（一）指导思想

2013 年全国商务系统要全面贯彻党的十八大和中央经济工作会议精神，以科学发展观为指导，结合当前国内国外形势，准确把握完善互利共赢、多元平衡、安全高效的开放型经济体系的基本内涵，坚持扩大对外开放，提高利用外资综合优势和总体效益，推动引资、引技、引智有机结合。

（二）工作目标

引导外商投资高附加值制造领域，扩大服务业对外开放，强化外商投资作为引进技术和智力的重要载体作用；促进东部地区吸收外资转型升级、中西部地区承接国内外产业转移，优化利用外资区域结构；深化政府职能转变，积极稳妥推进简政放权，着力构建服务型政府；进一步完善投资环境，有效维护外商投资企业合法权益，加大知识产权保护力度；增强投资促进工作的科学性和规范性，在稳定利用外资规模的基础上提高利用外资质量，更好地发挥外商投资对于经济持续健康发展的积极作用。

三、主要任务

（三）认真学习党的十八大精神，提高对新时期吸收外资的认识。深入贯彻落实科学发展观，围绕经济持续健康发展等战略目标，深刻学习领会十八大报告关于全面提高开放型经济水平的重要论述，深刻认识新时期吸收外资的意义和作用，结合国民经济总体布局、区域发展重点、产业发展优势，研究制订吸收外资政策和措施。

（四）着力改善投资环境，增强引资国际竞争力。针对吸收外资的新形势、新情况、新特点，研究国际投资规则、通行做法与经验，进一步完善外商投资法律法规政策，深化外商投资管理体制改革；坚持依法行政，推行外商投资在线办事系统和格式化审批，提高行政效率，增加行政透明度；强化服务意识，密切关注外商投资企业经营环境变化，倾听企业诉求，健全企业投诉机制，积极主动帮助企业协调解决经营中遇到的困难，依法维护境内外投资者的合法权益，有条件的地区应构建综合服务平台；加强知识产权保护和执法力度，营造技术引进和研发创新良好氛围；研究编制中国外资指数，综合评价全国及各地投资环境及引资优势。

（五）积极稳妥引导外资投向，优化产业结构。结合全球产业发展趋势及我国优化产业结构目标，进一步鼓励外资投向现代农业、高新技术、先进制造、节能环保、新能源、现代服务业等领域；充分发挥国家鼓励战略性新兴产业发展政策的效应，引进高技术含量、高端环节外商投资；继续鼓励跨国公司设立地区总部、财务中心、共享服务中心、营运中心等功能性机构，吸引跨国公司亚太区总部和业务性全球总部，提升投资管理能级；引导外资依托云计算、物联网等新兴技术发展生产性服务业新业态；稳步扩大医疗、养老机构等生活性服务业开放，增强外资吸纳就业、促进国内消费作用；积极利用外资发展职业技能培训，提高劳动力素质；以《内地与港澳更紧密经贸关系安排》、《海峡两岸经济合作框架协议》作为服务业领域对外开放的突破口，积极推动深圳前海现代服务业示范区、珠海横琴新区、广州南沙新区、福建平潭综合试验区等区域先行先试；有效利用境内外资本市场，支持有条件的外商投资企业境内外上市；规范外商投资房地产发展。

（六）鼓励外资参与我国创新驱动发展战略，实现引资、引技、引智有机结合。全面、客观地总结评价在对外开放条件下利用外资促进创新的经验，充分宣传利用国家鼓励科技创新有关政策，支持外商投资企业增强创新能力；结合国家创新驱动战略，完善外商投资研发中心发展政策和高新技术企业认定工作，促进外商投资企业引进先进技术和高端人才；支持外商投资企业与国内科研机构和企业联合开展技术研发和产业化推广，申请国家科技开发项目、创新能力建设项目等；鼓励外资投向科技中介、创新孵化器、生产力中心等公共科技服务平台建设；支持高端人才向自主创新示范区集聚，简化审批程序，为其利用境内外资源创业发展提供便利；各地商务主管部门应积极配合有关部门，努力为引进人才创造良好工作与生活环境。

（七）把握区域发展重点，引导外资促进区域协调发展。鼓励东部地区加快体制机制创新和产业转型升级，加大现代服务业、研发、高端制造环节吸收外资比重；发挥中西部地区优势，承接境内外产业转移，修订并实施《中西部地区外商投资优势产业目录》，鼓励外商投资中西部地区符合环保要求的劳动密集型产业，推动中西部地区传统产业升级改造；有序建设中西部地区承接产业转移示范园区，推动东中西部开发区加强合作；简化东部地区外商投资企业向中西部转移审批登记手续，减少外资在跨区域流动中的障碍，推进产业转移进程；扩大沿边开放，加快边境、跨境经济合作区建设，做好国家级经济技术开发区与边境经济合作区的对口帮扶工作，务实做好对西藏、新疆产业聚集园区的产业对口援助工作。

（八）加强外商投资管理，完善外商投资科学评价体系。完善外资并购国家安全审查制度，增强地方商务主管部门责任意识，健全外资并购项目监控系统；开展全国外资存量情况专项调查，全面评价外资对我国国民经济和社会发展的作用；加强外资统计工作，维护统计数据的权威性、严肃性，防止虚报数据和盲目攀比；完善全口径外商投资管理信息系统，增强外商投资行业预警、审批监控、运营监测功能；提高联合年检工作水平；健全外商投资科学评价体系，增设外商投资吸纳就业、引进技术、研发创新、降低能耗等综合效益评价指标。结合我国企业国际化经营需求，完善外资并购有关操作规程。

（九）充分发挥经济技术开发区载体作用，实现开发区持续健康发展。落实《国家级经济技术开发区和边境经济合作区“十二五”发展规划（2011—2015 年）》，引导国家级经济技术开发区和边境经济合作区结合各自特点加强园区社会建设，构建区域创新体系，优化产业结构，实现和谐发展；全年工作重点是大力培育新升级的国家级经济技术开发区，加强人才培训、宣传交流、产业对接、国际合作等平台建设，通过分级管理引导国家级经济技术开发区不断优化和提升综合投资环境；将开发区综合发展水平评价结果作为开发区升级扩区的重要依据，探索建立分类评价和动态进出机制；加强国家生态工业示范园区建设和开展节能环保国际合作，鼓励开发区加快产业结构调整、基础设施建设和环境综合整治；根据边境经济合作区的战略定位和发展目标，探索建立边境经济合作区统计体系、综合发展水平评价指标体系和评审机制。

（十）完善投资促进工作体系，提升招商引资水平。转变招商引资观念，结合区域发展优势和特点，由粗放式招商引资向系统化、专业化的投资促进转变；加强投资促进机构建设，提升投资促进人员的专业化水平，完善境内外投资促进网络，有条件的省市应建立投资促进专项资金，加大在境外设立机构、开展投资促进活动等的支持力度；充分发挥多、双边投资促进机制的作用，加强投资促进工作的针对性，提升中国国际投资贸易洽谈会、中部投资贸易博览会专业性和实效性；切实杜绝招商引资中违法违规变相给予优惠政策的行为。

关于印发《规范对外投资合作领域竞争行为的规定》的通知

（商合发〔2013〕88号　2013年3月18日）

各省、自治区、直辖市、计划单列市及新疆生产建设兵团商务主管部门，机电商会、承包商会，各驻外经商机构，各中央企业：

为促进对外投资合作业务健康和可持续发展，规范企业海外经营行为，鼓励和保护公平竞争，杜绝不正当竞争行为，提升对外投资合作企业管理水平和竞争能力，商务部制定了《规范对外投资合作领域竞争行为的规定》。现印发给你们，请转发本地区相关部门和企业认真执行。执行过程中有何问题和建议，请及时函告我部。

中国商务部

二〇一三年三月十八日

规范对外投资合作领域竞争行为的规定

第一条　为促进对外投资合作业务健康和可持续发展，规范对外投资合作企业（以下简称企业）海外经营行为，鼓励和保护公平竞争，打击不正当竞争行为，根据《中华人民共和国对外贸易法》、《中华人民共和国反不正当竞争法》、《对外承包工程管理条例》、《对外劳务合作管理条例》和《境外投资管理办法》等有关法律法规，制定本规定。

第二条　国家鼓励企业在市场经济条件下，通过正当竞争开展对外投资合作；鼓励企业通过正当竞争行为实现优胜劣汰，促进生产要素的优化配置；鼓励企业树立开放的经营理念，广泛合作、整合力量，降低市场开拓成本并实现可持续性发展。

第三条　企业在经营中应当遵循平等、公平、诚实守信的原则，遵守公认的商业道德。企业不应采取不正当竞争行为损害其他企业的合法权益，扰乱对外投资合作经营秩序。

第四条　商务部负责对外投资合作领域不正当竞争行为的监督管理。

各省、自治区、直辖市、计划单列市及新疆生产建设兵团商务主管部门负责本行政区域内企业对外投资合作领域不正当竞争行为的监督管理。

第五条　对外投资合作领域不正当竞争行为包括：

（一）以商业贿赂争取市场交易机会；

（二）以排挤竞争对手为目的的不正当价格竞争行为；

（三）串通投标；

（四）诋毁竞争对手商誉；

（五）虚假宣传业绩；

（六）其他依法被认定为不正当竞争的行为。

第六条 企业应在严格遵守《对外承包工程管理条例》、《对外劳务合作管理条例》以及《境外投资管理办法》等规定的前提下开展公平竞争。

（一）承揽拟使用中国金融机构信贷资金的项目，在未取得有关金融和保险机构承贷、承保意向函前，不得对外承诺为项目提供融资。

（二）承揽合同报价金额500万美元以上的境外工程项目（含我企业对外投资项下的工程项目），必须在参加投（议）标前按照规定办理对外承包工程项目投（议）标核准。

（三）项目实施过程中，应加强工程质量和生产安全管理，严格执行对外承包工程质量安全管理的有关标准和规定，按期保质完成工程项目。

（四）开展并购类境外投资须提交《境外并购事项前期报告表》。

（五）企业外派人员应当取得项目所在国（地区）政府批准的用工指标，并符合当地有关法律规定的用工比例，不得通过压低劳工成本获得各类对外投资合作项目。

第七条 企业应坚持互利共赢、共同发展的原则，建立健全科学规范的项目决策机制和质量管理制度。

（一）追踪项目过程中应本着能力可及、技术可行、风险可控和效益有保障的原则，对项目情况、技术和经济可行性，以及可能面临的各种风险进行综合评估，科学决策。

（二）应遵守项目所在国（地区）法律法规，尊重当地风俗习惯，重视环境保护，维护当地劳工权益，积极参与当地公益事业，履行必要的社会责任。

（三）应当安排外派人员接受职业技能、安全防范知识等培训，为外派人员办理出境手续并协助办理国外工作许可等手续，负责落实外派人员的劳动关系，承担境外人员管理责任，制定突发事件应急预案。

第八条 有关行业组织应健全和完善行业规范，引导会员企业诚信经营，公开、公平、公正地处理企业纠纷，维护市场经营秩序。

第九条 举报有关企业存在不正当竞争行为的，举报人应以实名向商务部提出，举报内容必须详实、准确，同时提交相应证据。

第十条 商务部履行监督检查职能。可以委托地方商务主管部门、驻外使领馆经商机构或其他有关单位，依照法律、行政法规的规定对对外投资合作领域不正当竞争行为进行调查和认定。涉及单位和个人应当对调查给予配合、协助。

第十一条 商务部将会同有关部门建立对外投资合作不良信用记录制度，对违反本规定构成不正当竞争的对外投资合作经营行为将记录在案，并通报有关部门和机构。涉及企业3年内不得享受国家有关支持政策。

第十二条 违反本规定的，商务主管部门将依据《对外承包工程管理条例》、《对外劳务合作管理条例》和《境外投资管理办法》予以处罚。

商务主管部门在查处不正当竞争行为的过程中，发现有关行为涉嫌构成犯罪的，应当依法及时移送司法机关处理。

合法权益受到不正当竞争行为损害的企业，可依法申请司法救济。

第十三条 国家机关工作人员在对外投资合作业务监督管理工作中滥用职权、徇私舞弊，协助或纵容企业采取不正当竞争手段获取项目的，将依据有关规定予以处理，构成犯罪的，依法追究刑事责任。

第十四条 本规定由商务部负责解释。

第十五条 本规定自发布之日起 30 天后施行。

中华人民共和国政府和丹麦王国政府对所得避免双重征税和防止偷漏税的协定

（国家税务总局公告2013年第14号　2013年4月9日）

《中华人民共和国政府和丹麦王国政府对所得避免双重征税和防止偷漏税的协定》（以下简称协定）及议定书已于2012年6月16日在哥本哈根正式签署，双方分别于2012年9月3日和2012年11月28日相互通知已完成该协定及议定书生效所必需的各自国内法律程序。根据协定第二十八条的规定，该协定及议定书自2012年12月27日起生效，并适用于2013年1月1日或以后取得的所得。

特此公告。

国家税务总局

二〇一三年四月九日

中华人民共和国政府和丹麦王国政府对所得避免双重征税和防止偷漏税的协定

中华人民共和国政府和丹麦王国政府，愿意缔结对所得避免双重征税和防止偷漏税的协定，达成协议如下：

第一条　人的范围

本协定适用于缔约国一方或者同时为双方居民的人。

第二条　税种范围

一、本协定适用于由缔约国一方或其行政区或地方当局对所得征收的税收，不论其征收方式如何。

二、对全部所得或某项所得征收的税收，包括对来自转让动产或不动产的收益征收的税收以及对资本增值征收的税收，应视为对所得征收的税收。

三、本协定适用的现行税种是：

（一）在中国：

1. 个人所得税；

2. 企业所得税；

（以下简称“中国税收”）；

（二）在丹麦王国：

1. 国家所得税；

2. 地方所得税；

（以下简称“丹麦税收”）。

四、本协定也适用于本协定签订之日后征收的属于新增加的或者代替现行税种的相同或者实质相似的税收。缔约国双方主管当局应在合理期限内将各自税法发生的重要变动通知对方。

第三条　一般定义

一、在本协定中，除上下文另有解释外：

（一）“缔约国一方”和“缔约国另一方”的用语，根据上下文的要求，是指中华人民共和国或者丹麦王国；

（二）“中国”一语是指中华人民共和国；用于地理概念时，是指所有适用中国有关税收法律的中华人民共和国领土，包括领海，以及根据国际法，中华人民共和国拥有勘探和开发海底和底土资源以及海底以上水域资源主权权利的领海以外的区域；

（三）“丹麦”一语是指丹麦王国，包括根据国际法已经在丹麦法律中标明或今后可能标明的，为勘探和开发海底或其底土以及海底以上水域的自然资源和从事其他经济性勘探开发活动，丹麦可以行使主权权利的领海以外的区域；该用语不包括法罗群岛和格陵兰；

（四）“人”一语包括个人、公司和其他团体；

（五）“公司”一语是指法人团体或者在税收上视同法人团体的实体；

（六）“缔约国一方企业”和“缔约国另一方企业”的用语，分别指缔约国一方居民经营的企业和缔约国另一方居民经营的企业；

（七）“国民”一语是指任何拥有缔约国一方国籍的个人、任何按照缔约国一方法律成立的法人以及任何按照缔约国一方法律成立、不具有法人地位但在税收上视同法人的组织；

（八）“国际运输”一语是指在缔约国一方设有实际管理机构的企业以船舶或飞机经营的运输，不包括仅在缔约国另一方各地之间以船舶或飞机经营的运输；

（九）“主管当局”一语是指：

1. 在中国，国家税务总局或其授权的代表；

2. 在丹麦，税务部长或其授权的代表。

二、缔约国一方在实施本协定的任何时候，对于未经本协定明确定义的用语，除上下文另有要求的以外，应当具有协定实施时该国适用于本协定的税种的法律所规定的含义，此用语在该国有效适用的税法上的含义优先于在该国其他法律上的含义。

第四条　居民

一、在本协定中，“缔约国一方居民”一语是指按照该缔约国法律，由于住所、居所、成立地、管理机构所在地，或者其他类似的标准，在该缔约国负有纳税义务的人，并且包括该缔约国及其行政区或地方当局。但是，这一用语不包括仅因来源于该缔约国的所得或财产收益而在该缔约国负有纳税义务的人。

二、由于第一款的规定，同时为缔约国双方居民的个人，其身份应按以下规则确定：

（一）应认为仅是其永久性住所所在国的居民；如果在缔约国双方同时有永久性住所，应认为仅是与其个人和经济关系更密切（重要利益中心）的缔约国的居民；

（二）如果其重要利益中心所在国无法确定，或者在缔约国任何一方都没有永久性住所，应认为仅是其习惯性居处所在国家的居民；

（三）如果其在缔约国双方都有或者都没有习惯性居处，应认为仅是其国籍所属国家的居民；

（四）如果发生双重国籍问题，或者其不是缔约国任何一方的国民，缔约国双方主管当局应通过协商解决。

三、由于第一款的规定，除个人以外，同时为缔约国双方居民的人，应认为仅是其实际管理机构所在国家的居民。

第五条　常设机构

一、在本协定中，“常设机构”一语是指企业进行全部或部分营业的固定营业场所。

二、“常设机构”一语特别包括：

（一）管理场所；

（二）分支机构；

（三）办事处；

（四）工厂；

（五）作业场所；以及

（六）矿场、油井或气井、采石场或者其他开采自然资源的场所。

三、“常设机构”一语还包括：

（一）建筑工地，建筑、装配或安装工程，或者与其有关的监督管理活动，但仅以该工地、工程或活动连续超过十二个月的为限；

（二）为勘探或开采自然资源而使用的装置、钻机或船只，但仅以使用期超过十二个月的为限；

（三）缔约国一方企业通过雇员或雇用的其他人员在缔约国另一方提供劳务，包括咨询劳务，但仅以该性质的活动（为同一项目或相关联的项目）在有关纳税年度开始或结束的任何 12 个月中连续或累计超过 183 天的为限。

四、虽有本条上述规定，“常设机构”一语应认为不包括：

（一）专为储存、陈列或者交付本企业货物或者商品的目的而使用的设施；

（二）专为储存、陈列或者交付的目的而保存本企业货物或者商品的库存；

（三）专为由另一企业加工的目的而保存本企业货物或者商品的库存；

（四）专为本企业采购货物或者商品，或者搜集信息的目的所设的固定营业场所；

（五）专为本企业进行其他准备性或辅助性活动的目的所设的固定营业场所；

（六）专为本款第（一）项至第（五）项活动的任意结合所设的固定营业场所，条件是这种结合使该固定营业场所的全部活动属于准备性质或辅助性质。

五、虽有第一款和第二款的规定，当一个人（除适用第六款规定的独立地位代理人以外）在缔约国一方代表缔约国另一方的企业进行活动，有权以该企业的名义签订合同并经常行使这种权力，这个人为该企业进行的任何活动，应认为该企业在该缔约国一方设有常设机构，除非这个人通过固定营业场所进行的活动限于第四款的规定。按照该款规定，不应认为该固定营业场所是常设机构。

六、缔约国一方企业仅通过按常规经营本身业务的经纪人、一般佣金代理人或者任何其他独立地位代理人在缔约国另一方进行营业，不应认为在该缔约国另一方设有常设机构。但如果这个代理人的活动全部或几乎全部代表该企业，且代理人和该企业之间的交易不符合独立企业原则，则不应认为是本款所指的独立地位代理人。

七、缔约国一方的居民公司，控制或被控制于缔约国另一方的居民公司或者在该缔约国另一方进行营业的公司（不论是否通过常设机构），仅凭此项事实不能使任何一方公司构成另一方公司的常设机构。

第六条 不动产所得

一、缔约国一方居民从位于缔约国另一方的不动产取得的所得（包括农业或林业所得），可以在该缔约国另一方征税。

二、“不动产”一语应当具有财产所在地的缔约国的法律所规定的含义。该用语在任何情况下应包括附属于不动产的财产，农业和林业所使用的牲畜和设备，有关地产的一般法律规定所适用的权利，不动产的用益权以及由于开采或有权开采矿藏、水源和其他自然资源取得的不固定或固定收入的权利。船舶和飞机不应视为不动产。

三、第一款的规定应适用于从直接使用、出租或者以任何其他形式使用不动产取得的所得。

四、第一款和第三款的规定也适用于企业的不动产所得和用于进行独立个人劳务的不动产所得。

第七条 营业利润

一、缔约国一方企业的利润应仅在该缔约国征税，但该企业通过设在缔约国另一方的常设机构在缔约国另一方进行营业的除外。如果该企业通过设在缔约国另一方的常设机构在缔约国另一方进行营业，则其利润可以在缔约国另一方征税，但应仅以归属于该常设机构的利润为限。

二、除适用本条第三款的规定以外，缔约国一方企业通过设在缔约国另一方的常设机构在缔约国另一方进行营业，应将该常设机构视同在相同或类似情况下从事相同或类似活动的独立分设企业，并同该常设机构所隶属的企业完全独立处理，该常设机构可能得到的利润在缔约国双方应归属于该常设机构。

三、在确定常设机构的利润时，应当允许扣除为常设机构营业目的发生的各项费用，包括行政和一般管理费用，不论其发生于该常设机构所在国还是其他地方。

四、如果缔约国一方习惯于以企业总利润按一定比例分配给所属各单位的方法来确定常设机构的利润，则第二款规定并不妨碍该缔约国一方按这种习惯分配方法确定其应税利润。但是，采用的分配方法所得到的结果，应与本条所规定的原则一致。

五、不应仅由于常设机构为本企业采购货物或商品，而将利润归属于该常设机构。

六、在执行上述各款时，除有适当的和充分的理由需要变动外，每年应采用相同的方法确定归属于常设机构的利润。

七、利润中如果包括本协定其他各条单独规定的所得项目时，本条规定不应影响其他各条的规定。

第八条 海运和空运

一、以船舶或飞机经营国际运输取得的利润，应仅在企业实际管理机构所在的缔约国征税。

二、在本条中，以船舶或飞机经营国际运输业务取得的利润包括：

（一）以光租形式出租船舶或飞机取得的利润；以及

（二）使用、保存或出租用于运输货物或商品的集装箱（包括拖车和运输集装箱相关的设备）取得的利润；

上述出租、使用、保存或出租，应为以船舶或飞机经营的国际运输业务的附属活动。

三、如果船运企业的实际管理机构设在船舶上，应以船舶母港所在缔约国为所在国；没有母港的，应以船舶经营者为其居民的缔约国为所在国。

四、第一款的规定也适用于参加合伙经营、联合经营或者国际经营机构取得的利润。

第九条 关联企业

一、在下列任何一种情况下：

（一）缔约国一方企业直接或者间接参与缔约国另一方企业的管理、控制或资本，或者

（二）相同的人直接或者间接参与缔约国一方企业和缔约国另一方企业的管理、控制或资本，两个企业之间商业或财务关系的构成条件不同于独立企业之间商业或财务关系的构成条件，并且由于这些条件的存在，导致其中一个企业没有取得其本应取得的利润，则可以将这部分利润计入该企业的所得，并据以征税。

二、缔约国一方将缔约国另一方已征税的企业利润——在两个企业之间的关系是独立企业之间关系的情况下，这部分利润本应由该缔约国一方企业取得——包括在该缔约国一方企业的利润内征税时，缔约国另一方应对这部分利润所征收的税额加以调整。在确定调整时，应对本协定其他规定予以注意。如有必要，缔约国双方主管当局应相互协商。

第十条 股息

一、缔约国一方居民公司支付给缔约国另一方居民的股息，可以在缔约国另一方征税。

二、然而，这些股息也可以在支付股息的公司是其居民的缔约国，按照该缔约国的法律征税。但是，如果股息受益所有人是缔约国另一方居民，则所征税款：

（一）在受益所有人是公司（合伙企业除外），并直接拥有支付股息的公司至少25%资本的情况下，不应超过股息总额的5%；

（二）在其他情况下，不应超过股息总额的10%。

本款不应影响对该公司支付股息前的利润征税。

三、本条“股息”一语是指从股份或者非债权关系分享利润的其他权利取得的所得，以及按照分配利润的公司是其居民的缔约国法律，视同股份所得同样征税的其他公司权利取得的所得。

四、如果股息受益所有人作为缔约国一方居民，在支付股息的公司是其居民的缔约国另一方，通过设在缔约国另一方的常设机构进行营业或者通过设在缔约国另一方的固定基地从事独立个人劳务，据以支付股息的股份与该常设机构或固定基地有实际联系的，不适用第一款和第二款的规定。在这种情况下，应视具体情况适用第七条或第十四条的规定。

五、缔约国一方居民公司从缔约国另一方取得利润或所得，该缔约国另一方不得对该公司支付的股息征税，也不得对该公司的未分配利润征税，即使支付的股息或未分配利润全部或部分是发生于缔约国另一方的利润或所得。但是，支付给缔约国另一方居民的股息或者据以支付股息的股份与设在缔约国另一方的常设机构或固定基地有实际联系的除外。

六、如果据以支付股息的股份或其他权利的产生或分配，是由任何人以取得本条利益为主要目的或主要目的之一而安排的，则本条规定不适用。

第十一条 利息

一、发生于缔约国一方而支付给缔约国另一方居民的利息，可以在该缔约国另一方征税。

二、然而，这些利息也可以在其发生的缔约国，按照该缔约国的法律征税。但是，如果利息受益所有人是缔约国另一方居民，则所征税款不应超过利息总额的10%。缔约国双方主管当局应协商确定实施限制税率的方式。

三、虽有第二款的规定，发生于缔约国一方而由缔约国另一方政府、其行政区或地方当局、中央银行或者该政府的任何机构取得的利息；或者由该缔约国另一方任何其他居民取得的利息，但其债权是由该缔约国另一方政府、其行政区或地方当局、中央银行或者该政府的任何机构提供资金、担保或保险的，应在首先提及的缔约国一方免税。

四、本条“利息”一语是指从各种债权取得的所得，不论其有无抵押担保或者是否有权分享债务人的利润；特别是从公债、债券或者信用债券取得的所得，包括其溢价和奖金。

由于延期支付而产生的罚款不应视为本条所规定的利息。

五、如果利息受益所有人作为缔约国一方居民，在利息发生的缔约国另一方，通过设在该缔约国另一方的常设机构进行营业或者通过设在该缔约国另一方的固定基地从事独立个人劳务，据以支付该利息的债权与该常设机构或者固定基地有实际联系的，不适用第一款和第二款的规定。在这种情况下，应视具体情况适用第七条或第十四条的规定。

六、如果支付利息的人是缔约国一方政府、其行政区或地方当局或居民，应认为该利息发生在该缔约国。然而，如果支付利息的人——不论是否为缔约国一方居民——在缔约国一方设有常设机构或者固定基地，支付该利息的债务与该常设机构或者固定基地有联系，并由其负担该利息，上述利息应认为发生于该常设机构或固定基地所在的缔约国。

七、由于支付利息的人与受益所有人之间或者他们与其他人之间的特殊关系，就有关债权所支付的利息数额超出支付人与受益所有人没有上述关系所能同意的数额时，本条规定应仅适用于在没有上述关系情况下所能同意的数额。在这种情况下，对该支付款项的超出部分，仍应按各缔约国的法律征税，但应对本协定其他规定予以适当注意。

八、如果据以支付利息的债权的产生或分配，是由任何人以利用本条内容为主要目的或主要目的之一而安排的，则本条规定不适用。

第十二条　特许权使用费

一、发生于缔约国一方而支付给缔约国另一方居民的特许权使用费，可以在该缔约国另一方征税。

二、然而，上述特许权使用费也可以在其发生的缔约国一方，按照该国的法律征税。但是，如果特许权使用费受益所有人是缔约国另一方居民，则所征税款不应超过：

（一）第三款第（一）项所指特许权使用费总额的10%；

（二）第三款第（二）项所指特许权使用费调整数额的10%。该项“调整数额”是指特许权使用费总额的70%。

缔约双方主管当局应协商确定实施上述限制税率的方式。

三、本条“特许权使用费”一语是指：

（一）为使用或有权使用文学、艺术或科学著作（包括电影影片、无线电或电视广播使用的胶片、磁带）的版权，任何专利、商标、设计或模型、图纸、秘密配方或秘密程序所支付的作为报酬的各种款项，或者为有关工业、商业、科学经验的信息（专有技术）所支付的作为报酬的各种款项；

（二）为使用或有权使用工业、商业、科学设备所支付的作为报酬的各种款项。

四、如果特许权使用费受益所有人作为缔约国一方居民，在特许权使用费发生的缔约国另一方，通过设在该缔约国另一方的常设机构进行营业或者通过设在该缔约国另一方的固定基地从事独立个人劳务，据以支付该特许权使用费的权利或财产与该常设机构或固定基地有实际联系的，不适用第一款和第二款的规定。在这种情况下，应视具体情况适用第七条或第十四条的规定。

五、如果支付特许权使用费的人是缔约国一方政府、其行政区或地方当局或居民，应认为该特许权使用费发生在该缔约国。然而，如果支付特许权使用费的人——不论是否为缔约国一方居民——在缔约国一方设有常设机构或者固定基地，支付该特许权使用费的义务与该常设机构或者固定基地有联系，并由其负担该特许权使用费，上述特许权使用费应认为发生于该常设机构或者固定基地所在的缔约国。

六、由于支付特许权使用费的人与受益所有人之间或他们与其他人之间的特殊关系，就有关使用、权利或信息所支付的特许权使用费数额超出支付人与受益所有人没有上述关系所能同意的数额时，本条规定应仅适用于在没有上述关系情况下所能同意的数额。在这种情况下，对该支付款项的超出部分，仍应按各缔约国的法律征税，但应对本协定其他规定予以适当注意。

七、如果特许权使用费据以支付的权利的产生或分配，是由任何人以利用本条内容为主要目的或主要目的之一而安排的，则本条规定不适用。

第十三条　财产收益

一、缔约国一方居民转让第六条所述位于缔约国另一方的不动产取得的收益，可以在该缔约国另一方征税。

二、转让缔约国一方企业在缔约国另一方的常设机构营业财产部分的动产、或者缔约国一方居民在缔约国另一方从事独立个人劳务的固定基地的动产取得的收益，包括转让常设机构（单独或者随同整个企业）或者固定基地取得的收益，可以在该缔约国另一方征税。

三、缔约国一方企业转让从事国际运输的船舶、飞机或者国际运输中使用的集装箱，或者转让与上述船舶、飞机或集装箱的运营或使用相关的动产取得的收益，应仅在该企业实际管理机构所在的缔约国征税。

四、缔约国一方居民转让股份取得的收益，如果该股份价值的50%（不含）以上直接或间接来自位于缔约国另一方的不动产，可以在该缔约国另一方征税。

五、缔约国一方居民转让其在缔约国另一方居民公司的股份取得的收益，如果该收益的收款人在转让行为前的12个月内，曾经直接或间接拥有该公司至少25%的股份，可以在该缔约国另一方征税。

六、转让第一款至第五款所述财产以外的其他财产取得的收益，应仅在转让者为其居民的缔约国一方征税。

第十四条　独立个人劳务

一、缔约国一方居民由于专业性劳务或者其他独立性活动取得的所得，应仅在该缔约国征税。但具有以下情况之一的，可以在缔约国另一方征税：

（一）在缔约国另一方为从事上述活动设有经常使用的固定基地。在这种情况下，缔约国另一方可以仅对归属于该固定基地的所得征税；

（二）在有关纳税年度开始或结束的任何12个月内在缔约国另一方停留连续或累计达到或超过183天。在这种情况下，缔约国另一方可以仅对在该缔约国进行活动取得的所得征税。

二、“专业性劳务”一语特别包括独立的科学、文学、艺术、教育或教学活动，以及医师、律师、工程师、建筑师、牙医师和会计师的独立活动。

第十五条　非独立个人劳务

一、除适用第十六条、第十八条和第十九条的规定外，缔约国一方居民因受雇取得的薪金、工资和其他类似报酬，除在缔约国另一方从事受雇的活动以外，应仅在该缔约国一方征税。在缔约国另一方从事受雇活动取得的报酬，可以在该缔约国另一方征税。

二、虽有第一款的规定，缔约国一方居民因在缔约国另一方从事受雇活动取得的报酬，同时具有以下三个条件的，应仅在该缔约国一方征税：

（一）收款人在有关纳税年度开始或结束的任何12个月内在缔约国另一方停留连续或累计不超过183天；

（二）该项报酬由并非缔约国另一方居民的雇主支付或代表该雇主支付；

（三）该项报酬不是由雇主设在缔约国另一方的常设机构或固定基地所负担。

三、虽有本条上述规定，在经营国际运输的船舶或飞机上受雇而取得的报酬，可以在企业实际管理机构所在的缔约国征税。

第十六条 董事费

缔约国一方居民作为缔约国另一方居民公司的董事会成员取得的董事费和其他类似款项，可以在缔约国另一方征税。

第十七条 艺术家和运动员

一、虽有第十四条和第十五条的规定，缔约国一方居民作为表演家，如戏剧、电影、广播或电视艺术家或音乐家，或作为运动员，在缔约国另一方从事个人活动取得的所得，可以在缔约国另一方征税。

二、表演家或运动员从事个人活动取得的所得，未归属于表演家或运动员本人，而归属于其他人时，虽有第七条、第十四条和第十五条的规定，该所得仍可以在该表演家或运动员从事其活动的缔约国征税。

三、虽有本条上述规定，作为缔约国一方居民的表演家或运动员在缔约国另一方按照缔约国双方政府的文化交流计划进行活动取得的所得，在该缔约国另一方应予免税。

第十八条 退休金和社会保险金

一、除适用第十九条第二款的规定外，因以前的雇佣关系支付给缔约国一方居民的退休金和其他类似报酬，应仅在该缔约国一方征税。

二、虽有第一款的规定，缔约国一方政府、其行政区或地方当局按社会保险制度的公共福利计划支付的退休金和其他类似款项，应仅在该缔约国一方征税。

三、虽有本条第一款的规定，在下列任何一种情况下，发生于缔约国一方而支付给缔约国另一方居民的退休金和其他类似报酬，无论是否与以前的雇佣关系有关，可以在首先提及的缔约国一方征税：

（一）在首先提及的缔约国一方，按照该缔约国的法律，受益人向退休金计划缴纳的费用已经从其应税所得中扣除；或者

（二）在首先提及的缔约国一方，按照该缔约国的法律，雇主向退休金计划缴纳的费用未被视为受益人的应税所得。

四、本条中，“受益人”一语指的是有权从退休金计划取得款项的个人。

第十九条 为政府服务的报酬和退休金

一、（一）缔约国一方政府或其行政区或地方当局对履行政府职责向其提供服务的个人支付退休金以外的报酬，应仅在该缔约国一方征税。

（二）但是，如果该项服务是在缔约国另一方提供，而且提供服务的个人是该缔约国另一方居民，并且该居民：

1. 是该缔约国另一方国民；或者

2. 不是仅由于提供该项服务而成为该缔约国另一方居民的，

该项报酬应仅在该缔约国另一方征税。

二、（一）缔约国一方政府或其行政区或地方当局支付或者从其建立的基金中支付给向其提供服务的个人的退休金，应仅在该缔约国一方征税。

（二）但是，如果提供服务的个人是缔约国另一方居民，并且是其国民的，该项退休金应仅在该缔约国另一方征税。

三、第十五条、第十六条、第十七条和第十八条的规定，应适用于向缔约国一方政府或其行政区或地方当局举办的事业提供服务取得的报酬和退休金。

第二十条　学生

如果学生是缔约国一方居民，或者在紧接前往缔约国另一方之前曾是缔约国一方居民，仅由于接受教育的目的停留在该缔约国另一方，对其为了维持生活、接受教育的目的而收到的来源于该缔约国另一方以外的款项，该缔约国另一方应免予征税。

第二十一条　其他所得

一、由缔约国一方居民受益所有的各项所得，不论发生于何地，凡本协定上述各条未作规定的，应仅在该缔约国一方征税。

二、第六条第二款规定的不动产所得以外的其他所得，如果所得受益所有人为缔约国一方居民，通过设在缔约国另一方的常设机构在该缔约国另一方进行营业，或者通过设在缔约国另一方的固定基地在该缔约国另一方从事独立个人劳务，据以支付所得的权利或财产与该常设机构或固定基地有实际联系的，不适用第一款的规定。在这种情况下，应视具体情况分别适用第七条或第十四条的规定。

三、由于第一款所指居民与其他人之间或他们与其他第三方之间的特殊关系，第一款所指所得数额超出在没有上述关系时所能同意的数额时，本条规定应仅适用于在没有上述关系情况下所能同意的数额。在这种情况下，该所得的超出部分仍应按缔约国各方的法律征税，但应对本协定其他规定予以适当注意。

四、如果据以支付所得的权利的产生或分配，是由任何人以利用本条内容为主要目的或主要目的之一而安排的，则本条规定不适用。

第二十二条　消除双重征税方法

一、在中国，按照中国法律规定，消除双重征税如下：

（一）中国居民从丹麦取得的所得，按照本协定规定在丹麦缴纳的税额，可以在对该居民征收的中国税收中抵免。但是，抵免额不应超过对该项所得按照中国税法和规章计算的中国税收数额。

（二）从丹麦取得的所得是丹麦居民公司支付给中国居民公司的股息，并且该中国居民公司拥有支付股息公司股份不少于20%的，该项抵免应考虑支付该股息公司就该项所得缴纳的丹麦税收。

二、在丹麦，消除双重征税如下：

（一）除适用本款第三项的规定以外，丹麦居民取得的所得，按照本协定的规定可以在中国征税的，丹麦应允许从对该居民的所得征收的税额中扣除等于在中国缴纳的所得税的数额；

（二）但是，该项扣除应不超过可以在中国征税的所得在扣除前计算的那部分丹麦所得税数额；

（三）如果丹麦居民取得的所得按照本协定规定应仅在中国征税，丹麦可以在税基中包括该项所得，但应允许从所得税额中扣除来源于中国的所得应缴纳的所得税额。

第二十三条　其他规则

本协定不应妨碍缔约国双方行使其关于防止逃税和避税（不论是否称为逃税和避税）的国内法律及措施的权利，但以不导致税收与本协定冲突为限。

第二十四条　非歧视待遇

一、缔约国一方的国民在缔约国另一方负担的税收或者有关要求，在相同情况下，不应与该缔约国另一方的国民负担或可能负担的税收或者有关要求不同或比其更重。虽有第一条的规定，本规定也应适用于不是缔约国一方或者双方居民的人。

二、缔约国一方企业在缔约国另一方常设机构的税收负担，不应高于缔约国另一方对从事同样活动的本国企业征收的税收。本规定不应理解为缔约国一方由于民事地位、家庭责任而给予本国居民的任何税收上的个人补贴、优惠和减免也必须给予缔约国另一方居民。

三、除适用第九条第一款、第十一条第七款、第十一条第八款、第十二条第六款、第十二条第七款、第二十一条第三款或第二十一条第四款的规定外，缔约国一方企业支付给缔约国另一方居民的利息、特许权使用费和其他款项，在确定该企业应纳税利润时，应像支付给该缔约国一方居民的一样，在相同情况下予以扣除。

四、缔约国一方企业的资本全部或部分、直接或间接为缔约国另一方一个或多个居民拥有或控制，该企业在该缔约国一方负担的税收或者有关要求，不应与该缔约国一方其他同类企业负担或可能负担的税收或者有关要求不同或比其更重。

五、虽有第二条的规定，本条规定应适用于所有种类的税收。

第二十五条　相互协商程序

一、如有人认为，缔约国一方或者双方所采取的措施，导致或将导致对其的征税不符合本协定的规定时，可以不考虑各缔约国国内法律的救济办法，将案情提交该人为其居民的缔约国主管当局，或者如果其案情属于第二十四条第一款，可以提交该人为其国民的缔约国主管当局。该项案情必须在不符合本协定规定的征税措施第一次通知之日起三年内提出。

二、上述主管当局如果认为所提意见合理，又不能单方面圆满解决时，应设法同缔约国另一方主管当局相互协商解决，以避免不符合本协定的征税。达成的协议应予执行，而不受各缔约国国内法律规定的期限的限制。

三、缔约国双方主管当局应通过相互协商设法解决在解释或实施本协定时所发生的困难或疑义，也可以对本协定未作规定的消除双重征税问题进行协商。

四、缔约国双方主管当局为达成第二款和第三款的协议，可以相互直接联系。为有助于达成协议，双方主管当局的代表可以进行会谈，口头交换意见。

第二十六条　信息交换

一、缔约国双方主管当局应交换可以预见的与执行本协定的规定相关的信息，或与执行缔约国双方或其行政区或地方当局征收的各种税收的国内法律特别是防止欺诈和有助于实施防止合法避税的法律相关的信息，以根据这些法律征税与本协定不相抵触为限。信息交换不受第一条和第二条的限制。

二、缔约国一方根据第一款收到的任何信息，都应和根据该国国内法所获得的信息一样作密件处理，仅应告知与第一款所指税收有关的评估、征收、执行、起诉或上诉裁决有关的人员或当局（包括法院和行政部门）及其监督部门。上述人员或当局应仅为上述目的使用该信息，但可以在公开法庭的诉讼程序或法庭判决中披露有关信息。

三、第一款和第二款的规定在任何情况下不应被理解为缔约国一方有以下义务：

（一）采取与该缔约国一方或缔约国另一方的法律和行政惯例相违背的行政措施；

（二）提供按照该缔约国一方或缔约国另一方的法律或正常行政渠道不能得到的信息；

（三）提供泄露任何贸易、经营、工业、商业或专业秘密或贸易过程的信息或者泄露会违反公共政策的信息。

四、如果缔约国一方根据本条请求信息，缔约国另一方应使用其信息收集手段取得所请求的信息，即使缔约国另一方可能并不因其税务目的需要该信息。前句所确定的义务受第三款的限制，但是这些限制在任何情况下不应被理解为允许缔约国一方仅因该信息没有国内利益而拒绝提供。

五、在任何情况下，第三款的规定不应被理解为允许缔约国一方仅因信息由银行、其他金融机构、被指定人、代理人或受托人所持有，或者因信息与人的所有权权益有关，而拒绝提供。

第二十七条　外交代表和领事官员

本协定应不影响按国际法一般原则或特别协定规定的外交代表或领事官员的税收特权。

第二十八条　生效

一、缔约国双方政府应通过外交途径相互通知已完成本协定生效所必需的国内法律程序。

二、本协定自第一款提及的后一份通知收到之日起第30天生效。本协定的规定在缔约国双方对下列税收有效：

（一）在本协定生效后的次年1月1日或以后取得的所得源泉扣缴的税收；

（二）在本协定生效后的次年1月1日或以后开始的任何纳税年度对所得征收的其他税收。

三、1986年3月26日在北京签订的《中华人民共和国政府和丹麦王国政府关于对所得避免双重征税和防止偷漏税的协定》，应对本协定按本条第二款规定生效之日起适用的税收停止有效。

第二十九条　终止

本协定在缔约国一方终止以前应继续有效。但缔约国任何一方可以在本协定生效之日起满5年后六个月以前的任何时间，通过外交途径书面通知对方终止本协定。

在这种情况下，本协定应停止有效：

（一）在终止通知中明确的终止之日后次年1月1日或以后源泉扣缴的税收；

（二）在终止通知中明确的终止之日后次年1月1日或以后开始的纳税年度征收的其他税收。

下列代表，经各自政府正式授权，在本协定上签字，以昭信守。

本协定于2012年6月16日在哥本哈根签订，一式两份，每份均用中文、丹麦文和英文写成，三种文本同等作准。如有疑义，应以英文本为准。

中华人民共和国政府代表：　　　　丹麦王国政府代表：

李瑞宇　　　　托尔·默格·彼得森

议定书

在签订《中华人民共和国政府和丹麦王国政府对所得避免双重征税和防止偷漏税的协定》（以下简称“协定”）时，双方同意下列规定应作为协定的组成部分：

一、在对空运联合体斯堪的纳维亚航空公司（SAS）适用本协定时，第八条第一款和第十三条第三款的规定应仅适用于斯堪的纳维亚航空公司（SAS）中的丹麦合伙人拥有的相应股份取得的利润或财产收益。

二、关于第十一条，“中央银行”一语是指中国人民银行和丹麦国家银行，“政府的任何机构”一语是指：

（一）在中国：

1. 国家开发银行；
2. 中国农业发展银行；
3. 中国进出口银行；
4. 全国社会保障基金理事会；
5. 中国出口信用保险公司；
6. 中国投资有限责任公司；以及

7. 缔约国双方主管当局随时可能同意的、中国政府全资拥有的任何机构。

（二）在丹麦：

1. 发展中国家工业化基金（IFU）；

2. 丹麦出口信用基金（EKF）；

3. 丹麦成长基金；和

4. 缔约国双方主管当局随时可能同意的、丹麦政府全资拥有的任何机构。

下列代表，经各自政府正式授权，在本议定书上签字，以昭信守。

本议定书于 2012 年 6 月 16 日在哥本哈根签订，一式两份，每份均用中文、丹麦文和英文写成，三种文本同等作准。如有疑义，应以英文本为准。

中华人民共和国政府代表：	丹麦王国政府代表：
李瑞宇	托尔·默格·彼得森

关于实施《人民币合格境外机构投资者境内证券投资试点办法》有关事项的通知

（银发〔2013〕105号 2013年5月2日）

中国人民银行上海总部，各分行、营业管理部，各省会（首府）城市中心支行，各副省级城市中心支行，国家开发银行，各政策性银行、国有商业银行，股份制商业银行，中国邮政储蓄银行：

为规范人民币合格境外机构投资者境内证券投资试点工作，现就实施《人民币合格境外机构投资者境内证券投资试点办法》（中国证券监督管理委员会 中国人民银行 国家外汇管理局第90号令发布）的有关事项通知如下：

一、人民币合格境外机构投资者应当根据《境外机构人民币银行结算账户管理办法》（银发〔2010〕249号文印发）、《中国人民银行关于境外机构人民币银行结算账户开立和使用有关问题的通知》（银发〔2012〕183号）等规定，开立一个境外机构人民币基本存款账户（以下简称基本存款账户）。

人民币合格境外机构投资者开立基本存款账户后，应当选择具有合格境外机构投资者托管人资格的境内商业银行（以下简称托管银行）开立交易所市场交易资金结算专用存款账户和银行间债券市场交易资金结算专用存款账户，分别用于投资交易所证券市场和银行间债券市场。人民币合格境外机构投资者参与股指期货交易的，可以在期货保证金存管银行开立专门用于股指期货保证金结算的专用存款账户。

人民币合格境外机构投资者在开立上述三类专用存款账户时，应当区分自有资金和由其提供资产管理服务的客户资金分别开户；设立开放式基金的，每只开放式基金应当单独开户。

二、人民币合格境外机构投资者开立专用存款账户应当提供以下材料：中国证券监督管理委员会关于人民币合格境外机构投资者境内证券投资的书面批复以及证券投资业务许可证、国家外汇管理局关于投资额度的书面批复、托管银行的托管资格书面文件、人民币合格境外机构投资者与托管银行的托管协议，中国人民银行要求的其他文件。人民币合格境外机构投资者开立银行间债券市场交易专用存款账户的，还需同时提供中国人民银行批复试点机构进入银行间债券市场的文件以及托管银行的银行间债券市场结算代理资格许可书面文件。

三、人民币合格境外机构投资者专用存款账户的收入范围是：人民币合格境外机构投资者从境外汇入的投资本金、出售证券所得、现金股利、利息收入、从依据本通知开立的其他专用存款账户划入的资金及中国人民银行规定的其他收入。

人民币合格境外机构投资者专用存款账户的支出范围是：买入证券支付的价款、汇出本金和投资收益、支付投资相关税费、划出至依据本通知开立的其他专用存款账户的资金及中国人民银行规定的其他支出。除开放式基金外，人民币合格境外机构投资者如需汇出投资收益的，应当提供境内会计师事务所出具的审计报告和相关税务证明。

人民币合格境外机构投资者的专用存款账户与其他账户之间不得划转资金，自有资金账户、客户资金账户和开放式基金账户之间不得划转资金，不同开放式基金账户之间也不得划转资金。专用存款账户不得支取现金。

四、人民币合格境外机构投资者依据本通知所开立人民币银行结算账户的存款利率，按照中国人民银行有关规定执行。

五、托管银行和期货保证金存管银行应当依据《人民币银行结算账户管理办法》（中国人民银行令〔2003〕第5号发布）、《境外机构人民币银行结算账户管理办法》、《中国人民银行关于境外机构人民币银行结算账户开立和使用有关问题的通知》等银行结算账户管理制度及本通知，做好人民币合格境外机构投资者人民币银行结算账户开立、使用、变更、撤销及管理等业务。

六、人民币合格境外机构投资者投资银行间债券市场的，其托管银行应当是具备国际结算业务能力的银行间债券市场结算代理人。

人民币合格境外机构投资者投资银行间债券市场应当委托该托管与结算代理银行进行债券交易和结算，并遵守《中国人民银行关于境外人民币清算行等三类机构运用人民币投资银行间债券市场有关事宜的通知》（银发〔2010〕217号）中的相关规定。

七、人民币合格境外机构投资者进入银行间债券市场应当向中国人民银行递交书面申请，并提交下列材料：

（一）本机构基本情况说明；

（二）人民币资金来源及规模说明；

（三）投资计划书；

（四）债券投资相关负责人员基本情况表；

（五）登记注册文件或监管机构批准成立的证明；

（六）法定代表人或指定签字人的有效身份证件；

（七）所在国家或地区监管机构核发的金融业务许可证；

（八）中国证券监督管理委员会书面批复及其颁发的证券投资业务许可证；

（九）国家外汇管理局关于投资额度的书面批复；

（十）最近3年是否受到监管机构处罚的说明；

（十一）最近3年经审计的财务报表；

（十二）中国人民银行要求的其他材料。

八、中国人民银行和中国证券监督管理委员会可以根据宏观管理要求和试点发展情况，对总体投资比例和品种做出规定和调整。

九、托管银行和期货保证金存管银行应当在业务发生后5个工作日内向人民币跨境收付信息管理系统报送人民币合格境外机构投资者人民币银行结算账户的开销户信息、获批准的投资额度、所募集资金金额、资金跨境划转信息、人民币合格境外机构投资者境内证券投资的资产配置总体情况。

托管银行和期货保证金存管银行应当在每月结束后的8个工作日内向中国人民银行报送上述信息的汇总报表。

人民币合格境外机构投资者投资银行间债券市场的，其结算代理人应当按照中国人民银行的要求报送人民币合格境外机构投资者的交易、结算和托管等信息。

十、中国人民银行及其分支机构对人民币合格境外机构投资者和托管银行的账户管理、资金汇出入和信息报送等进行监督管理。

十一、托管银行在办理人民币合格境外机构投资者投资结算业务时，应当按照《中华人民共和国反洗钱法》和中国人民银行的有关规定，切实履行反洗钱和反恐融资义务，防范利用人民币合格境外机构投资者投资进行洗钱、恐怖融资等违法犯罪活动。

十二、本通知自发布之日起实施，《中国人民银行关于实施〈基金管理公司、证券公司人民币合格境外机构投资者境内证券投资试点办法〉有关事项的通知》（银发〔2011〕321号）同时废止。

关于启用对外投资合作在外人员信息管理系统的通知

（商办合函〔2013〕253号 2013年5月6日）

各省、自治区、直辖市、计划单列市及新疆生产建设兵团商务主管部门，有关中央企业：

为全面掌握对外投资合作在外人员信息，做好对外投资合作业务宏观监测和运行分析，强化风险评估、预警和应对，以及推进网上政务，根据《对外劳务合作管理条例》和对外投资合作在外人员管理的相关规定，商务部组织开发了对外投资合作在外人员信息管理系统（以下简称管理系统），自2013年6月1日起启用。现就有关事项通知如下：

一、管理系统是集对外投资合作在外人员信息采集、管理、通报和网上政务为一体的综合信息平台，整合了对外投资合作信息系统中现有相关在外人员信息数据库，将原“外派劳务人员基本信息数据库”和“对外投资合作企业在外人员相关信息备案系统”并入，按照实际工作需要对在外人员信息采集和管理重新进行了分类设置，开发了外派人员相关合同和人员信息备案功能，设有企业端、对外劳务合作服务平台端、地方商务主管部门端、商务部端等端口，并与驻外经商机构等实现互联互通。

二、管理系统设在商务部网站“中国对外投资和经济合作”子站（http：//fec. mofcom. gov. cn）。

三、管理系统信息由对外投资合作企业，包括对外投资企业、对外承包工程企业、对外劳务合作企业，以及对外劳务合作服务平台实时填报。

四、信息填报的主要内容包括：

（一）对外投资合作在外人员信息：对外投资合作企业应实时填报或更新企业在外人员信息，包括企业自有人员、外派人员和外籍雇员信息；对外劳务合作服务平台实时填报或更新劳务人员报名信息及对外投资合作企业从本平台招收人员信息。

（二）外派人员合同及人员名单备案：对外承包工程企业和对外劳务合作企业通过该系统将外派人员合同的必备条款以及外派人员名单报地方商务主管部门备案。

五、地方商务主管部门通过管理系统完成企业外派人员合同和人员名单备案。

六、对外投资合作企业和对外劳务合作服务平台应确保信息填报的准确性并及时进行更新。对未及时填报和更新信息的，各级商务主管部门应不予受理其相关资金支持申请。

七、对外投资合作企业登录中国对外投资和经济合作子站，选择“对外投资合作在外人员信息管理系统”进行数据填报或合同备案，具体操作办法可通过从管理系统下载用户手册获取。对外投资合作企业登录管理系统的用户名、密码和电子钥匙与登录“对外投资合作信息服务系统”一致。对外劳务合作服务平台登录管理系统前，需由有关省商务主管部门与中国国际电子商务中心（电话：010-

65198178）联系设立用户名和密码。

八、中国国际电子商务中心设立技术支持和服务热线（电话：010-67870108），负责协助解决管理系统使用过程中遇到问题和困难，并收集相关意见和建议。

请各省商务主管部门高度重视管理系统有关工作，指派专人负责，认真监督执行。商务部将对信息填报工作进行指导和检查。对全面、及时、准确填报数据的单位，将予以表扬；对未按规定进行填报的企业，将予以通报批评。

中西部地区外商投资优势产业目录

（国家发展和改革委员会、商务部令第 1 号　2013 年 5 月 9 日）

《中西部地区外商投资优势产业目录（2013 年修订）》已经国务院批准，现予以发布，自 2013 年 6 月 10 日起施行。2008 年 12 月 23 日国家发展和改革委员会、商务部发布的《中西部地区外商投资优势产业目录（2008 年修订）》（国家发展和改革委员会、商务部令 2008 年第 4 号）同时废止。

根据《指导外商投资方向规定》（国务院令 2002 年第 346 号）的规定，属于本目录的外商投资项目，享受鼓励类外商投资项目优惠政策。符合本目录规定的外商投资在建项目，可按照本目录的有关政策执行。

国家发展和改革委员会主任：徐绍史

商务部部长：高虎城

二〇一三年五月九日

中西部地区外商投资优势产业目录

（2013 年修订）

山西省

1. 牧草饲料作物种植及深加工
2. 小杂粮、马铃薯种植及产品开发、生产
3. 退耕还林还草、天然林保护等国家重点生态工程后续产业开发
4. 节水灌溉和旱作节水技术、保护性耕作技术开发与应用
5. 采煤矿区采空、塌陷区域生态系统恢复与重建工程
6. 非金属矿（高岭土、石灰石、硅石、石英砂）综合利用（勘探、开采除外）
7. 煤层气和煤炭伴生资源综合开发利用
8. 焦炭副产品综合利用
9. 高档棉、毛、麻、丝、化纤的纺织、针织及服装加工生产

10. 天然药、原料药、中成药的深加工（列入《外商投资产业指导目录》限制类、禁止类的除外）

11. 包装装潢印刷品印刷

12. 高档玻璃制品、高技术陶瓷（含工业陶瓷）技术开发和产品生产

13. 特殊品种（超白、超薄、在线 Low-E、中空、超厚）优质浮法玻璃技术开发及深加工

14. 不锈钢制品生产

15. 高速列车用钢、非晶带材等钢铁新材料

16. 铝合金材料及制品生产

17. 钢丝绳芯橡胶输运带生产

18. 液压技术系统及模具生产

19. 旱地、山地中小农业机械及配套机具制造

20. 三轴以上联动的高速、精密数控机床及配套数控系统、伺服电机及驱动装置、功能部件、刀具、量具、量仪及高档磨具磨料生产

21. 大型煤矿综采设备和防爆机电产品生产

22. 第三代及后续移动通信系统手机零部件生产

23. 洗中煤、焦炉煤气余热发电、供热等综合利用

24. 云计算、物联网、移动互联网等新一代信息技术开发、应用

25. 宽带业务和增值电信业务（需在我国入世承诺框架内）

26. 公路旅客运输公司

27. 城市燃气、热力和供排水管网建设、经营（人口 50 万以上城市中方控股）

28. 医疗和养老服务机构

29. 艺术表演培训和中介服务及文化用品、设备等产业化开发

30. 旅游景区（点）保护、开发和经营及其配套设施建设

内蒙古自治区

1. 绿色农畜产品（乳、肉、绒、皮毛、马铃薯、蔬菜）生产及加工（列入《外商投资产业指导目录》限制类、禁止类的除外）

2. 松香深加工

3. 盐湖生物养殖加工与综合利用

4. 退耕还林还草、退牧还草、天然林保护等国家重点生态工程后续产业开发

5. 节水灌溉和旱作节水技术、保护性耕作、中低产田改造等技术开发与应用

6. 日处理甜菜 3 000 吨及以上甜菜糖精深加工及副产品综合利用

7. 优质酿酒葡萄基地建设

8. 铜、铅、锌、镁等金属精深加工（限于合资、合作）

9. 非金属矿（高岭土、红柱石、膨润土、白云石、晶质石墨、珍珠岩、沸石）综合利用及精细加工（勘探、开采除外）

10. 毛纺织、针织品高新技术产品开发

11. 煤层气和煤炭伴生资源综合开发利用

12. 稀土高端应用产品加工

13. 天然气下游化工产品开发和利用（列入《天然气利用政策》限制类和禁止类的除外）

14. 利用乙烯与氯气通过氧氯化法生产 30 万吨/年以上 PVC，废盐酸制氯气等综合利用技术开发及

利用

15. 高性能硅油、硅橡胶、树脂，高品质氟树脂，高性能氟橡胶，含氟精细化学品和高品质含氟无机盐等

16. 硅材料及其应用

17. 动植物药材资源开发、保护和可持续利用（列入《外商投资产业指导目录》限制类、禁止类的除外）

18. 少数民族特需用品、工艺美术品、包装容器材料及日用玻璃制品生产

19. 特殊品种（超白、超薄、在线 Low-E、中空、超厚）优质浮法玻璃技术开发及深加工

20. 碳纤维产品生产及其应用

21. 天然气压缩机（含煤层气压缩机）制造

22. 汽车整车制造（外资比例不高于50%），专用汽车（不包括普通半挂车、自卸车、罐式车、厢式车和仓栅式汽车）制造（外资比例不高于50%）

23. 大型储能技术研发与生产应用（蓄能电池、抽水蓄能技术、空气储能技术、风电与后夜供热等）

24. 太阳能发电设备及零部件制造

25. 洗中煤、焦炉煤气余热发电、供热等综合利用

26. 宽带业务和增值电信业务（需在我国入世承诺框架内）

27. 公路旅客运输公司

28. 城市燃气、热力和供排水管网建设、经营（人口 50 万以上城市中方控股）

29. 医疗和养老服务机构

30. 广播电视节目、电影的制作业务（限于合作）

31. 冰雪、森林、草原生态旅游资源开发、建设和经营

32. 旅游景区（点）保护、开发和经营及其配套设施建设

辽宁省

1. 肉鸡、生猪、肉牛和肉羊饲养及产品深加工

2. 节水灌溉和旱作节水技术、保护性耕作技术开发与应用

3. 退耕还林还草等国家重点生态工程后续产业开发

4. 镁、锆石加工及综合利用（中方相对控股）

5. 高档棉、毛、麻、丝、化纤的纺织、针织及服装加工生产

6. 天然药、原料药、中成药的深加工（列入《外商投资产业指导目录》限制类、禁止类的除外）

7. 高性能子午线轮胎的生产。包括无内胎载重子午胎，低断面和扁平化（低于 55 系列）、大轮辋高性能轿车子午胎（15 吋以上），航空轮胎及农用子午胎的生产

8. 金属包装、自动化立体仓库及仓储物流设备制造

9. 汽车零部件制造：六档以上自动变速箱、商用车用高功率密度驱动桥、随动前照灯系统、LED前照灯、轻量化材料应用（高强钢、铝镁合金、复合塑料、粉末冶金、高强度复合纤维等）、离合器、液压减震器、中控盘总成、座椅

10. 飞行员培训、航空俱乐部（限于合资、合作）

11. 医疗设备及关键部件开发及生产

12. 高精度铜、铝及合金板带材深加工

13. 大型储能技术研发与生产应用（蓄能电池、抽水蓄能技术、空气储能技术、风电与后夜供热

等）

14. 宽带业务和增值电信业务（需在我国入世承诺框架内）

15. 城市燃气、热力和供排水管网建设、经营（人口 50 万以上城市中方控股）

16. 医疗和养老服务机构

17. 旅游景区（点）保护、开发和经营及其配套设施建设

18. 经国家投资主管部门批准的资源枯竭型城市的精深加工和接续产业等项目

吉林省

1. 节水灌溉和旱作节水技术、保护性耕作技术开发与应用

2. 肉鸡、肉鹅、生猪、肉牛、肉羊和梅花鹿饲养及产品深加工

3. 人参、鹿茸、山葡萄、果仁、山野菜、菌类、林蛙、柞蚕、蜂蜜等长白山特色生态食品、饮品的开发和加工

4. 饮用天然矿泉水生产（中方控股）

5. 硅藻土资源开发及综合利用（勘探、开采除外）

6. 高档棉、毛、麻、丝、化纤的纺织、针织及服装加工生产

7. 褐煤蜡萃取

8. 动植物药材资源开发、保护和可持续利用（列入《外商投资产业指导目录》限制类、禁止类的除外）

9. 特殊品种（超白、超薄、在线 Low-E、中空、超厚）优质浮法玻璃技术开发及深加工

10. 碳纤维原丝、碳纤维生产及其生产所需辅助材料、碳纤维复合材料及其制品生产

11. 高性能子午线轮胎的生产。包括无内胎载重子午胎，低断面和扁平化（低于 55 系列）、大轮辋高性能轿车子午胎（15 吋以上），航空轮胎及农用子午胎的生产

12. 医疗设备及关键部件开发及生产

13. 汽车零部件制造：六档以上自动变速箱、商用车用高功率密度驱动桥、随动前照灯系统、LED 前照灯、轻量化材料应用（高强钢、铝镁合金、复合塑料、粉末冶金、高强度复合纤维等）、离合器、液压减震器、中控盘总成、座椅

14. 生物质能发电设备制造（限于合资、合作）

15. 宽带业务和增值电信业务（需在我国入世承诺框架内）

16. 公路旅客运输公司

17. 汽车金融服务

18. 城市燃气、热力和供排水管网建设、经营（人口 50 万以上城市中方控股）

19. 医疗和养老服务机构

20. 动漫创作、制作（广播影视动漫制作业务限于合作）及衍生品开发

21. 冰雪旅游资源开发及滑雪场建设、经营

22. 旅游景区（点）保护、开发和经营及其配套设施建设

23. 经国家投资主管部门批准的资源枯竭型城市的精深加工和接续产业等项目

黑龙江省

1. 退耕还林还草、天然林保护等国家重点生态工程后续产业开发

2. 节水灌溉和旱作节水技术、保护性耕作技术开发与应用

3. 利用境外资源的木材加工
4. 饮用天然矿泉水生产（中方控股）
5. 日处理甜菜 3 000 吨及以上甜菜制糖及副产品综合利用
6. 马铃薯深加工
7. 肉鹅、肉鸡、生猪、肉牛和肉羊饲养及产品加工
8. 天然药、原料药、中成药的深加工（列入《外商投资产业指导目录》限制类、禁止类的除外）
9. 特殊品种（超白、超薄、在线 Low-E、中空、超厚）优质浮法玻璃技术开发及深加工
10. 硅基及光伏新材料
11. 钛矿冶炼及钛制品加工（限于合资、合作）
12. 切削刀具、量具、刃具制造
13. 高性能子午线轮胎的生产。包括无内胎载重子午胎，低断面和扁平化（低于 55 系列）、大轮辋高性能轿车子午胎（15 时以上），航空轮胎及农用子午胎的生产
14. 汽车零部件制造：六档以上自动变速箱、商用车用高功率密度驱动桥、随动前照灯系统、LED 前照灯、轻量化材料应用（高强钢、铝镁合金、复合塑料、粉末冶金、高强度复合纤维等）、离合器、液压减震器、中控盘总成、座椅
15. 医疗设备及关键部件开发及生产
16. 电网智能管理控制系统设备制造
17. 宽带业务和增值电信业务（需在我国入世承诺框架内）
18. 公路旅客运输公司
19. 医疗和养老服务机构
20. 城市燃气、热力和供排水管网建设、经营（人口 50 万以上城市中方控股）
21. 动漫创作、制作（广播影视动漫制作业务限于合作）及衍生品开发
22. 森林、冰雪旅游资源开发及滑雪场建设、经营
23. 旅游景区（点）保护、开发和经营及其配套设施建设
24. 经国家投资主管部门批准的资源枯竭型城市的精深加工和接续产业等项目

安徽省

1. 节水灌溉和旱作节水技术、保护性耕作技术开发与应用
2. 高岭土、煤层气（瓦斯）、矿井水及天然焦等煤炭伴生资源综合利用（勘探、开采除外）
3. 非金属矿（方解石、膨润土、高岭土、凹凸棒粘土、石灰石、石英砂）综合利用（勘查、开采除外）
4. 高档棉、毛、麻、丝、化纤的纺织、针织及服装加工生产
5. 天然药、原料药、中成药的深加工（列入《外商投资产业指导目录》限制类、禁止类的除外）
6. 铜、锌、铝等有色金属精深加工及综合利用（限于合资、合作）
7. 高档无缝钢管、石油油井管制造
8. 包装装潢印刷品印刷
9. 特殊品种（超白、超薄、在线 Low-E、中空、超厚）优质浮法玻璃技术开发及深加工
10. 利用木薯、麻风树、橡胶籽等非粮植物为原料的生物液体燃料（燃料乙醇、生物柴油）生产（中方控股）
11. 高性能子午线轮胎的生产。包括无内胎载重子午胎，低断面和扁平化（低于 55 系列）、大轮辋高性能轿车子午胎（15 时以上），航空轮胎及农用子午胎的生产

12. 汽车零部件制造：六档以上自动变速箱、商用车用高功率密度驱动桥、随动前照灯系统、LED前照灯、轻量化材料应用（高强钢、铝镁合金、复合塑料、粉末冶金、高强度复合纤维等）、离合器、液压减震器、中控盘总成、座椅

13. 新型干法水泥成套设备制造

14. 电动叉车、30 吨以上液压挖掘机及零部件开发与制造

15. 500 万吨/年及以上矿井、薄煤层综合采掘设备，1 000 万吨级/年及以上大型露天矿关键装备；大型冶金成套设备等重大技术装备用分散型控制系统（DCS）

16. 医疗设备及关键部件开发及生产

17. 家用电器、家电用板材及零部件制造

18. 半导体照明材料上下游产品及相关设备的研发与制造

19. 大型、高压、高纯度工业气体的生产和供应

20. 宽带业务和增值电信业务（需在我国入世承诺框架内）

21. 公路旅客运输公司

22. 水上运输公司（中方控股）

23. 医疗和养老服务机构

24. 动漫创作、制作（广播影视动漫制作业务限于合作）及衍生品开发

25. 城市燃气、热力和供排水管网建设、经营（人口 50 万以上城市中方控股）

26. 旅游景区（点）保护、开发和经营及其配套设施建设

江西省

1. 脐橙、苎麻、竹、山药、莲、葛等特色、优势植物种植及深加工

2. 铜矿选矿、伴生元素提取及精深加工（限于合资、合作）及循环利用

3. 高岭土、粉石英、硅灰石、海泡石、化工用白云石等非金属矿选冶、应用及深加工

4. 高档棉、毛、麻、丝、化纤的纺织、针织及服装加工生产

5. 利用境外钨、镍、钴、钽、铌等稀有金属资源深加工、应用产品生产及循环利用

6. 利用乙烯与氯气通过氧氯化法生产 30 万吨/年以上 PVC，废盐酸制氯气等综合利用技术开发及利用

7. 稀土高端应用产品加工

8. 天然药、原料药、中成药的深加工（列入《外商投资产业指导目录》限制类、禁止类的除外）

9. 艺术陶瓷、日用陶瓷、工业陶瓷、特种陶瓷等高技术陶瓷的研发与生产

10. 高性能子午线轮胎的生产。包括无内胎载重子午胎，低断面和扁平化（低于 55 系列）、大轮辋高性能轿车子午胎（15 时以上），航空轮胎及农用子午胎的生产

11. 包装装潢印刷品印刷

12. 汽车零部件制造：六档以上自动变速箱、商用车用高功率密度驱动桥、随动前照灯系统、LED前照灯、轻量化材料应用（高强钢、铝镁合金、复合塑料、粉末冶金、高强度复合纤维等）、离合器、液压减震器、中控盘总成、座椅

13. 医疗设备及关键部件开发及生产

14. 空调、高效节能压缩机及零部件生产

15. 太阳能发电设备及零部件制造

16. 半导体照明材料上下游产品及相关设备的研发与制造

17. 锂电池等锂产品生产专用设备的研发与制造

18. 光学部件及镀膜技术的研发、应用及制造

19. 宽带业务和增值电信业务（需在我国入世承诺框架内）

20. 公路旅客运输公司

21. 医疗和养老服务机构

22. 城市燃气、热力和供排水管网建设、经营（人口50万以上中方控股）

23. 动漫创作、制作（广播影视动漫制作业务限于合作）及衍生品开发

24. 旅游景区（点）保护、开发和经营及其配套设施建设

河南省

1. 生猪、肉牛、肉羊、小家禽饲养

2. 退耕还林还草、天然林保护等国家重点生态工程后续产业开发

3. 节水灌溉和旱作节水技术、保护性耕作技术开发与应用

4. 镁、锌精深加工（限于合资、合作）

5. 高档棉、毛、麻、丝、化纤的纺织、针织及服装加工生产

6. 煤层气（煤矿瓦斯）抽采和利用技术产品开发与生产

7. 超硬材料产品生产

8. 铝合金材料及制品生产

9. 天然药、原料药、中成药的深加工（列入《外商投资产业指导目录》限制类、禁止类的除外）

10. 包装装潢印刷品印刷

11. 特殊品种（超白、超薄、在线Low-E、中空、超厚）优质浮法玻璃技术开发及深加工

12. 高性能子午线轮胎的生产。包括无内胎载重子午胎，低断面和扁平化（低于55系列）、大轮辋高性能轿车子午胎（15时以上），航空轮胎及农用子午胎的生产

13. 汽车零部件制造：六档以上自动变速箱、商用车用高功率密度驱动桥、随动前照灯系统、LED前照灯、轻量化材料应用（高强钢、铝镁合金、复合塑料、粉末冶金、高强度复合纤维等）、离合器、液压减震器、中控盘总成、座椅

14. 三轴以上联动的高速、精密数控机床及配套数控系统、伺服电机及驱动装置、功能部件、刀具、量具、量仪及高档磨具磨料生产

15. 300马力以上配备无级变速器轮式拖拉机，300马力以上拖拉机关键零部件：无级变速拖拉机发动机、变速箱、液力联合控制系统、双输入双输出无级调速装置

16. 500万吨/年及以上矿井、薄煤层综合采掘设备，1 000万吨级/年及以上大型露天矿关键装备；12 000米及以上深井钻机、极地钻机、高位移性深井沙漠钻机、沼泽难进入区域用钻机、海洋钻机、车装钻机、特种钻井工艺用钻机等钻机成套设备

17. 电能综合管理自动化设备制造

18. LCoS、DLP、液晶等新型投影显示技术产品开发及生产

19. 空调、电冰箱、高效节能压缩机及零部件制造

20. 宽带业务和增值电信业务（需在我国入世承诺框架内）

21. 公路旅客运输公司

22. 医疗和养老服务机构

23. 城市燃气、热力和供排水管网建设、经营（人口50万以上城市中方控股）

24. 旅游景区（点）保护、开发和经营及其配套设施建设

湖北省

1. 保护性耕作技术开发与应用

2. 高档纺织品及服装工艺技术开发

3. 无纺布及医用纺织品生产

4. 动植物药材资源的开发、保护和可持续利用（列入《外商投资产业指导目录》限制类、禁止类的除外）

5. 高档棉、毛、麻、丝、化纤的纺织、针织及服装加工生产

6. 包装装潢印刷品印刷

7. 特殊品种（超白、超薄、在线 Low-E、中空、超厚）优质浮法玻璃技术开发及深加工

8. 空调、高效节能压缩机及零部件制造

9. 汽车零部件制造：六档以上自动变速箱、商用车用高功率密度驱动桥、随动前照灯系统、LED 前照灯、轻量化材料应用（高强钢、铝镁合金、复合塑料、粉末冶金、高强度复合纤维等）、离合器、液压减震器、中控盘总成、座椅

10. 高性能子午线轮胎的生产。包括无内胎载重子午胎，低断面和扁平化（低于 55 系列）、大轮辋高性能轿车子午胎（15 吋以上），航空轮胎及农用子午胎的生产

11. 三轴以上联动的高速、精密数控机床及配套数控系统、伺服电机及驱动装置、功能部件、刀具、量具、量仪及高档磨具磨料生产

12. 特种钢丝绳、钢缆（平均抗拉强度 >2 200MPa）制造

13. 激光医疗设备开发与制造

14. 光电子技术和产品（含光纤预制棒、半导体发光二极管 LED）开发

15. 宽带业务和增值电信业务（需在我国入世承诺框架内）

16. 公路旅客运输公司

17. 汽车加气站建设和经营

18. 医疗和养老服务业

19. 城市燃气、热力和供排水管网建设、经营（人口 50 万以上城市中方控股）

20. 旅游景区（点）保护、开发和经营及其配套设施建设

湖南省

1. 蔬菜、水果、畜禽产品的生产及深加工

2. 锌精深加工（限于合资、合作）

3. 铋化合物生产（中方控股）

4. 艺术陶瓷、日用陶瓷、工业陶瓷、特种陶瓷等高技术陶瓷的研发与生产

5. 激素类药物深度开发（列入《外商投资产业指导目录》限制类、禁止类的除外）

6. 包装装潢印刷品印刷

7. 大口径钢管材加工

8. 硬质合金精深加工

9. 30 吨以上液压挖掘机、6 米及以上全断面掘进机、320 马力及以上履带推土机、6 吨及以上装载机、600 吨及以上架桥设备（含架桥机、运梁车、提梁机）、400 吨及以上履带起重机、100 吨及以上全地面起重机、钻孔 100 毫米以上凿岩台车、400 千瓦及以上砼冷热再生设备、1 米宽及以上铣刨机；关

键零部件：动力换挡变速箱、湿式驱动桥、回转支承、液力变矩器、为电动叉车配套的电机、电控、压力25兆帕以上液压马达、泵、控制阀

10. 60C及以上混凝土输送泵、50米及以上混凝土泵车、混凝土布料机、混凝土搅拌运输车、混凝土喷射机械手；起升机械：塔式起重机、50米及以上高空作业车、50吨级以上轮胎吊；路面机械：12米及以上沥青路面摊铺机、4吨以上沥青混凝土搅拌设备、26吨以上全液压压路机、垃圾收运和处理设备及系统等产品

11. 大型工程机械关键零部件：动力换挡变速箱、湿式驱动桥、回转支承、液力变矩器、为电动叉车配套的电机、电控、压力25兆帕以上液压马达、泵、控制阀

12. 新型橡胶机械成套设备制造

13. 消费类电子产品整机、光电子、电子材料、电子元器件的开发和制造

14. 宽带业务和增值电信业务（需在我国入世承诺框架内）

15. 公路旅客运输公司

16. 广播电视节目、电影制作业务（限于合作）

17. 医疗和养老服务机构

18. 城市燃气、热力和供排水管网建设、经营（人口50万以上城市中方控股）

19. 旅游景区（点）保护、开发和经营及其配套设施建设

广西自治区

1. 退耕还林还草等国家重点生态工程后续产业开发

2. 动植物药材资源开发生产（列入《外商投资产业指导目录》限制类、禁止类的除外）

3. 日处理甘蔗5000吨及以上的蔗糖精深加工及副产品综合利用

4. 单线5万立方米/年以上的普通刨花板、高中密度纤维板生产装置；单线5万立方米/年以上的木质刨花板生产装置；5万立方米/年以上的胶合板和细木工板生产线

5. 松香深加工

6. 锌、锡、锑、钨、锰等金属精深加工（限于合资、合作）

7. 少数民族特需用品、民族特色工艺品及包装容器材料生产

8. 艺术陶瓷、日用陶瓷、工业陶瓷、特种陶瓷等高技术陶瓷的研发与生产

9. 特殊品种（超白、超薄、在线Low-E、中空、超厚）优质浮法玻璃技术开发及深加工

10. 利用木薯、麻风树、橡胶籽等非粮植物为原料的生物液体燃料（燃料乙醇、生物柴油）生产（中方控股）

11. 高性能子午线轮胎的生产。包括无内胎载重子午胎，低断面和扁平化（低于55系列）、大轮辋高性能轿车子午胎（15吋以上），航空轮胎及农用子午胎的生产

12. 汽车整车制造（外资比例不高于50%），专用汽车（不包括普通半挂车、自卸车、罐式车、厢式车和仓栅式汽车）制造（外资比例不高于50%）

13. 汽车零部件制造：六档以上自动变速箱、商用车用高功率密度驱动桥、随动前照灯系统、LED前照灯、轻量化材料应用（高强钢、铝镁合金、复合塑料、粉末冶金、高强度复合纤维等）、离合器、液压减震器、中控盘总成、座椅

14. 大型工程机械关键零部件：动力换挡变速箱、湿式驱动桥、回转支承、液力变矩器、为电动叉车配套的电机、电控、压力25兆帕以上液压马达、泵、控制阀

15. 宽带业务和增值电信业务（需在我国入世承诺框架内）

16. 公路旅客运输公司

17. 水上运输公司（中方控股）

18. 医疗和养老服务机构

19. 城市燃气、热力和供排水管网建设、经营（人口50万以上城市中方控股）

20. 文化演出场所的建设、经营（中方控股）

21. 旅游景区（点）保护、开发和经营及其配套设施建设

重庆市

1. 动植物优良品种选育、繁育、保种、开发及产品深加工（列入《外商投资产业指导目录》限制类和禁止类的除外）

2. 退耕还林还草、天然林保护等国家重点生态工程后续产业开发

3. 节水灌溉技术开发及应用

4. 高档棉、毛、麻、丝、化纤的纺织、针织及服装加工生产

5. 天然气下游化工产品生产和开发（列入《天然气利用政策》限制类和禁止类的除外）

6. 高性能、高附加值聚氨酯和工程塑料产品开发和生产

7. 铝、镁精深加工（限于合资、合作）

8. 排气量250ml及以上高性能摩托车整车（外资比例不高于50%）

9. 汽车整车制造（外资比例不高于50%），专用汽车（不包括普通半挂车、自卸车、罐式车、厢式车和仓栅式汽车）制造（外资比例不高于50%）

10. 高性能子午线轮胎的生产。包括无内胎载重子午胎，低断面和扁平化（低于55系列）、大轮辋高性能轿车子午胎（15吋以上），航空轮胎及农用子午胎以及列入《当前优先发展的高技术产业化重点领域指南》的子午线轮胎关键原材料生产

11. 汽车零部件制造：六档以上自动变速箱、商用车用高功率密度驱动桥、随动前照灯系统、LED前照灯、轻量化材料应用（高强钢、铝镁合金、复合塑料、粉末冶金、高强度复合纤维等）、离合器、液压减震器、中控盘总成、座椅

12. 太阳能发电设备及零部件制造

13. 线宽0.25微米以下大规模数字集成电路制造

14. 500千伏及以上高压直流换流变压器研发及制造

15. 三级能效以上节能环保型家电整机，压缩机、电机、变频器、液晶面板等关键零部件生产，无线输电、裸眼3D、体感输入等新技术开发

16. 半导体照明材料上下游产品及相关设备的研发与制造

17. 二氧化碳回收、一氧化碳等特殊工业气体制备及应用

18. FINEX技术及高速、无头连轧

19. 宽带业务和增值电信业务（需在我国入世承诺框架内）

20. 公路旅客运输公司

21. 医疗和养老服务机构

22. 城市燃气、热力和供排水管网建设、经营（人口50万以上城市中方控股）

23. 旅游景区（点）保护、开发和经营及其配套设施建设

四川省

1. 红薯及非粮作物加工和副产物综合利用

2. 生猪、肉牛、肉羊、小家禽畜（含高原畜产品）饲养和深加工

3. 退耕还林还草、天然林保护等国家重点生态工程后续产业开发

4. 节水灌溉和旱作节水技术、保护性耕作技术开发与应用

5. 葡萄酒及特色水果酿酒

6. 利用木薯、麻风树、橡胶籽等非粮植物为原料的生物液体燃料（燃料乙醇、生物柴油）生产（中方控股）

7. 高档棉、毛、麻、丝、化纤的纺织、针织及服装加工生产

8. 以境外木、藤为原材料的高端家具生产

9. 稀土高端应用产品加工

10. 钒钛资源综合利用新技术和新产品开发（限于合资、合作）

11. 天然气下游化工产品生产和开发（列入《天然气利用政策》限制类和禁止类的除外）

12. 含氟精细化学品和高品质含氟无机盐生产

13. 动植物药材资源开发、保护及可持续利用（列入《外商投资产业指导目录》限制类、禁止类的除外）

14. 包装装潢印刷品印刷

15. 特殊品种（超白、超薄、在线 Low-E、中空、超厚）优质浮法玻璃技术开发及深加工

16. 汽车整车制造（外资比例不高于 50%），专用汽车（不包括普通半挂车、自卸车、罐式车、厢式车和仓栅式汽车）制造（外资比例不高于 50%）

17. 高性能子午线轮胎的生产。包括无内胎载重子午胎，低断面和扁平化（低于 55 系列）、大轮辋高性能轿车子午胎（15 时以上），航空轮胎及农用子午胎的生产

18. 汽车零部件制造：六档以上自动变速箱、商用车用高功率密度驱动桥、随动前照灯系统、LED 前照灯、轻量化材料应用（高强钢、铝镁合金、复合塑料、粉末冶金、高强度复合纤维等）、离合器、液压减震器、中控盘总成、座椅

19. 30 吨以上液压挖掘机、6 米及以上全断面掘进机、320 马力及以上履带推土机、6 吨及以上装载机、600 吨及以上架桥设备（含架桥机、运梁车、提梁机）、400 吨及以上履带起重机、100 吨及以上全地面起重机、钻孔 100 毫米以上凿岩台车、400 千瓦及以上砼冷热再生设备、1 米宽及以上铣刨机；关键零部件：动力换挡变速箱、湿式驱动桥、回转支承、液力变矩器、为电动叉车配套的电机、电控、压力 25 兆帕以上液压马达、泵、控制阀

20. 太阳能发电设备及零部件制造

21. 大型储能技术研发与生产应用（蓄能电池、抽水蓄能技术、空气储能技术、风电与后夜供热等）

22. 3 000KW 以上大型、重型燃气轮机高温部件及控制系统研发制造

23. 半导体照明材料上下游产品及相关设备的研发与制造

24. 精密电子注塑产品开发及生产

25. 液晶电视、数字电视、节能环保电冰箱、智能洗衣机等高档家用电器制造

26. 医疗设备及关键部件开发及生产

27. 天然气压缩机（含煤层气压缩机）制造

28. 物流业务相关的仓储设施建设和商贸服务

29. 宽带业务和增值电信业务（需在我国入世承诺框架内）

30. 公路旅客运输公司

31. 医疗和养老服务机构

32. 城市燃气、热力和供排水管网建设、经营（人口 50 万以上城市中方控股）

33. 动漫创作、制作（广播影视动漫制作业务限于合作）及衍生品开发

34. 艺术表演培训和中介服务及文化用品、设备等产业化开发

35. 旅游景区（点）保护、开发和经营及其配套设施建设

贵州省

1. 退耕还林还草、天然林保护等国家重点生态工程后续产业开发

2. 节水灌溉和旱作节水技术开发与应用

3. 马铃薯、魔芋等产品深加工

4. 畜禽、辣椒、苦荞、山药、核桃深加工

5. 高档棉、毛、麻、丝、化纤的纺织、针织及服装加工生产

6. 钛冶炼（限于合资、合作）

7. 用先进技术对固定层合成氨装置进行优化节能技改

8. 利用甲醇开发 M100 新型动力燃料及合成氨生产尾气发展新能源

9. 利用工业生产二氧化碳废气发展工业级、食品级二氧化碳

10. 己二酸生产

11. 采用先进技术建设 30 万吨/年及以上煤制合成氨及配套尿素项目

12. 动植物药材资源开发、保护和可持续利用（列入《外商投资产业指导目录》限制类、禁止类的除外）

13. 特殊品种（超白、超薄、在线 Low-E、中空、超厚）优质浮法玻璃技术开发及深加工

14. 铝等有色金属精深加工（限于合资、合作）

15. 高性能铝合金系列产品开发

16. 新型短流程钢铁冶炼技术开发及应用

17. 非高炉冶炼技术（直接还原）

18. 磨料磨具产品生产

19. 新型凿岩钎具的开发及用钢材料生产

20. 汽车整车制造（外资比例不高于 50%），专用汽车（不包括普通半挂车、自卸车、罐式车、厢式车和仓栅式汽车）制造（外资比例不高于 50%）

21. 汽车零部件制造：六档以上自动变速箱、商用车用高功率密度驱动桥、随动前照灯系统、LED 前照灯、轻量化材料应用（高强钢、铝镁合金、复合塑料、粉末冶金、高强度复合纤维等）、离合器、液压减震器、中控盘总成、座椅

22. 有特色优势的特种工程机械、架桥铺路机械、破碎机械、液压基础件、数控机床、节能环保装备、4MW 燃汽轮机及以下产品等开发及制造

23. 复式永磁电机抽油机系列化开发和产业化

24. 复杂地质条件的矿用开采、掘进、提升、井下运输等特种设备及产品的开发与制造

25. 适用于西部山区的轻便、耐用、低耗中小型耕种收和植保、节水灌溉、小型抗旱设备及粮油作物、茶叶、特色农产品等农业机械开发与制造

26. 太阳能发电设备及零部件制造

27. 宽带业务和增值电信业务（需在我国入世承诺框架内）

28. 公路旅客运输公司

29. 医疗和养老服务机构

30. 城市燃气、热力和供排水管网建设、经营（人口 50 万以上城市中方控股）

31. 茅台生态带综合保护及赤水河流域遥感技术应用示范

32. 旅游景区（点）保护、开发和经营及其配套设施建设

云南省

1. 退耕还林还草、天然林保护等国家重点生态工程后续产业开发

2. 节水灌溉和旱作节水技术开发与应用

3. 铜、锌有色金属精深加工（限于合资、合作）

4. 特色食用资源开发及应用

5. 符合生态与环保要求的亚麻加工、开发及副产品综合利用

6. 利用木薯、麻风树、橡胶籽等非粮植物为原料的生物液体燃料（燃料乙醇、生物柴油）生产（中方控股）

7. 高档棉、毛、麻、丝、化纤的纺织、针织及服装加工生产

8. 动植物药材资源开发、保护和可持续利用（列入《外商投资产业指导目录》限制类、禁止类的除外）

9. 包装装潢印刷品印刷

10. 特殊品种（超白、超薄、在线 Low-E、中空、超厚）优质浮法玻璃技术开发及深加工

11. 汽车整车制造（外资比例不高于50%），专用汽车（不包括普通半挂车、自卸车、罐式车、厢式车和仓栅式汽车）制造（外资比例不高于50%）

12. 宽带业务和增值电信业务（需在我国入世承诺框架内）

13. 公路旅客运输公司

14. 医疗和养老服务机构

15. 城市燃气、热力和供排水管网建设、经营（人口50万以上城市中方控股）

16. 广播电视节目、电影的制作业务（限于合作）

17. 旅游景区（点）保护、开发和经营及其配套设施建设

西藏自治区

1. 退耕还林还草、天然林保护等国家重点生态工程后续产业开发

2. 节水灌溉和旱作节水技术开发与应用

3. 盐湖资源的开发利用（中方控股）

4. 饮用天然矿泉水生产（中方控股）

5. 牛羊绒、皮革产品深加工及藏毯生产

6. 花卉与苗圃基地的建设经营

7. 林下资源的培植技术研发和林下产品深加工

8. 青稞、牧草等农作物新技术的开发利用

9. 高原特色食品资源开发利用

10. 天然药、原料药、中成药的深加工（列入《外商投资产业指导目录》限制类、禁止类的除外）

11. 藏药新品种、新剂型产品生产（列入《外商投资产业指导目录》禁止类的除外）

12. 少数民族特需用品、工艺美术品、包装容器材料、日用玻璃制品及极具藏民族特色的旅游商品纪念品生产

13. 物流业务相关的仓储设施建设和商贸服务

14. 宽带业务和增值电信业务（需在我国入世承诺框架内）

15. 公路旅客运输公司

16. 医疗和养老服务机构

17. 城市燃气、热力和供排水管网建设、经营（人口 50 万以上城市中方控股）

18. 旅游景区（点）保护、开发和经营及其配套设施建设

陕西省

1. 退耕还林还草、天然林保护、水源地保护等国家重点生态工程后续产业开发

2. 节水灌溉和旱作节水技术、保护性耕作技术开发与应用

3. 高档棉、毛、麻、丝、化纤的纺织、针织及服装加工生产

4. 动植物药材资源开发、保护和可持续利用（列入《外商投资产业指导目录》限制类、禁止类的除外）

5. 天然气下游化工产品的生产与开发（列入《天然气利用政策》限制类和禁止类的除外）

6. 特殊品种（超白、超薄、在线 Low-E、中空、超厚）优质浮法玻璃技术开发及深加工

7. 钛金属精深加工（限于合资、合作）

8. 高炉煤气能量回收透平装置设计制造

9. 大型、高压、高纯度工业气体的生产和供应

10. 汽车整车制造（外资比例不高于 50%），专用汽车（不包括普通半挂车、自卸车、罐式车、厢式车和仓栅式汽车）制造（外资比例不高于 50%）

11. 一般商品的批发、零售（列入《外商投资产业指导目录》限制类、禁止类的除外）

12. 宽带业务和增值电信业务（需在我国入世承诺框架内）

13. 公路旅客运输公司

14. 医疗和养老服务机构

15. 城市燃气、热力和供排水管网建设、经营（人口 50 万以上城市中方控股）

16. 旅游景区（点）保护、开发和经营及其配套设施建设

甘肃省

1. 节水灌溉和旱作节水技术、保护性耕作技术开发与应用

2. 瓜果、蔬菜、花卉种子的开发生产（中方控股）

3. 优质酿酒葡萄基地建设

4. 优质啤酒原料种植、加工

5. 天然气下游化工产品生产和开发（列入《天然气利用政策》限制类和禁止类的除外）

6. 稀土高端应用产品加工

7. 铝、铜、镍等有色金属精深加工（限于合资、合作）

8. 汽车整车制造（外资比例不高于 50%），专用汽车（不包括普通半挂车、自卸车、罐式车、厢式车和仓栅式汽车）制造（外资比例不高于 50%）

9. 三轴以上联动的高速、精密数控机床及配套数控系统、伺服电机及驱动装置、功能部件、刀具、量具、量仪及高档磨具磨料

10. 太阳能发电及设备制造业

11. 宽带业务和增值电信业务（需在我国入世承诺框架内）

12. 公路旅客运输公司
13. 医疗和养老服务机构
14. 城市燃气、热力和供排水管网建设、经营（人口 50 万以上城市中方控股）
15. 旅游景区（点）保护、开发和经营及其配套设施建设

宁夏自治区

1. 节水灌溉和旱作节水技术、保护性耕作技术开发与应用
2. 枸杞、葡萄等种植及深加工
3. 沙生中药材、沙区生态经济林、沙区瓜果、沙区设施农业、沙料建材、沙区新能源和沙漠旅游休闲等沙产业
4. 少数民族特需用品及清真食品开发加工
5. 碳基材料开发及生产
6. 石膏和陶瓷粘土的深加工
7. 钽、铌等金属精深加工（中方控股）
8. 氢氧化镍生产及深加工
9. 铝合金、镁合金等材料的研发及生产
10. 熔体直纺及切片纺彩色涤纶的研发及生产
11. 高性能子午线轮胎的生产。包括无内胎载重子午胎，低断面和扁平化（低于 55 系列）、大轮辋高性能轿车子午胎（15 时以上），航空轮胎及农用子午胎的生产
12. 汽车整车制造（外资比例不高于 50%），专用汽车（不包括普通半挂车、自卸车、罐式车、厢式车和仓栅式汽车）制造（外资比例不高于 50%）
13. 三轴以上联动的高速、精密数控机床及配套数控系统、伺服电机及驱动装置、功能部件、刀具、量具、量仪及高档磨具磨料
14. 500 万吨/年及以上矿井、薄煤层综合采掘设备，1 000 万吨级/年及以上大型露天矿关键装备
15. 太阳能发电设备研发及制造生产
16. 宽带业务和增值电信业务（需在我国入世承诺框架内）
17. 公路旅客运输公司
18. 医疗和养老服务机构
19. 城市燃气、热力和供排水管网建设、经营（人口 50 万以上城市中方控股）
20. 旅游景区（点）保护、开发和经营及其配套设施建设

青海省

1. 高原动植物资源保护、种养与加工利用（列入《外商投资产业指导目录》限制类、禁止类的除外）
2. 退耕还林还草、天然林保护、水源地保护等国家重点生态工程后续产业开发
3. 节水灌溉和旱作节水技术、保护性耕作技术开发与应用
4. 有机天然农畜产品基地建设和产品精深加工
5. 铜、铝、镁等有色金属精深加工（限于合资、合作）
6. 中、藏药新品种、新剂型产品生产（列入《外商投资产业指导目录》限制类、禁止类的除外）
7. 特殊品种（超白、超薄、在线 Low-E、中空、超厚）优质浮法玻璃技术开发及深加工

8. 聚甲醛、聚苯硫醚等工程塑料生产

9. 工业尾矿及工业生产废弃物及低品位、复杂、难处理矿的资源化利用

10. 汽车整车制造（外资比例不高于50%），专用汽车（不包括普通半挂车、自卸车、罐式车、厢式车和仓栅式汽车）制造（外资比例不高于50%）

11. 宽带业务和增值电信业务（需在我国入世承诺框架内）

12. 公路旅客运输公司

13. 医疗和养老服务机构

14. 城市燃气、热力和供排水管网建设、经营（人口50万以上城市中方控股）

15. 体育竞赛表演、体育场馆设施建设及运营，大众体育健身休闲服务

16. 旅游景区（点）保护、开发和经营及其配套设施建设

新疆自治区（含新疆生产建设兵团）

1. 退耕还林、退牧还草、天然林保护等国家重点生态工程后续产业开发

2. 节水灌溉和旱作节水技术、保护性耕作技术、设施农业、有机农业的开发与应用

3. 优质番茄、甜菜、香梨、葡萄、西甜瓜、红枣、核桃、杏子、石榴和枸杞等优质特色农产品的种植及深加工

4. 优质酿酒葡萄基地建设及葡萄酒生产

5. 亚麻、沙棘、薰衣草的种植及其制品生产

6. 高档棉、毛、麻、丝、化纤的纺织、针织及服装加工生产

7. 蛭石、云母、石棉、菱镁矿、石墨、石灰石、红柱石、石材等非金属矿产的综合利用（勘探、开发除外）

8. 煤炭加工应用技术开发（中方控股）

9. 油气伴生资源综合利用

10. 放空天然气回收利用

11. 民族特色药用植物种植、加工和制药新工艺开发（列入《外商投资产业指导目录》限制类、禁止类的除外）

12. 民族特需用品、工艺美术品、包装容器材料及日用玻璃制品生产

13. 特殊品种（超白、超薄、在线Low-E、中空、超厚）优质浮法玻璃技术开发及深加工

14. 直径200mm以上硅单晶及抛光片、多晶硅生产

15. 铜、锌、铝等有色金属精深加工（限于合资、合作）

16. 汽车整车制造（外资比例不高于50%），专用汽车（不包括普通半挂车、自卸车、罐式车、厢式车和仓栅式汽车）制造（外资比例不高于50%）

17. 石油及采矿等特种设备制造

18. 智能电网设备、电气成套控制系统设备制造

19. 小型清雪设备制造

20. 小电网范围内，单机容量30万千瓦及以下燃煤凝汽火电站、单机容量10万千瓦及以下燃煤凝汽抽汽两用热电联产电站的建设、经营

21. 宽带业务和增值电信业务（需在我国入世承诺框架内）

22. 公路旅客运输公司

23. 医疗和养老服务机构

24. 城市燃气、热力和供排水设施建设、经营（人口50万以上城市中方控股）

25. 旅游景区（点）保护、开发和经营及其配套设施建设

海南省

1. 畜、禽规模化养殖
2. 海防林恢复、天然林保护、节水灌溉和旱作节水等技术、开发与应用
3. 日处理甘蔗5 000吨及以上蔗糖精深加工及副产品综合利用
4. 饮用天然矿泉水生产（中方控股）
5. 海南省中药、民族药的研发、生产（列入《外商投资产业指导目录》限制类、禁止类的除外）
6. 天然气下游化工产品开发和利用（列入《天然气利用政策》限制类和禁止类的除外）
7. 锆、钛精深加工（限于合资、合作）
8. 高性能子午线轮胎的生产。包括无内胎载重子午胎，低断面和扁平化（低于55系列）、大轮辋高性能轿车子午胎（15时以上），航空轮胎及农用子午胎的生产
9. 包装装潢印刷品印刷
10. 邮轮制造（中方控股）
11. 深水海洋工程设备制造
12. 高尔夫用具制造
13. 宽带业务和增值电信业务（需在我国入世承诺框架内）
14. 公路旅客运输公司
15. 船舶代理（中方控股）、外轮理货（限于合资、合作）
16. 医疗和养老服务机构
17. 城市燃气、热力和供排水管网建设、经营（人口50万以上城市中方控股）
18. 电影院的建设、经营（中方控股）
19. 广播电视节目制作、电影制作（限于合作）
20. 观光农业、休闲农业的开发和经营及其配套设施建设
21. 旅游景区（点）保护、开发和经营及其配套设施建设
22. 海洋、热带雨林生态旅游资源（国家禁止外商投资的自然保护区等除外）开发、经营及其配套设施建设（中方控股）

关于印发《外国投资者境内直接投资外汇管理规定》及配套文件的通知

（汇发〔2013〕21号　2013年5月10日）

国家外汇管理局各省、自治区、直辖市分局、外汇管理部，深圳、大连、青岛、厦门、宁波市分局；各中资外汇指定银行：

为促进和便利外国投资者境内直接投资，规范外国投资者境内直接投资外汇管理，国家外汇管理局制定了《外国投资者境内直接投资外汇管理规定》（见附件1）及配套文件。现印发给你们，请遵照执行。

本通知实施后，之前规定与本通知内容不一致的，以本通知为准，附件2所列法规即行废止。

国家外汇管理局各分局、外汇管理部接到本通知后，应及时转发辖内中心支局、支局、城市商业银行、农村商业银行、外资银行、农村合作银行；各中资银行接到通知后，应及时转发所辖各分支机构。执行中如遇问题，请及时向国家外汇管理局反馈。

附件：1. 外国投资者境内直接投资外汇管理规定

2. 废止境内直接投资外汇管理法规目录

3. 境内直接投资业务操作指引

国家外汇管理局

二〇一三年五月十日

附件1：

外国投资者境内直接投资外汇管理规定

第一章　总　则

第一条　为促进和便利外国投资者境内直接投资，规范外国投资者境内直接投资外汇管理，根据《中华人民共和国外汇管理条例》等相关法律法规，制定本规定。

第二条　本规定所称外国投资者境内直接投资（以下简称境内直接投资），是指外国投资者（包括境外机构和个人）通过新设、并购等方式在境内设立外商投资企业或项目（以下简称外商投资企业），并取得所有权、控制权、经营管理权等权益的行为。

第三条　境内直接投资实行登记管理。境内直接投资活动所涉机构与个人应在国家外汇管理局及其分支机构（以下简称外汇局）办理登记。银行应依据外汇局登记信息办理境内直接投资相关业务。

第四条 外汇局对境内直接投资登记、账户开立与变动、资金收付及结售汇等实施监督管理。

第二章 登记、账户及结售汇管理

第五条 外国投资者为筹建外商投资企业需汇入前期费用等相关资金的，应在外汇局办理登记。

第六条 外商投资企业依法设立后，应在外汇局办理登记。外国投资者以货币资金、股权、实物资产、无形资产等（含境内合法所得）向外商投资企业出资，或者收购境内企业中方股权支付对价，外商投资企业应就外国投资者出资及权益情况在外汇局办理登记。

外商投资企业后续发生增资、减资、股权转让等资本变动事项的，应在外汇局办理登记变更。外商投资企业注销或转为非外商投资企业的，应在外汇局办理登记注销。

第七条 境内外机构及个人需办理境内直接投资所涉的股权转让、境内再投资等其他相关业务的，应在外汇局办理登记。

第八条 境内直接投资所涉主体办理登记后，可根据实际需要到银行开立前期费用账户、资本金账户及资产变现账户等境内直接投资账户。

境内直接投资账户内资金使用完毕后，银行可为开户主体办理关户。

第九条 外商投资企业资本金结汇及使用应符合外汇管理相关规定。外商投资企业外汇资本金及其结汇所得人民币资金，应在企业经营范围内使用，并符合真实自用原则。

前期费用账户等其他境内直接投资账户资金结汇参照资本金结汇有关规定办理。

第十条 因减资、清算、先行回收投资、利润分配等需向境外汇出资金的，外商投资企业在办理相应登记后，可在银行办理购汇及对外支付。

因受让外国投资者所持外商投资企业股权需向境外汇出资金的，境内股权受让方在外商投资企业办理相应登记后，可在银行办理购汇及对外支付。

第十一条 外汇局根据国家相关规定对外商投资企业实行年检。

第三章 监督管理

第十二条 银行为境内直接投资所涉主体办理账户开立、资金入账、结售汇、境内划转以及对外支付等业务前，应确认其已按本规定在外汇局办理相应登记。

银行应按外汇管理规定对境内直接投资所涉主体提交的材料进行真实性、一致性审核，并通过外汇局指定业务系统办理相关业务。

银行应按外汇管理规定为境内直接投资所涉主体开立相应账户，并将账户开立与变动、资金收付及结售汇等信息按规定及时、完整、准确地向外汇局报送。

第十三条 境内直接投资应按照有关规定办理国际收支统计申报。

第十四条 外汇局通过登记、银行报送、年检及抽样调查等方式对境内直接投资所涉跨境收支、结售汇以及外国投资者权益变动等情况进行统计监测。

第十五条 外汇局对银行办理境内直接投资业务的合规性及相关信息的报送情况实施核查或检查；对境内直接投资中存在异常或可疑情况的机构或个人实施核查或检查。

核查包括非现场核查和现场核查。现场核查的方式包括但不限于：要求被核查主体提交相关书面材料；约见被核查主体法定代表人、负责人或其授权人；现场查阅、复制被核查主体相关资料等。

相关主体应当配合外汇局的监督检查，如实说明情况，提供有关文件、资料，不得拒绝、阻碍和隐瞒。

第十六条 境内直接投资所涉主体违反本规定的，外汇局根据《中华人民共和国外汇管理条例》及相关规定进行处罚。

第四章 附 则

第十七条 外国投资者通过新设、并购等方式在境内设立金融机构的，参照本规定办理登记。

第十八条 香港特别行政区、澳门特别行政区和台湾地区的投资者境内直接投资参照本规定管理。

第十九条 国家外汇管理局负责本规定的解释，并依据本规定制定操作指引。

第二十条 本规定自2013年5月13日起实施。此前规定与本规定不一致的，以本规定为准。

附件2：

废止境内直接投资外汇管理法规目录

1. 关于下发《外商投资企业外汇登记管理暂行办法》的通知（〔96〕汇资函字第187号）

2. 关于境外企业承包境内工程外汇管理若干问题的复函（〔98〕汇资函字第204号）

3. 国家外汇管理局关于授权分局办理外商投资企业转股、清算外汇业务的通知（汇发〔1999〕397号）

4. 国家外汇管理局关于外商以人民币再投资外汇管理有关问题的复函（汇复〔2000〕129号）

5. 国家外汇管理局关于改革外商投资项下资本金结汇管理方式的通知（汇发〔2002〕59号）

6. 国家外汇管理局关于境内居民购汇支付外国投资者股权转让款的批复（汇复〔2002〕231号）

7. 国家外汇管理局关于改进外商投资企业外汇年检工作有关事项的通知（汇发〔2004〕7号）

8. 国家外汇管理局关于改进外商投资企业资本项目结汇审核与外债登记管理工作的通知（汇发〔2004〕42号）

9. 关于在出口加工区、保税区和上海钻石交易所开展外商直接投资验资询证及外资外汇登记工作的通知（汇发〔2004〕108号）

10. 国家外汇管理局综合司关于保险中介机构开立外汇资本金账户有关问题的通知（汇综发〔2006〕6号）

11. 国家外汇管理局综合司关于下发第一批通过商务部备案的外商投资房地产项目名单的通知（汇综发〔2007〕130号）

12. 国家外汇管理局综合司关于实行网上公布通过商务部备案的外商投资房地产项目名单的通知（汇综发〔2007〕138号）

13. 国家外汇管理局综合司关于境外自然人购买境内商品房外汇资金结汇有关问题的批复（汇综复〔2007〕86号）

14. 国家外汇管理局关于直接投资外汇业务信息系统全国推广上线有关问题的通知（汇发〔2008〕16号）

15. 国家外汇管理局综合司关于直接投资外汇业务信息系统与外汇账户系统操作有关问题的通知（汇综发〔2008〕129号）

16. 国家外汇管理局综合司关于下放外国投资者竞标土地使用权专用外汇保证金账户、外国投资者产权交易专用外汇保证金账户审批权限的通知（汇综发〔2008〕130号）

17. 国家外汇管理局综合司关于外商投资创业投资企业资本金结汇进行境内股权投资有关问题的批复（汇综复〔2008〕125号）

18. 国家外汇管理局综合司关于外商投资房地产企业外汇登记有关问题的通知（汇综发〔2009〕42号）

19. 国家外汇管理局综合司关于外方股东办理跨境换股涉及的转股收汇外资外汇登记有关问题的批

复（汇综复〔2010〕5号）

20. 国家外汇管理局关于印发《境内居民通过境外特殊目的公司融资及返程投资外汇管理操作规程》的通知（汇发〔2011〕19号）

21. 国家外汇管理局综合司关于"三来一补"企业不作价设备转作外商投资企业外国投资者出资所涉验资询证有关问题的批复（汇综复〔2011〕155号）

22. 国家外汇管理局关于外商投资合伙企业外汇管理有关问题的通知（汇发〔2012〕58号）

23. 国家外汇管理局综合司关于外国投资者外汇专用账户内资金结汇缴纳海上合作油气田弃置费有关问题的通知（汇综发〔2012〕126号）

24. 国家外汇管理局综合司关于东软集团股份有限公司外资股东减持股份所涉外汇登记变更有关问题的批复（汇综复〔2012〕34号）

附件3：

境内直接投资业务操作指引

境内直接投资业务操作指引说明

境内直接投资业务操作指引说明

1. 申请人与银行应严格按照本指引办理相关业务。申请人承担申请事项真实、合法的责任，其提交的申请材料是保证申请事项真实性的重要依据。

2. 外汇局应通过相关业务系统办理本指引业务，并严格履行相关内控制度。

3. 外汇局除收取申请书原件外，其余材料均收取加盖申请人签章的复印件。

4. 外汇局受理本指引中相关业务时，申请人确因客观原因暂时无法提交部分规定材料的（除主管部门批复文件等关键性材料外），外汇局可在确定交易真实合法的前提下，凭申请人提交的《补充提交承诺书》先为其办理相关业务，并要求申请人于承诺期内将材料补足。

5. 针对本指引尚未明确但申请人确有合理需求的业务，外汇局应认真研究上报上一级外汇局。相关管理原则明确的，分局（含外汇管理部，下同）可按照内控制度规定，召开个案业务集体审议会处理。

6. 在特定外汇收支形势下，外汇局可要求申请人提交证明相关资本交易定价合理性的材料。

7. 外汇局应建立非现场核查制度，对银行和申请人按照相关法规和指引办理业务的合规性进行核查。

8. 银行办理境内直接投资业务时，可在系统中输入申请主体提交的业务登记凭证上的主体代码、业务编号、验证码，查询和打印相应的控制信息表。

9. 银行在业务办理过程中，对外汇管理规定未明确的事项，应及时请示所在地外汇局。

10. 银行为企业办理直接投资项下外汇业务，应确认申请人已通过上年度外汇年检。

11. 境内直接投资项下同名同类型账户间外汇资金划转，银行可在审核交易真实性证明文件后直接办理。开户主体因发放外币委托贷款、参与外币资金池、境外放款、购买保本型理财产品及经登记或核准的其他资本项目业务需在银行办理境内外汇划转手续的，银行可在审核交易真实性证明文件后直接办理。银行为企业办理境内划转时，划出资金尚需原路划回的，银行不得将划出账户关户。

12. 直接投资项下外汇账户所产生的利息或收益，申请人可在经常项目账户保留或凭利息、收益清单直接在银行办理结汇。

13. 银行办理外商投资企业利润汇出业务时，除遵守经常项目规定外，还应确认申请人已通过上年度外汇年检。银行应审核利润汇出金额是否与董事会决议及税务证明原件中的金额一致，企业本年度处置金额原则上不得超出最近一期财务审计报告中属于外方股东的“应付股利”与“未分配利润”合计金额。

14. 银行已报送信息需调整或修正的，应及时与外汇局联系并按照相关数据申报要求重新报送。

15. 银行应完整保留业务办理有关资料。

1.1 前期费用基本信息登记

法规依据	1.《中华人民共和国外汇管理条例》（国务院令第532号） 2.《境内外汇账户管理规定》（银发〔1997〕416号） 3.《国家外汇管理局关于调整部分资本项目外汇业务审批权限的通知》（汇发〔2009〕21号） 4.《国家外汇管理局关于进一步明确和规范部分资本项目外汇业务管理有关问题的通知》（汇发〔2011〕45号） 5.《国家外汇管理局关于进一步改进和调整直接投资外汇管理政策的通知》（汇发〔2012〕59号） 6.《外国投资者境内直接投资外汇管理规定》 7. 其他相关法规
审核材料	1.《境内直接投资基本信息登记业务申请表》。 2. 工商行政管理部门出具的公司名称预先核准通知书或行业主管部门出具的相关证明。

续表

审核原则	1. 外国投资者应到拟设立外商投资企业（含项目，下同）所在地外汇局申请办理前期费用基本信息登记。 2. 经外汇局登记的前期费用（含跨境人民币），可作为外国投资者后续设立外商投资企业的出资。 3. 前期费用登记金额每一投资项目不得超过等值30万美元；如确有实际需要，前期费用超过30万美元的，分局可按个案业务集体审议制度处理。对于拟成立资源开采类企业的，如果项目已获得主管部门批准，所在地外汇局可按实需原则登记前期费用金额。 4. 前期费用外汇账户有效期为6个月（自开户之日起）。如确有客观原因，6个月期限可适当延长，但最长不得超过12个月。
办结时限	5个工作日。需要集体审议处理的，应于20个工作日内处理完毕。
授权范围	1. 前期费用额不超过30万美元或前期费用超过30万美元的资源开采类项目由外国投资者到拟设立外商投资企业所在地外汇局办理。 2. 需要集体审议处理的，由拟设立外商投资企业所在地分局办理。

1.2 新设外商投资企业基本信息登记

法规依据	1.《中华人民共和国外汇管理条例》（国务院令第532号） 2.《关于加强外商投资企业审批、登记、外汇及税收管理有关问题的通知》（外经贸法发〔2002〕575号） 3.《国家外汇管理局关于境内居民通过境外特殊目的公司融资及返程投资外汇管理有关问题的通知》（汇发〔2005〕75号） 4.《关于外商投资的公司审批登记管理法律适用若干问题的执行意见》（工商外企字〔2006〕81号） 5.《国家外汇管理局建设部关于规范房地产市场外汇管理有关问题的通知》（汇发〔2006〕47号） 6.《国家外汇管理局国家税务总局关于服务贸易等项目对外支付提交税务证明有关问题的通知》（汇发〔2008〕64号） 7.《国家外汇管理局国家税务总局关于进一步明确服务贸易等项目对外支付提交税务证明有关问题的通知》（汇发〔2009〕52号） 8.《国家外汇管理局关于进一步改进和调整直接投资外汇管理政策的通知》（汇发〔2012〕59号） 9.《外国投资者境内直接投资外汇管理规定》 10. 其他相关法规
审核材料	1.《境内直接投资基本信息登记业务申请表》。 2. 组织机构代码证及工商营业执照副本（按规定先验资后办理工商登记的企业，无需提交营业执照副本）。 3. 有关主管部门批准设立文件（按规定无需提交的除外），有外商投资企业批准证书的应提交该证书（外商投资合伙企业仅需提交包括外商投资合伙企业全部登记事项在内的加盖工商部门印章的企业基本信息单）。 4. 经外汇局登记的境外特殊目的公司返程投资设立外商投资企业的，另需提交《境内居民个人境外投资外汇登记表》；外资房地产企业另需提交已通过商务部备案的证明材料。 5. 外国投资者以其境内合法所得在境内投资新设外商投资企业的，还应提交主管税务部门出具的税务证明原件（按规定无需提交的除外）。
审核原则	1. 外商投资企业应在领取营业执照后到注册地外汇局办理基本信息登记，取得后续业务办理凭证；外商投资性公司境内再投资新设的外商投资企业按照本指引1.5办理，外商投资性公司与外国投资者共同出资的，被投资企业需分别办理接收境内再投资基本信息登记和新设外商投资企业基本信息登记手续，外商投资性公司视为中方股东登记。 2. 申请人应如实披露其外国投资者是否直接或间接被境内居民持股或控制： （1）外国投资者直接或间接被境内居民持股或控制但不属于特殊目的公司的，应按规定办理境外投资外汇登记或备案手续。 境内机构已办理境外投资外汇登记或备案手续的，外汇局可为该外国投资者设立的外商投资企业办理基本信息登记，并在外汇局相关业务系统中将该外商投资企业标识为“境内机构非特殊目的公司返程投资”；现存外商投资企业中，如属于此类“境内机构非特殊目的公司返程投资”的，可按照本条规定补办标识（补办标识的企业，应审核其在办理基本信息登记时是否存在虚假承诺。如存在虚假承诺，应移交外汇检查部门处罚后再补办标识）。

续表

审核原则	境内个人未办理境外投资外汇登记的，但可提交能证明其境外权益形成合法性的证明材料（境外权益形成过程中不存在逃汇、非法套汇、擅自改变外汇用途等违反外汇管理法规的行为），可为该外国投资者设立的外商投资企业办理基本信息登记，并在外汇局相关业务系统中将其标识为“个人非特殊目的公司返程投资”。 （2）特殊目的公司返程投资的，应在外汇局相关业务系统中查实相关特殊目的公司是否已按规定办理登记。特殊目的公司已办理登记的，其返程投资企业注册地外汇局可为该返程投资企业办理外商投资企业基本信息登记手续，并在外汇局相关业务系统中将其标识为“特殊目的公司返程投资”。 3. 设立其他外商投资非法人机构参照本项操作指引办理基本信息登记手续（代表处等分支机构除外）。 4. 外商投资企业应全额登记外国投资者各类出资形式及金额；跨境人民币与跨境现汇流入总额不得超过已登记的外国投资者跨境可汇入资金总额。如主管部门批复中明确允许企业以跨境人民币出资，企业跨境人民币出资额与跨境现汇出资额可在跨境可汇入资金总额内依企业实际申请登记。如主管部门的相关批准文件中未明确投资金额的，外汇局可根据企业最高权力机关出具的证明文件、按实需原则为企业登记可汇入金额。 5. 外汇局应区分外商投资企业设立时外国投资者的出资方式在相关业务系统中办理登记；外国投资者以其在境内合法取得的利润用于境内再投资或转增资本的，出资方式登记为人民币利润再投资，以其在境内股权转让所得、减资所得、先行回收所得、清算所得用于境内再投资和以所投资企业的盈余公积、资本公积转增资本的，出资方式登记为非人民币利润再投资。 6. 外汇局办理完成登记后，应在主管税务部门出具的税务证明原件上签注登记事项、登记金额、日期并加盖外汇局业务用章，留存有签注字样和加盖业务专用章的复印件。 7. 外国投资者前期费用未全部结汇的，原币划转至资本金账户继续结汇使用，系统中出资方式登记为境外汇入。已经结汇的前期费用也可作为外国投资者的出资，出资方式登记为前期费用结汇。 8. 中外合作开采能源项目，如果外国投资者与具体项目分别取得工商营业执照且分属不同地区的，可由企业选择其中一个所属地办理外汇登记。 9. 外国投资者在境内直接投资（新设）设立银行，参照本指引办理登记，但所设银行无需开立资本金账户，资本金结汇应遵循银行自身结售汇的有关规定。
办理时限	5个工作日。需标识“个人非特殊目的公司返程投资”的，经总局批复后5个工作日。
授权范围	外商投资企业注册地外汇局办理；“个人非特殊目的公司返程投资”标识需报总局复核后办理。

1.3 外国投资者并购境内企业办理外商投资企业基本信息登记

法规依据	1.《中华人民共和国外汇管理条例》（国务院令第532号） 2.《关于加强外商投资企业审批、登记、外汇及税收管理有关问题的通知》（外经贸法发〔2002〕575号） 3.《国家外汇管理局关于境内居民通过境外特殊目的公司融资及返程投资外汇管理有关问题的通知》（汇发〔2005〕75号） 4.《关于外商投资的公司审批登记管理法律适用若干问题的执行意见》（工商外企字〔2006〕81号） 5.《关于外国投资者并购境内企业的规定》（商务部、国务院国有资产监督管理委员会、国家税务总局、国家工商行政管理总局、中国证券监督管理委员会、国家外汇管理局令2006年第10号） 6.《国家外汇管理局建设部关于规范房地产市场外汇管理有关问题的通知》（汇发〔2006〕47号） 7.《国家外汇管理局国家税务总局关于服务贸易等项目对外支付提交税务证明有关问题的通知》（汇发〔2008〕64号） 8.《国家外汇管理局　国家税务总局关于进一步明确服务贸易等项目对外支付提交税务证明有关问题的通知》（汇发〔2009〕52号） 9.《国家外汇管理局关于进一步改进和调整直接投资外汇管理政策的通知》（汇发〔2012〕59号） 10.《外国投资者境内直接投资外汇管理规定》 11. 其他相关法规
审核材料	1.《境内直接投资基本信息登记业务申请表》。 2. 组织机构代码证及变更为外商投资企业后的工商营业执照副本（按规定先验资后办理工商登记变更的企业，无需提交变更后的营业执照副本；依规定无需变更营业执照的，应提交有关备案材料）。 3. 有关主管部门批准设立文件（按规定无需提交的除外），有外商投资企业批准证书的应提交该证书（外商投资合伙企业仅需提交包括外商投资合伙企业全部登记事项在内的加盖工商部门印章的企业基本信息单）。

续表

审核材料	4. 经外汇局登记的境外特殊目的公司以关联并购形式返程投资的，应出具商务部批准设立的文件及《境内居民个人境外投资外汇登记表》；外资房地产企业另需提交已通过商务部备案的证明材料。 5. 外国投资者以其境内合法所得在境内并购设立外商投资企业，还应提交主管税务部门出具的税务证明原件（按规定无需提交的除外）。
审核原则	1. 外商投资企业应在领取营业执照后到注册地外汇局办理基本信息登记，取得后续业务办理凭证。外商投资企业应将业务办理凭证提供给股权出让方凭以办理资产变现账户开立。外商投资性公司境内再投资并购设立的外商投资企业按照本指引1.5办理。外商投资性公司与外国投资者共同出资的，被投资企业需分别办理接收境内再投资基本信息登记和并购设立外商投资企业基本信息登记手续。 2. 外国投资者并购境内企业同时增加注册资本的，无需提交变更后的工商营业执照。 3. 申请人应如实披露其外国投资者是否直接或间接被境内居民持股或控制（参照本操作指引“1.2 新设外商投资企业基本信息登记”审核原则第2条办理）。 4. 被并购境内企业若取得的是依据《关于外国投资者并购境内企业的规定》加注的批准证书和营业执照，登记时无法提交《境内居民个人境外投资外汇登记表》的，可不要求提交。但应在外汇局相关业务系统中加注“自颁发之日起14个月内有效”字样。待该企业领取了无加注的批准证书和营业执照后，在外汇局相关业务系统进行变更操作，将加注的字样去除。逾期未取得加注的批准证书和营业执照的，外汇局应通过系统业务管控功能将该外商投资企业相关业务暂停。 5. 外国投资者以境外股权并购境内公司的，应在外汇局相关业务系统中加注“自颁发之日起8个月内有效”字样。待该企业领取了无加注的批准证书和营业执照后，再将加注的字样去除。加注字样去除之前，该企业不得向股东分配利润或向有关联关系的公司提交担保，不得对外支付转股、减资、清算等资本项目款项。自工商部门颁发加注的营业执照之日起6个月内，如果境内外公司没有完成其股权变更手续，则外商投资企业基本信息登记自动失效，境内公司股权结构应恢复到股权并购之前的状态。 6. 外商投资企业应全额登记外国投资者各类出资形式及金额；跨境人民币与跨境现汇流入总额不得超过已登记的外国投资者跨境可汇入资金总额。如商务部门批复中明确允许企业以跨境人民币出资，企业跨境人民币出资额与跨境现汇出资额可在跨境可汇入资金总额内依企业实际申请登记。 7. 并购设立其他外商投资非法人机构参照本项操作指引办理基本信息登记手续。 8. 外汇局应区分外国投资者并购时的出资方式在相关业务系统中办理登记。 9. 外汇局办理完成登记后，应在主管税务部门出具的税务证明原件上签注登记事项、登记金额、日期并加盖外汇局业务用章，留存有签注字样和加盖业务专用章的复印件。 10. 外国投资者并购A股上市公司，持股比例达到25%或以上的，应在外汇局相关业务系统备注栏加注“外商投资股份公司（A股并购25%或以上）”字样。
办理时限	5个工作日。需标识“个人非特殊目的公司返程投资”的，经总局批复后5个工作日。
授权范围	外商投资企业注册地外汇局办理；“个人非特殊目的公司返程投资”标识需报总局复核后办理。

1.4 外商投资企业基本信息登记变更、注销

法规依据	1.《中华人民共和国外汇管理条例》（国务院令第532号） 2.《关于加强外商投资企业审批、登记、外汇及税收管理有关问题的通知》（外经贸法发〔2002〕575号） 3.《国家外汇管理局关于转发〈国务院办公厅关于妥善处理现有保证外方投资固定汇报项目有关问题的通知〉的通知》（汇发〔2002〕105号） 4.《国家外汇管理局关于境内居民通过境外特殊目的公司融资及返程投资外汇管理有关问题的通知》（汇发〔2005〕75号） 5.《关于外商投资的公司审批登记管理法律适用若干问题的执行意见》（工商外企字〔2006〕81号） 6.《关于外国投资者并购境内企业的规定》（商务部、国务院国有资产监督管理委员会、国家税务总局、国家工商行政管理总局、中国证券监督管理委员会、国家外汇管理局令2006年第10号） 7.《国家外汇管理局建设部关于规范房地产市场外汇管理有关问题的通知》（汇发〔2006〕47号） 8.《国家外汇管理局国家税务总局关于服务贸易等项目对外支付提交税务证明有关问题的通知》（汇发〔2008〕64号）

续表

<table>
<tr><td>法规依据</td><td>9.《国家外汇管理局　国家税务总局关于进一步明确服务贸易等项目对外支付提交税务证明有关问题的通知》（汇发〔2009〕52号）
10.《国家外汇管理局关于进一步改进和调整直接投资外汇管理政策的通知》（汇发〔2012〕59号）
11.《外国投资者境内直接投资外汇管理规定》
12. 其他相关法规</td></tr>
<tr><td>审核材料</td><td>一、增资、减资、股权转让等资本变动事项的登记变更
1.《境内直接投资基本信息登记业务申请表》。
2. 有关主管部门批准文件（按规定无需提交的除外），有外商投资企业批准证书的应提交该证书（外商投资合伙企业登记事项变更的，只需提交包括外商投资合伙企业全部登记事项在内的加盖登记机关查询章的企业基本信息单）。外资股东减持A股上市公司股份不超过总股本5%的，仅需提交证券登记结算机构出具的外资股东持股情况变化证明材料。办理外资房地产企业外方增资变更、中国投资者向外国投资者转让股权，或者外商投资企业营业范围增加房地产开发的，另需提交已通过商务部备案的证明材料；企业注册币种变更的，还需提交确需变更注册币种的证明材料。
3. 涉及外国投资者以其境内合法所得在境内对外商投资企业增资，以及发生股权转让需对外支付转股对价的，还应提交主管税务部门出具的税务证明原件（按规定不需提交的除外）。
二、企业注册地（所属外汇局）变更（迁移）
1.《境内直接投资基本信息登记业务申请表》。
2. 有关主管部门批准企业变更事项的证明文件。
三、除资本变动和迁移外的其他登记事项的变更
1. 变更后的商务主管部门批准证书或相关备案文件。
2. 变更后的工商营业执照副本或其他变更证明。
四、中外合作企业外国投资者先行回收投资基本信息登记及变更
1.《境内直接投资基本信息登记业务申请表》。
2. 相关主管部门批复文件（主管部门未出具先行回收事项批复文件的，需提交企业合作合同及企业最高权力机关出具的关于外国投资者先行回收投资的决议）。
五、基本信息登记注销
1.《境内直接投资基本信息登记业务申请表》。
2. 因清算注销的，需提交以下材料：到期清算的，提交依《公司法》规定的清算公告；提前清算或需主管部门批准的特别清算的，提交主管部门关于企业清算结业的批准文件；其他清算的，提交工商主管部门吊销企业营业执照的公告（证明文件）或人民法院判决公司解散的有关证明文件等。
3. 注销税务登记证明。
4. 普通清算提交会计师事务所出具的清算审计报告，特别清算提交主管部门确认的清算报告。</td></tr>
<tr><td>审核原则</td><td>一、基本信息登记变更
1. 外商投资企业发生基础信息变更（包括但不限于企业名称、经营范围、法人代表、地址等）、投资信息变更（包括但不限于注册资本、投资总额、出资方式、注册币种、投资者及投资者认缴的出资额等）、企业合并、分立、迁移、币种变更等，应在主管部门批准或备案后到注册地外汇局办理基本信息登记变更手续。
2. 申请人应如实披露其外国投资者是否直接或间接被境内居民持股或控制（参照本操作指引“1.2 新设外商投资企业基本信息登记”审核原则第2条办理）。如变更登记后境内企业的外国投资者不再直接或间接被境内居民持股或控制的，注册地外汇局可依规定在相关业务系统中取消其相应返程投资标识。
3. 减资变更登记时，减资所得金额（可汇出境外或境内再投资）仅限于减少外国投资者实缴注册资本，不包括资本公积、盈余公积、未分配利润等其他所有者权益；减资所得用于弥补账面亏损或调减外方出资义务的，减资所得金额应设定为零。
4. 外商投资企业发生合并后，存续企业应办理增资登记，被吸收企业办理注销登记；若新产生一家外商投资企业的，应办理新设登记，并在备注栏内注明“合并”。外商投资企业发生分立后，存续企业应办理减资登记，分立新设的企业应办理新设登记，并在备注栏内注明“分立”。
5. 外汇局办理完成变更登记后，应在税务凭证原件上签注登记事项、登记金额、日期并加盖外汇局业务用章，留存有签注字样和加盖业务专用章的复印件。
6. 外商投资企业应全额登记外国投资者各类出资形式及金额；跨境人民币与跨境现汇流入总额不得超过已登记的外国投资者跨境可汇入资金总额。如商务部门批复中明确允许企业以跨境人民币出资，企业跨境人民币出资额与跨境现汇出资额可在跨境可汇入资金总额内依企业实际申请登记。如主管部门的相关批准文件中未明确投资金额的，外汇局可根据企业最高权力机关出具的证明文件、按实需原则为企业登记可汇入金额。
7. 外商投资非法人机构办理变更登记参照本项操作指引办理。</td></tr>
</table>

续表

审核原则	8. 上市公司外资股东减持股份的，变更登记不产生对外付汇额度，外汇局相关业务系统中转股对价应标记为零；外方持股比例低于 25% 的，应在外汇局相关业务系统备注栏加注“外商投资股份公司（A 股并购）”。 9. 外国投资者（股权出资人）以其持有的境内企业（股权企业）股权对境内企业（被投资企业）出资的，应按如下顺序办理：首先，股权企业所在地外汇局在查验股权企业出资到位后，为股权企业办理变更登记；然后被投资企业方可根据自身股权结构变化情况向所在地外汇局申请办理设立登记、增资或转股变更登记及股权出资确认手续。 10. 外国投资者收购外商投资企业中方股东股权的，外商投资企业办理外汇登记变更并取得后续业务办理凭证后，应将业务办理凭证提供给中方股东凭以办理资产变现账户开立。 二、中外合作企业外国投资者先行回收投资基本信息登记及变更 1. 外汇局应审核企业申请表信息与相关主管部门批复文件或合作合同相关约定信息是否一致，不一致的不得办理登记。 2. 外国投资者先行回收投资累计汇出资金不得超过外国投资者实际投入的资金。超出部分应参照利润汇出办理。 三、基本信息登记注销 1. 外商投资企业因破产、解散、营业期限届满、合并或分立等原因注销的，应在发布清算公告期结束后到注册地外汇局办理基本信息登记注销手续。 2. 外商投资企业因外国投资者减资、转股、先行回收投资等撤资行为转为内资企业的，应在领取变更后的营业执照之后到注册地外汇局办理基本信息登记变更手续，外汇局应于办理相应登记变更的同时办理登记注销，无需另行提交登记注销审核材料。 3. 因合并或分立，原外商投资企业注销的，应在原企业办理基本信息登记注销时，在外汇局相关业务系统中将其“外方股东清算所得处置计划”选为“再投资”。 4. 上市公司外资股东减持股份导致公司转为内资企业的，上市公司应在领取变更后的营业执照之后到注册地外汇局办理基本信息登记变更手续，外汇局应于办理相应登记变更的同时办理登记注销，无需另行提交登记注销审核材料。 5. 外汇局办完注销登记后，应在税务主管部门出具的税务证明原件上签注注销登记金额、日期并加盖外汇局业务用章，留存有签注字样和加盖业务印章的复印件。
办理时限	外汇登记变更 5 个工作日。需标识“个人非特殊目的公司返程投资”的，经总局批复后 5 个工作日。外汇登记注销 10 个工作日。
授权范围	外商投资企业注册地外汇局办理；“个人非特殊目的公司返程投资”标识需报总局复核后办理。

1.5 接收境内再投资基本信息登记、变更

法规依据	1.《中华人民共和国外汇管理条例》（国务院令第 532 号） 2.《国家外汇管理局关于进一步改进和调整直接投资外汇管理政策的通知》（汇发〔2012〕59 号） 3.《外国投资者境内直接投资外汇管理规定》 4. 其他相关法规
审核材料	1.《境内直接投资基本信息登记业务申请表》。 2. 须经有关主管部门批准的，提交主管部门批复文件；无须主管部门批准的，提交出资协议。
审核原则	1. 境内机构接收以投资为主要业务的外商投资企业（外商投资性公司、外商投资创业投资企业以及外商投资股权投资企业等）再投资外汇资金或接收其他境内主体再投资外汇资金的，应在注册地外汇局申请办理接收境内再投资基本信息登记后，到银行开立境内再投资专用账户。 2. 境内机构或个人接收境内主体以外汇支付的股权转让对价，应在注册地（个人所在地）外汇局申请办理接收境内再投资基本信息登记后，到银行开立境内再投资专用账户。
办理时限	5 个工作日。

续表

授权范围	接收资金主体注册地（个人所在地）外汇局办理。

1.6 开立外汇保证金等其他账户的主体基本信息登记、变更

法规依据	1.《中华人民共和国外汇管理条例》（国务院令第532号） 2.《国家外汇管理局关于进一步改进和调整直接投资外汇管理政策的通知》（汇发〔2012〕59号） 3.《外国投资者境内直接投资外汇管理规定》 4. 其他相关法规
审核材料	一、开立外汇保证金账户的主体基本信息登记、变更 1.《境内直接投资基本信息登记业务申请表》。 2. 证明境内机构确需开立外汇保证金账户的真实性材料。 二、经批准的跨境资产并购业务，资产出让方的主体基本信息登记、变更 1.《境内直接投资基本信息登记业务申请表》。 2. 证明境内机构确需开立资产变现账户的真实性材料。 三、开立其他账户的主体基本信息登记、变更 1.《境内直接投资基本信息登记业务申请表》。 2. 证明境内机构确需开立其他账户的真实性材料。
审核原则	1. 对境外汇入保证金账户，外汇局在办理开户主体的基本信息登记后，还应在协议信息登记模块中办理FDI保证金登记操作，境内主体凭协议办理凭证到银行办理开户等相关事宜。对境内划入保证金账户，外汇局仅办理开户主体的基本信息登记。 2. 经相关主管部门批准的跨境资产并购业务，资产出让方开立境内资产变现账户，外汇局在办理开户主体的基本信息登记后，还应通过系统核准件功能向银行发送电子核准件。 3. 境内直接投资所涉其他特殊情况，外汇局在为相关主体办理基本信息登记后，还应通过系统核准件功能向银行发送电子核准件。
办理时限	5个工作日。境内直接投资所涉其他特殊情况的登记，20个工作日。
授权范围	境内主体注册地（个人所在地）外汇局办理。

1.7 外国投资者货币出资确认登记

法规依据	1.《中华人民共和国外汇管理条例》（国务院令第532号） 2.《财政部、国家外汇管理局关于进一步加强外商投资企业验资工作及健全外资外汇登记制度的通知》（财会〔2002〕1017号） 3.《国家外汇管理局关于印发〈保税监管区域外汇管理办法〉的通知》（汇发〔2007〕52号） 4.《国家外汇管理局关于进一步改进和调整直接投资外汇管理政策的通知》（汇发〔2012〕59号） 5.《外国投资者境内直接投资外汇管理规定》 6. 其他相关法规
审核材料	会计师事务所通过外汇局相关业务系统向外汇局发送的出资确认电子申请表（按规定无需验资的，由外商投资企业通过外汇局相关业务系统或直接向注册地外汇局提交《境内直接投资出资确认申请表》，以办理外国投资者货币出资确认登记）。
审核原则	1. 外商投资企业收到外国投资者境外汇入（含跨境人民币）、境内划转、前期费用结汇及其境内合法所得再投资（转增资）等货币形式出资后，应通过会计师事务所向注册地外汇局申请办理出资确认登记手续；会计师事务所可通过外汇局相关业务系统报送电子申请表，并取得外汇局出资确认信息。

续表

审核原则	2. 外商投资企业办理外国投资者出资确认登记后，外国投资者方可将相应从外商投资企业中获得的清算、减资、股权转让、先行回收投资、利润分配等所得汇出境外或境内再投资。 3. 外汇局应审核会计师事务所上报的出资确认申请表中境外汇入（含跨境人民币）和境内划转出资确认信息与业务系统中银行国际收支申报信息是否一致。外国投资者投入的前期费用已经结汇的部分，可通过系统核实银行账户内结汇交易数据信息，核对一致的可办理出资确认登记手续。外国投资者以境内合法所得出资的，外汇局应审核会计师事务所上报的出资确认申请表中的出资信息与业务系统中外汇登记出资形式和金额信息是否一致。 4. 若缴款人与投资人不一致，外汇局应在出资确认登记中注明。 5. 出资确认登记所使用的资金折算率应以资金入账日中国人民银行发布的人民币汇率中间价为准；没有人民币汇率中间价的，以资金入账日开户银行的挂牌汇价为准。 6. 资金汇入时境内银行收取的手续费可视为外国投资者出资办理出资确认登记。 7. 外商投资企业因分立、合并办理出资确认登记的，会计师事务所在相关业务系统中应选择“合并分立”出资方式。 8. 外国投资者以跨境人民币进行境内直接投资的，在办理基本信息登记及出资确认登记后，享有与外汇出资相同的汇兑权益。
办理时限	5个工作日。如因国际收支申报错误导致数据无法匹配的，可适当延长。
授权范围	外商投资企业注册地外汇局办理。

1.8 外国投资者非货币出资确认登记

法规依据	1.《中华人民共和国外汇管理条例》（国务院令第532号） 2.《财政部、国家外汇管理局关于进一步加强外商投资企业验资工作及健全外资外汇登记制度的通知》（财会〔2002〕1017号） 3.《关于外商投资的公司审批登记管理法律适用若干问题的执行意见》（工商外企字〔2006〕81号） 4.《国家外汇管理局关于印发〈保税监管区域外汇管理办法〉的通知》（汇发〔2007〕52号） 5.《股权出资登记管理办法》（国家工商行政管理总局令2009第39号） 6.《国家外汇管理局关于进一步改进和调整直接投资外汇管理政策的通知》（汇发〔2012〕59号） 7.《外国投资者境内直接投资外汇管理规定》 8. 其他相关法规
审核材料	1. 会计师事务所通过外汇局相关业务系统向外汇局发送的出资确认电子申请表（按规定无需验资的，由外商投资企业通过外汇局相关业务系统或直接向注册地外汇局提交《境内直接投资出资确认申请表》，以办理外国投资者货币出资确认登记）。 2. 企业直接向外汇局申请的，还需提交以下证明材料： （1）实物出资提交报关单或进境备案清单； （2）无形资产出资出具无形资产价值评估报告； （3）其他出资出具相关真实性证明材料。
审核原则	1. 外商投资企业收到外国投资者非货币形式（包括境内合法所得再投资、转增资）出资后，应通过会计师事务所向企业注册地外汇局申请办理出资确认登记手续；会计师事务所可通过外汇局相关业务系统报送电子申请表，并取得外汇局出资确认信息。 2. 外商投资企业办理外国投资者出资确认登记后，外国投资者方可将相应从外商投资企业中获得的清算、减资、股权转让、先行回收投资、利润分配等所得汇出境外或境内再投资。 3. 外汇局应审核会计师事务所上报的出资确认申请中下列信息是否完整填写： （1）实物出资的报关单号或进境备案清单号（“三来一补”企业将其不作价设备转作外国投资者出资的资产价值评估报告编号）； （2）无形资产出资的无形资产价值评估报告编号； （3）境内股权出资的主管部门批准股权出资的批复文件号，境外股权出资的境外投资批准证书编号； （4）其他出资的出资真实性证明凭证编号。

续表

审核原则	4. 非货币形式境内合法所得再投资（转增资）出资的，外汇局应审核会计师事务所上报的出资确认申请表中的出资信息与业务系统中外汇登记信息是否一致。 5. 外商投资企业因分立、合并办理出资确认登记的，会计师事务所在相关业务系统中应选择“合并分立”出资方式。 6. 若缴款人与投资人不一致，外汇局应在出资确认登记表中注明。 7. 出资确认登记所使用的折算汇率应以企业对资产进行会计确认当日中国人民银行发布的人民币汇率中间价为准。
办理时限	5个工作日。
授权范围	外商投资企业注册地外汇局办理。

1.9 外国投资者收购中方股权出资确认登记

法规依据	1.《中华人民共和国外汇管理条例》（国务院令第532号） 2.《关于加强外商投资企业审批、登记外汇及税收管理有关问题的通知》（外经贸法发〔2002〕575号） 3.《关于外国投资者并购境内企业的规定》（商务部、国务院国有资产监督管理委员会、国家税务总局、国家工商行政管理总局、中国证券监督管理委员会、国家外汇管理局令2006年第10号） 4.《国家外汇管理局综合司关于外方股东办理跨境换股涉及的转股收汇外资外汇登记有关问题的批复》（汇综复〔2010〕5号） 5.《国家外汇管理局关于进一步改进和调整直接投资外汇管理政策的通知》（汇发〔2012〕59号） 6.《外国投资者境内直接投资外汇管理规定》 7. 其他相关法规
审核材料	1. 以非现汇形式支付股权转让对价的，股权变更的外商投资企业填写并提交的《境内直接投资出资确认申请表》。 2. 转股对价支付证明： （1）以实物支付对价款的，提交报关单或进境备案清单； （2）以无形资产支付对价款的，提交无形资产价值评估报告； （3）以境外股权出资的，提交股权出让方（中方）相应的境外投资批准证书；以境内股权出资的，提交相关部门的批准文件； （4）以其他形式支付对价的，提交转股对价已支付证明文件。
审核原则	1. 外国投资者收购境内企业中方股权的，不论支付对价的形式及金额，均应由发生股权变更的企业在对价支付完成后办理出资确认登记。 2. 外国投资者仅以境外汇入（含跨境人民币）或境内划转形式支付转股对价的，相关国际收支申报数据进入业务系统后外汇局通过系统自动完成外国投资者收购中方股权出资确认登记；外国投资者部分或全部以境内合法所得、实物、无形资产、其他等形式支付股权转让对价的，发生股权变更的外商投资企业应到外汇局申请办理外国投资者收购中方股权出资确认登记。 3. 外商投资企业办理外国投资者收购中方股权出资确认登记后，方可将相应从该外商投资企业中获得的清算、减资、股权转让、先行回收投资、利润等所得汇出境外或者境内再投资。 4. 外汇局应审核企业上报的出资确认登记申请表中，股权转让双方、支付方式、支付金额等信息是否与相关业务系统中协议信息、交易信息一致，信息一致的为其办理出资确认，并打印《外国投资者收购中方股权出资确认登记证明》（以下简称《登记证明》）。 5. 办理外国投资者收购中方股权出资确认登记后，外商投资企业应将《登记证明》复印件提供给股权出让方凭以办理资产变现账户开立及股权转让对价结汇。
办理时限	5个工作日。如因银行申报错误导致数据无法匹配的，可适当延长。

续表

授权范围	外商投资企业注册地外汇局办理。

2.1　前期费用外汇账户的开立、入账和使用

法规依据	1.《中华人民共和国外汇管理条例》(国务院令第 532 号) 2.《境内外汇账户管理规定》(银发〔1997〕416 号) 3.《国家外汇管理局关于调整部分资本项目外汇业务审批权限的通知》(汇发〔2009〕21 号) 4.《国家外汇管理局关于进一步明确和规范部分资本项目外汇业务管理有关问题的通知》(汇发〔2011〕45 号) 5.《国家外汇管理局关于进一步改进和调整直接投资外汇管理政策的通知》(汇发〔2012〕59 号) 6.《外国投资者境内直接投资外汇管理规定》 7. 其他相关法规
审核材料	一、开户、入账 1. 协议办理凭证。 2. 外汇局相关业务系统银行端中打印的前期费用流入控制信息表。 二、使用 1. 结汇按照本指引 2.6 境内直接投资所涉外汇账户内资金结汇要求收取材料。外国投资者对上市公司战略投资的前期费用，需根据证监会批复文件结汇。 2. 划转按照本指引 2.7 外国投资者前期费用外汇账户资金原币划转要求收取材料。 3. 经常项目支出按照经常项目真实性审核要求收取材料；资本项目支出提供外汇局登记或核准文件。
办理原则	一、开户、入账 1. 账户应以外国投资者名义开立。银行应根据前期费用流入控制信息表为其办理账户开立。 2. 外国投资者设立一家外商投资企业仅可开立一个前期费用外汇账户；账户应于拟设立外商投资企业注册地开立。 3. 账户收入范围：外汇局登记金额内外国投资者从境外汇入的用于设立外商投资企业的前期费用。 4. 账户支出范围：参照资本金结汇管理原则在境内结汇使用、经真实性审核后的经常项目对外支付、原路汇回境外、划入后续设立的外商投资企业外汇资本金账户及需外汇局登记或核准的资本项目支出。 5. 账户内资金来源限于境外汇入(非居民存款账户、离岸账户视同境外)，不得以现钞存入。 6. 银行应查询前期费用流入控制信息表中的尚可流入金额办理入账手续。 二、账户资金使用管理 1. 结汇参照本指引 1.6 外商投资企业外汇资本金结汇的支付结汇原则办理。 2. 经常项目付汇按照经常项目真实性审核原则办理。 3. 账户内资金余额可在成立外商投资企业后转入其资本金账户。若未设立外商投资企业，外国投资者应向银行申请关闭该账户，账户内剩余资金原路汇回境外。 4. 账户内资金不得用于质押贷款、发放委托贷款。 三、其他要求 1. 银行应于业务办理后及时将有关信息报送外汇局相关业务系统。 2. 前期费用外汇账户有效期为 6 个月(自开户之日起)。如确有客观原因，开户主体可向外汇局申请延期，但最长不得超过 12 个月。

2.2　外汇资本金账户的开立、入账和使用

法规依据	1.《中华人民共和国外汇管理条例》(国务院令第 532 号) 2.《境内外汇账户管理规定》(银发〔1997〕46 号) 3.《国家外汇管理局综合司关于完善外商投资企业外汇资本金支付结汇管理有关业务操作问题的通知》(汇综发〔2008〕142 号) 4.《国家外汇管理局关于调整部分资本项目外汇业务审批权限的通知》(汇发〔2009〕21 号) 5.《国家外汇管理局关于发布〈境内企业内部成员外汇资金集中运营管理规定〉的通知》(汇发〔2009〕49 号) 6.《国家外汇管理局综合司关于完善外商投资企业外汇资本金支付结汇管理有关业务操作问题的补充通知》(汇综发〔2011〕88 号) 7.《国家外汇管理局关于进一步明确和规范部分资本项目外汇业务管理有关问题的通知》(汇发〔2011〕45 号)

续表

<table>
<tr><td>法规依据</td><td>8.《国家外汇管理局关于进一步改进和调整直接投资外汇管理政策的通知》（汇发〔2012〕59 号）
9.《外国投资者境内直接投资外汇管理规定》
10. 其他相关法规</td></tr>
<tr><td>审核材料</td><td>一、开户、入账
1. 协议办理凭证。
2. 外汇局相关业务系统银行端中打印的资本金流入控制信息表。
二、使用
1. 结汇按照本指引 2.6 境内直接投资所涉外汇账户内资金结汇要求收取材料。
2. 划转按照本指引 2.8 外商投资企业外汇资本金账户资金原币划转要求收取材料。
3. 经常项目支出按照经常项目真实性审核要求收取材料；资本项目支出提供外汇局登记或核准文件。</td></tr>
<tr><td>办理原则</td><td>一、账户开立
1. 账户应以外商投资企业名义开立。银行应根据资本金流入控制信息表为其办理账户开立。
2. 账户可在不同银行开立多个；允许异地开户。
3. 账户收入范围：外国投资者汇入的外汇资本金或认缴出资（含非居民存款账户、离岸账户、境外个人境内外汇账户出资）；外国投资者通过境外汇入保证金专用账户汇入的外汇资本金和认缴出资；原由本账户划出至境内划入保证金专用账户、委托贷款账户、资金集中管理专户、境外放款专用账户、保本型银行理财专户后划回的资金；同名资本金账户划入资金；及经外汇局登记或核准的其他收入（经常项目账户划入、外债账户划入资金等）。
4. 账户支出范围：按规定在经营范围内结汇使用；按规定在境内原币划转（划至境内划入保证金专用账户、同名资本金账户、委托贷款账户、资金集中管理专户、境外放款专用账户、保本型银行理财专户、境内再投资专用账户）；经真实性审核后的经常项目对外支出；及经外汇局登记或核准的资本项目支出。
二、账户关闭
1. 企业因正常经营需要关户的，银行可根据企业申请为其办理关户手续。
2. 外商投资企业因转内资注销外汇登记的，可待资本金账户余额使用完毕后关户。
三、入账管理
1. 银行应查询资本金流入控制信息表中尚可流入金额为企业办理资金入账手续。
2. 银行应按资金来源（境外汇入或境内划转）并区分不同性质进行国际收支申报。针对接收到的境内原币划转资金，银行应与开户主体核对资金来源和用途是否与账户收入范围相符，对于与收入范围不符的资金应原路汇回。
3. 因汇率差异等特殊原因导致实际流入金额超出尚可流入金额的，累计超出金额不得超过等值 3 万美元。
4. 因投资人与缴款人不一致等原因未被工商登记机关认可的出资，银行应将汇入款原路汇回境外。若该款项已在外汇局办理出资确认登记，应告知开户主体至外汇局办理出资确认登记撤销手续后方可办理退款，并应重新办理国际收支申报。
5. 账户内资金不得以现钞存入。
四、账户资金使用管理
1. 银行应审核开户主体提交的该笔资本金对应的出资确认登记表（对于按规定需办理验资的企业，外汇局验资询证回函即为出资确认办理证明；对于无需办理验资的，企业直接提交外汇局打印的出资确认登记表（银行可通过外汇局相关业务系统核对相关信息，无需外汇局盖章）。未办理出资确认登记的资金不得使用（包括但不限于结汇、付汇、境内划转）。
2. 按规定在经营范围内结汇、划转及对外支付。
3. 境内划出按照本指引 2.8 外商投资企业外汇资本金账户资金原币划转的要求办理。
4. 经常项目支出按照经常项目真实性审核原则办理；资本项目支出需经外汇局登记或核准。
五、其他要求
银行应于业务办理后及时将有关信息报送外汇局相关业务系统。</td></tr>
</table>

2.3 境内资产变现账户的开立、入账和使用

<table>
<tr><td>法规依据</td><td>1.《中华人民共和国外汇管理条例》（国务院令第 532 号）
2.《境内外汇账户管理规定》（银发〔1997〕46 号）
3.《个人外汇管理办法》（中国人民银行令 2006 年 3 号）
4.《关于外国投资者并购境内企业的规定》（商务部、国务院国有资产监督管理委员会、国家税务总局、国家工商行政管理总局、中国证券监督管理委员会、国家外汇管理局令 2006 年第 10 号）</td></tr>
</table>

续表

<table>
<tr><td>法规依据</td><td>5. 《国家外汇管理局关于印发〈个人外汇管理办法实施细则〉的通知》（汇发〔2007〕1号）
6.《国家外汇管理局综合司关于完善外商投资企业外汇资本金支付结汇管理有关业务操作问题的通知》（汇综发〔2008〕142号）
7. 《国家外汇管理局关于进一步改进和调整直接投资外汇管理政策的通知》（汇发〔2012〕59号）
8. 《外国投资者境内直接投资外汇管理规定》
9. 其他相关法规</td></tr>
<tr><td>审核材料</td><td>一、开户、入账
1. 协议办理凭证。
2. 外汇局相关业务系统银行端中打印的股权转让流入控制信息表。
二、使用
1. 结汇按照本指引2.6境内直接投资所涉外汇账户内资金结汇要求收取材料。
2. 划转按照本指引2.9境内资产变现账户资金原币划转要求收取材料。
3. 经常项目支出按照经常项目真实性审核要求收取材料；资本项目支出提供外汇局登记或核准文件。</td></tr>
<tr><td>办理原则</td><td>一、账户开立
1. 账户应以境内股权出让方的名义开立。银行应根据股权转让流入控制信息表为其办理账户开立。
2. 针对一笔股权转让交易（股权转让款的分次支付不作为多笔交易），股权出让方仅可开立一个境内资产变现账户；允许异地开户。
3. 账户收入范围：外国投资者汇入的股权转让对价（含非居民存款账户、离岸账户、境外个人境内外汇账户出资）；外国投资者通过境外汇入保证金专用账户划入的股权转让对价；原由本账户划出至境内划入保证金专用账户、委托贷款账户、资金集中管理专户、境外放款专用账户、保本型银行理财专户后划回的资金；及经外汇局登记或核准的其他收入。
4. 账户支出范围：按规定在经营范围内结汇使用；按规定境内原币划转（划至境内划入保证金专用账户、委托贷款账户、资金集中管理专户、境外放款专用账户、保本型银行理财专户、境内再投资专用账户）、经真实性审核后的经常项目对外支出；及经外汇局登记或核准的资本项目支出。
二、账户关闭
企业因正常经营需要关户的，银行可根据企业申请为其办理关户手续。
三、入账管理
1. 银行应查询股权转让流入控制信息表中的尚可流入金额办理入账手续。
2. 银行应按资金来源（境外汇入或境内划转）并区分不同性质进行国际收支申报。针对接收到的境内原币划转资金，银行应与开户主体核对资金来源和用途是否与帐户收入范围相符，对于与收入范围不符的资金应原路汇回。
3. 因汇率差异等特殊原因导致实际流入金额超出尚可流入金额的，累计超出金额不得超过等值3万美元。
4. 账户内资金不得以现钞存入。
四、账户资金使用管理
1. 未办理外国投资者收购中方股权出资确认登记的资金不得使用。
2. 按规定在经营范围内结汇、划转或对外支付。
3. 境内划出按照本指引2.9境内资产变现账户资金原币划转原则办理。
4. 经常项目支出按照经常项目真实性审核原则办理；资本项目支出需经外汇局登记或核准。
五、其他要求
银行应于业务办理后及时将有关信息报送外汇局相关业务系统。</td></tr>
</table>

2.4 境内再投资专用账户的开立、入账和使用

<table>
<tr><td>法规依据</td><td>1. 《中华人民共和国外汇管理条例》（国务院令第532号）
2. 《境内外汇账户管理规定》（银发〔1997〕416号）
3.《国家外汇管理局关于调整部分资本项目外汇业务审批权限的通知》（汇发〔2009〕21号）
4. 《国家外汇管理局关于进一步明确和规范部分资本项目外汇业务管理有关问题的通知》（汇发〔2011〕45号）
5. 《国家外汇管理局关于进一步改进和调整直接投资外汇管理政策的通知》（汇发〔2012〕59号）
6. 《外国投资者境内直接投资外汇管理规定》
7. 其他相关法规</td></tr>
</table>

续表

审核材料	一、开户、入账 1. 协议办理凭证。 2. 外汇局相关业务系统银行端中打印的境内再投资流入控制信息表。 二、使用 1. 结汇按照本操作指引 2. 6 境内直接投资所涉外汇账户内资金结汇要求收取的材料。 2. 划转按照本指引 2. 10 境内再投资专用账户资金原币划转要求收取材料。 3. 经常项目支出按照经常项目真实性审核要求收取材料；资本项目支出提供外汇局登记或核准文件。
办理原则	一、账户开立 1. 账户应以接收境内外汇再投资或股权转让对价外汇资金的主体名义开立。银行应根据境内再投资流入控制信息表为其办理账户开立。 2. 账户仅可开立一个，可以异地办理开户。 3. 账户收入范围：外汇资本金账户、境内资产变现账户划入的境内再投资资金；原由该账户划出至境内划入保证金专用账户、委托贷款账户、资金集中管理专户、境外放款专用账户、保本型银行理财专户后划回的资金；经外汇局登记或核准的其他境内再投资外汇资金。 4. 账户支出范围：按规定在经营范围内结汇使用；按规定境内原币划转（划至境内划入保证金账户、委托贷款账户、资金集中管理专户、境外放款专用账户、保本型银行理财专户）、经真实性审核后的经常项目对外支出；及经外汇局登记或核准的资本项目支出。 二、账户关闭 企业因正常经营需要关户的，银行可根据企业申请为其办理关户手续。 三、入账管理 1. 银行应查询境内再投资流入控制信息表中的尚可流入金额办理入账手续。 2. 境内外汇再投资不得存在出资人和缴款人不一致情况。针对接收到的境内原币划转资金，银行应与开户主体核对资金来源和用途是否与账户收入范围相符，对于与收入范围不符的资金应原路汇回。 3. 因汇率差异等特殊原因导致实际流入金额超出尚可流入金额的，累计超出金额不得超过等值 3 万美元。 4. 账户内资金不得以现钞存入。 四、账户资金使用管理 1. 此类账户资金无需办理外国投资者出资确认登记。 2. 资金结汇按照本指引 2. 6 境内直接投资所涉外汇账户内资金结汇原则办理。 3. 境内划出按照本指引 2. 10 境内再投资专用账户资金原币划转原则办理。 4. 经常项目支出按照经常项目真实性审核原则办理；资本项目支出需经外汇局登记或核准。 五、其他要求 银行应于业务办理后及时将有关信息报送外汇局相关业务系统。

2. 5 保证金专用外汇账户的开立、入账和使用

法规依据	1.《中华人民共和国外汇管理条例》（国务院令第 532 号） 2.《境内外汇账户管理规定》（银发〔1997〕416 号） 3.《国家外汇管理局关于调整部分资本项目外汇业务审批权限的通知》（汇发〔2009〕21 号） 4.《国家外汇管理局关于进一步明确和规范部分资本项目外汇业务管理有关问题的通知》（汇发〔2011〕45 号） 5.《国家外汇管理局关于进一步改进和调整直接投资外汇管理政策的通知》（汇发〔2012〕59 号） 6.《外国投资者境内直接投资外汇管理规定》 7. 其他相关法规
审核材料	一、开户 1. 协议办理凭证。 2. 外汇局相关业务系统银行端中打印的接收境外保证金控制信息表。 3. 境内划入保证金账户开立时提交主体身份证明文件和开户需求证明材料。 二、入账 接收境外汇入、境内划入保证金的，收取证明需接收从该笔保证金的相关真实性证明材料（接收境外汇入土地竞标保证金、产权交易保证金的，应提交相关交易公告文件、参与竞标主体的申请或相关确认文件）。 三、划出 企业提交的交易真实性、合法性证明材料。

续表

审核材料	四、汇回境外 证明交易未成功需将保证金原路汇回境外的真实性证明材料（土地竞标保证金应提交土地管理部门出具的未成交确认文件；产权交易保证金应提交产权交易所出具的未成交确认文件）。
办理原则	一、账户开立 1. 银行应根据接收境外保证金控制信息表为其办理账户开立。 2. 此账户区分为境外汇入保证金专用账户和境内划入保证金专用账户两类，不得混用。每个开户主体只能开立一个境外汇入保证金专用账户，可开立多个境内划入保证金专用账户。 3. 账户应在开户主体注册地开立，不得异地开户。 4. 账户收入范围：汇（划）入参与竞标等交易的境内直接投资项下保证类资金。 5. 账户支出范围：原路汇回或用于外国投资者境内合法出资、境内外支付对价。 二、账户关闭 企业因正常经营需要关户的，银行可根据企业申请为其办理关户手续。 三、入账管理 账户内资金不得以现钞存入。 四、账户资金使用管理 1. 银行应审核保证金支付的真实交易背景，严禁虚构交易。 2. 账户内资金仅作为交易保证用途，不得结汇，不得用于质押贷款。 3. 境内划入保证金专用账户内资金无论是否竞标成功均应划回原划入账户。境外汇入保证金专用账户内资金在竞标成功后，可作为境内投资的出资划入外汇资本金账户或境内资产变现账户；竞标未成功的，应原路汇回境外。 五、其他要求 银行应于业务办理后及时将有关信息报送外汇局相关业务系统。

2.6 境内直接投资所涉外汇账户内资金结汇

法规依据	1.《中华人民共和国外汇管理条例》（国务院令第 532 号） 2.《国家外汇管理局关于改革外商投资项下资本金结汇管理方式的通知》（汇发〔2002〕59 号） 3.《国家外汇管理局关于改进外商投资企业资本项目结汇审核与外债登记管理工作的通知》（汇发〔2004〕42 号） 4.《国家外汇管理局关于完善外债管理有关问题的通知》（汇发〔2005〕74 号） 5.《国家外汇管理局综合司关于完善外商投资企业外汇资本金支付结汇管理有关业务操作问题的通知》（汇综发〔2008〕142 号） 6.《国家外汇管理局综合司关于完善外商投资企业外汇资本金支付结汇管理有关业务操作问题的补充通知》（汇综发〔2011〕88 号） 7.《国家外汇管理局关于进一步明确和规范部分资本项目外汇业务管理有关问题的通知》（汇发〔2011〕45 号） 8.《国家外汇管理局关于进一步改进和调整直接投资外汇管理政策的通知》（汇发〔2012〕59 号） 9.《外国投资者境内直接投资外汇管理规定》 10. 其他相关法规
审核材料	一、外汇资本金账户内资金结汇 1. 资本金结汇所得人民币资金的支付命令函（支付命令函是指由企业或个人签发，银行据以将结汇所得人民币资金进行对外支付的书面指令）。 2. 资本金结汇后的人民币资金用途证明文件（包括商业合同或收款人出具的支付通知，支付通知应含商业合同主要条款内容、金额、收款人名称及银行账户号码、资金用途等）。本项材料验原件，留存加盖企业公章或财务印章的复印件。 3. 前一笔资本金结汇所得人民币资金按照支付命令函对外支付的发票等相关凭证（验原件，留存加盖企业公章或财务印章及有结汇银行批注结汇金额、日期等字样的复印件）、加盖企业公章或财务印章的税务部门网络发票真伪查询结果打印件及其使用情况明细清单（若该笔结汇为一次性或分次结汇中的最后一笔，企业应当于结汇后的 5 个工作日内向银行提交前述材料）。 4. 结汇所得人民币资金支付国家机关、事业单位等机构税费的，提交专用收据、缴款通知书和完税凭证（验原件，留存加盖企业公章或财务印章的复印件）。 5. 银行应审核开户主体提交的该笔结汇对应的出资确认登记表。对于按规定需办理验资的企业，外汇局验资询证回函即为出资确认办理证明；对于无需办理验资的，企业直接提交外汇局打印的出资确认登记表（银行可通过外汇局相关业务系统核对相关信息，无需外汇局盖章）。

续表

审核材料	6. 等值5万美元（含）以下备用金结汇的，企业无需提交针对备用金的第2、3项文件。 7. 资本金账户利息可凭银行出具的利息清单直接办理结汇。 8. 石油类对外合作项目的资本金账户结汇，可凭企业提交的结汇计划，进行真实性审核后直接办理。 9. 视情况要求补充的其他材料。 二、前期费用外汇账户内资金结汇参照外汇资本金账户内资金结汇收取材料。 三、境内机构开立的境内资产变现账户内资金结汇参照外汇资本金账户内资金结汇收取材料，其中第5项“本次结汇资金对应的出资确认登记表”为：外国投资者支付股权对价予股权出让方后，通知收款方将银行收款凭证复印件交予被收购的外商投资企业，由其至外汇局申请办理外方出资确认登记手续，完成后将取得的出资确认登记表复印件交由股权出让方。 四、境内再投资外汇账户内资金结汇收取“外汇资本金账户内资金结汇”的第1、2、3、5项文件及开户主体的工商营业执照副本。 五、境内个人开立的境内资产变现账户内资金结汇 1. 外国投资者收购中方股权出资确认登记表（外国投资者支付股权对价予股权出让方后，通知收款方将银行收款凭证复印件交予被收购的外商投资企业，由其至外汇局申请办理外方出资确认登记手续，完成后将取得的出资确认登记表复印件交由股权出让方。）。 2. 相关完税证明，无转股收益的可免予提交。 3. 视情况要求补充的其他材料。 六、以中外合作开采海上或陆上油气田项目名义开立的账户内资金结汇缴纳弃置费 1. 商务主管部门对合作开发油气田项目总体开发方案的批复。 2. 已报国家相关主管部门备案的《合作项目的弃置费预备（或调整）方案》或《合作项目的弃置费实施方案》。 3. 其他与海上合作油气田弃置费相关的证明材料。
办理原则	一、外汇资本金账户内资金结汇 1. 银行不得为在外汇局指定截止日后尚未参加或未通过外汇年检的外商投资企业办理外汇资本金结汇业务；未办理出资确认登记的资本金不得办理结汇、划转、付汇等业务。 2. 外商投资企业资本金结汇所得人民币资金，应当在审批部门批准、登记或备案的经营范围内使用；用于证券投资的，应当按国家有关规定执行。 3. 外商投资企业资本金结汇所得人民币资金不得用于境内股权投资。经相关主管部门批准的外商投资性公司、外商创业投资企业、外商投资股权投资企业等以股权投资为主要业务的外商投资企业以其外汇资本金进行境内股权投资以及境内主体以资产变现账户内的外汇资金进行境内股权投资，须将外汇资金原币划转至被投资企业开立的境内再投资专用账户，不得结汇支付。另有规定的除外。 4. 外商投资企业资本金结汇所得人民币资金不得发放委托贷款、偿还企业间借贷（含第三方垫款）以及偿还转贷予第三方的银行借款。外商投资企业以外汇资本金结汇所得人民币资金偿还已使用完毕的银行贷款（含委托贷款），银行应要求结汇企业提交原贷款合同（或委托贷款合同）、与贷款合同所列用途一致的人民币贷款资金使用发票、原贷款行出具的贷款发放对账单等贷款资金使用完毕的证明材料，并留存复印件备查。 5. 银行在为外商投资企业办理资本金转存定期、远期结售汇及掉期、结构性存款等业务时，应限于保本型产品，不得变相结汇。资本金账户资金因上述原因划出尚未划回的，不得关户。 6. 外商投资企业以外汇资本金结汇所得人民币资金支付土地出让金的，银行应要求企业提交国有建设用地出让合同以及相应的非税缴款通知单等材料，严格审核相关合同、缴款通知单以及结汇支付财政专户之间的一致性。非房地产类外商投资企业不得以资本金结汇所得人民币资金支付购买非自用房地产的相关费用。 7. 非房地产类外商投资企业的资本金结汇所得人民币资金不得支付购买非自用房地产的相关费用。 8. 外商投资企业资本金账户与人民币账户开立在同一家银行的，结汇银行须在当日办理完毕结汇、人民币资金入账及对外支付划出手续；不在同一家银行的，结汇银行在办理结汇所得人民币资金划出时，应当在划款凭证上注明“资本金结汇”字样，人民币资金划入银行应当在2个工作日内（含划入当日）根据支付命令函办理该笔资金的对外支付划转手续。 9. 企业以备用金名义结汇的，每笔不得超过等值5万美元，每月不得超过等值10万美元。 10. 银行应审核企业资本金结汇所得人民币资金用途的真实性与合规性，如发现各项材料之间不能互相印证或者存在矛盾的，不得为该企业办理相关业务。银行应认真履行资本金结汇资金用途的发票核查手续。除企业提交的加盖公章或财务印章的税务部门网络发票真伪查询结果打印件外，银行同时需再次登录各地国税、地税网站予以核对并留存。审核的操作要求是：对于增值税专用发票，审核国税局增值税网上进项发票认证结果清单；对于增值税普通发票，审核国税局网络查询结果清单；对于营业税发票，审核地税局网络查询结果清单。对于网上无法核查发票的，银行凭企业提交的税务机关出具的发票真伪鉴别证明材料办理结汇。银行若发现网上核查或税务机关认定发票存在真实性疑问的，应及时向外汇局报告相关情况。

续表

<table>
<tr><td>办理原则</td><td>银行办理完毕结汇业务后，应在发票等相关凭证原件上批注已办理资本金结汇金额和日期，加盖银行业务章，并留存批注后的发票等相关凭证复印件。
11. 企业存在不完全符合现行资本金结汇管理规定，但确有真实支付需求的，银行可合理审查相关资料后为其办理结汇，同时在外汇局相关业务系统的结汇用途栏注明“特殊结汇”并留存专项档案以备外汇局非现场和现场核查。
12. 单个资本金账户累计结汇额（含以“备用金”用途结汇的金额）与该资本金账户已付汇（含境内划转）金额之和达到账户贷方累计发生额95%的，银行应对上述结汇（备用金除外）所对应的发票等凭证进行真实性核查，并在企业结汇申请书上加注“已核实账户内95%资金结汇发票（不含付汇）”字样、日期及银行业务章后，方可按支付结汇制要求办理余下的资本金结汇或付汇手续。《国家外汇管理局综合司关于完善外商投资企业外汇资本金支付结汇管理有关业务操作问题的通知》（汇综发〔2008〕142号）发布前办理的结汇业务无需核查。
13. 银行针对企业资本金结汇支付后发生退货、撤销交易和发票作废等情况的应在外汇局相关业务系统的结汇用途栏注明“撤销”并留存专项档案以备外汇局非现场和现场核查。
二、前期费用外汇账户、境内再投资外汇账户内资金结汇参照外汇资本金账户内资金结汇管理。
三、境内机构开立的境内资产变现账户内资金结汇参照外汇资本金账户内资金结汇管理；境内机构以其境内资产变现账户内资金进行境内股权投资的，可原币划转至被投资企业开立的境内再投资专用账户，不得结汇支付。
四、境内个人以资产变现账户资金结汇所得人民币支付本次资产变现收入税款的，可直接凭缴税通知书办理结汇，无须提交相应的资产变现收入完税凭证。
五、外方合作者按规定需以中外合作开采海上或陆上油气田项目名义开立的账户内资金结汇缴纳弃置费的，由银行直接办理，无需外汇局核准。
六、银行应于业务办理完成后及时通过外汇局相关业务系统报送有关信息，对于需填报资金用途的应按不同用途准确报送。</td></tr>
</table>

2.7 外国投资者前期费用外汇账户资金原币划转

<table>
<tr><td>法规依据</td><td>1.《中华人民共和国外汇管理条例》（国务院令第532号）
2.《国家外汇管理局关于印发〈境内外汇划转管理暂行规定〉的通知》（〔97〕汇管函字第250号）
3.《国家外汇管理局关于进一步改进和调整直接投资外汇管理政策的通知》（汇发〔2012〕59号）
4.《外国投资者境内直接投资外汇管理规定》
5. 其他相关法规</td></tr>
<tr><td>审核材料</td><td>1. 书面申请（申请中应准确表述资金划出原因和用途、划出和接收主体信息、划出和划入行名称及账号信息、划出资金金额和币种等重要信息）。
2. 后续成立外商投资企业的商务（或行业）主管部门批准设立文件和批准证书。</td></tr>
<tr><td>办理原则</td><td>1. 银行应审核划转交易的真实性、合法性。
2. 划入账户应为被投资企业的外汇资本金账户；外国投资者必须是划入账户开户主体的股权投资方。
3. 划出行应于资金划转后，及时完成境内原币划转的国际收支申报，并于划出后关注该笔资金划转结果；若划转错误的，应待资金退回后重新划出，并同时按照规定调整国际收支申报信息。
4. 划入行应于资金划入时确认划入资金是否符合账户收入范围，并与开户主体核对该笔资金交易的划出信息以确认交易准确性；对不符合账户收入范围及境内划转规定，或经核实划转错误的，划入行应将资金原路汇回。</td></tr>
</table>

2.8 外商投资企业外汇资本金账户资金原币划转

<table>
<tr><td>法规依据</td><td>1.《中华人民共和国外汇管理条例》（国务院令第532号）
2.《国家外汇管理局关于印发〈境内外汇划转管理暂行规定〉的通知》（〔97〕汇管函字第250号）
3.《国家外汇管理局综合司关于完善外商投资企业外汇资本金支付结汇管理有关业务操作问题的通知》（汇综发〔2008〕142号）
4.《国家外汇管理局综合司关于完善外商投资企业外汇资本金支付结汇管理有关业务操作问题的补充通知》（汇综发〔2011〕88号）
5.《国家外汇管理局关于进一步明确和规范部分资本项目外汇业务管理有关问题的通知》（汇发〔2011〕45号）
6.《国家外汇管理局关于进一步改进和调整直接投资外汇管理政策的通知》（汇发〔2012〕59号）
7.《外国投资者境内直接投资外汇管理规定》
8. 其他相关法规</td></tr>
</table>

续表

审核材料	一、向同名资本金账户划出（更换开户银行业务适用） 1. 书面申请（申请中应准确表述资金划出原因和用途、划出和接收主体信息、划出和划入行名称及账号信息、划出资金金额和币种等重要信息）。 2. 出资确认表。 二、向境内划入保证金专用账户划出（参与境内直接投资相关的竞标业务适用） 1. 书面申请（申请中应准确表述资金划出原因和用途、划出和接收主体信息、划出和划入行名称及账号信息、划出资金金额和币种等重要信息）。 2. 出资确认表。 3. 证明该笔资金划出用于保证金用途的真实性证明材料。 三、向境内再投资专用账户划出（外资投资性公司境内外汇对子公司出资或收购境内企业中方股权业务适用） 1. 书面申请（申请中应准确表述资金划出原因和用途、划出和接收主体信息、划出和划入行名称及账号信息、划出资金金额和币种等重要信息）。 2. 出资确认表。 3. 证明该笔资金划出用于境内出资用途的真实性证明材料（须经主管部门批准或备案的应收取相应批准或备案文件）。
办理原则	1. 银行应审核划转交易的真实性、合法性。 2. 银行不得为未办理出资确认登记的资金办理划转手续。 3. 划出行应于资金划转后，及时完成境内原币划转的国际收支申报，并于划出后关注该笔资金划转结果；若划转错误的，应待资金退回后重新划出，并同时按照规定调整国际收支申报信息。 4. 划入行应于资金划入时确认划入资金是否符合账户收入范围，并与开户主体核对该笔资金交易的划出信息以确认交易准确性：对不符合账户收入范围及境内划转规定，或经核实划转错误的，划入行应将资金原路汇回。

2.9 境内资产变现账户资金原币划转

法规依据	1.《中华人民共和国外汇管理条例》（国务院令第532号） 2.《国家外汇管理局关于印发〈境内外汇划转管理暂行规定〉的通知》（〔97〕汇管函字第250号） 3.《国家外汇管理局综合司关于完善外商投资企业外汇资本金支付结汇管理有关业务操作问题的通知》（汇综发〔2008〕142号） 4.《国家外汇管理局综合司关于完善外商投资企业外汇资本金支付结汇管理有关业务操作问题的补充通知》（汇综发〔2011〕88号） 5.《国家外汇管理局关于进一步明确和规范部分资本项目外汇业务管理有关问题的通知》（汇发〔2011〕45号） 6.《国家外汇管理局关于进一步改进和调整直接投资外汇管理政策的通知》（汇发〔2012〕59号） 7.《外国投资者境内直接投资外汇管理规定》 8. 其他相关法规
审核材料	一、向境内划入保证金专用账户划出（参与境内直接投资相关的竞标业务适用） 1. 书面申请（申请中应准确表述资金划出原因和用途、划出和接收主体信息、划出和划入行名称及账号信息、划出资金金额和币种等重要信息）。 2. 外国投资者收购中方股权出资确认登记表。 3. 证明该笔资金划出用于保证用途的真实合法材料。 二、向境内再投资专用账户划出（外资投资性公司境内外汇对子公司出资或收购境内企业中方股权业务适用） 1. 书面申请（申请中应准确表述资金划出原因和用途、划出和接收主体信息、划出和划入行名称及账号信息、划出资金金额和币种等重要信息）。 2. 外国投资者收购中方股权出资确认登记表。 3. 证明该笔资金划出用于境内出资用途的真实性证明材料（须经主管部门批准或备案的应收取相应批准或备案文件）。
办理原则	1. 银行应审核划转交易的真实性、合法性。 2. 银行不得为未办理出资确认登记的资金办理划转手续。 3. 划出行应于资金划转后，及时完成境内原币划转的国际收支申报，并于划出后关注该笔资金划转结果；若划转错误的，应待资金退回后重新划出，并同时按照规定调整国际收支申报信息。 4. 划入行应于资金划入时确认划入资金是否符合账户收入范围，并与开户主体核对该笔资金交易的划出信息以确认交易准确性：对不符合账户收入范围及境内划转规定，或经核实划转错误的，划入行应将资金原路汇回。

2.10 境内再投资专用账户资金原币划转

法规依据	1.《中华人民共和国外汇管理条例》（国务院令第 532 号） 2.《国家外汇管理局关于印发〈境内外汇划转管理暂行规定〉的通知》（〔97〕汇管函字第 250 号） 3.《国家外汇管理局综合司关于完善外商投资企业外汇资本金支付结汇管理有关业务操作问题的通知》（汇综发〔2008〕142 号） 4.《国家外汇管理局综合司关于完善外商投资企业外汇资本金支付结汇管理有关业务操作问题的补充通知》（汇综发〔2011〕88 号） 5.《国家外汇管理局关于进一步明确和规范部分资本项目外汇业务管理有关问题的通知》（汇发〔2011〕45 号） 6.《国家外汇管理局关于进一步改进和调整直接投资外汇管理政策的通知》（汇发〔2012〕59 号） 7.《外国投资者境内直接投资外汇管理规定》 8. 其他相关法规
审核材料	一、向境内划入保证金专用账户划出（参与境内直接投资相关的竞标业务适用） 1. 书面申请（申请中应准确表述资金划出原因和用途、划出和接收主体信息、划出和划入行名称及账号信息、划出资金金额和币种等重要信息）。 2. 证明该笔资金划出用于保证用途的真实性证明材料。 二、向非同名境内再投资专用账户划出（外资投资性公司境内外汇对子公司出资或收购境内企业中方股权业务适用） 1. 书面申请（申请中应准确表述资金划出原因和用途、划出和接收主体信息、划出和划入行名称及账号信息、划出资金金额和币种等重要信息）。 2. 证明该笔资金划出用于境内出资用途的真实性证明材料（须经主管部门批准或备案的应收取相应批准或备案文件）。 三、因减资、股权转让、清算等减少或撤销投资原因退回原资本金账户、境内再投资专用账户或境内资产变现账户 1. 书面申请（申请中应准确表述资金划出原因和用途、划出和接收主体信息、划出和划入行名称及账号信息、划出资金金额和币种等重要信息）。 2. 需返还至投资方原划出账户的真实性证明材料（须经主管部门批准或备案的应收取相应批准或备案文件）。
办理原则	1. 银行应审核划转交易的真实性、合法性。 2. 划出行应于资金划转后，及时完成境内原币划转的国际收支申报，并于划出后关注该笔资金划转结果；若划转错误的，应待资金退回后重新划出，并同时按照规定调整国际收支申报信息。 3. 划入行应于资金划入时确认划入资金是否符合账户收入范围，并与开户主体核对该笔资金交易的划出信息以确认交易准确性：对不符合账户收入范围及境内划转规定，或经核实划转错误的，划入行应将资金原路汇回。 4. 因减资、股权转让、清算等减少或撤销投资原因退回原资本金账户、境内再投资专用账户或境内资产变现账户的，应及时完成退款的国际收支申报。

2.11 保证金专用外汇账户资金原币划转

法规依据	1.《中华人民共和国外汇管理条例》（国务院令第 532 号） 2.《国家外汇管理局关于印发〈境内外汇划转管理暂行规定〉的通知》（〔97〕汇管函字第 250 号） 3.《个人外汇管理办法》（中国人民银行令〔2006〕第 3 号） 4.《关于外国投资者并购境内企业的规定》（商务部、国务院国有资产监督管理委员会、国家税务总局、国家工商行政管理总局、中国证券监督管理委员会、国家外汇管理局令 2006 年第 10 号） 5.《国家外汇管理局建设部关于规范房地产市场外汇管理有关问题的通知》（汇发〔2006〕47 号） 6.《国家外汇管理局关于印发〈个人外汇管理办法实施细则〉的通知》（汇发〔2007〕1 号） 7.《国家外汇管理局综合司关于完善外商投资企业外汇资本金支付结汇管理有关业务操作问题的通知》（汇综发〔2008〕142 号） 8.《国家外汇管理局关于调整部分资本项目外汇业务审批权限的通知》（汇发〔2009〕21 号） 9.《国家外汇管理局综合司关于完善外商投资企业外汇资本金支付结汇管理有关业务操作问题的补充通知》（汇综发〔2011〕88 号） 10.《国家外汇管理局关于进一步明确和规范部分资本项目外汇业务管理有关问题的通知》（汇发〔2011〕45 号） 11.《国家外汇管理局关于进一步改进和调整直接投资外汇管理政策的通知》（汇发〔2012〕59 号） 12.《外国投资者境内直接投资外汇管理规定》 13. 其他相关法规

续表

审核材料	一、境外汇入保证金专用账户因交易成功将资金划至境内接收方账户（仅限资本金账户和境内资产变现账户） 1. 书面申请（申请中应准确表述资金划出原因和用途、划出和接收主体信息、划出和划入行名称及账号信息、划出资金金额和币种等重要信息）。 2. 证明交易成功需将保证金作为交易款项划至境内接收方账户的真实合法材料（土地竞标保证金应提交土地管理部门出具的成交确认文件；产权交易保证金应提交相关交易所出具的成交确认文件）。 二、境内划入保证金专用账户因交易成功或未成功将资金划回原账户 1. 书面申请（申请中应准确表述资金划出原因和用途、划出和接收主体信息、划出和划入行名称及账号信息、划出资金金额和币种等重要信息）。 2. 证明交易成功或者未成功需将保证金划回原账户的真实合法材料。
办理原则	1. 银行应审核划转交易的真实性、合法性。 2. 划出行应于资金划转后，及时完成境内原币划转的国际收支申报，并于划出后关注该笔资金划转结果；若划转错误的，应待资金退回后重新划出，并同时按照规定调整国际收支申报信息。 3. 划入行应于资金划入时确认划入资金是否符合账户收入范围，并与开户主体核对该笔资金交易的划出信息以确认交易准确性；对不符合账户收入范围及境内划转规定，或经核实划转错误的，划入行应将资金原路汇回。

2.12 外国投资者清算、减资所得资金汇出

法规依据	1.《中华人民共和国外汇管理条例》（国务院令2008年第532号令） 2.《国家外汇管理局关于授权分局办理外商投资企业转股、清算外汇业务的通知》（汇发〔1999〕397号） 3.《中华人民共和国公司法》（中华人民共和国主席令2005年第42号） 4.《中国人民银行办公厅关于A股上市公司外资股东减持股份及分红所涉账户开立与外汇管理有关问题的通知》（银办发〔2009〕178号） 5.《国家外汇管理局关于进一步改进和调整直接投资外汇管理政策的通知》（汇发〔2012〕59号） 6.《外国投资者境内直接投资外汇管理规定》 7. 其他相关法规
审核材料	1. 协议办理凭证。 2. 外汇局相关业务系统银行端中打印的外商投资企业减资或清算流出控制信息表。
办理原则	1. 银行应根据外商投资企业减资或清算流出控制信息表为申请主体办理资金汇出。外汇局在备注栏中进行备注的，银行应以备注内容为准。 2. 银行应在业务办理后及时完成国际收支申报。

2.13 境内机构及个人收购外商投资企业外国投资者股权资金汇出

法规依据	1.《中华人民共和国外汇管理条例》（国务院令第532号） 2.《国家外汇管理局关于授权分局办理外商投资企业转股、清算外汇业务的通知》（汇发〔1999〕397号） 3.《国家外汇管理关于境内居民购汇支付外国投资者股权转让款的批复》（汇复〔2002〕231号） 4.《国家外汇管理局国家税务总局关于服务贸易等项目对外支付提交税务证明有关问题的通知》（汇发〔2008〕64号） 5.《国家外汇管理局关于调整部分资本项目外汇业务审批权限有关问题的通知》（汇发〔2009〕21号） 6.《国家外汇管理局　国家税务总局关于进一步明确服务贸易等项目对外支付提交税务证明有关问题的通知》（汇发〔2009〕52号） 7.《国家外汇管理局关于进一步改进和调整直接投资外汇管理政策的通知》（汇发〔2012〕59号） 8.《外国投资者境内直接投资外汇管理规定》 9. 其他相关法规
审核材料	1. 协议办理凭证。 2. 外汇局相关业务系统银行端中打印的股权转让流出控制信息表。 3. 与本次交易汇出金额相关的税务证明。

续表

办理原则	1. 银行应根据股权转让流出控制信息表为申请主体办理资金汇出。外汇局在备注栏中进行备注的，银行应以备注内容为准。 2. 分次汇出的，可于本次汇出时将加注已汇出金额的税务证明加盖业务印章复印留存，原件退企业用于下次汇出；最后一笔资金汇出银行留存原件。 3. 银行应在业务办理后及时完成国际收支申报手续。

2.14 外国投资者先行回收投资资金汇出

法规依据	1.《中华人民共和国外汇管理条例》（国务院令第 532 号） 2.《国家外汇管理局关于外汇指定银行办理利润、股息、红利等汇出有关问题的通知》（汇发〔1998〕29 号） 3.《国家外汇管理局关于修改〈关于外汇指定银行办理利润、股息、红利等汇出有关问题的通知〉的通知》（汇发〔1999〕308 号） 4.《国家外汇管理局　国家税务总局关于进一步明确服务贸易等项目对外支付提交税务证明有关问题的通知》（汇发〔2009〕52 号） 5.《国家外汇管理局关于进一步改进和调整直接投资外汇管理政策的通知》（汇发〔2012〕59 号） 6.《外国投资者境内直接投资外汇管理规定》 7. 其他相关法规
审核材料	1. 协议办理凭证。 2. 外汇局相关业务系统银行端中打印的先行回收投资流出控制信息表。
办理原则	1. 银行应根据先行回收投资流出控制信息表为申请主体办理资金汇出。外汇局在备注栏中进行备注的，银行应以备注内容为准。 2. 银行应在业务办理后及时完成国际收支申报。

附表：

境内直接投资基本信息登记业务申请表（一）

企业名称：　　　　　　　　　　　　　　　　　　　　注册币种：

一、申请事项			
□外商投资企业新设登记	成立方式：□新设　□并购（□转股并购　□增资并购　□资产并购）		
□外国投资者前期费用登记	前期费用主要用途：		
□外商投资企业变更登记	□基本信息变更　□增资　□减资（□减外方实际出资□外方出资义务减少□中方减资） □先行回收投资　□出资方式变更　□注册币种变更		
	□股权转让（实际）（□中方转外方□外方转中方□外方转外方□中方转中方）		
□外商投资企业迁移登记	□ 迁出登记　迁入地区：		
	□ 迁入登记　迁出地区：		
□外商投资企业注销登记	□提前清算　□到期清算　□转内资　□吸收合并　□特殊清算		
二、企业基本信息（变更登记的，填写变更后的基本信息；注销及迁移登记的，填写当前基本信息）			
组织机构代码		经营到期日	年　月　日
主管部门批复文号		主管部门批准日期	年　月　日
工商注册日期	年　月　日	营业执照注册号	
法人代表名称		所属行业	
主要经营范围			
注册地址			
投资总额		注册资本	
外方所占注册资本金额		外方出资比例（%）	

续表

企业性质	□合资　□独资　□合作　□合伙	企业类型	□有限责任　□股份制　□其他
上市情况	□未上市　□上市（□A 股上市 □B 股上市 □H 股上市 □其他证券市场上市）	是否投资性公司	□是　　□否
返程投资情况	□非返程投资　□个人特殊目的公司返程投资　□机构特殊目的公司返程投资 □个人非特殊目的公司返程投资　□机构非特殊目的公司返程投资		
联系人		联系电话	

三、股东基本信息（变更登记的，填写变更后的信息；迁移、注销登记的，填写当前股东信息）

股东名称	护照号码/组织机构代码/身份证号码	所属国别或地区/境内机构注册地/境内个人常住地	实际控制人所属国别/地区	实际控制人名称（外方股东实际控制人为非中国境内居民的，无需填写此项）

四、外方股东投资信息（变更登记的，填写变更后的信息；迁移、注销登记的，填写当前股东信息）

外方股东名称	所占注册资本	所占注册资本比例（%）	所占注册资本出资额	出资形式（包括但不限于：境外汇入（含跨境人民币）、境内划转、人民币利润再投资、人民币非利润再投资、实物、无形资产等，请根据实际情况填写，详见填表说明第44项）			利润分配比例（%）
合计	—		—				—

五、中方股东投资信息（变更登记的，填写变更后的信息；迁移、注销登记的，填写当前股东信息）

中方股东名称	所占注册资本	出资比例（%）	所占注册资本出资额	利润分配比例（%）
合计		—		—

六、外国投资者前期费用流入基本信息

外国投资者名称	拟成立境内企业或项目名称	拟成立境内企业或项目所在地区	拟成立境内企业或项目投资总额	外国投资者所占注册资本金额	申请流入前期费用金额

七、外方股东向中方转让股权所得处置计划（股权转让外方转中方需填写）：

中方股东名称（受让方）	外方股东名称（出让方）	转让注册资本金额	股权转让对价	1. 用于境内再投资金额	2. 汇出境外金额

八、中方股东向外方转让股权所得处置计划（股权转让中方转外方需填写）：

中方股东名称（出让方）	中方股东组织机构代码或身份证号码	外方股东名称（受让方）	转让注册资本金额	股权转让对价

九、外方股东减资所得处置计划：

减资外方股东名称	减少注册资本金额	减资所得金额	用于境内再投资金额	2. 汇出境外金额

续表

<table>
<tr><td colspan="4">十、企业清算外方股东所得资产处置计划：（外资企业清算后有剩余资产的需填写）</td></tr>
<tr><td>外方股东名称</td><td>清算所得金额</td><td>1. 用于境内再投资金额</td><td>2. 汇出境外金额</td></tr>
<tr><td></td><td></td><td></td><td></td></tr>
<tr><td colspan="4">十一、备注（以上表格内容无法完全涵盖企业申请事项的，可在此栏中填写）：</td></tr>
<tr><td colspan="4">十二、承诺：请勾选
□本公司为非返程投资企业。本公司保证外方股东没有直接或间接地被境内居民持股或控制。如存在虚假、误导性陈述骗取外汇登记的行为，本公司及其法定代表人愿意承担由此而导致的法律后果。
□本企业所填写《境内直接投资基本信息登记业务申请表》中各项内容及所提交的所有书面材料均真实有效，所有复印件均与原件完全相同。本企业保证所提交的各项表格、文件真实、准确、完整，否则本企业及其法定代表人将承担由此而导致的一切后果。
法定代表人签名（或授权委托人签名）：

单位公章：
申请日期：　　年　　月　　日</td></tr>
</table>

填表说明：

1. 申请人办理前期费用登记、外商投资企业外汇登记、外汇登记变更、外汇登记注销、中外合作企业外国投资者先行回收投资对外支付登记业务的（本指引 1. 1 ~1. 4 项），应按规定如实、准确、完整地填写并提交本申请表；

2. 本申请表中所涉金额栏目，均按注册币种折算后填写阿拉伯数字，保留小数点后两位；

3. 请根据申请内容勾选申请事项，若勾选“外商投资企业变更登记”，请选择变更类型，变更类型可多选；

4. 成立方式中的“新设”指境外机构或个人在境内新成立外商投资企业；

5. 成立方式中的“转股并购”指境外机构或个人收购原境内企业股权，并将内资企业变更为外商投资企业的行为；

6. 成立方式中的“增资并购”指境外机构或个人认购原境内企业增资，并将内资企业变更为外商投资企业的行为；

7. 成立方式中的“资产并购”指境外机构或个人设立外商投资企业，并通过该企业协议购买境内企业资产且运营该资产，或者境外机构或个人协议购买境内企业资产，并以该资产投资设立外商投资企业并运营该资产；

8. “外商投资企业迁移登记”指外商投资企业的注册地转移到其他地区，需要到外汇局办理所属外汇局的变更登记；

9. “基本信息变更”指外商投资企业的名称、注册地址、经营范围、法定代表人、所属行业、投资总额、经营到期日、企业类型、上市情况、返程投资情况等基本信息发生变动；

10. “增资”指外商投资企业注册资本增加；

11. “减资”指外商投资企业注册资本减少；

12. “减外方实际出资”指外商投资企业外方股东减少其已经实际到位的注册资本；

13. “外方出资义务减少”指外商投资企业外方股东减少其尚未到位的注册资本；

14. “先行回收投资”指外商投资企业的外方股东与中方约定，在企业成立一段时期后可以先行回收初始投资的行为；

15. “股权转让”指外商投资企业的股权发生转让；

16. “中方转外方”指外商投资企业的原中方股东将所持股权的全部或部分转让给境外机构或

个人；

17. “外方转中方”指外商投资企业的原外方股东将所持股权的全部或部分转让给境内机构或个人；

18. “外方转外方”指外商投资企业的原外方股东将所持股权的全部或部分转让给境外机构或个人；

19. “中方转中方”指外商投资企业的原中方股东将所持股权的全部或部分转让给境内机构或个人；

20. “组织机构代码”指质量技术监督局颁发的“组织机构代码证”上九位代码；

21. “经营到期日”指工商营业执照上的经营期限届满之日，经营期限为“无限期”的，按99年计算；

22. “主管部门批复文号”指商务部门或行业主管部门批准企业相关业务的批文文号；

23. “主管部门批准日期”指商务部门或行业主管部门批准企业相关业务的批文落款日期；

24. “工商注册日期”指工商营业执照上的“成立日期”；

25. “营业执照注册号”指工商营业执照上的“注册号”；

26. “法人代表名称”指工商营业执照上的“法定代表人”名称；

27. “所属行业”根据《国民经济行业分类》(GB/T4754—2002）填写；

28. “主要经营范围”根据工商营业执照上的“经营范围”填写，经营范围太长无法填写完整的，可只填写三项主要经营范围；

29. “注册地址”根据工商营业执照上的“住所”填写；

30. “投资总额”根据外商投资企业批准证书上的“投资总额”栏填写；

31. “注册资本”根据外商投资企业批准证书上的“注册资本”栏填写；

32. “外方所占注册资本金额”栏目填写全部外方股东所占注册资本的合计值；

33. “外方出资比例”栏目填写全部外方股东所占股份比例的合计值；

34. “企业性质”根据主管部门批复文件或工商营业执照上的“公司类型”内容勾选；

35. “企业类型”按照工商营业执照上的“公司类型”勾选；

36. “上市情况”根据企业实际上市情况勾选；

37. “返程投资情况”选项含义：

特殊目的公司返程投资——本企业外方股东属于“境内居民（包括自然人和法人，下同）以其持有的境内企业资产或权益在境外进行股权融资（包括可转换债融资）为目的而直接设立或间接控制的境外企业（特殊目的公司)”，并已经按照相关规定办理特殊目的公司外汇登记。

非特殊目的公司返程投资——本企业外方股东直接或间接地被境内居民持股或控制，但是该外方股东不属于特殊目的公司。本企业保证外方股东直接或间接地被境内居民持股或控制的过程符合中国和注册地法律规定，不存在逃汇、非法套汇、擅自改变外汇用途等违反外汇管理法规的情况（或相关违规行为已接受外汇管理部门查处)。

非返程投资——本企业外方股东没有直接或间接地被境内居民持股或控制。

38. “外方股东名称”根据外商投资企业批准证书上的“投资者名称”栏目中外方股东名称填写；

39. “所属国家/地区”根据外商投资企业批准证书上的“注册地”栏目填写；

40. “实际控制人名称”——外方股东实际控制人为中国境内居民的，填写“实际控制人名称”栏；外方股东实际控制人非中国境内居民，但与外方股东不属于同一国别/地区的，填写“实际控制人所属国别/地区”栏；

41. “所占注册资本”根据外商投资企业批准证书上的“出资额”栏目填写；

42. “所占注册资本出资额”根据商务部门或行业主管部门批复文件或公司章程中外方股东实际出资金额填写；

43. “出资比例”根据商务部门或行业主管部门批复文件或公司章程中外方股东所占注册资本比例填写；

44. 出资形式包括但不限于：境外汇入（含跨境人民币）、境内划转、前期费用结汇、人民币利润再投资、人民币非利润再投资、实物、无形资产、股权、其他非货币资本、合并分立、资产并购、其他；企业应根据外国投资者实际出资情况，在出资形式栏中填写出资形式名称，并在下面一栏填写该出资形式对应的出资金额；

其中主要出资形式含义如下：

"境外汇入（含跨境人民币）"指该外方股东以境外汇入（包括从离岸账户非居民账户汇入）的外汇或跨境人民币资金进行出资；

"境内划转"指外方股东以境内外汇或跨境人民币资金进行出资；

"前期费用结汇"指外方股东汇入的前期费用中已结汇的资金进行出资；

"人民币利润再投资"指外方股东以在境内合法所得的利润进行再投资（或转增资）出资；

"人民币非利润再投资"指外方股东以其在境内股权转让所得、减资所得、先行回收所得、清算所得用于境内再投资出资或以所投资企业的盈余公积、资本公积转增资本出资；

"其他非货币资本"指外方股东以实物、无形资产、股权以外的非货币资本出资；

"合并分立"指外方股东所投资企业因合并、分立产生股权变化的出资形式；

"资产并购"指外方股东以合法取得的境内资产进行出资；

"其他"指上述 11 项出资方式以外的出资形式；

45. "利润分配比例"指该外方股东按照公司章程应该享有的利润分配比例；

46. "中方股东名称"根据外商投资企业批准证书上的"投资者名称"栏目中中方股东名称填写；

47. "组织机构代码/身份证号码"栏填写中方股东的组织机构代码证号码或者身份证件号码；

48. "所属地区"指境内机构的注册地区或境内个人的常住地区；

49. "清算所得金额"指公司外方股东在公司清算后获得的资产金额，请根据企业清算审计报告和清算小组决议填写；

50. "用于境内再投资"指外方股东清算所得用于在境内开展投资活动的金额；

51. "汇出境外金额"指外方股东清算所得需汇出境外的金额；

52. "转让注册资本金额"指股权出让方向受让方转让的注册资本金额；

53. "股权转让对价"指出让股权的价格；

54. "减少注册资本金额"指外方股东申请减少的注册资本金额；

55. "减资所得金额"指外方股东减少注册资本所得金额；

56. "外商投资企业注销登记"中的"提前清算"指外商投资企业在经营期限到期前提前清盘撤资的行为；

57. "外商投资企业注销登记"中的"到期清算"指外商投资企业在经营期满后正常清算的行为；

58. "外商投资企业注销登记"中的"转内资"指外商投资企业外方股东向境内机构或个人出让所持全部股权，转让后企业变更为内资企业。该业务附属于外商投资企业变更登记中股权转让项下的外方转中方选项；

59. "外商投资企业注销登记"中的"吸收合并"指外商投资企业被另一境内公司吸收后主体消亡，不再存续；

60. "外商投资企业注销登记"中的"特殊清算"指外商投资企业因为破产、诉讼等特殊原因而进行清算；

61. "护照号码"指外方股东为境外个人的，需填写护照号码（持《外国人永久居留证》的境外个人，可填写《外国人永久居留证》号码），境外机构无需填写；

62. "出资方式变更"指外商投资企业外方股东变更其注册资本的出资形式，例如：将现汇出资变更为实物出资；

63. “注册币种变更”指外商投资企业因股份制改造等原因，申请注册币种变更业务时，表头上的“注册币种”一栏填写变更后的注册币种。

境内直接投资基本信息登记业务申请表（二）

企业名称：　　　　　　　　　　　　　　　　　　　　　　　　　　　　　　注册币种：

一、申请事项			
□ 主体信息登记		□ 主体信息变更	
二、主体基本信息（变更登记的，填写变更后的基本信息）			
主体类型	□境内个人　　　　□境内机构		
主体名称			
主体代码（组织机构代码/金融机构标识码/个人身份证件号码/护照号码/其他）			
境内机构注册地/境内个人常住地			
上市情况	□未上市　□A 股上市　□B 股上市　□境外上市　□其他		
特殊主体性质	□港澳台居民　□国有中资企业　□外商投资企业　□境外投资企业　□特殊目的公司 □投资性公司　□投资性公司境内再投资企业　□境外银行　□境外非银行金融机构 □其他		
联系人		联系电话	
三、接收外商投资性公司境内再投资基本情况（如境内主体的股东中有外商投资性公司，需填写此栏信息）：			
外商投资性公司代码		外商投资性公司名称	
外商投资性公司出资币种		外商投资性公司出资金额	
四、备注（如以上表格内容不能完整反映主体信息，可在此栏中填写）：			
五、承诺：请勾选 □本人/本机构所填写的《境内直接投资基本信息登记业务申请表》中各项内容及所提交的所有书面材料均真实有效，本人/本机构保证所提交的各项表格、文件真实、准确、完整，否则本人/本机构将承担由此而导致的一切后果。 本人/法定代表人签名（或授权委托人签名）： 单位公章： 申请日期：　　年　　月　　日			

填表说明：

1. 申请人办理境内机构接收境内再投资外汇信息登记及开立外汇保证金账户的境内主体信息登记业务的（本指引 1.5～1.6 项），应按规定如实、准确、完整地填写并提交本申请表；

2. “主体信息登记”指境内外主体在外汇局系统数据库中没有相关信息，但需要办理直接投资项下业务，应先办理主体信息登记；

3. “主体信息登记变更”指境内外主体基本信息发生变动，应办理主体信息登记变更；

4. “主体类型”请根据主体情况勾选；

5. “主体名称”指主体有效证明文件上的名称；

6. “主体代码”指境内企业的组织机构代码证号码、境内金融机构的金融机构标识码和境内个人的身份证件号码，其他请填写代码类型及号码；

7. “境内机构注册地/境内个人常住地”指境内机构的登记注册地或境内个人的常住地；

8. “上市情况”指主体在境内外的上市情况；

9. "特殊主体性质"根据主体实际情况勾选；

10. "外商投资性公司代码"指在中国境内设立，以开展投资为目的的外商投资企业的组织机构代码证号码；

11. "外商投资性公司名称"指在中国境内设立，以开展投资为目的的外商投资企业的营业执照上的注册名称；

12. "外商投资性公司出资币种"指外商投资性公司对境内主体出资的实际币种；

13. "外商投资性公司出资金额"指外商投资性公司对境内主体的出资金额。

境内直接投资出资确认申请表

一、申请主体基本信息			
主体类型	□会计师事务所 □非法人机构（含外商合伙企业） □其他类型		
主体名称			
境内机构主体代码（组织机构代码）			
境外机构及个人所在国家/地区			
联系人		联系电话	

二、出资确认信息（汇总）										
对应出资的外商投资企业名称	对应出资的外商投资企业代码	本次出资外方股东名称	本次出资外方股东所属国家/地区	外商投资企业注册币种	外方股东认缴（认购）注册资本金额	外方股东认缴注册资本出资额（认购股权对价）	外方股东累计已确认到位注册资本金额	外方股东累计已确认到位注册资本实际出资金额（已支付股权对价金额）	本次拟确认注册资本金额	本次实际出资金额（本次支付股权对价金额）

三、出资确认信息（明细）				
本次出资外方股东名称	实际缴款人名称	出资形式（包括但不限于：境外汇入（含跨境人民币）、境内划转、人民币利润再投资、人民币非利润再投资、实物、无形资产等，请根据实际情况填写，详见填表说明第11项）	实际流入币种及金额	折注册币种及金额

四、备注（如以上表格内容不能完整反映主体信息，可在此栏中填写）：

五、承诺：请勾选

□本人/本机构所填写的《外商直接投资出资确认申请表》中各项内容及所提交的所有书面材料均真实有效，本人/本机构保证所提交的各项表格、文件真实、准确、完整，否则本人/本机构将承担由此而导致的一切后果。

本人/法定代表人签名（或授权委托人签名）：

单位公章：

申请日期： 年 月 日

以下为外汇局填写：

外汇局经办人员签名：________ 复核人员签名：

受理日期： 年 月 日 年 月 日

填表说明：

1. 申请人办理外国投资者出资验资询证及出资确认登记业务的（本指引1.7～1.9项），应按规定如实、准确、完整地填写并提交本申请表；

2. 请根据申请主体所属类型勾选对应选项，如外商投资企业委托会计师事务所办理出资确认，请在主体类型上选择会计师事务所；

3. “对应出资的外商投资企业名称”指外方出资所对应的外商投资企业名称或外方收购股权的外商投资企业名称；

4. “对应出资的外商投资企业代码”指该企业组织机构代码证书上的9位编码；

5. “外商投资企业注册币种”指外商投资企业工商营业执照上的注册币种；

6. “外方认缴（认购）注册资本金额”指外方所占注册资本金额；

7. “外方认缴（认购）注册资本对应出资额（认购股权对价）”指外方出资或收购股权的实际金额；

8. “外方股东累计已确认到位的注册资本金额”指外方股东已经外汇局确认到位的注册资本金额；

9. “外方股东累计已确认到位注册资本的实际出资金额（已支付股权对价金额）”指外方股东的实际出资金额；

10. “本次拟确认注册资本金额”指外方股东本次出资确认的注册资本金额。

11. 出资形式包括但不限于：境外汇入（含跨境人民币）、境内划转、前期费用结汇、人民币利润再投资、人民币非利润再投资、实物、无形资产、股权、其他非货币资本、合并分立、资产并购、其他。企业应根据外国投资者实际出资情况，在出资形式栏中填写出资形式名称，并在下面一栏填写该出资形式对应的出资金额；

其中主要出资形式含义如下：

“境外汇入（含跨境人民币）”指该外方股东以境外汇入（包括从离岸账户、非居民账户汇入）的外汇或跨境人民币资金进行出资；

“境内划转”指外方股东以境内外汇或跨境人民币资金进行出资；

“前期费用结汇”指外方股东汇入的前期费用中已结汇的资金进行出资；

“人民币利润再投资”指外方股东以在境内合法所得的利润进行再投资（或转增资）出资；

“非人民币利润再投资”指外方股东以其在境内股权转让所得、减资所得、先行回收所得、清算所得用于境内再投资出资或以所投资企业的盈余公积、资本公积转增资本出资；

“其他非货币资本”指外方股东以实物、无形资产、股权以外的非货币资本出资；

“合并分立”指外方股东所投资企业因合并、分立产生股权变化的出资形式；

“资产并购”指外方股东以合法取得的境内资产进行出资；

“其他”指上述11项出资方式以外的出资形式。

关于印发《对外投资合作和对外贸易领域不良信用记录试行办法》的通知

（商合发〔2013〕248 号　2013 年 7 月 5 日）

各省、自治区、直辖市、计划单列市人民政府和新疆生产建设兵团商务主管部门，外事办公室，公安厅（局），住房城乡建设主管部门，各直属海关，国家税务局、地方税务局，工商行政管理局，各直属检验检疫局，外汇局各分局、外汇管理部门，中国对外承包工程商会，各进出口商会：

为促进对外投资合作和对外贸易规范发展，强化政府服务，有效提示风险，按照信息公开、社会监督和为公众负责的原则，商务部、外交部、公安部、住房城乡建设部、海关总署、税务总局、工商总局、质检总局和外汇局制定了《对外投资合作和对外贸易领域不良信用记录试行办法》，现印发给你们，请遵照执行。执行中有何问题、意见和建议，请及时函告有关部门。

商务部　外交部　公安部　住房城乡建设部

海关总署　税务总局　工商总局　质检总局　外汇局

二○一三年七月五日

对外投资合作和对外贸易领域不良信用记录试行办法

一、为促进对外投资合作和对外贸易规范发展，强化政府服务，有效提示风险，根据《中华人民共和国对外贸易法》等法律法规制定本办法。

二、本办法称对外投资合作是指在中国境内合法注册的企业在境外开展投资、承包工程和劳务合作等对外经济技术合作业务。对外贸易是指货物进出口、技术进出口和国际服务贸易。

三、本办法所称对外投资合作不良信用记录是对我国境内企业、机构和个人以及境外投资合资合作方、工程项目业主、总承包商、境外雇主、中介机构和个人有关违法违规行为信息的收集、整理、发布、保存和维护。对外贸易不良信用记录是指对从事对外贸易经营活动的法人、其他组织或者个人有关违法违规行为信息的收集、整理、发布、保存和维护。

四、下列行为应当列入对外投资合作不良信用记录：

（一）对外投资

1. 经核准开展境外投资业务企业的下列行为：

（1）不为境内派出人员办理合法出入境手续、健康体检、预防接种和工作许可；

（2）不尊重当地风俗习惯、宗教信仰和生活习惯，导致与当地民众发生冲突；

（3）不遵守当地生产、技术和卫生标准，导致安全事故；

（4）不遵守当地劳动法规导致重大劳资纠纷；

（5）破坏当地生态环境，威胁当地公共安全；

（6）违反对外投资有关外汇管理规定；

（7）未对派出人员进行安全文明守法培训，未针对当地安全风险采取有效安全防范措施；

（8）其他违反当地法律法规的行为。

2. 境外投资合资合作方的下列行为：

（1）通过欺骗手段与境内企业合资合作；

（2）采取不正当手段占有我境外企业资产或者造成境外企业损失；

（3）其他非法侵害我境外企业利益的行为。

（二）对外承包工程

1. 境内企业、机构和个人未取得对外承包工程经营资格，擅自开展对外承包工程。

2. 取得对外承包工程经营资格企业的下列行为：

（1）因企业违反劳动合同或者驻在国劳动法规等原因，引发重大劳资纠纷，造成恶劣影响；

（2）以恶性竞标、商业贿赂等不正当方式承揽工程项目；

（3）诽谤或者以其他手段扰乱其他中资企业正常经营并造成实质性损害；

（4）因企业原因造成所承揽或者实施的境外工程项目出现重大质量安全事故；

（5）因企业原因使所承揽或者实施的境外工程项目出现严重拖期，造成纠纷并产生恶劣影响；

（6）因企业决策失误或者管理不善等原因造成项目重大亏损，造成恶劣影响；

（7）擅自以中国政府或者金融机构名义对外承诺融资；

（8）未对派出人员进行安全文明守法培训，未针对当地安全风险采取有效安全防范措施；

（9）其他严重违法违规、缺乏诚信和由企业所属行业组织根据分工依据行规行约认定的不良经营行为。

（三）对外劳务合作

1. 境内企业、机构和个人未取得对外劳务合作经营资格，违规从事外派劳务。

2. 取得对外劳务合作经营资格企业的下列行为：

（1）违反国家有关规定委托其他企业、中介机构和个人招收劳务人员，或者接受其他企业、中介机构和自然人挂靠经营；

（2）向劳务人员超标准收费以及向劳务人员收取或者变相收取履约保证金；

（3）未为劳务人员办理境外工作准证或者以旅游、商务签证等方式派出劳务人员；

（4）未与劳务人员签署合同或者未履行合同约定；

（5）发生重大劳务纠纷事件，并受到行政处罚或者造成恶劣影响，或者法院判决须承担法律责任等情形；

（6）未为劳务人员办理健康体检和预防接种；

（7）未对劳务人员进行安全文明守法培训；

（8）其他违法违规和侵害外派人员合法权益的行为。

3. 境外雇主、机构和个人的下列行为：

（1）直接在我国境内招收劳务人员；

（2）未按当地法律法规为劳务人员提供相应劳动和生活条件、健康体检和预防接种、未为劳务人员缴纳有关社会保险；

（3）拖欠或克扣劳务人员工资；

（4）恶意违约导致劳务人员提前回国；

（5）违约违法导致重大劳务纠纷事件；

（6）未为在境外染病的劳务人员提供救治，导致回国发病或者传播给他人；

（7）其他违法违规和侵害劳务人员合法权益的行为。

4. 劳务人员违反境内外法律法规的行为。

（四）对外投资合作企业骗取国家各类专项资金的行为。

（五）其他因企业原因给双边关系造成恶劣影响的行为。

五、下列行为应列入对外贸易不良信用记录：

（一）未依法进行对外贸易经营者备案登记的法人、其他组织或者个人，擅自从事对外贸易经营活动。

（二）已依法进行对外贸易经营者备案登记的，在对外贸易活动中存在下列行为：

1. 以欺骗或者其他不正当手段获取、伪造、变造或者买卖对外贸易经营者备案登记证明；

2. 以欺骗或其他不正当手段获取、伪造、变造、买卖或者盗窃原产地证书、进出口许可证、进出口配额证明或者其他进出口证明文件；

3. 伪造、变造、非法使用、买卖进出口货物原产地标记保护标志或者虚假标注原产地标记；

4. 进出口属于禁止进出口的货物，或者未经许可擅自进出口属于限制进出口的货物或其他走私行为；

5. 未经授权擅自进出口实行国营贸易管理的货物；

6. 偷税、逃避追缴欠税、骗取出口退税、抗税、虚开发票等涉税违法行为；

7. 违法制售假冒伪劣产品，侵犯知识产权；

8. 违反有关反垄断的法律、行政法规的垄断行为；

9. 不正当低价出口、虚开企业自制出口发票、串通投标、虚假表示和虚假宣传、商业贿赂等不正当竞争行为；

10. 逃避法律法规规定的认证、检验、检疫，或者被列入“进出口食品安全风险预警通告”；

11. 合同欺诈、拖欠账款、逃避债务、恶意违约；

12. 采取虚报进出口价格、虚假贸易融资、违规将外汇存放境外或者通过地下钱庄（非正规金融体系）等手段进行资金跨境非法流动等违反外汇管理规定的行为；

13. 虚报、瞒报、拒报进出口信息；

14. 违反有关规定向税务机关申报办理出口货物退（免）税的行为；

15. 大型成套设备出口低价恶性竞争，发生重大质量安全事故，擅自以中国政府或者金融机构名义对外承诺提供融资保险支持，不遵守行业协会协调意见，对外泄露国家秘密，给双边关系造成恶劣影响；

16. 违反法律法规规定，危害对外贸易秩序的其他行为。

六、对外投资合作和对外贸易不良信用记录收集和发布机制：

（一）在地方各级人民政府的指导下，各级商务主管部门会同外事、公安、住房城乡建设、海关、检验检疫、税务、外汇和工商行政管理部门建立所辖行政区域内对外投资合作和对外贸易不良信用记录收集和发布机制，各部门负责职能范围内对外投资合作和对外贸易不良信息的收集和发布工作；各驻外使（领）馆建立驻在国对外投资合作和对外贸易不良信用记录收集和发布机制。

（二）中国对外承包工程商会和中国机电产品进出口商会根据各自分工建立会员企业对外投资合作行业不良信用记录收集和发布机制；各进出口商会建立会员企业对外贸易领域的不良信用记录信息收集和发布机制，建立完善进出口企业信用管理制度，动态调整并发布进出口企业信用评级。

（三）地方人民政府有关部门、行业组织和驻外使（领）馆收集的不良信用记录信息中，涉及企业信用的违反法律法规、部门规章行为并已受相应行政处罚或者被司法机关查处的信息，有关部门应在职能范围内及时发布，并加强对不良信用企业的监管；涉及企业信用的违反行规行约的信息，有关行业组织应依据各自分工及时发布；其他信息收集后仅供内部参考。

（四）地方人民政府有关部门、行业组织和驻外使（领）馆应于每月底前将企业当月不良信用记录信息报商务部，已发布的不良信息应予以注明。商务部将所有信息汇总后提供给各驻外使（领）馆以及相关部门参考，同时将各单位已分别发布的不良信息在商务部网站统一发布，实现信息共享。

七、对外投资合作和对外贸易领域不良信用记录信息的发布应实事求是、客观公正，如实记录。

八、如被发布对象认为所发布内容存在错误或者与事实不符，自发布之日起可向发布单位书面提出异议申请。发布单位应在接到异议申请后进行复核，如发布信息有误，发布人应声明并撤销不良信用记录。

九、本办法自发布之日起 30 日后施行。《对外劳务合作不良信用记录试行办法》（商合函〔2010〕462 号）与本办法规定不一致的，以本办法为准。

关于印发中国（上海）自由贸易试验区总体方案的通知

（国发〔2013〕38号　2013年9月18日）

各省、自治区、直辖市人民政府，国务院各部委、各直属机构：

国务院批准《中国（上海）自由贸易试验区总体方案》（以下简称《方案》），现予印发。

一、建立中国（上海）自由贸易试验区，是党中央、国务院作出的重大决策，是深入贯彻党的十八大精神，在新形势下推进改革开放的重大举措，对加快政府职能转变、积极探索管理模式创新、促进贸易和投资便利化，为全面深化改革和扩大开放探索新途径、积累新经验，具有重要意义。

二、上海市人民政府要精心组织好《方案》的实施工作。要探索建立投资准入前国民待遇和负面清单管理模式，深化行政审批制度改革，加快转变政府职能，全面提升事中、事后监管水平。要扩大服务业开放、推进金融领域开放创新，建设具有国际水准的投资贸易便利、监管高效便捷、法制环境规范的自由贸易试验区，使之成为推进改革和提高开放型经济水平的"试验田"，形成可复制、可推广的经验，发挥示范带动、服务全国的积极作用，促进各地区共同发展。有关部门要大力支持，做好协调配合、指导评估等工作。

三、根据《全国人民代表大会常务委员会关于授权国务院在中国（上海）自由贸易试验区暂时调整有关法律规定的行政审批的决定》，相应暂时调整有关行政法规和国务院文件的部分规定。具体由国务院另行印发。

《方案》实施中的重大问题，上海市人民政府要及时向国务院请示报告。

国务院

二〇一三年九月十八日

中国（上海）自由贸易试验区总体方案

建立中国（上海）自由贸易试验区（以下简称试验区）是党中央、国务院作出的重大决策，是深入贯彻党的十八大精神，在新形势下推进改革开放的重大举措。为全面有效推进试验区工作，制定本方案。

一、总体要求

试验区肩负着我国在新时期加快政府职能转变、积极探索管理模式创新、促进贸易和投资便利化，为全面深化改革和扩大开放探索新途径、积累新经验的重要使命，是国家战略需要。

（一）指导思想。

高举中国特色社会主义伟大旗帜，以邓小平理论、“三个代表”重要思想、科学发展观为指导，紧紧围绕国家战略，进一步解放思想，坚持先行先试，以开放促改革、促发展，率先建立符合国际化和法治化要求的跨境投资和贸易规则体系，使试验区成为我国进一步融入经济全球化的重要载体，打造中国经济升级版，为实现中华民族伟大复兴的中国梦作出贡献。

（二）总体目标。

经过两至三年的改革试验，加快转变政府职能，积极推进服务业扩大开放和外商投资管理体制改革，大力发展总部经济和新型贸易业态，加快探索资本项目可兑换和金融服务业全面开放，探索建立货物状态分类监管模式，努力形成促进投资和创新的政策支持体系，着力培育国际化和法治化的营商环境，力争建设成为具有国际水准的投资贸易便利、货币兑换自由、监管高效便捷、法制环境规范的自由贸易试验区，为我国扩大开放和深化改革探索新思路和新途径，更好地为全国服务。

（三）实施范围。

试验区的范围涵盖上海外高桥保税区、上海外高桥保税物流园区、洋山保税港区和上海浦东机场综合保税区等4个海关特殊监管区域，并根据先行先试推进情况以及产业发展和辐射带动需要，逐步拓展实施范围和试点政策范围，形成与上海国际经济、金融、贸易、航运中心建设的联动机制。

二、主要任务和措施

紧紧围绕面向世界、服务全国的战略要求和上海“四个中心”建设的战略任务，按照先行先试、风险可控、分步推进、逐步完善的方式，把扩大开放与体制改革相结合、把培育功能与政策创新相结合，形成与国际投资、贸易通行规则相衔接的基本制度框架。

（一）加快政府职能转变。

1. 深化行政管理体制改革。加快转变政府职能，改革创新政府管理方式，按照国际化、法治化的要求，积极探索建立与国际高标准投资和贸易规则体系相适应的行政管理体系，推进政府管理由注重事先审批转为注重事中、事后监管。建立一口受理、综合审批和高效运作的服务模式，完善信息网络平台，实现不同部门的协同管理机制。建立行业信息跟踪、监管和归集的综合性评估机制，加强对试验区内企业在区外经营活动全过程的跟踪、管理和监督。建立集中统一的市场监管综合执法体系，在质量技术监督、食品药品监管、知识产权、工商、税务等管理领域，实现高效监管，积极鼓励社会力量参与市场监督。提高行政透明度，完善体现投资者参与、符合国际规则的信息公开机制。完善投资者权益有效保障机制，实现各类投资主体的公平竞争，允许符合条件的外国投资者自由转移其投资收益。建立知识产权纠纷调解、援助等解决机制。

（二）扩大投资领域的开放。

2. 扩大服务业开放。选择金融服务、航运服务、商贸服务、专业服务、文化服务以及社会服务领域扩大开放（具体开放清单见附件），暂停或取消投资者资质要求、股比限制、经营范围限制等准入限制措施（银行业机构、信息通信服务除外），营造有利于各类投资者平等准入的市场环境。

3. 探索建立负面清单管理模式。借鉴国际通行规则，对外商投资试行准入前国民待遇，研究制订试验区外商投资与国民待遇等不符的负面清单，改革外商投资管理模式。对负面清单之外的领域，按照内外资一致的原则，将外商投资项目由核准制改为备案制（国务院规定对国内投资项目保留核准的除外），由上海市负责办理；将外商投资企业合同章程审批改为由上海市负责备案管理，备案后按国家有关规定办理相关手续；工商登记与商事登记制度改革相衔接，逐步优化登记流程；完善国家安全审查制度，在试验区内试点开展涉及外资的国家安全审查，构建安全高效的开放型经济体系。在总结试点经验的基础上，逐步形成与国际接轨的外商投资管理制度。

4. 构筑对外投资服务促进体系。改革境外投资管理方式，对境外投资开办企业实行以备案制为主的管理方式，对境外投资一般项目实行备案制，由上海市负责备案管理，提高境外投资便利化程度。创新投资服务促进机制，加强境外投资事后管理和服务，形成多部门共享的信息监测平台，做好对外直接投资统计和年检工作。支持试验区内各类投资主体开展多种形式的境外投资。鼓励在试验区设立专业从事境外股权投资的项目公司，支持有条件的投资者设立境外投资股权投资母基金。

（三）推进贸易发展方式转变。

5. 推动贸易转型升级。积极培育贸易新型业态和功能，形成以技术、品牌、质量、服务为核心的外贸竞争新优势，加快提升我国在全球贸易价值链中的地位。鼓励跨国公司建立亚太地区总部，建立整合贸易、物流、结算等功能的营运中心。深化国际贸易结算中心试点，拓展专用账户的服务贸易跨境收付和融资功能。支持试验区内企业发展离岸业务。鼓励企业统筹开展国际国内贸易，实现内外贸一体化发展。探索在试验区内设立国际大宗商品交易和资源配置平台，开展能源产品、基本工业原料和大宗农产品的国际贸易。扩大完善期货保税交割试点，拓展仓单质押融资等功能。加快对外文化贸易基地建设。推动生物医药、软件信息、管理咨询、数据服务等外包业务发展。允许和支持各类融资租赁公司在试验区内设立项目子公司并开展境内外租赁服务。鼓励设立第三方检验鉴定机构，按照国际标准采信其检测结果。试点开展境内外高技术、高附加值的维修业务。加快培育跨境电子商务服务功能，试点建立与之相适应的海关监管、检验检疫、退税、跨境支付、物流等支撑系统。

6. 提升国际航运服务能级。积极发挥外高桥港、洋山深水港、浦东空港国际枢纽港的联动作用，探索形成具有国际竞争力的航运发展制度和运作模式。积极发展航运金融、国际船舶运输、国际船舶管理、国际航运经纪等产业。加快发展航运运价指数衍生品交易业务。推动中转集拼业务发展，允许中资公司拥有或控股拥有的非五星旗船，先行先试外贸进出口集装箱在国内沿海港口和上海港之间的沿海捎带业务。支持浦东机场增加国际中转货运航班。充分发挥上海的区域优势，利用中资"方便旗"船税收优惠政策，促进符合条件的船舶在上海落户登记。在试验区实行已在天津试点的国际船舶登记政策。简化国际船舶运输经营许可流程，形成高效率的船籍登记制度。

（四）深化金融领域的开放创新。

7. 加快金融制度创新。在风险可控前提下，可在试验区内对人民币资本项目可兑换、金融市场利率市场化、人民币跨境使用等方面创造条件进行先行先试。在试验区内实现金融机构资产方价格实行市场化定价。探索面向国际的外汇管理改革试点，建立与自由贸易试验区相适应的外汇管理体制，全面实现贸易投资便利化。鼓励企业充分利用境内外两种资源、两个市场，实现跨境融资自由化。深化外债管理方式改革，促进跨境融资便利化。深化跨国公司总部外汇资金集中运营管理试点，促进跨国公司设立区域性或全球性资金管理中心。建立试验区金融改革创新与上海国际金融中心建设的联动机制。

8. 增强金融服务功能。推动金融服务业对符合条件的民营资本和外资金融机构全面开放，支持在试验区内设立外资银行和中外合资银行。允许金融市场在试验区内建立面向国际的交易平台。逐步允许境外企业参与商品期货交易。鼓励金融市场产品创新。支持股权托管交易机构在试验区内建立综合金融服务平台。支持开展人民币跨境再保险业务，培育发展再保险市场。

（五）完善法制领域的制度保障。

9. 完善法制保障。加快形成符合试验区发展需要的高标准投资和贸易规则体系。针对试点内容，需要停止实施有关行政法规和国务院文件的部分规定的，按规定程序办理。其中，经全国人民代表大会常务委员会授权，暂时调整《中华人民共和国外资企业法》、《中华人民共和国中外合资经营企业法》和《中华人民共和国中外合作经营企业法》规定的有关行政审批，自 2013 年 10 月 1 日起在三年内试行。各部门要支持试验区在服务业扩大开放、实施准入前国民待遇和负面清单管理模式等方面深化改革试点，及时解决试点过程中的制度保障问题。上海市要通过地方立法，建立与试点要求相适应的试验区管理制度。

三、营造相应的监管和税收制度环境

适应建立国际高水平投资和贸易服务体系的需要，创新监管模式，促进试验区内货物、服务等各类要素自由流动，推动服务业扩大开放和货物贸易深入发展，形成公开、透明的管理制度。同时，在维护现行税制公平、统一、规范的前提下，以培育功能为导向，完善相关政策。

（一）创新监管服务模式。

1. 推进实施“一线放开”。允许企业凭进口舱单将货物直接入区，再凭进境货物备案清单向主管海关办理申报手续，探索简化进出境备案清单，简化国际中转、集拼和分拨等业务进出境手续；实行“进境检疫，适当放宽进出口检验”模式，创新监管技术和方法。探索构建相对独立的以贸易便利化为主的货物贸易区域和以扩大服务领域开放为主的服务贸易区域。在确保有效监管的前提下，探索建立货物状态分类监管模式。深化功能拓展，在严格执行货物进出口税收政策的前提下，允许在特定区域设立保税展示交易平台。

2. 坚决实施“二线安全高效管住”。优化卡口管理，加强电子信息联网，通过进出境清单比对、账册管理、卡口实货核注、风险分析等加强监管，促进二线监管模式与一线监管模式相衔接，推行“方便进出，严密防范质量安全风险”的检验检疫监管模式。加强电子账册管理，推动试验区内货物在各海关特殊监管区域之间和跨关区便捷流转。试验区内企业原则上不受地域限制，可到区外再投资或开展业务，如有专项规定要求办理相关手续，仍应按照专项规定办理。推进企业运营信息与监管系统对接。通过风险监控、第三方管理、保证金要求等方式实行有效监管，充分发挥上海市诚信体系建设的作用，加快形成企业商务诚信管理和经营活动专属管辖制度。

3. 进一步强化监管协作。以切实维护国家安全和市场公平竞争为原则，加强各有关部门与上海市政府的协同，提高维护经济社会安全的服务保障能力。试验区配合国务院有关部门严格实施经营者集中反垄断审查。加强海关、质检、工商、税务、外汇等管理部门的协作。加快完善一体化监管方式，推进组建统一高效的口岸监管机构。探索试验区统一电子围网管理，建立风险可控的海关监管机制。

（二）探索与试验区相配套的税收政策。

4. 实施促进投资的税收政策。注册在试验区内的企业或个人股东，因非货币性资产对外投资等资产重组行为而产生的资产评估增值部分，可在不超过5年期限内，分期缴纳所得税。对试验区内企业以股份或出资比例等股权形式给予企业高端人才和紧缺人才的奖励，实行已在中关村等地区试点的股权激励个人所得税分期纳税政策。

5. 实施促进贸易的税收政策。将试验区内注册的融资租赁企业或金融租赁公司在试验区内设立的项目子公司纳入融资租赁出口退税试点范围。对试验区内注册的国内租赁公司或租赁公司设立的项目子公司，经国家有关部门批准从境外购买空载重量在25吨以上并租赁给国内航空公司使用的飞机，享受相关进口环节增值税优惠政策。对设在试验区内的企业生产、加工并经“二线”销往内地的货物照章征收进口环节增值税、消费税。根据企业申请，试行对该内销货物按其对应进口料件或按实际报验状态征收关税的政策。在现行政策框架下，对试验区内生产企业和生产性服务业企业进口所需的机器、设备等货物予以免税，但生活性服务业等企业进口的货物以及法律、行政法规和相关规定明确不予免税的货物除外。完善启运港退税试点政策，适时研究扩大启运地、承运企业和运输工具等试点范围。

此外，在符合税制改革方向和国际惯例，以及不导致利润转移和税基侵蚀的前提下，积极研究完善适应境外股权投资和离岸业务发展的税收政策。

四、扎实做好组织实施

国务院统筹领导和协调试验区推进工作。上海市要精心组织实施，完善工作机制，落实工作责任，根据《方案》明确的目标定位和先行先试任务，按照“成熟的可先做，再逐步完善”的要求，形成可操作的具体计划，抓紧推进实施，并在推进过程中认真研究新情况、解决新问题，重大问题要及时向国务院请示报告。各有关部门要大力支持，积极做好协调配合、指导评估等工作，共同推进相关体制机制和政策创新，把试验区建设好、管理好。

附件：中国（上海）自由贸易试验区服务业扩大开放措施

附件：

中国（上海）自由贸易试验区服务业扩大开放措施

一、金融服务领域

1. 银行服务（国民经济行业分类：J 金融业——6620 货币银行服务）	
开放措施	（1）允许符合条件的外资金融机构设立外资银行，符合条件的民营资本与外资金融机构共同设立中外合资银行。在条件具备时，适时在试验区内试点设立有限牌照银行。 （2）在完善相关管理办法，加强有效监管的前提下，允许试验区内符合条件的中资银行开办离岸业务。
2. 专业健康医疗保险（国民经济行业分类：J 金融业——6812 健康和意外保险）	
开放措施	试点设立外资专业健康医疗保险机构。
3. 融资租赁（国民经济行业分类：J 金融业——6631 金融租赁服务）	
开放措施	（1）融资租赁公司在试验区内设立的单机、单船子公司不设最低注册资本限制。 （2）允许融资租赁公司兼营与主营业务有关的商业保理业务。

二、航运服务领域

4. 远洋货物运输（国民经济行业分类：G 交通运输、仓储和邮政业——5521 远洋货物运输）	
开放措施	（1）放宽中外合资、中外合作国际船舶运输企业的外资股比限制，由国务院交通运输主管部门制定相关管理试行办法。 （2）允许中资公司拥有或控股拥有的非五星旗船，先行先试外贸进出口集装箱在国内沿海港口和上海港之间的沿海捎带业务。
5. 国际船舶管理（国民经济行业分类：G 交通运输、仓储和邮政业——5539 其他水上运输辅助服务）	
开放措施	允许设立外商独资国际船舶管理企业。

三、商贸服务领域

6. 增值电信（国民经济行业分类：I 信息传输、软件和信息技术服务业——6319 其他电信业务，6420 互联网信息服务，6540 数据处理和存储服务，6592 呼叫中心）	
开放措施	在保障网络信息安全的前提下，允许外资企业经营特定形式的部分增值电信业务，如涉及突破行政法规，须国务院批准同意。
7. 游戏机、游艺机销售及服务（国民经济行业分类：F 批发和零售业——5179 其他机械及电子商品批发）	
开放措施	允许外资企业从事游戏游艺设备的生产和销售，通过文化主管部门内容审查的游戏游艺设备可面向国内市场销售。

四、专业服务领域

8. 律师服务（国民经济行业分类：L 租赁和商务服务业——7221 律师及相关法律服务）	
开放措施	探索密切中国律师事务所与外国（港澳台地区）律师事务所业务合作的方式和机制。
9. 资信调查（国民经济行业分类：L 租赁和商务服务业——7295 信用服务）	
开放措施	允许设立外商投资资信调查公司。
10. 旅行社（国民经济行业分类：L 租赁和商务服务业——7271 旅行社服务）	
开放措施	允许在试验区内注册的符合条件的中外合资旅行社，从事除台湾地区以外的出境旅游业务。
11. 人才中介服务（国民经济行业分类：L 租赁和商务服务业——7262 职业中介服务）	
开放措施	（1）允许设立中外合资人才中介机构，外方合资者可以拥有不超过 70% 的股权；允许港澳服务提供者设立独资人才中介机构。 （2）外资人才中介机构最低注册资本金要求由 30 万美元降低至 12.5 万美元。
12. 投资管理（国民经济行业分类：L 租赁和商务服务业——7211 企业总部管理）	
开放措施	允许设立股份制外资投资性公司。
13. 工程设计（国民经济行业分类：M 科学研究与技术服务企业——7482 工程勘察设计）	
开放措施	对试验区内为上海市提供服务的外资工程设计（不包括工程勘察）企业，取消首次申请资质时对投资者的工程设计业绩要求。
14. 建筑服务（国民经济行业分类：E 建筑业——47 房屋建筑业，48 土木工程建筑业，49 建筑安装业，50 建筑装饰和其他建筑业）	
开放措施	对试验区内的外商独资建筑企业承揽上海市的中外联合建设项目时，不受建设项目的中外方投资比例限制。

五、文化服务领域

15. 演出经纪（国民经济行业分类：R 文化、体育和娱乐业——8941 文化娱乐经纪人）	
开放措施	取消外资演出经纪机构的股比限制，允许设立外商独资演出经纪机构，为上海市提供服务。
16. 娱乐场所（国民经济行业分类：R 文化、体育和娱乐业——8911 歌舞厅娱乐活动）	
开放措施	允许设立外商独资的娱乐场所，在试验区内提供服务。

六、社会服务领域

17. 教育培训、职业技能培训（国民经济行业分类：P教育——8291职业技能培训）	
开放措施	（1）允许举办中外合作经营性教育培训机构。 （2）允许举办中外合作经营性职业技能培训机构。
18. 医疗服务（国民经济行业分类：Q卫生和社会工作——8311综合医院，8315专科医院，8330门诊部〔所〕）	
开放措施	允许设立外商独资医疗机构。

注：以上各项开放措施只适用于注册在中国（上海）自由贸易试验区内的企业。

关于加强对外投资合作在外人员分类管理工作的通知

（商合函〔2013〕874号　2013年10月15日）

各省、自治区、直辖市及新疆生产建设兵团商务主管部门，对外承包工程商会，各驻外经商机构，各中央企业：

《对外劳务合作管理条例》自2012年8月1日实施以来，各地商务主管部门、行业组织、各驻外经商机构认真组织贯彻落实，取得良好成效。随着“走出去”战略的加快实施，我对外投资、承包工程、劳务合作等各类对外投资合作在外人员日益增多，为依法保障他们的合法权益，促进对外投资合作健康发展，根据《对外劳务合作管理条例》、《对外承包工程管理条例》和对外投资合作相关管理规定，现将加强对外投资合作在外人员分类管理的有关事宜通知如下：

一、对外投资合作企业是指在中华人民共和国境内依法设立的开展境外投资、对外承包工程和对外劳务合作等对外投资合作业务的企业。

二、对外投资合作企业的派出人员统称对外投资合作在外人员，包括劳务人员、对外承包工程外派人员和对外投资外派人员。

三、劳务人员是指根据《对外劳务合作管理条例》由对外劳务合作企业组织赴其他国家或者地区为国外的企业或者机构（以下称国外雇主）工作的人员。

（一）对外劳务合作企业必须直接或通过经县级以上人民政府批准的对外劳务合作服务平台（以下称服务平台）招收劳务人员，并与其签订符合规定的合同，不得允许其他任何单位和个人“借牌经营”以及委托其他任何单位和个人招收劳务人员。

（二）国外雇主不得直接在中国境内招收劳务人员，必须由对外劳务合作企业向其派遣。任何不具备对外劳务合作经营资格的企业、单位或个人不得组织劳务人员为国外雇主工作。

（三）国外雇主包括在国外依法注册的中资企业或机构。对外投资企业和对外承包工程企业在境外设立的企业作为国外雇主与对外劳务合作企业签订《劳务合作合同》，由对外劳务合作企业向其派出劳务人员，属对外劳务合作，人员招收和境外管理由对外劳务合作企业负责，对外投资企业和对外承包工程企业应按照对外投资合作有关规定要求其境外企业承担相应的雇主责任。

（四）对外劳务合作企业应当核实国外雇主的合法性和项目的真实性，不得组织劳务人员为国外自然人雇主或未经所在国政府批准可以引进外籍劳务的国外法人雇主工作。

（五）公民个人自行取得出境手续在境外工作，不在《对外劳务合作管理条例》管辖范围内。通过商务、旅游、留学等签证出境的公民只能在当地从事与签证相符的活动。任何单位和个人通过办理上述签证变相组织人员出境工作属非法外派劳务行为。

四、对外承包工程外派人员是指对外承包工程企业向其在境外承揽的工程项目派遣的人员。

（一）对外承包工程企业可以向其在境外承揽的工程项目派遣所需人员，但必须已经与所派人员签订《劳动合同》。

（二）对外承包工程企业可通过对外劳务合作企业或服务平台招聘并外派人员，但必须与外派人员签订与项目工期相当的《劳动合同》，相关社会保险可按项目所在地的法律法规执行。外派人员的管理均由对外承包工程企业负责。

（三）对外承包工程企业不得通过未取得对外劳务合作经营资格的中介机构招用外派人员。

（四）对外承包工程企业可作为总包单位将部分境外承包工程项目分包，但不得将外派人员单独分包。分包单位为外派人员办理外派手续，应当具备对外承包工程或对外劳务合作经营资格，否则应由总包单位为外派人员办理外派手续。

五、对外投资外派人员是指对外投资企业向其境外企业派出的人员。

（一）对外投资企业可向其境外企业派出已经与其签订《劳动合同》的自有员工，并为外派员工办理符合派驻地法律规定的工作手续。

（二）对外投资企业直接为其境外投资项目招收和外派人员，必须取得对外承包工程或对外劳务合作经营资格。

（三）对外投资企业的境外企业可作为国外项目业主，与对外承包工程企业合作，由对外承包工程企业承揽其工程项目，并外派项目所需人员。

六、对外投资合作企业在开展对外承包工程和对外投资时，应积极推进员工“属地化”，尽可能多雇佣当地员工，为当地创造就业机会，促进可持续发展。

七、对外投资合作企业从国内派出人员时，应按驻在国政府有关规定取得用工指标；在外人员必须取得工作许可，禁止持旅游、商务签证在外工作；人员数量应符合当地用工比例规定。

八、对外投资合作企业应当遵守国内外有关劳动用工的法律规定，落实外派人员的劳动关系。要按规定组织外派人员培训和行前教育，明确告知外派人员的权利义务以及遇到问题时的投诉渠道。对外承包工程商会要认真组织编写对外投资合作在外人员培训教材，突出案例教育和安全教育，增强实用性。

九、对外投资合作企业或其境外企业应当及时向我有关驻外经商机构书面报备在外人员情况。

十、违反对外投资合作在外人员管理规定的，将按照《对外劳务合作管理条例》、《对外承包工程管理条例》和对外投资合作相关管理规定给予相应处罚。

财政部发布第五次中英经济财金对话政策成果

（2013 年 10 月 17 日）

中国国务院副总理马凯和英国财政大臣奥斯本于 2013 年 10 月 15 日在中国北京共同主持了第五次中英经济财金对话。双方承诺通过加强宏观经济政策协调，深化在贸易和投资、金融部门监管与发展等领域的合作，推进面向未来、互利共赢和增长导向的中英经济财金关系，支持全球经济复苏。双方在对话中达成以下政策成果：

一、宏观经济形势与政策及国际经济政策协调

1. 一些发达经济体经济增长有所起色，新兴经济体继续保持增长，尽管其中一些国家步伐放缓。全球经济仍然面临严峻挑战，要求各国采取积极行动和更密切的经济政策协调，以促进增长和增加就业。双方认识到最近几年宽松货币政策对全球经济的支持作用，并欢迎二十国集团（G20）圣彼得堡峰会领导人宣言关于对延长宽松货币政策实施期限带来的风险和意想不到的负面外溢效应保持警惕的承诺。各国央行在 G20 承诺在未来改变货币政策时继续谨慎实施并同各方清晰沟通，双方同意在 G20 加强合作以确保实施支持国内增长的有关政策也能支持全球增长和金融稳定并管控对其他国家的外溢效应。面对金融波动加剧，新兴国家同意采取必要措施以巩固经济基本面、增强抗外部冲击能力以及加强金融体系。双方还同意，需要通过恢复发达国家的财政可持续性、实施有雄心和目标明确的结构性改革，为实现长期的强劲、可持续和平衡增长打下坚实的基础。

2. 双方支持 G20 作为国际经济合作的主要论坛，重申 9 月圣彼得堡峰会所作的承诺，同意全面落实圣彼得堡峰会行动计划提出的新措施，以确保强劲、可持续和平衡增长。我们决定建设开放型经济，支持加强多边贸易体制，推动全球价值链发展，反对各种形式的保护主义，包括履行 G20 作出的将不采取新贸易保护主义措施期限延长至 2016 年的承诺，以及保持市场开放。双方还同意采取措施应对跨境逃税和避税，包括以税收透明度和情报交换全球论坛和国际联合反避税信息中心为平台，推进双方在税收透明度和税收情报交换方面的合作。我们承诺尽早实现税收情报的自动交换，并根据 G20 圣彼得堡峰会领导人宣言应对税基侵蚀和利润转移问题。英方期待中国主办随后的 G20 峰会。

3. 中国政府将以提高经济增长质量和效益为中心，坚持稳中求进的工作总基调，加强和改善宏观调控，保持宏观经济政策的连续性和稳定性，增强预见性和有效性，积极扩大国内需求，加大经济结构战略性调整力度，进一步强化创新驱动，着力保障和改善民生，进一步深化改革开放，增强经济发

展的内生活力和动力，实现经济持续健康发展和社会和谐稳定。

4. 近期英国经济状况令人鼓舞，呈现平衡、全面和可持续复苏的初步迹象。2013 年第二季度英国 GDP 增长 0.7%，2010 至 2012 年阻碍英国经济复苏的因素逐渐减少。英国政府已采取以下果断行动：实施积极的货币政策和宽松的信贷政策，以刺激需求、保持物价稳定，并为经济活动提供信贷支持；削减赤字，使公共财政恢复到可持续水平，并确保财政信用支撑较低的长期利率；改革金融体系、完善金融监管框架，以降低纳税人风险并提高金融体系的韧性；实施全面的、包括雄心勃勃的住房改革方案和基础设施投资项目在内的一揽子结构改革计划，以平衡和巩固未来英国经济。

5. 双方将继续按照各自国情，通过 G20 加强宏观经济政策协调，促进两国经济强劲、可持续和平衡增长。中国人民银行将继续实施稳健的货币政策，保持政策的稳定性和连续性，增强宏观调控的针对性和预见性，为经济平稳发展和经济结构调整与转型升级创造稳定的货币条件。英格兰银行将在短期采取措施推动经济复苏时，制定并沟通相关货币政策措施，实现中长期的经济可持续增长和物价稳定。

6. 双方强调尽其所能实现千年发展目标的有关承诺。双方同意就联合国 2015 年后发展议程和目标保持紧密沟通，确保将实现消除贫困作为核心目标。

7. 双方支持 G20 在促进长期投资的融资方面所做的重要工作，包括通过私营部门融资和资本市场，并推动多边开发银行继续探索新的工作方式以优化现有资源和增强借款能力。双方倡导多边开发银行在不损害其财务稳健性的情况下提高其财务杠杆，增强其贷款能力，运用所有贷款和知识工具，支持受援国优先领域，以扩大全球总需求、促进全球经济复苏与增长。

二、贸易和投资关系

8. 双方继续致力于进一步促进和便利双边贸易和投资，努力实现两国双边贸易额在 2015 年达到 1 000亿美元的目标。英方同意促进和便利对华民用最终用户和民用最终用途高技术贸易。双方同意，在 2014 年夏季以前举行第 11 次中英经贸联委会。

9. 英方重申支持欧盟尽早给予中国完全市场经济地位，并将继续发挥建设性作用。

10. 英国是欧盟内最大的对华直接投资国之一，双方应继续加强投资领域的合作，促进双向投资。

11. 英国作为世界上贸易和投资最开放的经济体之一，致力于继续遵循公平和非歧视的投资政策，有效保护外国投资者的利益，实施适当、稳定的监管框架。

12. 中英双方高兴地看到，中方最新统计数据显示，去年中国对英投资同比增长 95%，2012 年英国成为接受中国投资最多的欧洲国家。中方鼓励和支持有条件的企业赴英开展投资合作，愿与英方一道为中国赴英投资企业提供指导和服务，包括由相关研究机构在 2014 年发布《赴英投资指南》。双方认为，中国企业成功赴英投资，有利于中国企业在其他发达经济体市场扩展业务，并将积极为企业投资创造良好的外部环境。

13. 基础设施合作：（1）英方确认在华存在一系列利商签证服务，为希望在英工作的人提供申请便利；（2）英方将在欧盟法律框架范围内对中方参与投资建设的项目提供进口设备和材料方面便利；（3）英方同意中方参与投资建设的项目享受适用的税收优惠政策。

14. 曼彻斯特机场城项目：（1）英方确认在华存在一系列利商签证服务，为希望在英工作的人提供申请便利；（2）该项目将进行国际采购，英方同意在欧盟法律框架范围内为该项目材料、设备入关、清关方面提供便利；（3）根据项目需要，北京建工将在英国专门成立公司、办事机构，希望英方能够就此提供支持和便利；（4）项目完工后，英方同意未来入驻项目园区的中资企业享受适用的税收优惠政策。

15. 双方一致认为，英方在公私合作伙伴关系领域的经验，为吸引更高水平私人资本进入中国公共项目建设提供了有益借鉴。双方欢迎英方相关部门与中国国家发展和改革委员会、财政部等相关部门正进行的技术合作。

16. 双方重申在包括能源、交通和可持续城市发展等领域的基础设施伙伴关系十分重要，并愿继续致力于该承诺。双方同意鼓励两国企业继续合作建设长期伙伴关系，并在英国、中国和第三方国家开展合作。英方对近期中国企业的重大投资以及对投资英国市场日益增长的兴趣表示欢迎。

17. 双方对在《中国商务部和英国商业、创新和技能部关于可持续城市合作倡议谅解备忘录》框架下两国在可持续城市合作领域取得的积极进展表示满意，建议在武汉、重庆、长沙、杭州四个可持续城市合作试点城市中选择1—3个国家级开发区，展示英国节能环保领域的先进产品、技术和理念，并通过生态园区合作带动英国的节能环保产品和技术对华出口。同时双方可考虑总结合作中的经验，稳步推进合作，并逐步向其他城市推广，进一步扩大在低碳、节能环保等领域的合作。

18. 双方欢迎签署新的《中华人民共和国与大不列颠及北爱尔兰联合王国政府对所得和财产收益避免双重征税和防止偷漏税的协定》和议定书，这将进一步鼓励贸易和投资流动。双方期待该协定和议定书于2014年1月1日生效。

19. 双方将在中英气候变化合作谅解备忘录和低碳合作谅解备忘录框架下，继续落实双方已开展和已有共识的项目，探讨开展更多合作的机会，不断加强气候变化双边政策对话与务实合作。英方将着意于继续对双边合作项目提供稳定的资金支持。双方重申气候变化资金对发展中国家应对气候变化的重要性。英方正在加大气候资金支持力度，为实现发达国家到2020年每年出资1000亿美元的目标承担相应份额。中英双方支持绿色气候基金的快速启动，英方已做好准备，在绿色气候基金有效运转时即对其注资。双方欢迎英国政府支持中国采取积极政策措施减缓和适应气候变化的双边低碳合作项目。特别是，中英继续坚定承诺开发碳捕集和封存技术，近期英国宣布支持亚洲开发银行在该领域开展工作，在此基础上，双方同意进行政策、示范项目和商业合作方面的战略性交流。

20. 双方认为，绿色、循环、低碳发展是新型经济增长的驱动力之一。就此而言，双方认为，中国快速城镇化形成了特殊的挑战，双方同意在双边以及中欧城镇化伙伴关系合作框架下，就可持续城镇化方面深化务实合作。双方认为，公共部门以及私营和金融部门的融资在推动向更加绿色低碳的经济转变上应发挥重要作用，公共部门以及私营和金融部门在碳市场、绿色融资、标准和监管等领域开展合作非常重要。

21. 英国公平贸易办公室和中国国家发展和改革委员会将进一步深化在竞争政策和执法领域的合作及经验交流。

22. 双方同意鼓励两国企业开展更加开放、更加深入的合作，加强商业模式创新，推动两国产业共同发展。双方均有兴趣，通过在一些展现创新活力、存在巨大增长潜力的行业开展务实合作，如新一代信息技术、集成电路技术、生物技术、先进材料、光伏产业和其他清洁能源产业（包括电动汽车）、高技术服务业等，推动创新商业模式在两国的实际应用。双方相信，进一步沟通与对话将增进互信与合作，并同意鼓励双方企业、行业组织、研发机构等建立长期战略合作关系。

23. 双方将继续深化在水资源管理、防灾减灾、应对气候变化给水资源管理带来的挑战等领域的合作，包括全球发展合作，扩大对话交流，加强研究和科技合作。

24. 中国国家卫生和计划生育委员会与英国卫生部和国际发展部愿扩大对话交流，继续加强在医药卫生体制改革、全球卫生领域的合作。英国药物和保健产品管理局将加强与中国国家食品药品监督管理总局和中国医药保健品进出口商会在法规和药品生产质量管理规范合规方面的合作，促进中英医药合作的良性发展。

25. 中国国家中医药管理局与英国卫生部、药品和保健产品管理局在已有工作经验基础上，继续开展交流与合作，促进中医药在两国的合理应用和科学发展。

26. 自2006年起，中英海关全面参与中欧安全智能贸易航线试点项目，改善了中国和欧盟成员国一系列港口的安全环境，促进了双边贸易便利化。在完成该项目第一阶段、第二阶段合作后，双方期待就更有意义的第三阶段合作达成共识。第三阶段合作是一个重要步骤，将推进试点项目进一步改善供应链安全与贸易便利化。同时，双方在情报交换、案件协查以及打击香烟走私等执法合作方面取得了显著成果。双方愿加强合作，继续就商品报关数据和有害物质非法贩运进行信息交换，以保护生态环境，营造健康有序的贸易秩序。双方同意通过中欧海关知识产权行动计划和适当的临时性双边安排，加强知识产权海关保护执法信息交换。

27. 双方同意根据现行刑事执法法规进一步合作，保护知识产权，改善信息共享，并以联合执法行动打击知识产权犯罪为目标。英方认识到，中方在知识产权执法方面的努力为 2012 年伦敦奥运会和残奥会的成功举行做出了贡献。

28. 双方承诺在知识产权保护和执法方面公平对待国内外企业。双方同意根据现有双边协定，共同致力于通过实施修改后的中国商标法，减少商标恶意抢注，并改善此类案件中的商标异议、注销和评审程序。

29. 双方同意加强中英跨境电子商务监管工作交流，推进双方监管部门工作配合，推动中方优质企业进一步开展跨境电子商务活动，推进中方优质产品和服务的跨境网络销售，有效打击跨境电子商务欺诈行为，建立维护好良好跨境电子商务经营秩序。

30. 双方重申 2011 年中英科技与创新联委会关于共同加强高水平研究和创新合作的承诺。双方注意到两国研究合作的不断拓展，英国研究理事会和中方合作伙伴投入双边研究合作的资金已累计超过 4 700万英镑。双方欢迎英国已经成为中国在联合发表论文领域全球第二大合作伙伴。双方同意深化合作，强调将用于可持续制造业合作研发的 300 万英镑联合基金（由中国科学技术部、英国技术战略委员会和英国研究理事会出资）是资助合作创新的一个重要的新模式，双方并将以该模式继续开展合作。双方将建立专家组，共同研究如何加强双方的创新合作，增强各自的创新体系，探讨开放和商业驱动的创新体系将如何推动经济发展。双方同意，该专家组的工作内容还可包括探讨金融模式与科研的结合，加强技术商业化进程，提升两国科技创新合作水平。

31. 双方认为中国（上海）自由贸易试验区为双方进一步合作提供了契机。双方同意将支持上海自贸试验区的政策和商业发展作为双方一系列广泛合作项目的一部分，这反映了中英双方都致力于自由贸易，双方相信英国专业和商业公司的全球经营经验将为双方在上海自贸试验区的合作做出贡献。中英双方同意举办一次研讨会，探讨如何促进双方在上海自由贸易试验区的自由贸易和服务业发展方面的合作，并为英方的参与寻求机会。

32. 双方表示愿意通过投资、技术和专业知识运用和民用核能项目建设，加强在两国各自国内市场和第三国市场的合作，并欢迎两国签署一项新的《中英关于加强民用核能领域合作的备忘录》。

33. 双方认识到，能源结构多样化有利于能源安全和解决包括大气污染在内的环境污染。双方欢迎日前在环境友好型页岩气开发领域开展的商业和政策合作，希望这将促进页岩气产量的迅速增加。双方同意深化在中英海上风电开发和商业化方面的合作，欢迎双方于今年早些时候签署的有关谅解备忘录。

34. 双方认为，英国外交部与中国国务院发展研究中心主管的中国城乡发展国际交流协会为了中英双方生产者和消费者的共同利益而合作开展的地理标志研究是有价值的工作。

35. 双方欢迎对方航空公司开设新航线和增加航班服务的申请，并将在互利基础上提供协助和支持。双方欢迎中国南方航空公司开设广州—希思罗机场航线和英国航空公司开设成都—希思罗机场航线，同意鼓励两国航空主管部门会晤并探索推动在中英两国间建立更多的航班服务。

36. 双方同意，全球贸易需要在港口、海运及相关海上服务等领域建立允许公平竞争的开放市场，并取消与贸易相关的不必要行政和法律障碍。双方承诺在《中国和欧盟以及成员国政府海运协定》和《中英海运协定》框架下继续对话，消除现有障碍，在反海盗、创新燃料、环保性能、危险品运输等双边互利领域开展合作。英方欢迎当前进入英国港口的大型集装箱运输船运输能力的增长，这支持了中英贸易的继续增长，并提高了中国主要港口的货运能力。

37. 双方欢迎英方与中国国家发展和改革委员会之间开展的经济增长与合作部长级交流，围绕宏观经济政策及中长期经济增长战略加强交流和沟通。双方已进行了两次交流，将在该交流机制框架下，继续支持双方开展优势互补、互利共赢的政策交流及务实合作。双方同意交流的总目标是：在中英具有互补性的经济领域发展强劲、互利的政策合作；支持中国经济发展，以及中英两国经济的繁荣；作为双边合作的成果，增加中英两国贸易和投资双向流动，并创造更多就业。

38. 双方认识到在健康与社会保健行业的一些重点领域，如初级保健、老年护理、制药政策、医院融资和支付、公私合作伙伴关系和信息技术集成等领域进行合作是有益的。

39. 双方重申将秉持透明、包容和多边主义的原则，反对贸易保护主义，支持多边贸易体制。双方将致力于在世界贸易组织第九届部长级会议上达成早期收获一揽子协议，并将积极推进多哈回合其他议题的谈判，最终成功完成多哈回合谈判。

三、金融监管、发展与合作

40. 中英双方承诺加强在金融监管改革方面的沟通和交流，及时通报各自金融监管改革的最新重大进展和政策措施。英格兰银行将继续与中国人民银行分享完善金融宏观调控和强化宏观审慎政策框架的新理论和新经验。双方愿通过在金融稳定理事会（FSB）等国际标准制定机构框架下的交流与合作，进一步完善和落实宏观审慎管理、系统重要性金融机构的监管和风险处置等监管政策框架。双方同意保持金融监管改革领域的定期对话与合作。英格兰银行将继续与中国人民银行分享关于宏观审慎政策执行与微观审慎监管的最佳做法建议。

41. 双方欢迎英国英格兰银行、英国金融行为监管局、英国审慎监管局与中国人民银行、中国银监会、中国证监会、中国保监会和中国国家外汇管理局之间日益增长的监管合作关系。双方同意扩大两国金融监管部门之间的年度对话以支持双方日益发展的金融市场联系，促进金融市场的发展与稳定。英国审慎监管局与中国人民银行、中国银监会期待在银行恢复与处置方面进一步合作，并巩固双方现有的在压力测试、流动性监管和跨境监管领域的合作。

42. 中国人民银行和英格兰银行对双方业已建立的良好工作关系表示满意，尤其是双方最近签署了人民币与英镑双边本币互换协议。互换协议有利于促进两国双边贸易，支持中国国内和伦敦人民币离岸市场的金融稳定。这一协议是中国与七国集团（G7）国家签署的第一个此类协议，双方对此表示欢迎，认为这是为巩固伦敦作为最重要的全球人民币交易中心之一的地位迈出的重要一步。

43. 双方同意加强两国保险监管机构在监管改革方面的沟通和交流，并就保险业审慎监管和其他共同感兴趣的议题展开进一步合作。

44. 双方将继续在多边论坛中强化国际金融部门改革合作。两国将采取措施提高标准，并一致地实施最新的全球监管标准，以确保公平竞争。特别是，双方承诺：

（1）通过建立更具抗风险能力的金融机构、在防止“大而不倒”方面取得显著进展、增加透明度和市场完整性、弥补监管漏洞、应对影子银行带来的风险等措施，以应对系统性风险；

（2）通过增加衍生品市场安全性、加强市场基础设施建设、改革评级机构，促进维护金融市场功能；

（3）通过在各自国内继续采取必要的行动，以一致和非歧视的方式充分落实已达成的改革共识，加强合作与信息共享，以充分实现开放、统一和具有抗风险能力的全球金融体系的益处。

45. 中英两国欢迎落实 G20 关于集中清算标准化场外衍生品（OTC）以减少系统性风险、提高透明度和防范市场滥用的承诺以及相关的国际监管框架和标准。中英两国支持建立等效安排，以相互评价对 OTC 市场的参与者和基础设施的监管是否实现类似的监管目标，是否与 FSB 和 G20 对等效进展的规定相一致，并相应地给予替代合规待遇。

46. 中英双方同意就审计公共监管双边合作协议进行磋商，并与欧盟讨论在其审计指令下，是否有必要优先开展胜任性评估。

47. 英国监管机构同意考虑仅从事批发业务的中资银行在英国开设分行的申请，这将提高中资银行的资本和流动性效率，以便更好地服务于中英双边经贸往来。

欧盟委员会将依据巴塞尔协议 III 中流动性覆盖率（LCR）文本内容，出台指令性法规以实施 LCR 要求。英方认可中国政府债券将很有可能被计入 1 级或 2a 级流动性资产，并争取欧盟委员会同意在草拟该指令性法规时考虑此项因素，如该指令性法规确认中国政府债券属于流动性资产，英方将支持这一决定。

48. 双方注意到中英两国最高审计机关业已建立非常积极的工作关系，特别是通过双方在联合国审计委员会和世界审计组织的工作，并鼓励他们在未来继续发展这一关系。

49. 在 2011 年 9 月举行的第四次中英经济财金对话上，双方支持发展伦敦离岸人民币市场。双方对此后伦敦离岸人民币市场快速增长表示欢迎。环球同业银行金融电讯协会的数据显示，伦敦已成为大中华区之外世界上最有活力的离岸人民币中心。双方同意支持和促进私人部门的主导作用，以及伦敦金融城的离岸人民币业务倡导者与中国人民银行建立合作联系。中方认可伦敦为增加人民币的国际使用发挥的重要作用。双方同意继续合作支持伦敦的离岸人民币市场发展。双方欢迎英国财政部与香港金融管理局之间建立的强有力伙伴关系。

50. 双方同意英格兰银行、中国人民银行、私营部门开展合作，通过伦敦其他合适的结算和清算安排等，支持伦敦离岸市场拥有持续获得足够流动性的途径。双方注意到中国人民银行和英格兰银行之间双边本币互换安排也将提供紧急情况下的流动性支持。

51. 英方欢迎分配给英国人民币合格境外机构投资者（RQFII）额度，期望 2013 年底前英国机构的申请获批。中国监管当局同意给予英方 800 亿元 RQFII 的初始额度。扩大 RQFII 额度将深化中国金融市场，增强人民币在离岸市场的活力。中方同意进一步拓宽人民币资本流入和流出渠道，包括在中国境内的人民币沉淀资金、海外直接投资，扩大合格境内机构投资者的额度，以支持离岸市场的流动性。双方欢迎在伦敦建立以人民币计价的投资产品和商品交易。

52. 中国建设银行于 2012 年 12 月发行人民币债券具有里程碑意义，双方对此表示欢迎。双方支持更多中资机构以及其他国际性公司在英发行人民币债券，双方支持将伦敦发展成一个人民币离岸债券发行中心。

53. 双方同意支持发展人民币跨境支付系统（CIPS），并为外资银行接入该系统制定公平的资格标准。双方一致同意寻求安全可靠的支付系统，降低离岸人民币市场结算风险。

54. 英方欢迎中国证监会于 2012 年 10 月做出的允许外国公司在中国证券公司中的所占股权由不超过 33% 提升至 49% 的决定。中方将对提高外资股比后实施效果进行评估，根据评估结果并结合实际需求，研究进一步对外开放的可行性。

55. 双方注意到机构投资者在中国金融市场上的重要性日益增强，同意共同努力寻求机会以促进扩大跨境基金管理活动。中英监管部门将开展紧密和开放的合作，分享最佳实践经验，促进更多相互理解，探讨完善审批和认可的途径。双方认识到，中国资产管理人的专业知识以及英国的基金聚集地和投资管理中心地位，可以帮助中国公司寻求在欧洲建立欧盟可转让证券集合投资计划（UCITS）和其他基金计划。中方欢迎英方开发“一站式服务”，支持中国资产管理人在英国开展业务或寻找合作伙伴。

56. 双方重申支持中国公司在伦敦证券交易所上市，并支持伦敦证券交易所与上海证券交易所和深圳证券交易所之间的合作。中方欢迎符合条件的外国保险公司与中国的银行依照有关法规申请建立银保合作。

57. 英方欢迎中国金融机构向英国独立监管部门申请在英开展业务，中方支持合格的英国金融机构扩大在华业务，特别是：

（1）双方一致认为，英国金融机构将有助于拓展和深化中国资本市场。中国银行间市场交易商协会（NAFMII）同意积极考虑包括英资银行在内的外资银行在华承销债券的申请。

（2）双方欢迎中方于2013年向汇丰银行发放黄金进口许可。中方将在现有规定的基础上继续对符合相关资格条件的包括英国金融机构在内的外资金融机构扩大开放力度。

（3）双方欢迎汇丰银行和渣打银行获得在中国境内分销共同基金产品的许可。

（4）双方欢迎上海浦东发展银行于今年10月在伦敦设立代表处。

58. 双方欢迎在上海的中国外汇交易中心以及伦敦离岸市场实现人民币兑英镑直接交易。

59. 双方同意继续并扩大在金融部门改革和发展领域的良好技术合作和联合研究，特别是：

（1）资产管理战略；

（2）保险和再保险；

（3）人民币跨境使用；

（4）金融业增值税改革；

（5）小企业金融和绿色信贷；

（6）外汇市场发展；

（7）基础设施投融资机制；

（8）建立金融消费纠纷非诉解决机制；

（9）债券市场发展；

此外，双方还对在绿色采购领域开展合作项目表示欢迎。

（来源：中国政府网）

关于中国（上海）自由贸易试验区内企业以非货币性资产对外投资等资产重组行为有关企业所得税政策问题的通知

（财税〔2013〕91 号　2013 年 11 月 15 日）

各省、自治区、直辖市、计划单列市财政厅（局）、国家税务局、地方税务局，新疆生产建设兵团财务局：

根据《国务院关于印发中国（上海）自由贸易试验区总体方案的通知》（国发〔2013〕38 号）有关规定，现就中国（上海）自由贸易试验区（简称试验区）非货币性资产投资资产评估增值企业所得税政策通知如下：

一、注册在试验区内的企业，因非货币性资产对外投资等资产重组行为产生资产评估增值，据此确认的非货币性资产转让所得，可在不超过 5 年期限内，分期均匀计入相应年度的应纳税所得额，按规定计算缴纳企业所得税。

二、企业以非货币性资产对外投资，应于投资协议生效且完成资产实际交割并办理股权登记手续时，确认非货币性资产转让收入的实现。

企业以非货币性资产对外投资，应对非货币性资产进行评估并按评估后的公允价值扣除计税基础后的余额，计算确认非货币性资产转让所得。

三、企业以非货币性资产对外投资，其取得股权的计税基础应以非货币性资产的原计税基础为基础，加上每年计入的非货币性资产转让所得，逐年进行调整。被投资企业取得非货币性资产的计税基础，可以非货币性资产的公允价值确定。

四、企业在对外投资 5 年内转让上述股权或投资收回的，应停止执行递延纳税政策，并将递延期内尚未计入的非货币性资产转让所得，在转让股权或投资收回当年的企业所得税年度汇算清缴时，一次性计算缴纳企业所得税；企业在计算股权转让所得时，可按本通知第三条第一款规定将股权的计税基础一次调整到位。

企业在对外投资 5 年内注销的，应停止执行递延纳税政策，并将递延期内尚未计入的非货币性资产转让所得，在歇业当年的企业所得税年度汇算清缴时，一次性计算缴纳企业所得税。

五、企业应于投资协议生效且完成资产实际交割并办理股权登记手续 30 日内，持相关资料向主管税务机关办理递延纳税备案登记手续。

主管税务机关应对报送资料进行审核，在规定时间内将备案登记结果回复企业。

六、企业应在确认收入实现的当年，以项目为单位，做好相应台账，准确记录应予确认的非货币性资产转让所得，并在相应年度的企业所得税汇算清缴时对当年计入额及分年结转额的情况做出说明。

主管税务机关应在备案登记结果回复企业的同时，将相关信息纳入系统管理，并及时做好企业申报信息与备案信息的比对工作。

七、主管税务机关在组织开展企业所得税汇算清缴后续管理工作时，应将企业递延纳税的执行情况纳入后续管理体系，并视风险高低情况，适时纳入纳税服务提醒平台或风险监控平台进行管理。

八、本通知所称注册在试验区内的企业，是指在试验区注册并在区内经营，实行查账征收的居民企业。

本通知所称非货币性资产对外投资等资产重组行为，是指以非货币性资产出资设立或注入公司，限于以非货币性资产出资设立新公司和符合《财政部　国家税务总局关于企业重组业务企业所得税处理若干问题的通知》（财税〔2009〕59 号）第一条规定的股权收购、资产收购。

九、本通知自印发之日起执行。

财政部　国家税务总局

二〇一三年十一月十五日

关于发布政府核准的投资项目目录（2013 年本）的通知

（国发〔2013〕47 号　2013 年 12 月 2 日）

各省、自治区、直辖市人民政府，国务院各部委、各直属机构：

为进一步深化投资体制改革和行政审批制度改革，加大简政放权力度，切实转变政府投资管理职能，使市场在资源配置中起决定性作用，确立企业投资主体地位，更好发挥政府作用，加强和改进宏观调控，现发布《政府核准的投资项目目录（2013 年本）》，并就有关事项通知如下：

一、企业投资建设本目录内的固定资产投资项目，须按照规定报送有关项目核准机关核准。企业投资建设本目录外的项目，实行备案管理。事业单位、社会团体等投资建设的项目，按照本目录执行。

二、法律、行政法规和国家制定的发展规划、产业政策、总量控制目标、技术政策、准入标准、用地政策、环保政策、信贷政策等是企业开展项目前期工作的重要依据，是项目核准机关和国土资源、环境保护、城乡规划、行业管理等部门以及金融机构对项目进行审查的依据。

对于钢铁、电解铝、水泥、平板玻璃、船舶等产能严重过剩行业的项目，国务院有关部门和地方政府要按照国务院关于化解产能严重过剩矛盾指导意见的要求，严格控制新增产能。

三、项目核准机关要改进完善管理办法，提高工作效能，认真履行核准职责，严格按照规定权限、程序和时限等要求进行审查。有关部门要密切配合，按照职责分工，相应改进管理办法，依法加强对投资活动的监管。对不符合法律法规规定以及未按规定权限和程序核准或者备案的项目，有关部门不得办理相关手续，金融机构不得提供信贷支持。

四、按照规定由国务院核准的项目，由发展改革委审核后报国务院核准。核报国务院核准的项目、国务院投资主管部门核准的项目，事前必须征求国务院行业管理部门的意见。由地方政府核准的项目，省级政府可以根据本地实际情况具体划分地方各级政府的核准权限。由省级政府核准的项目，核准权限不得下放。

五、法律、行政法规和国家有专门规定的，按照有关规定执行。

六、本目录自发布之日起执行，《政府核准的投资项目目录（2004 年本）》即行废止。

国务院

二〇一三年十二月二日

政府核准的投资项目目录

（2013 年本）

一、农业水利

农业：涉及开荒的项目由省级政府核准。

水库：在跨界河流、跨省（区、市）河流上建设的项目由国务院投资主管部门核准，其余项目由地方政府核准。

其他水事工程：涉及跨界河流、跨省（区、市）水资源配置调整的项目由国务院投资主管部门核准，其余项目由地方政府核准。

二、能源

水电站：在主要河流上建设的项目由国务院投资主管部门核准，其余项目由地方政府核准。

抽水蓄能电站：由国务院行业管理部门核准。

火电站：分布式燃气发电项目由省级政府核准，其余项目由国务院投资主管部门核准。

热电站：燃煤背压热电项目由省级政府核准，其余燃煤热电项目由国务院投资主管部门核准；其余热电项目由地方政府核准。

风电站：由地方政府核准。

核电站：由国务院核准。

电网工程：跨境、跨省（区、市）±400 千伏及以上直流项目，跨境、跨省（区、市）500 千伏、750 千伏、1 000 千伏交流项目，由国务院投资主管部门核准；非跨境、跨省（区、市）±400 千伏及以上直流项目，非跨境、跨省（区、市）750 千伏、1 000 千伏交流项目，由国务院行业管理部门核准；其余项目由地方政府核准。

煤矿：国家规划矿区内新增年生产能力 120 万吨及以上煤炭开发项目由国务院行业管理部门核准，国家规划矿区内的其余煤炭开发项目由省级政府核准；其余一般煤炭开发项目由地方政府核准。国家规定禁止新建的煤与瓦斯突出、高瓦斯和中小型煤炭开发项目，不得核准。

煤制燃料：年产超过 20 亿立方米的煤制天然气项目，年产超过 100 万吨的煤制油项目由国务院投资主管部门核准。

原油：油田开发项目由具有石油开采权的企业自行决定，报国务院行业管理部门备案。

天然气：气田开发项目由具有天然气开采权的企业自行决定，报国务院行业管理部门备案。

液化石油气接收、存储设施（不含油气田、炼油厂的配套项目）：由省级政府核准。

进口液化天然气接收、储运设施：由国务院行业管理部门核准。

输油管网（不含油田集输管网）：跨境、跨省（区、市）干线管网项目由国务院投资主管部门核准，其余项目由省级政府核准。

输气管网（不含油气田集输管网）：跨境、跨省（区、市）干线管网项目由国务院投资主管部门核准，其余项目由省级政府核准。

炼油：新建炼油及扩建一次炼油项目由国务院投资主管部门核准。

变性燃料乙醇：由省级政府核准。

三、交通运输

新建（含增建）铁路：跨省（区、市）项目和国家铁路网中的干线项目由国务院投资主管部门核准，国家铁路网中的其余项目由中国铁路总公司自行决定并报国务院投资主管部门备案；其余地方铁路项目由省级政府按照国家批准的规划核准。

公路：国家高速公路网项目由国务院投资主管部门核准，国家高速公路网外的干线项目由省级政府核准；地方高速公路项目由省级政府按照国家批准的规划核准，其余项目由地方政府核准。

独立公路桥梁、隧道：跨境、跨重要海湾、跨大江大河（三级及以上通航段）的项目由国务院投资主管部门核准，其余项目由地方政府核准。

煤炭、矿石、油气专用泊位：在沿海（含长江南京及以下）新建港区和年吞吐能力1 000万吨及以上项目由国务院投资主管部门核准，其余项目由省级政府核准。

集装箱专用码头：在沿海（含长江南京及以下）建设的项目由国务院投资主管部门核准，其余项目由省级政府核准。

内河航运：千吨级及以上通航建筑物项目由国务院投资主管部门核准，其余项目由地方政府核准。

民航：新建机场项目由国务院核准，扩建军民合用机场项目由国务院投资主管部门会商军队有关部门核准。

四、信息产业

电信：国际通信基础设施项目由国务院投资主管部门核准；国内干线传输网（含广播电视网）以及其他涉及信息安全的电信基础设施项目，由国务院行业管理部门核准。

五、原材料

稀土、铁矿、有色矿山开发：已查明资源储量5 000万吨及以上规模的铁矿开发项目，由国务院投资主管部门核准；稀土矿山开发项目，由国务院行业管理部门核准；其余项目由省级政府核准。

钢铁：新增生产能力的炼铁、炼钢、热轧项目由国务院投资主管部门核准。

有色：新增生产能力的电解铝项目，新建氧化铝项目，由国务院投资主管部门核准。

石化：新建乙烯项目由国务院投资主管部门核准。

化工：年产超过50万吨的煤经甲醇制烯烃项目，年产超过100万吨的煤制甲醇项目，新建对二甲苯（PX）项目，由国务院投资主管部门核准；新建二苯基甲烷二异氰酸酯（MDI）项目由国务院行业管理部门核准。

化肥：钾矿肥、磷矿肥项目由省级政府核准。

水泥：由省级政府核准。

稀土：冶炼分离项目由国务院行业管理部门核准，稀土深加工项目由省级政府核准。

黄金：采选矿项目由省级政府核准。

六、机械制造

汽车：按照国务院批准的《汽车产业发展政策》执行。

船舶：新建10万吨级及以上造船设施（船台、船坞）项目由国务院投资主管部门核准。

七、轻工

烟草：卷烟、烟用二醋酸纤维素及丝束项目由国务院行业管理部门核准。

八、高新技术

民用航空航天：民用飞机（含直升机）制造、民用卫星制造、民用遥感卫星地面站建设项目，由国务院投资主管部门核准。

九、城建

城市快速轨道交通项目：由省级政府按照国家批准的规划核准。

城市供水：跨省（区、市）日调水50万吨及以上项目由国务院投资主管部门核准。

城市道路桥梁、隧道：跨重要海湾、跨大江大河（三级及以上通航段）的项目由国务院投资主管部门核准。

其他城建项目：由地方政府核准。

十、社会事业

主题公园：特大型项目由国务院核准，大型项目由国务院投资主管部门核准，中小型项目由省级政府核准。

旅游：国家级风景名胜区、国家自然保护区、全国重点文物保护单位区域内总投资5 000万元及以上旅游开发和资源保护项目，世界自然和文化遗产保护区内总投资3 000万元及以上项目，由省级政府核准。

其他社会事业项目：除国务院已明确改为备案管理的项目外，按照隶属关系由国务院行业管理部门、地方政府自行确定实行核准或者备案。

十一、金融

印钞、造币、钞票纸项目：由中国人民银行核准。

十二、外商投资

《外商投资产业指导目录》中有中方控股（含相对控股）要求的总投资（含增资）3亿美元及以上鼓励类项目，总投资（含增资）5 000万美元及以上限制类（不含房地产）项目，由国务院投资主管部门核准。《外商投资产业指导目录》限制类中的房地产项目和总投资（含增资）小于5 000万美元的其他限制类项目，由省级政府核准。《外商投资产业指导目录》中有中方控股（含相对控股）要求的总投资（含增资）小于3亿美元的鼓励类项目，由地方政府核准。

前款规定之外的属于本目录第一至十一条所列项目，按照本目录第一至十一条的规定核准。

外商投资企业的设立及变更事项，按现行有关规定由商务部和地方政府核准。

十三、境外投资

中方投资10亿美元及以上项目，涉及敏感国家和地区、敏感行业的项目，由国务院投资主管部门核准。

前款规定之外的中央管理企业投资项目和地方企业投资3亿美元及以上项目报国务院投资主管部门备案。

国内企业在境外投资开办企业（金融企业除外）事项，涉及敏感国家和地区、敏感行业的，由商务部核准；其他情形的，中央管理企业报商务部备案，地方企业报省级政府备案。

关于跨境人民币直接投资有关问题的公告

（商务部公告2013年第87号　2013年12月3日）

为推进跨境人民币直接投资便利化，完善监管措施，现就跨境人民币直接投资的有关问题公告如下：

一、本公告所称“跨境人民币直接投资”是指境外投资者（含港澳台投资者，下同）以合法获得的境外人民币来华开展新设企业、增资、参股或并购境内企业等外商直接投资活动。境外投资者依照国家现行外商投资法律、行政法规、规章和有关政策办理跨境人民币直接投资的有关手续。

二、跨境人民币直接投资及所投资外商投资企业的再投资应当符合外商投资法律法规及有关规定的要求，遵守国家外商投资产业政策、外资并购安全审查、反垄断审查的有关规定。

三、外商投资企业不得使用跨境人民币直接投资的资金在中国境内直接或间接投资于有价证券和金融衍生品（战略投资上市公司除外），以及用于委托贷款。

四、商务主管部门在跨境人民币直接投资批复中应写明“境外人民币出资”字样、人民币出资金额及本公告第三条要求，并将批复文件及时抄送同级人民银行、海关、税务、工商、外汇等部门。

五、境外投资者申请将原出资币种由外币变更为人民币的，无需办理合同或章程变更审批，可按照外商投资法律、行政法规和有关规定要求，到有关部门和银行办理登记、开立账户、资金汇兑等手续。

六、境外投资者以从中国境内所投资的外商投资企业获得但未汇出境外的人民币利润以及转股、减资、清算、先行回收投资所得人民币开展直接投资的，仍按照有关规定执行。

七、以上措施自2014年1月1日起实施。《商务部关于跨境人民币直接投资有关问题的通知》（商资函〔2011〕889号）和《商务部办公厅关于商务系统实施跨境人民币直接投资管理相关问题的通知》（商办资函〔2011〕1171号）自本公告实施之日起停止执行；此前商务部关于跨境人民币直接投资的规定与本公告不符的，以本公告为准。

关于支持境外经济贸易合作区建设发展有关问题的通知

（商合函〔2013〕1016号　2013年12月13日）

各省、自治区、直辖市、计划单列市及新疆生产建设兵团商务主管部门，各中央企业：

为进一步贯彻落实国务院关于推进境外经济贸易合作区（以下简称合作区）建设的有关精神和《国务院办公厅关于金融支持经济结构调整和转型升级的指导意见》（国办发〔2013〕67号），创新合作区的发展模式，支持国内企业“走出去”，更好地发挥金融对经济结构调整和转型升级的支持作用，商务部、国家开发银行将加强合作，支持合作区建设，现就有关问题通知如下：

一、商务部和国家开发银行共同建立合作区项目协调和信息共享等联合工作机制，为符合条件的合作区实施企业、入区企业提供投融资等方面的政策支持。具体措施包括：

（一）商务部对企业投资建设的合作区进行宏观指导，在国别和产业指引、资本投资便利化、境外投资保障等方面提供支持。

（二）国家开发银行根据国家对外发展战略的需要，支持国内产业集群“走出去”，为合作区建设提供投融资等服务。

（三）商务部和国家开发银行将支持或共同开展合作区布局和发展规划等研究工作。

（四）商务部与国家开发银行将建立有关合作区信息共享机制，加强信息交流，相互通报关于合作区确认考核、年度考核及投融资进展情况，引导企业有序赴合作区投资经营。

（五）根据合作区推动工作的需要，商务部、国家开发银行将不定期对合作区项目融资中存在的重要问题进行协调。

二、国家开发银行将依据商务部、财政部《境外经济贸易合作区确认考核和年度考核管理办法》（商合发〔2013〕210号）的要求，明确合作区优先融资的基本条件，针对合作区的特点和需求，对合作区提供融资服务。具体工作包括：

（一）国家开发银行将在市场化运作、有效防范风险的前提下，重点优先支持已通过确认考核的合作区项目；有选择地支持我与合作区东道国政府共同关注的在建合作区项目；积极跟踪规划中的其他合作区项目。

（二）在信用结构上，除依托境内股东信用提供贷款模式外，积极探讨依托境外金融机构信用、项目自身及其他资产抵质押、土地出让应收账款质押等模式，为合作区实施企业提供融资支持。

（三）通过与东道国有实力的金融机构合作，以转贷款、银团贷款等方式，为入园企业提供融资服务。

（四）国家开发银行及其下属的中非发展基金可通过投贷结合方式为非洲地区合作区提供投融资服务，并为入园企业提供非洲中小企业专项贷款服务。

三、商务部、国家开发银行共同加强合作区建设的指导，为合作区企业提供投资咨询和融资方案设计等服务工作，引导我国企业有序开展合作区建设工作。

国务院决定在中国（上海）自由贸易试验区内暂时调整有关行政法规和国务院文件规定的行政审批或者准入特别管理措施目录

（国发〔2013〕51号　2013年12月21日）

各省、自治区、直辖市人民政府，国务院各部委、各直属机构：

为加快政府职能转变，创新对外开放模式，进一步探索深化改革开放的经验，根据《全国人民代表大会常务委员会关于授权国务院在中国（上海）自由贸易试验区暂时调整有关法律规定的行政审批的决定》和《中国（上海）自由贸易试验区总体方案》的规定，国务院决定在中国（上海）自由贸易试验区内暂时调整下列行政法规和国务院文件规定的行政审批或者准入特别管理措施：

一、改革外商投资管理模式，对国家规定实施准入特别管理措施之外的外商投资，暂时调整《中华人民共和国外资企业法实施细则》、《中华人民共和国中外合资经营企业法实施条例》、《中华人民共和国中外合作经营企业法实施细则》、《指导外商投资方向规定》、《外国企业或者个人在中国境内设立合伙企业管理办法》、《中外合资经营企业合营期限暂行规定》、《中外合资经营企业合营各方出资的若干规定》、《〈中外合资经营企业合营各方出资的若干规定〉的补充规定》、《国务院关于投资体制改革的决定》、《国务院关于进一步做好利用外资工作的若干意见》规定的有关行政审批。

二、扩大服务业开放，暂时调整《中华人民共和国船舶登记条例》、《中华人民共和国国际海运条例》、《征信业管理条例》、《营业性演出管理条例》、《娱乐场所管理条例》、《中华人民共和国中外合作办学条例》、《外商投资电信企业管理规定》、《国务院办公厅转发文化部等部门关于开展电子游戏经营场所专项治理意见的通知》规定的有关行政审批以及有关资质要求、股比限制、经营范围限制等准入特别管理措施。

国务院有关部门、上海市人民政府要根据法律、行政法规和国务院文件调整情况，及时对本部门、本市制定的规章和规范性文件作相应调整，建立与试点要求相适应的管理制度。

根据《全国人民代表大会常务委员会关于授权国务院在中国（上海）自由贸易试验区暂时调整有关法律规定的行政审批的决定》和试验区改革开放措施的试验情况，本决定内容适时进行调整。

附件：国务院决定在中国（上海）自由贸易试验区内暂时调整有关行政法规和国务院文件规定的行政审批或者准入特别管理措施目录

国务院

二〇一三年十二月二十一日

附件：

国务院决定在中国（上海）自由贸易试验区内暂时调整有关行政法规和国务院文件规定的行政审批或者准入特别管理措施目录

序号	名称	行政法规、国务院文件规定	内容
1	外商投资项目核准（国务院规定对国内投资项目保留核准的除外）	1.《指导外商投资方向规定》 第十二条第一款的有关规定：根据现行审批权限，外商投资项目按照项目性质分别由发展计划部门和经贸部门审批、备案。 2.《外国企业或者个人在中国境内设立合伙合作企业管理办法》 第十三条：外国企业或者个人在中国境内设立合伙企业涉及须经政府核准的投资项目的，依照国家有关规定办理投资项目核准手续。 3.《国务院关于投资体制改革的决定》（国发〔2004〕20号） 第二部分第二项的有关规定：对于外商投资项目，政府还要从市场准入、资本项目管理等方面进行核准。 4.《国务院关于进一步做好利用外资工作的若干意见》（国发〔2010〕9号） 第四部分第十六项的有关规定：《外商投资产业指导目录》中总投资（包括增资）3亿美元以下的鼓励类、允许类项目，除《政府核准的投资项目目录》规定需由国务院有关部门核准之外，由地方政府有关部门核准。	在负面清单之外的领域，暂时停止实施该项行政审批，改为备案管理
2	外资企业设立审批	1.《中华人民共和国外资企业法实施细则》 第七条：设立外资企业的申请，由中华人民共和国对外贸易经济合作部（以下简称对外贸易经济合作部）审查批准后，发给批准证书。 设立外资企业的申请属于下列情形的，国务院授权省、自治区、直辖市和计划单列市、经济特区人民政府审查批准后，发给批准证书： （一）投资总额在国务院规定的投资审批权限以内的； （二）不需要国家调拨原材料，不影响能源、交通运输、外贸出口配额等全国综合平衡的。 省、自治区、直辖市和计划单列市、经济特区人民政府在国务院授权范围内批准设立外资企业，应当在批准后15天内报对外贸易经济合作部备案（对外贸易经济合作部和省、自治区、直辖市和计划单列市、经济特区人民政府，以下统称审批机关）。 第十六条：外资企业的章程经审批机关批准后生效，修改时同。 2.《指导外商投资方向规定》 第十二条第一款的有关规定：外商投资企业的合同、章程由外经贸部门审批、备案。其中，限制类限额以下的外商投资项目由省、自治区、直辖市及计划单列市人民政府的相应主管部门审批，同时报上级主管部门和行业主管部门备案，此类项目的审批权不得下放。属于服务贸易领域逐步开放的外商投资项目，按照国家有关规定审批。 3.《国务院关于进一步做好利用外资工作的若干意见》（国发〔2010〕9号） 第四部分第十六项的有关规定：服务业领域外商投资企业的设立（金融、电信服务除外）由地方政府按照有关规定进行审批。 4.《政府核准的投资项目目录（2013年本）》 第十二条第三款：外商投资企业的设立及变更事项，按现行有关规定由商务部和地方政府核准。	在负面清单之外的领域，暂时停止实施该项行政审批，改为备案管理

续表

序号	名称	行政法规、国务院文件规定	内容
3	外资企业分立、合并或者其他原因导致资本发生重大变动审批	《中华人民共和国外资企业法实施细则》 第十七条：外资企业的分立、合并或者由于其他原因导致资本发生重大变动，须经审批机关批准，并应当聘请中国的注册会计师验证和出具验资报告；经审批机关批准后，向工商行政管理机关办理变更登记手续。	在负面清单之外的领域，暂时停止实施该项行政审批，改为备案管理
4	外资企业注册资本减少、增加、转让审批	《中华人民共和国外资企业法实施细则》 第二十一条：外资企业在经营期内不得减少其注册资本。但是，因投资总额和生产经营规模等发生变化，确需减少的，须经审批机关批准。 第二十二条：外资企业注册资本的增加、转让，须经审批机关批准，并向工商行政管理机关办理变更登记手续。	在负面清单之外的领域，暂时停止实施该项行政审批，改为备案管理
5	外资企业财产或者权益对外抵押、转让审批	《中华人民共和国外资企业法实施细则》 第二十三条：外资企业将其财产或者权益对外抵押、转让，须经审批机关批准并向工商行政管理机关备案。	在负面清单之外的领域，暂时停止实施该项行政审批，改为备案管理
6	外国投资者出资审批	《中华人民共和国外资企业法实施细则》 第二十五条第二款：经审批机关批准，外国投资者也可以用其从中国境内举办的其他外商投资企业获得的人民币利润出资。	在负面清单之外的领域，暂时停止实施该项行政审批，改为备案管理
7	外国投资者延期出资审批	《中华人民共和国外资企业法实施细则》 第三十一条第二款：外国投资者有正当理由要求延期出资的，应当经审批机关同意，并报工商行政管理机关备案。	在负面清单之外的领域，暂时停止实施该项行政审批，改为备案管理
8	外资企业经营期限审批	《中华人民共和国外资企业法实施细则》 第四十条：外资企业的土地使用年限，与经批准的该外资企业的经营期限相同。 第七十条：外资企业的经营期限，根据不同行业和企业的具体情况，由外国投资者在设立外资企业的申请书中拟订，经审批机关批准。 第七十一条第二款：外资企业经营期满需要延长经营期限的，应当在距经营期满180天前向审批机关报送延长经营期限的申请书。审批机关应当在收到申请书之日起30天内决定批准或者不批准。	在负面清单之外的领域，暂时停止实施该项行政审批，改为备案管理
9	外资企业终止核准	《中华人民共和国外资企业法实施细则》 第七十二条第二款：外资企业如存在前款第（二）、（三）、（四）项所列情形，应当自行提交终止申请书，报审批机关核准。审批机关作出核准的日期为企业的终止日期。 第七十三条：外资企业依照本实施细则第七十二条第（一）、（二）、（三）、（六）项的规定终止的，应当在终止之日起15天内对外公告并通知债权人，并在终止公告发出之日起15天内，提出清算程序、原则和清算委员会人选，报审批机关审核后进行清算。	在负面清单之外的领域，暂时停止实施该项行政审批，改为备案管理
10	中外合资经营企业设立审批	《中华人民共和国中外合资经营企业法实施条例》 第六条第一款、第二款、第三款： 在中国境内设立合营企业，必须经中华人民共和国对外贸易经济合作部（以下简称对外贸易经济合作部）审查批准。批准后，由对外贸易经济合作部发给批准证书。 凡具备下列条件的，国务院授权省、自治区、直辖市人民政府或者国务院有关部门审批： （一）投资总额在国务院规定的投资审批权限以内，中国合营者的资金来源已经落实的； （二）不需要国家增拨原材料，不影响燃料、动力、交通运输、外贸出口配额等方面的全国平衡的。	在负面清单之外的领域，暂时停止实施该项行政审批，改为备案管理

续表

序号	名称	行政法规、国务院文件规定	内容
		依照前款批准设立的合营企业，应当报对外贸易经济合作部备案。 第十四条：合营企业协议、合同和章程经审批机构批准后生效，其修改时同。	
11	中外合资经营企业转让股权审批	《中华人民共和国中外合资经营企业法实施条例》 第二十条第一款：合营一方向第三者转让其全部或者部分股权的，须经合营他方同意，并报审批机构批准，向登记管理机构办理变更登记手续。	在负面清单之外的领域，暂时停止实施该项行政审批，改为备案管理
12	中外合资经营企业增加、减少注册资本审批	《中华人民共和国中外合资经营企业法实施条例》 第十九条：合营企业在合营期内不得减少其注册资本。因投资总额和生产经营规模等发生变化，确需减少的，须经审批机构批准。 第二十一条：合营企业注册资本的增加、减少，应当由董事会会议通过，并报审批机构批准，向登记管理机构办理变更登记手续。	在负面清单之外的领域，暂时停止实施该项行政审批，改为备案管理
13	中外合资经营企业出资方式审批	《中华人民共和国中外合资经营企业法实施条例》 第二十七条：外国合营者作为出资的机器设备或者其他物料、工业产权或者专有技术，应当报审批机构批准。	在负面清单之外的领域，暂时停止实施该项行政审批，改为备案管理
14	中外合资经营企业经营期限审批	《中外合资经营企业合营期限暂行规定》 第四条：合营各方在合营合同中不约定合营期限的合营企业，按照国家规定的审批权限和程序审批。除对外经济贸易部直接审批的外，其他审批机关应当在批准后30天内报对外经济贸易部备案。 第六条第一款：在本规定施行之前已经批准设立的合营企业，按照批准的合营合同约定的期限执行，但属本规定第三条规定以外的合营企业，合营各方一致同意将合营合同中合营期限条款修改为不约定合营期限的，合营各方应当申报理由，签订修改合营合同的协议，并提出申请，报原审批机关审查。	在负面清单之外的领域，暂时停止实施该项行政审批，改为备案管理
15	中外合资经营企业解散审批	1.《中华人民共和国中外合资经营企业法实施条例》 第九十条第二款：前款第（二）、（四）、（五）、（六）项情况发生的，由董事会提出解散申请书，报审批机构批准；第（三）项情况发生的，由履行合同的一方提出申请，报审批机构批准。 2.《中外合资经营企业合营各方出资的若干规定》 第七条第一款：合营一方未按照合营合同的规定如期缴付或者缴清其出资的，即构成违约。守约方应当催告违约方在一个月内缴付或者缴清出资。逾期仍未缴付或者缴清的，视同违约方放弃在合营合同中的一切权利，自动退出合营企业。守约方应当在逾期后一个月内，向原审批机关申请批准解散合营企业或者申请批准另找合营者承担违约方在合营合同中的权利和义务。守约方可以依法要求违约方赔偿因未缴付或者缴清出资造成的经济损失。	在负面清单之外的领域，暂时停止实施该项行政审批，改为备案管理
16	中外合资经营、中外合作经营、外商独资经营企业出资审批	《〈中外合资经营企业合营各方出资的若干规定〉的补充规定》的全部条文	在负面清单之外的领域，暂时停止实施该项行政审批，改为备案管理
17	中外合作经营企业设立审批	《中华人民共和国中外合作经营企业法实施细则》 第六条：设立合作企业由对外贸易经济合作部或者国务院授权的部门和地方人民政府审查批准。 设立合作企业属于下列情形的，由国务院授权的部门或者地方人民政府审查批准：	在负面清单之外的领域，暂时停止实施该项行政审批，改为备案管理

续表

序号	名称	行政法规、国务院文件规定	内容
		（一）投资总额在国务院规定由国务院授权的部门或者地方人民政府审批的投资限额以内的； （二）自筹资金，并且不需要国家平衡建设、生产条件的； （三）产品出口不需要领取国家有关主管部门发放的出口配额、许可证，或者虽需要领取，但在报送项目建议书前已征得国家有关主管部门同意的； （四）有法律、行政法规规定由国务院授权的部门或者地方人民政府审查批准的其他情形的。	
18	中外合作经营企业协议、合同、章程重大变更审批	《中华人民共和国中外合作经营企业法实施细则》 第十一条：合作企业协议、合同、章程自审查批准机关颁发批准证书之日起生效。在合作期限内，合作企业协议、合同、章程有重大变更的，须经审查批准机关批准。	在负面清单之外的领域，暂时停止实施该项行政审批，改为备案管理
19	中外合作经营企业注册资本减少审批	《中华人民共和国中外合作经营企业法实施细则》 第十六条第二款：合作企业注册资本在合作期限内不得减少。但是，因投资总额和生产经营规模等变化，确需减少的，须经审查批准机关批准。	在负面清单之外的领域，暂时停止实施该项行政审批，改为备案管理
20	中外合作经营企业转让合作企业合同权利审批	《中华人民共和国中外合作经营企业法实施细则》 第二十三条第一款：合作各方之间相互转让或者合作一方向合作他方以外的他人转让属于其在合作企业合同中全部或者部分权利的，须经合作他方书面同意，并报审查批准机关批准。	在负面清单之外的领域，暂时停止实施该项行政审批，改为备案管理
21	中外合作经营企业委托经营管理合同审批	《中华人民共和国中外合作经营企业法实施细则》 第三十五条第二款：合作企业应当将董事会或者联合管理委员会的决议、签订的委托经营管理合同，连同被委托人的资信证明等文件，一并报送审查批准机关批准。审查批准机关应当自收到有关文件之日起30天内决定批准或者不批准。	在负面清单之外的领域，暂时停止实施该项行政审批，改为备案管理
22	外国合作者先行回收投资报审查批准机关审批	《中华人民共和国中外合作经营企业法实施细则》 第四十五条第一款：外国合作者依照本实施细则第四十四条第二项和第三项的规定提出先行回收投资的申请，应当具体说明先行回收投资的总额、期限和方式，经财政税务机关审查同意后，报审查批准机关审批。	在负面清单之外的领域，暂时停止实施该项行政审批，改为备案管理
23	中外合作经营企业延长合作期限审批	《中华人民共和国中外合作经营企业法实施细则》 第四十七条第二款：合作企业期限届满，合作各方协商同意要求延长合作期限的，应当在期限届满的180天前向审查批准机关提出申请，说明原合作企业合同执行情况，延长合作期限的原因，同时报送合作各方就延长的期限内各方的权利、义务等事项所达成的协议。审查批准机关应当自接到申请之日起30天内，决定批准或者不批准。 第四十七条第四款：合作企业合同约定外国合作者先行回收投资，并且投资已经回收完毕的，合作企业期限届满不再延长；但是，外国合作者增加投资的，经合作各方协商同意，可以依照本条第二款的规定向审查批准机关申请延长合作期限。	在负面清单之外的领域，暂时停止实施该项行政审批，改为备案管理
24	中外合作经营企业解散审批	1.《中华人民共和国中外合作经营企业法实施细则》 第四十八条第二款：前款第二项、第四项所列情形发生，应当由合作企业的董事会或者联合管理委员会做出决定，报审查批准机关批准。在前款第三项所列情形下，不履行合作企业合同、章程规定的义务的中外合作者一方或者数方，应当对履行合同的他方因此遭受的损失承担赔偿责任；履行合同的一方或者数方有权向审查批准机关提出申请，解散合作企业。	在负面清单之外的领域，暂时停止实施该项行政审批，改为备案管理

续表

序号	名称	行政法规、国务院文件规定	内容
		2.《中外合资经营企业合营各方出资的若干规定》 第七条第一款：合营一方未按照合营合同的规定如期缴付或者缴清其出资的，即构成违约。守约方应当催告违约方在一个月内缴付或者缴清出资。逾期仍未缴付或者缴清的，视同违约方放弃在合营合同中的一切权利，自动退出合营企业。守约方应当在逾期后一个月内，向原审批机关申请批准解散合营企业或者申请批准另找合营者承担违约方在合营合同中的权利和义务。守约方可以依法要求违约方赔偿因未缴付或者缴清出资造成的经济损失。 第十条：中外合作经营企业合作各方的出资参照本规定执行。	
25	放宽中外合资、中外合作国际船舶运输企业的外资股比限制	1.《中华人民共和国船舶登记条例》 第二条第一款第二项：依据中华人民共和国法律设立的主要营业所在中华人民共和国境内的企业法人的船舶。但是，在该法人的注册资本中有外商出资的，中方投资人的出资额不得低于50%。 2.《中华人民共和国国际海运条例》 第二十九条第二款、第三款、第四款： 经营国际船舶运输、国际船舶代理业务的中外合资经营企业，企业中外商的出资比例不得超过49%。 经营国际船舶运输、国际船舶代理业务的中外合作经营企业，企业中外商的投资比例比照适用前款规定。 中外合资国际船舶运输企业和中外合作国际船舶运输企业的董事会主席和总经理，由中外合资、合作双方协商后由中方指定。	暂时停止实施相关规定内容，由国务院交通运输主管部门制定相关管理办法
26	允许设立外商独资国际船舶管理企业	《中华人民共和国国际海运条例》 第二十九条第一款：经国务院交通主管部门批准，外商可以依照有关法律、行政法规以及国家其他有关规定，投资设立中外合资经营企业或者中外合作经营企业，经营国际船舶运输、国际船舶代理、国际船舶管理、国际海运货物装卸、国际海运货物仓储、国际海运集装箱站和堆场业务；并可以投资设立外资企业经营国际海运货物仓储业务。	暂时停止实施相关规定内容，由国务院交通运输主管部门制定相关管理办法
27	允许设立外商投资资信调查公司	《征信业管理条例》 第四十五条：外商投资征信机构的设立条件，由国务院征信业监督管理部门会同国务院有关部门制定，报国务院批准。 境外征信机构在境内经营征信业务，应当经国务院征信业监督管理部门批准。	暂时停止实施相关规定内容，由国务院征信业监督管理部门制定相关管理办法
28	取消外资演出经纪机构的股比限制，允许设立外商独资演出经纪机构，为上海市提供服务	《营业性演出管理条例》 第十一条第一款、第二款： 外国投资者可以与中国投资者依法设立中外合资经营、中外合作经营的演出经纪机构、演出场所经营单位；不得设立中外合资经营、中外合作经营、外资经营的文艺表演团体，不得设立外资经营的演出经纪机构、演出场所经营单位。 设立中外合资经营的演出经纪机构、演出场所经营单位，中国合营者的投资比例应当不低于51%；设立中外合作经营的演出经纪机构、演出场所经营单位，中国合作者应当拥有经营主导权。	暂时停止实施相关规定内容，由国务院文化主管部门制定相关管理办法
29	允许设立外商独资的娱乐场所，在试验区内提供服务	《娱乐场所管理条例》 第六条：外国投资者可以与中国投资者依法设立中外合资经营、中外合作经营的娱乐场所，不得设立外商独资经营的娱乐场所。	暂时停止实施相关规定内容，由国务院文化主管部门制定相关管理办法

续表

序号	名称	行政法规、国务院文件规定	内容
30	允许举办中外合作的经营性教育培训机构和经营性职业技能培训机构	《中华人民共和国中外合作办学条例》 第六十条：在工商行政管理部门登记注册的经营性的中外合作举办的培训机构的管理办法，由国务院另行规定。	暂时停止实施相关规定内容，由上海市制定发布相关管理办法
31	在保障网络信息安全的前提下，允许外资企业经营特定形式的部分增值电信业务	《外商投资电信企业管理规定》 第二条：外商投资电信企业，是指外国投资者同中国投资者在中华人民共和国境内依法以中外合资经营形式，共同投资设立的经营电信业务的企业。 第六条第二款：经营增值电信业务（包括基础电信业务中的无线寻呼业务）的外商投资电信企业的外方投资者在企业中的出资比例，最终不得超过50%。 第十二条：设立外商投资电信企业经营省、自治区、直辖市范围内增值电信业务，由中方主要投资者向省、自治区、直辖市电信管理机构提出申请并报送下列文件： （一）本规定第十条规定的资格证明或者有关确认文件； （二）电信条例规定的经营增值电信业务应当具备的其他条件的证明或者确认文件。 省、自治区、直辖市电信管理机构应当自收到申请之日起60日内签署意见。同意的，转报国务院工业和信息化主管部门；不同意的，应当书面通知申请人并说明理由。 国务院工业和信息化主管部门应当自收到省、自治区、直辖市电信管理机构签署同意的申请文件之日起30日内审查完毕，作出批准或者不予批准的决定。予以批准的，颁发《外商投资经营电信业务审定意见书》；不予批准的，应当书面通知申请人并说明理由。 第十四条：设立外商投资电信企业，按照国家有关规定，其投资项目需要经国务院发展改革部门核准的，国务院工业和信息化主管部门应当在颁发《外商投资经营电信业务审定意见书》前，将申请材料转送国务院发展改革部门核准。转送国务院发展改革部门核准的，本规定第十一条、第十二条规定的审批期限可以延长30日。 第十五条：设立外商投资电信企业，属于经营基础电信业务或者跨省、自治区、直辖市范围增值电信业务的，由中方主要投资者凭《外商投资经营电信业务审定意见书》向国务院商务主管部门报送拟设立外商投资电信企业的合同、章程；属于经营省、自治区、直辖市范围内增值电信业务的，由中方主要投资者凭《外商投资经营电信业务审定意见书》向省、自治区、直辖市人民政府商务主管部门报送拟设立外商投资电信企业的合同、章程。 国务院商务主管部门和省、自治区、直辖市人民政府商务主管部门应当自收到报送的拟设立外商投资电信企业的合同、章程之日起90日内审查完毕，作出批准或者不予批准的决定。予以批准的，颁发《外商投资企业批准证书》；不予批准的，应当书面通知申请人并说明理由。 第十六条：外商投资电信企业的中方主要投资者凭《外商投资企业批准证书》，到国务院工业和信息化主管部门办理《电信业务经营许可证》手续。 外商投资电信企业的中方主要投资者凭《外商投资企业批准证书》和《电信业务经营许可证》，向工商行政管理机关办理外商投资电信企业注册登记手续。	暂时停止实施相关规定内容，由国务院工业和信息化主管部门制定相关管理办法

续表

序号	名称	行政法规、国务院文件规定	内容
		第十八条：违反本规定第六条规定的，由国务院工业和信息化主管部门责令限期改正，并处 10 万元以上 50 万元以下的罚款；逾期不改正的，由国务院工业和信息化主管部门吊销《电信业务经营许可证》，并由原颁发《外商投资企业批准证书》的商务主管部门撤销其《外商投资企业批准证书》。 第十九条：违反本规定第十七条规定的，由国务院工业和信息化主管部门责令限期改正，并处 20 万元以上 100 万元以下的罚款；逾期不改正的，由国务院工业和信息化主管部门吊销《电信业务经营许可证》，并由原颁发《外商投资企业批准证书》的商务主管部门撤销其《外商投资企业批准证书》。 第二十条：申请设立外商投资电信企业，提供虚假、伪造的资格证明或者确认文件骗取批准的，批准无效，由国务院工业和信息化主管部门处 20 万元以上 100 万元以下的罚款，吊销《电信业务经营许可证》，并由原颁发《外商投资企业批准证书》的商务主管部门撤销其《外商投资企业批准证书》。	
32	允许外资企业从事游戏游艺设备的生产和销售，通过文化主管部门内容审查的游戏游艺设备可面向国内市场销售	《国务院办公厅转发文化部等部门关于开展电子游戏经营场所专项治理意见的通知》（国办发〔2000〕44 号） 二、自本意见发布之日起，各地要立即停止审批新的电子游戏经营场所，也不得审批现有的电子游戏经营场所增添或更新任何类型的电子游戏设备。 六、自本意见发布之日起，面向国内的电子游戏设备及其零、附件生产、销售即行停止。任何企业、个人不得再从事面向国内的电子游戏设备及其零、附件的生产、销售活动。一经发现向电子游戏经营场所销售电子游戏设备及其零、附件的，由经贸、信息产业部门会同工商行政管理等部门依照有关规定进行处理。 除加工贸易方式外，严格限制以其他贸易方式进口电子游戏设备及其零、附件（海关商品编号 95041000、95043010、95049010）。对电子游戏设备及其零、附件的加工贸易业务，列入限制类加工贸易产品，并实行加工贸易保证金台账实转制度，外经贸部门要严格审批和管理，海关加强实际监管，其产品只能返销出境；逾期不能出口的，由海关依法予以收缴，或监督有关企业予以销毁。各地海关要加大查验力度，实施重点查控，坚决打击通过伪报、夹藏等方式走私电子游戏设备及其零、附件的非法行为。	暂时停止实施相关规定内容，由国务院文化主管部门制定相关管理办法

境外投资项目核准和备案管理办法

（国家发展和改革委员会令第 9 号　2014 年 4 月 8 日）

《境外投资项目核准和备案管理办法》业经国家发展改革委主任办公会讨论通过，现予以发布，并于 2014 年 5 月 8 日起施行。我委 2004 年 10 月发布的《境外投资项目核准暂行管理办法》（国家发展改革委第 21 号令）同时废止。

主任　徐绍史

2014 年 4 月 8 日

境外投资项目核准和备案管理办法

第一章　总则

第一条　为促进和规范境外投资，加快境外投资管理职能转变，根据《中华人民共和国行政许可法》、《国务院关于投资体制改革的决定》和《国务院对确需保留的行政审批项目设定行政许可的决定》，特制定本办法。

第二条　本办法适用于中华人民共和国境内各类法人（以下简称"投资主体"）以新建、并购、参股、增资和注资等方式进行的境外投资项目，以及投资主体以提供融资或担保等方式通过其境外企业或机构实施的境外投资项目。

第三条　本办法所称境外投资项目是指投资主体通过投入货币、有价证券、实物、知识产权或技术、股权、债权等资产和权益或提供担保，获得境外所有权、经营管理权及其他相关权益的活动。

第四条　本办法所称中方投资额是指投资主体为境外投资项目投入的货币、有价证券、实物、知识产权或技术、股权、债权等资产和权益或提供担保的总额。

第五条　国家根据不同情况对境外投资项目分别实行核准和备案管理。

第六条　国家发展和改革委员会（以下简称"国家发展改革委"）会同有关部门加强对企业境外投资的宏观指导、投向引导和综合服务，并通过多双边投资合作和对话机制，为投资主体实施境外投资项目积极创造有利的外部环境。

第二章 核准和备案机关及权限

第七条 中方投资额10亿美元及以上的境外投资项目，由国家发展改革委核准。涉及敏感国家和地区、敏感行业的境外投资项目不分限额，由国家发展改革委核准。其中，中方投资额20亿美元及以上，并涉及敏感国家和地区、敏感行业的境外投资项目，由国家发展改革委提出审核意见报国务院核准。

本办法所称敏感国家和地区包括：未建交和受国际制裁的国家，发生战争、内乱等国家和地区。

本办法所称敏感行业包括：基础电信运营，跨境水资源开发利用，大规模土地开发，输电干线、电网，新闻传媒等行业。

第八条 本办法第七条规定之外的境外投资项目实行备案管理。其中，中央管理企业实施的境外投资项目、地方企业实施的中方投资额3亿美元及以上境外投资项目，由国家发展改革委备案；地方企业实施的中方投资额3亿美元以下境外投资项目，由各省、自治区、直辖市及计划单列市和新疆生产建设兵团等省级政府投资主管部门备案。

第九条 对于境外投资项目前期工作周期长、所需前期费用（包括履约保证金、保函手续费、中介服务费、资源勘探费等）规模较大的，根据现行外汇管理规定的需要，投资主体可参照本办法第七、八条规定对项目前期费用申请核准或备案。经核准或备案的项目前期费用计入项目中方投资额。

第十条 中方投资额3亿美元及以上的境外收购或竞标项目，投资主体在对外开展实质性工作之前，应向国家发展改革委报送项目信息报告。国家发展改革委收到项目信息报告后，对符合国家境外投资政策的项目，在7个工作日内出具确认函。项目信息报告格式文本由国家发展改革委发布。

本办法所称境外收购项目，是指投资主体以协议、要约等方式收购境外企业全部或者部分股权、资产或其它权益的项目。境外竞标项目，是指投资主体参与境外公开或不公开的竞争性投标等方式获得境外企业全部或者部分股权、资产或其它权益的项目。

本办法所称对外开展实质性工作，境外收购项目是指对外签署约束性协议、提出约束性报价及向对方国家或地区政府审查部门提出申请，境外竞标项目是指对外正式投标。

第三章 核准和备案程序及条件

第十一条 由国家发展改革委核准或由国家发展改革委提出审核意见报国务院核准的境外投资项目，地方企业直接向所在地的省级政府发展改革部门提交项目申请报告，由省级政府发展改革部门提出审核意见后报送国家发展改革委；中央管理企业由集团公司或总公司向国家发展改革委报送项目申请报告。

第十二条 向国家发展改革委报送的项目申请报告主要包括项目名称、投资主体情况、项目必要性分析、背景及投资环境情况、项目实施内容、投融资方案、风险分析等内容。项目申请报告示范大纲由国家发展改革委发布。

项目申请报告应附以下附件：

（一）公司董事会决议或相关的出资决议；

（二）投资主体及外方资产、经营和资信情况的文件；

（三）银行出具的融资意向书；

（四）以有价证券、实物、知识产权或技术、股权、债权等资产权益出资的，按资产权益的评估价值或公允价值核定出资额，并应提交具备相应资质的会计师事务所、资产评估机构等中介机构出具的审计报告、资产评估报告及有权机构的确认函，或其他可证明有关资产权益价值的第三方文件；

（五）投标、并购或合资合作项目，应提交中外方签署的意向书或框架协议等文件。

第十三条 对于项目申请报告及附件不齐全或内容不符合规定要求的，国家发展改革委在5个工作日内一次性告知申报单位予以补正。

第十四条 涉及敏感国家和地区、敏感行业的境外投资项目，国家发展改革委在受理项目申请报告之日起3个工作日内征求有关部门意见，有关部门应当自收到征求意见函之日起7个工作日内出具书面意见。

第十五条 国家发展改革委在受理项目申请报告后，若确有必要，应在5个工作日内委托有资质的咨询机构进行评估。接受委托的咨询机构在规定时限内提出评估报告，并对评估结论承担责任。评估时限原则上不超过40个工作日。

评估费用由国家发展改革委承担，咨询机构及其工作人员不得收取申报单位或投资主体的任何费用。

第十六条 国家发展改革委自受理项目申请报告之日起，对于符合核准条件的境外投资项目在20个工作日内完成核准，或提出审核意见报国务院核准。如20个工作日不能做出核准决定或提出审核意见的，由国家发展改革委负责人批准延长10个工作日，并将延长期限的理由告知申报单位。

前款规定的核准期限，不包括委托咨询机构评估的时间。

第十七条 国家发展改革委对核准的项目将向申报单位出具书面核准文件；对不予核准的项目，将以书面决定的方式通知申报单位并说明理由，投资主体享有依法申请行政复议或者提起行政诉讼的权利。

第十八条 国家发展改革委核准项目的条件为：

（一）符合国家法律法规和产业政策、境外投资政策；

（二）符合互利共赢、共同发展的原则，不危害国家主权、安全和公共利益，不违反我国缔结或参加的国际条约；

（三）符合国家资本项目管理相关规定；

（四）投资主体具备相应的投资实力。

第十九条 属于国家发展改革委备案的项目，地方企业应填报境外投资项目备案申请表并附有关附件，直接提交所在地的省级政府发展改革部门，由省级政府发展改革部门报送国家发展改革委；中央管理企业由集团公司或总公司向国家发展改革委报送备案申请表及有关附件。

境外投资项目备案申请表格式文本及附件要求由国家发展改革委发布。

第二十条 对于备案申请表及附件不齐全或内容不符合规定要求的，国家发展改革委在5个工作日内一次性告知申报单位予以补正。

第二十一条 国家发展改革委在受理备案申请表之日起7个工作日内，对符合备案条件的境外投资项目出具备案通知书。对不予备案的境外投资项目，国家发展改革委将以书面决定的方式通知申报单位并说明理由，投资主体享有依法申请行政复议或者提起行政诉讼的权利。

第二十二条 国家发展改革委对申请备案的境外投资项目，主要从是否属于备案管理范围，是否符合相关法律法规、产业政策和境外投资政策，是否符合国家资本项目管理相关规定，是否危害国家主权、安全、公共利益，以及投资主体是否具备相应投资实力等进行审核。

第二十三条 对于已经核准或备案的境外投资项目，如出现下列情况之一的，应按照本办法第七、八条规定向国家发展改革委申请变更：

（一）项目规模和主要内容发生变化；

（二）投资主体或股权结构发生变化；

（三）中方投资额超过原核准或备案的20%及以上。

第四章 核准和备案文件效力

第二十四条 投资主体凭核准文件或备案通知书，依法办理外汇、海关、出入境管理和税收等相关手续。对于未按规定权限和程序核准或者备案的项目，有关部门不得办理相关手续，金融机构不得发放贷款。

第二十五条 投资主体实施需国家发展改革委核准或备案的境外投资项目，在对外签署具有最终法律约束效力的文件前，应当取得国家发展改革委出具的核准文件或备案通知书；或可在签署的文件中明确生效条件为依法取得国家发展改革委出具的核准文件或备案通知书。

第二十六条 核准文件和备案通知书应规定有效期，其中建设类项目核准文件和备案通知书有效期二年，其他项目核准文件和备案通知书有效期一年。

在有效期内投资主体未能完成办理本办法第二十四条所述相关手续的，应在有效期届满前30个工作日内申请延长有效期。

第五章 法律责任

第二十七条 国家发展改革委工作人员有下列行为之一的，责令其限期整改，并依据《行政机关公务员处分条例》等有关规定追究有关责任人的行政责任；构成犯罪的，由司法机关依法追究刑事责任。

（一）滥用职权、玩忽职守、徇私舞弊、索贿受贿的；

（二）违反本办法规定的程序和条件办理项目核准、备案的；

（三）其他违反本办法规定的行为。

第二十八条 投资主体应当对境外投资项目申请报告或项目备案申请表及附件的真实性、合法性负责。投资主体在境外投资项目申报过程中违反法律法规，隐瞒有关情况或提供虚假材料的，国家发展改革委将不予受理或不予核准、备案；已经取得核准文件或备案通知书的，国家发展改革委将撤销核准文件或备案通知书，并给予警告。

第二十九条 对于按照本办法规定投资主体应申请办理核准或备案但未依法取得核准文件或备案通知书而擅自实施的项目，以及未按照核准文件或备案通知书内容实施的项目，一经发现，国家发展改革委将会同有关部门责令其停止项目实施，并提请或者移交有关机关依法追究有关责任人的法律和行政责任。

对于按照本办法第十条规定投资主体应报送项目信息报告但未获得信息报告确认函而对外开展实质性工作的，国家发展改革委将予以通报批评，责令其纠正。对于性质严重、给国家利益造成严重损害的，国家发展改革委将会同有关部门依法进行处罚，并提请或者移交有关机关依法追究有关责任人的法律和行政责任。

第六章 附则

第三十条 各省级政府投资主管部门要加强对本地企业境外投资的引导和服务，并参照本办法规定制定相应的备案管理办法。国家发展改革委对省级政府投资主管部门境外投资项目备案工作进行指导和监督，并对发现的问题及时予以纠正。

第三十一条 投资主体在境外投资参股或设立股权投资基金，适用本办法。

自然人和其他组织在境外实施的投资项目，参照本办法规定另行制定具体管理办法。

第三十二条 投资主体在香港特别行政区、澳门特别行政区实施的投资项目，参照本办法执行。投资主体在台湾地区实施的投资项目，参照本办法规定另行制定具体管理办法。

第三十三条 本办法由国家发展改革委负责解释。

第三十四条 本办法自2014年5月8日起施行。国家发展改革委于2004年10月颁布的《境外投资项目暂行管理办法》（第21号令）同时废止。

国务院关于在中国（上海）自由贸易试验区内暂时调整实施有关行政法规和经国务院批准的部门规章规定的准入特别管理措施的决定

（国发〔2014〕38号　2014年9月4日）

各省、自治区、直辖市人民政府，国务院各部委、各直属机构：

为适应在中国（上海）自由贸易试验区进一步扩大开放的需要，国务院决定在试验区内暂时调整实施《中华人民共和国国际海运条例》、《中华人民共和国认证认可条例》、《盐业管理条例》以及《外商投资产业指导目录》、《汽车产业发展政策》、《外商投资民用航空业规定》规定的有关资质要求、股比限制、经营范围等准入特别管理措施（目录附后）。

国务院有关部门、上海市人民政府要根据上述调整，及时对本部门、本市制定的规章和规范性文件作相应调整，建立与进一步扩大开放相适应的管理制度。

国务院将根据试验区改革开放措施的实施情况，适时对本决定的内容进行调整。

附件：国务院决定在中国（上海）自由贸易试验区内暂时调整实施有关行政法规和经国务院批准的部门规章规定的准入特别管理措施目录

国务院

2014年9月4日

附件：

国务院决定在中国（上海）自由贸易试验区内暂时调整实施有关行政法规和经国务院批准的部门规章规定的准入特别管理措施目录

序号	准入特别管理措施	调整实施情况
1	《中华人民共和国国际海运条例》 第二十九条第一款：经国务院交通主管部门批准，外商可以依照有关法律、行政法规以及国家其他有关规定，投资设立中外合资经营企业或者中外合作经营企业，经营国际船舶运输、国际船舶代理、国际船舶管理、国际海运货物装卸、国际海运货物仓储、国际海运集装箱站和堆场业务；并可以投资设立外资企业经营国际海运货物仓储业务。	暂时停止实施相关内容，允许外商以独资形式从事国际海运货物装卸、国际海运集装箱站和堆场业务
2	《中华人民共和国国际海运条例》 第二十九条第二款、第三款： 经营国际船舶运输、国际船舶代理业务的中外合资经营企业，企业中外商的出资比例不得超过49%。 经营国际船舶运输、国际船舶代理业务的中外合作经营企业，企业中外商的投资比例比照适用前款规定。 《外商投资产业指导目录》 限制外商投资产业目录 六、批发和零售业 5．船舶代理（中方控股）、外轮理货（限于合资、合作）	暂时停止实施相关内容，允许外商以合资、合作形式从事公共国际船舶代理业务，外方持股比例放宽至51%
3	《中华人民共和国认证认可条例》 第十一条第一款：设立外商投资的认证机构除应当符合本条例第十条规定的条件外，还应当符合下列条件： （一）外方投资者取得其所在国家或者地区认可机构的认可； （二）外方投资者具有3年以上从事认证活动的业务经历。 《外商投资产业指导目录》 限制外商投资产业目录 十、科学研究、技术服务和地质勘查业 2．进出口商品检验、鉴定、认证公司	暂时停止实施相关内容，取消对外商投资进出口商品认证公司的限制，取消对投资方的资质要求
4	《盐业管理条例》 第二十条：盐的批发业务，由各级盐业公司统一经营。未设盐业公司的地方，由县级以上人民政府授权的单位统一组织经营。	暂时停止实施相关内容，允许外商以独资形式从事盐的批发，服务范围限于试验区内
5	《外商投资产业指导目录》 鼓励外商投资产业目录 二、采矿业 4．提高原油采收率及相关新技术的开发应用（限于合资、合作）	暂时停止实施相关内容，允许外商以独资形式从事提高原油采收率（以工程服务形式）及相关新技术的开发应用
6	《外商投资产业指导目录》 鼓励外商投资产业目录 二、采矿业 5．物探、钻井、测井、录井、井下作业等石油勘探开发新技术的开发与应用（限于合资、合作）	暂时停止实施相关内容，允许外商以独资形式从事物探、钻井、测井、录井、井下作业等石油勘探开发新技术的开发与应用
7	《外商投资产业指导目录》 禁止外商投资产业目录 三、制造业 （一）饮料制造业 1．我国传统工艺的绿茶及特种茶加工（名茶、黑茶等）	暂时停止实施相关内容，允许外商以合资、合作形式（中方控股）从事中国传统工艺的绿茶加工

续表

序号	准入特别管理措施	调整实施情况
8	《外商投资产业指导目录》 鼓励外商投资产业目录 三、制造业 （八）造纸及纸制品业 1. 主要利用境外木材资源的单条生产线年产30万吨及以上规模化学木浆和单条生产线年产10万吨及以上规模化学机械木浆以及同步建设的高档纸及纸板生产（限于合资、合作）	暂时停止实施相关内容，允许外商以独资形式从事主要利用境外木材资源的单条生产线年产30万吨及以上规模化学木浆和单条生产线年产10万吨及以上规模化学机械木浆以及同步建设的高档纸及纸板生产
9	《外商投资产业指导目录》 鼓励外商投资产业目录 三、制造业 （十七）通用设备制造业 7. 400吨及以上轮式、履带式起重机械制造（限于合资、合作）	暂时停止实施相关内容，允许外商以独资形式从事400吨及以上轮式、履带式起重机械制造
10	《外商投资产业指导目录》 限制外商投资产业目录 三、制造业 （十）通用设备制造业 1. 各类普通级（P0）轴承及零件（钢球、保持架）、毛坯制造	暂时停止实施相关内容，取消对外商投资各类普通级（P0）轴承及零件（钢球、保持架）、毛坯制造的限制
11	《外商投资产业指导目录》 限制外商投资产业目录 三、制造业 （十一）专用设备制造业 2. 320马力及以下推土机、30吨级及以下液压挖掘机、6吨级及以下轮式装载机、220马力及以下平地机、压路机、叉车、135吨级及以下电力传动非公路自卸翻斗车、60吨级及以下液力机械传动非公路自卸翻斗车、沥青混凝土搅拌与摊铺设备和高空作业机械、园林机械和机具、商品混凝土机械（托泵、搅拌车、搅拌站、泵车）制造	暂时停止实施相关内容，取消对外商投资15吨级以下（不含15吨）液压挖掘机、3吨级以下（不含3吨）轮式装载机制造的限制
12	《外商投资产业指导目录》 限制外商投资产业目录 三、制造业 （十一）专用设备制造业 1. 一般涤纶长丝、短纤维设备制造	暂时停止实施相关内容，取消对外商投资一般涤纶长丝、短纤维设备制造的限制
13	《外商投资产业指导目录》 鼓励外商投资产业目录 三、制造业 （十九）交通运输设备制造业 3. 汽车电子装置制造与研发：发动机和底盘电子控制系统及关键零部件，车载电子技术（汽车信息系统和导航系统），汽车电子总线网络技术（限于合资），电子控制系统的输入（传感器和采样系统）输出（执行器）部件，电动助力转向系统电子控制器（限于合资），嵌入式电子集成系统（限于合资、合作）、电控式空气弹簧，电子控制式悬挂系统，电子气门系统装置，电子组合仪表，ABS/TCS/ESP系统，电路制动系统（BBW），变速器电控单元（TCU），轮胎气压监测系统（TPMS），车载故障诊断仪（OBD），发动机防盗系统，自动避撞系统，汽车、摩托车型试验及维修用检测系统	暂时停止实施相关内容，允许外商以独资形式从事汽车电子总线网络技术、电动助力转向系统电子控制器制造与研发

续表

序号	准入特别管理措施	调整实施情况
14	《外商投资产业指导目录》 鼓励外商投资产业目录 三、制造业 （十九）交通运输设备制造业 6. 轨道交通运输设备（限于合资、合作）：高速铁路、铁路客运专线、城际铁路、干线铁路及城市轨道交通运输设备的整车和关键零部件（牵引传动系统、控制系统、制动系统）的研发、设计与制造；高速铁路、铁路客运专线、城际铁路及城市轨道交通乘客服务设施和设备的研发、设计与制造，信息化建设中有关信息系统的设计与研发；高速铁路、铁路客运专线、城际铁路的轨道和桥梁设备研发、设计与制造，轨道交通运输通信信号系统的研发、设计与制造，电气化铁路设备和器材制造、铁路噪声和振动控制技术与研发、铁路客车排污设备制造、铁路运输安全监测设备制造	暂时停止实施相关内容，允许外商以独资形式投资与高速铁路、铁路客运专线、城际铁路配套的乘客服务设施和设备的研发、设计与制造，与高速铁路、铁路客运专线、城际铁路相关的轨道和桥梁设备研发、设计与制造，电气化铁路设备和器材制造、铁路客车排污设备制造
15	《外商投资产业指导目录》 鼓励外商投资产业目录 三、制造业 （十九）交通运输设备制造业 18. 豪华邮轮及深水（3000 米以上）海洋工程装备的设计（限于合资、合作） 24. 游艇的设计与制造（限于合资、合作）	暂时停止实施相关内容，允许外商以独资形式从事豪华邮轮、游艇的设计
16	《外商投资产业指导目录》 鼓励外商投资产业目录 三、制造业 （十九）交通运输设备制造业 22. 船舶舱室机械的设计与制造（中方相对控股）	暂时停止实施相关内容，允许外商以独资形式从事船舶舱室机械的设计
17	《外商投资产业指导目录》 鼓励外商投资产业目录 三、制造业 （十九）交通运输设备制造业 13. 航空发动机及零部件、航空辅助动力系统设计、制造与维修（限于合资、合作）	暂时停止实施相关内容，允许外商以独资形式从事航空发动机零部件的设计、制造与维修
18	《汽车产业发展政策》 第四十八条：汽车整车、专用汽车、农用运输车和摩托车中外合资生产企业的中方股份比例不得低于 50%。股票上市的汽车整车、专用汽车、农用运输车和摩托车股份公司对外出售法人股份时，中方法人之一必须相对控股且大于外资法人股之和。同一家外商可在国内建立两家（含两家）以下生产同类（乘用车类、商用车类、摩托车类）整车产品的合资企业，如与中方合资伙伴联合兼并国内其它汽车生产企业可不受两家的限制。境外具有法人资格的企业相对控股另一家企业，则视为同一家外商。	暂时停止实施相关内容，允许外商以独资形式从事摩托车（排量≤250ml）生产
19	《外商投资产业指导目录》 鼓励外商投资产业目录 三、制造业 （十九）交通运输设备制造业 5. 大排量（排量 > 250ml）摩托车关键零部件制造：摩托车电控燃油喷射技术（限于合资、合作）、达到中国摩托车Ⅲ阶段污染物排放标准的发动机排放控制装置	暂时停止实施相关内容，允许外商以独资形式从事大排量（排量 > 250ml）摩托车关键零部件制造：摩托车电控燃油喷射技术

续表

序号	准入特别管理措施	调整实施情况
20	《外商投资产业指导目录》 鼓励外商投资产业目录 三、制造业 （二十）电气机械及器材制造业 6. 输变电设备制造（限于合资、合作）：非晶态合金变压器、500千伏及以上高压开关用操作机构、灭弧装置、大型盆式绝缘子（1000千伏、50千安以上），500千伏及以上变压器用出线装置、套管（交流500、750、1000千伏，直流所有规格）、调压开关（交流500、750、1000千伏有载、无载调压开关），直流输电用干式平波电抗器，±800千伏直流输电用换流阀（水冷设备、直流场设备），符合欧盟RoHS指令的电器触头材料及无Pb、Cd的焊料	暂时停止实施相关内容，允许外商以独资形式从事符合欧盟RoHS指令的电器触头材料及无Pb、Cd的焊料制造
21	《外商投资产业指导目录》 鼓励外商投资产业目录 五、交通运输、仓储和邮政业 2. 支线铁路、地方铁路及其桥梁、隧道、轮渡和站场设施的建设、经营（限于合资、合作）	暂时停止实施相关内容，允许外商以独资形式从事地方铁路及其桥梁、隧道、轮渡和站场设施的建设、经营
22	《外商投资产业指导目录》 限制外商投资产业目录 六、批发和零售业 2. 粮食收购，粮食、棉花、植物油、食糖、烟草、原油、农药、农膜、化肥的批发、零售、配送（设立超过30家分店、销售来自多个供应商的不同种类和品牌商品的连锁店由中方控股）	暂时停止实施相关内容，允许外商以独资形式从事植物油、食糖、化肥的批发、零售、配送，粮食、棉花的零售、配送，取消门店数量限制
23	《外商投资产业指导目录》 限制外商投资产业目录 六、批发和零售业 1. 直销、邮购、网上销售	暂时停止实施相关内容，取消对外商投资邮购和一般商品网上销售的限制
24	《外商投资产业指导目录》 限制外商投资产业目录 五、交通运输、仓储和邮政业 1. 铁路货物运输公司	暂时停止实施相关内容，允许外商以独资形式从事铁路货物运输业务
25	《外商投资民用航空业规定》 第四条：外商投资方式包括： （一）合资、合作经营（简称“合营”）； （二）购买民航企业的股份，包括民航企业在境外发行的股票以及在境内发行的上市外资股； （二）其他经批准的投资方式。 外商以合作经营方式投资公共航空运输和从事公务飞行、空中游览的通用航空企业，必须取得中国法人资格。	允许外商以独资形式从事航空运输销售代理业务
26	《外商投资产业指导目录》 限制外商投资产业目录 八、房地产业 3. 房地产二级市场交易及房地产中介或经纪公司	暂时停止实施相关内容，取消对外商投资房地产中介或经纪公司的限制
27	《外商投资产业指导目录》 限制外商投资产业目录 十、科学研究、技术服务和地质勘查业 3. 摄影服务（含空中摄影等特技摄影服务，但不包括测绘航空摄影，限于合资）	暂时停止实施相关内容，允许外商以独资形式从事摄影服务（不含空中摄影等特技摄影服务）

境外投资管理办法

（商务部令2014年第3号 2014年9月6日）

《境外投资管理办法》已经2014年8月19日商务部第27次部务会议审议通过，现予发布，自2014年10月6日起施行。

部长 高虎城

2014年9月6日

境外投资管理办法

第一章 总则

第一条 为了促进和规范境外投资，提高境外投资便利化水平，根据《国务院关于投资体制改革的决定》、《国务院对确需保留的行政审批项目设定行政许可的决定》及相关法律规定，制定本办法。

第二条 本办法所称境外投资，是指在中华人民共和国境内依法设立的企业（以下简称企业）通过新设、并购及其他方式在境外拥有非金融企业或取得既有非金融企业所有权、控制权、经营管理权及其他权益的行为。

第三条 企业开展境外投资，依法自主决策、自负盈亏。

第四条 企业境外投资不得有以下情形：

（一）危害中华人民共和国国家主权、安全和社会公共利益，或违反中华人民共和国法律法规；

（二）损害中华人民共和国与有关国家（地区）关系；

（三）违反中华人民共和国缔结或者参加的国际条约、协定；

（四）出口中华人民共和国禁止出口的产品和技术。

第五条 商务部和各省、自治区、直辖市、计划单列市及新疆生产建设兵团商务主管部门（以下称省级商务主管部门）负责对境外投资实施管理和监督。

第二章 备案和核准

第六条 商务部和省级商务主管部门按照企业境外投资的不同情形，分别实行备案和核准管理。

企业境外投资涉及敏感国家和地区、敏感行业的，实行核准管理。

企业其他情形的境外投资，实行备案管理。

第七条 实行核准管理的国家是指与中华人民共和国未建交的国家、受联合国制裁的国家。必要时，商务部可另行公布其他实行核准管理的国家和地区的名单。

实行核准管理的行业是指涉及出口中华人民共和国限制出口的产品和技术的行业、影响一国（地区）以上利益的行业。

第八条 商务部和省级商务主管部门应当依法办理备案和核准，提高办事效率，提供优质服务。

商务部和省级商务主管部门通过“境外投资管理系统”（以下简称“管理系统”）对企业境外投资进行管理，并向获得备案或核准的企业颁发《企业境外投资证书》（以下简称《证书》，样式见附件1）。《证书》由商务部和省级商务主管部门分别印制并盖章，实行统一编码管理。

《证书》是企业境外投资获得备案或核准的凭证，按照境外投资最终目的地颁发。

第九条 对属于备案情形的境外投资，中央企业报商务部备案；地方企业报所在地省级商务主管部门备案。

中央企业和地方企业通过“管理系统”按要求填写并打印《境外投资备案表》（以下简称《备案表》，样式见附件2），加盖印章后，连同企业营业执照复印件分别报商务部或省级商务主管部门备案。

《备案表》填写如实、完整、符合法定形式，且企业在《备案表》中声明其境外投资无本办法第四条所列情形的，商务部或省级商务主管部门应当自收到《备案表》之日起3个工作日内予以备案并颁发《证书》。企业不如实、完整填报《备案表》的，商务部或省级商务主管部门不予备案。

第十条 对属于核准情形的境外投资，中央企业向商务部提出申请，地方企业通过所在地省级商务主管部门向商务部提出申请。

企业申请境外投资核准需提交以下材料：

（一）申请书，主要包括投资主体情况、境外企业名称、股权结构、投资金额、经营范围、经营期限、投资资金来源、投资具体内容等；

（二）《境外投资申请表》（样式见附件3），企业应当通过“管理系统”按要求填写打印，并加盖印章；

（三）境外投资相关合同或协议；

（四）有关部门对境外投资所涉的属于中华人民共和国限制出口的产品或技术准予出口的材料；

（五）企业营业执照复印件。

第十一条 核准境外投资应当征求我驻外使（领）馆（经商处室）意见。涉及中央企业的，由商务部征求意见；涉及地方企业的，由省级商务主管部门征求意见。征求意见时，商务部和省级商务主管部门应当提供投资事项基本情况等相关信息。驻外使（领）馆（经商处室）应当自接到征求意见要求之日起7个工作日内回复。

第十二条 商务部应当在受理中央企业核准申请后20个工作日内（包含征求驻外使（领）馆（经商处室）意见的时间）作出是否予以核准的决定。申请材料不齐全或者不符合法定形式的，商务部应当在3个工作日内一次告知申请企业需要补正的全部内容。逾期不告知的，自收到申请材料之日起即为受理。中央企业按照商务部的要求提交全部补正申请材料的，商务部应当受理该申请。

省级商务主管部门应当在受理地方企业核准申请后对申请是否涉及本办法第四条所列情形进行初步审查，并在15个工作日内（包含征求驻外使（领）馆（经商处室）意见的时间）将初步审查意见和全部申请材料报送商务部。申请材料不齐全或者不符合法定形式的，省级商务主管部门应当在 3 个工作日内一次告知申请企业需要补正的全部内容。逾期不告知的，自收到申请材料之日起即为受理。地方企业按照省级商务主管部门的要求提交全部补正申请材料的，省级商务主管部门应当受理该申请。商务部收到省级商务主管部门的初步审查意见后，应当在 15 个工作日内做出是否予以核准的决定。

第十三条 对予以核准的境外投资，商务部出具书面核准决定并颁发《证书》；因存在本办法第四条所列情形而不予核准的，应当书面通知申请企业并说明理由，告知其享有依法申请行政复议或者提起行政诉讼的权利。企业提供虚假材料申请核准的，商务部不予核准。

第十四条 两个以上企业共同开展境外投资的，应当由相对大股东在征求其他投资方书面同意后办理备案或申请核准。如果各方持股比例相等，应当协商后由一方办理备案或申请核准。如投资方不属同一行政区域，负责办理备案或核准的商务部或省级商务主管部门应当将备案或核准结果告知其他投资方所在地商务主管部门。

第十五条 企业境外投资经备案或核准后，原《证书》载明的境外投资事项发生变更的，企业应当按照本章程序向原备案或核准的商务部或省级商务主管部门办理变更手续。

第十六条 自领取《证书》之日起 2 年内，企业未在境外开展投资的，《证书》自动失效。如需再开展境外投资，应当按照本章程序重新办理备案或申请核准。

第十七条 企业终止已备案或核准的境外投资，应当在依投资目的地法律办理注销等手续后，向原备案或核准的商务部或省级商务主管部门报告。原备案或核准的商务部或省级商务主管部门根据报告出具注销确认函。

终止是指原经备案或核准的境外企业不再存续或企业不再拥有原经备案或核准的境外企业的股权等任何权益。

第十八条 《证书》不得伪造、涂改、出租、出借或以任何其他形式转让。已变更、失效或注销的《证书》应当交回原备案或核准的商务部或省级商务主管部门。

第三章 规范和服务

第十九条 企业应当客观评估自身条件、能力，深入研究投资目的地投资环境，积极稳妥开展境外投资，注意防范风险。境内外法律法规和规章对资格资质有要求的，企业应当取得相关证明文件。

第二十条 企业应当要求其投资的境外企业遵守投资目的地法律法规、尊重当地风俗习惯，履行社会责任，做好环境、劳工保护、企业文化建设等工作，促进与当地的融合。

第二十一条 企业对其投资的境外企业的冠名应当符合境内外法律法规和政策规定。未按国家有关规定获得批准的企业，其境外企业名称不得使用“中国”、“中华”等字样。

第二十二条 企业应当落实人员和财产安全防范措施，建立突发事件预警机制和应急预案。在境外发生突发事件时，企业应当在驻外使（领）馆和国内有关主管部门的指导下，及时、妥善处理。

企业应当做好外派人员的选审、行前安全、纪律教育和应急培训工作，加强对外派人员的管理，依法办理当地合法居留和工作许可。

第二十三条 企业应当要求其投资的境外企业中方负责人当面或以信函、传真、电子邮件等方式及时向驻外使（领）馆（经商处室）报到登记。

第二十四条 企业应当向原备案或核准的商务部或省级商务主管部门报告境外投资业务情况、统计资料，以及与境外投资相关的困难、问题，并确保报送情况和数据真实准确。

第二十五条 企业投资的境外企业开展境外再投资，在完成境外法律手续后，企业应当向商务主管部门报告。涉及中央企业的，中央企业通过“管理系统”填报相关信息，打印《境外中资企业再投资报告表》（以下简称《再投资报告表》，样式见附件 4）并加盖印章后报商务部；涉及地方企业的，地方企业通过"管理系统"填报相关信息，打印《再投资报告表》并加盖印章后报省级商务主管部门。

第二十六条 商务部负责对省级商务主管部门的境外投资管理情况进行检查和指导。省级商务主管部门应当每半年向商务部报告本行政区域内境外投资的情况。

第二十七条 商务部会同有关部门为企业境外投资提供权益保障、投资促进、风险预警等服务。

商务部发布《对外投资合作国别（地区）指南》、国别产业指引等文件，帮助企业了解投资目的地投资环境；加强对企业境外投资的指导和规范，会同有关部门发布环境保护等指引，督促企业在境外合法合规经营；建立对外投资与合作信息服务系统，为企业开展境外投资提供数据统计、投资机会、投资障碍、风险预警等信息。

第四章 法律责任

第二十八条 企业以提供虚假材料等不正当手段办理备案并取得《证书》的，商务部或省级商务主管部门撤销该企业境外投资备案，给予警告，并依法公布处罚决定。

第二十九条 企业提供虚假材料申请核准的，商务部给予警告，并依法公布处罚决定。该企业在一年内不得再次申请该项核准。

企业以欺骗、贿赂等不正当手段获得境外投资核准的，商务部撤销该企业境外投资核准，给予警告，并依法公布处罚决定。该企业在三年内不得再次申请该项核准；构成犯罪的，依法追究刑事责任。

第三十条 企业开展境外投资过程中出现本办法第四条所列情形的，应当承担相应的法律责任。

第三十一条 企业伪造、涂改、出租、出借或以任何其他形式转让《证书》的，商务部或省级商务主管部门给予警告；构成犯罪的，依法追究刑事责任。

第三十二条 境外投资出现第二十八至三十一条规定的情形以及违反本办法其他规定的企业，三年内不得享受国家有关政策支持。

第三十三条 商务部和省级商务主管部门有关工作人员不依照本办法规定履行职责、滥用职权、索取或者收受他人财物或者谋取其他利益，构成犯罪的，依法追究刑事责任；尚不构成犯罪的，依法给予行政处分。

第五章 附则

第三十四条 省级商务主管部门可依照本办法制定相应的工作细则。

第三十五条 本办法所称中央企业系指国务院国有资产监督管理委员会履行出资人职责的企业及其所属企业、中央管理的其他单位。

第三十六条 事业单位法人开展境外投资、企业在境外设立分支机构参照本办法执行。

第三十七条 企业赴香港、澳门、台湾地区投资参照本办法执行。

第三十八条 本办法由商务部负责解释。

第三十九条 本办法自 2014 年 10 月 6 日起施行。商务部 2009 年发布的《境外投资管理办法》（商务部令 2009 年第 5 号）同时废止。

附件：1. 企业境外投资证书（样式）

2. 境外投资备案表（样式）

3. 境外投资申请表（样式）

4. 境外中资企业再投资报告表（样式）

附件1：

企业境外投资证书（样式）

境外投资证第　　号

××公司右页所列境外投资符合《境外投资管理办法》（商务部令2014年第3号）有关规定，现予以颁发《企业境外投资证书》。

公司自领取本证书之日起2年内，未从事右页所列境外投资，证书自动失效。

公司开展境外投资业务应认真遵守境内外相关的法律法规和政策。

发证机关

（盖章）

年　月　日

<table>
<tr><td colspan="2">境外企业
（最终目的地）</td><td>名称</td><td colspan="2"></td><td>国家/地区</td><td></td></tr>
<tr><td colspan="2">设立方式</td><td colspan="5">□新设　□并购　□变更</td></tr>
<tr><td rowspan="2">投资主体</td><td>中方名称</td><td colspan="3"></td><td>股比</td><td></td></tr>
<tr><td>外方名称</td><td colspan="3"></td><td>股比</td><td></td></tr>
<tr><td rowspan="2">投资总额</td><td>中方</td><td colspan="5">万元人民币（折合　万美元）</td></tr>
<tr><td>外方</td><td colspan="5">万元人民币（折合　万美元）</td></tr>
<tr><td colspan="2">中方境内现金出资实际币种和金额</td><td>币种</td><td colspan="2"></td><td>金额（单位：万）</td><td></td></tr>
<tr><td rowspan="9">中方投资构成（单位：万元人民币）</td><td rowspan="6">境内</td><td rowspan="2">现金</td><td>自有资金</td><td colspan="3"></td></tr>
<tr><td>银行贷款</td><td colspan="3"></td></tr>
<tr><td colspan="2">实物</td><td colspan="3"></td></tr>
<tr><td colspan="2">无形资产</td><td colspan="3"></td></tr>
<tr><td colspan="2">股权</td><td colspan="3"></td></tr>
<tr><td colspan="2">其他</td><td colspan="3"></td></tr>
<tr><td rowspan="3">境外</td><td colspan="2">自有资金</td><td colspan="3"></td></tr>
<tr><td colspan="2">银行贷款</td><td colspan="3"></td></tr>
<tr><td colspan="2">其他</td><td colspan="3"></td></tr>
<tr><td colspan="2">经营范围</td><td colspan="5"></td></tr>
<tr><td colspan="2">申报文号</td><td colspan="2"></td><td>核准或备案文号</td><td colspan="2"></td></tr>
<tr><td colspan="2">投资路径
（仅限第一层级境外企业）</td><td>名称</td><td colspan="2"></td><td>国家/地区</td><td></td></tr>
<tr><td colspan="2">备注</td><td colspan="5"></td></tr>
</table>

附件2：

境外投资备案表（样式）

单位：万美元

<table>
<tr><td colspan="6">【系统统一编号】</td></tr>
<tr><td>基本事由</td><td colspan="5"></td></tr>
<tr><td rowspan="4">境内投资主体</td><td colspan="2">名称：</td><td rowspan="4">联系人</td><td colspan="2">姓名：</td></tr>
<tr><td colspan="2">法定代表人：</td><td colspan="2">座机：</td></tr>
<tr><td colspan="2">地址：</td><td colspan="2">手机：</td></tr>
<tr><td colspan="2">所有制类型：（下拉列表选择）</td><td colspan="2">电子邮件：</td></tr>
<tr><td>主管部门/集团总部</td><td colspan="5"></td></tr>
<tr><td>投资路径（仅限第一层级境外企业）</td><td colspan="2">名称：（可视情增加）</td><td colspan="3">国家（地区）：</td></tr>
<tr><td>境外投资最终目的地</td><td colspan="5">国家（地区）： 省（州）： 城市：</td></tr>
<tr><td>境外企业名称（最终目的地）</td><td colspan="5">中文：
外文：</td></tr>
<tr><td rowspan="4">股权结构</td><td rowspan="2">中方</td><td>股东1：</td><td colspan="3">股比：</td></tr>
<tr><td>股东2：（可视情增加）</td><td colspan="3">股比：</td></tr>
<tr><td rowspan="2">外方</td><td>股东1：</td><td colspan="3">股比：</td></tr>
<tr><td>股东2：</td><td colspan="3">股比：</td></tr>
<tr><td>设立方式</td><td colspan="5">○新设 ○并购 ○变更</td></tr>
<tr><td>经营范围</td><td colspan="5"></td></tr>
<tr><td>境外企业所属行业</td><td colspan="5">（下拉式列表选择）
○ 是否属于涉及出口国家限制出口的产品和技术的行业
○ 是否属于影响一国（地区）以上利益的行业</td></tr>
<tr><td>注册资本</td><td colspan="5">________，中方占 %股份，外方占 %股份</td></tr>
<tr><td>投资规模</td><td colspan="5">投资总额______（折合______万元人民币），其中，1. 中方投资额______（折合______万元人民币）；2. 外方投资额______（折合______万元人民币）。折算汇率：</td></tr>
<tr><td rowspan="2">中方出资币种和金额（单位：万）</td><td colspan="3">币种1：</td><td colspan="2">金额：</td></tr>
<tr><td colspan="3">币种2：（可视情增加）</td><td colspan="2">金额：</td></tr>
<tr><td rowspan="2">中方投资的构成（单位：万美元）</td><td>境内</td><td colspan="4">1. 现金出资______（包括股东借款等债权出资），其中：自有资金______，银行贷款______（包括项目融资）；
2. 实物出资______；
3. 无形资产______；
4. 股权出资______；
5. 其他______。</td></tr>
<tr><td>境外</td><td colspan="4">1. 自有资金______；
2. 银行贷款______（包括内保外贷、外保外贷等）；
3. 其他______。</td></tr>
</table>

续表

<table>
<tr><td rowspan="2">投资具体情况</td><td>项目简况</td><td>（包括经营内容、规模、产品/市场、配套基础设施、投资回收期等。如属于并购类投资，需包括并购目标公司的生产经营状况、资产财务状况以及具体收购方案等）</td></tr>
<tr><td>项目意义</td><td>（包括带动出口、获取技术、获得或建立营销网络、创造当地就业和税收等情况）</td></tr>
<tr><td colspan="3">本单位承诺本表中涉及的投资无以下情形：
（一）危害中华人民共和国国家主权、安全和社会公共利益，或违反中华人民共和国法律法规；
（二）损害中华人民共和国与有关国家（地区）关系；
（三）违反中华人民共和国缔结或者参加的国际条约、协定；
（四）出口中华人民共和国禁止出口的产品和技术。
本单位保证以上填报事项及材料的真实性，承诺遵守中华人民共和国及投资目的地相关法律法规，并按照《境外投资管理办法》（商务部令 2014 年第 3 号）的规定开展境外投资。

企业盖章：
年　月　日</td></tr>
<tr><td colspan="3">注：实行核准管理的国家中，与我国未建交的国家名单参见中华人民共和国外交部网站（cs. mfa. gov. cn/zlbg/bgzl/qt-zl/t1094257. shtml）；受联合国制裁的国家名单参见联合国中文网站（www. un. org/chinese/sc/committees/list _ compend. shtml）。</td></tr>
</table>

<table>
<tr><td colspan="6">以下由商务部或省级商务主管机关填写：</td></tr>
<tr><td>初核</td><td></td><td>复核</td><td></td><td>签发</td><td></td></tr>
</table>

附件 3：

境外投资申请表（样式）

单位：万美元

<table>
<tr><td colspan="5">【系统统一编号】</td></tr>
<tr><td>基本事由</td><td colspan="4"></td></tr>
<tr><td rowspan="4">境内投资主体</td><td>名称：</td><td rowspan="4">联系人</td><td>姓名：</td></tr>
<tr><td>法定代表人：</td><td>座机：</td></tr>
<tr><td>地址：</td><td>手机：</td></tr>
<tr><td>所有制类型：（下拉列表选择）</td><td>电子邮件：</td></tr>
<tr><td>主管部门/集团总部</td><td colspan="3"></td></tr>
<tr><td>投资路径（仅限第一层级境外企业）</td><td>名称：（可视情增加）</td><td colspan="2">国家（地区）：</td></tr>
</table>

续表

<table>
<tr><td>境外投资
最终目的地</td><td colspan="3">国家（地区）： 省（州）： 城市：</td></tr>
<tr><td>境外企业名称
（最终目的地）</td><td colspan="3">中文：
外文：</td></tr>
<tr><td>注册资本</td><td colspan="3">______，中方占 %股份，外方占 %股份</td></tr>
<tr><td rowspan="4">股权结构</td><td rowspan="2">中方</td><td>股东1：</td><td>股比：</td></tr>
<tr><td>股东2：（可视情增加）</td><td>股比：</td></tr>
<tr><td rowspan="2">外方</td><td>股东1：</td><td>股比：</td></tr>
<tr><td>股东2：</td><td>股比：</td></tr>
<tr><td>设立方式</td><td colspan="3">○新设 ○并购 ○变更</td></tr>
<tr><td>经营范围</td><td colspan="3"></td></tr>
<tr><td rowspan="2">境外企业所属行业</td><td colspan="3">（下拉式列表选择）</td></tr>
<tr><td colspan="3">○ 是否属于涉及出口国家限制出口的产品和技术的行业
○ 是否属于影响一国（地区）以上利益的行业</td></tr>
<tr><td>投资规模</td><td colspan="3">投资总额______（折合______万元人民币），其中，1. 中方投资额______（折合______万元人民币）；2. 外方投资额______（折合______万元人民币）。折算汇率：</td></tr>
<tr><td rowspan="2">中方出资币种
和金额（单位：万）</td><td colspan="3">币种1： 金额：</td></tr>
<tr><td colspan="3">币种2：（可视情增加） 金额：</td></tr>
<tr><td rowspan="2">中方投资的构成
（单位：万美元）</td><td>境内</td><td colspan="2">1. 现金出资______（包括股东借款等债权出资），其中：自有资金______，银行贷款______（包括项目融资）；
2. 实物出资______；
3. 无形资产______；
4. 股权出资______；
5. 其他______。</td></tr>
<tr><td>境外</td><td colspan="2">1. 自有资金______；
2. 银行贷款______（包括内保外贷、外保外贷等）；
3. 其他______。</td></tr>
<tr><td rowspan="2">投资具体情况</td><td>项目
简况</td><td colspan="2">（包括经营内容、规模、产品/市场、配套基础设施、投资回收期等。如属于并购类投资，需包括并购目标公司的生产经营状况、资产财务状况以及具体收购方案等）</td></tr>
<tr><td>项目
意义</td><td colspan="2">（包括带动出口、获取技术、获得或建立营销网络、创造当地就业和税收等情况）</td></tr>
<tr><td colspan="4">本单位承诺本表中涉及的投资无以下情形：
（一）危害中华人民共和国国家主权、安全和社会公共利益，或违反中华人民共和国法律法规；
（二）损害中华人民共和国与有关国家（地区）关系；
（三）违反中华人民共和国缔结或者参加的国际条约、协定；
（四）出口中华人民共和国禁止出口的产品和技术。
本单位保证以上填报事项及材料的真实性，承诺遵守中华人民共和国及投资目的地相关法律法规，并按照《境外投资管理办法》（商务部令 2014 年第 3 号）的规定开展境外投资。

企业盖章：

年 月 日</td></tr>
</table>

续表

<table>
<tr><td colspan="6">注：实行核准管理的国家中，与我国未建交的国家名单参见中华人民共和国外交部网站（cs. mfa. gov. cn/zlbg/bgzl/qtzl/t1094257. shtml）；受联合国制裁的国家名单参见联合国中文网站（www. un. org/chinese/sc/committees/list_compend. shtml）。</td></tr>
<tr><td colspan="6">以下由商务部或省级商务主管机关填写：</td></tr>
<tr><td>初核</td><td></td><td>复核</td><td></td><td>签发</td><td></td></tr>
</table>

附件4：

境外中资企业再投资报告表（样式）

单位：万美元

<table>
<tr><td colspan="4">【系统统一编号】</td></tr>
<tr><td>基本事由</td><td colspan="3"></td></tr>
<tr><td rowspan="2">境外中资企业名称</td><td>中文：</td><td rowspan="2">注册地</td><td rowspan="2"></td></tr>
<tr><td>外文：</td></tr>
<tr><td rowspan="2">再投资境外企业（项目）名称</td><td>中文：</td><td rowspan="2">注册地</td><td rowspan="2">国家（地区）：（下拉式列表选择）
省（州）：
城市：</td></tr>
<tr><td>外文：</td></tr>
<tr><td>再投资规模</td><td colspan="3">投资总额________，其中：1. 自有资金________；2. 境内银行贷款________；3. 境外银行贷款________；4. 其他________。</td></tr>
<tr><td>再投资简介</td><td colspan="3">（包括经营内容、规模、产品/市场、配套基础设施、投资回收期等。如属于并购类投资，需包括并购目标公司的生产经营状况、资产财务状况以及具体收购方案等）</td></tr>
<tr><td>注册资本</td><td colspan="3">________</td></tr>
<tr><td>股权结构</td><td colspan="3">境外中资企业占股比：
其他方股东名称及股比：</td></tr>
<tr><td>设立方式</td><td colspan="3">○新设　　　　　　○并购</td></tr>
<tr><td>经营范围</td><td colspan="3"></td></tr>
<tr><td>所属行业</td><td colspan="3">（下拉式列表选择）</td></tr>
<tr><td>多层级再投资报告说明</td><td colspan="3">（如该境外中资企业通过设立多层级企业实现再投资，则需填写此项）</td></tr>
<tr><td colspan="4">附件：
1.《企业境外投资证书》（即境外中资企业获得的证书）</td></tr>
<tr><td colspan="4">本单位保证以上填报事项及材料的真实性，承诺遵守中华人民共和国及投资目的地相关法律法规，并按照《境外投资管理办法》（商务部令2014年第3号）的规定开展境外投资。

企业盖章：

年　月　日</td></tr>
</table>

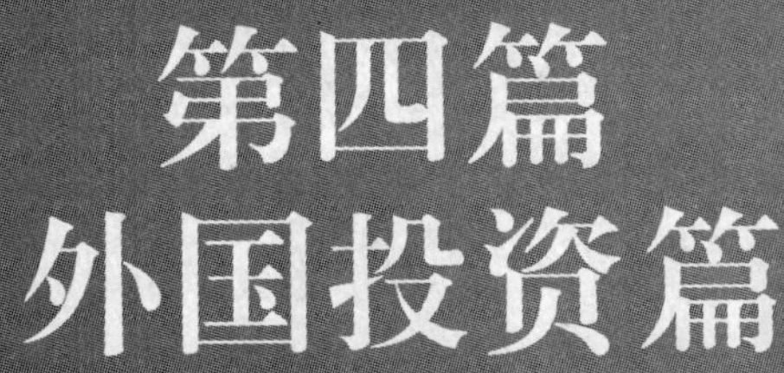

第四篇 外国投资篇

一、美国投资指南

（一）美国当前经济简况

1. 美国经济形势

当前美经济整体企稳回升，但复苏进程依然曲折。2013年第三季度，美GDP增速折年率2.8%，略高于2009年以来平均增长率，全年实际GDP有望达到16.9万亿美元。2013年1—9月，全美价格水平基本稳定，就业市场持续改善，失业率由1月份的7.9%降至10月份的7.3%，房地产市场继续回暖。

美劳工部预测，2010—2020年间，美GDP预计年均增长3.0%，高于2000—2010年间年均GDP 1.6%的增长。

2. 美国GDP总量和增速

美国是世界上最发达的市场经济国家，GDP总量居世界首位（见表4-1-1）。

表4-1-1　2005—2012年美国GDP增长情况

年份	GDP（万亿美元）	增长率
2005	12.623	3.1%
2006	13.377	2.7%
2007	14.029	1.9%
2008	14.291	-0.3%
2009	13.939	-3.1%
2010	14.526	2.4%
2011	15.094	1.8%
2012	15.676	2.2%

注：以上均按美元现值统计，其中2012年数据为第二次公布的统计数据。

资料来源：美国经济分析局。

3. 美国 GDP 构成

美国 2005—2012 年 GDP 的构成情况见表 4-1-2。

表 4-1-2　　2005—2012 年美国 GDP 构成　　单位：十亿美元

年项目	2005	2006	2007	2008	2009	2010	2011	2012
GDP	**12 623**	**13 377**	**14 028**	**14 291**	**13 939**	**14 526**	**15 094.0**	**15 676.0**
个人消费支出	**8 803.5**	**9 301**	**9 772.3**	**10 035**	**9 866.1**	**10 245**	**10 726.0**	**11 119.5**
货物	3 076.7	3 224.7	3 363.9	3 381.7	3 197.5	3 387	3 646.6	3 781.8
-耐用品	1 123.4	1 155	1 188.4	1 108.9	1 029.6	1 085.5	1 162.9	1 218.8
-非耐用品	1 953.4	2 069.8	2 175.5	2 272.8	2167.8	2 301.5	2 483.7	2 563.0
服务	5 726.8	6 076.3	6 408.3	6 653.8	6 668.7	6 858.5	7 079.4	7 337.7
国内私人投资	**2 172.3**	**2 327.1**	**2 295.2**	**2 087.6**	**1 546.8**	**1 795.1**	**1 916.2**	**2 059.5**
固定投资	2 122.3	2 267.2	2 266.1	2 128.7	1 707.6	1 728.2	1 870.0	1 999.0
非居民	1 347.3	1 505.3	1 637.5	1 656.3	1 353	1 390.1	1 532.5	1 616.6
-结构	351.8	433.7	524.9	586.3	449.9	374.4	409.5	458.5
-设备和软件	995.6	1 071.7	1 112.6	1 070	903	1 015.7	1 123.0	1 158.1
居民	775	761.9	628.7	472.4	354.7	338.1	337.5	382.4
私人存货变化	50	60	29.1	-41.1	-160.8	66.9	46.3	60.6
货物和服务贸易净出口	**-722.7**	**-769.3**	**-713.1**	**-709.7**	**-391.5**	**-516.9**	**-578.7**	**-566.7**
出口	1 305.1	1 471	1 661.7	1 846.8	1 583	1 839.8	2 085.5	2 179.7
-货物	906.1	1 024.4	1 162	1 297.5	1 064.7	1 277.8	1 473.4	1 539.6
-服务	399	446.6	499.7	549.3	518.4	562	612.1	640.1
进口	2 027.8	2 240.3	2 374.8	2 556.5	1 974.6	2 356.7	2 664.2	2 746.3
-货物	1 708	1 884.9	2 000.7	2 146.3	1 587.3	1 947.3	2 237.9	2 294.2
-服务	319.8	355.4	374	410.1	387.3	409.4	426.3	452.1
政府消费支出与总投资	**2 369.9**	**2 518.4**	**2 674.2**	**2 878.1**	**2 917.5**	**3 002.8**	**3 030.6**	**3 063.6**
联邦	876.3	931.7	976.3	1 080.1	1 142.7	1 222.8	1 232.9	1 214.2
-国防	589	624.9	662.3	737.8	774.9	819.2	824.9	809.1
-非国防	287.3	306.8	314	342.3	367.8	403.6	407.9	405.1
州和地方	1 493.6	1 586.7	1 697.9	1 798	1 774.8	1 780	1 797.7	1 849.4

注：以上均按美元现值统计，其中 2012 年数据为第二次公布的统计数据。
资料来源：美国经济分析局。

（二）美国投资环境

1. 美国投资环境优势

作为最发达的经济体和吸收外国投资最多的国家，美国投资环境具有如下优势：

（1）发达的经济体

美国是世界上规模最大和最发达的经济体，人均 GDP 为 4.9 万美元。美国的市场体制、法律制度和税收体系给外国投资者充分的经营自由。此外，美国吸引外国经营和投资的环境的主要指数持续排名最佳或接近最佳。世界经济论坛发布的《全球竞争力报告》显示，美国一直是世界上最具竞争力、最具创新和最开放的经济体之一。

世界银行和国际金融公司（IFC）最新公布的《2012 年营商报告》显示，美国整体营商环境在全球 183 个经济体中排名第 4 位，仅次于新加坡、中国香港和新西兰。

（2）巨大的消费市场

美国作为一个具有诱惑力的庞大市场，跨国公司在美投资将拉近它们与供应商和消费者的距离。美国的货物消费市场占据全球总量的 42%，人均可支配收入为 3.2 万美元。此外，美国还与 18 个合作伙伴签订了自由贸易协定，外国投资者可借由美国更便利地进入相关国家市场。

（3）全球研发中心

美国是全球创新的中心。根据巴特尔纪念研究所（Bettelle Memorial Institute）估算，2010 年美国研发支出为 3 958 亿美元，高居全球第一。另据诺贝尔基金会统计，自 2000 年以来，美国在科学领域获得的诺贝尔奖数量超过了其他所有国家的总和，约 45% 的诺贝尔化学、医学、物理奖得主在美国从事其获奖领域的研究工作。美国是世界上专利申请数量最多的国家之一。

（4）全球技术领先地位

美国在技术、研发和创新等方面处于全球领先地位，外国投资者在美国更容易获取较高回报。美国市场对外国生产、创意、创新持开放态度。在《商业周刊》评选的全球最大 100 家信息科技（IT）公司中，有 45 家是美国公司。世界经济论坛全球竞争力指数显示，美国在创新、市场效率、高等教育、综合经商方面均名列第一。

（5）知识产权保护

外国企业来美国进行研发，将其创新成果商业化，美国将为其提供强大的知识产权保护和严格的执法制度。2011 年，在美国专利商标局授予的 24.7 万项专利中，有 51% 的专利申请来自国外。

（6）教育优势

据《时代高等教育增刊》报道，全球排名前 10 位的大学中有 6 所在美国。美国共有 4 000 余所大专院校，约 5 600 万美国人获得学士及以上学位。美国大学和科研机构还招收了 50 多万名留学生，约占全球留学生总数的四分之一。很多社区学院为在本地投资的外国企业提供量身定制的培训。

（7）劳动生产率持续提高

在美国，投资者可以利用受过良好教育、生产效率高、适应能力强的劳动力资源。2000 年以来，美国企业生产率以年均 3.2% 的速度增长。1992—2006 年间，美国劳动生产率年均增速高于西方七国集团（G7）的其他成员。

（8）完善的基础设施

在全球最大的 10 个经济体中，美国拥有最大的公路、铁路网络以及最多的机场。全球航空货运量最大的 10 个机场中有 5 个在美国。美国还拥有世界上最繁忙的国际散货和集装箱装卸港口。

（9）移民国家的多元文化氛围

美国是一个多元文化共存的国家，众多外国人在此学习、生活、投资。作为一个移民国家，美国拥有容纳世界多元文化元素的习惯，承诺以公平和平等的方式对待外国投资者。

2. 美国吸引外资的行政架构

（1）联邦层面

2011 年 6 月 15 日，美国总统奥巴马颁布行政命令，宣布发起“选择美国倡议”（Select USA Initiative），成立由美国商务部牵头、23 个部门参与的“联邦部际投资工作小组”，旨在通过鼓励和支持在美投资，实现创造就业、拉动经济增长。美国商务部下设“选择美国”（Select USA）办公室，负责提升在联邦层面协调吸引外国投资的力度。在联邦层面，美国商务部建有介绍美投资环境的官方网站 www.selectusa.gov。

（2）州和地方政府层面

由于美国各州拥有立法权，因此各地外资政策、外企设立程序、税收等法律法规等存在一定差异。

各州（市、郡）商务厅（局）或经济发展署等部门设有专门机构，具体提供外商投资服务事宜。有意赴美投资者可登录 www. selectusa. gov 首页，查找到全美各州商务主管部门的官方网站。

近年来，随着中美经贸关系日益密切，阿肯色、加利福尼亚等 26 个州（市）在华设立了 31 家代表处，中国企业可以通过联系上述驻华机构获取赴美投资信息。

(3)“选择美国”网站介绍

对于有赴美投资初步意向的中国企业和个人而言，www. selectusa. gov 可提供入门基础信息，该网站旨在联邦层面展示美国作为全球最佳商业地点的有关情况，为投资者了解美国投资整体环境、查询联邦投资政策等提供便利，借此吸引外国投资。

1）网站内容。

• 可搜索、查询联邦政府为在美经营企业提供的各类项目、服务，其中包括：政府支持、贷款及贷款担保、税收优惠政策等。网站还提供了美国主要行业概述。

• 详细介绍企业在美经营的各类优势。

• 以地图形式，与全美各州政府主管投资事务部门的网站建立链接。

2）具体栏目。

• 行业概览。根据行业划分，简要介绍 18 个行业的基本情况，提供相关行业协会网址链接。具体包括：航空、汽车、生物技术、化学、消费品、创意及媒体、能源、环保科技、金融服务、卫生医药技术、物流交通、机械设备、药品、专业服务、零售业、软件及信息技术、纺织品、旅游观光。

• 为什么选择美国？简述投资美国的 9 大优势：全球最大经济体、最具吸引力的商业和投资环境、领先的消费市场、巨大的国内需求、研究创新中心、顶尖高校云集、信息技术制高点、保护知识产权、劳动力受过良好教育且生产效率高。

• 联邦投资优惠政策。可根据关键词组合，搜索美联邦政府为商业投资提供的各类项目介绍、具体支持措施以及优惠政策。

• 案例介绍。简述大众、宜家等外国公司以及杜邦、卡特彼勒等本土企业在美投资案例。

• 全美 50 个州。提供了各州政府主管投资事务部门的网站链接。

• 其他资源。提供了美国中小企业局、商业法律法规、国际贸易、专业咨询公司报告、美国境内商业展会的网站链接。

3. 美国利用外国直接投资情况

自 2006 年以来，美国一直是世界上接受外国投资金额最大的国家[1]。每天，都有外国公司在美国建立新的分支机构，或提供额外资金建立企业。美国拥有世界最大的消费市场、技能与效率较高的工人、高度创新的环境、适当的法律保护、可预见的监管环境，以及不断发展的能源行业。凭借这些优势条件，美国为全世界的公司提供了一个具有吸引力的投资环境。

外国直接投资促进了美国经济发展，尤其是研发投资支持了良好的就业和高度创新。美国吸引外国直接投资主要来自世界工业发达国家。另外，随着投资的体制结构型障碍逐步消除，世界新兴市场正在成为美国吸引外国直接投资的一个越来越重要的来源，投资额也有望进一步上升。

展望未来，美国仍将保持对外国直接投资的吸引力，外国投资也将促进美国经济发展。但是，若想使外国公司有意愿在美国进行投资，美国需要持续增强其根本经济实力，包括公开的投资体制，大型的经济体，技术熟练的劳动力，社区学院，世界级的研究型大学，可预见的、稳定的监管体制，良好的基础设施，以及新能源。

[1] 2012 年，流入中国大陆和香港的外国直接投资总量比美国要高。但是，在“一国两制”方针政策下，香港和中国大陆间的直接投资交易，被认定为对外交易。香港的外国投资数据包括来自中国大陆的投资。同样，流入中国的外资也包括来自香港的投资。

• 2012 年，外国企业在美国净资产高达 3.9 万亿美元。自 2006 年以来，美国共吸引外国直接投资 1.5 万亿美元，是全球最主要的外国直接投资目的地之一。美国 2012 年吸引外国直接投资 1 660 亿美元。

• 美国制造业占外国直接投资相当大的份额，其中以医药、石油和煤炭产品行业为主。除制造业外，批发贸易、采矿、非银行控股公司、金融和保险、银行业也是外国投资比较集中的领域。

• 美国吸引的外国投资主要来自少数几个发达工业国家。自 2010 年以来，日本、加拿大、澳大利亚、韩国，以及七个欧洲国家[1]，占新增外国直接投资的 80% 以上。来自中国和巴西等新兴经济体的投资虽规模仍然较小，但增长速度很快。

（1）美国的外国直接投资

每天，都有外国公司在美国建立新的分支机构，或提供额外资金建立企业。自 2006 年以来，美国一直是世界上接受外国投资金额最大的国家，共吸引外国直接投资 1.5 万亿美元[2]。

外国投资向数百万美国工人提供高薪的就业岗位、扩大美国出口、提供研发资金，从而增强了美国经济实力。本报告论述了美国成为广受欢迎的外国投资目的地的各种因素，分析了近期外国直接投资的趋势，并列举了外国直接投资给全国经济带来的益处。

（2）美国吸引外国直接投资的驱动因素

出于各种不同原因，全球各地的公司和专家认为美国对商业投资的吸引力越来越大，其中包括外国直接投资。2013 年 6 月公布的《外国直接投资信心指数》显示，美国超过了中国、巴西和印度，被来自 28 个国家不同行业的 302 家公司，评为全球外国直接投资最有信心的国家。这是自 2001 年以来，美国首度重回榜首位置。美国成为具有吸引力的投资目的地有多种原因：

• 开放的投资体系；
• 大型的经济体，其消费市场广阔并多样化；
• 技术熟练的劳动力；
• 提供技能培训的社区大学；
• 世界顶级的研究型高等院校；
• 可预见的、稳定的监管体制，包括充分的知识产权保护；
• 良好的基础设施；
• 新能源。

几十年来，在不同总统任期下，美国政府坚持公开的投资政策，无论外国投资公司来自哪个国家，美国都给予其国民待遇。奥巴马总统于 2011 年重申美国坚持公开的投资政策。一份最近的研究报告称，市场准入是跨国企业选定美国的最主要影响因素[3]。例如，根据“在当地建立销售体系”方针，跨国公司需要深度调查并充分了解当地消费者怎样使用其产品，因为当地消费者可能与其本土消费者对产品的使用有很大不同。国民待遇是美国双边投资条约的一个核心，确保给予条约缔结另一方投资者在美国境内的投资及与投资有关活动的待遇，不低于给予本国投资者的投资及与投资有关活动的待遇。

美国是世界上最大的经济体，家庭收入中位数为 51 017 美元，对不同类型产品有着大量、稳定的

---

[1] 按照 2010—2012 年在美国直接投资规模由大到小排列，七个欧洲国家包括：英国、瑞士、卢森堡、荷兰、德国、法国和比利时。

[2] 来自联合国贸易和发展会议《世界投资报告》，附件表格 01。http：//unctad. org/en/Pages/DIAE/World% 20Investment% 20Report/Annex-Tables. aspx.

[3] Riedman, J., Gerlowski, D. A., Silberman, J., 2006 年。What Attracts Foreign Multinational Corporations? Evidence from Branch Plant Location in the United Sates [J].（什么吸引外国跨国企业？从美国分厂区位选择的得来的证据），Journal of Regional Science，32（4）（地区科学杂志 32（4），403 - 418 页）。

需求[1]。美国的劳动力技术熟练、创新度高，商业法规公开透明，相关手续简单快捷，知识产权保护充分。从美国出口也相对简单，成本不高[2]。除了上述长期以来的优势外，美国近期来能源可用量持续增多，能源成本也日益降低[3]。

在过去，低廉的薪酬和成本竞争力被认为是“同义词”，因为企业“追逐低廉薪酬”是为了节约成本，而不考虑外国低薪劳动力和美国本土劳动力的技能和生产效率差距。但是，在一些低薪国家获得的经验，尤其是在部分国家的薪酬上涨已经超过生产率增长的情况下，企业有了新的视角和考量。换言之，企业已经认识到今天的低薪也许明天便不存在，而其他风险和成本却可抵消廉价劳动力节省的成本。

美国的社区学院体系完善。美国几届政府都努力确保为在美国开设的公司提供技能熟练的工人，而社区学院越来越重视对需求量极大的工业行业岗位的职业培训，极大地支持了美国政府这一政策。此外，美国的研究型大学世界一流（世界排名前 20 位大学中的 15 所位于美国），这些大学是企业在美国研发投资的合作伙伴。美国在世界知识产权组织的知识产业投资对 GDP 占比和创新两项排名中均位居前 5 位[4]。

在美国投资还受益于美国拥有世界上最先进、完善的知识产权保护体系[5]。向美国政府缴纳的专利费是世界上所有工业化国家中最低的[6][7]。充分的商标保护能够保障企业投资的品牌知名度和声誉。美国专利商标局通过对商标申请实施“相对理由审查”，确保申请的商标与在线申请和注册商标不存在权利冲突。产品商标和标识的预先审查，能够避免未来可能发生的商标权纠纷及其附带费用。不仅知识产权的所有者，甚至整个美国也能受益于这些保护措施。实例经验证明了知识产权保护越有效，越能更快地促进经济增长[8]。上述完善的知识产权保护体系只是美国可预见的、稳定的监管环境的一部分，而拥有良好的监管环境，使得在美国投资经商更加容易便捷。在 2013 年世界银行公布的经商便利指数中，美国在 185 个国家中排名第 4 位。

物资运输和服务配置也是提高经商便利度的一个关键因素。正如美国总统所述，美国拥有世界级的港口，铁路货运、航运和公路运输网络，不仅有能力服务于美国广阔的市场，还能够使美国成为一个出口基地。

美国国内能源产品的不断增加，不仅降低了价格，还促使能源行业前景乐观，尤其是天然气（见图 4-1-1）。2007 年至 2012 年间，随着产量提高和新储藏不断被发现，美国的能源价格降低了近 60%。美国的天然气行业发达，促进了国内、国外企业投资医药、钢产品和汽油提取设备的制造。美国产的天然气价格便宜，能够满足多种工业行业的不同需求和用途，包括现场发电、生产工艺加热、空间加热、蒸汽、石油化学产品加工等。此外，对可再生能源需求的快速增长，使得企业可以在美国本土进行生产，以抵消在海外生产后为运输大重量产品部件产生的高额费用，例如风力发电机塔架和叶片。

---

[1] DeNavas-Walt, C., Proctor, B., Smith, J., 2013 年。“Income, Poverty, and Health Insurance Coverage in the United States: 2012,”（美国的收入、贫困和医疗保险覆盖：2012 年），美国人口普查局。

[2] 请见 http://acetool.commerce.gov/regulatory-compliance-costs.

[3] 更多详细内容请参见美国商务部“各地资产成本”网站（Assess Costs Everywhere）http://acetool.commerce.gov/.

[4] http://www.wipo.int/pressroom/en/articles/2013/article_0016.html.

[5] http://acetool.commerce.gov/intellectual-property.

[6] http://www.gpo.gov/fdsys/pkg/BILLS-112hr1249enr/pdf/BILLS-112hr1249enr.pdf.

[7] http://www.uspto.gov/web/offices/pac/mpep/mpep-9015-appx-l.html#al_d1b0d9_16b04_f6.

[8] Maskus, K., 2000 年。“Intellectual Property Rights in the Global Economy”（全球经济中的知识产权），全面分析了政策改革与知识产权保护的相关性，美国华盛顿国际经济研究所。Fink, C., Maskus, K. E, (Eds), 2005 年。“Intellectual Property and Development: Lessons from Recent Economic Research”（知识产权和发展：近期经济研究的经验），列举了一系列评估标准更高的保护标准对经济、社会效益影响的实例及其经验，世界银行华盛顿总部。

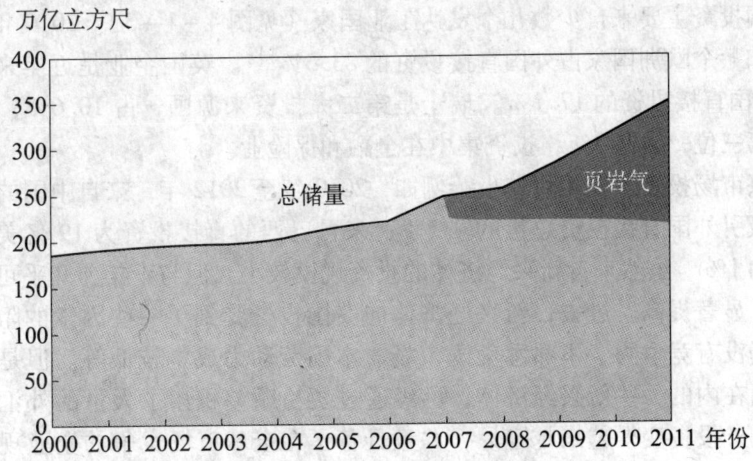

图 4-1-1 美国天然气的探明储量（2000—2011 年）

注：自 2007 年起，能源信息管理局开始单独收集、统计页岩气储量。

资料来源：美国能源部能源信息管理局。

（3）美国吸引大规模外国直接投资

2012 年，美国外资总量已达到 3.9 万亿美元（市场价值），包括新增外资 1 660 亿美元[1]。外资流入量的年变化幅度非常大（见图 4-1-2）。在全球经济衰退时期，外国直接投资大规模下降；之后的几年中，外国直接投资增长速度缓慢[2]。自 1997 年以来，外资流入量于 2000 年达到 3 210 亿美元的最高值，同期商业周期也达到顶峰。2003 年外资流入量仅为 640 亿美元，是 1997 年以来的最低值。在之后的经济扩张时期，外国投资于 2008 年攀升至 3 100 亿美元的高值。2009 年外国直接投资又跌至 1 500 亿美元，但在接下来的两年中反弹，而 2012 年又小幅度降至 1 660 亿美元。

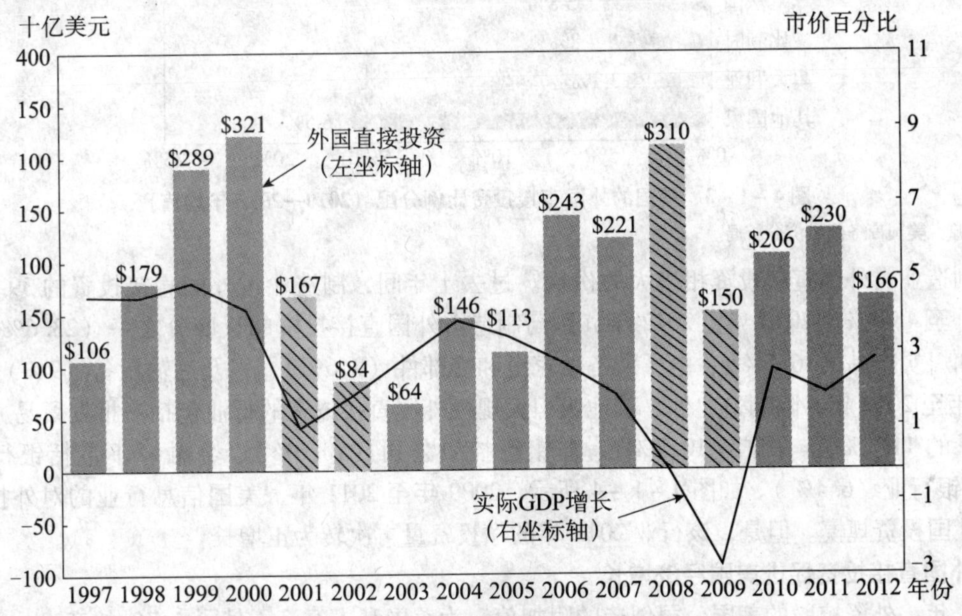

图 4-1-2 美国的外国直接投资（1997—2012 年）

注：“▨”表示全球经济衰退时期（实际 GDP 增长低于 3%）。

资料来源：美国商务部经济分析局；国际货币基金组织。

[1] http://www.bea.gov/scb/pdf/2013/09%20September/0913_ inward_ direct_ investment_ tables.pdf，表格 2。

[2] 根据国际货币基金组织发布的《世界经济展望数据库》，全球实际 GDP 增长率低于 3% 的年份，指全球经济衰退或发展速度放缓时期。

美国吸引的外国投资主要来自少数几个发达工业国家（见图 4－1－3）。2010 年至 2012 年，日本、加拿大、澳大利亚和七个欧洲国家占外国直接投资的 83.5%[1]。英国企业是近年来最大的投资商，占 2010 年至 2012 年外国直接投资的 17.1%。瑞士是第二大投资来源国，占 10.6%，投资行业主要为化学药品。卢森堡居第三位，占 9.7%，投资集中在金融和保险业。

美国吸引的新兴市场投资规模相对较小。例如，2010 年至 2012 年，来自中国的直接投资略低于 10 亿美元，只占美国吸引外国直接投资总量的 0.5%；来自巴西的直接投资为 19 亿美元，约占美国吸引外国直接投资总量的 1%。虽然来自新兴经济体的投资规模较小，但与十年前几乎可以忽略不计的投资水平相比，还是有了显著提高。过去，新兴经济体向美国投资受到了一些因素的阻碍，例如，缺乏财力、产品在美国市场没有竞争力、不熟悉美国市场、本国劳动力成本较低等。但是，这些因素正在改变。包括中国和巴西在内的一些新兴经济体，已经通过贸易顺差积累了大量的外汇储备。这些国家和地区的许多企业在国外投资变得越来越容易，并且具备了在全球市场竞争的企业规模、专业知识和关系网络。随着经济发展，这些国家的工资水平也逐渐提高，与美国的薪酬水平差距也越来越小。薪酬水平差距缩小、美国高效率的劳动力和优越的市场环境等因素，使得美国成为这些国家和地区进行新投资的一个有利选择。

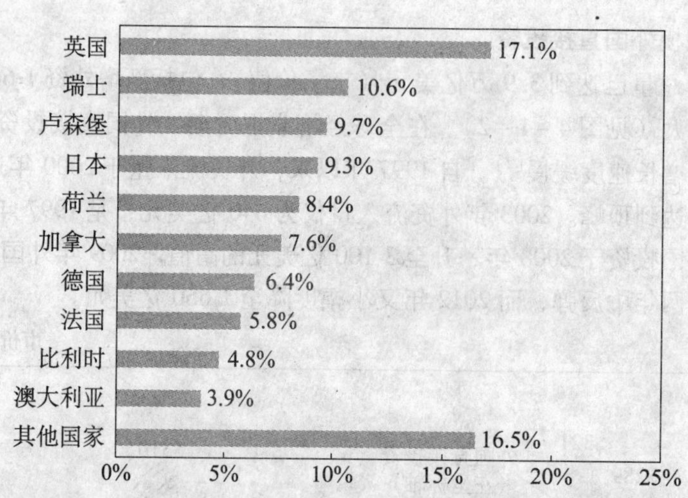

图 4－1－3　美国的外国直接投资比例分配（2010—2012 年均值）

资料来源：美国商务部经济分析局。

美国制造业占外国直接投资相当大的份额。过去十年间，制造业占外国直接投资的 39.2%，并在近两年上升至 45.4%。2010 年至 2012 年，医药制造占外国直接投资的近四分之一（23.6%），其次分别为汽油和煤炭产品（16.5%），电子设备、家电和零部件（9.6%），以及运输设备（9%）。

2010 年至 2012 年，除制造业外，其他吸引大规模外国直接投资的行业包括：批发贸易（占外国直接投资总量的 11.1%）、采矿（10.7%）、非银行控股公司（10.6%）、金融（不包括银行）和保险（7.8%）、银行业（6.4%）。如图 4－1－4 所示。2009 年至 2011 年，美国信息行业的对外投资规模超过了吸引外国投资规模。但是，该行业 2012 年的净投资量再次转为正增长。

（4）外国直接投资促进美国经济增长

- 2011 年，外资控股的美国公司创造的附加值，为美国私人经济贡献了 4.7% 的产出。
- 外资控股的美国公司为美国创造了 560 万个就业岗位，占美国私人部门就业总量的 4.1%，其中约三分之一是制造业岗位。
- 外资企业占美国私人投资的 9.6%，占私人企业研发支出的 15.9%。

[1] 由于数据可用性，这些统计不包括现行成本调整。

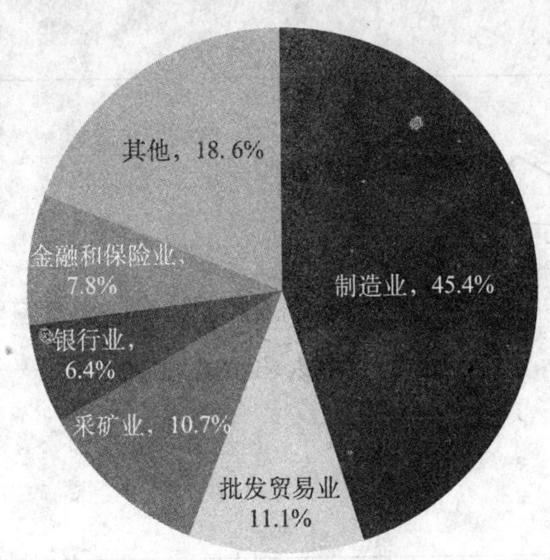

图 4-1-4 美国的外国直接投资行业占比（2010—2012 年）

资料来源：美国商务部经济分析局。

- 在 2008 年至 2009 年的经济衰退期和随后的复苏阶段，外资企业的就业岗位相较美国总体私人部门的就业岗位更加稳定。美国制造业就业岗位来自外资企业的比重自 2007 年的 14.8% 升至 2011 年的 17.8%。
- 无论是制造业还是非制造业，外资公司的薪酬一直比美国平均水平要高。

美国吸引的外国直接投资为许多实物资产提供了资金，包括生产厂房、研发设备、销售办公室、库房和服务中心。这类投资可以采用“绿地投资”的形式，建立全新的公司和设备，或兼并收购现有公司。无论采取何种形式，美国吸引的外国投资都最终转化为在本土的经济产出、就业岗位、出口和研发。美国商务部经济分析局有关于外资控股的美国公司的详细运行数据。

2010 年至 2011 年，外资企业创造的附加值上升 11.4% 达到 7 360 亿美元，占美国私人经济总产出的 4.7%。这些外资企业提供了 560 万个就业岗位，占美国私人部门就业总量的 4.1%。按行业划分，制造业提供了所有外资企业约三分之一的工作岗位[1]。2011 年，外资企业的制造业就业岗位为 210 万个，占全美制造业就业的 17.8%。批发贸易排在制造业之后，2011 年共雇用了全美 546 600 名工人，是外资企业提供就业岗位的第二大行业。零售贸易业提供就业岗位 488 500 个。

2008 年至 2009 年经济衰退时期及随后复苏阶段，外资企业提供的就业岗位相较其他私人部门更加稳定（如图 4-1-5 所示）。2007 年至 2011 年，外资企业就业量提高了 0.9%，而美国私人部门就业总量则下降了 5.3%。同期，制造业外资企业的就业量仅下降 1.5%，而全美制造业就业量则下降 15.4%。这导致制造业外资企业的就业量占全美制造业的就业量从 2007 年的 14.8% 上升到 2011 年的 17.8%。

美国外资企业对资本设备和研发的投资水平很高，雇用技术极其熟练的工人并支付高额薪水（见图 4-1-6）。2011 年，外资企业向美国雇员支付的工资和其他形式报酬为 77 000 美元/人，而美国总体薪资平均水平为 58 000 美元/人。长期以来，外资企业的薪资水平比美国平均水平一直要高。这种差异同时存在于制造业和非制造业外资企业，而制造业外资企业的差异则更为明显一些。

[1] 本节根据获得的数据分析了外资控股公司对美国的直接投资。尽管大多数外资企业都是外资控股的，但也有一些对美国企业的投资，其外资控股低于 50%。

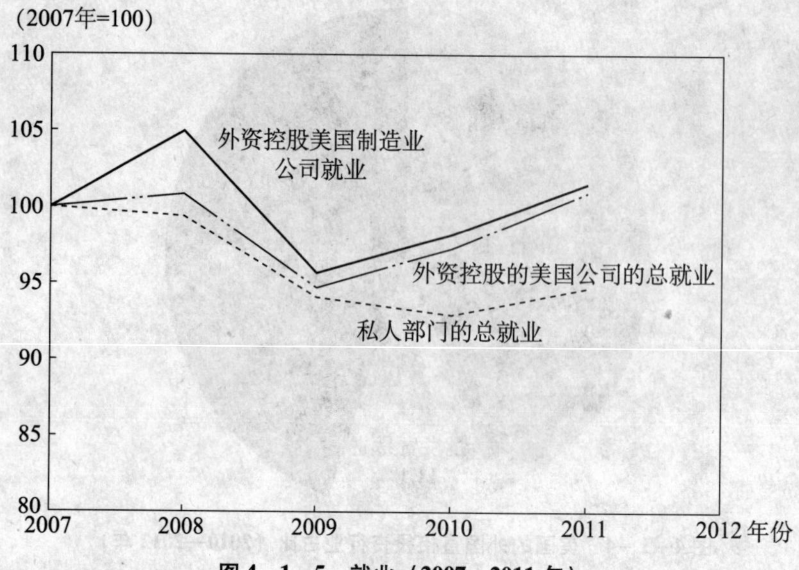

图 4－1－5 就业（2007—2011 年）

资料来源：美国商务部经济分析局。

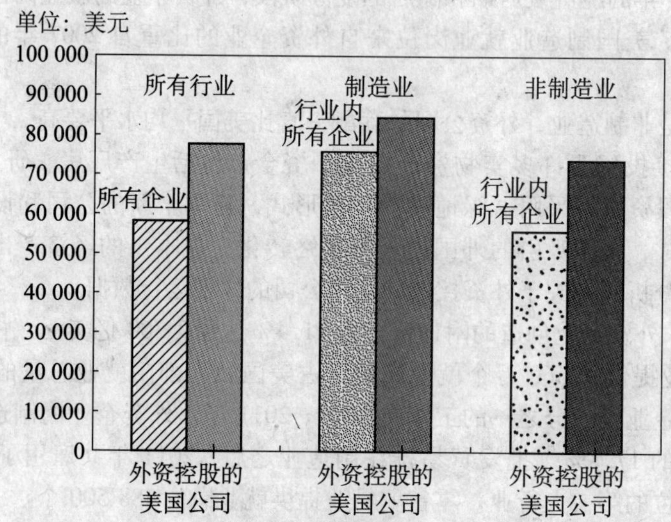

图 4－1－6 每个雇员的年薪酬（2011 年）

资料来源：美国商务部经济分析局。

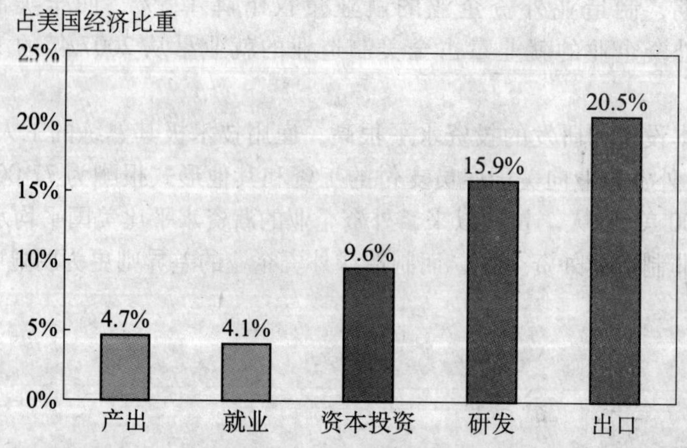

图 4－1－7 美国外资公司的运营情况（2011 年）

资料来源：美国商务部经济分析局。

总体来说，美国外资企业是典型的高生产力企业，是致力于创新和开发的主要私人机构。外资企业占美国私人总投资的9.6%，占美国私人研发的15.9%。外资企业的业务一般面向全球，占美国总出口的0.5%。

美国外资企业的另一个积极影响是其高额的研发支出。外资企业占美国企业研发支出的数额和比重持续上升。由图4-1-8中可以看出，2011年，外资企业研发支出为452亿美元，占美国所有企业研发总支出的15.9%[1]。自1997年首次发布研发数据以来，外资企业研发支出上升了163个百分点，而美国所有企业研发总支出上升了84个百分点，外资企业几乎近其两倍。

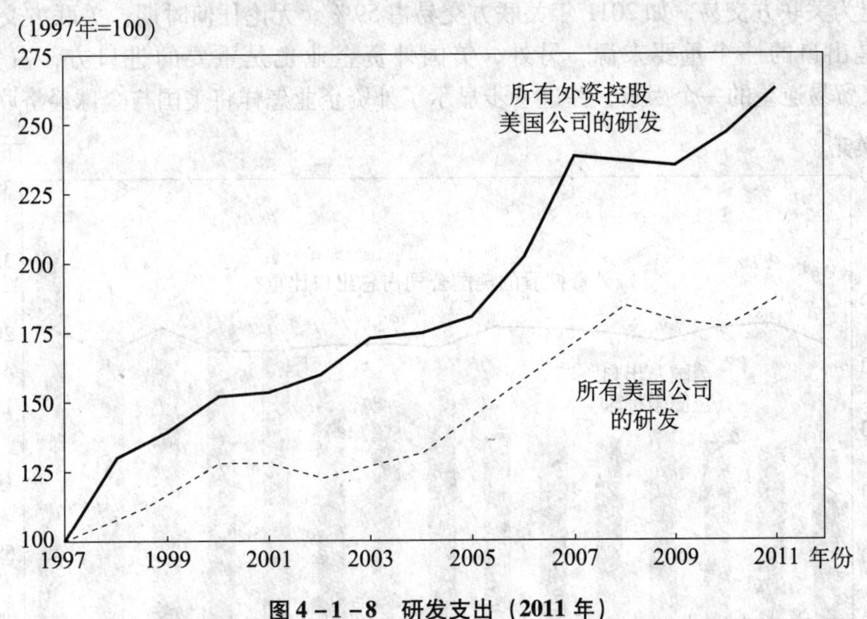

图4-1-8　研发支出（2011年）

注：2007年以前，外国直接投资数据不包括外国银行的美国公司。

资料来源：美国商务部经济分析局。

由图4-1-9中可以看出，对研发投资最大的行业是制造业，占美国外资企业研发支出的69.9%以及美国所有类型企业研发总支出的68.5%。批发贸易业外资企业2011年研发支出为70亿美元[2]。紧随其后的是专业、科学和技术服务业（41亿美元）和信息技术业（15亿美元）。

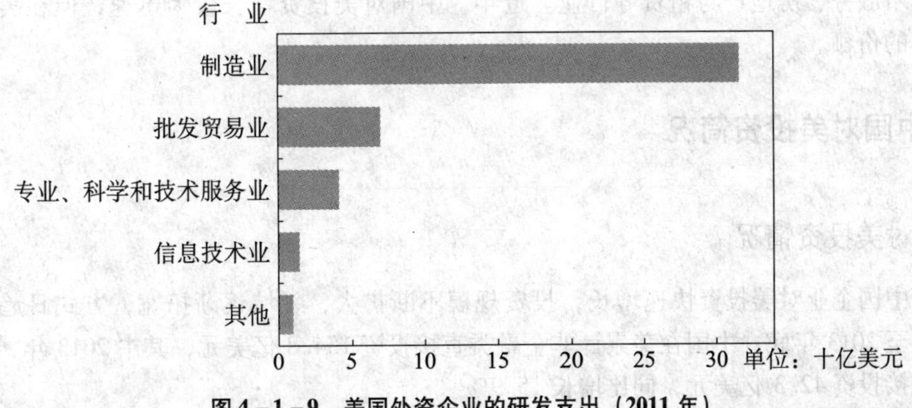

图4-1-9　美国外资企业的研发支出（2011年）

资料来源：美国商务部经济分析局。

---

[1] 请参见“U.S. Affiliates of Foreign Companies: Operations in 2010”（外资控股的美国公司：2010年运营情况）中“Using Employment Data to Estimate Affiliate Shares of the U.S. Economy by Industry”（使用就业数据估算外资控股的美国公司占美国经济的比重——按行业划分），Survey of Current Business（当代商业观察）2012年8月期。

[2] 17所有美国企业的研发支出数据来自美国国家科学基金会，具体请参见 http://nsf.gov/statistics/industry/。

2011 年，美国外资企业绝大部分研发支出来自排名靠前的主要投资国——瑞士、英国、日本、法国和德国。2009 年以来，瑞士投资的美国公司研发开支最高，年平均额约为 90 亿美元。

外资企业占美国总出口额很高（与就业情况类似）。2011 年，外资企业出口额为 3 037 亿美元，占美国总出口的 20.5%，这是自 1995 年以来的第二高值。如图 4-1-10 所示，外资企业的出口与美国总体出口水平趋势相同，但在经济下滑期间，前者要高于后者，这是因为外资企业与其母公司和关联方企业（子公司、海外附属公司和姐妹公司等）贸易往来非常紧密。事实上，美国外资企业相当高的出口份额被界定为关联方交易，如 2011 年关联方交易占 59%。无论任何时期，关联方交易占出口的比重一直很高，是出口的一个重要来源。另外，美国外资企业也是重要的进口方，占美国总进口的 28.4%，是国家贸易逆差的一个因素，并进一步显示了外资企业怎样将美国与全球经济联系到了一起。

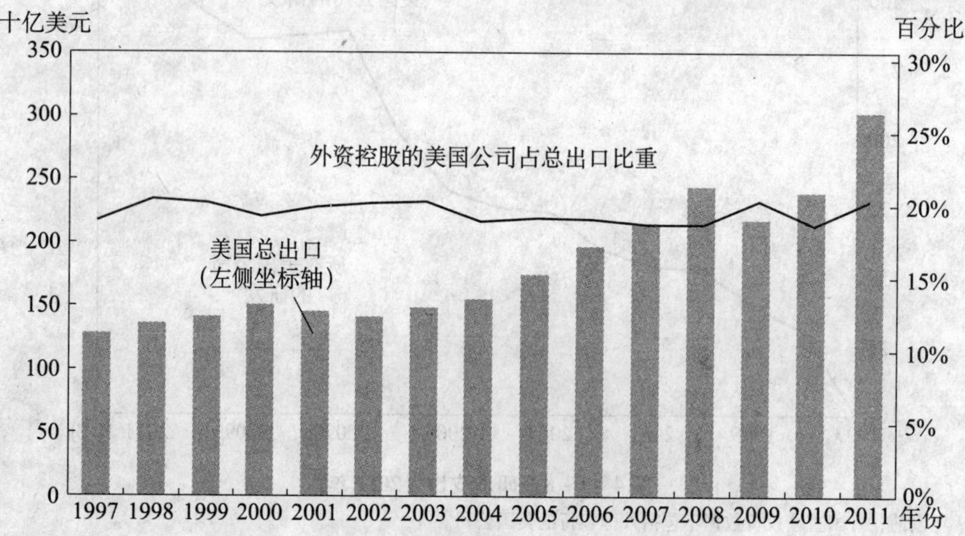

图 4-1-10 美国外资企业的出口（2007—2011 年）

资料来源：美国商务部经济分析局。

美国已连续多年成为吸引外商直接投资金额最多的国家，其外资主要来源地为欧洲、日本、澳大利亚等发达经济体。在美外资主要投向金融保险（不含储蓄机构）、制造业、批发贸易、零售贸易、专业、科学和技术服务、房地产与租赁等行业。近年，中国对美投资增长较为迅速，但在美吸引外资总额中仅占很小的份额。

（三）中国对美投资简况

1. 中国对美投资情况

近年来，中国企业对美投资快速增长，投资规模不断扩大，领域逐渐拓宽，方式日趋多元。根据中方统计，截至 2013 年底，中国在美累计非金融类直接投资 154.8 亿美元，其中 2013 年，中国企业在美非金融类直接投资 42.3 亿美元，同比增长 15.9%。

2013 年以来，中国企业对美投资出现若干大型项目，万向、中海油、双汇、绿地集团等先后赴美开展并购交易，其中双汇国际收购全球最大猪肉制品生产商史密斯菲尔德公司交易总金额 71 亿美元，这是目前中国企业在美实施的最大收购案。

按在美中资企业注册地统计，中国企业赴美投资主要集中在加利福尼亚州、伊利诺斯州、得克萨斯州、纽约州、特拉华州、密歇根州、马里兰州、佐治亚州、华盛顿州、佛罗里达州、北卡罗来纳州、南卡罗来纳州、弗吉尼亚州、新泽西州等地。

2. 中国企业赴美投资现状及意向调查报告

（1）中国企业青睐赴美投资

2010 年 6 月，中国国际贸易促进委员会（以下简称中国贸促会）发布《中国企业对外投资现状及意向调查报告》。该报告显示，对已开展境外投资的中国企业进行问卷调查显示，美国成为中国企业“走出去”首选，有 28% 的受访开展境外投资的企业选择赴美投资。在对投资目的地开放程度评价上，受访中国企业对美国投资开放程度的打分为 3.42 分（满分 5 分），排名位居第二，仅次于中国香港（3.6 分）。

（2）中国企业在美投资方式

根据中国贸促会上述调查报告，设立销售渠道成为中国企业赴美投资的主要目的和手段，已在美投资的中国企业中有 58% 采用这一方式进行投资。此外，建立股份制合资企业（16%）、设立全新独资制造公司（10%）也是中国企业采用较多的投资方式，而兼并、收购国外资产（8%）则采用得相对少些。

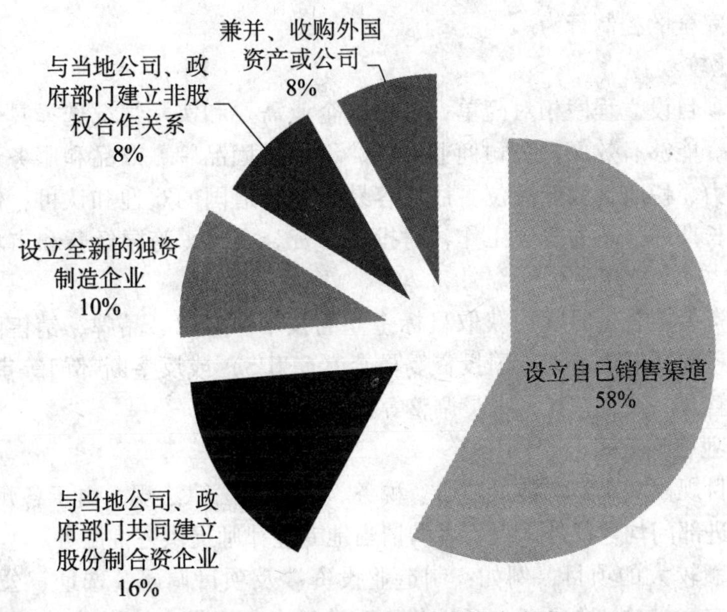

图 4-1-11　中国企业在美投资方式

（四）中国企业赴美投资实务指南

1. 赴美投资前企业应思考、注意的重要问题

（1）算好“战略、经济”两本账

作为世界上最发达和最大的经济体，美国市场容量大、商机多、科技发达，成为众多外国公司青睐的投资目的地。与此同时，美市场高度成熟，法律法规健全，普通劳动力成本高，竞争激烈，部分行业进入门槛较高。因此，中国企业在决定赴美投资前，务必要算好“战略、经济”两本账。

“战略账”是指企业应根据自身发展战略与规划，分析国内、国际以及美国经济形势、具体行业发展趋势，深入思考赴美投资将如何优化本企业资源配置能力，将提升企业核心竞争力作为投资决策的出发点和落脚点。切忌盲目、冲动作出投资决策，以免给公司带来重大损失。

“经济账”是指企业要全面、系统评估赴美投资的经济可行性，整合公司内部、外部的专业资源，深入做好项目选址、投资、税务、法律等前期各类调研，做好风险评估和预案准备，科学确定可行性报告，事先做好“家庭作业”，要特别重视培养、储备本公司跨国经营人才的工作。避免出现赴美投资后，才发现投资成本过高、项目不可行等情况。

（2）选择适合的赴美投资方式

企业在深入、细致计算“战略、经济”两本账、作出赴美投资决策后，面临的首要问题是选择何种投资方式。

1）对外直接投资的主要方式。

对外直接投资主要包括两种方式：

一是绿地投资（Green Field Investment），又称“创建投资”，指跨国公司等投资主体在东道国境内依照东道国的法律设置的部分或全部资产所有权归外国投资者所有的企业，外国投资者可选择独资或合资设立新企业。

二是跨国兼并（Merger）、收购（Acquisition），简称“并购”，指外国投资者为了达到特定经营目标，通过一定渠道和支付手段，将另一国企业全部或部分资产或股份收购下来，从而对被收购企业的经营管理实施实际或完全的控制行为。

2）两种方式的比较。

绿地投资方式的项目设立程序相对简单，可根据企业需要和实际情况选择具体方式，小至设立代表处，大到新建工厂。能够有效保护公司商业秘密，继续巩固品牌、产品和服务认可度。由于绿地投资会带来新的生产能力、税收、就业岗位，往往容易受到东道国的欢迎和认可，但包括制造业在内的大规模绿地投资需要长期、大量的筹建工作，对投资者资金实力、跨国经营和市场开拓能力等有较高要求。

并购方式可使投资者在较短时间内获取目标企业的技术、客户、品牌、销售网络等关键资源，但并购项目可能需要经过联邦层面美国外国投资委员会（CFIUS）或反垄断部门等审查。在并购完成后，交易双方还面临资源整合、文化差异、人员调整等挑战。

（3）酌情选择专业咨询公司

在美投资无论项目规模大小，均涉及注册、税务、劳工等法律法规，由于各州存有差异，美联邦、州和地方政府投资促进部门均建议外国投资者聘请当地专业律师提供咨询服务。

对于在美投资金额较大的项目，例如：制造业投资涉及项目调研、选址、公司设立、购买土地、环境影响评价（申请空气排放）等手续、争取优惠政策等多个流程；并购项目涉及复杂的法律、财务、投资审查、公共关系等领域。因此，建议中国企业根据自身需求和实力，一方面，组建本公司投资美国的项目团队，有效组织利用内部资源；另一方面，视情聘请项目可研咨询公司、环评、公司事务律师、投资银行、会计师事务所、财务顾问、公关等专业咨询公司。

根据中国驻美使馆经商处对近年在美成功投资或公开上市的中国企业调查情况看，受访企业均建议，赴美投资应聘请专业咨询公司或顾问，消除认为相关费用属于“乱花钱”等认识误区。

（4）注意投资地点的选择

投资地点要依据企业自身业务发展、对外部资源和市场利用的需要进行选择。一般应优先选择产业集聚度高、交通便利、信息灵通、商机较多、生活便利的城市。

需要注意的是，在某个州创建公司后，如今后要在其他州开展业务，还需获得这些州政府的许可。因此，企业最初设立地点不能仅考虑税务优惠，而忽视市场资源等其他关键要素。例如：美国个别州整体税率较低，对企业财务要求更为宽松，许多外国投资者将美国分公司总部或财务中心设在那里，但应该看到这些州的经济发展水平往往并不是很高，人口、市场容量也相对有限。

据美国德勤公司统计，外商投资企业在美雇用人数最多的五个州分别为加利福尼亚州、纽约州、得克萨斯州、宾夕法尼亚州、伊利诺伊州。

（5）注重诚信、合法经营、争取支持、规避风险

中国企业在设立注册、日常运营、税务申报、聘用雇员等过程中，要高度重视诚信和知识产权保护，坚持依法合规经营。与美国联邦政府主管部门、项目所在地政府、当地选区的国会议员、州议员和行业协会等保持密切联系，主动争取优惠政策，并就投资过程中遇到的问题积极沟通，认真履行企业社会责任，尊重当地风俗习惯，主动融入当地社区，重视工会组织，妥善处理劳资关系，与媒体保持良好沟通、积极争取各方支持。

要树立风险意识，企业跨国投资前要对面临的潜在政治、法律、营商环境等风险了然于胸，制定并严格实施风险防控措施，通过聘请专业咨询机构、选择项目投资方式、利用保险组合、引入合资伙伴、强化知识产权保护、减少诉讼风险、增加本土化运作等多种方式规避、应对风险。

2. 在美设立企业基本程序

（1）确定公司形式

在美国设立公司，可设立代表处、办事处、分公司、子公司和合资公司等多种形式公司，只要符合美国法律要求并提交相关文件即可注册。美国没有全国统一的联邦公司法，各州分别对设立公司流程制定规定。

美国常见的公司形式主要有C类股份有限公司（C-Corporation）、有限责任公司（Limited Liability Company）、合伙公司（General Partnership）、有限合伙公司（Limited Partnership）、有限责任合伙公司（Limited Liability Partnership）、个人独资公司（Sole Proprietorship）等。外国投资者最常用的形式是C类股份有限公司和有限责任公司。

1）C类股份有限公司。

C类股份有限公司是由股东（shareholders）共同所有的独立法人，股东持有公司股票（stock）。该形式将股东投资风险限制在公司资产范围内，股东个人财产受到保护，股东个人通常不对公司债务承担责任。

C类公司具有双重纳税的特点，当C类公司分红时，公司需要对分配的利润交税，股东个人同时也要缴纳个人所得税。C类公司在董事会管理下运行，董事会负责公司决策事务，经理人员负责日常运营，股东不参与日常管理。符合条件的C类公司可通过上市公开发售股票开展融资。C类公司通常以名称加上“Incorporated”一词的缩写“Inc.”或“Company”一词缩写“Co.”作为标记。

2）有限责任公司。

有限责任公司可由一个或若干个自然人或法人共同所有。有限责任公司的所有者被称为“成员”（members），成员根据投资比例持有法定权益（interest），对公司债务承担不超过个人出资额的有限责任。有限责任公司以公司或成员个人名义报税，避免了“双重征税”，但不适合今后有公开上市计划的企业。有限责任公司通常在名称后加上字母缩写“LLC”为标记。

（2）注意事项

对外国公司来说，在美国设立公司应尽量设立具有独立法人资格的附属公司（subsidiary corporation），而不设立分支机构或分部（branch）。原因在于，分支机构将被视为海外总公司的一部分，美国税务局可能会要求其申报全球收入，总部还要为该分支机构的违法经营行为负责，而附属公司只需为在美本土产生的利润纳税，总公司也不承担其违法经营责任。

在美国注册公司对经营行业和项目限制较少，但从事金融、电信、能源、交通、基础设施、能源等行业存在准入限制。一般来说，为便于将来扩大企业经营范围，注册公司时可注明其计划经营的业务，或笼统写“等一切合法的商务活动”。

一般情况下，注册公司时无需验资，也无资金限制。如公司在某州注册后，需跨州经营业务，则要获得其他州政府的许可。因此，在选择筹建公司的州时，应充分考虑当地公司法、税务、对公司活动的限制程度等因素。

（3）注册公司程序

在美国申请注册公司，各州的规定手续不同。但一般包括：准备公司章程，包括公司名称、公司经营期限、认可股数和类别；签署和认证公司章程；将公司章程连同所需费用提交拟注册州；收到州务卿颁发的公司执照等 6 道程序。在注册公司的不同阶段，需要与各州不同政府部门打交道，一般至少涉及州务卿办公室、州税收和财政署、州劳动署等部门。

世界银行《2011 年美国营商报告》以在纽约州注册企业为例，简要说明了注册程序：

1）预留公司名称（为可选项）、提交公司章程。

在美注册公司可选择任何符合法律规定的公司名称，包括集团、公司、大学、学院、研究院、协会、商店、工厂等，但该名称应未被其他公司注册。经登记注册后，公司即成为政府批准的、合法登记的美国公司。

企业在注册公司前，可向纽约州州务卿办公室公司处（Division of Corporations，Secretary of the State Department）申请预留公司名称（为可选项），提交预留公司名称申请（Application for Reservation of Name）。申请费 20 美元，预留公司名称为 60 天，其后可延期 2 次共 60 天，每次延期费用也为 20 美元。

企业成立者必须向纽约州州务卿办公室公司处递交公司章程，相关表格可在州务卿官方网站下载，也可在当地法律材料商店购买。申请处理时间约两周，需缴纳费用 275 美元，其中 200 美元为申请费用（filing fee），75 美元为加急服务费（expedited sevice fee）。如额外缴纳 150 美元可在两小时内完成审批，75 美元可在当天完成，25 美元则在 24 小时内完成。企业成立获批后，将由州务卿发放资格证书（Certificate of Qualification）

值得注意的是，由于拟注册企业所在行业不同，往往还需要申请符合美国联邦、地方州政府规定的许可（permit），例如：环境保护、建筑施工、农产品加工检验检疫等。由于各州、各行业要求迥异，难以一一列举，建议洽询州和当地政府商务主管部门或咨询专业律师意见。

2）申请雇主识别号码（Apply for federal identification number EIN）。

为便于税收征缴和识别雇主，企业账户的拥有者需申请雇主识别号码。此申请免费。申请人可登录美国国内收入局（Internal Revenue Service，IRS）获取 SS-4 表格，也可电话申请并从 IRS 网站下载表格填写。

根据反馈方式不同，处理 SS-4 表格所需时间也不一样。互联网在线或电话申请（1-800-829-4933）可获得即时办理；传真需要 4 个工作日；而邮寄则需 4 周时间办理。

3）注册州销售税（Register to collect State sales tax）。

凡销售"有形个人财产（货物）及其他特定产品和特定服务"的公司，必须在纽约州开业经营之前至少 20 天，登录纽约州税务和财政厅网站（New York State Department of Taxation and Finance）选择在线注册销售税，或递交 DTF-17 表格。

4）向州劳动厅进行雇主登记（Register as an employer with the Unemployment Insurance Division of the State Department of Labor）。

企业设立者必须向纽约州劳动厅（New York State Department of Labor）提交 NYS-100 表格，劳动厅将审核该公司是否符合纽约州失业保险法规定。如合规，州劳动厅将按季度向该公司发送预扣所得税、申报工资等材料。

公司雇主可登录纽约州劳动厅网站在线注册，或填写并邮寄 NYS-100 表格。在进行劳动厅雇主登记之前，该公司必须完成第二个步骤，即，在美联邦税务局获取联邦雇主识别号码。此项登记免费。

5）安排职工赔偿保险（Arrange for workers' compensation insurance and disability insurance）。

作为雇主，公司设立者必须在法定私人保险公司等为职工购买雇员赔偿保险以及伤残保险。该公司的联邦雇主识别号（EIN）是劳工赔偿委员会沟通的主要依据。在为雇员办理赔偿或伤残保险时，该公司必须将 EIN 号码递交给承保单位。此项手续免费。

6）公告并提交公告证明（Arrange for publication and submit certificate and affidavits of publication）。

新建的有限责任公司（LLC）必须在成立后 120 天内发布两次公告宣布公司成立事宜。为此，新公司应向纽约州州务卿办公室公司处提交两份公告书面陈述和一份公告证明书。有限责任公司发布公告证明书费用为 50 美元，公告费用各县（市、郡）不同，一般在 350 美元至 1 500 美元之间不等。

（4）聘请律师或专业咨询公司帮助设立企业

美国各州政府对于外国投资者在本地新设企业的法律法规各不相同，因此，对于缺乏在美运营经验的外国投资者，很多州负责投资事务的政府部门会建议他们在新设企业时聘请当地专业律师。

美国注册公司程序透明，但非专业人士很难掌握相关全部法律。特别是各州立法繁多，在环境、劳工、税收等各个领域，各州都制定了相应法律法规，一旦违反规定，即可能面临罚款、禁止设立等处罚措施。因此，在设立公司之前，通过聘请会计师、公司事务律师，寻求专业咨询和帮助，将有助于企业顺利注册和尽早开始运营。

（五）在美投资税务简介

1. 美国税收制度

美国现行税法是世界上最复杂的税法体系之一。美国税收管辖权分属联邦政府、50 个州和哥伦比亚特区及各县市。所有美国公民、在美国从事经营和投资业务的外国个人和企业都受美国税法的约束。一个公司税赋情况根据该公司经营活动及其所在地而定。

美商务部“选择美国”办公室建议在美投资外国企业就税收问题聘请专业税务公司，一些美国律师事务所建议，作为概括了解美国税务体系，可参考美国毕马威公司编写的《投资美国中国公司指南》、美国德勤公司编写的《国际税务及商业指南》。

（1）美现行税收制度

美国现行税制是以所得税为主体税种，辅以其他税种构成的。主要税种有个人所得税、公司所得税、社会保障税、销售税、财产税、遗产与赠与税等。

美国税收由联邦政府、州政府和地方政府征收：

- 联邦政府主要征收联邦所得税、财产税及赠与税。联邦政府的总税收中，个人所得税约占 1/3、社会保险税约占 1/3、公司所得税约占 1/6，其他税收包括遗产税、关税等。
- 州政府及地方政府征收州所得税、特许规费、消费税、使用税及财产税等。

（2）分税制管理体系

美国的联邦、州、地方三级政府根据权责划分，对税收实行彻底的分税制。联邦与州分别立法，地方税收由州决定。三级税收分开，各自进行征管。税收管辖不同，对于应税所得的定义和所得的分配也不同。

美国的所得税制兼有“属地主义”和“属人主义”。就美国来源所得（US Source of Income）而言，所得税原则上采用“属地主义”，非居民之外国人（Non-Resident Alien）应该就源自美国境内所得向美国政府缴税。就美国公民或居民而言，所得税原则上采用“属人主义”，即针对美国公民在全世界的收入所得加以课税。

（3）税收管理机构

财政部负责美国联邦税收法规管理事务；参议院和众议院拥有税收立法权；由财政部提出的税收法律议案经国会通过，总统批准后生效。

税收征管机构为国内收入局（IRS）与关税署。国内收入局负责联邦国内税征收、国内收入法案的执行；关税署负责关税征收。国内收入局总部只对征收工作给予指导、指示，实际征收工作由全国分设的 7 个地区税务局负责。地区税务局有权对征管中的问题作出决定而无需总局批准。地区局下设若干区局，直接进行税收征纳管理工作。

由于美国实行主动申报缴纳个人所得税为主的税制，所以地区局以下实际工作主要是对纳税申报表予以审查。

2. 主要税种

（1）个人所得税

美国个人所得税分为联邦个人所得税、州个人所得税和地方个人所得税，其中以联邦个人所得税为主。

1）纳税人。

个人所得税的纳税人包括：美国公民、居民和非居民。美国公民是指出生在美国的人和加入美国国籍的人。美国居民指非美国公民，但根据《美国移民法》拥有法律认可的永久居住权（如获得绿卡）的人。不符合美国公民和居民身份的为非居民。

2）课税对象和税率。

个人所得税的课税对象是美国公民和居民来源于全球的所得，非美国居民来源于美境内的所得。2011 年联邦个人所得税税率见表 4 - 1 - 3。

表 4 - 1 - 3　　2011 年联邦个人所得税税率　　单位：美元

税　率	单　身	已婚合并报税；符合资格的丧偶报税人	已婚单独报税收入	户主收入
10%	不超过 8 500	不超过 17 000	不超过 8 500	不超过 12 150
15%	8 500 ~ 34 500	17 000 ~ 69 000	8 500 ~ 34 500	12 150 ~ 46 250
25%	34 500 ~ 83 600	69 000 ~ 139 350	34 500 ~ 69 675	46 250 ~ 119 400
28%	83 600 ~ 174 400	139 350 ~ 212 300	69 675 ~ 106 150	119 400 ~ 193 350
33%	174 400 ~ 379 150	212 300 ~ 379 150	106 150 ~ 189 575	193 350 ~ 379 150
35%	379 150 及以上	379 150 及以上	189 575 及以上	379 150 及以上

3）应纳税所得额及应纳税额计算。

个人所得税的计算方法是：税法规定的纳税人全部所得先减去不予计列所得（为总所得）；然后减去税法规定的应在“调整所得前扣减的项目”（为调整所得）；再减去分项扣减款项或标准扣减款项；再减去免税项目（为应纳税所得额）；乘以适用税率（为应纳税额）；最后减去税收抵免税款和已付税款等，即为最终的纳税款。2011 年扣除标准见表 4 - 1 - 4。

表 4 - 1 - 4　　2011 年扣除标准

分　类	扣除标准（美元）
已婚合并纳税，配偶健在	11 600
户　主	8 500
单　身	5 800
已婚，单独申报	5 800

4）征收方法。

美国个人所得税应税期限为一年，特殊情况可少于 12 个月。全年纳税年度截止于每年 12 月 31 日的，为按日历年度计的纳税年度；截止于每年度其他的任何一个日期的，为按财务年度计的纳税年度。

个人所得税的纳税人按日历年度为纳税年度的，在纳税年度次年的4月15日前申报纳税；按财务年度为纳税年度的，应在纳税年度终止后次年的4月15日前申报纳税；领取工薪的纳税人，由雇主预扣代缴。

(2）公司所得税

美国公司所得税是对美国公司的国内外所得、外国公司来源于美国境内所得征税的税种。

公司所得税分联邦、州地方两级征收。一家在美国运营的公司除了要申报联邦政府所得税，还要在企业注册地、经营地所在州申报所得税。美国联邦、州及地方政府要求公司每年年末汇总申报缴纳公司所得税或特许权税，每个季度预缴税费，年末税务核算则多退少补。每年年末的所得税申报不仅申报所得税核算明细，还需要申报大量公司信息。政府一般准许公司六个月的所得税申报宽限期，但税款缴纳截止日不可递延。

1）纳税人。

公司所得税以美国公司和外国公司作为纳税人。美国税法规定，凡是根据各州法律成立并向各州政府注册的公司，不论其设在美国境内或境外，也不论其股权属谁，均为美国公司。凡是根据外国法律而成立，并向外国政府注册的公司，不论其设在美国境内或境外，即使股权的全部或部分属于美国，都是外国公司。

2）课税对象和税率。

美国公司所得税的课税对象是美国公司来源于美国境内外的所得（即全球所得）和外国公司来源于美国境内的所得，主要包括经营收入、资本利得、股息、租金、特许权使用费、劳务收入和其他收入等。

3）应纳税所得额、应纳税额的计算。

应纳税所得额是公司总所得减去为取得收入而发生的、税法允许扣除的各种费用和损失后的余额。允许扣除额是由税法事先规定的、公司在取得总所得过程中发生的必要营业和非营业支出。

公司所得税的纳税人可以选择各自的纳税年度，即纳税的起讫日期，但一经确定，就不得随意改变。纳税人可以选择权责发生制、现金收付制或其他会计核算方法作为计税方法。

一般情况下，纳税人应在每年4月15日前提交预计申报表和上年实际纳税表，并按预计申报表在该纳税年度的4月15日、6月15日、9月15日、12月15日前，按一定的比例缴纳公司所得税。公司所得税按年一次征收。纳税人可在其选定的纳税年度终了后两个半月内申报纳税。年度之间的亏损可以抵补和结转，本年度亏损，可向上转抵3年，向下结转15年。

4）各州公司所得税。

美国各州及地方政府均设有各自的税制体系，包括独立的税法规定、税收征缴以及税务司法机构。州（地方）政府可征收州（地方）所得税、消费税、使用税、财产税等，部分州还征收特许权税。美各州及地方政府税收规定存在差异，在美经营的企业必须要了解与其有关联的州及地方税收法规。

一家从事跨州业务的美国公司是否要在不同州申报纳税，取决于该公司是否在该州建立了“关联”(nexus)。“关联”的建立通常与公司的经营活动有关。例如，是否有来源于该州的营业收入、是否在该州拥有资产、公司的在职人员在该州是否有实际经营活动等。一旦该州认定公司与本州有足够的“关联”，就有权对公司征收所得税或其他税。如一家公司与数州都有足够的“关联”，则需将总应纳税所得在几个州之间进行分摊后再分别计算各州所得税，分摊原则通常考虑三个因素：工资、财产和销售收入。大多数州允许三因素平等权重，也有一些州对三因素给予不同权重。

综上，美国各州的公司所得税规定、税率均有不同（见表4-1-5），拟赴美投资的中国企业应根据自身情况，选择合适的州。

表 4-1-5 各州公司所得税税率（截至 2012 年 1 月 1 日）

州名称	税率和适用范围	备 注
阿拉巴马	6.5%	
阿拉斯加	1.0% > $ 0 2.0% > $ 10K 3.0% > $ 20K 4.0% > $ 30K 5.0% > $ 40K 6.0% > $ 50K 7.0% > $ 60K 8.0% > $ 70K 9.0% > $ 80K 9.4% > $ 90K	若公司所得大于 0 美元，适用 1.0% 的公司所得税税率。下同。
亚利桑那	6.968%	
阿肯色	1.0% > $ 0 2.0% > $ 3K 3.0% > $ 6K 5.0% > $ 11K 6.0% > $ 25K 6.5% > $ 100K	
加利福尼亚	8.84%	
科罗拉多	4.63%	
康涅狄格	7.5%	
特拉华	8.7%	
佛罗里达	5.5%	
佐治亚	6.0%	
夏威夷	4.4% > $ 0 5.4% > $ 25K 6.4% > $ 100K	
爱达荷	7.6%	
伊利诺斯	9.5%	自 2011 年 1 月 12 日，伊利诺斯州将州公司所得税由原先的 7.3% 增加至 9.5%。其中包括 2 项公司所得税税目，税率分别为：7% 和 2.5%。
印第安纳	8.5%	
爱荷华	6.0% > $ 0 8.0% > $ 25K 10.0% > $ 100K 12.0% > $ 250K	
堪萨斯	4.0% > $ 0 7.0% > $ 50K	
肯塔基	4.0% > $ 0 5.0% > $ 50K 6.0% > $ 100K	
路易斯安那	4.0% > $ 0 5.0% > $ 25K 6.0% > $ 50K 7.0% > $ 100K 8.0% > $ 200K	

续表

州名称	税率和适用范围	备　注
缅因	3.5% > $ 0 7.93% > $ 25K 8.33% > $ 75K 8.93% > $ 250K	
马里兰	8.25%	
马萨诸塞	9.5%	
密歇根	4.95% + 0.8%（总收入 >350K）	
明尼苏达	9.8%	
密西西比	3.0% > $ 0 4.0% > $ 5K 5.0% > $ 10K	
密苏里	6.25%	
蒙大拿	6.75%	
内布拉斯加	5.58% > $ 0 7.81% > $ 100K	
内华达	无	
新罕布什尔	8.5%	
新泽西	9.0% > $ 100K	企业全部净收入超过 $ 100K，对全部可税收入适用9%税率；全部净收入大于 $ 50K 小于 $ 100K，对全部可税收入适用7.5%税率；全部净收入小于或等于 $ 50K，对全部可税收入适用6.5%税率。
新墨西哥	4.8% > $ 0 6.4% > $ 500K 7.6% > $ 100 万	
纽约	7.1%	
纽约市	8.85%	9%（金融机构）
北卡罗来纳	6.9%	
北达科他	2.1% > $ 0 5.25% > $ 25K 6.4% > $ 50K	
俄亥俄	5.1% > $ 0 8.5% > $ 50K	
俄克拉何马	6.0% > $ 0	
俄勒冈	6.6% > $ 0 7.6% > $ 250K	
宾夕法尼亚	9.99%	
罗德岛	9.0%	
南卡罗来纳	5.0%	
南达科他	无	
田纳西	6.5%	
得克萨斯	无	得克萨斯、华盛顿州没有州公司所得税，但有总收入税（gross receipt tax）。
犹他	5.0%	
佛蒙特	6.0% > $ 0 7.0% > $ 10K 8.5% > $ 25K	

续表

州名称	税率和适用范围	备　注
弗吉尼亚	6.0%	
华盛顿	无	得克萨斯、华盛顿州没有州公司所得税，但有总收入税（gross receipt tax）。
西弗吉尼亚	8.5%	
威斯康星	7.9%	
怀俄明	无	
哥伦比亚特区	9.975%	

注：1K＝1 000美元。

（3）销售税

销售税（sales tax）是美国各州和地方政府对商品、劳务按其销售价格的一定百分比课征的一种税。美国没有联邦层面统一的销售税。目前，全美绝大多数州都设置了销售税，销售税已成为州政府主要财政收入来源。美国地方的县、郡政府也征收销售税。美国销售税包括：普通销售税和零售销售税。

1）普通销售税。

普通销售税以从事工商经营的个人、企业为纳税人，以出售商品的销售收入或劳务收入作为课税对象，采用比例税率。普通销售税以商品或劳务流转的全过程为征税环节，实行从生产到消费每流转一次，就征收一次税的原则。在美国开征普通销售税的州之间差异及变化较大。普通销售税的免税范围包括种子、化肥、保险费等。

2）零售销售税。

零售销售税是对商品零售环节的零售额所征收的一种税。美国税法规定，零售业者可以在商品售价之外标明应纳税额，作为商品的卖价。虽然税法规定零售业者是纳税人，但实际上税负还是由消费者负担。零售销售税实行差别比例税率，各州规定不尽相同，最高税率超过9%。

为了促进销售和节约家庭开支，部分州实施了“销售税假期”制度（Sales Tax Holiday），即每年规定若干日期，在这些日期中所出售的有关商品可免征销售税。

此外，美国还有许多州市对特定商品免于征税或征收较低的销售税，如部分食品、药物等。

3）各州销售税情况概览。

在统一征收销售税的州中，销售税综合税率最低的5个州分别为：夏威夷（4.35%）、缅因（5%）、弗吉尼亚（5%）、怀俄明（5.34%）、威斯康辛（5.43%）。销售税综合税率最高的5个州分别为：田纳西（9.43%）、亚利桑那（9.12%）、路易斯安那（8.84%）、俄克拉何马（8.66%）。

此外，阿拉斯加州、特拉华州、蒙大拿州、新罕布什尔州、俄勒冈州等5州没有全州统一的销售税。其中，阿拉斯加在人口稠密地区的销售税率较高。而其余4州不允许市县征收当地销售税。具体见表4－1－6。

表4－1－6　美国各州、地方销售税税率表（截至2011年7月1日）

州名 State	州税率 State Tax Rate	地方平均税率 Average Local Tax Rate	综合税率 Combined Rate	全美排名 Rank
阿拉巴马	4.00%	4.64%	8.64%	6
阿拉斯加	无	1.74%	1.74%	46
亚利桑那	6.60%	2.52%	9.12%	2
阿肯色	6.00%	2.50%	8.50%	7
加利福尼亚	7.25%	0.88%	8.13%	12
科罗拉多	2.90%	4.58%	7.48%	15
康涅狄格	6.35%	无	6.35%	31

续表

州名 State	州税率 State Tax Rate	地方平均税率 Average Local Tax Rate	综合税率 Combined Rate	全美排名 Rank
特拉华	无	无	无	47
佛罗里达	6.00%	0.65%	6.65%	29
佐治亚	4.00%	2.87%	6.87%	23
夏威夷	4.00%	0.35%	4.35%	45
爱达荷	6.00%	0.02%	6.02%	35
伊利诺斯	6.25%	2.02%	8.27%	9
印第安纳	7.00%	无	7.00%	21
艾奥瓦	6.00%	0.81%	6.81%	25
堪萨斯	6.30%	1.96%	8.26%	10
肯塔基	6.00%	无	6.00%	36
路易斯安那	4.00%	4.84%	8.84%	3
缅因	5.00%	无	5.00%	43
马里兰	6.00%	无	6.00%	36
马萨诸塞	6.25%	无	6.25%	33
密西根	6.00%	无	6.00%	36
明尼苏达	6.875%	0.30%	7.18%	17
密西西比	7.00%	0.003%	7.00%	20
密苏里	4.225%	3.45%	7.67%	14
蒙大拿	无	无	无	47
内布拉斯加	5.50%	1.27%	6.77%	27
内华达	6.85%	1.08%	7.93%	13
新罕布什尔	无	无	无	47
新泽西	7.00%	0.03%	7.03%	19
新墨西哥	5.125%	2.11%	7.23%	16
纽约	4.00%	4.48%	8.48%	8
北卡罗来纳	4.75%	2.10%	6.85%	24
北达科他	5.00%	1.38%	6.38%	30
俄亥俄	5.50%	1.28%	6.78%	26
俄克拉何马	4.50%	4.16%	8.66%	5
俄勒冈	无	无	无	47
宾夕法尼亚	6.00%	0.34%	6.34%	32
罗德岛	7.00%	无	7.00%	21
南卡罗来纳	6.00%	1.14%	7.14%	18
南达科他	4.00%	1.81%	5.81%	40
田纳西	7.00%	2.43%	9.43%	1
得克萨斯	6.25%	1.89%	8.14%	11
犹他	4.7%	0.73%	6.68%	28
佛蒙特	6.00%	0.14%	6.14%	34
弗吉尼亚	5.00%	无	5.00%	43
华盛顿	6.50%	2.29%	8.79%	4
西弗吉尼亚	6.00%	无	6.00%	36
威斯康辛	5.00%	0.43%	5.43%	41
怀俄明	4.00%	1.34%	5.34%	42
哥伦比亚特区	6.00%	—	6.00%	—

备注：

（1）有3个州在全州范围内征收地方追加销售税，州名及税率分别为：加利福尼亚（1%）、犹他（1.25%）、弗吉尼亚（1%），本表将以上税列入州销售税统计范畴。

（2）夏威夷、新墨西哥、南达科他、怀俄明4州的销售税还适用于许多服务行业产品。因此，以上4州的销售税率不能简单与其他州直接比较。

（3）受数据来源限制，蒙大拿州的旅游景区的销售税不在统计之列。

（4）其他税收

50个州、哥伦比亚特区和地方政府的税务机关可独立行使征税职能，可征收：特许权税、许可税、印花税、遗产税、财产税等。

（资料来源：本文摘录自中国驻美国大使馆经济商务参赞处网站，其中“美国利用外国直接投资情况”翻译、摘录自由美国商务部和总统经济顾问委员会编写的《2013年美国利用外国直接投资报告》）

二、加拿大投资指南

（一）加拿大有关外国投资的规定

1. 加拿大投资法案

（1）简要介绍

加拿大政府希望创造一个可接受国外投资的商业氛围。同时，这取决于对在加拿大新的国外投资的监督以及对这些投资进行限量筛选。一般来说，对业务交易的规模和经营领域进行筛选是很重要的。筛选过程中，政府官员会考虑加拿大的商业计划，选择有益于加拿大的投资。监督和评估的法律框架参考加拿大投资法案。

《加拿大投资法案》是关于建立新的加拿大企业，以及非加拿大企业收购现有加拿大企业的股权（触发事件）的规定。因此，该法案不涉及：

- 国外控股的加拿大企业进行新的、不引起股权变化的海外融资；
- 国外在加拿大企业的被动投资或间接投资；
- 总体来说，国外控股企业在加拿大开展更多的活动，这些活动与其曾经在加拿大的活动相关。

加拿大投资法案中，“非加拿大”是指不属于加拿大的个人、政府、政府部门或实体。若他/她为加拿大公民，或在他/她首次具有资格申请加拿大公民后成为普通居民尚未满一年的加拿大常住居民，称为加拿大投资法案中所指“加拿大籍人士”。加拿大投资法案中定义企业是否为“加拿大企业”较为复杂，取决于该企业的最大控股股东是否为“加拿大籍人士”，或满足特定的具体条款。

（2）成立新公司

作为加拿大投资法案适用的两种触发事件之一，成立新公司，无论规模大小，一般只需要外国投资者通过临时声明提出申请。该声明仅仅以提供信息为目的。声明要在新公司开始运营起30天之内提交。成立新公司的声明有两个可能的例外：一是在文化敏感领域成立新公司，例如出版业，在声明提交后的21天内需要全面的评估；二是成立需要进行国家安全评估的新公司。

（3）直接收购加拿大企业

通过购买资产或对公司、合作伙伴、信托、合资的利益进行表决直接收购加拿大企业的控股权，外国收购方根据情况需要提交声明或申请评审。在加拿大投资法案中提到的一般例外的情况下，交易失败可免责。这些一般例外情况包括：

- 购买加拿大公司持有的低于三分之一的股票；
- 通过抵押贷款收购加拿大公司的控股权；
- 通过企业重组，加拿大公司的直接控股权改变，而非最大控股权发生改变。

如果这些例外情况都不适用，根据加拿大投资法案，若加拿大公司的资产超过特定限额，外国投资者对该加拿大公司进行直接收购取决于结账前审查。对于世界贸易组织成员国的投资者，除加拿大文化产业公司外，审查限额 2011 年为 3.12 亿美元（根据该加拿大公司在进行投资前一个财年的资产账面价值）。限额每年进行调整。如果出售方和投资方都不是世界贸易组织成员国，合并前审查限额为 500 万美元。这个较低的限额也适用于直接收购文化产业的加拿大公司控股权，无论投资方是否为世界贸易组织成员。

最近对加拿大投资法案进行修订后，非文化产业的直接收购的审查限额将会提高到执行规定所颁布的数字。这些限额修订生效后，计算货币限额的基础将从“资产”改为“企业价值”（规定将会定义该名词）。修订生效当年及下一年新的财务限额触动审查将为 6 亿美元，接下来两年为 8 亿美元，之后为 10 亿美元，每下一年进行通胀调整。2012 年 5 月 25 日，工业部长宣布新的限额将会实施。新限额实施前，草案将会公布以收集社会意见。

（4）间接收购加拿大公司

加拿大投资法案中对间接收购控股权的规定有所不同。如果对实体（公司、合作伙伴、信托或合资企业）的控股权进行间接收购，作为较大外国母公司的出售活动，若出售方和收购方之一为世贸组织成员，交易不能进行审查，除非涉及收购文化产业内的加拿大公司控股权。若出售方和收购方都不是世贸组织成员，或目标为文化产业，审查限额为加拿大公司资产账面价值 5 千万美元（若加拿大公司的资产占其全部全球交易所涉及资产的 50%，审查限额为资产账面价值 500 万美元）。

（5）国家安全

近期加拿大投资法案的修订也规定了国家安全审查程序，与美国的外国投资国家安全筛查类似。现在政府有权对国外投资进行审查，评估是否“对国家安全有危害”。审查会在结账前或结账后进行。如果在结账前进行，审查顺利结束前将禁止关闭交易。由于加拿大投资法案没有定义“国家安全”，因此其可能适用范围会对外国投资者产生不确定性。

（6）通告及审查程序

外国投资者收购加拿大公司的控股权若低于相对应的限额，和成立新的加拿大公司一样，仅需要通告。但是如果投资是在文化敏感的领域，如出版业，被通告的投资取决于全面的审查或国家安全审查。若外国投资者收购加拿大公司的控股权超过相应的限额，需要审查。

进行投资审查时，外国投资方有义务完成申请，提供投资活动涉及的投资方和加拿大公司的注册信息。在很多情况下，该申请需要在交易完成前提交。但是有例外情况：间接收购的申请可以在进行投资后的 30 天内提交；进行特定审查的文化敏感行业的投资需要在收到审查通知时提交。另外，审查结束前，投资的实施需要得到负责加拿大投资法案的联邦内阁部长的批准，如果部长认为延误将对投资方带来严重困难，或对被收购的加拿大公司的运营产生损害，在这种情况下申请必须在进行投资后的 30 天内提交。

审查的申请必须包括陈述投资方对被收购的加拿大公司的计划。这些计划应该指明加拿大的受益之处。这些信息将按照下列有关因素进行评估：

- 投资对加拿大经济活动在程度和本质上的影响，包括：就业、资源加工、加拿大生产的零部件和服务的利用率、加拿大出口；
- 所有涉及的行业内，加拿大公司内的加拿大员工的参与程度和重要性；

● 投资对加拿大生产力、产业效率、技术发展、产品创新和产品多样化的影响；

● 投资对加拿大某个或某几个行业的竞争的影响；

● 投资与国家工业、经济和文化政策的一致性，考虑联邦政府所确定的工业、经济和文化政策目标，或有可能受到投资严重影响的省的法规；

● 投资提高加拿大在全球市场的竞争力。

为了达到这些标准，联邦内阁部长可能要求外国投资方给予保证，保证投资方特定的行为或支出。

（7）审查的时间限制

为了保证及时审查和决定结果，加拿大投资法案设定了审查和决定的时间限制，部长在投资主管的协助下，进行审查并作出决定。收到完整的申请后45日内，部长必须通知投资方以下结果之一：

● 部长同意投资是利于加拿大的；

● 部长不能完成他/她的审查，需要另外30天（除非申请者同意更长的时间）；

● 部长不同意投资有利于加拿大。

收到完整申请45日后没有通知，或自收到部长不能完成审查、尚未决定的通知30日（或双方同意的更多天数）后，视为部长同意投资有利于加拿大。

在最初的45日或延长期内，部长告知申请者他/她认为投资不利于加拿大，收到通知后30日内（或经申请者和部长双方同意的更长时期内）申请者有权提出抗议，并在收到通知后的30日内（或双方同意的延期内）提交保证。在该情况下，部长必须迅速通知申请者：

● 部长现在同意投资有利于加拿大；

● 部长不同意投资有利于加拿大。

在后一种情况下，申请者不能开始进行投资，或如果投资已经实施，申请者必须出让加拿大公司的控股权。法案实施过程中获得的信息是保密的。

2. 特殊商业领域的限制性联邦政策和法规

加拿大政府在一些商业领域或多或少地会对外国投资进行限制。这些政策取决于投资方是否来自世贸组织成员国。在某些情况下，在法案审查过程中这些政策得以有效实施。在其他情况下，这些政策以特定的法规形式实施，与法案无关。例如，加拿大遗产部制定了一些政策，审查所有与加拿大国家财产或文化特性有关的对加拿大企业的投资。这些政策包括限制外国对该行业企业的投资，并列出在审查过程中需考虑的因素。特别是对书籍、杂志的出版、经销或出售，以及影视或视频的制作、分销、出售或展览的政策，当涉及投资的加拿大公司处于这些商业领域中时，这些政策必须给予考虑。

已经涵盖在联邦法规中的外国投资限制性规定包括广播、电信和特定种类的金融服务。对于超过法律限额的投资，没有审批程序，而是完全禁止。

3. 地区法规

加拿大公司的外国投资者也需要考虑针对外国所有者的地区法律。但是在大多数情况下，这些法律并不相关。这些法律特指很小范围的商业活动，如开办收藏品代理、提供抵押贷款经理人服务，又如在阿尔伯塔拥有农业和娱乐用地等。

4. 外汇兑换管制

由于加拿大没有外币兑换管制体系，加拿大公司成立或被收购后，营业所得收益可自由地向外国投资方支付。因此，加元收入可以在最佳汇率时自由地兑换成其他货币，汇出加拿大。唯一的支付限制是需要支付加拿大预扣税。

（二）商业机构的类型

1. 简要介绍

在加拿大经商的公司有多种类型。最常见的为外国企业以公司的形式在加拿大经商，通过合并加拿大公司作为子公司或成立外国分公司。根据商业活动的性质和规模、对债务的限制、特定税收及其他考虑，商业活动也可以通过独资企业（对个体）、合作伙伴或合资企业进行。在有些情况下，没有在加拿大建立公司，也可以通过不同合同类协议，如分销商协议等，向加拿大提供商品和服务。

2. 公司类型

（1）介绍

公司（corporation）是最普遍的商业组织形式。在加拿大，“corporation”和“company”基本同义。公司作为独立的法人实体，由一个或多个人组成其成员或股东。公司永久存在，可以拥有地产，经营生意，拥有权利并发生债务。总体来说，公司股东没有权力处理公司资产，不能作出与公司有关的法律承诺。股东通过股份投票选举出董事来维持对公司的控制，董事负责对公司进行管理。股东债务的限制通常是公司资产的投资额。公司作为独立法人实体按照相应税率进行缴税。公司盈利或亏损由公司而非股东承担。

公司是一种灵活的商业组织结构。在公司中可以使用多种类型的股票和股票条件进行不同层面的参与、控制和风险承担。公司成立后，可以通过出售为发行的库存股或债务持有更多资金。大多数加拿大公司为“私人”公司，一般仅有不到50名股东，限制公司股份转让的权利（提出的股票出售或转让需要得到多数董事或股东一致同意，这是最常见的限制规定），并明确禁止公众认购公司的有价证券。非私人或“上市”公司的股份持有范围通常更广，公司的股票通常在证券交易所上市。

（2）加拿大子公司

如果企业决定通过加拿大子公司在加拿大经营事业，需同时遵照联邦《加拿大商业公司法案》（CBCA）和各省的相应法规。一般来说，这些法规具有一致性。至少在初期，如果主要的活动在不列颠哥伦比亚、阿尔伯塔、安大略或魁北克其中之一，根据情况，需要同时遵守《加拿大商业公司法案》以及《不列颠哥伦比亚商业公司法案》（BCBCA），《阿尔伯塔商业公司法案》（ABCA）、《安大略商业公司法案》（OBCA）或《魁北克商业公司法案》（QBCA）的其中之一。在这些地区申请开展商业活动的公司，只要遵守该省的登记和/或注册要求，新企业实体就可以灵活便利地在整个加拿大境内经营。

是否需要遵照《加拿大商业公司法案》或各省法规，需要考虑的因素之一就是企业将开展的商业类型。例如，一家公司想在不列颠哥伦比亚登记为风险投资公司，在阿尔伯塔登记为铁路公司，或在安大略登记为小型商业发展公司，都需要遵守相应各省的法规。

联邦和省级公司之间的主要区别为，联邦公司通常有资格以其公司的名义在整个加拿大境内进行经营。而省级注册的公司需进行跨省注册，或在所希望开展经营的省进行登记，如果注册的实体名称与在该省已注册或登记的公司名称相冲突，跨省注册或登记可能会被拒绝。在魁北克，遵照法语章程，公司还要求选取一个法文品牌名称。相应地，特别是省级注册的公司，若计划将在可预期的未来内在该省进行经营，该公司在加拿大成立的第一时间，公司名称需要获得批准，并进行登记或注册。联邦公司若在其他省“进行经营”，也需要在其他省进行注册或登记，但这些省（除了魁北克）不能拒绝公司的登记。

由于地区不同，企业的登记注册费为100至360加元不等。

（3）外国公司分支机构

若成立分支机构，外国公司需要在每个进行经营的省登记或注册为跨省公司。单独或一组活动是否可定义为“进行经营”通常没有特别定义，需要由特定的事实和情况来决定。企业如果在一个省内成立办公室或其他固定的商业地点，必须登记注册。在某一省内登记注册，需要看公司的名称是否可接受，如果名称与在该省已注册或登记的其他公司相同或很相像，则不会被批准。但是，名称没有被接受的公司有时会在该省内登记在不同的商业名称或类型之下来开展商业活动，而无需改变公司名称。在魁北克，根据法语章程，外国公司还需要选取一个法文名称。跨省注册的费用与一般注册大致相同。

(4) 公司的注册和成立

1）注册。

根据《加拿大商业公司法案》、《阿尔伯塔商业公司法案》、《安大略商业公司法案》或《魁北克商业公司法案》，注册文件和所需费用必须在适当的办公地点提交。注册文件须提供的信息包括申请的公司名称、登记的办公地点、股票类型的描述、股票转让是否有限制、董事人数以及公司将经营的商业领域的限制（如果有的话）。在办公地点即可提交文件，登记注册通常可在注册文件提交当日完成。

若在《不列颠哥伦比亚商业公司法案》下注册公司，文件公告及注册申请和注册费须通过电子形式提交。注册申请需要包括公司名称、希望的注册生效日期、注册人的姓名和地址，以及证明注册人已签署有关公司的注册协议文件。文件公告包括公司的名称、公司登记的地址和档案室、公司核定股本构成的说明以及是否具有特殊权利或限制。

2）公司规章。

在《加拿大商业公司法案》、《阿尔伯塔商业公司法案》、《安大略商业公司法案》或《魁北克商业公司法案》下注册公司后，规定公司事务的总体规章得到批准。在需要的情况下，规定公司商业和事务的修改规章也会得到批准。按照《不列颠哥伦比亚商业公司法案》，这些文件是管理公司内部事务的一般性规定条例（与《加拿大商业公司法案》、《阿尔伯塔商业公司法案》、《安大略商业公司法案》注册公司类似）。规章包括：公司股份所赋予的特别权利和限制、商业经营的限制或公司的权力、股份转让的限制。

3）董事与董事会。

《加拿大商业公司法案》、《不列颠哥伦比亚商业公司法案》、《阿尔伯塔商业公司法案》、《安大略商业公司法案》和《魁北克商业公司法案》都允许企业拥有至少一名固定人数的董事，或对于上市公司应至少有三名董事。《加拿大商业公司法案》、《阿尔伯塔商业公司法案》、《安大略商业公司法案》和《魁北克商业公司法案》规定的私人公司和《不列颠哥伦比亚商业公司法案》规定的非上市公司必须具有由一名或多名董事组成的董事会。按照《加拿大商业公司法案》规定，除了一些例外行业企业（包括铀矿、书籍出版或分销、书籍销售、影视或视频传播），仅25%的董事需要为加拿大居民（或者如果少于四名董事，则一名必须为加拿大居民）。《安大略商业公司法案》规定，至少25%的董事必须为加拿大居民（或者如果少于四名董事，则一名必须为加拿大居民）。《不列颠哥伦比亚商业公司法案》没有关于董事居民身份的要求。《阿尔伯塔商业公司法案》要求至少四分之一的董事为加拿大居民。《魁北克商业公司法案》没有要求多数董事会成员为加拿大居民。

在《加拿大商业公司法案》中，“加拿大居民”定义为：

- 加拿大公民并长期定居在加拿大；
- 不长期定居在加拿大的加拿大公民，是法律规定中的一员；
- 根据《移民和难民保护法案》规定的长期居民，并在其首次具有申请加拿大公民资格后居住在加拿大至少一年。

《阿尔伯塔商业公司法案》和《安大略商业公司法案》中的相关定义基本相同，除了没有包括以上定义最后两点中的例外情况。

《加拿大商业公司法案》规定出席任何会议的董事，其中25%必须为加拿大居民（或者如果少于四名董事，至少一名必须为加拿大居民）。《阿尔伯塔商业公司法案》要求至少四分之一出席会议的董事为加拿大居民。

董事需要管理和监督公司商业和事务，员工执行公司日常运行和事务。董事负有委托责任，行为应当诚实可信，为公司谋取最大利益；也必须在平时工作中，表现出一个相当谨慎的人所具有的关爱、勤奋和能力。

4）审计员。

除特殊情况外，联邦和省级的企业都要求任命一名审计员。

5）股东协议。

公司股东会签署股东协议，确定公司事务的规章，规定股东之间的权利和义务、优先决定权和其他有关股份转让的规定。根据《加拿大商业公司法案》、《阿尔伯塔商业公司法案》、《安大略商业公司法案》和《魁北克商业公司法案》，在所有股东“一致同意”下，可全部或部分限制子公司董事管理公司事务的权力，使其能由母公司直接管理。按照《不列颠哥伦比亚商业公司法案》，公司条款会限制董事的权力，并限制将这些权力全部或部分转让给其他一个或多人。

6）股本。

股份是公司资本的微小部分，授予所有者拥有相应比例的公司资产的权利（通过分红或是公司解体后资产分配），并对在股东大会上的选举权进行管理。除非有确认文件的限制，公司可能会发售一种以上的股票，并对股票进行指定。对于公司发售一种股票的数量没有限制。按照《加拿大商业公司法案》、《阿尔伯塔商业公司法案》和《安大略商业公司法案》，面值股份的概念并不存在，所以股份不可以美元或其他货币的面值或特定价值来表述。根据《不列颠哥伦比亚商业公司法案》和《魁北克商业公司法案》，公司法定资本由面值股份和非面值股份组成。公司股份资本化方式非常灵活，可以根据特别的要求进行调整。

如果公司的股份资本化只包括一种股份，那么所有的股东具有相同的权利：股东大会上的投票权、公司解体后剩余资产的分配权、获得公司宣布的分红的权利。如果注册文件中允许发行多种股份，以上权利需对应到至少一种股份，但一种股份不需要包括所有这些权利。如果不止一种股份，或只有一种股份且具有除上述基本权利外的更多权力，这些权利和条件必须遵照《加拿大商业公司法案》、《不列颠哥伦比亚商业公司法案》、《阿尔伯塔商业公司法案》、《安大略商业公司法案》和《魁北克商业公司法案》的条款。实质上一种股份可附带的权利不受限制，但一些通常的规定如下：

- 累积股息、非累积股息、部分累积股息或完全参与股息的权利；
- 其他种类股份红利的优先权；
- 公司解体资本还款的其他种类股份的优先权；
- 转换另一种股份或债务欠款的权利；
- 公司有权选择赎回全部或部分股份；
- 股东有权选择要求公司赎回其股份（这种赎回方式称为撤回）。

一种股份也可以有多套系列股。当董事想要长期发行具有不同特征的股份时，使用系列股很有帮助。发行股份时，不需要得到股东对每一个系列股特征的批准。

（5）无限责任公司

最近几年，无限责任公司成为很受欢迎的一种混合制实体，对美国的投资者来说具有税收优势。作为企业，按照《加拿大收入税法案》，无限责任公司被视为应纳税的加拿大公司（因此必须上报加拿大收入税返还），也可以在美国作为合作伙伴税收待遇（美国股东承担与美国有限责任公司相同的美国税收）。1997 年 1 月 1 日，美国国内税收服务部实施“对号入座”的规定，在联邦或省法律下成立的加拿大公司，如果规定公司成员的债务是无限的，那么公司可以被视为合作伙伴税收待遇，无论其是何种“公司性质”。在“对号入座”的规定下，无限责任公司可以通过在选举表格的相应框格中打勾，选择公司式或流转式来上缴美国税收。选择流转式税收方式来上缴美国税收有很多优势，包括美国投资者可以在美国税收中将预计的加拿大经营初期的亏损考虑进来。

无限责任公司在《阿尔伯塔商业公司法案》、《不列颠哥伦比亚商业公司法案》、《新斯科舍公司法案》和加拿大其他类似条款的规定下注册。已经在《加拿大商业公司法案》下注册的公司和在各省规定下注册的公司也可以转型为无限责任公司。例如，在阿尔伯塔，按照该省法律，公司以无限责任公司持续经营，或在不列颠哥伦比亚或新斯科舍，按照该省法律的规定公司持续经营，并与新注册的控股无限责任公司合并即可；再如，在不列颠哥伦比亚，对持续经营的公司的条列进行修改即可。在阿尔伯塔注册无限责任公司的费用比在新斯科舍注册的费用低很多。

按照《阿尔伯塔商业公司法案》注册的公司，阿尔伯塔无限责任公司的董事中的四分之一必须为加拿大居民。对于不列颠哥伦比亚或新斯科舍的无限责任公司，没有对董事居民身份的限制。

无限责任公司和其他类型的联邦和省级公司的主要区别是，无限责任公司的股东在无限责任公司解散时具有几种无限共同责任。因此，未来的股东需要认真考虑是否使用这些工具，或是否对责任主体进行干预，来降低其所承担的责任。例如，美国投资者可以在控股公司和无限责任公司间设立一个“stopco”控股公司，以此有效地限制美国投资者对无限责任公司的责任。阿尔伯塔省的无限责任公司股东会签署股东协议，而新斯科舍和不列颠哥伦比亚并不认可股东协议。因此，任何对新斯科舍无限责任公司的股东权力的限制规定必须在公开的条款中设定，所有对不列颠哥伦比亚无限责任公司的股东权力的限制规定必须在其条款中设定。

按照《阿尔伯塔商业公司法案》、《不列颠哥伦比亚商业公司法案》和《新斯科舍公司法案》规定，无限责任公司的成员可以将无限责任公司转换为有限责任公司，如果愿意，也可以按照《加拿大商业公司法案》或其他省的法律规定继续经营公司。无限责任公司的成员在公司可盈利时可以选择转换公司性质，在缴纳美国税收时，无需再以流转方式缴税。

(6) 其他类型的商业机构

除了公司形式，其他的商业机构形式也可以用作在加拿大经商的方式。这些企业类型主要如下：

1）独资企业。

独资企业中单独个人是企业的唯一所有者，没有采取其他商业机构形式来进行经营活动。

独资企业所获得的所有利润和发生的所有责任都由唯一的所有者承担。独资企业的所有收入和亏损都由此人承担，税收按照个人相应的税率缴纳。与公司股东的有限责任不同，独资企业的责任是无限的。独资所有者的个人资产可被用来履行所有者的义务。

独资企业是一种进行经营活动的简单方式。对独资企业的建立和运行，基本不需要法律手续。在建立独资企业之前，需要注意联邦、省和市的许可要求。除此以外，独资企业若在不列颠哥伦比亚或阿尔伯塔、安大略或魁北克进行商业经营，使用非所有者个人的姓名或名称，必须在相关政府部门指定的表格上签署声明。

2）合作伙伴。

在不列颠哥伦比亚、阿尔伯塔、安大略和魁北克，一般合作伙伴和有限合作伙伴可作为商业企业的一种形式。在一般合作伙伴中，每个合作伙伴的责任是无限的。在有限合作伙伴中，一个或多个合作伙伴（有限合作伙伴）的责任是有限的，与有限合作伙伴对合作企业所投入的资产数量相对应（在不列颠哥伦比亚、魁北克和阿尔伯塔，投入量经有限合作伙伴同意）。公司的投入可以是金钱或者房产，但不能是服务。

一般来说，对于有限和一般合作伙伴，在收入税方面，合作伙伴的收入和亏损由合作伙伴决定，之后分配到合作伙伴成员。需缴税的收入和亏损由合作伙伴决定。

①一般合作伙伴。作为一般合作伙伴，个人间必须成立一种关系，共同进行一项商业经营（可以为一种进行中的商业或一种特定的交易），且以盈利为目标（不包括慈善和文化机构）。个人间的关系可以书面或头口上同意，或因情况而定。

一般合作伙伴公司在公司名义下进行商业经营，且在该公司名义下可以起诉或被起诉。与独资公司非常相似，合作方对公司经营进行直接管理，合作伙伴公司不形成独立的法人。但是，出于某些原因，合作伙伴公司被视为一个单位。合作方投入的或合作伙伴公司购买的所有房产，都变为合作伙伴公司的房产。合作伙伴公司的所有合作方有权相等地拥有公司的资本和利润，也必须相等地承担亏损，除非有合作方同意的其他形式。不列颠哥伦比亚合作伙伴法案、阿尔伯塔合作伙伴法案、安大略合作伙伴法案和魁北克民法都允许对法律规定的共同权利和义务（如共同承担利润和损失）通过明确的或适用的协议作出改变。所有法案都提供了管理合作伙伴关系和第三方的框架（这些不能通过协议进行修改）。

在一般合作伙伴中，每个合作方与其他合作方一起对其全部私有财产承担责任。离世的合作伙伴的遗产仍然需要承担其在世时发生的合作伙伴债务。然而，经合作伙伴协议通过，合作方可以撤出合作伙伴关系，之后将不再为签署该协议后发生的债务负责。应注意，遵照魁北克法律建立的或在魁北克经商的一般合作伙伴，需要按照法律规定使用指定的注册公司表格提交注册声明。

②有限合作伙伴。在不列颠哥伦比亚、阿尔伯塔和安大略，有限合作伙伴公司的建立需要遵照有关的合作伙伴法律规定，并按照该法律和一般合作伙伴法律进行管理。在魁北克，有限合作伙伴公司的建立需遵照魁北克民法的相关规定。有限合作伙伴公司需由一个或多个一般合作方组成。个人可以同时为一般和有限合作方，“个人”包括个人、独资公司、合作方和公司。

在安大略，有限合作伙伴合作方可以向合作伙伴公司提出建议，或作为有限合作伙伴公司的代理或雇员。但是，在不列颠哥伦比亚、阿尔伯塔、安大略和魁北克，如果有限合作伙伴合作方参与公司管理，那么该合作方不再被视为有限合作伙伴方，将承担一般合作伙伴的无限责任。

一般来说，如果所有合作方一致同意或合作伙伴协议规定允许，有限合作伙伴方的利益可以转让。

与一般合作伙伴公司相同，有限合作伙伴公司中的一般合作伙伴方具有相等的权利和责任，除非一般合作伙伴方的特定行为需要得到有限合作伙伴方的事先同意。通常情况下，由于公司的有限责任特点，一般合作伙伴方都拥有一家公司。

在不列颠哥伦比亚、阿尔伯塔和安大略，只有所有一般合作方（在阿尔伯塔为所有的有限合作方）签署规定格式的声明或证明并由相关的注册员进行保存，有限合作伙伴才算合法。在魁北克，若合同中没有指定日期，合作伙伴公司创立自合同的签署日期起，且必须以规定的格式提交注册公司声明。在不列颠哥伦比亚，证明中包括合作伙伴公司的名称、有限合作伙伴公司的性质、存在期限、每个一般合作方的全称和地址、所有有限合作方投入的或同意投入的现金和财产总额，以及有限合作方有权分配收益或获得其他补偿的原则。在阿尔伯塔，证明中包括公司名称、经营性质、每个合作方的姓名和地址（无论是一般或者有限合作方）、合作伙伴公司存在的期限以及合作伙伴组成机构的其他细节。在安大略，声明包括有限合作伙伴公司的名称、每个一般合作方的姓名和地址以及有限合作伙伴经营的一般性质。在魁北克，声明包括合作伙伴公司的目标、在合同生效时已知的每个合作方的姓名和居住地址、包括更新的每个有限合作方的姓名和居住地址的记录、所有合作方对普通股的投入的有关信息，以及其他内容。声明也需区分一般和有限合作方。

3）合资公司。

合资公司不是一种特别的商业组织形式，更准确的定义为：是由两个或两个以上个人、公司或合作伙伴联合或混合，进行单一的一种事业或一种特定的风险项目。合资公司可以采用合作伙伴、有限合作伙伴、财产共同拥有或公司的形式。一般来说，合资公司的各方会签署书面协议（无论是合作伙伴协议、有限合作伙伴协议、共同拥有协议还是股东协议），规定各方在经营中的权利和义务。

3. 分销商和销售代理

外国机构可以通过合同来向加拿大提供商品或服务，而无需在加拿大内进行商业经营。有时会使用“与加拿大经商”和“在加拿大经商”来进行区分。作为长期分销商（无论独家经销还是非独家经销）的加拿大个人或公司，也可用此方式在加拿大为外国公司的产品开发市场。这样，外国企业可以在加拿大拥有一家独立的销售代表机构，而无需向加拿大缴纳销售所得的收入税。

（1）特许经营

作为商业扩张和组织的一种方式，特许经营是加拿大充满活力的商业模式之一。在典型的特许经营关系中，特许权拥有者许可特许权使用者有权使用特许权拥有者的商标及其所注册的商业形式销售产品和服务。反过来，特许权使用者同意遵守特许经营系统的标准，预先支付费用并保持忠诚。特许经营协议有很多不同的形式，从涉及多地点的特许总经销，到各个地点的单独特许经营协议。

特许经营对加拿大经济的重要程度不能低估。不仅加拿大为特许经营提供了有力的经济环境，特许经营的法律框架也是鼓舞人心的。现在，只有阿尔伯塔、安大略、爱德华王子岛、新布伦瑞克和马尼托巴有特定的登记或信息公开的现行法律，打算在这些省份建立特许经营网络的特许经营权所有者需要遵守这些法律规定。在其他省份，没有关于特许经营的登记或信息公开的现行法律，但不列颠哥伦比亚正在考虑类似的法律，不列颠哥伦比亚法律改革委员会建议执行特许经营的法律。然而，很多进行特许经营的公司都遵行联邦和省的一般适用法律的规定。另外，作为加拿大特许经营协会成员的特许经营权拥有者，被鼓励履行该机构的最低限度的信息公开责任。

（2）特许经营的信息公开、登记和规定

阿尔伯塔、安大略、爱德华王子岛、新布伦瑞克和马尼托巴是加拿大仅有的几个执行特许经营管理法律的省份。不列颠哥伦比亚省如今也在研究执行此法律的可能性。这些法案都包括特许经营构成的广义定义，并且多家分销商和经销商也需满足法案的要求。

实质上，阿尔伯塔、安大略、爱德华王子岛、新布伦瑞克和马尼托巴的法案很相似，都包括信息公开的要求，以及一些特许经营关系的条款。这些法案都没有对特许经营关系的实质内容进行直接规定，但要求对特许经营协议中的各方给予公正对待，特许权使用者有权结成联盟，特许权拥有者需承担信息公开的责任。

这五个法案都要求特许权拥有者向可能的特许权使用者提供信息公开文件。信息公开文件必须包括所有特许经营的协议和财务说明，以及所有实质性事实，包括特别列出的实质性事实。在阿尔伯塔、爱德华王子岛、马尼托巴和新布伦瑞克，特许权拥有者可以使用在本省之外的特许经营法律接受的信息公开文件，例如，这些信息公开文件，无论作为附录或是“打包”文件，包括所有符合相关省份的特许经营法律的信息公开文件的必要信息。安大略法案没有特别包括附录或“打包”文件。因此，在安大略通常按照安大略法案来准备信息公开文件，之后按照其他省的要求准备“打包”文件。

按照一般会计原则制定的财务说明通常必须包含在信息公开说明中。按照法案规定，审阅的最低准则为审阅业务准则，一些特许权拥有者例外，他们无需将财务说明包括在信息公开文件中。信息公开文件还必须包括证明该信息公开文件无谎报信息的声明。

法案规定特许经营的各方有责任公正地执行和实施协议。法案还赋予了特许权使用者如果因信息公开文件中的谎报遭受损失，可向特许权拥有者以及签署信息公开文件的每个人索要赔偿金的权利。同样，如果特许权使用者在相关法案限定的时间内没有收到特许经营信息公开文件，特许权使用者有权撤销所有特许经营协议。

（3）魁北克

魁北克的特许经营与其他地区不同，需遵守《魁北克民法典》的规定。《魁北克民法典》的特点是对附和合同的规定，合同的一方提出基本规定，这些规定不可协商。如果条款中的一条难以理解、不可读或有侮辱性，则该条款可以由法院取消或修改。“外部”条款（没有包括在合同内，但合同却涉及的）同样适用。当基本规定不可协商时，魁北克法院通常将特许经营合同归为附和合同。

计划在魁北克开展经营的特许经营公司还必须遵行法语法律，特别是法语章程。特许权拥有者需要知晓将会以法语进行商业经营，特别是在蒙特利尔以外的地区，并将所有材料（运营手册以及供员工使用的文件）翻译成法语，但特许经营协议无需翻译。

（4）其他地区特许经营协定的法规

除了遵照特定的特许经营法规，通过特许经营方式扩大业务的加拿大企业还必须遵守特许经营的其他一般法律，包括保证商标有《加拿大商标法规》的保护，产品和运行遵守相关的产品标签（例如食品和药品）和《消费者保护法》，特许经营的协定符合《加拿大竞争法》（处理如独家经销、市场约束和捆绑销售事宜），以及有关税收要求等。

（三）在加拿大投资有关法律条例

1. 土地所有权

（1）土地如何转让

可以通过多种方式将土地所有权从一人转让到另一人，例如，土地转让登记或在土地登记处进行卖契，或者通过法律程序等。按照买卖双方间有效的买卖协议，转让或卖契是迄今为止最普遍的土地所有权转让方式。协议必须采用书面形式并具有可实施性，且明确规定各方的权利和责任。

在普通法适用的各省，有两种不同的转让、抵押和其他与土地有关的权利和利益的登记体系：登记法案体系和土地所有权体系。登记法案体系在1795年于“上加拿大”（现为安大略省）成立，早于加拿大联邦制。按照该体系，某处房产的所有权必须得到该房产所处地的登记处查验。

土地所有权体系相对于登记法案体系更加简单。它基于所有权证明书的发放，公布土地的所有者以及所有权的所有限制条件（适用于某些法律可得到豁免）。

不列颠哥伦比亚、阿尔伯塔和萨斯喀彻温仅遵守土地所有权体系，而新斯科舍、爱德华王子岛和纽芬兰继续按照登记法案体系实行。安大略、马尼托巴和新不伦瑞克一直在同时实施两种体系，如何选用取决于所涉及地点的不同。在两种体系中，抵押和其他的土地债务经注册后，确定贷方对房产安全的优先权。贷方通常在借方的土地所有权以及贷方的抵押产生与其他声明土地登记利益相冲突的情况时需要法律意见。若借款按照抵押安全是周期性的，在借款借出前，贷方一般要求通过部分搜索或更新所有权搜索来得到更新的所有权状态。如果贷方得知所有权注册前或得知随后的注册建造方的扣押权，贷方对于登记人或扣押索赔方之前的借款优先权可能会失去。

在魁北克，登记体系按照《魁北克民法典》实行，与登记法案体系类似。对某块土地的所有权还必须由土地所属的登记办公室进行审核。但是，自1973年1月1日起登记的全部文件（包括所有不动产的索引）都已电脑化，并可在网上查询。在魁北克，买方和贷方依靠登记办公室的所有权搜索，有时可追溯到100年前的信息。抵押必须在普通法的各省内注册。

（2）土地抵押

由于加拿大的宪法框架，房地产抵押物主要是各省须处理的问题。相应地，房地产抵押物大部分遵照房地产所属各省的法律。除了魁北克，在加拿大各省所实行的土地登记体系以及贷方所适用的各种房地产抵押物大致相同。因此，可以将实行普通法的各省放在一起，来研究加拿大的房地产抵押物。

1）抵押。

在实行普通法的各省中，房地产抵押物最常见的方式是抵押（或收费）。在此情况下，借方向贷方授予其房地产和有关资产的抵押，作为欠款、负债和/或其他债务的抵押物。一般有两种抵押：一种是传统抵押，一般证明债务得到担保，包括偿还日期；另一种是附带抵押，通常担保在别处经证明的债务（如通过本票），也担保其他债务和义务（如担保人）。如果抵押人（借方）没有履行其抵押担保的义务，抵押权人（贷方）有权采取多种补救方法。可适用的补救方法包括：自助式补救，如拥有或按照出售程序（在阿尔伯塔不适用）售卖房产；法庭诉讼，例如通过采取丧失抵押品赎回权行为获得房产的所有权，或起诉抵押人以及所有支付合约上的担保人。在不列颠哥伦比亚，“自助式”的过失补救方式受到法庭裁定的严格限制，甚至现在几乎所有土地抵押的实行过程都通过法庭批准的丧失抵押品赎回权来进行。在魁北克，不动产抵押物通常为抵押品。若借方没有履行其义务，抵押债权人有权使用多种补救方式，包括将房产用于偿还债务（认为债务须偿还时）。将房产经法院判定裁决出售或私下出售等，都需要通过法庭诉讼。

2）出租。

土地的出租使得土地使用权在某段时期内从业主（出租方）转移到租方（承租方）。在实行普通法的各省以及魁北克，出租公告（通常是简短的出租表格形式，或条款的总结）可以为登记的所有权。按照普通法，租方在出租的土地上的利益是可以自由转让的（也可以抵押），除非出租条款有相反的规定。若无业主明确的书面同意，商业出租一般限制租方转让的权力。如果出租本身具有特别的价值，或者本身对于借方公司的运行具有重要意义，出租利益的抵押对于债权人来说是一种很具有吸引力的抵押物。若租方没有履行其义务，业主和租方利益的受押方一般会签署非干扰协议，在出租方面给予受押方某些权利。在魁北克，租方的不动产权利同样可以被抵押。

3）债券。

在有抵押物的情况下，债券通常用来对公司借方的不动产和动产组合提供担保，也用来担保位于不同省的资产。当涉及几个贷方时，债券通常按照信托书发行，来保护每个贷方的利益，信托书包括有关支付的条款，来对债券担保。债券一般通过支付和抵押物利息对所有当前和未来的财产、借方的资产和其企业或公司提供抵押物。当前不动产的抵押物一般通过与抵押贷款相似的固定支付进行担保，贷方具有相似的补救方式。

（3）土地转让税

在加拿大所有省内进行土地转让时，都需要缴纳土地转让税或登记费。每个省的税率不同，根据所考虑因素的价值确定。在阿尔伯塔、萨斯喀彻温和马尼托巴，其转让的费用根据土地和设施在转让时的价值确定；而在魁北克，转让税费根据转让时的代价所值、城市评估价值以及市场价值中较高的一个确定。不列颠哥伦比亚房地产转让税办公室和安大略税务部根据转让当日房地产的市场价值，对应付税费进行定期重审，其当时所付价值和最新评估的房地产价值会有非常大的不同。

在收缴土地转让税方面，安大略是最积极的一个省。自1989年，安大略就已经实行土地转让纳税制度，无论登记的还是未登记的土地转让，还是某些其他的交易（如土地长期租赁），都要纳税。在多伦多市，房地产转让还需另缴纳一种城市土地转让税。在阿尔伯塔，需缴纳登记费，而非转让税。只有转让、产生租赁权以及抵押和负债需要缴纳高昂的费用。在不列颠哥伦比亚，绝对的地产处理权、终生产权或按照买卖、租赁协议的土地使用权，或者按照买卖协议要求土地转让进行转让登记时，需要纳税。在不列颠哥伦比亚发生租赁时，期限不超过30年的租赁登记可免税。此外，有些省已经向非居民实施了更高的土地转让税。

2. 土地使用规划和土地开发

加拿大所有规划方面的法律其制定和实施的目的都是为了使土地的使用和开发有序且可控。各省很多规划部门都在发挥其作用，包括私有部门以及地方和地区市政部门。为了使效率和成效最大化，细分土地或地皮的规划，并且开发计划按照市政服务（如供水、公共交通和紧急服务）的规定来制订。市政规划是围绕全面的政府计划并通过区域划分的章程来制定的，后两者大都根据社区和地区计划，设计各种不同的利用。通过多种不同研究，规划者调查人口的变化、经济基础以及社区的社会特征，可能需要制订新的规划来振兴、保护或利用城市地区中的土地。

大多数省针对规划所实行的法律措施都是单独的法案或规定，执行规定或区域划分的章程建立在各省的规划条例上。而阿尔伯塔、不列颠哥伦比亚和魁北克，这三个省的执行规定或区域划分的章程列在一般市政法规中。在不列颠哥伦比亚，这些法规还可以在温哥华章程以及社区章程中找到。每个省的规划方式、制定和颁布政策的程序，以及对政策和程序进行管理的机构都不同。但是，绝大多数的规划法规在细分土地和土地开发管理以及社区规划方面都是类似的。

在大多数省，通过区域划分来部分实施某一规划，从而规定了规划中的土地是否允许被使用。另一种执行规划的方式是开发管制，这种情况下，制订任何开发建议书前必须得到规划官员的批准。细分地区管制也是另一种方法，保证土地所有者按照规划计划来划分土地和出售大面积土地。

（1）管理部门

规划不仅仅是市政的职能。省政府要发挥重要的作用，保证市政部门作出恰当的规划。为了使当地政策与中央政府政策保持一致，一些来自省的管制是必要的。中央对各省的监督程度和实行方式不同，但是省政府的政策通常被考虑到当地规划决策的制定中。

在安大略，虽然按照规划法案很多权力已经授权给市政府部门，但市政事务和住房部仍具有广泛的规划监督权。在不列颠哥伦比亚和阿尔伯塔，规划已经由当地部门负责，省级部门很少介入。除了特别的政府居住计划外，计划无需通过省级批准。在魁北克，省级政府没有实质的职责，因为大部分的规划管理都授权至市政府和地区部门。

除了不列颠哥伦比亚、纽芬兰和魁北克，各省都设立了特别的部门对规划事务提供建议。

土地使用可能还需要得到联邦/省部门（如国家能源委员会或阿尔伯塔能源和公用事业委员会）的批准，管道或石油和天然气项目由其负责规划。

（2）政府规划

大多数省设立规划区域，成立规划委员会或理事会对这些区域进行规划，称为“政府规划”。政府规划基本作为管理土地使用的项目，一般包括公开程序，规划批准前就已获得投入。该规划必须向当地市政委员会申请审批。规划必须由省部门批准或必须至少与省规划政策相符。受该规划影响的任何人都可以正式对规划提出反对意见，任何对规划的修改必须经过与政府全面规划相同的审批程序。多数省规定区域、地区和当地规划的法律方式相类似。在魁北克，政府规划在区域级别制定。在阿尔伯塔，这些“法定规划”由市政府和地区部门制定。

（3）区域划分

在大多数省，政府规划必须在对开发进行有效管制前，通过区域划分条例来实施。区域划分是一种地方政府规定房产使用的方式。当地政府通过区域划分管制规定土地的使用，以及房屋和其他建筑物的建设。区域划分条例必须与土地使用条例相符，并且与政府规划所说明的土地使用远景计划相一致。在阿尔伯塔，区域划分条例需要与市政府的法定规划相符。在安大略、魁北克和不列颠哥伦比亚，没有政府规划实施时，市政府也可以实行区域划分条例。但是，如果当有政府规划时，条例必须与之相符。

（4）土地细分和出售

省和地方级别的部门在对土地进行细分管理方面具有很大的权力。在多数省中，省部门与地方部门一起决定新的道路、建筑物、学校和娱乐设施建设的必要性，这些事务作为土地细分审批过程的一部分由这些部门来解决。在一些省，如魁北克和阿尔伯塔，土地细分基本只由地方部门负责。

（5）再建

新开发和再建都必须进行规划。《安大略规划法案》已经对再建战略和执行方式作了明确规定。在加拿大，一般来说，再建由私营开发商承担。地方部门确定再建地区前，必须首先制订计划并召开听证会，讨论地区的圈定和计划是否适合。再建计划还必须与市政或区域部门的政府规划相一致。在阿尔伯塔，再建计划与地区结构方案和市级发展方案共同成为省级法规的法定规划。

3. 能源法

2009 年经济危机后全球经济持续复苏。能源密集型制造业的增长，新兴市场如中国、印度和巴西的发展和需求，以及一些能源生产国地缘政治的不稳定，增加了对加拿大石油和天然气资源的兴趣。加拿大也积极行动，鼓励国内的投资。作为 2012 年预算的一部分，加拿大政府实施了新的制度，以简化重大项目的法律审核。随后的法律修订旨在通过鼓励减少法规的重复和延误，增加采掘业的投资。

若对现行的法律体系进行简要介绍，按照以下主要地区探讨一下石油和天然气生产是很有用的：加拿大北部；加拿大西海域；东部沿海；传统及非传统陆上省：阿尔伯塔、不列颠哥伦比亚、萨斯喀彻温和魁北克；阿尔伯塔北部的油砂。具体内容如下：

（1）加拿大北部

加拿大北部存留有大约32.83 亿立方米可销售的天然气。这里有三个主要的发现地区：麦肯锡谷和育空省（陆上）、北极岛、麦肯锡三角洲/博福尔。在加拿大北部估计剩余可销售的天然气中，53% 在麦肯锡—博福尔地区，34% 在北极岛。沿麦肯锡谷连接北部的陆上天然气田与美国北部市场的1 196千米的天然气管道系统申请，已经在 2011 年 3 月得到加拿大国家能源委员会的批准。但是，管道的建设不可能在当今的天然气价格和总体经济状况下进行。

按照加拿大石油天然气运营法案，国家能源委员会有权管理石油和天然气项目在西北领地、努纳乌特及塞布尔岛和不隶属任何省的海底领域、加拿大内海、加拿大领海以及加拿大大陆架内的运行许可证。印第安人事务和北部开发署的北部石油和天然气分部按照《加拿大汽油资源法案》的规定，负责开采许可证、重大发现许可证和生产许可证的颁发和管理。育空省政府对石油和天然气有关权利在育空省及相邻地区的许可和批准进行监督。可能同时还需要得到渔业和海洋署、加拿大环境评估局和其他政府部门的批准。

（2）不列颠哥伦比亚海域

由于自 1972 年联邦和省政府对石油天然气项目实施暂禁，尚不了解不列颠哥伦比亚海域的潜力。实行暂禁是因为考虑到对渔业的干扰以及对环境的破坏。但是，人们对该地区的兴趣依然很高。即使没有重大的发现，不列颠哥伦比亚海域地区仍被认为具有非常大的希望。2003 年，加拿大政府实行了科学审核、公众审核，以及原住民参与过程。科学审核组发现一些科学空白。公共审核中，出现了严重的两极化观点，参加的原住民都表明取消暂禁不会对他们有最大益处——尽管一些人表述为“在此时不会”。2007 年的不列颠哥伦比亚能源计划中，不列颠哥伦比亚政府将海上石油天然气开采和开发包括在内，并请求联邦政府取消暂禁。不列颠哥伦比亚政府表示省暂禁将会同时取消。但直至 2012 年 8 月，暂禁依然有效。

（3）东部沿海海域

与加拿大西部沿海的优势相比，纽芬兰和新斯科舍省的海域地区正在进行重大开采和开发项目。1992 年，新斯科舍第一个海上项目——科哈塞特-潘努克开始石油生产，直至 1999 年石油储藏用尽。其设备已被废弃，环境后续评估仍在进行。后来，在新斯科舍海域更深的储层中发现了天然气，潘努克深海天然气开发项目于 2011 年 11 月开始生产。潘努克深海项目预计能够在未来的 15 年中生产 255 亿立方米天然气。附近的塞尔布海域能源项目也在通过海洋和东北管道继续向新斯科舍及美国东北部提供天然气。

纽芬兰海域地区的生产项目也有所增长。1997 年海伯尼亚项目开始运行，通过基于重力混凝土制的大型生产设备，如今石油产量达到每天 22 万桶。开始于 2002 年的特拉-诺瓦项目以及开始于 2005 年的白玫瑰项目，都利用大型浮式生产储油卸油设备。卫星也用于白玫瑰项目，包括艾米塞斯特北部（North Amethyst）、白玫瑰西部以及白玫瑰南部，促进了东海岸海上石油生产的增长。未来的开发包括希伯伦油田，该油田于 1981 年发现，位于特拉诺瓦（Terra Nova）油田的北部，预计拥有 6.6 亿至

10.55亿桶可开发能源，计划于2017年开始生产。

适用于东部沿海海域的法律规定与加拿大其他地方不同。1970年代和1980年代数次管辖权争议之后，加拿大最高法院和下级法院作出一系列判决，海上能源的管辖权和拥有权归联邦政府所有。但是，纽芬兰和新斯科舍省拒绝接受该判决，最后同意妥协，与联邦政府共同拥有管辖权和拥有权。联邦政府分别执行了两个协议（分别与纽芬兰和新斯科舍签署），将有关海上石油事务的管理权利授予联合管理委员会。对于每个省，这种联合管理受镜像法（Mirror Legislation）的保护，若没有双方政府的一致同意，不能变更。结果，加拿大-纽芬兰和拉布拉多海上石油委员会，以及加拿大-新斯科舍海上石油委员会得以继续行使其管辖权。每个委员会的管理制度遵照适用于加拿大北部的联邦法律。海上石油委员会被赋予总体管理权力，而某些联邦法规继续适用，尤其包括《2012年加拿大环境评估法案》、《渔业法案》以及《加拿大环境保护法案》。

（4）传统及非传统陆上地区

陆上开采项目在加拿大每个省内都在继续，虽然在阿尔伯塔、不列颠哥伦比亚和萨斯喀彻温之外的各省规模相对适中。这些项目由各省法律规定，除非联邦部门需要介入（例如当对航道有影响时）。大部分的陆上石油和天然气资源都位于政府所有的土地（被称作公有土地）。

很显然，阿尔伯塔在陆上石油和天然气项目方面，是不列颠哥伦比亚和萨斯喀彻温的领导者。但是，随着不列颠哥伦比亚和萨斯喀彻温获得的石油开采权创造新高，两省在过去几年中已有所增长。在阿尔伯塔，传统的陆上石油和天然气可追溯至1930年代在特纳瓦利的首次重大发现。近期，阿尔伯塔的非传统生产，如页岩/致密地层天然气和油砂，已经在加拿大成为最重要的供给增长来源。在阿尔伯塔，《矿产和矿物法案》、《石油和天然气保护法案》、《天然气资源保护法案》是基本的政府法规制度。阿尔伯塔能源部负责通过政策、管理和法律支持对该制度的实行进行监督。阿尔伯塔政府的两个准司法部门负责监督法规体系。能源保护理事会管理阿尔伯塔能源的安全、责任度和高效的开发，包括石油、天然气、油砂、煤炭以及管道。阿尔伯塔公用事业委员会管理投资者所有的电、气和水利设施，以及一些市政所有的电力设施，监督能源通过天然气管道、某些石油管道和电力传输线传输的通行费、税费和服务规定，监督电力传输设施、发电厂和天然气传输管道的设置。于2009年生效的《阿尔伯塔土地管理法案》要求所有项目要遵循适用的土地使用框架。如果土地使用框架在某一地区实施，该地区有申请的新开发或项目，政府部门及决策部门（如能源保护理事会）必须在批准此开发前对土地使用框架进行考虑。七个土地使用框架正在省级政府制定。

不列颠哥伦比亚非传统的陆上石油和天然气开发被认为具有潜力，天然气更是开发重点。近期，多级水力压力技术的发展使得之前未开发的页岩和致密地层天然气资源得到开发。同样，不列颠哥伦比亚东北部与阿尔伯塔交界处的蒙特尼普莱地区、科多瓦海湾、利亚德盆地及霍尔恩河盆地处，已经开发了更多项目。《石油和天然气法案》和《石油天然气委员会法案》是不列颠哥伦比亚基本的法律体系。能源和矿产部负责法律框架的实施和监督，石油和天然气委员会对不列颠哥伦比亚省内的原油、天然气和管道项目进行管理。

萨斯喀彻温与不列颠哥伦比亚相同，即使在与阿尔伯塔交界的西北和西南部都有相当大的开发，但总体不及阿尔伯塔石油天然气资源的开发速度和规模。萨斯喀彻温的石油生产在加拿大排在阿尔伯塔之后，处于第二位，该省也是加拿大第三大天然气生产地。最近，巴肯石油项目成为开发重点，被认为拥有重要的天然气资源。能源和矿产法案部将《石油和天然气保护法案》作为主要的法律系统，对萨斯喀彻温的石油和天然气资源进行管理。能源和资源部负责对可再生资源的开采、开发、管理和保护，保证有序开采和开发。

据估计，尤帝卡页岩天然气项目是北美大陆十大页岩气田之一。自项目启动以来，魁北克全省也显示出巨大的非传统天然气资源的潜力。但是，2011年3月，魁北克环境部宣布在页岩天然气钻探中暂时禁止使用压裂技术，直到全面的环境评估审计完成。

(5) 阿尔伯塔北部的油砂

阿尔伯塔的油砂是世界上已被证实的、最大的原油储备，估计具有1 750亿桶，在沙特阿拉伯之后位列全球第二。阿尔伯塔的油砂位于阿尔伯塔北部三个主要地区：皮斯里弗（Peace River）、阿萨巴斯卡（Athabasca）和科尔德莱克（Cold Lake），占据面积大约14.08万平方千米。世界上首个油砂生产开始于1967年的麦克默里堡（Fort McMurray）北部。仅仅在过去的几十年里，随着技术的进步，生产开始快速扩大。至2035年，油砂生产预计增长到以前的三倍，占加拿大全部石油供给的比例将从2011年的54%上升至86%。油砂的提炼和生产广泛使用复杂且创新的开采和生产技术。提炼采用露天采矿法或原位技术，如蒸汽辅助重力排水（SAGD）完成。原位技术用于从将近80%的油砂中提炼石油，因为油砂处于太深的地下，而无法使用露天采矿法。随着油砂的生产逐渐超过传统的陆上生产产量，油砂项目的建设和发展在最近几年已经达到前所未有的规模和程度。

对阿尔伯塔油砂项目进行规定的主要法律是《矿产和矿物法案》和《油砂保护法案》，但是项目通常也需要得到其他法规的批准，如《环境保护和改善法案》、《供水法案》等。自2009年10月起，适用的土地使用框架也必须进行考虑。

4. 环境法

(1) 司法权

在加拿大，环境法在司法权范围内，由联邦政府、各省和市政府共同负责。这种司法权的分离因为1867年的加拿大宪法没有特别划分“环境”的管理权力，反而导致权力的逐步变化。广泛来说，联邦政府对联邦拥有的土地和公共事业、渔业水域、航运、航空（包括机场）、铁路、制造业、有毒物质的进出口、省际和国际交通，以及某些国家重要领域，如港口、安全和核能源具有司法权。各省规定其他事项，包括工业排放。大多数省的市政被授权制定暴雨积水和生活污水排放、农药使用、有害杂草、噪音和某些其他的非法妨害的条例。

在加拿大投资、经商时，很重要的是需要铭记环境法在各省的规定并不是一致的。加拿大已经尝试过统一某些规范和标准，但是，公司在跨省经营时，仍需要了解其不同之处。

(2) 环境许可证体系

1）许可证要求。

加拿大多数法律禁止向自然环境排放具有“有害影响”的物质，除非管理部门批准或得到许可证。因为“有害影响”定义很广，包括尘土和噪音。所以事实上，所有工业工厂都需要环境许可证。这种许可证以“批准证书”的形式，由各省管理部门颁发，设定最高排放量，规定排放条件以及监督和报告责任。联邦政府管理项目的许可证形式类似。

2）环境评估。

一些大型项目可能需要在获得许可证前进行“环境评估”。环境评估对环境的影响进行全面研究，包括科学和工程学咨询、公共参与等。对原住民意见的征询在加拿大起到越来越重要的作用，因为根据宪法，在审批一些项目前，联邦政府有责任征求原住民的意见。由于其复杂性，环境评估有可能会严重延误已计划的项目。项目的某些部分可能需要同时遵守联邦和省的环境评估法律。这种情况下，可能需要相关联邦和省政府部门同时进行评估，必要时，需要由两级政府指派的代表组成联合专家组对评估进行审查。

3）许可证转让。

一般情况下，许可证不可转让。但在如收购等某些情况下，主要的技术人才和环境政策没有改变，管理部门可同意加快申请过程。

(3) 违法行为

加拿大的环境执法一般分三步进行：自愿减轻、责令改正以及最终手段的起诉和惩罚。联邦和省级环境管理部门已经指定执法和治理人员，一些管理部门已经公开书面政策，规定治理和执法的步骤与程序。

加拿大管理部门鼓励主动和合作的环保方式。可以在适当的情况下获得宽限期，制订相应计划，设定行动计划和完成时间表。如果没有这样的合作，环境管理部门有权发布强制行政命令，要求停止某些活动，并需要采取改正或缓解措施，或者进行进一步的测试和研究。虽然这些命令可以上诉，但一般情况下，命令没有上诉期，需立即强制性遵守规范。上诉递交时间可能只有15天，所以要求立刻重视和立即行动。

1）管理部门的检查和调查权。

联邦和省级法律都赋予管理部门广泛的检查、搜查和扣押权，从而确定并调查项目是否符合环保要求。这些权力使得管理部门可以：无需批准或通知进入房屋；没收物品；留取样本；进行地表下调查；要求、检查和扣押文件；以及提出相应要求。由于这些权力不涉及建筑物，检查人员需要法院出具的批准，或经所有者或使用者同意之后，才可进入进行检查建筑物。拒与检查人员合作属违法行为，处以罚金和/或关押。拒绝检查人员进入建筑物不属于违法行为。

加拿大法律清晰区分检查和调查。检查的目的是评估遵守规范的情况。相应地，检查人员也有权发布行政命令，要求被检查者采取措施遵守或保持规定。调查是为了收集违法和可能的起诉证据。违法者有权在调查中进行无罪辩护，并获得法律顾问帮助。法律不允许调查人员使用检查权力来进行调查。

2）泄漏/排放的报告。

按照多数环境法规和市政条例，泄漏和排放（一般指正常事件之外的排放，包括超过许可证允许的排放标准）必须立刻向管理部门报告。在有些情况下，厂外有害污染物的转移需要报告。有些省不需要报告有毒污染物的一般责任（即使在厂外转移）。有些省对特别类型的排放有报告要求，例如旧的储存箱的泄漏等。对于有毒污染，无论其性质如何，如果对人类健康具有严重危险，也需要报告。

有义务对有害物的"泄漏"立即进行调查、补救和报告。管理部门有权发布行政命令，要求采取补救和缓解措施。这些命令会强制一方进行测试，或现场评估来确定残留的土地污染或转移的风险，并制订适宜的清理计划。

3）对检举者的保护。

联邦和多数省环境法律都包括检举者保护条款。检举者保护也包括在加拿大刑事法中，威胁、搅扰或解雇检举人属违法行为，被处以最高五年的关押。

4）处罚和辩护。

各省有不同的环境破坏处罚。如今安大略有最严格的体系，公司被起诉一次的最低强制性罚金为25 000美元，最高罚金可高达100万美元。个人违反环境法也可能被关押最长6个月。

一般来说，"尽职调查抗辩"适用于污染制造者，证实其采取了所有适当的措施防止当时违法情况的发生。尽职抗辩的证据包括公司各层主动的预防和风险管理方式，例如定期培训、公司内部审计和报告、紧急应对计划、遵守内部标准和适当的纪律处分。尽职抗辩适用的一个例外是行政罚金，已经在安大略和阿尔伯塔用于处罚一些违法行为。当危险品从一人的房屋泄漏，危害到其他人的房产时，一般法也对其民事责任进行了严格的规定。

5）持续责任。

公司的解散并不能免除其环境责任。可以向公司以及任何有"负责、管理和控制"权力的人发布行政命令，包括董事和雇员（无论公司的状态如何）。对以上各方的法定罚金和犯罪处罚（包括关押）在公司解散后仍然存续。当公司已经解散时，如果负有明显的环境责任，股东所需负的责任程度由其从解散中获得的资金多少决定。

（4）房地产交易和受污染的土地

虽然对涉及被污染土地的房地产交易没有规定民事责任，但是将法定责任随合同转移是不可能的。

加拿大实行“污染制造者支付”原则，造成最初污染的土地所有者负有法定责任（即便房地产已经转让）。虽然购买出售协议经常包括赔偿条款，但民事合同的规定不影响法定责任。

一些省实行一种体系，土地所有者可以将房产按照指定的标准进行清理（根据土地使用目的），管理部门批准清理行为，这样便可以免除未来可能的清理命令。加拿大布朗费尔德（Brownfield）开发商经常利用该体系。需要注意的是，免除不能应用于污染物的厂外转移。

民事一般法责任的要求是对受污染影响的邻近土地所有者的一种补偿。当危险物质从某房产中泄漏时，法律严格规定了对邻近土地所有者给出补偿的责任。

1）出租方责任。

当出租方参与公司的财务管理和日常运行管理，或者由于抵押品赎回权取消而成为所有者时，需承担环境责任。安大略和不列颠哥伦比亚两省对由于抵押品赎回权取消的担保出租方、获得方和所有者的某些指定行为实行责任法定免除。当以上各方公开违反环境规定或有害于环境，或者明显地忽视排放的环境义务时，这种保护可撤销。

2）公开已知污染。

根据情况，在房地产交易中，卖方可能需要将土地污染的信息予以告知。加拿大法律将“潜在的”（隐藏的）和“明显的”（很容易通过适当的调查发现）加以区分：当卖方知晓潜在的缺陷时，结款前必须告知买方；对于明显的缺陷，买方自慎。

作为大多数交易调查的一部分，买方自然会要求知晓卖方所拥有的所有环境记录。

（5）公司收购时的法定责任

1）股份交易和资产交易。

由于法定责任无法随合同转移，在公司被收购的情况下，其对环境的责任应有特别的考虑。一方面，在股份交易时，公司的民事和法律责任都在结算之后仍然有效，并转移至新的所有者。这包括由于以前违反环境规定（例如引起污染的泄漏）以及潜在或已知污染而被起诉的风险。另一方面，在资产交易中，公司责任不转移至买方，除非与所获得的特定资产有关联。例如，若买方获得结算前已被污染的房产，买方仍然为未来可能的整改命令承担责任。但是，买方不会因为污染之前所发生的泄漏而被起诉。

2）股东责任。

一般来说，在加拿大的股东免于承担责任，除非其积极参与管理或对污染品负责、管理和控制（此时他们会具有与董事和雇员相同的责任）。但是，加拿大法院会“揭开公司的面纱”，当公司只是欺骗或惯于欺骗性的目的时，股东负有责任。一般来说，母公司会因为加拿大分公司所制造的污染被国家法院（根据地方法律）起诉。

（6）环境保险

很多伞式责任保险或承包商一般责任保险包括完全污染免责条款。但是，一些针对特定环境风险的保险现在加拿大进行认购。对于清理成本低于一定标准的石油整治项目，根据签购前的详细成本预算和环境报告，有可能获得成本上限保险。环境破环责任保险可用于避免由于厂外转移而遭第三方索赔的风险。保险也用于防止未来的房地产污染事件和尚未发现的污染。承包商的污染责任保险用来担保特别的运行而引起的污染，这为涵盖污染免责条款的伞式责任保险提供了补充。

随着为达到法定标准而执行环境清理的成本越来越高，加拿大环境保险的作用也越来越重要。虽然加拿大的环境保险市场还处在发展阶段，不断有新产品推出以应对不同的情况，但不久以后，环境保险就会成为多数公司交易的一项考虑因素。

（7）公司解散时的环境责任

对加拿大安全法，各省拥有司法权。作为提供安全的一部分，省安全法要求对“重要事实”及时公开。重要事实是指任何可能对实质安全具有重大影响的事实。在这种情况下，环境责任越来越被评定为重要事实。2008 年，安大略安全委员会发布公告，表示不再接受环境责任的“样本文件”公开，其他各省也效仿而行。

（8）废弃物管理

1）生产和运输。

废弃物管理责任在各种联邦和省级法律中都有规定。对于危险废弃物的运输和处理，加拿大有很严格的规定。加拿大运输部对省际间的交通以及危险废弃物的进出口进行管理。另外，省政府负责管理危险废弃物的生产、运输、储存和处理。废弃物可能只允许生产、管理、储存、加工和处理，并且只能在批准的工厂内（可能为场区内工厂）进行。居民废弃物的收集由市政府负责。

所有危险废弃物的运送需要完成危险废弃物货单，可能只允许由许可的运输公司运送。某些类型的危险废弃物，如石棉废品和印刷电路板废品有特别的要求。

废弃物制造者有责任保证废弃物仅由许可一方进行运输和处理，遵守正确发布的废弃物货单，且确保之后废弃物已送达至指定的处理地。没有履行这些责任会被惩处罚金。

2）废弃物转化。

省政府负责管理废弃物的转化、处理回收和其他循环项目，越来越多地将相关成本转移至使用原始材料在商业链中制造废弃物的公司。加拿大各省越来越多地考虑对电子产品循环回收实行销售税点。而强制的卖方收回措施现在只应用于酒精类饮料容器。超过一定规模的雇主必须实行强制性废弃物分类计划。

（9）环境诉讼

迄今为止，加拿大尚未出现如在美国一样的大型环境集体起诉，因为加拿大的集体起诉制度有严格限制。环境集体起诉用于由于污染造成的房地产贬值，但是不能用于对健康的索赔。

加拿大的省就业法根据工人补偿计划，规定工人可以获得集中管理和基金用于伤害恢复，但是应防止员工因为在工作中所受的伤害或健康问题起诉其雇主。相应地，基金可以以工人的名义向对伤害和健康问题负有责任的一方进行代立索赔（如石棉索赔）。

虽然民事诉讼可用于土地污染、污染造成的健康问题，或其他有关的环境破环，但在加拿大要获得惩罚性损害赔偿会受到更多限制（与美国相比），侵权索赔常按照法院强制实施的索赔。

（10）气候变化和排放许可贸易

与加拿大其他环境法律情况相同，联邦政府和省级政府都要求对有关温室气体排放拥有司法权。

加拿大政府近期公布了一系列政策，在现有的环境法规即《1999 年加拿大环境保护法案》之外，规定了一些减少温室气体排放的计划，但是还未将政策定为法律。政策要求特定行业的公司（如石油和天然气、通过燃烧产生的电力、化学产品、冶炼）降低其“排放强度”，每生产或产出单位的温室气体排放量在 2010 年比 2006 年水平减少 18%，之后至 2020 年每年降低 2%。在企业实施的遵守机制会帮助其实现目标。根据机制颁发或获得的信用储存或交易，也可为了遵守规定使用。

至今为止，唯一一个实行强制性温室气体减排的省是阿尔伯塔。2007 年 7 月，按照《气候变化和排放管理法案》，阿尔伯塔的温室气体减排条例得到通过，要求“大型的最终排放者”（每年二氧化碳等量排放大于 100 000 吨的工厂）在其各自的基线下降低 12% 的排放强度。为了达到目标，必须减少排放，或获得信用来抵消超过标准的排放量。

各省实施气候变化法律的另一种形式是碳税，魁北克和不列颠哥伦比亚两省都已经实施这种税（虽然形式微有不同）。魁北克税收由能源制造商、分销商和提炼商支付，于 2007 年 10 月 1 日生效。不列颠哥伦比亚碳税适用于化石燃料的购买和使用，于 2008 年 7 月 1 日生效。

不列颠哥伦比亚、马尼托巴、安大略和魁北克，以及美国西部的七个州是西部气候行动组织（WCI）的成员，该组织成立的目的是为了设计、评估和执行集体合作方式，在该地区降低温室气体的排放，重点关注基于市场的限额交易体系。2008 年 9 月，西部气候行动组织宣布于 2012 年开始实施其设计的地区限额交易项目，并预计2020年温室气体排放比2005年降低15%。属于该组织的省级政府已经在各自的管辖权内制定法律来执行该项目。

5. 对特定行业的规定

除了以上讨论的一些法律的一般应用之外，加拿大联邦和省政府以及一些市政府实行了一系列针对特定行业的公司行为法规。

例如，联邦政府通过加拿大交通署对航空业进行管理，要求该行业的公司必须拥有运营执照。同样，各省直接对一些特定行业的竞争和交易行为进行管理，如货运和旅行社。在有些情况下，联邦和省级法规同时作用于某些行业，例如保险业。证券和金融服务业遵守特定法律，矿业同样如此。根据不同的行业，还会有管理署、理事会或委员会对成员企业实行管理。

北美有重组电信业和电力业以及其他传统垄断行业的趋势，这已经成为近期政府工作的重点。长途和当地电话已被重组为竞争行业。政府通过了一系列针对特别行业的法律规定，其中要将电力供应继续发展为竞争市场。

在医院、高速公路和其他基础设施项目中通过公私合作的方式，向传统公共企业引入市场影响力因素，也带来新的法律体系的建立。这些行业中的参与者会发现法律体系将由合同、可能的公共法律文件或机构组成。

计划在加拿大发展的外国企业需要向专业的顾问进行咨询，保证对该特别行业的法律框架有所了解，包括经营所需的许可证或其他政府批准。

（四）商业经营融资

1. 债务融资

新成立的公司总会面对融资的需要，更多的是需要获得股东、合作方或其他资金来源。债务融资具有多种形式，对大多数加拿大公司来说，这种融资的来源包括银行和其他贷方机构。在更小的范围内，债务融资也来源于母公司、其他股东或有关个人，甚至来自贸易债权人。贸易债权人在常规贸易或支付条件中提供产品和服务。

（1）通过银行和其他贷方机构的债务融资

多数银行和贷方机构获得的收入最大的部分来自利息，以及客户支付的贷款和其他借贷费用。这些借贷方从事的是对客户投资，并管理客户违约带来的贷款损失风险。最近几年，在加拿大的银行和其他贷方机构在企业和商业客户，以及在其进行的投资中面临着越来越激烈的竞争。在某种程度上，愈加激烈的竞争是由于加拿大政府开展的银行业和融资业改革，改革为外国银行在加拿大收购或建立融资公司提供了更多机会。也许在更大程度上，加拿大如今的竞争水平因为经济发展因素（包括产业集群）对加拿大的影响以及来自美国、欧洲、日本和远东地区渐强的竞争力。无论究竟为何原因，加拿大的借款人通常会在那些借方（或投资方）的融资计划中谨慎选择，这些借方（或投资方）都愿意在最佳条件下扩大其债权。

当公司从某银行或融资机构获得了最具吸引力的融资计划，提交正式债券申请并获得批准后，通常应立即准备书面的融资提议（以条款说明书或委托书形式），并寄给借方。条款说明书或委托书会汇总银行或其他融资机构支付借款的条款和条件，包括借款支付前需要的贷款和安全文件清单。当借款方签署接受条款说明书或委托书后，协议立即产生约束力（文件另有规定的除外）。在大额或复杂贷款的情况下，通常需要正式的贷款或债券协议，当确定并执行后，该正式协议将取代条款说明书或委托书。

虽然贷款可为担保或非担保，但在大多数情况下，需要借款担保；在某些情况下，还需要股东、子公司或其他相关方的担保。所要求的担保取决于很多因素，包括贷款是否见票即付，或固定期限内或到期日分期付款。经营所需贷款通常为见票即付，定期贷款通常分期支付，取决于贷方有权由于一次或多次违约事件的发生而提高整个贷款余额。

多数借贷工具由一个以上的担保协议进行担保，通常会出现重复担保的情况。下面是一个加拿大银行和其他贷方机构可能都会要求的担保种类：

- 一般应收账款出借或账面负债；
- 一般担保协议，制定所有借方（或担保方）现有及事后取得的房产、资产和企业的担保利益；
- 支付借方（或担保方）所有现有及事后取得的房产、资产和企业的公司债券，包括特定的房地产抵押和索价；
- 借方或担保方的所有权作为担保物的抵押担保；
- 按照《加拿大银行法》第426或427条，提供特殊财产担保，只能由加拿大特许的银行进行，并仅担保直接债务（以及银行家在有关承兑和信用证的某些临时责任），这些担保只能从特别的借方类别中得到；
- 在魁北克，担保也可以为任何形式的资产（无论是不动产或个人动产、实物或虚拟物）以“担保权”的形式进行。

（2）通过股东和其他企业所有者的债务融资

一般来说，股东或其他企业所有者对自己的公司借出贷款时，通常被建议拥有对任何所有公司借款的担保。拥有担保的情况下，借出贷款的股东或所有者一般有权要求在倒闭或破产时获得优先于非担保出借人的权利（包括贸易债权人的大多数要求）。但是，银行和其他贷方机构一般要求股东或所有者持有股东借贷的担保，并同意延迟其担保，并遵从由银行和贷方机构持有的担保。

（3）非传统融资

除了传统的向企业/商业借方进行借贷的方式，银行和其他金融机构也提供非传统方式的借贷，包括衍生或其他的金融产品或服务，帮助借方避免货币、利息率或其他市场因素可能带来的风险。事实上，如今很多银行和贷方机构常常要求作为其贷款或借贷工具的条件，借方要实施这些规避工具以管理风险，这些风险是银行或贷方通过向借方投资间接预测的风险。

由于很多加拿大银行如今拥有或隶属于资本市场内活跃的商业银行和投资商人，可选择的借贷及咨询产品和服务已经从单一资源发展为丰富资源。在加拿大，与其他国家相同，这种趋势已经发展为更多样化的融资“混合”形式，将债务和产权相结合，例如通过使用可转换的债务工具或担保。

（4）参与负债

使用债务证券，贷方的投资回报取决于公司的成功经营，贷方会被说服，对一项贷款预测更严重的风险或接受具较低保证的收益率。除了贷款利息，当公司收益超出某一水平时，贷方还将分享公司的收益。或者，在适当的情况下，贷方可能被授权，将债务证券转换为公司股份（通过可转换公司债券的方式）。

2. 产权融资

寻求资本增长的公司可能会选择产权融资作为债务融资的一种方式。计划产权融资的公司通常不能向银行和其他融资机构进行产权投资，部分原因是产权投资有更高的风险。相反，“私有公司”的产权投资一般来自与公司或公司运营有关的个人，或来自某些较愿承担风险的投资公司，以及为公司成立和早期风险提供商业银行业务的夹心融资或风险投资。对于上市公司，产权融资通过使用招股计划书，或按照加拿大相关法律私募配售豁免向公众招股。在这两种情况下，公司发售有价证券，都需要遵守加拿大证券法律规定有关注册和招股计划书的要求。

（1）加拿大的证券法律

1）联邦法律。

一般来说，加拿大没有联邦法律对证券交易进行一般性规定。虽然遵照《加拿大商业公司法案》成立的公司应遵守有关内部交易的“证券”规定，但《加拿大商业公司法案》没有对联邦公司的证券销售进行全面规定。《联邦银行法》也对内部交易以及特许银行的证券销售进行了规定，《联邦信托和贷款公司法》对联邦特许信托和贷款公司进行了规定。因此，在这些受联邦规定的机构所涉及的交易中，必须考虑到法律的特别要求。

2）各省法律。

加拿大各省实行其各自的证券法律。虽然这些法律形式不同，但基本法律理念相同。因此，对《不列颠哥伦比亚证券法》、《阿尔伯塔证券法》、《安大略证券法》和《魁北克证券法》的讨论可帮助了解加拿大其他各省的证券法律。各省的证券委员会或类似法律部门负责执行证券法规，省级部门通过加拿大证券管理局对法规的实施进行协调。事实上，加拿大证券管理局作为一个志愿联合组织，推动了全国协调证券法律体系的建立。加拿大证券管理局在除了安大略省之外的各省实施了全国通行证系统，允许发售方和注册人只受其省管辖权内管理者的管理，而免于其他省或地区的一些法律要求。

多数省的证券法规具有相同的目的，即保护投资公众、资本市场的公正和投资者的信心。通过一系列全面的规则来保证各方平等地获取信息，为市场参与者提供机会均等的环境，且设定信托人和其他职位的行为条件和标准。

（2）主要机制

为了实现各自的目标，《不列颠哥伦比亚证券法》、《阿尔伯塔证券法》、《安大略证券法》和《魁北克证券法》主要作了以下规定：

1）注册。

资本市场的参与者买卖证券、认购证券或为证券投资提供咨询，都需要注册才可进行。交易的定义不仅限于证券的原始发行，也包括二级市场的交易活动。免于注册要求的例子很少，仅适用于某些交易类别和某些类别证券的交易。

2）信息公开要求。

相关法律规定信息必须对投资者公开，以保证其具有足够的信息来作出投资决定。这些信息公开要求可以分为两类：招股说明书公开要求；持续公开要求。这两种类别会在以下分标题中进行介绍。

3）收购/发行方招标要求。

有一系列条例对收购上市公司大量股权，以及公司收购其自有证券进行了规定。

4）执法权和补偿。

对于违反相关证券法的刑事处罚权和某些执法权，以及由于违反相关法律使投资者受到损失的民事补偿，由相关的证券委员会负责。

（3）招股说明书的要求和豁免

加拿大《证券法》的一个实质性特征是要求制定有关证券“发行”的初步和最终招股说明书，并由相关证券委员会批准。一般来说，销售包括交易尚未发行的证券，交易在“受控区间”发行过的证券，以及交易原始发行时免于招股说明书要求但仍需遵守再销售限制的证券。招股说明书是一个全面公开的针对实体发行证券和证券发行细节的文件，必须按照有关《证券法》以及按《证券法》颁布的细则进行制订，且包含必须的信息。在魁北克，招股说明书必须以法文或以法文和英文双语制定。

《不列颠哥伦比亚证券法》、《阿尔伯塔证券法》、《安大略证券法》和《魁北克证券法》等这些法律都颁布了招股说明书的特别豁免。国家文件对招股说明书和注册豁免制定了一套（除了个别省外）国家豁免法规。在私有证券配售的情况下，一些最普遍的豁免如下：

- 受认可的投资者豁免：只要确认为“受认可的投资者”，可允许不受数量限制的购买者作为委托人购买证券，相对于其他类别的投资者，“受认可的投资者”包括：①个人拥有或与配偶共同拥有金融资产，且税后所有负债净额可实现总计价值超过 100 万加元；②在过去的两年中，每年个人税后净收入超过 20 万加元，或与配偶共同税后净收入超过 30 万加元，两种情况中的一种在当年可预计净收入可达到各自标准；③公司、合伙公司、信托、基金和协会、联合组织或其他群体组织，无论是否合并（除了投资基金），在其最新的财务报告中显示拥有至少 500 万加元的净资产；④某些银行和信托机构、某些类型的发行方、国有及加拿大市政公司、公共议会及委员会。

• 最小投资额豁免：允许购买者作为委托人在交易时购买总价值不低于 15 万美元（以现金支付）的证券。

• 职员、总裁、董事和顾问的豁免：允许没有招股说明书的情况下，向董事、总裁、职员和顾问发售证券。

• 私有发行人豁免：允许私有发行人在满足一定条件时，向购买者发售，在这种情况下，购买人作为委托人购买，而不作为该私有发行人或被认可的投资者的“上市”市场的一员（如公司董事、总裁或职员以及其亲属、私人好友和亲近的公司关系，以及当时拥有发行者证券的个人）。

• 招募备忘录豁免：允许发行人向购买者发售其证券，购买者作为委托人，在除了安大略的各省，当符合每个省各自不同的特定要求时，包括实行购买该证券协议的同时或之前，购买者收到招募备忘录并签署风险知情表；招募备忘录为类似于招股说明书的信息公开文件，必须按照规定的形式制订。在不列颠哥伦比亚省，在豁免的情况下，对于证券购买者没有限制；在阿尔伯塔和魁北克，除非购买者满足“合格的投资者”的条件，若购买者购买的价值不超过 1 万美元，发行人需要遵守该豁免规定。

另外，也需要考虑按照各省证券法对豁免情况下发行的证券的规定，以及对再发售的有关限制。按照加拿大规定的证券“封闭系统”，免于招股说明书发行的证券的首次交易一般来说必须遵照省证券法规定的招股说明书要求、相关的进一步招股说明书豁免或有关的再发售限制（包括持有期限要求）的要求。相反，按照招股说明书发售的证券可以自由进行交易（除非在“受控区间”之间）。

如果企业希望其股票在加拿大证券交易所上市，还需要遵守这些交易所的特别要求，包括对初始和持续上市的规定。

（4）注册规定

加拿大《证券法》要求所有进行交易活动的市场参与者作为企业，或视为商业交易，都要遵守国家文件注册要求和豁免规定的经销商注册要求。注册要求意在保护投资者，保证市场经销商具有必要的专业水平、保险规定、内部控制，以及注册方一直遵守规定。

市场参与者必须评估其活动是否为交易，以及是否作为商业公司进行交易，来决定是否需要进行注册。注册要求和豁免法规含盖了一些需要考虑的因素，来决定“商业诱因”是否成立。

对于某些类型的市场参与者，有限的几种免于注册要求（豁免）的情况如下：

• 通过注册的经销商的交易——通过经销商进行的交易可以实行豁免。豁免只适用于交易仅通过经销商或注册的经销商购买本金的情况。

• 流动性豁免——允许注册的参与者继续与搬移至不同辖区的客户进行交易，而无需在该辖区进行注册。注册的公司使用该豁免可最多用于 10 个客户，个人使用该豁免可最多用于 5 个客户。

• 西北部辖区豁免——加拿大联邦《证券法》建议不列颠哥伦比亚、阿尔伯塔、马尼托巴、西北领地、努纳乌特和西北部辖区等省份颁布有关所发售的证券交易设立注册豁免：

• 认可的投资者豁免；

• 最低投资额度豁免；

• 家人、朋友和公司关系豁免；

• 招募备忘录豁免。

市场参与者希望依赖豁免，必须：

- 在任何辖区都不注册或无需注册；
- 不从事为购买者提供交易适合性建议的活动；
- 除了在不列颠哥伦比亚，不为购买者提供金融服务；
- 可使用或持有购买者的资产；
- 向购买者提供风险信息公开；
- 向适当的证券管理机构提交信息报告。

该豁免政策还未在所有西北部辖区实行。

（5）持续的信息公开规定

不列颠哥伦比亚、阿尔伯塔、安大略和魁北克的《证券法》都规定了对于法律规定应作“报告发布”的公开发行公司，应当及时对其事务的所有重要变化进行报告，并制订季度临时财务报告和对比年度财务报告，附有注解和管理层讨论，以及财务状况分析和运营成果。另外，法律还要求个人或公司若通过选举某些报告发布公司的股东来寻求代理人时，需要向这些股东提供信息通报。而且，多数报告发布公司被要求每年提交一次信息表格，提供有关发布公司的补充分析和背景材料。同时，法律也规定了报告发布公司的“内部人员”有责任报告其股权，并且在有关发布公司事务的重要保密信息的情况下，不得进行交易。某些外国报告发布公司具有加拿大居民最低股份持有额，在特定的地区需遵守外国信息公开规定，并且一些外国报告发布公司按照美国的证券法进行注册，只要这些公司遵守了相关的外国信息公开规定，就可以免于加拿大持续信息公开的规定要求。报告发布公司可以提交“简短形式”或“简化版”招股说明书，将持续信息公开文件作为其参考部分。

3. 政府援助

联邦、省和市政府对企业的援助有多种形式，会对其是否成立或扩大公司，以及何时、何地、如何成立或扩大公司起到关键性作用。若未对三级政府提供援助的机会予以全面研究，加拿大公司的财务或商业开发计划就不能视为完成。

联邦和省级政府的援助具有多种形式，包括现金拨款、成本分担、可免除贷款、根据未来销售或利润偿还的贷款、参股、税收免除或优惠税率、技术援助（包括特别的专业技术和员工培训援助）以及政府采购。市政府援助包括减少税收或开发费用（特别是位于市政府所有的工业区和商业区中的工厂和办公室），以及对目前土地使用的管理。

各级政府的政府援助项目都是持续逐步发展的，被援助的公司种类和地理区域相关规定也是如此。如果建议书很具吸引力，却未符合规定的资格条件，申请人不必沮丧，应当再次尝试，也许会获得特别的豁免或相关的援助项目。

在联邦政府内，援助项目由一些部门负责管理，工业、科学和技术部作为主要的援助来源，将总体协调部门间的援助项目。

申请者一般需要准备向援助项目管理人员介绍获得私有融资渠道的商业计划和必要技术，并证明对加拿大、省或市的有益之处，例如就业增加、工业链接、技术转让、本国制造商品的使用以及出口增长。另外，申请者还需要准备在相关地区长期投入的证明。

（资料来源：本文摘录自加拿大驻华使馆网站提供的《在加拿大经商指南》）

三、澳大利亚投资指南

（一）澳大利亚的外国投资政策

澳大利亚政府欢迎外国投资。外国投资帮助了澳大利亚的经济建设，并将继续为促进澳大利亚的经济增长与繁荣和人民的福祉作出贡献。

外国投资带来诸多利益，不仅维持现有的就业水平，而且可以创造新的就业机会，同时鼓励创新，带来新的技术和技能，此外有助于开通海外市场，促进产业间的竞争。

政府遵循国家利益而逐例审查外国投资提案。对比呆板仓促的审批规则，我们更喜欢这种灵活的方法。禁止某类投资的刻板的法律往往也将宝贵投资拒之门外。逐例审查的方法可以尽可能增大投资流量，同时保护澳大利亚的利益。我们的外国投资审批委员会（Foreign Investment Review Board，FIRB）将与申请人协作，确保国家利益得到保护。但如果最终认定某一提案有违国家利益，政府就不会批准这一提案。

同时，政府也考虑社会民众对外资拥有某些澳大利亚的资产的担忧。通过我们的审批制度，政府在评估澳大利亚国家利益时能兼顾民众的这些担忧。

对国家利益的考量的同时，也认同澳大利亚市场体制的重要性。在这一体制中，公司对股东负责，投资和销售决策是基于市场的考虑，而非出对于外部战略或非商业性因素的考虑。

1. 外国投资审批政策和法律

《1975 年外国收购与兼并法》（以下简称法案）为我们的审批制度提供了法律框架。根据法案，国库部长（Treasurer）或其代表负责审查投资提案，以判定提案是否有违澳大利亚的国家利益。

国库部长可以拒批有违国家利益的提案，也可以对提案的实施方式附加一定的条件以确保提案不违反国家利益。国库部长依靠外国投资审查委员会的建议作出此类决定。

澳大利亚外国投资政策（以下简称政策）为外国投资者理解政府如何执行法案提供了指南。这一政策也指明了部分目录的投资提案，即使法案似乎并不适用，但仍需要向政府通报。

（1）谁需要申请

1）外国政府投资者。

无论其投资价值如何，所有外国政府投资者[1]在对澳做出直接投资之前必须通报澳大利亚政府并获得预先批准。

外国政府投资者若要开办新企业或者收购来自于对土地的收益，包括从事勘探、勘察、采矿或者生产的租约，均必须向政府通报并寻求预先批准（外交或领馆需要购买土地者除外）。这一要求是与政府一惯的做法相一致的。

当外国政府投资者，对于某项投资是否需要向政府通报存有疑问时，必须向政府通报以供审批[2]。

在《企业收购详情》中，特别是在《外国政府投资者》一节中为外国政府投资者提供了详细指南。

2）外国私营投资者——企业收购。

外籍人员在收购价值超过2.48亿澳元[3]的澳大利亚企业或公司的重大或者具有控制性权益之前，必须通报澳大利亚政府并取得预先批准。若有意收购境外公司的重大权益而该境外公司在澳大利亚的分公司或总资产价值超过2.48亿澳元[3]，也需要向政府通报。其中，新西兰投资者和美国投资者例外[4]。在此，2.48亿澳元的限额仅适用于规定的敏感产业的投资。对于其他行业的新西兰投资和美国投资，其限额为10.78亿澳元[3]。

为了收购股权，在计算企业或公司价值时，需要考虑公司总发行股票的价值或其资产总额，以数额较高者为准[5]。无论其投资价值如何，所有外籍人员，包括新西兰投资者和美国投资者，在对传媒产业做出5%或以上的投资时，都需要通报澳大利亚政府并且获得预先批准。

此外，外籍人员还应注意，对外国投资的其他要求及/或限制如下：

• 银行业的外国所有权必须遵循《1959年银行法》，《1998年金融领域（股份）法》以及银行业政策；

• 在一家澳大利亚国际航空公司（包括澳航 Qantas）[6]的外国所有权总额不得超过49%；

•《1996年机场法》规定多家机场的外国所有权上限为49%，悉尼机场（与悉尼西部机场一起）、墨尔本机场、布里斯班机场或者珀斯机场均有5%的航空公司所有权限制和交叉所有权限制[7]；

•《1981年船运登记法》规定船只若要在澳大利亚登记，其大部分股份必须由澳大利亚所拥有，除非此船只为澳大利亚运营商所租用；

• 澳大利亚电信公司（Telstra）的累计外国所有权上限为35%，并且外国投资者个人所持有的股份不得超过5%。

外籍人员若对某一投资是否需要通报存有疑问，也应通报。

《企业收购详情》中提供了详细指南。

3）外国私营投资者——房地产。

---

[1] 定义见附录1。

[2] 当外国政府投资者作为接受澳大利亚审慎监管委员会监管的接受存款机构，当其在借贷协议中对某一资产行使担保时，并不需要向政府进行通报。当资产被出售担保权得以行使时，不需要向政府进行通报获得预先批准。但是，当投资者行使担保权，在资产上享有控制权并保留此资产超过十二个月时，投资者必须向政府进行通报并获得预先批准。

借贷协议是在诚信的基础上出于借款的正常目的而订立的协议。借贷协议不应包含与借款业务无关的协议内容，比如允许对于借款人、借款人的商业行为或者资产（担保的常规条款除外）施加一定程度的影响力或者控制力。有关此类的协议可以包含在单独订立的合同中。

[3] 限额在每年1月1日按指数进行调整。

[4]《1975年外国收购与兼并法》（FATA）不适用于新西兰投资者和美国投资者在金融业企业的投资。金融业企业的含义与《1998年金融领域（股份）法》的规定相同。

[5] 对于非房地产领域的收购和其他安排，请见《1975年外国收购与兼并法》的13B中的规定。

[6] 个人在澳航可持有的股份上限亦为25%，外国航空公司可持有的合计所有权上限为35%。

[7]《1996年机场法》中关于交叉所有权的规定适用于下列情况：一名外籍人员拥有悉尼机场（与悉尼西部机场一起）运营公司以及珀斯、布里斯班和墨尔本其中任何一家机场运营公司超过15%的股份。当外籍人员拥有的股份为15%或者更低时，部长可以按照实际控制权进行断定。

外籍人员若要收购某些类型房地产的权益，必须通报澳大利亚政府并获得预先批准。“权益”包括购买房地产，获得或同意订立租约或者营业执照，以及采用融资或其他利润共享的方式。

无论价值如何，外籍人员若想获取住宅房地产、空地的权益或者购买澳大利亚城市土地公司或信托的股票或单位，通常需要通报澳大利亚政府并取得预先批准。

外籍人员若想获取价值 5 400 万澳元[1]或以上的已开发商业房地产中的权益，也需要通报并取得预先批准——除非该房地产被列为文化遗产，在这种情况下，所适用的限额为 500 万澳元。已开发商业房地产对新西兰投资者和美国投资者有所例外，在此所使用的限额为 10. 78 亿澳元[1]。

外籍人员若对某一投资是否应该通报存有疑问，也应通报。

具体房地产相关规则在《房地产购买详情》中有明确规定。

（2）应该何时申请

您应该在交易发生之前递交申请，或者注明购买合同将以是否获得外国投资批准为前提条件。在澳大利亚政府通知您审批结果之前，不应开始交易。

为了让提案得到及时考虑，澳大利亚政府鼓励潜在投资者在递交重大提案申请之前，先与外国投资审批委员会取得联系。澳大利亚政府将对提案予以保密（在“保密/隐私”一节中有所详述）。

申请若包含充分的细节将作为法案规定的提案得到受理。这些细节包括有关当事人及拟议投资的详情（包括其性质、收购方法、投资金额、时间表以及投资是否为公共投资的信息），此外还应准备一份声明书，注明投资者意向（即期和持续意向）以及拟议投资对国家利益可能产生的影响[2]。申请还应包含适用的法定通知（申报表）。对于在 12 个月内无法实质性完成的权益收购，其申请通常不予受理。

如需更多详情或者获取表格，请参阅外国投资审批委员会网站（www. firb. gov. au）。

申请没有任何费用或收费。

（3）澳大利亚政府有何要求

澳大利亚政府要确保投资不得违反国家利益。若某项投资有违国家利益，政府将会作出干预。但这种干预并不常见。

如何才算有违国家权益？这一问题无法用僵硬简易的规则作出解答。否则将有可能阻止有益的投资，这并非我们制度的本意。澳大利亚采取逐例审查的方法，尽可能增大投资流量，同时保护澳大利亚的国家利益。

为了帮助申请人，我们在《企业收购详情》中提供了更多申请指南。

（4）作出决定需要多长时间

根据法案规定，国库部长有 30 天时间考虑申请并作出决定。然而，国库部长可以发布临时命令，将这一期限最多再延长 90 天。通常在提案非常复杂或者需要更多信息的情况下，才会发出临时命令。

您将在国库部长作出决定的 10 天内收到通知。该决定对申请或者是无异议通过；或者是加上必需满足的条件；或者是提案被拦阻。如果国库部长无异议，您将收到由外国投资审批委员会秘书处代表国库部长发出的有关这一决定的电子邮件或信函。

对于仅按照本政策提出的申请则没有期限。然而，澳大利亚政府力求尽可能在 30 天内考虑这些提案。

（5）保密/隐私

出于咨询目的，澳大利亚政府可能把您的申请送给相关政府机构，包括澳大利亚各州及领地。但是，澳大利亚政府尊重所收到的“商业机密”信息，并确保采取适当的安全措施。

---

[1] 限额在每年 1 月 1 日按指数进行调整。

[2] 详情见《企业收购详情》章节中“企业收购详情”。

除非获得您的允许或者得到司法辖区内法庭的指令，否则澳大利亚政府不会将您的申请提供给政府外的第三方。必要时，政府将通过司法系统来捍卫这一政策。

按照《1988 年隐私权法》和《1982 年信息自由法》的规定，澳大利亚政府尊重申请人提供的个人资料的隐私。

(6) 进一步查询

如需更多详情，请参阅外国投资审批委员会网站（www. firb. gov. au）。若需进一步查询，请与外国投资审批委员会联系：

普通查询：

电话：02 6263 3795

传真：02 6263 2940

电邮：firbenquiries@ treasury. gov. au

海外查询：

电话：+61 2 6263 3795

传真：+61 2 6263 2940

电邮：firbenquiries@ treasury. gov. au

监督热线：

电话：1800 050 377

电邮：FIRBCompliance@ treasury. gov. au

2. 企业收购详情

(1) 国家利益的考量

通过评估国家利益，澳大利亚政府能够权衡潜在敏感性问题和外国投资的裨益。

澳大利亚政府逐例作出国家利益问题方面的决定。我们审查一系列因素，这些因素的相对重要性可随目标企业性质的不同而不同。与小型企业的投资相比，对拥有大批雇员或占有重大市场份额的企业的投资可能会带来更多的敏感问题。然而，对具有独特资产或者处于敏感行业的小型企业的投资也可能引发顾虑。

投资所产生的影响也是一个考虑因素。少数的促进经济活动的投资——比如促进生产力或者新技术发展——也有违反国家利益的可能。

无论对于任何产业的外国投资提案，澳大利亚政府在评估时通常都会考虑如下因素（与农业提案相关的更多信息，请详见附录 2)。

1）国家安全。

对于投资，政府会考虑其对于澳大利亚保护自身战略和安全利益的能力的影响程度。澳大利亚政府在评估某一投资是否引起国家安全问题时，会听取有关国家安全机构的建议。

2）竞争。

为了促进良性竞争，澳大利亚政府希望澳大利亚各行业和领域的所有权具有多样性。澳大利亚政府会考虑投资提案是否有可能造成投资者获得对澳大利亚某一商品或服务的市场定价和生产的控制。例如，如果一项提案会造成某一产品的消费者获得对该产品的现有澳大利亚生产商特别是重要生产商的控制，那么政府就会谨慎考虑。

澳大利亚政府还会考虑拟议投资对相关全球性产业结构的影响，尤其会考虑过分集中可能导致竞争市场发生扭曲的情况。政府尤其担心的是，某一项投资会在何种程度上使投资者控制产品或服务的全球供应。

澳大利亚竞争和消费者委员会也会按照澳大利亚的竞争政策制度来审查竞争问题。此类审查都是独立于澳大利亚的外国投资管理制度而单独开展的。

3）澳大利亚政府的其他政策（包括税务）。

澳大利亚政府会考虑外国投资提案对澳大利亚税收的影响。此外，投资还必须与澳大利亚政府在环境影响等问题上的目标一致。

4）对经济和社区的影响。

澳大利亚政府会考虑投资对整个经济的影响。政府会考虑企业收购后重组计划所带来的影响。而且还会考虑收购资金的来源性质，之后澳方在企业中保持的参与程度，以及雇员、债权人和其他关系人的权益等。

澳大利亚政府会考虑投资者对于项目的开发程度并且确保澳大利亚人民获得公平回报。此外，该投资还应符合澳大利亚政府的目标，即在未来继续成为所有消费者值得信赖的供应商。

5）投资者的品格。

澳大利亚政府会考虑投资者经营业务的商业透明度以及受到充分的透明监管的程度。政府还会考虑外国投资者进行公司治理的方式。若投资者为基金管理公司（包括主权财富基金），政府会考虑基金的投资政策以及基金如何对其拟议获取权益的澳大利亚企业行使表决权。

与那些未在透明商业基础上经营的投资者的提案相比，在透明商业基础上经营的为外国所有或者控制的投资者的提案，引起国家利益方面的忧虑的可能性较低。

（2）外国政府投资者

如果某一提案涉及外国政府投资者，澳大利亚政府还会考虑该投资是否具有商业性质，或者投资者是否可能寻求违反澳大利亚国家利益的更广泛的政治或战略目标。这就包括评估潜在投资者的治理结构是否利于外国政府获得实际或潜在控制权（包括通过投资者的资金安排达成目标）。与那些未在纯粹商业基础上交易和经营的外国政府投资者的提案相比，在纯粹商业基础上交易和经营的外国政府实体的提案，引起国家利益方面的忧虑的可能性较低。

若潜在投资者并非完全由外国政府控股，澳大利亚政府会考虑其中非政府权益的规模、性质和构成，包括对非政府股权持有者权利的所有限制规定。

对于并非在完全公平的交易关系和商业基础上经营的外国政府投资者的提案，澳大利亚政府会进行仔细审查。澳大利亚政府没有禁止此类投资的政策，但会仔细评估总体提案，以确定此类投资是否可能违反国家利益。

有一些缓解措施有助于判断此类提案并非违反国家利益，其中可能包括：投资中存在外部合作伙伴或股东；非关联所有者权益水平；有关投资的治理安排；保护澳大利亚权益不受非商业交易影响的长期安排；以及投资目标是否将在或者继续在澳大利亚证券交易所（Australian Securities Exchange，ASX）或其他认可的交易所上市。在考虑该提案是否有违国家利益时，澳大利亚政府还将考虑此类投资的规模、重要性和潜在影响。

3. 房地产购买详情

（1）概况

澳大利亚政府认定，某些类型的房地产投资有违国家利益。本节概述了这些禁止购买的房地产类型，并且介绍了外国投资者可以购买的房地产类型以及外国投资者在购买时是否需要政府批准。

如果您有意购买澳大利亚的房地产，除非已经获得批准或者免于《1975 年外国收购与兼并法》的要求，否则您应该使购买合同以是否获得外国投资批准作为前提条件。不符合资格的房地产所有者可能受到严重处罚。

（2）对购买住宅房地产的规定

根据政策规定，住宅房地产的外国投资应增加澳大利亚的住房存量。所有申请都应按照这一首要原则予以考虑。

住宅房地产是指非商业物业或非农业土地的所有土地和住房。在此方面，“业余农场”和“农村住宅”地块均为住宅房地产。

1）临时居民。

①已建成（二手）住宅。临时居民若想购买已建成住宅，需要提出申请。临时居民只可购买一处已建成住宅，并且必须将其用作自己在澳大利亚的住宅。此类提案在获得批准时通常有附带条件（如临时居民不再居住于此时必须出售该物业）。

临时居民不可以购买已建成住宅作为投资物业，但是可以购买已建成住宅用于改建。

②新建住房。临时居民在澳大利亚购买新建住宅需要提出申请。此类提案在获得批准时通常没有附带条件。

③空地。临时居民购买空地进行住宅开发时需要提出申请。这些提案通常在获得批准时附有一定条件（如在24个月内开工）。

2）其他所有外籍人员。

①已建成（二手）住宅。非常住外籍人员不可以购买已建成住宅作为投资物业或自住。以下情况除外：

由外籍人员运营的大型规模公司为驻澳大利亚的员工购买已建成住宅时需要提出申请。此类提案通常在批准时会有附加条件，即公司在预计此物业将空置六个月或以上时将此物业出售。

非常住外籍人员购买已建成住宅进行改建（即拆毁现有住房并且建造新住房）需要提出申请。只要改建提案可增加澳大利亚的住房存量（拆毁一个住房，至少建造两个住房），或者可以表明现有住房已废弃或者不适合居住，通常便可获得批准。申请获得批准时通常附有一定条件。

②新建住宅。非常住外籍人员在澳大利亚购买新建住宅需要提出申请。此类提案在获得批准时通常没有附带条件。

③空地。非常住外籍人员购买空地用于住宅开发时需要提出申请。这些提案通常在获得批准时附有一定条件（如在24个月内开工）。

3）谁可以获得豁免。

如果您符合以下情况之一，购买住宅房地产就不需要政府批准：

- 您是澳大利亚人（住在本国或海外）或者您是澳大利亚的常住居民；
- 您是新西兰公民；
- 您是持有永久居民签证的外籍人员；
- 您是外籍人员，但与澳籍配偶一起作为共同土地保有人购买物业。

无论您的公民资格或居留身份如何，以下情况不需政府批准：

- 从已经获得预先批准可以向外籍人员出售的开发商购买的新住宅；
- 综合旅游度假村的某些住宅房地产（见下文）；
- 按照遗嘱或依法继承财产所获取的权益；
- 从澳大利亚的政府（联邦政府，州、领地政府或地方政府）处获得或出于公共目的组建的法定企业获得的权益。

若您符合下列情况，也可获得豁免[1]：

- 作为一家（主要）为澳大利亚常住居民的利益服务的公司、信托或者投资管理计划；
- 作为一家澳大利亚公司，所有人有豁免权[2]或者是作为一家为有豁免权的人员服务的澳大利亚

[1] 详见《1989年外国收购与兼并法》第三款。

[2] 拥有豁免权的人员包括澳大利亚公民（在本国或者海外居住）、新西兰公民、持有澳大利亚永久居民签证的外籍人员。

信托公司；

• 作为一家提供托管服务的公司；

• 购买已经在一家澳大利亚证券交易所上市的某些澳大利亚城市土地公司的股份；或者购买某些澳大利亚城市土地信托公司的单元。

4）综合旅游度假村（ITR）的住宅房地产。

若购买 1999 年 9 月以前被指定为综合旅游度假村的度假村界限之内的住宅房地产，您无需获得政府批准。

对于 1999 年 9 月以后指定的综合旅游度假村，只有那些租赁给度假村经营者 10 年或以上，并且在业主未居住时可以用作游客住宿的已开发住宅物业才可以获得豁免。在旅游度假村内的其他所有物业，包括用于开发的空地，都必须遵守正常的外国投资规定。若要获得度假村资格，必须符合相关条件。

（3）对购买商业房地产的规定

商业房地产包括用于非住宅目的的空置和已开发物业，如办公室、工厂、仓库、酒店和商店。它可能还包括不符合农业土地定义的土地，如矿山。

1）所有外籍人员。

①空地。无论土地价值如何，外籍人员购买或获取土地的权益用于商业开发（包括开办林业企业）时都需要提出申请。但是，如果此地块现为农业土地，则需要遵守其他规定（详见农业土地）。此类提案需满足（某些）开发条件以获得批准。

②已开发商业物业。外籍人员购买或获取价值 5 400 万澳元或以上的已开发商业房地产的权益都需要提出申请。除非该房产被列为文化遗产，在这种情况下，所适用的限额为 500 万澳元。新西兰投资者和美国投资者只有购买价值 10.78 亿澳元或以上的商业房地产才需要提出申请。此类申请获批时一般不会附加条件。

已开发商业物业包括酒店、汽车旅馆、招待所和宾馆以及作为这些物业一部分的个别住房。若是业主自住或私人出租（即不属于酒店业务）的酒店中的单元房，则视为购买住宅物业。

③矿权地。在下述情况下，外籍人员购买或者参股勘查、勘探、采矿或者生产的租约时需要提出申请：

• 租约具有占用澳大利亚城市土地的权利而且租约或许可证期限（包括延期）可能超过 5 年；

• 租约中有关于如何分享来自于澳大利亚城市土地使用或交易利润或收入权益的约定。

若矿权地目前用作农业土地，则需遵守其他规定（详见农业土地）。

若矿权地将开发为经营中的矿山，将被视为已开发商业物业（见上文）。

④林业。已建成的林业用地被视为农业土地。

2）谁可以获得豁免。

①如果您是澳大利亚公民（在本国或海外居住）或者您是澳大利亚的常住居民，那么购买或获取商业房地产的权益，您无需政府批准。

无论您的公民资格或居留身份如何，以下情况不需要政府批准：

• 按照遗嘱或依法财产继承所获取的权益；

• 从澳大利亚的政府（联邦政府，州、领地政府或地方政府）处获得或出于公共目的组建的法定企业获得的权益；

• 已开发商业物业（无论价值如何）中的权益——其中该物业将立即使用并在现有状态下用于工业或非住宅商业目的（收购必须完全附属于购买者的拟议或现有业务活动）；

• 一般价值低于 5 400 万澳元的已开发商业物业中的权益；或者是被列为文化遗产的房地产价值低于 500 万澳元（对于新西兰投资者和美国投资者规定为 10.78 亿澳元）。

②若您符合下列情况，也可获得豁免[1]：

• 作为一家（主要）为澳大利亚常驻居民的利益服务的公司、信托或者投资管理计划；

• 作为一家澳大利亚公司，所有人有豁免权或者是作为一家为有豁免权的人员服务的澳大利亚信托公司；

• 作为一家提供托管服务的公司；

• 购买已经在一家澳大利亚证券交易所上市的某些澳大利亚城市土地公司的股份，或者购买某些澳大利亚城市土地信托公司的单元。

3）农业土地[2]。

农业土地是指完全并且纯粹用于初级生产企业的土地。所谓初级生产企业，就是初级生产在该企业生产中具有实质性并有商业目的和特点[3]。

外籍人员若购买总资产超过 2. 48 亿澳元（对于新西兰投资者和美国投资者为 10. 78 亿澳元）的初级生产企业则需要提出申请。

在从农业土地获得权益之前，所有外国政府投资者必须通报政府并获得预先批准。

4. 附录 1——定义

澳大利亚城市土地（Australian Urban Land）

澳大利亚城市土地即澳大利亚所有不属于农业土地的所有土地，包括澳大利亚专属经济区之内的所有海床。

澳大利亚城市土地公司或信托（Australian Urban Land Corporation or Trust）

拥有澳大利亚城市土地的权益并且该权益占其总资产价值 50% 以上的公司或信托。

直接投资（Direct Investment）

无论投资价值如何，所有外国政府投资者对澳大利亚的直接投资都必须通报政府。

澳大利亚的外国投资管理制度关注的是让投资者对目标投资产生潜在影响或对投资目标（实体或者资产）产生控制权的投资，包括任何对于澳大利亚企业或者资产产生上述影响的境外收购。

任何超过权益 10% 或以上的投资都被视为直接投资。

如果实施收购的外国政府投资者在投资目标中设定有策略性股份或者可以利用该投资来影响或控制目标企业，即使投资涉及的股权低于 10%，我们也认同为直接投资。尤其是包含以下任何方面的低于 10% 的投资都被视为直接投资，且必须通报：

• 优先、特殊或否决的表决权；

• 任命董事或者资产经理的权力；

• 合约，包括但不限于贷款协议、提供服务以及承购协议；

• 在目标实体中建立或者维持一种策略性或者长期关系。

在行使担保权益之后保留 10% 或以上的权益，也被视为直接投资。

为准备并购出价所做的投资也被视为直接投资并且必须通报。对某一企业的资产或股票施加抵押权利也属于直接投资。

外国政府投资者（Foreign Government Investors）

外国政府投资者包括：

• 外国政体；

[1] 详见《1989 年外国收购与兼并法》第六款。

[2] 见附录 2。

[3] 初级生产企业的定义来自于《1997 年所得税评估法》。它指的是源于土地耕种、畜牧/农业、园艺、渔业、林业、葡萄栽培或乳业的生产。出于农业土地目的的初级生产不包括业余农场、“农村住宅”地块或用于代人放牧或采矿的土地。

• 来自于一个外国的政府、机构或相关实体对其合计拥有 15% 或以上权益（包括直接和非直接的权益）的实体[1]；

• 来自于多个外国的政府、机构或相关实体对其合计拥有 40% 或以上权益（包括直接和非直接的权益）的实体；

• 由外国政府、外国政府机构或相关实体，即任何联合体控制的实体，或者被以上机构作为一个控制集团控制的实体。

外籍人员（Foreign Person）

• 非澳大利亚常住居民的自然人[2]；

• 由非澳大利亚常住居民的自然人或外国公司持有控股权益的公司；

• 由两人或多人合计持有控股权益的公司，并且其中每一个控股人或者为非澳大利亚常住居民的自然人，或者为外国公司；

• 由非澳大利亚常住居民的自然人或外国公司持有重大权益的信托财产的受托人；

• 由两人或多人合计持有重大权益而且其中每一个人或者为非澳大利亚常住居民的自然人或者为外国公司的信托财产的受托人。

列为文化遗产的房地产（Heritage Listed）

两人或多人共同持有房产和物业，每人拥有整个房产和物业不可分割的一份。若其中一人死亡，其权益将转给健在的另一个人或其他共同所有人。

共同土地保有人（Joint Tenants）

两人或多人共同持有土地，每人拥有整个土地不可分割的一份。若其中一人死亡，其权益将转给健在的另一个人或其他健在的共同所有人。

传媒产业（Media Sector）

传媒产业是指日报、电视和广播电台（包括播放或代表这些媒体形式的互联网网站）。

新企业（New Business）

新企业包括：

• 在澳大利亚成立的新企业；

• 已经在澳大利亚营业的企业，新开启与现行主业无关的主要业务，同时此新业务在澳大利亚统计局公布的澳大利亚和新西兰标准行业分类中与现行主业必须分属不同的行业分类。

新建住宅（New Dwellings）

未被开发商出售并且未被占用（如被租户）12 个月以上的住房。

新建住宅包括那些属于大幅度整修的建筑物一部分的住房，其中该建筑物的用途已从非住宅用途（如办公室或仓库）改为住宅用途。它不包括被整修或装修的已建成的住宅房地产。

新西兰投资者（New Zealand Investor）

包括新西兰籍人士；新西兰企业；或者是在新西兰境内的实体机构的分支机构，同时此分支机构也在新西兰境内运营。

新西兰籍人士

包括新西兰公民、国民以及常住居民，但是不包括库克岛、纽埃及图克劳籍且不在新西兰长久居住的人士。

新西兰企业

新西兰企业是指在新西兰法律之下组建或成立的实体机构。实体机构的形势可以是（但不限于）

[1] 实体包括公司、信托以及有限合伙企业。

[2] 这可能包括旅居海外的某些澳大利亚公民，但是他们购买澳大利亚城市土地的情况除外。

公司、信托、合伙企业、独资企业或者合资企业。

在新西兰境内的实体机构的分支机构

此类分支机构的定义是：在新西兰开展商业活动，但是并非单纯地作为代表处，并非单纯地进行代理行为，其中包括不能合理地认定为在新西兰从事对于商品或者服务的销售行为；并且在新西兰设置有管理机构。

常住居民（Ordinarily Resident）

常住居民是指符合以下条件的人士：

• 他们在澳大利亚的居住不受法律规定的任何时间限制（即，他们可以无限期住在澳大利亚，如澳大利亚永久居民和新西兰公民）；

• 该人士在过去的12个月内实际居住在澳大利亚的时间达到200天或以上。

规定敏感产业（Prescribed Sensitive Sectors）

规定敏感产业是指：

• 传媒；

• 电信；

• 交通（包括在澳大利亚境内提供或者出入于澳大利亚的机场、港口设施、铁路基础设施、国际和国内航空以及船运服务）；

• 为澳大利亚国防军或其他国防军提供培训、人力资源，生产或供应军用物品、设备或技术；

• 开发、生产或供应加密和安全技术、通信系统，或提供相关服务；

• 萃取铀或钸（或持有萃取铀或钸的权利）或运营核设施。

配偶（Spouse）

配偶包括同居伴侣（无论同性或异性）——尽管他们可能没有合法婚姻关系，但他们具有配偶关系并且在真正家庭基础上同居（《1901年法律解释法》第22A款和第22B款）。

（公司内）重大权益［Substantial Interest（in a corporation）］

若单个外籍人员（以及任何相关人[1]）持有某一公司15%或以上的已发行股权；或者如果股权已经转变，而持有的是15%或以上的投票权或者潜在投票权。对于数个外籍人员（以及任何相关人）的规定是合计持有40%或以上的所有权；或者如果股权已经转变，而持有的是40%或以上的投票权或者潜在投票权，则定义为重大权益。

（信托内）重大权益（Substantial Interest（in a trust））

若单个外籍人员（以及任何相关人[1]）持有15%或以上的信托资产收入或者资本的受益权；数个外籍人员（以及任何相关人）合计持有40%或以上的受益权，则定义为重大收益。当受托人有权力或者自行选择权来分配信托资产的收入或资本，每一位受益人都将得到他所应得收入或者资本的最大比例的受益权。

临时居民（Temporary Resident）

居住在澳大利亚并且符合以下条件的人士为临时居民：

• 持有允许他们在澳大利亚持续逗留12个月以上的临时签证（无论签证的剩余有效期为多长时间）；

• 已递交永久居留申请并且持有允许他们在澳大利亚逗留到申请得到最后决定为止的过渡性签证。

美国投资者（United States Investor）

美国投资者是指美国籍人士、美国企业，或在美国开展业务活动并且设在美国境内的实体分支机构。

---

[1] 相关人（Associate）名单见《1989年外国收购与兼并法》第六款。

美国籍人士

美国籍人士是指符合美利坚合众国移民及国籍法案第三款之定义的人士；或者是美利坚合众国的长久居民。

美国企业（US Enterprise）

美国企业是指按照美国法律设立或组建的实体。该实体设立或组建的形式可以包括但不限于公司、信托、合伙经营、独资企业或合资企业。

设在美国的实体分支机构（Branch of an Entity Located in the United States）

此类分支机构的定义是：在美国开展商业活动，但是并非单纯地作为代表处，并非单纯地进行代理行为，其中包括不能合理地认定为在美国从事对于商品或者服务的销售行为；并且在美国设置有管理机构。

5. 附录2——政策声明：外国农业投资

澳大利亚是一个很需要资本的国家。我们一直以来依赖外国投资促进就业和繁荣，其中包括我们的农业产业。通过投资融资、提高生产率以及技术革新，外国投资在最大限度地扩大粮食生产以及帮助澳大利亚成为主要农产品出口国方面发挥了重要作用。

如果没有外国资金的流入，澳大利亚的投资将受到制约，从而导致粮食品产量降低、价格上涨、就业率下降、农业收入走低以及政府收入缩减的后果。农业的外国投资有助于农业生产、增加就业，并且为农村社区的繁荣和整个澳大利亚经济作出贡献。

澳大利亚的外国投资政策在吸引外资促进经济发展，并保证外资无损于国家利益的方面维持着恰当的平衡。这一政策适用于所有产业的投资，包括农业。

在政府的外资审查制度的框架之下，所有来自于外国政府投资者的直接投资提案，包括对于农业的投资，必须得到审批。

来自于私有农业企业投资者的投资（包括与农业用地相关的企业）需要遵循政策中有关外国投资收购澳大利亚企业或者商业资产的相应限额规定。

在政府的外资审查制度的框架之下核准任何提案时，政府将进行严格的国家利益核查。有关国家利益的考虑包括投资对于国家安全、竞争、经济、社区、以及其他政府政策的影响。政府同时将考虑投资者的性质以及投资者相对于外国政府的独立运营程度。

遵循以上原则，政府致力于逐例审查的方法，以确保投资不会对澳大利亚的国家农业资源，以及对于澳大利亚的经济、社会和环境贡献的可持续性产生不利后果。

在审查农业领域的外国投资提案时，政府主要从以下方面考虑提案所具有的影响：

- 澳大利亚农业资源的质量和可利用性，包括水资源；
- 土地通行和使用；
- 农业产能和生产率；
- 澳大利亚保持作为本国和贸易伙伴可信赖的农业产品供应者的能力；
- 生物多样性；
- 澳大利亚地方和区域社区的就业和繁荣。

此外，无论投资价值多少，所有投资者（包括外国和国内投资者）都必须遵守澳大利亚法律。例如，所有投资者都要遵循澳大利亚的国家竞争政策。澳大利亚竞争和消费者委员会将严格审查所有可能引起竞争方面顾虑的投资提案，其中包括外国投资者对于农业供应链的企业的收购可能引发的竞争方面的影响。所有的潜在投资者必须同时取得澳大利亚法律所规定的其他许可，比如环境许可。

（二）澳大利亚外国投资审查情况

下面介绍外国投资审查委员会（以下简称委员会）在2012—2013年度收到的投资申请的有关情况和数据统计，并提供符合《澳大利亚外国投资政策》及《1975年海外并购和收购法案》的投资申请的相关信息。有关此政策和法案的详细信息，可登录外国投资审查委员会官网（www. firb. gov. au）进行查询。

1. 外国投资审查委员会数据的特点

（1）方法和数据说明

• 这些投资申请的数据和实际投资的数据会有明显差异。实际投资的数据由澳大利亚统计局收集、提供，并且更加可靠，更加全面地反映了澳大利亚居民和非澳大利亚居民间的投资交易。

• 本部分提供的数据不是澳大利亚任何年份的外国投资总额，也不代表澳大利亚净外资所有权水平的变化。这些数据只包含了部分外国投资。由于投资申请量庞大，以及同一目标有多份投资申请，会导致数据有所偏差。

• 数据收集和报告方法随着时间有所调整。

• 在最新的报告中，有可能对早些年的数据给予修订。

• 早些年的投资申请数额没有根据通货膨胀或货币汇率变动给予调整。

• 本部分的数据是根据假设投资资金来自境外而计算得出的。对于已批准的投资申请，所需资金实际来自境外，从而导致外国资本流入澳大利亚不仅取决于投资项目是否得到执行，还取决于境外资金占总资金的比重。一些（在有些情况下全部）所需投资资金由澳大利亚公民支付，例如，当他们与外国利益机构是合作伙伴，或投资是由既有的澳大利亚公司提供资金时。

• 外国投资审查委员会数据所统计的投资申请的来源国，并不能反映这些投资申请实际是由哪个国家所控制或主导的。例如，来源国按一个投资公司的一个大股东所属国家录入数据，或者若一个投资公司的股份持有国较多，则以注册国家为准。

• 数据并不能反映外资所有权的变更，因为在有些情况下，投资目标的所有者和购买方都是外国人。

• 对于一个已批准的申请，其投资额是由申请者提出的，或根据所有已知信息得出的最佳估算值，这个数额是投资申请的估价。申请得到批准后，投资项目需在12个月内开始进行（除非获批得到了更长的时间）。

—若获得批准的收购是海外收购的一部分，则投资额根据用于并购的股份计算。

—若投资额是国外货币，则根据实时汇率换算成澳大利亚元。

—对于有些已批准的申请，其投资额被计为无。例如公司重组、融资，或有些外国政府投资债权人采取物权担保投资，但后未被批准持有该物权。

• 数据可能包括一些并没有实际发生的交易，包括：

—申请在某年得到批准，但并没有在批准年或之后实际进行投资。

—同一个投资目标的多个潜在投资方都得到了批准（包括并没有最终决定利益分成的联合投资方）。

—获得批准的投资份额或内容，只是原申请的一部分。

—对业务多元化的公司集团的收购，根据该集团最主要的经营活动，将收购划入一个单一行业。例如，一个有不同矿物业务的矿业公司。对于房地产的收购，若收购目的与投资公司的主要经营业务相符，则根据该投资公司的主要经营业务进行划分。

（2）政策范围和变化

数据符合《澳大利亚外国投资政策》的有关要求。数据不包括低于《澳大利亚外国投资政策》和《1975 年海外并购和收购法案》所要求的各类货币和比例门槛的外国投资申请，也不包括现有外资企业为了扩大资金总额进行的后续投资。现行的门槛制度请登录外国投资审查委员会网站（www. firb. gov. au）进行查询。

另外，政策和法律变化对于数据的一致性也有很大影响。例如，《澳大利亚外国投资政策》在 20 世纪 80 年代中期进行了调整，影响了一些类别的投资申请，从而降低了数据的可比较性。政策和法律变化包括以下几点：

- 一般类资产门槛，1999 年由 500 万澳元增至 5 000 万澳元，2006 年 12 月由 5 000 万澳元增至 1 亿澳元；
- 海外收购门槛，2006 年 12 月由 5 000 万澳元增至 2 亿澳元；
- 自 2005 年 1 月 1 日起，对美国投资者实行更高额的 8 亿澳元门槛；
- 2007 年 4 月，取消了媒体产业的外资所有权限制；
- 2009 年，私有企业投资的四类最低门槛整合为 2. 19 亿澳元门槛；
- 2009 年，取消了“若私人投资者新成立的企业价值为 100 万澳元以上，则需进行告知”的有关要求；
- 2009 年和 2010 年，对临时居民购买住宅房地产的审查制度进行了调整；
- 2012 年，启用了非继承房产用于商业开发的一般类货币门槛的调整机制；
- 自 2013 年 3 月 1 日起，除美国投资者外，新西兰投资者也适用于高额货币门槛；
- 2013 年 3 月，对外国政府投资者的界定进行了修改。

移民政策的改变影响了许多临时居民签证持有者；而临时居民签证持有者在很大程度上决定着二手住宅外国投资的水平。

（3）管理操作流程

改变管理操作的流程（例如数据收集和编录）、调整投资申请要求，也会影响数据的可对比性。举例说明如下：

- 2005 年 12 月启用了一个新的管理系统。这个系统极大地提高了数据收集的精确度，能够更加详细地分析外国投资申请。2005—2006 年以后的年度报告中，数据都得到了完善。
- 2005—2006 年度，修改了与融资有关的投资申请的数据报告方法。虽然，这类投资申请也编入数据（指申请的数量），但对于外资不流入澳大利亚境内的股权投资申请，例如信贷，其收购成本和开发费用不计入数据。从而影响了金融和保险行业投资申请的交易数额。
- 2005—2006 年度以前，涉及股权收购的投资申请在得到批准后，需在接下来 12 个月内开始收购交易。但是，此类申请现在不再受此规限制。

2. 投资申请处理结果

下面分析 2012—2013 年度所有得到处理的投资申请（批准、拒绝、撤消或豁免），且不考虑这些投资申请的递交日期。公司重组的数据也包括在此（2012—2013 年度为 84 例）。很多不同行业都有公司重组的申请，包括房地产业。

2012—2013 年度，投资申请的数量为 13 322 例。表 4 - 3 - 1 提供了过去 6 年投资申请处理结果的分项数据。

- 2012—2013 年度，得到批准的投资申请为 12 731 例。其中，7 196 例有条件批准，5 535 例无条件批准。所有有条件批准的投资申请都属于房地产业。

—房地产业的有条件批准包括对开发启动时间的限制，要求购买房产有临时居住者居住，若房产无人居住则需售出，以及其他申报要求等。

—2012—2013 年度，没有任何投资申请被拒绝；而 2011—2012 年度有 13 例投资申请被拒绝。

—2012—2013 年度，申请者撤消投资申请共 446 例。其中，76% 属于房地产业。撤消房地产相关的投资申请的主要原因是，多个申请者同时递交申请或递交了一系列的申请（很多情况是为了申请购买拍卖的房地产，或竞标购买房地产）；而房地产一旦被购买，其他申请相应也会被撤回。其他原因包括投资延期，或由于一些商业原因，申请者决定不再投资。

—在有些情况下，申请者撤消或重新递交商业申请是为了延长法定期限，尤其是当考虑澳大利亚政府签发暂行法令时。关于暂行法令的详细信息在澳大利亚联邦政府公报上刊登。

● 2012—2013 年期间，共 145 例申请被豁免；而 2011—2012 年期间，共 170 例申请被豁免。一些申请被认定不符合《澳大利亚外国投资政策》及《1975 年海外并购和收购法案》的内容范围，因为在《1989 年海外并购和收购条例》下，这些申请是被豁免的。这反映了《澳大利亚外国投资政策》需要完善——外国投资者若对投资申请是否需要申报有疑问，就应当提交申请。

表 4-3-1　　投资申请处理结果

结　果	2007—2008 年度	2008—2009 年度	2009—2010 年度	2010—2011 年度	2011—2012 年度	2012—2013 年度
	数量	数量	数量	数量	数量	数量
无条件批准	1 656	2 266	2 672	4 606	4 900	5 535
有条件批准	6 185	3 086	1 729	5 687	5 803	7 196
总批准数	7 841	5 352	4 401	10 293	10 703	12 731
拒绝	14	3	3	43	13	—
以上小计	7 855	5 355	4 404	10 336	10 716	12 731
撤消	521	341	167	390	534	446
豁免	172	125	132	139	170	145
合　计	**8 548**	**5 821**	**4 703**	**10 865**	**11 420**	**13 322**

注：以上包括公司重组（2012—2013 年度 84 例）。

2008 年 12 月和 2010 年 4 月公布的对住宅房地产审查制度的调整，影响了 2008—2009 年度和 2009—2010 年度的数据。

3. 被批准和拒绝的投资申请

本部分分析了 2012—2013 年度所有得到批准的投资申请（无论有条件批准或无条件批准），以及被拒绝的投资申请，无论申请的递交日期为何时，包括公司重组。

2009 年和 2010 年，澳大利亚对临时居民购买住宅房地产的审查制度进行了调整，这极大地影响了这几年数据的可比较性。表 4-3-2 提供了被批准和拒绝的投资申请的分项数据；数据时间与表 4-3-1 一致。

表 4-3-2　　被批准和拒绝的投资申请

结　果	2007—2008 年度	2008—2009 年度	2009—2010 年度	2010—2011 年度	2011—2012 年度	2012—2013 年度
	10 亿澳元	10 亿澳元	10 亿澳元	10 亿澳元	10 亿澳元	10 亿澳元
无条件批准	162.6	135.9	125.3	145.7	137.5	108.7
有条件批准	29.3	45.5	14.2	31.0	33.2	27.0
总批准	191.9	181.4	139.5	176.7	170.7	135.7
拒绝	0.2	0.0	0.0	8.8	0.2	—
合　计	**192.0**	**181.4**	**139.5**	**185.5**	**170.8**	**135.7**

注：因四舍五入，各项数字相加或与总计数略有出入。

“0.0”指低于 5 000 万澳元的数值。

包括公司重组（2012—2013 年度为 84 例，其中包括房地产行业的 17 例）。

受 2008 年 12 月和 2010 年 4 月公布的对临时居民购买住宅房地产审查制度的调整，2008—2009 年度和 2009—2010 年度的数据受到了影响。

图4-3-1和图4-3-2包括了表4-3-1和表4-3-2的数据，说明了过去6年房地产业和非房地产业（其他行业）被批准或拒绝的投资申请的数量和数额的不同。

图4-3-1说明按申请数量计算，大多数被批准或拒绝的投资申请属于房地产业。

图4-3-2说明按数额计算，更多的申请投资属于非房地产业。

（1）获批的投资申请及行业

本部分分析了2012—2013年度获得批准的投资申请（不包括公司重组）。表4-3-3显示了过去4年中，获得批准的投资申请的数额。

在低于5 000万澳元的类别中，绝大部分获批的投资申请与房地产业有关（由于审查门槛）。近年来的数据有很大不同，主要原因是临时居民购买住宅房地产的审查制度在2010年进行了调整。

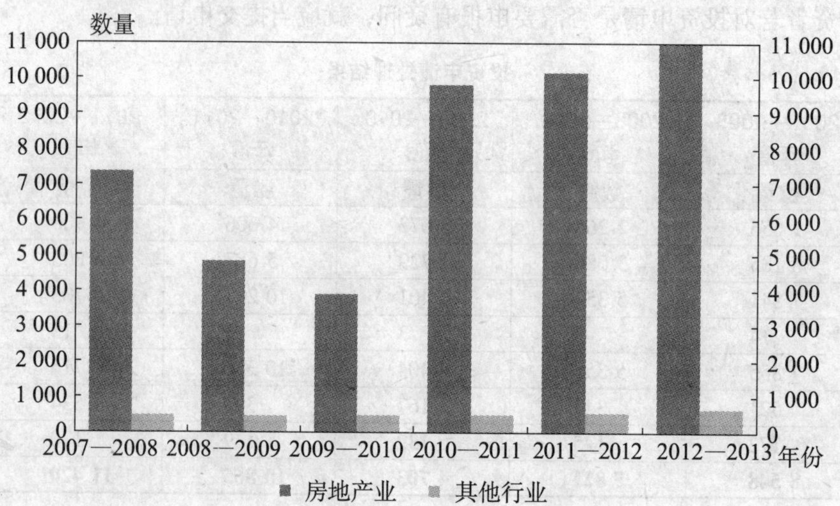

图4-3-1 被批准和拒绝的投资申请数量

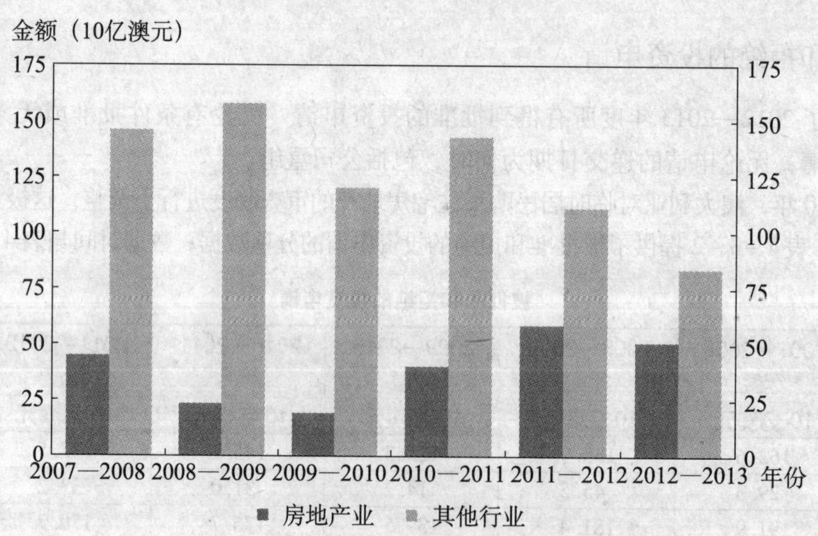

图4-3-2 被批准和拒绝的投资申请金额

注：受2008年12月和2010年4月公布的对临时居民购买住宅房地产审查制度的调整，2008—2009年度和2009—2010年度的数据受到了影响。

表 4-3-3　所有获批投资申请的数额和数量

投资申请的数额	2009—2010 年度		2010—2011 年度		2011—2012 年度		2012—2013 年度	
	数量	数额（10 亿澳元）	数量	数额（10 亿澳元）	数量	数额（10 亿澳元）	数量	数额（10 亿澳元）
<100 万澳元	3 402	1.55	8 417	4.45	8 770	4.43	10 458	5.42
≥100 万澳元并<5 000 万澳元	611	5.2	1 400	7.2	1 421	8.3	1 793	9.4
≥5 000 万澳元并<1 亿澳元	94	6.8	108	7.7	126	9.0	159	11.1
≥1 亿澳元并<5 亿澳元	154	34.7	218	49.7	229	51.8	188	40.9
≥5 亿澳元并<10 亿澳元	35	22.9	36	23	44	28.3	31	22.2
≥10 亿澳元并<20 亿澳元	14	18.2	24	32.2	24	34.3	12	18.7
≥20 亿澳元	13	50	16	52	8	35	6	28
合　计	**4 323**	**139.5**	**10 219**	**176.7**	**10 622**	**170.7**	**12 647**	**135.7**

注：因四舍五入，各项数字相加或与总计数略有出入。

不包括公司重组（2012—2013 年度为 84 例）。

受 2010 年 4 月公布的对临时居民购买住宅房地产审查制度的调整，2009—2010 年度的数据受到了影响。

表 4-3-4 显示了 2012—2013 年度获得批准的投资申请的行业。图 4-3-3 显示了 2012—2013 年度，所有获批投资申请所属行业的比重。

● 2012—2013 年度，资源加工和服务行业（不包括旅游业）的投资总值相较于 2011—2012 年度有所增加。

● 2012—2013 年度，投资总值相较于 2011—2012 年度有所降低的行业包括：农林渔业、金融和保险、制造业、矿产勘探与开发、房地产业、旅游业。

● 2012—2013 年度，房地产业仍是所有获得批准的投资申请中投资总额最大的行业。

表 4-3-4　所有获批投资申请的行业数据（2012—2013 年度）

行　业	获批申请的数量	投资申请数额（10 亿澳元）
农、林、渔业	91	2.86
金融和管理	36	2.92
制造	44	6.51
矿产勘探与开发	289	45.14
资源加工	7	0.42
服务	154	25.91
旅游	1	0.02
房地产	12 025	51.91
合　计	**12 647**	**135.70**

注：因四舍五入，各项数字相加或与总计数略有出入。

不包括公司重组（2012—2013 年度为 84 例）。

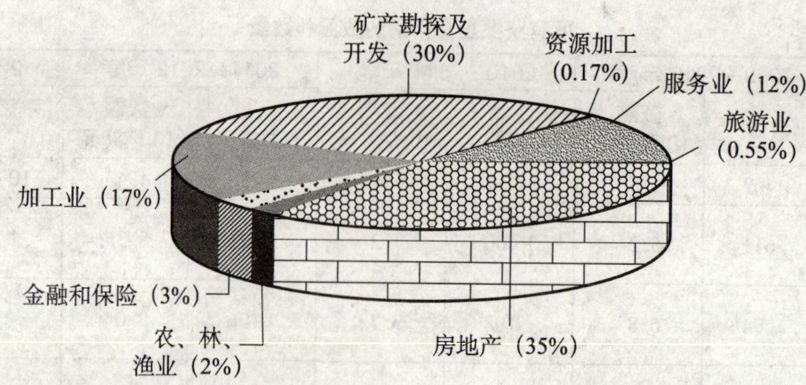

图 4-3-3　所有获批投资申请的数额和行业（2012—2013 年度）

注：因四舍五入，各项数字相加或与总计数略有出入。

①农业、林业和渔业。2012—2013 年度，农、林、渔业投资申请总额为 29 亿澳元，较 2011—2012 年度的 36 亿澳元有所下降。而申请数量则由 2011—2012 年度的 49 例增至 91 例，占 2012—2013 年度所有获批投资项目总额的 2% 左右。本行业中，按投资额计算，最大的投资来源国是美国（9 亿澳元），其次为加拿大（6 亿澳元）和新加坡（4 亿澳元）。过去 5 年中，本行业外国投资的平均水平将近 26 亿澳元。由于交易量庞大、投标竞争对手较多，会导致数据有所偏差。

②金融和保险业。2012—2013 年度，金融和保险业获批投资申请为 36 例，较 2011—2012 年度的 25 例有所增加；而投资申请额则由 2011—2012 年度的 46 亿澳元降至 29 亿澳元。

③制造业。2012—2013 年度，制造业获批投资申请的数量和数额都所有下降（如表 4-3-5 所示）。投资申请共 44 例（2011—2012 年度为 70 例），投资申请额为 65 亿澳元（2011—2012 年度为 295 亿澳元）。

表 4-3-5　制造业获批投资申请的数量和数额（2012—2013 年度）

行　业	获批申请的数量	投资申请额（10 亿澳元）
化学、石油和煤炭产品	4	0.38
电力和天然气	23	3.76
食品、饮料和烟草	3	1.29
排水	1	—
其他类[①]	13	1.08
合　计	**44**	**6.51**

①其他类包括：基本金属制品、金属加工制品、杂项制造、非金属矿产制品、造纸和纸制品、运输设备、木材和木基制品、家具制造。

注：因四舍五入，各项数字相加或与总计数略有出入。

④矿产勘探与开发业。2012—2013 年度，矿产勘探与开发业的投资申请额由 2011—2012 年度的 517 亿澳元降至 451 亿澳元。但是，获批申请的数量由 2011—2012 年度的 241 例增至 289 例（详见表 4-3-6）。

表 4-3-6　矿产勘探和开发业获批投资申请的数量和数额

项目	2009—2010 年度		2010—2011 年度		2011—2012 年度		2012—2013 年度	
	数量	数额（10 亿澳元）	数量	数额（10 亿澳元）	数量	数额（10 亿澳元）	数量	数额（10 亿澳元）
煤矿	60	17.14	66	22.95	47	17.13	54	21.24
金属矿物								
—矾土	4	2.92	1	0.01	2	0.65	1	0.45

续表

项目	2009—2010 年度		2010—2011 年度		2011—2012 年度		2012—2013 年度	
	数量	数额（10 亿澳元）	数量	数额（10 亿澳元）	数量	数额（10 亿澳元）	数量	数额（10 亿澳元）
—铜—金	51	23.21	42	13.74	61	9.25	68	5.08
—铁矿	42	23.02	29	3.22	35	8.08	29	2.56
—镍	13	1.72	2	0.29	3	0.25	3	0.01
—铀	18	4.93	15	4.54	9	1.47	8	0.51
—锌—铅—银	9	0.17	4	1.87	4	0.41	12	0.13
—其他	10	0.38	14	1.21	10	1.37	23	0.14
油气	29	6.76	37	4.56	45	11.21	67	11.08
其他类①	12	0.68	12	2.51	25	1.83	24	3.95
合　计	**248**	**80.92**	**222**	**54.90**	**241**	**51.65**	**289**	**45.14**

①其他类包括：采矿和勘探服务，以及其他非金属矿物。

注：因四舍五入，各项数字相加或与总计数略有出入。

⑤资源加工业。资源加工业包括通过加工，增加自然资源价值的所有产品，例如轧棉、面粉和糖加工、矿产资源冶炼和精炼、屠宰、碎木等。资源加工业投资申请额 2011—2012 年度为 3 亿澳元，2012—2013 年度升至 4 亿澳元。获批投资申请数量也有所增加，从 6 例增至 7 例。

⑥服务业。2012—2013 年度，服务业获批投资申请的数量和数额较 2011—2012 年度都有所增加（见表 4-3-7）。获批投资申请的数量由 109 例增至 154 例，数额由 210 亿澳元增至 260 亿澳元。

表 4-3-7　　服务业（不包括旅游业）获批投资申请的数量和数额

项目	2009—2010 年度		2010—2011 年度		2011—2012 年度		2012—2013 年度	
	数量	数额（10 亿澳元）	数量	数额（10 亿澳元）	数量	数额（10 亿澳元）	数量	数额（10 亿澳元）
建筑①	12	1.67	12	18.94	5	0.31	19	0.74
通信	12	2.91	26	3.51	31	6.63	38	6.98
卫生	4	0.65	17	6.79	12	1.97	18	2.57
物业和商业服务	5	0.52	10	1.65	15	4.38	14	0.78
贸易②	5	0.92	6	2.29	6	1.45	15	4.72
交通③	23	5.08	30	11.68	31	5.46	44	9.36
其他类④	8	2.25	16	2.65	9	0.83	6	0.77
合　计	**69**	**14.00**	**117**	**47.50**	**109**	**21.02**	**154**	**25.91**

①包括：建筑和特种行业施工。

②包括：零售和批发。

③包括：航空运输、铁路运输、陆路运输、水运、其他运输，以及运输服务。

④包括：贮存（粮食和冷藏）、娱乐休闲服务、其他社区服务，以及教育、博物馆和图书馆服务。

注：因四舍五入，各项数字相加或与总计数略有出入。

⑦旅游业。2012—2013 年度，旅游业获批申请的数额为 2 000 万澳元，相较 2011—2012 年度的 9 000万澳元有所下降。而获批申请数量则由 4 例下降至 1 例。

⑧房地产业。2012—2013 年度，房地产业获批投资申请的数额为 519 亿澳元，较 2011—2012 年度的 591 亿澳元有所下降。

民用住宅（见表 4-3-8）

• 已建成的现有住宅。主要指澳大利亚临时居民购买已建成的现有住宅房用于在澳居住；也包括外国人在澳大利亚经营实体公司，需要购买住宅房产用于在澳员工的居住用房。

• 开发住宅房地产。开发住宅房地产包括多种情况：

闲置土地——主要指购买单独小块地皮用于独院住宅建设。这类申请通常得到有条件批准（例如住宅建设必须在24个月内开工）。还包括购买广亩（景观）用地用于住宅小区和多单元住宅建设（例如联排和单元房）。

新建住宅和楼花——包括个人从开发商直接购买新建住宅的申请，以及开发商将其开发的住宅100%全部销售给外国投资人的申请（要求开发商必须在澳大利亚本地销售住宅）。个人提交的申请通常得到无条件批准。如果开发商提出申请并得到批准，则投资购买的个人无需再提交申请。

开发商获批销售楼花和“年度计划”的有关数据在某些程度上夸大了实际外资购买水平。在“年度计划”框架下，获批投资申请的数额是外国投资者可获得的最高限额。

再开发——指购买已建成的现有房产，拆除并新建民用住宅房。这类投资申请通常都会得到批准，只要申请的房地产再开发项目能够增加澳大利亚的现存住房量（拆除一所住宅至少新建两所住宅），或能够表明现有房产已经废弃或不能居住。这类批准通常得到有条件批准，例如必须在24个月内开始施工等。

表4-3-8　民用住宅投资申请获批的类型、数量和数额

项目	2009—2010年度		2010—2011年度		2011—2012年度		2012—2013年度	
	数量	数额（10亿澳元）	数量	数额（10亿澳元）	数量	数额（10亿澳元）	数量	数额（10亿澳元）
民用住宅								
已建成的								
—现有住宅房产	647	0.81	3 881	3.57	3 952	2.87	5 091	5.42
—“年度计划”	7	0.56	4	0.20	5	1.30	10	0.94
小计	654	1.38	3 885	3.77	3 957	4.18	5 101	6.36
开发								
—闲置土地	1 010	1.44	1 514	2.33	1 518	0.68	1 821	1.39
—新建住宅								
—个人购买	1 937	1.20	3 911	2.46	4 022	2.54	4 499	2.91
—投资开发商	22	2.30	65	10.08	70	10.92	50	5.73
“楼花”								
小计	1 959	3.50	3 976	12.54	4 092	13.46	4 549	8.64
—再开发	92	0.34	171	0.45	191	0.50	189	0.36
—“年度计划”	8	2.11	10	1.83	10	0.89	8	0.41
小计	3 069	7.39	5 671	17.15	5 811	15.52	6 567	10.80
合　计	**3 723**	**8.77**	**9 556**	**20.92**	**9 768**	**19.70**	**11 668**	**17.16**

注：因四舍五入，各项数字相加或与总计数略有出入。
受2010年4月公布的对临时居民购买住宅房地产审查制度的调整，2009—2010年度数据受到了影响。

商业房地产（见表4-3-9）

• 已建成的现有商业房地产。若外国投资者想购买的已建成的现有商业房地产（例如购物中心、写字楼、仓库、酒店和汽车旅馆等），其价值高于现行的货币门槛，外国投资者则需在购买前进行告知并得到批准。

自2009年起，酒店、汽车旅馆、青年旅社、民宿都被认定为商业房产。对这类住宿设施的直接投资的有关数据请见表4-3-9。对这类住宿设施的间接投资，例如收购一家澳大利亚旅馆，则被划分到旅游业。

• 开发商业房地产。外国投资者需要申请购买或申请投资用于开发的商业用地，不论地皮价值是多少，此类投资申请通常都会得到有条件批准（例如必须在5年内开始施工）。

“年度计划”

通过“年度计划”，外国投资者可以申请房地产投资的一个年度特定全球货币额度。若获得批准，

对于在获批数额和年限内的单个房地产投资，外国投资者可以不再进行分别申请。“年度计划”申请通常都会得到有条件批准，包括要求申请者后续报告实际的投资和配套开发情况等。另外，申请者还必须根据购买房地产的类型，遵守《澳大利亚外国投资政策》的有关要求，如投资闲置土地就必须在规定时限内开始施工。

表 4－3－9　　商业房地产投资获批申请的类型、数量和数额

项目	2009—2010 年度		2010—2011 年度		2011—2012 年度		2012—2013 年度	
	数量	数额（10 亿澳元）	数量	数额（10 亿澳元）	数量	数额（10 亿澳元）	数量	数额（10 亿澳元）
商业房地产								
已建成的								
—现有商业房地产	107	7.11	114	9.65	241	22.44	248	19.24
—“年度计划”	6	1.51	8	3.50	18	10.75	14	7.31
小计	113	8.62	122	13.15	259	33.19	262	26.55
开发								
—闲置商业用地	51	0.79	79	2.09	80	4.96	85	7.04
—“年度计划”	10	1.83	14	5.35	11	1.27	10	1.16
小计	61	2.62	93	7.44	91	6.23	95	8.20
合　计	**174**	**11.24**	**215**	**20.59**	**350**	**39.42**	**35 734.75**	

注：因四舍五入，各项数字相加或与总计数略有出入。

按地区划分的房地产投资数据

表 4－3－10 介绍了按澳大利亚各州和领地划分房地产业投资申请的详细数据。

表 4－3－10　　澳大利亚各州、领地的投资申请（2012—2013 年度）　　金额单位：10 亿澳元

获批申请的地区	数量	民用		商用		
		已建成的数额	开发数额	已建成的数额	开发数额	总计数额
多个地区[①]	107	2.17	0.45	12.45	1.16	**16.22**
新南威尔士州	3 580	1.34	4.24	8.18	0.55	**14.31**
维多利亚州	4 573	1.56	4.22	2.57	0.93	**9.28**
昆士兰州	1 734	0.59	1.27	1.14	3.87	**6.87**
西澳州	1 267	0.46	0.43	1.99	1.06	**3.94**
首都特区	123	0.04	0.09	—	—	**0.13**
南澳州	567	0.19	0.09	0.19	0.43	**0.89**
北领地	30	0.01	0.00	0.02	0.00	**0.04**
塔斯马尼亚州	44	0.01	0.02	—	0.21	**0.23**
合　计	**12 025**	**6.36**	**10.80**	**26.55**	**8.20**	**51.91**

①指在多个州或领地进行投资的获批申请。

注：因四舍五入，各项数字相加或与总计数略有出入。

（2）投资来源国

表 4－3－11 显示了 2012—2013 年度按投资国和行业统计的投资申请数据。美国仍是澳大利亚最大的投资来源国。其他主要投资申请来自瑞士、中国、加拿大和英国。瑞士代替了日本成为 2012—2013 年度前 5 位投资来源国之一。

表 4-3-11　　投资来源国——工业（2012—2013 年度）　　金额单位：百万澳元

国家和地区[①]	获批申请的数量[⑤]	农林渔数额	金融和保险数额	制造数额	矿产勘探和开发数额	房地产数额	资源加工数额	服务数额	旅游数额	总计数额
美国	264	880	1 647	1 563	5 381	4 406	60	6 666	25	**20 627**
瑞士	51	—	—	12	15 763	346	—	2 266	—	**18 387**
中国大陆[②]	6 102	328	23	957	8 273	5 932	—	291	—	**15 803**
加拿大	218	553	—	355	1 545	4 926	25	6 987	—	**14 932**
英国	1 197	—	159	494	3 198	1671	—	1 318	—	**6 849**
日本	111	—	129	—	2 906	895	—	654	—	**4 589**
卡塔尔	26	11	—	—	3 461	—	—	—	—	**3 482**
新加坡	675	380	—	—	189	2 008	—	563	—	**3 145**
马来西亚	894	—	—	826	147	1 600	—	198	—	**2 785**
德国	113	—	129	253	—	769	330	635	—	**2 117**
新西兰	34	—	—	82	60	644	—	1 116	—	**1 903**
阿联酋	45	—	—	—	15	885	—	809	—	**1 709**
韩国	114	—	1	643	19	903	—	—	—	**1 579**
中国香港	251	14	18	350	386	649	—	74	—	**1 491**
南非	223	—	—	—	31	953	—	306	—	**1 290**
法国	122	—	69	36	730	100	—	333	—	**1 273**
西班牙	15	—	—	—	32	325	—	830	—	**1 187**
荷兰	56	—	—	—	22	229	—	858	—	**1 109**
其他[③]	2 332	205	79	725	1 570	10 216	—	767	—	**13 561**
小计	12 843	2 396	2 279	6 299	43 728	37 457	422	24 669	25	**117 279**
澳大利亚[④]	578	461	645	210	1 414	14 450	—	1 241	—	**18 420**
总　计	**13 421**	**2 858**	**2 924**	**6 509**	**45 142**	**51 907**	**422**	**25 909**	**25**	**135 699**

注：因四舍五入，各项数字相加或与总计数略有出入。
“—”表示低于 1 000 万澳元。
①包括所有海外领地。
②中国大陆不包括香港、澳门特别行政区和台湾省。
③包括根据获批投资申请，除上述 18 个国家之外的其他投资来源国，以及无法划分投的资申请所属国。
④包括一个澳大利亚籍投资经理人代表一名外国投资者独立运作一项投资的申请，一个或多个澳大利亚投资者与一个外国投资者联合提交投资申请，以及一个或多个澳大利亚投资者与一个外国投资政府联合建立一个新的公司。
⑤指每个投资来源国家和地区所有获批投资申请的总数量。若一个申请有多个投资来源国家和地区，那么在数据统计中，每个涉及的国家和地区都被视作有一例投资申请。

（三）澳大利亚双向投资促进机构

澳大利亚是吸引对外投资和商机的目的地。截至目前，澳大利亚经济保持 23 年持续增长。澳大利亚的通胀率、失业率和公共债务均低于经济合作组织的标准，被全球三大评级机构定为“AAA”级。健全的法规、透明的商业环境、高素质的人才为澳大利亚的商业发展营造了积极良好的环境。澳大利亚政府通过进一步降低在澳经商的成本和废除不必要的法规，致力于搭建商业发展平台。

除为企业提供良好的环境外，澳大利亚政府的外国投资促进政策和法规主要立足于两个方面：通过澳大利亚贸易委员会开展贸易和投资促进工作，并通过外国投资审批委员会的程序进行外国投资审查，以确保投资申请符合澳大利亚的国家利益。包括外交与贸易部在内的其他政府机构在制定给政府建议的过程中，也将对外国投资的考量纳入建议范围。

1. 澳大利亚贸易委员会

（1）澳大利亚贸易委员会情况简介

澳大利亚贸易委员会是澳大利亚政府鼓励、吸引和促进外国直接投资的牵头部门。通过全球化办公网络，澳大利亚贸易委员会帮助澳企业开展国际业务，协助澳政府吸引和促进外国直接投资，并促进澳国际教育和培训领域的发展。

澳大利亚贸易委员会根据《1985年澳大利亚贸易委员会法案》成立。该机构作为外交和贸易工作的一部分，对贸易和投资部长负责。该机构向澳大利亚政府提供贸易、投资和国际教育政策方面的建议。其开展的工作旨在提高生产效率、促进就业和改善国民民生。

澳大利亚贸易委员会共有1 000名员工，其中四分之三常驻海外，在全球48个市场设有82个办事处。该机构的172个领事处还提供领事、护照和其他政府服务。通过该网络，澳大利亚贸易委员会为澳大利亚企业减少了时间、降低了成本，并通过提供有价值的服务降低了出口风险。

澳大利亚贸易委员会与澳大利亚各州和领地政府紧密合作，在国内开展工作。其在澳大利亚的网络包括12个澳贸委驻点和31个分布在各城市和区域的创办贸易顾问（TradeStart Advisers）组成。创办贸易与州、领地政府、行业协会和地区发展机构建立伙伴关系，共同开展工作。

考虑到澳大利亚贸易和投资关系的发展，澳大利亚贸易委员会主要重点关注亚洲地区，在亚洲5个主要市场设有31个办事处，其中中国11个、印度11个、印度尼西亚1个、日本4个、韩国1个。2012—2013年度，澳大利亚贸易委员会约66%的海外员工在亚洲工作，约四分之一的雇员会说至少一门亚洲语言。

（2）澳大利亚贸易委员会如何帮助企业并促进投资

澳大利亚贸易委员会的一项重要职责是为澳大利亚的公司识别其所不可立即预见的新兴趋势和机会。委员和商务发展经理负责为澳大利亚的公司确定可开展业务的具体的潜在领域，并研究潜在可行的项目和项目信息渠道，为澳大利亚企业寻找可行的合作伙伴和澳大利亚商品、服务的买家。

在例如中国等一些市场，澳大利亚贸易委员为已有清晰商业发展思路的企业提供高标准的支持。在很多情况下，企业与澳大利亚贸易委员会取得联系，就某一具体要求请求支持，例如情况介绍、拜访潜在合作伙伴，或展示其商品或服务的未来机会等。通常的做法是，企业人员与一名澳大利亚贸易委员会的委员或商务发展经理见面，简要介绍其公司的计划，并向澳大利亚贸易委员会征询关于机遇、风险和当地市场实际情况等方面的专业意见。

澳大利亚贸易委员会十分重视投资活动，以求为澳大利亚带来经济效益。这些经济效益包括引入新的技能或技术、增强竞争力、缩短与全球供应链在高附加值活动的差距、支持经济转型等。

尽管这些收益很重要，但与政府鼓励的重点投资领域相一致是澳大利亚投资委员会促进、吸引投资工作的主要驱动力。经澳大利亚联邦、州和领地政府的同意，澳大利亚投资委员会负责通报五个国家级重点领域的投资促进机会。这些重点领域展示了澳大利亚作为生产者的优势，并为外国投资者提供机会。这些领域分别为：旅游基础设施业，特别是打造高端市场的高质量旅游体验；重大基础设施业，通过引进澳大利亚重大基础设施在设计、建设、运行和财政管理方面的竞争力，提高经济生产力；农业和食品业，帮助澳企业加强创新、发展科技、进入国际市场；资源和能源业，帮助实现1 500亿澳元的投资，用于棕地和绿地管道建设；先进制造业，重点关注具有学术实力和相对优势的领域。

澳大利亚贸易委员会还有一个由高级投资专家组成的小团队提供支持。这些高级投资专家的职责是与州、领地政府密切合作，推广澳大利亚是良好的投资目的国。对于在食品和农业、资源和能源、旅游业和酒店业、主要基础设施和先进基础设施、服务和技术等主要行业寻找投资项目的外国投资者来说，这些高级投资专家能够提供有价值的市场信息。此外，这些高级投资专家还有责任确保投资项目得到有关政府部门的支持并顺利开展。

2. 澳大利亚外国投资审查委员会

中国投资者十分了解澳大利亚对外国投资的审查过程。澳大利亚外国投资审查委员会在2005—2006年度至2012—2013年度的八年间，批准了580份商业计划书，无一例拒批情况。根据澳大利亚政府欢迎外国投资的总体政策，外国投资审查委员会审核外国投资者提交的在澳大利亚投资的计划书，并就须符合《1975年外国收购与兼并法》和其他澳大利亚外国投资政策的投资申请，向澳财长提出建议。

在此框架下，澳大利亚政府对大量的外国投资申请进行逐一审查，以确保投资申请不违背国家利益。这种单独审查的方式最大限度地提高了投资流量，并同时保护了澳大利亚的利益。这一灵活的方式相对于禁止整类投资的硬性规定来说更加可取，因为硬性规定经常会阻止有价值的投资。

《1975年外国收购与兼并法》确立了澳大利亚审查制度的法律框架。该法案允许澳大利亚财长或其代表审核超过固定门槛的投资申请，判断其是否与澳大利亚的国家利益相冲突。评估过程中需要考虑的特别因素包括国家安全、竞争力，以及其他政府政策，例如税收、对经济和国民的影响、投资者的情况等。

财长可以拒绝批准违反澳大利亚国家利益的投资申请，或对投资申请的实施方式加以条件。财长需根据外国投资审查委员会提交的建议作出这些决定。

外国投资审查委员会成立于1976年，为澳大利亚财长和其他有关外国投资政策和经办政府机构提供建议。外国投资审查委员会仅有咨询建议职能。国库部秘书处也负责外国投资审查过程的日常管理，并对外国投资审查委员会给予支持。

澳大利亚的外国投资政策向外国投资者就政府执行《1975年外国收购与兼并法》的方法提供了指导，并同时指明了需要提前告知政府、得到事先批准的投资行业类别。大多数投资申请的审查期为30天，澳大利亚政府很少拒绝商业投资申请，或对投资申请提出附加条件。

总体来说，属于非政府部门的外国投资者在大量收购澳企业股份，或掌控澳企业的总额超过2.48亿澳元之前，应该事先告知澳大利亚政府并获得批准[1]。新西兰和美国的投资者例外，其适用门槛为10.78亿澳元（除规定的敏感行业以外）。日本和韩国在与澳大利亚签订自贸协定并正式生效后，受益于这一较高门槛。

所有来自政府部门的外国投资者在澳大利亚进行直接投资前，无论投资额多少，都必须告知澳大利亚政府并得到事先批准。外国政府投资者包括：

- 外国政治体；
- 来自单一的外国政府部门及其有关机构或相关单位，占15%或以上（直接或间接）累计权益的实体；
- 来自多个的外国政府部门及其有关机构或相关单位，占40%或以上（直接或间接）累计权益的实体；
- 受控于外国政府部门及其有关机构或相关单位的实体，或可以受控于外国政府部门及其有关机构或相关单位、作为受控企业集团一部分的实体。

上述适用于来自所有国家的政府投资者，包括前文中提到的自贸协定伙伴国家。

澳大利亚政府其他独立的外国投资规定针对媒体、银行、机场和澳大利亚国际航空公司、运输和电讯等行业。此外，对于收购某些类型的房地产，还要求外国投资者告知澳大利亚政府并得到事先批准，例如：

- 在购买住宅房产和闲置土地，或购买位于城市土地的澳大利亚公司或信托基金的单元之前，无论价值多少，都必须告知澳大利亚政府并得到事先批准；
- 在购买价值在5 400万元或以上的已开发的商业房产，或价值在500万元或以上的属于遗产的财

[1] 该门槛于每年1月1日进行调整。

产之前，必须告知澳大利亚政府并得到事先批准。

外国投资审查委员很愿意与投资者合作，并引导他们通过审核过程。潜在的投资者及其顾问与外国投资审查委员会秘书处尽早进行接洽是非常重要的（特别是第一次提出投资澳大利亚的申请、重大投资计划或投资敏感行业）。

如果对于投资建议是否应该进行告知（或是否需要提供特别信息）存有疑问，谨慎起见，外国投资者应与外国投资审查委员会进行讨论。提交完整和准确的投资申请信息将加快审查过程；信息不足或不完整会造成审查延期。

一旦获得批准，外国投资者会根据澳大利亚的法律获得和国内投资者同等的待遇。作为回报，澳大利亚希望所有企业（包括外资和内资）尊重澳大利亚的法律并保持高标准的企业行为。

外国投资审查委员会的一个重要职责是通过在澳大利亚本土和海外开展各类活动，加强各方对澳大利亚外国投资的理解和认识。例如，外国投资审查委员会主席于2013年和2014年访问中国，在两次访问期间与七省市的官员和潜在投资者进行了接洽。此类访问更广泛地吸引了中国投资者，并使其对投资前景和澳大利亚的外国投资管理体制有所理解。更多对外国投资审查过程的信息，可以在对外国投资审查委员会的网站中找到，具体请参见 www. firb. gov. au。

对澳大利亚来说，消除国际贸易的壁垒是维持出口贸易竞争力的途径之一，并且有助于扩大贸易、增加投资机遇。澳大利亚与日本和韩国完成了自贸协定的签订，与中国的自贸协定谈判也预期良好，这都是企业在澳大利亚开展商业经营前景会更好的有力证明。市场准入的改善和低成本的零部件进口降低了企业的经营成本。

综上所述，这些将会增加企业的竞争力，使得澳大利亚成为一个更加有吸引力的投资国。澳大利亚也承诺将通过与世界贸易组织（WTO）的多边合作，以及泛太平洋伙伴关系协定和区域全面经济伙伴关系的区域合作，努力降低贸易壁垒。

澳大利亚政府正在逐步采取措施，鼓励投资发展澳大利亚北部。政府正在起草《澳大利亚北部发展白皮书》，将制定全面实现澳北部经济潜力的政策，包括一个在未来2年、5年、10年和20年执行上述政策的方案。该地区的经济建设将需要大量投资，包括经济基础设施等方面，而外国投资将会发挥极其重要的作用。

澳大利亚政府也专注于确保有充足的基础设施来保障经济发展。联邦政府正在与州政府合作，计划在未来几年内投资建设高达1 250亿元的基础设施，这个目标将需要大量私有融资。澳大利亚政府正在探索创新渠道以促进私人投资，包括国外投资澳大利亚基础设施建设的项目。

综上所述，所有这些计划和方案使得澳大利亚成为一个更加具有吸引力的经商国家。澳大利亚保持对外国投资的开放，努力确保对关键出口市场的准入，改善在澳投资和经商的环境，不但将促进本国的就业和经济发展，也将为外国投资者提供机遇。

（四）澳大利亚双向投资关系的发展

自欧洲人到澳洲大陆定居起，外国投资一直是澳大利亚经济繁荣的基础。从早期英国人投资基础设施和农业，到当代中国人投资矿业和其他行业，澳大利亚的外国投资来源和使用外国投资的水平持续上升。

澳大利亚作为一个小型的开放贸易国家，在投资方面资源丰富、盈利机会很多；澳大利亚本土居民和外国投资者都可从外国投资中受益。澳大利亚于1970年代取消外汇管制、改革外国投资程序、降低关税保护，并于1980年代进一步加强外汇开放程度，并且初步建立了澳大利亚外国投资政策的主要框架。该政策框架经过一定修改，沿用至今。

双向投资持续成为澳大利亚经济的基础。目前，有超过1.8万余家外国公司在澳大利亚登记注册，这体现着澳大利亚的开放程度。2013 年，澳大利亚的新增直接投资使其成为该年度世界上第 9 大净外国直接投资流入国。加之前几年的投资额，至 2013 年底，澳大利亚累计吸引全球外国直接投资5 920亿美元，在累计接受外国直接投资的国家中排名世界第 14 位[1]。此排名比澳大利亚 2013 年度全球进口国的排名（世界第 22 位）要高[2]。1993 年，澳大利亚的外国直接投资累计为 880 亿美元，2003 年则上升至 2 370 亿美元。

澳大利亚同时也是重要的对外投资国家。2013 年底，澳大利亚的对外投资额累计达到 4 720 亿美元，为世界第 18 位外国直接投资国家。亚太地区在世界经济中的作用越来越突出，这同时反映在澳大利亚的投资关系上——亚太地区内的邻国占据澳大利亚双向投资伙伴关系的主要地位。

在澳大利亚，私有行业的投资机会最多，资金配置最有效。澳大利亚政府在创造激励投资的环境、鼓励建立企业间的联系、确保外国投资者符合澳大利亚的国家利益等方面，负有重要的责任。澳大利亚政府承诺确保澳大利亚是一个极度富有吸引力的投资和经商国家。

澳大利亚的外国投资政策有两大支柱：澳大利亚贸易委员会（Austrade）开展贸易和投资促进工作，外国投资审查委员会（FIRB）进行外国投资审查。

近年来，由于中国经济的空前发展以及两国间双向投资的不断增加，与中国的投资关系一直是澳大利亚政府的政策重点。中国政府和澳大利亚政府已经建立了合作关系，确保两国商业部门能够很好地应对未来的各种机会。

1. 澳大利亚的外国直接投资

自后欧洲殖民时代以来，澳大利亚在绝大多数时期经常保持账目赤字。过去二十年中，流入外资对 GDP 占比平均为 8.5%，而对外投资对 GDP 占比则为 4.5% 左右，这使得澳大利亚成为净借方。需要指出的是，澳大利亚约三分之二的对外总负债是债务形式，而非直接投资形式，因此银行掌握着绝大部分澳大利亚短期外债。这反映了澳大利亚银行的海外借款是为了支持其在国内提供贷款。

直接投资是指一国的投资者以获取长远利益为目的，对另一经济体的企业进行投资。对直接投资企业管理的影响程度，根据长远利益和能力而定，这也将外国直接投资与其他类型的外国投资相区别。从历史上看，澳大利亚受益于外国直接投资最大的行业为制造业、农业和采矿业。而随着澳大利亚国内和国际社会对这些行业的兴趣和关注时涨时落，进入澳大利亚的投资随之也有所变化。澳大利亚参与全球投资，以澳大利亚占全球双向投资的份额超过占全球出口、进口和 GDP 的份额为特点。

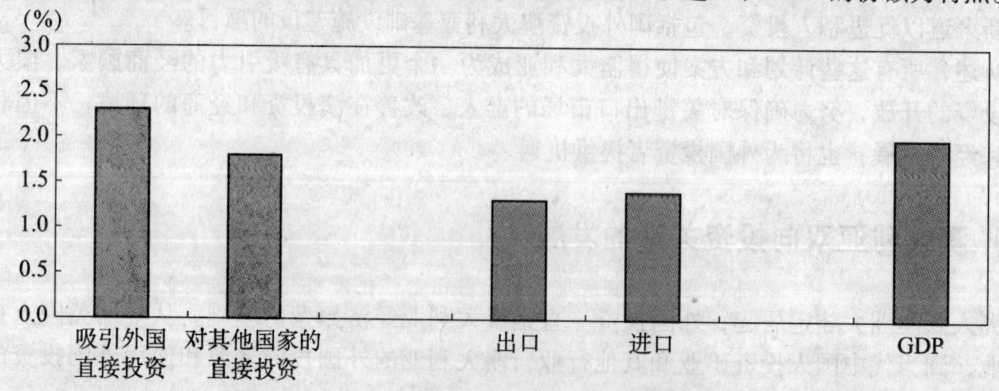

图 4-3-4 2013 年澳大利亚占全球直接投资、贸易和 GDP 比重

资料来源：国际货币基金组织《全球经济展望》、联合国贸易和发展会议数据库、世界贸易组织。

[1] 资料来源：联合国贸易和发展会议《2014 年双边外国直接投资数据》（http://unctad.org/en/Pages/DIAE/FDI%20Statistics/FDI-Statistics-Bilateral.aspx）。

[2] 资料来源：WTO 贸易数据库（www.wto.org）。

自2005年以来，对采矿业的国内和国际投资一直持续成为澳大利亚经济的强大亮点。亚太地区的经济巨大发展，是澳大利亚采矿业繁荣的一项主要驱动因素。采矿业满足了城市建设和基础设施所需的矿物和能源，并刺激工业生产上升到一个新的程度。鉴于世界采矿业的繁荣，外资在新矿建设的资金投入方面发挥很大作用也不足为奇。

2010年采矿业投资增长迅速（见图4－3－5），与该行业外国投资水平的急剧上升有关。澳大利亚采矿业的累计外国直接投资在2009年至2013年间上升了62个百分点。这虽然不是澳大利亚主要行业中最高的增长百分点，但却是最大的增长额。2013年底，采矿业的外国投资额为2 303亿澳元，而第二大行业制造业累计吸引外国直接投资为886亿澳元（见图4－3－6）。

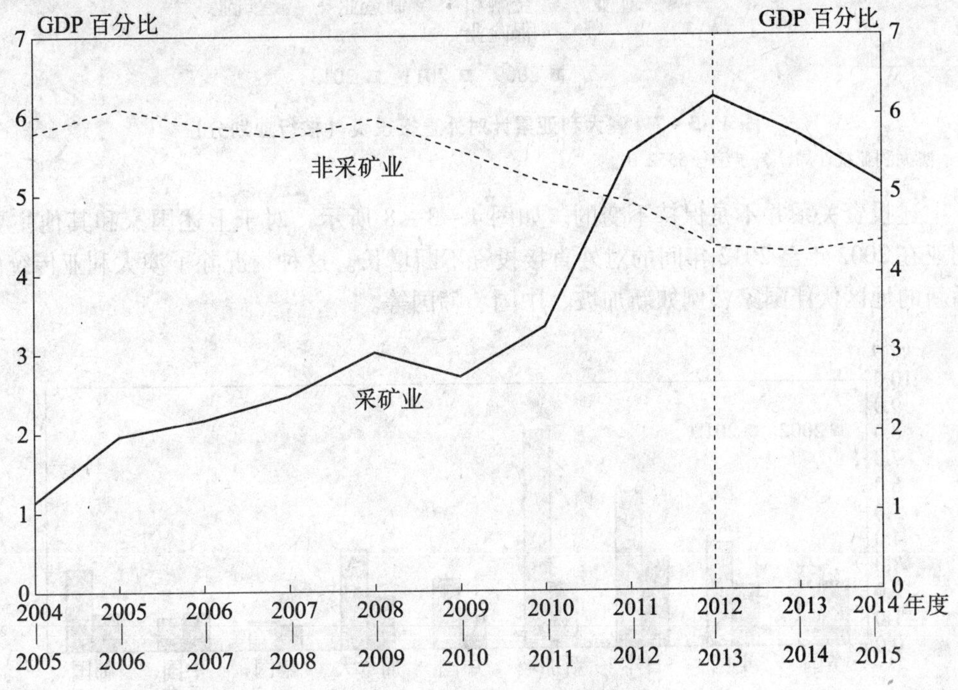

图4－3－5　采矿业投资增长

资料来源：澳大利亚统计局，名录编号5 206.0和5 625.0。

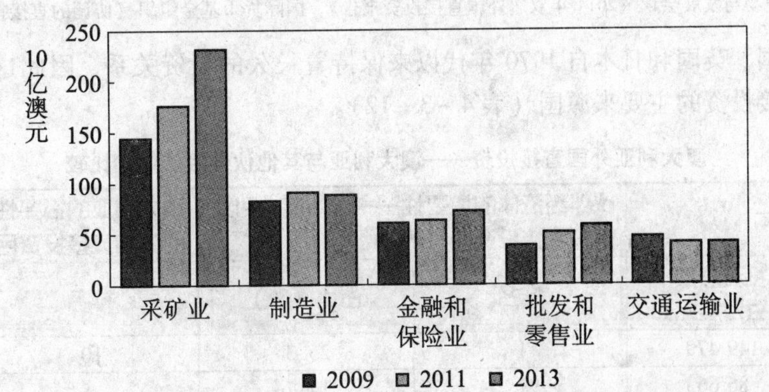

图4－3－6　澳大利亚累计吸引外国直接投资（按行业划分）

资料来源：澳大利亚统计局，名录编号5 352.0。

一旦建立新矿，外国投资就能够促进出口额的增加，并使得采矿业对澳大利亚GDP贡献率更高。

采矿业同时主导对外投资。由图4－3－7可见，2009年至2013年间，采矿业一直是澳大利亚在海外投资的最大行业。这反映了澳大利亚的矿业采掘是在向外“出口”其专业知识和技术。但是近年来，澳大利亚在金融业和保险业方面的对外投资增长迅猛，有赶超采矿业之势；这也显示了澳大利亚银行和其他金融机构的实力。

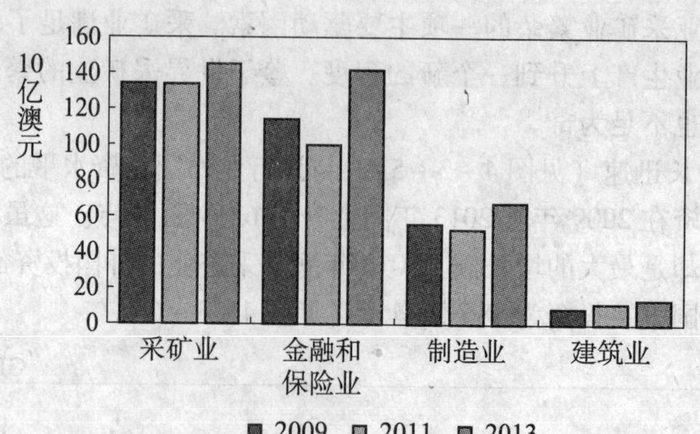

图 4-3-7　澳大利亚累计对外直接投资（按行业划分）

资料来源：澳大利亚统计局，名录编号 5352.0。

然而，上述投资关系并不是保持不变的。如图 4-3-8 所示，对于上述国家和其他主要投资来源国，澳大利亚在 2002 年至 2012 年间的对外直接投资不断增长。这种情况除了澳大利亚传统的投资伙伴外，也包括新的地区伙伴国家，例如新加坡、中国、韩国等。

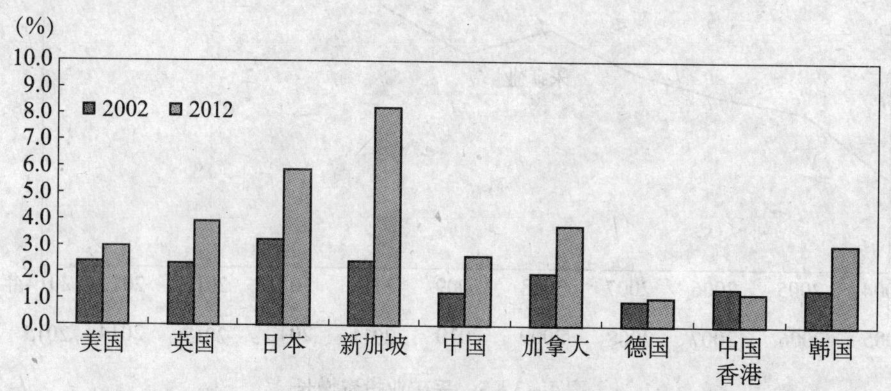

图 4-3-8　部分经济体对澳大利亚直接投资占该国对外投资总额比重

资料来源：联合国贸易与发展会议《2014 年双边外国直接投资报告》，国际货币基金组织《协调的直接投资调查》。

澳大利亚与美国、英国和日本自 1970 年代以来保持着长久的投资关系，因此这三个国家始终是澳大利亚吸引外国直接投资的主要来源国（表 4-3-12）。

表 4-3-12　澳大利亚外国直接投资——澳大利亚与其他伙伴经济体的比较

伙伴经济体		伙伴经济体的重要性——作为澳大利亚外国直接投资的来源国[①]		澳大利亚的重要性——作为伙伴经济体的外国直接投资目的国[②]	
经济体	投资总量（百万澳元）	排名	占比（%）	排名	占比（%）
美国	149 479	1	25.3	10	3.0
英国	86 663	2	14.7	5	3.9
日本	63 257	3	10.7	4	5.9
荷兰	29 371	4	5.0	14	1.4
新加坡	25 177	5	4.3	4	8.2
中国	20 832	6	3.5	12	1.7
英属维京群岛	np	7	..	5	3.8
瑞士	19 096	8	3.2	..	..
加拿大	16 576	9	2.8	5	2.6

续表

伙伴经济体		伙伴经济体的重要性——作为澳大利亚外国直接投资的来源国①		澳大利亚的重要性——作为伙伴经济体的外国直接投资目的国②	
经济体	投资总量（百万澳元）	排名	占比（%）	排名	占比（%）
德国	13 775	10	2.3	23	1.1
其他国家及地区					
马来西亚	7 693		1.3	3	5.7
中国香港	7 378		1.2	6	1.2
新西兰	5 068		0.9	1	54.2
泰国	4 637		0.8	13	2.6
韩国	1 972		0.3	5	3.1
印度	1 159		0.2	16	0.9

注：np － 未公布

.. － 未获得

①资料来源：澳大利亚统计局名录编号 5352.0。数据为 2013 年底外国直接投资总量。

②资料来源：联合国贸易与发展会议《2014 年双边外国直接投资报告》，国际货币基金组织《协调的直接投资调查》，数据为 2012 年底外国直接投资总量。

2. 中国对澳大利亚的投资

中国是澳大利亚的一个新兴并且日益重要的投资伙伴。中澳之间越来越紧密的投资关系对于两国是互补的，这同时体现在吸引外国投资和对外国投资两个方面。

2008 年，中国对澳大利亚投资飞速增长（见图 4－3－9），无论是绝对投资规模或占澳大利亚总投资额比重（包括外国直接投资和总投资）皆如此。虽然 2008 年至 2009 年发生了全球金融危机，但来自中国的投资在 2008 年和 2013 年仍都有所增加。

中澳间日益紧密的投资关系受益两国：澳大利亚利用来自中国的资金扩展其经济实力，而中国则增加了矿物和能源供给，以支持国内经济增长。澳大利亚能够提供可靠的、具有竞争力的资源和能源，同时也使中国获得了在海外市场进行商业经营管理的经验。在主权风险、政治稳定性以及政治、法律和商业体制方面，澳大利亚是一个低风险投资目的国。

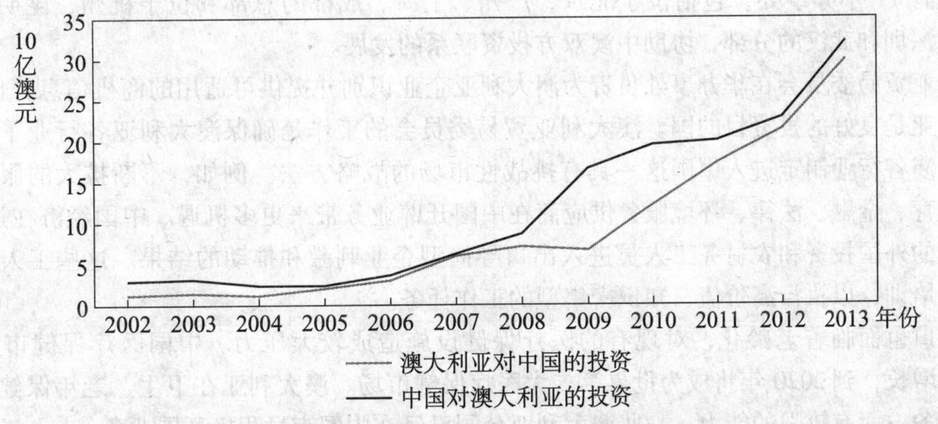

图 4－3－9　澳大利亚—中国累计投资总量

资料来源：澳大利亚统计局，名录编号 5352.0。

外国投资审查委员会的投资申请数据显示了最吸引中国投资者的行业领域（见表 4－3－13）。尽管该数据指出已经得到批准的投资申请，但是其中也有很多没有开展实际活动的投资项目。这为有意向的中国投资者提供了有用的参考。

表 4-3-13　　来自中国的投资申请（按行业划分）　　单位：百万澳元

行　业	2005—2006年度	2006—2007年度	2007—2008年度	2008—2009年度	2009—2010年度	2010—2011年度	2011—2012年度	2012—2013年度
农、林、渔业	—	15	—	—	—	4	27	328
金融和保险业	—	—	420	43	—	558	60	23
制造业	223	700	—	82	198	416	538	957
矿产开发业	6 758	1 203	5 311	26 254	12 186	9 758	10 505	8 273
房地产业	279	712	1 491	—	2 421	4 093	4 187	5 932
加工业	—	—	137	162	760	132	240	—
服务业	—	10	101	54	717	16	634	291
旅游业	—	1	20	5	—	—	—	—
合　计	**7 259**	**2 640**	**7 479**	**26 599**	**16 282**	**14 977**	**16 191**	**15 804**

资料来源：外国投资审查委员会年度报告（http：//www. firb. gov. au/content/publications. asp）。

不足为奇的是，矿产业的数据比重较大，占 2005—2006 年度中国投资申请总值的 97%，并在 2008—2009 年度达到99%的峰值。在其他行业中，制造业占比在2006—2007 年度达到最高点36%，而服务业占比则分别于 2009—2010 年度和 2011—2012 年度达到 5%。

未来几年，随着澳大利亚矿产业投资热潮的减退，其他行业的投资在促进两国投资关系中的作用将日益突出。中国投资者对澳大利亚制造业和基础设施业的投资兴趣可能将持续增长。此外，中国投资者在农业和旅游业也有较大的投资潜力。随着不断出现的食品和粮食安全问题，中国在该领域的投资也开始成为趋势。近期较大的投资项目包括库比棉花生产基地、西澳的小麦农场、塔利糖厂和在奥得河地区的投资等，还有早期迹象显示中国投资者有兴趣投资澳大利亚牛肉和乳制品产业链。另外，小型企业正不断从投资中脱颖而出：2012 年，中国四川泰丰集团对澳大利亚家族企业桉树酒庄投资 3 000万澳元，使得该酒庄从一个仅有 7 名员工的小公司迅速成为一个拥有 30 多名在澳雇员和 300 多名在华全职销售员工的企业。

3. 澳大利亚对中国的投资

中国正在变化中的消费和人口格局将对未来几十年的全球商业产生深远影响。澳大利亚贸易委员会在中国设有 11 个办事处，包括位于北京、广州、上海、成都的总部和位于杭州、昆明、南京、青岛、沈阳、深圳和武汉的分部，协助中澳双方投资联系的发展。

澳大利亚贸易委员会在华办事处负责为澳大利亚企业识别并提供可适用的商机信息，也负责推广、宣传澳大利亚是良好的投资目的国。澳大利亚贸易委员会的工作是确保澳大利亚各行业了解中国的商机，并帮助澳各行业制定进入中国这一具有挑战性市场的战略方法。例如，不断扩大的服务领域将为澳大利亚教育、金融、法律、环境服务供应商在中国开辟业务带来更多机遇。中国经济在过去 30 年的增长是巨大的外国投资和农村务工人员进入出口导向型企业刺激和推动的结果。这些工人需要经过先进的教育和培训，以执行高价值、知识密集型的工作任务。

中国人口也面临着老龄化，对现有的医疗保健设施造成较大压力。中国医疗保健市场正以每年 10% 的速度增长，到 2020 年将成为世界第二大医疗保健市场。澳大利亚在卫生、老年保健和为老年人提供其他服务方面有较强的能力，一些澳大利亚公司已经在中国市场积极开展业务。

中国的采矿和矿产加工业世界第一，为澳大利亚企业提供了进一步机会。2012 年 12 月，澳大利亚贸易委员会出版了一份市场行情合作报告，帮助澳大利亚采矿业设备、技术和服务的供应商寻找中国采矿和环境领域的商业机会。该报告的成果通过网络在线分享给有关利益相关方，并涵盖法律法规、政府支持环境可持续发展的倡议和项目等。

该报告由一支在中国的专门团队编写和提交，重点关注客户推广以及向中国主要决策者介绍澳大利亚优势。这使得澳大利亚重金属污染治理、尾矿设施管理和修复、国际最优采矿服务行业的公司寻找到商机。

澳大利亚贸易委员会在华的高级贸易与投资委员致力于实施积极的投资者参与策略，特别是吸引国有企业和中国投资公司的参与，其目的是为了与中国国有企业和私人投资者之间建立更深、更广的重要联系，以确保澳大利亚在未来中澳自由贸易协定中处于有利地位。

2010年至2013年，澳大利亚对华投资急剧增长。值得注意的是，尽管投资总额急剧增长，但澳大利亚对华直接投资却在减缓，于2012年实现最高值84亿澳元（如图4－3－10所示）。《中国外商投资产业指导目录》的限制可能是导致这一现象的因素之一。

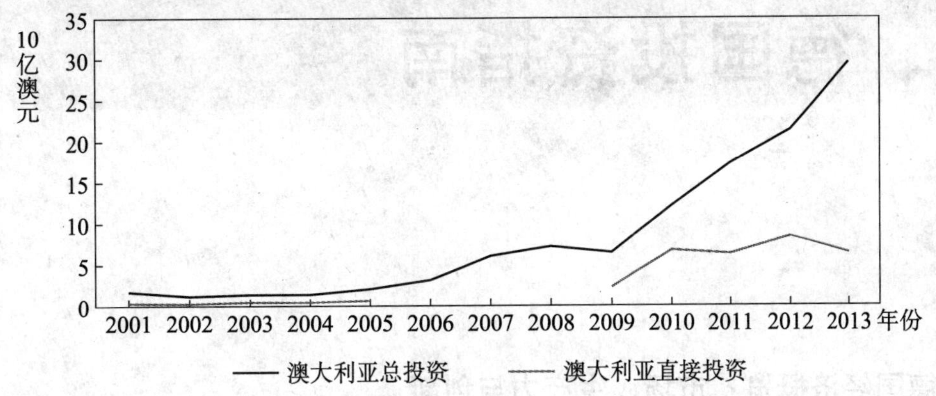

图4－3－10　澳大利亚在中国的投资

注：由于保密原因，澳大利亚统计局没有公布2006—2008年度外国直接投资数据。

资料来源：澳大利亚统计局，名录编号5352.0。

澳大利亚在银行业和财富管理服务方面的专长使其金融机构成为澳大利亚在华最大的投资者，澳各大银行均已在中国设立分支机构。

（资料来源：本部分资料由澳大利亚驻华大使馆提供。（一）摘自《澳大利亚的外国投资政策》；（二）摘自《澳大利亚外国投资审查委员会2012—13年度报告》。（三）和（四）的资料由澳大利亚外交与贸易部东亚司中国经济与贸易处提供）

四、德国投资指南

（一）德国经济概览：市场、生产力与创新

1. 基本数据

- 面积：357 002 平方千米。
- 人口：8 050 万人。
- 公司数量：370 万家，99.6% 为中小型企业。
- 所有公司总营业额（2011 年）：5.92 万亿欧元，其中 36% 为中小型企业创造。

2. 经济发展

- 国内生产总值（GDP，以十亿欧元计）：2012 年，2 666；2011 年，2 610；2010 年，2 495。
- 人均国内生产总值（欧元）：2012 年，32 550；2011 年，31 914；2010 年：30 517。
- 通胀率：2012 年，2.1%；2011 年，2.5%；2010 年，1.2%。
- 失业率：2012 年，5.5%；2011 年，6.0%；2010 年，7.1%。
- 国内生产总值增长（实际国内生产总值年度变化率，百分比）：见图 4－4－1。
- 2012 年国内生产总值构成（百分比）：见图 4－4－2。

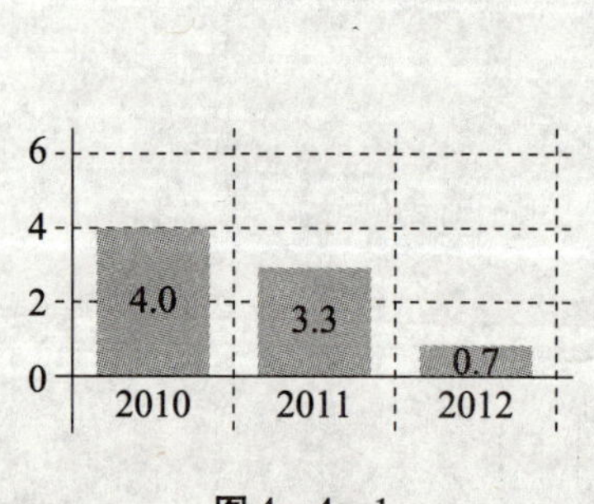

图 4－4－1

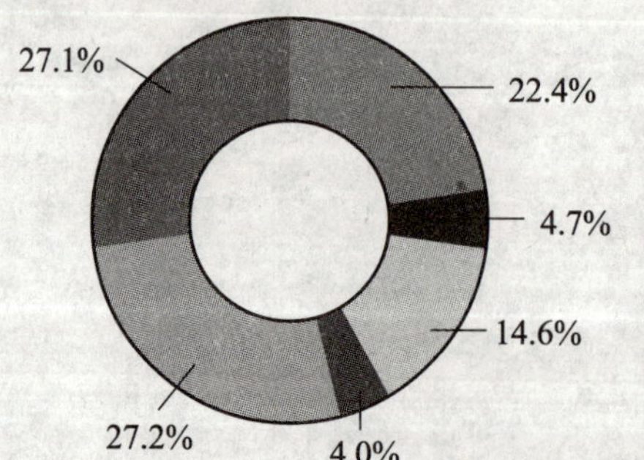

图 4－4－2

• 对外贸易（单位：十亿欧元）：见表4－4－1。

表4－4－1

单位：十亿欧元

	2012年	2011年	2010年
进口	1 097	1 061	952
出口	909	902	797
差额	+188	+159	+155

• 德国与欧盟的贸易关系（单位：十亿欧元）：见表4－4－2

表4－4－2

	2012年	2011年	2010年
对欧盟出口	621	628	571
从欧盟出口	504	506	444
差　额	+117	+122	+127

• 出口商品（2012年）：机械18.6%；汽车及零部件16.6%；化工物品14.4%；电子产品9.0%；食品4.4%；其他37.0%。

• 进口商品（2012年）：原油与燃油14.0%；机械12.0%；化工物品11.7%；电子产品10.0%；汽车及零部件7.9%；食品5.9%；其他38.5%。

3. 外商直接投资

（1）为外商直接投资创造环境

1）投资首选地。

安永会计师事务所开展的《欧洲吸引力调查2013年》进一步肯定了德国作为世界最具吸引力投资国度的声誉。国际决策者将德国评为欧盟第一、世界第六“最具吸引力的投资国度”。在超过800位接受调查的国际经理人中，38%的受访者认为德国是欧洲西部吸引外国投资的磁铁。根据在德国从事商业活动的美国公司的反馈，美国商会得到了非常积极的评价。当被问及他们对德国的商业环境的意见时，81%的美国公司表示满意。另外89%的人相信德国将改进或保持未来的竞争优势。

2）自由开放市场。

德国欢迎外商来德直接投资（FDI）。德国市场向几乎所有工业领域的投资开放，外商在德的日常商业活动也免受诸多规章制度的限制。就投资或建立公司而言，德国法律规定，外国投资者在德国投资享受与本国人一致的国民待遇。关于外商直接投资的法律框架始终秉承对外贸易与支付自由化的原则。德国没有在资本交易、资金转移、实业购置、利润汇回、外汇获得方面设置任何限制或障碍。

3）投资项目支持。

德国激励项目旨在满足投资者迫切的资金需求。早期投资融资资助可以在新增投资项目的初始阶段为企业筹集资金。各类激励项目大多以现金补助形式发放，可以在投资过程中资金最紧缺的阶段确保资金正常流动，作用十分重要。投资后期的激励政策由多种不同项目构成，除支持投资者在德招聘员工（如薪酬补贴）外，还提供大量研发项目援助。

在德投资者不分国籍均可享受各项激励措施。除此之外，德国各联邦州也都设立了激励基金，用以支持未来投资者。欧盟批准了约170亿欧元的资金（从德国联邦政府和联邦州的预算中获得共同资助），该资金的使用时间范围为2014—2020年之间。若想了解更多激励项目信息，请登录网站：www.gtai.com/cn-incentives。

4）全球外商直接投资的磁石。

联合国贸易和发展会议（UNCTAD）指出，德国已跻身世界最吸引外商直接投资国家之列，2012年德国对内外商直接投资存量为5 580亿欧元，在过去10年中增长了82%。德意志联邦银行（Bundesbank）2011年官方数据显示，德国外商直接投资存量57%来自欧盟27国，9%来自欧洲的其他非欧盟国家。来自欧盟之外的投资数量继续保持增长势头。北美在德投资占其外商直接投资存量的23%，亚洲占6%。

5）中国企业在德国的投资。

- 过去四年超过460个来自中国的绿地投资项目落户德国，打破了纪录；
- 在中国新投资项目中德国是全球最受欢迎的投资地；
- 2012年德国有超过17%的来自中国的直接投资项目；
- 自2000年起，中国在德国的累积直接投资金额达到10.93亿欧元，增长了近600%；
- 在相同时间段，中国在德国的累积直接投资金额在“金砖四国”中排名第一；
- 中国成为德国在亚洲的第三大累积直接投资额的大国，中国企业在德国投资于不同的领域，主要集中在以下几个行业：

——汽车与工业机械；

——电子与半导体；

——消费品；

——可再生能源；

——信息通信技术和软件。

（2）外国直接投资项目

德国是一片有保障、有回报的投资热土，关于这一点每年都得到越来越多的公司的发现和认可。目前已有逾5.5万家外企落户德国开展业务，为近300万人解决了就业问题，进一步证明德国作为国际投资热土的吸引力。

fDi Markets统计数据显示，2008—2012年期间德国共有来自近3 300家外国公司的3 940个新增投资项目。2012年新增投资项目多达857个，创下历史新高，使德国在吸引外商直接投资项目方面力夺全球第五。新增投资项目来源国中最重要的有美国（占所有投资项目的22%）、瑞士（10%）和英国（8%）。

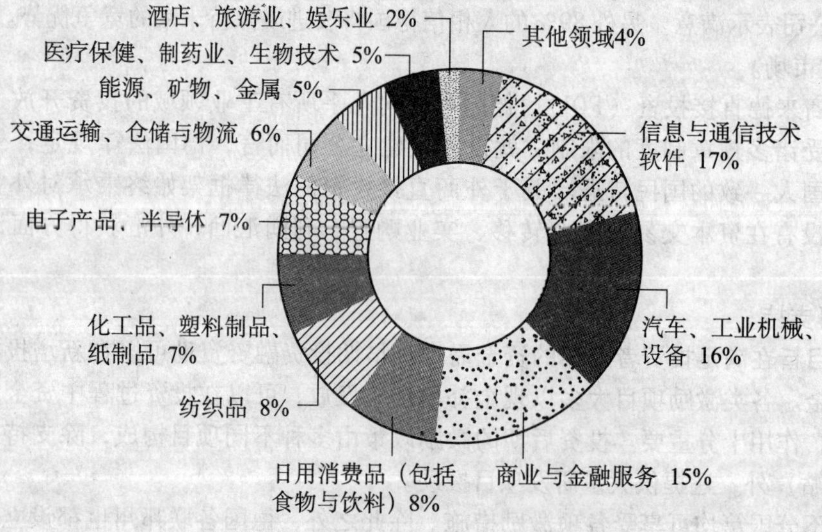

图4-4-3　2008—2012年德国外商直接投资项目行业分布
（占总体外商直接投资项目比例）

资料来源：fDi Markets数据库2013年。

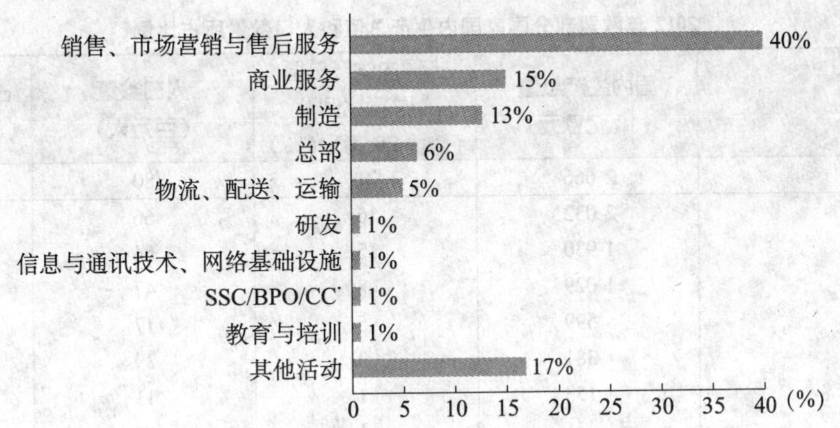

图 4-4-4 2008—2012 年德国外商直接投资项目各行业活动所占比例
（占总体外商直接投资项目比例）

资料来源：fDi Markets 数据库 2013 年。

4. 市场

（1）欧洲经济中心

1）欧洲最大市场。

德国是欧洲第一大市场，国内生产总值占欧洲的 21%，人口占欧盟人口总数的 16%。德国经济高度工业化和多元化，服务业与生产业比重相当。

2）稳定的经济。

德国被广泛地认为是欧洲经济的稳定力量——特别在欧元区内。虽然欧盟 28 国出现了实际国内生产总值轻微下降，但德国经济仍保持积极的增长率。2008—2012 年，德国的平均实际国内生产总值增长率是——与美国一起——在所有 G8 国家中最高的。德国联邦经济和能源部预计在 2014 年德国经济增长将达到 1.7%。

3）全球经济大国。

德国的产品出口全球，广受欢迎。毋庸置疑，自 2000 年以来，德国的平均出口配额已达 35.1%，这归功于它提供高质量的创新性和竞争性的产品。2012 年配额水平攀升至 41.5% 的历史高位。这种发展与另一个纪录相对应：在 2012 年，德国的出口水平第一次在历史上几乎达到了 1.1 万亿欧元。进口量也达到了 9 090 亿欧元的历史新高，与此同时贸易平衡达到其记录的第二高值（1 880 亿欧元）。

德国生产的化工产品、汽车、机械及设备等在全球需求量较大。德国在欧洲地区的主要贸易伙伴有法国、英国、意大利和荷兰，欧洲以外的贸易伙伴有美国、中国、俄罗斯和日本等。德国对欧洲国家出口额占其出口总额的 69%，其中对欧盟成员国家出口额占 57%。2012 年，亚洲跃升为德国第二大出口地区，美洲紧随其后，德国对亚洲和美洲的商品出口额分别占其出口总额的 16% 和 12% 左右。

4）中小型企业：德国经济支柱。

中小型企业（SME）具有强大的创新实力，是德国的经济支柱，为推动德国出口增长起着重要作用。在德国，中小型企业占企业总数的 99.6%，员工数量占德国劳动力总数的 79.2%。许多小型企业在各自领域居于世界领先水平。德国中小型企业与拜耳、巴斯夫、戴姆勒、大众和西门子等大型国际化企业共同构成德国制造业基础。

5）制造业的沃土。

德国企业数量占欧洲制造企业总数的 10% 以上，其营业额占欧盟制造业总营业额的 27%。制造业附加值占德国“附加价值”总额的比重超过 1/5，比例处于欧洲最高水平之列。越来越多的外国企业落户德国，并获益于德国完善的商业环境和超高的生产率。

表 4-4-3　　2012 年欧盟部分国家国内生产总值和人口数量所占比例

	国内生产总值（10 亿欧元）	占国内生产总值总额比例（欧盟 28 国）（%）	人口数量（百万人）	占总人口数量比例（欧盟 28 国）（%）
德国	2 666	21	80	16
法国	2 032	16	66	13
英国	1 930	15	64	13
西班牙	1 029	8	47	9
荷兰	599	5	17	3
波兰	381	3	39	8
捷克共和国	153	1	11	2
斯洛伐克共和国	71	1	5	1
美国	12 644		314	
日本	4 640		128	
欧盟 28 国	12 968		505	
欧元区	9 484	73	331	66

资料来源：联邦统计局、欧盟统计局、美国人口普查局、日本统计局，2013 年。

（2）凭借一流基础设施贴近市场

1）欧洲的全球物流中心。

德国拥有由公路、铁路、海运和内陆水道共同组成的一流运输网络以及众多国内国际机场，便利的交通设施覆盖国内国际市场。毋庸置疑，德国已成为全球物流中心。途径德国的货物数量位居欧洲首位。据估计，德国占有欧洲物流市场（欧盟 28 国、挪威及瑞士）约 1/4 的份额，足以体现其在欧洲大陆经济领域中举足轻重的作用。

2）世界一流的运输基础设施。

包括瑞士洛桑国际治理学院《全球竞争力年度报告》以及联合国贸易和发展会议《世界投资前景调查》等近期公布的大量研究报告一致认为德国的基础设施质量一流。根据世界经济论坛公布的《2013—2014 全球竞争力报告》，德国在基础设施领域名列欧洲第一、全球第三。此外，该报告还认为德国拥有覆盖范围广泛的一流基础设施，可确保商品和乘客的高效运输。根据该报告所列数据，德国在公路和空中运输质量、铁路和港口基础设施以及通信和能源基础设施等方面获得高分。

表 4-4-4　　基础设施质量

排名	国家和地区	排名	国家和地区
1	中国香港	2	新加坡
3	德国	4	法国
5	瑞士	6	英国
7	荷兰	8	阿联酋
9	韩国	10	西班牙
11	日本	12	卢森堡
13	加拿大	14	美国
15	奥地利	16	丹麦
17	中国台湾	18	澳大利亚
19	瑞典	20	冰岛

资料来源：世界经济论坛 2013 年。

3）连接东西。

德国北部港口是其与英国、斯堪的纳维亚以及波罗的海诸国进行贸易的重要平台。西部的公路、铁路及内陆水道网分布广泛，连接法国与比荷卢三国。德国与南部国家瑞士以及奥地利商业往来频繁，可经由公路、铁路及水路直达巴尔干半岛各国。在东部，德国与波兰和捷克共和国接壤，可轻松到达斯洛伐克共和国、匈牙利以及土耳其和俄罗斯这两个更远的国家。

4）物流巨头。

德国的物流基础设施名列世界前茅，其物流企业也处于世界一流水平。世界顶级的物流服务供应商——敦豪快递服务公司（DHL）便是一家德国企业。德国联邦铁路公司（Deutsche Bahn）经营的铁路网规模为欧洲之最，德国汉莎货运航空公司（Lufthansa Cargo）则是全球领先的空运企业。2012 年，德国物流业收入为 2 280 亿欧元，位居欧洲各国之首。

5）世界一流的运输网技术设施。

德国运输网基础设施的亮点包括欧洲第二大港口（汉堡港，基于港口集装箱吞吐量）、欧洲第一大集装箱码头（不来梅港）以及 250 多个内陆港。德国机场数量众多（拥有 21 个国际机场），其中法兰克福机场的货运量和客运量分别排名世界第七位和第九位。德国公路系统的公路密度位居欧洲前列，铁路总长达 3.77 万千米，几乎可绕地球一圈。德国高速铁路网时速高达 300 千米，排名世界第四位。

5. 生产率

（1）不断提高竞争力

1）高生产率。

按单位劳动力成本衡量，德国生产率过去十年间大幅上升。与其他单位劳动力成本普遍上涨的欧洲国家相比，德国的单位劳动力成本在 2002—2012 年期间以年均 0.3% 的幅度下降。得益于此，德国经济尤其是制造业领域的竞争力显著增强。

2）稳定的劳动力成本。

与此同时，德国与东欧邻国的劳动力成本差距明显缩小。过去几年间，德国的劳动力成本优势日益凸显。自 2003 年以来，大部分欧洲国家（欧盟 28 国）的薪酬平均增长幅度为 3%，一些国家（尤其是东欧国家）的薪酬增长更是高达 7%。德国的薪酬水平仅增长 1.6%，为欧盟各国最低，这也是德国成为最优商业区位的决定性因素。

3）严格的生产标准。

德国的高生产率与其卓越的生产流程标准密不可分。世界经济论坛开展的一项全球管理层调查也证实了这一点。根据调查结果，德国作为欧洲国家其在应用的工艺技术居于世界最优秀和最高效水平。

4）具有竞争力的税收体系。

在全球最重要工业国对比中，德国是税收体系最具竞争力的国家之一，优势非常明显。股份公司的平均总税负为 29.83%。在德国，对股份公司的征税不采用全国统一税率，这对投资人是一个利好消息。在很多城市和乡镇，企业的纳税负担有可能局部降低，降幅最多至 8 个百分点。

5）高技能的劳动力。

德国优秀的劳动力决定了其具有超高的生产率。德国拥有 4 100 余万劳动力，其可用劳动力数量位居欧盟各国首位。德国教育水平世界一流，确保劳动力能够达到最高标准。德国 80% 以上的劳动力接受过正式的职业培训或拥有学术学位。

（2）双元制教育体系

德国致力于在用人单位与劳动力资源之间搭建平台。德国在职业培训领域建立了双元制教育体系。该体系包含为期 2～3 年的学校培训和在职培训，通过将两者的优势有机结合能够充分满足行业需求。目前，该体系提供约 350 类职业培训。德国工商联合会（IHK）要求在该体系内执行严格标准，从而确保全国各地开展的培训活动质量一流。

（3）工程优势

德国统计局的研究结果表明，德国高等教育水平一流。2012 年，420 多所大学共招收约 49.3 万名学生。大学技术专业新生入学率上升8%。德国大学的科学、数学、计算机科学以及工程学等专业学生的数量占欧盟的32%，在欧盟各国排名第三。德国大学颁发的硕士与学士学位的国际认可度显著提高。此外，德国博士毕业生比例居全球领先地位。每100万德国人中有319人拥有博士学位，位列欧盟国家第二。

6. 创新

（1）德国引领创新

德国在新技术与创新成果开发领域投入大量资金。2011年德国的研发支出达750亿欧元，位居欧洲首位。自2005年起，德国的研发支出以5%的复合年均增长率稳步增加。研发是推动德国经济发展的首要因素之一。近年来，德国工业领域的研发投入显著增加。越来越多的公司在德国设立国际研发机构。在2008—2011年期间，在德国的外国投资累计金额中这一部分增长了29%，达14亿欧元。

（2）创新高附加值

德国的创新主要由制造业投入，达546亿欧元，这个开支超过了整个经济界在研发领域经费支出的86%以上。许多高科技产业对国内经济表现有显著的影响。德国经济研究所（DIW）的最新数据发现，没有其他工业化国家像德国那样能生产如此之多的大量的研发密集型产业增加值总额。而且这些产业是德国的传统优势产业，如机械、汽车、化工、电子等，并且极有领先优势。德国在研发密集型产业创造的价值总份额超过了日本和美国，而且是法国、英国和意大利总和的两倍以上。外国投资者在研发领域的广泛投资强调德国的强势地位。据德国经济研究所的报告，大约有85 000名雇员在外商独资的德国子公司内从事研发工作。德国的研发预算为152亿欧元，这是整个国家工业在创新方面总支出的27%。大部分的研发设施仍由欧洲和美国公司经营。德国的创新条件也受到了中国的关注。2012年安永公司对400名中国经理人调查时，72%的受访者认为德国作为欧洲的研发中心是最佳的投资地。

（3）公共研发支持

德国政府启动了一场旨在加快技术进步的活动——德国高新技术战略。德国政府每年在尖端技术研发领域投入40亿欧元。得益于此，研发项目可获得多种形式的财政支持。德国针对公共研发项目推出了包括专项合作计划和低息贷款在内的多个支持计划。

（4）德国制造高科技产品

德国在开发高新技术方面处于全球领先地位。一个多世纪以来，“德国制造”的质量标签一直是卓越品质与创新的代名词，2011年刚刚庆祝了它的125周年。2010年，德国的高科技产品出口总额高达1 320亿欧元，位居欧洲第一、世界第二。

（5）多元化的创新景观

工业研究反映了德国创新的关键来源。2011年，德本地公司在开发具有竞争力产品的新技术中大约投资入了超过500亿欧元。在欧排名前10位的研发公司中有5家是德国公司，大众汽车排名首位。德国创新的条件展现在各种不同的研究机构与工业界的研究主流进行合同式的研究。2011年，公司投资的第三方合同研究达到近123亿欧元，例如大学和非大学研究机构。今天，德国的研发成功基于公司、大学和研究机构之间有效的合作关系。一个在全国各地已建立的集群网络成就了与沿价值链上的传统强项和世界领先的产业相结合的合作研究。

（6）世界一流的专业技术

德国拥有欧洲规模最大的研发队伍（欧盟21%的科学家在德国工作生活）。与此同时，德国科学家从事的项目遍布全球。例如，马普协会（MPG）的研究成果由120个国家研发机构中的6 000名科研人员共同创造。企业与学术研究机构之间的合作项目有效缩小了知识与应用的差距。科学家可加入企业研发团队，学术机构则可提供必要的实验室设备。

1）欧洲专利大国。

2012年，欧洲专利局授予德国13 300多件专利，几乎相当于法国和英国之和的两倍，反映了德国取得的创新成果具有很高的商业可行性。此外，德国的三方专利（在全球三大专利局——欧洲专利局、美国专利商标局、日本专利局——注册的专利）数量也处于欧洲各国前列。

知识产权在德国得到高度保护。就技术与商业领域的创新成果而言，可通过专利、实用新型、商标及设计注册保护其知识产权。外国人与德国人在知识产权注册领域享有同等待遇。泰乐信律师事务所（TaylorWessing）在其发布的《2011 年全球知识产权指数》中将德国列在首位。

2）创新集群创意良多。

对于很多德国公司，创新不再是一项孤立的任务。非大学研究机构、大学和公司正在遍布全国的许多群集中共同努力，以改善或发明新产品、服务和流程。为此，德国联邦政府 20 年来一直有针对性地对这些集群进行财政支持。在德国联邦经济和能源部“去—集群”的最新倡议中，它支持超过 80 个表现最佳的德国集群，因为它们在各自不同的行业中变得更为国际化。

德国创新网络不仅只对大公司有吸引力，超过 6 000 家的中型公司是组成的集群成员最大的群体。大学和非大学研究机构也作为行业的创新合作伙伴。据德国联邦统计办公室统计，大学在 2011 年在研发领域约投资了 135 亿欧元。

德国的四个国际知名的非大学研发机构——莱布尼兹、弗劳恩霍夫、亥姆霍兹、马克斯·普朗克——同一年度宣布整体的研究预算达近 81 亿欧元。这些机构拥有超过 66 000 的研究人员分布在 240 个研究所工作，这些组织参与广泛的不同的研究项目，涵盖的领域从基本科学到应用科学。

（二）公司的法律形式

外国投资者在德国建立企业可以选择不同的法律形式。现有企业也可以通过在德国的分支机构开展业务。德国的《公司法》将公司分为资合公司与人合公司。两者基本的区分标准是，公司的股东是否参与公司的经营活动。外国投资者和德国企业一样，可根据自己的企业目标自主选择相应的法律形式。此外，外国公司只需经过少数几个步骤，就能在德国设立分支机构。

1. 资合公司

资合公司是一个法人，这意味着公司本身是权利和义务的主体。它以自己的名义签订合同并获取财产。公司的债务并非由资合公司的股东承担，而是由公司自身承担，承担的责任以公司资产为限。

另外，负有纳税义务的也不是公司的各个股东，而是该资合公司[1]。

资合公司的成立

资合公司可以由任意数量的股东组建，没有最低人数规定。在公司成立时，最低资本（注册资本或股本）必须到位。根据资合公司的形式不同，对最低资本金额的要求不等。例如，GmbH——有限责任公司最低资本金额为 25 000 欧元。最低资本可以以现金或实物形式（如不动产或专利等）缴付。

公司的成立必须以书面形式记录在公司章程中，并经公证登记在册。另外，特定的资合公司形式还要办理其他成立手续。

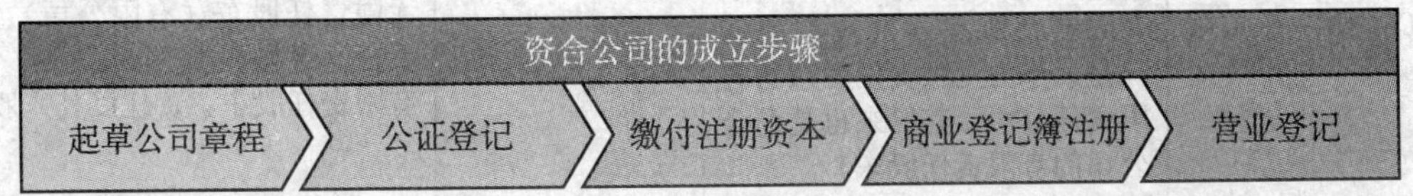

商业登记簿注册所需的登记资料通常在公司章程的公证登记阶段便已着手准备。

在商业登记簿中完成登记，公司成立的程序便完成了。从这一时刻起，资合公司的有限责任才生

[1] 更多有关资合公司纳税的信息，请参阅第（五）部分“企业纳税”。

效。公司必须由总经理办理在商业登记簿中的登记。注册必须由一名公证人公证，并由该公证人以电子文档的形式发送至主管的商业登记部门。资合公司在开始开展业务前，必须在工商局进行营业登记[1][2]。

资合公司的四种形式及其相关特性见表 4 -4 -5。

表 4 -4 -5　　资合公司的四种形式

公司形式	最少股东数	最低成本	责任限制
GmbH——有限责任公司	一个股东	25 000 欧元	责任以注册资本为限
Mini GmbH——“微型有限责任公司”，企业主公司 UG（有限责任）	一个股东	1 欧元	责任以注册资本为限
AG——股份公司	一个股东	50 000 欧元	责任以股本为限
KGaA——股份两合公司	一个无限责任股东和一个有限责任股东	50 000 欧元	无限责任股东：个人承担责任（无限）；有限责任股东：责任以其认购股份的金额为限

2. 人合公司

与资合公司不同，人合公司不是独立法人，而是个人联合体。人合公司由各个合伙人经营，他们（包括其个人财产）对公司的债务承担责任。合伙人个人仅可能在有限的情况下会承担有限责任。

相应地，对人合公司本身并不像对资合公司那样征税，而是对各个合伙人征税。公司层面上计算应税利润，然后根据合伙人出资比例摊派。人合公司本身只有缴纳营业税的义务[3]。

人合公司的各种形式主要根据合伙人的责任比例和必须的登记义务进行区分[4]。

人合公司的成立

人合公司的成立十分简单，只需少数几个步骤就能完成。成立公司要求至少有 2 名合伙人，没有筹措最低资本的要求。公司经理只能由合伙人担任。由于人合公司的形式不同，可能有必要在商业登记簿中注册。注册时必须由全部合伙人签字，通过公证人采取公证的形式提交商业登记。如果人合公司从事营业性活动，必须在主管的工商局登记。

人合公司的四种形式及其相关特性见表 4 -4 -6。

表 4 -4 -6　　人合公司的四种形式

公司形式	最少股东数	最低成本	责任限制
GbR——合伙公司	两个合伙人	没有要求	合伙人个人承担责任（无限）
oHG——无限责任公司	两个合伙人	没有要求	合伙人个人承担责任（无限）
KG——两合公司	两个合伙人：一个无限责任股东和一个有限责任股东	没有要求	无限责任股东：个人承担责任（无限） 有限责任股东：责任以其入股资产为限
GmbH & Co. KG——有限两合公司	两个合伙人：一个无限责任股东（有限责任公司）和一个有限责任股东（最典型的情况是，作为无限责任股东的有限责任公司，其股东也是两合公司的有限责任股东）	没有要求	无限责任股东（有限公司）：个人承担责任（无限） 有限责任股东：责任以其入股资产为限

[1] 关于在德国成立公司的具体问题，例如个别情况下所需要的成立公司的文件，请咨询德国联邦外贸与投资署工作人员。

[2] invest@ gtai. com。

[3] 更多有关人合公司纳税的信息，请参阅第（五）部分“企业纳税”。

[4] 人合公司的各种形式可参见本部分末表格或德国联邦外贸与投资署网站：gtai. com/cn/。

3. 分支机构

与子公司不同，分支机构在法律和组织上是母公司的一部分，不具有独立的法人地位。分支机构开展与母公司类似的业务，而母公司以其全部资产对分支机构的债务承担责任[1]。

在德国，根据分支机构对母公司的独立性进行区分，分为以下两种形式。

（1）独立分支机构

若一家外国（商业）企业已经在其所属国的商业登记簿（或类似名录）中注册，便能够在德国设立独立分支机构。

独立分支机构虽然在内部附属于母公司，但可独立参与业务往来。独立分支机构与客户之间的关系通常受德国法律管辖。而国外母公司则对分支机构完成的业务负责。

在组织关系上，独立分支机构相对于母公司有一定的独立性，并且大多具备以下典型特征：

- 拥有自己的管理层，管理层拥有处置权（如商务授权和缔约授权）；
- 拥有自己的资金配置和银行账户；
- 独立会计。

分支机构必须在商业登记簿中注册，并在主管的工商局登记所从事的营业活动。分支机构可以使用自己的名称后缀，但是总公司的名称及其法律形式后缀必须体现在分支机构的名称中（例如：XY 有限公司柏林分支机构）[2]。

（2）非独立分支机构

非独立分支机构被视作总公司的下属部门，相对于总公司不具有任何独立自主性。非独立分支机构不能独立于母公司参与一般业务往来，必须以母公司的名义开具发票（账单）。分支机构不能拥有自己的公司名称。相应地，非独立分支机构也不需要在商业登记簿中注册，只须在主管的工商局登记其所从事的营业活动。

（3）其他形式

若外国企业的分支机构只起到纯粹的代表作用，例如调查德国市场、与德国客户进行初步接洽等，通常称其为“代表处”（“办事处”）。但是，在德国的商业法律中并不存在“代表处”这个概念。通常，“代表处”必须注册为分支机构。

（三）企业登记注册

在德国成立企业十分方便简单。在公司的成立阶段以及开始从事经营活动之前，只须在两份公开的名录中登记：商业登记簿和营业登记簿。登记保证信息透明，为企业的日常经营活动提供了最大限度的安全保障。

1. 商业登记簿

商业登记簿记录商人和商业公司与法律相关的全部情况。这些信息是公开的，其他企业均能查阅。商业登记簿中主要包含以下信息：

- 企业名称；
- 股东姓名和/ 或承担个人责任的股东姓名；
- 资合公司总经理或董事长；

---

[1] 关于如何对德国分支机构的盈利征税，以及如何避免重复征税，请参阅第（五）部分“公司纳税”。

[2] 有关在德国成立分支机构的问题，请咨询德国联邦外贸与投资署的工作人员：invest@ gtai. com。

- 公司的注册资本；
- 有限责任股东的责任限制；
- 代理权的授予和撤消；
- 破产程序的启动；
- 公司的解散和终止。

（1）商业登记簿的公示

商业登记簿由各地方法院管理，可在法院免费查阅，另外还可以通过各联邦州共用的登记簿门户网站在线调阅。通过联邦公告出版社的“企业登记簿”，也可以在线查看商业登记簿中保存的部分企业数据。

（2）有注册义务的企业

从事商业经营活动的企业有注册义务。企业是否符合该情况，取决于某些特定标准，例如商业会计的采用情况、年营业额、资本配置和员工人数等。与此同时，所有与公司法律形式相关的行为原则上都必须登记在册[1]。

（3）注册申报程序

公证人采用公开公证的方式，以电子版形式向主管的商业登记部门提交商业登记簿的注册申报信息。

原则上，商业登记簿注册完成后，股东可能的责任限制才生效。若在完成商业登记簿注册之前开展了业务，股东则可能会以其私人财产对公司债务承担责任。

（4）注册费用

商业登记簿注册所需的总费用与企业形式有关。注册费用由公证费、在地方法院注册和在联邦公告中公布的费用构成。

费用金额由法律规定，不得任意征收。费用金额主要取决于股东数量和公司资本。若发生额外的法律咨询，则可能产生其他费用[2]。

2. 营业登记簿

在开始营业前，所有企业主必须在所在市、县的工商局或管理局登记其计划从事的经营活动。

此外，部分行业还必须获得经营许可（例如药店、房地产开发商、房产中介、经纪公司、安保公司、餐馆和旅店、银行等）。

自由职业者所从事的工作不属于企业经营，其中包括律师、医生、会计师和建筑师等。对于自由职业（例如受职业规定约束的自由职业），由同业协会授予从业许可并承担监督功能，同时也处理对自由职业者工作的投诉。相关事务均可联系同业协会[3]。

（1）注册申报程序

对于无需批准就可以开始经营的企业，注册申报费用通常介于 20 ~ 50 欧元之间，而需要经营许可的企业则要缴纳额外费用。某些非工业化手工业自营企业（例如面包师、木工、精密仪器机械师等）必须在手工业登记册中注册。相关职业列表可直接查阅《手工业条例》。

（2）自动转发

工商局将营业登记的复印件自动转发给主管税务局。主管税务局向企业寄发一份用于税务登记的信息采集表，并将登记信息转发给其他相关机构，例如州同业工伤事故保险联合会，及相应的工商会或手工业协会。

---

[1] 可通过联邦公证人协会的在线目录查找公证人，参见 deutschenotarauskunft. de。

[2] 联邦公证人协会在其网站上公布了公证费的确切构成和金额，参见 Bundesnotarkammer. de。

[3] 有关自由职业的信息，请联系联邦自由职业联合会，参见 Freie-berufe. de。

3. 工商会和手工业协会

在德国，工商会和手工业协会是当地工商业经营者利益的代表。对其成员而言，这两个机构的作用也同时大于常规协会[1]。

- 在县镇政府、州政府和联邦政府层面代表其成员企业的利益，积极开展游说工作；
- 开展职业培训，确定职业标准，举行中期和结业考试；
- 进行鉴定，例如是否允许在公司名称中使用某些词汇等。

除此之外，工商会还提供该地区经济环境的信息，促成外国企业与潜在的区域伙伴建立业务联系。各工商会还向其成员提供全面的咨询和服务。在日常商务活动中一旦出现问题，工商会通常是企业在第一时间的联系人。工商会或手工业协会的会员资格是强制性的；企业完成营业登记后，无需另行申报，便会自动成为成员。手工业企业则必须在进行营业登记前，先在手工业协会登记。会员费根据企业的销售额而定。

（四）资助

针对投资项目各个阶段的不同需求，德国提供各种形式的资助，包括对直接投资的资助、劳工方面的扶持、研发项目直接成本的补贴等。

1. 资助形式

简言之，德国所有的资助形式可分为两类：一类是投资资助——使用各种措施降低直接投资成本；另一类是运营资助——在企业完全建立后，通过资助对运营支出予以补贴。

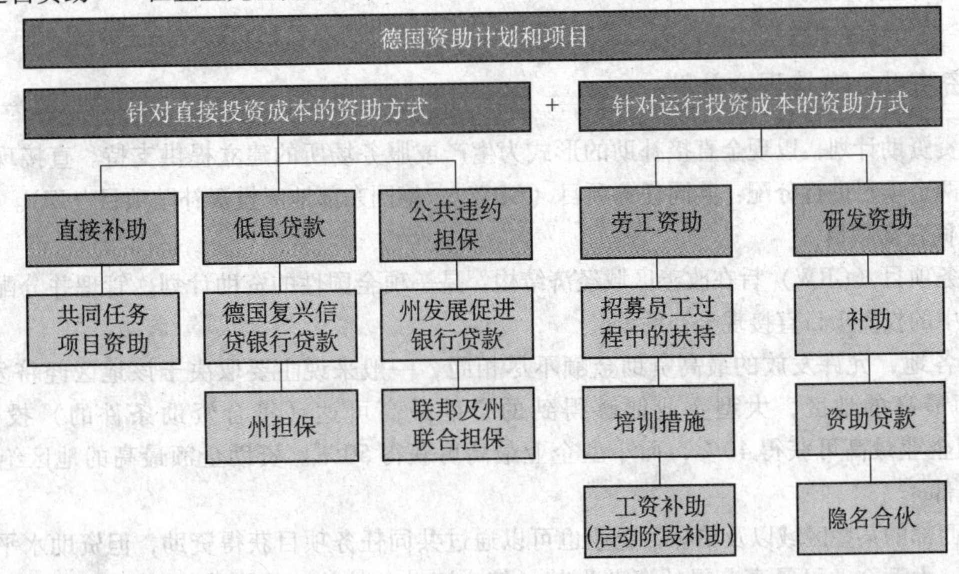

图 4－4－5

（1）资助的资格标准

德国对投资项目在哪些条件下具备获得资助资格的条件，有着明确的定义。国际和德国投资者的

[1] 德国工商总会是全体工商会的上级联合会，请参见 dihk. de 阅览所有区域的主管协会。

资格标准相同[1]。

所有资助计划均规定了具备获资助资格的行业和投资形式。投资方可能的资助金额则取决于投资项目的具体情况，例如计划的投资地点、投资金额，以及投资企业的规模等。

德国资助计划和项目的具体情况见图4－4－5。

（2）企业规模的确定

企业规模的确定是按照在欧洲范围内实行的欧盟标准。该规定将公司划分为小型、中型和大型企业，依据为：企业/企业集团的员工数（强制）和企业/企业集团的营业额或企业/企业集团的资产负债总额。具体情况见表4－4－7。

表4-4-7 确定企业规模的标准

企业标准	员工数	营业额	或	资产负债总额
小型企业	<50人	≤1 000万欧元	或	≤1 000万欧元
中型企业	<250人	≤5 000万欧元	或	≤4 300万欧元
大型企业	≥250人	>5 000万欧元	或	>4 300万欧元
注：(1)员工人数项是强制性标准。(2) 营业额和资产负债总额则可二者选其一。				

资料来源：欧盟委员会。

2. 投资资助：直接现金补助

通过投资资助计划，以现金直接补助的形式为生产或服务场所的建立提供支持。直接现金补助的资金由以下两个项目进行分配：共同任务项目（GRW）；德国东部地区投资补贴项目（IZ）。

（1）共同任务项目

共同任务项目（GRW）旨在改善区域经济结构，是一项全国性的资助计划，管理并分配全德国规定资助区域中的投资项目直接现金补助。

在德国各地，允许发放的最高资助金额不尽相同，一般来说主要取决于该地区经济发展状况。在资助金额最高的地区，大型企业能够得到的资助最高可达（符合资助条件的）投资成本的30%，中型企业最高可获得40%，而小型企业最高可获得50%。资助金额最高的地区绝大部分集中在德国东部[2]。

在德国西部的某些区域以及柏林，企业也可以通过共同任务项目获得资助，但资助水平较低。在这部分地区，大型企业可最高获得的资助为其（符合资助条件的）投资成本的15%，中型企业最高25%，小型企业最高35%。

（2）德国东部地区投资补贴项目

德国东部地区投资补贴项目（IZ）是一项专门用于促进德国东部经济发展的投资资助计划。因此，只有属于柏林市（直辖州）、勃兰登堡、梅克伦堡—前波莫瑞、萨克森、萨克森—安哈特、图林根联邦

[1] 德国联邦外贸与投资署的工作人员可针对具体投资计划，为投资者分析获得资助的可能性，请联系 invest@ gtai. com。

[2] 若想了解在德国不同地区投资可得到的资助金额的详细信息，请浏览德国联邦外贸与投资署网站：gtai. com/cn/cashincentives。

州的投资才能通过此项目得到资助。

德国东部地区投资补贴项目采取免税补贴或税收减免的形式。此项目根据德国2010年公布的投资补贴法案而设立。投资者在德国东部投资，只要符合投资计划的各项标准，便自动会获得投资补贴。

企业无需办理事先申请程序。企业可在投资所属财政年度的税务申报中（每年年底）提出资助要求。

外国企业在德国东部投资，可以将共同任务项目（GRW）和德国东部地区投资补贴项目（IZ）结合在一起，获得投资资助。但是，两个项目的资助总金额不得超过每个地区所允许的最高资助金额。

3. 低息贷款

（1）德国复兴信贷银行（KFW）

德国复兴信贷银行是德意志联邦共和国的发展促进银行，提供种类丰富、覆盖面广的融资措施，其中包括贷款、夹层基金产品或参股资本。这些都是各种资助计划的措施，为投资者量身定制融资方案。对投资项目的资金筹措，德国复兴信贷银行最重要的融资产品有“企业家贷款”和“企业家资金”。“企业家资金”根据初创型、成长型和成熟型企业的不同需求，定制三种不同方案。企业可以通过往来银行申请德国复兴信贷银行的各种融资方案[1]。

（2）各联邦州的发展促进银行

除了德国联邦政府的复兴信贷银行，每个联邦州也有自己的发展促进银行，可以帮助各州内的投资项目进行融资。这些联邦州发展促进银行同样也提供有吸引力的低息贷款计划。

发展促进贷款是一种国家补助，通常能够与其他补助相结合，例如共同任务项目（GRW）等。但是，在计算投资项目可获得的最高资助金额时，必须将国家发展促进银行贷款的等价补贴同时包含在内。

4. 公共违约担保

年轻的企业通常不具备资本市场融资所需的信誉保证，因此很难通过这种方式进行融资。在这种情况下，公共违约担保就能取代或填补这一不足。

公共违约担保分为不同的形式，能够支持在德国投资的各种类型的项目。公共违约担保的支持形式根据规定的资金标准、企业规模和投资地区而定。

公共违约担保由各联邦州提供（即所谓的州担保，担保总额最高为1 000万欧元）。对于在德国东部的投资项目，当担保总额超过1 000万欧元时，还能享受由联邦和州共同提供的联邦和州联合担保。一般来说，担保额最高可达贷款总额的80%。

5. 劳工资助

劳工方面的资助措施能够降低新建企业的运营成本。德国联邦劳工局和各联邦州提供多种资助方案，适用于不同类型的公司。这些方案可划分为以下四种：①人员招聘过程中的资助；②人员聘用前的培训；③工资成本补贴；④在职培训。

全德国都提供劳工方面的资助，无论企业的规模、行业和所在地。通过当地就业中心与企业的紧密合作，制定出与企业个性化需求相适应的、单独的资助计划[2]。具体内容参见表4-4-8。

---

[1] 更多有关外国投资者的产品信息，请访问德国复兴信贷银行网站：kfw. de。

[2] 通过联邦劳工局的网站，可联系各个地区的就业中心（Job center）。请参见 arbeitsagentur. de。

表 4-4-8 劳工资助计划

人员招聘	人员聘用前的培训	工资成本补贴	在职培训
计划提供的内容			
组织、支持人员招聘过程	组织对失业者的培训	对（长期）聘用失业人员提供的工资补助	为企业内部的在职培训提供补助
能够获得资助的开支			
——刊登招聘广告 ——应聘者的初选 ——评估中心	全部培训费用，包括：教材、场地和人员	——工资 ——雇主承担的社会福利支出	全部培训支出
可能的资助金额			
根据投资项目所在地就业中心的预算，最高可获得所产生费用 100% 的资助	——对于为期不超过 3 个月的培训，最高资助金额为培训费用的 100% ——劳工合同不是前提条件	——培训期不超过 12 个月，最高资助金额为 50% ——雇主通常必须保证签订长期劳动合同。但也允许在申请资助金后再签订合同	——最高金额为所产生费用的 50% ——单个企业总支出超过 200 万欧元时，培训资助必须得到欧盟的批准
负责的部门			
德国联邦劳工局在当地的就业中心	德国联邦劳工局在当地的就业中心	德国联邦劳工局在当地的就业中心	所在联邦州的劳动部

6. 研发资助

在德国，研发项目可获得多种不同类型的公共资助。资助的形式有研发补助、低息贷款和合作伙伴参股。大部分资助由联邦政府提供资金。此外，各联邦州也会为研发项目提供特别资助计划。

研发项目的资助计划通常是对各个项目产生的人员支出进行财政支持。而其他费用，例如购买设备和仪器等，只要能够明确是用于该项目的，同样也可得到资助[1]。

（1）德国的高科技战略

联邦政府资助计划的重点是扶持“高科技战略”中的研发项目。德国政府将与高科技研发紧密相关的工业行业划分入“高科技战略”。每个属于“高科技战略”的工业行业都有许多不同的研发项目。

对这类研发项目的资助通过直接项目补助的形式。资助金额最高可达可资助支出的 50%。部分中小型企业还能享受更高的资助比例。

在高科技战略中，获得资助金的前提条件通常是至少有两个项目合作伙伴，尤其是私营企业和公共研究机构开展合作。针对高科技领域的各种资助计划，联邦政府会定期发布研发项目建议书的征集启事，并进行评比。

（2）开放的科技资助

另外，研发项目还能受惠于开放的科技资助计划。在这类资助计划中，资助金的发放不受特定科技领域或行业的限制；同时，企业也可随时提交申请，不受联邦政府征集项目建议书或申请截止日期的限制。这类资助计划首先面向中小型企业。

（3）联邦州级别的研发项目资助计划

除了联邦政府，每个联邦州也拥有自己的研发项目资助计划。这类计划优先面向中小型企业，通常对科技行业没有限制。但部分联邦州会重点资助特定的科技领域。每个研发项目的资助金额不同，大多根据研发项目的实质内容而定。这类资助计划不再强行规定必须与其他研发伙伴进行合作。

[1] 德国联邦外贸与投资署的工作人员定期整理高科技战略，从中可获得研发项目资助金的具体信息。请联系 invest@ gtai. com。

(五) 企业纳税

德国的企业征税体系极具竞争力。企业的平均税务总负担低于30%。由于地方上的营业税税率是可调的，德国部分地区的企业税务总负担甚至不超过23%。与其他工业大国相比，德国的企业纳税明显更低。以各种避免国际双重征税协议为基础，国际化运作的企业可避免对其在德国创造的利润重复征税。

1. 企业所得税和个人所得税

在德国，对企业的征税由两大税种构成：企业所得税和个人所得税。资合公司，例如股份公司和有限责任公司，都须缴纳企业所得税。人合公司都须缴纳个人所得税。企业所得税和个人所得税都是由德国联邦政府征收的。

除了这两种税，无论是资合公司还是人合公司，都须缴纳营业税。营业税是地方税种，由地方政府征收（例如企业所在的镇或城市）[1]。

（1）资合公司的企业所得税

所有资合公司都必须缴纳企业所得税。税率统一为企业应税利润的15%。无论是留存利润还是已分配的利润，都应缴纳企业所得税。

在企业所得税之上增收团结互助税，税率为企业所得税（15%）的5.5%，即0.825%。因此企业所得税和团结互助税总计15.825%。

（2）股息征税

1）资本利得税。

若驻德国子公司将公司利润分配给国外总公司（股息支付），原则上应在德国缴纳25%的资本利得税。德意志联邦共和国和第三方国家之间签订的避免双重征税协定，避免了跨国企业同时在德国和外国重复缴税。

为此，德国通常会降低股息支付应征税率。在避免双重征税协定的基础上，一般对股息支付按降低的税率征稽，税率仅为5%、10%或15%。在德国缴纳的资本利得税（“源头税”）可按比例抵消母公司在国外的纳税额，或者母公司所在的国家对其获得的股息支付免予重新征税。这样就有效避免了重复征税。

若资合公司应支付股息的对象是国外法人，那么无论是否存在避免双重征税协定，原则上都能返还已付资本利得税的2/5。

在欧盟内部，若国外母公司在国内子公司的参股比例超过10%，则国内子公司和国外母公司之间的股息支付无需纳税。

2）股息预提税。

分配给私人股东的利润须缴纳25%的股息预提税及团结互助税。股息预扣税由股息支付者或存款管理部门（例如银行）直接扣除并缴纳给税务局[2]。

（3）人合公司的个人所得税

与资合公司不同，人合公司不能作为独立法人对待。各个合伙人是人合公司所有权权力和义务的主体。相应地，征税对象不是人合公司（不同于资合公司的情况），而是单个合伙人。在这种情况下，

---

[1] 关于资合公司和人合公司的成立，请参考第（二）部分“公司的法律形式”。

[2] 德国联邦外贸与投资署的工作人员可在投资者进驻德国前，向投资者提供如何能避免对分配利润重复征税的信息。请联系invest@gtai.com。

起关键作用的是合伙人个人所得税[1]。

人合公司的个人所得税，是在公司级别上确定应税利润，并按比例分配给每个合伙人。原则上，无论是人合公司的留存利润还是已分配利润，都是个人所得税的应税对象。个人所得税按以下方式征收：

- 基本免征数额为每年 8 004 欧元，超出部分收入按 14% 征税；
- 税率累计至最高税率 42%（自年收入 52 882 欧元起）；
- 年收入超过 250 731 欧元的，对于每 1 欧元都追加提高税率至 45%。

和企业所得税一样，在个人所得税之上还增收团结互助税，税率为该合伙人个人所得税税率的 5.5%。

2. 营业税

在德国，无论企业属于哪种法律形式的公司，都应缴纳营业税。税率由地方政府自行规定，因此各地营业税可能不同。但是，在同一地方辖区内，对所有企业通常采用相同税率。目前，德国的营业税税率 7% ~17% 不等。

（1）营业税的计算

营业税税率取决于两个因素：

- 估定税率，全德国统一为 3.5%；
- 营业税稽征率，各地不同。

应税企业收入乘以估定税率（3.5%），由此得出估定税额。然后再用该估定税额乘以当地规定的营业税稽征率，得出应缴纳的营业税金额。营业税稽征率由各地方政府自行规定，平均稽征率介于 350% ~400% 之间，但不得低于 200%。德国法律没有规定稽征率上限。通常城市地区的营业税稽征率高于农村地区，不过目前即使在大型城市聚集区也未超过 490%[2]。

人合公司享受金额为 24 500 欧元的年营业税免征额。在营业税之上不征收团结互助税。

（2）营业税折抵个人所得税

人合企业能够把部分已缴纳的营业税折抵个人所得税，金额为估定税额的 3.8 倍。这实际上意味着，在稽征率低于 380% 的地区，人合公司不存在有效的营业税负担。企业虽然必须向地方政府缴纳营业税，但是能够与个人所得税抵偿[3]。

3. 销售税

销售税是对货物和服务的交换征税。企业有义务在商品或服务的价格上增加销售税，并在给客户的发票中列明。

（1）销售税税率

德国常规的销售税税率为 19%，低于欧洲平均税率。对日用品和日常服务（例如食品、报纸、短途公共交通和旅馆住宿）实行 7% 的优惠税率。一些特定的服务业（例如银行、医疗服务或公益性质的工作）完全免征销售税。收取的销售税必须按月、季度或年向主管税务局缴纳。确切的时间范围取决于企业的销售额。

（2）预付税抵扣

企业采购商品或者使用服务时，本身就必须缴纳销售税。已支付的销售税，即所谓的预付税可以

---

[1] 人合公司合伙人的缴税税率可以选择和资合公司相当的税率。详细信息请浏览德国联邦外贸与投资署网站：gtai. com/cn/companytaxes。

[2] 可以与德国联邦外贸与投资署的工作人员联系，咨询德国各地现行的营业税税率：invest@ gtai. com。

[3] 德国联邦外贸与投资署的网站上提供了用营业税折抵个人所得税的范例。请参见 gtai. com/cn/companytaxes。

用收取的销售税折抵。因此企业不会因销售税产生税负。实际税负仅由最终消费者私人承担。对于企业，销售税只是一个往来抵消的税项。

欧盟部分国家的销售税税率见图4-4-6。

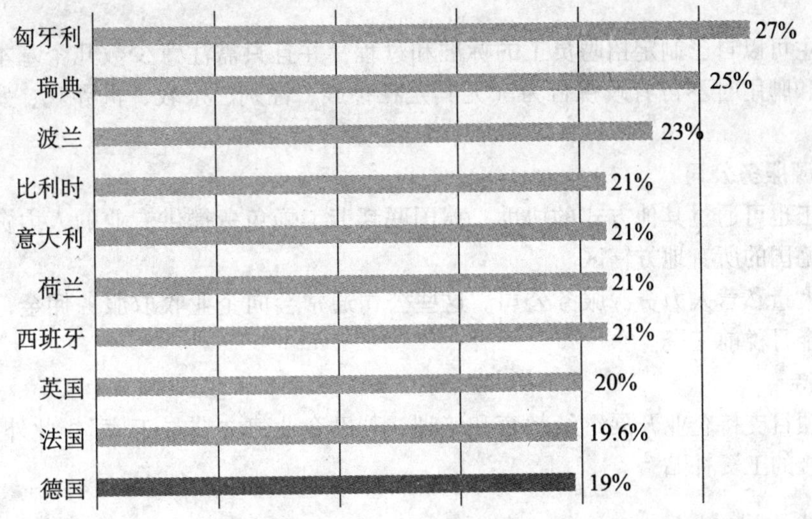

图4-4-6 欧盟部分国家的销售税税率

资料来源：欧盟委员会，2013年7月。

4. 纳税申报

每个纳税义务人必须每年向主管税务局进行纳税申报。主管部门是企业（德国）所在地的当地税务局[1]。

（1）税务登记

在企业成立时，通过提交“税务信息采集问卷”在主管税务局进行登记。在完成公司成立（或营业注册）手续后，由税务局向新成立的企业寄送该问卷。

（2）征税和期限

对于主要税种（个人所得税、企业所得税、营业税和销售税），税款的征收通过预付方式进行（通常按月或按季度）。在年度纳税申报中，将预付税款与实际发生的税款欠额进行结算。每年的报税资料必须于次年的5月31日前递交。但如果申请则可延长该期限。

（3）工资税的缴纳

雇员应支付工资税——这个特殊概念是指非独立从业者支付的个人所得税。雇主有义务从雇员工资中直接扣除发生的工资税，并按月向税务局缴纳。因此，若雇员的全部收入都来源于非工资性收入，则没有义务进行年度纳税申报。

（4）电子报税

工资税和销售税可十分便捷地通过电子渠道向税务局申报[2]。

（六）劳动力市场

德国近几年对劳动力市场进行了根本性改革，创建了符合现代化企业需求的灵活就业模式。欧洲

[1] 关于纳税申报事宜，联邦税务总局税务信息中心在其网站上提供了详细信息：steuerlichesinfo-center. de。

[2] 通过门户网 ELSTER 可查询电子报税所需的信息、表格以及软件。请参见 elster. de。

已经整合成为一个开放的劳动力市场。在德国，有资质的人才只需在签订劳动合同前注意几个规定事项，就可以很快得到雇佣，手续十分简便[1]。

1. 招聘合适的员工

原则上，雇主可以自己制定招聘员工的标准和过程，并且只需注意少数几个基本规定，例如对空缺职位进行征聘和聘用时不得有歧视行为（尤其是在种族、性别、宗教、世界观、残疾、年龄或性取向等方面）。

（1）人力资源服务公司

企业招聘员工也可通过其他方式的协助。德国联邦劳工局免费提供专业的人力资源服务。其下属就业中心覆盖了德国的所有地方辖区。

此外，还有大量私营人力资源服务公司。这些公司通常会向企业收取服务佣金，金额不超过其介绍就业员工的两个月税前工资。

（2）公共支持

有许多公共项目支持企业开展继续教育和培训，帮助企业建立“员工库”。此外，在特定条件下，企业还能获得直接的工资补贴[2]。

2. 灵活的就业模式

在德国，建立劳动关系有多种不同模式，这使投资者可以灵活地与员工建立雇佣关系，尤其是在起步阶段的新企业。劳务派遣公司也提供了可被临时雇佣的、合适的短期员工。

（1）固定期限劳动合同

在德国，劳动合同不受时间期限的规定，但在绝大多数情况下，合同包含六个月的试用期。在试用期内，合同双方无需说明任何理由，就能解除劳动合同。

双方也能够从一开始就签订有固定期限的劳动合同，事先在合同中约定其有效期。固定期限劳动合同到期自动终止，无需事先正式通知。雇主决定是否续签合同。

此类劳动合同期限一般最长为两年，最多可续约三次。雇佣关系的存续时间总计不得超过两年。新成立企业在开始的四年内可以签订四年以下的固定期限劳动合同。在这四年内，劳动合同可以无限次续约，其前提条件是雇佣关系的总期限不超过四年[3]。

（2）劳务派遣

劳务派遣，也称雇员转让，是指能够让企业招到员工却不必与相关雇员签订劳动合同，而是由一家劳务派遣公司向企业转让劳动力。

企业只和劳务派遣公司发生合同关系（雇员转让合同）。合同中规定雇员转让条件，包括雇员为企业服务的时间期限等。

被转让的雇员在形式上仅接受了劳务派遣公司的雇佣，因此也从劳务派遣公司领取工资。企业只向劳务派遣公司支付约定的雇员转让费。

（3）微薄收入和低报酬工作

微薄收入工作（Mini jobs），也称400欧元工作，是指年平均收入不超过每月400欧元（报酬微薄的工作）或雇员年工作时间最多为50天（短期工作）的劳动关系。

对于报酬微薄的工作，雇主一次性缴纳30.1%的税款和社会保险金。短期工作不产生社会保险金，只须缴纳所得税。

---

[1] 通过德国联邦劳工局的门户网站，可联系各个地区的就业中心（Job center）。请参见 arbeitsagentur. de。

[2] 关于工资补贴，请阅读第（四）部分“资助”。

[3] 德国联邦外贸与投资署的工作人员可为在德新建企业提供劳动合同模式咨询。请联系 invest@gtai. com。

低报酬工作（Midi jobs），也称低工资工作，是指年平均收入在每月 400.01 ~800 欧元之间的雇佣关系。雇员为低报酬工作支付优惠费率的社会保险金，雇主则按全额费率缴纳。但是费率仍低于微薄收入工作的缴款比例。工作报酬要正常缴纳所得税。

3. 劳动合同的法律基础

在德国，劳动合同通常以书面形式签订（但不强制采用书面形式）。原则上，劳动合同的内容也能够用德语以外的其他语言撰写。但是发生争议时，法庭和政府部门可能会要求提供德语翻译件。

劳动合同的内容和形式没有固定要求，但是通常建议合同中对下列内容做出规定：①工作内容说明和工作地点；②聘用日期；③若是固定期限劳动合同，还须包括合同期限；④解约通知期限；⑤每日或每周的工作时间；⑥试用期的约定；⑦工作报酬金额（税前），可能还有奖金；⑧休假权；⑨保密协议或竞业禁止；⑩违约罚则。

（1）薪资

在德国，原则上可以由雇主和雇员自行商谈工资。并没有法律规定一般或统一的最低工资，只在少数行业中规定了具有法律约束力的最低工资标准[1]。

只有在具体的劳动合同或劳资协议中有具体约定时，才必须支付奖金。

（2）工作时间

德国法律允许的工作时间为每天 8 小时和每周 48 小时，其中周六视作常规工作日。而对于五天工作制，法律允许的每周工作时间是 40 小时。原则上，周日不工作。在特定情况下，工作时间最多可延长至每周 60 小时（或每天 10 小时）。

加班必须补偿额外的休息时间，也可支付加班工资，但法律没有对支付加班工资做出规定。

德国法律规定，每一个日历年度，雇员有权享受至少四周的带薪假期。在德国，各联邦州的法定节假日天数并不相同。

4. 解约通知期限

无论是雇主还是雇员，都能随时解除劳动合同，但必须以相关法律为基础，并要注意解约通知期限。

（1）可能的解约原因

劳动关系的解除必须采用书面（纸质）形式，不能仅使用电子版本（例如电子邮件）。只有提出确定的解约原因，解约方可生效。解约原因可以是个人、行为或企业情况造成的。

- 个人方面的原因可能是：长期患病或频繁短时生病，且预计未来情况不会好转；患酒瘾或毒瘾，且没有足够的希望可以治疗成功。
- 行为方面的原因可能是：经常上班迟到、拒绝工作、未经许可出于私人目的上网浏览、无故缺勤、刑事犯罪行为或在企业内斗殴。
- 企业方面的原因可能是：企业终止营业、重组或订单不足。

在因企业原因造成解约时，对于企业裁撤岗位的决定，只须通过劳动法庭的审查。

员工人数少于 10 人的小企业，或者存续时间短于六个月的劳动关系，是两种例外情况。在这两种情况下，不需要说明原因就能提出解约。而企业只须遵守约定的或法律规定的解约通知期限。

（2）特殊解约

除了个人、行为或企业原因造成的解约，无论是雇主还是雇员，在特定情况下，无需遵守解约通知期限仍有可能立即解除劳动关系。

---

[1] 有关约定最低工资行业的信息，请浏览德国联邦外贸与投资署网站：gtai. com/cn/employment-terms。

若出现无法再继续维持劳动关系的重要原因，便可以采取这种所谓的“特殊解约”。

• 从雇主的角度，这样的原因例如有：雇员一再拒绝工作、偷窃或泄露企业机密等。

• 从雇员的角度，这样的原因例如有：雇主未支付约定的工作报酬或违反法律规定、不合法的工作环境等。

在任何情况下，特殊解约必须在公布解约原因后的两周内完成。

5. 社会保障体系

与其他工业国不同，德国社会保障体系的核心是通过即收即付的方式进行集体融资。日常的社会保险支出，包括退休金、医疗费用、护理费和失业救济金等，从雇主和雇员日常支付的费用中筹得。

德国社会保险费的分配见图 4－4－7。

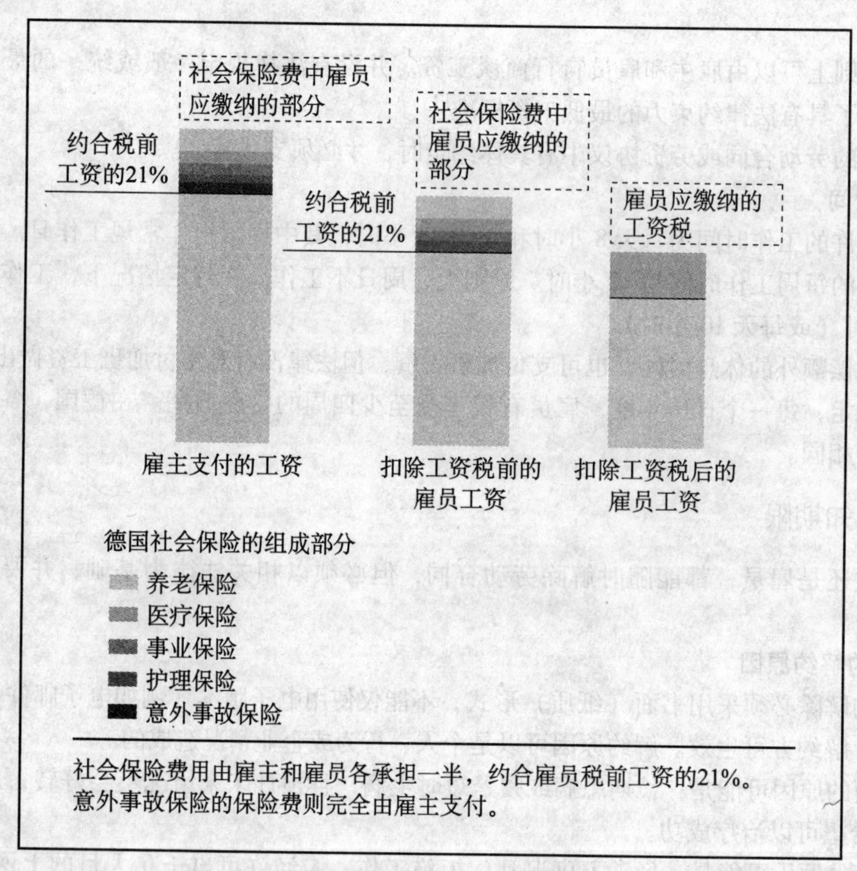

图 4－4－7　社会保险费的分配

（1）社会保险的组成部分

德国社会保险由五个独立部分组成：①医疗保险；②养老保险；③失业保险；④护理保险；⑤意外事故保险。

通常，意外事故保险的保险费完全由雇主支付，除此之外，所有其他保险费用由雇主和雇员各承担一半。每个社会保险组成部分由社会保险运营机构操作并管理，投保雇员分别归这些机构管辖。而只有医疗保险方面，雇员在各家法定医疗保险机构中自由选择或（在特定前提条件下）与私人保险公司签约。

（2）工资结算

在德国，雇主向雇员支付税后工资。雇主从雇员的税前工资中扣除社会保险费和工资税并转付给主管部门。工资税这个特殊概念是指雇员必须缴纳的个人所得税。

雇主首先直接向主管税务局缴纳应由雇员支付的工资税。因此，所有雇员必须在主管税务局登记。

社会保险费中由雇员承担部分同样从雇员的税前工资中扣除，并连同雇主承担部分一起缴付至雇员医疗保险机构。然后该机构再将收到的保险费相应地转给其他社会保险分支部门。

意外事故保险则例外。保险费由雇主直接支付给主管的同业工伤事故保险联合会，该联合会是意外事故保险运营机构。因此，企业必须在同业工伤事故保险联合会注册。

（七）法律体系

跨国企业在选择投资国家时，该国的法律保障是一个重要的考虑因素。在德国，明晰的法律结构和独立的司法管辖权保障法律诉求可以得到快速处理。完善的知识产权保护和对数据安全的明确规定，增强了投资者对德国的信任。

1. 商业法律

（1）合同法

德国合同法为投资者提供了一个可靠的行为框架。只要不违反现行法律，签约自主权原则允许投资者自主确定合同方，并与其签订合同。在《民法典》（BGB）中，规定了各主要合同类型的基本结构。

在德国，合同条款高度标准化。根据德国法律缔结的合同通常文字简练、结构简单。若在合同中没有另行约定，则自动参照现有的法律规定。这不仅节约了起草合同的时间，也降低了法律咨询费用。

（2）买卖法

买卖合同是最常用的合同类型。买卖法的法律规定精确，明显简化了日常商业活动中的合同签订工作。在德国，国际供货合同适用《联合国国际货物销售合同公约》。

（3）商法

德国商法符合国际标准，并考虑到了快节奏的贸易往来。德国法律认可世界贸易惯例和通用的贸易合同条款，例如国际贸易术语。全球国际贸易中采用的全球融资机制，例如跟单信用证或支付担保，在德国同样通用。

2. 诉讼原则

在德国没有判例法。这就是说，法庭裁决原则上只对诉讼各方才有法律约束，对其他法院并无效力。但是上级法院的判决通常可作为准则加以参考。

德国法庭负责诉讼的组织和主持。民事诉讼的审判过程首先取决于原告。诉讼请求预先确定了法庭所要裁决的内容。

和美国等国家的法律不同，在德国没有所谓的“初审前会议”。法庭如果要求进行证据调查，诉讼双方原则上必须证明对各自有利的事实。

在德国，诉讼费计算以法庭和律师费用为基础，因此费用很低。原则上费用由法律纠纷的败诉方支付。如果是部分胜诉，则双方分别承担部分费用。

3. 知识产权

在德国，知识产权受到高度保护。这种保护通过所有权注册实现。企业若有技术和产业创新，可以在德国专利商标局登记所有权，形式有专利、实用新型、商标和外观设计等。

在所有权登记中，外国人和德国人享有同等条件。在德国，若没有居住地或分公司的申请人，则必须指定一个专利律师，让其以全权代表的身份签署专利注册文件[1]。

（1）专利

企业要获得专利，必须向德国专利商标局提交专利注册文件。原则上，专利保护的有效期为 20 年（从注册日开始计算），最多可延长至 25 年。专利能够出售，或通过授予使用许可证供他人使用。

（2）新型实用技术

技术发明（但并非描述技术工艺）可以在德国专利商标局以新型实用技术的形式得到保护。通常，新型实用技术的登记流程比专利快得多。注册后，新型实用技术可得到全面保护，但该保护在注册 10 年后失效。

（3）商标

商标列入商标登记簿中。商标的注册同样由德国专利商标局负责。商标注册后，所有人获得排他的、可自由交易的商标使用权。所有人可以通过授予许可证，授权第三方使用该商标。若所有人的权利受侵害，他有权提出不作为和赔偿损失的要求。可以在商标后标注"®"（注册商标）以表明该商标已经过官方注册。

（4）外观设计

新颖的产品设计能够向德国专利商标局提请注册外观设计。注册的外观设计保护产品的颜色和外形。所有人获得相应设计的排他性使用权。通过注册欧盟或国际外观设计，可在欧盟内或国际上得到保护。

（5）许可证

通过排他性许可证或一般许可证，所有人可以将经营使用权授予第三方。通过授予许可证，许可接受方获得相应的权利。作为回报，接受方向许可授予方支付适当的报酬。

许可证分为排他性或一般性两种。排他性许可证只允许一个许可证接受方在特定范围内享有使用权。而一般性许可证则允许多个许可证接受方在同一范围和同一时间内（视合同内容而异）享有使用权。

（资料来源：本部分内容所有资料皆由德国联邦贸易与投资署提供。其中，"（一）"部分内容摘自《德国经济概况》，第（二）~第（七）部分内容摘自《德国投资指南》2014 年版）

[1] 有关德国业务往来安全保障的详细信息，请咨询德国联邦外贸与投资署的工作人员：invest@ gtai. com。

五、英国投资指南

（一）英国投资环境的突出优势

英国地处北大西洋中心地区，是连接美洲、欧洲、非洲、亚洲的重要枢纽。目前英国是世界上投资吸引力最高的国家之一，是各国企业来欧洲发展国际业务的首选投资目的地之一，是全球顶尖国际金融中心、贸易中心、高新技术产业研发中心。英国在2013—2014全球竞争力指数排名第十，比上年前进两名。

1. 独具综合竞争优势的英国总体经济环境

英国的总体经济环境的吸引力体现在：政治环境和社会环境高度稳定，科技、通信以及教育体系均在世界上处于领先地位；企业文化、企业家精神、熟练的技术工人和交通、物流基建等各领域都独具特色。英国在科技、创新、基础设施和能源领域具有特别强项：产学研合作世界排名第二，可再生能源项目外国直接投资世界排名第二，最佳科研机构世界排名第三，电力与电信基础设施世界排名第三。优越的经济条件使英国的比较优势具备了可持续性并逐渐增强。高水平的生活质量、多元文化和世界通用的语言也使英国具备了吸引人才的得天独厚优势。具体见图4－5－1。

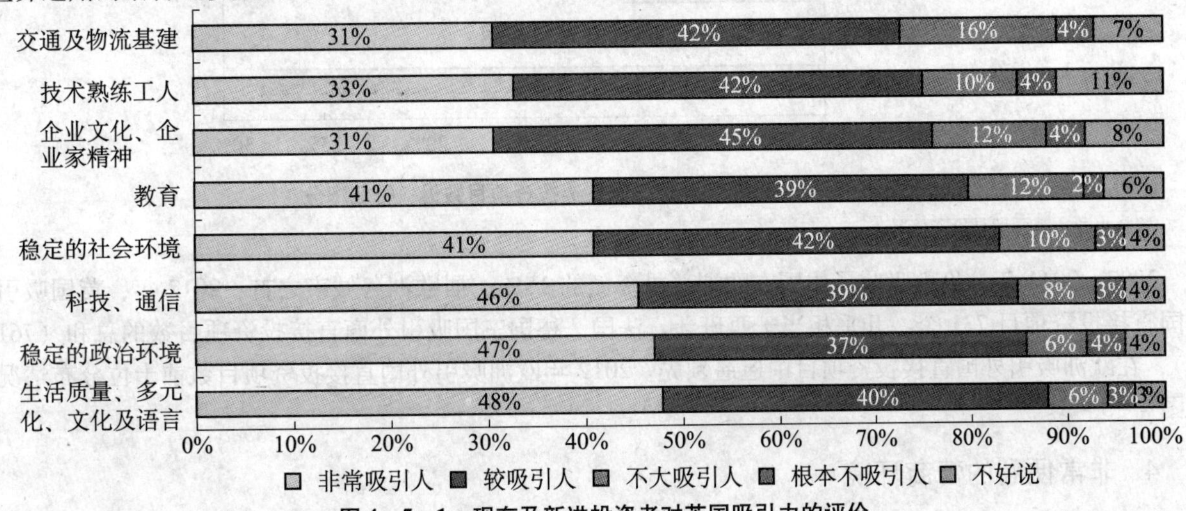

图4－5－1 现有及新进投资者对英国吸引力的评价

资料来源：2012年安永会计师事务所对500所跨国公司的调研。

根据安永事务所调研，以上各方面对 500 家跨国公司的吸引力都超过或接近 8 成。根据本指南编写组调查问卷，93% 的中国企业认为高效率的金融商贸服务、开放性与透明性是英国投资环境最突出的优势，其次分别是交通跟基础设施与高素质、合理的劳动力市场。

2. 英国宏观经济增长在欧洲国家表现最佳

自 2008 年全球金融危机以来，英国经济也受到了严重影响。英国政府采取了一系列改革措施，包括削减公共支出和削减赤字、放宽货币政策并引入结构性改革。公共赤字自 2010 年起至 2013 年已减少了 1/3，据预测将在 2014—2015 财年减半。利率也一直保持在历史最低水准。

2013 年以来，英国经济开始强势复苏。2013 年第四季度，英国和加拿大一起成为发达国家中经济增长最快的国家。最新经济数据也验证了英国经济正在持续复苏。英国消费者和企业信心水平已经回升。独立预测对英国 2014 年经济增长的预测均值是 2.7%，欧盟委员会预计英国 2015 年的增长率将为 2.5%。

合理的经济结构也是英国经济呈现稳定增长势头的重要原因之一。服务业尤其是银行、保险及商业服务业目前占据英国 GDP 的最大份额，高达 78%。同时，英国制造业在国民经济中占有重要地位，是欧洲最大的军火、石油产品、电脑、电视和手机的制造地，生物制药、航空和国防是英工业研发的重点。

3. 对外资高度开放的经济体系和完全自由竞争的市场环境

英国欢迎并积极吸引外国投资，而且吸引外资行业跨度很大，在商业服务、创意产业、媒体、金融等多个领域中外国资本都得到了广泛利用。具体见图 4 -5 -2。

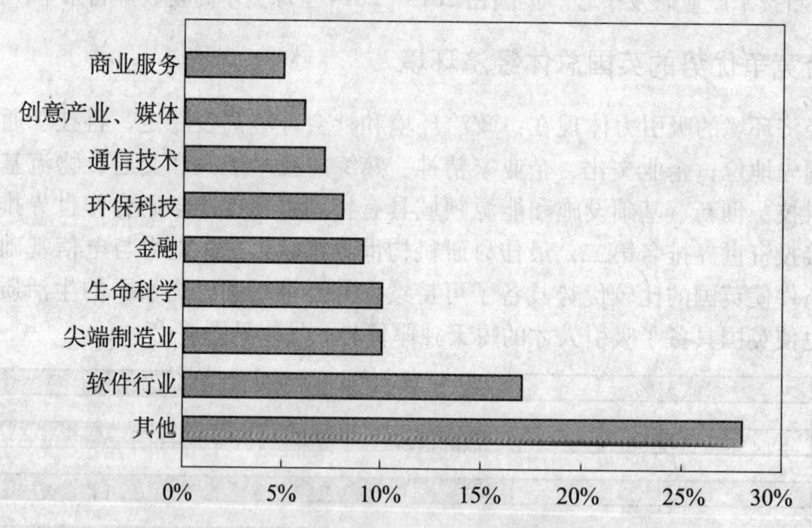

图 4 -5 -2 2012 年全球各国在英投资项目数量：行业细分

资料来源：英国贸易投资总署。

2007—2011 年，伦敦吸收了中国在欧洲总投资额的 15%，居欧洲各城市之首；2012 年，英国吸引外国直接投资项目 731 个，几乎相当于西班牙、法国、德国三国吸引外商直接投资项目数的总和（761 个），在欧洲吸引外国直接投资项目中遥遥领先。2012 年欧洲吸引外国直接投资项目数前十位分布情况见图 4 -5 -3。

4. 非常便利的营商环境

世界银行的数据显示，英国是排名欧洲第一、世界第五的最受欢迎的营商地点。2013 年世界银行

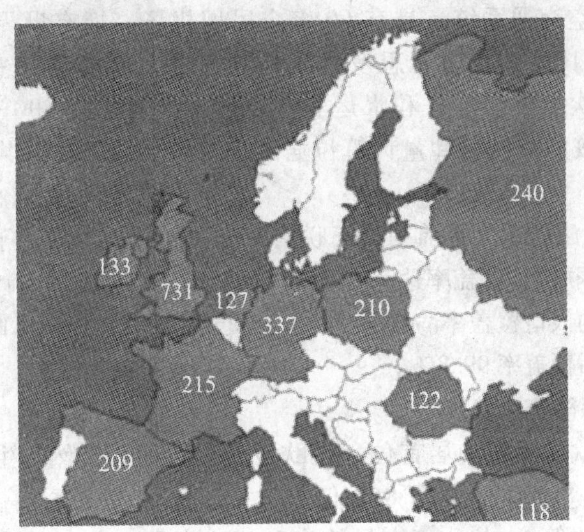

图 4-5-3 2012 年欧洲吸引外国直接投资项目数前十位

资料来源：《外国直接投资市场》。

对全球 187 个国家的评估中将英国在全球各国营商环境便利程度排名至第十位，在全欧洲排名前列，并成为欧洲经济发展中的重要领导力量。具体情况见表 4-5-1。伦敦经常被评为在欧洲进行商业活动的最佳城市。

表 4-5-1 2013 年全球经商难易程度排名

国家	国旗	排名	国家	国旗	排名
英 国		10	荷 兰		28
德 国		21	西班牙		32
法 国		38	意大利		65

资料来源：世界银行数据库。

5. 完备和发达的基础设施体系为企业经营提供保障

英国在交通物流、能源电力、通讯等基建设施领域在欧洲处于领先地位。英国政府于 2012 年 12 月发布了《国家基础设施规划 2012 年更新版》，旨在推动英国基础设施投资，刺激英国经济增长。

（1）交通物流

英国拥有世界级的交通运输网络，提供了通向欧洲大陆和世界其他地区的快速交通连接。根据 2012 年统计数据，英国公路总长 39.5 万千米；高速公路 3 617 千米，约占公路总里程的 1%；英国开放铁路总长约 15 753 千米，其中电气化铁路 5 265 千米，占 33%。伦敦是拥有世界最大规模地面和地下铁路网络的城市之一，地铁全长 391 千米，年运送乘客约 8 亿人次。英吉利海峡隧道是欧洲最长的海底铁路隧道，仅需半小时即可抵达欧洲大陆。从英国主要城市和工业中心都可以直接办理通过海底隧道的客货运业务。

英国是欧洲最大的航空交通系统，具有 60 多个民用机场，拥有世界最繁忙的 10 大航空条线中的 6 条。中投公司持股 10% 的伦敦希思罗机场是欧洲最大的航空枢纽港。截至 2013 年 11 月，其吞吐量已达 6 655 万人次。英国港口和水运非常发达，拥有超过 100 个港口，吞吐量超过 5 亿吨，年增长率约为 2%，按照货物装卸量计算位居欧洲首位。内河航运共 3 200 千米，其中 620 千米用于运货。

英国发达的通讯基础设施居于世界前列，互联网宽带和光纤技术得到了广泛应用。截至 2011 年，英国有 1 900 万家庭连接互联网，覆盖率达 77%。自 2011 年起，英国政府计划投资 1.5 亿英镑发展移动宽带网络，以实现 99% 的人口覆盖率。4G 网络覆盖率已达到 45% 以上。邮政网络也很发达。固定电话普及率 52.2%，移动电话覆盖率 99.8%。

（2）充足的能源供给保障产业发展

英国能源丰富程度在欧盟国家中居首位，是欧盟最大石油和天然气生产国，石油蕴藏量 10 亿 ~40 亿吨，天然气蕴藏量 8 600 亿 ~25 850 亿立方米。天然气已取代煤炭成为主要能源。2012 年，英国电力产量居全世界第 11 位，年产量约为 3 460 亿千瓦时，拥有完善的发电站及变电站网络和四个输电系统。目前英国本国发电量已可满足国内需求。其中位于约克郡的德拉克斯发电站（Drax Power Station）是英国最大的燃煤发电站，具备 4 000 兆瓦的发电能力，可满足英国 7% 的电力需求。

低碳经济的概念出自于英国。英国高度重视可再生能源的开发和应用，核电、风能、生物能、太阳能等可再生绿色能源在能源消费结构中的比重不断提升。可再生能源发电量在 2012 年达到了 413 亿千瓦时，占全国发电量的 11.3%。其形成了多元化的可再生能源利用开发系统，为投资者采用清洁技术开展工业生产活动提供了可能和支持。

6. 高素质人力资源与恰当的劳动力价格

英国拥有享誉全球的科学及创新网络，英国人获得过 23 项诺贝尔生理学或医学奖。DNA 双螺旋结构由剑桥大学教授发现，剑桥大学也积累了大量世界先进生物制药技术专利，期待投资者将技术转化为产品。英国还建立了有效的研究开发扶持制度和先进的高等教育体系，如牛津大学、剑桥大学等，培育了大量世界顶级人才。完善的职业教育和技能培训体系培养了庞大的工程师和技术工人队伍。目前，超过 135 000 名中国学生在英国求学，其中超过 100 000 名学生就读于高等院校。这为中国投资者提供了一个巨大的双语人才库。

世界银行认为，英国是仅次于丹麦的“欧洲雇用市场第二强”。英国国民的就业灵活度比较高，刚性就业指数比较低，没有全国性的最低工作时数及工资限制，有效地保障了外资企业在英国既能募集到充足的优质劳动力，又能在用工方面保持一定灵活性。

7. 世界级研发基地和先进工程

英国基础研究的水平与美国接近。英国在产品研发方面投入巨大，其在不同行业研发投入的比重见图 4-5-4。英国中央和地方政府鼓励开展高科技研发活动，包括提供免费、优惠使用办公设施，协助制定商业计划，寻找合作伙伴等服务。2013 年英国首相卡梅伦访华成果之一就是建立 2 亿英镑的联合研究创新基金，通过举办科学研讨会、政策对话，开展人才培养、基础研究和应用研究合作，促进两国在创新领域的合作。双方政府、大学以及工商界联合开发了 30 多个科技园区，如剑桥科技园区和曼彻斯特科技园区等。英国生物科技、电子等研究实力也十分强大。英国享有世界级纳米技术研究的声誉，有贯穿全国的强大研究机构网络作为支撑。华威大学创意产业平台（WMG）等产学研合作平台依托英国高等教育体系，无偿为中小企业提供实验室等研发平台。

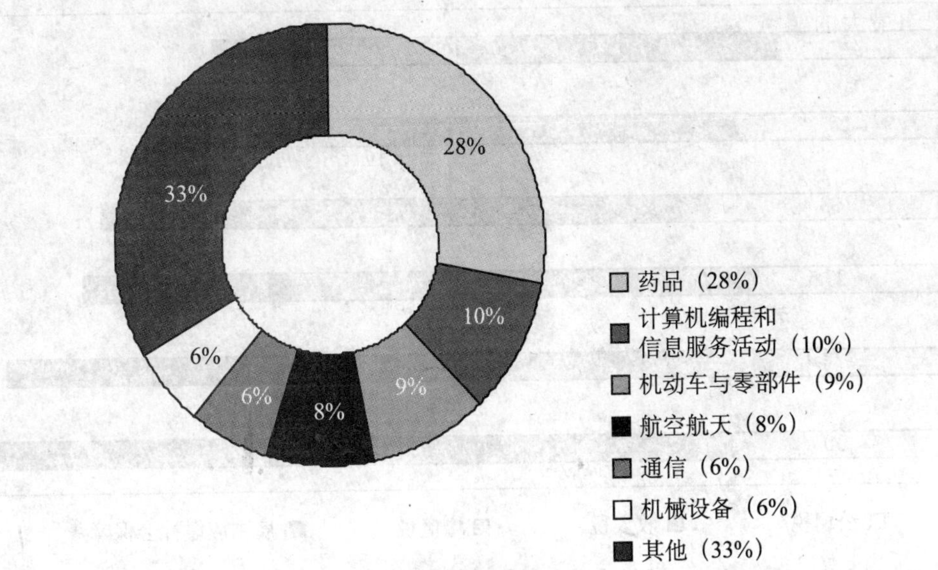

图 4-5-4　不同产品研发投资占比

资料来源：英国国家统计局。

8. 合理的税收体系

英国的税收体系在全世界都非常具有吸引力。无论是是从 G7 还是从 G20 集团看，英国的主要税率水平都是最低的。具体见图 4-5-5。2013 年，英国公司税税率从 24% 降至 23%，远低于其他国家 30% 左右的平均水平；雇主应缴社会保障费用方面英国也较其他国家具有优势，税率不及法国、意大利等国的一半。至 2015 年，英国会成为 G20 国家中税率最低的国家，税率将降至 20%。具体见图 4-5-6。

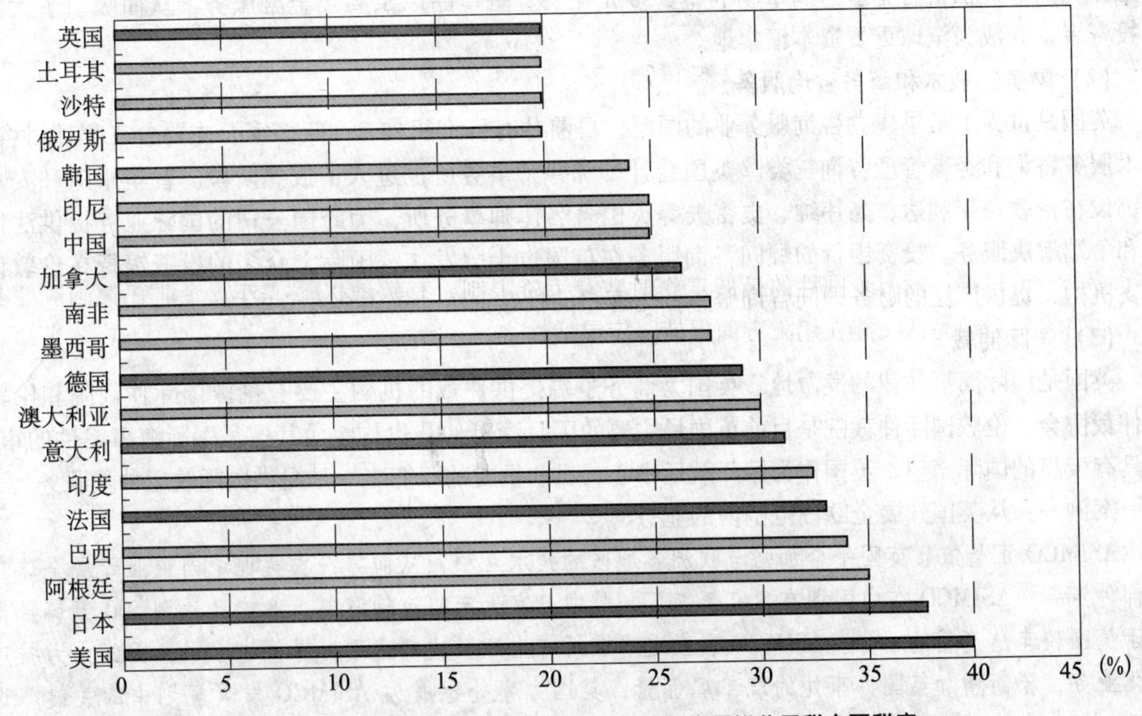

图 4-5-5　2015 年 G7 国集团以及 G20 国集团拟公司税主要税率

资料来源：2013 年英国财政部预算案。

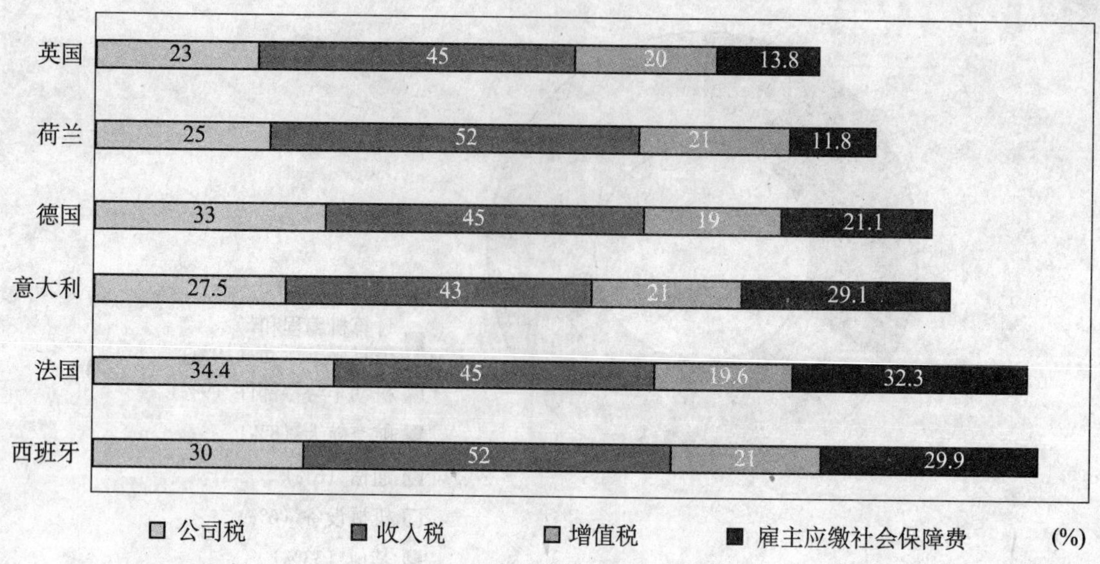

图4-5-6 欧洲有关各国税率比较

资料来源：德勤2013。

9. 高度发达、特色突出的服务市场

（1）金融服务

伦敦是世界三大国际金融中心之一，是全球最大的外汇交易市场，目前在全球每日超过5万亿美元的外汇交易量中，伦敦占有大约40%的份额；伦敦还是全球最大的保险市场、全球最大的再保险市场之一以及世界领先的航空与航海保险市场。全球众多金融机构在伦敦设立分支机构，金融市场发达，为各类客户提供丰富和具有创新性的融资支持和金融解决方案。英国由于市场竞争充分，流动性充足，金融机构能够提供富有竞争力的市场利率、多元化的金融产品以及高效金融服务，从而吸引了大批外国投资者，并成为全球重要资本汇集地。

（2）财务、技术和商务咨询服务

英国是世界上最早建立咨询服务业的国家，目前共有咨询机构2 000多家，主要分工程项目咨询、技术服务咨询和经营管理咨询三类。英国会计师和律师事务所也进入了成熟阶段。普华永道和安永本部都设在伦敦；年利达、高伟绅、史密夫等英国著名律师事务所，为跨国公司的国际业务提供法律诉讼和争端解决服务。投资银行的顾问咨询服务在英国也十分发达，国际上众多的投资银行在伦敦设有分支机构，提供广泛的财务顾问咨询服务，为客户的投融资活动提供全方位支持。

（3）国际仲裁

英国是国际商事仲裁的发源地。英国为商务争端提供仲裁的机构主要有伦敦国际仲裁院和伦敦海事仲裁协会。伦敦国际仲裁院是目前英国最主要的国际商事仲裁机构，尤其擅长国际海事案件的审理，并具有极高的国际声望。英国作为国际航运中心，目前重要的职能之一是提供国际航运仲裁服务。

案例一：从英国开展全欧洲范围内的业务

ASIMCO正是依靠英国平台加强与欧洲各地区的技术互动，从而第一次实现中国企业开展全球化的零部件业务。ASIMCO在中国拥有5家新工厂，其中1家生产凹轮轴设备，产能已达到500万铸件，相当于德国轿车总产量的一半。ASIMCO一直追求在所有生产领域都达到世界领先水平，因此大力推广全球化业务，不断增加英国办事处的职工雇佣量，英国办事处也成为ASIMCO发展规划中的关键。选址MIRO的决策使ASIMCO可以与欧洲其他区域更为广泛地开展工程和测试技术合作，并更快地接触欧洲最新的技术研发成果。

(二) 中国在英国的投资迅猛增长

中英两国经贸关系源远流长，发展迅猛。金融危机和欧债危机促使两国及时调整各自的产业重点和发展战略，双边贸易和投资互补性特征日益明显，经贸关系迅速提升。中国企业对英投资在迅猛增长过程中呈现出投资领域多元化、投资方式多样化特征。未来两国在基础设施、能源、金融、高端制造业、高科技产业领域内有巨大发展潜力和空间。

1. 中英双边经贸关系迅猛发展

(1) 中国企业对英投资迅猛增长，超越对其他欧洲国家投资

2003—2012 年，中国企业对英国投资净额增长迅猛，年均增长率高达 83%，呈现井喷式增长。具体见图 4-5-7。2012 年，英国已成为中国对外投资第四大目的地，见表 4-5-2。中国对英国直接投资存量于 2012 年上升至第八位，具体见表 4-5-3。

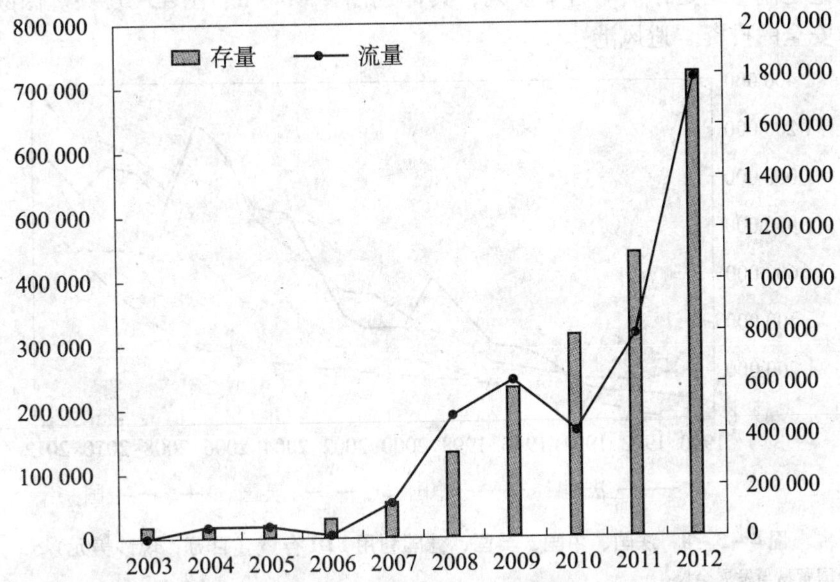

图 4-5-7 2003—2012 年中国对英国直接投资流量与存量（单位：百万美元）

资料来源：联合国贸易与发展会议（UNCTAD）网站。

表 4-5-2　2011—2012 年中国对外直接投资流量前二十位的国家和地区

名次	2011 年		2012 年		
	国家和地区	投资流量（亿美元）	国家和地区	投资流量（亿美元）	比重（%）
1	中国香港	356.55	中国香港	512.38	58.4
2	英属维尔京	62.08	美国	40.38	4.6
3	开曼群岛	49.36	哈萨克斯坦	29.96	3.4
4	法国	34.82	英国	27.75	3.2
5	新加坡	32.69	英属维尔京	22.39	2.6
6	澳大利亚	31.65	澳大利亚	21.73	2.5
7	美国	18.11	委内瑞拉	15.42	1.8
8	英国	14.20	新加坡	15.19	1.7
9	卢森堡	12.65	印度尼西亚	13.61	1.5
10	苏丹	9.12	卢森堡	11.33	1.3

资料来源：《2012 年度中国对外直接投资统计公报》。

表 4-5-3　　2012 年年末中国对外直接投资存量前十位的国家和地区

名次	国家和地区	存量（亿美元）	比重（%）
1	中国香港	3 063.72	57.6
2	英属维尔京群岛	308.51	5.8
3	开曼群岛	300.72	5.7
4	美国	170.8	3.2
5	澳大利亚	138.73	2.6
6	新加坡	123.83	2.3
7	卢森堡	89.78	1.7
8	英国	89.34	1.7
9	哈萨克斯坦	62.51	1.2
10	加拿大	50.51	0.9

资料来源：《2012 年度中国对外直接投资统计公报》。

英国是欧洲国家中外国直接投资的首选目的地，被称为欧洲门户。从主要发达经济体引资情况看，英国近年引资无论是流量还是存量均居于前列，具体见图 4-5-8、图 4-5-9。因欧元区尚存问题，英国被视为相对安全的投资“避风港”。

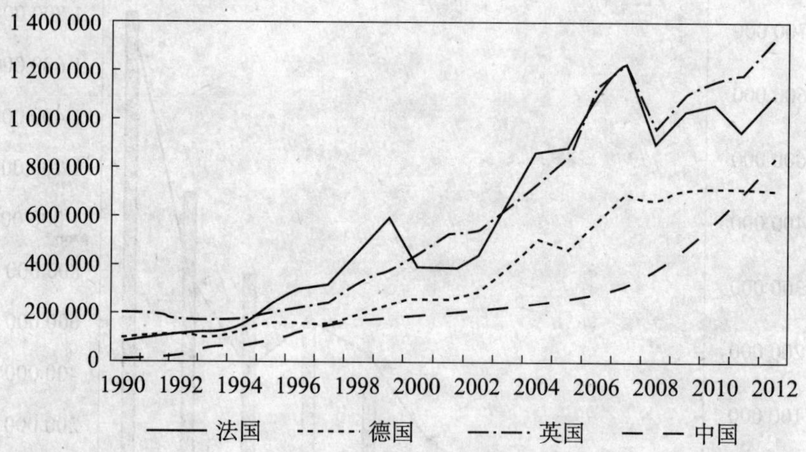

图 4-5-8　法国、中国、英国、德国利用 FDI 存量（百万，现钞美元）

资料来源：联合国贸易与发展会议。

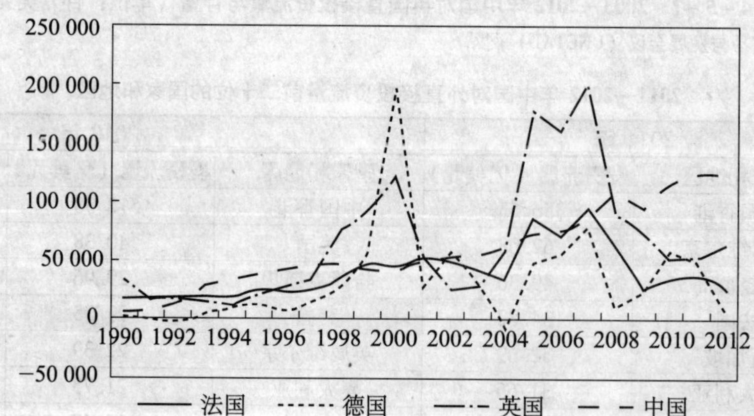

图 4-5-9　法国、中国、英国、德国利用 FDI 流量（百万，现钞美元）

资料来源：联合国贸易与发展会议。

英国贸易投资总署数据显示，已有超过 500 家中国企业在英国投资设立机构。2012 年，中国企业对英投资达到 27.75 亿美元，同比上升 95%。近年来出现了几宗对英投资标志性案例，如：中国房地产开发商总部基地投资 12 亿英镑开发伦敦皇家阿尔伯特码头，大连万达集团投资 7.2 亿英镑进行的西南伦敦酒店项目，华为宣布未来五年在英国新增投资 13 亿英镑，等等。

伦敦人民币市场的发展也为对外贸易与投资的开展提供了便利。2012 年 4 月，伦敦金融城人民币业务中心计划正式启动，其目标是把伦敦打造成为人民币国际市场的“西方中心”，从而扩大人民币在国际贸易和投资中的使用。该计划将推动伦敦出台私营和公共部门发展战略，以推动伦敦成为人民币产品和服务中心，与香港和其他金融中心互为补充。2013 年 6 月，旨在为双边经贸往来提供支持并维护金融稳定，中国人民银行与英格兰银行签署了规模为 2 000 亿元人民币的中英双边本币互换协议。建设银行、工商银行、中国银行伦敦分行等中资银行也相继在英发行人民币债券。

中英两国在进一步深化经贸战略合作对话机制、降低投资壁垒方面也做了诸多努力。2013 年 10 月 15 日，中国国务院副总理马凯和英国财政大臣奥斯本在北京共同主持了第五次中英经济财金对话，双方签署了深化合作谅解备忘录，承诺通过加强宏观经济政策协调，深化在贸易和投资、金融部门监管与发展等领域的合作，推进面向未来、互利共赢和增长导向的中英经济财金关系，支持全球经济复苏。2014 年发布《中国企业在英国投资指南》是双方签署的备忘录成果之一。

（2）双边贸易呈稳步上升趋势

1）货物贸易。

据中国商务部统计，2012 年中英货物贸易达 631 亿美元，比前一年增长 7.5%。其中，中国对英出口 463 亿美元，增长 4.9%；自英国进口 168 亿美元，增长 15.5%，增幅在中国与欧盟主要贸易伙伴中位居第一。2013 年中国与英国双边贸易额再创历史新高，首次突破 700 亿美元。2009 年以来，中英两国的双边贸易额一直呈稳步上升趋势，具体情况见图 4－5－10。

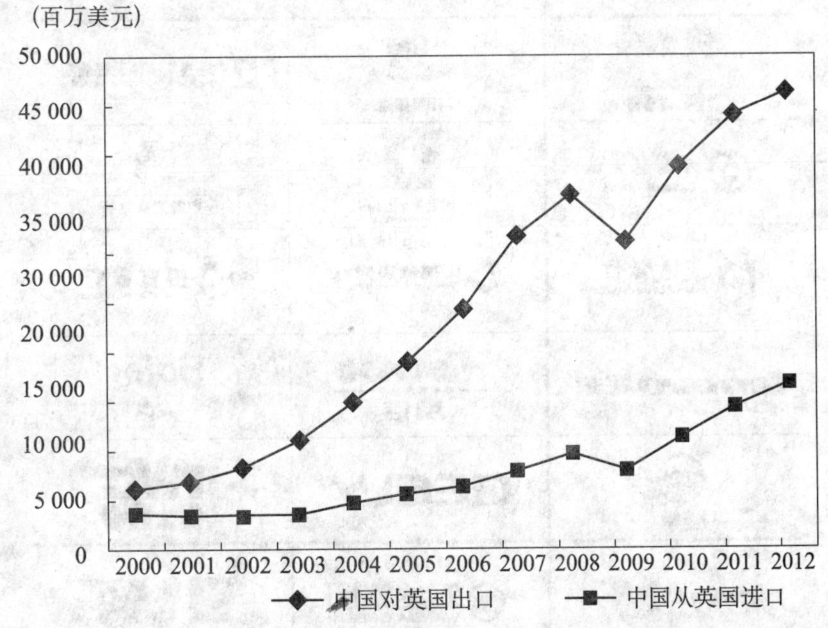

图 4－5－10　2000—2012 年中英货物贸易进出口对比

资料来源：UNCTAD 网站。

目前，英国自中国进口的前三大类商品是机电产品、纺织品及原料和家具玩具，英国对中国出口的前四大类商品是运输设备、机电产品、贱金属及制品和化工产品。此外，英国重新获得了其在汽车工业方面进出口大国的地位，随着中国成为全球第一大汽车销售市场，捷豹路虎在中国市场的销量也节节攀升，2013 年前 11 个月，捷豹路虎累计在华销量达到 83 499 辆，同比提升 28.2%。

2）服务贸易。

英国是全球第二大服务贸易出口国，2011 年中英两国政府签署了服务贸易合作谅解备忘录，建立了双边服务贸易合作机制。目前，英国汇丰银行在华开设多家分支机构，苏格兰皇家银行在华参与设立了第一家合资证券公司；中国电信在英启动移动通信服务，中国五大商业银行实现在伦敦子公司齐聚首。两国在教育、旅游、展会和创意设计领域的合作进一步拓展。

2. 中国企业在英国投资特点

（1）投资领域多元化

在投资领域上，中国企业在英国的投资领域逐渐分层次、分领域地拓展到产业链全环节。在英中资企业已形成金融、贸易、运输、电信服务及研发、制造、文化传媒旅游、地产等七大行业群，部分在英投资的中国企业见图 4－5－11。

图 4－5－11　部分在英国投资的中国企业（排名不分先后）

（2）中英两国企业的合作更具互补性

中英企业合作互补性强。英国企业在产业链高端环节优势突出，对正处于产业转型升级关键时期的中国企业而言，具有较大吸引力，两国企业更加容易在产业链各环节实现专业化分工和互补。同时，英国具有欧洲最为便利化的商业环境，非常欢迎中资企业的投资。中国企业更加容易融入英国市场，尤其在技术壁垒、市场准入方面，除了极少数国家安全领域，企业间的合作方式灵活多样。

案例二：上汽在英国的产业链环节的配置——收购知名品牌和技术

2004 年，上汽出资 10 亿英镑（约合 109 亿元人民币），英国罗孚则以现有技术研发平台、工厂等出资，共同成立一个新的合资公司。上汽占有 70% 股份，罗孚占 30% 股份。罗孚同意将其完整的汽车工程研发和设计的知识产权全部转入新合资公司中，而上汽集团因为拥有 70% 合资公司股份而对这些知识产权拥有绝对控制权。2007 年，上汽购得名爵的知识产权。之后，上汽开始在中国市场出售其自行研发的 MG6 中级轿车。2010 年，上汽投资 470 万英镑在伯明翰成立了一家汽车设计中心，作为上汽全球设计总部，负责名爵品牌车型的设计和研发工作。通过一系列投资，上汽获得核心技术、品牌和商标权益，并为其进入欧洲市场及美国市场提供便利。

（3）中资企业注重利用英国金融领域优势

英国的比较优势更集中地体现在金融、法律和媒体公关等专业服务行业及部门，能够帮助中国企业获得品牌、市场、营销渠道等商业性资源。如英国金融机构本身就掌握大量的市场环境和商业项目等方面的有价值的信息，而这些机构还可以为企业海外运营提供配套的金融服务，与这些机构合作往往事半功倍。

案例三：光明集团通过利安资本（Lion Capital）并购维他麦

私募基金等国际投资机构掌控着一些具有投资价值的项目。利安资本是一家专注于欧洲境内消费品领域投资与并购的知名投资基金，过去对维他麦公司享有 100% 控股权。光明以 1.8 亿英镑现金，从利安资本收购了维他麦 60% 的股权。光明作为一个有实力的海外投资者，与利安资本合作为其进入英国市场扫清了障碍。

（4）中国国有企业和民营企业在英投资“齐头并进”

在英国市场投资的中资企业不仅是国有企业，越来越多的中国民营企业开始大规模进入英国市场。特别是在制造业和地产行业，中国大型民营企业开始大举投资英国。由于英国市场环境高度开放，投资便利化程度高，民营企业与国有企业在面对英国市场的投资机会时，能够公平竞争，借助当地的引资政策较为顺利地进入英国市场，这也在另一个侧面反映出英国市场的高度开放和公平。

（5）在许多产业领域已经形成全产业链投资和投资集群

在英国几近“零壁垒”的投资环境的支持下，中国企业基本上在产业链各环节都能较为便利地进入英国市场。在部分行业，中国企业已在当地形成产业集群，如汽车行业，上汽、长安、吉利均已进入英国市场，从整车到零部件，均建立起研发、生产、营销等各环节的据点；电信行业三大通讯服务提供商中国电信、中国移动、中国联通以及两大通讯设备制造商中兴、华为也已进入英国市场；在金融行业，除五大国有商业银行外，在英国设立非经营机构的中资银行也在不断增加。这些行业的中资企业已经初步具备海外市场的集群式发展规模和效应，为整个行业产业链的海外延伸奠定了基础。

（6）英国可成为中国企业开拓全球市场的跳板

英国可以作为中国企业的跳板开拓全球市场（见图 4－5－12）。近年来，中资公司通过在伦敦投资并购，获得了在非洲开发矿产、在南美开发铀矿等矿产资源的机遇。英国也成为中资企业开拓欧洲市场的窗口，雷士照明在成功投资英国后，目前已将产品销售到欧洲大陆市场。目前，银行保险、贸易运输、电信、传媒、旅游和汽车制造六大领域的中资骨干企业都已在英投资，不少设立了欧洲总部。中英两国企业也可以合作开发第三国市场。中英两国企业各有优势，双方优势互补，在第三国市场可以形成强大的竞争力，有更多项目机会。例如，英国麦克唐纳公司在东非与中国企业的合作以及中国移动与沃达丰合作在缅甸竞标电信经营牌照。

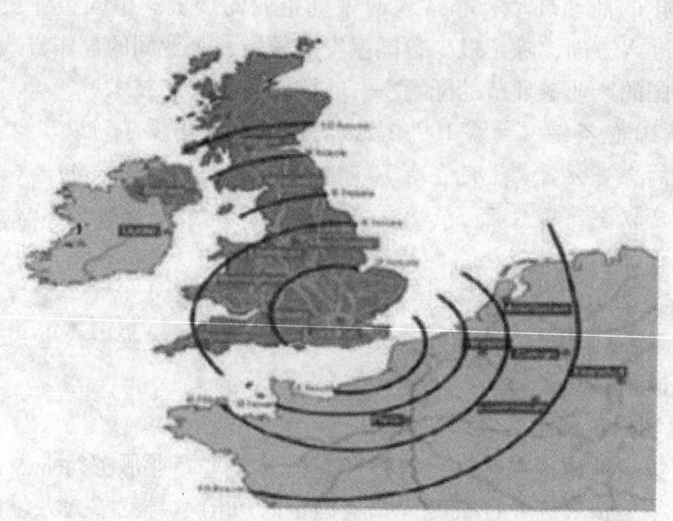

图4-5-12 英国是通往欧洲及全球市场的门户

资料来源：英国贸易投资总署。

3. 中国企业在英国投资发展前景

英国拥有6 305万人口，是世界人均消费水平最高的国家之一，2012年居民消费总额高达1.5万亿美元。英国作为对外资持高度开放态度的发达经济体，其高度发达的高科技产业和知识密集型服务业以及基础设施领域的巨大需求，为中国增加对英国投资提供了历史性机遇。德勤PE报告显示，2010年后英国在私人消费、能源、基础设施、文化、通信领域发生的收购次数显著增加。英国凭借尖端的技术与设计能力、开放和宽松的经济环境，对中国企业的吸引力将不断增强，特别是金融服务、信息与通讯技术、创新行业、生命科学与能源等技术密集型和资本密集型以及高科技领域，中英双边存在着较强的互补优势。根据指南编写组开展的调查问卷，超过7成的中国企业看好对英投资的潜力。

未来中国企业对英国投资的潜力主要体现在两个方面：一是以英国为目标市场，通过对英国投资提供更加本土化、更加便捷的产品和服务；二是以世界市场为目标，通过整合中国和英国的生产链条，提供质量更高的商品和服务，以打开发达国家市场，创造更高的附加值。

为此，中国企业对英投资应利用英国创新优势，把英国作为中国重要的技术来源地；更好地利用英国作为全球金融、保险、船运、期货交易中心以及传媒、咨询和信息中心的地位；更好地将英国作为品牌培育基地，凭借英国创意文化产业发达、品牌营销经验丰富，打造世界知名品牌；更好地实现互惠互利，尤其是在能源、基础设施、传统制造业方面，发挥中国资金优势的同时，还应充分考虑英国需求，为英国创造更多就业机会。

（1）中国的巨大投资能力与空间

近年来中国企业"走出去"已成为企业转型升级的重要途径之一。根据联合国贸发会议及中国商务部数据显示，2013年在全球外国直接投资流量较上年增长11%，中国对外直接投资同比增长16.8%，成为世界三大对外投资国之一，未来投资潜力仍有巨大的上升空间。而发达国家拥有的产品高端环节比较优势和引资潜力为中国企业进入发达国家市场奠定了基础。英国在中国对外投资并购过程中成交数量和交易金额均占据显著位置，并呈现持续上升趋势（见图4-5-13）。未来中国企业基于对英国研发设计、品牌管理、中高端制造与服务的需求将驱动其对英国等发达国家直接投资的意愿不断高涨。

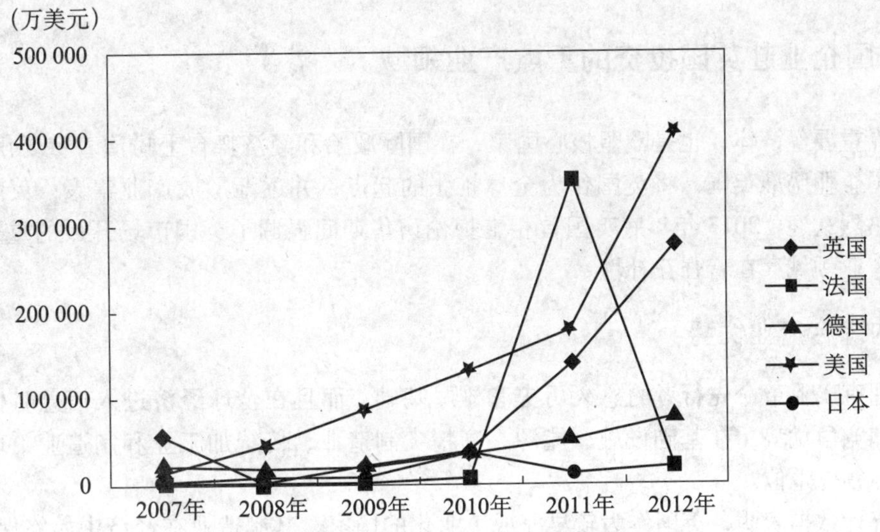

图 4－5－13　中国对发达国家投资的比较

数据来源：Global M&A Series，China Outbound M&A Trends 2012。

英国的投资环境在发达国家中处于领先地位，2012 年末累计吸收外资存量达到 1. 32 万亿美元，仅次于美国、中国，在欧洲是最开放、吸引外资数量最多的国家。2012 年欧洲吸引外资整体下降 2. 8%，但英国外来投资项目同比增加了 2. 7%，在整个欧洲的外国直接投资中占 18%（高于德国的 16%），继续保持其欧洲第一大投资目的地国家地位。

（2）英国的巨大引资需求和中国的投资需求

英国目前是全球第六大大经济体，在基础设施、高端制造、研发设计、金融、地产等各个领域都有巨大投资潜力和引资需求，在化工、制药、生物技术、食品饮料、电子工业等领域处于全球领先地位，为中国投资者提供了历史性机遇。根据本指南编写组开展的调查问卷，中国企业赴英国投资的主要目的依次是开拓市场、获取研发平台、培育品牌、构建营销网络、吸收国际化人才和提升管理水平。具体参见图 4－5－14。

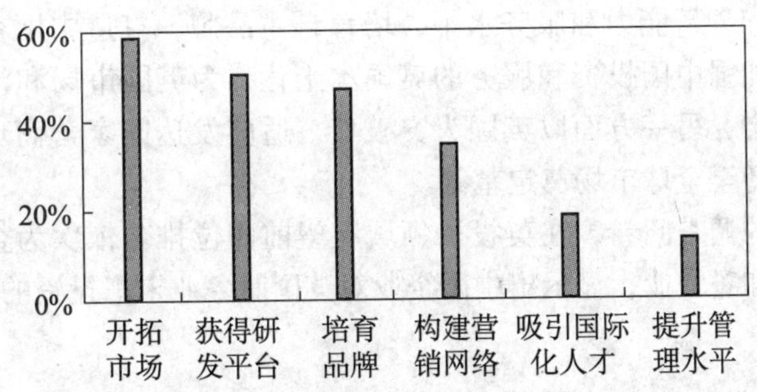

图 4－5－14　中国企业投资英国的主要目的

资料来源：指南编写组调查问卷。

（3）中英两国贸易和投资优势互补、相互促进

通常国际投资与国际贸易可以相互促进。中英双边贸易迅速发展可以带动相关投资，尤其是服务贸易领域的合作使双方企业的业务相互渗透，使中国企业在英投资配套服务有了更多保障。随着两国投资结构不断升级，将带动贸易商品结构相应升级，中国对英国出口也不再局限于加工贸易和低端产品，未来在能源、基础设施，如高铁、核电领域的广泛合作将带动中国国内有比较优势的产品如成套机械设备对英出口增长。中国投资也会带动英国制造产品源源不断进入中国市场。

（三）中国企业赴英国投资的重点产业领域

英国是世界重要经济体，也是欧盟核心国家，在国际政治和经济舞台上扮演着重要角色。近年来，越来越多的中国企业瞄准英国，将英国作为全球扩张的起点，并逐渐形成产业集聚；英国政府也对中国投资表达了热烈欢迎，2013 年年底英国首相卡梅伦访华期间强调了英国市场开放的重要性，指出中英两国在众多产业领域存在着强互补性。

1. 英国的综合产业优势

英国不仅拥有工业革命先行者的悠久历史和雄厚基础，而且在全球经济进入信息时代后保持了强大的产业实力和竞争优势，在基础设施、能源、高精尖制造业、传统加工业和制造业、现代服务业等领域保持着国际领先地位。

世界银行统计数据表明，英国作为较早完成工业化的国家，其制造业在经济中始终保持重要地位，其中机械和运输设备比重最高，占英国制造业增加值的 1/4，其次是食品、饮料和烟草，在制造业增加值中所占比重呈持续上升态势。作为发达国家，服务业是英国经济的主体，增长势头更加强劲，显示出较强竞争优势。近十年来英国服务业在经济中所占比重由 72.05% 上升至 78% 左右，其中金融服务、商务服务、文化创意、研发设计等行业处于国际领先地位。

2. 中国企业投资英国的总体思路

当前，中国企业对英投资已经取得了较大的成绩。而英国市场还存在着广阔的投资空间和需求潜力。2013 年英国首相卡梅伦访华目的之一便是为中国在英国投资进入新阶段铺路，展现了吸引中国企业在英投资的意愿。中英双方政府应该以此为契机，以积极的态度加快对英投资进程，充分发挥中英两国的比较优势，努力搭建更高层次的投资促进平台，解决投资中的体制机制障碍，发挥企业和行业协会的力量。通过推动中国对英投资，带动双边经贸关系和金融合作深化，扩大双边贸易繁荣和金融合作。

中国企业应紧抓英国大力吸引外资的有利机遇，积极利用两国优势资源，整合双边产业链条，依托英国较强的设计、研发和创新能力和服务水平，培育自主品牌，打造中国企业国际竞争新优势，在互惠互利基础上，一方面加强中国投资和服务的英国本土化，为英国市场和消费者提供更加优质的产品、高效的服务和就业机会；另一方面以英国为突破口，适应发达国家营商环境和法律规则，为进入更加广阔的发达国家市场乃至全球市场奠定基础。

根据指南编写组开展的调查问卷，在英投资领域展望前四位排名依次为金融业、租赁和商务服务业、批发和零售业、住宿和餐饮业，显示出中国企业对英国服务业未来投资的期望较高。

3. 重点投资产业

（1）基础设施

英国基础设施建设领域十分开放，目前约 40% 的基础设施所有权由外国投资者控制。2011 年 10 月中英双方签署了基础设施领域合作谅解备忘录，英方明确表明欢迎中国投资。2012 年 12 月英国颁布了新的《国家基础设施计划》，预计可吸纳高达 3 300 亿英镑的投资，并确定以私人投资为重要推动力。英国的公私合营投资法律框架公开、透明，有利于激励私营企业积极参与；丰富并有创新性的金融服务信贷支持为私人投资进入基础设施领域提供了便利，政府担保、公共资本等先期进入对私人投资进入发挥了较强“杠杆”作用。英国政府还出台了其他保障措施吸引私人投资，如通过价格稳定措施给予企业市场信心、减少烦琐的申请手续、提供国家主权信用支持的信贷等。

《国家基础设施计划》将重点支持基础设施建设，其中包括投入 300 亿英镑用于建设高速铁路网等交通基础设施。预计未来英国铁路、公路、供水、电网等基础设施建设将具有良好的投资前景，主要包括：从伦敦通往北部的2号高铁，投资价值估计为327亿英镑；到2014年投资60亿英镑用于铁路车辆；资本价值为41亿英镑的泰晤士潮路新的废水隧道，等等。具体见表4－5－4。

表4－5－4　　主要投资项目

领域	项目
运输	2号高铁：从伦敦通往北部的高速铁路，总投资约为327亿英镑
	铁路基础设施和车辆：到2014年投资价值达60亿英镑
能源	从2014年开始，能源法案（Energy Bill）将启动能源市场改革，并预计带来多达1 100亿英镑新的能源投资机会
乡村宽带	英国政府计划投资5.3亿英镑的公共资金于乡村宽带项目
水	泰晤士潮路：新的废水隧道，资本价值约为41亿英镑
综合	大西洋门户：在英格兰西北部达750亿英镑的重建和基础设施开发项目
	奥林匹克公园：2012年伦敦奥运会后对奥林匹克公园的重新规划和建设
	城市重建：英国各地重大的城市重建机会

未来几年内，英国在基础设施建设领域将推出超过500个项目，其中在废物处理、水、交通运输等领域机会较多、前景较好。在高铁建设领域，按英国政府计划，2026年建成一期工程“伦敦至伯明翰线”，投资额约为170亿英镑；2033年建成二期工程“曼城、利兹及希斯罗机场延线”，也将为中国企业带来较多投资机会。

从中资已经在英国基础设施领域的投资看，规模惊人。2011年，李嘉诚以24.1亿英镑收购英国水务公司；2012年，中投公司以12亿英镑购入泰晤士水务公司8.68%的股份；同年，中投公司收购了希斯罗机场控股公司10%的股份。2013年，北京建筑工程集团投资1 200万英镑，获得占地150英亩的曼彻斯特机场合资项目20%的股权。

2013年中国国务院总理李克强与中东欧16国领导人在罗马尼亚议会宫共同参观中国铁路等基础设施及装备制造展时，特别强调引导中欧企业优势互补与合作，并向欧洲推销中国的高铁技术和设备。卡梅伦首相访华期间，中国表示有意向英国基础设施进行数百亿英镑投资，其中包括对英国HS2高铁投资。目前中国中铁股份有限公司已明确向英国表示有意承建从伯明翰东部郊区高铁中转站到机场及其他城市的铁路。中国高铁在中国的成功运营以及中国在高铁技术、设备与施工的合理成本控制将使中国企业在英国具备竞标投资项目的优势。

（2）能源

英国能源供给已由单一化石燃料向多元化、清洁化转变。从当前英国能源供给形势看，按欧盟《大型燃烧电站指令》要求，英国将陆续关闭部分燃煤电站；英国现役16座核电站中15座将于2023年底达到设计寿命；现役多座燃气电站将于2030年前退役。英国发电能力总计将减少4 000万千瓦以上，发电领域投资需求将呈现刚性增长，存在巨大投资需求。

继李嘉诚旗下公司先后在英国投资天然气和电力后，中国三家大型石化企业也分别于2011年、2012年和2013年进入了英国市场，为中国石化相关企业和生产性服务业企业后续进入英国市场铺平了道路。

案例四：李嘉诚投资英国能源

英国能源市场的巨大需求孕育了良好投资机会。在过去三年中，李嘉诚旗下公司先后在英国能源领域投资天然气和电力。2010年，长江基建以58亿英镑从法国电力公司EDF手中买下英国电网业务；2012年，长江实业牵头，斥资6.45亿英镑收购了英国天然气公司Wales and West Utilities。目前英国30%的电力供应、25%的天然气都依赖李氏家族企业。英国能源市场潜力和对外开放程度给外资创造了诸多机会，这些投资在追求收益的同时，也为英国解决了能源领域资金短缺问题。

案例五：中国大型石油石化企业在英国并购

2011 年中英双方签署的总额约47 亿美元的政府协议和商业合同中，中国石油天然气股份有限公司全资附属公司中国石油国际事业有限公司，与英国石油化工企业英力士集团两个全资附属公司英力士欧洲控股有限公司、英力士国际投资有限公司，在英国签署框架协议，中石油向这两家炼油厂注资10.15 亿美元，化解了金融危机后英力士集团债务困局，也获得了辐射全欧洲的贸易网络。

2012 年，中石化通过全资子公司国际石油勘探开发公司，以约 15 亿美元交易价格收购加拿大塔利斯曼能源公司英国子公司 49% 股份项目正式交割，首次开拓了中国石化在英国北海地区油气业务，标志着中国能源企业首次进入北海油气资源投资开发行列。

2013 年，中海油与英国天然气集团签署系列协议，英国天然气集团将自 2015 年开始以其全球 LNG 资源组合向中海油供应每年 500 万吨、为期 20 年的 LNG 资源。合同签署后，中海油的中长期 LNG 合同量将达到每年 2160 万吨。

从可再生能源发展看，英国制定 2050 年前减排 80% 二氧化碳的目标，为能源清洁化领域的投资提供了较多的机会，包括陆地和海上风能、太阳能、生物质能、海浪能和潮汐能等可再生能源。为落实新能源计划等能源政策，英国政府将推出鼓励电力市场投资新政策，计划投资金额高达 1 100 亿英镑，并承诺保障可再生能源和核电的上网电价，以促进产业发展。

按照英国政府现有的发展目标，2020 年将有 15% 的能源来自可再生能源，为此英国 30% 的发电总量需依赖可再生能源发电，发电投资需求为 700 亿 ~ 750 亿英镑，海上输电为 200 亿英镑。结合中国绿色能源开发能力迅猛发展态势，中资企业在英国清洁能源领域有巨大投资机遇。中法在英共建核电站将是一个良好开端。

（3）高精尖制造业

航空航天业

英国航空航天产业是推动英国经济增长和生产力进步的支柱性产业，具有较高的研发及制造能力，占全球市场份额的 17%，仅次于美国。英国在航空航天产品设计、研发、制造等多方面世界领先，在雷达、喷气发动机、超音速运输机、军用直升机等领域世人瞩目。

目前英国引进了大量航空业的国际投资，世界最大两家大型飞机制造企业——空客和通用均在英国设厂，形成了强大的航空工业产业集群。空客 A380 全面投入生产后，英国成为主要受益者，在生产 A380 的机翼结构、燃料系统和飞机降落装置部件方面占据主要份额，预计今后 30 年内英国公司每年可获得 10 亿英镑的空客 A380 合同，并为英国提供 2 万人的制造业就业机会和 4 万人的服务业就业机会。建议中国航空企业依托英国现有的航空产业集群，以空客 A380 订单等相对稳定的市场需求为突破口，积极发展在英国的配套生产能力和产业服务。

生物产业

生物技术与诊疗被誉为 21 世纪最具发展潜力的行业之一。英国在生物医学和临床医学方面具有得天独厚的优势，是现今世界第二大生物医药市场和研发国，生物医药行业在雇佣人数、销售收入、研发投入金额、吸引投资额方面都远远领先于其他欧洲国家。全球成功上市的新药有 1/10 由英国研制。

中英两国在生物医药行业存在着广泛的互补优势。英国具备行业领先的技术创新优势，需要吸引投资来实现后续的产业化；中国企业在研发环节较为薄弱，却存在巨大的市场需求和投资能力。英方的研发优势加上中方的资金实力和市场容量，将形成完整的研发—生产—销售产业链条，顺利实现生物医药创新的产业化和商业化。特别是剑桥大学的大批生物医药专利正等待着中国投资者。

案例六：中国民营制药企业走向英国

2007 年 11 月，在中国科技部国际科技合作专项经费资助下，香雪制药公司剑桥中心正式成立，成为中国民营制药企业投资的第一家海外中药研究机构，也是中英双方在中医药研究领域中的一次成功合作。前中国驻英大使傅莹出席了剑桥中心成立的揭牌仪式，并给予高度评价。目前，该项目投资总额已超过2 000万英镑，先后与英国、中国的多家世界一流大学、研究所合作，在现代中药分离提取技术、现代中药制剂技术、中药药效评价及中药诱导人体胚胎干细胞特异性分化等研究领域开展了广泛的合作研究，取得了多项突破性的研究成果。

就当前中国生物产业发展形势来看，2012年中国生物药品制造行业实现销售收入1 775.43亿元，呈现出较快的增长势头。但是，中国医药企业规模小，缺乏核心关键技术依然是行业发展的瓶颈，为此中国企业应积极寻找机会投资英国生物产业，融合英国先进技术，在满足中国市场需求的同时，以英国为平台大力开拓欧洲和全球市场。

节能环保产业

英国环保产业的优势领域包括清洁技术、水处理、空气和土地污染控制、海洋污染控制、噪音和震动控制、环境监测等。英国交通与工程顾问、公司零排放、电力、有轨城市交通系统世界领先；工程设计和建造以及过滤器、管道、控制和遥测设备的生产制造年均海外市场收入超过30亿英镑；空气污染控制方面的技术和产品，以及噪音和震动控制领域的关键技术，也均具有较高水平和优势。此外，英国的环境测试技术居世界领先水平，大量知名环境咨询顾问公司活跃在英国环保市场，能够为客户提供可持续发展解决方案等一系列服务。

案例七：雷士照明的节能产品投资

中国雷士照明于2007年进入英国市场，早期主要为一些世界知名品牌贴牌生产照明产品。在英国节能环保政策带来的巨大商机推动下，2009年雷士照明开启了全新的经营模式，在英国市场全面实施雷士品牌策略并获得了骄人业绩。伦敦奥运期间，雷士照明价值数千万元的照明产品中标，运用于伦敦奥林匹克体育场公共区域、伦敦奥运会体育场媒体中心等场馆或区域。目前，雷士照明正依托英国市场，积极开拓欧洲和非洲市场。

当前，英国正在以政府投资为主导，大力促进节能环保商用技术的研发推广，并在碳汇等领域抢占了世界节能环保产业的技术制高点。金融危机和欧洲债务危机期间，绿色经济产业是英国为数不多规模迅速增长的领域，该产业为英国创造了40万个工作岗位。同时，中国也在大力推进节能减排。伴随环保理念的不断推进，市场需求将进一步被激发，中国企业投资英国不仅可以在英国市场发挥资金优势，还可以为中国市场提供融合先进技术的产品，在促进中英贸易的同时，推动中国解决环境问题。

信息通信

英国是欧盟最大的信息通讯产业基地，拥有8 000多家企业，雇员超过100万人，贡献了GDP的10%。英国同时是世界信息通信产业的创新中心之一，对发展电子产品有良好的商业环境和基础设施，索尼、日立、飞利浦、摩托罗拉等国际知名公司都在英国建立了研发中心。英国还是欧盟成员内最早开放电信市场和实行电信业私有化的国家，电信业高度发达、自由开放，电信服务企业的资本市值达1 170亿英镑，电信业每年产值约650亿美元。

由于活跃的科技创新独具投资增值优势，英国吸引了越来越多的中国信息通信业厂商将英国作为全球扩张的起点。2001年，中国两家知名信息通信公司——中兴和华为先后进入了英国市场。2010年，中兴英国公司营收达到2亿美元，终端产品销量170万台，数据卡市场份额超过了50%，手机市场份额为8%。

案例八：中国华为对英国的大规模投资

自2001年在英国设立第一个办事机构以来，华为得到了英国相关政府部门的大力支持，同时也为英国提供了领先的技术和产品，创造了大量的就业机会。2012年9月，华为宣布未来五年13亿英镑的在英投资和采购计划，预计该计划的实施不仅让华为有了为更多英国客户提供更优质服务的机会，而且也能够为英国创造出数百个新的高技术工作岗位。

除上述两家移动终端制造商之外，目前中国三家移动通信服务商也均在英国开展了相应的业务。自2004年中国电信欧洲办事处在英国伦敦正式开业以来，中国移动、中国联通集团公司也分别与英国签订了合作协议，将在英国为中国企业提供国际通信服务，既扩展了中国移动通信服务商的覆盖范围，又可以为中国在英投资的企业提供更加便捷的通信服务。

中国移动 China Mobile	设立英国办事处	2007年，中国移动在英国设立办事处，并于2013年与英国沃达丰公司联合竞标缅甸电信牌照
中国电信 CHINA TELECOM	设立英国办事处	2004年，中国电信欧洲办事处在英国伦敦正式开业，2011年营业收入已达2 900万美元
China unicom中国联通	与伦敦发展促进署合作服务中国企业落户英国	2008年，英国伦敦发展促进署与中国网络通信集团公司签订了合作协议，中国网通将在英国为中国企业提供国际通信服务

目前，英国的软件和 IT 服务、网络安全、云服务均具有极大发展潜力。2013 年，仅软件和 IT 服务行业便新增企业 2 500 家，新增就业岗位 78 200 个。英国不仅能够为中国企业提供稳定的市场需求，还可以提供先进的技术支持。

（4）传统加工业和制造业

汽车制造

英国汽车研发处于世界领导地位，是欧洲第四大汽车生产国、第三大汽车销售市场。目前英国汽车行业本土品牌已全部出售给外国投资者，是英国对外资高度开放的行业之一，也是欧洲最多样化和产量较多的汽车生产和装配基地，全球很多汽车企业都被英国机械技术、优秀劳动力供给和良好商业环境所吸引。世界产量最大的 7 个汽车生产商和 17 个世界顶级的汽车零配件供应商均在英国投资，超过 40 家知名企业如福特、宝马、丰田、日产和本田等均在英设有公司，覆盖了整体设计、发动机设计制造、关键零部件生产等汽车制造核心环节。经过多年发展，中国汽车企业在英国也形成了从研发到销售相对完整的产业链条。

案例九：上汽于英国投产 MG3

作为上汽全球45 亿英镑投资规划的一部分，伯明翰长桥基地被上汽打造为研发技术中心和 MG3 欧洲制造业务的中心，主要的工程设计工作都将在此完成。未来上汽还将进一步向伯明翰业务注资，以支持研发中心推出更多新车型。在上汽集团投资的助力下，该基地不单恢复了生产，还首次推出 16 年以来的两款新车，既重振了英国百年品牌，也为当地创造了 400 多个就业岗位。如今英国技术中心、上海技术中心和南京技术中心在整合管理框架下，形成技术三角，为上汽的汽车研发提供了产品平台和技术的保障。

案例十：吉利并购英国锰铜

2013 年浙江吉利控股集团以 1 104 万英镑收购了英国锰铜控股有限公司（伦敦出租车公司）的业务与核心资产。作为商业计划的一部分，吉利根据伦敦出租车市场发展需求，在 TX4 车型的基础上开发新的车型，提升了伦敦出租车的能源效率和环保性能。收购后，吉利拓展了 TX4 的亚洲市场和欧洲市场，目前也正在探索进入英国私人租赁市场。

2013 年 7 月，英国政府公布了旨在加速英国汽车业发展并支持数千个工作岗位的 20 亿英镑资金扶持项目，整个计划将推动英国汽车业的研发工作，以动力为重点，包括氢燃料、电驱动和其他环保技术。目前，该项目已进入第一阶段，即未来十年内英国政府和车界将各投资 5 亿英镑，兴建一座研发中心，致力于开发低碳排放发动机技术，实现新发动机的商业化。中国汽车制造相关企业应积极响应此投资机遇，结合自身实力和比较优势，参与新型发动机的研发或配套产品的研发制造。

食品产业

英国是世界上增长最快的食品和饮料市场之一，食品产业在增值、品牌和技术方面具有较强的竞争力，每年推出约 10 000 种新产品。近年来，英国食品产业发展迅速，出口稳步增长，食品和饮料已成为英国第四大类出口商品。统计显示，英国食品饮料业有 7 000 多家企业，行业年营业额达 1 790 亿英镑，为英国提供 170 多万就业岗位。

案例十一：光明食品收购维他麦

2012 年 5 月，光明食品有限公司和英国第二大谷物生产商维他麦公司在伦敦签约，光明食品有限公司以 12 亿英镑（约合 122 亿元人民币），收购了维他麦公司 60% 的股份，是当时中国食品企业最大的一宗海外并购。通过这次并购，光明食品成功进入英国以及全球食品市场，在国际化战略中迈出了重要一步。

（5）现代服务业

金融服务业

金融服务业是英国经济的重要支柱产业，每年创造 10% 以上的英国 GDP 和约 500 亿英镑的贸易顺差，雇佣员工 200 余万人。凭借深厚的贸易渊源、一流的专业人员、高质量的配套服务，以及语言、时区、法规等方面的优势，伦敦成为世界三大金融中心之一，在证券和外汇交易、海事和航空保险、债券保险和交易、银行间拆借等国际金融市场上均占有重要地位。英国保险业位居欧洲之最、全球第三。伦敦是世界最重要的外汇交易市场、全球最大的场外金融衍生品交易市场，全球第二大期货与期权交易市场，全球最大的基金管理中心；同时还是全球最大的金属交易所、全球国际化水平最高的证券交易所、欧洲领先的能源交易所、全球黄金交易的结算中心、国际债券市场中心的所在地。伦敦金属交易所成交的非铁金属占全球交易总量的 90% 以上，布伦特原油交易量占全球交易量的 2/3 并决定了英国在能源行业上的定价权。

案例十二：广发期货收购英国 NCM 期货

2013 年 7 月，广发期货旗下广发期货香港公司正式宣告收购英国 NCM 期货公司 100% 股权，是中资背景期货公司第一次在海外成功收购，标志着中国金融行业为实现国际化战略而迈出的历史性步伐，不仅有利于提升中资期货公司的国际化水平，更有利于将国际期货交易市场成熟的交易手段、先进的管理经验、产品设计能力、风险管理能力和领先的信息技术系统等反哺国内同业，有利于中国金融业更加积极地应对开放，为国内外客户提供更便利的服务。

目前，除五大国有商业银行在英国设立经营性分支机构外，在英国设立非经营机构的中资银行也在不断增加。2013 年 12 月之前，在英国大型中资银行均以建立子行形式运营，未获建立分行许可，无法满足其业务扩张的需求。2013 年 10 月，第五次中英经济财金对话的重要成果之一便是英国监管机构同意考虑从事批发业务的中资银行在英国开设分行的申请，卡梅伦访华则具体落实了该项许可。伴随人民币国际化在英国稳步推进和伦敦金融城人民币业务中心计划的实施，中国仍将得到英国更加全面深入的支持，而中国则应依托伦敦金融服务的优势，大力夯实英国作为人民币离岸金融中心的地位，并配合英方加强金融市场的开放与监管。

文化创意产业

英国在全球最早提出“创意产业”概念，也是世界上第一个政策性推动创意产业发展国家。创意产业在英国已成为与金融服务业相媲美的支柱性产业，从建筑到音乐到计算机游戏和电影等领域，英国创新、多文化的创意产业十分发达，创意企业总数约占全英在册企业总数的 6%。其中，英国广告业以其原创性享誉全球，全球超过 2/3 的广告公司都以伦敦作为欧洲总部；英国的电玩游戏制作产出居全球第四，开发的数字游戏如《古墓丽影》等闻名世界；动漫产业也是英国创意产业中扩张最为迅速的子产业之一，《哈利波特》、《酷狗宝贝》等动漫作品在世界各地拥有数百万忠实影迷；英国音乐产量仅次于美国位居世界第二位，占全球音乐产业的 15%，英国也是世界第三大音乐销售市场；英国在电视节目模式的发展上领导全球，节目模式时数输出占全球市场的 53%，英国是拥有最先进数码电视市场的国家之一。

中国在“十二五”规划期间将文化创意产业定义为国家支柱性产业，正在进入快速发展时期。文化创意产业是典型的消费驱动产业，企业是市场主体，竞争力和创新能力决定了企业的成败和产业的发展前景。中国企业投资英国文化创意产业不仅可以获得优良的创新、创意、创业环境，还可以学习借鉴英国有关企业的经营理念、营销模式等多方面经验，进而实现“自内而外、兼容并蓄”的文化产业发展模式。

案例十三：蓝色光标投资英国文化创意产业

2013 年 4 月与 12 月，蓝色光标在香港注册的全资子公司蓝色光标国际传播有限公司先后认购全球著名的英国公共关系公司 Huntsworth plc（以下简称 Huntsworth）发行的 6 300 万新股和全球最大的英国社会化媒体专业传播公司 We Are Very Social Limited（以下简称 WAS）的 7 512 股普通股及 16 224 股优先股，从而以持有 Huntsworth19. 8% 股权和 WAS 82. 84% 股权的方式成功并购两家全球传播行业巨头。

两次成功的海外并购，不仅是公司实施营销传播服务行业“全产业链”布局的关键步骤和“数字化”、“国际化”两大战略的重要组成部分，更有利于满足全球客户对国际业务的多样化需求，满足市场发展需要，有助于提升公司整体的品牌价值。

研发设计

英国创新能力居世界领先地位，是世界上创新型企业最活跃的国家之一，拥有欧洲最顶尖的六所大学和全球最强的三所大学中的两所。英国在时尚设计、服装设计、汽车设计、IT 产品设计等方面也是全球领先。上海汽车、中国电信、中国南车、华为、波司登、雷士照明等中国企业都在英国设立了欧洲中心和技术平台。

案例十四：中国企业在英国的研发中心

2012 年，中国南车首家海外功率半导体研发中心在英国林肯郡顺利落成，是中国轨道交通装备制造企业首个海外高端器件研发中心，研发内容涉及基础研究、工艺改进、产品开发和平台建设，承担新一代 IGBT 技术、HVDC 晶闸管和碳化硅技术的研究开发工作。

华为则投资 2 亿美元建立了英国研发中心，研究领域包括光电子、终端设计、软件开发等，研究成果服务于全球 140 多个市场的华为客户。2013 年华为 CEO 任正非表示，华为将在英国设立新的研发中心，高端研究人员到 2017 年将增加至 300 名。

波司登在英国的运作则采用了“中国品牌、本土设计、全球采购、当地化营销”的模式，围绕欧洲市场，紧扣当地客户需求，设计、采购、销售团队均聘用英国本地的专业人士，2012 年波司登投资项目荣获英国商业大奖“年度中国投资者奖”，是国内纺织服装企业首次获此奖项。

房地产

英国房地产行业有交易透明、物业配套完善等优良条件，与其他国际大都市相比，无论是住宅市场还是商业市场，进入成本和退出成本都比较低，尤其是伦敦黄金地段的房地产项目一直吸引着重要的国际投资。2014 年 1 月 6 日，美国房地产外国投资者协会公布的调查结果表明，伦敦击败 2013 年的冠军纽约成为外国房地产投资的首选地。仲量联行在 2014 年冬季达沃斯发布最新报告，公布了 2013 年全球吸引房地产投资最多的 30 大城市，伦敦连续三年位居榜首。

近两年伦敦房地产市场交易活跃，2013 年住宅均价平均上涨 10%，预计 2014 年总体需求还将呈现上升态势。对于中国投资者来讲，英国房地产平均出租收益率大致稳定在 4% ~6%，现上升态势。相对于中国国内城市（上海出租收益率为 2% 左右），英国市场具有很高的吸引力。2012 年以来，中国企业在英国的商业性房地产投资迅速扩增，是英国房地产行业热议的海外投资者，不仅反映英国房地产市场有着可观的投资回报，而且也为将要进军英国房地产市场的中国企业积累了一定经验。随着中国国有企业和民营企业越来越多地关注海外尤其在英国市场的投资，一股强大的投资浪潮继续涌向英国。未来，将有更多中国企业参与英国高端复杂的资产投资项目以及风险稍高的房地产开发项目。

案例十五：2012 年以来中资投资英国房地产项目

2012 年 11 月	中投集团购买温彻斯特大厦
2013 年 7 月	中国地产开放商总部基地控股集团与伦敦市政府签署了总额 10 亿英镑的皇家阿尔伯特码头地产项目，将位于东伦敦面积 35 英亩（141.6 平方千米）的废弃船坞区建成伦敦继老金融城、金丝雀码头之后的第三个金融区，重点吸引亚洲投资落地
2013 年 7 月	中国平安保险集团股份购得伦敦金融城标志性建筑劳合社大厦
2013 年 8 月	万达宣布将投资 7 亿英镑在位于伦敦西部旺兹沃思区、紧邻泰晤士河的黄金地段建设超五星级的万达酒店和顶级公寓，项目总建筑面积为 10.5 万平方米，建成后将成为伦敦最高建筑
2013 年 10 月	中融集团董事长倪召兴宣布将斥资 5 亿英镑在伦敦南部重建辉煌一时的“水晶宫”
2013 年 11 月	中投集团与黑石商讨购入伦敦西部奇斯威克园区写字楼开发项目，交易价格为 8 亿英镑左右
2014 年 1 月	绿地集团签约伦敦将开发两个大型住宅项目，预计总投资 12 亿英镑，包括：RAM 啤酒厂住宅项目，近 9 万平方米，规划开发集高层公寓、保障性住房、商业设施于一体的大型住宅社区；金丝雀码头金融区超高层公寓项目，近 9.8 万平方米，该项目将成为英国最高的高档公寓项目

旅游业

旅游业是英国最重要的经济部门之一，不仅是英国推动经济持续增长的重要引擎，也是实现社会平衡发展的关键因素之一。据统计，英国从事旅游业的企业有 20 余万家，每年直接为英国贡献 520 亿英镑，全部旅游产业链贡献更是高达 1 150 亿英镑。2012 年伦敦奥运会和英国女王登基钻石大庆，国际游客人数高达 3 100 多万人。预计到 2020 年，英国旅游业直接从业人员将达到 150 万人。由于英国旅游服务需求巨大，在高级酒店、餐饮、景点建设、旅行社服务等方面均有较大的潜在投资空间，大连万达于 2013 年宣布投资英国高档酒店项目。

高端消费品

近年来随着中国消费者对产品质量要求的提升，中国企业越来越多地关注英国成功的高端消费品牌，希望通过投资并购将品牌引入中国市场。2013 年，中国大连万达集团以 3.2 亿英镑成功收购了英国著名奢侈游艇品牌圣汐公司，成为近年来中国企业大规模的高端消费品海外并购典型案例。尽管收购过程遇到了一些挑战，例如如何管理谈判进程、如何了解监管环境和审批程序等，突显了双方在文化及商业习惯差异的重要性，及不同审批程序可能对整个投资流程带来的影响，但是，交易最终达成，标志着未来中国企业将以更高的积极性参与竞逐英国高端消费品牌。

（四）对中国企业赴英投资的重要建议

英国为中国投资者呈现了一个非常开放、多元化、有吸引力的投资环境。未来可以预见中国对英投资会继续大幅增长。为保障中国投资者进入英国市场取得成功，指南编写组经过与中英双方顾问团和相关企业的深入交流，对中国投资者提出如下建议：

1. 积极利用英国投资促进机构的免费服务

中英两国有多个投资促进机构，都可为在英国投资或拓展业务的中国公司提供免费的专业服务。部分英国机构还可为中国投资者提供初期免费的办公场所，并提供其他相应支持，包括咨询服务、设立公司、招聘员工、工作签证咨询、寻找办公场所、帮助融入当地社区等。更多投资促进服务信息可以在英国贸易投资总署、英中贸协、伦敦发展促进署、伦敦金融城等机构的网页上获取（详见第（五）

部分内容）。

中国企业赴英投资，可以积极利用英国投资促进机构提供的各类免费服务，深入了解投资英国的各类信息，尽快提升自身的适应性，为进入英国市场奠定坚实基础。在此基础上，要积极配合相关部门的政策安排，遵守东道国的相关制度，提高投资效率。

2. 重视中介服务的作用和价值

中介服务包括为中国企业赴英投资提供咨询、评估、经纪等服务。根据指南编写组开展的调查问卷，大量中国投资者迫切希望通过咨询获得进一步信息和交流。75%的中国投资者希望得到商业咨询，63%的中国投资者希望得到境外投资成功或失败案例信息，56%的中国投资者希望得到政策咨询。但中国企业通过中介机构和通过政府推介的对英选择投资途径的比重显然过低。

为使中国企业赴英投资能够有效识别和防范各种潜在的投资风险，包括商业风险、金融风险、社会风险、环境风险等，建议中国企业赴英投资要高度重视金融、法律、财务、商业咨询等各类专业中介服务的力量和价值，发挥专业服务机构的纽带作用。中介机构经验丰富，熟悉英国市场动向、工商税收政策和相关风险评估，可为中国企业走出去提供各类便利服务，大大提高投资效率，节约企业投资和营运成本。

法律方面，苏格兰、英格兰和威尔士及北爱尔兰是独立司法管辖区域。苏格兰法律制度混合普通法和民法，而英格兰、威尔士及北爱尔兰只有普通法制度。这就需要赴英投资的中国企业熟悉和了解英国相关法律法规，如基本公司法、金融服务法规、竞争法、知识产权法、税收法等法律。只有熟知英国法律，了解英国商务文化、用工制度、劳务模式，才能更好地开展投资合作。聘请熟悉当地情况的律师事务所可利用其专业优势协助中国企业熟悉当地法律，并指导投资活动，提供全方位服务，规避法律风险，保障预期利益。

从融资角度看，为控制投资风险并成功实现投资预期回报，也应尽早开始与经验丰富的融资机构合作。金融机构具备的金融专业知识及对投资项目的把握和金融工具的合理运用将为投资人带来商业价值。

财务方面，计划前往英国投资的企业应尽早考虑向专业会计事务所获取专业的税务及财务咨询意见。由于投资目标国家的税收及目标公司的财务情况差异很大，可能影响到投资策略，会计师事务所和律师事务所可以设计合理的商业投资架构。

商业咨询公司也是促进中国企业对外投资的重要中介力量。特别是在投资意向阶段和在投资过程中，商业咨询对于中国企业最终做出投资决策发挥着关键作用。

3. 熟悉签证便利化政策

中国公民前往英国需要申请签证。英国不属于申根签证区。英国在北京、上海、广州、重庆、成都等12个城市设有签证中心。签证申请人需在线填写及提交申请表格，预约签证中心及签证时间，并支付签证费用。据统计，英国签证与移民局在2013年为中国申请者签发了超过29万份访问签证。纵观全部签证类型，96%的签证申请者能成功获签。目前，英国处理非定居类签证的平均时间是7.2天。英国正全力改进签证程序并为赴英投资者提供便利化服务，如快速签证服务（3～5个工作日内完成受理）、黄金时间服务（提供非正常工作时间的签证服务）、护照返还服务（允许您在签证申请递交时取回护照，以便申请英国签证的同时可以申请其他国家签证或出国旅行），以及VIP上门签证服务（到您工作单位采集指纹和拍摄数码照片，同时收取申请表和申请材料并进行审核）。

更多信息可以参考英国签证中心页面：http：//www. vfs-uk-cn. com/smplchinese/additionalservice. html。

4. 提升企业在英国竞标能力，建立快速商业决策机制

英国很多投资并购项目都是通过公开的商业招标过程完成。根据指南编写组开展的调查问卷，60%

的被调查中国企业觉得中国企业竞标能力一般。为适应这种局面，中国企业需要全面提升在英国的竞标能力，克服语言、商业文化、法律法规方面的各种障碍。中国企业参与英国兼并收购项目的招标需要借助律师事务所、会计师事务所和咨询公司的专业支持服务，制定有竞争力的、符合英国市场需求的项目标书和竞标方案。中国公司也需要培养一批善于在英国竞标的专业化、国际化人才。在竞标成功后，需要根据英国市场的快速反应要求在短期内迅速制定商业决策，开展投融资活动并迅速通过国内相关审批程序。特别是英国的很多商业性的招标项目往往需要在规定时限内完成交易程序，如果项目投标、竞标缺少快速的决策机制，很可能会错过投资的最佳时机。建立快速商业决策机制，关键是要全面掌握英国市场信息，做出符合市场变化规律的、具有时效性和前瞻性的决策。当然，中国企业也需要通过与英国政府、非政府组织、在英中资企业等广泛合作，结合实际制定符合自身发展的策略。

案例十六：北京水晶成功竞标伦敦奥运会数字图像业务

水晶石数字科技有限公司现已成为亚洲数字视觉展示行业规模最大的企业。2009 年 3 月水晶石通过国际招标击败其他 16 家英国本土企业或欧洲企业，成功成为 2012 年伦敦奥运会数字图像服务供应商。所提供的服务包括场馆设计可视化模拟、宣传推广数字影像制作、体育演示等科普教育传播、开幕式及所有仪式的数字内容等。成功竞标的主要原因是：成本合理；具有能够实激励和鼓舞下一代年轻人的领先技术和创新能力，并符合伦敦奥运会的目标，参与大型运动会的丰富经验，具有跨文化、跨领域的组合团队。

5. 加强在英国投资后的本土化运作

中国企业在英国开展本土化运作，努力为当地提供就业，是投资英国取得成功的关键因素，也是中国企业进入英国市场后的必然选择。

本土化要着眼三个方面：一是投资模式的本土化。在英国投资面临的市场环境、政策环境、商业文化都与中国国内有很大差异，需要中国企业不断推进投资模式的本土化，摸索出符合英国实际的投资模式。二是管理体制的本土化。在对英国进行投资过程中，必然需要雇佣和使用英国本土人才。在人才使用理念、企业管理方式上，中英之间差距较大，中国企业要注重利用英国良好的企业管理环境，学习借鉴英国的先进管理体制。三是产品服务的本土化。赴英投资的中国企业要想在英国站稳脚根，就需要生产出满足当地社会需要的产品，提供符合当地需求的服务。

案例十七：雷士照明利用本土团队开拓欧洲市场

2008 年金融危机期间，雷士照明收购了英国一家排名前列的照明销售企业，通过两三年整合，现在雷士照明产品已进入了当地主流市场渠道，备受客户认可。2012 年伦敦奥运照明工程就采用了雷士照明产品。该年度其销售额达到 2 500 万英镑，还计划将在 2015 年扩大英国生产基地规模。迅速本土化、竞标能力提升、技术创新和专业服务创新是雷士照明成功的重要因素。雷士照明进入英国后，打造了一只本土化的团队——其管理团队中仅有一位中国董事，而 80 余名员工多为本土员工。在薪资、福利、发展机会等各方面充分考虑当地市场水平。雷士照明英国拥有自主采购权以及自己的设计团队，运用本土化团队的管理、物流、采购等全方位经验，制造面向英国本土及欧洲市场需求的产品。

中国企业赴英投资，实现本土化的根本目标是不断增强对英国市场的适应性，提高与英国市场的融合度，实现互利共赢相互促进的战略定位。如果中国企业在英国为投资所在地区的就业做出贡献，必然会受到当地政府和社会欢迎。

6. 尊重当地社区，主动与工会协调关系

英国有着强大的工会和良好的社区治理体系。中资企业在英国的挑战之一是如何融入当地社区并与工会沟通和协调关系。要想在对英投资过程中提升自身适应性，就需要深入了解英国社会治理体系。例如了解雇员的法律权利和责任，帮助企业更好地处理与雇员的关系，了解如何激励团队可以确保建

立积极向上的精神和员工的忠诚度。为此，中国企业需要了解并尊重当地文化和习俗，尽快融入当地社会，处理好与当地居民的关系。英国是多元文化社会，民族宗教包容性强，社会宽容。促进中英两国的企业文化交流与融合，对深化投资合作关系大有裨益。中国企业也要积极向当地居民宣传中国文化和中国企业，建立与英国居民更加积极和谐的关系。

7. 积极开放地与媒体打交道

英国市场高度开放，媒体对市场的关注度很高。英国媒体产业高度发达，是世界信息传媒强国。英国各种媒体产品具有巨大的社会影响力。拥有全球化经营经验的公司非常重视参加研讨会和媒体曝光，既能提高知名度，也可向业界投资者和公众展示公司的情况，提高可信度。

中国企业赴英投资前，应及早做好准备与当地媒体打交道。要从长远角度考虑，积极准备应对各类挑战。积极做好公司宣传，为公关打下基础，聘请在英国市场声誉良好的顾问团队，对可能发生的危机事件做好准备，并主动与英国当地媒体打交道，逐步建立信任关系，借助媒体在当地工商界提高公司的知名度，树立公司具有建设性的形象。在遭遇不公正的舆论压力时，应注重宣传引导，通过媒体与大众交流，争取改变其原有态度。面对问题，也要勇于承担责任，不断积累经验，完善企业治理体系，树立良好的舆论口碑。

案例十八：吉利收购伦敦黑色汽车出租车制造商锰铜

伦敦标志性黑色出租车制造商锰铜，在被迫召回约400辆转向箱出现问题的出租车后，于2012年10月被托管，并开始寻找买家。其时吉利已拥有锰铜20%的股权，并在中国共建了合资企业生产黑色出租车，成为了潜在买家。但挑战是英国媒体已广泛报道早前使锰铜陷入召回事件并接受托管的问题转向箱是由一家中国企业供应，并称这家企业当初由吉利介绍给锰铜。根据其专业公关咨询公司制定的媒体战略，吉利积极与媒体展开交流，更正了问题组件来自于吉利供应链的流言，展示出吉利将成为优秀的英国公民企业和负责任的潜在买家。吉利高层积极与伦敦负责交通的副市长和其他高级政府官员及工会领袖会面，讲述针对锰铜制定的业务计划，以确保得到利益相关方支持。吉利收购最终赢得了英国全国性及地方媒体的正面报道。伦敦市长评论这项收购“成功保障”了伦敦出租车未来。工会也保住了锰铜员工的工作。收购结束后，吉利主席李书福组织了英国之行，与伦敦市长及伦敦出租车工会代表会面，阐述了吉利对伦敦出租车行业的规划。吉利与媒体进行了进一步沟通，安排了《星期日泰晤士报》独家专访及《伦敦标准晚报》全页专访，报道将李书福誉为“中国的亨利·福特”。

8. 加强保护知识产权意识

英国对知识产权保护非常重视，相关法制比较健全。在英国，知识产权所有者享有多项权利。所有英国的知识产权同时受到欧盟各种规则及指令的保护。外观设计、地理标识、保密信息以及数据保护等也属于知识产权范畴的特殊权利。中国企业投资英国要高度重视知识产权保护，妥善处理技术专利问题。中国企业很多技术是20世纪八九十年代从西方国家引进，消化吸收后虽然产生了一些自主知识产权，但到英国开发市场时，很可能会与许可方的市场发生冲突，有可能会被起诉。中国企业要想在英国投资，对知识产权的保护是一项极为重要的工作。中国企业要加强与国内外权利人的沟通协调，及时提供知识产权方面的信息咨询和公共服务，在企业并购、技术交易等经济活动中强化知识产权审查机制，避免自主知识产权流失。

9. 开展环境影响评价，主动保护生态环境

中国一系列对外投资政策法规均要求，“走出去”的企业和境外合作项目，要履行社会责任，造福当地人民。英国环境优美得益于其良好的环境保护意识和行动。英国目前倡导全球应对气候变化，发展低碳经济。中国企业在英投资要依法开展生态环境影响评价，保护当地生态环境，遵守当地环保标

准。企业对生产经营产生的三废和其他影响环保的因素，要有环境保护处理设施。要引导赴英投资的中国企业积极履行环境保护社会责任，树立中国企业良好对外形象，支持英国的可持续发展。鼓励中国企业使用英国的综合环境服务，建立健全环境保护培训制度，向员工提供适当的环境、健康与生产安全方面的教育和培训，使员工了解和熟悉英国相关环境保护法律法规规定，掌握有关有害物质处理、环境事故预防以及其他环境知识，提高企业员工守法意识和环保素质。

(五) 中英相关政府部门与投资促进机构

中国企业赴英国投资涉及投资前国内相关政府管理部门的管理程序和英国对外资企业的管理流程。鉴于中国与英国的法律体系、行政管理程序、投资促进方法等方面的差异，因此双方的有关部门和机构职能各具特点，具体参见表4－5－5。中国企业赴英投资应熟悉中英两国的投资管理和投资促进体系。

表4－5－5　　中国企业赴英投资相关信息一览表

投资主体	在中国境内依法成立、获准可以对外进行投资的中国企业	
投资方式	在英国申请成立新的公司，以入股形式参与当地企业投资、进行企业并购等	
管理主体	中国	国家发展改革委外资司、商务部对外投资和经济合作司、国家外汇管理局、国务院国资委等
	英国	英国商业、创新与技能部（BIS）等
投资类型	绿地投资、并购、技术研发合作等	
主要政策法规	中国	《境外投资项目核准和备案管理办法》《中央企业境外投资监督管理暂行办法》《企业境外所得税收抵免操作指南》《境内机构境外直接投资外汇管理规定》
	英国	《欧共体条约》《尼斯条约》《海关法典》等（同样适用于英国投资者与外国投资者）
重点投资领域	基础设施、能源、研发设计、高精尖制造业、通讯信息技术、现代服务业、创意产业等	
投资程序	项目核准	第一步：发展与改革部门对境外投资项目的核准与备案； 第二步：商务部门对境外投资主体的核准与备案； 第三步：国家外汇管理局的用汇审核与备案
	英国准入	第一步：前期洽谈投资合作相关事宜； 第二步：注册企业或并购企业，开展投资，履行税收义务

1. 促进中国企业到英国投资的中国政策与机构

(1) 中国对企业境外投资的主要政策

关于境外投资项目核准和备案

2013年12月发布的《政府核准的投资项目目录（2013年本）》规定，中方投资10亿美元及以上项目，涉及敏感国家和地区、敏感行业项目，由国家发展改革委核准。

中央管理企业投资项目和地方企业投资3亿美元及以上、10亿美元以下项目，报国家发展改革委备案。

国内企业在境外投资开办企业（金融企业除外）事项，涉及敏感国家和地区、敏感行业的，由商务部核准；其他情形的，中央管理企业报商务部备案，地方企业报省级政府备案。

按照规定由国务院核准的项目，由发展改革委审核后报国务院核准。核报国务院核准的项目、国务院投资主管部门核准的项目，事前必须征求国务院行业管理部门的意见。

对中央企业和民营企业境外投资的政策

2008年商务部、外交部和国资委联合发布了《关于进一步规范我国企业对外投资合作的通知》，通知要求中央企业要进一步增强社会责任意识，成为依法经营、诚实守信的表率，节约资源、保护环境的表率，以人为本、构建和谐企业的表率，成为企业对外投资合作的榜样。2012 年 6 月国家发展改革委同外交部、工信部等 12 个部门发布了《关于鼓励和引导民营企业积极开展境外投资的实施意见》，从加强宏观指导、切实完善政策支持、简化和规范境外投资管理、全面做好服务保障和加强风险防范、保障人员资产安全等五个方面提出了鼓励和引导民营企业开展境外投资等 18 条措施。

引导企业在海外注重环境保护

2013 年 2 月 18 日，商务部、环境保护部发布了《对外投资合作环境保护指南》，从三方面对企业对外投资合作的环境保护行为进行规范和引导：一是倡导企业履行环境保护社会责任，尊重东道国宗教信仰、风俗习惯，保障劳工合法权益；二是要求企业遵守东道国环境保护法律法规，履行环境影响评价、达标排放、环保应急管理等环保法律义务；三是鼓励企业与国际接轨，研究和借鉴国际组织、多边金融机构采用的环保原则、标准和惯例。

（2）国家发展改革委外资司和地方发展改革部门核准与备案

中资企业赴英投资，主要由国家发展改革委外资司和地方发展改革部门依据相关法律、法规对境外投资项目进行审核和备案。

国家发展改革委外资司主要职责：提出我国境外投资的战略、总量平衡和结构优化目标，拟订中长期发展规划、年度计划；研究协调有关利用外资和境外投资的重大政策，参与研究对外开放的重大问题；研究提出利用外资、境外投资管理体制改革的建议；起草利用外资、境外投资的有关行政法规和规章，参与有关对外开放的法律、行政法规的起草；负责中国全口径外债的总量控制、结构优化和监测工作，研究提出防范外债风险措施；负责组织编制国际金融组织贷款、外国政府贷款和国际贷款规划，提出相关备选项目；参与审核利用国外贷款重大项目；指导和监督国外贷款资金的使用；参与审核外商投资重大项目；负责外资项目进口设备免税确认工作；审核重大境外资源开发类和大额用汇投资项目；负责拟订境外投资用汇规划；组织协调多双边投资合作工作等。

更多信息，请访问国家发展改革委外资司网站：http：//wzs. ndrc. gov. cn。

（3）商务部对外投资和经济合作司核准与备案

商务部和省级商务主管部门对企业境外投资实行核准。商务部建立“境外投资管理系统”。对予以核准的企业，颁发《企业境外投资证书》。该《证书》由商务部统一印制，实行统一编码管理。其相关职责包括：

①组织、协调实施“走出去”战略；指导和管理对外投资、境外加工贸易和研发、境外资源合作、对外承包工程和对外劳务合作（含公民出境就业）等对外投资和经济合作业务。

②起草对外投资和经济合作法律、法规，拟订相关部门规章和保障、监管等制度；会同有关部门提出财政、金融、保险、外汇、出入境等促进政策的建议；拟订并组织实施对外投资和经济合作业务的发展战略及规划。

③依法核准境内企业对外投资（金融类除外）并实施监督管理；制定国内企业开展对外投资和经济合作（含境外就业）的资格标准和管理办法并组织实施，规范对外投资和经济合作经营秩序。

④监测、分析对外投资和经济合作运行情况，制定和完善对外直接投资、对外承包工程和对外劳务合作等统计制度并组织实施。

⑤牵头研究、拟订重大战略性项目的规划布局和支持政策，统筹协调项目实施。

⑥拟订对外投资综合绩效评价和年检办法、对外承包工程企业分级分类管理办法并组织实施；指导对外劳务合作企业信用等级评价工作。

⑦开展对外投资和经济合作方面的多、双边交流与合作，建立相关机制，商谈落实政府间合作项目；建立重点产业、企业联系制度，指导重大对外投资和经济合作项目实施。

⑧会同有关部门负责对外投资和经济合作境外安全保护和突发事件处置工作；负责牵头外派劳务

(含境外就业人员)的权益保护相关工作。

⑨指导、组织、协调境外经济贸易合作区建设的相关工作。

⑩指导和管理对外投资和经济合作方面的相关培训工作。指导对外投资和经济合作促进工作。

详情请访问商务部对外投资和经济合作司网站：http://hzs.mofcom.gov.cn。

(4)外汇主管部门的外汇审核与备案

企业获国家发展改革委和商务主管部门许可后凭有关文件向所在地国家外汇管理局申请办理境外投资外汇登记，之后直接到银行办理境外投资购付汇手续。外汇管理局审核与备案流程见图4-5-15。

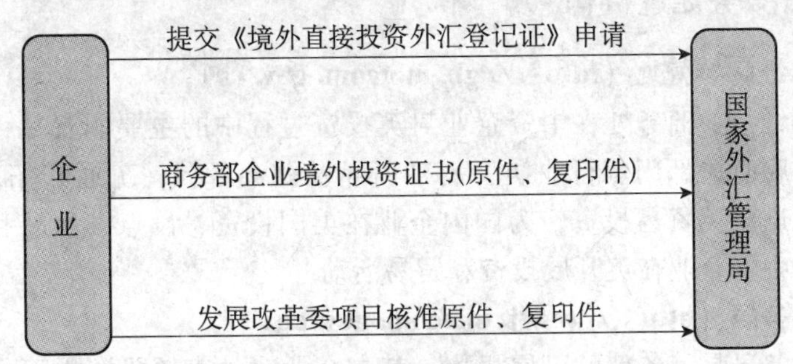

图4-5-15 外汇管理局审核与备案流程

申请《境外投资外汇登记证》

国家外汇管理局负责对外投资项目的外汇登记、汇兑管理及相关统计监测。企业向所在地国家外汇管理局分支局提交境外投资外汇登记申请，申请时一并提交商务部、国家发展改革委等境外投资主管部门或金融类主管部门对项目的核准文件原件和复印件等相关资料。外汇管理局审核并颁发《境外直接投资外汇登记证》，期限为5个工作日。

购汇汇出

凭境外直接投资主管部门的核准文件和境外直接投资外汇登记证，直接在外汇指定银行办理境外直接投资资金购汇汇出手续。外汇指定银行进行真实性审核后为其办理。

2. 英国相关机构

多数在英外国投资并不受到管制。英国政府并没有负面清单；遵循“无障碍，亦无特殊优待”的原则，外国投资者可享有准入前国民待遇。在敏感领域如防务以及有额外监管要求的领域如能源、银行、媒体及金融服务投资，英国国内及境外投资者都需要取得相关批准。对一般投资者而言，以下机构与英国商业政策及投资行为较为相关：

英国商业、创新与技能部(BIS)(https://www.gov.uk/government/organisations/department-for-business-innovation-skills)

英国商业、创新与技能部是英国的主要经济管理部门之一，全面负责管理工业和贸易、科技、国际贸易政策和促进出口政策等，其主要职能包括：国内贸易、对外贸易、双边投资、区域经济合作、对外谈判、知识产权保护、市场秩序维护以及欧盟内部政策谈判与协调和欧盟外部的多双边政策谈判协调等。

英国贸易投资总署(http://www.uktradeinvest.gov.uk)

英国贸易投资总署(UKTI)是BIS下属的为在英国新设企业或拓展业务等事项提供全面的专业服务的政府部门，下设六个司局。其提供的服务主要包括：对重要的商业事项提供咨询；进行综合地区和位置选址分析，以帮助外国公司选择合适的开业地点；介绍产业关系网络，例如行业龙头企业、商会、大学及其他著名的研发中心；通过研发项目支持跨国公司在英国承办研发活动；通过研发合作项目协助外国与英国的公司建立起技术合作；通过全球企业家项目帮助外国企业家在英国开发商业机会；

通过投资商开发网络向已在英国开业的公司提供持续支持。UKTI 在北京英国驻华大使馆以及英国驻上海、广州、重庆领事馆都设有机构，可以为中国赴英投资的企业提供大量的免费服务。

英国税务海关总署（http：//www. hmrc. gov. uk）

英国税务海关总署（Her Majesty's Revenue and Customs）是英国政府的非部长制政府部门之一，主要职责包括征收税项（直接税：包括所得税、公司税（CT）、资本增值税（CGT）、遗产税；和间接税：包括增值税、印花税等）、进口管制等。

3. 中国对英投资服务促进机构

中国驻英国大使馆经商参赞处（http：//gb. mofcom. gov. cn）

中国驻英国大使馆经济、商务处在中资企业对英投资过程中的主要职责是：宣传国际经济合作等商务政策；联系英国政府有关部门、行业协会、工商界及社会各界，疏通和拓展中英经贸合作渠道，扩大对英经贸合作；促进对英贸易投资，为国内企业在英国投资、设点、参展和举办洽谈会等各类经贸活动提供服务；协助中资企业在英开展投资和贸易活动。

商务部投资促进事务局（http：//tzswj. mofcom. gov. cn）

商务部投资促进事务局是商务部的下属机构，其在企业对外直接投资方面的主要职能有：为企业对外投资提供相关服务，促进中外企业间的双向交流合作，提升我国企业国际化经营水平；受商务部委托，承担下述工作：①负责对外投资的促进工作；参与拟订并具体执行对外投资促进战略、规划及指导性意见。②指导并参与全国投资促进机构联席会议的工作；指导各地投资促进机构的工作。③进行与对外投资的相关专题调研。④组织实施跨地区大型“走出去”政策宣传推介活动。⑤代表商务部参加世界投资促进机构协会并开展相关工作。

中国国际贸易促进委员会（http：//www. ccpit. org）

中国国际贸易促进委员会（简称“中国贸促会”）是由中国经济贸易界有代表性的人士、企业和团体组成的全国民间对外经贸组织，开展促进对外贸易、利用外资、引进外国先进技术及各种形式的中外经济技术合作等活动，促进中国同世界各国、各地区之间的贸易和经济关系的发展。目前，中国贸促会已同世界200多个国家和地区的工商企业界建立了广泛的经贸联系，与300多个对口组织签订了合作协议，并同一些国家的商会建立了联合商会；同时，中国贸促会还在16个国家和地区设有驻外代表处。中国贸促会、中国国际商会及其所属业务部门已经加入许多国际组织，其中包括世界知识产权组织、国际保护工业产权协会、国际许可证贸易工作者协会、国际海事委员会、国际博览会联盟、国际商事仲裁机构联合会、太平洋盆地经济理事会、国际商会等。

中国国际投资促进会（http：//cciip. org. cn）

中国国际投资促进会（以下简称“投促会”）是经国务院批准成立，由商务部主管的、在民政部登记注册的具有独立法人地位的全国性投资促进机构。根据中国的经贸战略，充分发挥社团组织的作用，整合全国的投资促进资源和力量，建立全国性的经贸投资促进平台；促进中国参与区域经济一体化战略的实施，实施中国政府制定的投资促进战略；为促进中国企业到海外投资、参与国际经济技术合作提供有效服务；实现资源共享，协调发展，为繁荣经济、促进社会进步服务。投促会拥有一支专业化的工作团队和由业内资深人士组成的顾问团队，并与众多国际组织、社会团体、投资促进机构建立了战略合作伙伴关系，投促会的高端策划和协调实施能力以及拥有的国内外各方资源，使之成为中国投资促进领域一支有活力、有前途、有作为的力量。

4. 英国促进中国企业对英投资的服务机构

英中贸易协会（http：//www. cbbc. org. cn）

英中贸易协会（The China-Britain Business Council）是由英国政府和工商业界共同支持的非盈利性

对华经贸促进机构，协助中国企业开拓英国业务，是中英两国政府历来推崇的最重要的双边贸易促进机构之一。其主要职能是促进中英双边贸易和经济技术合作。英中贸易协会是会员制机构，面向会员提供市场商情、组织定制的会员活动，并推出各类商务服务优惠价格。协会拥有近千家会员单位，专业服务团队覆盖了英国和中国大部分地区。英中贸易协会还做了面向中国企业介绍英国商机的专题报告——《投资英国》。

伦敦发展促进署（http：//www. londonandpartners. com）

伦敦发展促进署是伦敦市官方发展促进机构，负责大伦敦地区的投资、旅游和教育在全球的推广和促进工作。该机构是由伦敦市长和其商业合作伙伴提供资金支持的非营利性的政府机构。伦敦发展促进署可以协助外资企业迅速高效地在伦敦创办企业，以最低的成本实现企业在伦敦落地。伦敦发展促进署不仅为大型跨国企业提供服务，也为尚处在起步阶段的中小企业提供服务。其提供的服务主要有落户、招聘员工、融入当地社区、打造商业网络、商业论证、提供优惠价格的办公场所和拓展业务。伦敦发展促进署在北京、上海均设有代表处，可以为中资企业赴英投资提高便利的服务。

伦敦金融城（http：//www. cityoflondon. gov. uk）

伦敦金融城不仅是英国及伦敦市的经济心脏，也是全球领先的金融、商业和经济中心。英国金融城政府则是支持和推广金融城及城内企业的机构。机构为打造伦敦成为世界一流金融、贸易城提供支持，同时也给那些在金融城旅游、居留、工作的人提供服务。伦敦金融城在北京、上海的办事处同样拥有与在伦敦一样的国际化团队，他们可以提供金融策略、专业领域的服务。该机构所提供的服务主要是：负责联系并推荐中英专业化的金融服务机构；举办圆桌会议以及研讨会；为研究报告金融板块提供支持；发行中国金融服务新闻周报；以及为中国政府官员、监管者和金融领域的先行者提供支持。

5. 金融支持机构

国家开发银行（http：//www. cdb. com. cn）

大力支持基础设施、基础产业和支持产业建设，如：煤炭、电力、石油石化、铁路公路、公共基础设施、农林水利以及邮电通信等一大批中国国家重点项目建设。主要经营理念是商业化的运作，运用开发性金融理念和方法，发挥政策性银行在中长期融资的优势，为投入高、回报周期长的新兴产业提供支持。近年该行在推进国内企业“走出去”方面发挥了不可替代的作用，特别是对一些国家具有战略性的产业企业进行境外投资提供了融资、项目评估和咨询等一体化的服务。

中国进出口银行（http：//www. eximbank. gov. cn）

主要职责是扩大中国机电产品、成套设备和高新技术产品设备进出口，主要服务领域涉及船舶、通信、制造、纺织、汽车、机械、家电及农产品等，同时进行保函、保理等相关业务，推进中国优势产业、项目进行境外投资，促进国际经济贸易合作。所转贷的外国政府贷款国别和国际金融机构覆盖23个国家和7个金融机构。2012年资产总额达到1. 55万亿元，贷款总额为1. 18万亿元，负债总额为1. 53万亿元，实现37. 9亿元净利润，穆迪、标准普尔、惠誉三大评级机构予其的国际信用评级都与中国主权评级相同。

中国出口信用保险公司（http：//www. sinosure. com. cn）

中国出口信用保险公司是由国家出资设立、支持中国对外经济贸易发展与合作、具有独立法人地位的国有政策性保险公司，于2001年12月18日成立，已形成覆盖全国的服务网络。公司为对外贸易和对外投资合作提供保险等服务。业务范围包括中长期出口信用保险业务、海外投资保险业务、短期出口信用保险业务、与出口信用保险相关的信用担保业务和再保险业务、应收账款管理等出口信用保险服务及信息咨询业务等。海外投资保险业务是中国信保为鼓励投资者进行的海外投资而对投资者因投资所在国发生的汇兑限制、征收、战争及政治暴乱，以及违约风险造成的经济损失进行赔偿的政策性保险业务。在英国设有伦敦代表处，负责加强中国信保与投资英国和欧洲地区中国企业的联系与合作，支持中国企业国际化经营。

（来源：本部分内容编辑、摘录自英国驻中国大使馆经济处提供的《中国企业在英国投资指南》2014 年版）

六、丹麦投资指南

（一）选择到丹麦投资的原因——世界最佳经商地

丹麦是世界最佳的经商地，这不是丹麦的自我标榜。许多事实和数据证明了这一点：福布斯、世界银行、经济学人信息部等各种享有盛誉的国际报告年复一年地将丹麦评选为世界最适宜经商的国度[1]。

一个安全和金融稳定的天堂丹麦是金融稳定及透明的代名词。丹麦拥有强大的公共财政，其财政表现超越了欧洲邻国这点已经在IMD金融稳定压力测试[2]中得到证实。虽然丹麦的货币不是欧元，但其仍是欧盟中强大的成员国之一。

1. 高度透明，拒绝繁文缛节

根据世界银行报告，丹麦是世界上最易经商的地区之一[3]。丹麦的公共部门以服务质量、服务理念及积极处理事务的态度闻名于世。

丹麦的公共部门雇员则以清正廉洁闻名，这使得丹麦在国际透明度指数中继续名列前茅。

2. 一个低风险的选择

选择丹麦，投资者可在最大程度上降低短期与长期的风险：如果处于某些未预见的原因，如投资者的公司不得不减少或退出在丹麦的业务，有保障费用机制和丹麦灵活的劳动力市场可以使投资者在无须损失任何费用的前提下完成丹麦业务的减少或退出。但丹麦拥有的不仅仅是稳定和透明。

3. 丹麦主要情况介绍

国土面积：43 095平方千米（不包括法罗群岛和格陵兰岛）；人口：550万；首都哥本哈根人口

---

[1] 福布斯最新“最适宜经商国家”（2010），丹麦已经连续三年位列第一。经济学人信息部最新2008—2012最佳经商环境排名中，丹麦位居首位。

[2] 世界银行，2009（http：//data. worldbank. org/indicaror/IC. BUS. EASE. XQ）。

[3] 国际透明度，2009（http：//www. transparency. dk/nyheder/CPI2009_ Fuld_ oversight. pdf）。

180万（不包括马尔默地区）；货币：克朗（DDK）；失业率：4%～4.5%（2010年）。

（1）厄松地区——北欧/波罗的海地区城市群的领导者

厄松地区包括哥本哈根地区和瑞典南部地区，该地区的厄松大桥连接丹麦和瑞典两国。厄松地区是斯堪的纳维亚人口最多的区域，并连接其他北欧的消费者。它拥有斯堪的纳维亚最大的高素质劳动力储备。厄松地区还拥有斯堪的纳维亚地区最大且最成功的生命科学和信息通信技术产业。另厄松地区的科学产出位于斯堪的纳维亚地区的前列。

（2）毗邻8 200万德国消费者

德国与丹麦在丹麦西部地区接壤，那里的丹麦人精通德语，可确保多重业务的开展。丹麦东部的波罗的海将建造一条隧道与德国连接，使得从哥本哈根到柏林的运输时间缩短了大约1个小时。

（3）"医药谷"

"医药谷"是一个生命科学产业群，横跨厄松地区，拥有几百家生命科学公司、大型院校和医院。其年销售额134亿欧元，占丹麦GDP的5%以上。

（4）"您的地区公司总部"

越来越多的公司通过立足丹麦节省了覆盖北欧和波罗的海区域的业务成本。包括Biogen Idec、IBM、欧莱雅、戴尔、壳牌、索尼和Max Mara在内约3 400家知名国际公司在哥本哈根地区设立了研发中心、地区总部、共享服务中心或开展销售活动。

（5）北欧总部—快速对比

表4－6－1

	哥本哈根	斯德哥尔摩	奥斯陆
最宜生活和工作的城市排名	2	6	18
最易经商的城市排名	6	18	10
办公室租赁	333	522	456
企业税	25%	26.3%	28%
英语熟练度（根据国家排名）	1	21	16
大城市地区人口	2 541 813	2 019 182	1 403 268
雇主解雇前必须与工会协商	不需要，除非大规模解雇需要提前通知	任何情况下都需要	需要，如果雇主是关税协议的一方
后进先出原则？	不是，雇主有全部选择自由	是的	是的，如有是客观正当理由，可例外
雇主必须重新雇佣原员工？	不需要	是的	是的，如果该员工在公司已经工作超过两年

4. 丹麦优异的投资环境

（1）高素质和积极进取的员工

丹麦年轻人中，96%的人受过中等教育，47%的人受过高等教育。丹麦人还拥有良好的语言技能：英语综合熟练度排名世界前三位[1]。丹麦人中，80%的人会说英语，53%的人会说德语，25%的人会说瑞典语，10%的人会说法语。此外，丹麦劳工拥有世界最高的劳动意愿度和很高的员工满意度。在丹麦就读的国外博士生2000—2008年间增长了250%，部分原因是由于政府支持的工业博士项目亦面向国外学生。此外，许多出版刊物印证了丹麦的大学和私营企业在研究领域的独特互动机制。

[1] 10. IMD WCY, 2009.

（2）灵活的雇佣和解雇模式

研究再次显示，丹麦拥有欧洲最灵活的雇佣和解雇规则。70% ~80% 的丹麦劳工参与了失业保障计划，该计划结合政府赞助的社会保障网络及灵活的雇佣和解雇模式，组成了丹麦“灵活保障”的核心。根据惯例，公司有权在提前三个月通知员工的前提下，可不承担离职成本而解雇员工。

（3）成本效率

丹麦灵活保障不仅仅使新投资者的沉淀成本明显减少，与其他国家如德国和瑞典相比，还能使他们更为灵活地进行计划和调整生产规模。丹麦的雇主不需要支付社会保障金（除了仅支付每名员工每年 1 000 欧元的费用），而在德国和瑞典的雇主则需要支付工资的 30% 作为社会保障金。

丹麦的办公室租赁成本和企业税是斯堪的纳维亚地区最低的，亦低于欧盟平均水平。允许商业成本的抵扣和折旧，更大幅度地减少了有效税费。丹麦亦提供了世界最低的数据和无线通信费率，以及具有竞争力的薪资水平，尤其针对管理人员和科学家。

（4）外国人的选择

除了对外语的精通，丹麦人亦以不刻板、随和、独立和高效而闻名。根据幸福指数排名，丹麦人连续多年被评为世界上最幸福的国民。作为生活幸福指数的重要参照标准，丹麦首都哥本哈根是世界上最具魅力的城市之一[1]。哥本哈根连续三年被著名生活杂志 Monocle 评选为世界上最宜居住的两个城市之一。符合条件的欧盟成员国公民和非欧盟成员国公民都可在五个星期内获得居住和工作许可、丹麦银行账户及丹麦民事登记代码，亦可享受丹麦福利服务，包括医疗保健和教育。此外，丹麦还有多个非常具有吸引力的外国雇员税务计划，包括可享受 25% 的低廉收入税。

（二）丹麦优势产业

1. 世界能源和清洁能源技术领域的创新领导者

丹麦在新能源产业拥有完整的产业链。政府制定了 2050 年完全实现“碳中和”的政治目标，为清洁能源领域提供许多发展机会。丹麦的领先技术包括陆地和海上风能、生物质能等可再生能源，智能电网和水污染处理等新兴产业。

丹麦公司控制了全球 1/3 的风能市场，大约 20% 的丹麦电力来自于风力发电，风力发电量占总发电量的比例几乎是排名第二位国家的两倍。丹麦的港口、生产和物流公司为北部及波罗的海的海上风力发电机组部署提供了完美的平台。丹麦的风能产业群拥有 200 多家公司，投资者可获得大量研发人才。丹麦是首批在商业可行性基础上进行开发第二代生物燃料的国家，并在能源功效方面处于世界领先水平，获得比欧盟其他成员国更高的每瓦单位国内生产总值。丹麦拥有几十年在智能电网中整合风能和分布式能源的经验，并对其未来发展进行了大量投资。

（1）全球清洁能源技术的热土

丹麦从最初 99% 依赖于国外石油燃料，到如今能源完全自给自足。自 1973 年石油危机后执行了三十余年的能源聚焦政策，使丹麦在清洁能源领域处于世界领先地位。

丹麦社会的发展验证了可持续发展与消耗增加及经济增长的并存。在过去的 25 年间，丹麦在经济增长了 70% 的同时保持了能源消耗总量基本不变，二氧化碳的排放量也持续降低。

（2）清洁能源技术是丹麦增长最快的领域

近三年来，清洁能源技术是丹麦出口增长最快的领域，预计在今后的 4 ~5 年中，清洁能源技术的出口额将增至现在的 4 倍。目前，在全国 550 万人口中，有超过 6 万名员工受雇于 720 家清洁能源技术

---

[1] Mercer 2010 年生活质量调查（http：//www. mercer. com/qualityoflivingpr）。

公司，市值已接近 100 亿欧元。此外，有超过 46 家的研究机构专注于清洁能源技术领域的研发。

丹麦政府是该产业强有力的支持者，正不遗余力地采取大量措施，为实现其完全脱离石油燃料的绿色成长经济的长期目标而努力。政府还制定了雄心勃勃的短期目标，即：到 2011 年年底，丹麦的再生能源消耗要占到国家能源总消耗的 20%；2020 年年底再生能源占总能源消耗比例达到 30% 以上（比欧盟 20% 的目标高出 10%）。2020 年年底交通部门亦有使用再生能源占总能源消耗比例为 10% 的规定目标。丹麦是全球第一个制定以 2050 年完全脱离石油燃料为目标的国家。

（3）世界领先的风能中心

丹麦是全球风力发电之都，许多全球风力发电机制造商在丹麦建立了研发和创新中心。价值链各环节的互动和以用户为本的创新机制使丹麦的风能产业在全球首屈一指。2009 年，全世界约 20% 的风力发电机组由丹麦公司提供，全世界 90% 以上的海上风力发电机组由丹麦生产或使用丹麦基础配件和安装解决方案。

丹麦是世界领先的风力发电机研发中心。丹麦大学院校、研究中心和全球风能公司间的紧密合作，结合独特的子供应商价值链，丹麦风能中心是开展先进研发活动的理想场所。

优越的研发位置

基准研究所示的是丹麦与欧洲其他地区在风力发电机产业研究领域的地域性比较。基准比较分析结果清晰地表明，根据研发标准分析，从成本及质量两方面考量，丹麦是风机产业研发极具竞争力的区域。

海上风能据点

在海上风能领域，丹麦提供了贯穿整条价值链的丰富知识和能力，从设计开发到生产和安装。互补的石油和天然气产业为海上风能产业的应用提供了重要的知识参考。

风能协会——国家能源中心

丹麦对风能的深入研究，促使了风能协会的成立，该协会是一个合作团体，成员包括：

- Riso，国家再生能源实验室；
- 丹麦水利研究所；
- DTU 丹麦技术大学；
- 奥尔堡大学。

上述几个研究中心共同组建了风能研究领域的国家电力中心，也因此成为该产业群的重要组成部分。

风能领域的专业教育

丹麦的大学和研究中心针对风能产业提供了专业风能工程师教育和各种培训课程。因此，国际风能公司在丹麦易获得高素质的雇员以及与专业院校和研究中心开展有价值的合作。

国际风能产业公司

全球型公司，如丹麦维斯塔斯风力系统公司（Vestas Wind System）、西门子风能公司（Siemens Wind Power）、LM 风能公司、印度苏司兰能源公司（Suzlon Energy）和 Envision 能源公司，都在丹麦开展研发活动，因为成为丹麦风能产业群的一份子有着重大的全球意义。

位于丹麦的风能产业领先者维斯塔斯公司（Vestas）是丹麦清洁能源技术领域的先锋，共有 2 万余名从业者。丹麦在陆地和海上装机设备的开发领域扮演着重要角色，拥有全球最强大的产业群，并即将在丹麦安霍尔特岛海岸建造世界最大的海上风力发电场。

在丹麦开展风能活动的五大理由：

- 具备完整的子供应商价值链和专业服务；
- 具备高素质和经验丰富的专业人才，24 000 余人从业于风能领域；
- 具备拥有尖端技术及丰富产业合作经验的高等院校，以及世界级的研究和测试中心；

• 超过 67.2 亿欧元的行业整体营销规模确保了高水平的市场知识；

• 2009 年，全世界超过 90% 的海上风电系统是由丹麦公司参与设计、生产及安装的。

（4）智能能源系统的整合

丹麦是生命科学领域的主要成员，是多个全球制药公司［如诺和诺德（Novo Nordisk），伦贝克制药（H. Lundbeck）和利奥制药（Leo Pharma）］的所在地，也是众多在研发上处于强势地位的中小型生物科技公司所在地。就绝对数量而言，丹麦拥有欧洲规模第三大的商业药品开发生产线。丹麦生物技术领域的累计投资已达到 38.62 亿欧元，排名欧洲第二。丹麦生命科学板块同样包含了一个强大且具有创新力的医疗技术产业。在新产品设计以及诊断、治疗和护理解决方案的动态发展过程中，丹麦拥有技术高超且极具远见的公司、大学及公共卫生部门，使得丹麦的医药医疗技术产业和研究环境正呈持续增长之势。

2. 信息通信技术产业的领导者

丹麦是全球网速最快的国家之一，在信息通讯产业拥有最完善的基础设施和一流的研究团队。

丹麦的信息通信技术产业以先进高科技社会为中心，其特色包括世界级信息通信技术基础设施、世界最高的宽带普及度，以及拥有世界最佳电子成熟度的国民。丹麦研究机构的尖端创新能力使他们在当今和未来的全球技术版图上留下了印记。此外，丹麦开发、测试和全社会接受新技术的独特环境，使得其在新技术[1]的开发和应用方面排名世界前十。

3. 海运

丹麦是全球最大的船运和海上作业所在地，在悠久历史的基础上融入了顶尖科技。

（三）在丹麦创办企业

1. 概述

外国投资者在丹麦创办企业可选择多种方式。投资者可根据其商业需求，制定合适的投资方案。本节从两个方面介绍在丹麦创办企业的相关信息：

• 商业活动及其对应的公司形式；

• 关于公共有限责任公司（SE company）和经济利益集团（Economic Interest Grouping）（包括合资企业）这两种欧洲企业形式的具体条件。

在丹麦创办企业：

• 流程和手续快速、便捷，并符合成本效益；

• 通过新公司的在线登记注册服务，可以在几个小时内完成开业准备；

• 管理层成员无本国籍要求，包括执委会（执行总裁）、董事会或监事会；

• 股东会议和董事会可通过电子会议的形式召开；

• 无公证要求；

• 语言要求灵活：瑞典语或挪威语可以代替丹麦语进行有限责任公司的文件登记（上市公司、私人公司），部分文件可以用英语进行登记；

• 股息红利的获得和派发无需纳税；

• 丹麦公司法与当前欧盟实行的法律是一致的；

• 相较于其他北欧国家，在丹麦成立外资公司的北欧公司总部税负较低。

---

［1］资料来源：IMD 世界竞争力年鉴 2010。

2. 在丹麦开展商业活动及其公司形式的选择

公司形式的选择在很大程度上根据在丹麦拟开展商业活动的类型而定。一些类型的公司要求其商业活动有很高的公众知名度，而一些其他类型的公司更适合在丹麦开展投资活动（上市公司或私人公司）。此外，在丹麦成立公司的手续简单便捷，每天都可以上网进行在线操作。

（1）公司形式的选择

如上所述，在丹麦开设何种类型的公司一般根据拟开展的商业活动的类型而定。私人公司是投资者最常使用的公司形式；其他形式包括上市公司、分支机构和代表处也很常见。若启动资金有限，可选择新创企业（IVS）。

需要注意的是，分支机构的权责有限，一般只可开展筹备性和辅助性业务，如一般类的市场营销等商业活动。

（2）丹麦作为外资企业在欧洲或北欧国家分公司的总部

很多投资者将丹麦作为其公司在欧洲、北欧国家或地区商业活动的中心。这样做的好处是，根据丹麦独特的税务法律体系，外国公司在丹麦的分公司或分支机构通常不需要纳税。由于其他北欧国家并没有类似的税务法律，因此在丹麦成立海外公司总部成本更低、缴税更少。

另外，一家丹麦公司也可作为外国企业的北欧国家公司总部或在其他欧洲国家子公司的控股公司。那么，该公司汇入境和汇出境的股息红利也一般是免税的。股息红利的派发和获得无需纳税。

（3）公司形式概述（见表4－6－2）

表4－6－2

	上市公司 A/S	私人公司 ApS	分支机构	代表处
申请	大中型公司。只有A/S公司可以在哥本哈根股票交易市场上市	中小型公司。由于手续简单，常被用于跨国公司的全资子公司	用于为实现企业总部目的而在丹麦开展商业活动	通常适用于初期阶段，为了在丹麦创办更长久性的公司
登记	必须在丹麦商业和公司代理处进行登记	必须在丹麦商业和公司代理处进行登记	必须在丹麦商业和公司代理处进行登记	不需要在丹麦商业和公司代理处进行登记
所需注册资本	最低50万丹麦克朗。可以选择支付部分股本，最少支付注册股本的25%	最低8万丹麦克朗。可以支付部分股本，最少支付注册股本的25%或最低8万丹麦克朗	无最低注册资本要求	无
责任	有限责任	有限责任	总部完全负责	海外实体完全负责
管理	强制两层系统。至少3人的董事会和至少1人执行委员会（CEO），（董事会可以由监事会代替）	一层或二层系统。最少1人的执行委员会（CEO）。此外，可以任命董事会或监事会	至少1名分支机构经理需要注册	无要求
管理地点	对执委会、董事会和监事会成员的居住地无要求	对执委会、董事会和监事会成员的居住地无要求	对分支机构经理的居住地无要求	无要求
会计制度	经会计师审定的年度财务报表（亦可选择审计）	经会计师审定的年度财务报表（亦可选择审计）	无需准备分支机构的年度财务报表。需对总部财务报表副本进行备案	无需准备年度财务报表
税费	企业所得税税率25%	企业所得税税率25%	丹麦常设机构的收入需按照企业税25%征收	以税收为目的，代表处不被认为是常设机构，通常开展筹备性和辅助性业务

续表

	上市公司 A/S	私人公司 ApS	分支机构	代表处
创办企业	需要在丹麦商业和公司代理处登记	需要在丹麦商业和公司代理处登记	需要在丹麦商业和公司代理处登记	无要求
公司法	丹麦公司法	丹麦公司法	丹麦公司法	无针对代表处的公司规章

来源：Rønne & Lundgren 律师事务所。

(4) 创办公司较成立分支机构的优势

在海外进行商业活动最先需要考虑的事项就是商业活动的规模和性质，因为这会决定缴税义务和/或注册法人实体的责任等。

若开展的商业活动决定企业需要缴税，通常建议外国企业在丹麦成立公司，而非登记注册分支机构。

相比分支机构，成立公司更加简单、快捷，成本更低。

分支机构被视为外国机构的一部分。因此，外国机构的所有基本企业文件都必须进行翻译；成立的分支机构须在丹麦商业和公司代理处（Danish Commerce and Companies Agency）进行登记注册。但是，若创办一个公司，则不必翻译上述文件或进行登记注册。

此外，若外国企业希望将在丹麦开设的机构作为北欧国家公司总部，则必须在丹麦成立一家公司，因为在其他国家的分支机构不可作为在丹麦分支机构的下属或附属机构。若在丹麦成立公司，该公司可在其他北欧国家成立分支机构。

(5) 丹麦公司、上市公司或私人公司的成立方式

一共有以下三种方式：

- 在线注册登记；
- 通过丹麦商业和公司代理处的在线电子注册登记系统，几个小时就可完成新公司的成立手续；
- 纸质注册登记。

成立有限责任公司也可通过传统的纸质登记注册程序。在丹麦商业和公司代理处进行登记注册通常需要 2 ~3 周。在公司正式注册登记之前，创办人对公司的一切行为负有法律责任。

- 购买既属现成公司。

除了成立有限责任公司，还有一个方法就是通过购买现成公司。既属现成公司是指一个已经成立并注册登记，但之前没有开展任何商业活动的公司。然而，在线登记注册是最快捷和低成本，并最被经常使用的方式。

3. 会计制度

根据丹麦有关规定，企业必须任命一名审计员。企业的年度财务报告须由审计员进行审计。

但是，如果企业在第一个会计年度没有超过以下限制中的两条，则该企业可以在下一个会计年度不准备年度财务报告，也无须由审计员进行审计：

- 资金平衡表达到 400 万丹麦马克；
- 净营业额达到 800 万丹麦马克；
- 第一个会计年度期间公司拥有平均 12 名全职雇员。

该规定适用于公司的年度会议没有其他特别决议，并且公司满足上述条件中的两项条件。

4. 业务范围（举例说明）

(1) 制造业

外国公司在丹麦开展制造业业务有多种不同方式，可以建立独立的生产设备、购买或租赁生产设备、联系丹麦类似生产厂商代工。在丹麦成立的公司（上市公司或私营公司），通常选择建立生产设备或购买、租赁生产设备。

（2）服务业

在丹麦开展服务业业务通常通过配送中心、地区总部、共享服务中心等。开展服务业的公司通常为上市公司或私营公司，但分支机构或代表处也可以。

5. 其他公司形式

（1）欧洲公共有限公司（SE Company）

丹麦全面执行欧盟有关欧洲公共有限公司的相关规定。如果欧洲公共有限公司的官方地址在丹麦，则必须在丹麦商业和企业代理处登记注册，最低注册资本要求为 12 万欧元。另外，欧洲公共责任有限公司必须准备年度财务报告，并由国家认可的公共会计师或注册会计师进行审计（请参考上述“会计制度”）。在丹麦注册的欧洲公共有限公司需缴纳公司税，税费标准与上市公司和私人公司相同。

（2）欧洲经济利益集团（EEIG）

欧洲经济利益集团是由欧洲商务人士和/或企业结成的跨国合作伙伴关系，目的是在欧盟开展商业活动、积累资本。如果一个欧洲经济利益集团的总部在丹麦，则必须在丹麦商业和企业代理处登记注册，对注册资本没有要求。另外，须任命一名经理，并不要求建立独立的金融账户。

（3）新创企业（IVS）

2014 年，丹麦引入了新创企业。新创企业是一种有限责任公司，与私人公司类似。然而，新创企业的最低股本要求为 1 丹麦马克（合 0.13 欧元）。因此，新创企业适用于在丹麦创立企业，而启动资金有限的情况。若成立股本有限，新创企业的营运资本则通过贷款获得。通常来说，外国企业在丹麦投资需要的营运资本超过私人企业或上市企业的最低股本，因此，通常选择建立私人企业或上市企业，而非新创企业。

（4）合资企业

合资企业是由不同国家的企业组成的特别商业团体。如果合资企业的形式是一个需要登记注册的法人实体，则必须完成登记注册。合资企业最常见的形式是私人公司、上市公司或一般合伙企业。在丹麦，对合资企业没有单独的法律法规。

（5）个人商业实体

一个单独的企业家经营一家小型企业通常采用独资企业的形式，因为独资企业对资本没有要求。合资企业通常采用一般合伙企业的形式，而开展投资活动的企业一般采用有限责任合伙公司的形式，例如投资房地产等。如果公司涉及贸易、工业或手工业行业，所有的合伙企业（或独资企业）必须在当地登记注册。对于独资企业，独资经营业主对公司的债务和义务承担无限责任。对于一般合伙企业，所有合伙人对公司的债务和义务共同承担无限责任。根据丹麦记账法规定，独资企业不需要准备财务报告，但是必须保存财务记录。

（四）丹麦的外国投资有关政策

1. 丹麦对外国投资优惠政策

丹麦政府鼓励外国公司（包括自然人，以下同）在 IT、生物医药、节能环保等高科技产业、水处理、风力发动机、助听器、大功率电子设备、农产品如猪肉及乳制品加工、有机食品等方面投资；鼓励外国公司利用丹麦的地理优势和基础设施投资兴办商品分销中心或其他物流企业；鼓励外国公司在丹麦设立地区总部、投资公司和研发机构。

丹麦为外国投资者开办公司提供了多种便利条件，几小时之内即可完成公司在线注册；丹麦拥有包括银行、公共基金、私人投资、风险投资和机构投资等在内的广泛的融资渠道；丹麦也有灵活、高效、富有弹性的劳动力市场。

根据新修订的丹麦公司法，从2010年3月1日起，有限责任公司最低注册资金从12.5万丹麦克朗降为8万丹麦克朗。

2. 中国企业在丹麦投资保护政策

中国政府和丹麦政府分别在1979年和1985年签订了《经济和技术合作协定》和《关于鼓励和相互保护投资协定》。1986年，还签订了《关于避免双重征税和防止偷漏税的协定》。因此，中国企业在丹投资设立的公司与丹麦公司享有同样的权利和义务，丹麦各政府部门将在丹麦法律规定范围内，为中国企业提供尽可能的便利条件。

（1）丹麦的外国投资有关规定

丹麦为外国投资者开办公司提供了多种便利条件，几小时之内即可完成公司在线注册；丹麦拥有包括银行、公共基金、私人投资、风险投资和机构投资等在内的广泛的融资渠道；丹麦也有灵活、高效、富有弹性的劳动力市场。

（2）鼓励投资的领域

丹麦政府鼓励外国公司（包括自然人，以下同）在IT、生物医药、节能环保等高科技产业、水处理、风力发动机、助听器、大功率电子设备、农产品如猪肉及乳制品加工、有机食品等方面投资；鼓励外国公司利用丹麦的地理优势和基础设施投资兴办商品分销中心或其他物流企业；鼓励外国公司在丹麦设立地区总部、投资公司和研发机构。

（3）鼓励投资的措施

外国公司在丹麦设立企业享有与丹麦本国公司同等待遇，不享有特殊优惠政策。丹麦政府在某些领域鼓励外国公司投资的措施包括：

- 鼓励创办科技创新企业。优惠政策有：为创业者提供赠款资助，为外商投资的高风险研发项目提供贷款和担保，鼓励企业雇用博士研究生进行研发工作等。
- 鼓励投资农、牧、渔业及食品加工业。为保持丹麦在农业科技水平和劳动生产率方面的优势，丹麦政府对此领域的创新开发项目给予一定的项目补贴。
- 提供特殊的出口信贷保险。丹麦出口信贷协会、丹麦出口融资公司、丹麦出口推广协会等机构均为丹麦公司（包括外国公司在丹设立的公司）开展出口业务提供信贷支持。
- 为在环境保护和节约能源领域进行科研开发提供资助。丹麦政府为在能源领域的研发项目提供赠款资助，某些消耗大量能源的公司还可以申请补贴来支付其环境税。
- 设立投资性公司的优惠措施。丹麦在1998年开始允许免除丹麦公司汇出红利的预扣税款和丹麦公司所收到红利的税款。

（五）税收制度

丹麦是著名的高税收和高福利国家，该国的税收制度是维系其引以为豪的高福利社会的重要保障。丹政府高度重视征税工作，丹麦公司和个人也具有很强的纳税意识。因此，中资企业赴丹投资经营，需认真了解丹麦的税收制度，严格依法履行纳税义务。

1. 丹麦税制概况

丹麦议会是征税的立法部门，任何税法需女王和一名内阁大臣签字后方能生效并对外公告。丹麦税务部是管理和征收税款的归口单位，下设各部门、国家税收法庭（national tax tribunal）和国家税务管理中心（SKAT）。税务部下设的各部门主要负责制定税收法规和政策，并对外签署国际协定。国家税收法庭是受理税收事务申诉的最高仲裁部门，其裁决效力高于普通法院的判决。国家税务管理中心则负责各项税款的日常管理和征收。丹麦自治领法罗群岛和格陵兰岛拥有独立的税制，不受丹麦税制管辖。

《所得税法》对企业应纳税所得做出具体规定，其他法规对其做了相应补充。税法的司法解释参考国内法院、国家税收法庭和欧盟法院等的具体判例。此外，丹麦还遵守欧盟有关母公司-子公司关系、利息所得、特许权使用费所得和并购等方面的指令。

为防止企业避税，丹麦税制中纳入了转移价格规则（price transfer rules）、反弱化资本投资规则（thin capitalization rule）和受控外国公司（controlled foreign company rule）规则，并严格执行。此外，为避免双重征税，丹麦与 71 个国家和地区签署了税收协定。

企业在丹麦经营需要缴纳的直接税主要是企业所得税，间接税包括增值税、不动产税、印花税和环保税等。此外，还有利息所得税、特许权使用费所得税和社保捐款等预扣税项。丹麦不对企业分支机构利润或利润汇出征税。

2. 企业所得税

（1）征税范围和适用税率

所有在丹麦注册成立的企业须缴纳企业所得税（company income tax），包括在丹麦设立常设机构（permanent establishment）并在丹麦开展商业活动的公司。居民企业（resident company）应就其境内外所得纳税，但不包括境外分支机构所得和境外不动产所得，其他源于境外的所得须纳税。在丹麦设有常设机构的非居民企业（non-resident company）须就其源于在丹麦所设机构和不动产的所得纳税。

目前，丹麦政府正逐步下调企业所得税适用税率，2014 年和 2015 年的适用税率分别为 24.5% 和 23.5%，2016 年开始降为 22%。境外企业的境内分支机构适用丹麦居民企业税率。

受集团统一控制的下属企业，包括分支机构和常设机构，须强制性联合报税（mandatory joint taxation），即合并集团所有企业所得后统一报税。

（2）应纳税所得的计算

应纳税所得为企业所得扣除获取、保障和维持企业所得所耗费的成本。应纳税所得按企业依法发布的财务报表上显示的盈利或亏损，根据免税所得（exempt income）、不得扣除支出（disallowable expenses）和前期亏损结转（losses carried forward）等项调整后得出。

股息红利所得和股票的资本利得根据股票的性质确定是否征税。丹麦将企业股票分为三种：附属股（subsidiary shares）、集团股（group shares）和投资组合股（portfolio shares）。附属股为持股人直接拥有企业至少 10% 的股份。集团股为持股人和企业满足丹麦强制性联合报税或国际自愿联合报税条件（international voluntary joint taxation）的股份。适用国际自愿联合报税的基本条件是集团母公司直接或间接控制该企业超过 50% 的投票权。不符合上述两种的均为投资组合股。前两种股票股息所得免税，后一种股息所得计入应纳税所得并征税。

（3）法定扣除项目

一般经营支出（包括利息支出、特许权费用支出和外汇损失）可在计算应纳税所得时扣除。运营支出，包括工资和人员支出可全部扣除。与企业经营相关的招待费用，可扣除 25%。用于企业建立和扩充的支出不可扣除。研发成本和市场调研成本可在支出发生当年全部扣除，或在 5 年内折旧。电脑软件采购支出和不超过 1.23 万丹麦克朗的小额采购支出可在当年全部扣除。可扣除的纳税支出有两项，分别为不动产税支出和社保捐款支出。

（4）折旧

企业资产出于纳税目的，其折旧方式和折旧率依资产类别有所不同：

• 机器、设备、船只和车辆作为一类资产统一进行折旧，折旧率每年最高可达25%。

• 有较长经济寿命的操作设备，如一定型号的船只、航空器和钻架，2014年和2015年的折旧率为17%，2016年开始折旧率为15%。

• 建筑物一般折旧期为25年，每年折旧4%；工业用建筑物按直线法折旧；用于办公和居住的建筑物出于纳税目的一般不予折旧，除非与某折旧建筑物直接相连。

• 维护保养租赁物的费用在租赁期内予以折旧，如无明确租借期，可在5年内按直线法折旧。

• 用于电力、水、热、油、气和废水运输、存储和分配的基础设施，电台、电视和远程通信传输设备的安装，以及铁路固定设备，折旧率不得超过7%，但所述资产中涉及的信息技术软、硬件除外。

• 商业信誉（good will）每年可摊销1/7，专利、专有技术和许可证等无形资产可在1～7年内摊销。

（5）亏损

企业经营亏损首先应用当年企业其他所得冲抵，之后的亏损可无限期结转。自2012年7月1日起，不超过750万丹麦克朗的亏损可全部从应纳税所得中扣除，超出部分仅按60%从应纳税所得中扣除。当年亏损不允许回冲往年应纳税所得。

（6）鼓励政策

丹麦政府重视科技创新，对企业研发活动给予税收优惠政策，包括：

• 用于研发的机器、设备和船只的采购费可在采购当年全额扣除；

• 用于研发的无形资产的采购费可在采购当年全额扣除；

• 无论经济寿命或采购价格，专利和专有技术的采购费一般情况下可在采购当年全额扣除；

• 用于研发的资产可在研发成果商用前开始折旧；

• 新采购机器设备可按其采购价格的115%进行折旧。

3. 资本利得税

丹麦企业出售集团股或附属股获得的资本收益免税。自2013年1月1日起，出售非上市企业投资组合股的收益免税，出售上市企业投资组合股须缴纳25%的资本利得税（capital gain tax）。

外国股票持有人出售丹麦企业股票一般情况下不缴纳丹麦的资本利得税。但丹麦企业进行清算，且清算收益在当年分发时，分发的清算收益须缴纳资本利得税。

居民企业的资产利得通常情况下纳入应纳税所得并按正常的企业所得税税率征税。此类资产包括机器和其他经营资产、不动产以及专利、商标、版权和商业信誉等无形资产。非居民企业出售在丹不动产和与在丹常设机构相关的资产所得须纳税。

企业变卖资产性机器设备如超出其账面价值，收益通常情况下不会被直接征税。因为根据丹麦按资产类别统一折旧的原则，出售单一资产的收益将计入该类别资产总价值，而资产总价值一般因折旧逐年递减。

4. 双重征税减免

丹麦在世界范围内拥有广泛的税收协定网络，以避免双重征收并提供较低的预扣税税率。目前，丹麦与包括中国在内的71个国家和地区签署了税收协定。其中大部分协定采用了经合组织的协定范本，为所有类别的所得提供双重征税减免，限制一国对他国的居民企业征税并保护一国居民企业在他国不遭受歧视性征税。

丹麦是经合组织发起的全球征税信息透明化和信息交流论坛（Global Forum on Transparency and Exchange of Information for Tax Purposes）的成员，并与多国签署了双边税收信息交流协定。此外，丹麦是北欧税收协定（Nordic Tax Treaty）的成员，协定的其他成员包括法罗群岛、芬兰、冰岛、挪威和瑞典。

非居民企业自动享受丹麦签署的各项税收协定，无需申请。

关于股息红利所得，如分红企业不了解受益人身份，通常会适用27%的非协定税率。丹麦境外的受益人可提前向税务部门（外国税收事务中央办公室，Central Office Foreign Tax Affairs）申请适用协定税率。如预扣税高于应适用税额，相关人也可向上述机构申请返还税款。

5. 税收管理

丹麦的纳税年度为一个自然年或纳税人选择的任意12个连续月。企业通常需在一个纳税年结束后的6个月内提交纳税申报单。应纳税所得报表应与纳税申报单一并提交。纳税申报期限可根据申请延长。

企业须在每年的3月20日和11月20日两次预付税款。

由同一家母公司控制的丹麦企业和在丹麦的常设机构须强制性联合报税。两家企业中如一家企业分别控制两家企业超过50%的投票权，则两家企业被视为受同一家企业控制，每家企业的收入均将计入集团的联合应纳税所得中，一家的亏损可用以冲抵另一家的应纳税所得。

应纳税额评估和再评估的法定时效是3年零4个月。特殊情况下，超出法定时效可进行非常规评估。缴税的法定时效为税款到期日后的3年。

6. 其他税赋

（1）预扣税（withholding tax）

1）股息红利所得税（dividend tax）。

丹麦企业支付非居民企业的股息在以下情况无需缴纳预扣税：欧盟母公司-子公司指令适用的情况；丹麦企业支付的股息属于集团股或附属股股息。其他情况下（即支付投资组合股股息）适用的预扣税税率为27%。但股息受益人持股份额少于10%，且股息受益人所在国与丹麦在双边协定或国际协定和公约下有纳税信息交流义务的，预扣税率为15%。

如某企业被清算，且清算资金当年分发，则在下述两种情况下清算收益被视为股息并适用股息红利所得税：①受益企业持有至少10%的被清算企业股份；②受益企业持股比例少于被清算企业的10%，但附属于被清算企业且有在丹麦缴纳股息红利所得税的义务。如外国企业是在欧盟母公司—子公司指令下享受丹麦预扣税减免的欧盟或欧洲经济区国家居民企业，或是在双边税收协定下符合持有附属股条件的企业，则上述第2条不适用。

2）利息所得税（interest tax）。

丹麦一般不对非居民企业征收利息所得税。但在特定情况下，国外附属企业从丹麦企业获得利息或被征收25%的利息所得税。如企业符合欧盟利息和特许权使用费指令下的关联企业定义，或是与丹麦签署双边税收协定的缔约国居民企业，可依法享受减免。

3）特许权使用费所得税（royalties tax）。

丹麦对非居民企业特许权使用费所得课以25%的所得税。如非企业符合欧盟利息和特许权使用费指令下的关联企业定义，或是与丹麦签署双边税收协定的缔约国居民企业，可依法享受减免。

4）利润汇出（branch remittance tax）。

丹麦对在丹分支机构向境外总部汇出利润不征税。

5）社保捐款（social security contributions）。

在丹企业每月须为雇员代缴社保捐款。丹麦雇员的社保捐款大部分由雇员个人承担，企业代缴。企业需承担的雇员社保捐款为每人每年1万～1.2万丹麦克朗。

（2）间接税（indirect tax）

1）增值税（VAT）。

丹麦对国内及进口的商品和服务课以增值税，税率为25%，但对出口的商品和服务不征税。部分服务免征增值税，包括金融、保险、医疗、教育和客运交通等。此外，出口商品和服务或部分与出口相关的本地商品和服务增值税税率为零。从事免增值税业务的企业无需登记缴纳增值税，但同时也不能申请返还为开展此业务而采购的原材料或服务的增值税。从事增值税税率为零的业务的企业需登记但无需缴纳增值税，也无需在其商品或服务价格中包含增值税，同时可以申请返还其供货商提供的商品或服务中的增值税。

营业额超过5万克朗的居民企业需进行增值税登记，非居民企业无资金门槛要求均需进行增值税登记。非欧盟成员国的非居民企业须在丹麦指定一名税务代表。

通常情况下，符合条件的企业可在每月月底后25天内申请增值税返还。营业额在100万~200万丹麦克朗之间的企业可每季度申请一次，营业额低于100万丹麦克朗的企业可每半年申请一次。

2）资本税（capital tax）。

丹麦不征收资本税。

3）不动产税（real estate tax）。

丹麦中央和地方政府可对同一不动产征税。不动产纳税的税基由税务部门每两年评估一次。对于商用建筑物，适用税率一般为建筑物价值的1%。

4）印花税（stamp duty）。

部分资产转移须缴纳0.6%~1.5%的印花税，以及1 660丹麦克朗的手续费。

5）环境税（environmental tax）。

丹麦对二氧化碳排放和废水等课以一系列的“绿色税”。此类税赋涵盖在水、电、油、气等公用商品价格中。

6）薪酬税（pay roll tax）。

大部分免增值税的服务需缴纳薪金税。根据服务的性质和服务提供商的法律组织形式的不同，薪金税计算方法各异。一般情况下，税基为总薪酬加/减利润或亏损，2013年税率为4.12%。机构、基金、协会、工会和其他部分法人单位2013年适用税率为6.37%，税基为薪酬总额。金融服务提供商的税基亦为薪酬总额，2013年税率为10.9%，2021年将增至15.3%。

（3）个人税赋（individual tax）

个人在丹麦居住6个月以上须向丹麦政府纳税。丹麦是高税收国家，个人在丹麦需缴纳的税目繁多，包括劳动市场捐款（labor market contribution）、中央税、地方税、健康税、教堂税、利息红利所得税、财产税、继承税、社保捐款和增值税等一系列赋税。其中，丹麦个人所得税最高税率可达56.25%（包括劳动市场捐款、中央税、地方税、健康税和自愿缴纳的教堂税等）。

丹麦给予赴丹工作的企业外派人员个人所得税优惠。外派人员在丹工作前5年，其源于外派工作的收入可享受31.92%的个人所得税优惠税率。外派工作人员必须满足以下条件：①研究员或“关键员工”，“关键员工”为月薪69 390丹麦克朗（含劳动力市场捐款和90丹麦克朗的社保金）以上的员工；②在赴丹工作前5年不直接或间接管理、控制丹麦企业或拥有其资产；③在赴丹工作前10年在丹麦未有任何形式的债务责任（如受雇于丹麦企业或受聘于丹麦企业董事会所发生的税务责任。）

享受外派人员所得税优惠的个人不再享受其他与工作相关的所得税法定扣除项目。企业提供的免费宿舍按一般征税规定征税，即计入个人应纳税所得总额。

综上所述，丹麦的税收制度完备，涉及企业经营活动的方方面面。中资企业在丹投资经营，既要严格遵守其税收制度，依法纳税，合法经营，又要充分利用丹麦税制中的各项优惠政策，为我所用，合理控制在丹经营成本。中资企业赴丹投资前，宜聘请当地有资质的会计师事务所，给予税务方面的专业指导。同时，中资企业可考虑利用丹麦的高素质人力资源，在丹开展研发活动，享受其对研发的税收优惠政策。此外，外派工作人员也应恪守在丹的纳税义务，并注意享受丹麦给予的个人所得税优惠。

（六）劳动力市场

丹麦劳动市场始于1899年的“九月妥协”，即丹麦的雇员组织（工会）与雇主组织正式互相认可了对方的存在和权利，该妥协奠定了丹麦劳动市场以这两大类组织集团为主角的基础。丹麦的劳动力市场工会化程度非常高，约有200万雇员为各种工会的成员，占丹麦劳动力总数的72%。对雇主而言，丹麦的大型公司全部是一个或者多个雇主组织的成员，中小企业也经常选择加入某个协会或者组织。雇主组织扮演着类似“保险公司”的作用，除了日常的联络协调功能外，雇主组织会在企业遇到困境或者纠纷时会出面为会员企业提供专业救济。下面围绕着两类组织的重要性和雇主雇员之间的权利义务分配，就丹麦劳动市场规范进行简要介绍。

1. 雇佣形式

公司在丹麦雇佣劳动力时，确定雇员的法律状态非常重要。

雇员的身份状态分为三种类型：管理层，薪酬雇员（白领），普通工人（蓝领）。雇员的身份与使用何种法律规范直接相关。丹麦的法律规定很少有涉及管理层，主要都是对白领和蓝领雇员设定一系列法定的保护，使其免受侵害。

2. 集体组织协议

在各种专门行业领域里，存在大量的雇员组织和雇主组织之间签署的集体协议。此类协议往往明确规定了双方会员的权利义务，特别是一些门槛性的条件，如工资、薪水、工作小时数、加班工资、假日、养老金缴纳、通知时效等等。集体组织协议可以为雇主与雇员之间签订合同提供示范文本，公司和雇员之间可以不必再花精力进行协商，从而节约双方的时间和精力。同时，公开和相对统一的示范合同，也有利于建立起相对权威的待遇标准。

对公司而言，适用集体协议可以有三种途径：①成为雇主组织的会员，将自动适用集体协议；②非雇主组织会员的公司可与雇员组织（工会）直接签署协议，表示愿意接受该工会为缔约方的某项集体协议的约束；③雇主与雇员双方对其并未参与谈判、或者并非其会员的集体协议均表示认同，可直接约定双方权利义务可参照该协议的规定。

工会与雇主组织谈判时，可要求非谈判方的公司参与，但公司是否参与并承认协定取决于自愿。一旦雇主拒绝，或者表示不受协议约束，工会有权采取行动对抗该公司。实践中，一旦工会针对公司发起对抗行动，则该公司基本上无法开展正常业务。因此，若工会要求某公司参与协议谈判，专业机构往往建议公司不要拒绝此类请求（亦即工会提出谈判，雇主不得拒绝）。

值得注意的一点是，一旦成为集体协议的一方，实践中无论任何一方，未来想摆脱协议约束都是极为困难的。雇主加入集体协议时务必慎重，前期应与工会充分沟通，特别是对工会可能就协议提出的要求要有充分的思想准备。

3. 法律规定的雇主信息公开义务

丹麦的《劳动合同法》（Employment Contrast Act）明文规定，雇主有义务保证雇员收到关于所有基本雇佣条款的详细书面资料。否则根据《雇佣合同法》，一旦雇员对基本情况不了解，则雇主将有义务支付赔偿。此类赔偿一般是13周薪水，情况严重的将赔偿20周薪水。

4. 普通假期

丹麦假期法案适用于丹麦所有的雇员（除了管理层）。但如果集体协议中就假期做了特别规定，根据特别法优于普通法原则，适用集体协议，而非假期法案（实践中协议中对假期的规定通常是超过法案规定的程度，即更强调对雇员权利的保障）。

所有雇员每年均享有 25 天的年假。雇员是否享受假期薪水取决于上一年是否被该雇主雇佣。丹麦的假期体系非常复杂，但几乎所有的规则都着重保障雇员休假权利不容侵犯。雇主违反假期法案将被罚款。雇主有必要听取雇主组织的专业意见（特别是对集体协议），这将有助于雇主最小化因假期带来的损失。

5. 工作时间

丹麦的平均周工作时间不能超过 48 小时，除此之外，没有其他的法定要求。绝大多数的集体协议中都包含工作时间的要求，通常的工作时数是每周 37 ~ 37. 5 小时 。实践中，绝大多数的雇主都遵循集体协议中规定的工作时间要求。

6. 终止雇佣关系

相比其他国家，丹麦的终止雇佣关系的规定相对简单。提前通知的时间规定一般遵循雇员法案、集体协议或者独立的劳动合同。如解雇雇员，雇主有义务提前 1 ~ 6 个月通知该雇员。有些情况下，如果雇员和雇主签订的合同中规定的时间要长于法定规定，则合同规定优于法律规定。但是有一个有意思的现象，雇员组织和雇主组织签署的集体协议中，对于解雇通知的时间规定往往低于雇员法案的规定。通常来说，只有在更有利于对雇员权利保护的基础上，才存在突破法律规定的空间，但集体协议在通知时效上的规定却突出了对雇主的保护。

7. 禁止歧视

根据丹麦法律，不得就以下方面在雇佣关系上有任何歧视：性别、种族、肤色、宗教信仰、政治信仰、性取向、年龄、残障、国籍、社会背景和种族背景。无论直接歧视还是间接歧视，都是被法律严格禁止的。

禁止歧视原则适用于雇佣关系的所有方面，雇主对普通雇员从行政到管理都必须严格遵守，一旦违反，将被处以罚款并向雇员做出赔偿。实践中，即使在雇佣关系确立之前，即招聘面试阶段，雇主在招聘时也严禁提问诸如宗教信仰、政治信仰、性取向、种族之类的问题。若违反，即使雇主和应聘者最终没有确定雇佣关系，雇主同样要被罚款并赔偿应聘者。

8. 裁员

根据裁员人数的多少，决定是否使用《集体裁员法案》。

该法案规定，在正式采取集体裁员措施之前，雇主有义务通知并与雇员们进行协商，该法案详细规定了何时通知以及通知的方式。通知和协商程序的长短取决于受影响的雇员人数。

在大量的集体协议中，往往也对裁员有所规定。根据特别法优于普通法原则，集体协议的效力要高于国家的《集体裁员法案》，具体的程序也是依协议而非法律。雇主在启动裁员程序之前，确认程序适用何种规定（法定还是协定）非常重要。

（七）对中国企业赴丹麦投资的重要建议

1. 在丹麦开展贸易活动应注意的问题

（1）充分了解贸易伙伴，规避贸易风险

北欧由于地域文化和完善的信用体系，商业信用状况一般较好。但贸易纠纷事件也时有发生，部

分原因在于国内企业在贸易条款上没有很好地约定风险规避等内容。所以中国企业不要贸然根据对方订单要求开工生产并交货，最好以信用证等方式开展业务，规避贸易风险。

（2）讲质量，守信用，尊重知识产权

丹麦以贸易立国，进出口商品丰富，消费者选择余地很大，对产品质量要求也很高。中国企业向丹麦出口产品须在价格优势基础上保证质量，尤其是对食品类产品要注意食品安全，避免造成不利影响。丹麦工业设计在国际上有很高地位，中国企业在产品设计上要尊重他国知识产权，提高自身产品设计能力和出口竞争力。

（3）与丹麦商协会建立联系，优选贸易渠道

丹麦政府鼓励发展各类旨在促进多边贸易的商协会，丹麦企业也都根据各自公司情况加入各类商协会。有意在丹麦开展贸易的中国企业和个人可与丹麦一些大的投资贸易类商协会建立联系，获取丹麦企业总体信息。

丹麦主要商协会有：

• 丹麦工业联合会（Confederation of Danish Industries）；

• 丹麦商会（Danish Chamber of Commerce）；

• 丹麦出口协会（Danish Export Association）；

• 丹麦农业和食品理事会（Danish Agriculture and food Council）等。

另外，也可以与专门促进中丹两国间投资贸易的服务机构建立联系，如丹麦中国商业协会（Danish-Chinese Business Forum）。

有关网址的链接如下：

• 丹麦工业联合会：www. di. dk；

• 丹麦商会：www. danskerhverv. dk；

• 丹麦出口协会：www. dk-export. dk；

• 丹麦农业和食品理事会：www. lf. dk；

• 丹麦中国商业协会：www. dcbf. dk。

2. 中国企业在丹麦如何建立和谐的关系

（1）处理好与政府和议会的关系

丹麦中央和地方政府按所管区域对经济行使不同的管理权。丹麦主管经济的主要政府部门是丹麦经济和商业事务部，其主要职责是通过宏观经济分析和预测提出政策建议，促进丹麦企业发展；同时，负责商业规则制定、知识产权、竞争政策，金融、建筑和航运等主要行业的总体商业发展政策。丹麦主管对外贸易和投资的主要政府部门是丹麦外交部下属的贸易委员会，其主要职责是：在贸易投资方面为丹麦企业和公众提供咨询，尤其是对中小企业；帮助丹麦企业吸引国外投资，提供政治、经济和商务方面的全方位咨询；贸委会在全球60多个国家派驻约250位商务顾问。丹麦地方政府负责所辖区域内的经济促进和发展。各级议会对重大经济、文化、教育等事务进行审议表决。中国企业主要是与当地政府部门发生交往，如涉重大经济事务，由政府部门向议会提出听证、审议等要求。

中国企业与政府部门的交往还应注意以下几点：

• 中国企业要关心政府的换届和议会选举，了解当地政府的政治、经济最新政策走向。关注政府和议会所关心的社会焦点和热点问题，如有涉及中国企业利益，可积极参与和主张中国企业权益。

• 中国企业在必要时，应与当地政府官员和议员尤其是主管经济、产业和就业事务的人员进行沟通，通报企业发展动态和对当地经济社会所做的贡献，反映企业发展中遇到的问题和困难。

• 对企业可能在丹麦产生重大影响的事务，应积极听取当地政府官员、议员的意见和建议，避免引起当地政府和民众的不满。

（2）妥善处理与工会的关系

丹麦为雇员工作提供立法保障，各类行业工会组织众多，中国企业应注意以下几点：

1）熟悉丹麦劳资协议规定。

与欧洲其他国家劳工市场通过立法严格管理不同，丹麦近百年来劳工市场都由工会组织和雇主协会商定的劳资集体协议（Collective Agreement）来规范，所以中国企业在丹麦开展投资合作必须先熟悉丹麦劳工市场劳资协议的做法。

2）加入行业雇主协会。

中国企业在丹麦处理好与工会的关系，实际上就是处理好与企业雇员的关系，因为丹麦企业员工的利益诉求均通过工会组织的渠道与雇主沟通协商。丹麦79%的雇员加入工会。工会组织独立于政府和党派，大多数工会只针对特定产业。最大的工会组织是丹麦工会联合会（LO）。雇主方面也建有自己的协会，如DA（丹麦雇主联合会）。中国企业应加入有关行业的雇主协会，了解相关劳动市场政策。

3）确保酬劳公平的原则。

由于丹麦不存在最低工资的法律，如没有实施劳资协议，雇主可以不必为雇员支付最低工资。但是雇主在劳动报酬上应实行男女平等、同工同酬，否则易遭工会组织的起诉。对于雇佣外国劳工，就业中心会检查他们的薪资水平是否过低而影响丹麦劳动力市场，如是否对本地工人就业造成竞争。但例外的情况也存在，如一些大型项目需要许多建筑工人或程序员时，允许出现低于通常水平的薪资。但目前这些政策只在针对来自东欧如波兰等国的雇佣人群。

4）提供良好的工作环境。

所有丹麦企业员工均享有安全工作环境的权利，雇主应按照政府规定提供符合标准的工作环境，否则易遭工会组织的投诉。丹麦对员工的工作环境予以立法保护，在工作环境的安全方面对雇主提出很高的要求。丹麦工作环境署负责日常企业工作环境的监督管理，并对企业进行定期检查。

（3）密切与当地居民的关系

当地居民对中国企业大多持友好态度，中国企业也是为当地创造税收和就业的一个渠道。与当地居民建立和谐关系，应注重如下问题：

1）深入了解当地文化、学习当地语言。

尽管大部分丹麦人都能熟练使用英语，但丹麦人对自己的语言非常重视，很多活动仍使用丹麦语。因此，中国企业/中方员工在丹麦长期工作，学习丹麦语非常必要，这有利于深入了解当地文化、禁忌和风俗习惯。

2）实行人才本土化。

中国企业可聘用当地人员参与企业经营，既增加当地就业，促进企业长远发展，又能借助当地员工丹麦语的优势发展业务，并借此传递中国文化。

3）参与社区活动。

丹麦的社区作用很大，员工的招聘、驾照、相关保险和加入协会等都与社区密不可分。中国企业应关注当地民众关心的热点问题，参与社区的公共事业活动，拉近与当地居民的距离。可以考虑在中国传统节日向当地居民开放企业，邀请居民到企业参观，向当地人展示中国企业设施和工作环境，使当地居民更好地了解企业发展和中国文化。

（4）尊重当地风俗习惯

中国是礼仪之邦。中国人在丹麦工作和生活要尊重当地风俗习惯，逐步融入当地社会。

整体上来说，丹麦不是一个重视宗教和唯精神至上的民族，他们生性讲求实际，思维科学严谨，但是拿宗教开玩笑也万万不可。

丹麦人在社交场合举止优雅、态度沉着，不高声讲话，也不匆忙慌张。不喜欢与众不同、标新立异，不能容忍变化或错误，例如，骑车拐弯没有示意、没有给超车人留有余地、开车未开前灯等等，他们都会站出来批评纠正。忌讳谈论自杀问题；忌讳在门口长时间聊天说话等。

（5）依法保护生态环境

丹麦经济大力提倡和实施环保政策，是世界上低碳经济发展最为活跃的国家。其产业也主要由服务业等构成，在新能源、风力发电等可再生能源领域居世界领先水平。丹麦重视环境保护，严格禁止企业经营发展与生态环境发展相冲突，要求节能降耗，严格控制有毒有害污染物排放。

中国企业要深入了解丹麦的相关环保法律法规。在设立企业前，进行科学评估，高度重视企业生产经营可能产生的废水、废气等环境问题，规划设计好解决方案。在经营过程中，及时跟踪相关法律法规，不断调整更新环保解决方案。在日常生活中，要严格遵守丹麦垃圾分类的规定，主动要求将其分类，按分类要求处理生活垃圾，依法保护环境，这些都有利于提高中国企业在丹麦的公众形象。

（6）承担必要的社会责任

中国企业在丹麦从事经济活动的同时，也要履行必要的社会责任。主要应关注如下问题：

1）加强安全生产，避免事故发生。

目前，中国企业在丹麦的承包工程项目不多，也不涉及建筑、矿山等高危行业，但也必须时刻保持安全生产意识，强化基础管理。

2）远离腐败和商业贿赂。

丹麦是世界上最廉政的国家之一，腐败和商业贿赂不仅会受到法律制裁，也将严重影响企业的信誉和公众形象。

3）重视承担资源、环境、劳工等社会责任。

认真解决涉及薪酬待遇、工作环境、加班时限等问题，严格遵守丹麦相关规定，及时妥善处理纠纷事件。重视跟踪生产经营造成的环境问题，避免引起当地民众不满。

（7）懂得与媒体打交道

媒体是舆论传播的载体，有着巨大的社会影响力。企业形象和品牌的宣传有赖于媒体的强力支持。中国企业在丹麦应懂得如何与媒体打交道。各种经济和社会问题经由媒体放大，形成舆论的影响力量，有时会有助于问题的快速解决。但利用媒体也有可能导致舆论的负面作用，在敏感问题上应慎用。

1）中国企业应从内部重视企业与媒体的关系。

应指定专人或建立相关部门负责与媒体打交道，要有一定的传媒经验，重点推广企业品牌，维护企业的形象和声誉。

2）中国企业应加强与丹麦媒体的合作。

欢迎媒体到企业参观采访，了解企业的发展情况，对中国企业进行宣传。

3）中国企业应注意处理好敏感问题。

中国企业在遇到敏感问题，特别是遭遇不公正的舆论压力时，应注意宣传引导，做好应对解释工作。必要时可通过聘请公关咨询公司，引导丹麦媒体对企业做有利宣传。

4）中国企业应树立良好的公众形象。

为提高中国企业的公众形象，中国企业不应拒绝、回避媒体，要尊重、信任媒体，以真诚、友好的态度与媒体建立良好的互动关系。

（8）学会与执法人员打交道

1）中国企业要建立依法经商的管理制度，做好普法教育，让员工了解在丹麦工作生活必备的法律常识和应对措施，做到知法守法、合理应对。

2）中国人出门要随身携带身份证、驾驶证等相关证件。营业执照、纳税清单等重要文件要妥善保管。

3）积极配合执法人员检查证件，要礼貌出示证件，回答相关问题。没有携带证件不要惧怕，不要躲避，更不要逃跑，要说明身份，写出联系电话，让公司派人联络。

4）遇到执法人员搜查公司或住所，应要求其出示证件和搜查证明，并要求与中国企业律师取得联系，同时报告中国驻丹麦大使馆。遇到证件或财物被执法人员没收的情况，应要求执法人员保护中资企业的商业秘密，出具没收证件或财物的清单作为证据，并记下执法人员的警号和车号。交罚款时需向执法人员索要罚款单据。

5）遇到执法人员对中国企业或人员不公正待遇时，不要与执法人员发生正面冲突，更不能触犯法律；而是要理性应对，做到有理、有利、有节，可通过律师进行处理，捍卫自身合法权益。

3. 中国企业到丹麦投资应该注意的问题

（1）实地开展前期市场调查

丹麦国土面积不大，但在航运、风能、清洁能源、农业、生物医药等领域处于世界领先地位。由于地处于北欧门户，市场辐射通达整个斯堪的纳维亚地区，市场规模相当于加拿大。投资者在这里开展投资前可实地考察当地优势行业，或委托专业机构进行市场分析评估。

（2）利用专业投资促进机构的服务

丹麦投资促进署（Invest in Denmark）隶属丹麦外交部贸委会，负责全国的投资促进业务，可咨询相关政策，查询各地区投资促进机构。

该署2007年9月与中国商务部投资促进局签署了《中华人民共和国商务部投资促进事务局与丹麦贸易委员会双向投资促进谅解备忘录》，2010年5月与中国商务部外资司签署了《中华人民共和国商务部和丹麦王国外交部关于在中丹经贸联委会框架下建立双边投资促进工作组的谅解备忘录》。

哥本哈根投资促进局（Copenhagen Capacity）可为中国企业赴哥本哈根投资开展前期调研、注册及相关具体手续办理等方面提供协助。

（3）灵活利用当地融资机构

中国企业可以利用当地灵活的金融市场和融资手段来扩展业务。丹麦的银行会提供满足公司需求的建议。丹麦的银行体系效率很高，其所拥有的信息技术基础设施可以轻松地处理复杂的银行交易。对于公司的日常经营和固定资产投资来说，有广泛的融资选择。丹麦银行的电子现金管理非常先进。这里的银行开发出的电子银行系统可以根据各家公司特定的需求进行调整，包括与金融管理系统的集成。银行系统能够处理在别国银行开立的账户、控制现金流量，也可以查询历史信息并对其在丹麦国内外的流动资金效率进行有效的管理。

4. 中国企业在丹麦遇到问题该如何处理

（1）寻求法律保护

在丹麦，企业不仅要依法注册、依法经营，而且必要时还要通过法律手段解决纠纷，维护自己的合法权益。

伴随着中国经济的快速发展，丹麦律师界对中国的重视程度不断提高，一些律师事务所雇用了华人或者华裔雇员，以充分发挥其熟悉当地法律和语言优势，为日益增加的同丹麦有业务往来的中国企业服务。遇到困难的中国企业可以充分利用当地律师事务所提供的上述便利条件，维护自身权利。在丹中国企业可通过丹麦律师和法律协会寻求相关律师服务。

（2）寻求当地政府的帮助

丹麦投资促进局等有关部门对中国向丹麦投资持非常积极的态度。中国企业在丹麦投资合作当中，应该加强与所在地政府相关部门建立密切联系，在遇到困难后，应该及时准确地向这些政府部门反映，寻求其支持和帮助。

丹麦负责外商投资合作的丹麦投资促进署网址是：www. investindk. com。该机构负责吸引全球到丹麦的投资。另外，哥本哈根投资促进局负责大哥本哈根地区的招商引资，该机构的网址是：

www. copcap. com。

（3）取得中国驻当地使馆保护

中国公民在其他国家境内的行为主要受国际法及驻在国当地法律约束。遇有中国公民（包括触犯当地法律的中国籍公民）在当地所享有的合法权益受到侵害，中国驻外使、领馆有责任在国际法及当地法律允许的范围内实施保护，具体内容请参见外交部领事保护服务网站：www. fmprc. gov. cn/chn/ls-fw/lsbh/default. html。

中国驻外使领馆的重要职能之一就是保护对外经济合作中中国企业的权利和利益。中国企业到丹麦投资之前，应征求中国驻丹麦大使馆经商参处意见。中资企业在丹麦注册成立后，要按规定到经商参处报到，并在日常经营中积极加强与使馆和经商参处的联络，及时汇报经营中取得的成绩和遇到的困难，通过中国驻丹麦大使馆协调中丹有关部门解决企业经营中遇到的问题。

中国驻丹麦使馆领事处相关信息网址：www. chinaembassy. dk。

中国驻丹麦使馆经济商务参赞处网址：WWW. dk. mofcom. gov. cn/。

（4）建立并启动应急预案

中国企业在丹麦开展投资合作，应在对丹麦政治、经济和社会等环境进行充分评估的基础上，建立突发事件应急预案。同时，加强对员工的安全教育，提高其安全意识，指派专人负责安全工作。突发事件发生后，应立即启动应急预案，与当地警察局、医院等取得联系，并及时向中国驻丹麦大使馆报告有关情况，争取将损失控制在最小范围。

丹麦的紧急救助电话：112（包括急救、火警、抢劫案件报警、紧急交通事故等）。

（5）其他应对措施

中国企业在丹开展市场活动，可加入当地华人商协会、工程师协会等组织，形成网络人际资源，在遇到问题时可求助这些网络中的人员帮助解决问题。丹麦较有规模与经济类有关的华人组织有：丹中专业人士协会（Danish-Chinese Professional’s Network，DCpro），网址：www. dcpro. dk；旅丹专业人士协会（ACED，Association of Chinese Engineers in Denmark），网址：www. aced. dk。

5. 在丹麦开展承包工程和劳务合作项目应注意的问题

丹麦主张自由贸易，给予外国公司国民待遇，工程承包市场是对外开放的。但一些做法对外国公司在丹麦承包工程有一定的限制作用。例如，丹麦的工会力量强大，要求外国承包商对外国建筑工人必须提供与丹麦工人同样的待遇，否则就被认为以低待遇抢夺丹麦工人就业机会，可能采取罢工等方式使工程陷于瘫痪。丹麦对工程有较高的技术和环保要求，这也是对外国公司承包当地工程的挑战。

（1）许可制度

承包工程项目中，电力、水力和取暖设备等的安装须由具有丹麦资质（许可证）的专业人员完成，此类资质考试是以丹麦语进行的。在丹麦承接工程后，企业必须在丹麦公司注册局登记注册增值税号（CVR 号码），在丹麦工作的外籍工程人员须注册社会保障号（CPR 号码）。

（2）禁止领域

涉及国家安全领域，以及不公开招标的工程项目。

（3）招标方式

越来越多的工程项目采取公开招标方式，大部分政府工程招标信息为丹麦语，在相关部门的网站上可以查到。私有公司的工程招标一般委托专业的建筑咨询公司进行，建筑咨询公司将发送邀请给其认为合格的承包商，一般不采用自荐的标书。

（来源：本文第（一）、（二）、（三）部分内容由丹麦投资促进局供稿，第（四）~（七）部分内容摘自中国驻丹麦大使馆经济商务处网站）

七、韩国投资指南

（一）外国人直接投资制度

1. 外商直接投资

外商直接投资（FDI）不仅是指外商在韩国国内单纯地运用资产，而且还包括通过参与经营或技术协作等方式，与国内企业建立持续性的经济关系。从对经营发挥实质性影响方面来看，不同于普通投资概念，外商直接投资包括知识产权、房地产等所有有形、无形资产的转移，以创造财富的投资。此外，对企业经营产生实质性影响的外国人股票和股份的投资也可被看作是外商直接投资。

（1）外商直接投资的概念

所谓外商直接投资，是指外国人本着与大韩民国法人或大韩民国国民经营的企业建立持续性经济关系的目的，拥有其股票或股权，或者海外母公司等外商投资企业提供5年以上的长期贷款，或者外国人向非经营性法人出资等，并以《外商投资促进法》等相关法令为依据的。这不同于为获取短期利益而进行的有价证券投资（Portfolio Investment）。

（2）外商直接投资的类型

《外商投资促进法》中规定的“外商直接投资”包括外国人获取国内法人或企业的证券、股份，为出资的国内法人提供长期贷款，以及为非营利法人提供捐助等。

1）获取国内企业的股份或份额。

这是指外国人以同大韩民国法人或大韩民国国民经营的企业建立持续的经济关系为目的，参与该法人（包括正在成立中的法人）或企业的经营活动等，从中获取法人或企业的股份、股权。

要被认定为外商投资，投资金额必须在1亿韩元以上（包括1亿韩元），同时外国人必须拥有大韩民国法人（包括成立中的法人）或大韩民国国民经营的企业所发行的具备议决权的股份总额或出资总额10%以上（包括10%）。（《外商投资促进法施行令》第2条第2项）

若外国人超过两名，则须各满足上述同样条件，外商投资比率为外国人完成投资后算出的比率。投资金额包括外商投资企业将利润预留金转入成本后，外商因此所取得的股份部分。（《外商投资促进法施行令》第2条第2项）但，如已注册为外资企业的外国投资商增资时，在金额和比率方面没有特

别限制。(施行令第 2 条第 3 项, 2010 年 10 月 6 日施行)

虽然不承认投资金额有例外，但外商投资比率在某种情况下可能成为例外。即若外商投资金额低于 1 亿韩元或外商投资比率低于 10%，只要签署下列合同中的任何一项，即可破例被认定为是外商直接投资。

● 可派遣企业高层或选拔高层的合同。

● 提供或购买原材料、产品一年以上的合同。

● 技术的提供、引进及共同研究开发的合同。

2）长期贷款。

● 外商投资企业的海外母公司；

● 外商投资企业的海外母公司和有资本出资关系的企业；

● 投资外商；

● 外国投资商和有资本出资关系的企业向相关外资企业贷出 5 年以上长期贷款的情况（以最初贷款合同上所规定的贷款时间为准）均被认定为外商直接投资。(《外商投资促进法施行令》地 2 条第 4、5 项)

具有资本投资关系的企业

● 拥有海外母公司发行证券总数或投资总额 50% 以上（包括 50%）的企业。

● 拥有海外母公司发行证券总数或投资总额 50% 以上（包括 50%），且符合下列任何一项条件的企业：

——拥有海外母公司发行证券总数或投资总额 10% 以上（包括 10%）的企业。

——拥有海外母公司发行证券总数或投资总额 50% 以上（包括 50%）的企业。

——具备海外母公司发行股份总数或投资总额 50% 以上（包括 50%）的企业拥有在韩企业发行的股份总数或总投资额 50% 以上（包括 50%）时。

外商和资本出资关系企业

● 具备外商投资企业发行股份总数或投资总额 50% 以上（包括 50%）的外国投资商（个人）拥有在韩企业发行的股份总数或总投资额 50% 以上（包括 50%）时；

● 针对非营利法人的捐助；

作为针对非营利法人的捐助，如具备科技领域的独立研究设施，并符合下列任何一项条件时，可被认为是外商投资：

——科技领域学士学位持有者具备 3 年以上（包括 3 年）研究经验或科技领域硕士学位以上的专门研究人才的长时雇佣规模 5 人以上（包括 5 人）。

——根据《赋税特例制约法》，实施有关应用高端技术项目的研究开发活动。

此外，针对非营利法人的捐助，捐款金额在 5 000 万韩元以上（包括 5 000 万韩元），且符合下列任何一项条件，同时受到外国人投资委员会的肯定时，则可被认定为外商投资。

● 作为以学术、艺术、医疗及教育振兴等为目的而设立的非营利法人，培养相关领域的专业人才并持续开展旨在扩大国际间交流的事业。

● 进行民间或政府间国际协作事业的国际机构的地区本部。

表 4-7-1

术语	定义
外国人	拥有外国国籍的自然人： ● 依据外国法律设立的法人（外国法人）； ● 国际经济协作机构： ——外国政府的对外经济协作业务代行机构；

续表

术语	定义
外国人	——负责 IBRD、IFC、ADB 等相关开发金融业务的国际机构； ——负责或代行对外投资业务的国际机构。 ● 拥有大韩民国国籍且在外国永驻的个人
外国投资商（外商）	根据《外商投资促进法》，拥有证券等或进行捐款的外国人
外商投资企业	由外国投资商投资的企业或捐款的非营利法人
外国人投资环境改善设施运营者	运营改善外商投资环境的设施——外国人学校、医疗设施等《外商投资促进法施行令》所规定设施的人
出资标准	根据《外商投资促进法》，外国投资商为拥有证券等而实施的投资（投资手段）且符合下列任何一项： ●《外汇交易法》所规定的对外支付手段或以此交换而产生的国内支付手段； ● 生产资料； ● 根据《外商投资促进法》获取的证券中所发生的成果（分红）； ● 产业财产权、知识产权（用于产业活动的著作权、半导体集成电路的配置设计权）及其他相当于上述产权的技术与有关使用这一技术的权利； ● 外国人根据国内分公司、办事处或法人的清算，分配给相关外国人的剩余财产； ● 贷款或海外贷款偿还额； ● 在外国证券市场上市的外国法人的股票； ● 根据《外商投资促进法》或《外汇交易法》，外国人持有的股票； ● 外国人拥有的国内房地产； ● 外国人拥有的国内企业股票及房地产处理预付款
生产资料	● 作为产业设施的机械、器材、设施、器具、部件、零配件及农业、林业、水产业发展所需的家畜、种子、树木和海鲜； ● 此外，主管部门部长官认为相关设施的最初试运营所需的原料和储备品； ● 引进上述物品所需的运费、保险费以及安装设施所需技术或劳务

2.《外商投资促进法》

外汇危机后，韩国政府为吸引外商直接投资，于 1998 年制定了《外商投资促进法》，果断放手开放市场和采取自由化措施。近来，为引进从事研发和高附加值服务业的相关外资企业，指定租赁或转让给研发型外资企业的投资区域、制定外商投资区入驻对象——高附加值服务业种类等相关法律所委任的事项及施行必要事宜，此外，还修订了《外商投资促进法》（法律第 10232 号，2010 年 4 月 5 日公布，2010 年 6 月施行），以改善、补充现行制度在运营中表露出的缺陷。

（1）《外商投资促进法》的理解

为向外商投资提供援助或便利，并通过吸引外商投资，推进国民经济的健康发展，制定了《外商投资促进法》。《外商投资促进法》是有关外国人投资的基本法律，其下级法令规定了包括由该项法律委任的事项及法律施行所需事项，即《外商投资促进法施行令》、《施行规则》，以及《关于外商投资与技术引进》的规定。

（2）《外商投资促进法》的相关法令

此外，若《外商投资促进法》对外国投资商的外汇及对外交易等事项无特殊规定，则依据《外汇交易法》。关于外国投资商的赋税减免事项须依据《赋税特例限制法》及其《施行令》、《施行规则》，以及《关于外商投资等的赋税减免规定》。另外，外资企业同样须依据国内法律设立的国内法人，即使通过了《外商投资促进法》所规定的各项程序，也要遵守各个别法有关国内法人的规定。因此，若各个别法规定了必须通过认证许可程序时，则须通过该认证许可方可营业。

1）基本法令。

●《外商投资促进法》、《施行令》、《施行规则》。

- 《关于外商投资与技术引进的规定》(知识经济部通告)。
- 《外商投资综合公告》(知识经济部通告)。
- 《关于外商投资等的赋税减免规定》(企划财政部通告)。
- 《赋税特例限制法》(第 5 章 关于外商投资等的赋税特例)、《施行令》、《施行规则》。

2)其他法令。

- 《外汇交易法》:有关外商投资的外汇及对外交易的事项。
- 《关于指定及运营自由贸易区的法律》。
- 《关于指定及运营经济自由区的法律》。
- 《关于资本市场与金融投资业的法律》。

3. 外商投资的促进与限制

从外国投资商的立场来看,除海外投资的普通事业风险外,还需考虑相关投资国家的政治、经济状况等因素,韩国制定了有关保护外国投资商的制度,同时凭借《关于外商投资与技术引进的规定》,限制了外商投资的行业和内容。

(1)外商投资的自由化

除法律特别规定的情况以外,外商可不受限制地在国内进行投资业务。但是,若对国家安全、公共秩序、国民健康卫生和环境保护造成危害,以及明显违背社会风俗和大韩民国法律时,则将受到制约。

(2)外商投资的保护

依据《外商投资促进法》,对外商投资的保护标准高于类似于普通证券投资或债券投资等的间接投资,并且还可获得相关支援。

1)保障对外汇款。

外国投资商所获得股份等产生的利润、股份等的出售货款、根据《外商投资促进法》所规定的贷款合同而支付的本息与手续费、依据引进技术合同而支付的报酬,在汇款时,根据外商投资、技术引进合同的许可内容或申报内容,对该汇款实施保护。

2)外汇交易停止(Safeguard)条款的例外。

在发生自然灾害、战争、事变,以及国内外经济状况发生重大激烈变动,或相当于上述情况发生且被企划财政部长官判断为不得已的情况时,可临时限制或停止外汇交易(《外汇交易法》第 6 条第 1 ~3 项),但对于《外商投资促进法》规定的外商投资则被视为例外,可无需遵循上述同款《外汇交易法》(《外汇交易法》第 6 条第 4 项)。

3)国民待遇。

外国投资商与外国投资企业除法律特殊规定以外,在营业方面享有与大韩民国国民或大韩民国法人的同等待遇。

4)赋税减免税无区别待遇。

在适用于大韩民国国民(法人)的赋税相关法律中的减免规定,除法律特别规定外,外国投资商、外国投资企业,以及《外商投资促进法》所规定的贷款贷主与技术供应者也同样适用。

(3)外商投资的限制与禁止

按照《外商投资促进法》规定的韩国标准产业分类,总共 1 145 个行业中,外商投资在公共行政、外务、国防等共 60 个行业受到限制(禁止行业),此外在共 1 085 个投资对象行业中有 29 个行业限制了外商投资比率(限制行业)。

1)外商投资禁止行业。

外商投资禁止行业为难以适用《外商投资促进法》的公共行业,原则上排除在外商投资对象行业中。对此，在《关于外商投资与技术引进的规定》以及《外商投资综合通告》上均已做出公告。

- 邮政业、中央银行、私募基金业、养老金业、金融市场管理业，及其他金融支援服务业等。
- 立法/司法/行政机构、驻韩外国公馆及其他国际与外国机构。
- 教育机构（幼儿园、小学、初中、高中、大学、研究生院、特殊学校等）。
- 艺术家，宗教团体，以及产业、专家、环境运动、政治与劳动运动团体等。

2）外商投资限制行业。

外商投资限制行业在原则上是禁止外商投资的，但若被规定允许标准，在许可范围内可进行投资。相关内容在《关于外商投资与技术引进的规定》和《外商投资综合通告》上均已做出公告。

外国人无法对同时经营外商投资禁止行业与部分允许行业的企业进行投资，若对经营两项以上的部分允许外商投资行业的企业实施投资时，则不得超出投资允许比率最低行业的投资比率。

表 4-7-2　　（以 2010 年 3 月 8 日为准）

行业名称（标准产业分类）	允许标准
谷物及其他粮食作物栽培业	——除水稻和大麦栽培
肉牛养殖业 沿海近海渔业	——外商投资比率低于 50%
其他基础无机化学物制造业 其他有色金属冶炼、提炼及合金制造	——除原子能发电燃料的制造 · 供应事业以外
原子能发电业	（未开放）
水力发电业、火力发电业、其他发电业	——外商从韩国电力公社购买的发电设备合计应不超过国内整体发电设备的 30%
供电及配电业	——外商投资比率低于 50% ——外国投资商拥有表决权股份比率（韩国人为第 1 股东）
放射性废弃物采集、运输及处理业	——除电力事业法第 82 条规定的放射性废弃物管理项目以外
肉类批发业	——外商投资比率低于 50%
内港旅客运输业	——允许对象：南北韩间旅客或货物运输
内港货物运输业	——与大韩民国船公司合作——外商投资比率低于 50%
定期航空运输业、非定期航空运输业	——外商投资比率低于 50%
报纸发行业	——外商投资比率低于 30%
杂志及定期刊物发行业	——外商投资比率低于 50%
无线电广播业	（未开放）
地上波电视业	（未开放）
节目供应业	——外商投资比率低于 49%（包括 49%）（但综合编辑及报道节目专门编辑频道使用项目未开放） ※ 节目供应业是指《广播电视法》规定的广播电视频道使用事业
有线广播业	有关综合有线广播业，外商投资比率低于 49%（包括 49%）（但综合有线广播业未开放）
卫星及其他广播业	外商投资比率低于 33%（包括 33%）[但网络多媒体广播事业限外商投资比率低于 49%（包括 49%）]
有线通信业、无线通信业、卫星通信业、其他电器通信业	外国政府或外国人（包括外国人虚拟法人）持有股份（限表决权股份，包括具有表决权的股份等价物及出资参股）之和低于发行股份总数的 49%（包括 49%）（但外商等无法成为 KT 的最大股东，限持股低于 5%） ※ 外国人虚拟法人：外国政府或外国人（包括《关于资本市场与金融投资业的法律》第 9 条第 1 项第 1 号规定的特殊关系）是最大股东的法人，且拥有其发行股份总数 15% 以上（包括 15%）的法人——允许使用租赁的通信线路的电话事业（61281，通信材料销售业）——其中，附加通信业无限制

续表

行业名称（标准产业分类）	允许标准
谷物及其他粮食作物栽培业	——除水稻和大麦栽培
新闻提供业	——外商投资比率低于 25%
国内银行	——仅限商业银行及地方银行（特殊银行和农水畜协未开放）

（二）外商直接投资程序

1. 外商投资程序

外商投资程序大致可分为外商投资申报、投资资金汇款、法人成立登记与事业者注册、外商投资企业注册四个阶段。如果和国内法人成立程序相比的话，外商只不过增加了“外商投资申报”和“外商投资企业注册”这两个程序，其余的基本上是一致的。但是，作为个人事业者注册时，不需要实施“法人成立注册”这一程序。

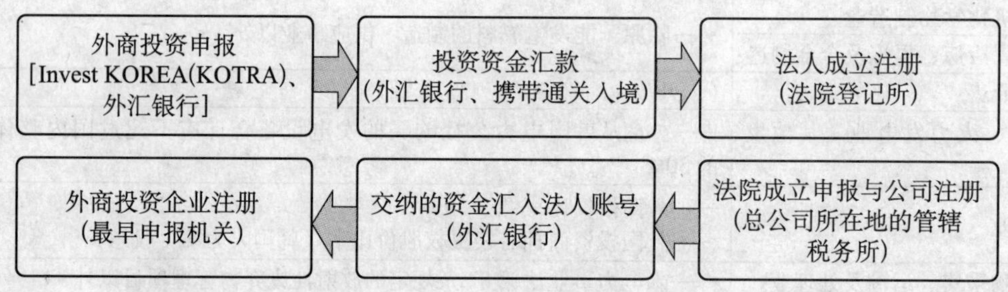

图 4-7-1

(1) 外商投资申报

外商可作以下投资申报。

申报人：外商直接申报或由代理人申报。

申报接受机关：国内银行总分支行、外国银行国内分行、Invest KOREA（KOTRA）或 KOTRA 海外投资据点 KBC（韩国商务中心）。

申报处理时间：及时（交付申报证明书）。

事前申告和事后申报

外商投资申报根据类型可分成股份取得前已经申报的“事前申报”，和股份取得后或合约签署后进行申报的“事后申报”，相关形式和详细内容如下：

表 4-7-3

区分	申报项目	备注
事前申报	——新股等取得或根据出资方式的外商投资申报 ——新股等取得或根据出资方式的外商投资内容变更申报	
	——因获得原始股等的外商投资申报及批准申请 ——因获得原始股等的外商投资的内容变更及批准申请（防御产业企业的情况必须向知识经济部申请批准）	在取得上市法人股份的情况下，作为例外可在取得后 30 天内进行申报
	长期贷款式的外商投资申报及内容变更申报	作为例外，在允许事后申报的情况下，必须在取得日后 30 天内进行申报

续表

区分	申报项目	备注
事后申报	通过合并等的股份取得申报、通过外商投资企业的准备金、重估价准备金等无偿增资而获得股份； 因合并、企业分割、一揽子股票交换转让等取得股份、以所获股票产生的成果（分红）出资； 因买入、继承、遗赠、赠予而取得股份； 通过转换、交换、收购可转换公司债券（CB）、可交换公司债券（EB）、股票委托证书（DR）而获得股份	必须在自取得日起30日以内申报
	股份等的转让申报	自合同签定日起30日以内
	股份等的减少申报	对于《商法》第439条所规定的债权人，必须在催告期间终了日起30天内进行申报
	——外商投资企业注册申请 ——外商投资企业的注册取消申请	事由发生日起30天内

申请材料：

• 不同类型（新股、原股、长期贷款等）的外商投资申报书2份。

• 外商国籍证明材料。

——外商是法人或者团体的情况：相关国家的政府或其他有权机关所发行的登记誊本，或者可证明相关法人或团体所在国家的材料。

——外商是个人的情况：相关国家的政府或其他有权机关所发行的市民身份证、护照等可证明国籍的材料。

——但是，外商如拥有大韩民国国籍时，可提交所滞留的国家政府或其他有权机关所发行的永居证明书，或者大韩民国驻外公馆长官所发行的在外国民登记证明书。

• 必要时追加的附加材料。

——关于出资目的物的凭证材料。

——其他与股份取得有关的证明材料。

——委托书（外国投资商赋予他人代理权，由代理人进行申报、批准申请时）。

（2）不同类型的外商投资申报程序

1）取得新股或捐赠方式的外商投资申报。

当外商欲以取得大韩民国国民（法人）运营企业所发行的新股份的方式来实施外商投资时，必须事先进行投资申报（事前申报）。

新股取得

• 外商单独或和国内人合作成立新法人。

• 参与国内企业的有偿增资。

• 外商（个人）在国内运营个人事业单位。

• 向非经营法人捐赠（以捐赠方式取得新股）。

需提交的材料

• 新股取得或捐赠方式的外商投资申报书2份（代理申报时，包括委托书）。

• 外国投资商的国籍证明书。

• 其他相关出资目的物的必要材料（只限于相关的情况下）：

——产业财产权等价格评价证明材料。

——分店、办事处或法人清算后的剩余财产证明材料。

——贷款或其他从海外借入款项的证明材料。

——外国有价证券市场上市法人的股份证明材料。

——依据《外商投资促进法》或《外汇交易法》，外国人所持有的股份证明材料。

——对想要出资的国内不动产的资本交易申报证明材料。

——根据《外商投资促进法》或者《外汇交易法》，可证明所持有的股份或者不动产销售金额的材料。

——非经营法人出资的证明材料。

在已经申报的内容中，如果想要变更外商的商号、名称、国籍、外商投资金额、外商投资比率（外资企业的股份中外商所持有的股份比率）、投资方法以及经营事业内容时，必须做内容变更申报。

生产资料现物出资的情况

在完成新股等取得的外商投资申报后，通关前，有必要申请“生产资料进口物品的明细确认”。

申请材料

• 生产资料进口物品明细审查确认书 3 份。

• 物品出售信用证等价格证明材料 3 份。

• 生产资料引进程序完成后，须向 Invest KOREA 关税厅提交“现物出资完了确认书申请”。

2）取得原始股的外商投资申报与许可申请。

在外商通过取得大韩民国国民（法人）所经营企业的原始股等来实施外商投资的情况下，必须做投资申报（事前申报）。但是，取得《关于资本市场与金融投资业的法律》所规定的股权上市法人所发行的原始股时，取得后 30 天内可进行申报（包括变更）。

外商根据《关于资本市场与金融投资业的法律》，在已经取得上市法人 9% 股票的状态下，如果要追加取得 3.5% 股票的情况［一次投资金额在 1 亿韩元以上（包括 1 亿韩元），且占总股票取得比率 10% 以上（包括 10%）的情况］，由于根据《外商投资促进法》，对追加取得的 3.5% 的股份可被认定为《外商投资促进法》所规定的外商投资，所以必须做取得原始股的外商投资申报（或许可申报）。这种情况被视为事前申报原则的例外，可在取得后 30 天内进行申报。

获得原始股

• 从国内股东直接取得非上市股份 10% 以上（包括 10%）的情况。

• 获得上市企业股票 10% 以上（包括 10%）的情况。

但是，取得经营防御产业的企业的原始股，并想要进行外商投资时，必须事先获得知识经济部长官的批准（批准申请）。如果有违反批准规则取得原始股的情况时，不能行使所取得的相关原始股的表决权，还可能会收到知识经济部长官发放的股份转让命令。

需提交的材料

• 取得原始股的外商投资申报书 2 份（代理申报时，附加委托书）。

• 外国投资商的国籍证明书。

• 可以确认和二手人之间特殊关系的材料（二手人是 2 人以上的情况）。

• 其他有关出资目的物的必要材料（只限于相关的情况）：

——根据分支或者办事处、法人的清算，分配给相关外国人的剩余财产的证明材料。

——贷款或其他从海外借入金额数的证明材料。

——外国有价证券市场上市法人的股份证明材料。

——依据《外商投资促进法》或者《外汇交易法》，外国人所持有的股份证明材料。

——根据《外商投资促进法》或者《外汇交易法》，可证明所持有的股份或者不动产销售金额的材料。

在已经申报的内容或者获得许可的内容中，想要变更外商投资金额、外商投资比率、股份转让者等事项时，必须做变更申请或者申请变更许可。

3）通过合并取得股份的外商投资申报。

通过合并取得股份和取得新股或取得原始股的情况不同，无需做事前申报，在取得股份后 30 天内申报就可以了（事后申报）。因合并而取得股份的申报的情况大部分为外商投资企业的变更注册（或新注册）申请。

①通过合并取得股份的类型：

• 外国投资商通过将相关外商投资企业的准备金、再评估储备金、依据其他法令规定的储备金转入为资本而取得发行股份的情况。

• 外商凭借相关外资企业与其他企业合并，股份的一揽子交换、转让及公司分割时所持有的股份等，从而取得以后继承或者新设法人股份的情况。

• 外国人通过买入、继承、遗赠或赠予的方式，从外商取得已经被注册的外资企业股份的情况 。

• 外国投资商因通过依法取得股份等产生的分红而进行出资所取得股份等。

• 外商把可转换公司债券、可交换公司债券、股票委托证书及其他类似品转换、收购或交换成股份的情况。

②需提交的资料：

• 股票或份额的取得申报表 2 份（代理申报时，附加委托书）。

• 外国投资商的国籍证明书（新取得时）。

• 证明取得股份的材料（法人登记簿誊本、股东大会决议书以及董事会决议书等）。

4）长期贷款方式的外商投资申报。

当外商投资企业的海外总公司或外国投资商，以及与该总公司或投资商具有出资关系的企业向相关外商投资企业提供平均偿还期 5 年以上贷款时，该相关外商投资必须事先做投资申报（事前申报）。

投入长期贷款的机关是外商投资企业，同时由于成立中的外资企业不是借主，那么长期贷款方式的投资申报必须在外资企业成立后进行。另外，如果贷款金额不是出资目的物，就不能被记载在外商投资企业注册证上。但是，必须向申报机关附加出示外汇购买（寄放）证明书，做贷款到达报告后，该长期贷款才能被认定为外商投资。

需提交的材料

• 长期贷款方式的外商投资申报书 2 份（代理申报时，附加委托书）；

• 贷款合同复印件；

• 证明出资关系的文件及贷款提供者国籍证明书。

当在申报的内容中，要变更贷款引进金额、贷款条件（利率、偿还时间、历经时间）等时，必须做变更申报。

5）不同类型的外商投资程序。

具体参见图 4 –7 –2。

6）投资资金的汇款。

投资资金原则上必须以外国投资商本人的名义，通过外汇银行进行汇款。此时，不承认国内的源泉资金。在纳入股金的过程中，银行会发放股金纳入保管证明书（这个在法人成立登记时需要）以及外汇购买证明书（这个在外商投资企业注册时需要）。

7）法人成立登记与事业者注册。

准备好所需的各项材料，在管辖法院及税务署进行登记及注册。

8）向纳入资本金的法人账号汇款。

如果结束法人成立登记以及事业者注册程序，新设公司在原则上就成为有效的法人。所以，就可

外商投资申告与外商投资企业的注册

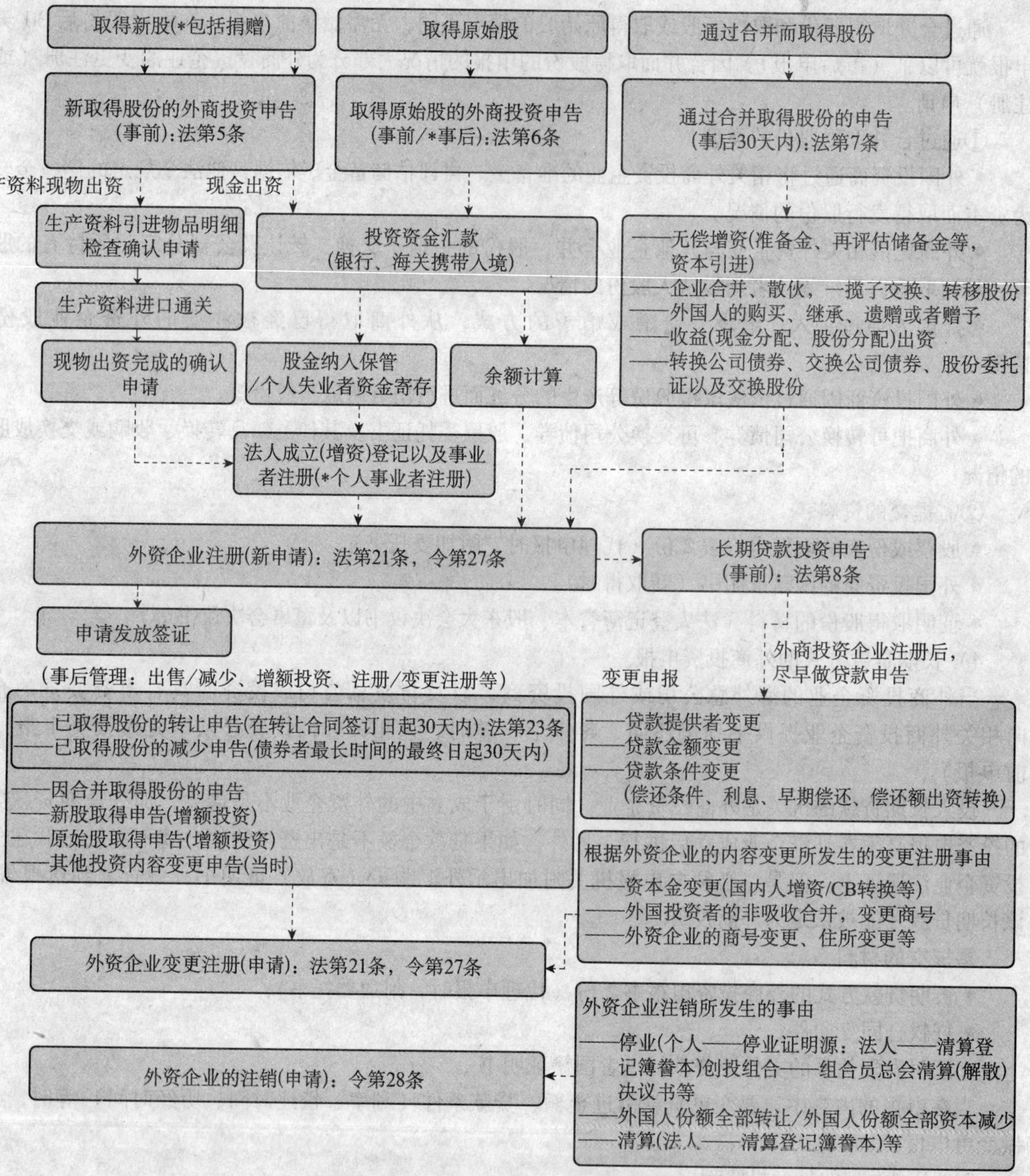

取得新股(*包括捐赠)
取得原始股
通过合并而取得股份
新取得股份的外商投资申告(事前)：法第5条
取得原始股的外商投资申告(事前/*事后)：法第6条
通过合并取得股份的申告(事后30天内)：法第7条
生产资料现物出资
现金出资
生产资料引进物品明细检查确认申请
投资资金汇款(银行、海关携带入境)
——无偿增资(准备金、再评估储备金等，资本引进)
——企业合并、散伙，一揽子交换、转移股份
——外国人的购买、继承、遗赠或者赠予
——收益(现金分配、股份分配)出资
——转换公司债券、交换公司债券、股份委托证以及交换股份
生产资料进口通关
现物出资完成的确认申请
股金纳入保管/个人失业者资金寄存
余额计算
法人成立(增资)登记以及事业者注册(*个人事业者注册)
外资企业注册(新申请)：法第21条，令第27条
长期贷款投资申告(事前)：法第8条
申请发放签证
外商投资企业注册后，尽早做贷款申告
(事后管理：出售/减少、增额投资、注册/变更注册等)
变更申报
——已取得股份的转让申告(在转让合同签订日起30天内)：法第23条
——已取得股份的减少申告(债券者最长时间的最终日起30天内)
——因合并取得股份的申告
——新股取得申告(增额投资)
——原始股取得申告(增额投资)
——其他投资内容变更申告(当时)
——贷款提供者变更
——贷款金额变更
——贷款条件变更
(偿还条件、利息、早期偿还、偿还额出资转换)
根据外资企业的内容变更所发生的变更注册事由
——资本金变更(国内人增资/CB转换等)
——外国投资者的非吸收合并，变更商号
——外资企业的商号变更、住所变更等
外资企业变更注册(申请)：法第21条，令第27条
外资企业注销所发生的事由
——停业(个人——停业证明源：法人——清算登记簿眷本)创投组合——组合员总会清算(解散)决议书等
——外国人份额全部转让/外国人份额全部资本减少
——清算(法人——清算登记簿眷本)等
外资企业的注销(申请)：令第28条

图 4-7-2

以向被银行保管的新设法人账号汇款。

9）外商投资企业注册。

外国投资商（代理人）或外商投资企业如果发生以下事由时，从相关事由发生当天起 30 天内必须向委托机关做外商投资企业注册。

- 完成出资目的物纳入时（获得新股）；
- 取得原始股的情况（获得原始股）；
- 通过合并而取得股份的情况（CB 转换、企业分割等新取得）；
- 完成对非经营法人捐赠的情况（通过出资方式获得新股）；

需提交的材料

- 外商投资企业注册申请书；
- 外商投资企业的法人登记簿誊本（法人事业者）或事业者注册证复印件（个人事业者）；
- 外汇购买证明书或外汇存款证明书复印件；
- 股东名册（法人印鉴签章、签章副本）或股份款项交收凭证材料。

必要时，需追加的附加材料

- 关于出资目的物的凭证材料；
- 现物出资完了确认书复印件（生产资料实物出资时）；
- 《商法》中检查人的调查报告书或鉴定人的鉴定评估书复印件（以股份或国内房地产出资时）；

——其他与取得股份有关的凭证材料；

——代理申报时，须委托书。

2. 外商投资的事后管理

当外商或外资企业完成出资目的物纳入或原始股取得时，外国投资商或外商投资企业根据法律规定，必须向大韩贸易投资振兴公社社长或外汇银行行长申报外商投资企业注册。投资企业注册后，如有股份变化、商号变更等事由发生时，必须做相关投资申报与外资企业的变更注册申请；如有注册取消事由发生时，必须向知识经济部申请注册取消。

（1）外商投资企业的变更注册

外商（代理人）或外资企业如有以下事由发生时，从相关事由发生当日起 30 天内必须向委托机关做外商投资企业变更注册。

- 通过合并等获得股份时（因合并、无偿增资等取得股份时）。
- 因外国投资商的股份转让、资本减少而导致持有股份或投资比例变更时。
- 由于本国国民的增资而导致外商持有股份或投资比例发生变化时。
- 当外商投资企业或外国投资商的商号、名称、国籍变更时。
- 当外商投资金额、投资比例、外商投资企业地址等其他注册内容发生变化时。

需提交的材料

- 外商投资企业注册申请书（归还原有外商投资企业注册证）；
- 外商投资企业的法人登记簿誊本（包括注销事项）；
- 外汇购买证明书或外币存款证明书复印件；
- 股东名册（法人印鉴签章、签章副本）或股份交收款凭证材料。

必要时，须追加的附加材料

- 关于出资目的物的证明材料；
- 实物出资完了确认书复印件（生产资料实物出资时）；
- 商法中检查人员的调查报告书或鉴定人员的鉴定评估书复印件（以股票或国内房地产出资时）；
- 其他可证明股份取得的相关证明文件等被变更的材料；
- 代理申请时，须出具委托书。

（2）股份等转让与资本减少申报

转让或减少股份的外国投资商（代理人）在务实转让时，从签订合同日起 30 天内；在减少股份的情况下，从对债权人最终期限日起 30 天内必须向委托机关做股份转让及减少的申报。如果转让股份，接手的人为新外国人的情况，转让申报时，须附加接收人的国籍证明书，这样可省略接收人的股份取得申报程序。

需提交的材料

- 股份或份额等的转让、减少申报书 2 份；

- 转让合同书、资本减少变更登记簿誊本等可证明转让或减少的材料复印件；
- 代理申报时，须出示委托书。

（3）生产资料出售申报

外国投资商或外商投资企业通过免关税等引进的生产资料，从进口申报受理之日起 5 年以内如要进行转让、出租，或者要使用于申报目的以外的目的时，必须事先向受托机构进行申报。

需提交的材料

- 生产资料处置申报书 2 份。

（4）对于投资限制行业，外商投资企业增添新事业或取得其他国内企业股份

对外商投资被限制的行业，禁止外商投资者超过其许可标准经营增添事业。但是对限制的行业，可允许外商投资比率不超过 10%。

另外，当外商投资企业取得经营外商投资限制行业的其他国内企业股份时，不能超过其许可标准。但以下事项可被视为例外，允许批准。

- 当外商投资比例不足 50%，外国投资商不是最大股东的企业取得国内企业股份的情况。
- 根据其他法令规定，从事金融业或保险业等的外商投资企业取得其他企业的股份时，并把它视为其事业内容的全部或一部分的情况。
- 取得国内企业的发行股票总数或出资总额的 10% 以内的情况。

（5）外商投资企业的注销

当外国投资商通过把自己持有的全部股份等转让给大韩民国国民或大韩民国法人，或者通过减少相关外商投资企业的资本使自己失去持有的所有股份时，必须注销外商投资企业的注册。注销申请必须由外资企业或外商提交给受托机构，这时还必须归还外商投资企业注册证明书。

除外国投资商自发性的注销申报以外，知识经济部长官在外国投资商或外商投资企业属于如下任何一项情形时，可取消其许可或注销其注册。

- 注册的外商投资企业停业或持续 2 年以上未开展事业活动时。
- 注册的外商投资企业或允许取得从事防御产业的企业原始股等的外国投资商不履行知识经济部长官的政府命令及其他必须措施时。
- 注册的外商投资企业发生解散事由时。
- 外国投资商依据总统令的规定申请注销时。
- 将外商投资企业注册证转让或出租给他人时。
- 假装交纳出资目的物进行外商投资企业注册时。

申请材料

- 外资企业注册注销申请书 2 份。
- 证明注册注销的材料 1 份（清算登记誊本、废业证明书等）。
- 外资企业注册证原件。

（三）成立法人

1. 外国人进入韩国市场的方法

外国人以事业为目的进入韩国的方法大致可分成几种，即外国人（法人）成立当地法人、个人工商户、外国法人在韩设立分支或办事处等方式。

(1) 外国人进入韩国市场的做法

表 4－7－4

形 式	相关法律	备 注
当地法人	《外商投资促进法》	被认定为外商投资
个体工商户		
公司	《外汇交易法》	属于外国法人的国内分公司

(2) 外商投资企业与国内分社的比较

1）符合《外商投资促进法》的外商投资企业。

外国人（法人）通过在国内设立“当地法人”进行的投资，须遵守《外商投资促进法》和国内《商法》的相关规定。为使当地法人符合《外商投资促进法》的标准，须1亿韩元以上（包括1亿韩元）的投资。

若外商个人投资1亿韩元以上（包括1亿韩元），并以“个体工商户”的形式营业，同样适用《外商投资促进法》，可被认定为外商投资。

2）符合《外汇交易法》的非居者（外国企业等）的国内分公司。

若在国内进行盈利式的经营活动，可被归入“分公司”，同时由于它是外国法人，所以不可被认定为外商直接投资。

若“办事处”在国内不从事盈利的经营活动，只进行业务联络、市场调查、研究开发活动等非盈利职能，则不同于分公司，无需注册，只要在辖区税务所内领到相当于营业注册的固有号码即可。

表 4－7－5 外商投资企业与国内分公司的比较

分类	外商投资企业	外国企业的国内分公司
法律依据	《外商投资促进法》	《外汇交易法》
法人性质	国内法人	外国法人
是否为同一个体	外国投资商与外商投资企业分别为不同的个体（会计、结算独立）	总部与分公司为同一体（会计 、结算统一）
受理申报和许可的机构	Invest KOREA（KOTRA）或外汇银行总行、分行	外汇银行分行（申报），企划财政部（金融业等的许可）
最低（最大）投资金额	最低每项1亿韩元，最大无限	无金额限制
纳税业务范围	对国内外全部收入具有纳税义务法人税率：2亿韩元以下（包括2亿韩元）时10%，超过2亿韩元时为20%（截至2011年为22%）	纳税义务只限于国内源泉所得（法人税率：同左），部分国家需缴纳分公司税

2. 成立当地法人

外商在韩国成立当地法人时，程序一般同于国内法人的成立程序。但法人成立前，必须完成外商投资申报，同时成立后须务实外商投资企业的注册。

(1) 当地法人的成立程序

成立当地法人的程序同之前外商投资程序，即包括外商投资申报、股份公司或个体工商户注册、外商投资企业注册等步骤。这里将详细介绍为成立当地法人所需要完成的公司成立与营业注册手续。见图 4－7－3。

(2) 股份公司的成立程序

《商法》中规定的公司形态有合股、合资、股份、有限公司等四种，但由于绝大多数为股份公司，所以以下将着重说明成立股份公司的程序。

外商投资申报
(外汇银行)投资资金汇款
投资资金汇款
(外汇银行、携带通关入境)
外商投资企业注册
(最早申报机关)
交纳的资金汇入法人账号
(外汇银行)
事业者注册
(总公司所管辖税务所)

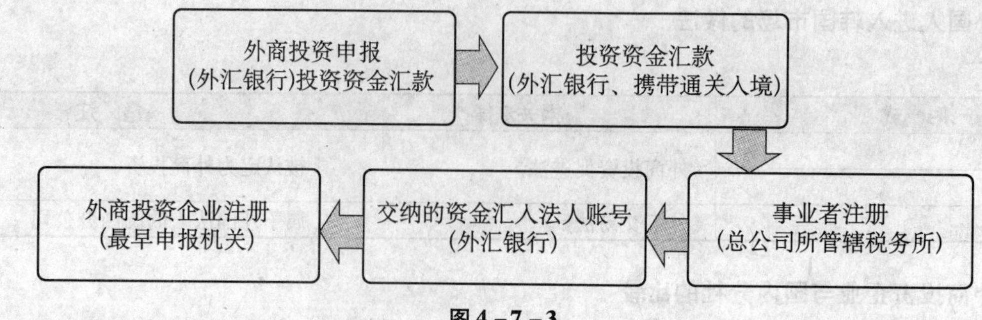

图 4-7-3

1）股份公司的成立类型。

股份公司的成立方式包括包股创办和招股创办。包股创办是指在成立公司时发行的股票总数全部由创办人接管而成立公司的方式；招股创办是在成立公司时发生的股票总数中，创办人只接管部分股票，剩余部分通过召集股东来建立公司。

根据以上不同的方式，成立股份公司的程序也各不相同，步骤如图 4-7-4 所示：

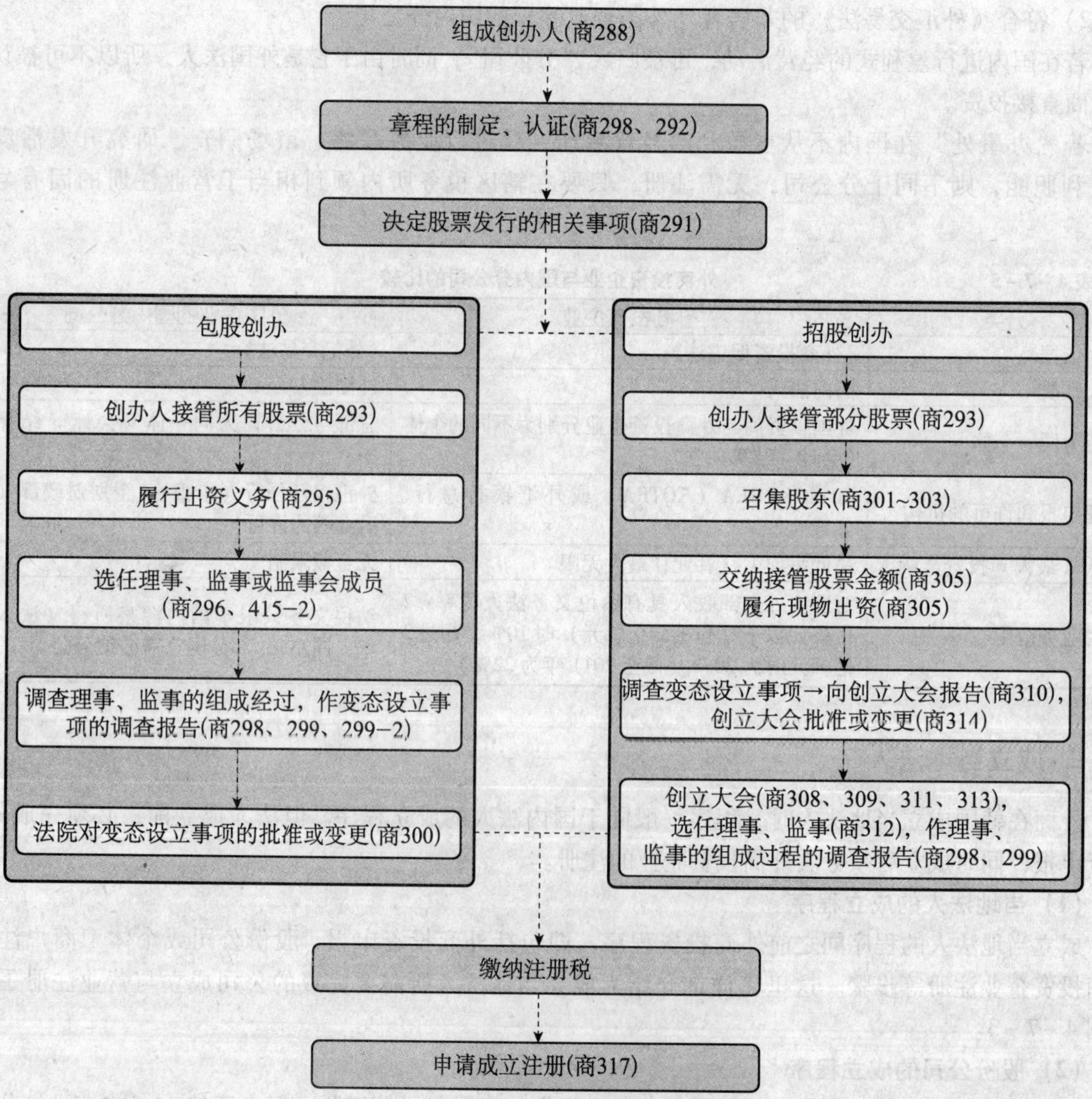

组成创办人(商288)
章程的制定、认证(商298、292)
决定股票发行的相关事项(商291)
包股创办
创办人接管所有股票(商293)
履行出资义务(商295)
选任理事、监事或监事会成员
(商296、415-2)
调查理事、监事的组成经过，作变态设立事项的调查报告(商298、299、299-2)
法院对变态设立事项的批准或变更(商300)
招股创办
创办人接管部分股票(商293)
召集股东(商301~303)
交纳接管股票金额(商305)
履行现物出资(商305)
调查变态设立事项→向创立大会报告(商310)，
创立大会批准或变更(商314)
创立大会(商308、309、311、313)，
选任理事、监事(商312)，作理事、
监事的组成过程的调查报告(商298、299)
缴纳注册税
申请成立注册(商317)

图 4-7-4

2）股份公司的成立注册。

在股份公司成立注册方面，若为包股创办，则需在成立过程调查结束之日起两周内完成；若为招股创办，则需在成立大会结束之日起两周内完成。

在注册前需对创办人组成和商号进行研究。首先，股份公司需要1人以上的创办人，此时创办人需要以书面形式接管股票，进而成为新设公司的股东。另外，为在首尔特别市、广域市和市/郡内进行统一经营活动，不能使用他人已经注册的商号，因此必须事前在大法院的注册所网站（www. iros. go. kr）上确认是否有重复商号。法人成立注册附件见表4－7－6。

表4－7－6　法人成立注册附件

1. 股份公司成立注册申请书 2. 章程（公证后的章程，但若创办资本金低于10亿韩元的公司，可免除公证义务） 3. 证明接管股票的书面材料 4. 认股证（若为招股创办） 5. 股票发行事项同意书 6. 创立大会召集时间缩短同意书 7. 创立大会会议记录（公证后的记录，但若创办资本金低于10亿韩元的公司，可免除公证义务） 8. 理事会理事录（同于章程） 9. 股金交纳保管证明书 10. 理事、监事或监事会的调查报告 11. 财产移交证（实物出资） 12. 公证人的变态设立事项报告书 13. 公认鉴定人的鉴定书 14. 检查员调查报告书副本	15. 外商投资申报讫证 16. 高层就职批准书 ① 韩国人：印鉴盖章后，附印鉴证明和居民登录本副本 ② 外国人：公证后的签名与住址证明材料原件和护照复印件 17. 印鉴申报书 18. 翻译件（高层的就职同意书等需要材料为外语时） 19. 注册税收据确认书（本部所在区厅税务科发放的通知书） 20. 大法院的收入印花 21. 委任状（由代理人申请时） 22. 法人印鉴图章 23. 法人印鉴卡发放申请书（成立注册后） ※ 第11、12、13、14条为实物出资等的变态设立事项

① 外国（地区）投资商需要准备的材料。

投资商在海外需要准备的材料根据投资商是个人或法人而异，日本和中国台湾投资商所需材料与韩国个人或法人相同。个人、法人投资商需准备的材料见表4－7－7、表4－7－8。

表4－7－7　个人投资商需要准备的材料

准备材料	备注
法人印鉴申报书	在法人印鉴申报书的个人盖章栏上盖上被成立法人的代表理事个人印鉴章或签字，然后进行公证（印鉴证明制度没有的情况下）
就职批准书印鉴证明书	就任成立法人的所有高层 ——韩国/日本/中国台湾：在就任批准书上盖上印鉴后，附加印鉴证明书 ——没有印鉴证明制度的其他国家或地区：就任批准书上签字后公证
居民登记草本或住所证明书（代表理事）	委任外商投资申报业务的情况 ——韩国/日本/中国台湾：居民登记本副本、印鉴证明 ——其他国家或地区：相关国家或地区的住所证明书或公证过的住所证明书（但不是代表理事的理事、监管人员不需要）
委任状	委任外商投资申报业务的情况 ——日本/中国台湾：盖上印鉴的委任状并附加印鉴证明书 ——没有印鉴证明制度的其他国家或地区：就任批准书上签字后公证
护照复印件	所有外国人

表 4-7-8　法人投资商需要准备的材料

准备材料	备注
法人注册簿副本（投资商为法人）	中国台湾/日本法人：法人注册簿副本 1 份 其他国家或地区：公证过的相关国家的法人证明书或能证明法人存在的材料
法人印鉴申报书（被成立的法人）	在法人印鉴申报书的个人盖章栏上盖上被成立法人的代表理事个人印鉴章或签字，然后进行公证（印鉴证明制度没有的情况下）
就职批准书、印鉴证明书	就任成立法人的所有高层 ——韩国/日本/中国台湾：在就任批准书上盖上印鉴后，附加印鉴证明书 ——没有印鉴证明制度的其他国家或地区：就任批准书上签字后公证
法人注册簿誊本、法人委任状	就任批准书的附加材料 ——韩国/日本/中国台湾：居民登记本副本、印鉴证明 ——其他国家或地区：相关国家的住所证明书或公证过的住所证明书（但，不是代表理事的理事、监管人员不需要）
委任状	委任外商投资申报业务的情况 ——日本/中国台湾：盖上印鉴的委任状并附加印鉴证明书 ——没有印鉴证明制度的其他国家或地区：就任批准书上签字后公证
护照复印件	所有外国人

（2）股份公司成立费用。

成立股份公司时所需费用包括注册税、地方教育税、注册申请手续费等。具体见表 4-7-9。

表 4-7-9　公司成立费用示例（以投资 1 亿韩元为准，大城市）

项目	明细	费用
注册税	资本金的 0.4%，在大城市内成立时为 3 倍	1 200 000 韩元
地方教育税	注册税的 20%	240 000 韩元
大法院收入凭证	注册申请手续费	30 000 韩元
公证费	章程等（成立低于 10 亿韩元（包括 10 亿韩元）的包股创办公司时减免）	约 150 000 韩元
总　计		约 1 620 000 韩元

3）法人成立申报与公司注册。

事业者注册可在本部所在地辖区税务所或 Invest KOREA（KOTRA）内进行，且公司注册需在开始营业之日起 20 日内进行。

所需材料

- 事业者注册申请书。
- 章程（实物出资时需附上投资标的明细表）。
- 法人注册簿誊本。
- 股东等的明细。
- 营业许可证（要求许可、认可、申报等事业时）。
- 租赁合同书复印件（工作场所租赁时）。
- 其他：

——纳税管理人设定申报书（若无处理国内税务事项的员工）。

——外汇买入证明书复印件。

——外国货物买入证明书复印件。

——外国人登录证或护照复印件（若代表法人为非居民）。

若外国投资商以实物出资的形式成立法人，现物投资标的在通关时，为获得退还的附加值税，需要出示营业注册证，因此在进口投资标的时需完成营业注册。

先完成公司注册时（实物出资）所需材料

- 公司注册申请书。
- 所有创办人的居民登记本副本。
- 事业许可申请书（认可、许可事业）。
- 事业计划书。

注：在申请公司注册时，如不提交法人注册簿誊本，那么在公司成立后，需提交所有材料。

3. 个体工商户注册

若外国投资商注册为个体工商户，而非当地法人时，需与当地法人一样遵循现有的外商投资程序，但不需要实施法人注册程序。具体程序见图 4－7－5。

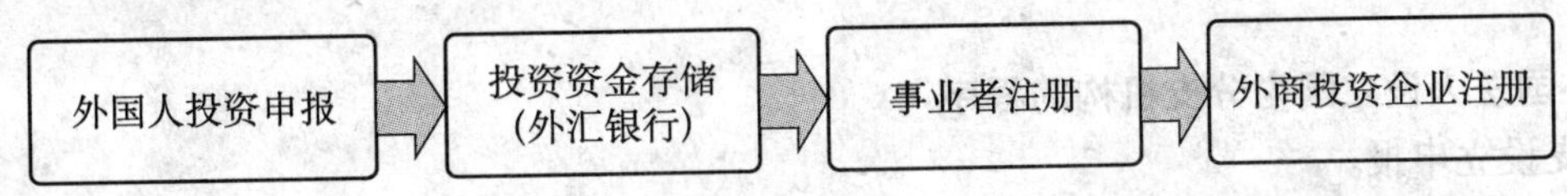

图 4－7－5

（1）外商投资申报

外商（代理人）在外汇银行或 Invest KOREA（KOTRA）进行外商投资申报，申报受理机构在申报当时立即处理。代理人代理申报时，需准备投资商签名的公证委任书。

（2）投资资金汇款

当外商投资企业汇入投资资金时，不允许使用国内资金，而且原则上也不承认代替投资商的第三者汇款。汇款方式包括银行汇款或携带通关入境两种，银行汇款时，汇款人与收款人应为投资商。在完成投资资金汇款后，银行会发放外汇买入、预置证明，这在进行营业执照注册和外商投资企业注册时需提交。

（3）营业执照注册

外国投资商（代理人）需在开始营业之日起 20 天内到企业所在辖区税务所或 Invest KOREA（KOTRA）进行注册。营业执照注册原则上必须本人直接申请，但若通过代理人进行申请，需提交经过公证的委任书。

所需材料

- 营业执照注册申请。
- 事业许可证复印件等（要求许可、认可、申报等事业）。
- 租赁合同书复印件（租赁工作场所时）或建筑物注册簿副本。
- 其他：

——纳税管理人设定申报书（投资商不常驻公司或 6 个月以上滞留海外的情况等）。

——投资商两名以上，需合资合同书（公证）。

——外商投资申报书复印件。

——外汇买入、预置证明书复印件。

——出示外国人登录证（或护照）原件后，提交复印件（投资商为非居民）。

（4）外商投资企业注册

外国投资商从出资标的纳入日起 30 天内必须向委托机关申请外商投资企业注册。

所需材料

- 外商投资企业注册申请书。

- 营业执照。
- 外汇买入、预置证明书。

4. 外国企业设立国内分支

成立当地法人和个体工商户注册是根据《外商投资促进法》而被认定的外商投资，与此不同，设立国内分分支不能被认定为外商投资，须遵守《外汇交易法》。

（1）外国法人设立国内分支机构的类型

国内分支包括分公司（Branch）和办事处（Liaison Office）两种类型。分公司实施盈利的经营活动；办事处则不从事获利型的经营活动，只是负责业务联络、市场调查、研究开发活动等非经营性工作。在这一点上两者存在差异。办事处主要从事质量管理、市场调查、广告等具有准备、附带性质的业务，因此不允许为直售或代售而保存产品的行为，从这一点上来看其活动范围受到限制。

（2）外国法人设立国内分支机构的程序

1）分支设立申报。

若外国企业希望在国内设立分支，必须向指定交易的外汇银行行长进行申报。

所需材料

- 外国企业国内分支设立申报书。
- 证明总店外国法人的名称、所在地与主要经营业务的材料（需要公司所在地的公证）。
- 根据其他法令，要求获得设置批准等时，需要证明该项批准事实的材料复印件。
- 在国内计划经营的业务内容和范围的相关明细。
- 分公司设立业务委任他人时，需要在总公司所在地公证过的委任。

但若属于下列情况，无论是分公司还是办事处均必须向企划财政经济部长官进行申报。

- 资金的融资、海外金融的斡旋与中介、卡业务、分期金融等银行业务以外的金融相关业务。
- 证券与保险等相关业务。
- 根据《外商投资促进法》等其他法令，不被允许的的业务。

2）分设设立登记。

根据《商法》，不区分分店和办事处，外国企业为单纯地在国内经营业务而设立的营业所，有义务实施登记。如外汇管理规定上的办事处不从事经营活动，而只是开展日常性的信息交换等活动，那么办事处不能实施营业所注册，事实上只有分店可实施营业所的设置登记。

外国公司如要在大韩民国营业，必须在大韩民国指定法人代表，并在大韩民国内设置营业所，这时代表者中 1 名以上必须具有大韩民国国内地址。（《商法》第 614 条）

外国公司营业所设立登记时的申请书上必须附加以下各项材料：（《商业登记法》第 112 条）

- 能证明总店存在的书面材料。
- 证明大韩民国法人代表资格的署名材料（例如：国内社长委任状或相关总公司的理事会决议书）。
- 能识别公司章程或公司成绩的书面资料。
- 外国公司的韩国营业所法人代表的印鉴注册申请书（为方便法人代表实施法律行为的任意性事项）。

上述各项材料必须在外国公司本国管辖厅或驻大韩民国的该外国领事馆认证。

对于上述认证材料，法院虽然赋予大韩民国的该外国领事认证有效，但也有可能发生以下情况，即：外国公司在本国管辖厅获得认证的材料，必须再次获得驻大韩民国该国领事的认证，然后提交。另外，海牙认证（Apostille）加入国，也有获得海牙认证后提交的实例，但这是为了提高文书的真实存

在性，不一定会要求做。（属于登记公务员的个别审查权事项）

此外，外国公司的本国对于《外国公文认证要求的废除协约》即《海牙认证协约》的加入国在本国管辖厅取得认证文书，可要求该外国公司出示相关文件的海牙认证。

但是，如果外国公司的本国没有“领事认证制度”时（例如：日本），不能在驻韩的该外国领事馆获得认证时，作为外国公司可选择直接提交公文或获得海牙认证后提交的方法，但对于相关材料有着“是否真实成立”判断权力的登记公务员有可能会要求取得海牙认证后提交，如此一来会把实际审查过程变得复杂。

- 关闭及回收清算预付款。

根据相关规定，被批准设立的人员若要在关闭国内分公司后处理、回收国内拥有的财产并汇出国，必须向指定的外汇银行行长进行申报。这时，对于回收金额规定了一定的限度，只限营业投资资金、利润盈余及其他公积金的合计金额（若出现亏损，则扣除亏损金额）。

- 申请书选任申请人时，必须以清算人的名义申请。
- 申请事由书。
- 公认会计师核讫清算报告（包括关闭日及清算结束日当前的资产负债表、损益表）。
- 完税证明（国税与地方税）。
- 营业资金引进金额、利润结余及其他公积金明细表。
- 存款余额证明（应与清算报告上的汇款限额一致）。
- 若为进行营业活动的分公司，须清算完毕注册簿本。
- 若无法提交清算完毕注册簿本，需提交下列材料：

——停业申报事实证明（管辖税务所发放）。

——可证明清算人选任的材料。

——债权最高通告事实的证明材料（报纸公告复印件）。

——对韩国人劳动者有无拖欠款项的确认书（管辖劳动事务所长发放）。

- 外国企业国内分支关闭申报书原件。

（四）投资鼓励政策

1. 赋税支援

根据针对具备一定条件的外商所制定的《赋税特例限制法》，可减免事业所得、分配所得、技术引入费用和劳动所得等的法人税、所得税与生产资料关税，另外为经营减免优惠项目，对购置、保有的财产，可根据《赋税特例限制法》委任的各地方自治体条例所规定的条款，减免购置税、注册税与财产税。

（1）赋税支援制度的种类

1）法人税的减免。

外商投资企业法人税的减免对象是按照外商投资比率并由《赋税特例限制法》规定的减免项目中产生的所得。但当投资减免对象——外国法人或外资企业的表决权股份被大韩民国国民（法人）直接或者间接拥有 10% 以上（包括 10%），与持股比例相应的投资部分不能被视为赋税减免对象，即：国内居住者的海外环游投资（round trip）不能被视为减免对象。

减免计算日：是指在最初发生所得的征税年度或事业开始后第 5 年最后一天所属的征税年度这两者中，适用于先开始的征税年度。

事业开始日的标准：

- 在制造业中指的是不同制造场所开始生产产品的日期。
- 在矿业中指的是不同事业场所开始矿物的采取、采矿的日期。
- 在其他事业中，开始提供产品或工作的日期。

在增资的情况下，把增资登记日视为事业开始日，适用于本规定。另外，对于外国人因准备金、再评价公积金，以及其他法令规定的公积金等转入资本而获得的股份等，按照发生根据即股份等的减免事例来决定减免期限与减免比例。有偿减资后5年以内进行增资，申请税收减免时，仅限根据减资前净增部分的外商投资比例来决定减免，另外增资后减资的情况，增资的部分首先被考虑成减资对象。但是，通过单纯的国内企业增资，获得外资的外商投资企业不属于上述“增资”的范围，而属于“新”外商投资。

合并的情况下，外商投资企业在减免期间因与国内法人（不包括处于减免期的外商投资企业）合并而导致相关合并法人的外商投资比例减少时，适用合并前外资企业的外商投资比例。

转入不再是新减免对象的再评价积累金、准备金的资本时，进行均等分配的情况下，增资的事业年度或之后的第一事业年度的减免率与减免期不做变动。

减免税额的计算方法见图4-7-6。

减免税额的计算方法

减免所得比率 × 外商投资比率 ⇨ 应计比率反映 × 算出税额

分类	计算方法
减免税额	减免税额=(算出的税额×减免对象事业赋税征税标准/总征税标准)×减免比率
减免比率 (投资比率 经过比率)	•一般情况(只限原始新投资时) 减免税额 = 算出税额 × 减免对象事业的征税标准 / 总征税标准 × 减免比率 减免比率 = 减免对象事业的征税标准 / 总征税标准 × 相关事业年度的减免率(100%，50%) •按相关事业年度的减免比率，计算属于新减免对象的增资(现金、红利) {[增资前的外商投资资本 × 相关事业年度的减免率] + [外商增资资本 × 增资注册日到相关事业年度末日的天数 / 相关事业年度的天数] × 100%} / {增资前的资本 + [增资资本 × 增资注册日到相关事业年度末日的天数 / 相关事业年度的天数]} •按增资事业年度后的第一事业年度的减免比率来计算 {[增资前外商投资资本 × 相关事业年度的减免率] + [增资资本中的外商投资资本 × 100%]} / 总资本金

图4-7-6

赋税减免的限度（甲＋乙）

甲：对于产业支援服务业、高科技技术含量的事业和入驻个别型外商投资区的事业，减免投资资本的70%；对于其他赋税减免对象的外资企业事业，减免投资资本的50%。

乙（以下两项中偏小的金额）：雇用人员×1 000 万韩元；投资资金的20%。

※ 经营非减免项目的外资企业向减免项目增资时，新设置的同一减免事业场所的财产、负债、损失收益被分类经营时，只能根据以同一减免项目事业场所为准备的外商投资比率来计算减免所得、减免比率、减免税额。

2）地方税（购置税、注册税、财产税）的减免。

在外资企业经营减免对象事业的情况下，对于取得、保有的财产可在同于法人税减免期内减免100% 或50% 的购置税、注册税、财产税或从赋税标准中扣除。

事业开始后，对取得财产的所有购置税、注册税、财产税从事业开始日起 3～5 年内都要按照“相关财产算出的税额等于外商投资比率乘上金额（减免对象税额）的 100%”的公式来计算，之后 2 年减免 50%。但在事业开始后，即使取得赋税对象财产，对在决定赋税减免之前已经交付的购置税、注册税将不予返回。

另外，事业开始之前取得的财产的购置税、注册税，从被决定减免赋税的当天起，减免取得的财产的减免对象税额 100% 全额。财产税自取得资产之日起的 3～5 年内，减免对象税额 100%，其后 2 年时间减免扣除对象金额的 50%。

此外，按条例可以在 15 年范围内延长地方税减免期，或提高减免、扣除比例。

关税等的减免

通过获得新发行股份等的外商投资申报，引进直接使用于减免法人税或所得税事业的以下生产资料，可依据《赋税特例限制法》被免除关税。

- 外商投资企业通过外商出资的对外支付手段或国内支付手段而引进的生产资料。
- 外国投资者通过出资目的物导入的生产资料。

关税等的减免是从外商投资申报当天起 5 年内，根据《关税法》，只限于被完成进口申报的生产资料。但是，因为工厂设立批准的延迟等其他不得已的理由，同一时间内无法完成进口申报时，在企划财政部长官的批准下，可延长申报时间，最多为 1 年，并可获得减免。

同时，对加强国内产业的国际竞争力至关重要的产业支援服务业与以高度技术为基础的事业，或者根据《外商投资促进法》入驻个别型外商投资地区的外资企业所经营的事业，均可被减免关税、个别消费税、附加价值税。对入驻园区型外商投资区的外资企业、入驻自由贸易区的特定企业、入驻经济自由区的外资企业、负责经济自由区开发事业的相关外商投资企业、负责济州投资振兴区开发事业的相关外商投资企业等所经营的事业也可被减免关税。

申请机关

- 通关地的海关。

需提交的材料

- 关税减免申请书。
- 所引进的生产资料品目明细表确认书复印件。
- 通过现物出资，或者现金出资而引进生产资料的证明材料。
- 现物出资或以现金出资而引进的生产资料的证明材料。
- 发票（invoice）、提货单（B/L 或者 AWB）、价格申告书、装箱单（packing list）、原产地证明书等。

有关现物出资的特例

- 现物出资完了确认。

外商以现物出资的情况，根据《商法》规定，审查人必须制作“现物出资履行调查报告书”，然后提交给法院。但是，对于外商现物出资的生产资料，不受上述《商法》的限制，可把关税厅长所确认的记载着现物出资履行和目的物的种类、数量、价格等的“现物出资完了确认书”视为《非诉讼事件程序法》所规定的审查人的调查报告书。据此，当外国投资者完成引进出资目的物的生产资料后，希望到管辖的法院做资本登记时，可从被派遣到 Invest KOREA 的关税厅派遣官那获得“现物出资完了确认书”。

需提交的材料

- 现物出资完了确认申请书 2 份。
- 进口申报必证。

表 4-7-10　　生产资料通关程序

程　序	相关机关
投资申报	KOTRA IK 与外汇银行
	投资申报书 2 份
	⇩
认进口的生产资料明细	最初外商投资申报：外汇银行、KOTRA
	确认对象：减免关税的生产资料
	赋税减免决定书、发放、原产地证明书、B/L
	⇩
通关	需要外资企业名义的营业执照
	减免申请书（海关）、投资申报书
	赋税减免决定书、发放、原产地证明书、B/L
	⇩
现物出资完了确认	申请与确认机关：KOTRA 关税厅派遣官
	现物出资完了确认申请书
	进口申报必证
	⇩
公司成立注册	注册所
	申请书、现物出资完了确认书
	⇩
外资企业注册	最初投资申报单位
	法人登记誊本、现物出资完了确认书

对分配金的赋税支援

外国投资商从经营税收减免对象事业的外商投资法人那所获得的分红须以减免期间内发生的分红收入为基准，按减免对象事业的所得金额比例进行减免。

新投资及通过现金、实物、分红进行增资所产生的分红，其减免起算日与法人税的减免起算日相同。在法人税减免 100% 期间，红利所得税也减免 100%；在法人税减免 50% 期间，分红所得税也减免 50%。另外，对于关于随着利润准备金、再评价公积金准备金转入资本而务实增资的资本分红，适用充当其发生根据的原始股的减免期间及减免率。即：新投资不适合 5 年间 100% 减免、2 年间减免 50% 的政策。

在外商收购外资企业中的本国国民或本国法人持股的情况下，属于收购原始股，因此不能被视为税收减免对象。但当外国人或外国法人的持股份额被其他外国人或外国法人收购时，维持当初减免期及减免率。

※当计算分配所得源泉征收税额时，按照《法人税法》规定的源泉征收率（含居民税 22%），应用外资企业赋税减免规则所规定的减免率后，选择应用源泉征收税率或赋税条约所规定的限制税率，

然后区分各不符合适用减免率的分配金额（适用先收利先分配的原则）。

(2) 赋税减免申请程序与追缴

1）赋税减免的申请。

①赋税减免对象事业的事前确定。

外商、外资企业根据《外商投资促进法》的规定，在外商投资申报前需向企划财政部长官申请确认是否属于赋税减免对象，企划财政部长官20天内通报决定是否给予减免。

由于事前确定申请只是单纯的确认与否，无法被视为有效赋税减免决定，所以在外商投资申告后，需另外再次做赋税减免申请。

②赋税减免的申请。

外商投资企业的赋税减免应向企划财政部长官申请。企划财政部长官受理自由贸易区内外商投资的税收减免申请与税收减免变更申请，并有权把关于决定、确认、通知减免，变更减免内容，以及是否属于减免对象的权限委托给管理者。

新法人的情况下，申请期间截至属于外商投资企业事业开始日的所属征税年度结束日；增资法人的情况，必须遵循《赋税特例限制法》的新投资赋税减免的规定（第121条的2与第121条的3）。但是，外资企业从外商投资申告后最早的赋税减免通知日开始3年内，在赋税减免决定被确定为外商投资申报金额的范围内进行增资时，即使不申请减免，增资部分也被视为减免对象（2006年1月1日以后从最早增资部分开始适用）。另外，当变更赋税减免的事业内容时，希望获得被变更事业的赋税减免的话，从有关变更原因之日起的2年内（这种情况只适用于减免剩余期限）。超过税收减免申请期限后进行减免申请并获得减免决定时，只限在该减免申请日所属征税年度与其后的剩余减免期间进行减免，对已交纳的税额一律不予退还。

对赋税减免内容的变更申请指的是对被决定赋税减免的事业内容（减免对象事业）中的变更部分进行的申请。当在减免对象事业之外，变更外商投资金额等外商投资申报内容时，无需做另外的税收减免变更决定，按照《外商投资促进法》规定的外商投资内容变更申报或外商投资企业注册变更申请的内容，当初赋税减免决定也生效。单纯的法人名称或所在地变更不属于税收减免内容变更申请对象，只要向相应税务署及地方自治团体申报就可以了。

需提交的材料

• 相关技术的说明书：参考资料——关于凭借该项技术生产或供应的产品、服务的宣传册等。

• 记载相关技术生产、供应的产品或者服务的使用范围的文件。

• 生产方式及工序表（限于制造技术）。

——针对全部工程进行制作，区分并标识需要高技术的工序。

——标明在国内是否可进行不同工序的生产行为。

• 证明经济效果或技术性能的资料。

——比较凭借相关技术生产或供应的产品、服务和同种或类似产品、服务的性能、质量或节省费用等有关事项。

• 证明高技术的如下资料：

——外国政府或其他公认机构对以相应技术生产或供应的产品或服务所发行的认证证书、试验合格单、评价书等。

——技术（或服务）的专利权等工业产权相关资料。

——与相应技术（或服务）开发相关的资料（研究开发机构、开发参与者、开发费用或需要期间等）。

——为利用相关技术和同种技术（或服务），向第三国投资的实绩及对第三国的贡献实绩。

——证明其他高技术性的文件。

- 外商投资申报证书复印件。
- 赋税减免决定公文的复印件。
- 以被决定减免赋税的企业实施变更申请时，需提交原减免决定文件。

③赋税减免决定及通告。

在出现赋税减免申请或赋税减免内容变更申请时，企划财政部长官应审核相关申请是否符合税收减免标准等，并在20日以内决定是否减免或是否变更减免内容，然后必须将其结果通知申请人。但是，在决定是否减免或是否变更减免内容时，因迫不得已的原因需要延长时间时，可延长处理时间，最多可延长20天。此时，应把原因及处理时间通知申请人。

在决定变更税收减免或税收减免内容时，企划财政部长官应把该情况通报国税厅长、关税厅长及管辖相关工厂设施的地方自治团体负责人。

如果想把产业支援服务业与高科技基础事业的减免申请定为非减免对象事业时，必须在有关申请日起20天内通告决定预告。获得决定预告通知的人员在自收到企划财政部长官通知的当天起20天内，可以要求进行适当与否的审核，并附上签了名的书面审查材料。对此，企划财政部长官必须从获得要求的当天起20天内决定是否给予减免，并通知申请人。具体程序见表4-7-11。

表4-7-11 外商投资企业赋税减免申请的细分程序

步骤	事项	内容
第一步	赋税减免对象，事业的事前确定申请	相关规定：《赋税特例限制法》第121条的2第7项 确认方法：只限属于《关于外商投资的赋税减免规则》附表1的高科技基础事业与产业支援服务业目录的技术才能够申请
↓		
第二步	新股等取得的外资投资申报	相关规定：《外商投资促进法》第5条 主管机关：知识经济部投资政策组（02-2110-5351） 委托相关：大韩贸易投资振兴公社行政支援组（02-3640-7543），外汇银行（总行、分行）
↓		
第三步	赋税减免申请	相关规定：《赋税特例限制法》第121条的2第6项 处理机关：企划财政部对外经济总管科（02-2150-7626） 申请时间 ①新投资：截至相关减免事业开始日所属的征税年度结束日 ②增资：遵循新投资的规定 ③变更：从变更事由日开始2年内 准备材料 新股等取得的外商投资申报书复印件3份 赋税减免申请书3份（第80号格式） 高度技术证明材料3份
↓		
第四步	赋税减免决定	相关规定：《赋税特例限制法》第121条的2第8项 处理机关：企划财政部长官以及申请技术相关主管部门长官 决定方法：由企划财政部长官和技术申请相关主管部门长官协商决定，在他们对赋税减免决定达成一致的情况下，决定减免 处理时间：从申请日起20天内（技术料料不足或者有关部门协议延期的情况下，可要求补全资料以及延长处理时间）
↓		
第五步	通告赋税减免决定	相关规定：《赋税特例限制法》第121条的2第8项 处理机关：企划财政部长官

（2）减免税金追缴

表 4－7－12　　减免税金追缴内容

追缴理由	赋税对象	追缴范围
注销及停业	法人税等、关税等、地方税等	追溯取消注册，废业日起 5 年内（关税 3 年内）被减免的税金
未达到减免标准	法人税等	追溯不符合减免标准的当天起 5 年内被减免的税金
投资申报后 5 年内未落实进口出资目的物	法人税等	追溯不符合减免标准当天起 5 年内被减免的税金（雇佣相关赋税减免标准为 3 年）
未履行申报内容或者不履行市政命令	法人税等	追溯市政命令期间结束日起 5 年被减免的税金
外商向大韩民国国民转让所持有的股份、份额	法人税等	征税年度最早日开始 3 年内出售时，被减免的税金 ×（1－应计月数/36）×股份出售比率
	关税等	从减免日开始 3 年内出售的情况，追缴生产资料的减免税金（计算方法同上）
	地方税等	追溯出售日起 5 年内被减免的税金 × 股份出售比率（包括未达比率）
被申报的出资目的物使用于其他目的或被处理	法人税等	追缴进口申告处理日起 5 年内（关税 3 年）被使用于目的外或出售的生产资料的减免税金
	关税等	
	地方税等	

但是，如有以下事由时，可被免去追缴：

● 外资企业因合并而解散，取消外资企业注册的情况。

● 获得关税减免，被引进并正被使用的生产资料因自然灾害等其他不可抗抗的理由或折旧、技术进步等其他经济条件的变动等理由，不能被使用于原来目的，并在获得企划财政部长官的批准下，使用于原来目的以外的目的或者出售的情况。

● 根据《证券交易法》，为了公开相关外商投资企业而出售给大韩民国国民或者大韩民国法人股份的情况。

● 投资产业支援服务业或高科技含量事业的外商把其所有的股份转让给大韩民国国民或者大韩民国法人时，相关企业在该产业支援服务业或高科技含量事业中所生产或被提供的产品、服务没有障碍地投入国产体系时，并获得企划财政部长官确认的情况。

● 根据其他法令或政府实策，外商把所持有的股份转让给大韩民国国民或者大韩民国法人，并获得企划财政部长官确认的情况。

（3）其他赋税支援

1）对外国技术员的赋税支援。

作为特定外国技术员在国内向本国国民提供劳动而获得的劳动所得，针对自相关外国技术员在国内最初提供劳动之日起的 2 年之内所属月份之前发生的劳动所得可被免除 50% 的所得税。但是，同一事项只限于最初工作日在 2012 年 12 月 31 日前的情况（不包括具备海外永居权的外国技术员和外国劳动者）。

另外，按基于《外商投资促进法》规定的“技术引进合同”来提供劳动的外国技术员，可向在国内被批准减免法人税等的外资企业提供高科技术，并在 2011 年 12 月 31 日之前享受 50% 劳动所得税的减免优惠。

2）对外籍劳动者的征税特例。

外国高层管理人员或雇员（不包括日用制雇工）可在以下两者中选择有利的一项来享受征税特例，此外外国法人的国内分支劳动者也属于适用范围。

● 对于在国内工作产生并截止 2012 年 12 月 31 日所获得的劳动所得的所得税，适用劳动所得 15%

的单一税率（但不适用所得税相关非征税、扣除、减免与税额扣除等规定）。

• 适用综合所得税（但外国人为非居民时，不适用本人基本减免以外的个人减免或特别减免）。

获得征税特例的外国人劳动者扣除每月工资的劳动所得税源泉征收中的 30%，对其剩余所得，应用劳动所得税简易税额表来缴纳源泉征收，在申报确定年末核算或综合所得税征税标准时，可从上述两种方法中选择一种有利于纳税人的方法。第一种方法是工资 30% 为非征税的方法，在扣除年总劳动所得 30% 后，再对一般劳动所得进行扣除，即扣除其他非征税、劳动所得扣除及个人扣除等。然后，使用基本税率计算来算出税额。

3）《税法解析事先裁定制度》的定义。

指纳税人对自身所从事的经营事业有关的"特定交易"是否应该纳税等税务相关问题，可以以"真实身份"表明具体性实际关系，要求做出事先（法定申报期限之前）裁定，这是一项只对"当事者"本人的做明确回答的制度。

※特定交易：已经开始或在不久的将来即将开始，并根据相关资料能被证实的交易。

制度应用效果

通过《税法解析事先裁定》，可确实性解决税法解析等相关税务问题，保障企业对经营活动的可行性预测。

申请人根据质疑的事实关系与裁定内容，在实施纳税时，由于国税厅不能违反裁定给予处罚，所以有着约束税务当局的作用。

4）申请对象与条件。

纳税事业者（包括因将来交易而履行纳税义务的人）特定交易的税法解析裁定事项可被视为申请对象。

但是，以下情况不属于申请对象：

• 同符合《税法》的纳税申请人无关的事项。
• 关于根据事实进行判断的事项。
• 关于假定事实关系的事项。
• 申请的相关交易经营活动等违反法令或有违反嫌疑的事项。
• 超过申请期限后申请的情况。有属于逃漏税或泄漏目的的申请情况等。

5）申请方法。

可从国税厅网站（http：//chinese. customs. go. kr）下载申请书，填写后邮寄给国税厅厅长（法规科长），然后进行申请。

下载申请格式：［国税厅网站—国税信息或税务信息连接—税法解析事先裁定］（注：申请书为韩国语版）。

从事经营活动的纳税人本人可以申请，或纳税人委托给税务代理人（税务师、注册会计师、律师），由税务代理人申请。

2. 现金支援

政府和自治体对满足一定条件的外商投资，考虑到相关外商投资是否以高科技术为基础、技术转移效果、岗位创出规模、与国内投资重复与否、入驻地区的妥当性、是否对地方与国家的经济有影响、投资务实可能性等，然后以现金的形式支援所需要的资金。

（1）现金支援制度的概要

1）支援对象。

现金支援对象为外商投资比例在 30% 以上（包括 30%）的外国人投资，且需符合以下条件。

为经营对加强国内产业国际竞争力非常重要的"产业支援服务业"与"高科技含量事业"，新设或增设工厂设施（不是制造业的情况指的是工作场所）的情况。

《关于发展配件、材料专门企业等的特别措施法》所规定的配件、材料，并符合以下任何一项，同时为生产属于“现金支援对象的配件、材料产业”的配件材料而新设、增设工厂设施的情况。

- 能提高最终产品附加价值的。
- 伴随尖端技术或核心高科技术的配件材料，且能创出技术波及效益或附加价值效果的。
- 是产业基础或能创出产业间连贯效益的。

表 4-7-13　现金支援对象的配件、材料产业

韩国标准产业分类	行业名称
17	纤维产品的制造业
21	纸浆、纸张与纸张产品制造业
24	化合物与化学产品制造业
25	橡胶与塑料产品制造业
26	非金属矿物产品制造业
27	初级金属产业
28	组装金属产品制造业
29	其他机械与设备制造业
30	计算机与办公设备制造业
31	其他电力机械与变压设备制造业
32	电子配件、影视、音像与通信设备制造业
33	汽车与拖车制造业
34	其他运输设备制造业
35	家具及其他产品制造业

※ 从各行业来看，超过以下“现金支援对象各行业的新长期正式雇员数”规模的工厂设施（不是制造业的情况指的是工作场所）的新、增设。

表 4-7-14　现金支援对象各行业的新长期正式雇员数

韩国标准产业分类	行业	长期正式员工数
C B F H J N Q	制造业 矿业 建筑业 运输业 出版、影视、广播通信与信息服务业 事业设施管理与事业支援服务业 保健业与社会福利服务业	300 名
A D G I K M R	农业、林业与渔业，电力、煤气、蒸汽与水事业，批发与零售业，住宿与饮食店业，金融与保险业专业，科学与技术服务业，艺术、体育与休闲相关服务业	200 名
E P S	下水道、垃圾处理、原料再生与环境复原业教育服务业 协会与团体、修理及其他个人服务业	100 名
L	不动产业与租赁业	50 名

为开展对加强国内产业国际竞争力非常重要的“产业支援服务业”与“高科技含量事业”的研究开发活动，新设、增设研究设施时，拥有相关研究领域的硕士、博士或相关事业领域 3 年以上研究经验的学士等研究专业人才 5 名以上的情况。

此外，作为相对于投资金额，对国内经济有重大影响的投资，并就关于外国投资商的条件等，被外商投资委员会认为有必要进行支援的以下任何一项情况。

• 在三处以上的地区拥有事业场所的外国企业在国内设立管辖两处以上地区总部的情况。

• 实施《国家均衡发展法》第 12 条第 5 号所规定的地方战略产业或同条第 6 号规定的地方先进产业，且相关产业被认为对地方经济发展有着巨大影响的情况。

2）支援率。

现金支援率经协商，最少支援外商投资金额（FDI）的 5% 以上（包括 5%），上限按非公开计算公式来决定。但研发中心的情况，除外商投资金额（FDI）外，还包括使用于海外调配研究开发费（不加入到外资企业的《财务状况变动表》的资本上，而计算到“损益计算书”的收益上的情况）中被规定用途的资金。

财政资金分担比率

国家和地方自治团体的现金支援财政资金分担比率如下：

• 土地购买费与租赁费：首都圈 40:60，非首都圈 75:25。

• 雇用补助金与教育培训补助金：50:50（但是技术领域的实习人员，国家出资 100%）。

• 建筑费、生产资料与研究器材的购买费、基础设施的设置费、研究开发费：首都地区 40:60，非首都圈 75:25。

3）法律规定的使用用途。

外商投资企业获得支援的现金支援额只能用于如下用途：

• 为设置工厂设施或研究设施而购买的地皮或建筑物的购买费、租赁费。

• 工厂设施或研究设施的建筑费。

• 工厂设施或研究设施中用于事业或研究的生产资料、研究器材的购买费。

• 工厂设施或研究设施新建所必要的电力、通信设施等基础设施的设置费。

• 雇用补助金与教育培训补助金。

（2）现金支援申请程序

1）协商及现金支援的申请、评价。

希望获得现金支援的外商应向知识经济部长官提交申请书与投资计划书，在相关公务员与民间专家组成的评价团对申请书及投资计划书进行评估后，然后向知识经济部长官提交评价结果报告书。

在提交申请表之前，可向知识经济部长官请求协商。此时，由于投资者通过事先协商，可掌握支援可能性以及支援额等，所以事先协商比正式协商程序更为重要。

现金支援评价标准如下：

• 高科技术含量及技术转让效果。

• 雇用创出规模。

• 对地区、国家经济的波及效果。

• 选址地区的妥善性。

• 对地方与国家经济的影响。

• 投资务实可行能等。

协商与现金支援的申请、评价见图 4－7－7。

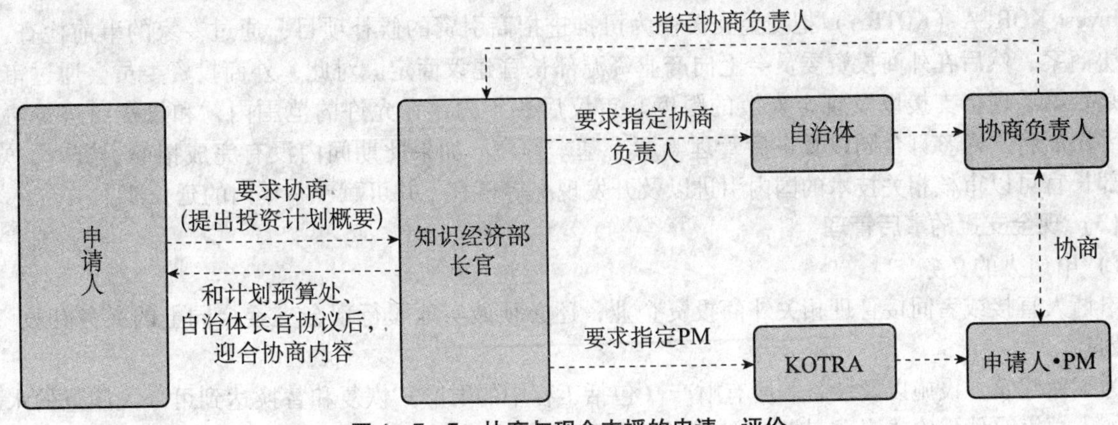

图4-7-7 协商与现金支援的申请、评价

2）决定支援与签订合同。

现金支援通过外商投资委员会的审议、决议，可决定，且在签署现金支援合同后履行。但，选址支援外的现金支援不满10亿韩元时，通过外商投资委员会的审议、决议，可签署现金支援合同。无特别事由时，从接受申请书开始起60天内决定是否给与现金支援，另外可在30天的范围内延长。具体程序见图4-7-8。

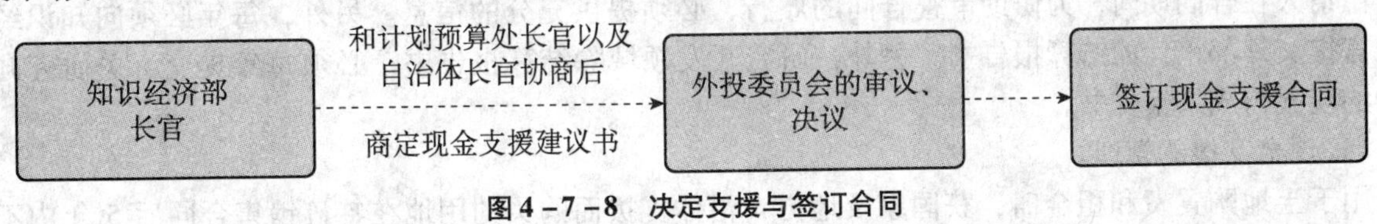

图4-7-8 决定支援与签订合同

3）支付现金支援金。

支援金在决定现金支援的当天可以一次性支付或在5年期间分10次以内分期支付。分期付款时，在支援金额的范围内，对投资支出计划履行实绩或支援金的执行实绩等进行评价后，按如下方法支付可调整金额与时间)，见表4-7-15。

表4-7-15 现金支援的支付方法

<table>
<tr><th colspan="2">支付项目</th><th>支付方法</th></tr>
<tr><td colspan="2">土地购买费</td><td>签署土地买卖合同后，分成中期款项与最终款项来进行分期付款</td></tr>
<tr><td colspan="2">租金</td><td>根据申请人和租赁地皮的所有者或委托管理人签署的租赁合同书来支付</td></tr>
<tr><td colspan="2">工厂、研究设施建筑费</td><td rowspan="3">对投资支出计划的履行实绩进行评价后支付</td></tr>
<tr><td colspan="2">在工厂、研究设施中用于事业或研究的生产资料与研究器材的购买费</td></tr>
<tr><td colspan="2">新建工厂、研究设施所需要的电力、通信等基础设施的建设费</td></tr>
<tr><td>教育培训补助金</td><td rowspan="2">外商投资企业注册后的5年内给予支援，费用支出的下年初一次性支付</td><td>雇用国内人20名以上（研究开发领域10名以上），然后实施教育培训时，6个月范围内受教育培训的人员每人每月可支援100万韩元以下的资助</td></tr>
<tr><td>雇用补助金</td><td>新雇用国内人20名以上（研究开发领域10名以上），每超过1个人员，可在6个月范围内给予支援，但理工科的技术人才（学士级以上）的实习生，12个月范围内，每人每月支援50万韩元以下</td></tr>
</table>

事前审查制度

事前审查制度是为了积极引进被预测为对国民经济效益大的外商投资，由在Invest KOREA（KOTRA）进行事前项目评估，并在外商投资委员会上向产业资源部长官建议商定，然后决定是否给予现金支援的一种积极的、计划性的招商引资运营方式。这与收到支援申请进行评价的基本方式不同，是在接收申请书之前就被决定的。

Invest KOREA（KOTRA）把现金支援视为可推进招商引资的候补项目，通过专家的事前检查，制作成协商案，然后在外商投资委员会上向产业资源部长官建议商定。对此，外商投资委员会通过审议，决定是否给予现金支援以及现金支援的限度。审议后一年内，在允许的范围内，和投资商进行协商。协商妥协后将进入签订合同以及事后管理等原有基本程序。如果此期间内没有完成招商引资时，知识经济部长官可以审核相关技术的国内引进以及开发现况等事宜，并可赋予一年内的延长期。

（3）现金支援的事后管理

1）申请人的义务。

申请人直接或者间接管理相关外商投资企业，还必须诚实地履行现金支援合同上的义务和投资支出计划。

为了使建筑、设施以及装备等所有财产（包括工程中的财产）恢复和替换达到可令人满意的水准，必须加入损害赔偿保险或者与其相应的措施。为取得享受现金支援的财产的合同必须通过公开招标、公认鉴定评价、征求两个以上的报价单等使用现金支援的有效方法来鉴定。

获得现金支援的财产被使用于相关事业以外的目的，或出让、交换、出租，或提供担保，必须获得知识经济部长官的事前书面同意。另外，现金援助金不可以通过分配以及特许权使用费而外流。相关外商投资企业不能做事业目的外的财务担保。

申请人在合同期间，为协助审查合同的履行，必须提供充分的信息。另外，每年必须向知识经济部长官提交外部审计的结算报告书。另外，研究开发领域除结算报告书，必须每年提交有关研究开发活动的现况与成果报告书。

2）现金支援的管理。

用于土地购置费和租金时，获国家及地方自治体支援而购买的用地在签订销售合同后 5 年内不得出售。如果在签订合同后的 10 年内出售，须退还相当于出售款中国家及地方自治体支援的比例金额。

对用于培训及雇用补助金的现金支援，必须雇用得到补贴的工人 3 年以上，如在 3 年内解聘，按期间比例追缴补贴（不过，理工类实习员工除外）。

关于建筑费、设施装备购买费、基础设施安装费等的支援金，如实际外商投资金额少于现金支援合同书中标明的外商投资金额时，按相应比例调整减少现金支援额。

3）现金支援的取消、撤消、减额、退还等。

以虚假或不当方法进行的申请、不履行合同义务、合同期间公司倒闭或停业等不能实施正常事业的情况下，可通过实务委员会的审议、决议，取消、撤回现金支援，或者采取减少支援金额，或者回收已支付现金支援全部或一部分等。但申请人不返回现金支援而要求延长合同期时，如无特殊情况，知识经济部可延长合同期。

回收的情况下，申请人必须返回的金额大致可分成以下几种，现金支援的返还义务必须由外商或外资企业各自或共同承担。

- 投资支出计划履行前无法经营事业时，应退还所获得的现金支援的全额。
- 投资支出计划履行后无法经营事业时，必须退还未达到合同内约定的事业经营时间的每个月按照现金支援支付金额的 1/60（最大为 60/60）来计算的金额（但投资计划由多阶段构成时，可按各阶段区分事业经营时间）。
- 合同期间无法履行约定的最少雇佣义务时，必须退还未达到的雇用人员的每个人乘上合同约定的违约金后的金额（通过延长事业期间，可以履行最小雇佣义务）。

（五）税务

1. 赋税法

韩国的赋税制度是本着调配国家或地方自治体财政收入的目的，规定赋税范围的规则总称，即向符合法律规定的征税条件的所有国民以现金形式强制、直接征收的赋税。该项制度分成国税（16 项）与地方税（11 项），并提供主要税款信息。

（1）韩国的赋税制度

韩国的税收制度为向国家或地方自治团体制定的经济开发计划提供所需的财政政策而发展至今，共分成国税和地方税两大部分。

（2）韩国的赋税体系

韩国的赋税体系见图 4－7－9。

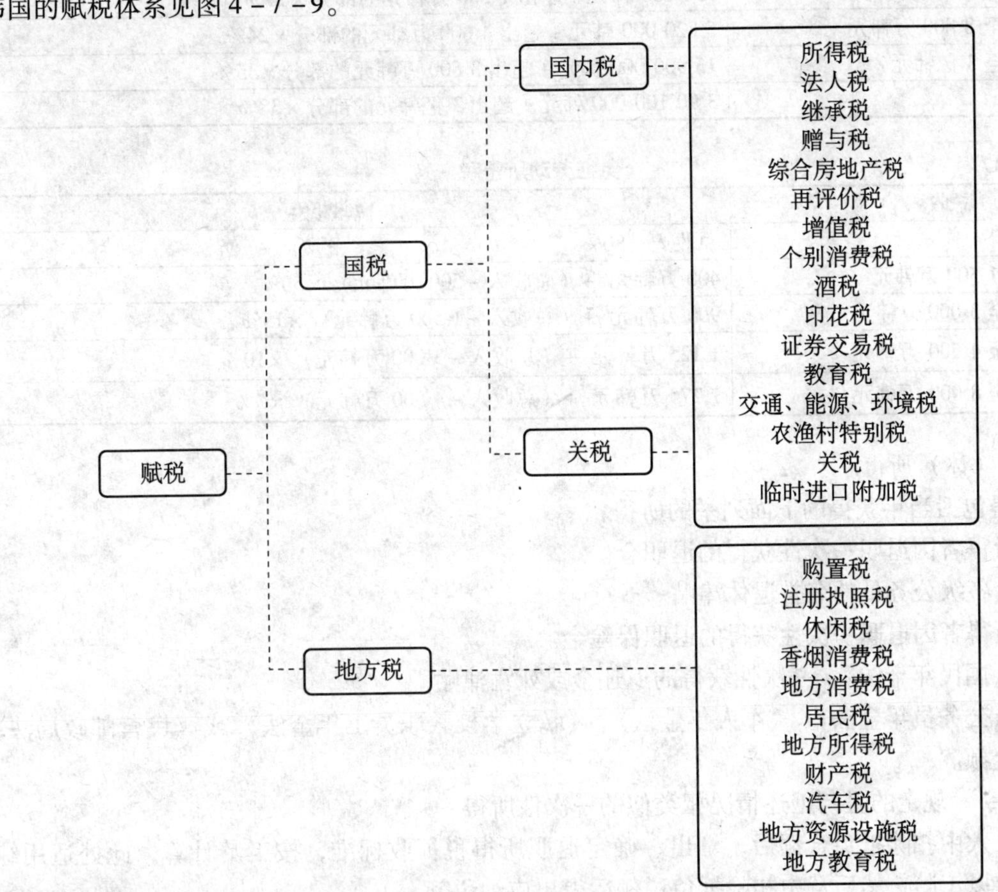

图 4－7－9　韩国赋税体系

2. 国税

国税是为确保中央政府收入而向国民征收的税金，主要由中央政府的行政处——国税厅（税务所）和海关厅（海关）负责征收。国税大致可分成国内税、关税两种。国税由直接税和间接税构成。从负责交税的人那里直接征收的税金为直接税，从纳税人以外的人转嫁来的税金为间接税。直接税主要有所得税、法人税、继承税、赠与税等；间接税有增值税（附加价值税）、个别消费税、酒税、证券交易税、印花税等。

（1）所得税

《所得税法》将应纳税的所得分成、列举为综合所得、退职（休）所得和转让所得三种，没有被列举的其他所得无须纳税。具体税收体系如下。

1）综合所得。

综合所得为利息、分红、不动产租赁、经营、劳动、年金及其他等七种所得的总和，从中扣除必要经费、税收抵免等金额后，确定综合所得税征收标准，适用6% ~38%的税率来征收综合所得税。但若利息、分红及其他所得已被预扣，或者仅有劳动所得，且已通过年末结算完成所得纳税义务时，则无需申报缴纳综合所得税。具体税率及征收标准见表4 -7 -16、表4 -7 -17。

表4 -7 -16　　综合所得税的税率

征收标准	税率
1 200 万韩元以下	6%
1 200 万韩元至 4 600 万韩元	720 000 韩元 + 超出 1 200 万韩元的部分 ×15%
4 600 万韩元至 8 800 万韩元	5 820 000 韩元 + 超出 4 600 万韩元的部分 ×24%
8 800 万韩元至 3 亿韩元	15 900 000 韩元 + 超出 8 800 万韩元的部分 ×35%
3 亿韩元以上	3 90 100 000 韩元 + 超出 3 亿韩元的部分 ×38%

表4 -7 -17　　免征劳动所得税

总收入	税收抵免
500 万韩元以下	总收入 ×80%
500 万韩元至 1 500 万韩元	400 万韩元 +（总收入 -500 万韩元） ×50%
1 500 万韩元至 3 000 万韩元	900 万韩元 +（总收入 -1 500 万韩元） ×15%
3 000 万韩元至 4 500 万韩元	1 125 万韩元 +（总收入 -3 000 万韩元） ×10%
4 500 万韩元至 8 000 万韩元	1 275 万韩元 +（总收入 -4 500 万韩元） ×5%

2）退职（休）所得。

退职所得包括当年获得的下面列举的所得：

- 劳动所得者因退职一次性获得的退职金。
- 发放给各级公务员的名誉退休津贴。
- 劳动所得者因退职一次性获得的退职保险金。
- 根据《国民年金法》，一次性获得的返还金或死亡津贴。
- 依据《公务员年金法》、《军人年金法》、《私立学校教职员工年金法》或《民营邮政局法》，一次性发放的金额。
- “总统令”规定的且与上述情况相类似的一次性所得。

退职总收入中扣除抵免金额后，算出、确定退职所得税征收标准，按工龄计算，此处适用综合所得税税率后乘以工龄，然后从中扣除抵免税额后得出应纳税额。

3）转让所得。

转让所得是指个人当年通过转让特定资产获得的收入。根据《赋税法》规定，转让是指相应资产因出售、交换、以实物形式对法人投资等原因被有偿让出，无论该资产是否进行过登记或注册。应缴纳转让所得税的资产包括土地、建筑物、不动产相关权利、普通股票（不包括股权上市法人小额股主的场内转让股份）及其他资产。对仅拥有一套房产的家庭通过转让房屋获得的收入、宣告破产后进行资产处理获得的收入、通过交换/分割/合并耕地获得的收入不征收转让所得税。

转让所得税的税率见表4 -7 -18。

表4 -7 -18　　转让所得税的税率

分类				税率
不动产及不动产相关权利	未登记资产	未登记资产		70%
	登记资产	非事业用（商用）土地		60%
		其他登记资产	持有不满 1 年	50%
			拥有 1 ~2 年	40%
			拥有 1 年以上 2 年以下	*

续表

分　类			税率
其他资产	资产总额中非事业用土地的比例超过50%的法人股份		60%
	除上述资产以外的其他资产		*
普通股份	中小企业以外的法人股份	大股东持有未满1年的股份	30%
		上述之外的其他股份	20%
	中小企业的股份		10%

*参照前面的《综合所得税基本税率》。

（2）法人税

法人税的征收对象分各营业年度所得、清算所得与土地等转让所得三种。各营业年度所得是指法人各营业年度的总收益扣除亏损额后的余额；清算所得是指法人因解散（合并或分立）而终止时，剩余资产总值超出自有资产总值的金额；土地等资产的转让所得是指法人通过转让位于地价飞涨地段的不动产、特定住宅或非经商用土地获得的收益，为防止投机，这部分收益须另行纳税。对各营业年度所得、土地等资产的转让所得均征收法人税，这是一种双重征税。法人税的税率见表4-7-19。

表4-7-19　　**法人税的基本税率**

征税标准	税　率
2亿韩元以下	征税标准的10%
2亿韩元以上200亿韩元以下	20 000 000韩元+（超过2亿韩元部分的20%）
200亿韩元以上	3 980 000 000韩元 +（超过200亿韩元部分的22%）

*对组合法人等法人税的征收特例结算财务报表上的本期净利润中，按照征收标准，与收益项目有关的捐款的不计亏损额与接待费的不计亏损额之合计金额适用9%的税率。

（3）增值税

增值税（value-added tax，VAT）是对生产、流通各环节实现的增值额征收的税种。原则上，增值税是一种对所有资产和消费行为进行征税的一般消费税。同时，增值税也是一种把税收负担转加给他人的间接税。它采取多层征税方式，对各交易环节实现的增值额征税。

增值税的纳税人分一般纳税人和简易纳税人两种，两者拥有不同的征税体系，其区别见表4-7-20。

表4-7-20　　**一般纳税人与简易纳税人的区别**

分类	一般纳税人	简易纳税人
对象	非简易纳税人的所有纳税经营者	上年度供给对价未满4 800万韩元的个人经营者
内容	履行记账、税务发票的递交和领取、申报、缴纳税款等所有义务	免除记账、税务发票的提交和领取等义务，简易计算纳税金额
征税标准	不包含增值税在内的供给价额（货价）	包含增值税在内的供给价额（货价）
交易过程中征税	另外征收税额	增值税包含在供给对价内
税率	10%	10%
应纳税额	卖出税额-可抵扣的买人税额	（供给对价×各行业增值率×税率）-（购买税务发票等买人税额×各行业增值率×税率）
税费的抵扣与退还	返还超出卖出税额的买人税额部分	扣除已递交的购买税务发票上记录的买人税额乘以各行业的增值率后得出的数额，超出应缴税额时视为没有
补加税款	《增值税法》规定的所有补加税款均适用	仅征收未注册补加税款、申报弄虚作假补加税款和零税率征税标准弄虚作假补加税款，未注册补加税款的税率为0.5%
无缴纳义务	不适用	在纳税期间供应价格不满1 200万韩元时

原则上，无论一般纳税人（个人、法人）还是简易纳税人，增值税均应在规定申报时间（一年有两段申报季）内进行申报和缴纳。增值税的申报、缴纳时间见表 4－7－21。

表 4－7－21 增值税的申报、缴纳时间

申报	申报时间	申报、缴纳时间
预申报	● 第 1 季：1 月 1 日—3 月 31 日 ● 第 2 季：7 月 1 日—9 月 30 日	● 各预申报期结束后的 25 天之内 ● 个人经营者不进行预申报，但须做上一季 1/2 纳税额的初级报告
正式申报	● 第 1 季：4 月 1 日—6 月 30 日 ● 第 2 季：10 月 1 日—12 月 31 日 * 预申报缴纳部分除外	● 各纳税季结束后的 25 天之内 ● 但不包括预申报和零税率等已申报退还的申报内容

零税率制度和免税制度

零税率制度是对提供特定物资或劳务采用 0% 税率的制度。不但不征收卖出税额，而且全额退还之前对交易环节实现的增值额征收的买入税额，是完全消除增值税负担的一种完全免税制度，遵循消费地征税原则。而免税制度则是基于《增值税法》对提供特定物资或劳务免除纳税义务的制度。在免税之前环节已缴纳的增值税已经包含在免税物资、劳务的价格内，是一种部分免税，没有完全消除增值税的负担。

零税率与免税对象的适用范围见表 4－7－22。

表 4－7－22 零税率与免税对象

	适用范围
零税率	● 出口物资 ● 船舶、飞机的国外航行 ● 在国外提供的劳务 ● 其他通过外汇获得的物资和劳务
免税	● 普通平民的基础生活必需品和劳务 ● 类似于劳动的个人劳务：个人劳务（艺人、作曲家等） ● 用于国民老年福利的物资和劳务 ● 免税物资的进口 ● 文化相关物资和劳务 ● 其他被免税的特定用途物品 ● 有关生产要素的物资和劳务

（4）证券交易税

证券交易税是对转让证券或股份征收的一个税种。通过有价证券市场（证券交易所）或协会注册市场（科斯达克，KOSDAQ）转让上市股票、协会注册股票，或者通过场外交易市场（第 3 市场）转让股票时，韩国证券存管公司（KSD）成为纳税义务人；通过证券公司转让股票时，证券公司为纳税义务人；私人之间转让股票时，转让人为纳税义务人。根据《证券交易法》转让在国外有价证券市场上市的股票，或者为将股票在国外有价证券市场上市而向收购人转让股票时，不缴纳证券交易税。此外，国家或地方自治团体转让股票时，也不缴纳证券交易税。

证券交易税的征税标准及税率见表 4－7－23。

表 4－7－23 证券交易税的征税标准及税率

征税标准	税　率	
	基本税率	弹性税率
相应股票等的转让价额	0.5%	● 通过有价证券市场转让的股票：0.15% ● 通过协会中介市场（KOSDAQ）转让的股票：0.3%

（5）教育税

教育税是为筹集增加教育财政所需经费而引入的一种税收制度，目的在于提高教育质量。它是在对金融、保险业从业者所征收的收益、个别消费税额、交通/能源/环境税及主税征收的目的税。

教育税的征收标准及税率见表 4－7－24。

表 4－7－24　教育税的征税标准及税率

征税标准	税　率
金融保险业从业者的收入	0.5%
个别消费税额	30%（煤油、重油、丁烷、衍生油为 15%）
交通、能源、环境税额	15%
酒类税额	10%（税率超过 70% 的酒类为 30%）

（6）综合不动产税

综合不动产税是韩国政府根据《不动产保有税修改方案》（2003 年）制定综合不动产税法案时提出的，是不动产综合应对策略中的一环。它是为加强对不动产过多保有者的征税力度、打击不动产投机、完善地方税收体系而引进的一种税收制度，于 2005 年起正式施行。

不同于现行的财产税，财产税是住址所属地方自治团体向管辖区域内的土地、建筑物所有人征收的一种税金。它是对超过国税厅规定的一定标准的土地、建筑物所有者，在分析全国不动产所有情况后，适用累计税率征收的税款，当事人必须主动申报和缴纳。

征税对象：住宅情况，住宅公开标价核算金额超过 6 亿韩元（征税标准日当前，一户人家中一个人拥有相关住宅的独有权时，即一户人家一处住宅的情况，为 9 亿韩元）；综合核算征税对象地皮（毛地或荒废地）的情况，国内所在征税对象地皮的公开标价核算金额超过 5 亿韩元；另外核算对象地皮（在经商用建筑物标准面积范围内，获得附属地皮与法令上允许的事业用地等）的情况，国内所在征税对象地皮的公开标价核算金额超过 80 亿韩元，它们都属于征税对象。但综合不动产税每年有可能随不动产政策而发生变动，因此敬请参考《综合不动产税法》等法律法规，了解确切的征税标准、税率等事项。

（7）关税

关税（Customs Duty）是指对进口物品征收的税目。海关的征税标准根据进口物品的价格或数量而定（《海关法》第 15 条）；关税率根据《关税法》附表《关税率表》所规定的各产品的税率而定（《关税法》第 49 条），关税＝关税的课税标准×关税率。

※详细情况，请查阅海关网站（www.customs.go.kr）。

3. 地方税

地方税是地方自治体为自己确保、调配向地方居民提供行政服务的必要经费而征收的税金，但它也具备所得分配社会责任功能、地方产业与经济发展的经济政策功能，以及国土均衡发展的地方政策功能。地方税根据不同赋税对象可分成财产税、所得税、消费税等。财产税又可具体分成财产税、综合土地税、汽车税、购置税等。所得税主要有地方所得税；消费税有注册执照税、休闲税、香烟消费税、地方支援设施税、地方消费税、地方教育税等。

（1）购置税

购置税是对购置一定资产的取得者征收的赋税，宗旨是对在不动产、车辆等所有权转移过程中显现出的税负能力（纳税能力）的取得者征收税款。

购置税的征税标准为取得当时的价格。这是指征税对象物品取得以前为取得该物品已向交易对方或第三者支付或应该支付的一切费用。这里取得当时的价格虽然以取得者的申报为原则，但未申报或申报价格没有表示，或者申报价格未达到基准市价时，将按照基准市价来征收。但是，从国家、自治团体买入、收入购置、凭借法人账簿/判决书获得取得资格，并得到证实的取得与拍卖取得的情况，则以事实上取得价格作为征税标准。另外建设（新建、改建除外）、改造，和车辆、机械装备的种类变更，以及土地使用目的事实变更时，以由此增加的价格作为征税标准。

（2）注册执照税

注册执照税是指相关财产权其他权利的取得、转移、变更和消灭事项在公共机关登记或注册时（不包括因购买所形成的登记或注册，它们被统一为购置税），和对于各种法令规定的执照、允许、注册、指定、检查、审阅、审查等特殊营业设备或行为，获得行政厅行为性执照时所征收的一种赋税。

注册执照税的征税标准是按照权利等登记、注册当时价格或债权金额或出资金额，登记、注册当时的价格根据登记、注册者的申报而定。但是，没有申报或申报价格不足市价基准额时，按照登记、注册当时的市价基准额。具体标准和税率见表4－7－25。

表4－7－25　　注册执照税的征税标准与税率

分类			征税标准	税率
不动产注册	所有权	①因继承取得	不动产价格	0.8%（农业用地0.3%）
		②继承以外的无偿取得		1.5%（非营利事业用0.8%）
		③有偿取得		2%（农业用地1%）
		④所有权的保留		0.8%
		⑤公有、共有与所有遗物的分割	因分割取得的不动产价格	0.3%
	所有权以外的物品和租赁权的设定和转移	①地上权	不动产价格	0.2%
		②抵押权	债权金额	
		③地役权	所约定土地的价格	
		④承租权	承租金额	
		⑤租借权	月租金额	
		⑥拍卖申请、财产保全、假处分	债权金额	
		⑦临时登记	不动产价格	
	以上各项外的登记		每件	3 000韩元
法人注册	法人的设立与合并	①设立和入账 ②资本·出资的增加	付款额	0.4% （非营利法人0.2%）
	再评估准备金的资本转入 （但是，自再评估日起3年内资本转入的情况除外）		增资金额	0.1%
	总公司 主要办事处的搬迁分公司、 办事处的设立除上述外的登记		每件	75 00韩元 23 000韩元 23 000韩元
其他注册	汽车登记		非营业用汽车	5%
			营业用	2%
			其他	3%（轻量型汽车2%）
	船舶登记			0.2%～1%
	航空器登记			0.01%～0.02%
	建筑机构登记		新购、所有权转移，抵押 授权	1% 0.2%
	信托财产登记			1%

(3) 居民税

居民税可大致分为均等部分和财产部分。均等部分是指向位于市、郡内的个人、办事处、公司等的法人按平均定额征收的税款，而财产部分则意味着以事业场的建筑面积为征税标准，向把事业场设在市、郡内的人所征收的税额。

居民税中的均等部分居民税可按照《条例》规定的在标准税率 50% 范围内进行增减税率的调整，财产部分的居民税则根据地方自治团体长官规定的条例，为标准税率以下。但是，对国家，和属于《国民基本生活保护法》中规定的保护对象、地方自治团体与地方自治团体组合、驻韩外国政府机关、驻韩国家机构与驻韩外国援助团体（对于大韩民国政府机关与援助团体统一征收特殊赋税，但不包括外国政府或援助团体）的人，不征收居民税。此外，工作场所建筑面积在 330 平方米以下（包括 330 平方米），可减免财产部分的居民税。具体标准和税率见表 4－7－26。

表 4－7－26　居民税、地方所得税的征税标准和税率

<table>
<tr><th colspan="3">分类</th><th>征税对象</th><th>税额</th><th>税率</th></tr>
<tr><td rowspan="10">居民税</td><td rowspan="9">均等部分</td><td rowspan="2">个人均等</td><td>住所在市、郡管辖区域内的个人</td><td>10 000 韩元内按条例核算</td><td>限制税率</td></tr>
<tr><td>把工作场所设在市、郡管辖区域内的个人</td><td>50 000 韩元</td><td>标准税率</td></tr>
<tr><td rowspan="7">法人均等</td><td>从业人数超过 100 人，
资本金和出资金额超过 100 亿韩元</td><td>500 000 韩元</td><td rowspan="7">标准税率</td></tr>
<tr><td>从业人数超过 100 人，
资本金和出资金额在 100 亿韩元以下（包括 100 亿韩元）</td><td>350 000 韩元</td></tr>
<tr><td>从业人数在 100 人以下（包括 100 人），
资本金和出资金额超过 50 亿韩元</td><td rowspan="2">200 000 韩元</td></tr>
<tr><td>从业人数超过 100 人，
资本金和出资金额在 30 亿～50 亿韩元</td></tr>
<tr><td>从业人数在 100 人以下（包括 100 人），
资本金和出资金额在 30 亿～50 亿韩元</td><td rowspan="2">100 000 韩元</td></tr>
<tr><td>从业人数超过 100 人，
资本金和出资金额在 10 亿～30 亿韩元</td></tr>
<tr><td>其他法人</td><td>50 000 韩元</td></tr>
<tr><td colspan="2">财产部分</td><td>赋税标准为当前工作场所的建筑面积</td><td colspan="2">工作场所建筑面积 250 韩元/平方米（污染物质排放工作场所征收两倍）</td></tr>
</table>

(4) 地方所得税

地方所得税分成所得部分和从业人员部分。所得部分的地方所得税是指以所得税额、法人税额、农业所得税额为征税标准而征收的税款；从业人员部分的地方所得税是指以从业人员工资总额为征税标准，向支付给从业人员工资的雇主所征收的一种税目。

地方所得税的情况，其中所得部分的地方所得税根据地方自治团体长官所规定的条例，在标准税率的 50% 范围内可进行税率增减的调整；从业人员部分的地方所得税根据地方自治团体长官所规定的条例，为标准税率以下。但对国家和属于地方自治团体、地方自治团体组合、驻韩外国政府机关、驻韩国家机构与驻韩外国援助团体（对于大韩民国政府机关与援助团体统一征收特殊赋税，但不包括外国政府或援助团体）的人，不征收从业人员部分的地方所得税。此外，税额未满 2 000 韩元的小数额部分，免征地方所得税；对于从业人员在 50 名以下（包括 50 名）的情况，不征收从业人员的地方所得税。

表 4-7-27　　地方所得税征收标准与税率

分类	征收对象	税额	备注	税率
所得部分	所得税	所得税额	10%	标准税率
	法人税	法人税额	10%	
	农业所得税	农业所得税额	10%	
从业人员（员工）	将向员工支付或已支付的相关月份的工资总额			0.50%

（5）财产税

财产税是对土地、建筑、船舶与航空器的所有者而征收的市、郡地方税（或者区税）。土地的征收对象分为综合合计征税对象、单独合计征税对象和分计征税对象。

财产税的征税标准按照财产的市价基准额。财产税在基准税率的50%范围内，按条例规定可加减调整。

在首都圈过度密集地区内新开设或增设非城市型工厂用建筑时，自最初征税标准日起 5 年内征收 5 倍的赋税。

按照国家和用途分类的财产不在征税范围之内，具体见表 4-7-28。

表 4-7-28　　财产税的免征对象

分类	适用范围
对国家等的免税	● 国家、地方自治团体、地方自治团体组合、外国政府与驻韩国际机构所有的土地 ● 国家、地方自治团体与地方自治团体组合 1 年以上公用或公共使用的土地
按照用途区分的免税	● 出于公益事业目的的非盈利事业经营者直接使用于其事业的土地 ● “总统令”中所规定的村委会等居民共同体所有的不动产 ● 法定邮政局公用或公共使用的不动产 ● “总统令”中所规定的道路、河流、堤坝、居住地、维护地、遗址与墓地 ● 除防护林外在公益方面有相当大理由不征收财产税的土地 ● 为临时使用而建的建筑物现在距财产税征收标准日不满 1 年 ● 用于非常灾害救助、免费渡船、船桥结构和属于主船的战斗等的船舶 ● 行政机关下令拆除的建筑物等不适合征财产税的建筑

（来源：本部分内容摘录自大韩贸易投资振兴公社提供的《韩国投资指南》）

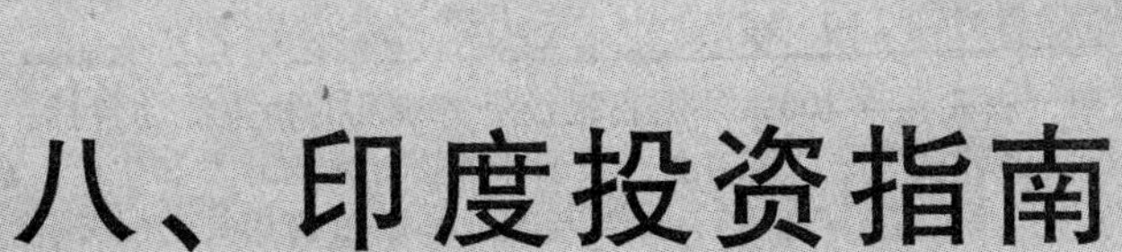

八、印度投资指南

（一）在印度进行投资

1. 外国直接投资政策框架

印度针对外国直接投资制定了透明、可预见且易于理解的政策框架，以为外国投资提供便利条件。外国公司可通过两种渠道在印度进行投资。

（1）自动批准路线

在允许100%外国直接投资的行业内进行投资时，外国投资者无需获得相应中央政府机构或部门的批准。相反，投资者需在30天内向印度储备银行（RBl）——印度中央银行提交“FC”表格以告知投资情况，及其内部收据和股票发行情况。“FC”表格可在以下链接中下载：http://rbidocs.rbi.org.in/rdocs/FormsPDFs/7215.pdf。

（2）政府批准路线

在外国直接投资受限的领域内进行投资时，投资人须获得政府机关的批准。这些领域包括国防生产、航空运输服务、地勤服务、资产重组公司、私营部门银行、广播、商品交易所、信用信息公司、保险、印刷媒体、电信和卫星领域。审批实体根据申请人及其产品性质而定，例如：

- 工业政策及推广部（DIPP）负责审核“单一品牌产品零售”投资提案，及其印度海外居民（NRl）的提案。
- 商务部负责审核出口导向型企业的提案（即：旨在从印度将整个商品和服务出口至其他国家的产业化公司）。
- 隶属财务部的外国投资促进委员会（FIPB）负责审核其他投资申请。

“政府路线”项目的审批机构

- 负责外国投资促进委员会的财务部长将考虑外国投资促进委员会针对等于或低于120亿卢比（约合2.19亿美元）的外国股票总流入量的建议。
- 经济事务内阁委员会（CCEA）将考虑外国投资促进委员会针对超过120亿卢比（约合2.19亿美元）的外国股票总流入量的建议。

● 与此同时，经济事务内阁委员会还将考虑外国投资促进委员会或外国投资促进委员会财政部长针对自身的提议。

2. 具体行业外国直接投资上限

印度就外国直接投资自由化逐步采取了相应措施：工业政策和推广部会定期对外国直接投资政策做出更新。表 4 - 8 - 1 列出了各行业对外国直接投资的限制。

表 4 - 8 - 1　　财产税的免征对象

序号	行业	政　策
1	农业	◆ 根据“自动批准路线”政策框架，农业允许 100% 外国直接投资，涉及的相关活动包括：花卉，园艺，养蜂，在可控条件下进行蔬菜种植和蘑菇培植业；种子和种植材料的开发和生产；在可控条件下进行畜牧业（包括养狗），养鱼业，水产养殖，以及与农业和动植物相关的服务 [注：除上述活动外，不允许在任何其他农业领域/活动中进行直接外国投资] ◆ 根据“政府批准路线”政策框架，茶园业允许 100% 外国直接投资，包括茶叶种植场。然而，政府将在外国直接投资进入本国之日起的 5 年内，强制性拿走投资人 26% 的股权，用以支持印度合伙人或潜在印度投资人。如果以后土地使用发生任何变化，需事先获得相关省政府的批准 ◆ 耕种业不允许外国直接投资
2	航空基础设施	◆ 根据“自动批准路线”政策框架，绿色领域项目允许 100% 外国直接投资 ◆ 根据“自动批准路线”政策框架，棕色领域项目允许高达 74% 的外国直接投资；高于 74% 的外国直接投资需获得外国投资促进委员会批准 ◆ 根据“自动批准路线”政策框架，外国公司可以 49% 的外国直接投资获得最高 74% 的机场地勤业务。将直接投资从 49% 提升到了 4% 需获得相关批准 ◆ 根据“自动批准路线”政策框架，养护及修理业务、飞行训练机构以及技术培训机构允许 100% 外国直接投资
3	汽车业	◆ 根据“自动批准路线”政策框架，汽车制造业允许 100% 外国直接投资
4	银行业	◆ 所有私有银行中来自各种渠道（包括机构投资）的外国投资总额上限为了 4%。在任何时候，除非是外资银行全资子公司，否则，任何公司的实收资本中应至少有 26% 由居民持有 ◆ 根据“政府批准路线”政策框架，国有银行外资持股（包括外国直接投资和间接投资）上限为 20% ◆ 2011 年外资银行进入路线图提供了三种不同的进入印度银行业的办法：第一，在印度建立分支机构；第二，建立全资附属公司，但要注意的是，外国银行获准可以建立分支机构或子公司，但不能同时两者兼具；第三，以最高 74% 的外国投资总额建立一个附属公司 ◆ 外国机构投资者（FII）可在银行最高投资 10% 的总实收资本，或在外国银行或银行集团投资最高 5% 的总实收资本。目前，私有银行和国有银行的持票权上限分别为 10% 和 1%，且不代表所有权
5	商业服务	◆ 根据“自动批准路线”政策框架，数据处理、软件开发和计算机咨询服务业允许 100% 外国直接投资 ◆ 呼叫中心和业务流程外包（BPO）组织在一定条件制约下允许 100% 外国直接投资
6	煤或褐煤	◆ 根据“自动批准路线”政策框架，用于发电项目、钢铁和水泥厂的煤和褐煤，以及《煤矿（国有化）法》（1973）允许并据其进行的其他活动，可接受高达 100% 的外国直接投资 ◆ 根据“自动批准路线”政策框架，建立煤炭加工厂（如洗煤厂），但前提条件是，该公司不得进行煤矿开采，且不得在自由市场上出售其煤炭加工厂出产的水洗煤或粒级煤，而应将水洗煤或粒级煤供应给为其供应原煤的工厂
7	咖啡和橡胶加工及仓储	◆ 根据“自动批准路线”政策框架，咖啡和橡胶加工及仓储业无条件允许 100% 外国直接投资
8	商品交易	◆ 根据“政府批准路线”政策框架，外资持股比例最高可达 49%，国外证券投资组合上限为 23%，而外国直接投资上限为 26% ◆ 外国机构投资者认购应限制在二级市场，单一外国投资者或实体不能持有超过 5% 的总实收资本

续表

序号	行业	政　策
9	建设开发项目	◆ 公路、高速公路、行车天桥、隧道、港口及码头、乡镇、住房、商业用房、度假村、教育机构和基础设施的建设和维护允许 100% 的外国直接投资 ◆ 自动批准路线受限于特定最小资本和最小开发面积要求。自 2010 年以来，针对全资子公司的最小资本要求为 1 000 万美元，而针对印度合资企业的要求为 500 万美元 ◆ 就服务宅基地而言，最小开发面积必须达到 10 公顷（25 亩）；就建设开发项目而言，最小建筑面积必须达到 5 万平方米（约 53. 8 万平方英尺）。从获得所有法定许可之日起 5 年内必须至少完成 50% 的项目
10	药品或制药	◆ 根据“自动批准路线”政策框架，绿色领域允许 100% 外国直接投资 ◆ 根据“政府批准路线”政策框架，棕色领域允许 100% 外国直接投资
11	电子商务活动	◆ 根据“自动批准路线”政策框架，企业对企业电子商务允许 100% 外国直接投资 ◆ 零售电子商务业不允许外国直接投资 ◆ 根据“政府批准路线”政策框架，单一品牌产品零售允许 100% 外国直接投资
12	食品加工	◆ 根据“自动批准路线”政策框架，水果和蔬菜加工、乳制品、肉类和家禽产品、捕鱼和鱼类加工、谷物、糖果、消费品和方便食品、软装瓶、食品园区、冷链及仓储业允许 100% 外国直接投资 ◆ 根据“自动批准路线”政策框架，冷藏设施业允许最高达 100% 的外国直接投资
13	酒店、旅游及饭店	◆ 根据“自动批准路线”政策框架，酒店、旅游及饭店业允许 100% 外国直接投资
14	工业园	◆ 根据“自动批准路线”政策框架，如果工业园至少包括 10 个单位，且没有任一单位占地面积超过整个区域的 50%，并且园区内 66% 的区域将用于工业活动，即可获得 100% 外国直接投资批准
15	信息技术和电子	◆ 根据“自动批准路线”政策框架，除航天航空和国防领域外的软件和电子开发业将允许 100% 外国直接投资
16	采矿业	根据“自动批准路线”政策框架，与采矿相关的以下活动允许 100% 外国直接投资： ◆ 金属和非金属矿的勘探和采矿，包括钻石、黄金、白银和其他贵金属，但不包括钛矿物和矿石；应遵守《采矿和矿产（开发与管理）法》（1957） ◆ 根据行业规定和《采矿和矿产（开发与管理）法》（1957）进行钛矿物及矿石的开采、选矿及增值和整合活动允许 100% 外国直接投资，但此类活动需事先获得政府批准
17	电力	◆ 根据“自动批准路线“政策框架，发电、输电、配电、电力交易和可再生能源相关项目允许 100% 外国直接投资，但核反应堆电厂不允许国内外私人投资 ◆ 根据“政府批准路线”政策框架，根据《中央电力监管委员会（电力市场）规定》（2010）登记的电力交易允许最高 49% 的外国直接投资。此类外国投资的直接投资应占实收资本的 26%，间接投资应占实收资本的 23%。根据“自动批准路线”政策框架，允许间接投资
18	铁路	◆ 辅助区域内轨道建设、机车车辆所有权、集装箱服务供应及集装箱堆场允许 100% 外国直接投资
19	公路、高速公路和大规范快速运输系统	◆ 根据“自动批准路线”政策框架，公路、高速公路及大规模快速运输系统的建设和维修允许 100% 外国直接投资
20	特别经济区（SEZ）	◆ 根据“自动批准路线”政策框架，特别经济区和经济区内个别单位的建设允许 100% 外国直接投资 ◆ 经济区内的单位建设需遵守 2005 年特别经济区法案及工商部相关条例的规定

续表

序号	行业	政策
21	贸易或批发	◆ 根据"自动批准路线"政策框架，出口、散货进口与出口仓储式销售、现购自运批发交易等活动允许 100% 外国直接投资 ◆ 批发商或现金和套利交易者不能经营零售商店，直接向消费者出售商品。就试销，或直接从小规模商业部门获取物品的情况，外国投资促进委员会批文是必备的 ◆ 单一品牌零售需获得外国投资促进委员会批文。只要申请公司在印度中小型企业中的采购额至少占其销售产品总价值的 30%，就可获得 100% 外国直接投资批准。中小型企业是指厂房总投资和机器价值在 100 万美金以下的企业 ◆ 根据"政府批准路线"政策框架，多品牌零售贸易可允许高达 51% 的外国直接投资，只要外国投资者引入的最小金额达到 1 亿美元，并且，在外国直接投资支付首笔款项后三年内，外国直接投资总额的至少 50% 应用于"后端基础设施"投资。"后端基础设施"包括除前端活动以外的所有活动的资本支出
22	石油和天然气	◆ 根据"自动批准路线"政策框架，在遵守石油市场现行行业政策和规章制度的前提下，私营部门进行石油和天然气田的勘探活动、与成品油和天然气销售相关的基础设施、成品油和天然气的销售、成品油管道、天然气管道、液化天然气再气化基础设施、市场研究与规划、炼油允许 100% 外国直接投资
23	制造业	◆ 为微小企业（MSEs）保留的制造业项目：微小企业外国直接投资应遵守行业规定、准入条件和其他相关的行业规定。微小企业的定义见《微小企业开发法案》（2006）"（MSMED，2006 法案）"。任何非微小企业、但制造为微小企业保留的产品的工业企业要求走"政府批准路线"，同时外商投资应高于实收资本的 24%。此类企业还需获得《工业（开发和管理）法案》（1951）中规定的制造该产品的工业生产许可证。签发工业生产许可证需满足以下一般条件和具体条件：工业企业在最多三年内，将其新生产或额外生产的为微小企业保留的产品的年产量的至少 50% 出口。出口义务应从开始商业生产之日起生效，并应遵守《工业（开发和管理）法案》（1951）第 11 条的规定
24	建设开发；城镇、住房、综合基础设施	◆ 根据"自动批准路线"政策框架，城镇、住房、综合基础设施等建设开发项目允许 100% 外国直接投资。建设开发项目包括但不仅限于住房、商业楼、酒店、度假村、医院、教育机构、娱乐设施、城市和地区基础设施

注：有关外国直接投资限制的最新信息请参见 http：//dipp. nic. in/English/Policies/Policy. aspx。根据"自动批准路线"和"政府批准路线"政策框架，禁止在印度进行外国直接投资的领域包括：

- 原子能；
- 彩票业务；
- 赌博和博彩；
- 银会；
- 农业；
- 住房和房地产业务（乡镇开发、住宅或商业楼宇建设、道路或桥梁除外）；
- 雪茄、方头雪茄、小雪茄、香烟等烟草或烟草替代品制造。

3. 外国机构投资者、风险资本投资者（FVCI）和合格的境外投资者（QFI）投资

（1）外国机构投资者

外国机构投资者对印度公司进行资本投资时会受到证券组合投资计划的制约。该计划将外国机构投资者的个人持股限制为公司资本的 10%，并将外国机构投资者投资的总限额定为公司资本的 24%。该 24% 的总限额可通过相关印度公司董事会提交决议及其主要行政机构随后发起的特别决议案而提升至行业或法定最高限额，但需事先通知印度储备银行，根据外商直接投资和组合投资计划，外国机构投资者总投资额应在上述限制之内。仅有那些在印度证券交易委员会（SEBl）注册的外国机构投资者可分别根据外国交易管理（由非印度居民进行的证券转让和发行）条例 2000 中第二、三计划，通过注册经纪人对公认印度股票市场上市的印度公司资本进行投资或交易。

（2）外国风险资本投资者（FVCI）

一个在印度证券交易委员会注册的外国风险资本投资者可以为印度风险资本事业（1VCU）贡献100%的资本，且可以建立国内资产管理公司来管理该基金。所有这些投资可根据附表6第FEMA－20号通知规定的自动批准路线进行。一个在印度证券交易委员会注册的外国风险资本投资者可根据印度证券交易委员会1996年的（风险投资基金）法规对国内风险投资基金进行投资。这样的投资也会受到现行外汇管理法（FEMA）法规和外商直接投资政策的约束，包括行业投资上限等。印度证券交易委员会注册的外国风险资本投资者也可以在外国直接投资计划的指导下，按照外国直接投资政策和外汇管理法规定，作为非住民公司对其他公司进行投资。

此外，外国风险资本投资者可根据第FEMA－20/2000－RB号通知中有关条款及条件（2000年5月3日制定，将被不时修订）通过私人安排或第三方认购的形式，对符合条件的证券进行投资（如股票、股票挂钩票据、债券、债务工具、印度风险资本事业或风险资本融资债券，及由风险资本融资设立的计划或基金单位）。同时，在印度证券交易委员会注册的外国风险资本投资者也可以根据2000年印度证券交易委员会（外国风险资本投资者）规例（将被不时修订）以及其中规定的条款和条件，对公认证券交易所的证券进行投资。

（3）合格的境外投资者

合格的境外投资者可以通过印度证券交易委员会注册的存托参与者（DP）进行投资，但只能通过在印度公认证券交易所上市公司的经纪人以权益股份形式投资，或根据相关印度证券交易委员会适用指令或法规，以向大众发售的印度公司权益股份形式进行投资。合格的境外投资者也可以通过供股股份、红股来认购权益股份，或认购因股票分割或合并而产生的权益股份，或认购受限于具体投资规则的企业活动（合并、分立）的权益股份。合格的境外投资者可以出售认购的权益股，但必须遵守印度证券交易委员会的相关准则。

合格的境外投资者的个人和总投资限制分别为其印度公司缴足资本的5%和10%。这些限制应超过证券组合投资计划针对外国投资所规定的境外机构投资者和非印度居民投资上限的规定。此外，无论现有外国直接投资政策是否针对某领域设立了投资上限，这些针对合格的境外投资者权益股份投资的限制同样也应是该领域外商直接投资的上限。

合格的境外投资者所持权益股份的股利支付可直接汇入合格的境外投资者指定的海外银行账户，或记入单一卢比库银行账户。如果股利支付进入单一卢比库银行账户，那么它们也应该在5个工作日内（包括该资金进入单一卢比库银行账户的日子）被汇入合格的境外投资者指定的海外银行账户上。在这5个工作日内，合格的境外投资者也可根据计划，用股利支付方式购买新的权益股票。

4. 投资特区

印度政府建立了多个对外贸易区计划以鼓励出口导向型的生产，其中包括特别经济区、出口加工区（EPZ）、软件技术园（STP）和出口导向型单位（EOU）。这些计划受独立规则管理，并被赋予不同利益。

（1）特别经济区

特别经济区是一个具备明确定义的区域，具备特殊经济规律，旨在促进既定地理区域内的经济活动。经济特区的目地在于促进贸易、制造和其他业务活动。政府设立出口平台的观念在2005年《经济特区法》出台后得以实施。立法机构为经济特区单位和经济特区开发者制定了所得税优惠政策。目前，政府可能会针对公有、私人或合资领域设立经济特区，或针对商品生产、服务供应或其他活动如加工、组装、贸易等设立经济特区专有单位。经济特区的功能由三级行政机构管理。核准局（BoA）为最高决策机构，地区批准委员会审核经济特区内的单位建设和其他相关事宜，并负责批复经济特区单位建设意见。截至2013年8月，印度共建立了173个经济特区，并正式批准额外576个经济特区的建设工作。

（2）经济特区内用以吸引投资，包括外国直接投资所实施的鼓励机制和措施

• 针对经济特区单位的发展、运营及维护活动免收进口税及国内商品采购税。

• 根据所得税法第 10AA 条的规定，在第一个 5 年对经济特区单位完全免征出口收入所得税，在第二个 5 年免征 50% 的出口收入所得税，免征下一个 5 年 50% 的出口利润再投资税。

• 根据所得税法第 115JB 的规定，免收最低公司税。

• 通过认可的银行渠道，经济特区单位在一年内可不受任何期限限制，最高获得 5 亿美元的外部商业借款。

• 免征中央销售税。

• 免征服务税。

• 为中央和州级报批提供单一窗口清关。

• 免收州销售税及各州政府规定的其他征税。

经济特区"开发者"享有的主要鼓励机制和措施包括：

• 就经济特区发展及核准局批准的经营活动免征关税或消费税。

• 根据所得税法第 80 - IAB 条的规定，在 15 年期限中有 10 年免收经济特区发展业务所得税。

• 根据所得税法第 1151B 条规定，免收最低公司税。

• 根据所得税法第 1150 条规定，免收股息分配税。

• 免收中央销售税（CST）。

• 免收服务税（经济特区法第 7 条、26 条和第二附件）。

目前，政府正在考虑修订 2005 年经济特区法案中某些条款。新规则如果获批，将为特别经济区开发者在较小土地面积上建立特别经济区提供便利条件。与此同时，政府也在考虑扩大特别经济区内部单位的出口利润。

（3）软件技术园

软件技术园是一个鼓励软件出口的特殊区域，享有关税减免政策。

（4）出口导向型单位

出口导向型单位是指设立在印度各地以出口整个产品为主要业务的工业公司。它们享有免税进口中间产品，免征企业所得税，免收资本货物、零部件和原材料特许权税及消费税的优待。

（5）出口加工区

出口加工区是指享有出口导向型企业外国投资人鼓励机制的工业园。

5. 国家制造业新政策

2010 年 10 月，印度政府宣布了新的"国家制造业政策"，旨在 10 年内将制造业在国内生产总值中的占比提高至 25%，并创造 1 亿个就业岗位。该政策通过创建国家投资和制造区（NIMZ，大型综合性工业城镇），就工业基础设施发展规定了具体的干预措施，并通过合理化和简化商业法规改善商业环境，促进相应技术，特别是绿色可持续发展技术和年轻人口技能培养的发展。

该政策建立在各州密切合作以实现工业增长的原则上。中央政府将创造有利的政策框架，通过适当的融资工具，在公私伙伴关系（PPP）的基础上刺激基础设施发展，而州政府将确定国家投资和制造区内的合适土地和权益持有人。以下是实现目标所需的主要政策工具：

• 建立国家投资和制造区——为具备先进基础设施的绿色领域一体化工业乡镇；根据区域划分利用土地；采用清洁和节能技术；具备必要的社会和体制基础设施，为个人从初级产业过渡到第二、第三产业提供有效环境。这些区域的土地最好是贫瘠土地，不适合耕种，远离任何生态脆弱区，并具备获得基本资源的合理途径。国家投资和制造区至少应拥有 5 000 公顷的土地面积。

• 主要基础设施资金将由中央政府合理划拨，包括可行性缺口资金途径，而特殊目的机构（SPV）

将按公私伙伴关系模式开发区域基础设施。

- 根据"宪法"第243条（Q-c）规定，建议工业城镇采取自我管理和自治机构模式。
- 国家投资和制造区将受到政府官员和专家（包括环境专家）组成的特别专门机构的管理。

通常，政策提议将在行业、地理位置和技术上保持中立，但会鼓励对绿色环保技术的应用。虽然国家投资和制造区被视为一个至关重要的机构，但该政策所涉及的提议也同样适用于国家其他制造业及采取自制模式的产业集群。

国家投资和制造区的第一阶段将设立在德里—孟买工业走廊（DMIC）。德里—孟工业走廊坐落在1483千米长的西部专用货运走廊（DFC）两侧。作为一个国际化制造和贸易中心，西部专用货运走廊横跨印度6个州（哈里亚纳邦、北方邦、拉贾斯坦邦、中央邦、马哈拉施特拉邦和古吉拉特邦，拥有印度国内生产总值的43%，50%的工业生产和出口量及40%的总劳动力）。德里—孟买工业走廊项目预计将在未来30年涉及约900亿~1 000亿美元的投资。该项目共分为24个节点，覆V盖11个投资区（每个区约200多平方千米）及13个工业区（每个区约100平方千米）。最初，7个投资节点将由印度政府援助开发。德里—孟买工业走廊的7个投资区将成为国家投资和制造区，它们分别是：①Ahmedabad-Dholera投资区，隶属古吉拉特邦（900平方千米）；②Shendra-Bidkin-T—业园，接近奥兰加巴德，隶属马哈拉施特拉邦（84平方千米）；③Manesar-Bawal投资区，隶属哈里亚纳邦（380平方千米）；④Khushkhera-Bhiwadi-Neemrana投资区，隶属拉贾斯坦邦（150平方千米）；⑤Pithampur-Dhar-Mhow投资区，隶属中央邦（370平方千米）；⑥Dadri-Noida-Ghaziabad投资区，隶属北方邦（250平方千米）；⑦Dighi港口工业区，隶属马哈拉施特拉邦（230平方千米）。

2012年6月，政府成立了制造业推广委员会（MIPB），并规定，由印度工商部长监督国家制造业政策的实施和全国工业生产区的发展。与此同时，制造业推广委员会也负责协调中央各部委和州政府之间的工作。随着制造业推广委员会的成立，政府还下令设立以下机构，以促进国家制造业政策的有效实施：

- 核准局：负责审查建设国家投资和制造区的申请，并向高级委员会提供符合国家制造业政策的提议。经高级委员会考虑后，这些建议将提交工商部长批准。
- 高级委员会：负责监控制造政策的实施，并解决跨部委问题（如有），对核准局提交的提议予以审核及考虑，监控国家投资和制造区的开发，并考虑制造业推广委员会给出的制造业发展方向。
- 绿色制造委员会（GMAC）：规定"清洁和绿色技术"客观评定标准。标准将与气候变化国家行动计划及包容性可持续发展战略目标保持一致。

6. 内阁投资委员会

2013年1月，印度政府成立了内阁投资委员会，由印度总理领导，成员包括国防部部长、农业和食品加工产业部部长、财政部部长、工商部部长、内政部部长、城市开发部部长、民航部部长、通讯与信息技术部部长、公路、高速路、铁路部部长、矿产部长等。

内阁投资委员会的职能如下：

- 确定须在一定时限内实施的重大项目，涉及投资额为100亿印度卢比（约合2亿美元）或以上，或委员会可能指定的其他重要项目，如基础设施领域、制造业领域等；
- 规定相关部门/机构批准和许可已确定项目的时间期限；
- 监控已确定项目的进度，包括获得各种批准/许可的时间及推迟情况（如有）；
- 审核项目的实施情况，项目推迟是否已超出规定时限，包括由于批准和许可延迟引起的问题；
- 审核各部门/机构授权/拒绝批准和许可的程序；
- 如有必要，决定不正当推迟项目的批准和许可的授权或拒绝；
- 考虑并决定快速授权/拒绝批准和许可已确定项目的方法，包括简化相关部门/机构做出决策需遵守的规定/流程；

- 要求相关主管部门在规定时间内根据相关法律/法规履行职能和权力，以促进投资和经济增长。

（二）在印度进行商业运作

在印度从事商业活动的外国公司需要：

- 设立外国公司的联络处或代表处、项目办公室或分公司，以执行 2000 年外汇管理（在印度设立分公司或其他商业场所）条例所允许的活动；
- 根据 1956 年的《公司法》组建一个公司。

总之，在印度从事商业活动所必须具备的商业载体类型包括：

- 联络处（LO）；
- 分公司（BO）；
- 项目办公室（PO）；
- 有限责任公司（LLC）；
- 有限责任合作人（LLP）；
- 合资公司（JV）；
- 全资子公司（WOS）。

1. 联络处或代表处

问题 1：什么是联络处？谁有权设立联络处？

答：外国公司有权在印度设立联络处或代表处（需获得相关批准）。联络处将代表外国公司从事相关活动。这些办事处将作为外国公司（基本上为总部）与印度各方进行沟通的渠道。

问题 2：谁有权批准成立联络处？

答：印度储备银行（或印度中央银行）有权批准外国公司在印度设立联络处。

外资保险公司在事先获得保险监管和发展局（IRDA）的批准后，即可在印度设立联络处。

根据 1949 年银行业监督管理法，外资银行在事先获得印度储备银行的批准后即可设立联络处。根据外汇管理条例，这样的公司无需获得印度储备银行的另行批准。

问题 3：如何在印度设立联络处？

答：从 2010 年 2 月 1 日起，希望在印度设立联络处的外国公司必须填写“FNC”申请表（可登陆 www. rbi. org. in/upload/ECM/ dOCS/FNC1. doc 下载表格），并将表格提交至：

印度储备银行外汇局外国投资部孟买中央办事处首席主管，邮编：400001

外国公司应通过指定授权经销商第一类银行来提交申请及以下文件：

（获取授权经销商第一类银行目录可登录 http：//www. rbi. org. in/scripts/categoryi. aspx）

- 由印度大使馆审核的英文版公司注册证书或外国公司注册或组织大纲和章程细则。
- 申请实体最近一期经审计的资产负债表。

不符合资质的申请人和其他公司的附属机构可依据附录 2 的 FNC 表格，提交一份由母公司出具的同意协助书，但该情况只在母公司符合上述资格标准的情况下有效。

印度储备银行将依据以下两条政策路线审批申请：

- 储备银行路线——根据“自动批准路线”政策框架，外国公司主要业务属于允许 100% 外商直接投资领域范畴。
- 政府路线——根据“自动批准路线”政策框架，外国公司的主要业务不属于 100% 外国直接投资领域范畴。印度储备银行将与印度财政部和印度政府磋商后对该类外国公司申请做出答复。

印度储备银行在批准外国公司联络处时，通常会将以下附加标准考虑在内：

● 成就记录：在本国最近三个财政年度的利润跟踪记录。

● 净值：总实收资本和自由储备减去无形资产（按照执业会计师或注册账户从业者证实的最近一期审计资产负债表或账户报表），应不小于或等于5万美元。

经储备银行批准设立的联络处将被赋予一个唯一识别号码（U1N）（www. rbi. org. in /scripts/Fema. aspx）。

联络处还应从所得税税务机关获取在印度设立办事处的永久账号（PAN）。有关永久账号的更多信息请参见“税务”部分内容。

问题4：联络处可开设印度卢比账户吗？

答：联络处可以在印度开设免计息卢比往来账户。类似办事处必须在其授权经销商第一类别银行开设账户。

问题5：什么是联络处存在有效期？联络处存在有效期可以延长吗？

答：联络处设立期限最初为3年，该期限可由联络处所属授权经销商第一类别银行不定期延长。银行通常会在30个工作日内批复延长。

授权经销商第一类别银行可从最初批复期限到期之日起，或储备银行授予延长期限到期之日起，将联络处有效期延长3年，但申请人需符合下列条件，申请需合乎程序：

● 联络处应提交前几年的年度活动证书。

● 联络处在指定授权经销商第一类别银行的账户是按照批准规定的条款和条件进行操作的。

联络处期限延长申请应提交至以下单位或个人，并标明原批准信参考编号和唯一识别号码：

印度储备银行外汇局孟买中央办事处首席主管，邮编400001

从事保险业的银行和实体机构的联络处有效期延长申请必须按照规定，直接提交至印度银行业务和开发部、储备银行和保险监管和发展局。

此外，非银行金融机构（NBFC）和建设开发公司（不包括基础设施开发公司）的联络处期限延长申请将不予考虑。这些实体有效期届满后，必须按照外国直接投资政策予以关闭或转换成合资公司或全资子公司。

问题6：联络处或代表处允许开展的活动有哪些？

答：联络处（也被称为代表处）仅可进行联络活动，也就是说，它可以作为国外总公司和印度各方之间进行沟通的渠道。因此，这些办事处的作用仅限于搜集市场机会及为潜在印度客户提供有关该公司及其产品的信息。联络处可在印度开展下列活动：

● 在印度代表其母公司或集团公司；

● 促进对印度的进出口业务；

● 促进母公司或集团公司与印度企业之间的技术或金融合作；

● 作为母公司和印度公司之间的沟通渠道。

联络处不能在印度进行任何商业活动或赚取任何收入。类似办事处的费用应完全通过外国公司海外总部的外汇汇款来满足。

问题7：可建立多个联络处吗？

答：可以。建立额外联络处的申请可通过原籍国的外国实体授权签署人正式签署的FNC表格提交至印度储备银行。然而，如果已提交的文件没有任何改变，则无需重新提交FNC表格中提及的文件。如果办事处的数量超过4个（也即是说，每个区域即有一个联络处：东、西、南、北），申请人就必须证明建立额外联络处的必要性。此外，申请人可将其中一个印度的联络处作为中心联络处，用以协调公司在印度所有办事处的活动。

问题 8：联络处必须提交年度报告吗？

答：联络处需在 3 月 31 日前向指定授权经销商第一类别银行提交由审计师准备的年度活动证书（AAC），并将年度活动证书副本提交至新德里所得税总局（国际税务），与此同时，联络处还需在同年 9 月 30 日或之前提交经审计的资产负债表，用以说明联络处只从事了印度储备银行允许的活动。如果联络处年度账目是在 3 月 31 日以外的某个日期完成，年度活动证书及其经审计的资产负债表也可以在资产负债表到期后的 6 个月内提交。

具备多联络处的公司可由中心联络处提交涉及所有在印办事处的合并年度活动证书。

指定授权经销商第一类别银行应审议年度活动证书，并确保联络处进行的活动符合储备银行规定条款及条件。如果审计师报告或指定授权经销商第一类别银行发现任何不良调查结果，指定授权经销商第一类别银行会将此不良结果报告至相应储备银行地区办公室，并提交年度活动证书副本及其评述。

问题 9：如何关闭联络处？

答：若要关闭联络处，外国公司官员需向指定授权经销商第一类别银行提交下列文件：

- 储备银行有关设立联络处的批准副本。
- 审计师证书：

——表明汇付金额抵达方式及资产处理方式，并有申请人资产和负债声明支持；

——确认该联络处已经足额支付在印度的所有负债，包括拖欠的酬金及其他员工福利等。

——确认来自海外的收入（包括出口收益）已返回至印度。

- 收入税务机关出具的针对汇款的无异议或完税证明。
- 来自申请人或母公司的证明，以证实该公司在印度任何法院没有任何未决法律诉讼和遭遇法律障碍的汇款。
- 来自企业监管局的一份报告，用以说明公司就关闭印度办事处的行为符合 1956 年《公司法》条款的规定。
- 任何由储备银行在授予批准令时指定的其他文件。

2. 分公司

问题 1：谁有权开设分公司？具体审批机关是哪个机构？

答：在事先获得印度储备银行的批准后，任何从事制造或贸易活动的外国公司均可在印度设立分公司。与联络处相比，分公司在企业经营过程中无法提供更多的灵活性，它适用于进入印度市场的公司。此外，分公司对于在印度寻求扩展或多元化的公司而言未必是可行选择。

问题 2：如何在印度设立分公司？

答：从 2010 年 2 月 1 日起，希望在印度设立分公司的外国公司均必须填写“FNC’’申请表（可登录 www. rbi. org. in/upload/ECM/ docs/FNCl. doc 下载 FNC 表格），并提交至以下机构：

印度储备银行外汇局外国投资部孟买中央办事处首席主管，邮编：400001

外国公司应通过指定授权经销商第一类银行，向印度储备银行提交申请及以下文件：

（获取授权经销商第一类银行目录可登录 http：//www. rbi. org. in/scripts/categoryi. aspx）

- 由印度大使馆审核的英文版公司注册证书或外国公司注册或组织大纲和章程细则中申请实体最近一期经审计的资产负债表。
- 不符合资质的申请人和其他公司的附属公司可依据附录 2 的 FNC 表格，由其母公司提交一份同意协助书，但该情况只在母公司符合上述资格标准的情况下有效。

印度储备银行将依据以下两条政策路线审批申请：

- 储备银行路线——根据“自动批准路线”政策框架，外国公司主要业务属于允许 100% 外商直接投资领域范畴。

• 政府路线——根据“自动批准路线”政策框架，外国公司的主要业务不属于100%外国直接投资领域范畴。印度储备银行将与财政部和印度政府磋商后对该类外国公司申请做出答复。

印度储备银行在批准外国公司分公司时，通常会将以下附加标准考虑在内：

• 成就记录：在本国最近5个财政年度的利润跟踪记录。

• 净值：总实收资本和自由储备减去无形资产（按照执业会计师或注册账户从业者证实的最近一期经审计资产负债表或账户报表），应不小于或等于10万美元。

经储备银行批准设立的分公司将获得一个唯一识别号码（www. rbi. org. in/scripts/ Fema. aspx）。

分公司还应从所得税税务机关获取关于在印度设立办公室的永久账号。

分公司需在3月31日前向指定授权经销商第一类别银行提交由审计师准备的年度活动证书，并向新德里所得税总局（国际税务）提交年度活动证书副本，与此同时，分公司还需在同年9月30日或之前提交经审计的资产负债表，用以说明分公司只开展了印度储备银行允许的活动。如果分公司年度账目是在3月31日以外的某个日期完成，年度活动证书及其经审计的资产负债表也可以在资产负债表到期后的6个月内提交。

问题3：分公司允许开展什么活动？

答：分公司仅可从事印度储备银行允许的活动。通常，分公司应从事其母公司所从事的业务。

印度储备银行允许的活动包括：

• 商品进出口；
• 提供专业或顾问服务；
• 在其母公司从事的领域中开展研究工作；
• 促进印度公司与母公司或海外集团公司之间的技术或金融合作；
• 在印度代表其母公司，作为母公司在印度的购买或销售代理；
• 在印度提供信息技术和软件开发服务；
• 为母公司或集团公司提供的产品提供技术支持；
• 为外国航空公司或航运公司开展活动。

分公司不得在印度开展零售贸易、制造和加工活动。

问题4：分公司可开设印度卢比账户吗？

答：分公司可在印度开设免计息卢比往来账户。类似办事处必须在其授权经销商第一类别银行开设账户。

然而，授权经销商第一类别银行允许分公司开设期限不超过6个月的短期存款账户，只要银行能确信，短期存款不具备临时盈余资金，且分公司保证，短期存款的到期收益在到期后3个月内将用于其在印度的业务活动。然而，该规定不适用于航运或航空公司。

问题5：可在特别经济区内设立分公司吗？

答：通常，印度储备银行允许外国公司在特别经济区内设立分支机构或单位，以从事生产和服务活动，但必须满足以下条件：

• 申请单位所在行业属于允许100%外国直接投资领域。

• 申请单位遵守1956年《公司法》第XI部分设立的条款（第592至602条）。更多有关1956年印度公司法的信息可参见：http：//www. Mca. gov. in/Ministry/pdf/Companies_ Act_ 1956_ 13jun2011. pdf。

• 申请单位需独立运营。

问题6：外资银行在印度设立分公司需获得什么批准？

答：根据外汇管理法，在印度开设分公司的外资银行无需获得单独批准。然而，根据1949年银行业监督管理法的规定，申请银行必须获得印度储备银行业务营运及发展部的批准。

问题 7：分公司利润是否可自由汇至国内？

答：印度分公司所赚取的利润可自由汇至外国公司所在国，并按照汇款授权经销商的要求缴清生产税并提交下列文件：

• 经审计的资产负债表和相关年份损益账目清单的经核证副本；

• 特许会计师证书，用以证明：

——得到可汇回利润的方式。

——整个可汇回利润是通过开展允许活动赚取的。

——该利润不包括任何分公司资产重估利润。

问题 8：印度政府如何就分公司利润征税？

答：就税务而言，分公司被视为外国公司在印度的延伸，需按外国公司适用税率进行缴税。目前，外国公司需缴纳税收的税率为 40%。如果应纳税所得额超过 1000 万卢比（18 万美元），以上税率就会额外增加 2%。此外，还会额外增加税率为 2% 的教育税、税率为 1% 的中等和高等教育税。

印度“转让定价规则”也同样适用于分公司。

注：更多有关印度税收政策和转让定价规则的信息可参见税收和可汇回利润章节。

问题 9：可建立多个分公司吗？

答：可以。建立额外分公司的申请可通过原籍国的外国实体授权签署人正式签署的 FNC 表格提交至印度储备银行。然而，如果已提交的文件没有任何改变，则无需重新提交 FNC 表格中提及的文件。如果办事处的数量超过 4 个（也即是说，每个区域即有一个分公司：东、西、南、北），申请人就必须证明建立额外分公司的必要性。此外，申请人可将其中一个印度的分公司作为分公司总部，用以协调公司在印度所有办事处的活动。

问题 10：分公司必须提交年度报告吗？

答：分公司需在 3 月 31 日前向指定授权经销商第一类别银行提交由审计师准备的年度活动证书，并向新德里所得税总局（国际税务）提交年度活动证书副本，与此同时，分公司还需在同年 9 月 30 日或之前提交经审计的资产负债表，用以说明分公司只开展了印度储备银行允许的活动。如果分公司年度账目是在 3 月 31 日以外的某个日期完成，年度活动证书及其经审计的资产负债表也可以在资产负债表到期后的 6 个月内提交。

设立多个分公司的外国公司可由分公司总部提交涉及所有在印办事处的合并年度活动证书。

指定授权经销商第一类别银行应审议年度活动证书，并确保分公司进行的活动符合储备银行规定的条款和条件。如果审计师报告或指定授权经销商第一类别银行发现了任何不良调查结果，指定授权经销商第一类别银行会将此不良结果报告至储备银行中央办公室，并提交年度活动证书副本及其评述。

问题 11：如何关闭分公司？

答：若要关闭分公司，分公司官员需向指定授权经销商第一类别银行提交下列文件：

• 储备银行有关设立分公司的批准书副本。

• 审计师证书：

——表明汇付金额抵达方式及资产处理方式，并由申请人资产和负债声明支持；

——确认该分公司已经足额支付在印度的所有负债，包括拖欠的酬金及其他员工福利等。

——确认来自海外的收入（包括出口收益）已返回至印度。

• 收入税务机关出具的针对汇款的无异议或完税证明。

• 来自申请人或母公司的证明，以证实该公司在印度任何法院无任何未决法律诉讼和遭遇法律障碍的汇款。

• 来自企业监管局的报告，用以说明公司就关闭印度分公司的行为符合 1956 年《公司法》条款的规定。

● 任何由储备银行在授予批准书时指定的其他文件。

3. 项目办公室

问题1：谁有权设立项目办公室？

答：已与印度公司签订合约的外国公司可成立项目办公室，以便在印度开展项目。但若要开展项目或现场办公，相关外国公司必须向印度储备银行区域办事处提交FNC—10表格。

问题2：建立项目办公室的条件是什么？

答：根据印度储备银行相关规定，在印度建立项目办公室的条件如下：

● 项目资金直接来源于国外汇款；

● 项目由双边或多边国际金融机构资助；

● 项目已通过主管当局审批；

● 授予合同的印度公司或实体已获得公共金融机构或印度银行就该项目授予的短期贷款。

问题3：利润是否可自由汇至国内？政府如何就项目办公室的利润进行征税？

答：项目办公室获取的利润在项目完成后，以及在缴清各项税款并满足其他条件后，即可被自由汇至外国公司所在国。和分公司情况类似，项目办公室也被视为外国公司在印度的延伸，需按外国公司适用税率缴税。

问题4：项目办公室能在印度开设外币账户吗？

答：授权经销商第一类别银行可根据以下条件，为项目办公室开设非计息外币账户。

● 已获得储备银行的一般或特殊性批准，并同时具备相关项目批准机构的必要批准书，在印度建立了项目办公室。

● 批准项目合约明确规定以外币支付。

● 每个项目办公室可在同一授权经销商第一类别银行开设两个外币账户，通常一个以美元结算，另一个以本国货币结算。

● 该账户的允许借方须支付与项目相关的开支，而借贷应是来自项目批准管理局的外汇收入、国外母公司的汇款或双边或多边国际融资机构汇款。

● 确保外币账户只涉及获批借方和贷方的责任应完全由相应授权经销商分支机构承担。此外，各自授权经销商银行的审计员需对项目账户进行100%审查。

● 项目完成时应关闭外币账户。

问题5：项目办公室能进行间断性汇款吗？

答：可以。如果项目双方对彼此真诚度满意并符合下列条件，授权经销商第一类别银行可以批准项目办公室在项目关闭或结束时进行间断性汇款：

● 项目办公室需提交审计师或特许会计师证书，用以证明已做出充分准备来缴付其在印度的各项债务和所得税。

● 项目办公室承诺，汇款不会影响项目的完成，并将通过海外汇款来填补资金缺口，并支付在印度的一切债务。

然而，项目间的资金转移需要获得项目办公室所在区域印度储备银行地区办事处的事先批堆。

4. 有限责任公司

问题1：在印度最常用的有限责任公司形式是什么？它们之间的主要区别是什么？

答：印度最常见的有限责任公司形式是私人有限公司和公共有限公司。一个公司可以成为股份有限公司（成员对所持股份中未付金额的负责）或担保有限公司（成员对其所担保额负责）。

有限责任公司的组建、管理和解散受 1956 年《公司法》的约束，并由印度公司事务部通过公司注册局、区域主管、公司法委员会和法定清盘人进行管理。

表 4－8－2 列举了私人有限公司和公共有限公司之间的主要区别。

表 4－8－2

细目	私人有限公司	公共有限公司
最低实收资本	约 1 800 美元	约 9 000 美元
最少成员人数	2	7
最多成员人数	50	不受限制
对外股份转让	股份转让受限	股份转让不受限制
招股书发行	不能邀请公众认购股份	可自由邀请公众认购股份
最少董事名额	2	3
业务开展	注册成立后，可立即开展业务	在公司注册局颁发营业执照前不能开展业务
法定会议	无召开成员法定会议的义务	必须召开法定会议，并向公司注册局提交法定报告用以备案

问题 2：如何在印度组建公司？

答：根据印度《公司法》第 609 条的规定，公司注册局（ROC）被赋予管理其管辖邦和联邦属地内公司注册事宜的职责，并确保注册公司遵守《公司法》的法定要求。这些公司注册局作为公司档案的登记处，可供大众监督各项订明费用的支付情况。公司法适用于印度各邦和联邦属地。

5. 成立私人有限公司的步骤

注册私人有限公司或公共有限公司的步骤如下：

步骤 1：［取得董事识别号码］：一个私人有限公司必须至少拥有两名董事和两名股东。董事必须具备由印度公司事务部颁发的有效董事识别号码（DIN）。可通过在线提交 DIN—1 申请表来申请临时董事识别号码。此表格可在印度公司事务部门户网站（www. Mca. gov. in）中下载。申请合格后，公司事务部会立即颁发临时董事识别号码（有效期为 60 天）。申请人需打印，签署申请表格，并通过快递公司将表格、身份证明及住址证明一并提交至公司事务部。在有关机构核实所有相关文件后，即会颁发永久性董事识别号码。这个过程大约需要 3～5 天，有关董事识别号码的更多信息请登陆：Http：//www. mca. gov. in/MCA21/ RegisterNewComp. html。

步骤 2：［获得数字签名］：至少有一名董事需具备由认证中心（CA）颁发及公司事务部批准的有效数字签名证书。申请人须提交 1956 年《公司法》规定的，具有该公司常务董事、董事、经理或秘书数字签名的每一份文件。申请人必须获得 II 类数字签名证书以使用公司事务部（MCA）新的电子归档系统。数字签名证书可从公司事务部授权的六家私人机构中的其中一家获取。有关六个授权机构的详细信息可登陆：http：//www. mca. gov. in/ MCA21/ccrtifYing-nCW. html。

步骤 3：［公司名称核准］：组建公司的第一步是向公司事务部提交公司名称核准申请，可通过公司事务部的门户网站 MCA21. 在线提交名称核准申请。应选择一些能表明公司主要目标的合适名称，不得少于 4 个，并按优先顺序排列。请确保所选择的名称与任何其他公司已注册名称无相似之处，且不违反 1950 年《标志和名称（防止不当使用）法案》相关条款。注册处需在两至三天内告知结果，无论提议名称是否可用。一旦公司名称被指定后，申请人应向公司注册局提交公司注册文件用以登记备案。

步骤 4：［文件制备］：在公司注册处核准公司名称后，申请人必须准备下列文件：

- 公司组织大纲（MOA）：公司组织大纲是一份列举了公司章程的文件。除其他相关信息外，它还包含了公司的活动目标和范围，并对公司与外界关系做了描述。

• 公司章程（AOA）：公司章程包含了公司管理其内部事务的规则及条例。公司组织大纲已明确了公司目标和宗旨，公司章程则指定了实现这些目标和宗旨的规则和条例。它还表明了拟设立公司法定股本总额和首任或永久董事的名字。

• 表格 1：提供了该公司创办者的详细信息。

• 表格 18：提供了该公司注册办事处的详细信息。

• 表格 32：提供了公司董事、经理或秘书的详细信息。

公司组织大纲和公司章程起草工作应寻求专业人士的帮助，因为它涉及拟设立合资企业的管理政策、规则和章程。发起人在打印和加盖印花前应对起草文件进行仔细审核。公司组织大纲和公司章程必须具备至少两人的亲笔签名，他或她父亲的名字、职业、地址及认购股份数，和至少一名见证人。此外，还需加盖公章，并提交公司注册局。申请人需就公司组织大纲和公司章程支付印花税，印花税征收额取决于法定股本总额，且在印度各州或省有所不同。然后，可通过公司事务部的门户网站使用电子加盖印花工具。文件准备过程可能需要 5 ~7 天时间。

步骤5：［向公司注册局提交文件并支付费用］：申请人需向公司注册局提交以下文件，并交纳相关申请费和注册费：

• 加盖公章及签名的公司组织大纲和公司章程副本（3 份）。

• 表格 -1、18 和 32，一式两份。

• 任何涉及公司组织大纲和公司章程的协议。

• 任何涉及董事或常任董事任命的协议。

• 由公司律师或秘书、注册会计师、董事、经理提交的合规性声明。

• 由公司注册局发出名称可用信函。

• 对申请登记文件中代表公司做出更正之人所授予的委托书。委托书应以具备适当价值的非司法性贴有印花税票的文件形式提交至公司注册局。

注册新公司时向公司注册局缴付的费用会依据拟成立公司的法定资本而有所不同。若注册和申请费超出 1000 卢比，就必须通过即期汇票或银行支票支付。

步骤6：［获得注册证书］：公司注册局在认真审核提交的文件后将颁发公司注册证书。根据第 34（1）条法规，公司注册局负责颁发公司注册证书，证书通常会在收到文件后的 7 天内颁发。一家私人有限公司可以在收到注册证书之日起立即开展业务。

步骤7：［获得永久性账号］：可通过访问由国家证券存管有限责任公司（NSDL）或印度单位信托基金（UTI）投资者服务有限公司授权的特许经营人或委任代理人来获取永久账号。根据 1961 年《所得税法》，个人在支付税款时必须上报其永久账号。永久性账号也可通过在线申请的方式取得，但仍需提交有形文件供授权代理人审批。详细信息请参阅 www. incOmetaxindia. gov. in、www. utiisl. co. in 和 www. tin-nsdl. com。

步骤8：［取得税务登记号 TANl］：税务登记号申请必须填写表格 49B。申请可提交至任一授权税务信息网（TIN）促进中心以获取 eTDS 反馈。税务信息网促进中心地址可在 www. incOmetaxindia · gOv。in 和 http：// tin. nsdl. com 中获取。两项申请的手续费（新税务登记号或变更请求）为 60 卢比（加上其他适用税项）。

步骤9：［根据《商店和公司法》进行注册 1］：须向地方商店审查官提交一份包含雇主和经理姓名及公司名称（如果有）、邮政地址和经营类别的声明，并缴纳相关费用。

步骤10：［在销售税办公室注册增值税］：将根据商品销售额征收增值税。任何开展工程合约或货物贸易的商业实体均需进行增值税登记。

步骤11：［注册行业税］：根据《行业税收法》第 5 条，每一个雇主都必须缴纳行业税，并从指定机关取得注册证书。

步骤 12：[**登记消费税**]：消费税是一种针对商品制造而间接收取的税费。获取更多信息可参见：http：//www. aces. gov. in/。

步骤 13：[**在员工福利基金组织注册**]：1952 年《员工福利基金及杂项规定法案》适用于在印度雇用 20 人或 20 人以上，属于 183 个行业和类别之一的商业机构。雇主必须按规定向相关地区福利基金组织（正 PFO）提供必要信息以获得配发的公司代码标号。

步骤 14：[**在雇员国家保险（正 S1）公司注册医疗保险**]：雇员国家保险法案适用于所有雇用 20 人或 20 人以上的机构。《雇员国家保险法案》对疾病津贴、医疗救助、女职工产假福利、致命和其他工伤赔偿等做出了相应规定。每一位月薪达 1 万卢比的员工均受到该法案的保护。根据《雇员国家保险条例（一般条例）》，雇主须提交 01 号登记表，通常，雇主代码编号将在 3 天到 1 周时间内颁发。

6. 有限责任合伙人

问题 1：什么是有限责任合伙人？

答：有限责任合伙人是指在 2008 年《有限责任合伙企业法》（有限责任合伙企业法，2008 年）指导下形成并注册的合伙伙伴关系。以下是印度境内有限责任合伙人的一些显著特点：

● 有限责任合伙人是一个法人团体和法律实体，独立于其合作伙伴；

● 有限责任合伙人具永久继承性，其合作伙伴责任仅限于各方所商定的对有限责任合作人的贡献；

● 2008 年有限责任合伙人法为合伙人针对各方选择制定的协议提供了高度灵活性；

● 有限责任合伙人可由两个或两个以上的合伙人构成；个人或法人团体可作为有限责任合伙人中的一个合伙人；

● 有限责任合伙人必须至少拥有两个指定合伙人；合伙人需遵守有限责任合作人法案中的各项条款，且其中至少有一人必须为印度居民。

问题 2：谁是主管机构？

答：印度政府于 2009 年 1 月通过了《2008 年有限责任合伙企业法》（有限责任合伙人法）。据此，于 2009 年 1 月之后形成的所有有限责任合伙人均受《2008 年有限责任合伙人法》的制约。有限责任合伙人由印度公司事务部通过有限责任合伙人注册局进行管理。

问题 3：印度如何就有限责任合伙人利润进行征税？

答：在印度，有限责任合伙人和股份合作制企业所享有的税收制度类似。目前，有限责任合伙人应缴纳的税率为收益净额的 30.90%（包括 2% 的教育税和 1% 的中等教育和高等教育税）。此外，股息分配税不适用于有限责任合伙人的利润分配。

此外，如果有限责任合伙人的应纳税金额低于其账面利润的 18.5%，账面利润将被视为其总收入，并将以账面利润的 18.5% 作为税率（加上适用附加税和教育税）征收最低公司税。

问题 4：有限责任合伙人是否允许外国直接投资？

答：印度政府于 2011 年修改了外国直接投资政策，允许有限责任合伙人采取外国直接投资形式。以下是有限责任合伙人采取外国投资的必备条件：

● 有限责任合伙人只允许在开放领域采取外商直接投资形式（即，自动批准路线政策下允许 100% 外国直接投资的领域），但须事先得到政府批准；此外，有限责任合伙人中的外国直接投资不适用于与收益挂钩的条件；

● 有限责任合伙人中的外国直接投资不能用于开展农业或种植活动，平面媒体及房地产业务；

● 具备外国直接投资的有限责任合伙人不得从事任何下游投资；

● 外国机构投资者或外国风险资本投资者不得对有限责任合伙人进行投资；

● 有限责任合伙人不得利用外部商业借款；

● 具备外国直接投资的印度公司能以有限责任合伙人的形式从事下游投资，只要该印度公司及其有限责任合伙人投资的领域属于自动批准路线下允许的100%外国直接投资领域，且无与收益挂钩的附加条件；

● 有限责任合伙人资本结构中的外资参股仅能采用正常银行渠道汇入汇款，或相关人非居民卢比存款（NRE）或非常驻外币（FCNR）账户的借方记入现金形式。

7. 合资企业

问题1：外国投资者可成立什么形式的合资企业？

答：外国投资者或公司希望与印度公司开展合作业务，可有以下几种选择：

● 与印度公司合作，组建一个“法人合资公司”

● 与印度公司合作，组建一个“非法人合资公司”

合资企业形式将取决于业务活动的性质。

问题2：什么是法人合资公司？什么情况下应当成立法人合资公司？

答：法人合资公司是指由两个或两个以上具备共同目标的公司所组建的公司。对于那些希望通过双方专业技术、当地市场知识、技能组合和成本优势寻求联合生产或提供服务机会的公司而言，组建法人合资公司是最理想的选择。这一类型的合资公司对于希望在印度实现多元化发展或扩大市场，但却缺乏本地市场知识及专业技能的外国投资者而言也是一个理想选择。

问题3：印度政府如何就法人合资公司利润进行征税？

答：在印度，法人合资公司与一般印度本土公司适用同样的税收政策。因此，适用税率为30%（外加适用附加税和教育税）。

问题4：什么是非法人合资公司？什么情况下应当成立非法人合资公司？

答：非法人合资公司由具备共同目标的实体构成。它可以由个人、有限公司和其他团体构成。

在印度，非法人合资公司可能会因实施某个具体项目而得以组建，该合资公司在项目完成时可自行解散。通常，组建类似合资企业的目的是要开展某个大型建设项目或基础设施项目等，其中每一个合作伙伴都需要担负特定的任务或角色；任务责任将根据合作双方共同签署的协议由合作伙伴共同承担。

问题5：印度政府如何就非法人合资公司的利润进行征税？

答：印度政府可能会将非法人合资公司作为合作性团体（AOP）进行征税。

根据《所得税法》的相关规定，合作性团体为一个评估实体或单位。它是指两个或两个以上的人在一项产生收入的活动中密切合作。合作性团体包括任何公司或团体，或个体，无论是否为法人团体。合作性团体无需建立在合约基础上。因此，如果两个或两个以上的个体联手开展业务，但不构成伙伴关系，他们可能会被认定为一个合作性团体。

合作性团体应缴纳的税费取决于合资企业成员之间的利润分配比例是否是确定的，以及合资企业的各个成员。

8. 全资子公司

外国公司可根据外国直接投资政策在允许100%外国直接投资的领域内设立全资子公司。一个全资子公司可作为私人公司或公众公司，股份有限公司，或担保有限公司，或无限责任公司而存在。有限责任公司由于其独特的优势，被认为是最佳形式的全资子公司。这种结构可为外国投资者提供最大化的灵活性和最佳保护。

（三）税收和利润汇回

1. 概论

印度税收政策建立在国家和邦的基础上。针对企业征收的主要国家税包括：企业所得税、最低公司税、资本利得税、股息分配税、财富税，以及间接税如增值税（VAT）、中央销售税、关税、消费税和服务税。在新兴经济体中，印度是具备最有利税收制度的国家之一。

在经济改革之后，印度税制发生了根本性变革，符合宽松政策。部分变化包括：税收结构合理化，逐步降低关税最高税率，降低企业所得税税率，调整关税税率至东盟水平，引进增值税，拓宽课税基础，简化税收法律以便人们能更好地遵守。印度税收政策以减免税收的形式为多种类型的投资提供赋税优惠期。这些措施包括重点行业和特殊区域或地区内产业刺激政策。税收优惠政策同样适用于从事基础设施发展的公司。

税收优惠政策主要集中在建立新产业，鼓励对经济欠发达地区投资，基础设施和促进出口上。《经济特区法》（2005 年）对经济特区开发者和经济特区内单位做出了财政让步，并针对离岸银行业务单位和国际金融服务中心的建设设立了法律框架。

印度在最近公布了新的《直接税法》，以取代 1961 年的《所得税法案》。新税法将为印度的直接税收带来显著的结构性变化。新税法的出台将巩固并修改相关所得税法、股息分配税法、附加福利税和财富税法，从而创造一个人人都自愿遵守的税务体系。

2. 公司税

需缴纳所得税的企业包括印度公司和境外注册成立的法人实体。广义上讲，如果一家公司在印度注册成立，或在那一年该公司的事务控制及管理完全在印度进行，那该公司即被视为是印度当地企业。

当地企业应就其全球利润交付所得税。非当地企业应针对其在印度产生或获得的利润，或者被认为在印度产生或获得的利润，缴付所得税。被视为在印度产生的收入包括：

- 直接或间接从“业务联系”中产生的收入，或在印度的任何财产、资产或收入来源中产生的收入。
- 通过对印度境内资产转移取得的资本收益。
- 由印度居民、非印度居民或印度政府支付的利息、技术服务专利费和使用费。

（1）适用于当地和非当地企业的不同税率

印度国内公司的企业所得税率是30%，外加5%的附加税（如果总收入超过1 000万卢比，约18.1万美元）。此外，在收入税，包括附加税基础上，还会征收2%的教育税和1%的中等和高等教育税。

非当地企业和外国公司分支机构的税率为40%，外加2%的附加费（如果总收入超过 1 000 万卢比，约18.1万美元），除此之外，还会征收3%的教育税。表4－8－3列举了适用于当地和非当地企业的有效税率。

表 4－8－3

总收入	当地企业税率（%）	外国公司税率（%）
最高 1 000 万卢比	30.90	41.20
超过 1 000 万卢比	32.45	42.02

当企业应缴付总收入税低于账面利润的 18.5% 时，当地和非当地企业均需缴纳最低公司税（MAT），此时，账面利润将被视为该公司的总收入，应按 18.5% 的税率进行缴税，外加适用附加税和

教育税。表4－8－4列举了适用于当地和非当地企业的最低公司税有效税率。

表4－8－4

总收入	当地企业最低公司税税率（%）	外国公司最低公司税税率（%）
最高1 000万卢比	19.06	19.06
超过1 000万卢比	20.01	19.44

此外，国内企业需要就任何公开、分配和支付的股息缴纳15%的股息分配税（DDT）（加上5%的附加税和3%的教育税）。加上附加税和教育税后，有效的股息分配税税率为16.22%。然而，在计算股息分配税时，只要相关条件得以满足，印度母公司就可以用其从印度分公司收取的股息来抵消分配的股息。此外，只要分配股息的公司已缴付股息分配税，接受方就无需对国内公司支付的股息付税。

税额计算：

总收入

减去：可减扣数额

净收入税率

减去：减免和退还部分

＝应付税款

（2）总收入

就税额计算而言，总收入是指在扣除符合条件的免税部分后，各种来源的收入总和。可分为以下几类：

• 房屋或财产收入。

• 资本收益。

• 业务或行业利润和收益。

• 其他来源收入，如外国股息和利息等；证券利息，彩票奖金，此外，人员收入可能会包含在公司收入内。

收入可根据“当前和结转的亏损”及符合条件的免税部分进行调整，以得出总收入额；总收入也应该根据规定的可减扣数额进行调整，以得出净收入。

（3）可减扣数额

在计算应纳税总收入时，总收入应根据可减扣数额进行调整，以得出净收入。可减扣数额包括如下：

• 资本免税额——研发支出，兼并与收购符合减扣条件。

• 折旧基于资产性质按指定百分比计算，折旧无法抵消本年度收入，但可结转用以抵消无限定期限的任何未来收入。

• 库存——市场价值或成本估值（以较低者为准）。

• 利息借款利息。

• 亏损在一定条件下，可在同一课税年度抵消其他收入，并在随后的课税年度中抵消所得利润。

• 所得净收入应付税，计算实际应纳税额时还应扣除税收抵免退税部分。

（4）企业所得税退税政策

• 国内企业在一定情况下可扣除从其他国内企业收到的股息。

• 特别条款适用于风险基金和风险投资公司。

• 在一定条件下出口和新产业可享受退税政策。

• 开发、维护和运行新基础设施和电力设施可享受特殊减免政策。

• 企业亏损可结转8年。

• 基础设施基金通过股票投资，或在开发、监控和经营特定基础设施或涉及电力行业基础设施的互惠基金单位进行长期融资所赚取的利息、股息和长期资本收益是免税的。

税款缴付：计算收入税后，可以通过“在线充值”或国有银行支付税款。

收入税申报表提交：印度《收入税法》要求每家公司都必须提交收入税申报表。提交收入税申报表的截止日期是每个课税年度的9月30日。在课税年度内，纳税人应对上年度所赚取的薪酬缴纳税费。任一财政年度都从每年的4月1日开始，至次年的3月31日结束。

企业的所得税申报表格的种类及其适用范围见表4－8－5。

表4－8－5　企业所得税申报表格

表格种类	适用范围
ITR5	针对企业、合作性团体、个体
ITR6	针对公司，除根据第11条法规申请税务豁免的公司
ITR7	针对法人，包括根据第139（4A）或139（4B）或139（4C）或139（4D）条法规必须提交申报表的公司
ITR8	附加福利申报表

除针对慈善或宗教团体，政党和其他非营利性组织的ITR—7表格以外，所有表格都可以电子方式提交。

迟交后果包括违约利息、罚款、剥夺减免特权，及无法对申报亏损进行结转。

申报表强制规定需对高价值交易进行详细描述，一般通过年度申报表（AIR）进行描述。应对交易细节进行交叉核对，并确保与年度申报表中的数据保持一致。

表格须由以下人士进行审核和批注：

• 当地公司：常务董事，如果无常务董事或因无法避免的原因，他或她无法签署或审核申报表，应由其他主管进行审核。

• 非当地公司：可由持有效委托书的个人审核和签署申报表，委托书应附在申报表后。

• 公司有两种方式提交纳税申报表。

• 通过电子方式提交带电子数字签名的申报表；

• 通过电子方式传输申报表数据，其后，通过ITR—V表格提交经核实的申报表；

• 接收“确认信”，完成整个提交程序。

（5）国外收益和税收协定

印度拥有一个全面的税收协定网络，在许多国家都有效力。与此同时，针对空运和航运利润也有相关协议进行约束。印度大多数税收协定都规定了扣除海外课税额，或扣除海外课税与免除税收相结合的税收优惠政策。此外，从非税收协定国家获取收入的印度居民可根据1961年的《收入税法案》相关条款，享受国外收入税减免政策。但从2012年4月1日起，个人必须获得海外司法管辖区颁发的税收居留证后，才能享受税收减免政策。

印度与中国签署了税收协定协议，但不包括中国香港地区。表4－8－6列出了中印税务条约中规定的代扣所得税税率。

表4－8－6

支付种类	税　率（%）
股息	10
利息	10
技术服务专利费和使用费	10

（6）关联方之间的交易

转让定价法规大致建立在经合组织准则的基础上，但也有不同之处（处罚条例更为严格）。“国际交易”、“关联企业”和“公平价格”均有明确定义。关联企业定义超出了股权或关系管理的范畴，因为它包含了一定的推定条款。公平价格原则通过为国际交易制定公平价格，并规定国际交易中公平价格偏差需在5%以内而得以强制执行。然而，印度政府规定，偏差比例不能超过3%。

转让定价规则要求收入金额（或财产价值）已被估定之人保留相关证明文件，并从注册会计师处获取证书（按规定格式），提供与关联企业之间国际交易的细节及方法。当公平价格的实施降低应缴税收入或增加亏损时，不会针对收入或亏损做任何调整。

为预约定价协议提供法律框架的新条款已得以出台。根据新条款，纳税人和税务机关可在未来固定时间内，就一个适当的公平价格或转让定价方法达成协议。

（7）税收遵从及管理

在印度，纳税年度或称之为“上一年”（财政年）开始于每年4月1日，截止于次年3月31日。上一年收入税应按照上一年规定的税率进行缴付。一个财政年度的收入税应在下一财年应缴付的税收（即课税年度）。

课税年度的收入税通常可通过预缴税方式进行分期支付。一个公司必须在6月15日之前预付应缴收入税款总数的15%，在9月15日之前预付45%，在12月15日之前预付75%，并在次年3月15之前支付100%。多付金额在提交最终纳税申报表后退还。

公司必须在一财政年结束后的11月30日之前提交最终的纳税申报表（如果该公司正在开展某项国际交易；否则截止日期均为9月30日），汇报上一年度的收入情况，以说明前一纳税年度的收入、支出、税款缴纳和应付税款。

有义务缴纳收入税的个体必须取得永久账号，或印度税务识别号码。因此，一家为印度公司提供服务的中国公司在缴付收入税时也需要获得永久账号，否则将面临罚款。此外，如果代扣所得税的付款人无法取得永久账号，那么付款人必须按照至少20%的税率代扣所得税。多收税款可通过在收入税申报表中提起退款要求声明的方式退回（也许要求提供永久账号）。此外，每个印度来源收入的接收人（无论是印度居民还是非印度居民）都须缴纳代扣所得税，且必须在付款前向印度付款人提供永久账号，否则，有可能会按照规定以更高的税率缴付代扣所得税。

（8）中印避免双重征税协定的显著特点

印度共和国政府和中华人民共和国政府之间签订的避免双重征税和防止偷漏收入税的协议于1994年11月21日生效。

在印度产生并支付给中国公民的利息可在中国征税。然而，类似利息也可根据印度法律在印度缴税。但是，如果接收人是利息受益所有人，所征税款则不应超过利息总额的10%。

在印度产生但支付给中国居民的技术服务专利费或使用费可在中国征税。然而，上述技术服务专利费或使用费也可根据印度法律在印度征税。但是，如果收款人是技术服务专利费或使用费的受益所有人，则所征税款不应超过技术服务专利费或使用费总额的10%。

股份转让所产生的任何收益在印度均可征税。

3. 印度的间接税制

印度的间接税由大量交易税构成，并由中央和邦政府负责征收。根据印度宪法，中央政府负责征收进口税和商品生产及服务提供税，而邦政府则负责征收商品销售税。

（1）增值税

在同一邦内销售商品需缴纳邦增值税（不包括提供服务），且购买商品时支付的增值税通常会作为针对买方的进项税信贷。重要商品增值税税率为0%，金锭和昂贵宝石为1%，工业投入、资本货物和大众消费品为 4%，而其他项目为 12.5%。可变税率（依各邦情况而定）适用于石油产品、烟草、酒等。

（2）中央销售税

跨邦出售商品会产生中央销售税。购买商品所产生的中央销售税通常不作为进项税信贷，因此代表了真实成本。中央销售税税率或等于一个邦的销售增值税率，或等于 2%，如果买家符合法律规定的赋税优惠形式。这种优惠形式在跨邦购买商品、转售或制造加工商品时有效。某些邦同样会针对规定商品征收入境税。入境税通常对于买方而言将作为进项税信贷。目前，邦政府不征收进口货物增值税。

（3）关税

关税由中央政府负责征收，仅针对进口商品。进口商在向印度进口货物时需支付关税。

如何计算关税？

所有进口到印度的商品都须缴纳关税。计算关税时应考虑以下几个因素：

基本关税（BCD）：基本关税的征收或（a）按照议定利率在该物品单位（重量、数量等）基础上进行征收，或（b），为常见形式，是在物品应评税值基础上按从价税征收。在某些情况下，两者将结合使用。基本关税通用税率为 10%，但也有例外情况。

• 附加关税（ACD）：附加关税也被称为反补贴税（CVD），通常依据商品的估定价值加基本关税进行征收。属于该类别的商品为进口商品，在印度存在相似的加工产品。附加关税的目标是保护国内产业。附加关税的通用税率为 12%，但也有例外情况。

• 特别附加关税（SAD，也被称为特别反补贴税）：特别反补贴税之前也被称为附加税，它适用于所有进口商品。按照进口商品基本关税和消费税的 4% 进行征收。

• 反倾销税：适用于从特定国家进口的特定商品，目的在于保护本土企业。

• 防卫税：当印度政府确定进口物品数量的增加，在当前情况下会对国内产业造成严重伤害时，可能会对物品征收防卫税。

• 海关教育税：印度于 2004 年 7 月推出了新的教育税评估方案。目前该税项税率为基本关税和附加关税的 3%（2% 教育税和 1% 的中高等教育税）。受企业国际承诺约束的货物可免交海关教育税。

• 海关手续费：除适用关税外，印度政府对所有进口货物征收 1% 的手续费。

总关税：因此，对于大多数商品而言，总税额 = 基本关税 + 附加关税 + 特别反补贴税 + 教育税 + 海关手续费。

关税税率是根据海关税则分类确定的，与国际协调制度（HS）保持一致。关税峰值税率为 28.85% 的成本、保险费和运费（CIF）外加 1% 的手续费。每年 2 月，年度预算会对关税税率、消费税、调节税和反补贴税做出修订，并通过各种渠道公布。

当进口商和出口商没有关联，且价格是唯一考虑因素时，可参照进口货物的交易价值缴付关税。在计算关税时，可将在印度以外地区开展，并对商品生产起到必要作用的工程、开发、艺术设计工作等成本包含在交易值中。

在一定条件并履行相应程序后，附加关税和特别附加关税贷款也可适用于应税商品制造商，用以抵消支付的消费税。此外，就 CENVAT 税款减免条例（CCR）而言，附加关税贷款也适用于服务供应商，以抵消应缴输出服务税款。

各种税收减免措施建立在进口商品分类和最终用途的基础上。税收减免政策也可适用于工业厂房建设、基础设施项目和其他能为印度经济发展做出贡献的指定项目。

免税计划：免税计划允许免税进口用于出口生产的物品。根据免税计划条例，相关机构需事先颁发许可证。税收减免计划允许对用于出口生产的进口物品予以退税。免税计划包括以下内容：

• 免税证书（DFRC）：免税证书允许免税进口用于出口产品的物品。

• 关税权利义务证书（DEPB）：关税权利义务证书允许对用于出口生产的进口物品予以退税。

关税减税额同样适用于从指定国家，即与印度签署双边或多边协议的国家进口的货物。印度政府已与一些贸易伙伴达成多项免费或优惠贸易协定，如泰国、斯里兰卡、南亚区域合作联盟（南盟）国家、新加坡和东南亚国家联盟（东盟）。此外，印度政府正在与欧盟国家、南方共同市场国家及其他国家进行磋商。

（4）消费税

消费税适用于印度境内的产品制造或生产。商品包装和/或重新包装、加盖制造商零售价（MRP）及其规定的其他类似活动将被视为实现这些目地的生产制造行为。消费税通常按12.36%的从价税率进行征收（包括2%的教育税和1%的中高等教育税）。有些商品需缴纳特定消费税。中央消费税广泛建立在附加值原则基础上，制造商在满足相应条件和相应流程后，可享有输入或资本商品和输入服务指定税或关税减免政策。

各种终端减免优惠政策建立在以下基础上：

- 在指定落后区域从事的生产制造活动可享有税收减免政策。
- 为满足出口市场或指定项目要求而从事的商品制造活动可享有税收减免政策。

（5）服务税

服务税按12.36%的税率收取（包括教育税），适用于在印度提供的指定应税服务。最近，印度政府颁布了针对服务税法的修订案，规定除负面列表指定的交易外，其他所有交易都必须缴纳服务税。

通常情况下，服务提供者有义务交付服务税。然而，就指定交易，比如公路货物运输及在印度境外提供的服务，服务接收人需交纳服务税。

此外，如果提供的服务属于出口服务，将根据以下标准不征收服务税：

- 不动产位置；
- 提供服务的地方；
- 服务接受人。

针对输入服务和输入及资本货物关税，服务提供商同时可以享有税款减免或服务税抵消政策，但需符合相关条件。税款减免或抵消条款包含在CENVAT税款减免条例中，并受相关条例条件的限制。

注：商品和服务出口享受零税率。一个商品或服务出口商可按照规定程序及相关法例，要求对其在购买商品时所缴纳的输入消费税或服务税或增值税进行出口退税。

4. 个人所得税

问题1：印度的收入税纳税年度期限是什么?

答：印度纳税年度从每年4月1日开始，截止于次年3月31日。

问题2：如何确定可征税性?

答：在印度，可征税性取决于单位纳税年度内个人的居民身份，这根据个体在特定纳税年度内在印度实际居留情况而定。

问题3：在印度如何确定税务居地?

答：在印度，税务居地是建立在一个纳税年度内个体实际停留的基础上。根据印度税收规定，一个个体可以是居民或非居民。居民可进一步分为居民、印度常住居民（ROR）和非常驻居民（RNOR）。

一个个体在一个纳税年度内将被视为“居民”，如果他符合以下任一基本条件：

- 在纳税年度内在印度停留182天或以上；
- 在相关纳税年开始前，一个纳税年度内在印度停留60天或以上，或在4个纳税年度内停留时间达365天或以上。

没有满足以上任一基本条件的个体将被视为“非居民”。

在一个纳税年度内，如果一个个体满足任何下列附加条件，将被视为非常驻居民：

- 相关纳税年度开始前，在 10 个纳税年度内有 9 个纳税年度属于非居民。
- 相关纳税年度开始前的 7 个纳税年度内，在印度停留的时间累积等于或少于 729 天。

如果个体不符合以上任何附加条件，则被视为印度常驻居民。

问题 4：建立在居住性基础上的应纳税收入范围是什么？

答：在印度，应纳税收入范围取决于在一个纳税年度内的居民身份。详情可参见表 4－8－7。

表 4－8－7

居民身份	收入范围
居民和常驻居民	在印度，国际收入属应纳税范围
居民但不是常住居民	在印度或被视为在印度得到的收入，或，在印度或被视为在印度产生的收入，或在印度产生的商业和行业收益
非居民（NR）	在印度或被视为在印度得到的收入，或，在印度或被视为在印度产生的收入都应缴纳收入税

问题 5：应纳税收入范畴是什么？

答：个人收入可按五个类别征税：工资，房产，商业或行业盈利或收益，资本收益和其他来源收入。

个人从提供服务中获取的工资均属于应纳税范畴，与其居民身份或收到工资的地点无关。非居民和非常住居民如获得其他类别收入（租金、商业或行业业盈利或收益、资本收益和其他来源），需缴纳相应税款。如果一个个体为印度常驻居民，他所获取的国际收入也属应课税范畴，但可根据适用税务条约减免。

针对各种类型收入进行征税的大致原则如下：

薪金

雇员从雇主或前雇主处取得的薪酬属应纳税范畴。工资通常包括基本工资，奖金，津贴，额外津贴（现金或实物福利）和退休金。与提供服务相关的薪金在印度也需纳税，无论其居民身份和薪金取得地点。

《1961 年所得税法》规定，从工资总额中扣除或减免规定部分即得出应纳税薪酬额。基本工资和大多数津贴需完全缴纳税款，除特别注明享有赋税优惠或减免政策的津贴。同样，非现金福利收益也享有赋税优惠，如住房、汽车和司机等。

薪酬部分由用人单位按月代扣。用人单位需按季度提交预扣税申报单。在纳税年度结束后，雇主必须在表 16 中开具税务抵扣凭证，及在表 12BA 中提交福利或额外津贴声明，作为个人工资收入及用人单位代扣收入税证明。

该法案规定，如果在一个纳税年度内，一个外国人在印度的停留时间少于 90 天并满足相应规定，那此人就符合收入税减免条件。类似的减免政策在印度和中国签署的税务条约中也有体现。如果在一个纳税年度内，中国居民在印度停留时间不到 183 天并符合相应规定，就能享受税款减免政策。

房产收入

房产收入基本上由不动产所有者收到的租金构成。如果在一个纳税年度内房产为出租状态，那该房产即被归为“出租”类别，否则即被认定为“自住”。自住房产无任何收入产生，出租房产实际收到的租金即为总收入。相关自住和出租房产法案规定了具体的扣除项，在扣除相应款项后即为房产收入应纳税部分。

商业或行业盈利或收益

商业收入或行业服务收入按净额基准征税（可扣减开支净额）。一般情况下，允许从商业或行业总收入中扣除所有收入和特定资本开支，如果类似开支在商业或行业过程中产生。资本收益：

● 任何从资本资产转让中取得的收益均将作为“资本收益”征税。资本收益的计算需扣除采购和改善成本，及销售所得款项总额的转让成本。

● 资本资产的定义包括由财产价值已被估定之人持有的任何种类的财产，无论是否与其业务或职业相关，不包括相关法规明确排除的财产。

● 资本收益可根据资本资产持有时间被划分为长期资本收益或短期资本收益。资产不是在印度单位信托基金公司上市的股份或股份单位，或特定互惠基金股份单位持有时间超过36个月后即被认为是长期资本收益，等于或少于36个月即为短期资本收益。长期资本收益按收益的20%进行征税，而短期资本收益则按适用税率征税。对于上述提及的特定资产，持有时间超过12个月即被认为长期资本收益。

● 如果通过特定资本资产转移而取得的销售额或资本收益被投在指定投资领域内，即可享受税款减免政策。

其他来源（剩余收入）

所有剩余收入（不属于四大收入类别之列）都将作为其他收入来源征税。这类收入包括利息、彩票中奖、股息、礼品（在特定情况下）等。通常情况下，可扣除因赚取此类收入所产生的一切费用，进而得出应课税净收入。

问题6：允许从收入中扣除的金额是多少？

答：特定投资或支出如保险保费、社会公积金供款、公营公积金、按揭购房本金还款、购买互惠基金、儿童学费等，可按规定固定扣除约1818美元，不论其身份是否为居民，或其在印度逗留时间的长短。

此外，个人有权针对相应支出要求额外扣除，如捐赠、医疗费用、高等教育贷款利息、家属治疗或保养费等，上限需根据相关法案的规定。

问题7：同样收入是否会被一个以上的国家征税（其中一个为印度）？

答：一般情况下由收入来源国征税。但如果一个人在两个国家，即居住国和来源国因同一笔收入被征税，可根据国内法或税务条约相关条款在印度或居住国申请税收减免。

问题8：个人收入税适用税率是多少？

答：2013—2014纳税年度的适用税率见表4-8-8。

表4-8-8

收入税（美元）	适用税率（%）
最高3 636*	0
3 637～9091	总收入超过3 636美元，税率为10%
9 092～18 182	总收入超过9 092美元，交纳545美元+20%税率
18 183及以上	总收入超过18 183美元，交纳2 364美元+30%税率

注：应收取的教育附加税为总税收的3%。

对于60岁以上80岁以下的老年人而言，基本限值是4 545美元，80岁以上的老年人的基本限值则是9 091美元。

问题9：印度的纳税机制是什么？

答：针对受薪个人，雇主必须在支付薪水的时候代扣使用税项，并存入国库。

如果个人在一个纳税年度内有任何其他应课税收入（非工资），且此人应纳税金额每年因此超过181美元，她或他将有义务在一个纳税年度内规定的截止日期时，按照估计的收入额支付预缴税。具体见表4-8-9。

表 4-8-9

截止日期	预缴税比例（%）
9 月 15 日	30
12 月 15 日	60
3 月 15 日	100

问题 10：提交个人所得税纳税申报表的截止日期是哪天？

答：所得税申报表必须于次年的 7 月 31 日或之前提交。

问题 11：什么是永久账号及其关联性？

答：永久账号是印度税务机关分配给纳税人的 10 位字母数字编号。与印度税务机关进行的一切互动行为都必须使用永久账号。

问题 12：在印度必须取得永久账号吗？

答：仅当个人收入超过无需纳税的最大金额时才需申请永久账号。然而，除缴纳收入税外，各类其他文件也需提供永久账号。举例而言，开设银行账户或向海外汇款时就必须提供永久账号。

问题 13：如何申请永久账号？

答：永久账号可通过提交表格的形式申请或在线申请。税务当局规定，印度人申请永久账号时需填写 49A 号表格，而外国人士则需填写 49AA 号表格。永久账号申请表格要求提供详细信息，如申请人姓名、申请人父亲姓名、出生日期、通信地址、电话或手机号码和电子邮件地址。此外，申请人还需提交个人身份和地址的文件证据。

在提交申请表和支持文件后，如果申请人符合各项要求，有关机构必须在 3～4 个工作日内授予永久账号。从提交申请之日起到获得永久账号的整个过程大致需要 15 个工作日。申请人可通过提交永久账号申请时获得的确认编号，随时登录 www. tin-nsdl. com 来跟踪永久账号状态。

问题 14：外国公民申请永久账号时需提交什么文件？

答：外国公民须按表 49AA 要求提供所需文件，具体见表 4-8-10。

表 4-8-10

身份证明	地址证明和其他文件
护照复印件；或其他国家或公民身份识别号码，或经认证的纳税人识别号码（针对 1961 签署海牙国际公约附加证明书的国家），或由申请人所在国的印度大使馆、领事馆或高级专员公署授予的纳税人识别号码复印件	护照复印件；或其他国家或公民身份识别号码，或经认证的纳税人识别号码（针对 1961 签署海牙国际公约附加证明书的国家），或由申请人所在国的印度大使馆、领事馆或高级专员公署授予的纳税人识别号码复印件；或居住国银行账户对账单；或印度非居民外部银行账户对账单；或在印度的居住证明或由州警察局签发的居住许可；或由外国人登记办公室签发的印有印度地址的登记证；或签证、任命书复印件，或与印度公司签署的合约，由用人单位签发的印度地址证书（正本）；签证申请表

问题 15：财富税的范围是什么？

答：个人净财富值超过限值的个人需在相关纳税年的 3 月 31 日支付财富税。对于 2013—2014 纳税年度，净财富值到 2013 年 3 月 31 日超过 54 545 美元的个人需按净财富值的 1% 纳税。

问题 16：什么资产可被视为应缴税“财富”？

答：需缴纳财富税的资产包括建筑物或相关土地附属权、汽车、首饰、金银块，由金、银或其他贵金属制成的物品，游艇、船只、飞机、城市土地和超过 909 美元的手头现金。印度常住居民和印度公民都应对其全球财富纳税，外国侨民或非居民或非常住居民仅对其在印度的资产纳税。

问题 17：财富税有任何减免政策吗？

答：在计算应缴纳净财富税时，任何与资产相关的债务可享受减免政策。

5. 印度的社会保障计划

问题1：印度是否有社会保障计划，及社会保障计划的覆盖范围？

答：印度社会保障制度由1952年的《雇员公积金和杂项规定法（公积金法）》及1995年的《雇员退休金计划（EPS）》管理。这是一个具备明确定义的福利计划，资金来源于雇主和雇员的每月供款。供款可存入法定基金或用人单位创建的其他基金（如信托）内。雇员退休时，一部分款项可一次性支付，其余款项则按月支付。每月退休金将按照当年的累进税率征税。

根据公积金（PF）法案，基金目前每年可以在期终余额上得到8.25%的利息。如遇突发事件如疾病等，雇员可提前支取退休金。在供款5年后支取退休金可免税。当提前支取时，用人单位交付的款项及在过去几年内享受的减免属应纳税范畴。员工可以利用贷款融通抵消基金中用于确定用途的累计结余。

问题2：公积金计划适用人群？

答：公积金法适用于在一年内雇用20名或多于20名员工的所有企业。公积金法相关规定具强制性，月基本收入为6 500卢比或以下的所有员工都必须遵守，但月基本工资高于6 500卢比的员工不必选择公积金方案。

公积金方案于2008年11月1日起生效，对于在印度务工的国际工人（1W）而言也具强制性，但月工资6 500卢比的限制不适用用国际工人。

问题3：什么是国际工人？

答：国际工人为持有非印度护照，并在印度企业工作的外籍雇员。国际工人同样适用于公积金法。

问题4：什么是社会保障协议？

答：社会保障协议是一种用以保护劳动者在他国社会保障权益的双边手段。作为一种互惠协议，它通常可为劳动者提供平等待遇，并可避免社会保障重复。国际工人需达到“排除员工”资格才可享有社会保障协定所赋予的福利。“排除员工”已被定义为国际工人，已为原籍国的社会保障计划缴款。印度政府已签订了一个建立在互惠基础上的社会保障协议，无论是公民还是居民，在符合协议规定的期限和条款后即享有派遣务工人员身份。

问题5：社会保障协议（SSA）条款有哪些？

答：一般来说，社会保障协议涵盖以下三类条款：

• 派遣：适用于被派往另一个国家的员工，他们只适用原籍国社会保障体系。

• 养老金或退休金导出：根据相关立法，将应付的福利或养老金从一个国家导入相关人选择居住的另一个国家。

• 福利统计：在原籍国的服务期将被视为取得福利资格的决定因素。

问题6：印度与中国签署了社会保障协议吗？印度与多少个国家签署了社会保障协议？

答：印度未与中国签署社会保障协议。目前，已与印度签署社会保障协议的国家包括比利时、德国、瑞士、丹麦、卢森堡、法国、韩国和荷兰。

问题7：国际工人对公积金的缴付额度有多大？

答：国际工人每月需交付的公积金和养老基金为月薪的12%。同样，用人单位交付金额也为收入的12%。

问题8：公积金法是如何界定“月薪”的？

答：供款计算方法建立在月工资基础上。月工资为整月实际取得的收入，无论支付方式是按天、周、每两周还是每月。月工资包括以下几个组成部分：

- 基本工资；
- 价格补贴（由于生活成本上升，以任何名义支付给雇员的现金支出）；
- 特殊人才津贴；
- 任何食物补贴的现金价值。

问题9：就分开支付工资的情况，是否公积金法仅适用于在印度取得的薪酬？

答：就分开支付工资的情况而言，雇员需在获取工资总额的基础上交付公积金。

问题10：是否存在雇员无需支付公积金的最低停留期？

答：每个国际劳工从在印度工作的第一天起即被登记在册。

问题11：由收入决定的用人单位和雇员需交付的公积金供款是否存在上限？

答：不存在。印度对薪酬没有上限规定，用人单位和雇员需依据薪酬来交付公积金。

问题12：由收入决定的需被转至雇员退休金计划的用人单位供款是否存在上限？

答：不存在上限。同样，被转至雇员退休金计划的雇员供款也无上限。

问题13：在印度受聘的外国公民，其所获得外币工资可否投保？

答：可以，外国公民以任何方式获取任何货币形式的工资均可参保。

问题14：根据公积金法针对公积金供款的税务优惠是什么？

答：当用人单位的供款高达支付月薪的12%时，雇员无需就此支付税款。雇员公积金供款将从雇员总应课税收入中扣除，最多为1 818美元左右。

问题15：什么时候国际工人可从公积金主管部门提取资金？

答：国际劳工仅可在下列情况下可从公积金主管部门提取资金：

- 58岁退休后；
- 为社会保障协议所投保；
- 特殊情况，如健康欠佳等。

此外，国际工人在满足社会保障协议规定条件后，也可从公积金主管部门提取资金。

问题16：构成可供计算退休金服务期的要素是什么？

答："可供计算退休金服务期"是指成员针对社会保障计划缴纳供款的服务期，建立在已收到或可收到的供款及其成员根据社会保障协议在其他国家缴纳社会保障金时期的基础上。

问题17：持有与印度无社会保障协议国家签证的员工应在何处领取遗属抚恤金？

答：在没有社会保障协议的情况下，遗属抚恤金，如寡妇或鳏夫养老金、儿童或孤儿福利金、指定人或父母养老金等，将支付至符合资格受益人的银行账户中。

问题18：来自中国的合资格员工应作为国际工人从社会保障协议生效之日起缴纳社会保障金吗？

答：是的。来自中国的国际工人从社会保障协议生效之日起即被注册为福利基金（正PF）成员，且这样的工人会从中国的相关机构获得派遣证。在社会保障协议生效日期公布之前，没有任何派遣到中国的印度员工或在印度工作的中国员工拥有派遣身份。

问题19：考虑到在大多数国家中，收到工作许可证的个人必须遵守社会保障相关条例，而无论签证目的和类型，那么在印度开展业务或就业是认定某个人为国际工人的决定性因素吗？

答：个人访问目的为是否遵守社会保障条例的主要考虑因素。签证类型在决定访问目的方面起到辅助作用。例如，一个持就业签证进入印度的外国公民会被认为将在印度工作。

问题20：除公积金制度外，印度是否存在其他形式的社会保障计划？

答：退职金是一个重要的社会保障形式，尽管从严格意义上来说它并不属于退休福利。它是用人单位在员工辞职、死亡、退休或终止雇佣时付给雇员的一种赠赏性质的薪酬。退职金额取决于薪酬和雇佣期的长短。如果雇员已连续为用人单位服务长达5年之久，并符合退职金法的相关规定，那用人单位就必须给付退职金。然而，5年连续服务的条件并不适用于因死亡或残疾而导致的雇佣终止。退职金和薪酬一样均为应课税收入，但可享受最高18 182美元的免税额。

6. 1999年《外汇管理法》

问题1：1999年《外汇管理法》是如何界定居民身份的？

答：根据外汇管理法的规定，如果一个个体在前一财年在印度居住的时间长达182天，他或她就有资格成为印度居民，但不包括表4－8－11列举的以下情况：

表4－8－11

个人在印度以外地区停留	个人在印度停留
在印度以外的地区就业	在印度就业
在印度以外的地区经商或开展业务	在印度经商或开展业务
因其他目的在印度以外的地区停留，该目的显示其停留期限将不确定	因其他目的在印度停留，该目的显示其停留期限将不确定

问题2：适用于外国公民的境外工资汇款制度是什么？

答：在印度境外的外国公司，或外国公司在印度办事处、分公司、分支机构或合资企业工作的外国或印度公民可在印度以外的地区设立、持有和保留一个外汇账户，并接受为这些外国公司在印度办事处、分公司、分支机构或合资企业提供服务所产生的全部工资，但须根据1961年《所得税法》缴纳相应所得税。

同样，受雇于印度公司的外国公民在扣除法定扣除项后可将薪酬汇往国外。

问题3：外汇管理法规定的针对外国公民的主要限制是什么？

答：以下是外汇管理法规定的针对外国公民的条款：

- 非印度裔外国公民和非印度居民不得在印度购买任何不动产，除非类似产业是从某位印度居民处继承而来。
- 外籍人士在获得印度储备银行的批准后可购买不动产。
- 在获得印度储备银行批准后继承或购买不动产的非印度裔外国公民在事先未得到印度储备银行批准的情况下不得转让该不动产。
- 在印度以外地区的非印度裔外国公民不得以馈赠方式在印度获得任何不动产。

7. 利润或投资汇出

问题1：在印度取得的投资和利润可以汇回本国吗？

答：可以。所有外国投资都可以自由汇回本国（需扣除适用税项）。但特定领域如建设发展项目及国防领域内的外国投资需在锁定期到期后才可汇回。此外，外国投资股息（需扣除适用税项）可自由通过授权经销商银行汇出。

问题2：外国投资商汇回利润或投资的多种方式包括哪些？

答：利润或投资汇回方式通常分为：

- 资本抽回；
- 一般性汇回。

资本抽回是指外国公司或投资者资本投资款项的汇回。可以通过以下形式实现：

- 股份回购；

- 支付股息；
- 削减股本。

一般性汇回是指通过以下方式汇回利润或投资：

- 支付特许权使用费和技术知识费；
- 支付技术服务费；
- 支付借入资本的利息；
- 成本分配或退还。

注：利润或投资汇回计划应将印度转让定价法规的影响考虑在内。

（四）潜在投资领域

1. 汽车业

印度汽车业由汽车和汽车零部件业构成，是印度重要的经济支柱产业，与其他重要经济领域有着广泛的前后向联系。汽车业占印度国民生产总值的4%，占印度工业生产的5%，它的蓬勃发展对整个印度经济起到了催化作用。印度汽车产业可生产各种各样的车型，如：乘用车，轻型、中型和重型商用车，多功能车如吉普车、滑板车、摩托车、轻便摩托车，三轮车和拖拉机等。

有利的人口统计结论（12亿人口；60%的人口在30岁以下）、不断增加的人口、较低的汽车普及率（每1 000人中有15人拥有汽车）、大量可用性技术人才及成熟的汽车零部件业对推动印度汽车工业在全球的发展起到了重要作用。此外，很多跨国汽车集团关注印度的顶线增长（即营收增长），印度对于很多跨国汽车集团而言还是一个理想的外包中心，这一点不仅针对其低成本的汽车制造业而言，还取决于很多高价值创新技术。印度具备一个发达的、具国际竞争实力的汽车辅助产业，并建立了汽车测试和研发中心。这个国家享有得天独厚的自然优势，是世界上成本最低的钢材制造国之一。

据英国全球金融咨询公司罗斯柴尔德预测，印度汽车工业将在2015年全球产量排名第三。今天，印度是世界上第二大两轮车制造国，第一大三轮车市场，第二大拖拉机制造国，以及第四大汽车市场和第五大商用车制造国。

汽车零部件业是印度汽车工业重要的组成部分，由组织部门内500家公司及非组织部门内1 000多家公司构成，是印度制造业发展最迅速的行业。就成本和质量而言，汽车零部件业是印度经济为数不多的拥有强大国际竞争实力的领域之一。在印度采购汽车零部件的优势包括：低劳动力成本，原材料便利性，技术熟练的工人和质量保证，可以将采购成本平均降低15%～20%，这就是为什么自1991年以来国际汽车制造商选择在印度设立基地的原因。印度的加工工程技术可应用于生产流程再设计，从而降低了零部件生产成本。今天，印度已经成为几个国际化汽车制造商的外包中心。在未来几年，创新和成本进一步降低是印度满足发达国家不断升级的要求，及应对其他新兴经济体竞争的关键。印度几个大型汽车零部件制造商已经为这一新形势做好了充分准备，并已开始就扩大产能，在海内外建立伙伴关系，收购海外公司，并设立新建合资企业、研发设施及设计能力进行可持续性投资。

根据印度汽车零部件制造商协会（ACMA）提供的行业统计数据，发动机在汽车零部件业所占的比例最大（31%），其次为传动和转向系统部件（9%）。悬挂和制动以及车身和底盘部件在整个产品系列中各占12%，其次为其他设备（占10%）。欧洲和北美市场分别占整个产业出口的36%和23%，亚洲国家则占28%。虽然印度制造商已在一些组件制造领域实现了规模化生产和较高的竞争力，但零部件制造领域，包括汽车安全性、双离合器、特殊铸件等，对外国投资商而言仍具潜力。

印度原始设备制造商（OEM）正面临国际原始设备制造商发起的激烈竞争：

• 本土原始设备制造商：印度国内原始设备制造商已开发了大众可支付得起的合适产品（更高的本土化内容），并由运转良好的经销商或服务网络提供支持。

• 国际原始设备制造商：这些原始设备制造商（已在印度存在了15年以上的国际原始设备制造商）的目标是在实现更高本土化的同时，继续确保产品的高质量性。

• 新全球原始设备制造商：这些原始设备制造商（在最近3～4年才进入印度市场的国际原始设备制造商）在一类城市不断拓宽市场份额，并制定了长期增长计划。尽管大多数原始设备制造商将矛头指向印度国内市场，但仍有一些制造商意欲将印度打造为全球小型或紧凑型车制造中心。

关键统计数据：

• 与2010年4月到2011年3月财政年度相比，2011年4月到2012年3月财政年度的累计产量同比增长了13.83%，共生产了2 030万辆汽车。

• 在2011年4月到2012年3月财政年度，乘用车细分市场增长了4.27%；总商务车细分市场同比增长了19.83%。

• 在2011年4月到2012年3月之间，整个印度汽车业共出口了290万辆汽车，同比增产了25.44%。

• 根据印度汽车制造商协会发布的2011—2012年数据，国内汽车市场以两轮车为主，其市场份额为6.9%。乘用车、商务车和三轮车的市场份额分别为15.3%、4.5%和4.3%。

• Hero Motor Corp所占两轮车市场份额为56%。马鲁蒂铃木在乘用车细分市场占据主导地位，其市场份额为38%，紧随其后的是现代（Hyundai），为15%。

• 在乘用车细分市场中，紧凑型车细分市场（主要由塔塔Nano，马鲁蒂Alto，福特菲戈，马鲁蒂WagonR，现代Santro、i10和Eon以及通用Be构成）在2011年占市场份额的47%，而高级紧凑型车（如马鲁蒂Swift、现代i20和大众Polo）的市场份额仍旧保持在11%。运动型多功能车（SUV）市场增长率最为迅速（32%），占市场份额的18%；而轿车市场份额为19%。

（1）投资者机会

印度为外国投资者提供了多样性的投资模式，如建立合资公司或合作伙伴关系，这赋予了国际投资者及其印度合作伙伴利用彼此优势的机会。印度汽车业为外国投资者提供的机会包括：

• 将印度作为小型车和零部件的国际制造中心。

• 印度特定的市场需求促使小型商用车（低于1吨）、可替代燃料汽车（压缩天然气或液化石油气）和机动化交通方式如出租车车队的产生，外国投资者可将印度作为新兴汽车类别创新中心。

• 利用大型汽车零部件供需方（鉴于汽车原始设备制造商已承诺在印度市场进行大规模投资）。

• 目前，印度仍需大量进口汽车高级钢材，这对于热衷于设立汽车高级钢材厂的投资人而言无疑是一个巨大的市场机会。

（2）具体措施

• 鉴于汽车工业在就业率方面的重要性，印度政府已将该产业确立为外国直接投资的重点行业。为了巩固并加速汽车业的发展，印度已制定汽车任务计划（AMP）：2006—2016年，旨在将印度打造为国际汽车中心。该计划的目的在于将汽车业对GDP的贡献翻倍，达到1 450亿美元的销售额（计划特别强调了小型车、多用途轿车（MUV）、两轮车、三轮车和汽车零部件出口），并在2016年前创造2 500万个就业机会。

• 根据自动批准框架政策，允许100%外国直接投资进入汽车行业。

• 政府将从2015年开始制定新燃料里程标准并且贴标签，这给制造商提供充足时间来投资开发新技术。

2. 公路

（1）公路部门

公路发展被视为维持印度经济发展的命脉，是印度优先发展的产业之一。印度政府始终致力于公路基础设施的发展，以满足客运和货运交通要求。客运和货运交通年增长率分别为12%～15%和15%～18%。

印度公路网包括高速公路、国道、州道、主要地区公路及城市和农村道路，覆盖面积约330万千米，是世界上最庞大的公路网之一。截至2013年7月（信息来源：印度国家公路管理局 http：//www. nhai. org/index. asp），印度国道总长度达到了79 243千米。印度公路网承载了65%的货运和80%的客运流量。国道/高速公路约占道路总长度的2%，承载了约40%的道路交通量；州道和主要地区道路约占道路总长度的13%，承载了道路交通量的40%。

目前，约27%的国道采用单车道或中间车道模式，54%为双车道。鉴于印度快速增长的汽车量（年增长率在过去五年超过10%），公路承载力问题日益突显。此外，汽车数量正在以每年10%的增长率快速膨胀。因此，公路网的快速扩张和强化就成为当前和未来交通改善可达性的关键。鉴于该情形，印度政府已经采取多项有效措施来改善国家道路基础设施，其中最著名的就是于1999年推出的国家公路发展项目（NHDP）。

印度国家公路局（NHAI）是负责开发、维护和管理国家公路的重点机构。目前，该机构正在实施国家公路发展项目。国家公路发展项目分阶段对5.4万千米长的公路进行升级或巩固，总投资额约为600亿美元，其中主要部分将由私营企业承担。国家公路发展项目包括四通道黄金四边形项目（GQ——一个连接印度四个最大城市的公路网：德里、孟买、金奈和加尔各答），总长度达5 846千米，并配有南—北、东—西（NS-EW）走廊，涉及7 300千米长的高速公路开发，可连接克什米尔和坎亚库马瑞（泰米尔纳德邦）、锡尔杰尔（阿萨姆邦）和博尔本德尔（古吉拉特邦）。到目前为止，国家公路发展项目已取得实质性进展，黄金四边形中约31%已竣工，另外24%也正处于施工状态，可以说，四通道黄金四边形项目基本已竣工。

印度政府正在计划以每天10～12千米的速度改善国道，以促进道路基础设施的发展和建设，这意味着未来5年中的每一年都将有超过3 000千米的公路得以巩固。印度公路业提供了大量基于公私合作伙伴关系模式的新项目，这为具备多样化经营范围的投资者，如工程公司、土建工程承包商、运营维护承包商、收费公路运营商和建筑设备制造商等提供了良好的投资机会。

印度公路发展项目由中央政府和邦政府总体负责，并通过印度国家公路管理局、边境道路组织（BRO）、国家公共工程部（PWD）和市政公司等机构得以实施。一直以来，道路基础设施开发和维护主要由政府拨款。然而，在过去10年中，由于政府重新制定了政策框架并开展了类似国家公路发展的项目，大型私营部门也有机会参与道路工程项目。

政府在道路工程建设项目的外商投资计划已取得成功。私营部门资助的公路项目通常采取建设—营运—移交路线（BOT），也就是说，私营开发商可投资道路发展项目，所取得的报酬以年金或使用费（TOLL）形式在特许权期内（最高为30年）返回。私人开发商在特许权期内对道路负有维修责任。

特许权期后道路回归政府管理。在过去几年中，印度国家公路局一直都在采用建设—营运—移交路线—使用费模式，从而减少政府所承担的资金压力，并加快了公路发展步伐。针对在建设—营运—移交路线—使用费模式下不具商业利益的项目，政府也制定了替代方案，如可行性缺口资金（为开发商提供预付拨款）和建设—营运—移交路线年金模式（政府支付固定年金从而杜绝交通流量风险）。

(2) 典型公路发展模式

典型公路发展模式见表4-8-12。

表4-8-12

模　式	描　述
工程采购和调试（EPC）	政府负责整个项目费用，而开发商负责为政府修建道路
特殊目的机构	政府设立特殊目的机构 ——特殊目的机构以股权投资一部分项目 ——特殊目的机构筹集贷款以资助整个项目 ——特殊目的机构负责收取使用费并偿还贷款
建设—营运—移交路线（使用费）	开发商修筑和保养道路——开发商可在特许权期内向使用者收取费用
建设—营运—移交路线（年金）	开发商修筑和保养道路——开发商在特许权期内从政府处领取固定年金。

资料来源：互联网内容分级协会（1CRA）研究。

中央政府已经采取多项措施，并通过建立基础设施债券基金和提高外国机构对基础设施债券基金的投资额（从50亿美元提升至250亿美元）来改善基础设施领域的融资有效性。政府发起了一项外卖融资计划，该计划规定，印度基础设施建设信贷有限公司（11FCL）、印度人寿保险公司（LIC）和基础设施发展金融公司（1DFC）在项目商业运行日期（COD）实现后，可发行占总项目成本最高50%的债券（20：20：10的比率）。印度基础设施建设信贷有限公司同样推出了一个信用增强方案，该项目可为操作基础设施项目提供50%的借款担保。亚洲开发银行（ADB）将进一步为印度基础设施建设信贷有限公司提供给基础设施公司的担保进行再保险，从而提高项目的信用评级并最终改善项目公司募集债务或发行债券的市场性。这些举措将帮助道路开发商实现低成本融资。

政府举措：

● 政府允许在自动批准政策指导下，对道路、公路、隧道等的建设和保养采取100%外国股份形式。根据印度国家公路局相关准则，特定公私伙伴关系协议可享有额外优惠，具体事宜由公私伙伴关系合同相关条件和条款指导。

● 项目竣工后，在20年期限内连续10年享有100%免税政策。

● 多个国家签署避免双重征税协议。

● 特许权期最高为30年。

● 在特定项目上有收费权。这些费用与批发价格指数公式挂钩。

● 政府允许免税进口公路建设所需的大容量设备。2012—2013年预算规定，道路建设所需设备进口、隧道钻孔机及其零件装配可享受完全免税政策。

● 2012—2013年预算公布，外部商业借款（ECB）将允许用于道路和公路收费系统的维护及操作。

● 2013—2014年预算公布，公路部门监督管理机构公布在古吉拉特邦、印度中央邦、马哈拉施特拉邦、拉贾斯坦邦、印度北方邦将建设3 000千米道路工程项目。可行性缺口、资金（VGF）方案已就位，可为基础设施领域公私伙伴关系项目提供资本拨款形式的金融支持。该方案旨在支持那些难以为继但能产生很高经济效益的项目。占项目成本最高40%的资本拨款将用于实行项目。

● 政府将开展所有针对私人投资的预备工作并承担下列项目的成本：

——详细的可行性研究。

——路权用地和中转设施。

——路权用地许可：公用设施重新定位，树木砍伐，涉及机构的安置及恢复。

——环境许可。

——获得印度铁路部门许可，在其监督下开展铁路桥梁建设。

——由企业负责设计工作时给予详细标准和桥位钻孔记录等信息。

3. 电力

电力对于印度经济的快速发展起到至关重要的作用。为了实现 GDP 增长率在第 12 个 5 年计划期内达到 9%，电力供应就必须每年增长 6% 左右。此外，为了实现全部供电的目标及 1 000 个机组的单位容量可用性，电力供应就必须以更高的速度增长。印度的电力市场在全球排名第五位。基于印度庞大的电力市场规模及可观的资本收益回报，投资公司将在印度电力业发现巨大的潜在机会。

印度当前总装机容量约为 212 吉瓦（火力发电：142 吉瓦；水利发电：39 吉瓦；核发电：5 吉瓦；可再生能源发电：26 吉瓦）。在第 11 个 5 年计划（2007—2012 年）内，印度总装机容量增加了 67.55 吉瓦。约 66% 的装机容量建立在火电基础上（煤炭：85%；天然气：14%；石油：1%），19% 建立在水电基础上，12% 建立在可再生能源电力基础上，而 2% 建立在核发电基础上。在扩充装机总容量的项目中，私有企业所占份额已从第 10 个 5 年计划（2002—2007 年）内的 10% 持续上升到第 11 个 5 年计划中的 33%。在第 11 个 5 年计划中，中国电力设备制造商在印度电力市场所占份额已达到 36.6%。

在第 12 个 5 年计划期间（2012—2017 年）内，印度政府制定了增加 79.7 吉瓦装机总容量的目标，其中约 50% 的装机总容量预计将来自私营部门。发电市场总投资在此期间将达到 2 120 亿美元左右，包括输电和配电投资。整个行业投资预计将突破 3 500 亿美元大关。

到 2020 年，印度希望在 2005 年的基础上将碳排放强度减少 20% ~25%。与煤炭供应相关的能源安全性问题是引发人们关注可再生能源的因素之一。由于当前电力供应主要来源于煤炭发电，煤炭消耗和进口需求将在中期内迅速上升，因此增加了人们对可再生性能源的关注。

印度可再生能源市场价值估计将在 2013 年突破 170 亿美元大关，并以每年 15% 的速度增长。风能、水力、太阳能、生物能和废弃能源市场都蕴含着巨大潜力。然而，总可再生能源潜能（约为 20 万兆瓦）中仅有 19 973 兆瓦在印度得以利用，继而为未来市场增长提供巨大空间。新能源和可再生能源部宣布国家可再生能源发电将在 2022 年之前增长 4 倍，达到 7.24 万兆瓦。修改后的可再生能源目标除在 2022 年之前建设 2 000 万平方米的太阳热能项目外，还包括贾瓦哈拉尔·尼赫鲁国家太阳能任务。该项目共分 3 个阶段，能产生 2.2 万兆瓦的太阳能发电量，其中 2 000 兆瓦将来自离网太阳能装机容量。此外，政府正在计划于 2022 年之前获得超过 277 兆瓦的风能发电能力。风能是目前印度最大的可再生电力来源，占当前可再生能源装机总容量的 70%。据估计，印度具备 49.1 吉瓦的装机容量潜能。然而，根据金奈风能技术中心（CWET）的最新估计，印度的风力发电潜力应为 103 吉瓦，远高于现有水平。同时，印度市场正在蓬勃发展，成为亚洲风力涡轮机的制造中心。

今天的印度在可再生能源装机容量上位列世界第四，并在该领域内制定了一系列鼓励机制。

- 风能：印度计划在 2017 年之前将可再生能源份额提升 50%，在 2012—2017 年间预计将投入 200 亿美元用以发展可再生能源项目。外国公司应对印度的风能市场加以利用，该市场是世界上最大的风力发电市场之一，对风力涡轮机、风车叶片、风能电池充电器、风能量转换器等的进口需求巨大。

- 水力发电：印度的水力发电潜力为 30 万兆瓦，但由于资源和地理地形的限制，仅有 14.5 万兆瓦得到利用。印度政府已计划在 2020 年前投入 200 亿美元用以发展水电项目。

- 生物量：印度政府宣布了一项在 2020 年前实现 1 万兆瓦生物质发电的目标，并将在近期公布生物量发电政策，以为生物量发电领域发展提供指导。

- 废弃物能源：印度政府制定了废弃物能源发展计划。据印度政府估计，利用城市固体垃圾发电的潜能将在 2020 年增加一倍以上，而利用工业废料发电的潜能有可能增加 50% 以上。对于一个具有高人口密度和有限填埋容量的国家而言，废弃物能源发电将是一个主要优先考虑的项目。

- 太阳能：国家太阳能发电任务的目标是，到 2022 年安装 20 吉瓦的连网太阳能装机容量和 2 吉瓦离网装机容量。其他目标包括：在 2022 年前安装 2 000 万平方米的太阳能集热器，及在 2 000 万农村家庭中安装太阳能照明设施。印度太阳能场开发商对外国供应商提供的薄膜太阳能电池需求巨大，因此印度市场对于薄膜太阳能电池投资商而言充满机遇。

工业能源效率产品及服务的市场潜能预计将在 2018 年达到 270 亿美元左右。效率改进领域包括智能电网计量、智能电网、IT 和操作改进。

• 智能电网：目前，印度智能电网市场正处于萌芽阶段，但预计很快就能得以迅速增长，这是因为，印度政府正计划在未来几年安装几百万块智能电表。

• 绿色建筑：印度已成为世界顶级绿色建筑目的地，并实施了一系列家庭评级方案和建筑条例，这为外国公司提供了一个广泛的发展能源效率业务的机会。

与此同时，印度正通过内部研发计划为电力领域开发新技术和新产品。该国已拥有最高 765 千伏的输电电压，并计划在第 12 个 5 年计划内（2012—2017 年）打造 12 00 千伏的电压传输网络。印度政府最近授权在中央邦 Bina 市建立国家第一个 333MVA 等级的 1 200 千伏超高压交流电（UHVAC）变压器。一个包括 1 200 千伏的电力传输高速公路网也正在计划中，它将作为全国输电网络的一部分。世界上最长的 ±800 千伏高压直流（HVDC）多端双极电网正在印度东北部区域建设，该电网长达 2 000 千米，覆盖范围从印度东北部的 Biswanath Chariali 一直绵延至阿格拉（Agra）市。在未来几年，印度对高压变压器、并联电抗器、仪表变压器、电容器、超高压断路器、盘状绝缘体和中压开关柜的需求将显著增加。

电能扩充总投资及输电和配电的必要投资预计将超过 3 500 亿美元。这一投资额要求在电力领域建立公私合作伙伴关系。因此，在包括发电、输电、配电、核心燃料供应和设备制造商的整个价值链中就产生了新的业务增长机会。投资机会存在于水利发电、火力发电或超大型电力项目，以及非常规能源和输配电行业。

（1）电力行业的外国投资

印度政府正在采取各种措施促进电力行业改革。2003 年的《电力法案》允许企业根据市场动态进行结盟，并鼓励私营企业参与电力项目。根据自动批准政策框架，允许高达 100% 外国直接投资的领域包括：

• 水利发电、煤炭或褐煤火力发电、石油火力发电和天然气火力发电厂的发电及输电项目；

• 非常规能源生产和分配；

• 针对家庭、工业、商业和其他用户的电力分配；

• 电力交易。

（2）2012—2013 年财政预算制定的电力行业新举措

• 2012—2013 年财政预算允许外部商业借款承担部分现有电力项目的卢比债务。

• 外部商业借款利息的预扣税率在 3 年内从 20% 降至 5%。

• 针对应用于发电项目的天然气和液化天然气进口实行基本关税减免政策。

• 风能发电机转子叶片原材料进口基本关税降低至 5%。

• 锅炉管道进口基本关税降低至 7. 5%。

• 大型发电项目（MPP）和超大型发电项目（UMPP）设备进口享有关税减免政策，超大型发电项目是装机总容量为 4 吉瓦或 4 吉瓦以上的电力项目。

• 非大型发电项目设备进口关税已从 21% 上升至 23%。

• 太阳能热发电项目设备进口享有附加关税减免政策。

• 通过铺设输电和配电线路网络，并开展创新和现有配线网络现代化改造措施而参与发电、输电及电力分配业务的公司在 10 年内享有 100% 利润扣除政策，该政策终止日期已从 2012 年 3 月 31 日延长至 2013 年 3 月 31 日。

• 政府在第 12 个 5 年计划期内将对可再生清洁能源、水利和核能源利用予以高度重视。相应计划将提高对关键技术的利用度，并积极推动节能举措的实施。

（3）2013—2014 年度电力领域财政预算新举措

• 成立内阁投资委员会（CCI），并就天然气、电力和煤炭项目做出决定。

• 关于 DISCOMS 的财务重组指导方针已经公布。省政府应尽快编制财务重组计划，签订谅解备忘录，并实施该计划。

• 根据第 80—IA 条款，电力领域项目的“合格日期”应从 2013 年 3 月 31 日延长至 2014 年 3 月 31 日。

4. 重型工程

印度的重型工程领域可分为两个部分：资本货物（可进一步划分为电力机械和非电力机械）和设备领域。

• 电力机械包括发电、输电和配电设备，如发电机、电动机、变压器和开关柜。

• 非电力机械包括机器机床、纺织机械、水泥机械、制糖机械、油田设备、冶金机械、采矿机械、乳品机械、肥料机械、橡胶机械等。

• 设备领域由材料处理设备（土方机械、挖掘机、起重机等）和油田设备（如在岸和离岸钻井设备等）构成。

目前，包括机床在内的重型工程领域构成了印度总制造业活动的 12%，并为制造活动所涵盖的其他领域提供了关键机械设备。

（1）电力设备

印度大约有 675 家电力机械制造商，包括重型电力发电设备如锅炉、涡轮和发电机组。它们中将近 90% 属中小型制造商。国有企业巴拉特重型电气有限公司（BHEL）是印度最大的电气和电力设备制造商。产品包括输电线塔、HT 开关、变压器、电动机（FHP、LT、HT 和 DC）、交流发电机、导线、电容器、电缆、电表等。电力设备行业的市场表现与发电能力的提升密切相关。即便印度政府已就发电能力投入了大量资金，但电力设备制造行业并未跟上整体电力生产的步伐。

印度的电力设备行业高度多样化并且制造范围十分广泛，涉及高、低技术产品。该行业直接就业人员约达 50 万人，间接就业人员约达 100 万人。根据重工业基地、重工业部和公用企业，电力行业可以大致划分为两个部分——发电设备和输配电设备。在 2011—2012 年度，该行业规模估计为 220 亿美元，其中发电设备部分组成 BTG 并占据 60 亿美元，而各大输配电设备部分如变压器、电缆、输电线、开关、电容器、电能表等，占据较大份额，高达 120 亿美元。其他电气设备，包括仪表互感器、避雷器、冲压和层压、绝缘体、绝缘材料、工业电子、指示仪表、绕组线等，占据 50 亿美元。预计到 2016—2017 年，电力设备行业国内市场规模将增长到 30 166.2 亿卢比（按现行汇率计算合 550 亿美元）。

该领域为外国投资商提供的潜在机会包括：先进的超超临界技术，超高压输电设备与系统，节能技术如 IGCC、UGCC 和集中太阳能热技术等。

根据自动批准政策，电力设备制造业允许 100% 外国直接投资。

2022 年印度电力设备行业任务计划

根据印度政府在 2013 年 7 月 24 日提出的“2022 年印度电力设备行业任务计化”，到 2022 年，国内电气设备行业产值目标设定为 1 000 亿美元。该任务计划旨在引导、协调和增强所有利益相关者来努力加快和支撑国内电气设备行业的增长。任务计化确定了五个关键行动领域：

• 产业竞争力；

• 技术升级；

• 技能发展；

• 促进出口；

● 转换潜在需求。

任务计划的构想使印度成为电气设备生产的首选国家，并通过平衡进口和出口值其产值达 1 000 亿美元。对于技术的更新，任务计划建议由工业和公用事业共同努力协调与合作。还建议公共和私营部门合作成伙伴关系（PPP）来快速发展新技术/系统。根据技能的发展，提议设立行业技能委员会（SSC），承担技能的推广并与业内人士交流以达到培训工人的目的，也要用来培养培训人员/教师和对课程提出修改等。另外它还将承担机构的认证和学生证书的颁发等任务。任务计划呼吁行业要更多地参与工业技术学院课程和暑期学生培训的定期审查，并呼吁行业专家进行讲座。

（2）机床

机床业属战略性行业，它决定了一些重要行业的制造竞争实力，如汽车、重型电气设备、国防、航天和消费品等行业。目前，印度机床制造业的市场规模为 21 亿美元，根据印度机床制造商协会（1MTMA）的预测，这个数值将在第 12 个五年计划（2017 年）结束之前增加到 41 亿美元。尽管印度在机床消耗方面在全球排名第七位，可是该国在机床产量及出口方面分别排名第十三位和第二十七位。印度机床行业约有 1 000 家企业从事机床、配件或附件、子系统和零件的生产制造。其中，有大约 20 家属大型企业，占该领域总营业额的 70%，其余企业均为中小型企业。许多机床制造商还获得 CE 标志认证，也就是说，他们的商品完全符合欧洲市场的要求。

汽车行业对机床的需求占总需求的 60%。然而，印度 GDP 正在以每年超过 8% 的速度增长，因而各行业对于机床的需求预计将迅速增加，这些行业包括通用工程、能源、铁路和国防。由于不断飙升的行业需求，国内机床企业正面临设备不足的窘境，而整个行业将继续过度依赖对一些主要设备的进口，其中包括电脑数值控制（CNC）和非数控（non-CNC）机、车床、锻件和染料。在第 12 个五年计划（2012—2017 年）期内，印度将致力于实现其主要目标，包括高精密机床，多轴、多功能机械，重型机床，各类锻压机，关键机械原件，机床电子设备和其他子系统的开发，设计、分析或仿真软件的研发，以及加工和制造目标。目前，针对整个印度机床业而言，这些技术还相当落后。

根据印度机床制造商协会的统计数据，由于产能限制和投资匮乏，国内机床业仅能满足约 33% 的需求。印度政府在第 12 个五年计划期内制定的目标是，通过本地生产满足 50% 的国内需求。在未来五年，由于国内需求仍将以 15% 的复合年增长率增长，这就决定了印度必须以平均 25% 的累积年增长率来提高产能，因此在未来 5 年内，印度就需获得 1 000 亿卢比（合 18 亿美元）的外部投资。

印度机床业提供了一些投资机会。鉴于当前供需之间存在的差距，印度亟需提高该行业的产能。这个行业正在紧密研发精密数控机床，以满足关键用户如汽车和耐用消费品企业的需求。机床制造商需要增强其实力来迎合这种需求，因此，在该领域进行投资可以获得长远利益。根据自动批准政策框架，印度机床行业允许 100% 外国直接投资。此外技术合作也是政府允许的商业活动。

（3）纺织机械

纺织业占印度工业生产的 14%，占 GDP 的 4%，占国家出口总收入的 10.63%，并为超过 3500 万人直接创造就业机会。印度商务、工业和纺织品部预计将该国纺织服装产品在世界贸易中的份额从当前的 4.5% 提高到 8%，并在 2020 年前实现 800 亿美元的出口额。印度政府计划将印度打造成一个国际纺织中心，鉴于此，印度纺织业将大量投资于新纺织机械，特别是编织、加工、特殊工艺精加工设备（等离子体精加工）、长丝加工、无梭织机（剑杆 >400rpm、空气喷射 >800rpm、水射流 >800rpm）、高速针织和制衣设备以及关键部件，如 autocomer、自动化气流纺纱机和宽度加工机械等。

纺织机械行业包括 1 446 家单位，其中有 598 家从事整机生产，大约 848 家从事部件和配件生产，以及纤维和纺织品测试和监控设备生产。在第 11 个五年计划期内（2007—2012 年），由于全球经济衰退对纺织业造成的负面影响，纺织机械业增长缓慢，增长率仅为 4.21%。目前，纺织机械业的规模大约为 18 亿美元，其国内生产值 10 亿美元。由于印度纺织业的增长和政策干预措施，纺织业产量预计将在 2016—2017 年，从 2010—2011 年的 10 亿美元提高到 25 亿美元，累积年增长率为 15%。在印度，泰米尔纳德邦专门从事纺织联合机械及纺织检测设备的生产，而古吉拉特邦则是合成纤维长丝机械生产的领跑者。

根据印度联合工商会（ASSOCHAM）的一项调查，目前，纺织机械业可以满足45%～50%的国内纺织业需求。国内纺织业主要业务为轧棉、纺纱、织布和加工。印度工商联合会估计，在2012年，印度纺织行业的营业额将达到1150亿美元，这将在包括机械及配件在内的辅助行业内产生巨大需求。

根据自动批准政策路线，印度纺织业允许100%外国直接投资。在认识到技术是全球市场竞争的关键后，印度政府设立了技术升级基金计划（TUFS），以为企业开展科技升级提供低息贷款。

（4）橡胶机械行业

大约有10家从事橡胶机械制造的单位为轮胎或管业提供服务。快速增长的汽车工业是推动橡胶机械业增长的关键。据估计，印度轮胎市场在2011—2015年间将以12%的复合年增长率迅速增长。促成市场增长的关键因素是汽车产品日益增长的需求。印度的轮胎市场正在见证无内胎轮胎的问世及人们对子午线轮胎日益增长的需求。此外，随着道路基础设施的稳定发展及大众对汽车行业节能产品的关注，子午线轮胎的市场未来需求较之当前水平将增加6倍。设备制造范围包括混炼机、轮胎硫化机、内胎接头机、胶囊硫化机、压缩和传输成型机、轮胎模具、轮胎制造鼓或机器、转塔服务车（turretservicer）、斜线裁断机、轮胎钢丝等，国内装机总容量将超过2亿美元。用于制造高速压延生产线的技术仍存在一定差距，该生产线特别用于制造重型土方工程设备和全双工或三缸挤压机，目前这两种设备仍主要依靠进口。根据自动批准政策框架，橡胶机械行业允许100%外国直接投资。此外，技术合作也是政府允许的商业活动。

（5）物料搬运设备

物料搬运设备制造范围包括破碎节选装置，煤炭、矿石或灰处理装置及相关设备，如堆垛机、取料机、装船机或卸船机、货车翻车机、给料机等，以满足核心产业不断增长和迅速变化的需求，如煤炭业、水泥业、电力业、港口、矿山、化肥和钢铁厂。印度共有50家材料搬运设备制造单位，此外，还有一些小型单位在从事类似业务。根据自动批准政策框架，该行业允许100%外国直接投资。

（6）冶金机械

冶金机械设备包括选矿、造矿、破碎、筛分联合设备，钢铁厂设备，铸造设备和窑炉。由于技术专业性强且主要涉及炼钢技术，涉足该领域的大型制造商寥寥无几。目前，印度共有39家单位从事各类冶金机械设备的制造。本土制造商为钢铁厂提供大部分设备，如高炉、烧结设备、炼焦炉钢熔炼车间设备、连续浇注设备、轧钢机和精整线。此外，国内设备制造商在含铁金属和非铁金属领域面临巨大潜能。

冶金设备的需求增长十分迅速。国内需求在2010—2011年度已从2004—2005年度的106.8亿卢比（1.9亿美元）提高至499.2亿卢比（8.9亿美元），复合年增长率为29.3%。然而，国内产量却无法跟上需求的增长。根据印度规划委员会的统计，在2010—2011年度，印度进口的冶金机械价值434.6亿卢比（7.5亿美元），年复合增长率达29%。印度国内使用的冶金机械大约81%依赖进口。根据自动批准政策框架，该行业允许100%外国直接投资。此外，技术合作也是政府允许的商业活动。

（7）土方机械和矿山机械

土方机械和矿山机械行业在印度已发展多年，目前仍处于中期发展阶段。该行业通过国际专业技术合作已取得一定进步，但仍落后于其他一些产业。一些跨国公司已在印度成立组装厂，但是在印度本土制造的产品很少能符合国际标准。该行业正试图引进国际先进技术以应对不断增加的需求和经营规模。用户现在不再关注设备初始投资成本，反而将注意力投向每吨的使用成本。据估计，5年后，不断提升的机械化和规模将引起技术水平的改变。在印度，露天开采比地下开采更受欢迎。因此，露天开采设备，如翻斗车、推土机铲、拉铲挖掘机，均在印度本土制造。除电子控制技术、液压系统和发动机外，其他技术也已与国际标准看齐。

目前，印度拥有20家国际化大型土方工程和矿山机械制造商和近200家中小型制造商，产品范围涉及挖掘装载机、压路机、移动式起重机、摊铺机、搅拌站、履带式起重机、搅拌车、混凝土泵车、塔式起重机、液压挖掘机、翻斗车、挖掘铲、步行式拉铲挖掘机、推土机、轮式装载机、平地机和钻探设备等。在2003年起经济快速增长的支持下，建筑及采矿机械行业实现跨越式发展，推动了基础设施和核心部门项目的快速扩张。根据规划委员会估计，到2017年，采矿和建筑设备消费有望从目前的25亿美元增长至80亿美元，复合年增长率达19.5%。国内制造业产值将从目前的13亿美元增长至62亿美元，年复合增长率为28.5%，从而满足至少78%的国内需求。

根据业内人士预测，在未来20年，为了满足市场需求，印度将面临提升本国设计和生产复杂机械能力的迫切需求，目前，复杂机械主要依赖于进口：

- 高容量电动自卸卡车：190 ~240 吨；
- 高容量电铲：42 立方米；
- 步行拉铲挖掘机：72 ~33 立方米；150 ~50 立方米；
- 高容量的混合动力驱动装载机：10 蒲桶（10Cumbucket）；
- 电子控制排放引擎：2 500HP；
- 全自动电子调节器：1 500HP；
- 长壁开采系统和地下矿采煤联合机；
- 轴向柱塞泵和马达；
- 绞吸式挖泥船和耙吸式挖泥船。

根据自动批准政策框架，该行业允许100%外面国直接投资。

5. 电子产品

印度信息技术部与印度电子工业协会（ELCINA）在2011年进行的一项全国性调查发现，2/3的国内电子元器件的需求是通过进口满足的。此外，印度的电子硬件产量仅占全球产量的1.31%左右。电子行业是全球增速最快的领域，印度市场对其的需求到2020年预计将达到4 000亿美元。由于印度国内产量预计仅为1 000亿美元，电子行业为外国投资商提供了良好的投资机会。制造机会的大小取决于国内预期需求和产量之间的差距。

为了鼓励国内制造，2012年2月，印度政府制定了一项针对政府采购印度造电子产品的市场准入优惠政策。该政策确保了25% ~40%的附加值。制造业是公认的国家经济增长的主要动力，因此，政府制定了一个宏伟目标，在2025年前，将制造业在GDP中的占比从16%提升至25%。电子系统和设计制造（ESDM）业的成长和发展将在实现这一目标的过程中发挥重要作用。

印度的电子产业预计将以每年22%的速率增长，是全球电子业增长速度的7倍。其主要幕后推动行业包括电信、国防、IT和电子政务、汽车、消费类电子产品和能源。印度拥有超过1.2亿的互联网用户（截至2011年12月）、1 300万宽带用户（截至2011年12月）和9.29亿移动电话用户（截至2013年7月，每月新增用户达1 000万 ~1 200万）。由于一些大型政府项目，如国家光纤网络，国家知识网络和电子政务方案的推动，电子行业为国内生产和国外投资开辟了巨大商机。此外，由政府授权的有线电视数字化将极大刺激对机顶盒和高清晰度电视机的需求。对低成本创新产品的需求，如低成本的教育和医疗设备触摸屏平板电脑的需求，是另一个驱动电子行业增长的因素。

印度政府已经认识到半导体行业的重要性，且正在寻求能为建立半导体晶片制造单位提供专业技术和投资的公司，设立半导体制造厂被视为是电子制造生态系统的一个重要组成部分。此外，政府还设定了一个目标，将在未来几个月内吸引70亿 ~100亿美元的投资。2012年6月，电子和信息技术部（Deity）选择埃森哲咨询公司来审核意欲在印度建立半导体制造单位和工厂的全球技术供应商和投资者的投资建议书。

2012年政府已经批准国家电子（NPE）政策。该政策的重要目标之一是到2020年实现投资约1 000亿美元并且营业额约4 000亿美元，其就业人员约2 800万人。这其中主要包括高达550亿美元芯片设计和嵌入式软件产业营业额，并且该领域的出口额达800亿美元。此外，该政策建议设立200多个电子制造业群。该政策的另一个重要目标是显著提升高端人力资源，到2020年该领域每年创造2 500个博士。

关于电子工业的国家政策草案旨在创建一个具有全球竞争力的电子系统和设计制造业，其中涵盖了纳米电子学，以满足国内需要并为国际市场提供服务。主要策略包括：

• 通过修订的特别奖励套餐计划（M-SIPS），在整个电子系统和设计制造价值链中推行有吸引力的财政激励措施。

• 在电子系统和设计制造领域内创建一个10年稳定的税制。

• 创立半导体生产线及其生态系统，以设计和制造芯片和芯片组件。

• 为不同应用程序或战略需求开发微处理器。

• 设置专门的半导体芯片设计研究所。

• 为国内生产的电子产品提供优惠的市场准入政策，包括功能加强型的移动设备和SIM卡。将特别强调对获得知识产权的印度产品加以利用，以解决战略和安全问题，并符合国际采购义务。

• 政府将建立超过200个具备世界级物流和基础设施的电子制造业集群，并为此制定鼓励政策。此建议已得到内阁批准。

• 创建"电子发展基金"，以促进电子系统和设计制造、纳米电子和IT行业的创新、研发和商业化，其中包括为种子资金、风险资本和制造增长阶段提供支持。

（1）具体奖励办法

为设立电子五金行业出口导向型单位制定特别计划。这些计划规定了各种奖励和优惠措施。出口导向型单位、电子硬件技术园（正HTP）、软件技术园和特别经济区计划的显著特征已制成表格加以说明。

1）税收减免计划：这些计划允许免税进口用于出口生产所需的投入。免税计划包括：

• 预先授权计划；

• 免税进口许可（DFIA）计划；

• 税收减免计划规定了出口后退税或税收减免政策，该政策只针对用于出口生产所需的投入。减免计划包括：

——关税权利义务证书计划；

——关税退税（DBK）计划。

2）促进出口资本货物计划（EPCG）：零关税促进出口资本货物计划适用于电子产品出口商。它允许在生产前、生产中及生产后期以零税率进口资本货物（包括全散装件（CKD）或半散装件（SKD）及计算机软件系统），同时需在授权颁发之日起的6年时间内承担相当于6倍进口资本货物价值的出口义务。

促进出口资本货物计划3%的税收减免政策允许在生产前，生产中及生产后期以3%的税率进口资本货物（包括全散装件或半散装件及计算机软件系统），同时需在授权颁发之日起的8年时间内承担相当于8倍进口资本货物价值的出口义务。

资本货物包括备件（及翻新或修复备件）、工具、夹具、卡具、模件及模具。无任何使用时间限制的二手资本货物也可根据促进出口资本货物计划进口。出口义务也可通过向DTA供应ITA-1物品来履行，只要采取自由外汇形式。

（2）电子硬件技术园计划或出口导向型单位计划

出口导向型单位或电子硬件技术园计划细节请参见《印度对外贸易政策及程序》第六章，也可登录：http：//www. pib. nic. in/archieve/ ForeignTradePolicy/FOreignTradePolicy. pdf。

（3）特别经济区计划

根据商务部2006年制定的经济特区规则，为电子硬件和软件包括信息技术支持服务所设立的经济特区在面积上应达到10公顷以上，且必须需建立最低10万平方米的加工区。

（4）出口认定

出口认定是指提供给最终用户的商品不离开本国，且付款采用印度货币或外汇支付的交易。根据印度外贸政策，以下主承包商或分承包商的商品供应类别属出口认定计划范畴，只要产品为印度制造。

- 根据预先授权及年度要求或免税进口许可预先授权的商品供应。
- 向出口导向型单位、软件技术园单位、电子硬件技术园单位或生物科技园（BTP）单位供应商品。
- 向促进出口资本货物授权持有人提供资本货物。
- 向财政部经济事务司根据国际竞争性招标（1CB）程序认定的多边或双边机构或基金资助项目提供商品。需遵守这些机构或基金制定的相关程序，且相关法律条约规定了不包括关税的投标评估。
- 供应资本货物，包括未组装或拆卸的货物，以及厂房、机器、配件、工具、模具、用于商业化生产阶段安装目的的货物，以及FOR值达到10%的化肥厂备件。
- 针对任一项目或目的，提供财政部通知的允许零关税进口的货物。
- 由100%出口导向型单位（国内集装箱—制造商）供应的海上货运集装箱，只要上述集装箱在6个月内或海关准许的延长期限内从印度出口。
- 向UN机构资助的项目提供商品。
- 通过与国际竞争性招标相反的竞争性招标向核电项目提供商品。

（5）出口认定优惠

出口认定计划将根据相关条款规定，就符合出口认定政策的产品制造及供应提供以下优惠措施：

- 预先授权、年度要求或免税进口许可预先授权。
- 出口认定退税。
- 就国际竞争性招标而言，终端消费税享有免税政策。其他情况下，终端消费税予以退还。
- 出口认定计划细节可参见《印度对外贸易政策及程序》第八章，或登录 http：//www. pib. nic. in/archieve/ForeignTradePoUcy/ ForeignTradePolicy. pdf。

6. 制药业

印度制药业的年营业额在2010—2011年度达到10.494.4亿卢比（200亿美元），同比增长15%，这主要取决于关键治疗领域的增长，包括糖尿病治疗、皮肤病治疗及维生素，超越市场表现。药品、制药和精细化学品出口所占份额达4 755.126亿卢比（86亿美元）。该领域已在基础设施建设、技术基础和产品范围方面取得巨大进步。据估计，到2020年，印度制药市场将实现740亿美元的销售额。印度药品配方市场规模约为58.30亿卢比（103亿美元），就产量而言全球排名第三位，就市场价值而言排名第十位。国内制药业的迅猛增长主要归功于产量提升及新药物的引进。与生活方式相关的疾病正在推动慢性病医药市场以更快的步伐前进。新兴市场预计提供强劲的增长机会，所以国内配方业务可能保持健康的销量增长。疫苗是另一个突出的经济增长区域。印度是世界上最大的疫苗生产国，负责向150个国家出口疫苗。与此同时，它还满足了世界卫生组织40%～70%的百白破疫苗（白喉、百日咳、破伤风）、杆菌卡介苗（BCG）疫苗（预防结核病）需求及90%的麻疹疫苗需求。

印度制药业的优势是在不牺牲质量的情况下，在最短时间内为医药中间体和原料药开发成本效益技术。这一点可通过国家在有机化工合成及工艺工程方面的优势而得以实现。同此同时，该行业还针对不同剂型生产开发了优良的GMP（良好生产规范）标准兼容设备。印度制造商将精益生产和六西格玛原则完美结合，从而在促进合规时进一步改善了运营效率及产品质量。

印度许多公司在散装药物生产和供应方面始终坚持高标准的纯度、稳定性、国际安全性、健康和环保性。这里值得一提的是由大量印度制药公司所恪守的高质量标准。再次受到进口国各监管机构的严格审核的散装药材将会被买方公司用于剂型制造，因此质量就显得格外重要。到目前为止，已有超过 170 家印度制药企业获得国际监管机构的批准，如美国 FDA（食品药品管理局）、英国 MHRA（药品和保健品管理局）、澳大利亚 TGA（药品管理局）、南非 MCC（药品质量管理委员会）等。印度很多制药厂都获得了美国食品药品管理局的批准，可在美国以外的地区从事非专利药的生产，其获得批准的制药厂数量为全球最高。

印度制药业居全球领导地位，其非专利药物产量占全球供应量的 1/5。印度制药企业所获得的非专利药许可［为新药申请（ANDA）在美国获批的简称］正稳步上升。在 2011 年，超过 1/3 的新药申请许可由印度公司获得。因此，印度的配方出口，基本上为非专利药出口，在 2005—2011 年间以 21% 的复合年均增长率得以迅速增长。印度药品制造商希望与全球制药公司建立合作关系，从事联合研究和开发项目，并通过营销联盟扩大分销网络。其他潜在重点领域包括生物制药、合同研究及制造以及新药物研发。

印度将会把握每一次机会，争取在 2020 年成为医药超级大国，及所有药品生产和研究需求中心。该国拥有大量训练有素的制药科学家、医生和研究人员，这为共同合作研究新药并申请联合知识产权开辟了途径。低制造成本使得印度成为开展合同研究的理想场所，而大规模患者库则为临床试验奠定了基础。其中，在收入方面，对合同研究和生产服务（CRAM）领域的贡献最大。合同研究还帮助印度一些领先的制药公司建立专业知识和提升价值链，促使它们投身于新药研发的事业中。今天的印度公司正在积极改善生产力，以便在未来 5 年能更好地应对由于专利到期所引发的非专利药生产热潮。在 2010—2015 年间，将有 1 500 亿美元的药品失去专利保护，因此，据估计在未来五年，出口量将以 14% ~16% 的年复合增长率飙升。

专利到期及薄弱的药物管道质量正在迫使跨国公司（MNC）不断寻求开拓新兴市场的机会。在印度，跨国公司的目标是，通过与普通公司达成许可交易来实现在印度本土及其他市场的增长。这种联盟的主要目的是，在第三方市场利用当地公司较低的研发成本（即产品或市场授权）和非专利药制造能力，及跨国公司丰富的产品组合和营销分销途径。这种联盟的成功案例包括：卢平（Lupin）与礼来（Eli Lilly）、克地拉（Cadila）与拜耳（Bayer）、太阳制药（Surl Pharma）和默克（Merck）公司。

价值 14 亿美元的印度生物制药行业正处于新兴阶段。其增长动力包括教育、人们对疾病预防意识的提高、可支配收入的增加及政府参与的免疫规划。由于许多全球范围内的生物制药产品的专利即将到期，印度制药企业正不遗余力地增强自身实力以把握即将到来的每一次机会。在新药研发领域，印度制药公司如皮拉马尔生命科学公司（Piramal LifeScienc）、Glenmark 和太阳制药正积极投身于新药研究的事业中。目前，印度制药公司仅有 70 ~80 种新药处于研发中，其中 2/3 以上正处于早期临床阶段。印度非专利药领域增长缓慢，一些大型制药公司已将注意力投向这一行业。高风险高回报的新药研究领域对于印度制药公司而言孕育着巨大潜力。

印度为制药行业提供了各种税务优惠政策，包括自由贸易区工业业务免税期、出口利润扣除、宽松的折旧免税额、资本研发支出扣除和对国内研究机构出资的减免等。

根据自动批准路线框架政策，制药业包括重组 DNA 技术利用允许 100% 外国直接投资。

2012—2013 年制药行业财政预算宣布，将国内设施（2012 年 3 月 31 日之后）研究开发费用 200% 的扣除比例期限再延长 5 年，并完全免除 6 种治疗艾滋病和肾癌药物的消费税或反补贴税。

（来源：本部分内容摘录自印度驻华大使馆提供的《投资印度完整指南》）

九、南非投资指南

（一）为什么选择在南非投资

南非是当今世界最成熟、多元化且具有潜力的新兴市场之一。南非具有重要的战略意义：它位于非洲大陆的最南端，连接着其他内陆国家，是进入非洲大陆的通道，是非洲大陆一个关键的投资市场。

南非是非洲的一个经济强国，与巴西、俄罗斯、印度和中国共同形成金砖国家。南非人口比例结构合适，快速增长的中产阶级日益成为主要的消费力量。

南非拥有丰富的自然资源（包括煤炭、铂金、黄金、铁矿石、锰镍合金、铀和铬等），吸引了世界越来越多的勘探公司，尤其是油和天然气行业的勘探公司。

南非的制造业水平先进，创新和研发能力全球一流，已成为举世闻名的生产基地。南非还在绿色技术产业的研发和推广方面走在世界前列。绿色技术产业不仅创造了大量新增、可持续的工作岗位，还减少了对环境的影响。

南非的金融、法律和通信行业发达。许多全球业务流程外包公司在南非成立。

南非的政治和经济局势稳定，有充足的半熟练或未经技能培训的劳动力。与其他新兴市场相比，在南非经商的总成本要低很多。对于专业领域的工作，南非的劳动力成本比欧洲国家的一半还低。对于制造业领域的工作，南非的劳动力成本约为欧洲国家的1/3。

南非政府出台了一系列促进培训和技能开发的法律法规，并为把南非建立成为世界领先的技能和专业能力培训基地开辟了快速立法通道。

南非是全球最受欢迎的贸易和投资目的地之一，其中一个最重要的原因是国家能够确保满足潜在或有意向投资者的特定要求。

南非政府出台了一系列激励投资和工业融资措施，旨在鼓励开展商业活动，进一步提高国家的国际贸易水平。

特殊的国际总部制度（IHQ）使许多跨国公司都有到南非投资的意愿。

南非拥有无以伦比的美丽自然风光以及“物有所值”的良好商业环境，是一个充满魅力的休闲和商务旅行目的地。

（二）南非经济环境介绍

1. 南非经济的主要驱动因素

南非有丰富的矿产资源和优良的农业环境条件，因此，南非经济传统上以第一产业和第二产业为主。但是，在过去40年间，南非的经济结构经历了重要调整。自20世纪90年代初期以来，第三产业成为了南非经济增长的主要驱动力，包括批发和零售贸易、旅游和通信技术等。目前，南非经济正朝着以知识为基础的方向发展，重点行业包括科学技术、电子商务、金融和其他服务领域。

各行业占南非国内生产总值比重如下：

- 农业：2.2%；
- 采矿：10%；
- 制造业：12.3%；
- 电力和水利：2.6%；
- 建筑业：3.9%；
- 批发、零售和汽车贸易：16.2%；
- 运输、仓储和通信：9%；
- 金融、房地产和商业服务：21.2%；
- 政府服务：16.7%；
- 个人服务：5.9%。

（以上占比根据南非统计局2012年国内生产总值数据计算得出。）

在南非，随着国家由传统的燃煤发电向采用更加清洁的能源发电转型，“绿色经济”的地位越来越突出。南非的战略是在近期更加清洁、有效地使用国家丰富、低成本的煤炭储备，同时推广使用低排放能源技术和可再生资源。

采矿和矿制品

南非的矿业举世闻名，拥有丰富的矿产资源，在世界矿产制品和储藏总量中占有相当大的比例，总价值约为20.3万亿兰特（约合20.5亿美元）。总体来说，按GDP值计算，南非拥有世界第五大采矿业。

南非丰富的矿产储藏包括贵金属和矿石、能源矿产、有色金属和矿石、铁矿石和工业矿石等。只有原油和铝土这两种战略资源在南非无法获得。

除了拥有丰富多样的矿产储藏，南非的优势还在于先进的技术和生产专业知识，以及全面的研发能力。南非拥有世界顶尖的黄金、铂金、碳钢、不锈钢和铝初加工设备，同时也是新技术的国际领头人，例如一种将低品位超微细铁矿石转化为高质铁矿石的创新处理工艺。

截至2011年年底，矿业已成为南非经济转型的最大驱动因素，在《广义基础上的黑人经济振兴法案》的基础上，已完成1 500亿兰特的交易。

矿业是南非最重要的外汇收入来源，黄金占出口总量的1/3以上。南非也是全球主要的煤炭、锰、铬、铂金和钻石制造地，产量高并且存储量大。南非还是世界最大的铂金制造国。2011年，南非的钻石产业位居世界第四位，年产量仅低于博兹瓦纳、加拿大和俄罗斯。

矿业及其相关产业极大地促进了南非的经济活动、就业和外汇收入，因此对该国的社会经济发展至关重要。

根据南非矿业商会的统计，矿业：

- 创造了100万个就业岗位（50万个直接和50万个非直接工作岗位）；

- 占国内生产总值18%左右（8.6%直接效益，10%间接效益）；
- 占外汇总收入50%以上；
- 占投资的20%（12%直接投资）；
- 吸引了大量的外汇存款（1.9万亿兰特，约翰内斯堡证券交易所总价值的43%）；
- 占公司所得税的13%（2010年为170亿兰特），并缴纳了60亿兰特的特许权使用费或版税；
- 780亿兰特工资薪资支出；
- 占跨国铁路和港口运输量的50%；
- 占煤炭电厂发电量的94%；
- 占电力需求的15%。

南非不仅拥有世界最大储量的黄金、铂族金属和锰矿石，还拥有一些其他未被发现或消耗开采的顶级矿藏。

南非最近在纳玛夸兰地区开始进行稀土开采。目前，世界上的稀土开采以中国为主，中国控制着世界90%的稀土矿物供应。稀土矿物作为一种微小颗粒可应用于智能手机、高科技武器、电动汽车及其他电子产品，因此具有极高的战略重要性。

在南非，铁、碳钢、不锈钢、铝、铂族金属和黄金的下游加工利润和增加值较高。另外，一些用于制作珠宝的材料，例如黄金、铂金、钻石、虎眼石和其他种类的次珍贵宝石，其下游加工利润和附加值也比较高。

南非政府制定了一项矿产补贴战略，旨在从根本上将资源型工业转型为知识型工业。除此之外，政府出台的其他方案和计划还包括《国家发展方案2030》（National Development Plan 2030）、《工业政策行动方案2013/2014—2015年》（IPAP）、能源安全、技能培训等。

金融业

南非拥有多家国内和国外金融机构，提供多样化的金融服务，包括商业、个人和商人银行、抵押贷款、保险和投资等。

南非的银行体系发达，相关法律法规健全。银行体系包括一个中央银行、几个大型银行和投资机构，以及一些小型银行。其中，投资和商业银行服务竞争激烈。南非的“四大银行”——联合银行集团有限公司、第一国家银行、标准银行和莱利银行控制着个人银行业务市场。

与其他工业国家相比，南非的银行系统是比较有优势的。过去几十年间，许多外国银行和投资机构都在南非设立了分支机构或营业部。电子银行设施广泛使用，全国自动提款机和网络银行系统发达。

制造业

南非作为一个制造基地，其制造业种类繁多，在全球经济中占有一席之地并具有较强竞争力。制造业对加快南非经济发展具有极其重要的作用。

南非制造业产量占国内生产总值的15%。每1兰特的制造业投资，可给南非贡献1.13兰特经济附加值。制造业也是南非在创造附加值、增加就业、出口创汇和政府创收方面贡献率最高的三个产业之一。主导南非制造业的行业包括农业加工、汽车、化工、信息和通信技术、电子、五金、服装和纺织。

旅游业

旅游业是当今世界最大的产业之一，被认为是促进经济增长的现代引擎。作为一个劳动密集型产业，旅游业在国际贸易中能够增加出口创汇，而且通常比商品出口更加稳定。

根据世界旅游业理事会统计显示，南非旅游业相关从业人员比矿业、通信服务、汽车制造和化工制造的从业人员都多。

2012年上半年，南非的游客到达率较2011年同期上升了10.5%，游客数量由3 996 760人次增至4 416 373人次。南非旅游业的增长率是同期全球旅游业增长率的两倍。

南非也非常重视商务旅行，认为商务旅行是极具潜力的开发领域。为此，南非首次宣布成立国家会展局。南非是世界上 15 个最受欢迎的“长途旅行”商务活动目的地之一，同时也是非洲最顶级的商务目的地。

优良的基础设施、无与伦比的优美景色、丰富的生物多样性、充满阳光的气候、多元化的文化，以及“物有所值”的投资、购物体验，使得南非成为全球发展最快的旅游目的地。

2. 2013—2014 年度南非经济回顾与展望

（1）回顾

1）国内生产总值增长。

• 国内消费是南非经济持续增长的主要驱动力。2014 年和 2015 年国内消费增长率预计为 3.5% 和 3.8%。

• 实际国内生产总值增长率 2011 年为 3.8%，2012 年降至 2.4%。

2）通货膨胀。

• 消费价格上涨：2013 年 7 月同比上涨 6.3%，突破了通货膨胀上限目标 6%。2012 年 4 月，南非储备银行首次设定通货膨胀目标区间为 4% ~6%。

• 总体消费价格上涨：由 2011 年的 5% 上涨至 2012 年的 5.6%，导致员工人均实际薪酬持续每年上涨 2% 左右。2012 年，公共部门和私有部门的名义工资分别增长 7.9% 和 7.3%。除非黄金开采业外，其他私有部门平均工资增长超过了通货膨胀目标区间的上限。

3）失业率。

• 就业增长不能够满足近些年的劳动力增长，导致自 2010 年以来，南非官方的失业率一直徘徊在 25% 左右。

• 失业率：2013 年一季度的官方失业率为 25.2%。

4）实际固定资本形成总额。

• 实际固定资本形成总额：2012 年，私有企业的实际固定形成总额增长较慢，占固定投资总额的 60% 左右。除采矿业和制造业的实际资本支出外，其他大多数行业的资本投资停滞不前。

• 资金开支：2012 年，公营公司的资金开支稳步上升，其中以电力供应投资项目、交通和通信业扩大投资为主。南非国家电力公司向其两大火力厂——迈德匹和库斯，以及其抽水蓄能计划持续大规模投资。

• 实际资金开支：政府部门的实际资金开支增长迅速，增长率 2011 年为 8.6%，2012 年为 8.5%。在中央、省、地方三级政府中，省级政府占绝大部分资金开支。2012 年，资金开支多用于经济和社会基础设施。

5）贸易。

• 2003 年，南非最主要的出口创汇商品是基本金属，而 2012 年，矿产品占南非商品出口总额的 29%。这样的变化源自全球对南非矿产制品需求日益增高以及矿产制品国际价格攀高所致。

• 南非出口额 2012 年 7 月为 758 亿兰特，2013 年 8 月为 706 亿兰特，相比有所下降。

• 与金砖国家贸易（巴西、俄罗斯、印度和中国）显示南非是一个净进口国。金砖国家中，南非最大的贸易伙伴是中国和印度，而与巴西和俄罗斯的贸易则相对有限。

• 过去 5 个季度中，矿业和制造业对南非向其他金砖国家经济体的出口做出了巨大贡献。

• 南非出口的工业制品绝大部分销售至巴西和俄罗斯，而出口的矿产品则多销至亚洲（中国和印度）。中国从南非进口大量的煤炭产品，而印度则从南非进口大量非煤产品。

• 矿业（不包括煤制品）是南非向金砖国家出口的最大行业。2013 年二季度，矿制品出口额达到 197 亿兰特，创历史新高。

• 过去 5 个季度中，制造业是南非向金砖国家出口的第二大行业；煤炭开采业是出口第三大行业。

• 与亚洲地区贸易：随着中国在2009年成为南非最大的贸易伙伴，印度在2010年成为南非第六大贸易伙伴，近些年南非与亚洲地区的贸易显著增长。南非对中国商品出口水平由2003年的2.5%上升至2012年的11.6%。

• 与印度贸易：南非与印度贸易大幅度增长。印度对南非生产的黄金、珠宝和煤炭等产品需求量增加。美国经济的持续复苏进一步推动了南非2012年和2013年上半年的出口。

• 与欧洲贸易：南非与欧洲贸易在2003—2008年期间大幅度增长，但之后由于一些欧洲国家经济萧条，南非与欧洲贸易便停滞不前。但是，德国和英国一直是南非重要的矿产制品出口地，例如铂金和主要用于催化转换器的基础金属；同时，德国和英国还是南非工业制品的主要购买国家，例如机械设备、电子设备、汽车和运输设备等。

• 对非洲国家：2013年二季度，南非对其他非洲国家实现贸易顺差，但对其他大陆还处于贸易逆差。在非洲，南非最大的出口国为莫桑比克、赞比亚、津巴布韦、民主刚果和安哥拉。

• 非洲：非洲是南非一个重要的矿产制品和工业制品出口目的地。南非向非洲出口的商品主要包括矿产品、基本金属、机械设备、电子设备、汽车、运输设备和化工产品等。2013年，南非与其他非洲国家贸易仍主要集中在上述产品，并持续推动地区经济的增长。

6）汇率。

• 2011年，欧元区金融危机再现，新兴市场投资伴有风险，这影响了兰特的汇率。受2013年上半年塞浦路斯银行危机的影响，南非国内经济发展不利，加剧了当时国内汇率大幅度波动。总的来说，自2008年以来，兰特汇率波动在国内货币贬值期间更加明显。

• 兰特汇率变化很大程度上受欧元汇率变化的影响，尤其是在全球金融危机之后。但是，2012年上半年之后，南非国内因素对兰特影响加重，兰特受欧元汇率变化日趋减弱。

• 名义有效汇率：随着低于预期的国内经济增长数据公布、黄金和铂金国际价格走低、担忧南非矿业出口潜力而导致的劳工动荡，兰特的名义有效汇率于2013年5月和6月跌至四年来最低值。

7）贷款债务总额。

• 贷款债务总额：包括国内债务和外债。南非贷款债务总额由2012年3月的11 880亿兰特，升高至2013年3月的13 660亿兰特。

• 国内债务仍占南非贷款债务总额的90%左右（12 410亿兰特），而外债仅占10%左右（1 160亿兰特）。南非国内债务和外债的较大差异，很大程度上在不利的汇率变动中保护了政府。

• 国内债务：由2012年3月的10 700亿兰特上升至2013年3月的12 410亿兰特。

• 负债率：2012年，随着国际债务水平不断升高，南非的负债率稳定上涨。外债占南非国内生产总值比重2012年9月底为34.2%，同年12月底上升至35.7%。同期，外债占南非出口创汇占比上升至20.1%。

• 外债：南非的未偿还外债总规模2012年12月底为1 423亿美元，2013年3月底稍降至1 406亿美元，这是自2011年第三季度以来南非外债首次季度下降。外币债务下降的主要原因是兰特债务在2013年第一季度小幅度上升。

• 外债比率：未偿还外债占南非国内生产总值2012年第四季度为37%，2013年第一季度下降至36.6%。

8）总结。

• 南非是一个中等收入、自然资源供给充分的新兴市场，金融、法律、通信技术、能源和交通行业发展优良。南非的证券交易所位居世界第十八位。此外，南非现代化的基础设施，使得物资能够比较有效地分配至各地区的主要城市中心。

• 在世界经济论坛《2012—2013年度全球竞争力报告》中，南非在“私有机构责任度”排名中位居第二位、“金融市场发展”排名中位居第三位。这显示了在世界其他各地信心指数恢复缓慢时，世界经济论坛对南非金融市场的高度信心。

（2）预测

1）指标预测：见表 4-9-1。

表 4-9-1

单位：%

指 标	2012[(1)]	2013[(2)]	2014[(2)]	2015[(2)]	2016[(2)]	2017[(2)]
实际 GDP 增长	2.5	2.1	3.4	4.0	4.8	5.0
工业制造增长	2.5	1.0	3.2	5.4	6.0	6.3
农业生产总值增长	2.3	2.6	3.0	3.3	3.5	3.0
消费价格上涨（平均）	5.7	5.6	4.4	4.8	5.1	5.7
消费价格上涨（终期）	5.7	5.0	4.1	5.1	5.6	5.8
贷款利率[(4)]	8.8	8.5	8.8	9.2	9.5	9.8
政府财务状况[(5)]（GDP 占比）	-4.6	-4.8	-4.2	-3.1	-2.6	-1.9
出口货物离岸价（10 亿美元）	93.5	91.7	93.4	94.1	94.9	95.1
进口货物离岸价（10 亿美元）	102.6	100.3	100.4	101.3	102.5	103.9
经常账目平衡（10 亿美元）	-24.1	-23.7	-23.5	-23.1	-25.8	-29.1
经常账目平衡（GPD 占比）	-6.3	-6.7	-6.1	-5.6	-5.8	-6.0
外债（终期，10 亿美元）	130.4[(3)]	138.4	141.6	144.9	147.5	147.5
兰特，美元汇率（平均）	8.20	9.28	9.39	9.65	9.90	10.20
兰特，美元汇率（终期）	8.48	9.18	9.59	9.70	10.05	10.70
兰特，人民币汇率（¥100，平均）	10.28	9.44	9.20	9.37	9.71	10.10
兰特，欧元汇率（终期）	11.11	11.76	12.08	12.22	12.66	13.54

注：（1）实际；（2）经济学人信息社预计；（3）经济学人信息社估算；（4）终期；（5）财年 4 月 1 日开始。
资料来源：经济学人信息社．国别报告：经济展望 2013 年 8 月。

2）商业环境排名预测：见表 4-9-2。

表 4-9-2

指标参考值		全球排名[(1)]		地区排名[(2)]	
2008—2012 年	2013—2017 年	2008—2012 年	2013—2017 年	2008—2012 年	2013—2017 年
5.97	6.29	49	54	7	7

注：（1）在 82 个国家中；
（2）在 17 个国家中，包括阿尔及利亚、巴林、埃及、以色列、约旦、科威特、利比亚、摩洛哥、卡塔尔、沙特阿拉伯、突尼斯、阿联酋、安哥拉、肯尼亚、尼日利亚和南非。
资料来源：经济学人信息社．国别预测 2012 年 8 月。

（三）在南非投资相关法律法规

1. 公司法

南非最新修订的《公司法》（The Companies Act）已于 2011 年 5 月 1 日生效实施。《公司法》修正案更加灵活、透明、语言直接明了，为企业提供了一个相对宽松的运营环境。

（1）公司的不同形式

根据新修订的《公司法》，自 2011 年 5 月 1 日起，不再允许成立封闭型公司，其类似形式的公司也不再允许进行登记注册。对封闭型公司转变为其他类型公司而采取的有关程序不收取任何费用。

根据新修订的《公司法》，企业可分为两类，一类为非营利公司，另一类为营利公司。

1）非营利公司。

非营利公司是以开展公益事业，或以促进社会和文化发展、以共同和集体利益为目的而开展活动的公司。这类公司的收入和财产不能分配给其创办人、职员、董事或任何有关人员。

2）营利公司。

营利公司可分为以下几种：

• 私人有限公司（Pty）。

根据《公司法》修正案规定，私人有限公司不可向公众发行股票，其股权转移也受到一定的限制。原《公司法》规定私人有限公司成员最多不能超过50人，现在则不受此人数限制。

• 股份开放有限公司（Ltd）。

《公司法》修正案对股份开放有限公司的定义较之前并没有大的变化。唯一的区别是，原《公司法》要求股份开放有限公司在注册成立时有7名成员，现在规定只需1名成员既可。

• 个人责任公司。

个人责任公司的董事或之前的董事（若适用）对公司的所有债务承担责任。

• 国有公司。

国有公司包括两种情况：一是《公共财政管理法》（1999年第1号）规定的“国有企业”；二是地方政府拥有的企业。对股份开放有限公司的大多数规定适用于国有公司。

• 外国企业。

外国企业是指在南非以外的国家注册成立的公司，不论该公司为营利公司或非营利公司，或是否在南非开展商业活动。一般来说，除非符合《公司法》的相关具体规定，外国企业不可向公众发行股票。

外国企业在南非本土经营或意图在南非本土经营，必须在南非企业和知识产权委员会（Companies and Intellectual Property Commission）注册登记为“外部公司”。《公司法》修正案第23条对“经营”进行了具体解释，列举了属于“经营”范畴的不同类型的商业活动，这比1973年《公司法》所列举的商业活动类型要多。

• 个体经营商和合伙制公司。

个体经营商及其合伙人不需要在南非企业和知识产权委员会登记注册，但要求遵守南非有关独立法人的相关规定，例如缴税等方面。

个体经营商和合伙制公司的净收入被视为企业所有者的个人收入，并根据南非《收入税法》（Income Tax Law）的相关规定，以企业所有者的个人名义缴税。另外，可以通过在两个以上、二十个以下的合伙人之间签订具有法律效力的《合伙协议》（Partnership Agreement）建立合伙制企业。

（2）周年申报表

周年申报表是一份具有指明格式的申报表，包含一个企业或封闭型公司的所有相关资料。通过填写、提交年度申报表，南非企业和知识产权委员会能够掌握所有企业和封闭型公司的最新信息，也能够确认所有企业和封闭型公司正在开展或即将开展的商业活动。

所有的企业（包括外国企业）和封闭型公司都必须在每年规定时间内向南非企业和知识产权委员会提交周年申报表。根据《公司法》和《封闭型公司法》规定，每个企业必须遵守提交周年申报表的法定义务。若企业和/或封闭型公司不向企业和知识产权委员会提交周年申报表，则意味其没有或并不打算在南非开展商业活动。不能遵守提交周年申报表相关规定的企业或封闭型公司，则会被取消登记或撤销注册，其法人资格也会被取消。

填写周年申报表

《公司法》对南非本地公司和外国公司提交周年申报表的内容和方式有不同的规定。因此，南非本土公司、外国公司和封闭型公司有三种不同的周年申报表提交渠道。

南非本土公司和外国公司的周年申报表须于每年企业登记注册之日起30个工作日内提交。若晚于30个工作日，企业则须缴纳更多的费用，直至由于不能遵守相关法律规定而被取消登记或撤销注册。

在《公司法》修正案框架下，不同类型的公司都须提交周年申报表。因此，非营利公司也需要提交周年申报表。关于周年申报表的具体规定见表 4-9-3。

表 4-9-3

企业年营业额	于每年企业登记注册之日起30个工作日内提交	晚于每年企业登记注册之日起30个工作日提交
低于 100 万兰特	100 兰特	150 兰特
100 万兰特以上，1 000 万兰特以下	450 兰特	600 兰特
1 000 万兰特以上，2 500 万兰特以下	2 000 兰特	2 500 兰特
2 500 万兰特以上	3 000 兰特	4 000 兰特

（3）企业的透明度和责任性

《公司法》要求所有企业遵守一系列规章制度，以确保企业的责任性和透明度。具体要求见表 4-9-4。

表 4-9-4

南非所有企业都须（不限于以下方面）：
在南非至少设立一个办公室，并在企业和知识产权委员会以此办公室（或其总部办公室）的地址登记注册
企业的有关信息和记录需以纸质或电子形式保存至少 7 年
保留精确、完整的会计记录或财务档案
准备年度财务报表
提交周年申报表，包括企业的年度财务报表以及其他相关信息。《公司法》对企业提交周年申报表的内容有具体规定

《公司法》要求股份开放有限公司和国有公司提交经过审计的财务报表。对于一些其他类型的公司，主管政府部门可能会要求进行财务报表审计。（《公司法》或其他法规）不强制要求进行财务报表审计的公司，可自愿进行财务报表审计，或进行财务报表独立审核。

南非相关法规对独立审核有明确规定，包括采用的标准、对审核人员资历的要求等。

提高企业透明度和责任性

南非所有企业都必须遵守上述透明度和责任性相关规定。此外，股份开放有限公司和国有公司必须指定一名公司秘书，并组建一个审计委员会（至少包括 3 名董事）。

对于法律规定强制进行财务审计的公司，需聘请独立审计员或审计公司。

（4）企业的财务事宜

公司股份的授权和分类，以及每类法定股权的数量、权益、限制等，都必须在该公司组建备忘录中给予详细规定和说明。只有通过股东特别决议才能更改上述事宜。

资本充足性

《公司法》要求企业在特定情况下申请偿付能力和流动性测试，特定情况包括：向董事或相关企业寻求财政资助、重组或兼并等。企业将被检验在某个特定时间、可预见的、合理的财务状况。企业合理估值的所有财产应等同于或超过其合理估值的所有债务（包括临时负债），并且企业能够在债务到期后的 12 个月内进行偿还。

（5）公司治理

《公司法》规定了一系列公司治理方面的制度，包括股东有权利由其代理人出席或参加公司有关会议、选举公司董事、取消董事的候选资格、开除董事、参加董事委员会和董事会会议等，并处理董事利益冲突和董事行为准则、董事和订明人员的职责、董事赔偿等相关事宜。

1）董事的行为准则。

在南非，所有类型公司的董事都必须遵守相同的行为准则。《公司法》规定了行为准则的具体条例。具体内容见表 4-9-5。

表 4－9－5

作为公司董事的个人，都必须依照以下行为准则行使其权利、履行其职责
诚信的态度、适当的目的
为了公司的最大利益
任何履行相同职责的个人都能够具备的技巧、勤劳和关爱公司的程度，并具有董事应有的知识、技巧和经验

2）董事的责任。

企业的一个或多个董事需分别或共同承担因违反信义义务，或在履行职责时未能达到具备技巧、勤劳和关爱公司的行为准则，而导致其公司的任何损失、破坏或相关费用。此外，董事在以下情况也负有责任：

- 在没有得到必要授权的情况下，以公司的名义开展活动；
- 以诈骗股东、雇员和债权人为目的的任何活动或疏忽行为；
- 签署虚假财务报表，或以任何纸质文件进行误导；
- 签发内容不实的招股书。

行为准则和个人责任方面的相关条例也适用于“订明人员”。“订明人员”是指对整个企业或企业的绝大部分及其商业活动行使控制权或管理权的任何个人。

（6）收购和基础交易

基础交易是指能够从根本上改变一家公司的交易活动，包括彻底清理公司所有的财产、一个安排方案、重组、兼并等。

收购监管小组负责对“受影响的”交易进行监管。南非政府主管部门公布了收购的相关法律法规，其中规定了基础交易的各种详细要求。

根据南非《公司法》，从根本上改变企业的这一类交易需要经过审批，并对审批程序做了相关规定。基础交易须经过股东特别决议给予批准。

（7）商业援助

《公司法》对给予陷入财政困难公司的商业援助也进行了规定。陷入财政困难的公司是指极有可能破产或在 6 个月内无力偿还债务的公司。

在执行商业援助计划时，需要请一位具有从业资格的专门人员进行监督和管理。在执行期内，负债公司可延期偿还对索偿人的债务。聘请的专门人员需制定、执行一个具体方案，通过对财政困难公司的业务、财产、债务和其他负债的重组，完成对该公司的商业援助。此外，商业援助的一个通用方法是最大化财政困难公司的偿还能力，并在此基础上，使公司继续经营下去。

《公司法》承认所有“受影响人士”（affected persons）的利益。“受影响人士”包括股东、债权人、公司的工会和员工等。根据《公司法》，“受影响人士”需参与商业援助计划的制定和最终批准。

（8）公司法的实施

为了执行《公司法》的具体条例，南非组建了一些法定机构或团体，具体见表 4－9－6。

表 4－9－6

南非企业和知识产权委员会负责：
• 开展监督，确保企业及其董事遵守《公司法》相关规定 • 处理、调查涉嫌违反《公司法》的有关投诉案件 • 调查不遵守财务报告制度标准的有关案件，以提高财务报告的可靠性 • 企业、董事、公司名称、知识产权的登记注册和取消登记注册
企业特别法庭负责（Companies Tribunal）：
协助解决向企业特别法庭（而非法院）提出的纠纷案件。企业特别法庭的仲裁结果与南非企业和知识产权委员会和收购监管小组是绑定的

续表

收购监管小组负责（Takeover Regulation Panel）：
监管基本交易
财务报告标准委员会负责（Financial Reporting Standards Council）：
与南非贸易与工业部长咨询，制定财务报告标准的有关法律法规

（9）默文·金教授（Professor Mervyn King）—2009 年南非治理报告（King III）

默文·金教授编写的《2009 年南非治理报告》（The King Report on Governance for South Africa 2009）列举了一系列公司治理准则方面的最佳实践案例。尽管该报告指向“公司”和“董事”，但提到的公司治理准则适用于各类机构，包括公共部门。

《2009 年南非治理报告》提供了与公司治理有关的不同方面的指导和建议，包括：

- 职业道德和企业公民意识；
- 董事会和董事；
- 审计委员会；
- 风险管理；
- 信息技术（IT）管理；
- 遵守相关法律、法规、章程和准则；
- 内部审计；
- 管理利益相关方间的关系；
- 整合报告。

企业并没有必须遵守《2009 年南非治理报告》的法定义务。该报告最主要的目的不是强迫企业遵守，而是促使企业“使用或解释”报告中推荐的最佳实践和经验方法。一家公司的董事对其公司的治理和良好发展，以及公司的股东负有责任。而如果董事选择不采纳报告推荐的最佳实践和经验方法，则需向股东解释其原因或动机。

2. 银行法

（1）银行业务许可证

计划在南非开展银行业务的公司有三种途径。无论采取何种途径，都必须获得银行业务登记处的批准。银行业务登记（Registrar of Banks）处隶属于南非储备银行的银行业务监督司（Banking Supervision Department of the Reserve Bank）。

在南非，开展银行业务的三种途径是：

- 成立新的银行；
- 跨国银行驻南非分行；
- 跨国银行驻南非办事处。

若成立新的银行，必须事先向南非公司营业登记处申请成立新公司。

投资人必须按照南非银行法的规定，填写 BA 002 表格申请银行业务许可证。下列为申请者必须提供的信息：

- 申请者和新成立银行的详细信息，包括注册办公所在地和公司的地址；
- 成立备忘录和公司章程；
- 公司成立许可证明；
- 商业方案；
- 一系列报告书（BA Returns），要求提供公司下一年的运营预测；
- 拟建公司的董事和执行官的简历，并在报告书中阐明董事和执行官符合拟建公司的有关要求

(BA 020)；

- 聘请审计员的申请同意书（BA 006）；
- 会计师撰写的各股东投资基金与信托资金的报告；
- 内部审计计划书；
- 获得银行股份的申请同意书（BA 007），同时还必须提交一份书面申请声明，内容包括：

——申请者在任何机构所拥有股份的全面、详细说明；

——申请者在除所申请成立银行之外的任何银行或控股公司所拥有股份的全面、详细说明；

——若申请者为一个公司，则需提供该申请公司各董事的姓名；

——若申请者在其他企业性事业单位持有25%或以上股份，则需提供全面、详细说明；

——阐述申请者希望在拟成立银行或控股公司获得股份的原因。

若外商银行要在南非成立分行，手续与上述一般外国投资人在南非投资的手续相类似。

但是，外商银行必须在其申请中提交以下材料：

- 外商银行控股公司批准成立分行的决议书；
- 外商银行控股公司表示支持成立分行的正式信函；
- 外商银行所在国家的主管机关对成立分行的批准信函，其中表示将遵守最低的监管标准。
- 控股公司有关授权全权代表签署所有申请文件的董事会会议记录；

所有外商银行在南非成立分行的有关要求可参考《银行法》（Bank's Act）的附属表格 BA 009 和 BA 023。

外商银行申请在南非成立办事处的手续并不复杂，获批成立所需时间也比较短。但是，外商银行办事处不得接受存款，最多只能提供有关总行的相关信息。《银行法》的附属表格 BA 010 列举了更加详细的要求。

若需要获得更多资料，请联系：

银行业务登记处
南非储备银行
电话：+27（12）313 3196
传真：+27（12）313 3758
网址：www. reservebank. co. za

为企业提供短期、中期和长期融资的主要来源为商业银行。为投资提供贷款的税率并不高。

（2）贷款的形式

1）抵押贷款。

以商用财产做抵押进行贷款，南非各商业银行均有不同的政策。银行考虑的因素通常包括建筑物的价值（根据银行对建筑物的专业评估）及其坐落的位置、申请人的负担能力，以及其他银行规定的信用贷款条例等。通常情况下，南非商业银行一般按抵押物价值的80%给予贷款，但会根据不同的情况而有所变化。

2）无担保贷款。

为解决流动资金问题，企业最常用的办法是透支。商业银行可允许企业透支，但要考虑企业的财务状况，例如，企业是否有足够的资产和盈利能力来保证还款。同样，银行也可以要求企业对此类贷款做一定形式的担保，如董事会成员个人担保、以未抵押出去的财产担保、以公司应收账款担保等等。

至于贴现和保理，南非的银行在有些情况下可对外汇票据、贸易票据、银行承兑汇票等办理贴现业务。

还有一些金融机构，其中很多与银行联合办理保理业务，根据客户的应收账款对外放款。一般情况下，相较以应收账款做抵押的银行贷款利率，保理放款的利率要好，但要看应收账款的质量。

3）法人融资。

南非许多银行的商务部门向中型企业提供普通贷款。还有一些独立的法人融资机构以及主要银行设立的法人融资部，为大型跨国企业和上市公司的特殊需求提供定制贷款方案或一揽子贷款。

4）出口信贷及担保。

南非的商业银行还提供出口信贷和出口担保，并办理信用证业务。南非出口信用担保保险公司（The Credit Guarantee Insurance Corporation of South Africa）代表南非贸易与工业部执行出口信用保险计划。

5）政府支持。

南非的国有企业——国家工业发展公司（Industrial Development Corporation）对私人企业提供融资服务，目的是促进工业的持续发展与创新，使南非或南部非洲国家从中受益。融资的方式可以是股本投资、准股本投资和中期贷款。其利率根据银行的基本透支利率而定，有一定的竞争力，但与贷款风险挂钩。

南非国家工业发展公司提供以下融资产品：

- 短期融资：为已经与政府或企业签订合同的企业家提供短期融资服务，但建筑合同除外；
- 新兴企业融资：新兴的工业或企业家如果希望通过买进、买断管理权或战略性股权合作等方式取得现有企业的股权，可以使用此项金融服务；
- 中小型采矿和金属深加工融资：对象主要是中小型采矿业、金属深加工行业，以及首饰加工业；
- 高薪技术产业融资：为IT产业、邮电通信业、电子电器行业的企业家扩大生产规模融资；
- 农业融资：为农业、食品饮料、海洋食品业的企业家扩大生产规模融资；
- 旅游业融资：为旅游业的大中型旅游项目融资；
- 制造业扩大规模融资：为制造业中希望扩大经营范围、提高生产能力的企业家提供融资服务；
- 批发融资：为中间批发商提供融资服务，以使其向个体零售商提供借贷服务；
- 资本货物出口融资：主要是提供给货物生产商或服务供应方，目的是为外籍设备购买商提供有竞争力的美元和兰特融资服务；
- 进口信贷：为南非当地的资本或服务进口商提供中长期进口信贷；
- 短期贸易融资：为出口商提供短期流动资金贷款，以帮助其完成外销订单；
- 项目融资：为金属、石化、农业、矿业、制造业的重点项目融资。

（3）外资公司在南非贷款的限制

若股东为外籍人士，其接受贷款或后续还款，需要事先得到南非储备银行的批准。

一个“受影响的公司”（affected company）是指：

- 在南非登记成立的公司，其资产或收入所得75%或以上归外籍人士所有；
- 该公司控制权、资产管理权的75%或以上归外籍人士所有。

如果“受影响的人士”在当地贷款的目的是为在南非的外国直接投资提供融资，或满足南非本国资本的相关要求，那么在当地借贷的金额不受到限制。

之前，南非规定不允许给予“受影响的人士”当地财政资助。但是，南非近期修改了有关规定，允许授权交易商（例如南非的银行）在没有任何限制条件的情况下，给予“受影响的人士”当地财政资助。只有两种情况除外：当地借贷的目的是为了进行金融业务，以及购买南非的住宅房产。

金融业务包括：购买、销售上市证券或未上市证券，证券的回购或任何衍生交易等。以进行金融业务或购买南非住宅房产为目的进行当地借贷，最高限额比率为1∶1，即：公司若为百分之百外资，贷款上限为股东总投资的100%。

3. 劳工法规

（1）介绍

在南非，雇主和雇员间的雇佣关系，以及雇佣关系的合同条款，由以下几方面决定：

• 通用的法律；

• 雇佣合同或聘任书；

• 就业方面的政策；

• 工会或工会会员的集体协议；

• 规定每个行业就业基本条件的行业对话委员会（Bargaining Councils）协议；

• 立法。

就业关系从根本上由雇佣合同决定。就业政策一般作为雇佣合同的补充，其具体条例包含在雇佣合同内。但是，雇佣合同永远服从于行业对话委员会协议和就业相关法律法规。行业谈判委员会协议和就业相关立法规定了雇佣关系的最低标准和权益。

从就业法律角度出发，雇佣关系必须遵守的一些条款包括：

• 员工的正常工作时间不得超过每周 40 个小时或每天 9 小时，超过的工作时间算做加班时间；

• 员工在正常工作时间结束后的工作时间为加班时间，加班时间的工资按正常工作时间工资的 1.5 倍计算；

• 薪资水平超过年薪上限的雇员（目前为 183008 兰特），不计算加班时间和加班工资；

• 根据南非《基本雇佣条件法》（Basic Conditions of Employment Act），每个雇员每年享受连续三周的带薪年假；

• 根据南非《基本雇佣条件法》，每个雇员每三年有 30 天带薪病假；

• 若雇员被要求在公共假日工作，而公共假日非该雇员正常工作时间，则被视为公共假日加班，工资按正常工作时间工资的 1.5 倍计算；

• 如果星期天是雇员的正常工作时间，其工资标准是其正常小时工资的 1.5 倍；如果星期天不是雇员的正常工作时间，雇主则需要支付正常工作时间工资的两倍；

• 每一个休假年度，雇员可以享受 3 天的带薪家庭事务假。

上述为南非《基本雇佣条件法》的一些重要条款。

（2）就业方面的法律法规

在南非，雇佣关系受到一系列法规的影响和规定。下列简要介绍几项：

1）《劳工关系法》（The Labour Relations Act）。

• 规定了雇佣双方之间的行为和关系，并说明了雇佣关系基本条款的谈判、制定和执行。

• 最主要的目标是保障宪法赋予工人的基本权益得以实现，其中最重要的权益是公平劳动。

• 促进雇主和雇员间平等的行为和关系，无论雇员的身份或地位如何。

• 雇主对雇员采取的任何行为或措施，都要求必须是实质公正和程序公正的。

• 实质公正指的是雇主对雇员采取的任何行为或措施，其原因都是正当的、可被接受的。

• 程序公正指的是雇主对雇员采取的任何行为或措施，其方式都是公正的。这也可被视为雇员在实际过程中的“权益”。例如，如果雇员被控不正当行为，雇员应被给予一段合理期限准备这一指控的回应。《劳工关系法》列明了在很多情况下，雇主应当遵守的程序，包括裁员或解聘等。在这些情况下，雇主有遵守规定程序的法定义务，以确保其行为符合相关法律规定。若雇主不能遵守规定程序，则将被指控为不公平行为，并有可能会被雇员索要经济赔偿。

• 基本原则是“公平对待”和“平等”。根据《劳工关系法》成立的调解和仲裁委员会（Commission for Conciliation Mediation and Arbitration，CCMA）以及劳动法庭（Labour Court）是解决劳资纠纷的主要机构。这两个机构拥有判决雇佣双方是否按照规定公平地执行或终止雇佣关系。

• 其他主要内容还包括：

——结社自由和一般性保护；

——集体对话；

——罢工和停工；

——南非工场论坛；

——工会和雇主组织；

——纠纷解决；

不公平解聘和不公平劳动。

2)《基本雇佣条件法》(The Basic Conditions of Employment Act)

• 通过制定、执行雇佣的基本最低条件，在《基本雇佣条件法》实施框架下，雇员被宪法授予公平的劳动权利。

•《基本雇佣条件法》规定的雇佣基本最低条件适用于：

——工作时间：正常工作时间、加班、用餐时间、夜班、周日和公共假期上班等；

——休假：年休、病假、家庭事务假、产假等；

——雇佣书面详情和薪酬：书面详情告知雇员权益，记账，薪酬的支付、扣除和计算等；

——终止雇佣关系：终止通知、终止付款、遣散费、劳务合同等。

• 每个雇主都必须提供、执行《基本雇佣条件法》规定的基本条件。

• 然而，雇主有权利为其雇员提供比《基本雇佣条件法》规定基本条件更好的雇佣条件。

• 法律规定许多雇主都需在其所属行业的对话委员会登记注册；对话委员会规定了适用于其行业雇员的雇佣条件和条款。在某些情况下，一些特定行业实行主协议（main agreement），其中规定为其行业雇员提供更加优良的雇佣条件。

3)《平等雇佣法》(The Employment Equity Act)。

•《平等雇佣法》的目的是通过消除不公平歧视、增加就业机会、鼓励就业面前人人平等。

• 平权措施的实施是为了纠正特定群体在就业方面的劣势，确保特定群体人士在所有职业类别的就业都能得到平等对待。特定群体是指黑人（非洲裔、有色人种和印度裔）、妇女和残疾人士。

• 该法案旨在消除和禁止不公平歧视。

• 雇主在执行任何就业政策和实践时，都必须采取措施积极消除不公平歧视。

• 不允许任何人在执行任何就业政策和实践时，直接或间接地歧视或不公平对待任何雇员，无论雇员的种族、社会性别、生理性别、婚姻情况、家庭事务情况、肤色、性取向、年龄、宗教、信仰、政治观点、文化、语言、血统，或是否怀孕、残疾、携带艾滋病病毒等。

• 根据该法案，求职人员与雇员受到相同的保护。

• 以下行为不属于不公平歧视：采取与《平等雇佣法》目的相同的平权措施，和/或根据职位的内在要求区分、拒绝或选择个人。

• 雇主必须为特定群体实施平权措施。

4)《职业健康与安全法》(Occupational Health and Safety Act)。

•《职业健康与安全法》(1993 年第 85 号）要求雇主尽可能合理、可行地建立并保持一个安全的、对员工健康没有危害的工作环境。

• 要求雇主必须确保其工作场所没有有害物质，例如苯、氯，以及会导致工伤、职业伤害、职业病或身体不适的微生物、颗粒、设备和工艺流程。

• 若不能提供安全的工作场所，雇主必须告知雇员工作场所的危害和风险，并指导雇员如何避免危害和风险、进行安全作业。

• 然而，该法案并不意味着要求雇主对职业健康和安全负有单独责任。

• 该法案的一个基本原则是，雇主和雇员必须通过沟通与合作，共同应对工作场所的危害和风险；雇主和雇员对工作场所的健康与安全负有共同责任，需一起消除所有危害和风险；双方必须积极参与危险鉴定和控制措施的制订，以确保工作场所的安全性。

• 该法案要求雇主和雇员共同参与工作场所检查机制。职业健康和安全代表会对企业的工作场所进行定期检查，并把有关结果报告至南非健康和安全委员会（Health and Safety Committee）。健康和安全委员会之后会对雇主提供反馈意见，包括建议怎样进一步提高其企业工作场所的安全性等。

• 为了确保上述检查机制得到贯彻实施，每个员工都必须了解《职业健康与安全法》对其权利和义务的相关规定。

5）《技能提高法》（Skills Development Act）。

•《技能提高法》的目标是为设计、实施提高南非劳动力技能的国家、行业和工作场所战略提供一个框架。

• 该法案的目的是提供认可的职业资格。要求所有雇主缴纳相当于企业工资总额 1% 的费用，用于员工的技能培训。如果企业对员工的技能培训由一位注册培训员完成，企业可以按 80% 的比例退回所缴费用。

• 支付了技能培训费用的雇主，可向其所述行业的教育和培训机构（Sectoral Education and Training Authority）索取按比例退回的本企业所缴费用。

（3）雇员的权利

1）解雇。

每个雇员都有免于不公平解聘的权利。劳工法案（1995 年第 66 号）认定了三类合法终止雇佣合同的情形：雇员在某些方面有不端行为、雇员不能胜任其工作、企业经营方面的原因。

公平解雇的要求是：

• 必须有充足、公平的解雇原因；
• 必须以公平、合法的程序完成解雇。

如果雇主因企业经营原因，计划解雇一名或多名雇员，则需与雇员代表协商。

在协商过程中，双方必须达成以下共识：

• 采取相应对策避免解雇；
• 将解雇人数降到最低；
• 更改解雇时间；
• 减少解雇的负面影响；
• 选择解雇员工的方法；
• 解雇员工的遣散费。

雇主必须以书面形式向其协商方披露以下信息（包括但不局限于）：

• 计划解雇员工的原因；
• 雇员在提出解雇前考虑的其他方案，以及不采纳其他解决方案的原因；
• 选择解雇员工的方法；
• 解雇生效的计划时间或时间段；
• 计划赔偿的遣散费；
• 雇主对雇员能够提供的任何帮助。

2）劳资纠纷解决。

《劳工关系法》（The Labour Relation Act）规定了个人雇佣关系和集体雇佣关系方面的相关事项。根据《劳工关系法》，成立了劳资纠纷解决机构，并形成了劳资纠纷解决流程。解决劳资纠纷的机构包括调解和仲裁委员会和劳动法庭等。

调解和仲裁委员会有权利授权私人机构或对话委员会行使其部分或全部职责。处于纠纷的双方可以自主选择协助其解决纠纷的机构，但通常来说，对话委员会为第一选择。

南非的劳资纠纷解决系统的框架和流程。如果在企业层面，纠纷得不到解决继而陷入僵局，纠纷双方则需进行调解。总的来说，处理流程需要考虑劳资纠纷的不同类型；利益纠纷和权利纠纷的处理流程不同。另外，纠纷的分类非常重要，因为这决定着解决纠纷的不同手段。劳工行动被视为解决利益纠纷的一个合适的方法和手段。

4.《广义基础上的黑人经济振兴法案》

（1）介绍

《广义基础上的黑人经济振兴法案》（Broad-Based Black Economic Empowerment，B-BBEE）是南非政府加快经济转型的政策之一。该政策的直接目标是振兴"黑人"经济，消除种族隔离制度造成的不平等。"黑人"指的是非洲裔、印度裔和其他多种族混血人士。此外，该政策旨在促进指定群体的经济地位，包括妇女、青年、残疾人和生活在农村社区的人士。

（2）为什么您的企业须遵守《广义基础上的黑人经济振兴法案》

首先需要指出的是，根据《广义基础上的黑人经济振兴法案》（2003 年第 52 号），企业并没有强制遵守该政策的法定义务。而企业遵守该政策更多被视为一种商业规则和现实要求，其原因如下：

• 南非政府部门有法定义务执行《广义基础上的黑人经济振兴法案》。按要求完成优先采购，可在评分卡中获得 10 ~20 分（100 分制）。

• 只有遵守《广义基础上的黑人经济振兴法案》有关优先采购规定的企业才能在评分卡中获得分数，而您的客户会希望在您的企业进行采购符合该法案有关规定，以此获得分数。

（3）您的企业怎样能够达到一个合适的 B-BBEE 级别

在南非的新建企业通过第一年的贸易活动，可达到第四等级。

下面列举了评分卡制度的评分条件。只有年营业额超过 3 500 万兰特的企业需要满足以下所有条件。年营业额在 500 万 ~3 500 万兰特的企业需要满足以下条件中的 5 条。年营业额低于 500 万兰特的企业为豁免微小企业，被认定为第四等级，且被豁免不需要满足以下任何条件。

• 所有权（ownership）；
• 管理控制（management control）；
• 平等雇佣（employment equity）；
• 优先采购（preferential procurement）；
• 企业发展（企业对行业发展的贡献比重）（enterprise development）；
• 社会经济发展（企业对社会、经济发展的回报举措）（socio-economic development）；
• 接受技能培训（skills development）。

企业的 B-BBEE 分数和级别按照表 4 -9 -7 计算：

表 4 -9 -7

B－BBEE 级别	当前评分	新评分	所占比重
第一级别贡献企业	评分卡 100 分	评分卡 100 分	135%
第二级别贡献企业	高于 85 分，低于 100 分	高于 95 分，低于 100 分	125%
第三级别贡献企业	高于 75 分，低于 85 分	高于 90 分，低于 95 分	110%
第四级别贡献企业	高于 65 分，低于 75 分	高于 80 分，低于 90 分	100%
第五级别贡献企业	高于 55 分，低于 65 分	高于 75 分，低于 80 分	80%

续表

B-BBEE 级别	当前评分	新评分	所占比重
第六级别贡献企业	高于45分，低于55分	高于70分，低于75分	60%
第七级别贡献企业	高于40分，低于45分	高于55分，低于70分	50%
第八级别贡献企业	高于30分，低于40分	高于40分，低于55分	10%
无贡献企业	低于30分	低于40分	0%

(4)《广义基础上的黑人经济振兴法案》章程（Codes of Good Practice）（2013 年修正版）

1）介绍。

《广义基础上的黑人经济振兴法案》自2003年颁布以来取得了一些进展，达到了该政策的预期目标。重新审阅、定位《广义基础上的黑人经济振兴法案》，对政府制定、实施振兴黑人经济政策的重点项目十分重要。

《广义基础上的黑人经济振兴法案》的新章程旨在通过将企业与评分卡制度中的"供应商发展"这一评分条件相挂钩，创造支持企业家精神的社会文化。预计未来可实现的成果包括：

- 创造生产性行业的开放市场，提高弱势群体和个人的有效参与程度；
- 提高重点行业黑人工作者的关键技能；
- 促进公共部门和私有部门的紧密合作；
- 促进大型企业和小型企业的合作。

《广义基础上的黑人经济振兴法案》框架还包括了人力资源发展（平等雇佣、管理和技能发展），以及间接经济振兴等评分条件（企业发展、优先采购、社会经济发展等）。

《广义基础上的黑人经济振兴法案》新章程的关键内容是评分卡制度。新修改的评分卡制度包含5项评分条件，而之前的章程有7项评分条件。

新章程包含的5项评分条件见表4-9-8。

表4-9-8

企业和供应商发展（enterprise and supplier development）（整合了原来的优先采购和企业发展）	40分
所有权	25分
接受技能培训	20分
管理控制	15分
社会、经济发展	5分
合　计	105分

上列5项中，关键评分条件是：

- 所有权/同等所有权（equity equivalent programme）；
- 接受技能培训；
- 企业和供应商发展。

南非的大型企业需要遵守上述三个重点评分条件。

黑人控股51%以上的豁免微小企业和具有资格的小型企业，被认定为B-BBEE二级。黑人控股100%的豁免微小企业和具有资格的小型企业，被认定为B-BBEE一级。

根据指定人群在企业的持股比例，将提高"所有权"这一评分条件的分数。

南非贸易与工业部强调为了促进南非本土工业生产的发展，在《广义基础上的黑人经济振兴法案》的修改版章程中，引入"企业和供应商发展"这一评分条件。振兴黑人经济的供应方（Empowering Supplier）指的是能够证明在南非本土开展生产活动和/或增值活动、遵守《广义基础上的黑人经济振兴法案》的企业。生产活动和增值活动必须包括创造就业、技术转移等。

自 2013 年 10 月起有一个 12 个月的过渡期。过渡期内，南非政府可以进一步细化新章程的相关规定，并准备新章程的实施工作。

2）同等所有权（Equity equivalents）。

《广义基础上的黑人经济振兴法案》要求在南非经营的所有企业和机构都必须对实现该政策的目标——振兴黑人经济做出贡献。但是，一些拥有国际业务的跨国公司由于不能通过将股份出售给黑人的传统做法，阻碍了这些公司满足章程中“所有权”这一评分条件。根据章程规定，在这种情况下，虽然这类跨国企业无法将其股份出售给黑人，也可承认这类企业对振兴南非本土黑人经济的贡献。此类贡献即称为“同等所有权”，算为跨国公司的“所有权”评分条件。同等所有权贡献价值的计算方法为：跨国公司在南非业务价值的 25%，或在南非经营年收入的 4%。

在同等所有权框架下，通过执行不同的计划或项目，跨国公司可达到“所有权”条件的要求并获得相应分数。这些计划或项目既可以是公共的也可以是私有的，或者是为了促进南非本土社会、经济发展的投资项目或其他类型项目，但都必须由贸易与工业部的部长审核批准。需要注意的是，同等所有权的计划或项目不能算作跨国公司在评分卡中“所有权”之外的其他评分条件。跨国公司若想参与该类计划或项目，必须向主管政府部门——南非贸易与工业部申请。

（5）《广义基础上的黑人经济振兴法案》2012 年修正案

在《广义基础上的黑人经济振兴法案》（2003 年第 53 号）的基础上，南非政府于 2012 年公布了该法案的修正案，目的是提高对该法案监督和评估的体制框架。

修正案旨在实现一系列关键战略目标，包括将该法案与其章程和其他相关法律法规接轨、建立指导委员会（B-BBEE Commission）、独立审计监管委员会（Independent Regulatory Board of Auditors）、规定行业审核细则、对规避和不遵守该法案的行为实施惩罚制度等。

1）指导委员会。

根据 2012 年修正案建立的指导委员会拥有重要职责，包括（但不局限于）：监督、管理和促进各企业和单位为了大众的利益，遵守《广义基础上的黑人经济振兴法案》及其章程；加强公共部门和私有部门间的关系，以促进和保障该法案各项目标的实现；促进对该法案的宣传，开展学习法案的计划和项目；通过创造有利于法案实施的有效环境，促进各企业和单位的良好治理和责任感等。

2）掩护行为（Fronting）。

掩护行为指的是任何直接或间接阻挠、破坏《广义基础上的黑人经济振兴法案》实施或目标实现的交易、行为或行动。通常来说，这涉及单位或个人通过虚假陈述或上报企业的事实情况，声称遵守《广义基础上的黑人经济振兴法案》的行为。审核机构、采购审核员或相关决策人员通过与企业接触，可发现企业的掩护行为。为了确保所有形式的阻挠、破坏行为都得到依法处理，《广义基础上的黑人经济振兴法案》修正案对掩护行为进行了定义。

修正案对下列掩护行为定义为犯罪行为：虚假陈述或试图虚假陈述企业的 B-BBEE 等级；向审核员提供不实的信息或进行虚假陈述，以图获得一个特定的 B-BBEE 等级；为了企业 B-BBEE 等级评估，向任何国家机构或公共部门提供不实信息或进行虚假陈述；任何国家机构或公共部门的审核专家、采购审核员或其他官员没有能够报告企业的犯罪行为，企业从而没有得到依法处理。

（6）行业章程

在南非，有一些行业还拥有自己的章程，这些行业包括：

- 金融业；
- 建筑业；
- 房地产业；
- 农业；
- 信息和通信技术业；

● 采矿业；

● 旅游业；

● 石油和液态燃料；

● 注册会计。

《广义基础上的黑人经济振兴法案》的目标是可实现的。由于该政策内容多且条例较复杂，外商在南非投资建立企业前，应先仔细了解、咨询有关规定和要求。

5. 知识产权法

（1）介绍

知识产权主要分为四类：专利权、商标权、设计权和著作权。这四类权利都受南非法律法规保护，下面会详细介绍。另外，知识产权相关法律包括《假冒产品法》（Counterfeit Goods Act）、《商标法》（Merchandise Marks Act）、《植物育种者权利法》（Plant Breeders'Rights Act）、《知识产权法案》修正案（Intellectual Property Laws Amendment Act），以及《公共资助研究和发展法案》（Public Financed Research Development Act）中有关知识产权的规定。

除了上述知识产权保护的法律，南非还是以下知识产权条约和公约的签署国：

●《保护工业产权巴黎公约》（Paris Convention for the Protection of Industrial Property）；

●《保护文学和艺术作品伯尔尼公约》（Berne Convention for the Protection of Literary and Artistic Works）；

● 世贸组织——《与贸易有关的知识产权协定》（WTO-Agreement on Trade-Related Aspects of Intellectual Property Rights）；

●《共同体商标条例》（The Community Trademark Regulations）；

●《马德里议定书》（The Madrid Protocol）。南非目前还没有正式签署该议定书，但有意向签署。

（2）专利权

根据《专利法》（1978 年第 57 号），知识产权有不同形式，都受到法律保护，包括：

①提交专利申请。

● 根据南非《专利法》（Patents Act）规定，个人可以自行提交临时专利申请。然而，建议申请者在专利律师的协助下提交申请。

● 在提交临时专利申请后，申请者可最终获得的专利保护的力度和范围，将根据对发明创造的内容和特点的描述措辞而定。南非专利局（South Africa Patent Office）采取防范措施保证申请专利的保密性，但不对发生在专利局之外的泄密事件负责。

● 南非是《专利合作条约》（Patent Cooperation Treaty）142 个成员国之一。在该条约下，个人可以提交国际申请，也可提交国家申请。提交国际申请，申请者可指明希望受到专利保护的国家。国际专利的注册登记须缴纳额外费用。

②专利的更新登记。

● 更新专利登记，需填写并提交 P10 表格至南非专利局，并同时缴纳当年专利年费；

● 每年的专利年费可参见南非专利局网站上提供的“专利费表格”第七项（Patents Table of Fees）。例如，第五年的专利年费为 130 兰特，第六年的专利年费为 85 兰特等。

（3）商标权

《商标法》（1993 年第 194 号）：

● 证明商标和集体商标也受《商标法》（Trade Marks Act）保护。如果一个商标不能将其产品或服务与其他相区别，或一个商标不能表明产品或服务的质量、数量、价值或原产地，则该商标不能注册。

● 商标注册有效期为 10 年。10 年后需每年更新注册。

• 商标有地域限制。除非所有者能够证明其商标是一个知名商标，否则必须在所有者希望能够拥有专有商标权的国家进行注册。

•《保护工业产权巴黎公约》对知名商标（无论注册与否）的保护进行了相关规定。

• 目前，南非的商标注册申请受理时间一般为自提交之日起 2 年。因此，在提交商标注册申请前，需要调查所申请商标是否已被注册，以避免浪费时间和费用。

（4）假冒产品

《假冒产品法》（1997 年第 37 号）：

•《假冒产品法》（Counterfeit Goods Act）保护商标所有人、著作权人和其他权利人，打击假冒产品交易、非法利用他人知识产权、将非法利用他人知识产权的产品（称为“假冒产品”）用于商业目的的行为。

• 对权利人的保护措施包括：

——禁止与假冒产品有关的任何行为，以及在任何情况下拥有假冒产品，包括制作、销售、出租、交换、展览、分发、进口或出口等；

——对上述犯罪行为的处罚措施进行了规定；

——授权南非警察署（South African Police Service）进入房屋处所，查找、获取、扣押假冒产品，直至案件完成民事诉讼或刑事诉讼程序；

——授权南非海关部门获取、扣押或没收从他国进口至南非的假冒产品，并处理其附带问题。

6. 消费者保护法

（1）介绍

《消费者保护法》（Consumer Protection Act）是南非一部具有开创性意义的立法，于 2011 年 4 月 1 日生效实施。该法案规定了供应商、进口商、批发商、制造商，以及供应链不同环节参与方的法定责任。虽然该法案有关消费者权益保护的规定于 2011 年 4 月 1 日实施，但关于商品供给的有关规定自 2010 年 10 月 1 日就已经开始实行。

《消费者保护法》针对发生于 2011 年 4 月 1 日之后的供应商和消费者之间的商品和服务供应交易或宣传活动（例如广告）。对于 2011 年 4 月 1 日之前的合同，若续签或重新签订，也必须遵守《消费者保护法》。该法案颁布的目的之一就是通过提高消费者的权益，解决消费者和供应商因历史原因造成的长久以来的不平等关系。

《消费者保护法》将“商品”（goods）定义为用于人类消费的任何销售物品，一个有形物体（包括用于书写或编码的媒介），任何文学作品、音乐、照片、电影、游戏、信息、数据、软件、代码，或其他用于书写或编码的无形产品，或使用上述无形产品的许可、对土地或其他不动产的合法权益。

《消费者保护法》将“服务”（service）定义为他人为直接或间接利益进行的任何工作或执行的任何事项，提供的任何交易、信息、建议、咨询、银行服务、金融服务，或代表他人承担、承保风险，运输人或商品，提供住宿或食物，以及提供其他相似服务。

广义来说，《消费者保护法》旨在保护消费者。消费者包括自然人、小型企业（资产或年营业额低于 200 万欧元）和特许权使用者。《消费者保护法》对“商品”和“交易”的定义广泛，这是为了向普通人和小型企业提供有力的保护。但是，《消费者保护法》不包含：根据南非《国家信用法案》（National Credit Act）的信贷协议，国家提供的商品或服务；雇佣合同或集体对话协议下提供的服务；南非《财务咨询及中介服务法》（The Financial Advisory and Intermediary Services Act）规定的大多数金融服务；保险服务等。

（2）《消费者保护法》的内容和范围

《消费者保护法》包含的内容广泛，每一方面的内容针对消费者可能遇到的不同问题。《消费者保护法》包含的不同内容有：

- 严格的赔偿责任；
- 自动保修；
- 直接营销；
- 固定期限合同与合同内容；
- 消费者忠诚计划（Customer loyalty programmes）；
- 特许经营协定；
- 退货；
- 未定物（unsolicited goods）。

(3)《消费者保护法》的实施

为保证《消费者保护法》的实施，南非国家消费者委员会（National Consumer Commission）和消费者法庭（National Consumer Tribunal）正式成立。这两个机构拥有很大的调查权利，以保证所有违反《消费者保护法》的行为得到调查，而无论消费者是否对此类行为进行了举报。

《消费者保护法》列举了一系列违法行为及其处罚办法。通常来说，对企业的每次违法行为处以相等于其年营业额 10% 的罚款。这意味着企业的违法行为越频繁，被处以罚款的数额也会累计增多。

建议新建企业首先确定其经营生产需要遵守《消费者保护法》的哪些具体内容和条例，从而有效降低、避免相关风险。根据企业经营生产的不同领域，企业的不同部门需共同合作，一起确定遵守《消费者保护法》的原则标准和风险规避方案等，从而通过提出企业的经营守则，优化企业生产力。

7. 竞争法

(1) 介绍

南非贸易与工业部一直着力于解决由于过度注重企业所有权和控制权、对反竞争行为约束不足、南非公民参与国家经济事务不公平而导致的经济发展不平衡。为了解决上述问题，南非政府颁布了《竞争法》(1989 年第 89 号)。这部法案替代了之前颁布的《保持和促进竞争法》(1979 年第 96 号)。

《竞争法》适用于所有发生在南非，或会对南非产生影响的经济活动，因此该法案对南非本土企业和外商在南非投资企业都产生了深远影响。《竞争法》对一些行为明令禁止，例如横向限制和纵向限制行为、滥用市场支配地位、操控企业并购等。

《竞争法》第二章对该法案的目的进行了阐述——促进、维持南非的竞争秩序，从而：

- 促进经济的有效性和适应性，并促进经济发展；
- 向消费者提供有竞争力的价格和产品选择；
- 促进就业，提高南非的社会、经济福利；
- 增加南非参与世界市场的机会，认可外国企业竞争的作用；
- 确保中小型企业参与南非经济的平等机会；
- 促进企业所有权的公平性，尤其是提高在历史上处于弱势地位人群的所有权水平。

注：在很多方面，南非的《竞争法》与加拿大、欧盟和美国的竞争法主要规定是相类似的。但是，与其他国家模式有一点不同的是，南非《竞争法》不仅侧重于竞争，还包括公众利益和社会目标的内容，例如促进小型企业发展、雇员的权益、黑人经济振兴政策等。

根据《竞争法》，南非成立了竞争委员会（Competition Commission）、竞争法庭（Competition Tribunal）和竞争上诉法庭（Competition Appeal Court）。这些机构都是为了实现《竞争法》的各项规定和目标而建立的。

竞争委员会的职责包括：

- 调查、评估涉嫌违反《竞争法》第二章有关规定的行为，例如限制行为或滥用市场主导地位等；

- 授权、禁止或推荐评估；
- 执行提高市场透明度，增强公众了解和遵守《竞争法》意识的措施。

竞争法庭裁定所有的禁止行为，例如限制行为或滥用市场主导地位。竞争法庭也受理已由竞争委员会调查、评估的案件。

竞争上诉法庭审核竞争法庭做出的任何裁决，并对竞争法庭的上诉案件进行裁决。

南非竞争委员会于2004 年实施“公司宽恕政策”（Corporate Leniency Policy），旨在防止和消除结盟活动。另外，《竞争法》修订案（1999 年第 1 号）规定，任何对其企业参与结盟活动负有责任的董事或经理，也对其个人追究责任。

若企业参与了《竞争法》明令禁止的行为，例如未能提前告知并购、并购未事前得到有关部门的批准、违反竞争委员会或竞争法庭的任何条例或决定等，竞争法庭都可对企业处以在南非经营的年营业额或从南非年出口额 10% 的罚款。此外，早前完成的并购若违反了《竞争法》的规定，竞争法庭也可下令剥离由并购交易获得的任何资产。

（2）《竞争法》的发展和完善

越来越多的非洲国家对竞争进行立法，尤其是企业并购和兼并案例日益增多，因而对并购控制方面的法律规定也更加严格、完善。在非洲大陆扩大经营的企业遇到的最主要的挑战之一就是必须研究每个国家不同的竞争法规，包括各国竞争法的具体条例，以及在立法框架下各国的最新发展趋势等。因此，了解、遵守非洲大陆各个国家的竞争法是极其重要的。

8. 环境法

（1）南非环境立法介绍

1996 年《南非共和国宪法权利法案》（Bill of Rights of the Constitution of the Republic of South Africa）确立了南非公民均有享受对健康和生存无害的环境。这项规定促使南非政府建立合理的立法并采用其他措施，确保这项环境权利得到实现和保护。因此，自从《宪法》实施以来，南非政府颁布了一系列法律法规，遵守上述宪法赋予的职责。目前正在实施的法律法规，加之新实施的法律法规，形成了南非环境方面的立法。

（2）国家环境管理法（1998 年第 107 号）

《国家环境管理法》（The National Environmental Management Act）是南非环境立法的基础，是其他环境方面法律法规的奠基石。该法律将南非公民及其需求（生理、心理、发展、文化和社会等方面）作为最主要的考量和基准。

《国家环境管理法》的第二章对南非进行环境决策，或参与对环境可产生重要影响活动的所有机构进行了一般性规定。这些一般性原则同时也是管理、执行环境方面活动必须遵守的框架内容。一般性原则包括以下几方面：

- 联合决策概念；
- 可持续发展和环境管理的最佳实践原则；
- 环境综合管理；
- 以社区为基础的环境决策；
- 预警原则；
- “谁污染谁付费”原则。

根据《国家环境管理法》，一些特定的活动除非得到有关政府部门的“环境许可”，否则不能开展。特定活动清单可详见《环境影响评估条例》（Environmental Impact Assessment Regulations）。

一项活动或行为是否需要得到环境许可根据许多因素而定，例如该项活动的规模和内容、在活动发生地是否之前已进行过该项活动等。任何个人未得到环境许可而开展属于《环境影响评估条例》清单所列的特定活动，属于违法行为。违法个人会被处以不超过500万兰特的罚款，或被判处不超过10年的有期徒刑，或被同时处以罚款和判处有期徒刑。

若没有获得环境许可而已经开始或持续进行属于《环境影响评估条例》清单所列的特定活动，可申请“修正”。“修正申请”（rectification application）需缴纳不超过100万兰特的行政罚款。

《环境影响评估条例》引入了“注意义务”（duty of care）的规定，意思是任何引起、已经引起或有可能引起严重的环境污染或环境恶化的个人，除非其伤害环境的程度在法律许可范围内，都必须采取措施防止这类环境污染或环境恶化。若不能避免或停止，则必须最小化和改正这类环境污染或恶化。“注意义务”适用于：在土地或房屋开展《环境影响评估条例》清单所列特定活动，从而导致、已经导致、有可能导致严重的环境污染或环境恶化的土地所有者、土地或房屋的控制人，或任何有权使用土地和房屋的个人。

根据法律规定给的“注意义务”，环境部门采用的行政手段也称“指令”。“指令”由主管环境部门向个人发出，命令该责任人停止对环境已经造成或可能造成负面影响的某项生产或活动。如果责任人不能遵守指令的具体规定，环境部门有权采取任何必要的环境修复措施，并向责任人收取环境修复措施的合理费用。

环境管理检察员在南非也称为“绿色蝎子”（Green Scorpions），其任务是执行环境保护的相关法律法规和政策。环境管理检察员的权力范围较大，包括检查、调查与扣押、逮捕等。

（3）环境保护法（1989年第73号）

自《国家环境管理法》开始生效实施后，《环境保护法》（The Environment Conservation Act）的大部分条例都被废除了。目前仍生效的条例包括限制开发区域，振动、冲击和噪音监管，一般监管权力，违法和罚款行为等。

（4）其他环境保护立法

以下法律法规并不构成南非所有的环境立法，但具有代表性，能够说明南非环境立法的多样化以及目前所涵盖的内容和范围。

- 《国家水资源法》（The National Water Act）；
- 《国家环境管理：空气质量法》（The National Environmental Management：Air Quality）；
- 《国家环境管理：海岸综合管理法》（The National Environmental Management：Integrated Coastal Management Act）；
- 《国家环境管理：保护区法》（The National Environmental Management：Protected Areas Act）；
- 《国家环境管理：废物法》（The National Environmental Management：Waste Act）；
- 《有害物质法》（The Hazardous Substances Act）；
- 《国家遗产资源法》（The National Heritage Resources Act）；
- 《农业资源保护法》（The Conservation of Agricultural Resources Act）；
- 《海洋生物资源法》（The Marine Living Resources Act）；
- 南非放射性废物处置协会（The National Radioactive Waste Disposal Institute）。

9. 土地法

（1）财产权

《南非共和国宪法权利法案》（1996年第96号）包括了关于公民财产权的条款。南非宪法对财产权进行规定是为了保护个人财产物权，包括所有权、租赁、贷款、留置权、地役权等。根据财产权法律条例，任何个人不可被任意剥夺财产。此外，如果国家对个人财产进行征收，必须是以公众用途目的或为了大众的利益，并需对被征收土地的所有者进行补偿。

（2）所有权和土地权益

任何个人不得以口头约定的方式出售财产。《土地转让法》（1991年第68号）对出售财产的合法方式进行了规定，包括必须以书面的方式由双方或授权代理人签署合同。另外，《农业土地划分法》（1986 年第 95 号）对农业土地划分也进行了严格规定。

南非《契约登记法》（1937 年第 47 号）对土地产权的登记和划分、土地契约、地役权、租赁、财产婚前契约登记等进行了相关规定。

转让契约、抵押贷款债权、产权证书等须由具有资格的律师或不动产转让事务办理员准备。契约登记办公室（Deeds Registry Office）的契约登记官将对此类文件进行证明、执行和登记。

只有契约登记官可以执行或证明土地所有权个人间的转让。其他土地物权的个人间转让，例如长期租赁等，可以转让契约的形式进行，并由有资格的律师和公证员进行证明、由登记官进行登记。

土地所有权转让须缴纳税费，包括：

- 业权转移费；
- 转让税或增值税；
- 契约登记费。

《转让税法》（1949 年第 40 号）对转让税进行了相关规定。转让税的计算根据转让财产的价值而定。如果转让空置土地，转让费根据空置土地的价值进行计算。如果转让已建成的房屋（如土地和建筑物），转让费根据土地和建筑物的价值进行计算。从 2011 年 2 月 23 日起，价值在 60 万兰特（之前是 50 万兰特）以下的财产不收取转让税。价值高于 60.01 万兰特的财产，转让费为（转让财产价值的）3% 至最高额 100 万兰特。价值在 100 万兰特至 150 万兰特的财产，转让费为 1.2 万兰特加（转让财产价值的）5%。价值高于 150 万兰特的财产，转让费为 3.7 万兰特加（转让财产价值的）8%。

如果是从已登记增值税的开发商购买不动产，这类交易无需缴纳转让费，而是由购买者根据购买价格缴纳增值税。

根据《分权法》（1986 年第 95 号），建筑物产权可以进行分割，也可成为分权共有财产。《分权法》规定了建筑物分割后的个人所有权和共有财产的共同所有权。分割所有权的转让和分割抵押的登记在分割产权登记上进行记录，在契约登记办公室进行办理。

1）场地开发。

虽然南非全国对场地开发流程的规定是统一的，但每个地方政府可能对开发的具体步骤有不同的规定，投资者必须遵守。在多数情况下，开发计划的审批、环境影响评估和水电的使用（包括水、废水和电）由地方政府全权处理。

一般来说，在已经完成土地维护，并不需要其他土地保养的区域，水电线路试验是非常简单快捷的。若需要提高水电线路的容量，或进一步检修水电线路，则需要等待更长的时间。

关于南非场地开发流程的更多信息和概述，请参考《南非场地开发流程》（Site Development Procedures in South Africa）。

2）建筑许可。

开发地所在的辖区地方政府负责签发建筑许可证。每个地方政府有不同的建筑许可证申请流程。大多数建筑许可的申请必须同时遵守国家建筑法规和标准，以及地方政府的相关要求。《国家建筑法规和标准法》（National Building Regulations and Building Standards Act）从国家层面对建筑法规和标准进行了规定。

地方政府还规定必须与外部部门进行咨询，例如卫生、消防、环境、水事务等有关部门。

申请建筑许可证还包括以下方面：

- 消防；
- 污染防治；
- 健康影响；
- 建筑物临街建设；

- 高程控制；
- 排水和海岸防护设计；
- 道路；
- 卫生设施；
- 污水管网。

若建筑方案得到批准，地方政府会对施工场地进行至少5次检查。一些政府可能开展更多的检查，尤其是对多层建筑。另外，也会根据建筑的不同性质和特点，不时进行其他检查。

3）环境评估。

根据南非《环境影响评估条例》，申请某些类型的建筑许可证需要进行环境影响评估。环境顾问依法进行评估，由土地所有者支付有关费用。也有一些投资者近期主动开展环境影响评估。据估算，环境影响评估的价格为投资额的5%。

（四）南非的税务制度

1. 公司税

（1）所得税（Income tax）

南非实行居住地税收制度：

- 南非居民根据其全球收入纳税。
- 非南非籍居民根据其在南非的所得收入纳税。
- 任何在南非组建或开展经营管理的公司，都被认定为南非居民企业，都需依法缴税。
- 南非本土公司实行28%的统一税费。自2012年4月1日起，外国公司在南非的分公司的税费也为28%（之前的税费为在南非所得收入的33%）。信托基金（特殊信托除外）的税费为40%。

（2）资本收益税（Capital gains tax）

南非居民在全球范围出售拥有的资产而获得利润，就必须缴纳资本收益税：

- 个人和特殊信托的税率为33.3%（2012年3月1日前为25%）；企业和其他信托基金的税率为66.6%（2012年3月1日前为50%）。因此，个人的最高实际有效税率为13.3%（之前为10%），企业为18.6%（之前为14%），信托基金为26.7%。
- 非南非藉居民出售其拥有的在南非的房地产或经营机构的财产，也须缴纳资本收益税。
- 若个人或企业更改居住状况，则需要在其被认定为南非居民或企业之日，确定其财产的市场价值。这个市场价值就是将来出售财产缴纳资本收益税的基准费用。

（3）免税机构和公众福利组织

公众福利组织的任何收益不属于商业或贸易活动，因此不需要缴纳所得税：

- 部分贸易活动是完全免税的；而有一部分贸易活动需要部分缴税。
- 向公众福利组织的任何捐款无需缴纳捐赠税。另外，向公众福利组织捐赠的遗产也无需缴纳房地产遗产税。此类捐款或遗产捐赠不属于出售行为，因此也不需要缴纳资本收益税。
- 另外一些免税机构，例如政府部门、地方政府等，也享受类似的免税条例。

（4）股息税（Dividend tax）

新的股息预扣税于2012年4月1日起实施，取代了原来的公司二级税。股息预扣税的税率为南非本土公司所报股息红利，或在约翰内斯堡股权交易所上市的非南非居民企业股份的15%。

15%的税率可根据双重纳税协议而降低。

向中央政府部门、省级和地方政府部门、退休基金、信托基金、公众福利组织、其他免税机构或免税南非企业支付的股息红利不需要缴税。此外，外籍人士也无需缴纳股息税。免税股东必须能够证明其免税资格。

（5）境外股息红利

南非居民获得的境外股息红利也需缴纳收入税。

境外股息红利是指从任何“外国公司”（非南非居民企业）收到的，或由公司总部支付、申报的任何股息红利。南非居民企业是指任何在南非组建、成立、进行经营管理的公司，但不包括任何被认定为其他国家居民企业的公司。

在一些情况下，南非居民获得的境外股息红利可免交所得税。

自 2012 年 4 月 1 日期，若境外股息红利由任意一家公司而非总部公司派发，需缴纳税款，税率为 15%。

集体投资计划的股息分红按照一般收入缴税，因此无需缴纳股息税。

（6）预扣所得税

外国企业汇出的利润，或外国企业的分支机构，无需缴纳预扣所得税。

对非南非籍人士征收的利息和服务费的预扣所得税，将分别于 2015 年 1 月 1 日和 2016 年 1 月 1 日生效实施。

新的预扣所得税的税率为 15%，在支付利息和服务费后的第二个月最后一天缴纳。目前，《收入税法案》对非南非籍人士在南非挣得的利息几乎全部免税。

未来将对利息征收的预扣所得税，可在一定情况下免除，包括：政府债券、地方银行和交易商持有的债务、经纪账户、地方集体投资项目等。总部公司支付的利息同样免税。另外，预扣所得税也不适用于目前没有获得利息免税的非南非籍人士，包括每年在南非生活超过 183 天的个人、通过在南非常设机构开展商业经营的非南非籍人士等。

服务费的预扣所得税也有一些免税情况。若外国收款人是一个自然人，并在领取服务费之日前 12 个月中，有超过 183 天没有在南非生活，则无须缴纳预扣所得税。另外，如果服务费的发生与南非常设机构有关，或服务费由作为雇员的任何个人支付，也无须缴纳预扣所得税。

外国演艺人员和运动员在南非进行表演，向其支付的净酬劳须缴纳 15% 的预扣所得税。

外籍人士销售不动产且交易额超过 200 万兰特，须缴纳预扣所得税。买方向非南非籍卖方支付的费用中，预扣税的部分为：

- 若卖方为自然人，预扣 5%；
- 若卖方为企业，预扣 7.5%；
- 若卖方为信托基金，预扣 10%。

特许权使用费的预扣所得税为 12%。该税率在一些双重纳税条款下可降低。2015 年 1 月 1 日后，税率将由 12% 提高至 15%，并适用于所有类型的特许权使用费。

表 4-9-9

使用双重避税协议后，预扣所得税的税率降低

国家和地区	降低的税率	国家和地区	降低的税率
阿尔及利亚	10%	莱索托	10%
澳大利亚	0%/10%	卢森堡	
		马来西亚	5%
白俄罗斯	5%/10%	马耳他	10%
比利时	0%	毛里求斯	0%
莫桑比克	8%/15%	墨西哥	5%/10%
博兹瓦纳	10%	纳米比亚	10%
巴西	10%	荷兰	0%

续表

使用双重避税协议后，预扣所得税的税率降低			
国家和地区	降低的税率	国家和地区	降低的税率
保加利亚	5%/10%	新西兰	10%
加拿大	6%/10%	尼日利亚	7.5%
中国	7%/10%	挪威	0%
克罗地亚	5%	阿曼	8%
塞浦路斯	0%	巴基斯坦	10%
捷克	10%	波兰	10%
丹麦	0%	俄罗斯	0%
埃及	15%	卢旺达	10%/15%
俄塞俄比亚	10%	罗马尼亚	15%
民主刚果	10%	葡萄牙	10%/15%
芬兰	0%	塞舌尔	0%
法国	0%	新加坡	5%
德国	0%	斯洛伐克	10%
加纳	10%	西班牙	5%
希腊	5%/7%	斯瓦士兰	10%
匈牙利	0%	瑞典	0%
印度	10%	瑞士	0%
印度及西亚	10%	中国台湾	10%
伊朗	10%	坦桑尼亚	10%
爱尔兰	0%	突尼斯	10%
以色列	0%/2%	土耳其	10%
意大利	6%	乌干达	10%
日本	10%	乌克兰	10%
韩国	10%	英国	0%
科威特	10%	美国	0%

（7）受控外国公司

南非居民的收入还包括从受控外国公司（controlled foreign company）挣得的净收入（包括资本收益）。受控外国公司指的是南非籍人士直接或间接占50%以上参与权或投票权的任何外国企业。南非籍人士通过参与权（10%及以上）在一家受控外国公司获得的收入，包含在该南非居民的收入中。居民收入累加计算，在国外缴纳的税款可抵消在南非的应缴税款。

对向其他受控外国公司支付的利息、特许权使用费、租赁费等，实行一定的税收政策。例外情况如下：

- 受控外国公司的净收入属于国外的商业机构（前提是该商业机构按照正常交易原则有效的进行经营）；
- 受控外国公司的净收入算入南非应纳税所得额中；
- 一家受控外国公司向另一家受控外国公司支付的利息、特许权使用费或租赁费，并且两家公司都属于同一企业集团；
- 出售资产获得的资本收益，属于与受控外国公司属同一企业集团的任何商业机构。

（8）总部公司制度

南非的总部公司制度大力推动南非成为受欢迎的投资目的地国家。在总部公司制度下，企业获得的股息红利与境外股息红利相同，可免除相关税收。属于总部公司的机构，在下列领域可以减免税款：

- 总部公司的外国分公司不被认定为受控外国企业，因此任何受控外国公司的“净收入”不可转嫁给任何一家总部公司。

• 总部公司申报的股息红利免交股息税。

• 南非居民企业满足下列要求时，具备总部公司资格：

——在当年及之前所有年度中，每个股东（及所属同一企业集团的其他相关公司）在该企业所占权益股和投票权达到10%或以上。

——在当年末及之前所有年度中，企业总资产的80%或以上，都通过外国企业的权益股、提供的贷款或知识产权获得；对于外国企业，每个股东（及所属同一企业集团的其它相关公司）所占权益股和投票权须达到至少10%。

——在企业总收入超过500万兰特的情况下，超过50%的总收入由上述类型外国企业支付的股息红利、利息、特许权使用费，或出售上述类型外国企业的股份组成。

（9）税务登记

任何需要依法缴纳一般税种的企业或封闭型公司，有法定责任提交报税单，并登记为纳税企业。纳税企业须每年在规定时间内填写并提交指定格式的报税单。

必须登记成为缴纳公司所得税的机构包括：

• 上市公司；

• 私人企业；

• 封闭型公司；

• 合作社；

• 其他小型企业（年利润低于1 400万兰特）。

企业所得税的税率于每年2月份发布的南非政府财政预算里公布。要求企业和封闭型公司于其财年结束后的12个月内提交报税单。小型企业的企业所得税税率经常有所变化，当年首次购买并使用某些类型制造业资产的相关费用可以免税。小型企业也可以登记成为微小企业营业税的纳税单位。

（10）应纳税收入的计算方法

表4-9-10

净收入	南非籍人士的收入/收益 非南非籍人士在南非获得的收入/收益
减去：免税的收入	例如股息红利
减去：准许的减税额	在南非创造收入的非资本类费用
减去：其他减免税额	根据税务减免机制 其他资本减免 ——厂房和机器 ——建筑物，以及对建筑物的修缮

（11）当前税率

表4-9-11

税　种	政府规定	税　率
公司税（非采矿业）		28%
股息税		15%
微小企业（营业）税 （年营业额低于100万兰特）	0~15万兰特	0%
	15.01万~30万兰特	超过15万兰特的部分，每1兰特的1%
	30.01万~50万兰特	超过30万兰特的部分乘以2%，再加上1 500兰特
	50.01万~75万兰特	超过50万兰特的部分乘以4%，再加行5 500兰特
	75.01万兰特以上	超过75万兰特的部分乘以6%，再加上15 500兰特

续表

税 种	政府规定	税 率
小企业税（年营业额低于 140 万兰特）	0 ~ 67 111 兰特	0%
	67112 ~ 36.5 万兰特	7%
	36.501 万 ~ 55 万兰特	21%
	55 万兰特以上	28%
应纳税收入达到并超过 63.86 万兰特的最高个人税率		超过 63.86 万兰特的 40% 加上 185 205 兰特

2. 交易税

(1) 增值税

南非最主要的间接税收入为增值税。增值税的标准税率为 14%。出口商品、某些种类的食品以及一些其他供给品的税率为零。还有一些金融、公共交通、居所等服务或商品，免征增值税。

在南非，任何个人进行企业经营，其制造、提供的应纳税商品或服务超过了一定门槛额度，就必须登记增值税。南非对任何登记的商品或服务征收 14% 的增值税，除非该类商品或服务符合零税率标准或免税标准。

一般来说，增值税报告的周期为 2 个月，但是对于年营业额超过 3 000 万兰特的企业，必须每月提交增值税报告。增值税报告必须在该报告所涵盖的纳税周期结束后的 25 日内提交，并同时支付税款。

(2) 转让税

根据购买协议（于 2011 年 2 月 23 日或之后签署）购入的财产，需缴纳的转让税如表 4 – 9 – 13 所示。

表 4 – 9 – 13

税 率	税率或应缴税款
个人购买财产：	
● 60 万兰特	0%
● 60.01 万 ~ 100 万兰特	3%
● 100 万 ~ 150 万兰特	1.25 万兰特 + 5%
● 150.01 万兰特以上	3.7 万兰特 + 8%

若销售不动产发生了增值税，则无须缴纳转让税。若不动产转让无须缴纳增值税（无论免增值税或零税率），则须缴纳转让税。间接收购住宅房产、封闭型公司的股权、全权信托的或有权利等，需要缴纳转让税。

(3) 股票转让税

在南非成立或组建的企业或封闭型公司，以及在股票交易所上市的外国企业，转让其发行股票的税率为 0.25%。

“股票转让”包括转让、分配、出让，或以任何方式出售股票。但是，不改变实际所有权的行为、发行股票等情况除外。

(4) 捐赠税

若捐赠者每年捐赠超过价值为 10 万兰特以上的财产（若捐赠者为非自然人，捐赠价值为 1 万兰特），需缴纳捐赠税，税率为超过 10 万兰特部分的 20%。捐赠人为南非常住居民，或在南非组建、管理的私有公司，才需缴纳捐赠税。公共公司免交捐赠税。

3. 个人所得税

南非籍人士在世界各地所得收入都须缴税。外籍人士在南非所得收入、出售不动产所得利润、私人股权投资财产等，都需缴纳个人所得税。

目前，若外籍人士在该税务年度在南非以外国家居住183天以上并没有在南非开展商业经营，其在南非所得或与南非有关的收入，无须缴纳个人所得税。

南非的普通常住居民，或在当前税务年度以及之前5年中，每年都在南非居住超过91天的人士，或在连续5个税务年度在南非居住累计超过915天的人士，都须缴纳个人所得税。

缴纳个人所得税有多种方式，包括：

- 网上填写报税单，这是最简单、快捷的方法；
- 在南非税务局的办理机构，在工作人员的帮助下，填写、递交电子报税单；
- 手写完成书面的电子报税单，并邮寄至南非税务局。

个人所得税的应纳税额为总收入减去免税收入和准许减税额。总收入包括通过就业获得的各种现金或实物所得，包括奖金、补贴、税收补偿等。

减税有着严格的限制。一般来说，医疗支出、养老金个人缴纳部分、退休年金基金、一定类型的捐赠、旅行费用、机动车辆费用等，可获得减税。

免税的情况包括（但不局限于）：

- 利息和境外股息红利；
- 退休金；
- 南非居民从其他国家获得的社会保险和养老金支付。

4. 雇佣税

（1）介绍

南非的雇佣税包括工资税、技能培训税和失业保险基金。

雇主向雇员支付的任何报酬，每月根据固定税率向南非税务局缴纳工资税。但是，年度工资单低于50万兰特的雇主，无须缴纳工资税。

失业保险基金的税率为雇主向雇员支付报酬的2%（但有最高限制），每月上缴至南非税务局。

雇佣税的基本原则是，如果雇主根据要求预扣了向员工支付报酬的工资税，雇主也须根据向员工支付报酬的金额，预扣技能培训税和失业保险基金。

除非向员工支付的薪水满足特殊免税资格，雇主有法定责任预扣工资税，如果其雇员是：

- 南非居民；
- 在南非具有“代表雇主”的外籍人士。

在雇佣税的条例框架下，以下机构被定义为“雇主”：

- 外资控股企业和/或其在南非成立的分支机构、私募基金；
- 外资控股企业的南非分公司，和/或南非分公司成立的、位于南非的分支机构或私募基金；
- 外籍人士在南非成立的私募基金；
- 外籍人士没有在南非设立私募基金，但在南非设立了办公室或开展商业经营。

（2）失业保险基金

每个雇主必须每月上缴失业保险基金。失业保险基金根据向雇员每月支付的总薪酬计算，薪酬上限为14 872兰特。雇主支付1%，雇员支付薪酬的1%，从其薪水内扣除。在计算失业保险基金时，以下不算作薪酬：

- 与雇佣无关的支付，例如年金或养老金等；
- 向劳务经纪人进行的支付，因为劳务经纪人具有免税资格；
- 一次性提取的养老金、退休年金或公积金；
- 向法人进行的支付，如公司等；

● 向独立合同商进行的支付。

无须缴纳失业保险基金，但须填写报税单的雇员包括：

● 临时工（每月工作时间少于24小时）；

● 国家或省级政府部门的工作人员；

● 在雇佣合同或服务合同到期后将回国的外国雇员；

● 只有提成，没有应纳税收入的雇员；

● 按照《技能培训法案》（Skills Development Act），签署合同正在进行培训的学员。

（3）技能培训税

雇主的年工资表超过50万兰特，须根据向雇员支付的总薪酬，每月缴纳1%的技能培训税。一般来说，按照雇主支付的总薪酬额计算缴纳的技能培训税，但不包括：

● 向独立合同商支付的报酬；

● 雇员的费用报销；

● 支付的养老金；

● 向按照《技能培训法案》（Skills Development Act）签署合同正在进行培训的学员支付的薪酬。

（五）南非鼓励机制

1. 概述

南非政府出台了一系列刺激、促进企业可持续发展和具有竞争力发展的激励计划。

这些激励计划是通过提供贷款或减免税款，提高企业的商业利益，支持企业可持续发展。大多数的激励计划和政策由南非贸易与工业部制定和管理。南非其他政府部门也负责其他一些激励计划。

南非所有的激励计划大致分为三种类型，具体如下：

● 概念和研发激励计划（Concept and Research & Development Incentives）：为私有部门企业投资发明、设计和改进新产品和工艺流程而提供的激励计划。

● 资本支出激励计划（Capital Expenditure Incentives）：为企业建立或提高生产力进行的收购或资产升级而提供的激励计划。

● 提高竞争力激励计划（Competitive Enhancement Incentives）：为私有部门提高竞争力、促进可持续经济发展而提供的激励计划。

2. 投资与企业发展鼓励项目

关键基础设施项目（Critical Infrastructure Programme）

● 主管部门：南非贸易与工业部。

● 目标：通过降低企业成本和风险、为基础设施建设提供有针对性的财政支持，提高南非工业行业的竞争力，从而使得战略投资对经济发展产生正面影响。

● 适用范围：新企业或正在扩张的企业投资基础设施，例如道路、铁路、电力传输和配电、水利管道、通信网络、废水管道等。适用于地方政府、公共部门和私有部门企业。

● 优惠措施：10% ~30%的基础设施建设费用现金补贴。

地方基础设施补贴（Municipal Infrastructure Grant）

● 主管部门：南非省区和地方政府部。

● 目标：通过向重点家庭提供基本服务、向解决基本城市基础设施建设提供资助，从而补贴地方资本预算。基础设施建设必须同时促进就业、创造支持企业发展的机会。

• 适用范围：南非所有的大城市、地区和地方城市。

• 优惠措施：每年为地方城市提供有条件补贴。

地方经济发展项目（Local Economic Development Programme）

• 主管部门：南非省区和地方政府部。

• 目标：为地方投资创造良好环境、鼓励市场发展，以建立现有行业和新兴行业间的联系。

• 地方政府、私有部门企业、与政府部门建立合作伙伴关系的企业，以及希望建立产业集群、促进行业发展的其他企业。

• 优惠措施：向一些特定地区提供上限为70%的拨款。

企业流程服务激励计划（Business Process Services Incentives）

• 主管部门：南非贸易与工业部。

• 目标：吸引企业流程服务方面的投资，以通过离岸商业活动创造就业机会。

• 适用范围：地方、外国投资者（新项目和正在扩张的项目）。

• 优惠措施：每创造一个海外工作岗位，可获得上限为11.2万兰特的补贴返还。补贴在三年内返还。创造多于400个以上和800个以上海外工作岗位的项目可分别申请额外奖励。

企业投资项目：水产业发展和促进项目（Enterprise Investment Programme：Aquaculture Development and Enhancement Programme）

• 主管部门：南非旅游部。

• 目标：促进水产业的投资。

• 适用范围：涉及鱼类孵化场和养鱼场、加工和储存养殖鱼，以及为鱼类孵化场和养鱼场经营者提供服务的南非企业。

• 优惠措施：为建筑物、机器设备、商用车辆、作业船和基础设施投资提供20%～50%的补贴。

税款减免（Tax Allowance）

• 主管部门：南非贸易与工业部。

• 目标：根据南非《收入税法》第121章规定，促进南非工业政策项目的地方和国外直接投资。

• 适用范围：该激励计划为新计划，主要侧重于大型工业项目。国家已拨款200亿兰特额外用于税款减免。

制造业资产必须在南非境内使用，并满足《收入税法》第12c（1）（a）章、第13章规定的税款减免条件，即纳税人必须首次购买并使用制造业流程的厂房或机器设备。此外，若符合相关条件，还包括建设、翻新建筑物的费用。

参加该激励计划的项目将根据以下条件获得评分：

——在南非本土升级产业，通过：

——使用创新流程工艺。

——使用新技术，促进环境保护，包括提高能源效率、采用清新生产技术等。

——通过向小型、中型和微小企业采购商品或服务，建立企业间的联系。

——创造直接就业。

——提供技能发展。

——位于工业开发区内。

• 优惠措施：对于被认定为具有优先资格、符合条件的工业政策项目，使用任何制造资产的费用可减免额外55%的税款。此外，对于其他符合条件的工业政策项目，使用任何制造资产的费用可减免额外35%的税款，但：

——被认定为具有优先资格的任何绿地投资项目，上限为9亿兰特；

——任何其他绿地投资项目，上限为5.5亿兰特；

——任何其他褐地投资项目，上限为3.5亿兰特；

——工业政策项目后续为员工提供的培训费用，所获得的培训补贴每名员工不得超过3.6万兰特；对于符合条件的项目，培训补贴不得超过2 000万兰特；对于具有优先资格的项目，培训补贴不得超过3 000万兰特。

• 最低投资要求：

——绿地投资的最低投资额要求为2亿兰特；

——褐地投资的投资额要求高于300万兰特，或高于制造资产价值的25%。

电影和电视节目制造激励计划（Location Film and Television Production Incentive）

• 主管部门：南非贸易与工业部。

• 目标：鼓励预算额较高的电影和电视节目的制造，以贡献于南非经济发展、提高南非国际形象、吸引外国直接投资。

• 适用范围：高于1 200万兰特、所有外国电影和电视节目。

• 优惠措施：符合条件的电影和电视节目可获得15%的费用返还，返还上限为1 000万兰特。

3. 提高竞争力的鼓励项目

黑人企业供应商发展项目（Black Business Supplier Development Programme）

• 主管部门：南非贸易与工业部。

• 目标：通过提供资金、增强竞争力，促进所有黑人企业的可持续发展。

• 适用范围：黑人拥有多数股权（51%及以上）、年营业额在25万至3 500万兰特之间、管理团队绝大多数为黑人的企业。此外，企业还必须已经开展至少一年的贸易活动。

• 优惠措施：向企业提供最高为100万兰特的补贴，其中：80万限于工具、机器和设备；20万限于企业发展和培训。

合作联营激励项目（The Co-operative Incentive Scheme）

• 主管部门：南非贸易与工业部。

• 目标：通过降低经营成本，提高合作联营企业的生存力和竞争力，最终促进合作联营企业的发展。

• 适用范围：任何根据《合作联营法》（Co-operatives Act）在南非登记、注册的企业机构。

• 优惠措施：南非贸易与工业部提供90%的成本补贴，上限为35万兰特。可补贴的成本费用包括企业发展服务、业务概况、可行性研究、市场调研、新建需求等。

就业基金（Jobs Fund）

• 主管部门：南非发展银行。

• 目标：为能够促进南非就业的公共和私有部门企业提供共同融资。

• 适用范围：该基金在竞争申请的基础上，对南非私有部门、非政府组织、政府部门和地方城市提交的共同融资建议书进行审核。申请机构必须能够在促进经济发展的同时，创造可持续的就业岗位。

• 优惠措施：融资配额由以下条件决定：

——私有部门企业发展项目：申请企业提供1∶1配额的融资。最小额为500万兰特，即项目最低融资额为1 000万兰特。

——公共部门企业发展项目：申请企业提供0.2∶1配额的融资。最小额为500万兰特，即项目最低融资额为600万兰特。

——基础设施项目：申请企业提供1∶1配额的融资。最小额为1 000万兰特，即项目最低融资额为2 000万兰特。

——私有部门企业支持求职者项目：申请企业提供1:1配额的融资。最小额为300万兰特，即项目最低融资额为600万兰特。

——公共部门企业支持求职者项目：申请企业提供0.2:1配额的融资。最小额为300万兰特，即项目最低融资额为360万兰特。

4. 非工业行业的出口鼓励项目

出口市场和投资协助计划（Export Marketing and Investment Assistance Scheme）

● 主管部门：南非贸易与工业部。

● 目标：帮助南非的出口商建立其产品的出口市场，并通过实施以下项目吸引外国投资：个人参与展会、对外投资和销售、国内购买和投资、向外拓展直接投资和市场调研等。

● 适用范围：所有在南非海关部门登记注册的企业，对中小制造业企业实行特殊条款。

● 优惠措施：为参与该计划的所有企业提供的费用包括：差旅费（经济舱）；每日生活补贴；参加一些活动的样品运输费和营销资料制作费；参加展会的费用，如摊位租金、摊位设计和布置；宣传册制作费等。

行业特别支持计划（Sector Specific Assistance Scheme）

● 主管部门：南非贸易与工业部。

● 目标：开发新的出口市场，拓宽特定行业的出口基地，提高中小型制造业企业和参与黑人经济振兴企业参与出口等。

● 适用范围：得到批准的出口委员会、登记注册的行业协会和联合行动组织。

● 优惠措施：为建立合作伙伴关系的费用提供50%~80%的补贴。

资本项目可行性研究计划（Capital Projects Feasibility Programme）

● 主管部门：南非贸易与工业部。

● 目标：开展增加南非出口、刺激南非本土资本货物和服务增长的项目的可行性研究。

● 适用范围：登记注册的南非企业。

● 优惠措施：为在南非境外开展的可行性研究提供50%的研究费用，为在南非本土开展的可行性研究提供55%的研究费用。

工业开发区（Industrial Development Zones）

● 主管部门：南非贸易与工业部。

● 目标：促进制造业发展，提高南非出口的竞争力。

● 适用范围：工业开发区内指定海关监管区的制造商和出口商。

● 优惠措施：对用于制造、加工出口货品的进口货物、原材料、零部件实行关税减免和增值税免除，并对海关监管区提供的服务免除增值税。

● 支持南非工业政策行动方案（Industrial Policy Action Plan）和新增长路径（New Growth Path）的目标，以及获得南非贸易与工业部批准的、满足税款减免要求的绿地和褐地商业投资。政府也会考虑加强对工业开发区内劳动密集型企业的激励措施。

5. 工业行业的出口鼓励项目

汽车生产和开发项目（Automotive Production and Development Programme）

● 主管部门：南非贸易与工业部。

● 目标：该项目于2013年1月1日开始实施，目标包括：

——推动汽车行业的生产增长，实现至2020年年生产量达到120万辆的目标，并进一步加强汽车零部件行业的发展；

——更好地平衡国内销售和出口销售，刺激国内需求和供给；

——促进附加值投资、就业和政府净收入增长；

——积极地促进收支平衡。

• 优惠措施：该项目提供的优惠措施包括：

——以投资为导向的激励计划，包括用于生产车辆和零部件的建筑物、机器设备和工具投资，以提高产量和汽车价值链；

——生产激励：适用于所有南部非洲关税同盟的最终生产商，以有资格的汽车零部件生产流程的附加值为基础；

——本地组装补贴：将代替免税补贴，覆盖所有在南非组装的车辆，而不论车辆的主要市场为何地。

汽车行业投资计划（Automotive Investment Scheme）

• 主管部门：南非贸易与工业部。

• 目标：鼓励汽车行业投资，促进轻型车辆和汽车零部件生产商的发展，鼓励汽车零部件本地化并更好地适用于新型车和车辆升级模型，鼓励生产商通过增加产量、升级改造生产流程、加强汽车行业价值链而扩大经济规模。

• 适用范围：机动车组装供应链的机动车组装商和汽车零部件制造商。

• 优惠措施：生产性资产投资额 20% 的现金补贴。现金补贴于 3 年内平均支付，并须得到南非贸易与工业部批准。现金补贴需要纳税。另外，如果是由南非贸易与工业部认定的战略项目，也可获得 5%、10% 或超过 20% 的、须纳税的现金补贴。

本地组装补贴（Local Assembly Allowance）

• 主管部门：南非工业发展公司。

• 适用范围：只适用于为南非本土市场制造机动车辆的组装商。

• 优惠措施：该激励项目于 2013 年开始，补贴额为 20%，之后至 2015 年每年递减 1%，至 2020 年补贴额水平为 18%。

外国投资补贴（Foreign Investment Grant）

• 主管部门：南非贸易与工业部。

• 适用范围：除市场已饱和的行业，如电视机、烟草、塑料等，其他行业均可申请补贴。

• 优惠措施：对南部非洲关税同盟和南部非洲发展共同体以外的外国投资者，南非政府给予相当于机器设备价值的 15%、每个项目最多不超过 300 万兰特的现金补贴，用于将机器设备从海外运抵南非。此外，设备的运输费、人员的转移费、差旅费、技术人员的佣金、港杂费、内陆运输费、保险费和代理费等也可申请补贴。

（来源：本部分内容翻译、摘录自南非贸易与工业部发行的《南非投资者手册》）

第五篇
大事记录篇

2013 年重大双向投资大事记

2013-1-8　国家税务总局关于《中华人民共和国政府和埃塞俄比亚联邦民主共和国政府对所得避免双重征税和防止偷漏税的协定》及议定书生效执行的公告（国家税务总局公告 2013 年第 4 号）

《中华人民共和国政府和埃塞俄比亚联邦民主共和国政府对所得避免双重征税和防止偷漏税的协定》及议定书已于 2009 年 5 月 14 日在北京正式签署，双方分别于 2012 年 11 月 8 日和 2012 年 11 月 26 日相互通知已完成该协定及议定书生效所必需的各自国内法律程序。根据《协定》第二十八条的规定，该协定及议定书自 2012 年 12 月 25 日起生效，并适用于 2013 年 1 月 1 日或以后取得的所得。

2013-1-11　关于开展境外中资企业安全生产质量大检查专项行动的通知（商合函〔2013〕11 号）

商务部、安全监管总局、外交部、发展改革委、住房城乡建设部和国资委下发了关于开展境外中资企业安全生产质量大检查专项行动的通知。》

2013-1-18　2013 中国-东盟经贸论坛（博鳌）成功举行

2013 年 1 月 16—18 日，博鳌亚洲论坛 2013 年中小企业发展论坛在海南博鳌举行。论坛期间，中国-东盟中心与中国企业合作促进会联合举办了 2013 年中国-东盟经贸论坛（博鳌）。

2013-1-28　商务部关于印发《外商投资统计制度（2013 年）》的通知

为适应跨国直接投资形势和方式的变化，保持与国际直接投资统计规则的一致，加强外资统计管理工作，经国家统计局批准，商务部编制了《外商投资统计制度（2013 年）》，自 2013 年 1 月起执行。《商务部关于印发〈外商投资统计制度（2011 年）〉的通知》（商资函〔2010〕第 1083 号）同时废止。

2013-2-18　商务部、环境保护部关于印发《对外投资合作环境保护指南》的通知

为指导中国企业在对外投资合作中进一步规范环境保护行为，引导企业积极履行环境保护社会责任，推动对外投资合作可持续发展，商务部和环境保护部制定了《对外投资合作环境保护指南》。

2013-2-20　《台湾投资者经第三地转投资认定暂行办法》公布（商务部、国务院台湾事务办公室公告 2013 年第 12 号）

为实施《海峡两岸投资保护和促进协议》，保护台湾投资者合法投资权益，鼓励台湾同胞赴大陆投资，促进海峡两岸经济合作，现公布《台湾投资者经第三地转投资认定暂行办法》，自 2013 年 2 月 20 日起实施。

2013－2－21　商务部、财政部、税务总局、工商总局、统计局、外汇局关于开展 2013 年外商投资企业联合年检工作的通知

为认真贯彻执行《关于对外商投资企业实行联合年检的实施方案的通知》（〔1998〕外经贸资发第 938 号），做好 2013 年全国外商投资企业联合年检工作，商务部、财政部、税务总局、工商总局、统计局、外汇局开展 2013 年外商投资企业联合年检工作。

2013－3－1　《人民币合格境外机构投资者境内证券投资试点办法》公布（证监会、人民银行、外汇局令第 90 号）

为规范人民币合格境外机构投资者在境内进行证券投资的行为，促进证券市场发展，保护投资者合法权益，根据有关法律和行政法规，制定了《人民币合格境外机构投资者境内证券投资试点办法》。

2013－3－10　中国人民银行印发《关于合格境外机构投资者投资银行间债券市场有关事项的通知》

2013 年 3 月 10 日，中国人民银行印发《关于合格境外机构投资者投资银行间债券市场有关事项的通知》（银发〔2013〕69 号），允许符合条件的合格境外机构投资者（QFII）向中国人民银行申请投资银行间债券市场。

2013－3－14　商务部关于 2013 年全国吸收外商投资工作的指导意见（商资发〔2013〕82 号）

为全面贯彻党的十八大精神，做好 2013 年全国吸收外商投资工作，商务部发布关于 2013 年全国吸收外商投资工作的指导意见。

2013－3－18　商务部关于印发《规范对外投资合作领域竞争行为的规定》的通知

为促进对外投资合作业务健康和可持续发展，规范企业海外经营行为，鼓励和保护公平竞争，杜绝不正当竞争行为，提升对外投资合作企业管理水平和竞争能力，商务部制定了《规范对外投资合作领域竞争行为的规定》。

2013－3－24　中国发展高层论坛 2013 年年会开幕式

2013 年 3 月 24 日上午，中国发展高层论坛 2013 年年会在北京开幕。中共中央政治局常委、国务院副总理张高丽出席开幕式并致辞。

2013－3－26　中国人民银行与南非储备银行签署《中国人民银行代理南非储备银行投资中国银行间债券市场的代理投资协议》

2013 年 3 月 26 日，中国人民银行行长周小川与南非储备银行（South African Reserve Bank）行长马库司（Gill Marcus）在南非德班签署了《中国人民银行代理南非储备银行投资中国银行间债券市场的代理投资协议》。

2013－3－28　中日韩在韩国首尔举行第一轮自由贸易协定谈判

2013 年 3 月 26 日—28 日，中日韩在韩国首尔举行第一轮自由贸易协定谈判。

2013－4－7　博鳌亚洲论坛 2013 年年会开幕

博鳌亚洲论坛 2013 年年会于 2013 年 4 月 7 日上午在海南省博鳌开幕。国家主席习近平出席开幕式并发表主旨演讲。

2013－4－9　国家税务总局关于《中华人民共和国政府和丹麦王国政府对所得避免双重征税和防止偷漏税的协定》及议定书生效执行的公告（税务总局公告 2013 年第 14 号）

《中华人民共和国政府和丹麦王国政府对所得避免双重征税和防止偷漏税的协定》（以下简称协定）及议定书已于 2012 年 6 月 16 日在哥本哈根正式签署，双方分别于 2012 年 9 月 3 日和 2012 年 11 月 28 日相互通知已完成该协定及议定书生效所必需的各自国内法律程序。根据协定第二十八条的规定，该协定及议定书自2012年12月27日起生效，并适用于2013年1月1日或以后取得的所得。

2013-4-10　中国省与美国加州贸易投资合作研讨会在京举行

由中国商务部与美国加利福尼亚州政府共同主办的“中国省与美国加州贸易投资合作研讨会”在北京举行。中国商务部副部长王超与美国加州州长布朗出席研讨会并致辞。

2013-4-15　中国冰岛签署自贸协定

2013年4月15日，《中冰自贸协定》签署。该协定是我国与欧洲国家签署的第一个自由贸易协定，涵盖货物贸易、服务贸易、投资等诸多领域。

2013-4-18　商务部发布《国别贸易投资环境报告2013》及《通信设备制造业分册》

为帮助我国企业、相关机构和组织全面了解我国主要贸易伙伴的贸易投资政策，提高风险防范意识和能力，商务部依据相关规定，发布《国别贸易投资环境报告2013》和《通信设备制造业分册》。

2013-4-24　2013年《投资蓝皮书》发布

由中国建投投资研究院、社会科学文献出版社联合主办的“城镇化与投资研讨会暨2013年《投资蓝皮书》发布会”在北京举行。

2013-5-2　中国人民银行关于实施《人民币合格境外机构投资者境内证券投资试点办法》有关事项的通知

为规范人民币合格境外机构投资者境内证券投资试点工作，中国人民银行发布关于实施《人民币合格境外机构投资者境内证券投资试点办法》（证监会 人民银行 外汇局第90号令发布）的有关事项通知。

2013-5-5　奥马哈经贸合作论坛隆重召开

2013年5月5日，由奥马哈经贸合作论坛组委会主办的“2013奥马哈经贸合作论坛”，在美国内布拉斯加州奥马哈市隆重召开。论坛旨在搭建中美两国的投资与经贸合作交流碰撞平台，促进中美各大领域的发展与创新智慧交融，为中国企业迈入全球化发展提供有效跳板。

2013-5-6　商务部办公厅关于启用对外投资合作在外人员信息管理系统的通知（商办合函〔2013〕253号）

为全面掌握对外投资合作在外人员信息，做好对外投资合作业务宏观监测和运行分析，强化风险评估、预警和应对，以及推进网上政务，根据《对外劳务合作管理条例》和对外投资合作在外人员管理的相关规定，商务部组织开发了对外投资合作在外人员信息管理系统，自2013年6月1日起启用。

2013-5-9　《中西部地区外商投资优势产业目录（2013年修订）》发布（国家发展改革委、商务部令第1号）

《中西部地区外商投资优势产业目录（2013年修订）》已经国务院批准，自2013年6月10日起施行。2008年12月23日国家发展改革委、商务部发布的《中西部地区外商投资优势产业目录（2008年修订）》（国家发展改革委、商务部令2008年第4号）同时废止。根据《指导外商投资方向规定》（国务院令2002年第346号）的规定，属于本目录的外商投资项目，享受鼓励类外商投资项目优惠政策。符合本目录规定的外商投资在建项目，可按照本目录的有关政策执行。

2013-5-10　国家外汇管理局关于印发《外国投资者境内直接投资外汇管理规定》及配套文件的通知

为促进和便利外国投资者境内直接投资，规范外国投资者境内直接投资外汇管理，国家外汇管理局制定了《外国投资者境内直接投资外汇管理规定》及配套文件。

2013－5－23　商务部、国家开发银行关于支持境外经济贸易合作区建设发展有关问题的通知

根据商务部、财政部关于境外经济贸易合作区确认考核相关文件的规定，商务部、财政部将继续对已经通过确认的合作区开展2013年度考核工作。

2013－6－3　第九轮中美投资协定谈判在青岛举行

2013年6月3日，第九轮中美投资协定谈判在山东青岛举行，此轮谈判为期4天。

2013－6－24　第四届国际资本峰会在巴黎开幕

第四届国际资本峰会于2013年6月24日在巴黎开幕，300多名中欧政、经、商界人士参加了峰会开幕式和有关议题的讨论，开启了中西方商界领袖对话的“双车道”。

2013－6－26　《2013年世界投资报告》发布

2013年6月26日，联合国贸发组织全球同步发布了《2013年世界投资报告》。《世界投资报告》是联合国贸发组织在分析和研究各国（地区）外国直接投资（FDI）统计数据基础上发布的全球FDI最新趋势及前景预测年度报告。

2013－7－5　商务部等9部门关于印发《对外投资合作和对外贸易领域不良信用记录试行办法》的通知

为促进对外投资合作和对外贸易规范发展，强化政府服务，有效提示风险，按照信息公开、社会监督和为公众负责的原则，商务部、外交部、公安部、住房城乡建设部、海关总署、税务总局、工商总局、质检总局和外汇局制定了《对外投资合作和对外贸易领域不良信用记录试行办法》。

2013－7－6　中国和瑞士在北京正式签署中国-瑞士自由贸易协定

中国-瑞士自由贸易协定是中国与欧洲大陆国家签署的首个自贸协定。协定生效后，瑞方将对中方99.7%的出口立即实施零关税，中方将对瑞方84.2%的出口最终实施零关税，加上部分降税产品，大大超过一般自贸协定的降税水平。

2013－7－11　第五轮中美战略与经济对话在美国华盛顿举行

2013年7月10—11日，第五轮中美战略与经济对话在美国华盛顿举行。为落实当年6月两国元首在美国加州安纳伯格庄园会晤中达成的关于积极推进投资协定谈判的共识，两国元首的特别代表进行了深入讨论和交流。

2013－7－14　2013中小企业海外投资论坛顺利举办

2013年7月14日，由商务部投资促进事务局与中国中小企业协会共同主办的“2013中小企业海外投资论坛”在北京成功举办。此论坛旨在拓宽民间资本投资渠道，搭建中小企业与海外项目对接平台，积极推动有实力、有条件的中国企业走出去。

2013－7－23　商务部投资促进局与爱尔兰投资发展局签署双向投资促进合作谅解备忘录

7月23日，商务部部长高虎城在京会见了爱尔兰就业、企业及创新部部长理查德·布鲁顿一行，并与布鲁顿部长共同见证了“中华人民共和国商务部投资促进局与爱尔兰投资发展局双向投资促进合作谅解备忘录”的签署。

2013－7－27　2013年中国-东盟商务与投资峰会和中国-东盟博览会广西领导小组会议在南宁召开

7月25日，中国-东盟商务与投资峰会、中国-东盟博览会（简称“两会”）广西领导小组2013年第一次会议在南宁召开。

2013－8－2　中日韩第二轮自由贸易协定谈判在上海举行

2013年7月30日—8月2日，中日韩在中国上海举行第二轮自由贸易协定谈判。

2013-8-19　国家发展改革委副主任张晓强率团召开中俄投资合作常设工作组第四次会议

为加快落实中俄两国元首关于加强投资合作的重要共识，根据双方协商确定的工作安排，经国务院批准，国家发展改革委副主任张晓强于8月19—21日率团赴俄莫斯科，与俄经济发展部共同出席了中俄投资合作常设工作组第四次会议。

2013-8-21　《合格境内机构投资者境外证券投资外汇管理规定》公布（国家外汇管理局公告2013年第1号）

根据《中华人民共和国外汇管理条例》及相关规定，国家外汇管理局制定了《合格境内机构投资者境外证券投资外汇管理规定》，现予公布，自公布之日起施行。

2013-8-23　国家经济技术开发区投资促进联席会正式成立

商务部投资促进事务局举办了首届“国家级经济技术开发区对话世界500强”活动，王旭副局长宣布国家级经济技术开发区投资促进联席会正式成立。

2013-9-6　中国-东盟博览会为促进双向投资搭建平台

2013年9月3—6日，第十届中国-东盟博览会在广西南宁举办，本届博览会继续设置投资合作专题，举办系列精彩务实的投资促进活动，为中国与东盟国家的双向投资搭建平台。

2013-9-8　第八届两岸经贸合作与发展论坛在厦门举行

2013年9月8日，第八届两岸经贸合作与发展论坛在厦门举行，两岸学术界和工商界知名人士直奔主题：“两岸服务贸易协议：新机遇、新合作”。

2013-9-9　2013国际投资论坛在中国厦门举行

2013国际投资论坛于2013年9月8—9日在中国厦门隆重开讲。

2013-9-11　总投资达38亿元的“东盟国际智慧园”落户南宁

第10届中国-东盟博览会期间，由世界500强企业IBM公司参与建设的“东盟国际智慧园”项目正式签约并落户南宁。

2013-9-12　国务院总理李克强出席第七届夏季达沃斯论坛开幕式并发表特别致辞

2013年9月11—13日，2013年夏季达沃斯论坛在大连举行，本次年会以“创新：势在必行”为主题。国务院总理李克强出席第七届夏季达沃斯论坛开幕式并发表特别致辞。

2013-9-23　中国人民银行发布《关于境外投资者投资境内金融机构人民币结算有关事项的通知》

2013年9月23日，中国人民银行发布《关于境外投资者投资境内金融机构人民币结算有关事项的通知》（银发〔2013〕225号），对境外投资者在境内新设、并购和参股金融机构等业务使用人民币结算进行了规范。

2013-9-26　欧亚经济论坛在西安开幕

“2013欧亚经济论坛”于2013年9月26—28日在陕西西安举行。

2013-9-26　《2013年中国对欧投资报告》正式发布

2013年9月26日，由安特卫普管理学院编写的《2013年中国对欧投资报告》在安特卫普论坛上正式发布。报告研究国别包括俄罗斯等非欧盟成员国在内的38个欧洲地区国家。

2013-9-29　中国（上海）自由贸易试验区正式挂牌成立

上海自由贸易试验区于2013年9月29日正式挂牌成立。作为大陆首个自贸区，上海自贸区在金融、商贸等多领域扩大开放政策。

2013－9－28　欧亚论坛发表《共建丝绸之路经济带西安宣言》

《共建丝绸之路经济带西安宣言》的发表，是2013欧亚经济论坛的一个重要成果。来自土库曼斯坦马雷市、亚美尼亚久姆里市、乌兹别克斯坦撒马尔罕市、印度新德里市、葡萄牙里斯本市等丝绸之路沿线城市的嘉宾们，在本届欧亚论坛上共同发表了《共建丝绸之路经济带西安宣言》，表达他们共建“丝绸之路经济带”的强烈愿望和坚定信心。

2013－10－7　国家主席习近平出席亚太经合组织工商领导人峰会

国家主席习近平于2013年10月7日在印尼巴厘岛出席亚太经合组织工商领导人峰会，并发表《深化改革开放 共创美好亚太》的重要演讲。

2013－10－15　商务部关于加强对外投资合作在外人员分类管理工作的通知

随着“走出去”战略的加快实施，我对外投资、承包工程、劳务合作等各类对外投资合作在外人员日益增多，为依法保障他们的合法权益，促进对外投资合作健康发展，根据《对外劳务合作管理条例》、《对外承包工程管理条例》和对外投资合作相关管理规定，由中国商务部特颁布此通知。

2013－10－15　《中国上半年对外直接投资回顾与展望报告》发布

安永中国海外投资业务部发布《2013年上半年中国海外投资回顾与展望报告》显示，2013年上半年中国对外直接投资达421.2亿美元，同比增长34%。

2013－10－17　第十八届澳门国际贸易投资展览会开幕

澳门每年一度的国际经贸盛事，由澳门贸易投资促进局主办，世界投资促进机构协会支持的第十八届澳门国际贸易投资展览会（MIF）于10月17—20日在澳门威尼斯人度假村酒店举行，有超过50个国家与地区参展参会。

2013－10－20　2013年第四届国际投资论坛举行

2013年10月19—20日，在南开大学，中国世界经济学会举行第四届国际投资论坛——全球视角下的中国企业对外直接投资。

2013－10－25　第十轮中美投资协定谈判在华盛顿举行

第十轮中美投资协定谈判于2013年10月21—25日在美国华盛顿举行。这是中美双方在当年7月第五轮中美战略与经济对话期间双方商定进入实质性谈判后举行的首轮谈判。

2013－11－11　科伦坡港口城项目签署投资协议

2013年11月11日，中国交通建设集团与斯里兰卡投资管理局在科伦坡签署了港口城项目投资协议。

2013－11－12　三中全会公报：推动对内对外开放 相互促进 加快自贸区建设

2013年11月12日闭幕的党的十八届三中全会，通过了中国共产党中央委员会总书记习近平提出的工作改革决议，会议还支持对内和对外相互促进的开放政策，更好的结合“引进来”和“走出去”的投资战略。

2013－11－13　俄罗斯政府宣布批准两家中国企业大型投资项目

2013年11月13日，俄罗斯政府宣布，中国石油天然气集团公司和吉林昊融有色金属集团在俄罗斯的大型投资项目已获批准。这两家中国企业未来将扩大在俄资源开发。

2013－11－15　中美投资促进（北京）高层论坛举行

2013年11月15日，中美投资促进（北京）高层论坛举行，论坛主题为“助力对美投资，促进合作共赢”。

2013－11－15　关于中国（上海）自由贸易试验区内企业以非货币性资产对外投资等资产重组行为有关企业所得税政策问题的通知

根据《国务院关于印发中国（上海）自由贸易试验区总体方案的通知》（国发〔2013〕38号）有

关规定，财政部、国家税务总局就中国（上海）自由贸易试验区（简称“试验区”）非货币性资产投资资产评估增值企业所得税政策下发通知。

2013－11－26　2013 汽车产业国际投资合作论坛在武汉市举行

2013 年 11 月 26 日，由商务部投资促进事务局与武汉市人民政府共同主办的“2013 汽车产业国际投资合作论坛”在武汉市举行。

2013－11－27　国务院总理李克强出席第三届中国—中东欧国家经贸论坛开幕式并致辞

国务院总理李克强当地时间 11 月 26 日上午在布加勒斯特与罗马尼亚等 13 个中东欧国家总理共同出席第三届中国—中东欧国家经贸论坛开幕式并致辞。

2013－11－27　首届中国轨道交通企业“走出去”论坛在京举行

2013 年 11 月 27 日，由商务部投资促进事务局主办，中国城市轨道交通协会协办，中关村科技企业家协会承办，泰王国大使馆投资促进委员会、南非共和国大使馆、中国欧盟商会和中国法国工商会共同支持的首届中国轨道交通企业“走出去”论坛在北京举行。

2013－11－29　中日韩自贸协定在日本东京进行第三轮谈判

2013 年 11 月 26—29 日，中日韩自贸协定在日本东京进行了第三轮谈判。各方就商品领域的“基本方针”进行了讨论。

2013－11－29　第三届两岸产业合作论坛在江苏昆山召开

11 月 28—29 日，由两岸经济合作委员会产业合作工作小组主办的第三届两岸产业合作论坛在江苏昆山召开。国家发展改革委副主任张晓强以两岸产业合作论坛共同召集人、清华大学台湾研究所高级顾问的身份出席开幕式并做主旨发言。

2013－12－2　国务院关于发布政府核准的投资项目目录（2013 年本）的通知（国发〔2013〕47 号）

国务院办公厅 12 月 2 日发布《政府核准的投资项目目录（2013 年本）》，并就相关事项做出通知。

2013－12－2　人民银行出台《关于金融支持中国（上海）自由贸易试验区建设的意见》

在试验区建设总体方案指导下，《意见》以“服务实体经济，便利跨境投资和贸易”为指导思想，坚持开放创新、先行先试，探索投融资汇兑便利，着力推进人民币跨境使用，稳步推进利率市场化，深化外汇管理改革。

2013－12－2　中英工商峰会在北京举行

2013 年 12 月 2 日，国务院副总理汪洋与英国首相卡梅伦在京共同出席中英工商峰会开幕式并致辞。

2013－12－3　关于跨境人民币直接投资有关问题的公告（商务部公告 2013 年第 87 号）

为推进跨境人民币直接投资便利化，完善监管措施，商务部发布关于跨境人民币直接投资有关问题的公告。

2013－12－5　国务院副总理马凯出席中乌经贸合作论坛开幕式并致辞

中乌经贸合作论坛 12 月 5 日在北京举行。国务院副总理马凯与乌克兰总统亚努科维奇共同出席论坛开幕式并致辞。

2013－12－13　商务部、国家开发银行关于支持境外经济贸易合作区建设发展有关问题的通知

为进一步贯彻落实国务院关于推进境外经济贸易合作区建设的有关精神和《国务院办公厅关于金融支持经济结构调整和转型升级的指导意见》（国办发〔2013〕67 号），创新合作区的发展模式，支持国内企业“走出去”，更好地发挥金融对经济结构调整和转型升级的支持作用，商务部、国家开发银行将加强合作，支持合作区建设，就有关问题下发通知。

2013－12－19　商务部发布《2013 对外投资合作国别（地区）指南》

为帮助“走出去”企业了解国际投资合作市场环境，有效规避风险，商务部 19 日发布了《2013 对外投资合作国别（地区）指南》。该指南覆盖了全球 165 个国家和地区，主要以投资目的国（地区）有关法律法规、官方统计数据和其他信息为依据，客观反映其政治、经济和社会发展等方面的情况，并就我国企业在当地开展业务可能遇到的问题给予必要的提示和建议。

2013－12－23　《中国市与美国芝加哥市贸易投资合作联合工作组谅解备忘录》签字仪式

2013 年 12 月 23 日，商务部举行了《中国市与美国芝加哥市贸易投资合作联合工作组谅解备忘录》签字仪式。

2013－12－27　国务院发布保护投资者国九条

据中国政府网 27 日消息，国务院发布关于进一步加强资本市场中小投资者合法权益保护工作的意见，提出了健全投资者适当性制度、健全投资者适当性制度、保障中小投资者知情权、健全中小投资者投票机制、建立多元化纠纷解决机制、健全中小投资者赔偿机制、加大监管和打击力度、强化中小投资者教育、完善投资者保护组织体系等九条意见。

2013－12－28　全国发展改革系统利用外资和境外投资工作会议

12 月 27—28 日，全国发展改革系统利用外资和境外投资工作会议在北京市召开。会议的主题是学习贯彻党的十八大和十八届二中、三中全会精神，认真落实中央经济工作会议和全国发展改革工作会议各项部署，总结今年利用外资和境外投资工作，研究分析当前国内外经济形势，进一步统一思想，明确任务，探索构建利用外资和境外投资新体制，更好地推进 2014 年利用外资和境外投资工作。

（责任编辑：李晓娟　焦学利）

第六篇 基础数据篇

一、全球直接投资统计表

1. 2008 年至 2013 年按地区和经济体划分的外国直接投资（FDI）流量

表 6－1－1　　**2008—2013 年按地区和经济体划分的 FDI 流量**

地区/经济体	FDI 流入量（百万美元）						FDI 流出量（百万美元）					
	2008	2009	2010	2011	2012	2013	2008	2009	2010	2011	2012	2013
世界	1 818 834	1 221 840	1 422 255	1 700 082	1 330 273	1 451 965	1 999 326	1 171 240	1 467 580	1 711 652	1 346 671	1 410 696
发达国家	1 032 385	618 596	703 474	880 406	516 664	565 626	1 599 317	846 305	988 769	1 215 690	852 708	857 454
欧洲	577 952	408 924	436 303	538 877	244 090	250 799	1 045 129	431 433	591 326	653 000	299 478	328 729
欧盟	551 413	363 133	383 703	490 427	216 012	246 207	983 601	383 598	483 002	585 275	237 865	250 460
奥地利	6 858	9 303	840	10 618	3 939	11 083	29 452	10 006	9 994	21 878	17 059	13 940
比利时	193 950	60 963	77 014	119 022	－30 261	－2 406	221 023	7 525	24 535	96 785	－17 443	－26 372
保加利亚	9 855	3 385	1 525	1 849	1 375	1 450	765	－95	230	163	345	179
哥伦比亚	5 938	3 346	490	1 517	1 356	580	1 405	1 273	－152	53	－36	－187
塞浦路斯	1 414	3 472	766	2 384	1 257	533	2 717	383	679	2 201	－281	308
捷克	6 451	2 927	6 141	2 318	7 984	4 990	4 323	949	1 167	－327	1 790	3 294
丹麦	1 824	3 917	－11 522	13 094	2 831	2 083	13 240	6 305	－124	12 610	7 976	9 170
爱沙尼亚	1 731	1 840	1 598	340	1 517	950	1 114	1 547	142	－1 452	952	357
芬兰	－1 144	718	7 359	2 550	4 153	－1 065	9 297	5 681	10 167	5 011	7 543	4 035
法国	64 184	24 215	33 628	38 547	25 086	4 875	155 047	107 136	64 575	59 552	37 195	－2 555
德国	8 109	23 789	65 620	59 317	13 203	26 721	72 758	69 639	126 310	80 971	79 607	57 550
希腊	4 499	2 436	330	1 143	1 740	2 567	2 418	2 055	1 558	1 772	677	－627
匈牙利	6 325	1 995	2 202	6 290	13 983	3 091	2 234	1 883	1 148	4 663	11 337	2 269
爱尔兰	－16 453	25 715	42 804	23 545	38 315	35 520	18 949	26 616	22 348	－1 165	18 519	22 852
意大利	－10 835	20 077	9 178	34 324	93	16 508	67 000	21 275	32 655	53 629	7 980	31 663
拉脱维亚	1 261	94	380	1 466	1 109	808	243	－62	19	62	192	345
立陶宛	1 965	－14	800	1 448	700	531	336	198	－6	55	392	101
卢森堡	16 853	19 314	39 731	18 116	9 527	30 075	14 809	1 522	21 226	7 750	3 063	21 626
马耳他	943	412	924	276	4	－2 100	457	136	130	4	－42	－7

续表

地区/经济体	FDI 流入量　（百万美元）						FDI 流出量　（百万美元）					
	2008	2009	2010	2011	2012	2013	2008	2009	2010	2011	2012	2013
荷兰	4 549	38 610	-7 324	21 047	9 706	24 389	68 334	34 471	68 341	39 502	267	37 432
波兰	14 839	12 932	13 876	20 616	6 059	-6 038	4 414	4 699	7 226	8 155	727	-4 852
葡萄牙	4 665	2 706	2 646	11 150	8 995	3 114	2 741	816	-7 493	14 905	579	1 427
罗马尼亚	13 909	4 844	2 940	2 522	2 748	3 617	274	-88	-21	-33	-112	119
斯洛伐克	4 868	-6	1 770	3 491	2 826	591	550	904	946	713	-73	-422
斯洛文尼亚	1 947	-659	360	998	-59	-679	1 468	262	-207	118	-272	58
西班牙	76 993	10 407	39 873	28 379	25 696	39 167	74 717	13 070	37 844	41 164	-3 982	26 035
瑞典	36 888	10 093	140	12 924	16 334	8 150	30 363	26 202	20 349	29 861	28 951	33 281
英国	89 026	76 301	49 617	51 137	45 796	37 101	183 153	39 287	39 416	106 673	34 955	19 440
欧洲其他发达国家	26 539	45 791	52 600	48 450	28 079	4 592	61 528	47 835	108 323	67 725	61 613	78 269
直布罗陀	159[a]	172[a]	165[a]	166[a]	168[a]	166[a]	—	—	—	—	—	—
冰岛	917	86	246	1 108	1 025	348	-4 209	2 292	-2 357	23	-3 206	395
挪威	10 251	16 641	17 044	20 586	16 648	9 330	20 404	19 165	23 239	19 880	19 782	17 913
瑞士	15 212	28 891	35 145	26 590	10 238	-5 252	45 333	26 378	87 442	47 822	45 037	59 961
北美	367 919	166 304	226 449	263 428	203 594	249 853	387 573	327 502	312 502	438 872	422 386	380 938
加拿大	61 553	22 700	28 400	39 669	43 025	62 325	79 277	39 601	34 723	52 148	55 446	42 636
美国	306 366	143 604	198 049	223 759	160 569	187 528	308 296	287 901	277 779	386 724	366 940	338 302
其他发达国家	86 514	43 368	40 722	78 101	68 980	64 975	166 615	87 371	84 942	123 818	130 844	147 786
澳大利亚	47 162	27 192	35 799	65 209	55 518	49 826	30 661	11 933	19 607	8 702	6 212	6 364
百慕大	78	-70	231	-258	48	55	323	21	-33	-337	241	50
以色列	10 875	4 607	5 510	10 766	9 481	11 804	7 210	1 751	8 656	5 329	2 352	4 932
日本	24 425	11 938	-1 252	-1 758	1 732	2 304	128 020	74 699	56 263	107 599	122 549	135 749
新西兰	3 974	-299	434	4 142	2 202	987	401	-1 034	448	2 525	-510	691
发展中经济体	668 758	532 580	648 208	724 840	729 449	778 372	338 354	276 664	420 919	422 582	440 164	454 067
非洲	59 276	56 043	47 034	48 021	55 180	57 239	4 947	6 278	6 659	6 773	12 000	12 418
北非	23 153	18 980	16 576	8 506	16 624	15 494	8 752	2 588	4 847	1 575	3 273	1 481
阿尔及利亚	2 632	2 746	2 301	2 581	1 499	1 691	318	215	220	534	-41	-268
埃及	9 495	6 712	6 386	-483	6 881	5 553	1 920	571	1 176	626	211	301
利比亚	3 180	3 310	1 909	—	1 425	702	5 888	1 165	2 722	131	2 509	180
摩洛哥	2 487	1 952	1 574	2 568	2 728	3 358	485	470	589	179	406	331
苏丹	2 600	2 572	2 894	2 692	2 488	3 094	98	89	66	84	175	915
突尼斯	2 759	1 688	1 513	1 148	1 603	1 096	42	77	74	21	13	22
非洲其他国家	36 124	37 063	30 458	39 515	38 556	41 744	-3 805	3 690	1 813	5 198	8 726	10 937
西非	12 538	14 764	12 024	18 649	16 575	14 203	1 709	2 120	1 292	2 731	3 155	2 185
贝宁	170	134	177	161	282	320	-4	31	-18	60	40	46
布基纳法索	106	101	35	144	329	374	-0	8	-4	102	73	83
佛得角	264	174	158	153	57	19	0	-0	0	1	-1	2[a]
科特迪瓦	446	377	339	302	322	371	—	-9	25	15	29	33
冈比亚	70	40	37	36	25	25[a]	—	—	—	—	—	—
加纳	1 220	2 897	2 527	3 222	3 293	3 226[a]	8	7	—	25	1	9[a]
几内亚	382	141	101	956	606	25	126	—	—	1	3	1
几内亚比绍	5	17	33	25	7	15	-1	-0	6	1	-0	0
利比里亚	284	218	450	508	985	1 061	382	364	369	372	1 354	698[a]
马里	180	748	406	556	398	410	1	-1	7	4	16	9

续表

地区/经济体	FDI 流入量　（百万美元）						FDI 流出量　（百万美元）					
	2008	2009	2010	2011	2012	2013	2008	2009	2010	2011	2012	2013
马里塔尼亚	343[a]	-3[a]	131[a]	589[a]	1 383[a]	1 154[a]	4[a]	4[a]	4[a]	4[a]	4[a]	4[a]
尼日尔	340	791	940	1 066	841	631	24	59	-60	9	2	-7
尼日利亚	8 249	8 650	6 099	8 915	7 127	5 609	1 058	1 542	923	824	1 543	1 237
塞内加尔	398	320	266	338	276	298	126	77	2	47	56	32
塞拉利昂	58	111	238	950	548	579[a]	—	—	—	—	—	—
多哥	24	49	86	728	94	84	-16	37	37	1 264	35	37
中非	5 021	6 027	9 389	8 527	9 904	8 165	149	53	590	366	222	634
布隆迪	4	0	1	3	1	7	1	—	—	—	—	—
喀麦隆	21	740	538	652	526	572[a]	-2	-69	503	187	-284	135[a]
中非共和国	117	42	62	37	71	1	—	—	—	—	—	—
乍得	466[a]	376[a]	313[a]	282[a]	343[a]	538[a]	—	—	—	—	—	—
刚果（布）	2 526[a]	1 862[a]	2 211[a]	3 056[a]	2 758[a]	2 038[a]	—	—	—	—	—	—
刚果（金）	1 727	664	2 939	1 687	3 312	2 098	54	35	7	91	421	401
赤道几内亚	-794	1 636	2 734[a]	1 975[a]	2 015[a]	1 914[a]	—	—	—	—	—	–
加蓬	773[a]	573[a]	499[a]	696[a]	696[a]	856[a]	96[a]	87[a]	81[a]	88[a]	85[a]	85[a]
卢旺达	102	119	42	106	160	111	—	—	—	—	—	14
圣多美和普林西比	79	16	51	32	23	30	0	0	0	0	0	0
东非	4 358	3 928	4 511	4 778	5 378	6 210	109	89	141	174	205	148
科摩罗	5	14	8	23	10	14[a]	—	—	—	—	—	—
吉布提	229	100	27	78	110	286	—	—	—	—	—	—
厄立特里亚	39[a]	91[a]	91[a]	39[a]	41[a]	44[a]	—	—	—	—	—	—
埃塞俄比亚	109	221	288	627	279	953[a]	—	—	—	—	—	—
肯尼亚	96	115	178	335	259	514	44	46	2	9	16	6
马达加斯加	1 169	1 066	808	810	812	838[a]	—	—	—	—	—	—
毛里求斯	383	248	430	433	589	259	52	37	129	158	180	135
塞舌尔	130	171	211	207	166	178	13	5	6	8	9	8
索马里	87[a]	108[a]	112[a]	102[a]	107[a]	107[a]	—	—	—	—	—	—
乌干达	729	842	544	894	1 205	1 146	—	—	4	-1	-0	-1
坦桑尼亚	1 383	953	1 813	1 229	1 800	1 872	—	—	—	—	—	—
南非	14 206	12 343	4 534	7 561	6 699	13 166	-5 771	1 429	-210	1 927	5 144	7 970
安哥拉	1 679	2 205	-3 227	-3 024	-6 898	-4 285	-2 570	-7	-1 340	2 093	2 741	2 087
博兹瓦纳	521	129	136	1 093	147	188	-91	6	1	-10	9	-0
莱索托	194	178	51	53	50	44	-0	3	21	22	20	17
马拉维	195	49	97	129	129	118[a]	19	-1	42	50	50	47[a]
莫桑比克	592	893	1 018	2 663	5 629	5 935	0	3	-1	3	3	-0
纳米比亚	720	522	793	816	861	699	5	-3	5	5	-6	-8
南非	9 209	7 502	3 636	4 243	4 559	8 188	-3 134	1 151	-76	-257	2 988	5 620
斯威士兰	106	66	136	93	90	67[a]	-8	7	-1	9	-6	1[a]
赞比亚	939	695	1 729	1 108	1 732	1 811	—	270	1 095	-2	-702	181
津巴布韦	52	105	166	387	400	400	8	—	43	14	49	27
亚洲	396 025	323 683	409 021	430 622	415 106	426 355	236 380	215 294	296 186	304 293	302 130	326 013
东亚和东南亚	245 786	209 371	313 115	333 036	334 206	346 513	176 810	180 897	264 271	269 605	274 039	292 516
东亚	195 446	162 578	213 991	233 423	216 679	221 058	142 852	137 826	206 699	213 225	220 192	236 141
中国大陆	108 312	95 000	114 734	123 985	121 080	123 911	55 910	56 530	68 811	74 654	87 804	101 000

续表

地区/经济体	FDI 流入量 （百万美元）						FDI 流出量 （百万美元）					
	2008	2009	2010	2011	2012	2013	2008	2009	2010	2011	2012	2013
中国香港	67 035	54 274	82 708	96 125	74 888	76 633	57 099	57 940	98 414	95 885	88 118	91 530
朝鲜	44[a]	2[a]	38[a]	56[a]	120[a]	227[a]	—	—	—	—	—	—
韩国	11 188	9 022	9 497	9 773	9 496	12 221	19 633	17 436	28 280	29 705	30 632	29 172
中国澳门	2 591	852	2 831	726	3 437	2 331[a]	-83	-11	-441	120	456	45[a]
蒙古	845	624	1 691	4 715	4 452	2 047	6	54	62	94	44	50
中国台湾	5 432	2 805	2 492	-1 957	3 207	3 688	10 287	5 877	11 574	12 766	13 137	14 344
东南亚	50 340	46 793	99 124	99 613	117 527	125 455	33 958	43 071	57 572	56 380	53 847	56 374
文莱达鲁萨兰国	330	371	626	1 208	865	895[a]	16	9	6	10	-422[a]	-135[a]
柬埔寨	815	539	783	815	1 447	1 396[a]	20	19	21	29	36	42[a]
印度尼西亚	9 318	4 877	13 771	19 241	19 138	18 444[a]	5 900	2 249	2 664	7 713	5 422	3 676[a]
老挝	228	190	279	301	294	296[a]	-75[a]	1[a]	-1[a]	0[a]	-21[a]	-7[a]
马来西亚	7 172	1 453	9 060	12 198	10 074	12 306[a]	14 965[a]	7 784[a]	13 399[a]	15 249[a]	17 115[a]	13 600[a]
缅甸	863	973	1 285	2 200	2 243	2 621	—	—	—	—	—	—
菲律宾	1 340	2 065	1 070	2 007	3 215	3 860	1 970	1 897	2 712	2 350	4 173	3 642
新加坡	12 201	23 821	55 076	50 368	61 159	63 772	6 806	26 239	33 377	23 492	13 462	26 967
泰国	8 455	4 854	9 147	3 710	10 705	12 946	4 057	4 172	4 467	6 620	12 869	6 620
东帝汶	40	50	29	47	18	20[a]	—	—	26	-33	13	13[a]
越南	9 579	7 600	8 000	7 519	8 368	8 900	300	700	900	950	1 200	1 956
南亚	56 692	42 427	35 038	44 372	32 442	35 561	21 647	16 507	16 383	12 952	9 114	2 393
阿富汗	94	76	211	83	94	69	—	—	—	—	—	—
孟加拉国	1 086	700	913	1 136	1 293	1 599	9	29	15	13	53	32
不丹	20	72	31	26	22	21	—	—	—	—	—	—
印度	47 139	35 657	27 431	36 190	24 196	28 199	21 147	16 031	15 933	12 456	8 486	1 679
伊朗	1 980	2 983	3 649	4 277	4 662	3 050	380[a]	356[a]	346[a]	360[a]	430[a]	380[a]
马尔代夫	181	158	216	256	284	325[a]	—	—	—	—	—	—
尼泊尔	1	39	87	95	92	74	—	—	—	—	—	—
巴基斯坦	5 438	2 338	2 022	1 326	859	1 307	49	71	47	62	82	237
斯里兰卡	752	404	478	981	941	916	62	20	43	60	64	65
西亚	93 547	71 885	60 868	53 215	48 458	44 282	37 922	17 890	15 532	21 736	18 977	31 104
巴林	1 794	257	156	781	891	989	1 620	-1 791	334	894	922	1 052
伊拉克	1 856	1 598	1 396	2 082	2 376	2 852[a]	34	72	125	366	448	538[a]
约旦	2 826	2 413	1 651	1 474	1 497	1 798	13	72	28	31	5	16
科威特	-6	1 114	1 304	3 260	3 931	2 329[a]	9 100	8 584	3 663	4 434	3 231	8 377[a]
黎巴嫩	4 333	4 804	4 280	3 485	3 674	2 833[a]	987	1 126	487	755	572	690[a]
阿曼	2 952	1 485	1 782	1 563	1 040	1 626	585	109	1 498	1 233	877	1 384
卡塔尔	3 779	8 125	4 670	87	327	-840	3 658	3 215	1 863	6 027	1 840	8 021
沙特阿拉伯	39 456	36 458	29 233	16 308	12 182	9 298	3 498	2 177	3 907	3 430	4 402	4 943
巴勒斯坦	52	301	180	214	244	177	-8	-15	77	-37	-2	-9
叙利亚	1 466	2 570	1 469	804	—	—	2[a]	—	—	—	—	—
土耳其	19 762	8 629	9 058	16 171	13 224	12 866	2 549	1 553	1 464	2 349	4 074	3 114
阿拉伯联合酋长国	13 724	4 003	5 500	7 679	9 602	10 488	15 820	2 723	2 015	2 178	2 536	2 905
也门	1 555	129	189	-518	-531	-134	66[a]	66[a]	70[a]	77[a]	71[a]	73[a]
拉丁美洲和加勒比地区	211 138	150 913	189 513	243 914	255 864	292 081	95 931	55 026	117 420	110 598	124 382	114 590
南美洲和中美洲	129 440	78 631	125 567	163 106	168 695	182 389	37 237	13 358	46 423	40 939	45 100	32 258
南美洲	93 394	56 677	95 875	131 120	142 063	133 354	35 869	3 920	30 996	28 042	22 339	18 638
阿根廷	9 726	4 017	11 333	10 720	12 116	9 082	1 391	712	965	1 488	1 052	1 225

续表

地区/经济体	FDI 流入量 （百万美元）						FDI 流出量 （百万美元）					
	2008	2009	2010	2011	2012	2013	2008	2009	2010	2011	2012	2013
玻利维亚	513	423	643	859	1 060	1 750	5	-3	-29	—	—	—
巴西	45 058	25 949	48 506	66 660	65 272	64 045	20 457	-10 084	11 588	-1 029	-2 821	-3 496
智利	15 518	12 887	15 725	23 444	28 542	20 258	9 151	7 233	9 461	20 252	22 330	10 923
哥伦比亚	10 596	7 137	6 746	13 405	15 529	16 772	2 486	3 348	6 893	8 304	-606	7 652
厄瓜多尔	1 058	308	163	644	585	703	48[a]	51[a]	136[a]	65[a]	-14[a]	62[a]
圭亚那	178	164	198	247	276	240[a]	—	—	—	—	—	—
巴拉圭	209	95	216	557	480	382	8	—	—	—	—	—
秘鲁	6 924	6 431	8 455	8 233	12 240	10 172	736	411	266	113	-57	136
苏里南	-231	-93	-248	70	62	113	—	—	—	-3	1	-0
乌拉圭	2 106	1 529	2 289	2 504	2 687	2 796	-11	16	-60	-7	-5	-16
委内瑞拉	1 741	-2 169	1 849	3 778	3 216	7 040	1 598	2 236	1 776	-1 141	2 460	2 152
中美洲	36 046	21 954	29 692	31 985	26 632	49 036	1 368	9 439	15 427	12 897	22 761	13 620
伯利兹	170	109	97	95	194	89	3	0	1	1	1	1
哥斯达黎加	2 078	1 347	1 466	2 176	2 332	2 652	6	7	25	58	428	273
萨尔瓦多	903	366	-230	219	482	140	-80	—	-5	0	-2	3
危地马拉	754	600	806	1 026	1 245	1 309	16	26	24	17	39	34
洪都拉斯	1 006	509	969	1 014	1 059	1 060	-1	4	-1	2	55	26
墨西哥	28 313	17 331	23 353	23 354	17 628	38 286	1 157	9 604	15 050	12 636	22 470	12 938
尼加拉瓜	626	434	508	968	805	849	19	-29	18	7	44	64
巴拿马	2 196	1 259	2 723	3 132	2 887	4 651	248	-174	317	176	-274	281
加勒比地区	81 698	72 282	63 946	80 808	87 169	109 692	58 693	41 668	70 998	69 658	79 282	82 332
安圭拉	101	44	11	39	44	56	2	0	0	0	0	—
安提瓜和巴布达	161	85	101	68	134	138	2	4	5	3	4	4
阿鲁巴	15	-11	187	488	-326	163	3	1	3	3	3	4
巴哈马	1 512	873	1 148	1 533	1 073	1 111	410	216	150	524	132	277
巴巴多斯	464	247	290	725	516	376[a]	-6	-56	-54	-25	89	3[a]
英属维尔京群岛	51 722[a]	46 503[a]	50 142[a]	58 429[a]	72 259[a]	92 300[a]	44 118[a]	35 143[a]	53 883[a]	56 414[a]	64 118[a]	68 628[a]
开曼群岛	19 634[a]	20 426[a]	8 659[a]	14 702[a]	6 808[a]	10 577[a]	13 377[a]	6 311[a]	16 946[a]	11 649[a]	13 262[a]	12 704[a]
库拉索岛	147	55	89	69	57	27	-1	5	15	-30	12	-20
多米尼克	57	43	25	14	23	18	0	1	1	0	0	0
多米尼加	2 870	2 165	1 896	2 275	3 142	1 991	-19	-32	-23	-25	-27[a]	-21[a]
格林纳达	141	104	64	45	34	78	6	1	3	3	3	3
海地	29	56	178	119	156	190	—	—	—	—	—	—
牙买加	1 437	541	228	218	490	567	76	61	58	75	3	-2
蒙特塞拉特	13	3	4	2	3	2	0	0	0	0	0	0
圣基茨与尼维斯联邦	184	136	119	112	94	112	6	5	3	2	2	2
圣卢西亚	166	152	127	100	80	88	5	6	5	4	4	4
圣文森特和格林纳丁斯	159	111	97	86	115	127	0	1	0	0	0	0
圣马丁	86	40	33	-48	14	58	16	1	3	1	-4	2

续表

地区/经济体	FDI 流入量 （百万美元）						FDI 流出量 （百万美元）					
	2008	2009	2010	2011	2012	2013	2008	2009	2010	2011	2012	2013
特立尼达和多巴哥	2 801	709	549	1 831	2 453	1 713	700	—	—	1 060	1 681	742
大洋洲	2 318	1 942	2 640	2 283	3 299	2 698	1 097	66	654	918	1 652	1 047
库克群岛	—	-6[a]	—	—	—	—	963[a]	13[a]	540[a]	814[a]	1 307[a]	887[a]
斐济	341	164	350	403	376	272	-8	3	6	1	2	4
法属波利尼西亚	14	22	64	136	156	119[a]	30	8	38	27	43	36[a]
基里巴斯	3	3	-0[a]	0[a]	1[a]	9[a]	1	-1	-0	—	-0[a]	-0[a]
马绍尔群岛	40[a]	-11[a]	27[a]	34[a]	27[a]	23[a]	35[a]	-25[a]	-11[a]	29[a]	24[a]	19[a]
密克罗尼西亚联邦	-5[a]	1[a]	1[a]	1[a]	1[a]	1[a]	—	—	—	—	—	—
瑙鲁	1[a]	1[a]	—	—	—	—	—	—	—	—	—	—
新喀里多尼亚	1 746	1 182	1 863	1 768	2 564	2 065[a]	64	58	76	41	175	97[a]
纽埃	—	—	—	—	—	—	4[a]	-0[a]	—	-1[a]	—	—
帕劳	6[a]	1[a]	5[a]	5[a]	5[a]	6[a]	0[a]	—	—	—	—	—
巴布亚新几内亚	-30	423	29	-310	25	18	0	4	0	1	89	—
萨摩亚	49	10	1	15	24	28	—	1	—	1	9	0
所罗门群岛	95	120	238	146	68	105	4	3	2	4	3	2
汤加	4	-0	7	28	8	12[a]	2	0	2	1	1[a]	1[a]
瓦努阿图	44	32	41	58	38	35	1	1	1	1	1	0
转型经济体	117 692	70 664	70 573	94 836	84 159	107 967	61 655	48 270	57 891	73 380	53 799	99 175
东南欧	7 014	5 333	4 242	5 653	2 593	3 716	511	168	318	256	132	80
阿尔巴尼亚	974	996	1 051	876	855	1 225	81	39	6	30	23	40
波西尼亚和黑塞哥维那	1 002	250	406	493	366	332	17	6	46	18	15	-13
塞尔维亚	2 955	1 959	1 329	2 709	365	1 034	283	52	189	170	54	13
黑山	960	1 527	760	558	620	447	108	46	29	17	27	17
马其顿	586	201	212	468	93	334	-14	11	2	-0	-8	-2
独联体 CIS	109 113	64 673	65 517	88 135	80 655	103 241	60 998	48 120	57 437	72 977	53 371	98 982
亚美尼亚	944	760	529	515	489	370	19	50	8	78	16	16
阿塞拜疆	14	473	563	1 465	2 005	2 632	556	326	232	533	1 192	1 490
白俄罗斯	2 188	1 877	1 393	4 002	1 464	2 233	31	102	51	126	156	173
哈萨克斯坦	16 819	14 276	7 456	13 760	13 785	9 739	3 704	4 193	3 791	5 178	1 959	1 948
吉尔吉斯坦	377	189	438	694	293	758	-0	-0	0	0	-0	-0
摩尔多瓦	711	208	208	288	175	231	16	7	4	21	20	28
俄罗斯联邦	74 783	36 583	43 168	55 084	50 588	79 262	55 663	43 281	52 616	66 851	48 822	94 907
塔吉克斯坦	376	95	8	70	233	108	—	—	—	—	—	—
土库曼斯坦	1 277[a]	4 553[a]	3 631[a]	3 399[a]	3 117[a]	3 061[a]	—	—	—	—	—	—
乌克兰	10 913	4 816	6 495	7 207	7 833	3 771	1 010	162	736	192	1 206	420
乌兹别克斯坦	711[a]	842[a]	1 628[a]	1 651[a]	674[a]	1 077[a]	—	—	—	—	—	—
格鲁吉亚	1 564	659	814	1 048	911	1 010	147	-19	135	147	297	113
备忘录 最不发达国家(LDCs)[b]	18 931	18 491	19 559	22 126	24 452	27 984	-1 728	1 092	375	4 297	4 454	4 719

续表

地区/经济体	FDI 流入量 （百万美元）						FDI 流出量 （百万美元）					
	2008	2009	2010	2011	2012	2013	2008	2009	2010	2011	2012	2013
内陆发展中国家（LL-DCs）[c]	27 884	27 576	22 776	35 524	33 530	29 748	4 178	4 990	5 219	6 101	2 712	3 895
小岛屿发展中国家（SIDS）[d]	8 711	4 575	4 548	6 266	6 733	5 680	1 299	269	331	1 818	2 246	1 217

注：a. 估计量。

b. 最不发达国家包括：阿富汗、安哥拉、孟加拉国、贝宁、不丹、布基纳法索、布隆迪、柬埔寨、中非共和国、乍得、科摩罗、刚果（金）、吉布提、赤道几内亚、厄立特里亚、埃塞俄比亚、冈比亚、几内亚、几内亚比绍、海地、基里巴斯、老挝、莱索托、利比里亚、马达加斯加、马拉维、马里、毛里塔尼亚、莫桑比克、缅甸、尼泊尔、尼日尔、卢旺达、萨摩亚（which，however，graduated from LDC status effective 1 January 2014）、圣多美和普林西比、塞内加尔、塞拉利昂、所罗门群岛、索马里、南苏丹、苏丹、东帝汶、多哥、图瓦卢、乌干达、坦桑尼亚联合共和国、瓦努阿图、也门和赞比亚。

c. 内陆发展中国家包括：阿富汗、亚美尼亚、不丹、玻利维亚、博茨瓦纳、布基纳法索、布隆迪、中非共和国、乍得、埃塞俄比亚、哈萨克斯坦、吉尔吉斯斯坦、老挝、莱索托、马其顿、马拉维、马里、摩尔多瓦、蒙古、尼泊尔、尼日尔、巴拉圭、卢旺达、南苏丹、斯威士兰、塔吉克斯坦、土库曼斯坦、乌干达、乌兹别克斯坦、赞比亚和津巴布韦。

d. 小岛屿发展中国家包括：安提瓜和巴布达、巴哈马、巴巴多斯、佛得角、科摩罗、多米尼加、斐济、格林纳达、牙买加、基里巴斯、马尔代夫、马绍尔群岛、毛里求斯、密克罗尼西亚联邦、瑙鲁、帕劳、巴布亚新几内亚、圣基茨和尼维斯、圣卢西亚、圣文森特和格林纳丁斯、萨摩亚、圣多美和普林西比、塞舌尔、所罗门群岛、东帝汶、汤加、特立尼达和多巴哥、图瓦卢和瓦努阿图。

来源：联合国贸易暨发展会议《世界投资报告 2014》。

2. 1990 年、2000 年、2013 年按地区和经济体划分的外国直接投资（FDI）存量

表 6－1－2　**1990 年、2000 年和 2013 年按地区和经济体划分的 FDI 存量**

地区/经济体	FDI 流入存量 （百万美元）			FDI 流出存量 （百万美元）		
	1990 年	2000 年	2013 年	1990 年	2000 年	2013 年
世界	2 078 267	7 511 300	25 464 173	2 087 908	8 008 434	26 312 635
发达国家	1 563 939	5 681 797	16 053 149	1 946 832	7 100 064	20 764 527
欧洲	808 866	2 471 019	9 535 639	885 707	3 776 300	12 119 889
欧盟	761 821	2 352 810	8 582 673	808 660	3 509 450	10 616 765
奥地利	10 972	31 165	183 558	4 747	24 821	238 033
比利时	—	—	924 020	—	—	1 009 000
比利时和卢森堡	58 388	195 219	—	40 636	179 773	—
保加利亚	112	2 704	52 623	124	67	2 280
克罗地亚	—	2 796	32 484	—	824	4 361
塞浦路斯	—[a,b]	2 846[a]	21 182	8	557[a]	8 300
捷克	1 363	21 644	135 976	—	738	21 384
丹麦	9 192	73 574	158 996[a]	7 342	73 100	256 120[a]
爱沙尼亚	—	2 645	21 451	—	259	6 650
芬兰	5 132	24 273	101 307	11 227	52 109	162 360
法国	97 814	390 953	1 081 497[a]	112 441	925 925	1 637 143[a]
德国	111 231	271 613	851 512[a]	151 581	541 866	1 710 298[a]
希腊	5 681	14 113	27 741	2 882	6 094	46 352
匈牙利	570	22 870	111 015	159	1 280	39 613
爱尔兰	37 989	127 089	377 696	14 942	27 925	502 880
意大利	59 998	122 533	403 747	60 184	169 957	598 357
拉脱维亚	—	2 084	15 654	—	23	1 466
立陶宛	—	2 334	17 049	—	29	2 852
卢森堡	—	—	141 381	—	—	181 607
马耳他	465	2 263	14 859[a]	—	193	1 521[a]

续表

地区/经济体	FDI 流入存量 （百万美元）			FDI 流出存量 （百万美元）		
	1990 年	2000 年	2013 年	1990 年	2000 年	2013 年
荷兰	68 701	243 733	670 115	105 088	305 461	1 071 819
波兰	—	109	252 037	95	1 018	54 974
葡萄牙	10 571	32 043	128 488	900	19 794	81 889
罗马尼亚	0	6 953	84 596	66	136	1 465
斯洛伐克	282	6 970	58 832	—	555	4 292
斯洛文尼亚	1 643	2 893	15 235	560	768	7 739
西班牙	65 916	156 348	715 994	15 652	129 194	643 226
瑞典	12 636	93 791	378 107	50 720	123 618	435 964
英国	203 905	463 134	1 605 522	229 307	923 367	1 884 819
欧洲其他发达国家	47 045	118 209	952 966	77 047	266 850	1 503 124
直布罗陀	263[a]	642[a]	2 403[a]	—	—	—
冰岛	147	497	10 719	75	663	12 646
挪威	12 391	30 265	192 409[a]	10 884	34 026	231 109[a]
瑞士	34 245	86 804	747 436	66 087	232 161	1 259 369
北美	652 444	2 995 951	5 580 144	816 569	2 931 653	7 081 929
加拿大	112 843	212 716	644 977	84 807	237 639	732 417
美国	539 601	2 783 235	4 935 167	731 762	2 694 014	6 349 512
其他发达国家	102 629	214 827	937 365	244 556	392 111	1 562 710
澳大利亚	80 364	118 858	591 568	37 505	95 979	471 804
百慕大	—	265[a]	2 664	—	108[a]	835
以色列	4 476	20 426	88 179	1 188	9 091	78 704
日本	9 850	50 322	170 929[a]	201 441	278 442	992 901[a]
新西兰	7 938	24 957	84 026	4 422	8 491	18 465
发展中经济体	514 319	1 771 479	8 483 009	141 076	887 829	4 993 339
非洲	60 675	153 742	686 962	20 229	38 858	162 396
北非	23 962	45 590	241 789	1 836	3 199	30 635
阿尔及利亚	1 561[a]	3 379[a]	25 298[a]	183[a]	205[a]	1 737[a]
埃及	11 043[a]	19 955	85 046	163[a]	655	6 586
利比亚	678[a]	471	18 461	1 321[a]	1 903	19 435
摩洛哥	3 011[a]	8 842[a]	50 280[a]	155[a]	402[a]	2 573[a]
苏丹	55[a]	1 398[a]	29 148	—	—	—
突尼斯	7 615	11 545	33 557	15	33	304
非洲其他国家	36 712	108 153	445 173	18 393	35 660	131 761
西非	14 013	33 010	145 233	2 202	6 381	15 840
贝宁	−173[a]	213	1 354	2[a]	11	149
布基纳法索	39[a]	28	1 432	4[a]	0	277
佛得角	4[a]	192[a]	1 576	—	—	— 0[a]
科特迪瓦	975[a]	2 483	8 233	6[a]	9	177
冈比亚	157	216	754[a]	—	—	—
加纳	319[a]	1 554[a]	19 848[a]	—	—	118[a]
几内亚	69[a]	263[a]	3 303[a]	—	12[a]	144[a]
几内亚比绍	8[a]	38	112	—	—	6
利比里亚	2 732[a]	3 247	6 267	846[a]	2 188	4 345
马里	229[a]	132	3 432	22[a]	1	49

续表

地区/经济体	FDI 流入存量 （百万美元）			FDI 流出存量 （百万美元）		
	1990 年	2000 年	2013 年	1990 年	2000 年	2013 年
毛里塔尼亚	59[a]	146[a]	5 499[a]	3[a]	4[a]	43[a]
尼日尔	286[a]	45	4 940	54[a]	1	14
尼日利亚	8 539[a]	23 786	81 977	1 219[a]	4 144	8 645
塞内加尔	258[a]	295	2 696	47[a]	22	412
塞拉利昂	243[a]	284[a]	2 319[a]	—	—	—
多哥	268[a]	87	1 494	—	-10	1 460
中非	3 808	5 732	61 946	372	681	2 903
布隆迪	30[a]	47[a]	16[a]	0[a]	2[a]	1[a]
喀麦隆	1 044[a]	1 600[a]	6 239[a]	150[a]	254[a]	717[a]
中非共和国	95[a]	104[a]	620[a]	18[a]	43[a]	43[a]
乍得	250[a]	576[a]	4 758[a]	37[a]	70[a]	70[a]
刚果（布）	575[a]	1 889[a]	23 050[a]	—	—	—
刚果（金）	546	617	5 631[a]	—	34[a]	1 136[a]
赤道几内亚	25[a]	1 060[a]	15 317[a]	0[a]	-2[a]	3[a]
加蓬	1 208[a]	-227[a]	5 119[a]	167[a]	280[a]	920[a]
卢旺达	33[a]	55	854	—	—	13
圣多美和普林西比	0[a]	11[a]	345[a]	—	—	—
东非	1 701	7 202	46 397	165	387	2 160
科摩罗	17[a]	21[a]	107[a]	—	—	—
吉布提	13[a]	40	1 352	—	—	—
厄立特里亚	—	337[a]	791[a]	—	—	—
埃塞俄比亚	124[a]	941[a]	6 064[a]	—	—	—
肯尼亚	668[a]	932[a]	3 390[a]	99[a]	115[a]	321[a]
马达加斯加	107[a]	141	6 488[a]	1[a]	10[a]	6[a]
毛里求斯	168[a]	683[a]	3 530[a]	1[a]	132[a]	1 559[a]
塞舌尔	213	515	2 256	64	130	271
索马里	—[a,b]	4[a]	883[a]	—	—	—
乌干达	6[a]	807	8 821	—	—	2
坦桑尼亚	388[a]	2 781	12 715	—	—	—
非洲南部	17 191	62 209	191 597	15 653	28 210	110 858
安哥拉	1 024[a]	7 978[a]	2 348	1[a]	2[a]	11 964
博茨瓦纳	1 309	1 827	3 337	447	517	750
莱索托	83[a]	330	1 237	0[a]	2	205
马拉维	228[a]	358	1 285[a]	—	—[a,b]	119[a]
莫桑比克	25	1 249	20 967	2[a]	1	24
纳米比亚	2 047	1 276	4 277	80	45	32
南非	9 207	43 451	140 047[a]	15 004	27 328	95 760[a]
斯威士兰	336	536	838[a]	38	87	76[a]
赞比亚	2 655[a]	3 966[a]	14 260	—	—	1 590
津巴布韦	277[a]	1 238[a]	3 001	80[a]	234[a]	337
亚洲	340 270	1 108 173	5 202 188	67 010	653 364	3 512 719
东亚和东南亚	302 281	1 009 804	4 223 370	58 504	636 451	3 153 048

续表

地区/经济体	FDI 流入存量 （百万美元）			FDI 流出存量 （百万美元）		
	1990 年	2000 年	2013 年	1990 年	2000 年	2013 年
东亚	240 645	752 559	2 670 165	49 032	551 714	2 432 635
中国大陆	20 691[a]	193 348	956 793[a]	4 455[a]	27 768[a]	613 585[a]
中国香港	201 653	491 923	1 443 947	11 920	435 791	1 352 353
朝鲜	572[a]	1 044[a]	1 878[a]	—	—	—
韩国	5 186	43 740	167 350	2 301	21 500	219 050
中国澳门	2 809[a]	2 801[a]	21 279[a]	—	—	1 213[a]
蒙古	0[a]	182[a]	15 471	—	—	552
中国台湾	9 735[a]	19 521	63 448[a]	30 356[a]	66 655	245 882[a]
东南亚	61 636	257 244	1 553 205	9 471	84 736	720 413
文莱达鲁萨兰国	33[a]	3 868	14 212[a]	0[a]	512	134[a]
柬埔寨	38[a]	1 580	9 399[a]	—	193	465[a]
印度尼西亚	8 732[a]	25 060[a]	230 344[a]	86[a]	6 940[a]	16 070[a]
老挝	13[a]	588[a]	2 779[a]	1[a]	20[a]	-16[a]
马来西亚	10 318	52 747[a]	144 705[a]	753	15 878[a]	133 996[a]
缅甸	281	3 211	14 171	—	—	—
菲律宾	3 268[a]	13 762[a]	32 547[a]	405[a]	1 032[a]	13 191[a]
新加坡	30 468	110 570	837 652	7 808	56 755	497 880
泰国	8 242	31 118	185 463[a]	418	3 406	58 610[a]
东帝汶	—	—	230	—	—	83
越南	243[a]	14 739[a]	81 702	—	—	—
南亚	6 795	29 834	316 015	422	2 949	125 993
阿富汗	12[a]	17[a]	1 638[a]	—	—	—
孟加拉	477[a]	2 162	8 596[a]	45[a]	69	130[a]
不丹	2[a]	4[a]	163[a]	—	—	—
印度	1 657[a]	16 339	226 748	124[a]	1 733	119 838
伊朗	2 039[a]	2 597[a]	40 941	—	572[a]	3 725[a]
马尔代夫	25[a]	128[a]	1 980[a]	—	—	—
尼泊尔	12[a]	72[a]	514[a]	—	—	—
巴基斯坦	1 892	6 919	27 589	245	489	1 731
斯里兰卡	679[a]	1 596	7 846[a]	8[a]	86	569[a]
西亚	31 194	68 535	662 803	8 084	13 964	233 678
巴林	552	5 906	17 815	719	1 752	10 751
伊朗	—[a,b]	—[a,b]	15 295[a]	—	—	1 984[a]
约旦	1 368[a]	3 135	26 668	158[a]	44	525
科威特	37[a]	608[a]	21 242[a]	3 662[a]	1 428[a]	40 247[a]
黎巴嫩	53[a]	14 233	55 604[a]	43[a]	352	8 849[a]
阿曼	1 723[a]	2 577[a]	19 756	—	—	6 289
卡塔尔	63[a]	1 912	29 964[a]	—	74	28 434[a]
沙特阿拉伯	15 193[a]	17 577	208 330[a]	2 328[a]	5 285[a]	39 303[a]
巴基斯坦	—	647[a]	2 750[a]	—	—[a,b]	181[a]
叙利亚	154[a]	1 244	10 743[a]	4[a]	107[a]	421[a]
土耳其	11 150[a]	18 812	145 467	1 150[a]	3 668	32 782
阿拉伯联合酋长国	751[a]	1 069[a]	105 496	14[a]	1 938[a]	63 179[a]

续表

地区/经济体	FDI 流入存量 （百万美元）			FDI 流出存量 （百万美元）		
	1990 年	2000 年	2013 年	1990 年	2000 年	2013 年
也门	180[a]	843	3 675[a]	5[a]	12[a]	733[a]
拉丁美洲和加勒比地区	111 373	507 344	2 568 596	53 768	195 339	1 312 258
南美洲和中美洲	103 311	428 929	1 842 626	52 138	104 646	647 088
南美洲	74 815	308 949	1 362 832	49 346	96 046	496 692
阿根廷	9 085[a]	67 601	112 349	6 057[a]	21 141	34 080
玻利维亚	1 026	5 188	10 558	7[a]	29	8
巴西	37 143	122 250	724 644	41 044[a]	51 946	293 277
智利	16 107[a]	45 753	215 452	154[a]	11 154	101 933
哥伦比亚	3 500	11 157	127 895	402	2 989	39 003
厄瓜多尔	1 626	6 337	13 785	18[a]	252[a]	687[a]
马尔维纳斯群岛	0[a]	58[a]	75[a]	—	—	—
圭亚那	45[a]	756[a]	2 547[a]	—	1[a]	2[a]
巴拉圭	418[a]	1 219	4 886	134[a]	214	238[a]
秘鲁	1 330	11 062	73 620[a]	122	505	4 122[a]
苏里南	—	—	910	—	—	—
乌拉圭	671[a]	2 088	20 344[a]	186[a]	138	428[a]
委内瑞拉	3 865	35 480	55 766	1 221	7 676	22 915
中美洲	28 496	119 980	479 793	2 793	8 600	150 396
伯利兹	89[a]	301	1 621	20[a]	43	53
哥斯达黎加	1 324[a]	2 709	21 792	44[a]	86	1 822
萨尔瓦多	212	1 973	8 225	56[a]	104	2
危地马拉	1 734	3 420	10 256	—	93	472
洪都拉斯	293	1 392	10 084	—	—	353
墨西哥	22 424	101 996	389 083	2 672[a]	8 273	143 907
尼加拉瓜	145[a]	1 414	7 319	—	—	230
巴拿马	2 275	6 775	31 413	—	—	3 556
加勒比地区	8 062	78 415	725 971	1 630	90 693	665 170
安圭拉	11[a]	231[a]	1 107[a]	—	5[a]	31[a]
安提瓜和巴布达	290[a]	619[a]	2 712[a]	—	5[a]	104[a]
阿鲁巴	145[a]	1 161	3 634	—	675	689
巴哈马	586[a]	3 278[a]	17 155[a]	—	452[a]	3 471[a]
巴巴多斯	171	308	4 635[a]	23	41	1 025[a]
英属维尔京群岛	126[a]	32 093[a]	459 342[a]	875[a]	67 132[a]	523 287[a]
开曼群岛	1 749[a]	25 585[a]	165 500[a]	648[a]	20 788[a]	129 360[a]
库拉索岛	—	—	717[a]	—	—	56[a]
多米尼克	66[a]	275[a]	665[a]	—	3[a]	33[a]
多米尼加共和国	572	1 673	25 411	—	572[a]	921[a]
格林纳多	70[a]	348[a]	1 430[a]	—	2[a]	53[a]

续表

地区/经济体	FDI 流入存量 （百万美元）			FDI 流出存量 （百万美元）		
	1990 年	2000 年	2013 年	1990 年	2000 年	2013 年
海地	149[a]	95	1 114	—	2[a]	2[a]
牙买加	790[a]	3 317	12 730[a]	42[a]	709[a]	401
蒙特塞拉特	40[a]	83[a]	132[a]	—	0[a]	1[a]
荷属安地列斯群岛[c]	408[a]	277	—	21[a]	6[a]	—
圣基茨和尼维斯	160[a]	487[a]	1 916[a]	—	3[a]	56[a]
圣卢西亚	316[a]	807[a]	2 430[a]	—	4[a]	65[a]
圣文森特和格林纳丁斯	48[a]	499[a]	1 643[a]	—	0[a]	5[a]
圣马丁	—	—	278[a]	—	—	8[a]
特立尼达和多巴哥	2 365[a]	7 280[a]	23 421[a]	21[a]	293[a]	5 602[a]
大洋洲	2 001	2 220	25 262	68	267	5 965
库克群岛	1[a]	218[a]	836[a]	—	-1[a]	5 037[a]
斐济	284	356	3 612	25[a]	39	52
法属波利尼西亚	69[a]	139[a]	803[a]	—	—	251[a]
基里巴斯	—	—	14[a]	—	—	1[a]
马绍尔群岛	1[a]	218[a]	1 029[a]	—	—[a,b]	181[a]
瑙鲁	—[a,b]	—[a,b]	—[a,b]	18[a]	22[a]	22[a]
新喀里多尼亚	70[a]	67[a]	12 720[a]	—	—	—
纽埃	—	6[a]	—[a,b]	—	10[a]	22[a]
帕劳	2[a]	4[a]	37[a]	—	—	—
巴布亚新几内亚	1 582[a]	935	4 082[a]	26[a]	210[a]	315[a]
萨摩亚	9[a]	77	282	—	—	21
所罗门群岛	—	106[a]	1 040	—	—	38
汤加	1[a]	15[a]	132[a]	—	—	—
瓦努阿图	—	61[a]	578	—	—	23
转型经济体	9	58 023	928 015	—	20 541	554 769
东南欧		2 886	58 186	—	16	3 336
阿尔巴尼亚	—	247	6 104[a]	—	—	244[a]
波斯尼亚和黑塞哥维那	—	1 083[a]	8 070[a]	—	—	199[a]
蒙特内哥罗	—	—	5 384[a]	—	—	47[a]
塞尔维亚	—	1 017[a]	29 269	—	—	2 557
马其顿	—	540	5 534	—	16	102
独联体	9	54 375	858 153	—	20 408	550 068
亚美尼亚	9[a]	513	5 448	—	0	186
阿塞拜疆	—	3 735	13 750	—	1	9 005
白俄罗斯	—	1 306	16 729	—	24	677
哈萨克斯坦	—	10 078	129 554	—	16	29 122

续表

地区/经济体	FDI 流入存量 （百万美元）			FDI 流出存量 （百万美元）		
	1990 年	2000 年	2013 年	1990 年	2000 年	2013 年
吉尔吉斯斯坦	—	432	3 473	—	33	1
摩尔多瓦	—	449	3 668	—	23	136
俄罗斯联邦	—	32 204	575 658[a]	—	20 141	501 202[a]
塔吉克斯坦	—	136	1 625	—	—	—
土库曼斯坦	—	949[a]	23 018[a]	—	—	—
乌克兰	—	3 875	76 719	—	170	9 739
乌兹别克斯坦	—	698[a]	8 512[a]	—	—	—
格鲁吉亚	—	762	11 676	—	118	1 365
备忘录最不发达国家（LDCs）[d]	11 051	36 631	211 797	1 089	2 683	23 557
内陆发展中国家（LLDCs）[e]	7 471	35 790	285 482	844	1 305	42 883
小岛屿发展中国家（SIDS）[f]	7 136	20 511	89 548	220	2 033	13 383

注：a. 估计量。

b. 负存量价值。然而，这个价值包括在地区和全球总和。

c. 该经济体于 2010 年 10 月 10 日解散。

d. 最不发达国家包括：阿富汗、安哥拉、孟加拉国、贝宁、不丹、布基纳法索、布隆迪、柬埔寨、中非共和国、乍得、科摩罗、刚果（金）、吉布提、赤道几内亚、厄立特里亚、埃塞俄比亚、冈比亚、几内亚、几内亚比绍、海地、基里巴斯、老挝、莱索托、利比里亚、马达加斯加、马拉维、马里、毛里塔尼亚、莫桑比克、缅甸、尼泊尔、尼日尔、卢旺达、萨摩亚（which, however, graduated from LDC status effective 1 January 2014）、圣多美和普林西比、塞内加尔、塞拉利昂、所罗门群岛、索马里、南苏丹、苏丹、东帝汶、多哥、图瓦卢、乌干达、坦桑尼亚、瓦努图、也门和赞比亚。

e. 内陆发展中国家包括：阿富汗、亚美尼亚、阿塞拜疆、不丹、玻利维亚、博茨瓦纳、布基纳法索、布隆迪、中非共和国、乍得、埃塞俄比亚、哈萨克斯坦、吉尔吉斯斯坦、老挝、莱索托、马其顿、马拉维、马里、摩尔多瓦、蒙古、尼泊尔、尼日尔、巴拉圭、卢旺达、南苏丹、斯威士兰、塔吉克斯坦、土库曼斯坦、乌干达、乌兹别克斯坦、赞比亚和津巴布韦。

f. 小岛屿发展中国家包括：安提瓜和巴布达、巴哈马、巴巴多斯、佛得角、科摩罗、多米尼加、斐济、格林纳达、牙买加、基里巴斯、马尔代夫、马绍尔群岛、毛里求斯、密克罗尼西亚联邦、瑙鲁、帕劳、巴布亚新几内亚、圣基茨和尼维斯、圣卢西亚、圣文森特和格林纳丁斯、萨摩亚、圣多美和普林西比、塞舌尔、所罗门群岛、东帝汶、汤加、特立尼达和多巴哥、图瓦卢和瓦努阿图。

来源：联合国贸易和发展会议《世界投资报告 2014》。

二、中国双向投资统计

（一）实际利用外资统计

1. 2013 年部分国家和地区对华直接投资统计

表 6－2－1

国家和地区	企业数（家）	比重（%）	实际使用外资金额（万美元）	比重（%）
总　计	**22 819**	**100**	**12 391 120**	**100**
部分亚洲国家/地区	17 628	77.25	9 424 275	76.06
中国香港	12 014	52.65	7 339 667	59.23
印度尼西亚	31	0.14	12 623	0.10
日本	943	4.13	705 817	5.70
中国澳门	310	1.36	46 020	0.37
马来西亚	148	0.65	28 053	0.23
菲律宾	26	0.11	6 726	0.05
新加坡	731	3.20	722 872	5.83
韩国	1 371	6.01	305 421	2.46
泰国	37	0.16	48 305	0.39
中国台湾	2 017	8.84	208 771	1.68
欧盟主要国家	1 397	6.12	646 837	5.22
比利时	31	0.14	3 451	0.03
丹麦	40	0.18	36 960	0.30
英国	236	1.03	39 194	0.32
德国	373	1.63	207 844	1.68
法国	168	0.74	75 189	0.61
爱尔兰	22	0.10	4 324	0.03
意大利	200	0.88	31 685	0.26
卢森堡	25	0.11	43 256	0.35
荷兰	102	0.45	127 477	1.03

续表

国家和地区	企业数（家）	比重（%）	实际使用外资金额（万美元）	比重（%）
希腊	7	0.03	158	0.00
葡萄牙	10	0.04	948	0.01
西班牙	77	0.34	31 197	0.25
奥地利	40	0.18	15 341	0.12
芬兰	24	0.11	8 961	0.07
瑞典	42	0.18	20 852	0.17
北美	1 381	6.05	335 597	2.71
加拿大	320	1.40	53 610	0.43
美国	1 061	4.65	281 987	2.28
部分自由港	1 010	4.43	1 075 616	8.68
毛里求斯	27	0.12	91 030	0.73
巴巴多斯	2	0.01	16 096	0.13
开曼群岛	87	0.38	166 825	1.35
英属维尔京群岛	501	2.20	615 858	4.97
萨摩亚	393	1.72	185 807	1.50
其他	1 403	6.15	908 795	7.33

来源：商务部外资统计。

2. 截至2013年部分国家和地区对华直接投资统计

表 6-2-2

国家和地区	企业数（家）	比重（%）	实际使用外资金额（万美元）	比重（%）
总　计	**786 217**	**100**	**14 768.27**	**100**
部分亚洲国家/地区	604 263	76.86	9 688.39	65.60
中国香港	360 898	45.90	6 656.70	45.07
印度尼西亚	1 768	0.22	22.93	0.16
日本	48 544	6.17	943.04	6.39
中国澳门	13 452	1.71	113.49	0.77
马来西亚	5 401	0.69	66.08	0.45
菲律宾	2 842	0.36	30.92	0.21
新加坡	20 962	2.67	664.90	4.50
韩国	56 224	7.15	559.46	3.79
泰国	4 154	0.53	39.52	0.27
中国台湾	90 018	11.45	591.34	4.00
欧盟主要国家	35 764	4.55	890.85	6.03
比利时	912	0.12	13.29	0.09
丹麦	815	0.10	26.62	0.18
英国	7 477	0.95	184.67	1.25
德国	8 193	1.04	218.40	1.48
法国	4 630	0.59	129.23	0.88
爱尔兰	284	0.04	7.96	0.05
意大利	5 023	0.64	60.46	0.41
卢森堡	374	0.05	23.43	0.16
荷兰	2 835	0.36	140.97	0.95
希腊	122	0.02	0.95	0.01
葡萄牙	198	0.03	1.83	0.01

续表

国家和地区	企业数（家）	比重（%）	实际使用外资金额（万美元）	比重（%）
西班牙	2 061	0.26	29.46	0.20
奥地利	1 110	0.14	16.72	0.11
芬兰	477	0.06	9.76	0.07
瑞典	1 253	0.16	27.09	0.18
北美	76 191	9.69	823.17	5.57
加拿大	63 430	8.07	730.10	4.94
美国	12 761	1.62	93.07	0.63
部分自由港	35 803	4.55	2 014.45	13.64
毛里求斯	2 367	0.30	123.77	0.84
巴巴多斯	309	0.04	42.47	0.29
开曼群岛	2 945	0.37	274.73	1.86
英属维尔京群岛	22 774	2.90	1 355.60	9.18
萨摩亚	7 408	0.94	217.86	1.48
其他	34 196	4.35	1 351.42	9.15

来源：商务部外资统计。

3. 截至2013年外商直接投资统计

表6-2-3

年　度	企业数（家）	实际使用外资金额（亿美元）
总　计	**786 217**	**14 768.27**
1979—1982	920	17.69
1983	638	9.16
1984	2 166	14.19
1985	3 073	19.56
1986	1 498	22.44
1987	2 233	23.14
1988	5 945	31.94
1989	5 779	33.93
1990	7 273	34.87
1991	12 978	43.66
1992	48 764	110.08
1993	83 437	275.15
1994	47 549	337.67
1995	37 011	375.21
1996	24 556	417.26
1997	21 001	452.57
1998	19 799	454.63
1999	16 918	403.19
2000	22 347	407.15
2001	26 140	468.78
2002	34 171	527.43
2003	41 081	535.05
2004	43 664	606.30
2005	44 019	724.06
2006	41 496	727.15

续表

年　度	企业数（家）	实际使用外资金额（亿美元）
2007	37 892	835.21
2008	27 537	1 083.12
2009	23 442	940.65
2010	27 420	1 147.34
2011	27 717	1 239.85
2012	24 934	1 210.73
2013	22 819	1 239.11

来源：商务部外资统计。

（二）对外直接投资统计

1. 中国对外直接投资流量情况（分国家地区统计近十年数据）

单位：万美元

表 6－2－4

国家（地区）	2004 年	2005 年	2006 年	2007 年	2008 年	2009 年	2010 年	2011 年	2012 年	2013 年
合　计	**549 799**	**1 226 117**	**1 763 397**	**2 650 609**	**5 590 717**	**5 652 899**	**6 881 131**	**7 465 404**	**8 780 353**	**10 784 371**
亚洲	301 399	448 417	766 325	1 659 315	4 354 750	4 040 759	4 489 046	4 549 445	6 478 494	7 560 426
阿富汗	—	—	25	10	11 391	1 639	191	29 554	1 761	－122
阿拉伯联合酋长国	831	2 605	2 812	4 915	12 739	8 890	34 883	31 458	10 511	29 458
阿曼	—	522	2 668	259	－2 295	－624	1 103	951	337	－74
巴基斯坦	142	434	－6 207	91 063	26 537	7 675	33 135	33 328	8 893	16 357
巴勒斯坦	—	—	—	—	—	—	—	—	2	2
巴林	—	7	－192	—	12	—	—	—	508	－534
朝鲜	1 413	650	1 106	1 840	4 123	586	1 214	5 595	10 946	8 620
东帝汶	10	—	—	—	—	—	—	—	—	160
菲律宾	5	451	930	450	3 369	4 024	24 409	26 719	7 490	5 440
哈萨克斯坦	231	9 493	4 600	27 992	49 643	6 681	3 606	58 160	299 599	81 149
韩国	4 023	58 882	2 732	5 667	9 691	26 512	－72 168	34 172	94 240	26 875
吉尔吉斯斯坦	533	1 374	2 764	1 499	706	13 691	8 247	14 507	16 140	20 339
柬埔寨	2 952	515	981	6 445	20 464	21 583	46 651	56 602	55 966	49 933
卡塔尔	80	—	352	981	1 000	－374	1 114	3 859	8 446	8 747
科威特	169	—	406	－625	244	292	2 286	4 200	－1 188	－59
老挝	356	2 058	4 804	15 435	8 700	20 324	31 355	45 852	80 882	78 148
黎巴嫩	2	—	—	—	—	—	42	—	—	68
马尔代夫	—	—	—	—	—	—	—	—	—	155
马来西亚	812	5 672	751	－3 282	3 443	5 378	16 354	9 513	19 904	61 638
蒙古	4 016	5 234	8 239	19 627	23 861	27 654	19 386	45 104	90 403	38 879
孟加拉国	76	18	531	364	450	1 075	724	1 032	3 303	4 137
缅甸	409	1 154	1 264	9 231	23 253	37 670	87 561	21 782	74 896	47 533
尼泊尔	168	135	32	99	1	118	86	858	765	3 697
日本	1 530	1 717	3 949	3 903	5 862	8 410	33 799	14 942	21 065	43 405
塞浦路斯	—	—	—	30	—	—	—	8 954	348	7 634

续表

国家（地区）	2004 年	2005 年	2006 年	2007 年	2008 年	2009 年	2010 年	2011 年	2012 年	2013 年
沙特阿拉伯	199	2 145	11 720	11 796	8 839	9 023	3 648	12 256	15 367	47 882
斯里兰卡	25	3	25	-152	904	-140	2 821	8 123	1 675	7 177
塔吉克斯坦	499	77	698	6 793	2 658	1 667	1 542	2 210	23 411	7 233
中国台湾	—	—	-3	-5	-6	4	1 735	1 108	11 288	17 667
泰国	2 343	477	1 584	7 641	4 547	4 977	69 987	23 011	47 860	75 519
土耳其	158	24	115	161	910	29 326	782	1 350	10 895	17 855
土库曼斯坦	—	—	-4	126	8 671	11 968	45 051	-38 304	1 234	-3 243
文莱	—	150	—	118	182	581	1 653	2 011	99	852
乌兹别克斯坦	108	9	107	1 315	3 937	493	-463	8 825	-2 679	4 417
新加坡	4 798	2 033	13 215	39 773	155 095	141 425	111 850	326 896	151 875	203 267
叙利亚	—	20	13	-1 126	-117	343	812	-208	-607	-805
也门	343	3 516	761	4 347	1 881	164	3 149	-912	1 407	33 125
伊拉克	—	—	35	36	-166	179	4 814	12 244	14 840	2 002
伊朗	1 755	1 160	6 578	1 142	-3 453	12 483	51 100	61 556	70 214	74 527
以色列	—	600	100	222	-100	—	1 050	201	1 158	189
印度	35	1 116	561	2 202	10 188	-2 488	4 761	18 008	27 681	14 857
印度尼西亚	6 196	1 184	5 694	9 909	17 398	22 609	20 131	59 219	136 129	156 338
约旦	—	101	-618	60	-163	11	7	18	983	77
越南	1 685	2 077	4 352	11 088	11 984	11 239	30 513	18 919	34 943	48 050
中国澳门	2 658	834	-4 251	4 731	64 338	45 634	9 604	20 288	1 660	39 477
中国香港	262 839	341 970	693 096	1 373 235	3 864 030	3 560 057	3 850 521	3 565 484	5 123 844	6 282 378
非洲	**31 743**	**39 168**	**51 986**	**157 431**	**549 055**	**143 887**	**211 199**	**317 314**	**251 666**	**337 064**
阿尔及利亚	1 121	8 487	9 893	14 592	4 225	22 876	18 600	11 434	24 588	19 130
埃及	572	1 331	885	2 498	1 457	13 386	5 165	6 645	11 941	2 322
埃塞俄比亚	43	493	2 395	1 328	971	7 429	5 853	7 230	12 156	10 246
安哥拉	18	47	2 239	4 119	-957	831	10 111	7 272	39 208	22 405
贝宁	1 377	131	—	632	1 456	9	176	75	506	844
博茨瓦纳	27	369	276	187	1 406	1 844	4 385	2 186	2 110	1 019
布基纳法索	—	—	—	—	—	—	—	—	—	434
布隆迪	—	—	—	—	—	69	—	—	150	109
赤道几内亚	169	635	1 019	1 282	-486	2 088	2 208	1 247	13 884	2 241
多哥	185	31	458	270	420	891	1 177	904	2 059	2 359
厄立特里亚	—	—	1	45	-49	23	294	330	196	90
佛得角	—	32	23	9	48	—	-46	—	—	13
冈比亚	—	—	—	—	—	—	—	—	—	—
刚果（布）	51	811	1 324	250	979	2 807	3 438	681	9 880	10 994
刚果（金）	1 191	507	3 673	5 727	2 399	22 716	23 619	7 518	34 417	12 127
吉布提	—	—	—	100	—	340	423	566	—	200
几内亚	1 444	1 634	75	1 320	832	2 698	974	2 455	6 444	10 013
加纳	34	257	50	185	1 099	4 935	5 598	4 007	20 849	12 251
加蓬	560	208	553	331	3 205	1 188	2 344	193	3 069	3 210
津巴布韦	71	147	342	1 257	-72	1 124	3 380	44 003	28 747	51 753
喀麦隆	37	19	73	205	169	82	1 488	187	1 765	5 720
科摩罗	—	—	—	—	—	—	-1	—	50	—

续表

国家（地区）	2004 年	2005 年	2006 年	2007 年	2008 年	2009 年	2010 年	2011 年	2012 年	2013 年
科特迪瓦	675	874	-291	174	-702	151	-502	87	361	-479
肯尼亚	268	205	18	890	2 323	2 812	10 122	6 817	7 873	23 054
莱索托	3	60	—	—	62	10	56	3	21	—
利比里亚	58	865	-703	—	256	112	2 989	2 109	1 200	3 034
利比亚	6	25	-851	4 226	1 054	-3 855	-1 050	4 788	-668	45
卢旺达	—	142	299	-41	1 288	862	1 272	969	502	-594
马达加斯加	1 364	14	117	1 324	6 116	4 256	3 358	2 310	843	1 551
马拉维	—	—	—	20	544	—	986	120	1 033	825
马里	—	—	260	672	-128	799	305	4 758	4 442	10 801
毛里求斯	44	204	1 659	1 558	3 444	1 412	2 201	41 946	5 783	6 107
毛里塔尼亚	9	36	478	-498	-65	653	577	1 969	3 087	1 527
摩洛哥	180	85	178	264	688	1 642	175	911	105	774
莫桑比克	66	288	—	1 003	585	1 585	28	2 026	23 052	13 189
纳米比亚	—	18	85	91	759	1 162	551	504	2 512	705
南非	1 781	4 747	4 074	45 441	480 786	4 159	41 117	-1 417	-81 491	-8 919
南苏丹	—	—	—	—	—	—	—	5	780	1 149
尼日尔	153	576	794	10 083	-1	3 987	19 625	5 163	-19 594	11 654
尼日利亚	4 552	5 330	6 779	39 035	16 256	17 186	18 489	19 742	33 305	20 913
塞拉利昂	592	49	371	285	1 142	90	—	1 075	769	4 003
塞内加尔	—	—	—	24	360	1 104	1 896	19	447	1 044
塞舌尔	—	5	6	9	5	36	1 228	434	5 340	1 769
圣多美和普林西比	—	—	—	—	—	—	2	—	7	—
苏丹	14 670	9 113	5 079	6 540	-6 314	1 930	3 096	91 186	-169	14 091
坦桑尼亚	162	96	1 254	-382	1 822	2 158	2 572	5 312	11 970	15 064
突尼斯	22	—	173	-34	—	-130	-29	376	-65	706
乌干达	15	17	23	401	-670	129	2 650	991	979	6 060
赞比亚	223	1 009	8 744	11 934	21 397	11 180	7 505	29 178	29 155	29 286
乍得	—	271	161	75	947	5 121	213	-1 248	8 068	12 095
中非	—	—	—	—	—	—	2 581	248	—	130
欧洲	**15 721**	**39 549**	**59 771**	**154 043**	**87 579**	**335 272**	**676 019**	**825 108**	**703 509**	**594 853**
阿尔巴尼亚	—	—	1	—	—	—	8	—	—	56
阿塞拜疆	20	—	394	-115	-66	173	37	1 768	34	-443
爱尔兰	—	—	2 529	20	4 233	-95	3 288	1 693	4 888	11 702
奥地利	—	—	4	8	—	—	46	2 022	5 343	15
白俄罗斯	—	—	—	—	210	210	1 922	867	4 350	2 718
保加利亚	35	172	—	—	—	-243	1 629	5 390	5 417	2 069
比利时	5	—	13	491	—	2 362	4 533	3 590	9 840	2 578
冰岛	—	—	—	—	—	—	-5	—	—	—
波兰	10	13	—	1 175	1 070	1 037	1 674	4 866	750	1 834
波斯尼亚和黑塞哥维纳	—	—	—	—	—	151	6	4	6	—
丹麦	-778	1 079	-5 891	27	133	264	161	589	514	2 739
德国	2 750	12 874	7 672	23 866	18 341	17 921	41 235	51 238	79 933	91 081

续表

国家（地区）	2004 年	2005 年	2006 年	2007 年	2008 年	2009 年	2010 年	2011 年	2012 年	2013 年
俄罗斯联邦	7 731	20 333	45 211	47 761	39 523	34 822	56 772	71 581	78 462	102 225
法国	1 031	609	560	962	3 105	4 519	2 641	348 232	15 393	26 044
芬兰	—	—	—	1	266	111	1 804	156	136	852
格鲁吉亚	484	—	994	821	1 000	778	4 057	80	6 874	10 962
荷兰	191	384	531	10 675	9 197	10 145	6 453	16 786	44 245	23 842
捷克	46	—	910	497	1 279	1 560	211	884	1 802	1 784
克罗地亚	—	—	—	120	—	26	3	5	5	—
拉脱维亚	—	—	—	-174	—	-3	—	—	—	—
立陶宛	—	—	—	—	—	—	—	—	100	551
列支敦士登	—	—	—	28	—	7	355	—	—	—
卢森堡	—	—		419	4 213	227 049	320 719	126 500	113 301	127 521
罗马尼亚	268	287	963	480	1 198	529	1 084	30	2 541	217
马耳他	37	—	10	-10	47	22	-237	27	—	12
马其顿	—	—	—	—	—	—	—	—	6	—
挪威	—	—	14	360	9	360	13 473	1 857	849	19 629
葡萄牙	—	—	—	—	—	—	—	—	515	1 494
瑞典	264	100	530	6 806	1 066	810	136 723	4 901	28 522	17 082
瑞士	58	59	101	121	1	2 099	2 725	1 719	864	12 826
塞尔维亚	—	—	—	—	—	—	210	21	210	1 150
斯洛伐克	—	—	—	—	—	26	46	594	219	33
乌克兰	12	203	183	565	241	3	150	77	207	1 014
西班牙	170	147	730	609	116	5 986	2 926	13 974	4 624	-14 575
希腊	20	—	—	3	12	—	—	43	88	190
匈牙利	10	65	37	863	215	821	37 010	1 161	4 140	2 567
意大利	310	746	763	810	500	4 605	1 327	22 483	11 858	3 126
英国	2 939	2 478	3 512	56 654	1 671	19 217	33 033	141 970	277 473	141 958
拉丁美洲	**176 272**	**646 616**	**846 874**	**490 241**	**367 725**	**732 790**	**1 053 827**	**1 193 582**	**616 974**	**1 435 895**
阿根廷	112	35	622	13 669	1 082	-2 282	2 723	18 515	74 325	22 141
安提瓜和巴布达	—	—	—	—	—	—	—	101	—	—
巴巴多斯	—	—	185	41	82	87	-211	—	81	92
巴哈马	4 356	2 295	272	3 899	-5 591	100	—	—	—	—
巴拉圭	—	—	—	—	300	647	2 783	557	142	18
巴拿马	10	836	—	833	652	1 369	2 606	116	72	18 768
巴西	643	1 509	1 009	5 113	2 238	11 627	48 746	12 640	19 410	31 093
玻利维亚	—	8	1 800	197	414	1 801	306	867	4 321	1 440
伯利兹	—	—	—	—	6	—	-8	—	—	35
多米尼加	—	—	—	—	6	6	—	—	—	—
多米尼克	—	—	—	—	—	—	—	50	—	30
厄瓜多尔	30	907	246	358	-942	1 790	2 206	-3 506	31 139	47 060
哥伦比亚	453	96	-336	22	676	574	694	3 325	8 351	1 793
哥斯达黎加	—	—	—	—	—	—	8	1	—	117
格林纳达	—	—	—	—	12	—	—	—	—	—
古巴	—	158	3 037	658	556	1 293	-1 635	7 671	-557	-2 437

续表

国家（地区）	2004 年	2005 年	2006 年	2007 年	2008 年	2009 年	2010 年	2011 年	2012 年	2013 年
圭亚那	—	—	—	6 000	—	—	2 837	20	9 884	3 500
洪都拉斯	138	—	—	-438	-90	—	—	—	—	—
开曼群岛	128 613	516 275	783 272	260 159	152 401	536 630	349 613	493 646	82 743	925 340
秘鲁	22	55	540	671	2 455	5 849	13 903	21 425	-4 937	11 460
墨西哥	2 710	355	-369	1 716	563	82	2 673	4 154	10 042	4 973
尼加拉瓜	—	—	—	—	—	—	—	—	—	217
圣文森特和格林纳丁斯	—	282	291	588	946	-946	905	—	—	—
苏里南	113	277	—	1 757	242	110	635	—	-3 323	2 900
特立尼达和多巴哥	—	—	—	—	—	—	—	10	19	23
委内瑞拉	466	740	1 836	6 953	978	11 572	9 439	8 177	154 176	42 556
乌拉圭	—	—	—	48	—	498	36	36	950	967
牙买加	—	—	—	—	214	—	221	3 545	3 586	474
英属维尔京群岛	38 552	122 608	53 811	187 614	210 433	161 205	611 976	620 833	223 928	322 156
智利	55	180	658	383	93	778	3 371	1 399	2 622	1 179
北美洲	**12 649**	**32 084**	**25 805**	**112 571**	**36 421**	**152 193**	**262 144**	**248 132**	**488 200**	**490 101**
百慕大群岛	145	5 658	2 494	-10 259	-10 484	6	17 086	11 583	3 899	1 893
加拿大	512	3 244	3 477	103 257	703	61 313	114 229	55 407	79 516	100 865
美国	11 993	23 182	19 834	19 573	46 203	90 874	130 829	181 142	404 785	387 343
大洋洲	**12 015**	**20 283**	**12 636**	**77 008**	**195 187**	**247 998**	**188 896**	**331 823**	**241 510**	**366 032**
澳大利亚	12 495	19 307	8 760	53 159	189 215	243 643	170 170	316 529	217 298	345 798
巴布亚新几内亚	10	588	2 862	19 681	2 992	480	533	1 665	2 569	4 302
斐济	—	25	465	249	797	240	557	1 963	6 832	5 832
库克群岛	—	—	—	—	—	—	—	—	12	17
马绍尔群岛	—	—	200	3 416	800	2 670	1 318	-2 743	—	-1 210
密克罗尼西亚联邦	—	16	—	625	-16	—	—	-289	341	46
帕劳	—	—	—	50	752	—	50	57	—	—
萨摩亚	—	—	—	-12	—	63	9 893	11 773	4 759	-7 793
瓦努阿图	—	—	—	—	—	—	—	79	293	—
新西兰	-490	347	349	-160	646	902	6 375	2 789	9 406	19 040

注：2005、2006 各年流量为非金融类直接投资流量。

2. 中国对外直接投资存量情况（分国家地区统计近十年数据）

表 6-2-5

单位：万美元

国家(地区)	2004 年	2005 年	2006 年	2007 年	2008 年	2009 年	2010 年	2011 年	2012 年	2013 年
合　计	**4 477 726**	**5 720 562**	**7 502 555**	**11 791 050**	**18 397 071**	**24 575 539**	**31 721 059**	**42 478 067**	**53 194 058**	**66 047 840**
亚洲	**3 347 955**	**4 095 431**	**4 797 804**	**7 921 793**	**13 131 699**	**18 554 720**	**22 814 597**	**30 343 470**	**36 440 706**	**44 740 828**
阿富汗	45	45	67	77	11 469	18 132	16 859	46 513	48 274	48 742

续表

国家(地区)	2004 年	2005 年	2006 年	2007 年	2008 年	2009 年	2010 年	2011 年	2012 年	2013 年
阿拉伯联合酋长国	4 656	14 453	14 463	23 431	37 599	44 029	76 429	117 450	133 678	151 457
阿曼*	1	653	3 387	3 717	1 422	797	2 111	2 938	3 335	17 473
巴基斯坦	3 645	18 881	14 824	106 819	132 799	145 809	182 801	216 299	223 361	234 309
巴勒斯坦	61	—	—	—	—	—	—	—	2	4
巴林	15	199	27	75	87	87	87	102	680	146
朝鲜	2 174	3 104	4 555	6 713	11 863	26 152	24 010	31 261	42 236	58 551
东帝汶	10	10	45	45	45	745	745	745	745	905
菲律宾	980	1 935	2 185	4 304	8 673	14 259	38 734	49 427	59 314	69 238
哈萨克斯坦	2 478	24 524	27 624	60 993	140 230	151 621	159 054	285 845	625 139	695 669
韩国*	56 192	88 222	94 924	121 414	85 034	121 780	63 725	158 268	308 190	196 308
吉尔吉斯斯坦*	1 926	4 506	12 476	13 975	14 681	28 372	39 432	52 505	66 219	88 582
柬埔寨	898	7 684	10 366	16 811	39 066	63 326	112 977	175 744	231 768	284 857
卡塔尔	270	270	848	3 979	4 979	3 628	7 705	13 018	22 066	25 402
科威特	253	123	631	51	296	588	5 087	9 286	8 284	8 939
老挝	1 542	3 287	9 607	30 222	30 519	53 567	84 575	127 620	192 784	277 092
黎巴嫩	2	17	44	44	44	157	201	201	301	369
马尔代夫	—	—	—	—	—	—	—	—	—	165
马来西亚	12 324	18 683	19 696	27 463	36 120	47 989	70 880	79 762	102 613	166 818
蒙古	7 595	13 063	31 467	59 217	89 556	124 166	143 552	188 662	295 403	335 396
孟加拉国	866	3 298	3 966	4 330	4 814	6 030	6 758	7 668	11 725	15 868
缅甸	2 018	2 359	16 312	26 177	49 971	92 988	194 675	218 152	309 372	356 968
尼泊尔	332	299	359	866	867	1 413	1 594	2 480	3 358	7 531
日本*	13 949	15 070	22 398	55 827	50 969	69 286	110 563	136 622	161 991	189 824
塞浦路斯	—	106	106	136	136	136	136	9 090	9 495	17 126
沙特阿拉伯	209	5 845	27 284	40 403	62 068	71 089	76 056	88 314	120 586	174 706
斯里兰卡	679	1 543	846	774	1 678	1 581	7 274	16 258	17 858	29 265
塔吉克斯坦	2 154	2 279	3 028	9 899	22 717	16 279	19 163	21 674	47 612	59 941
中国台湾	—	—	20	15	9	13	1 819	2 935	13 532	34 927
泰国*	18 188	21 918	23 267	37 862	43 716	44 788	108 000	130 726	212 693	247 243
土耳其*	289	423	1 038	1 199	2 236	38 617	40 363	40 648	50 251	64 231
土库曼斯坦	20	20	16	142	8 813	20 797	65 848	27 648	28 777	25 323
文莱	423	190	190	438	651	1 737	4 566	6 613	6 635	7 212
乌兹别克斯坦	423	1 198	1 497	3 082	7 764	8 522	8 300	15 647	14 618	19 782
新加坡	23 309	32 548	46 801	144 393	333 477	485 732	606 910	1 060 269	1 238 333	1 475 070
叙利亚	33	376	1 681	555	438	849	1 661	1 483	1 446	641
也门	3 102	7 777	6 376	10 723	14 054	14 930	18 466	19 145	22 130	54 911
伊拉克*	43 487	43 487	43 618	2 245	2 079	2 258	48 345	60 591	75 432	31 706
伊朗	4 668	5 608	11 059	12 235	9 427	21 780	71 516	135 156	207 046	285 120
以色列*	32	632	865	1 087	987	1 137	2 187	2 388	3 846	3 405
印度*	455	1 462	2 583	12 014	22 202	22 127	47 980	65 738	116 910	244 698
印度尼西亚	12 175	14 093	22 551	67 948	54 333	79 906	115 044	168 791	309 804	465 665
约旦	592	1 747	1 106	1 195	1 032	1 054	1 263	1 281	2 254	2 343

续表

国家(地区)	2004 年	2005 年	2006 年	2007 年	2008 年	2009 年	2010 年	2011 年	2012 年	2013 年
越南	16 032	22 918	25 363	39 699	52 173	72 850	98 660	129 066	160 438	216 672
中国香港	3 039 289	3 650 708	4 226 991	6 878 132	11 584 528	16 449 894	19 905 557	26 151 852	30 637 245	37 709 314
非洲	**89 955**	**159 525**	**255 682**	**446 183**	**780 383**	**933 227**	**1 304 212**	**1 624 432**	**2 172 971**	**2 618 577**
阿尔及利亚	3 449	17 121	24 737	39 389	50 882	75 126	93 726	105 945	130 533	149 721
埃及	1 428	3 980	10 043	13 160	13 135	28 507	33 672	40 317	45 919	51 113
埃塞俄比亚	787	2 982	9 560	10 888	12 645	28 344	36 806	42 679	60 655	77 184
安哥拉	47	879	3 723	7 846	6 889	19 554	35 177	40 059	124 510	163 474
贝宁	2 051	1 900	2 212	3 560	5 315	5 401	3 933	4 003	4 760	4 991
博茨瓦纳	380	1 812	2 552	4 339	6 526	11 925	17 852	20 038	22 015	23 090
布基纳法索	—	—	—	—	—	—	—	—	—	434
布隆迪	2	—	165	165	165	464	651	720	870	979
赤道几内亚*	1 021	1 656	3 044	4 463	4 062	6 150	8 625	9 868	40 464	26 085
多哥	624	478	1 172	1 442	2 312	3 302	5 811	6 715	9 839	12 309
厄立特里亚	12	12	663	722	673	960	1 254	1 431	10 378	10 455
佛得角	1	60	165	465	513	504	458	458	1 160	1 523
冈比亚	20	119	119	119	119	119	119	119	119	119
刚果（布）	565	1 332	6 290	6 540	7 542	11 517	13 588	14 240	50 490	69 543
刚果（金）	1 569	2 511	3 761	10 440	13 414	39 743	63 092	70 926	97 049	109 176
吉布提	40	40	60	160	160	703	1 247	1 813	1 799	3 055
几内亚	2 577	4 422	5 463	6 997	9 637	12 932	13 641	16 843	23 467	33 858
几内亚（比绍）	—	—	—	—	—	2 700	2 700	2 700	2 700	2 700
加纳	631	733	809	4 187	5 802	18 504	20 200	27 015	50 527	83 484
加蓬	3 127	3 536	5 128	5 559	8 814	10 005	12 534	12 710	12 847	16 848
津巴布韦	3 806	4 163	4 615	5 915	6 001	9 975	13 454	57 644	87 467	152 083
喀麦隆	698	787	1 646	1 851	2 034	2 505	5 961	6 154	7 950	14 840
科摩罗	1	1	405	405	405	405	404	404	454	454
科特迪瓦	1 410	2 911	2 504	2 818	2 116	3 765	3 299	3 467	4 004	3 500
肯尼亚	2 846	5 825	4 623	5 513	78 636	12 036	22 158	30 883	40 273	63 590
莱索托	3	60	760	760	822	832	888	891	913	913
利比里亚	638	1 595	2 951	2 978	3 736	5 639	8 167	11 474	15 437	19 610
利比亚	87	3 306	2 857	7 083	8 158	4 269	3 219	6 778	6 519	10 882
卢旺达*	330	472	771	730	2 018	2 880	4 163	5 852	6 354	7 333
马达加斯加	4 063	4 994	5 434	7 601	14 652	19 622	22 987	25 363	27 455	28 610
马拉维*	72	73	96	116	659	1 454	3 240	3 007	4 930	25 382
马里*	1 316	1 328	1 983	3 222	3 095	4 472	4 777	16 006	21 143	31 667
毛里求斯	1 263	2 681	5 116	11 590	23 007	24 284	28 329	60 594	70 080	84 959
毛里塔尼亚*	213	240	2 012	1 514	2 476	3 129	4 588	7 471	10 615	10 828
摩洛哥	906	2 059	2 701	2 965	2 806	4 878	5 585	8 948	9 522	10 296
莫桑比克	560	1 468	1 468	3 424	4 300	7 496	7 524	9 807	33 691	50 809
纳米比亚*	221	236	643	724	1 995	4 618	4 711	6 021	9 453	34 945
南非*	5 887	11 228	16 762	70 237	304 862	230 686	415 298	405 973	477 507	440 040
南苏丹	—	—	—	—	—	—	—	5	1 090	2 647
尼日尔	1 403	2 011	3 299	13 453	13 650	18 420	37 936	42 957	12 533	24 187

续表

国家(地区)	2004年	2005年	2006年	2007年	2008年	2009年	2010年	2011年	2012年	2013年
尼日利亚*	7 561	9 411	21 594	63 032	79 591	102 596	121 085	141 561	194 987	214 607
塞拉利昂	574	1 845	1 489	3 228	4 370	5 123	4 148	5 223	5 771	10 836
塞内加尔*	258	235	415	439	1 061	2 607	4 503	4 520	10 222	8 325
塞舌尔	42	419	646	655	660	700	1 936	2 380	7 719	10 347
圣多美和普林西比	—	—	—	—	—	—	31	31	38	38
苏丹	17 161	35 153	49 713	57 485	52 825	56 389	61 336	152 564	123 660	150 704
坦桑尼亚	5 380	6 202	11 193	11 092	19 022	28 179	60 751	40 707	54 080	71 646
突尼斯	128	215	391	357	357	227	253	629	569	1 386
乌干达	23	497	1 467	1 868	1 198	5 856	11 368	12 621	14 110	38 376
赞比亚*	14 775	16 031	26 786	42 936	65 133	84 397	94 373	119 984	199 811	216 432
乍得	—	271	1 278	1 353	2 536	7 657	8 000	10 812	19 412	32 126
中非	—	200	398	398	398	1 671	4 654	5 102	5 102	6 038
欧洲	**67 665**	**127 293**	**226 982**	**445 854**	**513 396**	**867 678**	**1 571 031**	**2 445 003**	**3 697 512**	**5 316 156**
阿尔巴尼亚	—	50	51	51	51	435	443	443	443	703
阿塞拜疆	371	265	1 092	1 019	953	1 200	1 238	3 006	3 168	3 834
爱尔兰	4	4	2 530	2 923	10 777	10 682	13 991	15 683	19 377	32 325
爱沙尼亚	—	126	126	126	126	750	750	750	350	350
奥地利	70	7	32	40	404	155	201	2 454	7 946	7 666
白俄罗斯	—	29	29	29	239	449	2 371	2 907	7 747	11 590
保加利亚	146	299	474	474	474	234	1 860	7 256	12 674	14 985
比利时	164	234	267	3 398	3 330	5 691	10 101	14 050	23 069	31 501
冰岛	—	110	5	5	5	5	—	—	—	—
波兰	287	1 239	8 718	9 893	10 993	12 030	14 031	20 125	20 811	25 704
波黑	401	351	351	351	351	592	598	601	607	613
丹麦	6 720	9 659	3 648	3 675	3 808	4 079	4 247	4 913	5 324	8 437
德国	12 921	26 835	47 203	84 541	84 550	108 224	150 229	240 144	310 435	397 938
俄罗斯联邦*	12 348	46 557	92 976	142 151	183 828	222 037	278 756	376 364	488 849	758 161
法国	2 168	3 382	4 488	12 681	16 713	22 103	24 362	372 389	395 077	444 794
芬兰	—	90	93	94	359	904	2 725	3 100	3 403	4 255
格鲁吉亚	484	2 215	3 209	4 293	6 586	7 533	13 017	10 935	17 808	33 075
荷兰	897	1 495	2 043	13 876	23 442	33 587	48 671	66 468	110 792	319 309
黑山	—	—	—	32	32	32	32	32	32	32
捷克*	111	138	1 467	1 964	3 243	4 934	5 233	6 683	20 245	20 468
克罗地亚	—	75	75	784	784	810	813	818	863	831
拉脱维亚	161	161	231	57	57	54	54	54	54	54
立陶宛	—	393	393	393	393	393	393	393	697	1 248
列支敦士登	—	—	—	28	28	36	391	391	391	391
卢森堡	—	—	—	6 702	12 283	248 438	578 675	708 197	897 789	1 042 376
罗马尼亚	3 110	3 943	6 563	7 288	8 566	9 334	12 495	12 583	16 109	14 513
马耳他	37	137	197	187	481	503	266	337	337	349
马其顿*	—	20	20	20	20	20	20	20	26	209
摩尔多瓦*	—	78	78	78	78	78	78	78	211	387
挪威*	—	—	16	375	385	1 295	14 776	16 659	18 813	477 171

续表

国家(地区)	2004年	2005年	2006年	2007年	2008年	2009年	2010年	2011年	2012年	2013年
葡萄牙	20	—	20	171	171	502	2 137	3 313	4 039	5 532
瑞典	644	2 246	2 002	14 693	15 759	11 189	147 912	153 122	240 817	273 771
瑞士	186	245	758	888	891	3 030	5 854	9 194	10 132	29 654
塞尔维亚	—			200	200	268	484	505	647	1 854
塞尔维亚和黑山	—	200	200	—	—	—	—	—	—	—
斯洛伐克*	10	10	10	510	510	936	982	2 578	8 601	8 277
斯洛文尼亚	—	12	140	140	140	500	500	500	500	500
乌克兰	131	278	654	1 351	1 592	2 079	2 229	2 929	3 314	5 198
西班牙	12 767	13 012	13 672	14 285	14 501	20 523	24 776	38 931	43 725	31 571
希腊	35	35	35	38	168	168	423	463	598	11 979
匈牙利	542	281	5 365	7 817	8 875	9 741	46 570	47 535	50 741	53 235
亚美尼亚*	—	125	125	125	125	132	132	132	132	751
意大利	2 084	2 160	7 441	12 713	13 360	19 168	22 380	44 909	57 393	60 775
英国*	10 846	10 797	20 187	95 031	83 766	102 828	135 835	253 058	893 427	1 179 790
拉丁美洲	**826 837**	**1 146 961**	**1 969 437**	**2 470 091**	**3 224 015**	**3 059 548**	**4 387 564**	**5 517 175**	**6 821 163**	**8 609 593**
阿根廷	1 927	422	1 134	15 719	17 336	168 905	21 899	40 525	89 719	165 820
安提瓜和巴布达	20	40	125	125	125	125	125	484	544	630
巴巴多斯	187	165	201	242	325	600	388	313	395	497
巴哈马	8 010	1 469	1 752	5 651	60	160	160	160	60	60
巴拉圭	—	—	—	—	478	1 125	3 907	4 465	4 606	4 624
巴拿马	41	3 477	3 692	5 531	6 738	8 109	23 658	33 078	19 662	47 864
巴西	7 922	8 139	13 041	18 955	21 705	36 089	92 365	107 179	144 951	173 358
玻利维亚*	—	8	2 106	2 303	2 862	5 565	6 485	6 632	15 619	11 892
伯利兹	—	—	2	2	8	8	—	—	—	35
多米尼加	—	—	—	—	6	12	12	12	112	100
多米尼克	—	—	70	70	70	70	415	815	815	845
厄瓜多尔	219	1 812	3 904	4 918	8 860	10 660	12 958	9 524	40 763	100 879
哥伦比亚	672	736	570	677	1 371	2 050	2 297	5 980	34 615	36 869
哥斯达黎加	—	—	—	—	—	200	208	209	209	326
格林纳达	—	—	403	753	765	765	1 452	1 454	1 454	1 454
古巴	1 485	3 359	5 991	6 649	7 205	8 532	6 898	14 637	13 569	11 134
圭亚那*	1 286	56	860	6 860	6 950	14 961	18 317	13 513	15 188	22 518
洪都拉斯	561	528	528	90	—	—	—	—	—	—
开曼群岛	665 991	893 559	1 420 919	1 681 068	2 032 745	1 357 707	1 725 627	2 169 232	3 007 200	4 232 406
秘鲁*	12 582	12 922	13 040	13 711	19 434	28 454	65 449	80 224	75 287	86 778
墨西哥	12 529	14 186	12 861	15 144	17 308	17 390	15 287	26 388	36 848	40 987
尼加拉瓜	—	—	—	—	—	—	—	—	—	217
圣文森特和格林纳丁斯	560	1 227	1 492	2 080	3 249	2 303	3 619	3 620	3 620	3 620
苏里南	1 025	1 302	3 221	6 528	6 770	6 880	7 884	7 884	4 561	11 193
特立尼达和多巴哥	—	—	80	80	80	80	80	90	109	386
委内瑞拉	2 678	4 265	7 158	14 388	15 596	27 196	41 652	50 100	204 276	236 338

续表

国家(地区)	2004 年	2005 年	2006 年	2007 年	2008 年	2009 年	2010 年	2011 年	2012 年	2013 年
乌拉圭	55	56	163	211	211	715	751	815	1 765	2 593
牙买加	—	—	2	2	216	216	439	3 907	7 493	7 968
英属维尔京群岛	108 938	198 358	475 040	662 654	1 047 733	1 506 069	2 324 276	2 926 141	3 085 095	3 390 298
智利	148	371	1 084	5 680	5 809	6 602	10 958	9 794	12 628	17 904
北美洲	**90 921**	**126 323**	**158 702**	**324 089**	**365 978**	**518 470**	**782 926**	**1 347 243**	**2 550 299**	**2 860 974**
百慕大群岛*	18 522	33 726	20 843	10 584	145	17 594	35 267	75 184	337 250	51 399
加拿大	5 879	10 329	14 072	125 452	126 843	167 034	260 260	372 756	505 072	619 619
美国	66 520	82 268	123 787	188 053	238 990	333 842	487 399	899 303	1 707 977	2 189 956
大洋洲	**54 394**	**65 029**	**93 948**	**183 040**	**381 600**	**641 895**	**860 729**	**1 200 744**	**1 511 407**	**1 901 712**
澳大利亚	49 458	58 746	79 435	144 401	335 529	586 310	786 775	1 104 125	1 387 305	1 744 968
巴布亚新几内亚	331	843	6 130	25 811	28 993	31 511	32 326	34 152	36 548	42 230
斐济*	177	955	1 867	2 242	3 060	3 300	3 943	6 107	17 091	20 841
基里巴斯	—	—	—	—	—	—	—	—	—	82
库克群岛	—	—	—	—	—	—	—	—	12	29
马绍尔群岛	—	—	200	3 616	4 416	8 086	7 352	10 737	11 687	11 687
密克罗尼西亚联邦	34	50	116	741	725	725	725	436	777	823
帕劳	10	—	—	50	850	852	902	959	959	959
萨摩亚	90	90	90	78	78	240	10 133	22 979	26 601	18 808
所罗门群岛	—	—	—	—	—	—	—	—	—	—
汤加	303	554	711	711	711	711	711	711	711	711
瓦努阿图*	3	273	273	273	273	775	1 284	1 992	2 331	6 401
新西兰	3 322	3 518	5 127	5 117	6 965	9 385	15 911	18 546	27 385	54 173
大洋洲其他国家地区	667	—	—	—	—	—	667	—	—	—

注：1. “*”表示该国家（地区）2013 年年末存量数据中包含对以往历史数据进行调整部分。

2. 2005、2006 年年末数据为中国非金融类对外直接投资存量数据。

三、中国分地区双向投资统计

（一）外商投资统计

1. 2013年外商投资分地区情况统计

表6-3-1

地　区	企业数（家）	比重（%）	同比增长（%）	实际使用外资金额（亿美元）	比重（%）	同比增长（%）
总　计	**22 819**	**100**	**-8.45**	**1 239.11**	**100**	**9.84**
东部地区	19 251	84.36	-10.43	968.78	78.18	4.51
中部地区	2 400	10.52	3.04	101.03	8.15	8.05
西部地区	1 122	4.92	1.43	106.05	8.56	6.46
有关部门	46	0.20	—	63.25	5.10	—

注：有关部门项下包含银行、证券、保险行业吸收外商直接投资数据。
东部地区：北京、天津、河北、辽宁、上海、江苏、浙江、福建、山东、广东、海南；
中部地区：山西、吉林、黑龙江、安徽、江西、河南、湖北、湖南；
西部地区：内蒙古、广西、四川、重庆、贵州、云南、陕西、甘肃、青海、宁夏、新疆、西藏。
数据来源：商务部外资统计。

2. 截至2013年外商投资分地区情况统计

表6-3-2

地区名称	企业数（家）	比重（%）	实际使用外资金额（亿美元）	比重（%）
总　计	**786 217**	**100**	**14 768.27**	**100**
东部地区	656 619	83.52	11 953.29	80.94
中部地区	83 363	10.60	1 125.81	7.62
西部地区	46 069	5.86	885.81	6.00
有关部门	166	0.02	803.36	5.44

注：有关部门包括银行、证券、保险行业吸收外商直接投资数据。
数据来源：商务部外资统计。

（二）对外投资统计

1. 2013 年年末中国对外直接投资企业在全球的地区分布统计表

表 6－3－3

洲别	国家（地区）总数	中国境外企业覆盖的国家（地区）数量	投资覆盖率（%）	境外企业数量（家）	比重（%）
亚洲	48	46	97.9	14 131	55.6
欧洲	49	42	85.7	3 133	12.3
非洲	60	52	86.7	2 955	11.6
北美洲	4	3	75.0	3.073	12.1
拉丁美洲	48	29	60.4	1 331	5.3
大洋洲	24	12	50.0	790	3.1
合　计	**233**	**184**	**79.0**	**25 413**	**100.0**

注：亚洲国家和地区数量包括中国，比重计算基数未包括。

2. 近十年中国非金融类（分省份）对外直接投资流量情况

表 6－3－4

单位：万美元

地区	2004 年	2005 年	2006 年	2007 年	2008 年	2009 年	2010 年	2011 年	2012 年	2013 年
一、中央合计	452 517	1 020 369	1 523 692	1 958 488	3 598 284	3 819 275	4 243 698	4 502 314	4 352 693	5 632 447
二、地方合计	97 282	205 748	239 705	525 341	587 633	960 250	1 774 542	2 356 036	3 420 576	3 641 489
北京市	15 739	11 306	5 612	15 295	47 299	45 185	76 614	117 503	168 855	413 010
天津市	1 754	1 887	2 808	7 993	8 200	20 992	34 132	40 706	67 495	112 020
河北省	1 286	8 538	4 880	5 394	5 363	21 993	53 237	46 363	57 809	92 575
山西省	411	562	1 849	8 347	2 702	33 295	7 926	18 319	30 966	56 483
内蒙古自治区	667	2 181	2 522	4 235	6 190	15 547	8 042	12 825	51 845	40 880
辽宁省	4 141	3 019	9 701	12 833	10 600	75 786	193 566	114 384	276 260	129 499
其中：大连市	3 554	1 144	6 748	6 542	4 427	46 384	163 229	74 591	203 087	104 450
吉林省	2 887	1 083	2 948	8 322	10 673	29 814	21 340	20 493	29 641	75 240
黑龙江省	5 645	16 643	21 796	17 851	22 797	12 131	23 780	23 834	72 405	77 338
上海市	20 564	66 680	44 863	52 266	33 714	120 869	158 468	183 802	331 618	267 524
江苏省	5 733	10 828	12 403	51 899	49 384	85 061	137 119	225 383	313 050	302 001
浙江省	7 225	15 817	21 528	40 346	38 768	70 226	267 915	185 287	236 023	255 276
其中：宁波市	2 481	3 285	3 674	5 253	22 515	21 097	39 460	75 573	63 839	84 468
安徽省	614	1 902	3 412	5 079	6 051	5 782	81 365	53 089	71 043	91 055
福建省	1 591	4 253	9 584	36 847	16 169	36 582	53 495	53 028	85 705	95 249
其中：厦门市	795	623	90	19 099	4 159	12 389	22 881	15 276	23 400	26 463
江西省	93	654	48	1 536	2 587	2 265	9 470	18 833	37 316	38 091
山东省	7 523	15 904	12 666	18 928	47 478	70 441	189 001	247 339	345 621	426 472

续表

地区	2004年	2005年	2006年	2007年	2008年	2009年	2010年	2011年	2012年	2013年
其中：青岛市	18	864	2 237	4 898	1 547	10 472	46 197	23 466	91 985	102 267
河南省	469	8 538	763	7 036	13 128	12 075	11 864	28 251	34 117	58 971
湖北省	131	485	286	903	350	4 116	8 061	70 903	49 687	52 011
湖南省	296	3 067	5 921	14 088	25 446	100 568	27 477	117 628	99 499	56 970
广东省	13 893	20 708	62 997	114 101	124 251	92 298	159 977	363 350	528 821	594 288
其中：深圳市	15 063	9 200	45 288	92 433	76 375	41 447	60 878	113 306	336 833	300 814
广西壮族自治区	450	321	390	2 620	3 844	8 169	18 682	16 714	27 240	8 134
海南省	—	6	343	122	82	6 072	22 179	121 999	32 012	81 731
重庆市	985	590	1 691	8 713	10 448	4 747	36 109	40 125	52 960	34 655
四川省	506	2 666	2 831	29 120	8 107	10 740	69 097	56 341	59 509	58 447
贵州省	—	—	—	51	25	522	289	2 033	2 025	20 815
云南省	491	2 072	2 907	13 641	28 467	27 008	51 339	24 845	104 046	83 036
西藏自治区	—	—	—	—	—	—	29	216	2	22
陕西省	234	302	115	2 058	14 063	22 462	26 055	44 816	60 784	30 789
甘肃省	317	3 770	2 087	15 364	35 808	1 852	10 179	64 917	138 209	43 182
青海省	—	100	80	110	202	209	138	173	1 280	3 596
宁夏回族自治区	137	109	1 818	569	502	1 509	711	1 295	6 421	8 626
新疆维吾尔自治区	216	861	172	8 535	6 934	18 057	4 776	31 474	43 123	31 579
新疆生产建设兵团	3 284	896	684	21 139	7 999	3 877	12 111	9 768	5 189	1 742
合 计	**549 799**	**1 226 117**	**1 763 397**	**2 483 829**	**4 185 917**	**4 779 525**	**6 018 240**	**6 858 350**	**7 773 269**	**9 273 938**

3. 近十年中国非金融类（分省份）对外直接投资存量情况

表6-3-5

单位：万美元

地区	2004年	2005年	2006年	2007年	2008年	2009年	2010年	2011年	2012年	2013年
一、中央合计	3 828 755	4 787 544	6 162 823	7 944 376	11 974 085	16 014 326	20 178 790	27 246 046	31 142 414	37 850 016
二、地方合计	648 971	933 018	1 339 732	2 174 684	2 753 598	3 961 809	6 016 948	8 492 697	12 406 307	16 490 005
北京市	70 086	92 940	91 873	159 195	251 019	375 865	480 882	603 380	757 792	1 276 456
天津市	2 149	6 078	15 900	25 200	32 161	58 116	96 729	138 678	211 513	359 331
河北省	17 153	26 154	32 770	38 248	52 415	88 692	137 724	195 470	238 710	349 045
山西省	5 312	8 869	18 702	27 200	18 159	53 339	63 654	93 021	106 047	153 865
内蒙古自治区	1 430	4 116	8 875	13 984	20 405	40 100	47 055	56 517	122 260	167 880
辽宁省	7 715	8 221	27 970	44 395	60 554	149 230	340 696	435 698	695 281	773 117
其中：大连市	5 252	4 343	16 344	25 539	34 888	83 094	247 520	296 903	480 316	529 818
吉林省	6 694	7 945	10 784	21 554	37 929	70 767	89 958	111 548	145 396	213 924
黑龙江省	13 057	32 672	60 171	71 144	99 353	106 235	128 044	172 792	252 993	335 010
上海市	145 042	184 081	261 273	302 538	218 611	358 937	609 433	637 473	1 395 106	1 784 361

续表

地区	2004 年	2005 年	2006 年	2007 年	2008 年	2009 年	2010 年	2011 年	2012 年	2013 年
江苏省	27 369	39 098	58 871	116 499	172 677	249 872	388 814	570 194	783 185	1 116 311
浙江省	19 456	40 708	70 268	116 259	154 716	295 923	584 528	718 913	854 864	1 098 848
其中：宁波市	6 452	10 283	14 934	23 510	46 039	65 048	106 430	187 524	212 067	323 064
安徽省	2 237	4 183	10 062	15 351	20 379	27 594	110 842	165 408	237 120	379 559
福建省	19 212	20 873	52 371	91 608	113 231	158 800	196 773	244 754	323 701	396 778
其中：厦门市	4 232	1 360	5 417	21 242	31 666	38 813	60 443	80 557	99 578	109 623
江西省	608	881	2 022	5 478	9 126	12 905	22 136	39 751	78 934	119 180
山东省	48 780	67 673	110 340	161 360	208 025	262 255	495 823	862 620	1 197 009	1 604 738
其中：青岛市	15 752	19 752	39 067	69 325	59 636	46 487	123 774	149 036	245 339	322 806
河南省	5 640	17 624	8 666	21 703	33 001	57 655	70 689	97 460	144 188	195 352
湖北省	1 510	2 292	4 031	4 972	5 600	9 992	17 794	88 351	137 579	173 318
湖南省	721	3 481	10 329	29 344	67 427	204 782	271 626	329 577	413 331	454 724
广东省	224 885	318 040	417 318	724 311	868 514	954 523	1 162 951	1 798 111	2 517 617	3 423 375
其中：深圳市	35 706	112 804	212 350	400 271	480 619	473 986	615 287	832 918	1 320 198	1 856 799
广西壮族自治区	1 619	5 269	4 434	9 629	13 780	30 111	52 505	68 701	86 688	106 168
海南省	1 164	1 170	1 383	4 342	4 423	11 260	33 566	165 262	332 820	343 423
重庆市	12 033	6 300	7 419	16 071	27 674	30 323	65 565	110 572	170 951	193 959
四川省	2 891	8 740	14 339	44 322	39 758	53 524	125 352	192 478	224 573	265 593
贵州省	194	394	194	445	1 866	2 229	2 035	4 952	8 746	32 708
云南省	1 692	5 314	10 329	26 113	56 996	94 784	155 504	182 914	295 805	386 567
西藏自治区	160	160	160	100	152	152	180	377	1 033	1 227
陕西省	859	1 365	2 864	5 667	19 299	41 518	69 786	113 806	179 387	200 287
甘肃省	2 024	5 976	8 175	24 550	59 291	61 085	71 158	133 950	268 562	315 985
青海省	102	203	283	340	492	751	890	1 304	3 149	9 062
宁夏回族自治区	149	1 179	2 934	2 645	3 729	3 979	4 672	5 956	11 934	19 624
新疆维吾尔自治区	1 811	4 301	8 994	14 212	38 419	51 601	68 983	103 390	145 444	174 951
新疆生产建设兵团	5 217	6 718	5 628	35 905	44 416	44 910	50 598	59 319	64 589	65 279
合　计	**4 477 726**	**5 720 562**	**7 502 555**	**10 119 060**	**14 727 683**	**19 976 135**	**26 195 738**	**35 738 743**	**43 548 721**	**54 340 021**

四、中国分行业双向投资统计

（一）外商投资统计

1. 2013 年外商直接投资分行业情况统计

表 6-4-1

行业名称	企业数		实际使用外资	
	数量（家/个）	比重（%）	金额（万美元）	比重（%）
总　计	**22 819**	**100**	**1 239.11**	**100**
农、林、牧、渔业	757	3.32	18.00	1.45
采矿业	47	0.21	3.65	0.29
制造业	6 504	28.50	455.55	36.76
电力、燃气及水的生产和供应业	200	0.88	24.29	1.96
建筑业	180	0.79	12.20	0.98
交通运输、仓储和邮政业	401	1.76	42.17	3.40
信息传输、计算机服务和软件业	796	3.49	28.81	2.32
批发和零售业	7 349	32.21	115.11	9.29
住宿和餐饮业	436	1.91	7.72	0.62
金融业	555	2.43	86.55	6.98
房地产业	530	2.32	287.98	23.24
租赁和商务服务业	3 359	14.72	103.62	8.36
科学研究、技术服务和地质勘查业	1 241	5.44	27.50	2.22
水利、环境和公共设施管理业	107	0.47	10.36	0.84
居民服务和其他服务业	166	0.73	6.57	0.53
教育	22	0.10	0.18	0.01
卫生、社会保障和社会福利业	18	0.08	0.64	0.05
文化、体育和娱乐业	151	0.66	8.21	0.66

数据来源：商务部外资统计。

2. 截至2013年外商直接投资分行业情况统计

表6-4-2

行业名称	企业数		合同外资	
	数量（家/个）	比重（%）	金额（万美元）	比重（%）
总　计	**786 217**	**100**	**30 640.65**	**100**
农、林、牧、渔业	22 766	2.90	710.86	2.32
采矿业	2 024	0.26	158.25	0.52
制造业	501 219	63.75	17 261.08	56.33
电力、燃气及水的生产和供应业	3 595	0.46	437.50	1.43
建筑业	12 930	1.64	539.78	1.76
交通运输、仓储和邮政业	10 455	1.33	870.29	2.84
信息传输、计算机服务和软件业	12 013	1.53	520.49	1.70
批发和零售业	78 246	9.95	1 533.22	5.00
住宿和餐饮业	7 547	0.96	216.69	0.71
金融业	1 509	0.19	300.86	0.98
房地产业	51 848	6.59	4 825.41	15.75
租赁和商务服务业	47 030	5.98	1 819.61	5.94
科学研究、技术服务和地质勘查业	15 923	2.03	656.61	2.14
水利、环境和公共设施管理业	1 433	0.18	184.24	0.60
居民服务和其他服务业	12 618	1.60	372.13	1.21
教育	1 738	0.22	33.91	0.11
卫生、社会保障和社会福利业	1 373	0.17	74.00	0.24
文化、体育和娱乐业	1 936	0.25	125.31	0.41

数据来源：商务部外资统计。

（二）对外投资统计

1. 近十年中国对外直接投资流量行业分布情况

表6-4-3

单位：万美元

行业分类		2004年	2005年	2006年	2007年	2008年	2009年	2010年	2011年	2012年	2013年
A	农、林、牧、渔业	28 866	10 536	18 504	27 171	17 183	34 279	53 398	79 775	146 138	181 313
B	采矿业	180 021	167 522	853 951	406 277	582 351	1 334 309	571 486	1 444 595	1 534 380	2 480 779
C	制造业	75 555	228 040	90 661	212 650	176 603	224 097	466 417	704 118	866 741	719 715
D	电力、热力、燃气及水的生产和供应业	7 849	766	11 874	15 138	131 349	46 807	100 643	187 543	193 534	68 043
E	建筑业	4 795	8 186	3 323	32 943	73 299	36 022	162 826	164 817	324 536	436 430
F	批发和零售业	79 969	226 012	111 391	660 418	651 413	613 575	672 878	1 032 412	1 304 854	1 464 682
G	交通运输、仓储和邮政业	82 866	57 679	137 639	406 548	265 574	206 752	565 545	256 392	298 814	330 723

续表

行业分类		2004年	2005年	2006年	2007年	2008年	2009年	2010年	2011年	2012年	2013年
H	住宿和餐饮业	203	758	251	955	2 950	7 487	21 820	11 693	13 663	8 216
I	信息运输、软件和信息技术服务业	3 050	1 479	4 802	30 384	29 875	27 813	50 612	77 646	124 014	140 088
J	金融业	—	—	352 999	166 780	1 404 800	873 374	862 739	607 050	1 007 084	1 510 532
K	房地产业	851	11 563	38 376	90 852	33 901	93 814	161 308	197 442	201 813	395 251
L	租赁和商务服务业	74 931	494 159	452 166	560 734	2 171 723	2 047 378	3 028 070	2 559 726	2 674 080	2 705 617
M	科学研究和技术服务业	1 806	12 942	28 161	30 390	16 681	77 573	101 886	70 658	147 850	179 221
N	水利、环境和公共设施管理业	120	13	825	271	14 145	434	7 198	25 529	3 357	14 489
O	居民服务、修理和其他服务业	8 814	6 279	11 151	7 621	16 536	26 773	32 105	32 863	89 040	112 918
P	教育	—	—	228	892	154	245	200	2 008	10 283	3 566
Q	卫生和社会工作	1	—	18	75	—	191	3 352	639	538	1 703
R	文化、体育和娱乐业	98	12	76	510	2 180	1 976	18 648	10 498	19 634	31 085
S	公共管理、社会保障和社会组织	4	171	—	—	—	—	—	—	—	—
合　计		**549 799**	**1 226 117**	**2 116 396**	**2 650 609**	**5 590 717**	**5 652 899**	**6 881 131**	**7 465 404**	**8 780 353**	**10 784 371**

2. 近十年中国对外直接投资存量行业分布情况

表6-4-4

单位：万美元

行业分类		2004年	2005年	2006年	2007年	2008年	2009年	2010年	2011年	2012年	2013年
A	农、林、牧、渔业	83 423	51 162	81 670	120 605	146 762	202 844	261 208	341 664	496 443	717 912
B	采矿业	595 137	865 161	1 790 162	1 501 381	2 286 840	4 057 969	4 466 064	6 699 537	7 478 420	10 617 092
C	制造业	453 807	577 028	752 962	954 425	966 188	1 359 155	1 780 166	2 696 443	3 414 007	4 197 684
D	电力、热力、燃气及水的生产和供应业	21 967	28 731	44 554	59 539	184 676	225 561	341 068	714 056	899 210	1 119 660
E	建筑业	81 748	120 399	157 032	163 434	268 070	341 322	617 328	805 110	1 285 604	1 944 574
F	批发和零售业	784 327	1 141 791	1 295 520	2 023 288	2 985 866	3 569 499	4 200 645	4 909 363	6 821 188	8 764 768
G	交通运输、仓储和邮政业*	458 055	708 297	756 819	1 205 904	1 452 002	1 663 133	2 318 780	2 526 131	2 922 653	3 222 778

续表

行业分类		2004 年	2005 年	2006 年	2007 年	2008 年	2009 年	2010 年	2011 年	2012 年	2013 年
H	住宿和餐饮业	2 081	4 640	6 118	12 067	13 669	24 329	44 986	60 386	76 327	94 743
I	信息运输、软件和信息技术服务业	119 237	132 350	144 988	190 089	166 696	196 724	840 624	955 324	481 971	738 440
J	金融业	—	—	1 560 537	1 671 991	3 669 388	4 599 403	5 525 321	6 739 329	9 645 337	11 707 983
K	房地产业	20 251	149 520	201 858	451 386	409 814	534 343	726 642	898 616	958 141	1 542 126
L	租赁和商务服务业	1 642 824	1 655 360	1 946 360	3 051 503	5 458 303	7 294 900	9 724 605	14 229 002	17 569 795	19 573 354
M	科学研究和技术服务业	12 398	60 431	112 129	152 103	198 189	287 413	396 712	438 838	679 276	866 973
N	水利、环境和公共设施管理业	91 109	91 002	91 839	92 121	106 289	106 508	113 343	240 196	7 056	34 242
O	居民服务、修理和其他服务业*	109 314	132 338	117 420	129 885	71 468	96 137	322 974	161 558	358 124	768 855
P	教育	—	—	228	1 740	1 749	2 123	2 394	6 657	16 479	20 105
Q	卫生和社会工作	22	11	281	369	369	610	3 616	1 715	4 676	6 484
R	文化、体育和娱乐业*	592	538	2 614	9 220	10 733	13 565	34 583	54 142	79 351	110 067
S	公共管理、社会保障和社会组织	1 434	1 803	—	—	—	—	—	—	—	—
合　计		**4 477 726**	**5 720 562**	**9 063 091**	**11 791 050**	**18 397 071**	**24 575 538**	**31 721 059**	**42 478 067**	**53 194 058**	**66 047 840**

注：带*行数据表示 2013 年年末存量中包含对以往历史数据进行调整部分。

附　件

附件 1

外国驻华大使馆港澳驻京办通讯录

序号	国别	电话	传真	地址
亚洲地区				
1	孟加拉大使馆	010-65322521	010-65324346	中国北京光华路 42 号
2	塞浦路斯大使馆	010-65325057	010-65325060	中国北京亮马河南路 14 号塔园外交人员办公楼 2-13-2
3	朝鲜大使馆	010-65321186	024-23240122（沈阳总领馆）	中国北京建国门外日坛北路 11 号
4	印度大使馆	010-85312500	010-85312515	中国北京亮马桥北街 5 号
5	印度尼西亚大使馆	010-65325488	010-65325368	中国北京三里屯办公楼 B 座
6	伊朗大使馆	010-65322040	010-65321403	中国北京三里屯东六街 13 号
7	日本大使馆	010-85319800	010-65327081	中国北京亮马桥东街 1 号
8	阿富汗大使馆	010-65321582	010-65322269	中国北京东直门外大街 8 号
9	老挝大使馆	010-65321224	010-65326748	中国北京三里屯东四街 11 号
10	黎巴嫩大使馆	010-65321560	010-65322770	中国北京三里屯东六街 10 号
11	马来西亚大使馆	010-65322531	010-65325032	中国北京朝阳区三里屯亮马桥北街 2 号
12	蒙古大使馆	010-65321203/65321952	010-65325045	中国北京建国门外秀水北街 2 号
13	缅甸大使馆	010-65321425	010-65321344	中国北京东直门外大街 6 号
14	越南大使馆	010-65321155/65325415	010-65325720	中国北京建国门外光华路 32 号
15	巴基斯坦大使馆	010-65326660/65322581	010-65322715	中国北京东直门外大街 1 号
16	巴勒斯坦国大使馆	010-65323241	010-65323241	中国北京三里屯东三街 2 号
17	土耳其大使馆	010-65322650	010-65325480	中国北京三里屯东五街 9 号
18	乌兹别克斯坦大使馆	010-65326854	010-65326304	中国北京三里屯北小街 11 号
19	吉尔吉斯斯坦大使馆	010-64681297	010-64681291	中国北京霄云路 18 号京润水上花园别墅 H 区 10/11 号

续表

序号	国别	电话	传真	地址
20	哈萨克斯坦大使馆	010-65326182	010-65326183	中国北京三里屯东六街 9 号
21	菲律宾大使馆	010-65322518/65321872	010-65323761	中国北京建国门外秀水北街 23 号
22	新加坡大使馆	010-65321115	010-65329405	中国北京建国门外秀水北街 1 号
23	土库曼斯坦大使馆	010-65326975	010-65326976	中国北京霄云路 18 号京润水上花园别墅雅趣园 D－1
24	韩国大使馆	010-85320404	010-65323891	中国北京亮马桥北小街 7 号亮马桥外交公寓 C 区别墅 LC05 号
25	泰国大使馆	010-65321749	010-65321748	中国北京建国门外大街双子座大厦西座 15 层
26	斯里兰卡大使馆	010-65321861	010-65325426	中国北京建国门外建华路 3 号
27	尼泊尔大使馆	010-65323251	010-65323251	中国北京三里屯路西六街 1 号
西亚、非洲地区				
28	巴林大使馆	010-65326483	010-65326393	中国北京亮马河外交公寓 10-06
29	伊拉克大使馆	010-65323385	010-65321596	中国北京建国门外秀水北街 25 号
30	以色列大使馆	010-65052970	010-65050328	中国北京朝阳区天泽路 17 号
31	约旦大使馆	010-65323906	010-65323283	中国北京三里屯东六街 5 号
32	科威特大使馆	010-65322216	020-83879016（广州总领馆）	中国北京光华路 23 号
33	阿曼大使馆	010-65323692	010-65325030	中国北京亮马河南路 6 号
34	卡塔尔大使馆	010-65322231	010-65325274	中国北京亮马桥外交公寓 A 区 7 号楼
35	沙特阿拉伯大使馆	010-65324825	010-65325324	中国北京三里屯北小街 1 号
36	叙利亚大使馆	010-65321372	010-65321575	中国北京三里屯东四街 6 号
37	阿拉伯联合酋长国大使馆	010-65322112	010-65327652	中国北京亮马河南路 14 号塔园外交人员办公楼 2-6-2
38	也门大使馆	010-65321558	010-65324305	中国北京三里屯东三街 5 号
39	阿尔及利亚大使馆	010-65321231	010-65321648	中国北京三里屯路 7 号
40	安哥拉大使馆	010-65326968	010-65326969	中国北京亮马河南路 14 号塔园外交人员办公楼 1-8-1
41	贝宁大使馆	010-65322302	010-65325103	中国北京光华路 38 号
42	博茨瓦纳大使馆	010-65325751	010-65325713	中国北京朝阳区东三区 1 号
43	布隆迪大使馆	010-65321801	010-65322381	中国北京光华路 25 号
44	喀麦隆大使馆	010-65321828	010-65321761	中国北京三里屯东五街 7 号
45	乍得大使馆	010-65321296	010-85323822	中国北京朝阳区新东路 1 号塔园外交公寓 2 号楼 2-10-2
46	刚果大使馆	010-65321658	010-65322915	中国北京三里屯东四街 7 号
47	科特迪瓦大使馆	010-65321482	010-65322407	中国北京三里屯北小街 9 号
48	埃及大使馆	010-65321825/65321920	010-65325365	中国北京日坛东路 2 号
49	赤道几内亚大使馆	010-65323679	010-65323805	中国北京三里屯东四街 2 号
50	厄立特里亚大使馆	010-65326534	010-65326532	中国北京亮马河南路 14 号塔园外交人员办公楼 2-10-1
51	埃塞俄比亚大使馆	010-65325258	010-65325591	中国北京秀水南街 3 号
52	加蓬大使馆	010-65322810	010-65322621	中国北京光华路 36 号
53	加纳大使馆	010-65321319	010-65323602	中国北京三里屯路 8 号
54	几内亚大使馆	010-65323649	010-65324957	中国北京三里屯西六街 2 号

续表

序号	国别	电话	传真	地址
55	肯尼亚大使馆	010-65323381	010-65321770	中国北京三里屯西六街 4 号
56	莱索托大使馆	010-65326842	010-65326845	中国北京祁家园外交公寓 6-4 号
57	利比亚大使馆	010-65323666	010-65323391	中国北京三里屯东六街 3 号
58	马达加斯加大使馆	010-65321353	010-65322102	中国北京三里屯东街 3 号
59	马里大使馆	010-65321618	010-65321618	中国北京三里屯东四街 8 号
60	毛里塔尼亚大使馆	010-65321346	010-65321685	中国北京三里屯东三街 9 号
61	摩洛哥大使馆	010-65321489/ 65321796	010-65321453	中国北京三里屯路 16 号
62	莫桑比克大使馆	010-65323664	010-65325189	中国北京亮马河南路 14 号塔园外交人员办公楼 1-7-2
63	纳米比亚大使馆	010-65324810	010-65324549	中国北京亮马河南路 14 号塔园外交人员办公楼 2-9-2
64	尼日利亚大使馆	010-65323631	010-65321650	中国北京三里屯公寓 1-21
65	几内亚比绍大使馆	010-65327106	010-65327106	中国北京亮马河南路 14 号塔园外交公寓 2-2-101
66	卢旺达大使馆	010-65322193	010-65322006	中国北京秀水北街 30 号
67	塞拉里昂大使馆	010-65321222	010-65323752	中国北京东直门外大街 7 号
68	索马里大使馆	010-65321651	010-65321752	中国北京三里屯路 2 号
69	南非大使馆	010-85320000	010-64651949	中国北京东直门外大街 5 号
70	苏丹大使馆	010-65323715	010-65321280	中国北京三里屯东二街 1 号
71	坦桑尼亚大使馆	010-65321491	010-65324985	中国北京三里屯亮马河南路 8 号
72	多哥大使馆	010-65322202	010-65322444	中国北京东直门外大街 11 号
73	突尼斯大使馆	010-65322436	010-65325818	中国北京三里屯东街 1 号
74	乌干达大使馆	010-65321708	010-65322242	中国北京三里屯东街 5 号
75	赞比亚大使馆	010-65321554	010-65321891	中国北京三里屯东四街 5 号
76	津巴布韦大使馆	010-65323795	010-65325383	中国北京三里屯东三街 7 号
77	扎伊尔大使馆	010-65322713	010-65321995	中国北京三里屯东五街 6 号
		美洲、大洋洲地区		
78	阿根廷大使馆	010-65321406	010-65322319	中国北京三里屯东五街 11 号
79	澳大利亚大使馆	010-51404111	010-51404162	中国北京三里屯东直门外大街 21 号
80	玻利维亚大使馆	010-65323074	010-65324686	中国北京亮马河南路 14 号塔园外交人员办公楼 2-3-2
81	巴西大使馆	010-65322881	010-65322751	中国北京光华路 27 号
82	智利大使馆	010-65321591	010-65321522	中国北京三里屯东四街 1 号
83	哥伦比亚大使馆	010-65323377	010-65321969	中国北京光华路 34 号
84	古巴大使馆	010-65321714	010-65322870/ 65325636	中国北京建国门外秀水南街 1 号
85	厄瓜多尔大使馆	010-65323158	010-65324371	中国北京三里屯外交人员办公楼 2-62
86	圭亚那大使馆	010-65321337	010-65325741	中国北京建国门外秀水东街 1 号
87	墨西哥大使馆	010-65322022	010-65323744	中国北京三里屯东五街 5 号
88	新西兰大使馆	010-85327000	010-65324317	中国北京日坛路东二街
89	秘鲁大使馆	010-65323477	010-65322178	中国北京三里屯外交办公楼 1-91
90	美国大使馆	010-85313000	010-85314200	中国北京安家楼路 55 号
91	乌拉圭大使馆	010-65324445	010-65324357	中国北京亮马河南路 14 号塔园外交人员办公楼 1-11-2
92	加拿大大使馆	010-51394000	010-51394449	中国北京东直门外大街 19 号

续表

序号	国别	电话	传真	地址
93	委内瑞拉大使馆	010-65321295	010-65323817	中国北京三里屯路 14 号
94	马绍尔群岛大使馆	010-65325904	010-65324679	中国北京亮马河南路 14 号塔园外交人员办公楼 2-14-1
		欧洲地区		
95	阿尔巴尼亚大使馆	010-65321120	010-65325451	中国北京光华路 28 号
96	奥地利大使馆	010-65329869/65329879	010-65321505	中国北京建国门外秀水南街东五街 5 号
97	阿塞拜疆大使馆	010-65324614	010-65324615	中国北京齐家园外交公寓 B-3 号别墅
98	比利时大使馆	010-65321736	010-65325097	中国北京三里屯路 6 号
99	保加利亚大使馆	010-65321946/65324925	010-65322826	中国北京建国门外秀水北街 4 号
100	克罗地亚大使馆	010-65326241	010-65326257	中国北京三里屯外交公寓 2-72
101	捷克大使馆	010-85329500	010-65325653	中国北京建国门外日坛路 2 号
102	丹麦大使馆	010-85329900	010-85329936	中国北京三里屯东五街 1 号
103	芬兰大使馆	010-85198300	010-85198301	中国北京光华路 1 号嘉里中心南楼 26 层
104	法国大使馆	010-85328080	010-85324841	中国北京朝阳区天泽路 60 号
105	德国大使馆	010-85329000	021-65325336	中国北京东直门外大街 17 号
106	希腊大使馆	010-65872838	010-65872839	中国北京光华路 9 号世贸天阶 17 层
107	匈牙利大使馆	010-65321431	010-65325053	中国北京东直门外大街 10 号
108	冰岛大使馆	010-85316900	010-65326883	中国北京亮马桥北小街 1 号
109	爱尔兰大使馆	010-65322691	010-65326857	中国北京日坛东路 3 号
110	意大利大使馆	010-65327657	010-65324676	中国北京三里屯东二街 2 号
111	立陶宛大使馆	010-84518520	010-84514442	中国北京霄云路 18 号京润水上花园 B 区 30 号
112	卢森堡大使馆	010-65135937	010-65137268	中国北京东城区内务部街 21 号
113	马其顿大使馆	010-65327846	010-65327847	中国北京三里屯外交公寓 1-32
114	马耳他大使馆	010-65323114	010-65326125	中国北京三里屯外交人员办公楼 1-51
115	荷兰大使馆	010-85320200	010-85320300	中国北京亮马河南路 4 号
116	挪威大使馆	010-85319600	010-65322392	中国北京三里屯东一街 1 号
117	波兰大使馆	010-65321235/65321888	010-65321745/65324958	中国北京建国门外日坛路 1 号
118	葡萄牙大使馆	010-65323497	010-65324637/65326746	中国北京三里屯东五街 8 号
119	罗马尼亚大使馆	010-65323442	010 65325728	中国北京日坛路东二街
120	俄罗斯大使馆	010-65322051/65322201	010-65324853	中国北京东直门北中街 4 号
121	斯洛伐克大使馆	010-65321531	010-65324814	中国北京建国门外日坛路
122	斯洛文尼亚大使馆	010-64681030	010-65326358	中国北京霄云路 18 号京润水上花园别墅雅趣园 F 区 57 号
123	西班牙大使馆	010-6532629	010-65323401	中国北京三里屯路 9 号
124	瑞典大使馆	010-65329790	010-65325008	中国北京东直门外大街 3 号
125	瑞士大使馆	010-85328888	010-65324353	中国北京三里屯东五街 3 号
126	乌克兰大使馆	010-65326359	010-65324014	中国北京三里屯东六街 11 号

续表

序号	国别	电话	传真	地址	
127	英国大使馆	010-51924000	010-65321937	中国北京光华路 11 号	
港澳驻京办					
机构名称		电话	传真	地址	回归时间
香港驻京办		010-66572880	010-66572821	中国北京西城区地安门西大街 71 号	1997. 7. 1
澳门驻京办		010-58108010	010-58138020	北京王府井东街八号澳門中心 16 层	1999. 12. 30

附件2

中国驻外商务机构（经济商务参赞处）和驻中国港澳商务机构通讯录

亚洲地区				
序号	国家或地区、城市	电话	传真	邮箱
1	巴基斯坦	0092-51-2610828/ 0092-21-34551616	0092-21-34530525/ 34551156	karachi@ mofcom. gov. cn
2	土耳其	0090-312-4377107	0090-312-4466762	tr@ mofcom. gov. cn
3	缅甸	0095-1-222800/ 222803/215424	0095-1-220386/ 215423	mm@ mofcom. gov. cn
4	塞浦路斯	00357-22-375252/ 00357-22-375253	00357-22-376699	cy@ mofcom. gov. cn shangwu@ cytanet. com. cy
5	马来西亚	0060-3-4251355	0060-3-42513233	my@ mofcom. gov. cn
6	日本	81-3-34402011	81-3-34468242	jp@ mofcom. gov. cn
7	菲律宾	0063-2-8195991	0063-2-8184553	ph@ mofcom. gov. cn
8	印度尼西亚	0062-21-5761048/ 5761049/5761050	0062-21-5761051	id@ mofcom. gov. cn
9	泰国	+66（0）22457038/ 22474506/22472746	+66（0）22472123	th@ mofcom. gov. cn
10	新加坡	0065-64121900	0065-67338590	
11	孟加拉	00-880-2-8816654/ 8825272/ 8823313	00-880-2-8823082/8823968	bd@ mofcom. gov. cn
12	斯里兰卡	0094-1-684576-8041		
13	印度	0091-11-24672687/ 24108944/24104563	0091-11-2611 1101	in@ mofcom. gov. cn
14	韩国	0082-2-2253-7521-3	0082-2-2253-7524	kr@ mofcom. gov. cn
15	尼泊尔	00977-1-4434972/ 00977-1-4425949/00977-1-4425884	00977-1-4434792	np@ mofcom. gov. cn
16	蒙古	（00）97611-323940/ 320955	（00）97611-323987/311943	mgjsc_ cn@163. com

续表

序号	国家或地区、城市	电话	传真	邮箱
17	朝鲜	008502-3813119/3813120	008502-3813421	
18	伊朗	0098-21-22838597	0098-21-22838598	ir@ mofcom. gov. cn
19	老挝	00856-21-353572	00856-21-353463	la@ mofcom. gov. cn
20	柬埔寨	00855-23-720923	00855-23-720923	
21	文莱	+673-2340891/2339558	+673-2335163/2335710	bn@ mofcom. gov. cn
22	伊斯坦布尔	0090-212-2992631	0090-212-2992633/32	istanbul@ mofcom. gov. cn
23	卡拉奇	0092-21-35309343/ 0092-21-35309345	0092-21-35309344	karachi@ mofcom. gov. cn
24	大阪（商务室）	0081-6-64459481 内线 403/404/405	0081-6-6445-9478	osaka@ mofcom. gov. cn
25	福冈（商务室）	0081-92-7131121（总机）/ 7137532/7520108	0081-92-7818906	
26	釜山（商务室）	82-51-742-4991 ~ 2	82-51-742-5446	
27	胡志明（商务室）	0084-8-38292463/38275111	0084-8-38231142	hochiminh@ mofcom. gov. cn
28	吉普（商务室）	0060-82-254818/ 0060-82-239816	0060-82-414344	kuching@ mofcom. gov. cn
29	宋卡（商务室）	0066-74-326794	0066-74-326240	songkhla@ mofcom. gov. cn
30	曼德勒（商务室）	0095-2-34457/34458	0095-2-35944	
31	札幌（商务室）	011-563-5563	011-563-7314	
32	宿雾（商务室）	6332-2563488/2563433	6332-2563466	cebu@ mofcom. gov. cn
33	孟买（商务室）	0091-22-66324303/4/5/6	0091-22-66324307	bombay@ mofcom. gov. cn
34	越南	0084-4-38234286	0084-4-38234286/37471694	vn@ mofcom. gov. cn
35	阿富汗	0093-20-2102728	0087-0600-150-874	af@ mofcom. gov. cn
36	东帝汶	00670-3322016	00670-3325166/3322018	eccotimor@ yahoo. com. cn
37	清迈（商务室）	0066-53-280440	0066-53-276833	chiangmai@ mofcom. gov. cn
38	泗水（商务室）	0062-31-5630305/5687225	0062-31-5674667	surabaya@ mofcom. gov. cn
39	加尔各答（商务室）	0091-33-40045202	0091-33-40045210	kolkata@ mofcom. gov. cn
40	棉兰（商务室）	62-61-80013148/49	62-61-80013159	medan@ mofcom. gov. cn
41	塔吉克斯坦	992-37-2278565	992-37-2510054	tj@ mofcom. gov. cn
42	土库曼斯坦	（00993-12）210669/ 210665/210663/210675	（00993-12）210870/ 210670/210668	ecchina@ online. tm
43	哈萨克斯坦	7-7172-797951 7-7172-797946	7-7172-797952	kz@ mofcom. gov. cn
44	乌兹别克斯坦	00998-71-2861867	00998-71-2861867	uz@ mofcom. gov. cn
45	吉尔吉斯斯坦	00996-312-311744/311745	00996-312-311769/311481	kg@ mofcom. gov. cn
西亚、非洲地区				
46	科威特	00965-24822816/24822817	00965-24822867	kw@ mofcom. gov. cn
47	埃及	00202-27363712	00202-27362094	eg@ mofcom. gov. cn
48	伊拉克	00964-7901912304	00964-7901912304	iq@ mofcom. gov. cn
49	阿尔及利亚	00213-21-792982	00213-21-792983	dz@ mofcom. gov. cn
50	阿联酋	00971-2-4474742	00971-2-4475797	ae@ mofcom. gov. cn
51	摩洛哥	00212 537 752718 00212 537 752718 00212 537 754940	00212 537 756966	ma@ mofcom. gov. cn
52	突尼斯	00216-71846266 00216-71286855	00216-71841996	bcec. ambachine@ email. ati. tn
53	叙利亚	00963-11-6133008/6133086	00963-11-6133019	eccocess@ yahoo. com. cn

续表

序号	国家或地区、城市	电话	传真	邮箱
54	黎巴嫩	00961-1-822493/850315/853079/856133	00961-1-826672	Lb@ mofcom. gov. cn
55	苏丹	00249-990909087 00249-990909085	00249-183-268948	chembsudan@ 126. com sd@ mofcom. gov. cn
56	以色列	00972-3-5465922	00972-3-5465926	il@ mofcom. gov. cn
57	毛里塔尼亚	00222-45240697	00222-45258634	mr@ mofcom. gov. cn
58	沙特阿拉伯	00966-11-2935088	00966-11-2935088	lianghao@ mofcom. gov. cn
59	毛里求斯	（230）4549113/4662472	（230）4540362	mu@ mofcom. gov. cn
60	约旦	00962-6-5541637	00962-6-5537417	jo@ mofcom. gov. cn
61	莫桑比克	00258-21485454/498487/495133/494384	00258-21490306	mz@ mofcom. gov. cn
62	阿曼	00968-24697804	00968-24697482	chinaceo@ omantel. net. om
63	津巴布韦	00263-4-707561	00263-4-700264	zimbabwe@ mofcom. gov. cn
64	也门	00967-1-275339	00967-1-272298 00967-1-498155	ye@ mofcom. gov. cn
65	埃塞俄比亚	00251-11-3728739/3728740	00251-11-3711611	et@ mofcom. gov. cn
66	喀麦隆	00237-22209522	00237-22203191	cm@ mofcom. gov. cn
67	利比亚	00218-21-4831224/4842140	00218-21-4831225	eccolibya@ mofcom. gov. cn
68	巴林	00973-17827890	00973-17826970	bh@ mofcom. gov. cn
69	肯尼亚	254-20-2723877	254-20-2713451	ke@ mofcom. gov. cn
70	卡塔尔	974-44110151	974-44110153	qa@ mofcom. gov. cn
71	乌干达	00256-41-4220578/4220232/4220572/4220570	00256-41-4220379	ug@ mofcom. gov. cn cnecoug@ infocom. co. ug
72	坦桑尼亚	00255-22-2667585	00255-22-2666177	tz@ mofcom. gov. cn
73	塞拉利昂	0023276714446	0023276714446	sl@ mofcom. gov. cn
74	吉布提	00253-21350575	00253-21354174	dj@ mofcom. gov. cn
75	赞比亚	00260-211-263876/264123	00260-211-262363	zm@ mofcom. gov. cn
76	马达加斯加	00261-20-2245223	00261-20-2244529	mg@ mofcom. gov. cn
77	安哥拉	00244-222350481/222351085	00244-222350980	ao@ mofcom. gov. cn
78	博茨瓦纳	00267-3953270 00267-3900337	00267-3900147	bw@ mofcom. gov. cn
79	卢旺达	00250-252-580555	00250-252-584965	rw@ mofcom. gov. cn
80	纳米比亚	00264-61-277372	00264-61-221325	na@ mofcom. gov. cn
81	布隆迪	00257-22224246	00257-22221962	bi@ mofcom. gov. cn
82	莱索托	00266-22317786	00266-22312059	ls@ mofcom. gov. cn
83	刚果（布）	00242-222 814 011	00242-222 814 011	cg@ mofcom. gov. cn
84	刚果（金）	00243-848443669 00243-852340826	00870 764339311	cd@ mofcom. gov. cn
85	赤道几内亚	00240-333098932	00240-333093459	gq@ mofcom. gov. cn
86	科摩罗	00269-7732521	00269-7732866	
87	加蓬	00241-01735871 00241-01735869	00241-01734480	ga@ mofcom. gov. cn
88	塞舌尔	00248-4671705	00248-4266808	sc@ mofcom. gov. cn
89	佛得角	00238-2623029/2623007	00238-2623007	cv@ mofcom. gov. cn
90	几内亚	00224 664078025	225 664078025	gn@ mofcom. gov. cn

续表

序号	国家或地区、城市	电话	传真	邮箱
91	尼日尔	00227-20722126 00227-20723266	00227-20722106	ne@ mofcom. gov. cn
92	几内亚比绍	00245-3256196/3256202	00245-3256196	gw@ mofcom. gov. cn
93	贝宁	00229-21307409	00229-21307409	
94	厄立特里亚	00291-1-123713 00291-1-123707	00291-1-123710	er@ mofcom. gov. cn
95	多哥	00228-22265630	00228-22265630	tg@ mofcom. gov. cn
96	加纳	00233-302-763265/ 00233-244-326518	00233-302-772541	gh@ mofcom. gov. cn
97	科特迪瓦	（225）22420102/ 22420927/ 22522660	（225）22426373	ci@ mofcom. gov. cn
98	马里	（00223）20206362	（00223）20203882	ml@ mofcom. gov. cn
99	南非	0027-12-4313060-216	0027-12-4313060-216	za@ mofcom. gov. cn
100	中非	00236-21614682/21614358	00236-21614358	cf@ mofcom. gov. cn
101	桑给巴尔（商务室）	255 24 2233658	255 24 2237212	Zanzibar@ mofcom. gov. cn
102	亚丁（商务室）	967-2-235599 967-2-230968/232468/ 232630/733264096	967-2-231377	aden@ mofcom. gov. cn
103	杜阿拉（商务室）	00237-3342 5437	00237-3342 2268	douala@ mofcom. gov. cn
104	迪拜（商务室）	00971-4-3448032	00971-4-3448099	dubai@ mofcom. gov. cn
105	吉达（商务室）	00966-12-2568299 6827852	00966-12-6827853	jd@ mofcom. gov. cn
106	尼日利亚	00234-9-4620645/ 4620646/ 4620647	00234-9-4620640	abuja-ng@ mofcom. gov. cn
107	拉各斯（商务室）	00234-1-2700266 00234-1-2700299	00234-1-2700299	ng@ mofcom. gov. cn
108	利比里亚	00231-886-538949 00231-886-555855	00231-886-555855	lr@ mofcom. gov. cn
109	乍得	00235-22525912 00235-22525918	00235-22525910	bcectchad@ mofcom. gov. cn
110	马拉维	00265-1-759450	00265-1-759455	Malawi@ mofcom. gov. cn
111	塞内加尔	00221 33 8690064	00221 33 8647956	senegal@ mofcom. gov. cn
112	南苏丹	211-912386006		jubaoffice@ mofcom. gov. cn
		美洲、大洋洲地区		
113	美国	1（202）6253357	1（202）3375845 1（202）3375864	us@ mofcom. gov. cn
114	瓦努阿图	00678-28860	00678-22730	vu@ mofcom. gov. cn
115	加拿大	1-613-7862471 1-613-7862472	1-613-2365078	ca@ mofcom. gov. cn
116	古巴	00537-2069048/2042585/ 2041021/2042608	00537-2041021	cu@ mofcom. gov. cn
117	格林纳达	001-473-4398889	001-473-4396231	wangjiheng@ mofcom. gov. cn
118	特立尼达和多巴哥	001-868-628-5556	001-868-628-8020	sinott2012@ gmail. com
119	巴哈马	1-242-393-1029/1960 转分机 104	1-242-393-0733	bf@ mofcom. gov. cn
120	墨西哥	52-55-52811853/52811073	52-55-52821867	52-55-52821867

续表

序号	国家或地区、城市	电话	传真	邮箱
121	密克罗尼西亚	691-3205072	691-3205074	fm@ mofcom. gov. cn
122	秘鲁	0051-1-4604676 0051-1-2615919	0051-1-4619855	pe@ mofcom. gov. cn
123	巴布亚新几内亚	（675）3211191 （675）3211116	（675）3211208	pg@ mofcom. gov. cn
124	智利	（56-2）22239988/ 22692265/22053831	（56-2）22232465	cl@ mofcom. gov. cn
125	哥伦比亚	571-6222879/6223103	571-6223114	co@ mofcom. gov. cn
126	萨摩亚	00685-20802	00685-21115/32868	ws@ mofcom. gov. cn
127	阿根廷	0054-11-45541258/ 45542613	0054-11-45538939	ar@ mofcom. gov. cn
128	斐济	00679-3301833 转 8003 00679-3301833 转 8001	00679-3304564	fj@ mofcom. gov. cn
129	委内瑞拉	0058-212-9754022/9761678	0058-212-9770611	ve@ mofcom. gov. cn ocdlech@ cantv. net
130	巴西	（55-61）32481446/ 32485205	（55-61）32482139	br@ mofcom. gov. cn
131	圭亚那	592-2269965/2267428/ 2267565	592-2264308	eccogy@ gmail. com
132	牙买加	1876-9273871-308/302/306	1876-9787780	jm@ mofcom. gov. cn
133	厄瓜多尔	00593-2-2433474		ec@ mofcom. gov. cn
134	巴巴多斯	001-246-4283384	001-246-4285860	chinabarbados@ hotmail. com
135	安提瓜和巴布达	1-268-4626414	1-268-4620986	ag@ mofcom. gov. cn
136	苏里南	00597-451251/551378/ 452352	00597-452560	eccosu@ 163. com
137	玻利维亚	00591-2-2111011/2119219	00591-2-2797577	bo@ mofcom. gov. cn
138	圣保罗（商务室）	0055-11-30699898	0055-11-3064-1813	stpaul@ mofcom. gov. cn
139	乌拉圭	598-2-604 3899/ 604 3442/606 2958	598-2-6042637	uy@ mofcom. gov. cn
140	新西兰	0064-4-4714101/ 4714100/4714102	0064-4-4714104	nz@ mofcom. gov. cn
141	奥克兰（商务室）	0064-9-5224424/5224721	0064-9-5224407	auckland@ mofcom. gov. cn
142	蒙特利尔（商务室）	001-514-4196748	001-514-8789692	mofcommontreal@ gmail. com
143	澳大利亚	61-2-62734785/ 0061-2-62734780 转 252/277/299/301/ 256/217	61-2-62734987	au@ mofcom. gov. cn
144	旧金山（商务室）	1-415-8525977/ 8525976/8525975/ 8525973/8525972	1-415-8525970	sanfrancisco@ mofcom. gov. cn
145	休斯顿（商务室）	7135201462 转 309 713 520 1462 转 311	7135219581	houston@ mofcom. gov. cn
146	里约热内卢（商务室）	0055-21-32376609	0055-21-32376638	
147	悉尼（商务室）	02 9698 7202	0061-2-9698 7373	cui_ wenlong@ hotmail. com
148	卡尔加里（商务室）	001-403-537 6909	001-403-537 1286	calgary@ mofcom. gov. cn
149	墨尔本（商务室）	0061-3-98229415/98246182	0061-3-98220329	melbourne@ mofcom. gov. cn
150	珀斯（商务室）	61-8-92220311/92220310	61-8-92216144	

续表

序号	国家或地区、城市	电话	传真	邮箱
151	纽约（商务室）	1（212）244-9392	1（212）564-2488	
152	芝加哥（商务室）	001-312-8730649	（001）312-8030114	chicago@ mofcom. gov. cn
153	洛杉矶（商务室）	（213）807-8053	（213）807-8085	uslosangeles@ 126. com
154	多伦多（商务室）	1-416-324-6455/6453/ 6454/6494	1-416-324-9013	toronto@ mofcom. gov. cn
155	温哥华（商务室）	001-604-7347492	001-604-7364343	mofcomvancouver@ gmail. com
156	汤加	00676-24554	00676-22899 或 24595	ecotonga676@ gmail. com
157	布里斯班（商务室）	0061 7 30030666/ 32113681	0061 7 30030668	Brisbane@ mofcom. gov. cn
158	海地	00509-2560354/ 00509-7132489/ 00509-7326709	00509-5106252/ 00509-5126688	haitichina@ hotmail. com burochine@ hotmail. com
159	巴拿马（商务室）	（507）2654058/61/62	（507）2654140	panama@ mofcom. gov. cn
160	多米尼克	001-767-4490058	001-767-4400088	dmnc@ mofcom. gov. cn
161	哥斯达黎加	00506-22917231	00506-22917227	cr@ mofcom. gov. cn
162	多米尼加	001809-3733825	001809-7405217	dm@ mofcom. gov. cn
163	克莱斯特切奇（商务室）	64-3-9405280	64-3-3418071	
		欧洲地区		
164	汉堡（商务室）	0049-40-82276016/ 82276024/ 82276017	0049-40-82276021	trade. consulate. cn. hh @ t-online. de hamburg@ mofcom. gov. cn
165	法兰克福（商务室）	（004969）97781828 （004969）97781816	（004969）97781829	frankfurt@ mofcom. gov. cn
166	瑞士	0041-31-951 1402	0041-31- 951 0575	ch@ mofcom. gov. cn
167	瑞典	0046-8-7318404	0046-8-7318404	se@ mofcom. gov. cn
168	米兰（商务室）	0039-02-72021905 0039-02-72021988	0039-02-86452219	milan@ mofcom. gov. cn
169	俄罗斯	007-499-9518356	007-499-9518355	ru@ mofcom. gov. cn
170	白俄罗斯	00375-17-2104905 00375-17-2891011	00375-17-2105841	by@ mofcom. gov. cn
171	爱沙尼亚	00372-6607867/6607868	00372-6607818	ee@ mofcom. gov. cn chincoff@ online. ee
172	立陶宛	00370-5-2722375/2722223	00370-5-2722161	lt@ mofcom. gov. cn
173	摩尔多瓦	00373-22-222257 225500/ 213072	00373-22-223335	md@ mofcom. gov. cn
174	乌克兰	（38-044）284-77-10	（38-044）284-80-40	wkljsc@ gmail. com
175	阿塞拜疆	994-12-4656215 994-12-4652852	994-12-4652854	az@ mofcom. gov. cn
176	捷克	00420-2-33028871 00420-2-33028873 00420-2-33028860 00420-2-33028861	00420-2-33028876	cz@ mofcom. gov. cn
177	斯洛伐克	00421-2-52920154/55	00421-2-52920153	sk@ mofcom. gov. cn
178	亚美尼亚	00374-10-653874/653569/ 651311/ 655022	00374-10-651898	am@ mofcom. gov. cn

续表

序号	国家或地区、城市	电话	传真	邮箱
179	格鲁吉亚	00995-32-2251850 00995-32-2251845 00995-32-2251886	00995-32-2251186	ge@ mofcom. gov. cn
180	波兰	0048-22-8313861/ 0048-22-6358333 转 3117/3118/3119/ 3120/3122	0048-22-6358079	pl@ mofcom. gov. cn commerce@ chinaembassy. org. pl
181	波黑	00387-（0）33-215107 00387-（0）33-212863	00387-（0）33-215108	ba@ mofcom. gov. cn
182	斯洛文尼亚	00386 1 2005872 00386 1 2005873	00386-1-2005878	ecco@ china-embassy. si
183	拉脱维亚	00371-67805469 00371-67805460	00371-67805470	lv@ mofcom. gov. cn
184	马耳他	00356-21433047/ 21421891/21416325	00356-21421892	mt@ mofcom. gov. cn
185	慕尼黑（商务室）	0049-89-99738270 0049-89-99738272 0049-89-99738286 0049-89-99738278	0049-89-99738276	munich@ mofcom. gov. cn
186	克罗地亚	385-1-4693636	385-1-2421686	e. c. office. chn@ zg. t-com. hr
187	阿尔巴尼亚	00355-4-2253505/2232077	00355-4-2232077	al@ mofcom. gov. cn
188	英国	0044-20-7087-4949	0044-20-7706-2777	gb@ mofcom. gov. cn
189	爱尔兰	00353-1-2600580	00353-1-2696966	commercial @ embassyofchina. ie
190	法国	0033-1-53577000	0033-1-47234831	fr@ mofcom. gov. cn
191	德国	0049 30 88668262/ 8206/8215	0049 30 8866 8288	de@ mofcom. gov. cn
192	西班牙	0034-91 7161741 转 301/ 102/401	0034-91 5194675	es@ mofcom. gov. cn
193	意大利	0039-06-36303856	0039-06-36303856	
194	葡萄牙	00351 213041260/62	00351 213014950	pt@ mofcom. gov. cn
195	匈牙利	0036 1 4133362/4133363/ 4133365/4133367/ 4133369	0036 1 4133368	hu@ mofcom. gov. cn
196	保加利亚	00359-2-9710239/9710290/ 9710295/9710238	00359-2-9712416	bg@ mofcom. gov. cn, chinabizbg@ hotmail. com
197	塞尔维亚	381 11 2651-630	381 11 2650-726	yu@ mofcom. gov. cn
198	奥地利	（00431）7143149-19/ 20/21/23/24	（00431）7143149-22	at@ mofcom. gov. cn
199	冰岛	00354-5526322	00354-5623922	is@ mofcom. gov. cn
200	希腊	0030-210-6723281	0030-210-6741575	gr@ mofcom. gov. cn
201	哥德堡（商务室）	0046-31-842376/77	0046-31-842342	gothenburg@ mofcom. gov. cn
202	丹麦	0045 39610079 0045 39611092	0045 39612913	dk@ mofcom. gov. cn
203	罗马尼亚	0040-21-2333467/ 2329673	0040-21-2329677	

续表

序号	国家或地区、城市	电话	传真	邮箱
204	荷兰	31-70-5115559	31-70-5111206	commercial_ nl@ mofcom. gov. cn
205	挪威	0047-22438666 0047-22438666	0047-22447230	commerce @ chinese-embassy. no
206	芬兰	00358-9-6848416/6211192	00358-9-6849595	fi@ mofcom. gov. cn
207	哈巴罗夫斯克（商务室）	7-4212-304621	7-4212-305730	khabarovsk@ mofcom. gov. cn
208	马其顿	00389 2 3069658 3069668	00389 2 3069688	eco@ t-home. mk
209	比利时	0032-（0）2-6633003	0032-（0）2-7723938	be@ mofcom. gov. cn
210	欧盟使团	0032-（0）2 6404210	0032-（0）2 6261769	
211	圣彼得堡（商务室）	7-812-4951771	7-812-4951771	rsp@ mofcom. gov. cn
212	叶卡捷琳堡（商务室）	007-343-2535782	007-343-2535784	
213	叶尔库茨克（商务室）	007-3952-781432	007-3952-781438	chenxp2040@ 163. com
国际组织				
214	常驻日内瓦经贸处	0041-22-7482844/7482845/7482849	0041-22-7482846	
驻港澳机构				
215	香港	00852 25190199	00852 28244395	mofcomhk@ mofcom. org. hk
216	澳门	00853-28787358	00853-28787191	

附件3

中国“双向投资”有关促进机构通讯录

序号	单位	部门	电话	传真	邮箱
1	国家发展改革委国际合作中心	办公室	010-63269862	010-63264390	postermaster@ icc-ndrc. org. cn
2	中国国际贸易促进委员会	总机	010-88075000	010-68011370	www. ccpit. org；info@ ccpit. org
3	中国国际商会	总机	010-82217800/010-82217878	010-82217839	www. ccoic. cn；ccoic@ ccoic. cn
4	中国招商引资协会	总机	010-58876752/58876356/58613577	010-58876752	www. china-zsyz. org；zsyzyjy315@ 163. com
5	中国招商引资研究院	办公室	010-58876186	010-58876186	zhaoshangyan. blog. china. com；kf@ china. com
6	中国投资协会	办公室	010-68096306	010-68096306	www. iac. org. cn；web@ iaci. cn
7	中国国际投资促进中心	办公室	010-64515335	010-64515334	
8	中国外商投资企业协会	办公室	010-64516909	010-64515409	member@ caefi. org. cn
9	中国国际投资促进会	总机	010-65978801	010-65978210	
10	中国欧洲经济技术合作协会	办公室	010-64516960	010-64516960	office@ ceatec. org. cn
11	中国对外投资合作洽谈会组委会办公室	办公室	010-68391531/68391645 010-68391644/68391524	010-68391524	www. codafair. org；zdyan@ codafair. org
12	中国海外投资联合会	办公室	010-62850121	010-62850262	zhengs@ coi. hk
13	中国产业海外发展和规划协会	办公室	010-68391521/63259011	010-68391520/63259012	ciodpa@ sina. com. cn
14	中国对外服务工作行业协会	办公室	010-65064885	010-65011218	cafstchina@ 163. com

续表

序号	单位	部门	电话	传真	邮箱
15	中国国际经济贸易仲裁委员会	办公室	010-82217788	010-82217766/64643500	info@ cietac. org
16	中国-非洲国家贸易促进会	办公室	010-52666705	010-52666705	www. chnafrica. org
17	中国纺织品进出口商会	办公室	010-67739219	010-68392759	www. ccct. org. cn; office@ ccct. org. cn
18	中国五矿化工进出口商会	办公室	010-85692800	010-65880304	webmaster@ cccmc. org. cn
19	中国机电产品进出口商会	总机	010-58280809	010-58280810/58280820	cccmeservice@ cccme. org. cn
20	中国对外承包工程商会	办公室	010-59765260/59765255	010-59765200	www. chinca. org; webmaster@ chinca. org
21	中国食品土畜进出口商会	办公室	010-87109819/87109821	010-87109814	www. cccfna. org; yangcp@ cccfna. org. cn
22	中国医药保健品进出口商会	办公室	010-58036282/58036284		www. cccmphie. org. cn
23	中国轻工工艺品进出口商会	办公室	010-67732707	010-67732698/67732689	cccla@ cccla. org. cn
24	中国中小商业企业协会风险管理工作委员会	办公室	010-68392758	010-68392759	qiguanwei_ li@ 163. com
25	中国礼仪用品工业协会	办公室	010-68396885/6403/6402/6401	010-68396886	CGLA666@ 163. com
26	中国验房师管理协会	咨询热线	4008855246		chinayf315@ 126. com
27	中国连锁经营协会	办公室	总机：010-68784999	010-68784928	www. ccfa. org. cn
28	中国流行色协会	办公室	4006788522		www. colorcoordinator. cn
29	中国电子视像行业协会	办公室	010-88686417	010-88686421	www. cvianet. org. cn
30	中国电子商会电源专业委员会	办公室	010-62684472	010-62684471	webmaster@ chinaups. com
31	中国金属材料流通协会不锈钢分会	办公室	010-87663933	010-87664237	656151159@ qq. com
32	全国商业消防协会	办公室	010-68517822		dongc07@ 163. com
33	中国科技咨询协会	办公室	010-58882546	010-58882069	cca545@ vip. 163. com
34	中国合作贸易企业协会	办公室	010-66020635	010-66023320	zhongmaoqixie@ 163. com
35	中国菱镁行业协会	办公室	010-68392538	010-68391482	zglmxh@ 126. com
36	中国医药工程设计协会	办公室	010-62050006	010-51550269	chinaped@ 126. com
37	全国工商联纸业商会	办公室	010-65185528	010-65185538	cpicc@ vip. 163. com
38	中国复合材料工业协会	办公室	010-57811229	010-57811230	lyy@ cbminfo. com
39	中国民族贸易促进会	办公室	010-85670908	010-85670548	www. ccpnt. org
40	中国农业机械流通协会	办公室	010-68596528	010-68596528	camda@ sina. com
41	中国建筑材料联合会	办公室	010-57811505		gxy@ cbminfo. com

续表

序号	单位	部门	电话	传真	邮箱
42	中国石油和石化工程研究会	办公室	010-51544760	010-51544760	cnpc_ cppei@ 163. com
43	中国废钢铁应用协会	办公室	010-82228502	010-62150481	chinascrap@ 163. com
44	中国饭店协会	办公室	010-68391785	010-68391478	hotelcha@ 126. com
45	中国机械工业联合会	办公室	010-68595098	010-68510199	edept@ mei. net. cn
46	中国国际民间组织促进会	办公室	010-64097888	010-64097607	www. cango. org
47	中国建筑材料流通协会	办公室	010-68392418	010-68392467	cbmta_ org@ 126. com
48	中国化工施工企业协会	办公室	010 82032513	010-82032180	jianli. cao@ 163. com
49	中国对外服务工作行业协会	秘书处	010-65064885	010-65011218	cafstchina@ 163. com
50	中国商业股份制企业经济联合会	办公室	010-64010892		zhonggjlh@ 163. com
51	中国建筑材料企业管理协会	办公室	010-57811931	010-57811931	jcqxmsc@ 163. com
52	中国纺织工业协会	办公室	010-85872666	010-85872111	service@ ctei. cn
53	中国非处方药物协会	总机	010-82050626	010-82059450	csmi@ selfmed. cn
54	中国仪器仪表行业协会	办公室			office@ cima. org. cn
55	中国口腔清洁护理用品工业协会	办公室	010-68396411	010-68396721	cocia@ 126. com
56	中国翻译协会	办公室	010-68994027	010-68995951	taccn@ tac-online. org. cn
57	中国游艺机游乐园协会	办公室	010-68825007	010-68825020	caapa@ 163. com
58	中国砂石协会	办公室	010-57811368	010-57811369	www. zgss. org. cn
59	中国物流与采购联合会托盘专业委员会	办公室	010-82535690		www. chinatuopan. cn
60	中国耐火材料行业协会	服务热线	13303151086		wybfm086@ 126. com
61	中国工业防腐蚀技术协会	办公室	010-64896750	010-64946836	renzhenduo@ 139. com frances08@ 163. com
62	中国化学纤维工业协会	办公室	010-51292251	010-58204358	ccfa9416@ 126. com
63	中国铸造协会	总机	010-68418899	010-68458356	xiazhiqiang@ foundry. com. cn
64	中国罐头工业协会	办公室	010-68396582		info@ cncfi. com
65	中国煤炭城市发展联合促进会	办公室	010-84257170		cccu2000@ 163. com
66	中国美发美容协会	办公室	010-66030117	010-66050466 转 802	chba@ chba. com. cn
67	中国氮肥工业协会	办公室	010-82032099	010-82038259	zf-lingdang@ 263. net
68	中国产业用纺织行业协会	秘书处	010-85229421	010-85229425	
69	中国建材市场协会	办公室	010-68365232	010-88384563	careerxkz@ pvc123. com
70	中国腐植酸工业协会	办公室	010-82784950	010-82784970	chaia@ 126. com
71	全国城市农贸中心联合会	办公室	010-68392194		cawa@ cawa. org. cn

续表

序号	单位	部门	电话	传真	邮箱
72	中国家庭服务业协会	办公室	010-51969050	010-57159000	chsa1994@ vip. 163. com
73	中国家用电器维修协会	总机	010-66095073	总机转 8100	cnheasa@ 163. com
74	中国冶金矿山企业协会	办公室	010-87767390	010-87767393	YJKSXH@ 163. com
75	中国农业机械工业协会	办公室	010-64830359		caamm008@ 126. com
76	全国医药技术市场协会	办公室	010-88377790	010-88377790	yyxh1005@ sina. com
77	中国发酵工业协会	办公室	010-68396504	010-68396561	cbfia@ cfia. org. cn
78	中国五金交电化工商业协会	办公室	010-63385331	010-63356848	1507b@ sina. com
79	中国工业气体工业协会	办公室	010-84164557	010-84164507	www. china-gases. com
80	中国食品工业协会豆制品专业委员会	办公室	010-66094013	010-66094013	china_ sbpa@ 126. com
81	中国印刷及设备器材工业协会	办公室	010-63184767/63026052	010-63039096	www. chinaprint. com
82	中国炼焦行业协会	办公室	65133322-1719	65137903	cnljxh. com; ccia@ metal. net. cn
83	中国模板协会	办公室	010-82885501	010- 82885501	cfamoban. cn. china. cn
84	中国散装水泥推广发展协会	秘书处	010-68573314	010-68578113	zgsxgy@ 163. com
85	中国医药设备工程协会	办公室	010-88360880	010-68330485	www. cpape. org. cn
86	中国循环经济协会	办公室	010-88334644	82291231 转 893	cace@ chinacace. org
87	中国钨业协会	办公室	010-63971503-206	010-63963752-206	liulx_ ctia@ sohu. com
88	中国化工情报信息协会	办公室	010-64437120	010-64437120	www. cciia. org. cn
89	中国仓储协会	办公室	010-66095317	010-66095342	carolchangchun@ yahoo. cn
90	中国轻工业勘察设计协会	办公室	010-68396537	010-68396488	qgs. jxh@ yahoo. com. cn
91	中国商业联合会	办公室	010-68391247	010-68391246	www. cgcc. org. cn; shxxc@ vip. sina. com
92	中国轮胎翻修与循环利用协会信息工作委员会	办公室	010-68392955	010-68392955	513574110@ qq. com
93	中国机械通用零部件工业协会	办公室	010-68594837	010-68572092	zly@ cmca-view. com
94	中国乐器协会	办公室	010-67665718	010-67666220	www. cmia. com. cn
95	中国中小企业国际合作协会	办公室	010-82292016	010-82292013	prosme@ sme. gov. cn
96	中国电子商会	办公室	010-68256762	010-68256764	ceccinfo@ 126. com
97	中国金属材料流通协会	办公室	010-63265698	010-63317297	www. cumetal. org. cn
98	中国物资再生协会	办公室	010-68392876		crra@ crra. com. cn
99	中国商业企业管理协会	办公室	010-66094393	010-66094393	zqlh01@ 163. com

续表

序号	单位	部门	电话	传真	邮箱
100	中国调味品协会	办公室	010-51921726	010-51921087	chaqu1015@ hotmail. com
101	中国缝制机械协会	办公室	010-87747364	010-87766609	csma@ csma. org. cn
102	中华全国工商业联合会汽车经销商商会	办公室	010-88504850	010-88504850-808	cadcc_ xxb@ 126. com
103	中国衡器协会	办公室	010-62115995	010-62115741	www. weighment. com; cwia@ weighment. com
104	中国摩擦密封材料协会	办公室	010-88084632	010-88084733	cfsma9@ 126. com
105	中国焙烤食品糖制品工业协会	办公室	010-68396530	010-68396567	bakery@ china-bakery. com. cn
106	中国玩具和婴童用品协会	办公室	010-66038881-226	010-66033964	www. chinatoy. co. sonhoo. com
107	中国工业设计协会	办公室	010-64163104	010-64177996	cida@ vip. 163. com
108	中国性学会	办公室	010-82801548	010-82802494	sexology2008@ vip. sina. com
109	中国食用菌协会	办公室	010-66031186	010-66031186	shiyongjun@ chinacoop. gov. cn
110	中国拆船协会	办公室	010-68391762	010-68521716	cnsa@ cnsa. com. cn
111	中国酿酒工业协会	客户服务	010-84485173	010-64670934	zgnj9999@ 163. com
112	中国医药包装协会	办公室	010-62267180	010-62267098	cnppa@ cnppa. org
113	贸促会建设行业分会集成建筑委员会	办公室	010-68701106		Zhanghang@ ccpit-cibc. org

编后语

为了加强对“引进来”和“走出去”双向投资工作的宏观指导和服务，更好地为中国企业“走出去”、跨国公司“进入中国”提供政策和资讯等方面的信息，经国家发展改革委批准，国际合作中心组织编辑了《中国双向投资发展报告2014》（以下简称《报告》）。

《报告》本着以促进双向投资为宗旨，建立国际投资合作交流平台，全书包括发展概况篇、演讲论文篇、政策法规篇、外国投资篇、大事记录篇、基础数据篇、附件（通讯录）等七个部分，以达到务实指导和服务社会各界开展交流合作的目的。

由国家发展改革委国际合作中心组织的编辑团队，通过走访、调研、征稿、网上搜集、分析等多种方式，历时10个月完成了《报告》的编辑工作。在《报告》编辑过程中，我们得到了国家发展改革委领导的大力支持，得到了委利用外资和境外投资司、国际合作司等有关司局的协助指导，有关省区市发展改革委为《报告》提供了大量丰富的发展信息资料；得到了商务部外国投资管理司、对外投资和经济合作司、国际经贸关系司的支持与帮助；中国国际贸易促进委员会建设行业分会等有关机构和个人也为《报告》编辑提供了无私帮助；同时，此书也得到了有关外国驻华大使馆经济处、商务处的大力协助与支持；最后，中国市场出版社对本《报告》的出版给予了有效协助。在此，一并致以诚挚谢意。

国家发展和改革委员会

国际合作中心

2014年12月

项目简介

国家发展和改革委员会国际合作中心结合自身工作特点，多年来致力于宣传生态文明理念，倡导人与自然和谐发展。2014年，中心根据国家援疆工作总体部署，与最具社会影响力的绿化公益组织中国绿化基金会联合开展生态扶贫工作，选择在国家重点扶贫县新疆和田地区和田县进行。

新疆和田县位于塔克拉玛干沙漠南缘，总面积 4.03万平方公里，山区占95%，绿洲仅占2.5%，现有耕地39.2万亩，人均耕地1.6亩。年降水量为34.8毫米,年蒸发量高达2450~2824毫米，年浮尘和沙暴天气220天，每平方公里月降尘量高达619.08吨。和田绿洲以北绵延起伏的沙丘长达400余公里，其中流动沙丘占80%，恶劣的自然环境，不仅使经济发展举步维艰，连生存都很困难。本项目旨在关注并捐资支持生态环境恶劣、人民生活贫困的地区，在项目地开展生态扶贫，通过营建经济林和防风固沙生态林等手段，提供“造血”功能，有效地改善当地恶劣的生态环境，改善当地农牧民生产、生活条件，通过项目补助，调动当地群众积极性，使其从根本上摆脱贫困，促进当地经济发展。

预期效益

- **生态效益。**项目建成后，可提高和田县森林覆盖率，风沙源得到一定程度治理，减缓风沙侵蚀步伐，生态环境得到明显改善。据测定，一般每公顷森林可蓄水300立方米，年保土22.5~30.0吨，对当地水土保持效果显著。
- **社会效益。**项目建成后，可使当地生态系统趋于稳定，风沙危害减轻，水土流失得到进一步控制，农业生产条件得到改善。新增加防护林1200公顷可保护现有农业用地2万公顷，并带动当地农民脱贫致富，从而推动当地乡镇经济发展和社会进步。
- **经济效益。**通过营造经济林（以核桃树、枣树为主），有效提高当地居民收入，使其从根本上摆脱贫困。

募捐方式

经济林（核桃树、枣树等）每亩5000元，生态治沙每亩3500元，费用包括工程设计费、整地费、苗木费、栽植费和三年管护费用等。

户 名：中国绿化基金会　人民币账户：北京银行和平里支行　账 号：01090353700120105225416

外汇账户：中国银行总行营业部　账 号：778350014885

感铭办法

- 凡向本项目捐赠的企业、团体和个人，由中国绿化基金会开具专用收据，捐赠人凭该专用收据享有国家规定的优惠政策（财税〔2006〕66号）并在基金会官网公布鸣谢。
- 凡向本项目捐赠5万元以上的单位及捐赠1万元以上的个人，由中国绿化基金会办公室颁发捐赠证书。
- 凡向本项目捐赠20万元以上的单位及捐赠5万元以上的个人，除上述规定外，由中国绿化基金会在项目地立牌纪念，并在相关媒体上鸣谢，宣传企业良好形象。

我们诚邀社会各界爱心人士、企业、组织参与到南疆生态扶贫项目中来，履行社会责任，奉献一片爱心。

联系方式

国家发展和改革委员会国际合作中心

地址：北京市西城区白云路一号（邮编：100045）
联系人：梁捷　电话：010-63264120
传真：010-63264390
电子邮件：icc_gy@163.com

中国绿化基金会

地址：北京市东城区和平里东街18号（邮编：100714）
联系人：宋经纬　电话：010-84238982,13581999017
传真：010-84239264
电子邮件：385093610@qq.com